参加本书翻译工作的人员名单

李绍荣　　杨春学　　韩　旭
文建东　　储建国　　倪　星

国外经济学名著译丛

PUBLIC CHOICE III

公共选择理论 第3版

［英］丹尼斯·C.缪勒　著

韩旭　杨春学　等译

CAMBRIDGE

中国社会科学出版社

图字 01－2004－3632

图书在版编目（CIP）数据

公共选择理论. 第 3 版／［英］缪勒著；韩旭等译 . —北京：中国社会科学
出版社，2010.8（2017.1 重印）
（哈佛剑桥经济学著作译丛）
书名原文：Public Choice Ⅲ
ISBN 978－7－5004－9418－8

Ⅰ.①公…　　Ⅱ.①缪…②韩…　　Ⅲ.①公共选择（经济学）—理论研究
Ⅳ.①F062.6

中国版本图书馆 CIP 数据核字（2010）第 255395 号

Published by the Press Syndicate of the University of Cambridge.
© Dennis C. Mueller 2003 Published by the Press Syndicate of the University of Cambridge

中国社会科学出版社享有本书全球中文（简体）版专有使用权。

出 版 人	赵剑英
责任编辑	李 辑 张 红
责任校对	郭 娟
责任印制	戴 宽

出　　　版	中国社会科学出版社
社　　　址	北京鼓楼西大街甲 158 号
邮　　　编	100720
网　　　址	http://www.csspw.cn
发 行 部	010－84083685
门 市 部	010－84029450
经　　　销	新华书店及其他书店

印　　　刷	北京君升印刷有限公司
装　　　订	廊坊市广阳区广增装订厂
版　　　次	2010 年 8 月第 1 版
印　　　次	2017 年 1 月第 2 次印刷

开　　　本	710×1000　1/16
印　　　张	52.75
插　　　页	2
字　　　数	919 千字
定　　　价	128.00 元

凡购买中国社会科学出版社图书，如有质量问题请与本社营销中心联系调换
电话：010－84083683
版权所有　侵权必究

献给埃德利安、霍利、雅各布和劳伦斯

前　　言

　　本书是对《公共选择理论》第二版的修订版。在修订过程中，我在很大程度上保留了前一版的结构，许多以前的资料仍然出现在本书中。在许多情况下，这导致了在某一章中的适度变化和其他章节中的实质性变化。新添加的几章是用于涵盖自第二版以来出现的新的和重要性增加了的主题，我试图使本书保持和以前版本的阅读难度，因为目前的相关文献正在变得更为理论化和数学化，较之过去，许多数学出现在了新的资料中，而且代表"容易"和"有难度"之间区别的表征正在变得更为抽象。可能会有人对我没有从以前的版本中去除更多资料表示不解，他们希望能够为引用新资料留下更多空间。我之所以没有那样去做是因为，我仍然认为本书是对公共选择理论中的主要主题的一个概括。在最近几年中没有出现关于阿罗不可能定理的新成果，这并不意味着本书所提起的议题不重要，抑或它们应当被公共选择理论基础教程遗漏掉。

　　《公共选择理论》第三版是对它的前一个版本的实质性扩展，正如《公共选择理论》第二版是对它的先驱的实质性扩展一样。然而，第三版的文献所涵盖的片断远远少于前两个版本。我担心许多读者会感到我所做的涵盖这个或那个主题的工作不够充分，或者我不公平地忽略了有关公共选择理论的一些重要理论贡献。如果确属如此，我谨为这些忽略表示歉意。为了使本书不至于脱离理性的边界，我不得不删减了一些问题和作者的理论。

　　熟悉《公共选择理论》第二版的读者可能会发现，下述关于新版本的变化的概括对于阅读本书颇有助益。

第三版	与第二版的关系
1	关于第一章的适度修订
2	关于第二章的修订

续表

第三版	与第二版的关系
3	关于第三章和第二十三章的实质性修订
4	关于第四章的修订
5	关于第五章的修订
6	关于第六章的适度修订
7	关于第七章的适度修订
8	关于第八章的适度修订
9	关于第九章的适度修订
10	新添加的一章
11	关于第十章的修订
12	关于第十一章的修订
13	关于第十二章的实质性修订
14	关于第十八章的修订
15	关于第十三章的实质性修订
16	关于第十四章的修订
17	新添加的一章
18	新添加的一章
19	关于第十五章的实质性修订
20	关于第十六章的实质性修订，另有来自第十一章的资料
21	关于第十七章的修订
22	新添加的一章
23	关于第十九章的适度修订
24	关于第二十章的适度修订
25	关于第二十一章的修订
26	关于第二十二章的实质性修订，几乎是新添加的一章
27	新添加的一章，也是对第二版的第二十章的资料的扩展
28	新添加的一章
29	关于第二十四章的适度修订

我将对数位作者和出版人表示感谢，他们慷慨地允许了我从他们的出版物中复制了图表。他们是：

1. 来自 Avinash Dixit 和 Mancur Olson 的论文的资料，2000。《自愿性参与危机科斯定理了吗》，载《政治经济学》1976 年第 6 期，第 9—35 页。

2. 来自 Hansson 和 Charles Stuart 的论文中的表 1 和 3。《政府财政规模的顶端》，载《欧洲政治经济学》。

3. 图 5.7b、5.13 和 5.20b 来自 Richard D. McKelvey 和 Peter C. Ordeshook 的论文。《关于选举和委员会的空间模型的十年来的经验研究》，载《空间投票理论的进展》，剑桥大学出版社 1987 年版，第 99—144 页。

4. 来自 Norman Schofield 论文中的资料。《多党联盟政府中的政治竞争》，载《欧洲政治学研究》，克鲁维尔学术出版社 1993 年版，第 1—3 页。

5. 来自 Ulrich Koester 和 Stefan Tangermann 论文的第 9 页的表格中的资料。《欧洲社区》，载《工业世界中的农业保护》，华盛顿，1990 年，第 66—111 页。

6. 来自丹尼斯·C. 缪勒的著作中的表 10.1 和 10.3。《宪政民主》，牛津大学出版社 1996 年版。

7. 来自丹尼斯·C. 缪勒的论文集的一部分资料。《二阶段宪法理论中的不确定性的重要性》，载《公共选择理论》，克鲁维尔学术出版社 2001 年版，第 23—58 页。

8. 来自 Friedrich Schneider 和 Dominik H. Enste 的著作中的表 3.3.2。《增加覆盖全球的经济阴影——幻想还是现实》，林茨大学出版社 1998 年版。

9. 来自 Michael Laver 和 Kenneth Shepsle 的著作中的图 6.1。《塑造和突破政府》，剑桥大学出版社 1996 年版。

10. 表 15.13 来自 Wolfgang C. Muller 和 Kaare Strom 的著作。《西欧的联合政府》，牛津大学出版社 2000 年版。

11. 来自 Gary W. Cox 的附录中的表格 C。《投票计算》，剑桥大学出版社 2000 年版。

12. 图 4.1 来自 Alberto Alesina 和 Howard Rosenthal 的著作。《政党政治，分立的政府和经济》，剑桥大学出版社 1995 年版。

许多热心的同事阅读了本书的部分内容并进行了评论或指出了《公共选择理论》第二版中的错误，我将对他们的热情帮助表示感谢。他们是：

Bernard Grofman, Douglas Hibbs, Arye Hillman, Wolfgang Muller, Shmuel Nitzan, Hans Pilk, Thomas Stratmann, Rein Taagepera 和 Ronald Wintrobe。同时，要对缅因州立大学的学生 Daniel T. Dickler 的真心付出表示特别的感谢，他几乎仔细校对了《公共选择理论》第二版的每一行并为该书的改进提出了无数条建议。

　　将如此规模和范围的论著整合在一起需要付出巨大的努力以追踪文献的进展，摘录表格，构建和检查图标。非常幸运的是，不论是在马里兰州立大学还是在缅因州立大学我都能够和两位工作出色的秘书进行合作。我出自内心地感谢 Heide Wurm，她为本书得以付梓提供了帮助。

丹尼斯·C. 缪勒
2002 年 2 月于缅因州立大学

目　　录

第二部分　直接民主制中的公共选择理论

第四部分　应用与检验

第五部分　规范的公共选择理论

第六部分　我们的收获

第一章　导论

人天生是政治动物。

亚里士多德

劳动分工……是必需的，经过漫长的演进，人的本性倾向于导致不关注目的过于广泛的效用，而是倾向于以货易货，交易和与他人进行交换。

无论这种倾向是不是人的本性的起初原则之一，或者看起来具有可能性，它将是研究者的推理和论辩的结果，它不属于我们目前要讨论的主题。它对于男人和女人都同样适用，却不适用于动物，它们完全不懂得契约为何物。

亚当·斯密

亚里士多德在观察公元前4世纪的希腊时认为，人的本质倾向是演讲和进行政治活动。亚当·斯密则在观察公元18世纪的苏格兰时认为，人的本质倾向是从事经济交换。从上述两位智者的观察中我们可以看到在社会科学中发展起来的两个分离的领域：政治学和经济学。

在传统上，这两个领域已经被人们所探究的问题所分离，他们所持的假设是个人动机和他们所运用的方法论。政治学研究人在政治领域的行为，经济学研究人在市场中的行为。政治学经常假设政治人追求公共利益，经济学则假定所有的人都追求各自的私利，并将这种假定借助社会科学中特有的逻辑进行了建模。

但是，这种二分法有效吗？亚里士多德和亚当·斯密可以都正确吗？政治人和经济人可以统一吗？在公共选择理论中，他们被假定为统一的。

公共选择理论可以被界定为是对非市场决策的经济学研究，或者可以把它简单地定义为应用经济学去研究政治学。公共选择理论的主题与政治学是一样的：国家理论、投票规则、投票人行为、政党政治、官僚制，等等。但是，公共选择理论的方法论是经济学的。公共选择理论和经济学类似，其基本假定是，人是自我的，理性的，效用最大化的。[①] 这将公共选择理论置于政治哲学领域，它至少扩展了来自托马斯·霍布斯和本尼迪克特·斯宾诺莎的理论，同时也把公共选择理论置于来自詹姆斯·麦迪逊和托克维尔的政治学之内。虽然他们的早期理论贡献非常有用和重要，以及许多后来得到了发展的预测，并没有人努力将他们的早期著作与现代公共选择理论联系起来，它们由于显而易见的次级特征而被从现代文献中分离了出来。现代公共选择理论运用了经济学的分析方法，并试图运用后来的分析工具回顾早期的文献，这将使我们远离过去的研究。[②]

　　自1948年以来，公共选择理论已经发展成了一个独立的领域。在过去的30年里，随着市场体制的成功它得到了广泛传播，并且关于"市场社会主义"的模型描述了政府如何代替价格体系和如同市场一样有效率地配置物品，总之，这已经成为时尚。伯格森（1938）关于社会福利函数的起源式分析揭示了经济学家的个人主义、功利主义如何被纳入政府规划人员的目标函数并帮助他们在管理国家方面取得社会福利最大化。

　　阿罗发表于1951的著作是对伯格森（1938）的论文和萨缪尔森的（《经济分析的基础》，1947，Ch.8）相并行的关于社会福利函数的讨论的直接的后续探究。阿罗所关注的是描述过程的特征，无论是市场或政治，通过这一努力伯格森和萨缪尔森对社会福利函数的描述取得了成功（rev. ed.，1963，pp. 1—6）。自从阿罗的著作问世以来，围绕探究加总个

---

① 若欲获取投票研究中关于此假定的详细论证，可参见唐斯（1957，pp. 3—20），布坎南和塔洛克（1962，pp. 17—39），赖克和奥迪舒克（1973，pp. 8—37）。需要被提及的还有熊彼特应用此假定进行的早期研究，对公共选择理论的好奇心是受他的著作影响的结果。唐斯声称熊彼特关于民主的深刻分析构成了公共选择理论的整个主题的灵魂和基础（1957，p. 27，n. 11），但只是两次引用了该书的同一页，它支持了"经济人"假定。公共选择理论领域中的许多其他著作根本没有引用熊彼特的著作。

塔洛克也观察了熊彼特的著作对自己的著作的影响，"在我看来，毫无疑问的是，他对我有着巨大的影响，虽然有些耽搁。进一步说，虽然我最早阅读他的著作是在1942年，直到我于1965年写作《官僚政治》一书时都没有再次检验它。在某种意义上说，他给予了我关于可以预期的政府的任何类型的事物的一般性思想，但是没有指出对它的任何具体的引用"。我怀疑熊彼特的著作对其他公共选择理论领域的学者产生了同样的影响。若欲参考关于熊彼特的著作内容的有趣的公共选择理论讨论，可以参考米切尔（1984a，b）。

② 可参见布莱克（1958，pp. 156—213），布坎南和塔洛克（1962，pp. 307—322），埃费莱（1971），奥斯特罗姆（1971），哈丁（1997），缪勒（1997b）和扬（1997）。

人偏好以实现社会福利最大化的文献急剧增加了。① 它们都聚焦于加总个人偏好以实现社会福利最大化的问题，或者试图满足规范标准的条件，即在满足条件的情况下，社会国家应被选择，给予单个投票人以偏好。这一关于加总最大化的方法研究很自然地激起了有产者利益关于通过投票规则加总偏好的真实程序的兴趣，即在不同的投票规则下一组既定偏好将会选择什么结果的问题。发现社会选择函数的问题满足一定规范标准与在不同的投票规则下建立的均衡相当类似。这样，阿罗关于社会福利函数的研究（1968）和布莱克（1948a，b）对委员会投票程序的开创性研究建立在博尔达（1781），孔多塞（1785）和道奇森（1876）的著作基础之上。我们将在第五部分讨论与作为规范的公共选择理论的一部分的社会福利函数的主题最相关的文献。

第一部分含有对集体行动的规范分析。过去三四十年里发展的市场社会主义模型展示了国家可以成为巨大的私人物品配置者。国家干预对于避免私人投资短缺的无效率——凯恩斯称它是引起失业的原因，市场造成的分配不平等是必需的。第二次世界大战后的迅速繁荣降低了人们对失业和分配问题的关注程度。但是，学术界对市场的无效率依然保持着高度的关注。过去四五十年的大量开创性文献大都关注有效配置公共物品、外部性和经济规模的条件。当这些条件不能满足时，市场将不能实现配置物品和资源的帕累托最优。这些形式的市场失灵的存在为政府为何应该存在提供了自然的解释，当然也就为国家的起源提供了理论解释。它形成了我们分析国家的起点，这在第二章和第三章得到了回顾，这些构成了将再分配当做主要目标的集体行动的模型。这些与两种活动——提高配置效率和再分配构成了对集体行动的唯一可能的规范性辩护。

如果国家的存在部分与市场供给公共物品和消除外部性相类似，那么，它必须完成同样的公共物品偏好显示任务，如同市场在供给私人物品时所作的那样。作为进行非市场决策方法的公共选择理论，它的作用是：（1）使同样的行为假设成为统一的经济学假设（理性的，功利主义）；（2）经常用来描述偏好显示过程，如同市场一样（投票人从事交换，个人通过投票、公民退出和进入俱乐部显示它们的需求有限性）；（3）如果传统的价格理论那样回答同样的问题。（均衡存在吗？它们稳定吗？存在

① 若欲对此进行回顾，可参见森（1970a，1977a、b），菲什伯恩（1973），凯利（1978），赖克（1982b）和帕塔奈克（1997）。

帕累托效率吗？如何达到上述状态？）

部分公共选择理论文献研究的是非市场决策和投票，好像这些都是发生在直接民主制下。政府被当做黑箱或投票规则，成为个人的偏好（选票）被输入和排出形成集体选择的场所。这部分文献在第二部分得到了评估。第四章检验了选择投票规则的标准，当集体选择受配置效率的潜在改进的限制时。第五章和第六章探究了最普遍的投票规则的价值，即简单多数规则。第七章和第八章介绍了一些简单多数规则的替代规则——有些和简单多数规则一样简单，有些则比它复杂。第二部分紧紧围绕对如何使个人在不通过公开声明的机制下表露对公共物品的真实偏好的讨论展开，而是通过加入不同的政治或公共物品俱乐部（第九章）进行表露。

正如阿罗的著作部分是由伯格森的文章促进的一样，唐斯于1957年写就的经典著作很显然是受到了伯格森和阿罗（pp. 17—19）的共同促进。在一定程度上，唐斯寻求弥补阿罗不可能定理的缺憾，通过论证政党间为了赢得选票而展开的竞争同样可以对政治过程产生期望的效果，如同企业围绕顾客展开的竞争在市场过程中产生的效果。在所有的公共选择理论著作中，唐斯的著作对政治学的影响也许最大。

在唐斯的模型中，政府看起来并不仅仅作为输入投票人的偏好信息的投票规则或黑箱，而是由真实的人构成的制度——代议制、官僚制和投票人——每个主体都有自己的一组目标和约束。唐斯关于政府的观点包含在本书的第三部分和第四部分之内。第三部分以讨论联邦制下具有多个层级的政府的含义开始。第十一章和第十二章检验了两党制代议民主的性质。虽然第十一章揭示了唐斯关于两党竞争的开创性模型，但是，该模型并没有成功地解决关于加总个人偏好以实现社会福利最大化的"阿罗悖论"，第十二章讨论了新近没有实现这一目的关于两党竞争的模型。

公共选择理论领域中所有的"奠基人"不是美国人就是英国人。于是，毫不奇怪的是，许多早期的文献多是围绕两党制写就的。但是，在过去的20年里，通过公共选择理论分析多党制的研究日益扩展，这些在第十三章得到了评估。

虽然唐斯的目标是解决"阿罗悖论"，但是，具有讽刺意义的是，他的著作的最重要的贡献之一就是自己提出了一个悖论，即为什么理性的、自利的人对于投票是根本烦恼的。唐斯关于理性投票的开创性模型和许多扩展和修正形成了第十四章的主题。

代议制政府的再分配潜力——在"寻租"的名义下在总体上被当做第

十五章的主题。第三部分紧紧围绕评估几种国家的理论用三章展开，国家本身以官僚制、立法机关或独裁者的形式存在，而公民则扮演消极地被代表的角色。

在争论当公共物品、外部性和其他种类的非纯私人物品出现时，国家对于纠正市场失灵具有必要性的时候，经济学文献总是作者隐含的假设，即这些失灵可以没有成本地得到纠正。政府被视为全能的和仁慈的机构税收、补贴和数量以实现配置资源的帕累托最优。在 20 世纪 60 年代，大部分公共选择理论文献开始挑战这种关于政府的"天堂式模型"，这些文献并不是检验政府如何或应当怎么行为，而是它们实际上是如何行为的。这揭示了政府同样可以以特定的方式失灵。这些大量关于政府如何运作的经验性文献在第十九章至第二十二章中得到了评估。

为政府在第二次世界大战后的头一个 20 年中职能的日益扩展所作的主要辩护之一是凯恩斯为了医治当时的社会经济问题而开出的药方，即政府政策的制定要用来保持一国宏观经济的稳定并提高其运行绩效。对政府的宏观经济政策的制定受他们为赢得选票而做出的努力的影响证据的检验是第十九章的内容，该章同时考察了选举政治对宏观经济政策绩效的影响。

第二次世界大战后的半个世纪中最显著的发展之一就是，政府的规模在世界范围内增长了。这种增长是对公民对更多的政府服务需求的回应吗？由于收入的增长，政府服务价格的相对变化或公民"口味"的改变？它是否反映了一些团体以政府为手段从其他团体那里进行收入再分配而成功地进行的努力？抑或它是强有力的政府官僚强加给公民的沉重负担？这些和其他关于政府规模增长的解释在第二十一章得到了讨论。

在第二十一章中，政府的规模被当做了有关国家的政治经济模型中的因变量，第二十二章则将它当做了解释性变量。这两章回顾了努力测量政府部门规模的增长对世界范围内的产业民主的各方面的经济绩效所造成的影响的文献，比如单位资本收入和每个国家的收入分配。

伯格森—萨缪尔森的社会福利函数有助于激发我们对偏好加总程序的兴趣，这些与其他有关社会福利函数引申出来的理论在第二十三章得到了讨论，阿罗有关社会福利函数的文献在第二十四章得到了评估。虽然这些方法都将它们的福利加总指标建立在个人偏好的基础上，但是它们都趋向于将注意力由个人的偏好转向加总偏好。而且，在这两种情况下，加总偏好（社会）被期望像理性的个人那样行事，一种情况下是把目标函数最大化，另一种则是将社会成果根据理性个人的行为进行排序。所以，有关社会福利函数的文献不过是将国家视为有机体的一种偶然聚集，而国家自身则是独立的主体。

布坎南的第一篇论文（1949）出现得比阿罗的要早，该文抨击了这种将国家视为有机体的观点；布坎南（1954a）在阿罗出版其著作后重新开始了这一抨击。与将国家比作个人一样，布坎南指出了国家和市场的相似之处。他建议人们将国家看做个人为了他们的互利而进行互动的一个制度——这是政府的一种类型，与威克塞尔（1896）一样将国家看做公民间彼此进行等价交换的一个过程（布坎南，1986，pp. 19—27）。将政府看做一个实现对所有公民都有益的协定的制度将很自然地导致这样的观点，即协定是约束所有个人的契约。公共选择理论的契约途径是由布坎南与塔洛克合著的《同意的计算》（1962）和布坎南的《自由的界限》（1975a）发展而来的。上述著作中包含的这一途径与罗尔斯（1971）对契约理论所作的有影响的贡献密切相关。第二十五章继续讨论了罗尔斯的理论，而第二十六章评估和整合了集体选择理论模型——根据布坎南和塔洛克的理论——将政治视为两阶段的一个过程，在这一过程中，"政治竞赛的规则"在第一阶段被指定，在第二阶段则开始政治竞赛。

关于公共/社会选择理论对给知识带来的巨大影响的说明之一是，这一领域的三位主要学者已经被授予了诺贝尔奖——肯尼思·阿罗、詹姆斯·布坎南和阿玛蒂亚·森。① 虽然森对社会选择理论的贡献在"自由悖论"这一主题的范围之外，但他的这一贡献已经刺激了大量著作的出现，这些著作为分开认识社会选择理论提供了理由，这些内容属于第二十七章。

虽然本书的大部分内容集中在对公共选择理论所对政治成功地进行实证和规范的理解方面，一些批评者对研究政治的公共选择途径的一致反对在第二十八章得到了体现。怀疑理性人模型是否能够为研究政治提供帮助的读者可能希望在阅读接下来的二十六章之前瞥一下第二十八章。但是，我不认为那样做的读者可以全面理解公共选择理论途径的优点和不足，在他或她没有潜下心关注这些主题的情况下。② 于是，我的建议是保留第二

① 可能会有人认为，有四位该领域的经济学家获得了诺贝尔奖，自从威廉·维克里由于他在动机系统方面的研究而被授予诺贝尔奖，它预测到了"需求—显示"投票机制的发展，第八章对其进行了回顾。

② 与其继续写作"他或她"，我有时应该时而使用男投票人，时而使用女投票人。我已经决定平等地对待这两种性别。

十八章并使之批评公共选择理论直到读者在阅读后能够有所收获。

　　威克塞尔关于集体行动的重要洞察之一就是在配置效率和再分配之间存在根本的区别，而且这两个议题必须被单独处理，分别使用投票规则。[①] 这些真知灼见出现在了布坎南的著作中，政府的宪政的、立法的或代议阶段被分开了，在马斯格雷夫的《公共财政理论》（1959）一书中，政府的任务被分成配置和再分配两个部分。这种区分在本书中得到了体现并构成了将各个章节联系到一起的主题。

─────────

　　[①]　威克塞尔发表于1896年的论文对继续研究公共经济学的学者作出了部分贡献。在他的著作之外，这一团体中出现的最重要的论文是林达尔（1919）。在两个人中，林达尔对公共产品理论产生的影响更大，而威克塞尔对公共选择理论和公共财政学的影响更大。他们的著作，与其他主要学者为公共选择理论的研究一起作出了贡献，他们是马斯格雷夫和皮科克（1967）。

第一部分

国家的起源

第二章 集体选择的理由——配置效率

假若每个人在任何时候都有充分的远见卓识，都有促使他保证奉行公正与公平的强有力的爱好，都有足以坚持不懈地信奉普遍利益和未来利益原则的思维能力，抗拒眼前的快乐和利益之诱惑，那么，在这种情形下，就永远不会存在政府或政治社团这类的东西；而且，每个人受其天赋自由的引导，早就生活在完全的和平之中，彼此和睦相处。

大卫·休谟

政府是一种用于满足人类需要的创造物，人们拥有这些应当由人类智慧提供的权利。

爱德蒙·伯克

2.1 公共物品与囚徒的困境

经济学最重要的成就也许就是证明了受纯粹自私动机驱策的个人能够从交换中实现互利。如果 A 饲养牛，B 种植谷物，那么，二者都可以通过以牛交换谷物而改善他们的福利状态。借助于价格制度，这一交换过程可以扩展到包容各种各样的物品和劳务。

虽然无形之手定理通常被视为是对不存在政府的条件下纯粹自私的个人活动所产生的有益结果的完美例证，但是，它暗含地假定有一个集体选择制度，该制度在精巧与复杂性方面可以与它所控制的市场制度相媲美。这一假定意味着，A 和 B 所面临的选择并非仅仅是交易与否。A 可以选择去偷窃 B 的谷物，而不是为了得到谷物而放弃他的牛；B 也可以选择去偷窃。交易是有利于交换双方的一种正数和博弈。但与交易不同，偷窃充其量不过是一种零和博弈：A 之所得，即为 B 之所失。如果偷窃和防窃降低了 A 和 B 生产谷物和牛的能力，那么，偷窃就成为一种负数和博弈。在进行交换的情况下，每个人都力图改善自己的处境，并且最终结果是两个人的处境都变得更好；而在偷窃的情况下，每个人的自私追求却会使二者的处境变坏。

　　这一例子可以用策略矩阵 2.1 来给予说明。为了简化讨论，让我们忽略交换这一备选方案，假定每个人都种植谷物。方格 1 给出的是 A 和 B 都不偷窃时的结果分布（在每个方框中，分配结构 A 都超过 B）。他们不进行偷窃时，二者都生活得较好；但是，如果只有他一个人偷窃的话，每个偷窃者都可以过得更好（方格 2 和 4 的情形）。在矩阵 2.1 中，偷窃是这两个博弈者的一种超优策略。之所以把它定义为超优策略，是因为：给定另一个博弈者的任一策略选择，那么，偷窃这一策略会给选择此策略者带来超过其他策略的支付，因而，它胜过所有其他可供选择的策略。在无政府的环境中，可以预测，这两个人的独立选择会导致二者都采取偷窃这一超优策略，其结果就是方格 3 的支付。方格 3 中的谷物分配代表一种"自然的分配"（温斯顿·布什如此命名之，1972），即：这种分配产生于一种霍布斯式的自然状态之中。

矩阵 2.1　　　　　　　　　　　　　偷窃的囚徒困境

A \ B	不偷窃	偷窃
不偷窃	1 (10，9)	4 (7，11)
偷　窃	2 (12，6)	3 (8，8)

　　假若两个人达成不偷窃的默契，并且实施这种协定的成本小于他们共同从其中得到的收益，那么，他们就可以摆脱"自然的"状态，二者都会生活得更好。从方格 3 变动到方格 1，是一种帕累托改进，它使这两个人得以摆脱霍布斯式的自然状态（布什，1972；布什和迈耶，1974；布坎南，1975a；肖特，1981）。形成这种改变的协定是"立宪式契约"的一种形式，此种契约确立每个人的产权和行为约束。产权的存在无疑是制定"后立宪式契约"（postconstitutional contracts）的一个必要的先决条件。而"后立宪式契约"则构成一种自愿交换的制度（布坎南，1975a）。一旦脱离霍布斯式无政府主义状态，就会产生集体选择的问题；且这些问题

是与可识别的集团体和社区的存在联系在一起的。

在萨缪尔森看来，产权制度和实施产权的程序是一种公共物品，即"每个人的消费不会减少任一其他人对这种物品的消费"。[①]或者，可以把纯粹的公共物品定义为，必须对所有社会成员供给同等数量的物品。国防、治安和消防是人们熟悉的纯粹公共物品的例子。国防是抵御外来威胁的集体防备；法律及其实施是防止内部威胁的措施；消防部门则对付火灾。几乎所有的公共物品，其供给都需要投入资源、时间或道德约束，因而我们可以用类似于矩阵 2.1 的方框图来描述。以用于部队、警察局或消防部门的支出来取代偷窃，就会出现同样的策略选择。如果所有的人都对公共物品的供给作出贡献，那么，每个人都会比所有的人都没有这样做时生活得更好；而且，即便只有一个人没有对这种物品付出代价，每个人仍然可以生活得较好。

纯粹公共物品具有两个显著特征：供给的连带性，以及排除他人消费的不可能性或无效率。一旦它被提供给某些社会成员，就使得排除他人的消费成为不可能或无效率（马斯格雷夫，1959，pp. 9—12、86；黑德，1962）。供给的连带性是公共物品生产函数或成本函数的一个特性。在供给连带性的极端情形中，公共物品的生产成本全部是固定的，因而其边际生产成本为零（例如，一个公共纪念碑就是如此）。对于这种公共物品来说，增加更多的消费者（观众）并不会妨碍其他人受益。一种公共物品，虽然其边际成本是正数，但只要平均成本递减，也就会有供给的连带性因素，引出集体供给的问题。

这种连带供给特征会从方格 3 移向方格 1 的合作行为中产生出潜在收益。给定供给的连带性，为了有效率地提供这种物品，就需要一项合作性的消费决策。然而，在不存在非排他性的情形中，如果给 A 和 B 提供的保护所使用的资源两倍于只给其中一人提供保护所用的资源，那么，就无须集体行动。每个人可以独自决定是否给自己提供保护。

如果把一座雕像放置在一个私人美术陈列馆中，那么，就可以排除不付费的人享受观赏的权益。但是，如果一座雕像或纪念碑置于城市的中心广场，就无法阻止人们观赏它。对许多公共物品来说，排除某些社会成员

---

①　萨缪尔森（1954，p. 386）。能把个人排除在享受公共物品之列的程度，会随着情况而变化。一个人的房子不可能免受外国入侵的损害，除非其他人的房子也得到保护；但是，一座房子可能会在不危及另一座房子的条件下被烧毁。戈登·塔洛克（1971c）已经说明，排他性公共物品的自愿支付方案可能会导致类似于后一种情形的出现。

的消费是不可能的或无法实施的。无法运用排他性原则，会给个人的不合作行为提供一种激励，这种激励就是从方格 1 走向方格 2 或方格 4 可获得的利益。排他的不可能提出了纯粹自愿提供某种公共物品方案可能会崩溃的问题。因此，公共物品的各种特性提供了集体选择存在的理由。供给的连带性是胡萝卜，它使合作性的集体决策有利于所有的人；而排他性原则的缺失却是苹果，它把个人诱入独立的不合作行为。

虽然供给的连带性和排他的不可能性是纯粹公共物品的最纯粹特征，但是，即便只存在这两个特征中的第一个特征，也会出现偏好显示问题。也就是说，对公共物品的一个可供选择的定义是：能以零边际成本给所有社会成员提供同等数量的物品。在定义中，以"能"代替"必须"，这意味着排他性是可能的。符合这第二个定义的经典公共物品例子是桥梁。在行人不拥挤的情况下，一旦建起桥梁，就能够把桥梁的服务提供给所有的社会成员，但这种供给不必是有偿的，排他性是可能存在的。只要某个人过桥的边际成本仍然是零，排除任何一个能从其中享受到边际利益的人过桥，都会违背帕累托原则。仅仅供给的连带性，就能创造为实现帕累托最优而采取集体行为的需求。

矩阵 2.1 描述的是人们熟知的，且被学者广泛分析过的囚徒困境。这种博弈的显著特征是博弈者 A 对四种可能的结果，按 2 > 1 > 3 > 4 的方格顺序排列；而博弈者 B 则有 4 > 1 > 3 > 2 排列。①不合作的策略是这两人的超优策略。在一次性博弈中，不管其他人的策略选择如何，超优策略是每个博弈者的最佳策略。其结果（即方格 3）是一个古诺—纳什均衡。②不幸的是，囚徒困境博弈的此唯一均衡结果并非是帕累托最优的。移向方格 2 和方格 4 中的任何一个方格的变动至少会使某个博弈者的处境变坏，但是，从方格 3 向方格 1 的变动会使两人的处境都更好。

尽管不偷窃的合作结果显然优于共同偷窃的结果，但是，偷窃策略的超优地位足以使不偷窃策略不可能构成一对均衡策略，最起码对一次性博弈是如此。然而，如果由相同的博弈者一再重复进行囚徒困境博弈的话，合作解就会作为这种博弈的"超级博弈"的结果而出现。即便在博弈者

---

① 一个附加假设是，为保持他们不是互相背叛而是互相合作，需要使方格 2 中 A 的结果与方格 4 中 B 的结果相加之和小于方格 1 中的两个人的结果，就是说，不相互偷窃策略的结果要优于相互偷窃。

② 假定对任何游戏者来说，s_i 是他的最优策略，当所有其他游戏参与者 j $(j \neq i)$ 采用他们的最优策略 s_j $(s_j \in s)$，那么策略组合 $s = (s_1, s_2, \cdots, s_i, \cdots, s_n)$ 就构成了纳什均衡。

之间缺乏直接的沟通的情形中，只要每个博弈者都选择一种超级博弈策略，从而有效地把他在某一次博弈中选择的合作策略与另一位博弈者对这种策略的选择联结起来，那么，也会出现合作解。这样一种超级博弈策略就是：一个博弈者在眼前的博弈中采取的是另一个博弈者在上一轮博弈中所用的那种策略。如果所有的博弈者都采取这种策略，并且一开始就使用合作策略，那么，在每一轮博弈中都将会出现合作的结果。在罗伯特·阿克塞尔罗德（1984）所主持的一项计算机模拟竞赛中，这种"针锋相对"策略击败了一组博弈论专家所提出的所有其他策略。

可以实现合作解的另一种策略方案是：只要其他博弈者采取合作策略，那么，每个博弈者都采取这一策略，并且，随之对其他博弈者在转向合作策略之前的一系列博弈中实施非合作策略的背叛行为进行惩罚。再者，如果所有博弈者一开始就相互合作，那么，这种结果就会贯穿整个博弈过程（泰勒，1976，pp. 28—68）。在这两种合作策略的情形（即囚徒困境超级博弈的均衡解）中，均衡都是通过惩罚（或最后的威胁）任何一个博弈者的不合作行为来实现的，即以其他人的不合作来惩罚任一个人的不合作行为，从而迫使他合作。为了使团体的规范得到奉行，就必须惩罚不合作的（反社会的、不道德的）行为，这一思想可以在大多数古典道德哲学中找到。而且，正是这种思想形成了大量的这类文献与现代理论之间的直接联系。[①]

当一个囚徒困境的博弈者的人数很少时，要获悉他们的行为情况，以及预测他们究竟会以一种什么可能的方式对合作策略选择作出反应，显然都是较容易的。如果是这样的话，就很容易找出不合作行为并予以惩罚，从而进一步促进合作策略。当人数很多时，一个人或少数几个人很容易采用非合作策略。其原因是：由于他们对其余人的影响微小，因而不容易被察觉，或者，由于无法发现这些不合作行为，因而不会受到惩罚，或者，采取合作行为的人惩罚不合作行为者的成本太高，因而不去惩罚之。因此，相对于大型社会而言，在小规模的社会中，更可能出现自愿遵循行为约束或自愿提供公共物品的情形（科斯，1960；布坎南，1965b）。在大型的社会或团体中，依赖自愿遵从行为，会导致搭便车现象，导致公共物品的供给不足或无供给的现象（奥尔森，1965）。

---

① 对最流行的且与囚徒困境讨论相一致的行为和惩罚的古典讨论，参见托马斯·霍布斯的《利维坦》（1651，第 14、15、17、18 章）；大卫·休谟（1751，pp. 120—127）。

在行为模式多样化的、人员流动性强的大社会中，即便个人知道什么行为是与公共利益一致的，也可能需要对什么是互利的行为做出正式的陈述，例如，对每个人必须对某一公共物品贡献多大的力量的说明。假若存在搭便车的激励，要让人们遵从规则，可能就需要提供个人化的奖赏或鼓励。曼库·奥尔森（1965，pp. 50—51、132—167）发现，个人是否加入诸如工会、职业院外活动集团和其他特殊利益集团这类大型自愿组织，不仅取决于这些组织提供给其所有成员的集体利益，而且也取决于它们以多种利益形式对加入者和参与者所给予的个人化激励，以及以缴纳费用、罚款和其他个人化制裁的形式所实施的惩罚。

因此，以其正式的投票程序来决定和实施集体选择的民主，是具有一定的规模且以非人格化为特征的各种社会所必需的一种制度。家庭无须投票就可以作出一系列的集体决策；一个部落也只是偶尔进行投票表决。一个大都市或民族国家可能就必须借助于集体选择过程来作出大量的决策，虽然其中的许多决策过程可能不符合我们这里所定义的民主过程。①类似的，稳定的小社会，通过利用非正式的交流渠道和精英集团的压力，也许能够使人们自愿遵从集体规范，并促使他们自愿地对地方公共物品的供给作出贡献。然而，有更多非人格化特征的大型社会却必须建立典型的正式惩罚制度，以对付反社会行为（如偷窃）；课征赋税，以供给公共物品；运用警察的力量，以保证制度得到遵守。

社会的规模，它对正式制裁和强制实施制度的依赖，以及囚徒困境的崩溃，所有这些因素之间可能存在着动态的关系。识别囚徒困境的违背者，需要时间。违背人数的增加可以预见会进一步导致违背者人数的增大，其间只存在一个时滞问题。如果由于社会规模的扩大或其他原因而致使违背次数增加，那就可以预期，之后时期的违背次数会进一步增大。而且，由于这些原因，社会需要并依赖法律的强制实施。詹姆斯·布坎南（1975a，pp. 123—129）把这类过程描述为是对一个社会的受法资本（即自愿遵守规则）的侵蚀。②如今，这种形式的资本被界定为社会资本的典型。普特南（2000）提供证据证明，美国最近一代人的社会资本存量在显著下降。

---

① 需要注意的是民主是提供公共物品的一种潜在手段，独裁政治和寡头政治也向"他们"的社会提供公共物品。第十八章讨论独裁政治。

② 参见布坎南（1965b）。

　　泰勒（1987，pp. 168—179）建立了囚徒困境合作解的失败是与政府干涉程度之间的关系，而不是与社会规模之间的关系。①国家在满足社会的需要或实施社会规范方面的干预，在心理上会"解除"个人满足社会需要和维护其规范方面的责任。因而，国家干预会导致反社会行为的增加，这又要求更多的国家干预，如此循环不已。弗雷（1997b）提出过类似的说明。国家发起的旨在诱导合作行为的奖惩制度可能产生"挤出效应"，通过摧毁人们行善和成为文明市民的内在驱动力。这些理论也许构成了对美国日益增长的政府支出的一种解释。本世纪日益强化的流动性和都市化导致了国民自愿合作的减少和政府干预的增强。政府干预反过来减少了国民合作的目的倾向性，从而需要更多的政府干预。

　　布坎南和泰勒对社会组织所作的分析在很大程度上借鉴了约翰·罗尔斯（1971，pp. 496—504）对一个公正社会的演变的描述。在罗尔斯所描述的演变过程中，一个人的道德（公正的、合作的）行为会导致其他人日益增多的道德行为，这又会强化第一个人的合作行为，并鼓励更多的合作行为。在这些分析中，动态过程是相同的，只是完全改变了对变化方向的看法。

2.2　协作博弈

　　囚徒困境之所以是一个困境，就是因为在合作解决问题的博弈中欺骗是可以得到回报的，所以欺骗是个人的理性选择。一个人效用的所有情况依赖于另一个人不回报"欺骗"的行动，所以也就不会涉及体现囚徒困境特征的配置行为问题。有一种情况是协调博弈。

　　矩阵 2.2 描述了这样一种博弈：行和列都是策略 A 的话，他们都会得到确定的结果 a，如果他们都选择策略 B 的话，将会得到确定的结果 b，而且如果没有协调成功的话，其结果为零。现在假定每个参与者都知道矩阵 2.2 中的所有结果，并且必须独立地选择一个策略而且忽略其他参与者的选择，那么，理性个人选择应当是哪一种策略呢？每个参与者都知道另一个人倾向选择同样的结果，但是，在并不知晓别人作何种选择时，每个

---

　　①　的确，"建立起来的主要论点"（泰勒）是"不管人数的多寡，合作都能提高囚徒困境的超级博弈"（1987，p. 104）。但在下一页，他又承认"很明显，在一个人数相对较多的社会里，发生合作的可能性要低于人数较少的社会"（p. 105）。

参与者能做出的选择并不是确定的。

矩阵 2.2　　　　　　　　　　　　　　一种协作博弈

G ＼ D	策略 A	策略 B
策略 A	1 (a, a)	4 (0, 0)
策略 B	2 (0, 0)	3 (b, b)

　　但是，假定 $b > a$，很明显，两个人都偏好于协调策略 B。策略 B 成为谢林点的一种形式，两个人都期待选择这个策略（谢林，1960）。但如果是 $b = a$，情况会怎样呢？很明显两个人除了抛硬币外别无选择——当然，除非允许他们彼此交流。当 $b = a$ 时，两个人在选择协调策略 A 或 B 上表现冷漠。如果其中一人建议他们选择策略 B，另一个人则无理由反对，而且一旦协议达成，他也无理由违约。因此，与诸如囚徒困境之类的许多其他社会困境博弈相比，协调博弈具有内在稳定性。

　　事实上，正是因为这种内在稳定性，当协调博弈重复时，帕累托最优策略组合是能够预期出现的，这些行为假定的要求远远少于超级囚徒困境中持续出现帕累托最优所需要的假定。例如，假设所有人都忽略不同策略组合的结果，忽略别人过去所作的选择和当前的选择，唯一的信息就是她自己过去所作的有限的策略选择以及所得到的结果，且给定她知识有限在近期所作的策略选择是收获最大。

　　例如，假如她只记得最近 5 次博弈的结果，那就是她选择 3 次策略 A 和 2 次策略 B，3 次策略 A 中她得到 2 次结果 a；2 次策略 B 中她得到 1 次结果 b。她决定增加选择策略 A 的次数。如果别人也适应同样的规则，只要结果的结构不变，两个人将多次协调策略 A 并保持下去。

　　近期对进化博弈论的贡献是构建了个人适应性学习模型，也就是个人当前策略选择依赖于她能观察到的并在近期已经获得的结果。这些模型证明了在像矩阵 2.2 的博弈中协调策略选择是如何出现的。[①]

　　这些结果非常重要，因为它们在很大程度上是建立在对人们的理性行

---

① 例如，参见萨格登（1986），瓦纳德（1990），坎多里、美拉斯和罗布（1993）以及扬（1993）。

为的能力和学习方式现实假设基础上的。它们说明了在不需要国家的情况下社会习俗是如何演变解决协调问题的。①

协调博弈的例子包括了各种各样的驾驶习俗：走右边，传左边，在右边让道，等等。如果社会合作导致的所有问题都像区分人们开车走道路的哪边一样简单的话，那么可以想象完全有可能由国家出面解决。但是，哎呀，正如我们已经在囚徒困境中讨论的那样，事实并非如此，斗鸡博弈将进一步论证这个问题。

2.3　公共物品与斗鸡博弈

囚徒的困境是被用于分析存在公共物品的情况之特征最多的博弈。但是，公共物品的供给技术却通常会产生其他类型的策略互动。让我们考察下述例子。

两个人的地产有一个共同的边界。G 有一只山羊，它偶尔会走进 D 的园子里，吃蔬菜和花草。D 有一只狗，它有时会闯入 G 的地产，戏弄和吓唬山羊，致使山羊不产奶。修建一道篱笆，把这两块地产隔离开来，就可以防止这类事情的发生。

矩阵 2.3　　　　　　　　　　**修筑篱笆：一种斗鸡博弈**

G　　　　　　　D	为修筑篱笆捐款	不　捐　款
为修筑篱笆捐款	1 (3，3)	4 (2，3.5)
不捐款	2 (3.5，2)	3 (1，1)

矩阵 2.3 描述了这种情形。如果没有篱笆，D 和 G 享有的是某一效用水平。修建篱笆，需要 1000 美元的成本；如果必须获得篱笆所带来的利益，每个人都会情愿支付所有的成本。每个人的效用水平在有篱笆时都比无篱笆时更高，即便他们必须一个人独自支付所有的成本时，也是如此（如方格 2 所示）。这一假设保证：如果每个人必须支付修筑篱笆的一半

---

① 即使 $b > a$，社会也可能锁定策略 A，所以国家在宣布公民应当协调哪个策略上有限作用的发挥仍然是可取的。

成本，那么，这两个人的效用水平仍然都比无篱笆时更高（方格1）。最后，一旦建起篱笆，即便其中有一人没有支付成本，每个人的处境当然都会变好（G 和 D 分别在方格2和4中获得3.5的支付）。矩阵2.3描述的是"斗鸡"的博弈。这种博弈不同于囚徒困境。在斗鸡博弈中，无人捐款修篱笆的结果（方格3）并不是一种均衡，而且，以帕累托标准来衡量，它也劣于两个人都捐款的结果（方格1）。由于即便一人必须独自承担修筑篱笆的成本时每个人的处境都会更好，每个人都会想得到方格2或方格4的结果，而不愿意看到方格3所示的那种结果。在这种博弈中，方格2和4都是均衡结果，且只有这两个均衡。在斗鸡博弈中，纵列博弈者的支付序列是，方格2 > 1 > 4 > 3，而在囚徒困境中，支付排列却是方格2 > 1 > 3 > 4。双方最后两个方格的交换导致均衡的改变。

方格4、1和2所表示的都是修筑篱笆的情形。它们的差别仅仅在于谁支付篱笆的成本和随之而来的效用支付。在方格4中，G 承担全部的成本1000美元，获得2个单位的效用水平。在方格1中，G 支出500美元的成本，获得3个单位的效用水平。而在方格2中，G 不支出成本，却获得3.5个单位的效用。比之从收入减少1000美元到收入减少500美元所获得的效用量而言，从收入减少500美元到收入未变所获得的效用增量较少，这反映的是收入的边际效用递减假设。正如矩阵2.3的数字所表示的那样，如果 G 和 D 面对的是收入的边际效用递减，那么，他们共同承担修筑篱笆的成本，这一种解决办法既公平，也能使福利最大化。在其他假设条件下，共同承担成本，修筑起一道更高、更坚实的篱笆，其结果可能是从方格1的成本共担解中得到一个有效率的收益。但是，方格1的结果并不构成一个均衡。如果他们能够说服对方承担篱笆的全部成本，G 或 D 的处境将会更好。说服对方的一种方式是：事先表态自己不会修筑篱笆，或者至少使邻居确信你已经作出这样一种诺言，从而使邻居坚信，他的选择余地就在方格2和3之中，因此自然地选定方格2。

斗鸡博弈常常被用来描述国家之间的策略互动（舍林，1966，第2章）。设 D 是一个超级大国，喜欢让其他国家建立民主制度；C 是一个偏爱共产主义制度的国家。在小国 S 中，出现一场汹涌的内战，一个集团寻求要建立一个共产主义体制，另一个集团却想建立一个民主制度。这种情形显然具有斗鸡博弈的特征。每一个超级大国都想支持 S 国中偏爱其意识形态的那个集团，并想让另一个超级大国改变其原来的打算。但是，如果另一个超级大国（譬如说 C）正在支持 S 国中其所偏爱的集团。那么，D

国最好是退让，而不是支持 S 国中其偏爱的集闭，并使自己卷入与另一个超级大国的直接对抗之中。很显然，两个超级大国的处境在双方都退让时要比发生对抗时更好。

假若上述内容是这种斗鸡博弈的支付结构，那么，每个超级大国都会事先宣布，无论在世界上的何处，只要其意识形态——民主或共产主义——受到威胁，它都要亲自保护之，力图以此种方式让对方让步。当每一次一个小国中发生共产主义力量与非共产主义力量之间的冲突时，这种事先的声明与"强硬主儿"的声誉结合起来，就可能迫使另一个超级大国退让。

然而，斗鸡博弈情境的危险在于：两个超级大国都可能会如此行事，实施支持它那种意识形态的集团的策略，承担维护其强硬主儿声誉的责任，结果，双方都将不退让。因而，S 国的内战会促成这两个超级大国的对抗。

正如像囚徒的困境中那样，如果每个博弈者都认识到合作的长期利益，并采取针锋相对的超级博弈策略或类似的策略，那么，从一种斗鸡的超级博弈中，也会产生出斗鸡博弈的合作解（泰勒和沃德，1982；沃德，1987）。换言之，这两个超级大国（或前述的邻居）也许会认识到不合作的、事先承诺的策略所固有的危险，因而，可能直接相互协商，同意一致遵循合作策略。因此，虽然斗鸡博弈的结构不同于囚徒困境，但博弈的最优解是类似的，都要求某种类型的正式合作协定或君子协定。随着博弈者人数的增加，要求一种正式协定的可能性也在提高（泰勒和沃德，1982；沃德，1987）。无论是对斗鸡博弈还是囚徒困境博弈来说，随着博弈者数的上升，需要民主制度以达成有效率的合作解的迫切性都会增强。

2.4　规模报酬不变条件下公共物品的自愿供给

在这一节中，我们更正式地探讨产生于公共物品的自愿供给情形中的问题。让我们考察作为纯粹公共物品的征税或用沙包修筑的堤坝。每个社会成员自愿地尽其最大能力提供沙包。所提供的沙包总数就是每个成员的个人贡献的累积总和。所提供的沙包越多，所建的堤坝就越高和越坚实，所有社会成员的处境就越好。

设以 G_i 表示第 i 个人对这项公共物品的贡献，则所提供的公共物品总

量是

$$G = G_1 + G_2 + G_3 + \cdots + G_n \tag{2.1}$$

设每个人的效用函数以 $U_i\,(X_i,\,G)$ 来表示，其中，X_i 是 i 所消费的私人物品的数量。

现在，我们来分析 i 关于供给多少公共物品的决策。也就是说，给定他的预算约束 $Y_i = P_x X_i + P_g G_i$，最佳数量为 G_i，其中，Y_i 表示其收入，P_x 和 P_g 分别表示私人物品和公共物品的价格。在缺乏一种协调所供给的公共物品数量的组织的情况下，每个人都必须独立于其他人来决定供给多少公共物品。在作出这一决策时，可以合理地假定，这个人会把其他社会成员所供给的公共物品数量视为是固定的；并且，给定所有其他个人 j 所选择的 G_j 值，他将选择能最大化 U_i 的 G_i 水平。因此，他的目标函数是

$$O_i = U_i\,(X_i,\,G)\, + \lambda_i\,(Y_i - P_x X_i - P_g G_i) \tag{2.2}$$

欲使（2.2）式最大化，令

$$\partial U_i / \partial G - \lambda_i P_g = 0 \tag{2.3}$$

$$\partial U_i / \partial X_i - \lambda_i P_x = 0 \tag{2.4}$$

从其中，可得 $\dfrac{\partial U_i / \partial G}{\partial U_i / \partial X_i} = \dfrac{P_g}{P_x}$ \hfill (2.5)

这是效用最大化的条件。如果把其他社会成员的购买视为是给定的，那么，每个人都会把公共物品当做是私人物品那样来购买。这一均衡常常被称之为古诺均衡或纳什均衡，因为它类似于古诺讨论寡头市场上同质性私人物品的供给时所作出的行为假设。

现在，让我们把方程（2.5）与帕累托最优的条件作一番比较。为此，我们使下述福利函数最大化为

$$W = \gamma_1 U_1 + \gamma_2 U_2 + \cdots + \gamma_n U_n, \tag{2.6}$$

其中，所有 $\gamma_i > 0$。给定所有个人效用的正值权数，任意一种不是帕累托最优的分配，都不能处于 W 的最大点上。因此，能使 W 最大化而选择的 X_i 和 G_i 会给我们提供一种帕累托最优分配。

使（2.6）式最大化，其总的预算约束为

$$\sum_{i=1}^{n} Y_i = P_x \sum_{i=1}^{n} X_i + P_g G, \tag{2.7}$$

我们可得一阶条件

$$\sum_{i=1}^{n} \gamma_i \frac{\partial U_i}{\partial G} - \lambda P_g = 0 \tag{2.8}$$

及

$$\gamma_i \frac{\partial U_i}{\partial X_i} - \lambda P_x = 0, \quad i = 1, \quad n, \tag{2.9}$$

其中，λ 是关于预算约束的拉格朗日乘子。以 n 个（2.9）方程消去方程（2.8）中的 γ_i，可得

$$\sum_i \frac{\lambda P_x}{\partial U_i / \partial X_i} \cdot \partial U_i / \partial G = \lambda P_g \tag{2.10}$$

从其中，我们可得到

$$\sum_i \frac{\partial U_i / \partial G}{\partial U_i / \partial X_i} = \frac{P_g}{P_x} \tag{2.11}$$

方程（2.11）是萨缪尔森（1954）所说的存在公共物品时帕累托最优的条件。虽然独立的效用最大化决策导致每个人使其以公共物品替代私人物品的边际率等于它们的价格比率（2.5）方程，好像公共物品就是私人物品那样，但是，帕累托最优要求，所有社会成员的边际替代率之和必须等于这一价格比率（2.11）方程。

古诺—纳什均衡条件（2.5）方程下所提供的公共物品数量极可能小于帕累托最优数量，通过这一点把（2.11）方程重新改写为下式，就可以清楚地看出

$$\frac{\partial U_i / \partial G}{\partial U_i / \partial X_i} = \frac{P_g}{P_x} - \sum_{j \neq i} \frac{\partial U_j / \partial G}{\partial U_j / \partial X_j} \tag{2.12}$$

如果 G 和 X 在每个人的效用函数中是正常物品，那么

$$\sum_{j \neq i} \frac{\partial U_j / \partial G}{\partial U_j / \partial X_j} > 0$$

以（2.12）方程定义的个人 i 以公共物品替代私人物品的边际率将小于以（2.5）方程定义的边际替代率，这意味着，满足（2.12）方程时所消费的 G 数量和 X_i 数量分别比满足（2.5）方程的条件时更多或更少。

为了对这种数量的差别获得一种感性认识，请考察 U_i 是一个柯布—道格拉斯效用函数这一特例，亦即 $U_i = X_i^\alpha G^\beta$，$0 < \alpha < 1$，$0 < \beta < 1$。在这种假设下，方程（2.5）变成

$$\frac{\beta X_i^\alpha G^{\beta-1}}{\alpha X_i^{\alpha-1} G^\beta} = \frac{P_g}{P_x}, \tag{2.13}$$

从此式，可得出

$$G = \frac{P_x \beta}{P_g \alpha} X_i \tag{2.14}$$

代入（2.1）式和预算约束，得

$$\sum_i G_i = \frac{P_x}{P_g} \frac{\beta}{\alpha} \left(\frac{Y_i}{P_x} - \frac{P_g}{P_x} G_i \right), \tag{2.15}$$

从其中，又可得

$$\left(1 + \frac{\beta}{\alpha} \right) G_i = - \sum_{j \neq i} G_j + \frac{\beta}{\alpha} \frac{Y_i}{P_g} \tag{2.16}$$

或

$$G_i = - \frac{\alpha}{\alpha + \beta} \sum_{j \neq i} G_j + \frac{\beta}{\alpha + \beta} \frac{Y_i}{P_g} \tag{2.17}$$

（2.17）式意味着个人 i 认为其他公民会提供的公共物品数量越大，他自愿选定供给的公共物品的数量越小。假若这个社会只有两个人，则（2.17）式定义的就是双头卖方垄断理论中众所周知的反应曲线。在此情形中，它是一条斜率为负的直线。

如果所有社会成员的收入 Y 相同，那么，所有的人将会选择相同的 G_i，并且可以用（2.17）式找出单独一个人在均衡时的贡献：

$$G_i = - \frac{\alpha}{\alpha + \beta} (n - 1) G_i + \frac{\beta}{\alpha + \beta} \frac{Y}{P_g}, \tag{2.18}$$

从此式中可得

$$G_i = \frac{\beta}{\alpha n + \beta} \frac{Y}{P_g} \tag{2.19}$$

因而，社会通过个人独立的贡献而提供的公共物品总量成为

$$G = n G_i = \frac{n \beta}{\alpha n + \beta} \frac{Y}{P_g} \tag{2.20}$$

用这些数量与帕累托最优数量作一比较。在所有个人的收入相等的条件下，所有个人贡献的 G_i 相同，X_i 也相同。所以，（2.11）式成为

$$n \frac{\beta X_i^{\alpha} G^{\beta - 1}}{\alpha X_i^{\alpha - 1} G^{\beta}} = \frac{P_g}{P_x} \tag{2.21}$$

用预算约束消去 X_i，重新整理，得到单独一个人的帕累托最优贡献：

$$G_i = \frac{\beta}{\alpha + \beta} \frac{Y}{P_g} \tag{2.22}$$

和

$$G = n G_i \frac{n \beta}{\alpha + \beta} \frac{Y}{P_g} \tag{2.23}$$

让我们把方程（2.23）所定义的数量称之为公共物品的帕累托最优数量 G_{PO}，而在古诺—纳什均衡下的数量为 G_{CN}。它们的比率是

$$\frac{G_{CN}}{G_{PO}} = \frac{\dfrac{n\beta}{\alpha n + \beta}\dfrac{Y}{P_g}}{\dfrac{n\beta}{\alpha + \beta}\dfrac{Y}{P_g}} = \frac{\alpha + \beta}{\alpha n + \beta} \tag{2.24}$$

如果 $n > 1$，这一比率是小于 1 的；且随 n 的不断增大，它趋于零。因此，对所有由一个人以上的成员组成的社会来说，自愿的、独立的公共物品供给会导致小于帕累托最优数量的供给量，且随着社会规模的扩大，这两种数量之间的相对缺口会扩大。

古诺—纳什均衡点上公共物品供给不足的程度，取决于个人效用函数的性质（科尔内斯和桑德勒，1986，Ch.5）。就柯布—道格拉斯效用函数来说，供给不足的程度越小，β 与 α 的比率越大。若 $\alpha = 0$，就意味着私人物品的边际效用是 $0 - G_{CN} = G_{PO}$，这一等式对直角无差异曲线也成立，在此种曲线上，设公共物品的数量固定不变。私人物品的边际效用再次为零（科尔内斯和桑德勒，1986，p.81）。但是，对众所周知的光滑的、凹向原点的无差异曲线来说，我们可以预测：随着社会规模的增大，一种自愿提供的公共物品的供给不足及其相对供给不足的数量会扩大。因此，为了实现帕累托最优配置，就需要某种机构来协调每个人的贡献。

2.5　供给技术可变条件下公共物品的自愿供给

许多公共物品可以用上一节的求和分析技术来描述之。具有囚徒困境类型特征的公共物品，例如社会秩序、环境质量，是每个人通过不偷窃或不污染的行为方式对这类公共物品的"生产"作出贡献来提供的。对这类典型的公共物品来说，所供给的数量在某种程度上是每个人的贡献的累计加总。克制自己不偷窃的人们越多，社会就越有安全保障，所有成员所享受的福利就越多。

然而，还有其他类型的公共物品，它们具有这样的特征，即，要从中获得任何利益，就必须有所有社会成员的参与。一只小帆船、二人划艇和长雪橇的全体人员之服务就是这类例子。为了让划艇驶入一条笔直的水道，每个划手必须以相等的力量挥动桨。否则，贡献的力量不足或过大，

都会受到划艇进入一个旋涡的惩罚。只有两个划手贡献的力量相等，才会获得划艇向前行驶的回报。在这类公共物品的情形中，矩阵2.1中的方格2、4和3都会陷入崩溃，并出现自愿的合作行为。

这类物品是以杰克·赫什莱弗（1983，1984）所命名的"最弱关联"技术来生产的。也就是说，所提供的公共物品总量等于任一个社会成员所提供的最小数量。在最弱关联技术的另一个极点上，你可以设想出一种最佳射击（best-shet）技术，就此种技术而言，所提供的公共物品总量恰好等于任一个社会成员所提供的最大数量。作为最佳射击技术的一个例子，你可以思考这样一个社会的情形：先是比每个成员设计横渡某一水域的一艘船（或桥）的方案，然后，挑选出最好的设计方案，并实施之。

最弱关联技术就像一种系数固定的公共物品生产函数。如果他的贡献超过任一个其他社会成员的贡献（对某一其他人 j，$G_i > G_j$），则这个人 i 对公共物品供给的边际贡献 $\partial G/\partial G_i$ 为零。但是，当对所有的其他人 j，$G_i < G_j$ 时，$\partial G/\partial G_i$ 等于社会供给函数。这种总和技术假定的是一个添加性的、离散的生产函数，而最佳射击技术假设的都是一种不连续的报酬递增生产函数。后者似乎是这三种技术中合理性最低的一种，所以，我们只考虑介于最弱关联与总和生产技术之间的各种情形。

考察一个由两个澳大利亚农场主组成的小社会。他们的田地彼此相连，边缘有一条灌木带。每逢夜晚，大袋鼠穿越灌木带，糟蹋农场主们的庄稼。然而，这两个农场主可以沿着他们的地产与灌木之间的边界修筑篱笆，以此保护他们的庄稼。每个农场主都有责任为他自己的那块边界购买篱笆。他们可能面对着如下的技术选择。

最弱关联：袋鼠很快就适应环境的变化，发现篱笆的最低点。篱笆在其最低点的高度，决定着进入两个农场主的田地的袋鼠数量。

无权数的求和：袋鼠非常愚笨，随机探查篱笆，进入农地的袋鼠数量与两块篱笆的平均高度成反比。

报酬递减：如果一个农场主的篱笆低于另一农场主的篱笆，那么，某些袋鼠逐渐学会只找这一块较低的篱笆；但并非所有袋鼠都会学到此招，因而，那块较高的篱笆会挡住一些袋鼠穿越入地。

现在，对公共物品供给的一般公式进行考察。

设 G 是所提供的公共物品的单位数。在此案例中定义为被阻挡在农地外面的袋鼠数目。在价格 P_f 时所购买的篱笆单位数，就可定义为

$$G = F_1 + wF_2, \quad 0 \leqslant F_1 \leqslant F_2, \quad 0 \leqslant w \leqslant 1, \tag{2.25}$$

其中，F_i 是农场主 i 购买的篱笆。如果 $w = 0$，我们就有最弱关联的情形，以及 $G = F_1$，亦即两个人的贡献较小。w 越大，农场主 2 对供给 G 的贡献就越多于农场主 1 的贡献；直到 $w = 1$ 时，我们才会得到上面所考察的无权数求和生产函数。

为了简化问题，假设这两个农场主拥有同样的效用函数，且 G 和私人物品 X 都是非劣等品。那么，收入较低的农场主将总是选择购买较少的篱笆数量，所以农场主 1 是这两个人中收入较低者。他通过在满足其预算约束条件下，选择 X_1 的私人物品消费水平和对公共物品的贡献 F_1，即 $Y_1 = P_x X_1 + P_f F_1$，最大化其效用 $U_1 (X, G)$。这一最大化问题的解又是方程（2.5），只不过，在这里，公共物品的价格为 P_f。

然而，对农场主 2，效用最大化问题的解却是，只要 $F_2 > F_1$ 即为

$$\frac{\partial U_2 / \partial G}{\partial U_2 / \partial X} = \frac{P_f}{wP_x} \tag{2.26}$$

实际上，农场主 2 面临的是对公共物品 F 支付一个较高的相对价格，因为，由于方程（2.25）所定义的技术，他的贡献在边际量上不会与农场主 1 相等。w 越小，农场主 2 所购买的篱笆越少（这一较少的篱笆购买量是他对公共物品的最优贡献量）。在 w 足够小的条件下，解方程（2.26），要求 $F_2 < F_1$。但是，若这样的话，农场主 2 就会成为贡献较小者，他的最优贡献由方程（2.5）定义。由于农场主 2 喜欢作出比农场主 1 更大的贡献，如果满足方程（2.26）就会违背 $F_2 > F_1$。那么，他完全会与农场主 1 的贡献作较量。

要确定 G 的帕累托最优水平的条件，我们就得选定 X_1、X_2 和 G 的水平，在保持农场主 2 的效用不变时能使农场主 1 的效用最大化，而且，所选择的变量值要满足（2.25）式和个人预算约束。也就是说效用最大化。

$$L = U_1 (X_1, G) + \gamma [\bar{U}_2 - U_2 (X_2, G)] + \lambda [G - F_1 - wF_2], \tag{2.27}$$

从其中，得

$$\frac{\partial U_1 / \partial G}{\partial U_1 / \partial X} + w \frac{\partial U_2 / \partial G}{\partial U_2 / \partial X} = \frac{P_f}{P_x} \tag{2.28}$$

只有在 $w = 0$ 的极端最弱关联情形中，由两个独立行动的人所满足的方程（2.28），才是满足这个小社会帕累托最优的条件。因为只有如此，方程（2.28）才能分解为方程（2.5），且两个农场主都购买满足方程（2.5）

的篱笆数量。[①]另一方面，在 $w=1$ 的情形中，我们有公共物品的未加权数的求和供给，方程（2.28）变成萨缪尔森的帕累托最优条件（2.11），因而，所供给的公共物品极少。

此外，每个农场主独立行动时自愿供给的公共物品数量与帕累托最优数量之间的差异会随着 w 的变化而增大。为了说明这一点，让我们再次假定，两个人拥有相等的收入 Y，以及同一效用函数 $U=X^{\alpha}G^{\beta}$。因而，两个人购买数量相同的篱笆 F 和私人物品 X。从方程（2.5）和（2.25）中，我们通过这两个农场主独立的效用最大化决策而得到所供给的公共物品的古诺—纳什均衡数量：

$$G_{CN}=\frac{\beta Y(1+w)}{P_f\left[\alpha(1+w)+\beta\right]} \tag{2.29}$$

同理，运用方程（2.28），可以得到帕累托最优的 G：

$$G_{PO}=\frac{\beta}{\alpha+\beta P_f}\,Y\,(1+w) \tag{2.30}$$

以（2.30）式除以（2.29）式，我们可以得到公共物品的独立供给量与帕累托最优数量的比率：

$$\frac{G_{CN}}{G_{PO}}=\frac{\alpha+\beta}{\alpha(1+w)+\beta} \tag{2.31}$$

$w=0$ 时，此比率为1；但是，随着 w 增大，它会降低。

在几个情形中，方程（2.28）可以一般化为

$$\frac{\partial U_1/\partial G}{\partial U_1/\partial X}+w_2\frac{\partial U_2/\partial G}{\partial U_2/\partial X}+w_3\frac{\partial U_3/\partial G}{\partial U_3/\partial X}+\cdots+w_n\frac{\partial U_n/\partial G}{\partial U_n/\partial X}=\frac{P_f}{P_x} \tag{2.32}$$

（2.31）式一般化为

$$\frac{G_{CN}}{G_{PO}}=\frac{\alpha+\beta}{\alpha(1+w_2+w_3+\cdots+w_n)+\beta} \tag{2.33}$$

公共物品的独立供给数量和帕累托最优数量之间的差额会随着共同体成员数的增加而扩大，而且，额外贡献的重要性也会提高。

哈里森和赫什莱弗（1986）对两个人博弈的试验表明，在最弱关联（$w=0$）的情形中，人们将自愿提供接近帕累托最优数量的公共物品；但在求和情形和最佳射击情形中将会出现供给不足。冯·德·克拉杰特、奥

---

① 这一结论取决于这两个农场主的初始收入，以及农场主2不可能给农场主1转移支付或者为后者购买篱笆这一隐含的约束。在 w 低或 Y_2/Y_1 极高的条件下，无约束的帕累托最优可能要求，农场主2对农场主1购买篱笆支付补贴。参见赫什莱弗（1984）。

贝尔和道斯（1983）对小团体的实验也表明，在类似最弱关联技术的情形中，将出现有效率的公共物品供给。因此，当公共物品的供给技术符合最弱关联条件时，即便没有协调或共谋，也可能出现处于帕累托最优水平的公共物品的自愿供给。不幸的是，在大型社会中，许多公共物品的自愿供给是很难实施的，且对大于最小量的贡献者来说，所有 W_i 为零或接近于零。因此，在大型社会中，看来极需要某种制度机制，以协调和强制个人对公共物品供给的贡献。

2.6　外部性

公共物品是经济学家用来证明政府干涉合理性的市场失灵类型的一种经典例子。外部性是市场失灵的第二种主要类型。当一个人的消费或企业的生产活动对另一个人的效用或另一家企业的生产函数产生一种原非本意的影响时，就会出现一种外部性。个人 A 种植一棵树，以给他自己纳凉，但此举无意识中挡住邻居观赏山谷的视野。肉联厂把污水排入河流中，无意识地提高了下游酿酒厂的生产成本。可以把这些活动与正式的市场交易作一比较。在正式的市场交易中，A 购买树的行为会对卖树者 B 产生影响，但这种影响通过价格制度的运行而得到充分的考虑。不存在山谷观赏或流水质量的市场，因而，也就没有协调个人行为的价格机制。假若存在外部性，常常会导致一种非帕累托最优的资源配置。

为了更清楚地理解这一问题，让我们考察这样一种情形：有两个人，每个人都消费私人物品 X，但 A 制作物品 E 会产生外部性。个人 A 购买 X 和 E 以最大化其效用，预算约束条件为 $Y_A = X_A P_X + E_A P_e$；也就是说，A 最大化为

$$L = U_A\ (X_A,\ E_A)\ +\lambda\ (Y_A - X_A P_X - E_A P_e) \tag{2.34}$$

当有两种私人物品 X 和 E 时，（2.34）式的最大化会导出个人效用最大化的一阶条件：

$$\frac{\partial U_A/\partial E}{\partial U_A/\partial X} = \frac{P_e}{P_x} \tag{2.35}$$

但是，E 是一种会产生外部性的活动；这种外部性会进入 B 的效用函数，即便 B 没有买卖 E。我们可以通过下述方式来求解 X 和 E 的帕累托最优配置：最大化某人的效用，约束条件为另一个人的效用保持不变，且不能超

出两个人的预算之和。即

$$L_{PO} = U_A(X_A, E_A) + \lambda \left(\bar{U}_B - U_B(X_B, E_A) \right) + \gamma(Y_A + Y_B$$
$$- P_x X_A - P_x X_B - P_e E_A) \tag{2.36}$$

B 的效用函数中出现 A 对 E 的消费，E_A 在 B 的效用函数中表示活动的外部性性质。最大化与 X_A、X_B 和 E_A 有关的（2.36）式，有

$$\frac{\partial L_{PO}}{\partial X_A} = \frac{\partial U_A}{\partial X} - \gamma P_x = 0, \tag{2.37}$$

$$\frac{\partial L_{PO}}{\partial X_B} = \lambda \left(-\frac{\partial U_B}{\partial X} \right) - \gamma P_x = 0 \tag{2.38}$$

$$\frac{\partial L_{PO}}{\partial E_A} = \frac{\partial U_A}{\partial E} - \lambda \frac{\partial U_B}{\partial E} - \gamma P_e = 0 \tag{2.39}$$

消去方程（2.37）、（2.38）和（2.39）中的 λ 和 γ，我们可以得到作为帕累托最优的条件

$$\frac{\partial U_A/\partial E}{\partial U_A/\partial X} + \frac{\partial U_B/\partial E}{\partial U_B/\partial X} = \frac{P_e}{P_x} \tag{2.40}$$

或

$$\frac{\partial U_A/\partial E}{\partial U_A/\partial X} = \frac{P_e}{P_x} - \frac{\partial U_B/\partial E}{\partial U_B/\partial X} \tag{2.41}$$

方程（2.41）给出帕累托最优的条件；（2.35）式给出个人 A 的预算最优配置的条件。（2.35）式控制着 E 的水平的决定，因为只有 A 决定购买多少数量的 E。如果活动 E 产生出一种正的外部性，

$$\frac{\partial U_B/\partial E}{\partial U_B/\partial X} > 0,$$

那么

$$\frac{\partial U_A/\partial E}{\partial U_A/\partial X}$$

将大于帕累托最优所要求的值。当 E 产生出一种正的外部经济时，A 购买的 E 太少（和购买的 X 太多）。相反，当 E 产生出一种负的外部性时，

$$\frac{\partial U_B/\partial E}{\partial U_B/\partial X} < 0,$$

A 购买的 E 太多。

　　虽然看起来外部性是一种独立的市场失灵类型，但正如对（2.40）与（2.11）的比较所揭示的那样，外部性的帕累托最优条件等价于纯粹

公共物品的帕累托最优条件（布坎南和斯塔布尔宾，1962）。纯粹公共物品与外部性之间的差异在于，在公共物品的情形中，所有社会成员消费的都是相同的物品，而在外部性条件下，第二方所消费的物品也许是坏的物品，不同于直接购买者消费的物品。当 A 购买鲜花为城市广场作贡献时，他有助于筹集公共物品的资金。当 A 在其后院中种花时，他创造的是一种正的外部性，因为邻居们可以欣赏这些美丽的花朵。如果 A 的某位邻居对花粉过敏，A 种花创造的就是一种负的外部性。帕累托最优问题的关键不在于 A 和 B 消费的正好是同一物品，而在于 A 的消费以一种非价格制度的方式改变 B 的效用。B 并未被排除在 A 的消费的附带影响之外。正是这种非排他性条件，使公共物品和外部性具有相同的帕累托最优条件。也正是这种非排他性，使得协调 A 和 B 的活动以实现帕累托最优，成为必要之事。

　　使 A 调整对 E 的消费，从而实现帕累托最优的一种方式是，政府对活动 E 征收一种税或提供某种补贴。例如，如果 E 产生的是一种负的外部性，对 E 征收等于

$$-\frac{\partial U_B/\partial E}{\partial U_B/\partial X}$$

的税，将提高 E 的相对价格（相对于 X），其提高程度正好是实现帕累托最优所必需的水平。或者，对于 A 所消费的 E 数量小于式（2.35）所包含的数量的部分，对少消费的每一单位都给予某种补贴，也会达到同样的效果。政府之所以存在，就是要通过征税和提供补贴的方式来纠正外部性，这是最常与庇古（1920）的名字联系在一起的、对政府干预的一种传统解释。

　　在讨论最多的庇古赋税中，政府被假设为"知道"引起外部性和受它影响的所有个人的边际替代率表。政府常常被当做像一个人，是个决策者，拥有与决定帕累托最优资源配置相关的所有信息，并宣布最优的税率和补贴。但是，这个决策者在何处获取信息呢？在某些情形下，例如，当一家工厂的活动影响到另一家工厂的成本时，你可以设想，政府这个决策者会去收集工程数据，运用这些数据作出决策。但是，当受到影响的是个人效用时，信息收集问题就会非常复杂。这本书的大部分篇幅关心的是描述民主制度如何显示关于个人对外部性决策偏好的信息。下一节讨论对这一问题的一种更直接的分析思路。

2.7 科斯定理

罗纳德·科斯在 1960 年发表的一篇经典论文中对经济学关于外部性、税收和补贴的传统智慧提出了挑战。科斯认为，与某一给定活动相连的外部效应的存在，并不必然就要求政府以税收和补贴形式的干预。借助于政府的帮助，受到影响的有关方面之间就能够也曾经设计出对外部性情形的帕累托最优解决办法。而且，这一结果的性质是独立于产权安排的，也就是说，在与 E 相关的外部性为负的情形中，究竟法律授予 E 的买者以无限量购买的权利，抑或法律授予 B 以保护自己不受 A 消费 E 的任何不利影响的权利，都是无关紧要的。

虽然科斯以例子来阐述他的论点，既没有陈述也没有证明任何定理，但是，这篇论文的主要结论通常被称之为科斯定理。可以把这一定理表述如下：

科斯定理：在不存在交易成本和谈判成本的条件下，受外部性影响的各方将会就资源配置达成一致意见，使这种资源配置既是帕累托最优的，又独立于任何事先的产权安排。

庇古的观点是错误的；要解决外部性问题，无须政府的干预。

先考察这一定理的一个具体案例。设 A 是一个生产器械的工厂，其副产品是烟尘，而 C 是一个洗衣店，A 排放的烟尘使 C 的成本增加。假定 A 在生产时，C 的利润为 2.4 万美元；但是，如果 A 完全停产，则 C 的利润会增加到 3.1 万美元。再假设 A 的经营利润为 3000 美元。假若 A 的生产要素可以无须成本就配置到其他用途上去，那么，A 停产，会使社会的处境更好。C 因此嫌得 31000 美元的净剩余，而 A 和 C 都经营时它们净利润总和只有 2.7 万美元。

但是，假设没有禁止烟尘排放的法律。A 可以自由地生产，随之而来的是较差的社会结果。然而，可以让 C 贿赂 A 的所有者，通过承诺每年支付给他们 3000 美元，使 A 停产。或者，C 买下 A，然后关闭之。如果 i 为资本的成本，且市场预期 A 能永久性地每年赚取 3000 美元的利润，那么，A 的市场价值就是 3000 美元/i。而 C 关闭 A 的现期贴现值为 7000 美元/i。C 的所有者通过购买并关闭 A，将实现财富增加 4000 美元/i。

为了理解不管产权安排如何都会产生的这一有效率的社会结果，假设

A 的每年利润为 10000 美元，C 的各项数字还是与以前相同。现在，有效率的解决办法是要求 A 继续经营。假设产权界定给 C，存在严格的空气污染法律。C 能对 A 提出起诉，迫使 A 停止生产。A 现在的利润水平使它能够向 C 提供 7000 美元 $+\alpha$（$0 \leqslant \alpha \leqslant 3000$ 美元）的贿赂，让后者不要提出诉讼。两个企业的所有者在这种办法下都会比 A 关闭时处境更好。我们又可以预期会出现有效率的社会结果。

　　注意，在第一个例子的情形下，A 的利润只是 3000 美元，它无须去贿赂 C 允许它继续生产，但也会出现有效率的社会结果。

　　当产生外部性的活动会随着这种活动水平的变化而对第二方产生一种可变的影响时，科斯定理仍然有效。如果 A 以 E 替代 X 的边际率（MRS_{EX}^{A}）随着 E 的增加而下降，那么，$MRS_{EX}^{A} - P_e/P_x$ 是一条斜率为负的曲线，如图 2.1 所显示，它与横轴的交点 E_I 是 A 独立于 B 而行动时她所选择的 E 的水平。它是满足（2.35）式的 E 的水平。

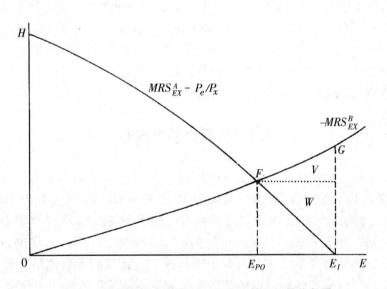

图 2.1　外部效应条件下某一物品的帕累托最优数量

　　如果 E 造成对 B 的负外部性，那么，$-MRS_{EX}^{B}$ 是负的。在图 2.1 中，$-MRS_{EX}^{B}$ 是在这样一个合理的假设下描绘出来的，即：E 越多，B 为了阻止 A 追加消费一个单位的 X，愿意放弃递增的 x 数量。E_{PO} 是 E 的帕累托最优水平，即为满足方程（2.41）的水平。

面积 $E_{PO}FGE_I$ 度量的是 B 由于 A 的消费量为 E_I，而不是 E_{PO} 所蒙受的效用损失。$E_{PO}FE_I$ 衡量 A 从对 E 的这些超额单位中受益的效用。如果 A 接受 B 的贿赂而只消费 E_{PO} 的数量而不是 E_I，即是 $E_{PO}FE_I < Z < E_{PO}FGE_I$，这将使 B 和 A 的处境都更好。

特别的，假若 B 对 A 每放弃消费一个单位的 E，提供 $E_{PO}F$ 的贿赂，则 A 会选择只消费正好等于 E_{PO} 个单位的 E，这样一来，A 的处境会得到面积 W 所示的改善，E 则因为抵制住了 E_I 点上的独立行动结果而得到面积 V 所示的收益。

如果对产权作出相反的界定，B 就能禁止 A 消费 E，使结果保持在 0 点。但如果是那样的话，与帕累托最优配置 E_{PO} 正好相反，A 会放弃 $OHFE_{PO}$ 的利益，而 B 只获得 OFE_{PO} 的利益。自利会促使 A 建议 B 接受 Z' 的贿赂（其中，$OFE_{PO} < Z' < OHFE_{PO}$），允许 A 消费 E_{PO}。[①]

科斯（1960）以四个来自实践中的案例阐述了他的定理。近年，以学生为对象进行了若干试验，在其中，给学生提供的支付表类似于外部性情形中会观察到的支付结构。在 90% 以上的试验中，观察到帕累托最优结果。[②] 科斯定理提供了可以替代政府在外部性情形中的行动的一种逻辑上的和经验上的相关选择方案。但是，随着卷入外部性之中的人数增多，它还适用吗？我们现在转向这一问题。

2.8　科斯定理与核心

科斯提出的例子和上面所讨论的例子都只涉及两个当事者。当涉及的当事者超过两个以上时，科斯定理还有效吗？在霍夫曼和斯皮策（1986）提出的实验结果中，帕累托最优配置是在多达 38 个当事者之间的科斯协商中实现的。但是，在艾瓦尔济安和卡伦（1981）提出的一个例子中，当事者共有三方，科斯定理却失效。让我们考察他们的例子。

艾瓦尔济安和卡伦讨论的是一个造成烟雾的工厂 A 和一个洗衣店 C，就如我们上面的例子那样。如果以博弈论的特有的函数符号来表述企业

---

① 不管 A 是受贿还是行贿，只要假定 E 的数量相同，就不会有收入效应。当他们存在时，精确的解决办法要求运用补偿需求机制（布坎南和斯塔布尔宾，1962）。

我也概括出了人们接近受贿的负外部性的困难，参见鲍曼的讨论（1972）。

② 参见霍夫曼和斯皮策（1982，1986），哈里森和麦基（1985），以及库西、霍夫曼和斯皮策（1987）。

利润，我们可以重新把上述例子表述为具有下述特征：$V(A) = 3000$ 美元，$V(C) = 2.4$ 万美元，及 $V(A, C) = 3.1$ 万美元。其中 $V(A, C)$ 是 A 和 C 之间的一种共谋，亦即是一种其结果为 A 停产的 A 与 C 的合并。

现在假设有第二个工厂 B，它会造成烟尘。让我们把这一问题的特征函数定义如下：

$V(A) = 3000$ 美元　　　　$V(B) = 8000$ 美元

$V(C) = 2.4$ 万美元　　　　$V(A, B) = 1.5$ 万美元

$V(A, C) = 3.1$ 万美元　　$V(B, C) = 3.6$ 万美元

$V(A, B, C) = 4$ 万美元

帕累托最优结果是，形成庞大的联盟体 $V(A, B, C)$；也就是说，A 和 B 停止生产。如果产权在 C 的手中，就会出现帕累托结果，C 禁止 A 向 B 进行生产。而且，无论是 A 和 B 之间的联合 [$V(A, B) = 1.5$ 万美元]，抑或是这两个企业独立行动（3000 美元 + 8000 美元），都无法给 C 提供大笔的贿赂，足以补偿 C 从 $V(C)$ 走向 $V(A, B, C)$ 所获得的 1.6 万美元利益。

然而，假设 A 和 B 有权利排放烟尘，情形就会不同。C 可以建议，它向 A 和 B 分别支付 3000 美元和 8000 美元，要求它们停产。但此路不通。因为 A 会提议与 B 组成同盟，共享 $V(A, B) = 1.5$ 万美元，譬如说，$X_A = 6500$ 美元，$X_B = 8500$ 美元。但是，C 会提议在它自己和 B 之间组成一个同盟，并作出譬如 $X_B = 9000$ 美元和 $X_C = 2.7$ 万美元的分配，以此使 A 与 B 之间不可能结盟。但是，C 和 B 的结盟也会遭到阻止。

为了一般性地证明这种包容所有当事人的同盟是不稳定的，我们需要说明它不在核心之内。一般来说，一个大同盟可以存在于核心之中，如果没有形成同盟的障碍，包括个人独立地行动，并且为其成员提供高于他们在大同盟中所能获得的支付。如果 (X_A, X_B, X_C) 是核心中的一种配置，那么，它就必须满足条件 (2.42)、(2.43) 和 (2.44)：

$$X_A + X_B + X_C = V(A, B, C) \tag{2.42}$$

$$X_A \geqslant V(A), \quad X_B \geqslant V(B), \quad X_C \geqslant V(C) \tag{2.43}$$

$$X_A + X_B \geqslant V(A, B), \quad X_A + X_C \geqslant V(A, C),$$

$$X_B + X_C \geqslant V(B, C) \tag{2.44}$$

条件 (2.44) 意味着

$$X_A + X_B + X_C \geqslant \frac{1}{2}[V(A,B) + V(A,C) + V(B,C)] \tag{2.45}$$

代入 (2.42)，有

$$V(A,B,C) \geqslant \frac{1}{2}[V(A,B) + V(A,C) + V(B,C)] \tag{2.46}$$

但是，例子的数字与 (2.46) 有矛盾

$$4万 < \frac{1}{2}(1.5万 + 3.1万 + 3.6万) = 4.1万（美元）$$

因此，包容所有当事者的大同盟不在核心之内。

这个例子中的主要问题是，工厂 A 和 B 所造成的外部性——烟尘被加强给洗衣店 C。下列假设表明，使这种外部性内在化，是有益的

$$V(A, C) > V(A) + V(C) \tag{2.47}$$
$$V(B, C) > V(B) + V(C) \tag{2.48}$$
$$V(A, B, C) > V(A) + V(B, C) \tag{2.49}$$
$$V(A, B, C) > V(B) + V(A, C) \tag{2.50}$$

在他们的例子中，艾瓦尔济安和卡伦也作出这一假设：两个排放烟尘的工厂之间也存在外部性。也就是说，它们形成一个独立于洗衣店 C 的同盟，对二者都有好处

$$V(A, B) > V(A) + V(B) \tag{2.51}$$

这显然是涉及 C 的一种独立的外部性。艾瓦尔济安和卡伦（p.177）假设 A 和 B 之间存在一种规模经济。这第二种外部性的存在，对证明不存在核心，又是关键性的。把 (2.49) 和 (2.50) 结合起来，可得

$$V(A,B,C) > \frac{1}{2}[V(A) + V(B) + V(B,C) + V(A,C)] \tag{2.52}$$

如果 $V(A, B) \leqslant V(A) + V(B)$，亦即 A、B 形成同盟并无规模经济，那么

$$V(A,B,C) > \frac{1}{2}[V(A,B) + V(B,C) + V(A,C)] \tag{2.53}$$

且满足条件 (2.46)。此时，大同盟就处于核心之内。产权界定给工厂时之所以不存在核心，并非完全是因为有第三个当事者加入博弈，而是因为已牵涉第二种外部性，即 A 与 B 组合起来的收益。此外，想只借助一种责任规则就要同时消除两种外部性，也决定了核心的缺失。

这一例子在什么程度上会削弱科斯定理？我们关心的就是消除由

单一的外部性引起的无效率而言，我认为这一例子不太切题。例如，假设产权属于 A 和 B，但法律规定，如果 C 支付公平的赔偿费，允许它关闭这两家工厂。在这种情况下，假若 A 和 B 停止生产，C 会给这两个工厂的所有者永久性地每年分别支付 3000 美元和 8000 美元。这两家工厂可能拒绝这种条件，要求支付 1.5 万美元。如果问题闹到法庭上，法庭应该以 A 和 B 若决定合并经营就能赚到 1.5 万美元为由而考虑判定这么多的赔偿费要求吗？我怀疑任何一个法庭会考虑这种要求。不过，在考察核心的存在时，通过包括 A 和 B 之间结盟的价值，我们已经赋予 A 和 B 威胁要进行合并以消除他们之间的外部性的合法性，以此种威胁作为 C、A 和 B 之间形成一种同盟的障碍。在理论上，假设 A 和 B 肯定会合并，且不与 C 协商，比假设它们不会合并，似乎更可取。如果它们会合并，那么，谈判就在 C 与 A、B 的结合体之间进行，科斯定理有效，因为 $V(A, B, C) > V(C) + V(A, B)$。如果 A 和 B 不会合并，不等式（2.52）就是决定核心存在的相关条件，科斯定理也有效。[①]

2.9 科斯定理的推广

由于三位行动者无法结成联盟，科斯定理推翻了艾瓦尔济安和卡伦的例子，如果 C 接近 A 并建议与其结盟将增加双方的利润，B 也开始行动并给 A 一个更好的建议。但这一结盟同样容易受到来自 C 的反击。本书将系统讨论从一种可能性结果转向另一种的循环形式。因为每一个行动者都能单方面违反"协议"而接近一个更好的协议，所以这类情况便经常发生。

伯恩霍尔兹（1997a，1998）提出通过限制人们违反已经达成的契约的自由权而声援科斯定理。伯恩霍尔兹要求所有的外部性协议和内部性协议都要有约束力，即一旦达成协议，只有当所有参与者都同意改变时才能改变它。关于外部性协议的一个例子就是 A 和 C 同意合并组成新公司。一

① A 和 B 组合的市场价值必定处于 1.1 万美元/i 和 1.5 万美元/i 之间。前者是它们合并（3000 美元/i + 8000 美元/i）的概率为零时市场赋予它们的价值，而后者是它们合并为一家企业时的价值。因此，如果对 A 和 B 的所有权兜售，那就肯定存在着这样一种备选方案：C 购买 A 和 B，通过合并而形成大同盟。因此，科斯定理的实质就是个人行为和市场机制能在没有政府干预的情况下最大可能地减少外部性。

旦签订合同，就要求所有内部协议受约束，即只有在 C 的许可下，A 才接受一个与 B 组合的协议。由于 C 在这场博弈中处于劣势地位，如果 A 和 B 向 C 提供一份补偿金，C 将不得不让 A 违约，让 A 和 B 组合。但是如果 A 和 B 结盟之所获不足以补偿 C 之所损，那么 C 将永远不允许 A 与 B 的组合。一旦 A 和 C 同意组合，一种全新的协议可能是更好形式的结盟，因为它能改善所有参与者的福利，所以即将发生。因此，一旦所有内部的外部的协议都有约束力的话，如图 2.2 所描述的四种运动顺序必须有一种发生。要么三个公司直接结成强势联盟，要么其中两个先结盟，然后再和第三个结盟。

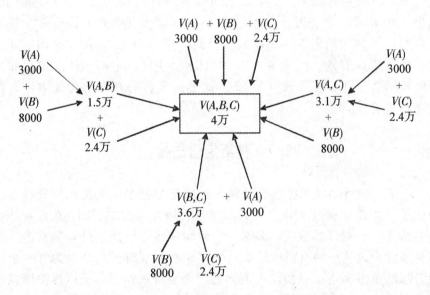

图 2.2　强势联盟的选择路径

　　伯恩霍尔兹（1997a，1998）证明，只要假定存在明晰的产权界定和交易成本缺位，内部协议和外部协议的约束力都足以保证达到帕累托边界。从无政府状态开始，理性的自利的人们将会达成一系列的协议并使他们接近帕累托边界。不是艾瓦尔济安和卡伦所说的循环问题，也不是本书后文所讨论的问题。[①]在一个交易成本为零的社会里，国家的唯一职能就是界定产权并保证协议的约束力。科斯的最初洞察——即在无须

———————————

① 伯恩霍尔兹做了一些附加假设，但论据的主要假设是零交易成本和协议约束力。

交易成本下，两个理性人将达成协议解决外部性的冲突问题以达到帕累托最优——能够一般化为所有人通过达成协议以寻求最优地解决所有集体行动的问题。（当然，伯恩霍尔兹的理论并没有推翻三个公司例子中存在核心的证明，正如其他例子一样。因此，不能得出帕累托最优协议无法达成的结论。正如布里丹笨驴在两堆等距离干草面前丧失判断力不知做何选择一样，人们面对几种都能改善其福利的协议方案，也不知该如何选择以至于都不选择。一种逻辑可能是人比布里丹笨驴理性得多，可以期待将最终选择一个有利的协议并不断筛选别的方案，以最终达到帕累托边界。）

2.10　在没有先决产权条件下科斯定理成立吗

科斯定理的陈述是，独立于任何产权的初始界定均可达到帕累托最优配置，可是，如果没有产权的初始界定，会发生什么呢？科斯定理还能成立吗？

为考察这个问题，可以参见图 2.3。正如图 2.1 所讨论的一样，E 从事的活动带来损害 B 的外部性。产权的初始界定偏好于 A，S_P 代表当 A 未考虑 B 的利益购买 E 时 A 和 B 的效用水平（即图 2.1 中的 E_I）。A 为取得帕累托最优结果而接受的最小贿金等于在其需求目录下 E_I 和 E_{PO} 之间的三角形面积。如果 B 仅仅支付这一最小贿金，他的效用将增加图 2.1 中 $W+V$ 之和，结果由 S_P 移动到 y；与之相反，如果所有从减少 E 的效用水平中的所得转向 A，那么结果将由 S_P 移动到 z。曲线连接点 y 和 z 代表所有的效用组合，这些效用组合是通过减少 A 对于 E 的消费量而达到帕累托最优水平的 A 和 B 的所得。科斯定理表明在缺乏交易成本情况下，y 和 z 之间的一些连接点是可以达到的。

然而，如果没有产权界定，会发生什么呢？可以假定的是 A 要消费 E_I，B 要阻止 A 消费任何数量的 E。为此，B 可以买一把枪或雇用一名杀手来威胁 A，暴力随之而起。在没有界定产权的情况下，A 和 B 将卷入无政府状态，并且在决定 A 可以消费多少 E 的斗争中，许多附加资源都被浪费掉了，无政府状态从 S_P 移回到 S_A。

但是，如果交易成本为零，A 和 B 将不愿停留在 S_A 的位置上；他们将同意无成本地移向 y 与 z 之间的某一点。如果交易成本为零意味着契约成本为零。理性自利人将决不耗费资源解决冲突，因为这些冲突总是能在不

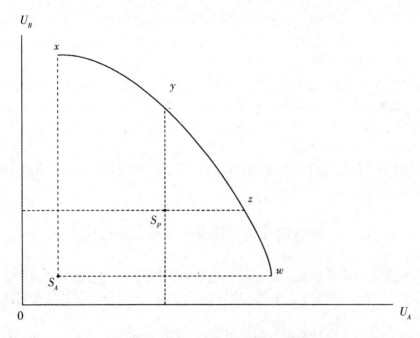

图 2.3 关于外部性的现行效用可能性

损害双方利益情况下解决，A 和 B 将协调一致地从 S_A 移向 $y—z$。

　　关于零交易成本假设的这种解释既使科斯定理平庸化，又犯了同义反复的错误，仅仅说明了理性人决不错过在零成本下改善自身的任何机会。[1]

　　然而，这种争论同时帮助证明了我们所作的关于交易成本的假设的重要性，并且给出了为何产权如此有价值的另一种解释。当他们交易时，与 S_P 点相比，S_A 点使 A 和 B 更好的效用组合范围要优越得多，因此议价时 S_A 点的贿金高于 S_P 点。在现实世界里，交易并不是无成本地完成的。对于 A 和 B 来说，从 S_P 点开始将使交易更容易。这反过来解释了为什么人们选择界定产权而不选择像 S_A 所代表的无政府状态。这种权利可能会减少未来的交易成本和协议成本。[2]

---

① 参见缪勒（1991）和厄舍（1998）。

② 参见缪勒（1991），我们在第二十六章和第二十七章讨论了为何要界定产权的问题。

2.11 多数人条件下的外部性

科斯定理暗含着当交易成本为零时，所有能保证帕累托改进的集体选择便产生了。没有哪个公共物品的利益高于成本而得不到供给，没有帕累托相关外部效应被留下而不被选择，没有即将得到利润的公司对此无动于衷，不管最优集体选择所需要的参与者人数有多少。

在下一节，我们将说明为什么随着集体行为参与者人数的增加，零交易成本变得越来越难以置信。但是，现在我们看看如下论点：即使交易成本保持为零，科斯定理会被不断增长的参与者人数"逐渐损害"。[1]

在第2.4和2.5节，我们已经证明了这样的命题：个人自愿为公共物品捐赠对其他人有示范效应。除了诸如科技之类最极端例子之外，一般地，随着捐赠者人数的增加，作为帕累托最优总数一定比例的公共物品数量会逐渐减少。

现在考虑一个与公共物品稍微不同的例子，即似乎通过自愿行为便可以达到帕累托最优。[2]一条可以永久保护社区免遭水灾的堤坝修筑费用为 C，该社区中 N 个成员的每个人都有相同的偏好和收入，一旦堤坝修成，每个人将获得 V 单位的效用收益。很明显，如果 $NV > C$，就应该修坝。但是必须制订一项集体决议以提供该公共物品。该社区的所有 N 名成员都受邀参加会议，每个人可以自由参加也可以不参加。参加会议的人可以决定是否提供公共物品和共同分担成本。然而，由于缺乏政府一类的机构强迫捐资，不能强制那些没有参加会议的人分担公共物品的成本。

给出零交易成本的假定。我们假设参加会议的 n 个人选择修坝，如果 $nV > C$，并且他们决定平均分担成本。知道这些以后，每个人必须决定是否参加会议。由于人人平等，那么，把我们的注意力限制在对称性策略选择上就是合理的。只有两条纯粹的策略选择——参加或放弃——是所有

---

① 我们发展了迪克西特和奥尔森（2000）的观点，也可参见帕夫雷和罗森塔尔（1984）。

② 自愿捐赠应当与公共物品很不一样。因为除非捐赠总数超过公共物品的总成本，一般是没人提供公共物品的——实验性著作将其称为"供应点"。虽然在公共物品实验中供应点的存在自身似乎并不能缓解"自由骑士"的行为（艾萨克、施米茨和沃克，1989；阿施、吉廖蒂和波利托，1993），艾萨克、施米茨和沃克（1989）以及巴尼奥利和麦基（1991）在包含供应点和回报自由选择权在内的更加高级的自愿捐赠的重大发现。供应点和回报自由选择权体现了下面例子的特征。因此，从这些实验我们可以预测会议的参与者将决定是否提供公共物品以满足需求总量。

人都参加，一是所有人都放弃。假设参加者中足以决定修坝的最小人数为
M，$(M-1)V < C < MV$，那么，当且仅当 $M = N$ 时，参与才是对称性的，
纳什均衡才能出现。当 $M < N$ 并且所有其他人都参与的话，一个人弃权并
自由裁决公共物品的提供将对他更有好处。$M = N$ 的情形与第 2.4 节提到
的最弱相关的科技这类极端的形式比较类似，并且，通过自愿参与也产生
了公共物品的帕累托最优数量。

对于任何大于 1 的 M 来说，缺席是一种对称性纳什均衡。如果两个或
更多的人必须参会才能促进修坝，并且所有其他的 $N-1$ 个人都弃权，那
么，第 N 个人没有理由不弃权。甚至对于适度大的 N 来说，在 $M \geq 2$ 情形
下的数量比在 $M = N$ 的情形下更好。因此，如果纯粹策略均衡出现，似乎
是社区的所有成员都要弃权。

承认这一点后，我们的精明的居民就会选择一种混合策略，也就是
说，参加的概率为 P $(0 < P < 1)$，弃权的概率为 $1 - P$。在这种情况下，
如果所有居民都选择相同的 p，将至少有一个肯定的概率提供公共物品。
当然，同样也有肯定的概率即不提供公共物品，这在一定程度上削弱了科
斯定理。

现在考虑精英人物的决定，他是该社区的典型人物。如果他参与，公
共物品将被提供，如果有 n 名参与者，他的净利益是 $(V - C/n)$。他参加
的预期收益是提供公共物品的概率，也就是说，概率 $n \geq M \times (V - C/n)$。

$$\sum_{n=M}^{N} \frac{(N-1)!}{(n-1)!\left((N-1)-(n-1)\right)!} P^{n-1}(1-P)^{(N-1)-(n-1)}\left[V-\frac{C}{n}\right]$$

$$(2.54)$$

当他弃权时，弃权的预期收益是提供公共物品概率的 V 倍：

$$\sum_{n=M}^{N-1} \frac{(N-1)!}{n!(N-1-n)!} P^{n}(1-P)^{N-1-n} V \qquad (2.55)$$

只要 $n > M$，缺少精英人物的参加，公共物品一样可以提供，并且精
英损失效益 C/n，只有当他的参与使 n 提高到与 M 相同，他才体验到净
利益，假设随着 N 的增加，概率将下降并保持 M/N 不变。迪克西特和奥
尔森（2000）测算了 P 和导致足够多人数参与以提供公共物品的累计概
率 π，为 C、M 和 N 的各种价值，并使 V 混合保持在 1.0。表 2.1 是他们
的部分测算结果。

表2.1 自愿参与条件下最优参与概率 P 和公共物品供给概率 π

	V=1.0					
	C=9.1		C=9.5		C=9.9	
N	P	π	P	π	P	π
	M=10					
20	.091	$.32 \times 10^{-5}$	.053	$.18 \times 10^{-7}$	.011	$.40 \times 10^{-14}$
30	.048	$.76 \times 10^{-6}$	.027	$.37 \times 10^{-8}$	.005	$.66 \times 10^{-15}$
40	.032	$.43 \times 10^{-6}$	.018	$.20 \times 10^{-8}$	.004	$.33 \times 10^{-15}$
80	.014	$.20 \times 10^{-6}$	.008	$.87 \times 10^{-9}$	.002	$.14 \times 10^{-15}$
160	.007	$.15 \times 10^{-6}$	.004	$.61 \times 10^{-9}$	.001	$.94 \times 10^{-16}$
	M=50					
60	.084	$.60 \times 10^{-43}$	.049	$.97 \times 10^{-55}$	.010	$.11 \times 10^{-88}$
100	.018	$.27 \times 10^{-58}$	.010	$.10 \times 10^{-70}$	.002	$.26 \times 10^{-105}$
150	.009	$.74 \times 10^{-62}$	.005	$.23 \times 10^{-74}$	.001[a]	$.48 \times 10^{-109}$
200	.006	$.30 \times 10^{-63}$	.003[a]	$.88 \times 10^{-76}$	.001[a]	$.17 \times 10^{-110}$
250	.005	$.56 \times 10^{-64}$	.003[a]	$.16 \times 10^{-76}$	.001[a]	$.29 \times 10^{-111}$

资料来源：迪克西特和奥尔森（2000，表1和表3）。

当一个人的参与是确定的，$C/M < V < C/(M+1)$，那么，这个人的参与的收益大小（$V - C/M$）就是诱致参与的决定性数字。因此，C 的细小的变动对 P 和 π 产生很大的影响，当 $M=10$，$N=20$ 时，C 从9.1变动到9.9，个人参与概率会从0.091下降到0.011。但是在 $P=0.091$ 的情形下，10个或更多人选择参与的概率仅仅是0.0000032，即使与表中其他数字相比这个概率还算是大的。这样的参与概率和对公共物品的提供，其合理性是高的。（如果 $V=1.0$，$C=1.5$，$M=2$ 并且 $N=6$，那么 $P=0.176$，并且 $\pi=0.285$。）

如果某人召集提供纯公共物品的会议而没有人参加此会，将是一种什么样子呢？很明显，公共物品将无法提供，但同样明显的是，如果交易成本为零，将可以召开另一次会议。毫无疑问，如果第一次会议未能提供公共物品，人们会重新考虑弃权的决定并在第二次会议上表现出来，或者是在第三次会议或第四次会议上表现出来。哎呀，与之恰恰相反的是，如果召开更多的会议，理性自利人将受鼓舞而降低他的 P 值，并且抓住在他表决之前足够多的人将提供公共物品的机会。[1]

为保证公共物品在一个合理期限内被提供出来，需要召开会议，又需要宣布只有当所有 N 名社区成员参与才能提供公共物品。如果 $M \leqslant n < N$，只要没有成本召开另一次会议，那么，不能提供公共物品的"威胁"是可以令人置信的。因为在 $n < N$ 的会议上，所有参会者的收益被延期并等待直到 $n = N$。意识到只有每个人都参加会议公共物品才会被提供，每个人也许都会参加召集的第一次会议。在附加条件下，科斯定理被重新证实，这个附加条件就是一些代理人（就是政府吗?）既召集全体居民参加会议，又宣布唯有所有成员参加社区才能做出一个明确的决定。

因此，我们被迫限制在第 2.9 节所讨论的科斯定理一般化的暗示上面。约束外部性和内部性合同的要求并不足以保证所有的帕累托相关合同真正被起草。当涉及非排斥性公共物品时，起草约束合同需要全体社区居民的参与。[2]

2.12 多数人条件下的外部性——第二次说明

几年前，理想园社区的居民一致投票决定为修坝征税以保护他们免遭水灾。那时，他们组建了"保护理想园防洪俱乐部"（PSFC）。PSFC 会议每年召开一次，决定维修堤坝所需的税费。

随着理想园的发展壮大，出现了第二个问题。汽车数量的剧增导致理想园的空气受到污染。简是一个有自行车而没有汽车的慢跑爱好者，她猜想肯定有很多人像她一样愿意纳税以贿赂所有的汽车司机减少他们的汽车污染环境。她决定组成一个俱乐部——"保护理想园防污染俱乐部"（PSPC）。看看简面临的任务吧，她必须首先接近那些像她一样偏爱清新空气的人，并且邀请他们加入组成 PSPC。如果他们已经读过了前面两章节的内容，一些人或许不参加会议，希望在无须他们捐资的情况下，会议达成协议向汽车司机行贿并成功地减少了污

---

① 当然，若 $P > 0$，则 $\pi > 0$。因此，只要 P 不是 0，即使 π 趋向于无穷小，仍然有提供公共物品的概率。如果零交易成本假设用来解释暗示在无限短的时期内召开无限多人数的会议的话，科斯定理将被重新证实。

② 但是，迪克西特和奥尔森证明，这样的结果在参加会议的适应交易成本的介绍面前显得力不从心。给定这样一种成本，每个人都想弃权以避免它，如果有足够多的人参加会议以提供公共物品（$n \geqslant M$），只要为避免参加下次会议的成本，即使 $n < M$，他们也想这样做。

染。但是，即使所有潜在的捐资者都参加了会议，会议也面临新的任务，即决定从每名参会者那里征收多少资金以及多少作为贿金。即使PSPC克服了这个障碍，它仍然面临一个不可克服的任务，就是联络所有的司机并通过交易贿金让他们答应采取必要措施以改善空气质量。零交易成本的假设明显站不住脚。组建这样的两个群体组织的交易成本让人胆战心惊。

独孤的简决定放弃她的计划，同时，她想起了她已经是包括所有相关团体在内的PSFC俱乐部的一名成员。在下次PSFC会议上，她可以提出一条税费/贿金的建议。如果可能存在一条减少污染的帕累托最优方案，那么必然存在税收和补助金的整合以赢得全体理想园市民的一致支持。解决这个问题后，会议将会继续考虑其他问题，比如保护社区免遭水灾和盗窃，街灯照明，等等。

我们发现了政府存在的另一条可能性理由：节约集体决议的交易费用。尽管在零交易成本世界里，一个独立的自愿的契约性协议可被用以矫正每一处市场失灵，但在现实生活里，组织每一个独立的俱乐部和起草每一部合约的费用都是高昂的。一个包括社区全体成员的用以解决一个市场失灵问题的俱乐部一旦建立，如果这个俱乐部用来解决其他市场失灵问题，整合不同群体的相当可观的一部分成本将被节省下来。因此，政府可以被看成是一种非自愿性成员俱乐部，当社会面临许多市场失灵问题时，它的存在能节约许多交易成本。[①]

2.13 公共物品自愿供给的实验结果

理性的自利行为的假设会带来以下两个可预测的后果：

1. 在二人囚徒困境的一次博弈中，双方都选择不合作策略。

2. 如果重复二人囚徒困境博弈，双方可能在每一次新博弈的某一时点开始选择合作策略。

以典型的大学生参与的囚徒困境博弈实验，并不支持上述两种预测后果中的任何一个。相同事情的总量决定着自愿捐资以供给公共物品的数

---

① 当人们利用政府纠正以上一个外部性问题并同时决定公共物品水平时，艾瓦江和卡伦（1981）提到了人们要面临的一个问题。人们可能预期核心的缺位即一种均衡的缺位将成为听从政府在作出公共物品和外部性的解决时的一个问题。这种预期是正确的，也可参见艾瓦江和卡伦（2000）。

量。粗略有一半的参与者在"一点—二人"的囚徒困境博弈中采取合作策略，在一次博弈和第一轮重复博弈提供纯公共物品的自愿捐资行动中有一半来自合作策略。如果在相同的参与者中重复博弈，捐资就会下降，大概六次重复博弈以后，就达到最优不合作策略的水平。两种结果都与实验中行动者是理性自利人的假设相矛盾。①

来自供不应求的实验结果相对于囚徒的困境超级博弈的预期结果而言比较可靠。囚徒困境实验起初显示出合作倾向的下降，接着是一个持续性增长，直到完美的合谋或合作结果的重新出现。然而，直到这种供不应求博弈重复了35次或更多次，合作解决问题的方案才会重新出现（阿尔杰，1987；本森和法米诺，1988）。

各种实验结果所构成的行为假设是参与者都是适应性利己主义者。他们的当前行为反映了他们的过去状况。从童年开始，大部分人在囚徒的困境中合作（诚实、助人、慷慨）即受奖励，不合作即受处罚。当他们在典型的自愿捐资提供公共物品的实验中首先面对结果时，他们意识到这正是可以预期回报的合作的情形，并且过去一直都是这样子。他们的反应自然倾向于合作，至少是同意合作。但是，其他参与者的不合作或半合作行为使这样的合作行为很快就消失了。实际上，在电脑模拟囚徒困境博弈中表现如此完美的"山雀对小马"策略，只不过是奖励过去的合作并惩罚不合作的游戏的条件性合作策略而已。②

格莱塞、莱伯逊、沙因克曼和苏特（GLSS，2000）于近期提供了在游戏状况下决定个人行为的先决条件的重要性的证据。他们的实验显示人们有宁可相信其他人而不捐资给公共物品的倾向。但是，如果背景变数在一种情况下很重要，那么在别的情况下也同样重要。GLSS发现那些不同意"你不能再相信陌生人"的观点的人，更相信他们接下来参与的实验。白色人种和非白色人种都倾向于更相信他们所属人种的成员，而不相信别的人种的成员。这种行为似乎与人们过去与陌生人以及其他社会群体成员打交道的经历有关。③

---

① 这类实验的书目极多。戴维斯和霍尔特（1993，Ch. 6），罗思（1995，pp. 26—35），莱迪亚德（1995），奥斯特罗姆和沃克（1997）以及霍夫曼（1997）对实验结果作了考察。
② 阿恩、奥斯特罗姆、施米特、舒普和沃克（2001）以及克莱克和塞夫顿（2001）提供了在重复游戏条件下参与者的这类情形的实验证据。
③ 当我们试图解释另一个理性行为模型即人们投票理由的悖论时，将会在第十四章用更多的篇幅讨论适应性自利基本原理的潜在解释力。

有两条理由解释在囚徒困境博弈或在自愿捐资公共物品的博弈中，随着参与者人数的增加，合作者人数会减少：（1）随着参与者人数的增加，从捐资中获得的边际收益会下降；（2）由此识别和惩罚背叛者变得更加困难。第一条解释是增加的无效率结果的基础，我们在 2.4，2.5 和 2.11 节中已经讨论了自愿捐资的例子。实验作品已经很好地证实了这种预测。虽然人们不能自由选择理性行动者模型所预示的程度，但当这样做会有更高的边际收益的时候，他们是能回应这种边际刺激并捐资更多的。[①]

在一个二人囚徒困境博弈中，能够轻易发现并惩罚他人的背叛行为。如果是三个人或者更多人博弈，那将很难辨别出是哪个人背叛了，当然也就不可能在不同时惩罚所有其他人的情况下惩罚真正的背叛者。二人和 n 人（$n > 2$）的囚徒困境这种重大差别，也许可以解释为什么在双头垄断博弈中经常发现狼狈为奸的行为，在三名或更多参与者的自利博弈中，占支配地位的是库尔诺和其他非合作均衡（霍尔特，1995，pp. 406—409）。尽管结论是辩驳出来的，自愿捐资公共物品实验的结果似乎暗示：当个人捐资的边际收益保持不变时，参与者的捐资要么保持不变，要么随参与人数的增加而增加（莱迪亚德，1995，pp. 151—158；奥斯特罗姆和沃克，1997，pp. 49—69）。

考虑到类似囚徒困境情形的人类行为，这些实验的结果没有为理性行动者模型的预期提供完全的支持。然而，这些结果并不会削弱国家存在的解释力，而国家的存在依赖于囚徒困境或市场失灵或"自由骑士"行为。在实验背景下，合作者和背叛者仅仅通过玩游戏被奖励或惩罚，或者，如果允许交流的话，可能是通过其他参与者的口头表扬和斥责。现实世界会出现内容丰富得多的奖励和惩罚。可以是给小孩子打手或拍脑袋的惩罚，也可以是给成人的砍手或砍脑袋的惩罚。在现实世界里，人们不需要像实验那样需要发现他们的行为应当是怎样以及其他"游戏者"会是什么样的，他们通常被直接告知。在一些现实情况下，参与者是可以互相交流的，并且，请注意，实验结果的稳定也是可靠的，即一旦允许交流，合作

---

① 参见莱迪亚德（1995，pp. 149—151）。艾萨克、沃克和威廉（1994）发现了一个例外，他们发现，增加捐资的边际回报并保持参与者人数不变，要么没有影响，要么奇怪地减少捐资水平。但是，他们又发现在减少边际回报的同时增加参与者人数，捐资水平会下降。费雪、艾萨克、沙特曾伯格和沃克（1995）发现，一个群体内捐资行为的边际回报的区别跟捐资行为的重大区别有关，而这些捐资行为的更高边际刺激跟更多捐资有关。也可参见奥斯特罗姆和沃克的讨论（1997，pp. 49—69）。

就会增加。[1]

因此，如果有什么的话，一些囚徒困境和自愿捐资公共物品的实验结果强调需要像国家这样的一个机构，用来宣布在这些情形下所有人的预期行为并帮助保证这种行为的即将到来。

文献注释

许多研究选择无政府状态作为出发点，指出产权或私人保障部门，或者是国家如何作为无政府状态下社会困境的制度解决者出现的。见斯盖普达斯（1992），厄舍（1992）和萨特（1995）。

对囚徒的困境最好的简单介绍也许是卢斯和雷法（1957，pp. 94—113），拉波波特和沙马（1965）对此也著有相关著作。泰勒（1987，pp. 60—108）详细讨论了在集体选择条件下作为囚徒的困境超级博弈的均衡而出现的合作解的各种可能性。哈丁（1982，1997）同样从公共选择角度讨论了囚徒的困境。阿克塞尔罗德（1984）深入探讨了囚徒困境中针锋相对解以及它和现实世界中实现合作结局的相关性。

将囚徒的困境与公共产品相联系的其他著述，包括朗西曼和森（1965），哈丁（1971，1982，1997），赖克和奥迪舒克（1973，pp. 296—300），以及泰勒（1987，第1章）。茵曼在其公共选择领域的杰出评论中，讨论了在囚徒困境框架之下，为何政府干预可能改善配置效率的几种解释。

戴维斯和霍尔特（1993），罗思（1995），莱迪亚德（1995），奥斯特罗姆和沃克（1997）以及霍夫曼（1997）对囚徒困境和对公共物品的自愿捐资都著有实验观察的著作。

哈姆林（1986）评论了围绕国家理性选择理论的规范问题。这种国家理论十分强调集体行为的囚徒困境类型的基本原理。

泰勒和沃德（1982）给出了具有斗鸡博弈特征的某些有趣实例，以及对这种博弈的解的分析。

对外部性的经典讨论包括米德（1952）和西托夫斯基（1954）的文集、布坎南和斯塔布尔宾（1962）的文章和鲍莫尔的著作（1967b）。米珊（1971）评述了这些文献，恩格（1980，第七章）则对外部性和科斯定理作了精彩的探讨。科尔内斯和桑德勒（1986）提供了对外部性、纯公共物品和半公共物品的一种统一分析。

卢斯和雷法定义讨论了核心问题（1957，pp. 192—196）。

达尔曼（1979）将交易成本和政府干预与科斯定理联系起来。弗罗利克和奥本海默（1970）证明了要得出搭便车现象的广度会随着集团规模而扩大的结论，需要比个人理性和自私更多的东西（例如交易成本）。

---

[1] 参见戴维尔斯和霍尔特（1993，pp. 334—338）以及莱迪亚德（1995）。特别有意思的是加丘特和费尔（1997）的实验，他们发现实验之前和之后的最小的机会去讨论捐资问题，该实验适合于为减少学生向公共物品供给更多的捐资而采取的社会惩罚措施的充分程度。

第三章　集体选择的理由——再分配

必须把政治组织理解为是社会组织的这样一个组成部分，即它承担着为了公共之目的而不断地实施直接限制的功能……

如果对在政治上没有组织起来的人们之状态和或多或少在政治上组织起来的人们之状态作一一比较，我们将会看到，人类已经逐渐形成的合作会使他们获得某种利益，这种利益是他们在原始状态中单独行动时不可能得到的；作为这一合作的一种必要手段，政治组织曾经是且将仍然是有益的。

赫伯特·斯潘塞

由于国家是从控制阶级对立的需要中产生的，同时也是在这些阶级的冲突中产生的，所以，它通常是最强大的、经济上占统治地位的阶级的国家，这个阶级借助于国家而在政治上成为占统治地位的阶级，因而获得了镇压和剥削被压迫阶级的新手段。因此，古代的国家首先是奴隶主用来镇压奴隶的国家。

弗里德里希·恩格斯

当不存在中间阶级时，穷人的数量将剧增，问题将会出现，国家将会很快消亡。

亚里士多德

为穷人提供适当的资助是对文明的真正考验。

萨默尔·约翰逊

很容易想象，政府是为了满足社会的某种集体需要（譬如说，免受掠夺）或协调打猎和其他收集食物的活动而从原始无政府状态中产生出来的。但是，同样很容易想象到的是，在国家起源的背后，掩藏着一种分配上的动机。最好的猎手或战士成为部落的首领，最终取得足够的权威，能从其部落属下那儿获得贡物。战争和保卫活动开始作为"政府"的主要活动，但部落的权威领导者却要索取从这些活动中得来的收益。

因此，可以把国家的诞生设想成为是为了满足所有社会成员的集体需要，或者只是为了有助于满足部分社会成员的需要。第一种解释对应着配置效率的实现，第二种解释对应着再分配①。

在经济学和公共选择中，配置效率和再分配之间的区别是根本性的。在私人物品的配置中，市场交换就仿佛是一只无形之手，能够引导社会，从帕累托可能性边界内的各点走向边界上的某一点。然而，这一点的选取是盲目的。交易利益如何分配的问题，是武断地被确定的，但是，由于这一分配问题是作为一种有利于所有参与者的过程的副产品而得到解决的，它不必要成为一个争论的原因。

为了实现公共物品配置中的帕累托最优，要求集体选择过程比市场更少一些无政府主义。必须对将要生产的每一种公共物品数量作出精心的选择，且同时要选择好支付公共物品的捐资方式。在公共物品的配置中，以一种政治过程分配集体行动的利益之问题要比私人物品的配置中以一种市场交换分配利益的问题更清晰。极有可能，这种问题和其他分配问题会占据政治过程中的主导地位。

在本章里，我们将就再分配产生的原因的几项假设进行讨论，然后分析一些政府实际分配活动的统计数据。我们从自愿分配的四项假设开始，这些假设认为集体选择在对收入再分配发生作用时，就如同集体选择提高分配效率那样，原则上是能够达成一致意见的。

3.1 作为保险的再分配

在个体从无政府状态中产生并建立公民社会的过程中，可能会出现关于这一结果的很大的不确定性。一些人会从新政体确定的财产权中大获好处从而变得富有。而其他人则可能获利较少。布坎南和塔洛克（1962，

---

① 关于剥削独裁如何从无政府状态下产生，见斯盖普达斯（1992），厄舍（1992，第四章），奥尔森（1993）和本书第十八章。有趣的是，就如同现代公共选择学者在关于国家的现行活动问题上发生争论一样，政治人类学家也对国家的起源问题进行了同样的争论。有关政治人类学中这场争论的精彩评论，见哈斯（1982）。

第八章）认为这种政体层面上的不确定性可能导致人们把再分配的供给纳入政体之中。

要知道这涉及什么因素，我们假设制度建立后，社会中存在两种收入阶层且每种阶层的任何成员收入相等：Y_i 且 $Y_2 > Y_1$。令 r 为富裕阶层 2 的人数。p 为贫困阶层 1 的人数。一个对未来状况不确定者选择对富裕阶层征税 T，对贫困阶层提供利益 B，以达致以下方程：

$$O = \pi_2 U_2(Y_2 - T) + \pi_1 U_1(Y_1 + B), \tag{3.1}$$

其中，π_2 和 π_1 是她位于阶层 2 和阶层 1 的可能性，分别为：（$\pi_2 = r/(r+p), \pi_1 = p/(r+p)$）。

设收入转移过程中交易费用为 0，有

$$rT = pB \tag{3.2}$$

把 π_1、π_2 和 T 代入方程，求 B 的极大值，得

$$\frac{dO}{dB} = \frac{r}{r+p} \frac{dU_2}{dY} \left(-\frac{p}{r} \right) + \frac{p}{r+p} \frac{dU_1}{dY} = 0, \tag{3.3}$$

从而得出

$$\frac{dU_2}{dY} = \frac{dU_1}{dY} \tag{3.4}$$

在不知道她会变得富裕还是贫困的情况下，寻求其预期效用最大化的个人，会支持使两阶层代表成员边际效用相等的用作再分配的税收。如果所有个人的效用函数相等，她会选择使所有个人收入相等的税收利益。[①]

在建立把财富从富人转到穷人的再分配制度时，人们因为对未来不确定，就会选择保障以避免陷入贫困。对未来的不确定性可能导致人们一致同意在制度中纳入再分配制度。在这一情况下，制度成为一种保险合同。

加入保险合同的潜在好处显而易见，以至于人们例常都会建立私人合同关系以规避风险。为证明国家保险相对于私人合同对避险的作用更大，我们需要一些诸如交易费用和市场失灵一类的理由来证明市场所提供的保险不及国家保险。现有两条主要理由。

首先，参加保险合同的人数越多，每个成员的风险越小。当新成员的风险与老成员的风险相同时，参加合同的人数无限。当保险成为一种涵盖所有社会成员的"保险俱乐部"时，它就成了"自然垄断"（阿罗，林

---

① 勒纳（1944，pp. 23—40）最早演示了工资的平均分配能够最大化对未来状况未知的个人的预期效用。参见森（1973）和奥尔森（1987）。

德，1970）。

不过，陷入贫困的风险对于所有个人来说并不相同。低于平均智商水平或进取心的人，比普通人更容易变穷；高智商、进取心强的人变贫的可能性更小。即便个人可以决定他变贫的可能性，但作为私人保险公司却无法做出这样的决定。私人保险公司售卖保险可能导致逆选择的问题。

要知道保险涵盖了什么内容，我们可以考虑一个伤残保险购买决策。假定所有健康人的收入和效用是可鉴的。令 Y_H 为一个健康人的收入，Y_D 为伤残者的收入；$Y_D < Y_H$。任何人在阶段 1 都健康，可以购买保险以规避阶段 2 伤残的风险。对整个人群来说，伤残的比率是 π_D。忽略管理及其他交易费用，一个私人保险公司需收费（税）T 以提供对伤残人数 B 的给付。因此，$B = T/\pi_D$。现在假定有一个人 i，他为避免伤残风险而决定购买保险，伤残可能为 π_i。他希望在两个阶段最大化他的预期效用。忽略折扣，这意味着他最大化了

$$E(U) = U(Y_H - T) + \pi_i U(Y_L + B) + (1 - \pi_i) U(Y_H) \tag{3.5}$$

代入 B，求 T 的最大值，可得

$$\frac{dE(U)}{dT} = -\frac{dU(Y_H - T)}{dY} + \frac{\pi_i}{\pi_D} \frac{dU(Y_L + B)}{dY} = 0 \tag{3.6}$$

或

$$\frac{dU(Y_H - T)}{dY} = \frac{\pi_i}{\pi_D} \frac{dU(Y_L + B)}{dY} \tag{3.7}$$

当 i 的个人伤残可能与整个人口伤残可能相等时，$\pi_i - \pi_D$，可能得出与 (3.4) 方程同样的结果。个人 i 购买了数量为 T 的保险，这样在第一阶段他的收入较高情况下的边际效用和第二阶段伤残以后的边际效用相等。一个知道或认为他伤残的可能性相对普通人来说更小的人，购买量达

$$\frac{dU(Y_H - T)}{dY} < \frac{dU(Y_L + B)}{dY} \tag{3.8}$$

这就意味着对保险的较少购买。$\pi_i > \pi_D$ 的个人购买量大于平均水平。这反过来证明，个体伤残概率大于社会伤残概率。如果普通个人能确切判断他们的 π_i 的话，私人保险合同就无利可图。个人风险的确切信息的存在会引致保险市场的逆选择，最终导致这些市场的消亡。[①] 强迫每个社会成

① 也许可以区分高风险和低风险人群，并分别提供保险合同。这种区分均衡点也许不存在，不过，如果它们存在，就会保证相对于所有个人都被以同一费率购买保险的情况——更低的预期效用。参见阿罗（1962），阿克罗夫（1970），保利（1974），罗思柴尔德和斯蒂格利茨（1976）。

员参加一个保险项目在这一状况下就是帕累托优化。[①]

3.2 作为公共物品的再分配

在第二种假设情况下[②]，我们看到富人向穷人转移收入，这不是因为他们不确定自己是否会变穷，而是出于移情或类似的利他动机。这一行为可用刚刚采取的分析思路来解释。人们公认，最高收入阶层的每一成员也会从低收入阶层成员所增加的效用中获得满足。最高收入阶层扮演了一种一致同意把自己收入转移给更低收入阶层的俱乐部的角色。假定有三个阶层，且 $Y_3 > Y_2 > Y_1$。则阶层 3 的每个成员在投票时，也可视为对其内部成员和更低收入阶层成员的有利效用的目标函数求极大值：

$$O = n_3 U_3 (Y_3 - T) + \alpha_2 n_2 U_2 (Y_2 + B_2) + \alpha_1 n_1 U_1 (Y_1 + B_1), \qquad (3.9)$$

其中，n_3、n_2、n_1 分别代表阶层 3、2、1 的人数，T 是对最高收入阶层的税收，B_1 和 B_2 是另外两个阶层的人均补助。最高收入阶层的每一成员最为关注该阶层每一成员的效用，次要关注（$\alpha_1 \leqslant 1$，$\alpha_2 \leqslant 1$，）其他阶层成员的效用。代入预算方程，得

$$n_3 T = n_2 B_2 + n_1 B_1 \qquad (3.10)$$

分别对 B_1、B_2 求极大值，得

$$\frac{dO}{dB_1} = n_3 U_3' (\frac{n_1}{n_3}) + \alpha_1 n_1 U_1' = 0 \qquad (3.11)$$

$$n_3 U_3' (\frac{n_2}{n_3}) + \alpha_2 n_2 U_2' = 0, \qquad (3.12)$$

从而得出

$$U_3' = \alpha_2 U_2' = \alpha_1 U_1' \qquad (3.13)$$

如果最富裕阶层中的某成员对阶层 1、2 中的成员的效用同样关注（$\alpha_1 = \alpha_2$），并假设收入产生同质的效用，则（3.13）式意味着为使阶层 1、2 收入边际效用相等而对阶层 1、2 的补助。于是，最低阶层的收入必须在对阶层 2 进行任何转移之前提高到与阶层 2 相等的高度（冯·弗斯滕伯格和缪勒，1971）。

把她自己的效用等同于其他人的一个无私的利他主义者（$\alpha_1 = \alpha_2 = 1$）

---

① 更多讨论见奥弗拜（1995b）。
② 此假设由霍克曼和罗杰斯首创（1969）。

将投票支持平均所有人的收入。而那些更注重自己效用而不是其他人效用的人（$0 < \alpha < 1$）将不支持把转移支付水平提高到使他们的收入与他们将转移支付的阶层收入一致的地步。

等式（3.13）可被用来预测最高收入阶层成员对再分配的支持行为或者此人的慈善捐助行为。由于慈善是纯自愿的行为，而政府再分配计划却不是，人们会问，在阶层3的所有成员都支持再分配的情况下，为何不能依靠私人慈善组织（公会）来进行再分配呢？

要求政府干预的原因还是体现在"搭便车"问题上。如果阶层3的成员希望阶层1的所有人而不是他认识的少数人福利增加，她就不可能独自实现这个目标。如果阶层3所有成员都这样想，那么他们就可以通过联合——集体行动实现这个目标。但是如果采用自愿协会团体的方式，搭便车行为便会继而发生，这样一来再分配的数量就会低于帕累托最优。帕累托最优是通过好像只有富人投票并且采取一致通过的方式时的政府干预来看待再分配的角度的。

3.3　满足公平法则的再分配

在前面两种对再分配进行解释的假设下，是给予者获得的效用使他产生给予意愿的。当2由于不确定他是否会在未来某时间患病而购买保险时，他会马上同意在1患病而他健康的情况下把钱给予1。他的动机是为了避免如果他不购买保险的话而患病所产生的效用损失。事实上2状况更优，因为这个保险作为1把他的部分收入再分配给2的结果，是1偶然决定去购买的。

与此类似，在"帕累托最优"再分配下，是捐赠者所获得的效用引致其再分配的决策。这种动机在一个人害怕乞丐伤害他而给乞丐钱的时候表现得最为明显。

第三种自愿再分配看上去和前两种都不相同。这种类型也许在"独裁者游戏"这样的实验中体现得最为淋漓尽致了。在这类实验中的一场测试里，埃森伯格和奥伯霍尔泽－吉（1997）先通过小测验来挑选分数较高者，然后把他们定为独裁者。独裁者每人发7个瑞士法郎并被告知他们将和另一个未被选为独裁者的人一组。他们两个人都不知道另一个人是谁，在实验结束后他们的身份也不会公开。独裁者被告知他们可以自愿决定将他的7个法郎中的一部分直至全部给另一位匿名者。很合情理，如果一个人极端自私，他一个子儿也不会给，而平均来看，独裁者给予他的匿名同伴的数额约为他的 7 个法郎的 1/3。①

这些实验结果不能被解释为一种保险，因为独裁者知道他能够保留这 7 个法郎。他也不存在变成其他学生的风险。由于他不知道另一个学生是谁，因此他为何能从使另一个学生中更好地获得效用也是不得而知的。需要注意的是，最初由霍克曼和罗杰斯提出的解释对这一情况是不适用的。独裁者没理由认为在没有收到 7 个法郎的情况下，另一个匿名学生的状况就会变得比独裁者更糟。

埃森伯格和奥伯霍尔泽－吉（1997）假定在独裁者游戏中扮演给予者的学生，在把"他们的"7 个法郎给予对应的同学的时候，都遵守一个"公正规范"。他们觉得，谁被选为独裁者或者不被选为独裁者都是有偶然因素的，因而感觉是公正"命令"他们与他人共享这 7 个法郎。

埃森伯格和奥伯霍尔泽－吉还假定独裁者们在"成本更小"的时候更加慷慨，因而当该行为是集体决策而非他们单独决定数量的时候，他们就会"赞成"把 7 个法郎中的更多份额给予他人。当再分配选择是集体决策时，表达愿意给付的意愿的成本就更小，因为每个人的数量只对结果有概率层面上的影响。② 埃森伯格和奥伯霍尔泽－吉预测，当成本为零的时候，独裁者们最为慷慨，比如说，当他们仅仅是在回答一个关于独裁者该给付多少钱的调查问卷的时候。埃森伯格和奥伯霍尔泽－吉的部分实验也支持这一预测。

公正理念看来在许多类型的实验中都非常显著。一类与独裁者游戏非常类似的实验是"最后通牒"游戏。关于该实验的演示为，第一个学生提议把 7 个法郎予以分配，而第二个学生可以选择拒绝该提议。如果他这么做了，他们俩都一无所得。如果参与者 1 提议给自己分 $7-e$，e 给参与者 2，2 的自私行为将会令其在只要 $e>0$ 的时候就接受这个提议。参与者 1 的自私行为令其选择一个很小的 e，但"最后通牒"游戏的典型结果是，参与者 1 提议给予 es 为分配总量的 30%，而参与者 2 在分配量大大少于这个比例时，会拒绝这个大于 0 的 es。对这一貌似不理性的行为的最通常

① 与此类似，在"强盗"实验中，允许没有钱的学生从那些考核成绩较好从而被授予 7 个法郎的学生那儿拿走 7 个法郎。"同谋者"学生"仅仅"拿走 7 个法郎的 3/4 左右。在其他研究中也有类似的结果。（卡尼曼、尼奇、塞勒，1986；大卫和霍尔特，1993，pp. 263—268。）

② 这一分析是第十四章讨论的"表达投票"假说的一个案例。

解释仍是公正规范。参与者 1 的供给受其本人的规范限制，当 e 的值过低以至于侵犯了参与者 2 的公正规范时，参与者 2 用拒绝其提议的方式来惩罚参与者 1。[1] 由于这些及其他实验结果证明了公正规范的重要性，在解释自愿再分配时就不能忽略这些概念。

讨论

表面上看，我们对再分配的前三种解释看来相当不同。每种都是之所以要引入再分配的可能解释或者是其主要解释。当我们由表及里深入下去时，这三种再分配形式的差异变得模糊了。

尽管一旦世界真实状况被揭示以后，存在着对未来状况的确不确定的情况可能导致纯自私者签订对收入进行再分配的保险合同，豪尔绍尼（1955）和罗尔斯（1971）发展了规范研究理论，其中个人在对未来状况不确定时，提出了族群原因。罗尔斯甚至把他的理论命名为公平正义，人们可以把他们对社会契约的观感看做一种表述公平概念的方式。我们将在第二十三章讨论豪尔绍尼的理论，在第二十五章讨论罗尔斯的理论。

也许看到乞丐并不会导致害怕而只是怜悯，但在一个人把钱放在乞丐手中时，他会对自己说："除了仁慈的上帝唯我施援。"这种利他的给予行为开始与罗尔斯的规范公正理论更加相像了。这一理论反过来植根于一个人对公正的直觉理念。尽管一个瑞士大学生不一定会因在独裁者游戏中被选为独裁者而感谢上帝，她对其选择能够带来机会的自然认知也许会帮助解释她的慷慨。

由于难以对每个给予者进行心理分析，也许会比较难去确定这三种对自愿分配的解释中哪种最符合情况。确实，如果我们仅因自愿再分配的存在而希望继续深入下去，但还想预测哪些人更可能给予以及他们有多么慷慨，我们就可能需要介绍一下我们在以前章节中讨论过的心理行为理论，它们能够协助我们解释囚徒困境中的合作，因为这两种"非理性行为"有许多共同之处。[2]

---

[1]　参见古特、施米特伯格、施瓦茨（1982）；卡尼曼、卡奈基、泰勒（1986）；古特和蒂茨（1988，1990）

[2]　不过，威尔逊（1993）辩称，有一种"道德观念"，公平观念也属于其一部分或者部分来自于它。假定威尔逊是正确的，我们就能预期所有人会在某种程度上自愿给予，但我们还是需要其他因素来预测什么人给多给少。

3.4　再分配以提高分配效率

再分配的前三种理论建立在一个有关人们偏好的特殊假设上，即：人们是避险的，利他的，或者遵守某种公平规范的。第四种理论没有做出关于个人偏好的特别假设，但是却假定人们的生产率不同。在这种假设之下，对收入和生产资源的再分配可导致使得社会所有成员境况更好的资源配置效率的提高。我们如果从寡头统治角度来看待这一主张，会最为清晰。[①]

P 和 U 生活在一个大小固定的、能够种植谷物的土地上。P 是一个生产率高的农民，如果他在全部这块土地上工作，他能种植 100 单位的谷子。U 是一个相对来说生产率低的农民，如果他在全部这块土地上工作，他仅能种植 50 单位的谷子。图 3.1 显示了这一群体的生产可能性边界。

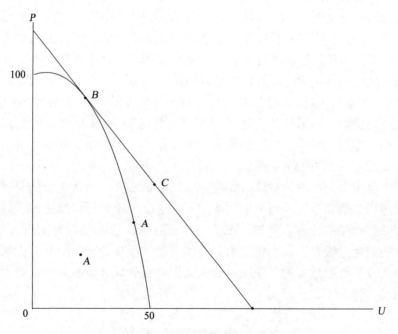

图 3.1　P 和 U 产品可能产出

---

① 以下讨论基于伯斯和科尔马的观点（即将谈到）。

寡头统治下土地的分配是这样的：在 P 和 U 两个人都全力投入种植谷子中的时候，P 和 U 两个人能得到 A 的分配。但是，如果他们每人从另一人那里偷一些谷子过来，每人就都能单方面多得些谷子。如果两个人都参与偷盗这种无生产率的活动，他们就会在 A' 而不是 A 点收手。如同在前面章节讨论过的那样，这种情况出现的基本原理是这种制度会阻止 P 和 U 两个人陷入掠夺行为并允许他们达到 A 点。

由于 P 的生产率更高，如果把土地从 U 转移到 P 手中的话，群体的总产品就会增加。但 U 决不会接受这种转移。不过，如果禁止掠夺行为——因为向生产可能曲线左边的任何运动都会使 U 境况更坏——这样的转移还是可能发生的，只要 P 愿意与 U 分享其谷子。谷子的最高总产量发生在 B 点。P 与 U 之间如果达成共识，使土地先转移给 P，然后把谷子从 P 转移到 U，可能使该群体获得 B 点的生产率。此时双方都比在原先的土地分配情况下境况更好。

如果此境况已然存在并且在禁止偷盗的情况下保证产权和协议，私人协议当然可以达至 A 向 C 的移动。P 仅仅在向 U 购买土地。在市场经济下，这种资源从生产率低向生产率高的所有者手中转移的情况几乎天天发生。如果我们假设这种情况还存在，那么这种交易就不可能存在。U 永远不会自愿把土地给 P，即使 P 保证与他共享其谷子，因为没有制度来保证实施这一承诺，这就无法信赖。当 P 拥有土地后，他就不会有与 U 共享其收获的动力。帕累托优化的稻田交易也许会被 P 与 U 之间的正式契约所带来，即使田间生产率更高的 P 的土地增加，同时也会保证他能与生产率更低的 U 大量共享其收获。

土地在今天并不像在以前那样是一个重要因素，因此这个例子看来不是很适用于解释今天的再分配政策。不过这个例子是可以修正的，以合理解释其他类型的转移。例如，那些"U"们也许是未受教育的穷人子女，如果他们受过教育，他们将成为群体中生产率很高的成员。对富人征税并为穷人提供免费教育的国家项目能大大提高社会成员总收入以使得它的成员境况更佳。

3.5　作为取得的再分配

再分配的四种动机原则上会导致政府采用再分配计划，即便是在全体一致法则之下。

几乎没有民主制度会通过全体一致规则作出集体决策。[①] 一旦政府行为在即便是部分国民反对的情况下也要进行，再分配就可以在政治途径下，采用完全非自愿的方式把财富从成功者向失败者转移。

在我们完全理解为何以及如何发生之前，我们需要理解政府是如何运作的。本书的主要章节都与这个问题相关，我们在许多地方都会谈到再分配。现在我们先满足于一个关于政治进程机制的非常粗略和抽象的简单模型。

我们再假定有两组，其成员从收入中获得效用，这里面也包括他们可以使用政治资源来获得以政府补助为形式的额外收入。当然，只有一组能够获得正的收益，因而另一组就必须动用它的政治资源来缩减对它所征的税收。设 Y_i 为第 i 组成员的一个成员的收入，U_i 是他的效用，R_i 是他的政治资源，$i=1$，2。所有第一组的成员效用方程相同，$U_1 = U_1 (Y_1 + B, R_1)$，有 $(\partial U_1/\partial Y_1) > 0$，$(\partial^2 U_1/\partial Y_1^2) < 0$，及 $(\partial U_1/\partial R_1) < 0$，$(\partial^2 U_1/\partial R_1^2) < 0$。使用政治资源来获得利益 B 的方式使第一组成员的效用降低。对于第二组，有 $U_2 = U_2 (Y_2 - T, R_2)$，$(\partial U_2/\partial Y_2) > 0$，$(\partial^2 U_2/\partial Y_2^2) < 0$，及 $(\partial U_2/\partial R_2) < 0$，$(\partial^2 U_2/\partial R_2^2) < 0$。此时，$T$ 是为提供 B 所需的人均税收。

为了全面理解这个问题，我们需要更加了解其机制的本质，作为政府层面的目标和他们所追求的这些目标的限制。对这些进行归纳，我们可以就把政治资源定义为 $B = B (R_1, R_2)$，$(\partial B/\partial R_1) > 0$，$(\partial^2 B/\partial R_1^2) < 0$，$(\partial B/\partial R_2) < 0$，及 $(\partial^2 B/\partial R_2^2) < 0$。

第一组的成员选择 R_1 以最大化

$$O_1 = U_1 (Y_1 + B_1, R_1) = U_1 (Y_1 + B (R_1, R_2), R_1) \tag{3.14}$$

得

$$\frac{\partial O_1}{\partial R_1} = \frac{\partial U_1}{\partial Y} \frac{\partial B}{\partial R_1} + \frac{\partial U_1}{\partial R_1} = 0 \tag{3.15}$$

或

$$\frac{\partial U_1}{\partial Y} \frac{\partial B}{\partial R_1} = \frac{\partial U_1}{\partial R_1} \tag{3.16}$$

图 3.2 阐明了这一情况。第一组的成员使用着她的政治资源，直到他

---

① 如果是多国家组织，比如欧盟，那么它在做一些集体决策时，会采用全体一致法则。此时，"几乎"一词就可以去掉了。

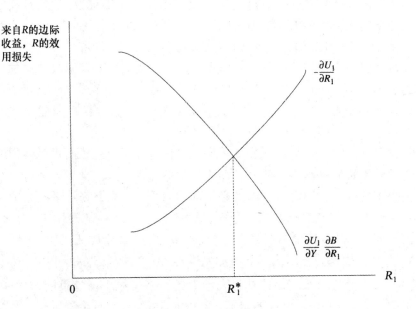

图 3.2　政治资源最优支出

们的损失 $[-(\partial U_1/\partial R_1)]$ 与这一花费所获得的额外补助 $[(\partial U_1/\partial Y)(\partial B/\partial R_1)]$ 的边际效用刚好相等。第二组的成员也有类似关系，唯一不同的地方是他的边际所得来自于缩减的税收。

　　由于 B 是 R_1 和 R_2 的方程，一个人最优的 R_1^* 依靠 R_2，这两组只有在此时才达到完全均衡，即当两者都在第 j 组处于其最优状态 R_j^* 时，以 R_j^* 为条件来选择其最优。[①]

　　政治资源可以有多种形式。在民主制下，可以存在某团体为某党派的成功而施加影响（发传单、投信、电话等）。这样时间机会成本低的群体（失业、退休者）就可望能成功争取到补助。

　　贵族阶层有能力通过邀请政府中某些成员加入其贵族群体来获得政府的好感。这一情况下贵族阶层的政治资源是它决定其成员组成的权力。把政府成员纳入其贵族阶层的成本是，它丧失了一些排他性，这样作为其成

---

　　① 这是纳什均衡。如果我们详列 U_1 和 B 的方程组，则（3.16）方程可用来解出作为 R_2 的方程的最优 R_j^*，以及做 U_1 和 B 的方程的参数。这一等式可以构成第一组成员的反应方程。把第二组成员的反应方程代入等式，我们可以在纳什均衡下解出 R_2^* 和 R_1^*。

员的价值就下跌了。

在中世纪，教会能够通过利用其与上帝的特殊联系来从国家获得金钱，把天堂的位置和其他优待卖给王室。（埃克隆德等，1996）

当然，政治资源的最简单形式就是金钱本身。它可以被用于贿赂政府官员来获得优待、游说他们、向选战运动捐款，等等。当 R_1 是金钱的时候，U_1 成为 U_1 （$Y_1 + B - R_1$），（3.16）等式成为

$$\frac{\partial B}{\partial U_1} = 1 \tag{3.17}$$

对政治资源的最优花费是在当把最后 1 美元成本花在从政府得到好处上的时候，就能刚好获得 1 美元回报。

非自愿再分配可能会使一些人状况变坏，也可能使所有人情况变坏。我们常常认为非自愿再分配就是资金从一个群体流入政府然后在流出到另一个群体，其中第一个群体状况变坏而第二个群体状况变好。在单纯税收/收益方案下，只要其中之一花费其资源去获取利益的话，这种情况就肯定会发生。事实上，他愿意花费其资源就意味着他的总收益大于他花费的资源。

如果两个群体花费资源来获取收益，最后结果可能是他们相对于假定他们没打算去获取资源的境况来说，境况都变得更坏。要说明这一点，假定两个群体都花钱游说来获取利益，他们的收益是完全相抵触的。两个群体都没有从游说中获得任何利益，而且由于他们花费了游说资源，他们的境况都变坏了。由于在游说上花费资源，生产可能性边界向内移，新的均衡点比这些群体本可以不陷入导致非自愿再分配的竞争时的状态更向内（当然，游说者从两个群体中都得到收入）。如果我们假定游说是一个竞争非常激烈的产业，每个游说者的收入就会刚好等于他的机会成本——他如果从事另一个职业本可获得的收入。如果我们假定这些替代性职业和游说不同，对社会有价值，那么在两个群体争夺利益的过程中，社会的损失是在这些对社会有价值的活动中的游说者的边际产品。

当我们意识到税收和利益不能无成本征用的时候，境况更坏。群体 1 的利益是对第二组所征的总税收，减去产生这个转移支付的交易成本 c，得

$$n_1 B = n_2 T - c① \tag{3.18}$$

---

①　n_1 和 n_2 是群体 1 和群体 2 的人数。

c 中包括打印税收和补助表格费用、邮寄费用、保证群体 2 所有成员都交税而群体 1 中仅有特权的成员才得到补助的操作费用，惩罚诈骗者等。在诱导人们去从事无收益的游说所造成的社会损失之外，还要加上创造一个功能仅为组织非自愿转移的官僚机构的社会损失。c 涵盖的还有税收和给付的负效应带来的负担损失。例如，如果对群体 2 成员的收入征税，I 提高了，这些成员可能减少工作，收入减少，于是离生产可能性边界更远了。对群体 1 的给付可能降低其工作努力。布朗宁（1987，1989）计算过，所有这些收入转移的交易费用的总和是所转移的收入价值的 9 倍。

这些转移转给了谁？穷人、富人、中产阶层；资产阶级、大财团、工会、地主贵族阶级、"有权精英"、各种"特殊利益"——享有政府同时或者不同时再分配的受益人的数量几乎是难以数计的。我们不必去把所有曾被提出过的再分配"理论"都检视一遍，但我们会在以后几章就公共选择有关文献范畴内的一些理论来进行讨论。目前，我们满足于了解现有再分配模式以及它们如何支持前面讨论的假说和具体假说的相关实验。

3.6　美国的收入转移

我们在第一种对再分配的解释中，把再分配看做一种保险。居民不确定他是否会失业、生病、衰老，等等，于是支持建立社会保险来保护其免受这些不确定性。在这一点上，很有趣的是，美国的主要社会保险项目是在大萧条时期建立的，那时实际的和可能的失业率或致贫率都居高不下。尽管大萧条的经济风险使得人们更偏好政府提供的保险项目，这些项目同时也使得人们了解到了我们所面对的整体上的不确定性本质和广度。

同样的情况在第二次世界大战期间也出现过。德雷泽克和古丁（1986）谈到了第二次世界大战中轰炸英国时所有英国人所经历的共同风险。他们指出，这种共同风险使得人们更加注重和农民的关系。把一个人置于他邻近群体的地位的心理实验变得简单多了。"偏爱和公正融合为一"，英国人支持扩大社会保险项目，不仅是覆盖战争风险，还包括社会所面临的普通风险。德雷泽克和古丁（1986）提供证据，把社会保险项目的扩大与第二次世界大战事件联系起来。他们还提出了超国界的证据，证明其他国家社会保险项目的扩张与该国面临的与战争相关的风险呈比例关系。

表 3.1　　　　　　　美国联邦、州、地方转移支付　　　　　（百万美元）

A. 联邦政府

	支出	占所有转移支付的百分比(%)	占总预算的百分比(%)
1. 保险类项目，总额	630316	91.1	38.7
a. 退休金	357286	51.2	
b. 伤残	49430	7.9	
c. 失业	21576	3.1	
d. 医疗保险	180214	25.8	
e. 军人保险	21810	3.1	
2. 非保险转移支付	67271	9.5	4.1
a. 福利和社会服务	47120	6.8	
b. 其他	17981	2.6	
c. 军人	1412		
d. 住房	87	<0.1	
e. 农业	90	<0.1	
f. 劳动力培训	581	0.1	
3. 所有转移支付总额（去掉利息）	697587	100.0	42.8
4. 联邦预算总额	1628419		100.0

B. 州及地方

	支出	占所有转移支付的百分比(%)	占总预算的百分比(%)
1. 保险类项目，总额	7369	3.7	
a. 工伤和短期伤残保险	7369	3.7	
2. 非保险转移支付	198955	100	
a. 医疗救助	155017	77.9	
b. 福利和社会服务	37785	19.0	
c. 其他	6153	3.1	
3. 所有转移支付总额（去掉利息）	191586	100.0	20.1
4. 州及地方预算总额	991271		100.0

资料来源：Survey of Current Business, 1998, 10, 表 3.16 和表 3.17。

不管潜在的动因是什么，社会保险项目构成了美国直接转移的一大部分。1995 年，所有联邦层面的直接转移的 90.4% 都处于无收入考核的保险类项目之下（见表 3.1A）。而几乎所有国家或地方层面上的再分配计划都是有收入考核的（表 3.1B）。这种再分配在广义上与再分配的保险动因有一致性，如果它的动力是源于富人一方可能有一天变贫的风险的话。大萧条和之后的第二次世界大战期间保险的发展可能与这一思路一致。但对穷人的收入考核制的再分配也可以是帕累托优化再分配的例证。如前所述，再分配之下的各种动因是很难孤立开来的。

有一个领域看上去尤其符合通过帕累托优化角度来解释的再分配，就是种类内转移，比如住房、食品和医疗。由于获得者把种类内转移的价值视为低于普通价值，那么后者就是一个由货币组成的再分配计划，它仅仅基于给予者看到接受者拥有更高效用水平的效用［阿龙和冯·弗斯滕伯格（1971）；吉茨（1982）］。一些人愿意通过某些消费产品给穷人捐助，这些产品就是穷人的住房、食品消费、医疗，这些都是交税者所关注的。但是更为直接支持帕累托最优角度优于其他假说的证据仍然缺乏。

3.7　再分配与收入分配

多数人一想到"再分配"就想到把富人的钱拿来再分给穷人。但社会保险项目和其他政府再分配并不一定采取这种形式。当比尔·盖茨退休，他同样有权每月从政府那里获得一张社会保障支票，汇入他作为微软创始人和前首席执行官所继续获得的数以百万计美元的收入中。政府的再分配究竟有多少转到穷人手中，它对收入再分配的影响是什么？

不幸的是这些简单而基础的问题很难回答。完整的回答需要考虑税收和转移存在，还要考虑其他政府支出和规章的存在。税收分配效应比支出效应更容易测量，但即便如此就某些税收而言也存在大量争议。[①] 对支出而言，情况更糟。富人从警务保护和国防保护中所获得的好处与他们所付的税收相匹配吗？警务和国防支出是否可以被视为提供一种最终消费社会福利，抑或是在决定来自政府行为的福利和成本最终分配时的中间产品

---

① 例如，见米兹科夫斯基（1969）的调查。

（米尔曼，1980）？政府规章的分配效应更难测量，我的知识无法估测。在政府禁止酒厂在电视上做广告之后，股东和雇员的收入损失是多少？在计程车司机必须按表收取规范费用之后，他的损失是多少（也可能是乘客损失）？

　　对再分配最简单的计算只考虑税收、现金或类现金转移。在美国，这些导致轻微的富人向穷人的再分配。①

表3.2　　　　　　　　**1984 年修正过的美国家庭收入分配**　　　　　　（百分比）

	以十分位统计的家庭收入所得份额				
	1st （最贫困）	2nd	3rd	4th	5th （最富有）
当前人口调查收入（税前现金）	4.7	11.0	17.0	24.4	42.9
当前人口调查收入去税	5.8	12.3	17.8	24.1	40.0
当前人口调查收入去税加上医疗保险、医疗救助和食品券	7.2	12.2	17.7	24.3	38.7
当前人口调查收入去税加上医疗保险、医疗救助和食品券加雇主额外福利	6.7	12.3	17.6	24.3	39.1
修正以上各人群家庭大小差异等因素后的数据	7.3	13.4	18.1	24.4	36.8

　　资料来源：利维（1987，p. 195）。

　　说明：当把 1984 年收入统计数据的税收、种类内政府和私人福利、家庭大小进行修正以后，家庭收入分配状况变得更加平等了。

　　表3.2 提供了对 1984 年美国的估计数据。比较表中第一行和最后一行，可以看到政府政策限制了最高收入人群所获收入分配 15% 左右，提高了最低收入人群的收入约 50%。不过，最高收入人群家庭平均收入仍是最低收入人群的 5 倍，即便是在政府调整之后。

---

　　①　在其他一些试图纳入政府支出的福利的研究中，也得出了类似的结论。见吉莱斯皮（1965，1976），道奇（1975），雷诺兹和斯莫伦斯基（1977）和马斯格雷夫（1980，p. 276）。

表 3.3　　　　　　　　　16 个 OECD 国家初次收入和可支配收入分配

国家	年度	收入种类	各阶层累计收入份额										最高10%	D90/D10
			10%	20%	30%	40%	50%	60%	70%	80%	90%	95%		
奥地利[a]	1987	可支配	4.1	10.1	17.2	25.4	34.4	44.2	54.8	67.2	81.1	91.8	18.9	4.6
澳大利亚	1985	初次收入	1.6	6.1	12.1	19.3	27.8	37.6	48.8	61.6	77.0	—	23.0	14.4
		可支配	2.9	7.7	13.7	21.0	29.4	39.0	50.2	63.0	78.3	87.3	21.7	7.5
比利时	1988	初次收入	3.7	9.1	15.5	23.0	31.8	41.8	53.0	65.5	80.1	—	19.9	5.4
		可支配	4.2	10.2	17.1	25.0	33.8	43.5	54.3	66.4	80.3	88.4	19.7	4.7
加拿大	1987	初次收入	1.2	4.7	10.1	17.0	25.4	35.2	46.7	60.0	76.0	—	24.0	20.0
		可支配	2.8	7.8	14.1	21.5	30.1	39.8	50.7	63.3	78.4	87.5	21.6	7.7
法国	1984	初次收入	1.7	5.6	10.7	16.9	24.5	33.5	44.1	56.7	72.4	—	27.6	16.2
		可支配	3.0	8.3	14.6	21.8	29.9	39.1	49.5	61.6	76.3	85.5	23.7	7.9
德国	1984	初次收入	2.2		13.6	20.9			50.1	62.7	77.9	—	22.1	10.0
		可支配	4.0	9.8	16.6	24.2	32.9	42.5	53.2	65.3	79.4	87.8	21.6	5.4
爱尔兰	1987	初次收入	0.2	3.2	8.0	14.2	21.8	30.8	41.8	55.2	72.4	—	27.6	138.0
		可支配	2.5	7.1	12.6	19.3	27.1	36.3	47.0	59.6	75.1	84.7	24.9	10.0
意大利	1986	初次收入	2.5	7.4	13.5	20.4	28.4	37.6	48.5	61.1	76.2	—	23.8	9.5
		可支配	3.1	8.0	13.9	20.7	28.4	38.0	48.7	61.2	76.2	85.4	23.8	7.7
卢森堡	1985	初次收入	3.8	9.5	16.1	23.5	32.0	41.5	52.3	64.6	79.5	—	20.5	5.4
		可支配	4.3	10.2	17.1	24.8	33.5	43.1	53.9	66.0	80.4	88.8	19.6	4.6
挪威	1986	可支配	3.9	9.8	16.9	24.9	33.9	43.7	54.6	66.7	80.6	88.7	19.4	5.0
瑞典	1987	初次收入	0.5	3.3	8.5	15.3	23.4	34.2	46.5	60.5	76.8	—	23.2	46.4
		可支配	3.3	9.5	16.9	25.3	34.6	44.8	55.9	68.2	81.9	89.7	18.1	5.5
瑞士	1982	初次收入	1.7	6.3	12.4	19.4	27.2	36.1	46.1	57.8	71.9	—	28.1	16.5
		可支配	2.8	8.0	14.1	21.0	29.0	37.8	47.7	58.9	72.5	81.3	27.5	9.8
英国	1986	初次收入	1.6	5.5	11.2	18.1	26.4	36.1	47.2	60.3	76.4	—	23.6	14.8
		可支配	2.5	7.2	13.0	20.5	28.7	38.2	49.1	61.8	77.1	86.4	22.9	9.2
美国	1986	初次收入	1.0	4.0	8.9	15.3	23.3	32.7	43.8	57.2	74.0	—	26.0	26.0
		可支配	1.9	5.7	11.2	18.0	26.2	35.7	46.9	60.2	76.3	86.2	23.7	12.5
芬兰	1987	初次收入	0.6	3.3	8.4	15.1	23.7	33.8	45.6	59.3	75.8	—	24.2	40.3
		可支配	4.5	10.8	18.1	26.4	35.6	45.6	56.6	68.6	82.2	90.0	17.8	4.0
荷兰	1987	初次收入	2.8	8.1	14.4	21.6	29.7	38.8	49.5	61.9	76.7	—	23.3	8.3
		可支配	4.1	10.1	16.9	24.5	33.0	42.5	53.2	65.3	79.4	87.8	20.6	5.0
新西兰	1988	可支配	3.2	8.5	14.7	21.9	30.2	39.9	51.0	63.9	79.1	—	20.9	6.5

a. 不计入自雇收入。

可支配收入是每个成年人的平均值，初次收入是家庭收入。

最下面三个国家的定义与其他国家有细微不同。见阿特金森、雷恩沃特、斯米丁（1995）；数据来自表 4.3，表 6.6，第 87 页。

表 3.3 比较了 14 个 OECD 国家的所有家庭初次收入分配和每个成年人人均可支配收入，其中可支配收入是在初次收入上加上转移支付并减去税收得出的。在利维的数据里，美国 1984 年最低收入人群 4.7% 的税前收入可以与 OECD 国家 1984 年的 4.0% 的数据相比较。利维提出转移 7.3% 的构想可以和 OECD 国家的 5.7% 相比较。（没有来自挪威和新西兰的初次收入分配的数据。）

本表中几处需要注意。首先，各国初次收入差异巨大。比方说，在爱尔兰，收入分配的底层 10% 实际上没有收入，于是当观察爱尔兰初次收入时，收入顶层 10% 与收入底层 10% 的比值（$D90/D10$）高达 138 倍。初次收入分配很大程度上是一个国家收入结构的方程，其失业率、年龄分布，当然也包括影响这些变量的政府政策——比如最低工资法令影响了收入结构和失业率。

税收和转移支付政策的确熨平了收入分配，而在美国，主要通过提高底层 20% 左右的收入来做到这一点。的确，在例如比利时和意大利这样的国家，顶层 10% 对可支配收入的占有份额与其在初次收入中的份额几乎一致。

把社会顶层占可支配收入的份额与底层份额的比值作为分配指标，奥地利（4.6），比利时（4.7），芬兰（4.0）成为最平均的国家；瑞士（9.8），爱尔兰（10.0）和美国（12.5）成为最不平均的国家。

3.8　特别利益的再分配

美国联邦层面的收入转移模式主要包括类保险的再分配，州和地方层面的转移支付主要付给穷人。从主要工业国的税收和转移支付的实际效果看，最低收入群体相对于最高收入群体，收入分配得到了提高。这些模式总体上与那些自愿再分配假说所预测的是一致的，如果下结论说，这些假说中的一种或多种一定能够解释这些模式，的确很吸引人。可是，这一推论却很难确认，而且这些模式中某些部分直接与之抵触。

如果政府运营的养老金计划是真正的保险项目，所有参加者都将他们工作生涯的收入的一部分投入基金。那些退休者从该基金中获得给付。再分配部分上是采用本人自我转移、代际之间收入转移的形式：从 t 时期雇员 X 女士到 $t+n$ 时期的退休者 X 女士；部分上是采用人际转移：从 t 时期的 Y 女士转移到 $t+n$ 时期的 X 女士，如果 Y 在 $t+n$ 时期之前去世的话。

不过，这并不是主要发达国家政府运营的养老金计划的运作方式。X 女士在 $t+n$ 时期的养老金支票直接来自所有 $t+n$ 时期的 Y 女士们所缴纳的税收。转移支付是当前工作者对以前工作者的转移。这种政府养老金制度表明他们涉及的税收和转移支付的水平反映了非自愿再分配。在真正的保险项目之下，X 女士和 Y 女士在不确定她们是否活到 $t+n$ 时期的情况下，决定在 $t+n$ 时期的转移支付的水平和她们在 t 时期所缴的税收。在实际运营的现收现付养老金制度下，X 女士知道当她投票支持 $t+n$ 时期给予更高的养老金给付，她能直接从中获益，别人会支付这笔钱。她投票支持更高养老金转移支付的动机与理性自私假说和再分配理论完全一致。

其他形式的再分配也符合这种情况。当农民 X 投票支持一个保证提高农产品价格和对农民进行更高的转移支付的候选人时，X 知道她成为这些政策的直接获益者。城市银行职员必须考虑她成为无足轻重的农民的可能，如果她由于在她的效用方程里拥有农民的财产而支持这些计划，她可能投票支持对某个收入比她的收入更高的人进行再分配。1985 年 77 亿美元现金补助的三分之二转移到年度产值为 10 万美元的农场，仅占所有农场的 13.8%。大致上，所有补助有三分之一转移到农场，净值达 10 亿美元。

日本农业保护政策有助于提高农户收入，在 1955 年农民与城市雇员收入水平大致相等，而在 1984 年，农民收入比城市雇员收入高 32%。

表 3.4　　　　　　1980 年欧盟国家农业政策下平均成本收益
与自由市场产出的比较　　　　　　　　　　（百万美元）

国家	生产者	消费者	政府	净值
欧共体九国	−30686	34580	11494	15388
西德	−9045	12555	3769	7279
法国	−7237	7482	2836	3081
意大利	−3539	5379	1253	3093
荷兰	−3081	1597	697	−787
比利时/卢森堡	−1624	1440	544	320
英国	−3461	5174	1995	3708
爱尔兰	−965	320	99	−546
丹麦	−1736	635	302	−799

资料来源：A. 布克韦尔、戴维 · R. 哈维、K. 汤姆森、K. A. 帕顿（1982，pp. 90—134），载于克斯特和坦格尔曼（1990，p. 97）。

说明：负数指成本，正数指收益。

　　许多向农民提供补助的政府农业政策不是以直接现金补助的形式出现的，而是以价格底线和其他提高农业价格的政策出现的。这意味着这种向市民/消费者提供的再分配形式比预算转移支付形式成本更高。表3.4提供了如果消费者和纳税人（在九个欧盟国家为正数）放弃欧盟统一农业政策（CAP）而转向自由农业产品市场所获得的利益。农民转而选择自由市场而放弃所有补助（306.88亿美元）的总成本约为消费者（获345.82亿美元）和纳税人（获114.95亿美元）将获得的总收益的三分之二。在CAP制度下，欧盟农民腰包每增加1欧元，消费者/纳税人将掏出1.50欧元。

　　在民主工业国有多种形式的再分配形式，惠及中产阶层和更高收入阶层，这与本章开头所讨论的各种再分配理论并不相符。这些形式是如此之多，以至于事实上许多学者认为所有政府行为都是有自私和再分配动机的。（梅尔策和理查德，1978，1983；佩尔茨曼，1980；阿朗松和奥迪舒克，1981。）

表3.5　　以十分位计算的人口的转移支付分配比例和平均转移支付占该年收入中值的百分比

国家	年份	底层	2	3	4	顶层	总额	平均转移支付占该年收入总值的百分比
澳大利亚	1981	42.8	22.2	13.3	12.5	9.2	100.0	10.8
	1985	40.7	24.6	14.4	12.9	8.0	100.0	11.3
比利时	1985	22.9	22.5	21.9	16.6	16.1	100.0	33.3
	1988	21.5	23.6	20.1	16.1	18.7	100.0	34.9
瑞士	1982	38.5	19.2	15.6	13.3	13.3	100.0	7.3
加拿大	1981	33.0	22.9	17.9	14.1	12.1	100.0	10.1
	1987	29.5	24.2	19.2	15.0	12.1	100.0	12.4
法国	1979	19.7	21.2	18.8	17.7	22.6	100.0	22.2
	1984	17.5	21.2	18.4	17.7	24.7	100.0	25.0
德国	1984	21.8	22.2	16.7	21.0	18.3	100.0	19.8
爱尔兰	1987	32.0	21.9	21.3	15.2	9.6	100.0	20.5
意大利	1986	15.6	16.4	19.7	20.0	27.6	100.0	21.4
卢森堡	1985	17.3	18.3	19.5	22.5	22.4	100.0	23.7

续表

国家	年份	底层	2	3	4	顶层	总额	平均转移支付占该年收入总值的百分比
荷兰	1983	21.8	21.8	18.4	20.4	17.6	100.0	28.5
	1987	24.9	21.3	16.9	17.7	19.2	100.0	28.3
挪威	1979	34.0	20.9	16.4	13.6	15.1	100.0	13.5
	1986	21.5	16.6	14.2	12.2	11.0	100.0	15.1
瑞典	1981	18.0	23.9	19.8	19.5	18.7	100.0	35.0
	1987	15.2	25.8	21.7	19.9	17.4	100.0	35.5
英国	1979	30.6	20.0	17.4	17.0	15.0	100.0	18.5
	1986	26.7	25.9	19.4	16.1	11.9	100.0	24.3
美国	1979	29.7	21.1	17.4	14.7	17.1	100.0	8.9
	1986	29.2	21.2	17.1	17.5	15.1	100.0	9.4
芬兰	1987	25.9	22.6	18.2	15.8	17.6	100.0	27.7

资料来源：阿特金森、雷恩沃特、斯米丁（1995）；数据来自表7.5，第107页。

表3.5显示了15个OECD国家的政府转移支付分配状况。澳大利亚的转移支付形式可能令人感觉再分配是出于利他——保险动机的。1984年，政府转移支付的40.1%转入身处收入分配底层的十分之一的人群，而仅有8%转移至收入最高的十分之一人群。但这些数据同时也意味着澳大利亚转移支付总量中有超过50%转至中间的五分之三的人群。这一情况符合表中除1986年的瑞士和挪威以外的所有国家。收入分配各层次的人群获得大量转移支付，而在法国、意大利、卢森堡和瑞典，最高的十分之一的人群相对于最低收入的十分之一人群来说，获得了最高比例的转移支付。在法国和意大利，总人口中收入最高的十分之一人口获得的政府转移支付份额实际上比任何其他人群所获的更高。这些再分配形式只能通过假设至少有一些再分配是非自愿的来解释。纵观本书，我们应讨论一些能够解释这一再分配形式如何出现的理论。

文献注释

本章得益于罗杰斯（1974）和奥本海默（1979）的调查。

利维（1987）曾著有关美国第二次世界大战以来收入分配形式变化的很有意义的相关论述，不过不是通过公共选择途径。

雷（1981）和同事们汇总了作为再分配相关讨论的基础，关于公平的不同定义的很有意义的分类。

古丁（1988）通过规范分析角度，对再分配政策进行了分析和论证。

第二部分

直接民主制中的公共选择理论

第四章 投票规则的选择

多数者作出的决策就像用汽油来照明一样的权宜之计。

威廉·格拉德斯通

有两个一般性原则。第一，所讨论问题愈重要，意义愈重大，所得出的观点愈接近全体一致的看法。第二，要处理的问题愈紧迫，所规定的投票数的差异就允许愈小，当要现时达成一个决定时，有一个人的多数就足够了。

让－雅克·卢梭

本章和后面四章将探讨各种投票规则的性质。就像在一个城镇的集会上，或由公民投票表决作出的决策时那样，或者就像在一次大会或市民代表委员会上作出的决策时那样，这些规则被认为能够控制政治组织自身的行为。与邓肯·布莱克（1958）那样，我们将经常把"委员会的决策"作为投票过程的结果。可是，头脑里应记得"委员会"一词是在广义上使用的，它可以暗指整个政治组织的一个投票委员会。当它暗指由代表构成的一个委员会时，所表示的结果只能严格地与代表们自己的偏好相关。后面将阐述公民和代表的偏好之间的关系。

4.1 一致性规则

由于所有人都能从公共物品的提供中受益，因此，提供公共物品的明显的投票规则似乎应是全体一致同意。克努特·威克塞尔（1896）是第一个把所有人从集体行动中受益的可能性与全体一致通过规则联系起来的学者。与每件公共物品应由一项独立的税收来融资的建议相联系的一致性规则，构成了威克塞尔的税收"新原理"。为了了解该过程是怎样进行的，让我们来看看有两个人和一种公共物品的情形。每个人有一个给定的初始收入，Y_A 和 Y_B，并且在公共物品和私人物品之上定义效用函数 $U_A(X_A, G)$ 和 $U_B(X_B, G)$，其中 X 是私人物品，G 是公共物品，公共物品的融资由个人 A 缴纳的税收 t 和个人 B 缴纳的税收（$1-t$）构成。图 4.1 描绘了个人 A 在私人物品和公共物品之间的无差异曲线，设私人物品和公共物品的价格使得如果 A 不得不支付所有公共物品（$t=1$）时，A 的预算约束线为 $Y_A t_1$。如果 A 必须支付公共物品的一半成本，其预算约束线为 $Y_A t_{.5}$，如此等等。当税收份额为 0.5 时 A 的公共物品数量的最优选择为 G_0。可是，应注意税收——公共物品组合（$t_{.33}$，G_1）和（$t_{.33}$，G_2）是与（$t_{.5}$，G_0）在同一条无差异曲线上的，从图 4.1 中，我们能够计算出无数的税收——公共物品组合，它位于无差异曲线 A 上。

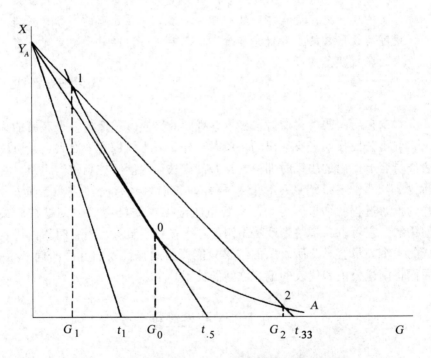

图 4.1　不同的税收价格下，一个投票者的最优数量

因此，可以把无差异曲线 A 映射到公共物品——税收空间（约翰逊，1963）。

图 4.2 描绘了这样一个映射。图 4.2 中的点 0、1、2，对应着图 4.1

中的点 0、1、2。图 4.2 中的无差异曲线是图 4.1 的对应曲线的一个映射。

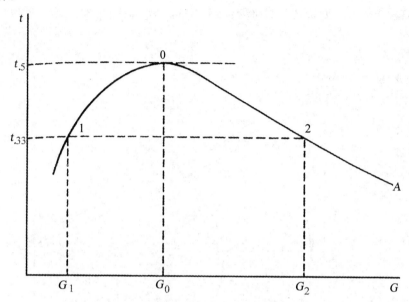

图 4.2 从投票者偏好到税收—公共物品空间的映射

为了把图 4.1 的所有点映射到公共物品——税收空间，我们用 G 和 t 来重新定义个人的效用函数。从预算约束，我们可得

$$X_A = Y_A - tG$$
$$X_B = Y_B - (1 - t)G \tag{4.1}$$

把（4.1）式代入每个人的效用函数，我们就获得想要的定义在 G 和 t 上的 A 和 B 的效用函数：

$$U_A = U_A (Y_A - tG, G)$$
$$U_B = U_B (Y_B - (1 - t)G, G) \tag{4.2}$$

图 4.3 描述了把 A 和 B 的公共物品—私人物品空间映射到公共物品—税收空间的部分无差异曲线。A 承担的公共物品的成本份额从纵轴的底部 0 到顶部 1.0，B 的税收份额方向相反。因此，图 4.3 中的每一点都表示一组能充分支付在该点的公共物品数量的所有成本的税收份额。每一点在 A 的一条无差异曲线和 B 的一条无差异曲线上。每一点体现着每个人在预算约束（4.1）式中所隐含的私人物品消费量，公共物品数量和纳税数额。A_1 和 B_1 分别表示效用水平。如果每个人独立地购买公共物

品，那么将支付公共物品的百分之百。① 对于 A，更低的曲线（对于 B 为更高的曲线）表示更高的效用。A 和 B 的无差异曲线的切点集 CC'，表示把帕累托——可能边界，映射到公共物品—税收份额空间的一条契约曲线上。

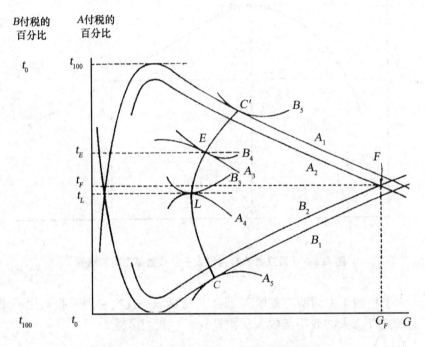

图 4.3 公共物品—税收空间中的契约曲线

为了看清 CC' 上的每一点都是一个帕累托——效率配置，对每个人的效用函数求关于 t 和 G 的全微分，并把初始收入（Y_A、Y_B）视为常量，则有：

$$\Delta U_A = \frac{\partial U_A}{\partial X}(-t)dG + \frac{\partial U_A}{\partial G}dG + \frac{\partial U_A}{\partial X}(-G)dt$$

$$\Delta U_B = \frac{\partial U_B}{\partial X}(-1+t)dG + \frac{\partial U_B}{\partial G}dG + \frac{\partial U_B}{\partial X}(G)dt \tag{4.3}$$

---

① 为使讨论简化，我们忽略了一个人单方面的公共物品的供给会溢出到其他人的效用之中的情况。可以把公共物品想象成跨越一条小溪的桥，如果每个人建造自己的桥，A_1 和 B_1 表示之内的各点都意味着，这两个人通过合作只修建一座桥而能得到更多效用。

令每个人的效用函数的总变化为零，我们能够解出每个人的无差异曲线的斜率：

$$\left(\frac{dt}{dG}\right)^A = \frac{\dfrac{\partial U_A}{\partial G} - t\dfrac{\partial U_A}{\partial X}}{G\left(\dfrac{\partial U_A}{\partial X}\right)}$$

$$\left(\frac{dt}{dG}\right)^B = \frac{\dfrac{\partial U_B}{\partial G} - (1-t)\dfrac{\partial U_B}{\partial X}}{G\left(\dfrac{\partial U_B}{\partial X}\right)} \tag{4.4}$$

使两条元差异曲线的斜率相等，我们就得到帕累托效率的萨缪尔森条件（1954）：

$$\frac{\partial U_A/\partial G}{\partial U_A/\partial x} + \frac{\partial U_B/\partial G}{\partial U_B/\partial x} = 1 \tag{4.5}$$

现在考虑下面的公共选择过程。一位公正的观察者提出一对税收份额，t_F 和 $(1-t_F)$，以及一个公共物品数量 G_F。如果组合落入 A_1 和 B_1 形成的眼形区域内，那么两个人都更愿意接受这个共同分担公共物品成本的建议，而不愿意自己独立地提供所有公共物品。如果他们的投票是诚实的，两个人都将投票支持这一建议。这时 F 就变成现时的决策，并且会提出一对新的税收份额——公共物品数量组合。[①]当偶然选到的是一个落入 A_2 和 B_2 形成的眼形区域内的组合时，人们会全体一致地偏爱这一组合，而不是 F。此时，该组合就变成现时的决策，并且选择组合的过程会持续，直到达到 CC' 上的一点，如 E 点。一旦达到这样的点，就不会有新的提议得到一致的赞同，也就是没有能使两者都获益的提议，这样也就形成了全体一致同意的社会选择。

应注意，对于配置 E 所包含的税收份额，每个人的最优公共物品数量不同于所选择的公共物品数量。A 喜欢公共物品数量少一点，而 B 喜欢公共物品数量多一点。因此，给定税收份额 t_E 和 $(1-t_E)$，每个人被"强迫"消费并非他最满意的公共物品数量（布雷顿，1974，pp.56—66）。只要对投票过程稍作改变，就能避免这种形式的强迫（埃斯卡拉兹，

---

① 当然，对于上述过程中选择一个新的税收份额或一个新的公共物品——税收份额组合的规则必须小心地设定，以保证收敛到帕累托边界。对于这些规则的特征的设定，读者可参阅有关显示公共物品偏好的瓦尔拉斯式过程的文献。图尔肯斯（1978）对此曾有过评述。

1967；斯卢斯基，1979）。假设，对于初始选定的税收份额集 t 和 $(1 - t)$，投票人必须比较所有的公共物品的数量，并且只有当人们一致地更偏好一个给定的数量而非其他数量时，该数量才被选中。这种情形只有当两个人的无差异曲线相切于 t 的税收线的同一点时才会发生。对于初始选定的 t，如果找不到这样的公共物品的数量，那么就会选择一个新的 t，并且重复上述过程。这样持续下去，直到找到一个 t，在 t 处所有人都对公共物品的同一数量投赞同票。在图 4.3 中，这样的情形发生在 L 点，此时税收份额为 t_L 和 $(1 - t_L)$。L 是林达尔均衡。

刚描述的两种投票过程的结果（E 和 L）在几个方面有所不同。[1]在 L 点，每个人的公共物品对私人物品的边际替代率都等于他的税收份额：

$$\frac{\partial U_A / \partial G}{\partial U_A / \partial X} = t \qquad \frac{\partial U_B / \partial G}{\partial U_B / \partial X} = (1 - t) \qquad (4.6)$$

这样，L 是一个均衡，原因是，在给定每个人分派的税收价格时，在该点，所有的人都偏好这一公共物品数量，而不是其他任何数量。E（或以第一种过程达到的任何一点）是一个均衡，在该均衡处，从任何方向对该点的偏离至少会使一个人的处境变得更糟。因此，L 点是由在给定的税收价格下，所有委员会的成员通过一致协议作出的对消费的公共物品数量的集体决策所维持的。E 点则是通过一致规则之下的个人否决权来维持的。这种差异的存在程度取决于一个给定的税收份额集对寻找最优公共物品数量的约束作用的大小（在图 4.3 中表现为沿着给定的水平线搜索）。假定 L 是唯一的，那么在第二种过程之下，达到 L 点的效用分配只依赖于初始禀赋和个人偏好，并且具有独立于所提出的税收份额序列的（可能）优势。第一种过程之下的结果不仅依赖于初始禀赋、个人效用函数，而且还依赖于决策过程中提出的具体的税收——公共物品组合的集合和序列。尽管第一种过程的这种"路径依赖"可认为是不理想的，但它具有使整条契约曲线 CC' 都能被选中的（可能的）优点。如上所证，CC' 曲线上的所有点均是帕累托有效率的，因此没有额外的评判标准是无法对这些点进行比较的。在这里应注意，如果 CC' 上的一点，如 E 点，是在某些规范标准下作为最偏爱的点而被选中的，那么，通过第二种投票过程也能达到该点，只是此时首先得用 L 点所获得的效用水平恰好是 E 所获得的效用水平的方式再分配初始禀赋（麦奎尔和阿龙，1969）。可是，这样做所需要的

---

① 对于这些不同方面的详细讨论，可参见斯卢斯基（1979）。

信息量是相当巨大的。

在此我们只勾画了两种达到帕累托边界的可能的投票程序。有几篇论文描述了公共物品存在时达到帕累托边界的瓦尔拉斯/摸索程序。所有这些过程都有一个共同的特点,即存在着一个"中央计划者"或"拍卖人",他从市民投票者那里收集某类信息,并根据一定的规则对信息进行加工,而后把加工过的信息反馈给选民,让选民再进行新一轮投票。这些过程大致可归为两类:一类是计划者喊出税收价格(上例中的 t 值),而选民对此作出数量的信息反应,最早描述这种过程的是埃里克·林达尔(1919)(也可参见马林沃德 1970—1971,第 5 节);一类是计划者或拍卖人喊出公共物品的数量,市民对此作出价格(边际替代率)的信息反应,对这类过程的描述见马林沃德(1970—1971,第 3 和 4 节),以及德雷兹和德拉瓦莱·普桑(1971)。

所有这些过程的核心部分是用于汇总选民的信息并从计划者或拍卖人那里形成一组新的信号的计算规则。正是这一规则决定了该过程能否导向帕累托边界,并且何时导向,导向帕累托边界的何处。尽管这些规则只有明显的分配方面的含义,但设计这些规则一般不是为达到任何特定的规范目标。中央计划者或拍卖人希望的唯一结局是达到资源配置的帕累托效率。所有这些过程都具有同一个特征:要么是允许达到整个帕累托边界,或者总是在给定的一组条件下导向一个结果,如林达尔均衡。因此,它们都具有一致规则的其他一般性特征。

4.2 对一致性规则的批评

一致性规则是唯一能确定地导致满足帕累托条件的公共物品数量和税额的选举规则。威克塞尔(1896)以及后来的布坎南和塔洛克(1962)都对此给予认可。对一致性规则有两种主要的批评:第一,摸索式地寻找契约曲线上的一个点可能需要相当长的时间,特别是在各成员的偏好不相同的大型社区里(布莱克,1958,pp. 146—147;布坎南和塔洛克,1962,第 6 章),社区成员在寻找一组帕累托最优赋税额时所造成的时间损失会超过一些人的所得,这些人只要不缴税其所得将超过公共物品给他们带来的净利益。一个人如果无法确定在不一致规则下他是否受到"剥削",那么他就很可能更愿意选择这种不一致规则,而不愿花时间去要求一致性通过。反对一致性规则的第二种批评是,这种规则鼓励策略行为①，如果 A 知道最大的税收额，这个税收额是 B 为享受公共物品而愿意承担的最大税收额，那么通过对所有超过 tc 的税收额投否决票，A 能迫使 B 达到契约曲线的 C 点。这样，得自公共物品的全部利益均由 A 所得。如果 B 也采取相同的行为，那么最终结果取决于双方讨价还价的能力。这种情形对于契约曲线上的其他均衡也同样适用（马斯格雷夫，1959，pp. 78—80）。由于每位参与者不得不"试探"对方有无让步的意愿，因此讨价还价会进一步延迟协议的达成。

在一致性规则之下的"讨价还价问题"是自愿提供公共物品中的"激励问题"的镜像。后者是公共物品的连带供给——非排他性的性质的直接结果。给定这些性质之下，每位参与者都有隐藏其偏好和搭便车的想法，因为所提供的公共物品数量在很大程度上独立于他传递的信息。尽管有不诚实的动机，但有关自愿的偏好显示过程的文献都通过假定诚实的偏好显示而回避这一问题。支持该假定的最强有力的分析结果为，信息的传递是一种最大最小策略，也就是说，偏好显示的最大化而使一个人可获得的收益最小（德雷兹和德拉瓦莱·普桑，1971）。但是，一个人可以通过不正确地显示偏好获得更大的利益，因此可以想象会有一些人追求这种更大胆的选择。如果为了消除这种激励而迫使所有公民在提供公共物品之前投票支持某种公共物品数量和税收额的建议，那么这种搭便车的问题确实会消失，此时每个人的投票对公共物品的供给都是至关重要的。在集体决策中，这种个人地位的改变会改变其策略的选择。在自愿显示偏好的方案中，个人会与其他集团成员博弈以希望自己无须付出任何代价就得到可接受的公共物品，而在一致性规则下，他可能会为了减少自己的贡献而与其他人进行博弈，而不是冒险地不断阻挠集体的结果。尽管策略选择不一样，但公共物品问题的这两种解都潜在的易于成为策略行为。

近来霍夫曼和斯皮策（1986）及史密斯（1977，1979a、b，1980）的试验结果表明在一致性规则的情形中，部分人的策略性讨价还价可能不是太大的问题。霍夫曼和斯皮策设计的试验是为了观察在科斯类型的外部性情形中，随着有影响的政党的个数的增加，人们达到帕累托最优配置的能力是否会退化。由于一个协议在执行之前都必须获得所有有影响的政党的同意，因此，该试验主要是在检验一致性规则之下，个人的策略性讨价

---

① 参见布莱克（1958），布坎南和塔洛克（1962），巴里（1965，pp. 242—250）；萨缪尔森（1969）。

还价是否会推翻帕累托最优配置的建议。霍夫曼和斯皮策（1986，p. 151）发现"无论怎样，更大的集团会改进效率"（立场一致的集团有多达 20 个）。

即使策略行为不能无限制地阻挠一致性集体决策的达成，但由于以下的理由可以反对一致性规则，那就是一致性规则所得到的结果，取决于个人讨价还价的能力相对风险的偏好（巴里，1965，p. 249；萨缪尔森，1969）。这样的批评隐含着一种规范的判断，即分配合作中获得的收益的适当方法，不应以个人承担的风险意愿为根据。人们很容易反驳这种应按承担风险大小来分配利益的判断。在一致性规则下，一个人如果反对某一给定税收份额而想维持较小税收份额，就会冒完全不提供公共物品或公共物品的供给量小于最优量的风险。这种投票方式与对税收份额投反对票一样，表达了对公共物品过低数量的偏好，因为这样做的收益"确实"比期望收益大。可以说那些不愿意策略性地投票的人，对公共物品的评价更高，因此也许应该向他们索要一个更高的价格。

很清楚，就像我们在上述比较 E 和 L 点一样，我们正处于规范经济学的范围内，并需要一个应该如何分配合作利益的准则。[1]的确，要对一致性规则作全面的评价，必须考虑其规范的性质。威克塞尔对一致性规则的拥护是以规则的规范性为基础的。他认为一致性规则保护社区中的一些人不被其他人所强迫。威克塞尔使用"强迫"与布雷顿使用的意义不同，布雷顿认为"强迫"是指个人对公共物品的边际评价与其税收价格的不同，而威克塞尔的"强迫"是指强迫个人服从集体的决策从而使个人对公共物品支付超过其从公共物品获得的收益。威克塞尔对一致性规则的这种看法直接源于他把集体选择的过程看做一种个人之间互惠自愿交换的观点。布坎南和塔洛克（1962）对此的看法一样（也可参见布坎南，1975b）。强调集体选择的"自愿交换"性质既是威克塞尔也是林达尔的经典论文的基点，并且这种强调形成了他们之间观点的联系，威克塞尔对此的强调得出了一致性规则，林达尔则得出了每个人的税额将等于其对公共物品的边际评价的结论。这也解释了他们每个人的论文标题中出现的"公平"税收的含义。在第六章我们将回到这些问题上来。

---

[1] 至少有两种分摊这些利益的规范方法，这些方法取决于讨价还价或个人的风险偏好（纳什，1950；布雷斯韦特，1955）。

4.3　最优的多数

当不是全体的多数票就足以通过一个议案时，某些人的利益可能因为委员会的决策而受到损害；威克塞尔的强迫少数人的情形就会发生。如果讨论议案是公共物品——囚犯困境的情形，而且如果对议案重新修订就能保证获得一致性通过，那么可以说运用非一致性规则表决通过的议案，会给那些利益因此受到损失的人招致成本，因此，可再多花点时间和精力对议案进行重新表述，以使议案有利于所有人，就可以避免前述对有些人所招致的成本。这种成本是实际的效用水平和在一致性规则下应达到的效用水平的差额。布坎南和塔洛克首次讨论了这些成本，并称其为决策规则的"外在成本"（1962，pp. 63—91；也参见布雷顿，1974，pp. 145—148）。

如果一致性规则本身不存在任何成本，它显然是最优的规则，因为它会使这些外在成本最小化。但是，要确定一个有利于所有人的议案，所需要花费的时间可能是很多的。除了花时间努力寻求一个对所有人都有利的提案之外，还需花时间对那些不熟悉提案价值的人说明提案利益的性质。除这些成本之外，还需加上由于玩弄策略花招而损失的时间，当有人想以欺骗的手段在上述的契约曲线上谋取更有利的位置时，这种时间的耗费就可能出现。

绝大多数观察家，包括像威克塞尔、布坎南和塔洛克这样最倾向于一致性规则的人，也都认为后者的成本会非常大，以致使这种规模成为不可能。假如不需要让所有公民都必须同意委员会的决定，那么应该有百分之几的人同意呢？上述考虑说明，人们只能在通过一项有人反对的议案时所承担的外在成本和决策过程中的时间成本之间作出抉择。一端代表着决策性，在此规则下，任何人都可以阻挠任何协议的通过，直到他获得一个满意或感到是其可得到的最好协议为止。在这种规则下，外在决策成本为零，但决策的时间成本可能为无穷大。而在另一端，每个人对议案作出独守的决策，就好像对纯私人物品的决策一样，没有延误时间发生，但是要每个人单方面为社区作出决定的外在成本可能无穷大。

这些不同的可能性描绘在图 4.4 中，该图取自布坎南和塔洛克（1962，pp. 63—91）。一个具体的集体决策的成本由纵轴表示，横轴从 O

到 N 表示通过一个议案所需的人数，即委员会的规模，曲线 C 是外在成本函数，它表示在委员会决策规则下通过一个有人反对的议案所造成的预期效用损失。曲线 D 把为争取议案通过所需的多数而导致的决策时间成本描绘成所需多数规模的函数。最优多数是指使这两组成本合在一起达到最小的委员会的百分比。这一点在 K 处达到。在 K 点这两条曲线在纵轴上的叠加达到最小。在给定这些成本曲线的条件下，通过议案的最优多数是 K/N，在这个比例上，为了再争取一个人支持而对议案重新修订所获得的预期效用恰好等于这样做带来的预期的时间损失。

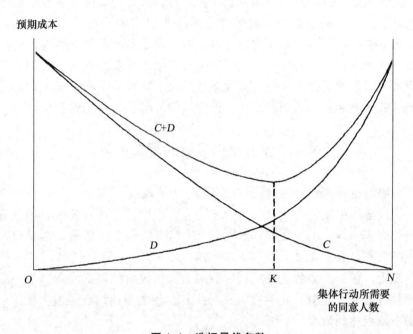

图 4.4　选择最优多数

由于不可能对每个议案都花费相同的成本，所以不可能指望一种投票规则对所有议案都是最优的。外在成本的大小既取决于要表决的议案的性质，也取决于决定议案的那个社区的特性。如果其他情况保持不变，当意见分歧过大或信息匮乏时，就可能需要大量的时间来谋求意见的一致，而且假如不会给持反对意见的公民招致太高的成本，那么通过一项议案所需要的多数与社区规模的比例相对要小些。这里的一个极端例子是纯私人物品。相反，要通过一些会带来很大损失的议案可能就需要较大规模的多数

（如《人权法案》之类的议案）。① 社区的规模越大，具有相似趣味的人就越多，因而越容易在给定的绝对人数里取得一致意见。所以 N 的增加应使曲线 D 向右下方移动。但是，在给定人数里取得意见一致的成本下降不可能和社区规模的增大完全成比例。因此，对于相似类型的议案而言，社区规模越大，通过议案所需要的社区的最优比例 K/N 可能越小（布坎南和塔洛克，1962，pp. 111—116）。

可以预期，在社区里与绝大多数人的趣味有很大差异的人们希望包容更广的多数通过规则。具有较高时间机会成本的人们却偏好包容不太广的多数通过规则。布坎南和塔洛克假定，对每类议案的最优多数规则的选择是在每个人对其未来处境、趣味等方面都不确定的立宪阶段做出的。因而，每个人都以相同的方式看待问题，而且对那些不需要一致通过的部分议案，也能达到一致通过。当这样的一致意见不存在的时候，我们必须面对的棘手问题就是，需要什么样的多数来决定在其他所有议案上需要什么样的多数才能通过的问题。现在已面临这样的问题，我们将继续讨论。

4.4　作为最优多数的简单多数

多数通过规则的方法要求至少有超过半数（$N/2$）的人支持一个议案，该议案方可成为委员会的决策。迄今，我们已论述过的内容中没有说明为什么 $K/N = 1/2$ 对大部分委员会的决案来讲是最优多数，也没有说明最优多数是什么。正如布坎南和塔洛克（1962，p. 81）所指出的，任何一个规则，譬如说多数通过规则，要成为大量议案的最优多数，在一条成本函数线的 $N/2$ 点处一定存在着某种拐点，使两条曲线在相当大比例的案例中在该点达到最小。

通过进一步考察委员会决策过程的内部动态，可以解释决策成本曲线 D 在 $N/2$ 处为什么会出现一个拐点。当不过半数的委员会成员足以通过一项议案时，就存在既可通过议案 A 也可通过相反的议案（$\sim A$）的可能性。例如：一个要求增加学校开支 10% 的建议可能首先赢得取胜多数（比如40%）的同意，而一个要削减开支 5% 的相反建议也可能得到多数人的同意。当不超过一半的投票人就足以通过一项议案时，委员会就会陷入一系列无休止的，需要花费其成员时间和耐心来修订议案的僵局之中。

---

① 关于投票原则的宪法选择更为正式和一般性的分析参见第二十六章。

简单多数通过规则的方法包含着通过一种议案只需要可能最小的多数规则，这可以避免同时通过自相矛盾的议案的可能性（赖默，1951）。

　　在图 4.5 中画有决策成本和外在成本曲线，这些曲线画得使它们的最小点在 N/2 的右边，并且通过 N/2 点曲线 D 继续向左下方倾斜，但是，曲线 D 的左边比右边更高，原因归结于有通过冲突议案的外在成本。曲线 D 的这部分画得像一条直线，但是可把它视为 U 形或反 U 形的。在 N/2 处的不连续使得这种多数成为委员会的最优多数。[1]

　　如果没有不连续点，那么只有当曲线 D 向右移动时比 C 向左移动时上升得更快，C + D 的最小值才会出现在 N/2 的左边；也就是说，委员会规模的扩大导致的决策成本比集体决策导致的外在成本更大。N/2 成为委员会的最优多数是因为曲线 D 的不连续性。因此把 N/2 作为最优多数的选择会被曲线 D 的形状所驱使。一个其成员具有相对高的时间机会成本的委员会才会选择简单多数规则的方法作为委员会的决策规则。如果不是涉及通过冲突议案如 A 和 ~A 而导致的时间损失，委员会的简单多数的最小成本会小于 0.5。简单多数是最优的，原因是它是可供选择并能避免相互冲突的议案都获得多数票通过的最小多数。

　　然而，速度不是多数通过规则的唯一性质。简单多数通过规则，作为一种投票过程，是非常重要的，我们将把后面两章的大部分篇幅用于讨论它的其他性质。

---

　　[1]　塔洛克（1998，pp. 16—17、93—94）通过对决定成本曲线的非连续性的分析而反对我对简单多数原则的合理说明。他以美国的总统选举和英国的议会选举为例，说明少数优于多数原则，因为美国总统是在没有收到民众多数选票的情况下"偶然"选出来的，英国政党多数席位的胜出也是在国会没有收到多数投票的情况下产生。但这些例子只是针对候选人或政党选举的少数优于多数的选举法则，这里我们关心的是委员会投票规则的机会，不论是美国两会立法通过的少于 50% 的对数规则，也不论是我观察到的国会的做法，或者塔洛克所给的有关国会的例子。实际上，如果英国议会获得 40% 的多数支持而通过立法，那么，在一次竞选中未能赢得多数席位的政党并不必然会"失去"竞选：只要它能获得超过 40% 的席位，就能跟竞选"胜利"的政党一起通过立法。

　　但是，更为基本的是，塔洛克忽视了辩论的主要论点，正如布坎南和塔洛克第一次提及的，如果宪法选择通过衡量外部性和决策成本作为议会投票规则的话，那么就无法解释在 K/N = N/2 两个曲线中缺乏连接点或非连接点情况下简单多数原则广泛运用的原因。如果该非连接点不是在 D 点，那么就一定是在 E 点。

　　当然，解释简单多数原则普遍性的可选择方法之一，就是摒弃布坎南和塔洛克所介绍的成本计算。我们将在第六章检验选择简单多数原则的其他准则，在第二十六章整合这两种方法。

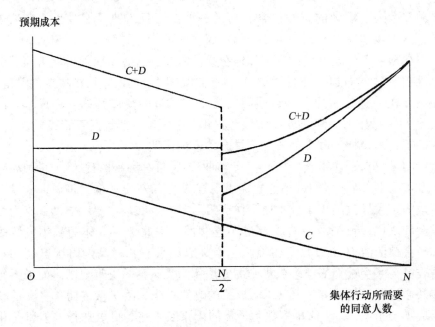

预期成本

集体行动所需要
的同意人数

图 4.5　支持简单多数为最优参数的条件

文献注释

图尔肯斯（1978）对有关显示公共物品偏好的摸索过程方面的文献作了一个精彩的评述。米勒龙（1972）从更一般的角度对有关公共物品的文献作了评述。

马斯格雷夫（1939）和布坎南（1949）对林达尔和威克塞尔的"自愿交换"方法作了公开讨论，对此还可参见黑德（1964）。

唐纳德·埃斯卡拉兹（1967）论及威克塞尔的投票理论和林达尔均衡之间的关系，他第一次描述了在一致性投票规则下能够达到林达尔均衡的一种方法。埃斯卡拉兹认为，一致性规则是林达尔达到均衡的信念的基础，同时又隐含于林达尔的"政治权力的平均分配"概念之中。在该解释之下，林达尔的政治权力的平均分配、威克塞尔的免于强制的自由、一致性规则以及公共物品的边际效用率等于一组税收价格等命题都很好地结合在了一起。

第五章 多数通过规则及其实证性质

由于全体一致性是不可能的，并且共同的意见总是意味着多数人的赞同，因此不言而喻，少数人受到多数人的支配。

约翰·亚当斯

5.1 多数通过规则和再分配

正如第四章所指出的，如果一个只关心提供公共物品和纠正外在性的委员会把节约时间看得很重，那么它无疑可能选择简单多数通过规则作为其投票规则。快速不是多数规则具有的唯一性质。确实，任何议案只要不是在全体一致同意的情况下通过的，配置效率和再分配的区别就变得模糊了。已选定的结果必然会使一部分人的处境比选择其他结果时更坏。事实上，一旦通过了这一种议案，就存在着一种从处境变坏者到处境变好者的再分配。

为了更清楚地理解这一点，请考虑图 5.1。纵轴和横轴分别表示富人和穷人——这两组选民的序数效用。假定这两组的所有成员有相同的偏好函数。在没有供给任何公共物品的情况下，每个组的代表性个人享受到的效用水平以 S 和 T 表示之。E 点是只生产私人物品的帕累托可能性边界上的初始禀赋。根据假定，公共物品的供给可以提高双方成员的效用水平。所以，公共物品的供给将使帕累托的可能性边界扩展到曲线 $XYZW$ 处。线段 YZ 相当于图 4.3 中的契约曲线 CC'。在全体一致性规则下，对公共物品的供给投赞同票，肯定会使双方的处境变得更好。因而，在全体一致性规则下，其结果必定是这样一种公共物品和赋税额的数量组合，这一组合使得双方处在帕累托可能性边界上的线段 YZ 的某个地方。

但是，在多数通过规则下，没有理由认为，其结果会落到这一范围内。一部分委员会成员会形成一个联盟，通过重新修正议案以增加联盟的利益，

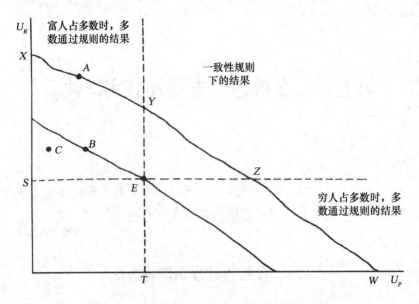

图 5.1　一致同意和简单多数规则下的结果

这种利益的增加是以牺牲非联盟成员的利益为代价的，譬如说，使赋税向有利于联盟成员的方向变动。假如富人居多数，他们可能将公共物品的议案和一个税率充分递减的赋税方案集合在一起，使结果落在 XY 线段上。如果穷人居多数，赋税将是充分累进的，其结果出现在 ZW 线段上。只要有机会通过改变公共物品的供给数量，或赋税额，或者两者兼有的方式重新修正议案，可以确信，集体选择过程的结果将落到帕累托最优线段 YZ 之外（戴维斯，1970）。只要对议案的重新修正依然能够有利于大多数人，它就会获得通过，并且在原则上，一个稳定的多数派联盟就能够沿着帕累托可能性边界将少数派往后推至他们的良知和宪法所允许的最远处。

　　把一个得到全体一致支持的议案转变成仅仅是得到简单多数支持的议案，就类似于赖克（1962）所描述的把"大"联盟转变成最小取胜的联盟的情形。在发展他的联盟理论中，赖克作了两个重要假定：决策是在多数通过规则下作出的，以及政治是零和博弈。他假定配置效率的决策（公共物品的数量）可以理所当然地得到最优解决，而留给政治过程的是从帕累托效率集合中进行选择的分配问题（pp. 58—61）。因此，赖克（1962，pp. 29—31）持有极端的观点，认为政治处理的仅仅是再分配的问题，并且是一个零和博弈。如果博弈就是从失利者处谋取利益，那么，取胜者可以通过增加失利者的规模而明显地获得更多的利益，只需使失利方保持其失利地位。在多数通过规则下，这意味着失利方的联盟应该一直增大到几乎与取胜方的联盟规模相当，这种增大持续到该议案只能"勉强地"以多数通过为止。用赖克的话说，委员会是由几个宗派或不同规模的党派组成的，而不像上述描写的由两个"自然"联盟组成，而且一个最小取胜联盟的形成过程包括了对党派或宗派的增减过程，直至形成规模几乎相当的两个"大"联盟为止。在正常的委员会表决中，这一过程将包括增加和减去每个议案的搭乘者，从而增加失利者的人数，和增加余下的取胜者的利益。

　　一些学者描述了多数通过规则可以不通过直接现金转移的传统方式而达到再分配的目的。戈登·塔洛克（1959）是开拓这一领域的先驱。塔洛克描述了一个在主要道路干线两旁有 100 个农民的社区，有一些小的干道穿过其间，每条小干道只供 4 个或 5 个农民使用。问题是，这个 100 人的社区是否应该用整个社区的税收来资助所有这些干道的维修。你显然可以设想出一个能够获得全体一致采纳的维修道路的水平和每个农民的应税额。然而，在多数通过规则下，一些人出于对自己较大利益的考虑而建议，只将一半的道路由全体农民分摊的税收来维修。所以，你可以想象一个由 51 位农民组成的联盟主张只有他们使用的干道才能用社区的一般赋税收入来维修（塔洛克还讨论了其他结果，我们下面要简单地谈及）。这一主张在多数通过规则下会被通过，而且这显然包含了一种再分配，其中 49 位农民付了税款，但自己使用的道路却得不到维修，而 51 位农民所支付的税款只是道路维修费的一半多一点。

　　在塔洛克的例子中，由于整个社区的预算中包括了一种仅仅有利于社区中的一部分农民的公共物品，因而发生了对多数联盟中的 51 位农民有利的再分配。每条就近的公路只能使 4 个或 5 个农民受益，而且只是对这些农民来说它才是公共物品。因此，决定每一个这类"地方性"公共物品的最优裁决规模似乎就是每条就近道路上的 4 个或 5 个农民。把私人物品包括在公共预算之中以实现再分配的手段是由詹姆斯·布坎南（1970，1971）首先讨论的，而其他几位学者也对此做过分析。以布坎南的论文为基础，斯潘证明，集体提供一个由一组林达尔税额资助的私人物品会导致从富人到穷人的利益再分配（斯潘，1974）。为了看清这点，考虑图 5.2。令 D_P 为穷人的需求曲线，D_R 为富人的需求曲线。令 X 为一纯私人物品，其价格 = 社会边际成本 = P_X，如果这一物品是由私人供应到市场上去的，那么穷人就以价格 P_x 购得 X_P，富人购得 X_R。然后假设该物品是由集体购得并且以人均相等的数量提供给这一社区的，就像它是一种公共物品那样。那么，社区需求曲线——在纵轴上加总个人需求曲线得到——的交点就结出了 X 的最优数量（这里我们不考虑收入效应，这个论点并不因这种省略受到太大影响）。

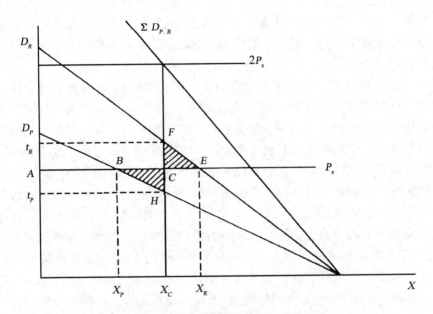

图 5.2　具有公共提供私人物品的再分配

在集体供给的情况下，供给曲线是由物品的市场价格乘以社区的成员人数得出的。为简便起见，我们假定富人和穷人的数目相同。该团体将为每个人购得 Xc 个单位的物品。在这一数量上，单个穷人对物品的边际评价为 X_CH，他的林达尔税额是 t_P。富人组的一个成员则支付 t_R。该穷人得到的实际补贴为 $ACHt_P$，这是他们支付给物品的价格与他们所消费的数量和其社会成本乘积之间的差额。然而，他们从集体提供的私人物品中得到的消费剩余只有 $ABHt_P$。因此，通过集体提供物品 X，会有一个无谓的损失 BCH。除了对 P 购买 X 给予的补贴导致了从 R 向 P（t_PHCA）的收入的直接转移外，由于 R 被迫消费了少于最优数量的 X 而变得更糟了，只损失了消费者剩余三角形 FCE。

当全体成员被迫消费相同数量的私人物品时，这种强加于每个人的行为上的约束就造成效率上的损失。在生产私人物品的成本给定时，只要允许按这种或其他物品的市场价格将个人效用最大化，会使全体成员都变得更好。而所有成员消费相同数量的附加约束减少了可能得到的效用。当然，穷人以这种方式得到的再分配，比没有再分配时要好些，并且假如他们通过一次总付的转移方式不可能得到直接的现金私贴，而借助于私人物品的集体化供给是可能得到的，那么后一种方式就是值得追求的。

这种限制富人去消费低于他们最佳需求量所导致的非效率，可以通过允许其在市场上去购买额外数量而消除。那些可以由市场提供的住房、医疗、教育以及类似的公共财货，大多数政府也的确允许由私人来提供它们以补充公共供给，或者完全独立于公共供给系统之外。当高收入阶层花钱送小孩去私立学校（美国和英国就有这样的父母），或者花钱请私人医生而不是去国家健康服务中心（就英国而言）免费就医，这实际上是另一种形式的从富人向穷人的再分配，因为这些富有的人已经支付了公共财货的部分成本而从未消费它。虽然允许富人从市场购买私人物品比公共性地提供这些私人物品而言能降低效率损失，但是并不全然。因为那些项目使得他们购买私人物品时仍然受人为约定的平等数量或同意的质量的限制（贝斯利和科特，1991）。

而且，当高收入阶层在从市场购买中获取补充的同时继续消费公共服务时，这种非效率将依然存在。如果对公共服务的数量（质量）的选择是由简单多数通过规则决定，那么这一选择将多于根据富人与穷人各自偏好来选择的数量或质量。穷人反对集体选择是因为他们被迫按照纳税价格消费多于他们所希望的公共物品；而富人也宁可少消费些公共物品以较少的支付税收从而更多地从市场上购买物品。[①]

公共性初级教育是将收入从最高收入群体向最低收入群体进行再分配，公共性高等教育将收入从最低收入群体向中等收入群体进行再分配，而由所在州免费提供关于法律、医学和商业的专业性教育——正如遍及大多数欧洲国家的做法一样——其再分配是从普通纳税人流向即将成为社会最高收入的群体。[②]

正如第三章表 3.5 所演示的一样，政府性转移模型表明，所有再分配

---

① 戈维亚（1997），这个结果依赖于本章第 5.3 节所介绍的中位选民理论。
② 巴泽尔（1973）以及巴泽尔和迪肯（1975）讨论了关于教育的配置效率问题和财产再分配问题。

不是由富至贫，甚至亦不关收入差别。职业、性别、种族、地理位置、消费偏好以及政治倾向都可以用来描述再分配的目标。在多数通过规则下发生的再分配的要求是获胜联盟的成员能清楚定义，以使获胜提案能辨析出他们的偏好，或是基于其所提供的利益再分配（比如塔洛克所描述的均分的税收不均衡分配）或其因此而征收的税收（比如布坎南与斯潘描述的私人物品 X 数量均分与不均衡税收）。

　　无论再分配采取什么形式，无论在多数通过规则下政治选择是否像赖克假定的那样是个纯粹零和博弈，或者是否包含了附加再分配的配置效率的变化，事实仍然是，任何提案的再分配特征都孕育在其通过程序之中，并且多数通过规则会诱导人们去结盟以及为了得到再分配的利益去重新解释议案。诚然，仅仅看到一个议案是在一些人赞同而另一些人反对的情况下通过的，还不能分辨出它是否真的是这样一种公共物品，即它将帕累托可能性边界线外推到图 5.1 的 $XYZW$ 处时，伴随着对穷人不公正的赋税，譬如说导致 A 点的结果；沿着私人物品——帕累托效率边界的纯粹再分配产生了结果 B；或者通过集体供给一种私人物品导致从穷人向富人的无效率的再分配，比如说产生了 C 点的结果。所有的人都会满怀信心地说，富人似乎相信他们将会因为议案的通过处境变得更好，而穷人则处境变得更糟；也就是说，进入了 $SEYX$ 区域。

　　因此，即使对国家出现的最好解释是所有社会成员为获得利益而进行的合作努力，然而，现在很清楚，使用多数规则进行集体决策必然至少部分地把国家转变成了一个再分配的国家。因为所有现代的民主在相当大的程度上都是利用多数通过规则进行集体决策的，实际上多数通过规则的运用常常被认为是一个民主政府的标志。因此，如果不是太唐突的话，所有现代的民主国家一定部分的是再分配的国家。

5.2　循环

　　假定多数通过规则在集体决策的过程中必然会引入某些再分配要素，那么我们紧接着要说明的是，作出这种再分配决策时多数通过规则具有的属性。现考察一个 3 人委员会使用多数通过规则决定怎样在他们之间分享 100 美元的馈赠品的情形。这是一个纯属分配的问题，一个简单的零和博弈。假设 V_2 和 V_3 首先投票赞成将 100 美元在他们两人之间分成 60/40，现在 V_1 如果组成取胜同盟，会得到很多利益，因而他可能向 V_3 建议他们俩将 100 美元分成 50/50 。这对 V_3 具有很大的诱惑力，并且我们可以预期会形成这样一个同盟。但是现在 V_2 必须努力组成一个取胜同盟，才有利可图。他现在可能向 V_1 提出一个 55/45 的分成比例来组成一个新的同盟，或诸如此类的建议，一旦所要表决的议案涉及收入和财富的再分配，一个失利同盟的成员们总会有很强的动机去争取成为取胜同盟的成员，甚至不惜付出分配份额不均等的代价。

把 100 美元在两个投票者之间 50/50 分成的结果是这一特殊博弈的冯·诺伊曼—摩根斯顿解（卢斯和拉法，1957，pp. 199—209）。然而，该博弈有三个这样的解，而且无法预测将会出现哪一种结果。因此，当议案涉及再分配时，导致循环的可能性似乎相当大。总可以对议案重新定义使得议案对某个人或某些人有利而损害另外一部分人，新的取胜同盟始终有可能包括一些早先是失利同盟的成员，也有可能排挤掉原来是取胜同盟的成员。但是，就如我们从以上多数通过规则的讨论中所看到的，当议案可以在委员会里加以修改时，任何纯粹配置效率的决策通过议案修改都会转变成一个再分配和配置效率的搭配问题。因此，当委员会可以自由地修改所提出的议案时，循环看来肯定是不可避免的。

200 年前，孔多塞（1785）就认识到多数通过规则会导致议案循环的可能性。100 年以后 C. L. 道奇森（1876）又重新分析了这个问题，而且这个问题一直是从邓肯·布莱克（1948b）和肯尼思·阿罗（1951、1963 年再版）以来现代公共选择文献讨论的一个重点。[1]考察下列三名投票人，他们对三个议案的偏好见表 5.1 （ > 表示偏好）。X 可能胜过 Y，Y 可能胜过 Z，而 Z 可能胜过 X。成对的投票会导致一种无休止的循环。多数通过规则只有专断，否则无法选择出获胜的议案。[2]

表 5.1　　　　　　　　　　　诱导出循环的投票者偏好

选　民	议　案			
	X	Y	Z	X
1		>	>	<
2		>	<	>
3		<	>	>
社团		>	>	>

[1]　对这些以及其他早期贡献的讨论，见布莱克（1958）、赖克（1961）和扬（1997）的著作。
[2]　参见 A. K. 森的讨论（1970a, pp. 68—77）。

如果我们把 Z 定义为投票人 V_2 和 V_3 之间按 60/40 比例的分配，Y 定义为（50，0，50）的分配，X 定义为（55，45，0）的分配，那么在图 5.3 中，这些议案的排列顺序符合上面纯粹分配的零和博弈。但是，对那些包含配置效率的议案来说，也可能得到表 5.1 和图 5.3 那样的排列。假如 X、Y 和 Z 是对某一公共物品不断增加的支出，那么投票人 1 和 3 的偏好在公共物品一效用空间内是单峰的（参见图 5.3）。然而，投票人 2 的偏好是双峰的，这就是循环的原因。将投票人 2 的偏好改变成单峰的，循环就会消失。

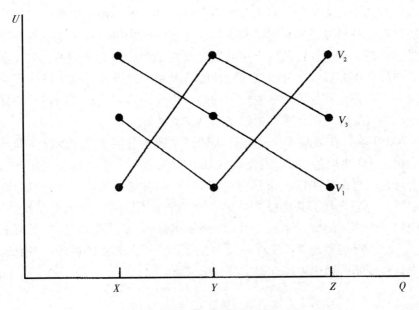

图 5.3　导致投票循环的投票者偏好

在公共选择方面，早期的一个重要定理是布莱克证明的：当投票人的偏好为单峰时，多数规则会产生一个均衡结果（1948a）。如果投票人的偏好可在一维上描绘，如支出问题，那么该均衡就位于中位数投票人的单峰偏好点。图 5.4 描绘了一个五位投票人的单峰偏好曲线。投票人 3、4 和 5 赞同 m 而反对少于 m 的供给议案，投票人 3、2 和 1 则反对多于 m 的供给议案而赞同少于 m 的议案。这样就由中位投票人的偏好来决定。

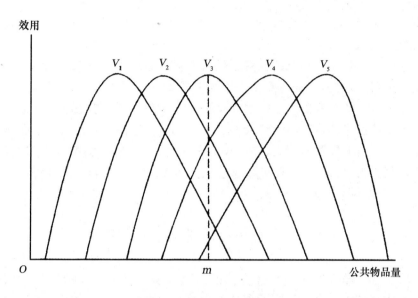

图 5.4　中间投票人决定投票结果

5.3　中间投票人定理——一维的议案

　　证明仿照埃内洛和希尼奇（1984，第2章）。中位数投票者定理的两个关键假设是：（1）议案定义为一维向量 x，并且（2）每位投票者的偏好在一维上是单峰的。令投票者 i 的偏好由定义在 x 上的效用函数 $U_i(\ )$ 表示，即 $U_i(x)$。令 x_i^* 是投票者 i 在 x 向量上的最偏好点。称 x_i^* 为 i 的理想点。

　　定义：x_i^* 是 i 的最理想点，当且仅当（iff）对所有的 $x \neq x_i^*$ 有 $U_i^*(x_i^*) > U_i(x)$。

　　定义：令 y 和 z 是 x 维度上的两点，使得 $y, z \geq x_i^*$ 或者 $y, z \leq x_i^*$。那么投票者 i 的偏好是单峰的，当且仅当 $[U_i(y) > U_i(z)] \leftrightarrow [\,|y - x_i^*| < |z - x_i^*|\,]$。

　　换言之，单峰偏好的定义说明，如果 y 和 z 都在 x_i^* 的同一边，那么与 z 相比 i 更偏爱 y，当且仅当 y 比 z 更靠近 x_i^*。如果所有偏好都是单峰的，那么像图 5.3 中投票者 2 那样的偏好就不会发生（注意图中的 z 是投票者 2 的理想点）。

　　定义：设 $\{x_1^*, x_2^*, \cdots, x_n^*\}$ 为 n 人组成的一个委员会成员的几个

理想点。设 N_R 为 $x_i^* \geq X_m$ 的个数，N_L 为 $x_i^* \leq X_m$ 的个数，则 X_m 为中间位置。当且仅当 $N_R \geq n/2$，且 $N_L \geq n/2$。

定理：如果 X 是单维的议案，且所有投票者的偏好在 X 上是单峰的，那么中位置 X_m 在多数通过规则下不会失败。

证明：考虑任意的 $z \neq X_m$ 如 $z < X_m$，令 R_m 为 X_m 右边的理想点的个数，由单峰偏好的定义有，所有理想点在 X_m 右边的 R_m 个投票者更偏爱 X_m 而非 z。由中位置的定义，$R_m \geq n/2$。因此，与 z 相比更偏爱 X_m 的投票者人数至少为 $R_m \geq n/2$。在多数通过规则下 X_m 不失利于 z。同理可以证明 X_m 亦不会失利于任何的 $z > X_m$。

5.4　多数通过规则和多维议案

单峰性是偏好次序的一种齐次形式（赖克，1961，p. 908）。对议案有单峰偏好的人，会认为有一个公共物品的最优量，一个议案偏离这个最优数量越多，情形就会越糟。如果用横轴度量国防支出的数量，那么像图 5.4 中那样排列的偏好次序明显地意味着，投票者 1 有点鸽派的味道，而投票者 5 却是鹰派，然而在考虑国防支出数量的排序方式上，仍然存在一种共同的价值标准。中位数投票者定理说明，这种类型（单维的议案）的一致意见就充分地保证了多数通过规则的均衡存在性。在越战期间，就时常听到一部分人主张立即撤军，或者做更大的努力以达到全部的胜利。这种类型的偏好与图 5.3 中投票者 2 的偏好相似。这样的偏好次序可能会导致循环。应注意此时问题可能不是由于缺乏有关评价单维议案的方法的共同性，而是缺乏有关议案的单维性本身。譬如，越战所引发的议案不仅要顾虑到在海外的美国军队的态度，同时也要顾虑到有关因它造成的死亡和破坏的人道主义。有的人可能倾向于高支出以满足第一种顾虑，有的人可能倾向于完全撤军以消除第二种顾虑。这些顾虑反过来又引发了另一个问题，也就是任何议案在怎样的程度上才可视为单维的。

如果所有议案是单维的，那么图 5.3 中所描绘的偏好类型为多峰的可能极小，因此，循环不是一个太大的问题。然而，在一个多维的世界中，表 5.1 所描绘的偏好类型的可能性极大。譬如，议案 X、Y 和 Z 可能是因为有关一块地是否用于建一个游泳池，或是网球场，或是棒球场而需要投票表决。每个投票人可能在有关每项活动中的支出总额方面有单峰偏好，因此，当对怎样使用这块地的议案进行表决时，就会出现循环。就如已经说明的，一旦把分配的考虑引入一组议案中，也可能导致循环。

人们为了确定多数通过规则能够确保产生一个均衡的条件，已经尽了很大努力。回到图 5.4，尽管有些琐碎，我们可以看到 m 是个均衡点，因为偏离 m 点，其他四个投票人甚至会"被分成两两一对"，互相对立。C. R. 普洛特（1967）把这一条件进行了一般化。他证明，假如有一点对一个并且只有一个成员来说是最大值，而且其余的偶数成员能被分成利益正好对立的两两一对的话，即无论在何时，为了有利于成员 A 而改变主张势必会损害成员 B 的利益，那么就存在多数通过规则的均衡。

为了看出普洛特的重要结论隐含的直觉知识，首先考虑图 5.5。令 X_1 和 X_2 为两个议案，或一个议案的两个维度。设个人 A 的偏好定义在 X_1 和 X_2 之上，并且点 A 为其理想点，也就是个人 A 在 X_1、X_2 象限中最偏爱的点。如果想象有一条垂直于 X_1、X_2 平面的第三轴，该轴用于度量效用，那么点 A 就是个人 A 的效用"山脉"的顶峰在 X_1、X_2 平面上的投影。在效用"山"的顶峰和底层之间插过第二个平面、该平面与山交成一条曲线表示相等的效用水平。这样的一条曲线在图 5.5 中被画作一个圆。

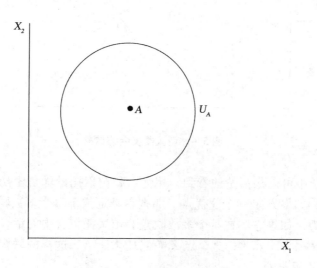

图 5.5　一人委员会的结果

如果我们把个人想象为一个使用多数通过规则进行选择的一个委员会。那么它很显然会选择点 A。在他看来，点 A 是 X_1、X_2 象限的超优点；也就是不可能被其他点否决的点。我们要努力确定的是，在多数通过规则下，对于一个多人委员会，超优点存在的条件。

设 B 与 A 组成一个两人委员会。在多数通过规则下，任何不在契约曲线上的点，如图 5.6 中的 D，会被契约曲线上的一个点，如 E 利用多数通过规则所击败。因此，不在契约线上的点不可能是超优点。同时，像 B 这样在契约曲线上的点不可能使契约曲线上其他像 A 和 B 那些的点占据超优位置。在 A 和 E 之间作出选择时，投票者 A 选择 A，投票者 B 选择 E，那么，在多数通过规则下，结果为平局。对于一个两人委员会，在多数通过规则下的超优点集合是契约曲线。在无差异曲线为图形的情形下，契约曲线是连接 A 和 B 的一条线段。

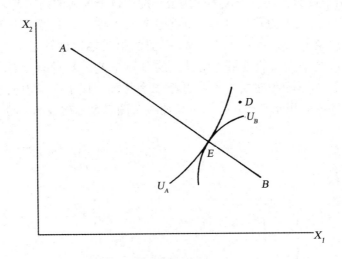

图 5.6 两人委员会的结果

从例子中可以很清楚地看到，超优点和帕累托最优是密切联系在一起的。确实，如果 E 是一个超优点，那么它必定位于每个多数联盟的帕累托集中，因为，如果它不在某个多数联盟的帕累托集合中的话，在这一集合中就会存在另一个点 Z，这个点 Z 帕累托优于 E。这样的联盟会形成，并投票赞同 Z 而非 E。

现考虑有一个三人委员会，令 C 的理想点为图 5.7 中的 C 点。每个多数联盟的帕累托集为连接各理想点的线段 AC、BC 和 AB，所有三条线段没有共同点，因此所有三个帕累托集没有共同点，据前一段落的逻辑分析，在多数通过规则下，没有超优点。在 A 和 C 的帕累托集中的点，如 D 却在 A 和 B 的帕累托集之外，因此在 AB 上存在一点，如 Z 能够击败 D。

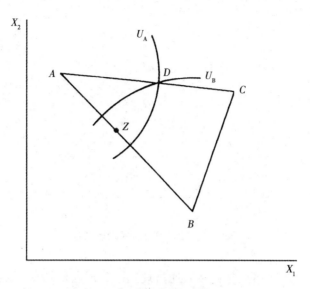

图 5.7　三人委员会的循环结果

　　三角形 *ABC*，包括其边界，构成三人委员会的帕累托集。如果运用一致性规则，那么委员会会选出 *ABC* 内或其边界上某个点。一旦达到这一点，委员会作出的表决就会固定下来，而无法一致性地移到另一点。*ABC* 内和其上的所有点都是潜在的均衡点。然而，在多数规则下，均衡点只与多数联盟的帕累托集相关，这样的帕累托集有三个，但没有共同点，因此不存在均衡点。

　　如果委员会的第三个成员的理想点落在线段 *AB* 上或其延长线上，如 *E*（见图 5.8），那么情况会有所不同。此时，三个多数联盟的帕累托集还是连接三个理想点的线段 *AB*、*AE* 和 *EB*，然而，我们有一个共同点 *E*，因此该点是多数规则之下的超优点。

　　当第三个委员会成员的理想点落在其他两成员的理想点的射线上时，一个多维选择问题就会变成一个单维选择问题。此时，委员会必然选择通过 *A* 和 *B* 点的射线上的点 X_1 和 X_2 的某个组合点。因此，就可以运用中位数投票者定理的条件，并且委员会的选择就在中位数投票者的理想点 *E*。也应注意，其余的委员会成员 *A* 和 *B* 的利益是截然相反的，因此就如普洛特定理所言，他们会彼此相互制衡。

　　现考虑委员会再增加两个成员的情形。显然，如果他们的理想点落在过 *AB* 的射线上，那么依然存在一个均衡点。如果一个点在 *E* 的左上方，

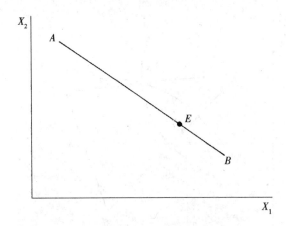

图 5.8 三人委员会的均衡结果

另一点在右下方，那么，在多数通过规则下，E 点仍然保持唯一超优点的地位。但是，如果两点都落在 AB 之外但依然在其延长线上，如在 A 左上方，那么仍然有一个均衡点存在。在这种情形下，均衡点就是 A。

但是，为了仍然存在一个超优点，新成员的理想点不一定非要落在 AB 的延长线上。假定两个新成员的理想点落在过 E 的一条直线上，该线不与 AB 重合，如图 5.9 中的 F 和 G 点。在五个成员的委员会中，形成一个多数联盟需要三个人。多数联盟的帕累托集是由三个理想点以及由三个理想点形成的直线线段组成的三角形，也就是 AEF，AEG，GEB，BEF，以及线段 AEB 和 GEF（参见图 5.9）。这六个帕累托集有且仅有一个共同点 E，因此，多数规则下的超优点位置仍然为均衡点，因为两个新成员的利益被对称地置于 E 的两侧，因此它们会相互制衡。只要委员会成员继续一对一地增加，且他们的理想点落在过 E 点的直线上并在其两侧，那么这个平衡不会被打破，E 依然是多数通过规则下委员会的均衡选择。

图 5.9 中 E 的超优性不像图 5.8 中 E 的超优性那样由中间投票人定理的直接应用得出。图 5.9 中议案的空间无法退缩成一个单维的空间。但 E 在更一般的意义上也是一个中位点。通过 E 的任何一条直线，如图 5.10 中的 WW，都有三个点在其左或左上方，同时又有三个点在其右或右下方。从 E 点向左的移动会受到委员会的一个多数派（EBF）的反对，同样向右的移动会受到委员会的另一个多数派（EAG）的反对。由于这种性质对我们所能画出的过 E 点的所有可能直线都成立，因而，所

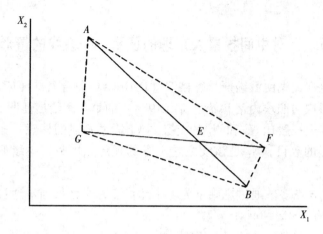

图 5.9　五人委员会的结果

有偏离正点的可能变动都被阻止了，这也就是均衡的性质。从垂直于过 E 的直线 WW 的方向看，E 满足 5.3 节中已说明的中位点的定义，即：在 E 左边或其上的理想点数目大于 $n/2$、右边的数目也大于等于 $n/2$，其中，n 为委员会的规模，在本例中为 5。由于过 E 点能画的每条直线 WW 都满足这种性质，E 是所有方向的中位点。下一节将证明这样一个定理，该定理指出，E 在多数通过规则下为一个超优点的充分和必要条件是，它是所有方向的中位点。

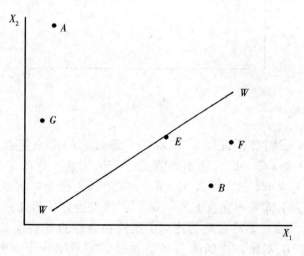

图 5.10

5.5 对中间投票人定理的证明——多维的情形

这一定理最先由戴维斯、德格罗（DeGroot）和希尼奇（1972）证明。我们在此再次仿照埃内洛和希尼奇（1984）的第 3 章给出证明。

我们首先一般化 N_R 和 N_L 的定义。N_R 是过 E 点的任意一条线之右下方的理想点的数目，N_L 是该线之左上方的理想点数目。继续假定圆形无差异曲线。

定理：E 在多数通过规则下为一个超优点，当且仅当对通过 E 点的所有直线有 $N_R \geqslant n/2$ 和 $N_L \geqslant n/2$。

充分性：选任一点 $Z \neq E$（参见图 5.11）。画 ZE，并画垂直于 ZE 直线的 WW。已知所有无差异曲线是圆形的，E 比 Z 到直线 WW 的右下方的任何理想点更近。N_R 个投票者更偏爱 E 而不是 Z。根据假设，$N_R \geqslant n/2$，因此 E 不可能被 Z 所击败。

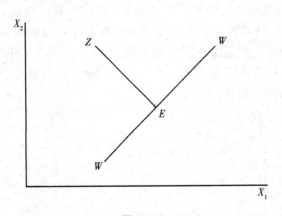

图 5.11

必要性：我们必须证明如果 Z 对于通过它的某条直线 WW 不满足 $N_R \geqslant n/2$ 和 $N_L \geqslant n/2$，那么它不可能是一个超优点。令图 5.12 中的 Z 和 WW 是使得 $N_R < n/2$ 的，那么 $N_L > n/2$。现在我们把 WW 向原点平行移动，直到达到垂直于 WW 的直线上的一点 Z'，该点恰好使得通过它的直线 $W'W'$ 满足 $N'_L \leqslant n/2$，显然必然会达到满足这种条件的某一点 Z'，现在选择线段 ZZ' 上并在 Z 和 Z' 之间的点 Z''。由过 Z'' 点且平行于 WW 的直线定义的 N''_L 满足 $N''_L > n/2$。但是其理想点在 $W''W''$ 左方的 N''_L 个投票者必然都

更偏好 Z'' 而非 Z。因此，Z 不可能是一个超优点。

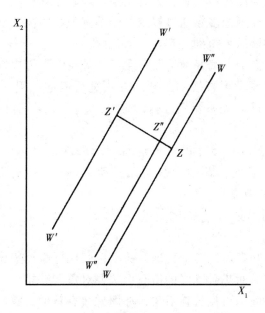

图 5.12

5.6 当偏好不是由空间词汇定义时多数通过规则的均衡点

迄今为止，本章有关多数通过规则下的均衡，其结果都是在选择的空间模型背景下推演出来的。对于经济学家来说，这也许是说明选择问题的一种自然方法，因为他们通常都是在假定是连续变量之上的效用函数的情形中分析个人的选择行为，并用几何图形来说明他们的结论。但是，至今还不知道人们是用积极的眼光来看待该结果（在多数通过规则下存在一个均衡）或是用消极的眼光来看待（均衡存在，但是只是在很严格的假定之下才存在），因此，我们想知道这些分析结论在多大程度上受到以空间词汇来形式化问题的影响？如果人们是在放弃空间背景的情形下审视多数通过规则，那么是得到更好结果或是更坏结果？总之，投票者不是用空间词汇来思维的。当公共选择的空间模型开始第一次引入政治科学文献时，这些问题与由斯托克斯（1963）所发起的对在政治学中引入公共选择方法的攻击产生了共鸣。

如果假定个人偏好满足一定的理性公理（纽曼，1965），那么所有关于消费者行为的主要结论可以不必借助几何学或微积分就能推导出来。由于从这些公理推导出与消费者行为有关的定理时，其过程与从微积分推导极其相似，有人怀疑像多数通过规则这样的有关集体决策函数也包含着相似之处。这种怀疑后来得到证实。

如果我们假定个人偏好满足反身性、完备性以及传递性三个公理。那么个人理想点的概念可直接用公理的方式进行表述。用 R 代表"至少一样好"的关系，即该关系要么严格的偏好 P，要么无差异 I，这样公理可表述为：

反身性：对于集合 S 中的每个元 x，有 xRx。

完备性：对于集合 S 中的每对元 x 和 y，$x \neq y$，有要么 xRy，要么 yRx，要么二者皆成立。

传递性：对于集合 S 中的每个三元 x、y 和 z，（xRy 和 yRz）$\rightarrow$（xRz）。

如果个人偏好满足这三个公理，那么它们在可选择集合 S 上定义了一个顺序。假定个人对集合 S 中的所有可选择对象能够排出一个顺序，并且理想点是排序最高的可供选择对象，亦即比所有其他对象都更偏爱的选择对象。

已知个人偏好被假定成能定义一个顺序，那么，说明在多数通过规则下是否存在均衡问题的自然方法，就是说明多数通过规则能否定义一个顺序，特别是说明多数通过规则是否满足传递性。如果多数通过规则能做到这一点，那么能击败（或至少不分胜负）所有其他选择对象的可选择对象在任何集合中都必然存在，这个选择对象就是我们的超优结果。

如果除满足三个公理外，个人偏好还满足极值限制公理，那么多数通过规则就会给可选择对象集合 S 定义出一个序。[①]

极值限制：如果对于任意的有序三元组（x，y，z），存在一个人 i 具有偏好次序 xP_iy 和 yP_iz，那么每个更偏爱 z 而非 x 的个人 j（zP_jx），必然有偏好 zP_jy 和 yP_jx。

考查该公理可得出几个结果。第一，尽管该公理不需要选择对象的空间位置，但它要求个人要以一种特殊的方式看待选择对象。个人必须把议案排成 x，y，z 或 z，y，x 的顺序；例如他们不能把议案排成 y，x，z 的

顺序。

第二，该公理的条件不是要求所有个人的偏好要么是次序 xP_iyP_iz 和 zP_jyP_jx，条件的第二部分只是当某些个人与 x 相比更偏爱 z 时才要求。但可能没有人与 x 相比更偏爱 z。所有的人有可能偏爱 x 而非 z 或认为 x 和 z 之间无差异。如果这些条件成立，那么定理宣称不会有循环发生。

第三，如果有人想认为议案的次序是按从左至右排列（x，y，z）的，那么这个条件就类似于单峰性，但并不等价于单峰性。特别地，当偏好 $xPiyPiz$ 出现时，该条件允许偏好为 $xIjzPjy$。如果 y 是中间议案，那么偏好次序 $xIjzPjy$ 意味着在 x 和 z 处有双峰。然而，该条件会认为在 x 和 z 处的两个峰必然是等高的。

尽管极值限制避免以空间词汇定议案，但如果多数通过规则满足可传递性，那么它在其他方面就会对人们持有的偏好次序类型施加一种非常严厉的约束。如果一个委员会必须决定一块空地是用来建一块足球场（x）或是建一块网球场（y），或是建一个游泳池（z），那么有些人可能有理由最偏爱足球场，次之为网球场，最后是游泳池。但同样的理由，其他人可能更喜爱网球场，次之游泳池，最后是足球场。然而，如果两种类型的人都在委员会之中，那么，极值限制条件就会被违背，且在多数通过规则之下就会发生投票循环。下一节将给出该定理的证明。

5.7　极值限制的证明——多数通过规则定理

定理：多数通过规则会给任一个三元组（x，y，z）定义出一个次序，当且仅当个人偏好的所有可能集满足极值限制。

证明是仿照森（1970a，pp. 178—181）进行的。

充分性：最有趣之情形涉及那些其中至少有一个投票者的偏好次序为

1. xP_iyP_iz

的情形。除第一种投票类型外，极值限制允许有如下 4 种投票偏好次序：[①]

2. zP_jyP_jx

3. yP_jzI_jx

4. zI_jxP_jy

5. zI_jxI_jy

---

① 实际上，还有更多的类型，但是一旦有 zPx 的投票者，其他类型就会减少。

假定类型 5 的投票者为弃权之人，这样当一个投票者的偏好为类型 1 时，如果极值限制得到满足，那么偏好次序的可能集将只剩下 4 组。假定定理不成立，即假定存在一个向前的循环

xRy，yRz，和 zRx，

其中，R 意味着多数通过规则下的社会排序。用 $N(zP_ix)$ 表示与 x 相比更喜爱 z 的个人的数目：

$$(zRx) \rightarrow [N(zP_ix) \geqslant N(xP_iz)] \tag{5.1}$$

由假设有，至少有一个人的偏好次序为 xP_iyP_iz。因而，

$$N(xP_iz) \geqslant 1 \tag{5.2}$$

再由（5.1），有

$$N(zP_ix) \geqslant 1^{①} \tag{5.3}$$

用 N_1 表示偏好由（1）给出的个人的数目，N_2 为由（2）给出的个人数目，如此类推。

$$(xRy) \rightarrow (N_1 + N_4 \geqslant N_2 + N_3) \rightarrow [N_4 \geqslant (N_2 - N_1) + N_3] \tag{5.4}$$

$$(yRz) \rightarrow (N_1 + N_3 \geqslant N_2 + N_4) \rightarrow [N_3 \geqslant (N_2 - N_1) + N_4] \tag{5.5}$$

$$(zRx) \rightarrow (N_2 \geqslant N_1) \tag{5.6}$$

由于（5.4）和（5.5）均成立，故

$$N_2 = N_1 \tag{5.7}$$

因此

$$N_3 = N_4 \tag{5.8}$$

由此，有

$$(N_2 + N_3 \geqslant N_1 + N_4) \rightarrow (yRx) \tag{5.9}$$

$$(N_2 + N_4 \geqslant N_1 + N_3) \rightarrow (zRy) \tag{5.10}$$

$$(N_1 \geqslant N_2) \rightarrow (xRz) \tag{5.11}$$

但是（5.9）至（5.11）意味着一个向后的循环。因此，如果极值限制得到满足，那么一个向前循环只有当向后循环也存在的特殊情况下才存在。一个循环的发生是由于社会对三个议案的偏好是无差异的，即偏好 x 而非 y 的投票者数目等于偏好 y 而非 x 的投票者数目；偏好 y 而非 z 的投票者数目等于偏好 z 而非 y 的投票者数目；偏好 x 而非 z 的投票者数目等于偏好 z 而非 x 的投票者数目。

---

① 条件（5.2）和（5.3）证明了委员会中唯一能满足极值限制的偏好次序产生于前述五种类型之中。

如果假定定理是由一个向后的循环所违反，那么一个相似的讨论可以证明极值限制也意味着一个向前循环。

必要性：我们必须证明极值限制公理的违反能推导出多数通过规则下的不可传递性社会偏好。

假定个人 i 有

$$xP_iyP_iz \tag{5.12}$$

如果个人 j 有偏好次序

$$zP_jx \text{ 和 } zP_jy \text{ 和 } xP_jy \tag{5.13}$$

或者有偏好次序

$$zP_jx \text{ 和 } yP_jz \text{ 和 } yP_jz \tag{5.14}$$

这样就违反了极值限制。再假定条件（5.12）和（5.13）成立，那么在多数通过规则下，有

$$xPyIzIx$$

上式违反了传递性。

再假定条件（5.12）和（5.14）成立，那么在多数通过规则下有

$$xIyPzIx$$

所得式子同样违反了传递性公理，所以，当极值条件得不到满足时，那么多数通过规则不可能在所有可选择对象中产生一个完备的次序。

5.8 对偏好、议案本质和数量以及投票规则选择的限制能导致均衡

5.8.1 偏好齐次性

对于不熟悉公共选择方面文献的读者，有关多数通过规则均衡方面的结果必然显得既意外又无奈。人们最常用的这种投票规则真的会产生出它对传递性特征的违背所暗示的那种不一致性吗？在多数通过规则之下产生均衡所需的偏好类型真的不可能像上述定理所说的那样自然而然地出现吗？

不幸的是，这些问题的答案都是肯定的。为什么是肯定的，这在克雷默（1973）把单峰条件从一维推广到多维情形的文献里有精彩的说明。克雷默的定理对经济学家有特殊的意义，因为他在人们熟悉的预算约束和凸形无差异曲线条件下探讨了投票者选择。

在图 5.13 中，令 X_1 和 X_2 表示两种公共物品的数量，或一种公共物品的两种属性。BB 是委员会的预算约束线，BB 内或其上的所有点均为可

行的选择对象。令 U_1^A 和 U_2^A 是个人 A 的两条无差异曲线。A 在三元组 (x, y, z) 上的偏好为 xP_Ayp_Az。令 C 的无差异曲线为虚线 U^c。C 在 (x, y, z) 上的偏好是 yP_CzP_Cx。这违反了 5.6 节定义的极值限制。设 A 和 C 为委员会成员，那么，从可行集中选择三元组如 (x, y, z)，多数通过规则在其中会产生一个循环。除他们的无差异曲线相交之外，A 和 B 的无差异曲线没什么不正常的。什么时候能够确定我们避开了在可行集之上所有违反极值限制的偏好呢？只有当所有人有同样的无差异图，或如克雷默 (1973，p. 295) 指出的，当存在"个人偏好次序的完全"一致性时，我们才能确定。[①]

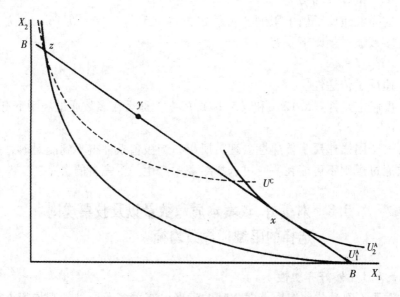

图 5.13　正常无差异曲线下的可能循环

因此，我们又回到了一致性条件。如果我们要寻找的是一种能显示个人在公共物品上的偏好的投票规则，那么选择将如下进行。要选择一个一致性规则，有可能需要对议案进行无数次的修改以使得议案能考虑到所有市民的利益。反过来，尽管在达到帕累托可能性边界之前，每个修正案均

---

① 如果我们不考虑 BB 之内的所有点允许 BB 上所有点可以进行对应比较，那么凸效用就意味着在一维 BB 上定义了单峰偏好，因此可以应用中位选民定理。在多数规则下允许 BB 之内的点也可以被选择，或在议案中加上第三个维度，那么刚才可应用中位选民定理的应急方法也不再适用。

可被否决，但是，一旦某个议案达到帕累托可能性边界，其他的议案就不能获得一致同意的投票通过而否决它。此时，这个过程将停止。一个议案在获得多数通过之前所必须修改的次数会随着通过一个议案所需的多数票规模的减小而减少。虽然这会加速以多数通过第一个议案的过程，但也许会无限期地减慢以多数通过最后一个议案的过程，亦即击败其他所有议案的某个议案通过的过程。因为在非全体一致通过规则下，有些投票者的利益受到损失，这等价于从再分配方案的反对者到其支持者的再分配。就像任何一个再分配方案一样，一般都可以重新修正一个议案，使之在少部分人之中转移利益，并形成一个新的取胜联盟。通过对偏好分布强加一种严格的对称性假设，普洛特"完美平衡"条件可以保证，一个多数通过规则之下的均衡。对称性假设保证，一个议案的任何修正总涉及对称的相互抵消的利益再分配。全方位的中位数条件中也包含着同样的不同利益之平衡，而极值限制公理也倾向于把竞争限制在那些利益完全冲突的人之中（如，xP_iyP_iz 型与 zP_jyP_jx 型之间竞争）。克雷默的"相同效用函数"条件消除了所有矛盾冲突，并由此排除了所有再分配问题。

多数通过规则的再分配特点说明了构造一个社会福利函数与建立一个多数通过规则（或者不可能性定理）之间在证明和条件上的相似性。两者都没有能力在各个帕累托偏好点之中作出选择，即没能力处理再分配问题（参见森，1970a，Ch. 5.5）。

这些定理在它们的限制条件得不到满足时，都证实了循环出现的可能性。就如克雷默（1973）指出的那样，具有相同偏好的多数人的存在，是以保证多数通过规则均衡的存在，而无须考虑其他所有人的偏好是什么（也可参见布坎南，1954a），更一般的，我们可能愿意探究在现实中会导致循环问题的一致偏好如何产生的问题。

大量的研究都是利用模拟技术来探索这一问题的。如果对个人可能具有的偏好次序类型不加以任何特别的限制，循环的概率就很高，并且随着可选方案的增加，该概率接近于 1。[①] 我们也注意到，如果多数人具有相同的偏好，循环就不会发生。因此，我们可以设想，随着我们对选民偏好作出各种性质的假定，发生循环的概率就会减少。确实如此。以上文献在尼米（1969），赖克和奥迪舒克（1973，pp. 94—97），普洛特（1976）

---

① 加曼和卡米恩（1968），尼米和韦斯伯格（1968）；德梅耶和普洛特（1970）；格莱因和菲什伯恩（1976b）。

中均有评论。尼米（1969）以及塔洛克和坎贝尔（1970）发现，随着单峰偏好数目的增加，循环发生的概率减少。威廉姆森和萨金特（1967）以及格莱因和菲什伯恩（1976）发现，循环发生的概率会随着具有相同的偏好人数比例的增多而递减。[1]同样，库加和长谷（1974）发现，随着利益冲突的选民人数成对地增加，该概率会提高。在集体选择过程仅仅涉及契约曲线外的点向曲线上的点移动的范围内，即涉及全体一致通过规则能够处理的各种决定时，选民的利益才趋于调和，并且多数规则下的循环的可能性才会降低。

5.8.2 同质偏好和特定多数通过规则

当投票者的偏好趋于同质时，5.8.1 节阐述的结果即在简单多数通过规则下的循环的可能性便会降低。循环的可能性亦可以通过增加要求打破现状的大多数人群而降低。

为了表明这点，考虑图 5.14a。如前，某社区必须决定两个公共物品 X_1 与 X_2 的数量。市民的理想点均匀分布在一个区域，形成等边三角形。三角形中每一点代表一个投票者的理想点。三角形中的线将之等分为 9 个较小的区域。大三角形中没有点满足普洛特的完美平衡条件，因此不存在简单多数通过规则下的平衡。比如，点 g 是大三角形的重心，会稍微偏向下方某些点比如点 g'。水平线 $\overline{AB}$ 以下有 5 个小三角形，以上只有 4 个三角形。因此，5/9 的市民偏好 g 以下的点，而某些点比如 g'便能较 g 而赢取多数。

另一方面，大三角形的每一个点是通过原则下的一个平衡点。大三角形构成帕累托组合，一旦帕累托组合中的某一建议被采纳为维持现状的策略，那么任何将其移除的意图都将被否决。直观地说，设想当一组点中的大多数要求改变现状使得原先的平衡性减小时，这组点便会下移直至完全失效。这一知觉是正确的。比方说，在规定大多数是 89% 以上，则点 n 若稍做下移比如移至点 n'，便失去了在大多数中的代表效应。因为 89% 的理想点位于线 $\overline{CD}$ 之下，而 89% 的民众偏好 n'而不是 n。在图 5.14b 中，任一个阴影三角形的一个都不是以 89% 为大多数原则下的平衡，因为它们中的任一点都可以在此以外的非阴影三角形中找到相应的点。在 6 个非阴影三角形中的任一点都不能位移至以 89% 为大多数的其他点。

---

[1] 参见艾布拉姆斯（1976）以及菲什伯恩和格莱因（1980）。

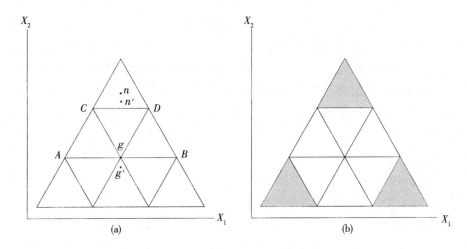

图 5.14　不同数量多数规则的均衡

　　在这种条件下，最小的大多数是 5/9 的大多数。经过点 g 的直线将整个区域分为 5∶4。如果必须有超过 5/9 的民众投票来否决方案点 g，那么位于 4/9 范围内的持有理想点居民就能被其他居民以 5/9 范围内的其他某点替换 g 而放弃对任何方案的投票，其他任何经过点 g 的直线，比如水平直线将大三角形一分为二，每部分包含不足 5/9 的民众，因此在 5/9 大多数原则下，没有点能否定方案 g。这就是这种情况下的唯一的稳定平衡。

　　这个例子对是否有可能在不同情景下以最小的有效大多数原则维持现有的平衡提出了思考。这一问题首先由布莱克（1948b）提出。假定每一个体都持有 n 维方案范围的凸显偏好，格林伯格（1979）证实了为确保现状平衡或至少有一个平衡点处于方案范围内的大多数原则，m^* 必须满足如下条件：

$$m^* \geqslant n/(n+1) \qquad\qquad (5.15)$$

令 $n=1$，$m^*=0.5$，则 5.15 式简化为中间投票人定理，对于单维度方案的凸显偏好，每票只要通过超过 50% 的大多数便能确保稳定的投票结果。式 5.15 也显示，当 m^* 不断增大，则方案的维度即方案选择的一致性也相应提高。

　　随后，卡普林和纳莱巴夫（1988）对上式作了重要发展，指出：m^* 可以通过限制社区成员的偏好数及其理想点的提交方式而大大降低。在二

维方案情形下，单个个体的选择效应则如图 5.5 所示。即：个体持有 X_1
与 X_2 组合的最优偏好，而当所选择的方案偏移理想点，则个体的选择效
应便失去意义。如果选择效应沿着与纸平面垂直的第三条轴线投下来，便
会呈现出一个锥体或山体，以点 A 为峰顶。现在按图 5.5 假想委员会所有
成员的选择效应山体，所有这些山体的集合本身会是一个具有单峰的山
体，峰值在 x_1、x_2 象限内某点。基于上述关于个体偏好及其理想点提交
的假想，卡普林和纳莱巴夫证明 m^* 必须满足下列条件：

$$m^* \geq 1 - (n/(n+1))^n \tag{5.16}$$

又令 $n = 1$，则 $m^* = 0.5$。当 $n = 2$ 时，则如前面例子所示，$m^* = 5/9$，
且 m^* 随 n 增加而增大。直至达到其最大值 64%。因为 $(n/(n+1))^n$ 当 n
趋向无穷时极限为 $1/e$，$1/e < 0.368$。64% 的大多数足以确保至少有一 n
维的某点在即使是 n 是无穷大，空间也不会被任一其他的点否决。如果是
就公共产品的数量来投票，且相关税收与数量都可事先确定，那么式
(5.16) 所界定的偏好类型就是合情合理的。[①]选民理想点的密度为凹形，
并假定所在社区共识度（社区不是被群分为各自持有根本对立的公共产品
数量的偏好组合的选民），这一假定是相当奏效的。如果我们摒弃简单大
多数原则而使用 64% 有效大多数原则，则假定在不止一个方向上方案的
选择大体上是单峰的，且假定社会共识度是足以减少循环的可能性的。[②]

卡普林和纳莱巴夫所研究的结论要求我们重新思考第四章所提到的关
于最优大多数选票原则的问题。在图 4.4 和 4.5 中我们阐述了决策成本随
以 0.5 为大多数起点的不断增大而增加。当我们考虑每次允许各持有一个
新方案的单个个体假如到不断膨胀的联盟而发生的税收数量的组合等进程
时，以上假想可能是合情理的。但是，如果我们认为社区的任务是选择 n
个公共产品的组合（数量或性质），则更为合理的假设应当是每一个新的
方案都可以从原先的获胜联盟中分化出一些成员来并形成新的联盟。我们
也分析了上述这种假想当中的联盟成分的变化是怎样产生循环的。卡普林
和纳莱巴夫的理论表明，在这种情形下，当大多数从 0.5 增大至循环不再
可能发生通过某一方案。这时的决策成本实际上是降低的，如图 5.15。

---

① 个人偏好无须考虑图 5.5 所说的循环差异曲线；偏好在 n 因次主题空间内仅仅需要是单
峰的。读者可以参阅卡普林和纳莱巴夫（1988，pp. 790—792）对于证据假定的一个充分的论证。

② 卡普林和纳莱巴夫（1991）讨论了选民理想点的分配是凹形的假定，证明了 n 因次主题
空间的中位选民理论。

曲线 D 目前呈 U 形, 当曲线 D 达到正好接近 0.5 时的最小值时, 增加一个以 0.5 为大多数的方案 m 将与曲线 D 是否继续延伸无关。在 U 形曲线 D 底部约以 0.64 为大多数的某处, $C + D$ 组合的成本则将正好是 U 形曲线 D 底部这一最小值, 这类似于 2/3 的有效大多数原则能在集体决策中将决策成本和外部成本最小化。[①]

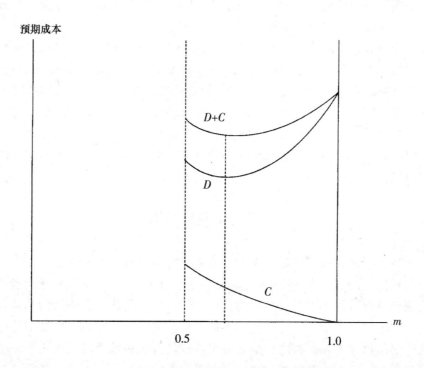

图 5.15　循环的最优多数

5.8.3　议案数、可选方案及相应大多数原则之间的关系

个体就公共物品的数量进行组合, 这种可能的选择是无穷的。除了增大大多数规定, 另一种减少循环的可能性的方法是限制事件组的可选方案数。詹姆斯·韦伯 (1993) 用另一个相关理论对此进行了很好的演示。

定理: 令 N 为选民数, $N \geqslant 2$, A 为可选方案数, $A \geqslant 2$, M 为要求选

---

① 科金斯和佩拉利 (1998) 揭示, 早在 13 世纪选择部落首领原则中, 威尼斯人就懂得了运用 64% 多数原则的优势。

择一个可选方案的选民数，（$N/2$）$< M \leqslant N - 1$，则，当且仅当满足如下条件时，存在至少一组将导致循环的个体选择偏好顺序：

$$[N \geqslant (\frac{A}{A-1})M] \longleftrightarrow [M \leqslant (\frac{A}{A-1})N] \longleftrightarrow [A \geqslant (\frac{N}{N-M})] \qquad (5.17)$$

很明显，（5.17）式中最左边的不等式中只要可能发生循环的条件具备，则循环的可能性更大。在假定 N 和 M 不变的情况下，可选方案数越多，中间的不等式与卡普林和纳莱巴夫理论有关。给定可选方案数 A，委员会成员数 N，则存在一个大得足以消除循环的大多数规定以通过对某一问题的决策。对一个很大的 N，若可选方案为 3 个，则大多数是 2/3，若可选方案是 6 个，则大多数是 5/6，以此类推。假若卡普林和纳莱巴夫的理论能很好处理有无穷个可选方案以及参选人数很多的情形，则如韦伯理论所演示的一样，如果我们不对委员会成员数量以及可选方案提交方式加以限制的话，即使是一个相对较小的可选方案，都将要求一个非常大的大多数以消除循环。

5.9　互投赞成票

当面临多数通过规则下 X 和 $\sim X$ 之间的一种简单二元选择时，个人明显的最优（超优）策略是诚实地说出他在 X 或 $\sim X$ 之间的偏好。多数通过规则只记录每个人对议案对的这些序数偏好。公共物品供给的帕累托最优条件需要有关个人偏好相对强度的信息，然而公众对私人物品的边际替代率必须总计为其价格之比率。由于这种信息在多数通过规则之下不会直接地集中。因此，多数通过规则之下得出的结果有可能不满足帕累托最优性的情形并不会令人感到特别惊讶。

私人物品的帕累托最优性同样需要有关个人偏好强度方面的信息。然而，对私人物品而言，这样的信息已在对它的"投票"过程进行了显示，投票过程是指个人为了最大化自己的效用而自利地进行商品和服务的交换过程。可是对于公共议案的投票，除非允许选民交换选票，否则每个投票人都将受到是对一个给定的议案投赞同票或是投反对票的约束。

在所有的民主国家中，公民个人买卖选票是违法的行为。明知存在这样的法律，然而常常出现违反该法律的行为，这说明人们对一张选票的价值所执有的偏好强度是不同的。尽管投票的交易行为在议会体制内同样受到禁止，然而对于那些"你投我所偏爱的议案一票，我也投你所偏爱的议案一票"的非正规过程,极难作出政策性的限制。只要有这样的非正规过程存在,那么这种类型的交换在美国国会中已发生过。这种交易行为的存在,除一定程度的道德沦丧的含义外,还隐含有另外两个方面的含义:其一是议员之间必然存在着对议案的不同的偏好强度;其二是把议员们的行为解释成对自利的追逐,这样的假设是站得住脚的。从事交易的自然倾向,就如亚当·斯密所说的"物物交换"似乎已传递到议会选举代表的行为之中。

要理解这种过程,可参见表 5.2。表中每一列给出了从一个议案的通过之中给三个投票者带来的效用变化;议案没通过则效用不变。假定每个议案都是由多数通过规则分别决定,这样两个议案都无法通过。可是,议案 X 和 Y 的通过会给投票人 B 和 C 都带来许多利益,而且如果 B 投 Y 的票以换取 C 投 X 的票,这样两个议案都能通过。现在由于 B 和 C 的互惠利益使得两个议案都得到通过。

表 5.2 投票交易实例

投票人	议 案	
	X	Y
A	−2	−2
B	5	−2
C	−2	5

利益交易的存在要求强度分布是一个非均匀分布。如果把两个 5 换成两个 2,那么 B 和 C 的交易就没有利益可言了。在支持简单(没有交易)的多数通过规则的论点中常常提到这种等强度条件。我们在第六章将考察多数通过规则的规范案例,到时还将提及等强度条件。

如果把表 5.2 中的数字视为可进行个人之间比较的基数效用,那么可以说 B 和 C 之间的交易改善了由三个投票人组成的社区的福利。没有交易,多数派就会在每个议案的决定上对有着较强偏好的少数派施行专制。然而,通过投票交易,这些少数派就可以像私人物品交易一样把他们的偏好强度表达出来,从而改善整个社区的总福利。通过交易可以给社区带来两个效用单位的净收益。

要通过投票交易所改变的结果来增进社区的福利,一个明显条件是(失利的)少数派成员在相关的议案方面,其潜在效用变化的累加值大于取胜的多数派成员潜在效用变化的累加值。由于交易模式只取决于投票人的相对偏好强度。因此，改5为3或者把A的-2改为-4，依旧发生同样的交易，只是交易给社区带来的效用总和为负。投票交换增加了参与者赢得他们之间相对重要的议案的可能性。因此，投票交换倾向于增加他们的既得利益。这种利益的增加提高了整个社区的效用所得。可是，投票交易也会给没有进行交易的投票者带来外部效应（效用的损失），对于非交易者在没有投票交易时处境会更好些。[1] 并且，如果这些外部效应是非常大的负值，那么这些外部效应就会超过投票交易者的收益之和，从而减少社区的净福利。互投赞成票的批评者主要就是想到这种情况，于是假设多数派成员累加的潜在收益大于少数派成员累加的收益。如果事实如此，那么通过投票交易改变简单多数通过规则所得的某些结果的行为反而会减少集体的福利。

戈登·塔洛克（1959）认为，可进行投票交易的多数通过规则会导致政府的支出过多，就属于以上的批评类型。设有A、B和C三个农民，X是只能提供农民B使用的道路，Y是仅能提供农民C使用的道路，如果一个农民使用道路的总收益为7，而修建一条道路成本为6，该成本将平均分摊，这样我们就会得到表5.3中的数字。成本和收益是这样时，互投赞成票就会改进总福利。但是，当使用道路的总收益为5，要平均分摊的成本为6时，互投赞成票也会使议案通过。此时，由于议案过度地修建得不偿失的新道路而降低了社区的福利。可是，问题却在于，多数通过规则将同时涉及配置和再分配两个方面。这两个议案都涉及修建总收益为5而成本为6的道路，同时也涉及从A到B和C的财富再分配，而后者却足以使这两个议案都获得通过。

表5.3 交易的可能性

取胜对	失败对	交易投票者	效　用		
			A	B	C
X, Y	~X, ~Y	B 和 C	-4	3	3
X, ~Y	X, Y	A 和 B	-2	5	-2
~X, ~Y	X, ~Y	A 和 C	0	0	0

---

[1] 参见泰勒（1971，p. 344），以及赖克和艾布拉姆斯（1973）。

　　区分互投赞成票的批评者和拥护者的一个重大标志就是他们持有的观点认为投票是正值还是负值（至多为零值）的零和博弈。如果博弈属于后者，那么开始进行博弈就显然是错误的，而且任何改善效率的努力只会使最终结果更差。赖克和艾布拉姆斯（1973）在他们对互投赞成票的指责中列举了无数这样的例子，在一些例子中，关税议案、赋税漏洞以及出于政治私利的公共工程等，都是说明少数派从议案的再分配方面谋取极大的私利，同时也可以料想到多数派的累加损失一定会很大①。在该文献中用以说明互投赞同票为最差之例子似乎总是这样一类议案，在这些议案中，出于再分配的目的，总把私人或地区的公共物品附带着提上公共议事日程，以希望从公共预算中获取高于其适当总水平的融资（施瓦茨，1975）。社区的最大希望就是挫败所有这类议案。赖克和艾布拉姆斯（1973）有逻辑地提出一些能消除互投赞成票投机的改革方法。

　　当然会有一小部分对私人物品或极其地区化的公共物品怀有极大的兴趣，而大多数人对这类物品却漠不关心。因此，把这类物品考虑在社区的议事日程之中，就有可能满足了互投赞成票的必要条件。然而，对真正的纯公共物品如国防、教育以及环境而言，个人对它们的偏好强度也存在极大的差异性。对于有关这些公共物品的议案，互投赞成票却是个人显示他对公共物品偏好强度的最佳方式。

　　詹姆斯·科尔曼（1966b）对投票交易可能性的讨论最具实证性，并且也是最具影响的讨论之一。科尔曼把委员会成员和立法者都描绘成，会对所有有关公共物品的议案达成互投赞同票协议之人。每个投票人会与上面描述的其他类型的投票人达成交换投票的协议。每个投票人放弃他对之不太关心的事件的控制，以换取他对之有最强烈偏好的事件（议案）的操纵能力。这样就会达到一种先验的帕累托最优形式，在这种帕累托最优形式中没有一个投票人会认为他与其他投票人的投票再交换会增加其预期效用。这个均衡就是科尔曼福利函数的最优解。

　　不幸的是，尽管投票交易过程在显示偏好的相对强度，并因此改善公共物品配置方面有巨大的潜力，但这种潜力也可能不能实现。原因是交易过程有可能无法形成稳定的联盟，同时又无法避免偏好的策略性失真。当投票交易只是非正式协议的一个组成部分，并且是依次发生时，投票人就会产生这样的动机，即在形成协议之时谎报他的偏好，而当协议达成之后

———————————
　　① 参见沙特施奈德（1935），麦康奈尔（1966），洛维（1969）。

又违反协议。一个能从议案 X 中获得利益的投票人会假装反对 X，并以他对 X 的支持票来"换取"其他投票人对他喜爱的其他议案的支持。如果成功，他将赢得 x 和其他的议案。但是，其他"交易者"也可能采取哄骗的手法，这样就使得交易的最终结果变得不确定（缪勒，1967）。

即使哄骗不成问题，欺骗却可能成为问题。当逐个地对议案进行讨论时，第二个交易者就有一种报复其交易对手的强烈而明显的激励。这种激励一定会表现出来；因为导致互投赞成票的相同偏好次序意味着潜在的投票循环。再次考虑表 5.3 中的例子。在表 5.3 中，除具有支付的议案 X 和 Y 之外，我们令议案 $\sim X$ 和 $\sim Y$ 表示 X 和 Y 失败时的结果，这样如果 X 和 Y 失败，那么 $\sim X$ 和 $\sim Y$ 取胜。两个议案的支付为三元向量 $(0, 0, 0)$。顺序投票的过程会产生四种可能的议案组合 (X, Y)，$(\sim X, Y)$，$(X, \sim Y)$ 以及 $(\sim X, \sim Y)$。委员会必须从四种议案组合中择取一个。现在设想，如果是对议案进行投票，那么在三个议案对 $(\sim X, \sim Y)$，(X, Y)，$(X, \sim Y)$ 之间存在一个循环。根据投票交易过程，存在这样的循环就意味着可能没有稳定的交易协议。我们已经看到 B 和 C 之间的交易所产生的结果 (X, Y) 会比没有交易时的结果 $(\sim X, \sim Y)$ 使他们从两人的处境得到改善（见表 5.3）。但是，如果 B 拒绝投票支持 Y，A 就能够通过投票支持 X 而改善自己的地位。因此，$(X, \sim Y)$ 可能击败（阻碍）(X, Y)。然而，C 可以向 A 承诺没有效用损失的选择，如果他们两人都诚实地投票以重建 $(\sim X$、$\sim Y)$ 的胜局。由此又开始了交易的循环。此外，只有一个条件才能保证具有潜在互投赞成票的情形不会产生潜在的循环，那就是采用一致性规则（伯恩霍尔兹，1973）。就像在互投赞成票过程中一样，考虑到了个人偏好强度的不同也无法使我们躲避循环的问题。相反的，一个存在就意味着另一个会出现，就如我们现在要证明的那样。

5.10　互投赞成票和循环

我们用前一节中的简单例子，并模仿着伯恩霍尔兹（1973）的方法来说明定理。关键假设是，投票者有很好地定义的偏好次序，而投票者 i 对相关议案持有的这种偏好次序满足以下独立条件：

独立议案：如果 $XP_i \sim x$，那么 $(XY) P_i (\sim XY)$。

所有投票者在每个关键时刻都真诚地进行投票。

定义：如果

$$\sim XRX \tag{5.18}$$

$$\sim YRY \tag{5.19}$$

$$XYP \sim X \sim Y, \tag{5.20}$$

其中 R 和 P 表示在所使用的任何投票规则之下定义的社会偏好次序，那么就存在互投赞成票的情形。在一对投票中，$\sim X$ 击败 X 和 $\sim Y$ 击败 Y，但是议案对 XY 可能击败议案对 $\sim X \sim Y$。

定理：存在着互投赞成票的情形就意味着社会偏好的不可传递性；而可传递性社会偏好次序的存在又意味着不存在互投赞成票的情形。

第一个命题的证明：假定存在一种互投赞成票的情形〔即（5.18）、（5.19）以及（5.20）成立〕，这样就必然存在一个取胜联盟 h（即多数通过规则下的多数联盟），对于该联盟有

$$\sim XR_hX \tag{5.21}$$

$$\sim YR_hY \tag{5.22}$$

$$XYP_h \sim X \sim Y \tag{5.23}$$

由（5.21）和（5.22）以及独立性议案假设，有

$$\sim X \sim YR_hX \sim Y \tag{5.24}$$

$$X \sim YR_hXY \tag{5.25}$$

由于每个 h 本身就是一个取胜联盟

$$\sim X \sim YRX \sim Y \tag{5.26}$$

$$X \sim YRXY \tag{5.27}$$

把（5.20）、（5.26）以及（5.27）联结起来有

$$\sim X \sim YRX \sim YRXYP \sim X \sim Y \tag{5.28}$$

这说明互投赞成票情形的存在就意味着社会偏好的不传递。

第二个命题的证明：我们假定互投赞成票情形的第一部分是存在的，而后证明，社会偏好的可传递性意味着不存在互投赞成票情形的第二部分（5.20）；也就是假设

$$\sim XRX \tag{5.18}$$

$$\sim YRY \tag{5.19}$$

这又意味着

$$\sim XR_hX \tag{5.29}$$

$$\sim YR_hY \tag{5.30}$$

由独立性议案假设

$$\sim XYR_h XY \tag{5.31}$$

$$\sim X \sim YR_h \sim XY \tag{5.32}$$

由于每个 h 均为一个取胜联盟

$$\sim XYRXY \tag{5.33}$$

$$\sim X \sim YR \sim XY \tag{5.34}$$

因此

$$\sim X \sim YR \sim XYRXY \tag{5.35}$$

不满足互投赞成票的最后一部分，所以可传递性社会偏好次序的存在意味着不存在互投赞成票的情形。

5.11　互投赞成票的检验

"赛马"原则用以在欧洲产生大多数的联盟，组选内阁，在美国通过法律程序。这与这些国家的民主一样古老。[①]但是，因为这些投票活动是在密室里，而不是在公众当中进行，所以经常难以证实投票确已进行以及投票者的公正。美国国会的所有法律程序都是以投票原则进行的吗？或者部分是？或者全部不是？如果只是部分情况是，我们能否检验哪些是？假设互投赞成票概念被明确界定，则公共选择可以引导我们寻求上述疑问的答案。

假定事件 d 和 s 将涉及互投赞成票操作，则从对互投赞成票的定义中我们可以得知，获得参与互投赞成票的全票则方案得以通过，不能获得全票则不能通过。为获得对 s 的投票权而交易对 d 的投票权的 s 的支持者，会放弃她本人及（或）其委托人对 d 的偏好而反对 d。这一投票操作需耗去她一些成本，只有当她所获得的回报足够多的票数以确保 s 的胜出大于这一成本时她才会参与交易。这样可以得出如果 s 即使能获得交易票数仍将落选，则她不会就她对 d 的票权进行交易，因此，交易不会就落选事件进行。然而，如果 s 在不需要交易票数的情况下也能胜出，则她不应当交易 d 的票权。因此，交易不会就极有希望胜出的事件进行。涉及互投赞成票的事件应当是有机会险胜，且胜数取决于交易票数。

施特拉特曼（1992b）用美国参议院的房屋法案和 1985 年的农业法案等各种投票实践检验了上述互投赞成票原则。通常，在一系列变量下，可以解释议员是怎么投票的。这些变量包括描述其所在区的特征，用 x_D

---

① 例子和讨论参见梅休（1966）和费约翰（1974）。

表示，候选人的特征（比如意识形态类别）用 x_C 表示。因此，在不考虑互投赞成票的情况下，对三个涉及花生种植、奶牛场以及蔗糖的农业修正法案的投票可以用下列等式来预测：

$$p = a_p + b_p x_D + c_p x_C + u_p$$
$$d = a_d + b_d x_D + c_d x_C + u_d$$
$$s = a_s + b_s x_D + c_s x_C + u_s \tag{5.36}$$

然而，如果互投赞成票涉入该三项修正案，则仅仅因为投票者个人及其所在区的特征，支持蔗糖农民利益的投票者与支持奶牛场农民利益的可能性将比预期的要高。这种对互投赞成票原则的运用可以通过（5.36）式中每式累加另两法案的预期票数得出式（5.37）来检验：

$$P = a_p + \beta_p \hat{d} + \gamma_p \hat{s} + b_p x_D + c_p x_C + u_p$$
$$d = a_p + \alpha_d \hat{p} + \gamma_d \hat{s} + b_d x_D + c_d x_C + u_d$$
$$S = a_s + \alpha_s \hat{p} + \beta_s \hat{d} + b_s x_D + c_s x_C + u_s \tag{5.37}$$

$\hat{p}$，$\hat{d}$ 和 $\hat{s}$ 是式（5.36）中每个修正案的预期票数。[1]表 5.4 演示了施特拉特曼的部分结论。

表 5.4　　　　　　　　　　　互相合作存在的计量显示

独立变量	$\hat{p}$	$\hat{d}$	$\hat{s}$	解释变量			
				警署	PAC	农民	政党
P		.36*	.53*	−.15	−1.04	71*	−.84*
d	.01		.21*	.14	.18*	.67*	−.72*
S	.45*	.30*		−.33*	1.37*	6.6	.23

资料来源：施特拉特曼（1992b，表1）。

为了衡量所在区及议员的特征，施特拉特曼使用以下变量来描述每个候选人从各个农业团体政治行动委员会获得的支持（PAC），以及所在区民众从事花生种植（分别还有经营奶牛场与蔗糖）的农民人数，以及党代表的渗透（共和党 = 1，民主党 = 0）。[2]警署表示截距，星号表示 5% 或以上的显著相关。如果选民代表基于农民利益而投票则因变量为 1，如果

---

① 考和鲁宾（1979）建议在其他主题方面增加实际的投票，但是这种方法在估计合作变数的系数方面存在偏差。

② 一名美国议员的 ACLU 等级也被用来衡量其观念，但是它在这里所报告的方程中是很重要的却被忽略了。

反对则为 0。

首先来看重要的外生变量，我们发现，随着议员从其 PAC（奶牛场和蔗糖）所获得的税收增多，及其所在区从事该农业的民众增多，则该议员基于这群农民利益投票的可能性增大，共和党人很有可能投票反对与花生种植和乳品业修正案相关的农民。

再来看互投赞成票的关键假设变量，我们发现，5/6 的另两个农业修正案的预期选票，在这三个等式中很显著，而且相关系数也很大，被预测将投票赞成蔗糖修正案的人同时投票花生修正案的可能性将高出模型中所提到的以候选人与所在区特征为基础所作出的预测的 0.53 或以上。可以假想，那些因交易投票权而可能改变其投票倾向的议员会预测在没有投票权交易的情况下各个修正案的票数将降至 0.3—0.5 的可能性。这些议员很可能相对于那些认为在没有票权交易情况下预测各个修正案将是 0.0—0.3 的议员而言，更不会改变他们的投票偏好（施特拉特曼，1992b，p. 1171）。

施特拉特曼没有给 $\hat{p}$、$\hat{d}$ 和 $\hat{s}$ 赋值，但是利用表 5.4 的相关系数以及三个法案的实际票数，可以对这些变量作出如下估计值：$\hat{p}=61$，$\hat{d}=207$，$\hat{s}=176$。如果仅仅依据所在区以及议员的特征来投票，花生与蔗糖修正案的农民的利益将可能受损，奶牛场修正案也可能只能以 207—205 的票数勉强通过。有趣的是，仅有的，三个等式中次要共同变量是奶牛等式中的 $\hat{p}$。花生农民利益的支持者不为奶牛农民利益所需且他们本身看来也并不吸引奶品。与蔗糖农民利益相关的选票，通过粗略计算，将险胜的 207—205 票数变成了 245—167 的胜数。互投赞成票给另两个修正案带来了或胜或失的不同可能。

施特拉特曼还检验了奶牛场修正案以及小麦修正案中互投赞成票的存在问题，指出奶牛场农民利益以 351—36 的幅度胜出，而小麦农民利益以 251—174 的幅度受损。如本理论预测的那样，没有证据证明在该两项事件中有票权交易。

互投赞成票是一种鲜明的美国式表达方式。正如我们刚看到的，它的确存在于美国国会中。然而，这不仅存在于法律程序中。比如，埃尔维克（1995）指出可以用它来解释穿越挪威的高速路的支出分担问题，成本效益率的分配问题，以及不胜枚举的类似问题。[1]

----

① 也可参见弗里德斯通和埃尔维克（1997）。

5.12　议程控制

5.12.1　在一定空间环境下的议程控制

至此，就是有耐性的读者已肯定对循环定理产生了厌倦感。而且我们还只触及到有关循环和不稳定结果的文献的表皮，原因是循环和不稳定结果有着这样或那样的形式。不过，多数通过规则所导致的循环却是有关公共选择的文献的主要命题之一（有人认为是唯一命题）。可是循环问题真的很严重吗？委员会真的会像循环结果所预示的那样做无休止的循环吗？大概不会吧！下一节我们将考虑委员会为什么要避开无休止循环的几种理由。但在这样之前，首先让我们考察一个能说明循环现象的潜在意义的结论。

在一篇重要的论文中，麦凯尔维（1976）首次说明，在多数通过规则下，个人偏好在诚实投票的情况下会产生潜在的循环，那么能控制投票议程的个人就可以使委员会在他选定的议案空间中得出任何结果。该定理的两个部分得到发展。第一，该定理说明，利用投票循环，可以把委员会的选择从任一个起始点 S，移到距 S 为 d 的任何一点。在图 5.16 中，令 A、B 和 C 为三个投票者的理想点，S 为起始点。如果每个人都诚实地对每一对议案进行投票，那么委员会的选择从 S 到 Z，再到了 Z'，再到 Z'' 就只需要三步。第二，委员会的选择离 S 点越远，投票者的无差异圆越大，一步到另一步之间的距离就变得越大。这样，投票过程就可以持续，直到达到一个选定的离 S 的距离为 d 的某一点。

现在令 r 为一个以 S 为圆心的圆的半径，该半径使得（1）议程组织者的目标点在该圆圈内（譬如说，理想点 A）；（2）至少有 $n/2$ 的委员会成员的理想点落在以 r 为半径的圆中（在本例中至少为两个以上）。现在选择一个 d，使得 $d > 3r$，这样可以肯定委员会中的大多数人比在圆中达到的最后一点 Z'' 更喜爱 A，此时 Z'' 到 S 的距离为 d。最后，让委员会在 Z'' 和 A 之间作出选择，显然 A 取胜。这时，议程组织者可以要求停止投票，或者提出一个无法取胜于 A 的新议案让委员会投票。这样，委员会中有权安排议程的人就能够使最满足其偏好的结果获胜。

麦凯尔维定理有两个重要的含义：1. 显然，议程组织者的权力是实实在在的。如果这种权力是赋予一个指定的人或一个委员会小组，那么对那些拥有此种议程安排权力的人必须有所监督，以免他们利用该权力从集

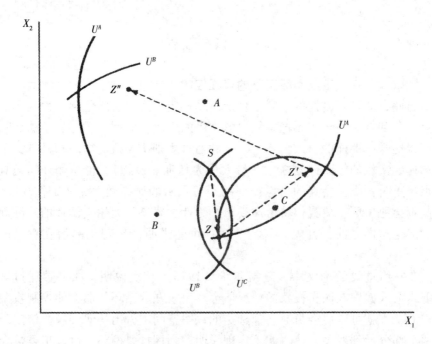

图 5.16 议程控制的可能性

体行动中获得额外的实惠。2. 投票循环的存在在一定程度上导致了投票结果的不可预见性，这种不可预见性会激励某些人通过控制投票而获取自己的私利。一个委员会达成一项决策，就这一事实本身而言可能没有太多的规范意义，除非有人知道这一决策是怎样达成的。

5.12.2 分蛋糕游戏中的议程控制

哈林顿（1990）演示了在 5.12.1 节中所假定的各种相当不同的条件下，议程制定者所具有的潜在权威。假定有一笔拨款 G 美元将分配给委员会成员。选择分配 G 的程序如下：随机选择任一成员对 G 的分配提出方案。如果委员会中 m 或以上成员，$1 \leqslant m \leqslant n$，赞成该提案并推行，则游戏结束。如果提案少于最少 m 个赞成票的支持而遭否决，则任意挑选另一成员提出新的议案，推行相同的程序直至某一提案获得了规定的 m 张赞成票。为了方便讨论，假定所有成员都有一致的偏好。

首先考虑关于被选择出来提出 G 的分配议案的个人的策略。他预计到委员会每一成员都持有某一保留性分配份额。也就是说，有些持最低限度

的分配份额 x，则他将会积极投票，而不是消极等待下一轮投票的结果。因为所有成员偏好一致，不论其中一人赞成什么，其余的人都将接受。因此，假定投票者个人的份额大于通常的保留性份额 x，则提案者通过提议 $m-1$ 个成员份额为 x，他本人为 $G-(m-1)x$，余下的 $n-m$ 个成员份额为 0，这样一来将自己的份额最大化了。

现在来考虑当委员会决定保留性份额应当为多少时其成员的心理活动。他知道在任一轮投票中，他有 $1/n$ 的概率成为提案者并获得 $G-(m-1)x$ 的份额，有 $(m-1)/n$ 的概率成为获胜同盟中的一员并得到 x 的份额，有 $(n-m)/n$ 的概率是一无所获。如果他甘愿保持中立，他们没有那种认为现在将比下一轮获得更多票数的期望，则他可以简单选择一个保留性份额以期在任意一轮中获得他自己期望的份额分配。

$$x = \frac{1}{n}\left[G-(m-1)x\right] + \frac{(m-1)}{n}x + \frac{(m-n)}{n} \cdot O \qquad (5.38)$$

x 的取值应当为 G/n，提案者的份额应当为：

$$\left(\frac{n-m+1}{n}\right)G \qquad (5.39)$$

只要 $m<n$，提案者的份额将超过委员会所有其他成员的份额。并且随着 m 的减少直至在大多数原则下总额的 1/2 参与分配，提案者的份额会增加。

如果委员会成员表现出不愿冒风险或者认为时间紧迫，他们便不会承担风险，承担等待下一轮投票所带来的时间耽误，而积极接受某一少于 G/n 的 x。因此，表达式（5.39）是提案者份额的一个较低选择幅度。委员会成员越规避风险，越缺乏耐心，那么议程制定者越坐收渔利。

哈林顿同时能够演示在可选择假定这样分配的情形下，议程制定者享有同样的优势。这些结论是很重要的，因为它们并不依赖于议程制定者本身固有的优势或其他类似的优势而享有的稳固的位置。因为即使是随机选择出来的议程制定者也会拥有相对于委员会其他成员而言的明显的优势。与投票结果真正重要相关的是，完全一直性的有效大多数原则的使用。这里再一次显示了一致性原则是保护委员会所有成员利益的潜在力量。这里指所对抗的是自私的议程制定者。[①]

①　当然，需要加强附加约束。布坎南和康格尔顿（1998）的一般原则要求对所有成员平等看待从而平等分配。甚至在一定程度上可以增加第二次减少议事者权力计划的要求。

5.13　为什么如此稳定

如果循环问题如公共选择文献所暗示的那样普遍的话，为什么在国会和州立法机关作出的委员会决策却如此稳定？这种稳定是从两个意义上讲的，一是委员会确实达成了决策，二是所达成的决策没有从委员会的一次会议到另一次会议上转来转去，以及从立法院一次立法会转到另一次立法会。这个挑战性的问题是由戈登·塔洛克（1981）提出来的，在本书中我们会不止一次地提到它。

前面一节我们已遇到该问题的一种答案，但不是一个令人愉快的答案。一个投票议程的安排者可能会把委员会引到一个对安排者非常有利的结果，并维持结果不变。循环问题的这种解只是塔洛克所提出的问题的几种可能答案中的一种，这种解有赖于一个特别的制度，就如议程安排者为避免循环所制订的投票顺序一样。对委员会进行制度约束，这方面最知名的例子要数顺序安排的罗伯特法则。该法则限制在议程中重新提出已失败过的议案，从而限制循环的范围。本节中，我们要讨论结构诱导均衡的另外两个例子。但是，我们首先要看看所有循环缺失解释中的最简单的那种——妨碍它们的这些问题的本质。

5.13.1　实质为一维的议案

正如人们所认为的，那些经典性地纳入立法程序的事件类型，其可能的事件空间乍看是多维。军事国防涉及国家安全的考虑；关于二氧化碳排放的征税涉及经济增长与环境保护的权衡，公共场所禁止吸烟的规定涉及国民健康与个人自由的考虑。尽管这些事件引起看似多方位的思考，然而个体对这些事件的看法经常显示为高度的相互关联。一旦得知某一代表支持军事开支大幅度增长，反对对二氧化碳排放征税，我们就可以预测该代表会反对吸烟禁令。一定程度上来讲，这是正确的。这暗示了事件空间的维度要比乍看起来小得多。意识形态性的维度有但不多，比如所熟悉的自由—保守二分选择，这也可以解释议员们是怎样投票的。

普尔和罗森塔尔（1985，1991）提出了一种他们称为"提名"的办事程序，允许他们对国会议员投票进行因素分析以揭示主题空间的潜在的"观念"范围。他们成功地矫正了对从1789年到1985年美国参议员约

81％的投票和房产部约83％的投票的单峰偏好分类问题。[①]

　　普尔和史密斯（1994）用"提名"来区别事件空间最显著的维度，然后提供证据支持中间投票者理论以及集中于事件空间的单维度的有用性。借用图5.17来演示这一结论。假定某一代表对给定事件的理想点定义在点 R 处，M 是这个维度的中位位置，S 是现状，那么，该代表意识到如果他提议其理想点，则会因为现状而被否决。因此，试图寻求获胜提案的某代表则会提出妥协议案比如点 C，这点不是其理想点，而且比点 S 更接近点 M。与此相对应，那试图表达他原则的具有意识形态宣言的代表则会提议其理想点 R，因而被否决。

图5.17　单维度事件空间的提案

　　普尔和史密斯提供了证据以支持他们这一假设。议院中有1/8的获胜议案相对于事件现状而言更接近中位位置，62％的失利提案则要相对远得多。那些志在必得的提案者会提出比他们的理想点而言更接近中位位置的折中性议案。

　　普尔和史密斯用"提名"方法使呈交给议院的多样化事件变成单维度，并且精确预测了议员们怎样用该单维度以凸显这一维度来投票。议员用单维度事件空间作出中位投票者定理来提议与投票的事实，预示了同样情况也存在于国会中。

　　拉德哈（1994）也使用"提名"来界定代表的位置，肯定了单维度预测与中位投票者模型。拉达发现，从点 E 移至点 R 至点 C 的一系列提案修正案导致对修正案的反对意见的减少。因为当修正案中的议案通过其理想点时，那些过左或过右的投票者不会改变他们的意向，而那些趋中的投票者却会改变投票偏好。

　　这些结论有助于我们构建中位投票者模型中的论断性内容，也使我们确信假定相关事件空间的单维度的有用性。然而，所有用以研究的、存在

---

　　① 也可参见希尼奇和波拉德（1981），普尔和罗默（1985），拉弗和舍菲尔德（1990），埃内洛和希尼奇（1994），以及希尼奇和芒格（1994）。

不止一个维度的事件，其维度的确多于一个。①循环的可能性不能完全消减，因为所有讨论中的事件都实质性的具有单向的或左或右的政治倾向。

5.13.2 一次只对一个维度投票

中间投票人理论要求单一维度议案空间和单峰偏好。假定我们的议案已知或假定是单一维度的——空间研究开支，那么，对议案偏好的单峰性似乎还不是一个太强的假设。而令人难以置信的却是假设议案空间为单一维度的。

然而，在一个两维的议案空间中，假设我们限制一次只对议案的一个维度进行投票。考虑图5.18，其中 x_1 和 x_2，是两种公共物品的坐标。

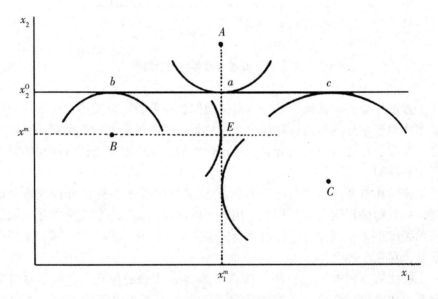

图5.18 次序投票的均衡结果

假设给定了向公共物品融资的税率，A、B 和 C 仍然表示三个投票者的理想点。当每个投票者在正象限内自由地提出任何一个议案点后，循环就发生。但现在假设委员会的投票规则是，每次必须只投一个维度。把

①又可以参见普尔和罗森塔尔（1985，1991），普尔和罗默（1985），拉弗和舍菲尔德（1990），以及希尼奇和芒格（1994），以及科福德（1989，1990）对暗含潜在维数的"提名"程序的直接批判。

x_2^0 视为给定的初始点，并在给定 x_2^0 的条件下，让委员会在 x_1 的水平上投票。由圆（或椭圆）的无差异等高线可得，每个投票者在过 x_2^0 点的水平线上都是单峰偏好。投票者 B 最偏爱 b，投票者 A 最喜爱点 a，投票者 C 最偏爱点 c。由此可知，在 x_1 的维度上，投票者 A 是中位投票者，这样在多数通过规则之下，x_1^m 就是通过投票选择的 x_1 的数量。现在固定 x_1 为 x_1^m，并让委员会只确定 x_2 的数量，这时 B 是中位投票者，而且选择 x_2 的数量为 x_2^m。所以，在一次只能投一个维度 x_1 和 x_2 的约束下，点 E 为多数通过规则下的一个均衡。[①]

当税收份额固定，帕累托状态集就是以 A、B 和 C 为顶点的三角形。由于 E 落在三角形内，因此 E 是在税收份额固定的约束之下的一个帕累托最优。但是，税收是委员会必须确定的一个重要变量。如果税率的选择能够表示成议案的一个维度，如收入税的累进度，那么税收的累进度就能够在 x_1 和 x_2 不变的情形下，作为独立的议案进行投票，并在这个三维的空间中选择一个均衡结果。但是，这样选择的均衡结果不一定是帕累托最优的（斯卢斯基，1977b）。为了找出 x_1 和 x_2 的帕累托最优数量，就必须使选择的 x_1、x_2 和个人税收份额的数量最大化委员会的效用之和。这样得出的解一定满足公共物品的帕累托最优配置的萨缪尔森条件。为有效地选择每种公共物品的数量和税收率，在最大化问题上再加上一个约束，即求解时一次只求一个维度的解。在这种约束之下委员会作出的选择与在无约束之下作出的选择将重合，这似乎没有怀疑的理由，可是一般而言，这两种选择是不一样的。在多数通过规则下，均衡价格可能很高。

5.13.3　互投赞成均衡

在说明互投赞成票情形的出现就意味着投票循环，以及议程安排者能够在出现循环的情形中达到他们自己的理想点的定理中，假定在投票过程中的每一步，每个投票人都是诚实地进行投票的。投票者就像哈姆林的孩子那样盲目地听从议程安排者的安排，人家说什么就是什么。这些定理还把部分投票人假设成具有某种似乎不真实的目光短浅的人。

借助表 5.2 和 5.3 的说明，再次考虑投票交易循环的问题。投票者 B

---

① E 在两个方向上是中位的。要成为一个无约束的均衡，点 E 必须是所有方向上的中位点，而它不是。如果让委员会在过 E 点向东北方向延伸的射线上对 x_1 和 x_2 的组合进行投票，那么选中的将不是 E 点。

首先同意与投票者 C 交换投票，而后抛弃 C 而与投票者 A 交换投票。A 反过来又抛弃 B 而与 C 交换。为了让一个真正的投票循环得以进行，B 和 C 并没有吸取任何教训，而再次进行投票交易，只有这样我们才可以重复投票循环。但是，只要个人是足够理性的，那么一旦他们预见到每次交易的短期性时，就不会坠入这种无限重复的循环之中。当每个交易者意识到表面上看似有利而实际上有可能恰得其反的交易时，他就可能努力坚持某种相对有利的交易配对不变，或者使自己一开始就不涉足于这种交易之中。就这方面，请注意内部不稳定的结果 $(X, \sim Y)$ 和 $(\sim X, Y)$。在这两种结果的任何一个之中，都有一个投票人 $(B$ 或 $C)$ 达到他潜在的最大收益。因此，一旦形成 A—B 联盟、并产生结果 $(X, \sim Y)$，这样 A 就能够提出要离开 B 的威胁。因为这时 A 和 C 形成一个联盟，要比 A 和 B 待在一起时，能使 A 和 C 两者的处境都得到更大的改善。而对于 A 要离开 B 的做法，B 的唯一选择是与 C 结盟，然而这样只会使 B 的处境更差。因此，B 更情愿维持 A—B 联盟。但是如果 A 是理性的，那么 B 就不可能如愿以偿。现考虑产生 (X, Y) 的 B—C 联盟。B 或 C 只要分别能与 A 结盟而产生 $(X, \sim Y)$ 或者 $(\sim X, Y)$，都会使他们各自的处境变得更好。因此，两个人都持有同样的拆散 B—C 联盟的威胁。一旦有人对维持 B—C 联盟出现动摇，另一个也会发出同样的威胁并与 A 结盟。由于两者都面临同样的威胁，也能够作出同样的威胁。因此，每个人都会坚定地维持 B—C 联盟。

即使不存在核心，但是探究一下那些使人能预见到 B 和 C 会结盟，并产生结果 (X, Y) 的原因也是值得的。求解简单的协商对策会得到一些主要的解概念（如冯·诺依曼—摩根斯顿解，协商集、核，以及竞争解），而 (X, Y) 的结果就包含在这些解概念之中。在议会的委员会投票中，如果投票交易与这些不同的解概念之中所包含的讨价还价行为相类似，那么即使不存在核心，以及短视交易会导致循环，人们还是能从互投赞成票的过程中预期到稳定和可预测的结果。乔·奥本海默（1979）认为协商集可用来作为互投赞成票结果的预测集，而麦凯尔维和奥迪舒克（1980）却发现，投票交易试验所得的结果与竞争解是一致的。

在表 5.2 和 5.3 所描述的对策中，当每位投票者通过对两个议案都投否决票，来诚实地表达他们自己的真实偏好时，投票者 B 或者 C 都会保证结果 $(\sim X, \sim Y)$ 发生。譬如，如果 B 否决 X 和 Y，那么通过诚实地投票，A 可以达到使其偏好最大的结果 $(\sim X, \sim Y)$。此时，C 提不出比 $(\sim X, \sim Y)$ 更好的建议，这样委员会的选择结果就是 $(\sim X, \sim Y)$。由此，如果 B 或 C 担心投票交易会产生一个比他们通过诚实地投票所得的结果（$\sim X$，$\sim Y$）更坏的结果，他们就肯定会遵行否决两个议案的复杂性策略，从而使否决两个议案的结果发生[①]。埃内洛和凯尔勒（1979）证明对于通过诚实地投票所得出的结果，尽管会被诚实地进行的互投赞成票所推翻，但是对于得出诚实投票结果的多数者，总可以通过适当的复杂投票策略来维持该结果。

因此，在表 5.2 和 5.3 的例子中，委员会的最终结果为（X，Y）或（$\sim X$，$\sim Y$）都是值得怀疑的。通过复杂投票，尽管投票人 B 或 C 能够维持（$\sim X$，$\sim Y$），但是他们俩彼此联合得出结果（X，Y）的诱惑力也是很强的。当 B—C 联盟形成时，另一个交易对手失信而不成交（或与 A 联合）的可能性阻碍了他们得出结果（X，Y）。当议案 X 和 Y 是顺序地确定的，那么这种危险就很可能发生。在此，我们有另一个囚徒困境的例子（伯恩霍尔兹，1977）。矩阵 5.1 描述了投票者 B 和 C 在决定议案 X 和 Y 时的策略选择。对于两个投票人而言，有投票交易的结果（方格 1）优于没有投票交易的结果（方格 4），但是投票人之间相互哄骗的动机依然存在。如果投票的顺序是，先投票决定议案 X，而后再投票决定 Y，并且投票人 C 遵守了与 B 协商时要求投票支持 X 的承诺，那么就不会出现第二列的结果。投票人 B 必然会在方格 1 和方格 3 之间进行选择，此时投票人 C 没有报复他的可能性，因此他显然会这样选择。

矩阵 5.1

		投票者 C	
		赞同 X 和 Y	赞同 Y 和反对 X
投票者 B	赞同 X 和 Y	1（$+3$，$+3$）	2（-2，$+5$）
	赞同 X 和反对 Y	3（$+5$，-2）	4（0，0）

正如我们在第二章看到的，只有当对策中的一个局中人认为，他采取合作性的策略能够引导另一个局中人采取相应的合作策略时，对策才会出现囚犯困境的合作解。如果对局中策略的选择是依次进行的，并且

[①] 法夸尔森（1969）介绍了诚实投票和复杂投票之间的差异性。在两个两个的投票过程中，如果投票者在每一步投的都是他所偏好的事物组成部分，他诚实投票。如果他需要考虑过程中所有未来步骤和其他投票者的未来步骤，并由他决定最优战略时，他采用复杂投票。复杂投票要求投票者采取逆推并且不予考虑所有难以掌控的战略。

对局只进行一次，那么第一个局中人的策略选择不会影响第二个局中人对策略选择方式的决策。因此，在逐个投票决定议案的情形中，就不会发生在一定时间内形成同盟，并进行投票交易的事。一种稳定的合作性投票交易只会出现在要投票交易的全部议案均同时投票决定的情形中。譬如说公共汽车公路预算案的相关部分，或者当议案从同样的议案群中不断被提出时，所出现的囚犯困境的超级对策。伯恩霍尔兹（1978）已经讨论后者出现合作交易的可能性。他的研究说明，在假设不断地重复提出同样类型议案的前提下，出现稳定的囚犯困境超级对策的可能性，不仅与局中人彼此合作所得到的潜在净收益正相关，而且也与局中人在接下来的对策中重复出现的概率正相关。正如伯恩霍尔兹所注意到的，对一个立法议会而言，可以把互投赞成票的情形描述成囚犯困境超级对策的一次对局。在该超级对策中，局中人一成不变地代表着同一利益，并且有适当长的任职期限。

尽管第5.10节已经说明这些交易的存在证明了在多数法则下将导致循环的一套明显的偏好的存在，在第5.11节中我们还是讨论了实际上投票交易可以通过三条改进办法实现农业法案。是什么或者是谁保护这一循环免遭泄露的交易的破坏？"什么"也许带给议员选票账单的程序，"谁"几乎可以肯定是两党领导人。安排投票交易，并保证协商得以进行是党魁和他们的组织秘书的工作。这些"议程安排者"之所以被选上他们的位置，主要是因为他们同党成员部分地认为他们有避免循环的能力，并且能实现全体党员的奋斗目标，而非他们自己的个人目标。黑费勒（1971）和科福德（1982）都看出党魁能有效地引导立法当局得出使党员福利最大化的结果。他们对党魁在立法过程中所起的作用做了相对乐观的描述，这与互投赞成票——多数通过规则——投票循环的文献形成极其鲜明的对比。①

5.13.4　循环的经验证据

我们已经知道理论界存在着关于循环几乎是必然的或循环是根本不可能的两种理论。哪种是正确的呢？循环，是很少发生的，正如塔洛克的反问句（为什么如此大的稳定性？）所假定的一样，还是事实上是可以观测的

---

① 菲里普森和斯奈德（1996）近期研究的投票交易模型同样指出了这个道理，他们假定拍卖者/政党领导人在一个单一维度议案中安排高强度和低强度选民之间的交易，以达到总效用最大化的均衡。米勒、菲尔波茨和瓦尼克（1972）在一个瓦拉西亚投票市场模拟实验中得出相似的结果。

呢? 作为本章的结尾部分, 我们来检验两套关于循环存在的理论。这一节我们看一下美国国会的一些证据, 下一节我们将关注其实验室的实证证明。

当 y 否决 x, z 否决 y, x 又否决 z 时, 循环就会产生。反对 y 而否决 x, 接下来又提议 x, 这种反差如此之大的情况在委员会投票中很少发生。通常循环是这样发生的: 提议赞成 x 否决 z, 同时却在与另一赞成 y 的议案的较量中失利。通过检验个体提案的内容来追踪循环的将可能是桩冗长乏味的差事。

表 5.5　　　　　　循环与非循环状态下的预期收益及收益的方差

主题	选民 1	选民 2	选民 3	方差
A 循环				
1	0.75	0.25	0	0.097
2	0	0.75	0.25	0.097
3	0.25	0	0.75	0.097
合计	1	1	1	0
个人标准差的平方和 (3 × (0.097)) = 0.292				
B 稳定联盟				
1	0.5	0.5	0	0.055
2	0.5	0.5	0	0.055
3	0.5	0.5	0	0.055
合计	1.5	1.5	0	0.5
个人标准差的平方和 (3 × (0.055)) = 0.167				

然而循环有其他的自我呈现形式。获胜联盟成员身份应当随时间而有所变动, 收益分配方式亦然。我们再来看看前面所讨论的三人分 1 美元的简单游戏。表 5.5 的 *A* 部分演示了大多数原则之循环下的收益。玩家 1 和 3 在第一个事件中结成获胜联盟, 玩家 1 和 2 在第二个事件中结成获胜联盟, 以此类推。结果是使得就任一事件的投票导致对这 1 美元的不平衡分配, 其中一个玩家至少得到 1/2 的钱而另一个一无所获。因此, 就任一事件的投票的收益的方差应当比较大, 而且其总和在整个过程中逐步增加。然而当循环产生, 则先一轮中失利的玩家必定在下一轮中胜出。因此, 循环存在时的收益合计应当比任一单个回合中的收益要更加公平, 收益总计的方差应当比任一单个回合中的收益的方差之和要小得多。

表 5.5 的 *B* 部分是假定不存在循环即存在稳定联盟时的收益方案。我

们又假定在任一轮游戏中对这1美元不公平分配及因此而产生的积极的收益方差，但是现在我们假定每一轮都采取同一收益分配方式。这样，收益总和的方差将小于各轮中收益方差之和，只是这一差距不显著。

施特拉特曼（1996a）运用上述循环的形式对1985—1990年间美国对各选区的联邦分配方式中循环的存在进行了检验。这些联邦项目包含政治分肥中的主要名目，因而也可以将其视为性质上而言比较大的一种分配。如果循环在国会中存在的话，这里同样可能存在循环。表5.6显示了他的部分发现。首先值得注意的是，对各选区的利益分配相当不均。每年都是少数几个区获得了项目总数90%的利益。1989年，从联邦分配中获利最多的10个区的平均项目收益是9.68亿美元，这一数字是那些获利最少的10个区所得的平均项目利益的75倍之多。

表5.6　　　　　　　联邦对选区分配特征表（1985—1990）

年份 1	计划的数量 2	对少数派选区 有益的计划 3	百分比（%） 4	总和的标准差 的平方 5	标准差的平方和 6
1985	592	543	91.7	5.6E16	7.1E15
1986	624	571	91.5	2.7E16	5.5E15
1987	637	575	90.3	2.2E16	5.6E15
1988	679	616	90.7	2.4E16	6.4E15
1989	706	646	91.5	2.7E16	6.6E15
1990	791	724	91.5	4.1E16	7.2E15

资料来源：施特拉特曼（1996a，表5和表6）。

表5.6中第5列与第6列揭示了任一年所获得利益之和的方差是当年方差之和的4—9倍，这与循环发生在任一年的分配项目中的论断相矛盾。历年利益的相关性是0.9甚至更高，这暗示了循环在这段时间内没有发生。[1]施特拉特曼的发现很好地表明了在1985—1990年间美国国会在联邦分配问题上存在着稳定联盟。

尽管这些结论预示着美国国会中的"大多数人的专政"，而同时它们又引起了一些疑惑。比如，为什么其代表脱离获胜联盟的区能依然获得联

----

[1] 范·迪门和韦尔格斯特（1998）通过对1982、1986、1989和1994年的荷兰国民选举数据分析也没有发现循环偏好的证据。如果丹麦选民在1994年的选举中被允许直接选出他们的首相，库里德·克利特歌德（2001）检验了这种循环的可能性。

邦分配？为什么如此多的涉及政党分肥的投票是如此不平衡？[①]对这些问题，另有几位学者作出了回答。他们认为国会中存在一个"普遍性"原则。[②]与其鼓励循环或者冒由于退出大多数联盟而使分配法案只是由较小的大多数通过这一风险，不如形成一个整体联盟，使每一成员都能分享从华盛顿拨出的资金。

尽管"普遍性"是条富有感召力的能使大家走出在再分配项目中近似一致性支持悖论的路，它仍然不是没有缺陷的。人们通常想不到，普遍性准则会导致某人的份额可能会是另一个的 75 倍还要多。实际上，当规定每一个选区都要为这些项目所需要的资金来承担税收，那么很多区，很可能是绝大多数区，都将是个十足的输家。为什么国会中的准则既是普遍性的却又如此不平等呢？

关于这个问题的可能答案是：讨论中的相关联盟的议员不是相互针对对方的，而是所有议员作为一个群体共同针对民众。因为这些再分配项目所需要的税收成本是普遍的和发散性的，民众一般只会关心他们所获得的核心利益，而不会意识到联邦利益分配的成本。对每个议员的评价都将以其为所在区所带来的福利的边际贡献为基础，并且，其所在区所获得的任何利益都被视为这一边际贡献的一部分。尽管议员所在区在利益分配中只获得 1000 万美元，远不及另一议员所在区获得的 7.5 亿美元之多，但是他仍然是获得了一些利益。在这种解释下，受损失的仅仅只是纳税人——民众。[③]

5.13.5　循环的实验证据

检验循环的存在问题的最可控环境是实验室，也有人就此做了大量实验。其中很多都将事件进行了空间上的定义，这点正是贯穿本章的一致做法。实验中，设定了一个偏好组，假定委员会在二维事件空间中选择一个特殊的点 x_i，赋予参与者 i 以 D 美元的回报。成功地回馈给 i 的收益越低，委员会的选择距 x_i 越远。尽管大多数研究得出了环状的不相关曲线，然而有的研究也得出了椭圆甚至更奇怪的图形。

最早的就委员会投票的实验结果是检验存在鹰派胜出者时委员会是否会选择他。依据普洛特（1967）的理论，在空间投票游戏中，假定有一

①　参见费约翰（1974）和梅休（1974, pp. 88—113）。
②　参见魏因加斯特（1979），魏因加斯特、谢普斯和约翰森（1981），谢普斯和魏因加斯特（1981），以及尼欧和奥迪舒克（1985）。塔洛克（1981）也为回答这一稳定问题作了部分解释。
③　关于"普遍矛盾"的正式模型可参见施瓦茨（1994）。

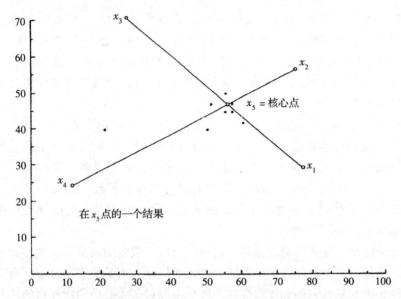

图 5. 19 允许讨论的逐事投票 ［图表来自詹姆斯·M. 埃内洛和 M. J. 希尼奇所编《投票空间理论发展》（剑桥大学出版社，1990，p. 113.）一书中麦凯尔维和奥迪舒克论及的"选举及委员会空间模型实验研究的十年"]

奇数个玩家，每对玩家都正好对称分布在其中某一玩家的理想点的两侧，平衡才能存在。如图 5. 9，每个字母是投票者的理想点，唯一的获胜点是点 E。菲奥里纳和普洛特（1978）首次运用这种实验并发现委员会的选择虽然很少重合，但的确倾向于在平衡点（核心点）周围集聚分布。随后的很多实验都肯定了菲奥里纳和普洛特的结论。其中由麦凯尔维和奥迪舒克（1987）提出一组类似结论如图 5. 19 所示。每一点代表一个实验结果，中心点是玩家 5 的理想点 x_5，实验中选择的大部分点聚集在该点周围，只有一个点稍微偏向其上方。然而，值得注意的是，委员会已将那一点朝左方偏移了相当大的幅度。

因此，当鹰派胜出者存在时，委员会显然会偏向于他。当其不存在时，他们会落足于哪里呢？答案之一，如麦凯尔维（1976）之议程制定者理论所指出的那样，委员会将在范围内徘徊，或许远在距它几里之处。但是这种假想对人的信誉度提出了挑战，更在情理之中的假想应当是委员会将选择处于帕累托组合内的某一点，甚至是该组的中心某点。博弈理论提出了几个解决问题的概念，如讨价还价、公开等。这也可以用来估计选择点可能会在何处。(本书第十一章将会对上述概念进行介绍,到时会在两个候选人竞争的背景下再次讨论循环问题。)图 5.20 演示了麦凯尔维的系列实验结论,测试了这些解决问题的概念之一即竞争性解决的可预期力量。委员会的所有选择点,都接近预期结论,只有少数几个是偏右。麦凯尔维等人的实验检验了关于委员会选择的不同假设,实验证明,当核心点不存在时,实验结果由大多数原则决定。该结果既在帕累托最优组合里又倾向于相互聚集,尽管这种聚集不如核心点存在时那么明显。①

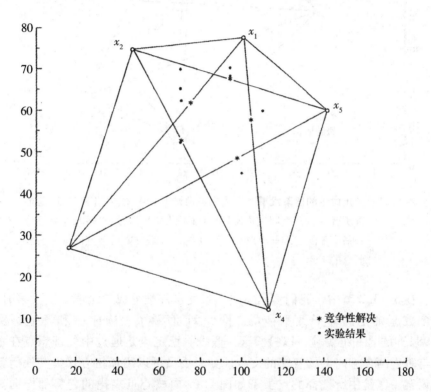

图 5.20 竞争性解决方案检验 [图表来自詹姆斯·M. 埃内洛和 M. J. 希尼奇所著《投票空间理论发展》(剑桥大学出版社,1990,p. 113.) 一书中麦凯尔维和奥迪舒克论及的"选举及委员会空间模型实验研究的十年"]

---

① 麦凯尔维和奥迪舒克(1990)调查了从关于空间投票的实验作品的这些和其他结果。

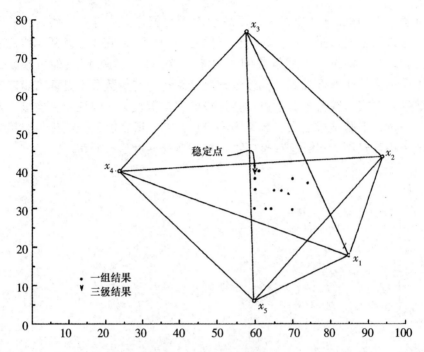

图 5.21　禁止讨论的逐事投票 ［图表来自詹姆斯·M. 埃内洛和 M. J. 希尼
奇所著《投票空间理论发展》（剑桥大学出版社，1990，p. 113.）
一书中麦凯尔维和奥迪舒克论及的"选举及委员会空间模型实验
研究的十年"］

　　在 5.13.2 节中，我们演示了当多维度事件被分成单维度分别投票时，
大多数原则是怎样导致平衡的。图 5.21 演示了麦凯尔维和奥迪舒克
（1984）的另一组实验，以检验这一假设。稳定点是通过中位理想点在水
平与垂直两个方向上的直线的交点。如果委员可以用任何方式提交任何新
的议案，实验中所选择的点虽不如图 5.19 向核心点靠拢的趋势那样向其
稳定点聚集，但比 5.20 中的点更集中，即使这些实验中没有核心点。如
果委员会被限制为每一提案只能涉及事件的一个维度，则最后一组实验将
产生更为聚集的结果。实际上，所有选择点将落在这条倾斜的契约曲线范
围之内，即使是委员会程序结构上的细微变动都将给结果的稳定性带来很
大的影响。

文献注释

G. H. 克雷默（1972）给出了中间投票人定理的一个严格证明。克雷默和 A . K. 克莱沃里克（1974）对局部最优建构了一个类似的结果，并且卡茨和尼灿（1976）证明了在真正中间的条件下，一个局部均衡可能是一个全局均衡。

普洛特（1967）之后有关多维度模型稳定性的主要论文有卡登（1972），斯洛斯（1973），斯卢茨基（1977a），斯科菲尔德（1978）以及科恩（1979）。

霍耶和迈耶利用椭圆无差异曲线证明了全方位的中间投票人定理。

在伊纳德（1969），森（1970a），普洛特（1971），以及泰勒（1971）的文献中对有关能产生多数规则均衡的偏好次序的公理限制方面的文献作了评述。

唐斯（1957），塔洛克（1959）对公共选择中的互投赞同票问题进行了讨论，并且布坎南和塔洛克（1962）把这种讨论作了最大的推广。在政治科学方面，古典的参考文献是本特利（1907）。

在适当的结构安排下，互投赞成票能够从简单、诚实的多数投票中改善结果的观点是由科尔曼（1966a、b，1970），米勒（1967，1971，1973），威尔逊（1969，1971a、b）；米勒，菲尔波茨和瓦尼克（1972），以及科福德（1972）给出的。

在政治科学文献中，互投赞成票的负面性显得特别突出（沙特施奈德，1935；麦克康内尔，1966；洛维，1969；赖克和布拉姆斯，1973；施瓦茨，1975）。

在帕克（1967），卡登（1972），奥本海默（1972，1975）；伯恩霍尔兹（1973，1974a，1975），赖克和布拉姆斯（1973），克勒（1975），以及施瓦茨（1981）中互投赞同票循环的定理以各种不同形式出现。米勒（1977）对这些文献作了一个非常有用的评论，施特拉特曼（1977）对互投赞成票的文献给予了不多的技术评论。

谢普斯和魏因加斯特（1981）讨论几种能导致"结构诱致性"均衡的可能制度。尼米（1983）强调把议案限制在很少几种选择的潜在重要性，并给出了单峰条件的一种更减弱的版本。

伯恩霍尔兹（1974b）是第一位适当地将注意力限制于能一次诱导均衡的单维度上的人。斯卢茨基（1977b）和谢普斯（1979）两人都对该结果给出了证明。

科尔曼（1983）强调在获得稳定性的长期条件中发生的互投赞同票的重要性，关于这种重要性，伯恩霍尔兹（1977，1978）给予了证明。

第六章 多数通过规则——规范性质

全体一致是不可能的；将少数通过规则作为永久性的安排又绝对不可能为人们所完全接受。可见，拒绝多数通过规则，就只会导致某种形式的独裁和专制。

亚伯拉罕·林肯

……除非国王是由全体一致性投票选出的，不然在未预先达成一致的情况下，要求少数人有义务服从多数人的选择，其理由何在？想要一个主人的一百个人就有权为不想要主人的十个人代言，其理由又何在？多数通过规则本身就是全体一致通过的产物，而该规则的前提条件是至少有一次为全体一致通过。

让－雅克·卢梭

在第四章我们已经讨论了多数通过规则之所以受到普遍欢迎，或许是因为应用该规则委员会可以十分迅速地做出决策。但是，第五章却以其导致的循环结果对多数通过规则能迅速做出决策的观点进行了极为有力的反驳。委员会陷入一个投票循环之后，可能无法迅速地做出决策，最终的结果可能是根据制度安排的细节来武断地决定，或者由一个老练的议程安排者有意地决定。难道这就是人们所说的多数通过规则的优点？难道如同5.13.3节中讨论过的那样，多数通过规则的实例就是基于这样一项承诺——全知的政党领导者能安排稳定的投票交易，从而使立法机关的总福利最大化——之上吗？

当要求对多数通过规则被普遍使用的原因做出解释时，对公共选择理论中大量相关主题的文献并不熟悉的学生常常就会提到公平、公正、平均主义以及一些相似的规范性属性，而且他们还会认为多数通过规则是其主要特征。因此，为了解多数通过规则为何如此高频率地用作委员会规则的原因，有必要对其规范性和实证性进行考察。在本章中我们提供了三种赞同简单多数通过规则的规范性讨论，其中后两个似乎完全不同，但却密切相关；第一个基于民主选择本质的概念基础之上，与其他两个根本不同。

6.1　孔多塞的陪审团定理

假设预先审查了一个案子的所有证据之后，由法官一个人做出被告无罪的正确裁决，其概率为 0.6。那么，正式审判过程如果完全由一个法官负责，裁决的准确率显然也能达到同期的 60%。而使用一致通过规则进行裁决的法庭，其正确率仅为该时期的 21.6%。在其他情况下或者不能达成一致裁决，或者达成错误的一致裁决。然而，如果法庭使用多数通过规则，裁决总会有结果，而且其准确率为当时的 64.8%。此外，如果采用简单多数通过原则，随着全体法官人数的增加，其裁决的正确率也会不断提升。

简单多数通过规则的特性最先由孔多塞（1785）于二百多年前提出，他的著名定理如下：

孔多塞陪审团定理：让 n（n 为奇数）名投票者在两个备选对象中进行选择，这两个备选对象有相同的选中概率。假设每个投票者都能独立做出判断，并且做出正确判断的概率同为 p（$1/2 < p < 1$），那么该团体使用简单多数通过规则做出正确判断的概率为：

$$P_n = \sum_{h=(n+1)/2}^{n} \left[n! \, / h! \, (n-h)! \right] \, p^h \, (1-p)^{n-h}$$

随着 n 值的增大，概率 P_n 的值就越接近于 1。[①]

这个定理证明同时采用大规模的陪审团制和多数通过规则是正确的。在孔多塞提出并证明这项定理的两千多年前，雅典人在一些案例中就已有了把全体市民作为陪审团，并使用简单多数通过规则的实践经验。

这个定理也证明了采用公民投票等方式的直接民主具有正确性。例如，假设所有的社会成员都希望犯罪率下降，减少毒品的非法买卖和使用。所以部分人认为应该制订一个计划，使毒品销售合法化，这样才能消除毒品

---

① 该定理的陈述选自扬（1997，p. 183），也可参考扬（1988）。

买卖的巨大利润，进而减少与此相关的犯罪现象，就像 1933 年美国废除禁酒令终止了非法制售私酒那样。可也有人认为，毒品合法化将导致其使用量增加，从而产生更多的犯罪和痛苦。孔多塞陪审团定理表明如果对某一问题进行全民投票，概率越接近于 1，其判断越正确。如果任何单个人做出正确判断的概率大于 0.5，那么所有市民都可以彼此独立地做出判断。

　　如果假设所有市民都想从政府或其代表那里得到相同的收获这种假设合法，那么这个定理也可以作为两党代议制政府和用于选举代表的多数通过规则的一种规范性辩护方法。如果美国所有市民都希望总统是个正直诚实的人，是个好的管理者，能平衡预算、减少通货膨胀和失业等，那么选举总统将是选择"工作岗位上的最佳人选"，而且所有市民对"最佳"的标准有一致的看法。如果每个市民对最接近这些标准的候选人的正确选择的概率大于 0.5，那么，概率接近 1 的那个人就是公民选举总统的最佳人选。

　　陪审团定理基于几个也许会受到置疑的假设基础之上：（1）所有个体正确判断的共同概率，（2）每个个体的选择彼此独立，（3）关于正确的结果，每个个体都通过诚实地考虑自己的判断而投票。

　　允许每名投票者 i 有各自的概率 P_i，基本上不会改变这个定理。例如，如果 P_i 的频率分布是对称的，而且频率分布的平均值大于 0.5[①]，那么这个定理依然成立。

　　当第二个条件不严密时，就可能出现严重的问题。可以想象，当陪审团聚集在一起决定被告命运的时候，他们开始按座次轮流陈述自己的观点。而当时的情况是，没有人确切知道被告是否有罪，那么按顺序在后面发言的人很有可能受到前面观点的影响。越多的陪审团成员说被告"有罪"，那么下一个成员就越有可能说其"有罪"。显而易见，这种情况下从所有选票中所获得的信息总量，远不如让成员们把其各自的想法写在纸上所获的信息量更多。有了这个限制，如果所有陪审团成员只是重复第一个人所讲的观点，那么他们得出的一致裁决的准确率并不比单个陪审团成员的准确率高。幸运的是，如果任何两个成员选票之间的相关程度不高，多数通过规则的"显示真相"的结果就不会被推翻。拉德哈（1992）得

---

① 参见格罗夫曼、欧文和费尔德（1983），以及沙普利和格罗夫曼（1984）。沙普利、格罗夫曼、尼灿和帕劳什（1982）都证明了该定理的一般性，在此定理中加权选举是最理想的，其中每个投票者 i 的权重为 $w_i = \ln (P_i/1 - P_i)$。

出了下面的表达式，是使陪审定理成立的任何两个选票间的相关程度的上限：在于

$$\hat{p} = p - \frac{n}{n-1} \frac{1-p}{p} (p - 0.25) \tag{6.1}$$

随着全体选民数量 n 的增加，上限的最低概率值接近 0.25。[①]

　　最后的这个例子间接地提出了投票者做决定的信息来源，以及投票者不管其他市民如何选择而进行诚实投票是否是最佳方法的问题。奥斯汀 - 史密斯和班克斯（1996）就提出了一种"模型"。在这种模型中，所有个人的诚实行为是非理性的。甚至当人们有共同偏好的时候，诚实投票也不能构建出纳什均衡（p. 34），想了解争论背后的逻辑性，就要考虑下面的游戏。

　　有两个罐子，其中一个罐子装有 60 个白球和 40 个黑球，另一个罐子装有 1 个黑球。有 n（n 是奇数）个游戏参加者都了解该情况。首先从一个罐子中取出一个球，让参加者用简单多数通过规则来决定这个球的颜色。如果他们决定正确，他们每人将会获得现金奖励。一个中立的游戏主持者首先掷硬币决定从哪个罐子中取出这个球。球取出后，出示给第一个参与者看，接着把球放回到罐子中，然后再从中拿出一个球出示给第二个参与者看，依次进行下去，直到所有 n 个参与者都有看了这个罐子中取出的球，最后中立的主持者再从罐子中拿出一个球，让所有的参与者对该球的颜色进行投票。在他们投票时，每个参与者都没有注意掷硬币的结果，而只清楚看到球的颜色。

　　现在考虑一下参与者艾莉丝的选择策略。如果出示给她的是一个黑球，她一定知道这个球取自于哪个罐子，然后她经过计算得出最后那个球是黑色的概率为"0.7（0.5（1）+0.5（0.4））"。基于个人信息的理想策略，她判断那个球应为黑色。根据个人信息而选择了黑色，符合陪审团定理的要求，但是一旦她考虑到其他参与者也做了相似的计算，并且用多数通过规则做了集体选择，选择黑色就可能不是她最理想的选择了。

　　在多数通过规则基础上，有两种可能性：其中一种颜色已明显获得其他"$n-1$"个参与者的多数选票，或者参与者对两种颜色的选择恰好平分。因为"$n-1$"是个偶数，如果一个颜色要占明显多数的话，不算艾

[①] 参见沙普利和格罗夫曼（1984），拉德哈（1993，1995），伯格（1993），本·亚沙和尼灿（1997）。

莉丝那票，至少要超过另一种颜色两票。可见，艾莉丝那一票对于结果并没有影响，所以她完全不用考虑这个可能性。另一种情况，当其他 $n-1$ 个参与者平分地选择了两个颜色时，艾莉丝那一票就至关重要了。

如果那些投票给白球的参与者原因之一是因为他们看到的是白球，那么艾莉丝就可以判断出最后那个球取自于装有 60 个白球的罐子。作为她的个人信息，黑色球的可能性就不是 0.7 而是 0.4。当其他参与者的选票被均分时，剩余的参与者就只能看到白球，如果她忽略了这个事实，而且还在她个人信息的基础上进行了简单地投票，她将会倾向于支持概率较低的选择。如果艾莉丝忽略了她的个人信息而只考虑该游戏的常识来进行投票，当其他所有参与者票数对两种颜色均分时，她那一票才具有决定性作用，她和所有其他成员的境况才会好一些。

当然，如果该策略对于艾莉丝是正确的，那么对于其他所有人也是正确的。每个人的最佳策略是投票给白球。如果每人都投票给白球，就会达到纳什均衡。一旦大家都清楚了游戏的原理，并采用了该原理要求的复杂策略，所有人都会投白球的票。在这个游戏中，诚实投票是非理性的，而每个人的理性（复杂）投票产生了比诚实投票更糟的结果。奥斯汀－史密斯和班克斯（1996）证明在不违背孔多塞陪审团定理基本精神的种种假设条件下，可以产生这些反常的结果。

不幸的是，在各种博弈过程中，存在着很多纳什均衡；而另一方面，幸运的是并非所有的博弈过程都存在前一个例子中全部投票给白球的反常现象。事实上，当 $n=3$ 时，两个人诚实投票，一个人策略投票（总投白色）也是纳什均衡。对于组员来说，与三个人都诚实投票相比，这样会产生比预料更高的报酬。① 拉德哈、米勒和奥本海默（1995）已进行了上面提到过的这种类型的游戏实验。他们发现，当游戏反复进行时，参与者就可以清楚前几轮其他人是如何进行投票的，也明确知道其个人信息。他们还发现参与者可以把一些诚实投票和把自己假设为那个至关重要的参与者的复杂策略投票紧密地结合起来。

从这个讨论中，我们可以得出什么结论呢？假设人们考虑个人信息而进行诚实投票（在那种情况下，陪审团定理也许是多数通过规则的合理辩

---

① 一般说来，米勒和奥本海默（1995）证明：任何委员会的人数为 n，n 为奇数，如果存在 $m<n/2$ 的少数派，当少数人忽视了他的个人信息进行战略性的投票，而多数人充分运用其个人丰富的信息进行投票时，就会使委员会正确投票（他的预期回报）的概率要高于孔多塞的陪审团定理所预测的。

护手段），或假设他们是那个至关重要的参与者而进行策略投票，哪种情况可能发生，还是两者的某些结合？在考虑这一问题时，返回到公众对是否把麻醉剂合法化进行投票的那个例子是很有帮助的。如果今天在美国进行这么一个公民投票，每个公民会这样排列概率：鉴于目前存在的两种选择的常识，维持现状是最好选择的概率为 0.6，合法化更好则为 0.4。但如果公众投票是在自今日起一年后进行，那么每个公民有足够的时间收集信息并根据这些信息投票。有些人会翻阅美国颁布的禁酒令以及撤销禁酒令后人们生活的资料；另一些人会查阅荷兰使"软"毒品成为事实上合法的经验；有些人甚至还亲自去荷兰寻找第一手资料。当公民投票到来的那天，有经验的选民会意识到，如果其他 8000 万选民对这个问题赞成与反对的选票数量对等，那么他的那张选票才是唯一"算数"的。但这说明所有其他选民的信息收集使赞同维持现状的人数和赞同合法化人数一样多。个人所拥有的信息对于投票总体上几乎没有影响。有经验的选民会意识到他收集的信息使他得到正确判断的概率并不比掷硬币来决定的概率高，他也意识到只有在他个人的信息没有价值的情况下，也许选票才会是至关重要的。因此，他理性地忽略了他个人的信息，而是在一年前他与其他人共享的常识基础上进行投票。

事实上，如果他真正理性的话，也就根本不必投票。因为 8000 万选民在此问题上选票达到精确对等的概率几乎为零。鉴于其概率如此之低，导致任何信息收集和投票所付的成本都将超过预期的投至关重要的那一票的利益。与理性选民呈现给他个人的信息并且诚实投票相比，参加投票反而更加荒谬。

尽管孔多塞陪审团定理旨在给多数人的民主提供一个规范基础，但"选举的自相矛盾"打击了民主的规范基础。人们已经进行了很多尝试来解决这种自相矛盾，我们将在第十四章对其进行检验。关于人们投票原因的一种假设是他们遵守社会标准，具有公民责任感。如果这个假设确实解决了人们投票过程中存在的自相矛盾问题，那么它也可以就投票者们对像孔多塞陪审团定理中假设的那些议案如何进行投票做出解释。多数通过规则可以作为一种决定政策正确与否的手段，其有效性依赖于投票者能否就这一政策诚实地显示他的个人观点，如果好市民知道这一点，也许会诚实投票——如果他要投票的话。

以孔多塞陪审团定理为基础的假设把政治描述为一个合作的、正和的博弈过程。全体市民都有着相同的目标——绝不饶恕一个罪犯，同时也绝不冤枉一个无辜者，选择最佳人选担任要职。然而，很多政治观察家们并不支持这种看法，很多人把政治看成是不合作的，零和的博弈过程。例如，公众投票针对是否禁止所有堕胎行为而进行表决，人们并不是不承认这个事实，只是在道德伦理上难以接受。针对这一问题进行的公民投票，会把一方的判断简单地强加另一方。在这些情况下，难道使用简单多数通过规则就有了正当的理由吗？下面我们讨论两种认为其有正当理由的定理。

6.2 关于多数通过规则的梅氏定理

五十年前，梅（1952）氏证明了最重要的多数通过规则定理，他首先定义了一个集体决策函数：

$$D = f (D_1, D_2, \cdots, D_n)$$

其中，n 为集体成员的个数。当投票者 i 对于一对议案的偏好为 xP_iy、xI_iy 和 yP_ix 时，D_i 的取值分别为 1，0，−1，而 P 代表了严格的偏好关系，I 代表无差异关系。因此 D_i 可视为选票数，$f(\cdot)$ 为确定获胜议案的总票数规则。当投票规则不同时，$f(\cdot)$ 呈现不同的函数式。在多数通过规则基础上，$f(\cdot)$ 为 D_i 之和，并根据以下法则给 D 赋值

$$(\sum_{i=1}^{n} D_i > 0) \rightarrow D = 1$$

$$(\sum_{i=1}^{n} D_i = 0) \rightarrow D = 0$$

$$(\sum_{i=1}^{n} D_i < 0) \rightarrow D = -1$$

梅氏定义了以下四个条件：[①]

决定性：集体决策函数是明确定义了的，并且对于任意给定的偏好次序组，此集体决策函数有唯一取值。

不记名：D 值只能由 D_i 的取值决定，与其代表的投票人的投票无关，并且这些投票的任何排列都不会改变 D 值。

中立：对于一组个人偏好而言，如果 x 胜于 y（或与 y 相当），并且所有个人对 z 和 w 的偏好排序与 x 和 y 的偏好排序相同（即 $xR_iy \rightarrow zR_iw$，等等），那么 z 也胜于 w（或者与 w 相当）。

---

① 为了反映这方面文献后来的发展，并简化讨论，对这些名称和定义都多少作了些改动，特别是中立定义引用了森（1970a，p.72）。

正向反应：如果 D 等于 0 或者 1，并有一个投票者把他的投票从 −1 改为 0 或者 1，或是从 0 改为 1，而其他人的投票依然不变，那么 $D = 1$。

梅氏定理说明：当且仅当该函数满足这四个条件时，它才是简单多数通过规则。这是一个杰出的理论。如果从所有可能的、可以想象的投票规则的集合入手，并开始增加要求投票规则应满足的条件。显然，随着条件增加得越多，我们可选择的投票规则的候选数目就越少。梅氏定理告诉我们，一旦我们增加以上四个条件，投票规则的可能集合就会缩减为一个，即简单多数规则，而其他所有投票规则都违反了这个公理条件中的一个或多个。

该结果既让人惊喜又让人忧虑。它预示着，如果我们要求投票规则满足除以上四个条件之外更多的条件，也就是说，如果我们想要满足第五个条件时，即使是多数通过规则也不适合，那么我们将没有任何投票规则满足提出的条件。第五章给我们提出一个很重要的提示，关于第五个条件可能是——传递性。但是当我们只在两个议案间进行选择时，就无需考虑传递性的问题，这个预言到第二十四章才提及。多数通过规则具有的所有规范性质，无论是公正或平均主义的属性，还是它的负面属性，都可以从这四个条件中发现。因此，我们更有必要对这四个条件进行仔细地研究。

对于决定性条件最初似乎并没有争议，如果我们有一个决策函数，在对至少两个提案进行选择时，我们就可以用它来进行决策。但它的确抹杀了所有或然过程。在此过程中，议案取胜的概率取决于投票者的偏好。正向反应也是一个合理的性质。如果决策过程反映了每个投票者的偏好，那么一个投票者对议案从反对改为支持，也许会打破原有平局的局面。

另外两个条件似乎就不像名称含义的那么简单，中立条件引进了独立性。[①] 在对两个议案进行决策时，只要考虑每个投票者的偏好信息，无需权衡偏好的强度。中立条件没有提及下两章中论述的博尔达计票和点投票之类的投票规则，要求投票规则对每个议案都要一视同仁，不用顾虑议案的性质。因此，今年社区的圣诞树上是悬挂红灯还是悬挂蓝灯的议案以及约翰·多伊的财产是没收还是重新分配给社区其他成员的议案都可以采用同样方式衡量个人偏好次序而进行决策。

如果说中立条件保证了每个议案在过程中受到同等待遇，那么不记名条件则保证了每个投票者受到同等待遇。对于许多议案来说，这个条件是

---

① 参见森（1970a, p. 72），古哈（1972）。

让人较为满意的。有关圣诞彩灯颜色的议案，一个投票者的偏好可能由红色改为蓝色，而另一个人却由蓝色改为红色，他们的改变并不会影响到投票结果。其中蕴含着这样一个判断，即树上彩灯的颜色对于两个投票者的偏好表达为"+1"或者"-1"，从而相等强度的假设就引入投票过程之中。

不过现在须考虑是否要把约翰·多伊的财产没收并重新分配给社区中其他成员的议案。如果约翰为人大方，他投票支持这个议案，则该议案得到了通过。但如果现在他改变主意，对该议案投反对票，而此时，总与约翰唱对台戏的死敌却改为投赞同票，按不记名条件，该议案仍然能通过。然而满足以上条件的投票过程却无从考证到底是约翰·多伊本人还是他的死敌对没收他的财产投了赞成票。在某些情况下，这种特征显然有些不尽如人意。

6.3 关于多数通过规则的梅氏定理证明

定理：当且仅当集体决策函数满足 6.2 节中给定的四个条件时，该函数才是简单多数通过规则。

多数通过规则明显包含了这四个条件：

1. 多数通过规则总是可以加到一个整数，通过决策函数，可能把该整数转换成 -1，0 或 +1，因此，多数通过规则是决定性的。

2. 把任何 +1 变为 -1，同时 -1 变为 +1，其最终的和不变。

3. 如果任意成对的两组议案排序相同，那么它们的票数之和也相同。

4. 如果 $\sum D_i = 0$，任何 D_i 的增加会使 $\sum D_i > 0$，这种投票的改变有利于议案 x。如果 $\sum D_i > 0$，任何 D_i 的增加会使 $\sum D_i > 0$，将不会改变投票的结果。

现在我们要来说明这四个条件中隐含的多数通过规则。首先说明前三个条件隐含着：

$$[N(-1) = N(1)] \rightarrow D = 0 \tag{6.2}$$

其中，$N(-1)$ 是支持议案 y 的票数，$N(1)$ 是支持议案 x 的票数。

假设（6.2）不成立，例如，

$$[N(-1) = N(1)] \rightarrow D = 1 \tag{6.3}$$

当支持议案 y 的票数与支持议案 x 的票数相等时，结果为议案 x 获胜。

现在把 y 换成 z，x 换成 w，支持 z 的投票记为 -1，支持 w 的投票记

为 +1, 把所有 -1 换成 +1, 而 +1 换成 -1。根据不记名投票的性质, 后一种改变并不会影响集体决策。最初所有认为 x 至少与 y 一样好的人 (xR_iy), 现在也会认为 z 至少与 w 一样好。由中立条件可知, 如果最初结果为 x 获胜, 那么现在的集体结果一定是 z 议案获胜。但 z=y, 而不是 x。因此, 就违背了决定性条件。

可见, (6.3) 与前三个条件不一致, 用类推法可以得出 (6.4), 也与前三个条件不一致。

$$[N(-1) = N(1)] \rightarrow D = -1 \tag{6.4}$$

所以 (6.2) 必须成立, 由 (6.2) 和正向反应性质, 我们得出

$$[N(1) = N(-1) +1] \rightarrow D = +1 \tag{6.5}$$

当 x 比 y 多 1 票时, x 会获胜。现在假设 x 比 y 多了 $m-1$ 票时, x 获胜。如果有一个投票者的偏好发生变化, 使 x 比 y 的票数多了 m 票, 但根据正向反应性质, 这个投票者偏好的改变并不影响投票结果。通过有限归纳可知这四个条件中隐含着简单多数通过规则的方法。

6.4 关于多数通过规则的雷—泰勒定理

虽然从表面上看到关于多数通过规则的梅氏定理与雷—泰勒定理似乎极不相同, 但从基本假设上看, 两个定理却极为相似。

雷 (1969, pp. 43—44) 提出了个人对最佳投票规则的选择问题, 而他对于自己将来在此规则之下的立场并不明确。因此, 就像布坎南和塔洛克 (1962, pp. 3—15)[1] 所指出的那样, 这个讨论应从投票规则的结构选择情境下开始。正如雷和泰勒所描述的, 政治是一个充满冲突的游戏。有些人从一个议案的通过中得到了好处, 但有些人却不可避免地蒙受了损失。在立宪阶段, 代表者个人尽力避免别人把他反对的议案强加于自己, 却尽量把他自己赞同的议案强加于别人。他的前提假设是从一个他所支持的议案获胜中所得到的利益与从一个他所反对的议案落败造成的损失相同, 也就是说, 所有的投票人对每个议案都经历了等强度的紧张。[2] 公正全面地提出议案, 才能使每个投票人对已提出的任何议案赞成或反对的概

---

[1] 参见布坎南 (1966)。

[2] 雷 (1969, p. 41, *n*. 6)。有些学者已认识到等强度假设的意义, 表 6.1 的注释已列出了每个假定条件的附加参考文献, 该表对这些假定作了总结。

率相同。在这些假设条件下，假定投票者代表会选择一个规则，即该规则使他支持的议案落败的概率最小，使他反对的议案获胜的概率最小，这样的假设是合理的。雷（1969）阐述并由泰勒（1969）证明，多数通过规则是唯一满足这一标准的规则。[1]

研究布赖恩·巴里（1965，p. 312）提出的一个例子有助于对该定理的理解。一节火车车厢里有 5 个人，该车厢没有明确规定是禁止还是允许吸烟，对于想吸烟者是否可以在车厢里吸烟这个问题必须做出决策。如果某个人不清楚自己吸烟还是不吸烟，自然的假设就是不吸烟者被动吸烟与吸烟者被禁止吸烟同样痛苦。[2] 在此情况下，等强度假设似乎能自圆其说。在等强度假设下以及无法确定某个人是否吸烟的情况下，多数通过规则就是最优的决策规则，该规则使立宪决策者的预期效用达到最大。

这个例子证明了构成雷—泰勒多数通过规则定理基础的明确假设和隐含假设。第一，很明显这是一种冲突的情况。吸烟者的满足是建立在不吸烟者的痛苦之上，反之也是如此。第二，冲突的情况无法避免，也就是隐含着无法以一类乘客退出车厢为解决问题的方法。[3] 第三，也不存在为消除冲突、求得一致同意而修改议案的可能性。第四，随机或公正地选择议案。在这个特例中，通过人们聚集在车厢里的机会有效地引入随机性。因为人们是随机聚集在车厢里的，所以对于支持何种结果并无明显的偏向。这个例子里包含的最后一个假设是等强度假设。这些假设对多数通过规则的重要性，可以通过与它的对立面——一致性规则的典型假设做比较，而获得最佳的理解。

6.5 一致通过规则的假设

正如威克塞尔（1896），以及布坎南和塔洛克（1962）所描述的，政治是合作的并且是正和的博弈过程。委员会的职责就是实现所有成员一般需求的集体满足。委员会（或社区）是个人为满足一般需要而自愿结成

---

① 只有当委员会的人数 n 为偶数时，"唯一"才成立；当 n 为奇数时，多数通过和半数规则才具备该性质。见泰勒（1969）。第二十六章证明与雷和泰勒提出的假设相类似的最优简单多数通过规则。

② 对很多人来说，今天这个假设在美国比在 35 年前，似乎不那么"自然"。

③ 雷（1975）强调说，对多数通过规则隐含的辩护的假设包含在他对一致通过规则的批评之中。

的联合体。① 由于联合是自愿的，因而要保证每个成员有权利维护自己的利益不受其他成员的侵犯。可以通过包含在一致性规则中的权威来维护这个权利。该权威包括对任何与自身利益相冲突的提案有否决权，或有退出社区的自由权，或两者兼而有之。

　　鉴于委员会的目的是满足所有成员的需要，对于要改进的议案须由委员会成员自己提出，这是理所当然的。每个人都有权向委员会提交对自己有利，并且他认为可能对其他所有人都有利的议案。如果最初的一个议案没有获得一致性的多数，就要对它进行修改，如此反复，直至该议案获得了一致性通过；或者从议事日程中被取消，不再予以考虑。维护一致性通过规则隐含着政治过程，是一个持续的讨论、妥协和修订，直到达成一个能让所有成员受益的议案的过程。这种政治观点基于两个关键的假设，即博弈过程是合作的，而且还是正和的。也就是说，该议案的修订的确能使全体成员受益，并且这种修订过程能在一个合理的时间内完成，以至于决策的交易成本并不会对修订过程起阻碍作用。②

　　也让我们用一个小社区的消防问题作为例子，来说明一致性通过规则的支持者们所设想的这种投票过程。在城镇集会上，有一个公民建议购置消防车、建立消防站来为社区提供消防服务，该建议还附带一个威克塞尔的征税方案为该项支出筹集资金。假设最初的征税方案要求每个财产所有者平摊此项费用，那么那些财产估价最低的公民就会产生报怨。在支付总税额的纳税方案下，某些财产所有者的消防预期值（等于财产值乘以火灾风险的减少值）就小于他们所要承担的成本份额。这项方案的颁布就意味着穷人为保护富人的财产而做出了补贴。另外一个可选择的方案是征收财产值的比例税。这时，所有公民的预期效益将超过他们所承担的消防成本份额。因此，该方案能获得全体一致的通过。

---

　　① 参见布坎南（1949）。

　　② 威克塞尔（1896）以及布坎南和塔洛克（1962）认为，决策时间成本过高足以使人们放弃使用一致通过的规则（威克塞尔），或者使用某种人数更少的部分通过规则。实际上，布坎南和塔洛克书中大部分都在论述最优"非"一致性通过规则的选择问题，正如第四章中所讨论的一样。因此，有人怀疑到底能否把他们称为一致通过规则的倡导者。我之所以选择了他们是因为我认为他们的观点已很好地说明：如果不是这些交易成本，一致通过规则将是最佳的规则。从而说明，接近全体人数或者多于简单多数的某种规则在很多情况下可能是最好的。比较而言，雷（1975）和巴里（1965）却认为他们对一致通过规则的批判，不仅仅基于决策成本的标准之上。

6.6 两种规则基本假定的比较

消防消除工厂产生的烟尘，还有一些类似的例子常用来说明集体行为会产生互惠的效果，而所有的例子都伴随着公共物品和外部性——公共物品和外部性解决了市场所不能解决的所有人都受益的问题。这些公共物品的供给是资源配置效率的一种改善，是由帕累托边界线外向边界线上的移动。一致通过规则的支持者们假设，集体行动常涉及这种类型的集体决策。

相比较而言，多数通过规则的拥护者却假设了冲突性的选择，在这些选择中根本不存在互惠的机会，就像一个社区不得不从一组帕累托效率的机会中进行选择。在上述消防的例子中，也许会有大量纳税份额的提案，这些提案涉及了如何支付消防成本以及如何使大家的生活状况更好等内容。当在提供消防服务与不提供消防服务两个提案中进行选择的时候，可能会全体一致通过接受消防服务。一旦一项提案以一致性的多数得以通过，与该提案相比，帕累托效率集合中没有其他任何提案能够达到一致性通过。因为其他所有提案都会使投票者的状况更糟（通过提高他的纳税份额），结果使他反对其他提案。

批评一致通过规则而维护多数通过规则常常涉及此类的分配权或所有权问题。在巴里的例子中，火车上的乘客在享有呼吸洁净空气的权利和吸烟的权利之间存在冲突；雷（1975，pp. 1287—1297）在批评全体一致通过规则时，就使用了类似的工厂排烟与附近居民有权要求空气洁净的例子。在这两个案例中，一个所有权的决策就会产生分配权利的结果。如果吸烟者有权吸烟，那么不吸烟者的情况就会很糟。虽然不吸烟者可以通过贿赂吸烟者，使其吸烟减少而使境况有所改善，但不吸烟者的贿赂成本使其境况更糟。如果把所有权反过来，不吸烟者有权享受洁净的空气，而吸烟者就不得不贿赂他们，这时不吸烟者的境况才真正得到改善（雷，1975）。布坎南和塔洛克（1962，p. 91）也讨论了同样的例子，但他们假设，在立宪阶段，最初的所有权问题已经得到了公正的解决。这说明了一致通过规则和多数通过规则之间的另一个区别：全体一致通过规则的假设是，预先界定了所有权，并在此范围内进行决策；而多数通过规则的假设是，正如巴里和雷所提出的，必须在对所有权本身进行决策。在巴里的例子中，所要做的仅仅是决策，而雷的例子中情况就更为复杂。他认为，宪法不会永远都能解决全部的所有权问题。所以，随着技术和经济的变化，解决一些所有权问题逐渐转为解决公共物品和外部性问题。然而，假设情况是发生在利己主义者身上——学者们常做此假设，要想把谁对空气享有初始所有权问题达成一致的协议是绝对不可能的。所以，要解决这些初始所有权的分配问题，人数少于一致通过的规则似乎是必要的。

后一种说法不无道理。因为讨论多数通过规则需要引入其他的假设：不可能退出（或退出的代价昂贵）；不可能把议案修改到对所有人都有利的程度。第一个假设的必要性是显而易见的。如果火车上的乘客可以去有明确标示的吸烟车厢或无烟车厢，冲突就消失了；工厂或附近居民如果无代价地搬到另一个地方，冲突也可以避免，而第二个假设的重要性则需稍加论述。

我们再以火车上的吸烟问题为例。假设只有火车上的乘客决定了是否可以在车上吸烟，火车才能开动。如果采用全体一致通过规则，就可能会出现该规则的批评者们最为担忧的——代价极高的相持不下的局面。如果火车继续开行对多数人非常重要，为了摆脱僵局，少数人甚至可能迫使多数人做出让步。在这些假设的情况下，多数通过规则相对于全体一致通过规则来说是个颇具吸引力的选择。

现在稍微改变一下条件，假设火车在开动前，整个列车上的所有乘客必须确定有关吸烟的规则。毫无疑问，在整列火车上选择座位比在部分车厢选择座位要有利得多。由此可以预见，一个理性的利己主义者会主张把整个列车作为符合他对吸烟问题偏好的场所。如果使用多数通过规则来决定这个问题，那么就会使整个列车或者完全禁烟，或者完全允许吸烟。但如果使用全体一致通过规则，火车上的乘客将不得不寻求其他选择来对整个车厢进行重新安排。作为一种"妥协"的方案，就很容易出现部分车厢禁烟，部分车厢允许吸烟的方案，并获得全体一致通过从而解决了火车开动的问题。多数成员在这种"妥协"的情况下的境况比按照他们个人偏好安排整个列车的境况更糟，而同样情况下，少数成员的境况要好得多。因此一个中立者宁愿选择一致通过规则下强加给集体的一种妥协的结果，也不愿选择多数通过规则下产生的结果。

支持多数通过规则的观点隐含了这样一种假设：这种妥协的方案是不可能存在的。因为委员会面临着相互排他的选择。[①] 人们认为互惠互利的

---

① 参见布坎南和塔洛克（1962，p. 253）和雷（1969，pp. 52—53）。

可选择方案，或者技术上不可行，或者投票过程受约束，致使这些方案根本无法提交给委员会。

表6.1对支持多数通过规则和一致通过规则的假设作了总结。虽然他们并不是必要和充分条件，但在每种决策规则起作用的情况下，这些条件还是具有最受欢迎的特性。表6.1直接指出，支持每个决策规则的假设与支持可选择性决策规则的假设完全对立。通过考察每种规则适用到"错误"类型议案的结果，就可以清楚地看到，这些假设在决定每个规则的规范性质方面的重要作用。

表6.1　　　　　支持多数通过规则和一致通过规则的假设

假　设	多数通过规则	一致通过规则
1. 对策的性质[a]	冲突的，零和的	合作的，正和的
2. 议案的性质	再分配，所有权（部分人受益，部分人损失），单维的相互排斥议案[b]	配置效率改善（公共产品，外部性消除），潜在的多维议案且所有人都从中可获益的议案[c]
3. 强度	所有议案上相等[d]	没做假设
4. 委员会组成方式	非自愿的，成员是外来的或随机聚合起来的[e]	自愿的，有共同利益和相似偏好的人联合在一起[f]
5. 退出条件	受阻碍，且代价昂贵[g]	自由的
6. 议案的选择	外生地，或无偏好地提出[h]	由委员会成员提出
7. 议案的修正	为避免循环而受约束或排除[j]	委员会的内部决策过程[i]

a. 布坎南和塔洛克（1962，p.253）；布坎南（1966，pp.32—33）。

b. 巴里（1965，pp.312—314）；雷（1975，pp.1286—1291）。

c. 布坎南和塔洛克（1962，p.80）；威克塞尔（1896，pp.87—96）。

d. 雷（1969，p.41，n.6）；肯德尔（1941，p.117）；布坎南和塔洛克（1962，pp.128—130）。

e. 雷（1975）。

f. 威克塞尔（1896，pp.87—96）；布坎南（1949）。当然，该假设是所有国家契约主义理论的共同点。

g. 雷（1975，p.1293）。

h. 雷（1969）和泰勒（1969）毫无偏袒的证明中隐含这一假设，也隐含在巴里的例子中（1965，尤其是在 p.313）。

i. 威克塞尔（1896）；肯德尔（1941，p.109）。

j. 隐含的。

6.7　规则应用于"错误"议案的结果

6.7.1　多数通过规则决定有效配置的改善

对于一个所有人都赞同的议案，使用多数通过规则将会"浪费"几乎一半的选票。为此，委员会成员中一个联盟可以通过重新修订议案，以牺牲非联盟成员的利益为代价来增加联盟成员的利益。在城镇集会的例子中，人们能轻易地想象出一种相反的模式。最初的方案是通过按比例征收财产税来资助消防服务。该方案得到所有人赞同并以一致通过规则获得通过。但此时的城镇集会是用多数通过规则进行决策的。镇上最富有的公民举行秘密会议，提出向所有财产所有者征收总额税的议案。尽管这项议案因采用税率递减原则而遭到社区中一些经济条件稍差成员的反对，但它却在取代按比例征税的议案时获得了多数人的支持。那么占多数的富人联盟就能成功地把提供消防服务和对穷人征收递减税结合起来。威克塞尔（1896，p.95）认为一致通过规则对穷人有利，也许基于相似的考虑。

但是，在多数通过规则条件下，还有其他方法可以使事实上的再分配得以实现。城北的居民也许会形成一个联盟，而且还提出应该把全城的消防服务与在城北建一座公园联系起来，两者的费用都通过向全体市民征收财产比例税来筹集。① 在这个假设中，城南的居民无法从公园中受益，那么该议案就将重新分配城南和城北居民的收入，这个议案就与对城北居民减税、对城南居民加税的议案一致无异。

因此，在多数通过规则条件下，人们期望议案的提出过程和委员会内部修改过程能从追求配置效率的纯粹正和博弈转化为把分配转移和再分配结合在一起的博弈过程。正如布坎南和塔洛克（1962，pp.190—192）所表明的，在允许局外货币支付的博弈中，互投赞成票将会使关于财富再分配议案的赞成和反对票数持平。然而，在不允许直接的局外货币支付的博弈中，很难计算出互投赞成票所引起的精确的净转移支付值。不过，如果不能形成稳定的联盟，则可以预期，在多数通过规则条件下，对议案的动态修订过程将产生规模相同、组成不同的胜负联盟。在长期运作中，这一过程将最终使再分配的净值为零。里克认为所有政治是一个纯粹再分配

---

① 此例子与塔洛克（1959）的例子类似，指出多数通过规则会导致政府的过度支出，正如前文的论述那样。

的，零和的博弈过程。在多数通过规则条件下政治过程也许就是以其诸多结果长期再分配等为特征。

务必要强调多数通过规则的这种潜能。多数通过规则的再分配性质，可能有一种动力刚好可以使取胜的多数人击败失利的多数人，这恰好验证了雷的假设：一个人支持获胜议案的概率与他支持失利议案的概率相同。再加上由雷提出的梅氏定理构建于其上的等强度假设，我们可以得出，任何议案中，取胜者获得的预期有效收益等于失利者的预期效用损失。因此，基于多数通过规则规范性质基础上的假设表明：没有任何预期效用净收益来自所有议案的一揽子交易。因此，在预期效用和美元支付方面，该过程是个零和的博弈过程。既然如此，为什么还要进行下去呢？当把规范性假设应用于任何议案对之中，为多数通过规则的形成创造了条件的规范性假设，却在长期的运作中逐渐遭到破坏。多数通过规则的这种特征，有助于解释类似于布里坦（1975）观察者们对社会将从多数通过规则的民主制度中长期受益的看法感到失望的原因。

我们已经看到，多数通过规则的再分配性质使稳定的获胜联盟难以维持，从而导致循环。然而，如果能形成一个稳定的获胜联盟，将会极大地减少或消除循环交易成本以及形成和拆散联盟而导致的交易成本。如果委员会可以自由地提出和修正议案，稳定的多数人同盟就可以从失利的委员会成员中不断地进行重新分配。这种"多数人的专制"的结果虽然无用，但还算公正，但它与无休止循环导致的再分配结果比起来，更加不受欢迎（布坎南，1954a）。施特拉特曼（1996）证实了美国国会循环的存在，上一章已做过讨论，说明的确存在这样一个稳定的专制的多数者联盟，而且还至少得到了联邦的拨款支持。

因此，我们可以看出，隐含在讨论中的、不会形成稳定的多数人联盟对少数人进行专制统治的假设支持多数通过规则，而与零决策时间假设相类似的零交易成本假设却支持一致通过规则。要建立提出议案的过程以至于不会形成循环，也要对有效配置决策增加部分纯粹的再分配内容，而这些有效配置决策是预先确定的，或者基本上不受循环—再分配过程的影响。议案修订，联盟形成和循环过程能否导致福利净收益，依然是个悬而未决的问题。

6.7.2　一致通过规则决定的再分配

任何带有不可避免的冲突的议案，在一致通过规则条件下都会失败。

不是第三章描述的自愿形式的再分配，而是收入、财产的再分配和所有权的重新界定都会受到一致通过规则的限制。

一致通过规则的批评者们已经发现了两个令人不安的结果。首先，一致通过规则也许会使一切进步停滞。[①] 只有火车上的五个人就吸烟问题达成一致意见，火车才能开动；大多数技术进步会使一些人的情况更糟。事实上，几乎任何经济物质环境上的变化都会损害部分人的利益。即使麻醉剂的合法使用将有助于减少相关的犯罪和痛苦，但从事非法销售毒品并从中获益的毒品贩子几乎不会遭受损失，但他们也不会对阻碍其合法化投反对票。[②] 原则上每项议案的变化，甚至小到领带颜色的选择，虽然都能通过集体决策对那些受损失的人给予适当的补偿，但是一致通过规则条件下决定这些变化的决策成本显然是令人望而却步的。至此，决策成本又成了反对一致通过规则的理由。另外，作为对多数通过规则的不公开辩护，这种批评似乎隐含了这个假设，即技术变化或者实际的收入和所有权再分配变化，是公正的。对于任何个人，支持变化的效用收益与反对变化的效用损失是相等的。而且，经过一段时间，这些收益和损失会在全体公民中公正地得到分配。这个假设隐含着另一个假设，即把议案进行修正。所以，这些议案常以牺牲部分人的利益为代价，而使另一部分人受益。尽管对于所有权变更和财产分配的议案，委员会使用多数通过规则可能会投票通过，也可能会否决。如果使科技进步不受集体决策过程中僵局的阻碍，那么在长期运作中，所有人将会从技术进步固有的效率收益中获益。

使用一致通过规则来决定再分配和所有权议案，会产生第二个问题，一致通过规则赋予了少数人以否决权，而这个否决权只能使某一特定的小部分人受益，显然违背了普遍公认的道德标准。如，奴隶制的废除遭到奴隶主的阻挠；收入的再分配受到了富人的反对。如果部分人由于运气、技术或者狡诈获得了多于平均份额的社区收入或财富，一致通过规则就保证了这个分配不会因社区的集体行动而改变。在一致通过规则条件下，那些想从维持现状中获益的人总是能成功地保持现状。[③]

---

① 参见雷默（1951），巴里（1965，p. 315）和雷（1975，pp. 1274、1282、1286、1292—1293）。

② 一致通过规则内在的保守性似乎是雷主要驳斥的观点之一，正如他对烟例子中产权转移的讨论（1975，pp. 1287—1293）。可是塔洛克指出（1975），这些批评对于多数通过规则来说，作为一个正当理由，并不能满足决定这个议案的需要。我们还需要讨论其他假设。

③ 巴里（1965，pp. 243—249）；雷（1975，pp. 1273—1276）。

6.8　结论

在对于多数通过规则和一致通过规则孰优孰劣的争论中，一个讨论者的结论是只有一种议案可用于集体决策，而且进行集体决策也只有一种最佳规则，他的结论很容易得到大家的谅解。因此，威克塞尔（1896，p.89）提出：

> 假如批准了任何公共支出……通常认为这笔支出必须用于对全社会有益的活动，并且各个阶层无一例外都认为如此。但如果这项支出并不是用于对全社会有益的活动……作为个人，我就不明白为何能把后者当成一个不折不扣的令人满意的集体需要。

所有契约主义的态度中都含有一个相似的看法，如约翰·洛克（1939，p.455，§131）说：

> 人……进入社会……就只怀有一种愿望，即更好地保留自我、自由和财产（因为没有一个理性的生物想把他的状况变得更糟），社会权力或人们构建的立法机构。然而，这种愿望不应涉及公共物品的范围，只能是有责任保护个人的财产安全。[①]

还有其他的激进观点，如布赖恩·巴里（1965，p.313）说：

> 当党派之间并不是因为各党之间的互惠交易争执，而是对彼此的初始地位的合法性而发生争执的时候，确切地说，就产生了一种政治局面。（原文是斜体字）

威廉·赖克（1960，p.174）也有类似的说法。

另外，还有与此类似的观点，如赖克（1962，p.174）说：

---

① 肯德尔（1941）认为洛克是多数通过规则的辩护者，因为洛克给出的一个直接原因（p.422，§98）是用多数通过规则取代一致通过规则，是集体所有人的一种交易成本问题，与威克塞尔—布坎南—塔洛克为选择一些少于全体人数通过规则的决策成本规则类似。在这种意义上说，洛克又是一个坚定的一致通过规则的支持者。

多数经济活动被视为非零和博弈，而多数重大的政治活动被视为零和博弈。

但现在要清楚地知道集体决策过程面临着两种根本不同类型的集体决策需要解决，与配置和再分配之间的区别相吻合（缪勒，1977）。一些包含了潜在的正和博弈的重大政治决策提供了国防、治安、消防、道路和环保等方面的服务。但这些重大决策不可能自动或容易地制定出来。显然，部分政治决策的制定也具有相似性，他们也必须应该关心分配和所有权这两个基本问题。这两种决策基本特征的内在区别表明：在概念上应该区别对待，而在实践中，应该由各自不同的集体决策程序加以解决。威克塞尔已经认识到配置决策与再分配决策之间的区别，认识到有必要用各自的集体决策程序加以区分对待。

这是他的重要观点之一，也对该领域后来的发展作出了最有影响的贡献。在某种程度上，在目前情况下引用他的话，对他来说并不公平。从这种意义上，威克塞尔的确走在了那些对他进行批判的批评家的前面，因为他不仅认识到配置问题和再分配问题应区别对待，而且他还认为，如果要解决分配问题，一致通过规则就必须让位于多数通过规则（1896，p. 106，注释 m）。但是威克塞尔并没有详细说明怎样使用多数通过规则来解决分配问题，而且使用一致通过规则进行配置决策问题的全部规范性理由是基于一种假设基础之上的，即在对配置问题进行集体决策之前，就已经确定了一种公开的分配形式。

不幸的是，没有一个多数通过规则的支持者能具体说明怎样才能确定那些使多数通过规则达到理想性质的条件。也许更具有讽刺意味的是，使用多数通过规则解决所有权和再分配问题的规范性议案是基于使用此规则前就已经做出的决策基础之上，而使用一致通过规则进行配置决策的规范性安全也是基于一个事先已确定的公平收入分配基础之上。雷—泰勒定理预先假设决策过程是公正的。因为每个投票者赢得任何议案的机会是均等的，而且从决策结果中获得的预期收益（或损失）也是均等的。要对梅氏定理中的中立条件和不记名条件做出令人信服的规范例证，也需要类似的假设。但是什么才能保证这些条件得以满足呢？当然，现今的议会并不满足这些条件，因为在议会中提案和修正案都是由议员提出，并且所得的结果是由投票循环，对议程的操控和多数人专制的某种混合。为了实现多数通过规则能解决产权和再分配问题就需要某些新形式的议会委员会，因为只有他们才满足多数通过规则的支持者们在为其辩护过程中所假设的条件，这就需要一个制度决策。

但是，建立这种新式的委员会，需要使用什么规则呢？那些支持维持现状的人就会悄悄地阻挠新委员会的形成，因为新委员会虽然公正但却与他们的既得利益相冲突。如果使用多数通过规则，少数人就会对分配过程的结果和建立新委员会的过程提出质疑。少数人总觉得建立委员会的过程并不公平并投票反对时，那么我们要用什么来证明议会委员会提出的再分配决策是公平的呢？对议案提交过程的公平性问题，而提出反对多数通过规则；在对所有权问题上达成某些长期一致共识，而提出反对一致通过规则，似乎都是可行的。在某种程度上，人们势必要面对怎样在决策过程中引入公平，以及怎样才能达成共识的问题。

我们意外地碰到了无限回归的问题。要从这个迷宫中解脱出来，唯一令人满意的方法是假设在一组规则和程序上达成了一致的共识。[1] 如果在这个共识基础上建立的议会能在多数通过规则下发挥作用，而且只有在所有人必须同时认为那些允许提交给委员会的议案的解决方法是公平的，那么这个委员会的成果才会受到保护。在这一阶段的分析中，我们把多数通过规则放在相对于一致通过规则次要的地位，并且重新展开了对怎样才能达成一致共识问题的讨论。尽管现在一致共识只限于建立议会，并由议会来决定再分配和有效配置的议案。我们将在第五部分谈论这个问题。

文献注释

雷和席克勒尔（1997）和扬（1997）回顾了关于简单多数通过规则的规范性议案和文献，孔多塞的陪审团定理一般形式由本·亚沙和尼灿（1997）参考了大量早期文献而得以证明。森（1970a，pp. 71—73）给出了梅氏定理（1952）的又一种证明，坎贝尔（1982）也得出了相关结论。

---

[1]　参见布坎南和塔洛克（1962，pp. 6—8）。

第七章　多数通过规则的其他简单形式

我的方案只适用于老实人。

琼·查尔斯·德·博尔达

近年来，人们提出了多数通过规则的其他几种形式，其中三种最新、最复杂的形式将在第八章中谈及。在本章中我们只讨论一些更为简单的方法。

这些投票过程通常并没有被视为对公共物品议案有偏好的方式，而被视为对一个给定的职位选择候选人的方法。当然，不能同时选择所有的议案，而只能选择其中之一。根据一个候选名单来为一个空缺的公共职位提供人选，这种选择看上去似乎很简单，但这个过程或许被认为是从任何具有相互排他性对象的集合中进行选择——就如同在帕累托可能的各边界点之间做出选择一样。

7.1　多种投票过程的界定

多数通过规则（Majority Rule）：选择票数超过半数并居首位的候选人。

决赛选举多数通过规则（Run Off Election）：如果 m 个候选人当中有一个获得了多数选票，且排名第一位，那么他就是获胜者；如果不是，就在第一轮投票中获得领先多数票的两人之间再进行一次投票，在第二轮中获得票数最多的候选人将是获胜者。

最多票数规则（Plurality Rule）：选出拥有最多票数并居首位的候选人。

孔多塞准则（Condorcet Criterion）：选择运用多数通过规则在两两竞选中击败所有对手的候选人。

黑尔体系（The Hare System）：每个投票者指出他在 m 个候选人中排序最高的人，然后去掉排序最高中得票最少的人。则剩下 $m-1$ 个候选人，重复此过程，直到最后只剩下一个，即为胜者。

库姆斯体系（The Coombs System）：每个投票者指出 m 个候选人中排序最低的人，然后去掉排序最低中得票最多的人，则剩下 $m-1$ 个人，重复下去直到只剩下一人，即为胜者。

赞同投票法（Approval Voting）：每个投票者在 m 个候选人中选出 k（$1 \leqslant k \leqslant m$）个排在前面的候选人，当然 k 个候选人因投票者不同而不同，其中得票数最多的人为胜者。

博尔达计票（Berda Count）：投票者根据个人偏好次序，给候选人排名。m 个候选人的分数为 1 分到 m 分，排名第一的为 m 分，第二的为 $m-1$ 分……最低的为 1 分，然后把每个候选人的得分加总，得分最高者即为胜者。

7.2　过程比较——孔多塞效率

虽然以上所列过程包含了平时经常讨论的过程，但这些过程还是有点多，而且也很容易增加更多的过程。每个过程都有一种直观的感染力，那么怎样才能确定哪种是最好的过程呢？

界定"最好"有几个标准。首先，要确定第几个过程的等价公理。就像第六章中界定多数通过规则一样，其次还要在他们的公理性质基础上对这些过程进行比较。然而，这些定理一般都比较抽象，因此单凭这些公理性质就说过程 A 优于过程 B 是很困难的事情。我们可以称某个性质更重要，并可以根据是否有实现其性质的能力来比较过程之间的优劣。很多文献在这两个方面都有进展，所以我们也将针对这两个方面对各种过程进行讨论。

梅氏定理对投票过程提出的第一个要求是决定性条件，也就是投票过程必须选出一个获胜者。当只有两个候选人的情况下，多数通过规则满足这条标准。两个候选人是梅氏对多数通过规则问题给的一个限定条件。可是，从两个可选对象中进行选择是界定概念最简单的选择，而当 $m=2$ 时，以上所有过程都会选择同一个胜者。当 $m \geqslant 3$ 时，情况就变得有意思了。如果，就可能性而言会出现没有一个候选人获得者处于领先的多数票，也可能在两两竞选中，没有一个候选人可以击败所有其他对手。因此，当 $m > 2$ 时，多数通过规则和孔多塞准则也许会声称没有任何候选人获胜，而其他规则却可以选取出获胜者。[1] 所以，在第六章讨论的基础上，对于那些认为把多数通过规则作为社区决策规则的人来说，只有 $m > 2$ 时，他们才会对其他规则感兴趣。

表7.1

V_1	V_2	V_3	V_4	V_5
X	X	Y	Z	W
Y	Y	Z	Y	Y
Z	Z	W	W	Z
W	W	X	X	X

如果用孔多塞准则选择的获胜者不存在，其他规则总是会选取出一个获胜者；而即使孔多塞获胜者存在，其他规则选择的也不一定是同一个人。表7.1 表达了五个投票人的偏好次序，其中 X 是最多票数规则下的获胜者，而 Y 则是孔多塞准则下的获胜者。在赞同投票规则下，投票者的策略可能是选择自己最喜欢的候选人，所以使用这种规则，在表7.1 的偏好次序下，X 也可能是获胜者。

在表7.2 中，X 是孔多塞胜者，而 Y 是博尔达计票的胜者。在表7.3 中 X 仍然是孔多塞胜者，而 W 是黑尔体系的胜者。除了多数通过规则外的每一种其他过程，即使存在孔多塞胜者，也可能选取出一个非孔多塞胜者。

表7.2

V_1	V_2	V_3	V_4	V_5
X	X	X	Y	Y
Y	Y	Y	Z	Z
Z	Z	Z	X	X

表7.3

V_1	V_2	V_3	V_4	V_5
Y	W	X	Y	W
X	Z	Z	Z	X
Z	X	W	X	Z
W	Y	Y	W	Y

---

[1] 我们忽略了相同票数的问题，因为有众多的投票者，所以票数相同是不可能的，博尔达计票却很容易就可以改变，而使和局成为有序的结局（布莱克，1958，pp. 61—64）。

人们认为多数通过规则的性质很有吸引力，那么存在孔多塞胜者却没被选择的过程也许会被视为无效过程。评价不同过程的方法是计算那个时期孔多塞胜者存在的百分比和由给定过程选择孔多塞胜者的百分比。梅里尔（1984，1985）已做了这些百分比的计算，并给他们命名为孔多塞效率，即孔多塞获胜者存在时，一个过程实际上是选择孔多塞获胜者的效率。表7.4报告了25个投票人的模拟选举结果，这25个投票人是随机地配置了效用函数，而且选举的对象是不同数量的候选人。[①]

在7.1节中的前六行界定了六个过程的孔多塞效率。在赞同投票规则下，所有投票者为全部候选人投票的有效性超过了单个投票者为候选人的平均效用，而且被认为是使预期效用达到了最大（梅里尔，1981）。如果只有两个候选人，那么所有过程选择孔多塞胜者的效率却都低于100%。把两个候选人改为3个，其效率下降最大的是最多票数规则和赞同投票规则。当候选人的人数达到10个时，根据孔多塞效率指数，可以把这六个过程分为三组：黑尔体系、库姆斯体系和博尔达计票过程。他们都达到80%左右的效率，决赛选举的多数通过规则和赞同投票规则达到60%左右的效率，而最多票数规则选择孔多塞胜者的效率仅为42.6%。

要求全体投票者分别九次去投票处投票与黑尔体系或库姆斯体系下要求有10个候选人一样让人难以置信。因此，现实中如果使用一种过程进行选举的话，实际操作毫无疑问只要简单地让投票者把候选人的排序写下来，然后，计算机按所描述的规则决定出获胜者即可。而且，黑尔体系、库姆斯体系和博尔达计票对信息的要求相同；它们的区别只在于怎样加工信息。由于他们基于同样的信息集合，所以他们得出同样的结果也许并不令人感到吃惊。

表7.4列出了六个规则，其中决赛选举规则和最多票数规则是当今使用较为普遍的两种形式。因此，另一种考察表7.4结果的方法，就是除去最多票数和决赛选举两种规则之后，计算其他四种规则中，哪一种获得孔多塞效率为最大。效率最大的显然是黑尔体系、库姆斯体系或者博尔达计票，尤其是候选人数超过5个时。但是，在选举中需要有关投票者更多的信息。赞同投票规则作为一种具有孔多塞效率性质的相对简单规则，也许可以和决赛多数通过规则相媲美。随着候选人数的增加，赞同投票规则的孔多塞效率性质超过了多数通过规则的性质但接近决赛机制的性质。相对

---

① 梅里尔（1984，p.28，N.4）报告孔多塞效率对投票者的人数不做要求。

于决赛多数通过规则来说，赞同投票规则的一大优势是：只要投票者到投票处投票一次即可。（菲什伯恩和艾布拉姆斯，1981a、b）

表7.4　　　　　　　　一个随机团体的孔多塞效率（25 个投票者）

投票体系	候选人数				
	3	4	5	7	10
决赛	96.2	90.1	83.6	73.5	61.3
最多票数	79.1	69.4	62.1	52.0	42.6
黑尔	96.2	92.7	89.1	84.8	77.9
库姆斯	96.3	93.4	90.2	86.1	81.1
赞同投票	76.0	69.8	67.1	63.7	61.3
博尔达	90.8	87.3	86.2	85.3	84.3
团体效用最大值	84.6	80.2	77.9	77.2	77.8

资料来源：梅里尔（1984，p.28）。

7.3　过程比较——功利主义效率

对于那些赞同把多数通过规则作为投票过程的人来说，孔多塞效率的相对结果也许是一个重要原因，而对于其他人来说，它也许并不是选择一个规则的决定性因素。重新考虑表7.2，可见议案 X 是孔多塞获胜者。但这个投票过程明显具有"多数人专制"的特征。在多数通过规则下，前三个投票者可以把他们提出的候选人强加给其他两个人，虽然这两个人把该候选人排在最后。另外，Y 是一个更折中的候选人，他在所有偏好水平上排名相对靠前，原因是 Y 也许是三个候选人中"最好"的选择。在博尔达计票过程中 Y 将是获胜者，在赞同投票规则下，如果投票者（V_1，V_2，V_3）中有任何两个投票对 Y 评价较高，而投票赞同 X 和 Y，而不仅仅是 X。Y 距离 X 越近，离 Z 越远，这三个投票人有一个可能在赞同投票规则下既投票给 X 也投票给了 Y，而不仅仅是 X。

对于一个投票过程，除孔多塞效率标准外还有另一个判别标准，就是它能使一个功利主义的福利函数形式达到最大化，即：

$$W = \sum_i U_i \qquad (7.1)$$

其中，U_i 是每个投票者，是在议案集上定义的相互之间可比较的基数效用指数。表7.4 的最下面一行表明其选择使（7.1）式最大化的候选人达到孔多塞胜者的效率仅为当时的 80%，那么，与功利主义效率的尺度相比，这六个过程怎样才能符合标准呢？

表 7.5　　　　　　　　　一个随机团体的功利效率（25 个投票者）

投票体系	候选人数				
	3	4	5	7	10
决赛	89.5	83.8	80.5	75.6	67.6
最多票数	83.0	75.0	69.2	62.8	53.3
黑尔	89.5	84.7	82.4	80.5	74.9
库姆斯	89.7	86.7	85.1	83.1	82.4
赞同投票	95.4	91.1	89.1	87.8	87.0
博尔达	94.8	94.1	94.4	95.4	95.9
孔多塞	93.1	91.9	92.0	93.1	94.3

资料来源：梅里尔（1984，p.39）。

　　表 7.5 给出了 25 人进一步的模拟选举结果。首先可以看到对于功利最大化 W 的标准，孔多塞胜者，或者效率比其他五个过程都要高。那么，当候选人数多于两个人时，博尔达计票所得的总功利水平比孔多塞胜者还要高。博德利（1983）得出了相似的结果。虽然没有提供使最大化 W 达到100%效率所需的完全基数信息，但是通过提供了更丰富的信息基础，博尔达计票能更加接近该目标。

　　表 7.5 中另一个让人感兴趣的是：赞同投票行为与需要更多信息的库姆斯体系和黑尔体系相关。鉴于该功利尺码权衡下的行为与其更简单的特征，我们重点谈谈博尔达计票和赞同投票过程。

7.4　博尔达计票

7.4.1　公理性质

　　由 7.3 部分的模拟结果判断，博尔达计票似乎是一种具有潜在魅力的投票过程。那么它还有什么其他的规范性质呢？

　　假设我们像梅（1952）氏一样寻找出博尔达计票的公理条件。梅氏给出的第一条公理是决定性过程必须从两个议案中能够选出获胜者。对于任何投票过程，像决定性条件这样的性质是明显具有吸引力的。通过把投票过程定义为一个最优元集，并把它定义为一个选择集，我们就可以进行更为正规的投票了（森，1970a，p.10）。

选择集的概念：S 中的元素 x 是 S 关于二元关系 R 的一个最优元素，当且仅当 S 中的每个 y 都有 xRy，则 S 的最优元素集就被称为选择集 $C(S, R)$。

因此，我们希望能存在一个可以界定选择集的投票规则。扬（1974）证明了博尔达计票是唯一可以界定选择集，并且满足中立性、抵消性、忠诚性和一致性条件的四条投票规则。

像在梅氏定理中一样，中立性条件对于议案或候选人来说是一种公正的属性。候选人的姓名或议案的性质并不重要。

抵消性条件，与梅氏定理中的不记名条件一样，是对投票者的一种公平对待。任何一个投票支持"x 比 y 好"的人与另一个支持"y 比 x 好"的人相抵消（扬，1974，p. 45），对于 x 和 y 的次序起决定作用的是认为 x 胜于 y 的人数与认为 y 胜过 x 的人数的比较，而与投票者的身份没有任何关系。

由一个没有任何关系的单个个体组成的团体进行投票时，忠诚性条件完全是个无所谓的条件。因为投票者都会根据自己的偏好而做出忠实于自己行为的最佳选择。

以上性质似乎具有内在的合理性。事实上，他们也满足于多数通过规则。而一致性条件是博尔达计票具有的较为新颖的条件。

一致性条件：N_1 和 N_2 为从 S 集中选择一个候选对象的两组投票集体。在投票过程 B 条件下选择的候选对象集为 C_1、C_2，如果 C_1 和 C_2 有共同的候选对象（即 $C_1 \cap C_2$ 非空），则把两组投票集体合为一组（$N_T = N_1 \cup N_2$）在投票过程 B 条件下投票，那么获胜者一定包含在共同的候选对象的交集之中（$C_T = C_1 \cap C_2$）。

该一致性具有明显的直观性。如果两组投票人分别从候选对象集中进行选择时，选择的是同一个人，而当把两组投票人合并为一组进行选择时，他们选的也一定是同一个候选对象。

当议案空间和投票者偏好可以保证总是存在孔多塞获胜者的时候，多数通过规则也符合一致性条件（扬，1974，p. 44）。例如，假设所有议案都是单维的，所有投票者都是单峰偏好，N_1 为一个委员会的规模，当 N_1 为奇数时，m_1 是 N_1 的中位投票者结果；N_2 为另一个委员会的规模，当 N_2 为偶数时，$m_2 - m_2'$ 的区间段为多数通过规则下的选择集；如果 m_1 恰好落在 $m_2 - m_2'$ 的区间上，将两个委员会合并后，m_1 将是多数通过规则下的胜者。因为，N_1 中的一个投票者非常偏好 m_1 点，$[(N_1 - 1)/2 + N_2/2]$

个投票者的偏好峰在 m_1 的左边。同样，人数的偏好峰在 m_1 的右边，显然在这种情况下，多数通过规则也符合一致性条件。

表7.6

	N_1			N_2		
V_1	V_2	V_3	V_4	V_5	V_6	V_7
z	x	y	z	z	x	x
x	y	z	x	x	y	z
y	z	x	y	y	z	y

但我们并不认为保证孔多塞胜者的存在条件总能得以满足，如果条件不满足时，就会产生形如 $xRyRzRx$ 的循环。在这种情况下，我们把这个选择集定义为 (x, y, z)，从以下普洛特（1976，pp. 562—563）所论述的例子中，可以看出多数通过规则违反了一致性的性质。

在表7.6中，N_1 和 N_2 是具有偏好次序的两个投票者集体，对于 N_1，存在一个从 x，y 到 z 的循环，我们将 N_1 的这种选择定义为 (x, y, z) 的选择集，对于 N_2，x 和 z 平局，并且都击败了 y，所以 N_2 的选择定义为 (x, z)，这两个选择集的交集是 (x, z)，而一致性标准要求当 N_1 和 N_2 合并时，在多数通过规则下，x 和 z 平局。事实上，他们并不是平局，在多数通过规则下，委员会 $N_1 + N_2$ 选择 z 为唯一胜者，因此违反了一致性条件。

核实该问题的另一方法是注意像孔多塞原理那样确定满足一致性条件的多数通过规则形式，这些规则形式并不总是把选择集定义为非空集。因此，我们的议案集如果从二元扩大到三元或更多元，我们希望投票规则仍然能选出胜者，希望投票规则具有中立性、抵消性、一致性的性质，希望要求得到多于多数通过规则所提供的信息。扬的定理证明，所需要的信息是每个投票人在整个议案上明确的偏好次序。[①]

---

① 尼灿和鲁宾斯坦（1981）用单调性条件取代了扬的忠诚性条件，并证明这四个公理条件与博尔达计票是等价的，而博尔达计票提供了所有候选对象的完全排序。对于单调性条件有如下论述：

单调性：x 与 y 是两个不同的候选对象，u 和 u' 为两组投票者偏好剖面图，假设在投票规则下，x 与 y 的排名不相上下 xRy，在两组剖面图 u 和 u' 中，现在 z 是第三个候选对象，对于投票者 i 来说，在 u 图中，z 的偏好大于 x，(zP_ix)，在 u' 图中，对于 x 的偏好大于 z，xP_iz，那么在 u' 图中，投票规则就必须把指定 x 的偏好严格大于 y (xPy)。

这个单调性要求：如果要想提高地位与第三个对象相抗衡，那么前两个对象的关系就应该加强。

7.4.2　博尔达计票和"多数人的专制"

在表7.3中，论述的所有投票人中，一个多数人的联合会使一个候选对象的排名相对高，从而使该候选人成为第一选择，我们就能阐明简单多数通过规则和最多票数规则是如何形成"多数人的专制"了。我们可以通过这种多数人专制的情况总结出一般的结论。

表7.7

V_1	V_2	V_3	V_4	V_5
X	X	X	Z	Z
Y	Y	Y	X	X
Z	Z	Z	W	W
W	W	W	Y	Y

考察表7.7中的投票者偏好集，不管议案是如何提交给投票者的，在简单多数通过规则下前三个投票者的联合可以把其偏好强加给整体。如果投票者必须从四个议案中做出选择，该联合体的第一选择为 X，如果集体选择只限于 Y、Z 和 W 议案，在这三个议案中，Y 为第一选择。不管提交给投票者的是哪些合并议案，通常前三个投票者的联合可以得出最有可能的选择结果。

如果 X 议案在提交给投票者的议案当中，在博尔达计票规则下，X 议案将获胜；但由于某种原因，X 被排除了，投票者不得不在 Y、Z 和 W 之间进行选择，则在博尔达计票规则下，Z 会获胜。通过考虑更多投票者偏好的信息，对于所有可能的选择集来说，博尔达计票打破了多数人联合，可以出现把其意志强加给整体的情况。巴哈拉德和尼灿（2001）证明，关于避免多数人专制的情况，在整个议案集中，博尔达计票规则考虑投票者偏好的计分规则比起诸如最多票数规则和简单多数规则等要高级得多。①

7.4.3　博尔达计票与策略操控

尽管博尔达计票有公理性质，而且该公理性质似乎等于多数通过规则的公理性质，并且当用功利的福利函数来度量时，它表现很好，但其致命

---

① 另一种打分规则的性质——分数投票——将在下一章中阐释。

的弱点在于它的策略行为具有脆弱性（帕塔奈克，1974；M. 森，1984）。再看看表 7.2，当所有投票者在博尔达计票下诚实投票，议案 Y 获胜。然而，如果三个投票人表明他们的议案排序为 XP_iZP_iY，则博尔达计票会选择 X 议案获胜。如果前三个投票者知道了其他投票者的偏好，为了其他投票者能诚实投票，就存在一种鼓励他们三人隐藏偏好的诱因。

所有具有三个或更多议案的投票过程可能由于一个投票者隐藏了个人偏好而使该过程受到操控。要问的一个相关问题是：是否这些投票过程就比其他投票过程更易受到操控呢？[①] 通过检查具有三个或三个以上成员，以及三个或更多议案的委员会所有可能的偏好秩序，萨里（1990）已经针对这个问题进行了回答。他创立了微控度测量法，即测量一个人或少数人的联合在给定投票规则条件下，通过隐藏个人偏好，而使其境况更好的百分比。他发现在选择最受欢迎的投票规则时，正如本章中提到的那些规则，博尔达计票表现最佳，使成功操纵的概率最小或者接近最小。

如果一个投票集体策略地进行投票，那么其他投票集体也可以如此。表 7.2 中如果第四个和第五个投票者怀疑其他投票者试图控制 X 为胜者，为了避免其最不喜欢的对象 X 获胜，他们可以谎称自己的偏好为 $ZPYPX$，在两个投票集体都隐藏个人偏好的情况下，Z 会获胜。因此投票者在申明其偏好次序时，声称 Z 高于 Y，他们就有机会使 Z 为获胜者而不是 X，而博尔达计票满足非负性或单调性条件（J. H. 史密斯，1973）。在投票者说明偏好次序时，把 Y 置于 Z 之前，在团体次序中，Y 的位置或者得到提高，或者保持不变，然而对于 Z，却有完全相反的结果。一个反对冒险的投票者无法确定 X、Y 和 Z 获胜的相关概率，或许是由于他们忽视了其他投票者的偏好，或者无法确定其他投票者可能的策略行为，此时要使该冒险者的预期效用在博尔达过程中达到最大，就要诚实地说出他对三个议案的真实排序。

随着参加投票人数的增加，一个投票者了解其他投票者偏好的可能性就越小，因此进行成功操控的机会也越小，而且任何投票者的投票成为决定一票的可能性也在下降，因此，在博尔达条件下，对投票结果进行成功地策略操控的可能性会随着投票人数的增加而减小。[②]

---

① 关于所有投票过程潜在的战略操控的主要定理首先由吉伯德（1973）和萨特斯韦特（1975）证明。该结论某些方面将在第四章中讨论。

② 以上情况是以固定数量的候选对象为前提。相反，如果候选对象数量越多，对其操控的可行性就越大（尼灿，1985）。

7.5　赞同投票规则

随着候选对象的增加，博尔达计票过程越发显示了它潜在的复杂性的特点。投票者必须列出所有候选对象的排名。如果一个相当大的议案中有许多候选对象就会使人们不愿去参加投票。

相比较而言，赞同投票却只要求按自己的偏好划一界线，用以区分哪些候选对象是人们赞同的哪些是不赞同的即可。如果根据期望效用支付把候选人相对均等地彼此排列，那么该界线会粗略地把候选人集合分成两个等规模的集体（梅里尔，1981），投票者无须关心在赞同和不赞同两个集合内两组候选人彼此之间是如何对抗的。

当候选人数较少或投票者对两组候选人之间看法不同时，在不鼓励策略行为方面，赞同投票相对于其他投票过程具有一些优势。艾布拉姆斯和菲什伯恩（1978）已证明投票者的偏好在某种意义上是一分为二时，对于每个投票者 i 来说，他可能会把所有候选人 S 分成两个子集 S_{i1} 和 S_{i2}，使投票者 i 对 S_{i1} 中所有候选者的偏好没有任何差异，对于 S_{i2} 也是如此。所以在赞同投票条件下存在一种不受控制的策略——投票支持 S_{ij} 子集中所有候选人。使该子集中所有候选人的排名高于所有候选人的排名。对于所有可能的一分为二偏好关系来讲，赞同投票是唯一的一个不受控制的投票过程。

当投票人的偏好是一分为三时，候选人被分成 S_{i1}、S_{i2}、S_{i3} 三组时，则赞同投票条件下，唯一不受控制的策略是诚实地投赞同票给（1）最偏爱的那个子集的所有候选人，（2）投票给最偏爱的两个子集的所有候选人。在这种意义上对于每种可能的一分为三偏好关系，赞同投票是唯一诚实的投票体系。

当投票者的偏好是多分的，即存在不同的四个或更多的子集时，对于所有可能的多分偏好关系，没有一个投票过程是诚实的或规避策略的。

既然本章中讨论过所有投票过程，当候选人只有两个时，等同于多数通过规则，那么二分候选人的重要结果是基于投票人在多个候选人的投票中，对于两组不同的候选人进行无差别投票的合理假设之上。在这个问题上，观点会有所不同（尼米，1984）。通过萨里（1990）比较证明，对微操控度进行衡量，赞同投票比博尔达计票更易受到影响。

除了具有不鼓励策略行为进行投票的优势之外，赞同投票值得人们高度重视的原因在于用孔多塞或功利主义效率的标准来衡量，它有更为良好的表现。而且操作也较黑尔体系、库姆斯体系、博尔达计票和某种程度上的决赛选举多数通过规则要更为简单，从此可能会取代最多票数规则和决赛选举多数通过规则。

表7.8   决策规则变化条件下的总代表数

候选人	最多票数规则	双重选举	孔多塞规则	博尔达计票	调整后的博尔达计[a]
麦戈文	1307	766	766	766	584
马斯基	271	788	869	869	869

资料来源：乔斯林（1976，表5，p. 12）。

a. 调整后的博尔达计票是考虑到平局的修改。参见布莱克（1958，pp. 61—64）。

7.6 选举改革的含义

州长提名的选举和美国国会参议员的选举都基于一次投票准则，即最多票数规则。然而，利用孔多塞和功利主义效率准则来评判，最多票数规则得分最低。这一发现建议选举选用其他投票规则，尤其是总统候选人初选时更应采用其他规则，因为初选时可能有很多候选人（凯利特和莫特，1977）。

乔斯林（1976）对1972年民主党总统候选人初选结果进行研究，表明选举要进行改革的意义。乔斯林认为最多票数规则对极端分子候选人乔治·麦戈文有利。他是在一些州获得了超过选民半数的最多票数，但在另一些州，大量选民给他的排名相对较低，这使他在最多票数规则下的排名高于走中间路线的埃德蒙德·马斯基，而他在大多数选民中的排名相对较高。乔斯林的惊人结果是他重新计算了不同投票规则下最后的得选票数，如表7.8所示（双重选举是一个两步的决赛选举过程），该表有趣的特点是，除最多票数规则以外的所有投票规则下，马斯基的获胜选举的力度都有戏剧性的增加。[①]

有人可能会争论说，马斯基本该成为1972年民主党的总统候选人的提名，因为其他任何一种投票过程都比最多票数规则更可取。马斯基而不

---

① 如果使用赞同投票规则，毫无疑问，马斯基也会有更好的机会与麦戈文进行对抗。参见凯利特和莫特（1977）以及艾布拉姆斯和菲什伯恩（1978，pp. 840—842）。

是麦戈文才会有更好的机会击败尼克松，并且麦戈文的支持者也许本该选择由马斯基而不是麦戈文在最后的决赛中击败尼克松。用事后诸葛的观点看，人们认为如果马斯基能战胜尼克松，"这个国家"也许更富强。

博弈的规则确实很重要。

文献注释

布莱克（1958，pp. 55—75）讨论了各种不同投票规则。他还对孔多塞（pp. 159—180）和琼·查尔斯·德·博尔达（pp. 156—159、178—190）的工作作了传记式讨论，也可参见扬 1988 年的文章和他 1997 年的调查。

博尔达计票也被普洛特（1976，pp. 560—563），森（1982，pp. 187、239—240、376—377）和施瓦茨（1986，pp. 179—181）进行了讨论。萨里（1994）发明了一种新的几何方法以检验投票规则的性质。除了重新建立很多已知的各种投票规则的性质外，像多数规则下的循环投票一样，他还用他的新方法提示了博尔达计票的几个引人注意的特征。

最先对赞同投票进行了讨论的是史蒂文·艾布拉姆斯（1975，第三章），艾布拉姆斯、菲什伯恩（1978）以及菲什伯恩（1981a、b）对该讨论作了重要扩展，并在他们的书中（艾布拉姆斯和菲什伯恩，1983）把赞同投票的主要结果结合在一起。

第八章　多数通过规则的其他复杂形式

　　在这种方法（标号方法）中，标号的数量是固定的，每个选举者可以自己做主，他可以把所有标号分给同一个候选者，也可以按比例分给他们认为合适的几个候选人；而得到标号数量最多的候选人即为胜者。

　　只要每个选举者愿意，尽自己最大努力保证候选人是一般意义上最受欢迎的对象，则这种方法，我认为，是绝对完美的，虽然该候选人可能并不是选举者的个人选择。在这种情况下，选举者应小心地使用这些标号，使他们能精确地表示出该选举者对所有候选人中相对合适人选的判断，甚至是其中有他最不愿看到被选上的候选人；这样才能保证他得到最想要的结果。

　　但我们还没有足够的非自利心和公共精神来实现这种结果。每个选举者都会觉得每个其他候选人都有可能把全部的标号给他最喜欢的候选人，而不给其他候选人，他就会得出结论：为了给他自己最喜欢的候选人成功的机会，他也必须这样做。

　　　　　　　　　　　　　　　　　　査尔斯·道奇森、刘易斯·卡罗尔

　　1954 年，保罗·萨缪尔森在一篇关于公共物品的经典论文中界定了公共物品供给达到帕累托最优的必要条件，同时，他还声称根本不存在任何一个过程可以显示所需要的偏好信息，来确定满足帕累托最优条件的公共物品数量。从而在公共经济学领域投下了一块浓重的阴影。在标题为"分散自发解决方法自发解（数学术语，不能翻译为自发解决方法）的不可能性"一节里，萨缪尔森称："没有任何分散的定价机制能确定这些集体消费的最优水平。"

　　这篇文章如此具有影响力，以至于一代经济学家只能重复着萨缪尔森的论点，并哀叹缺少一个令人满意的过程来显示个人偏好。而且有很好的理由说明，全体一致通过规则能使交易成本扩大，而且鼓励策略投票或者非全体一致通过规则，其中最值得一提的是多数通过规则，也存在缺乏信息含量和强制投票的特征。可见，传统的投票机制在这些方面似乎很容易受到攻击。

但在19世纪70年代，突然爆发了一场革命，新的投票过程不断涌现，每个过程都宣称已经解决了显示偏好的问题，然而偏好显示如同机械工艺一样变化迅速，一旦某个科学家宣称某项不可能也许会成为可能，其他人就会追随效尤，因此形成了发展的浪潮。在本章中，我们将回顾这类文献，并重点强调三种不同的投票过程，我们就从最引人注意的这个投票过程开始。

8.1　需求—显示过程

8.1.1　这一过程的技巧

威廉·维克里于1961年首先论述了这一过程，虽然他将这一思想归因于勒纳在《管制经济学》（1944）中提出的"一个有趣的建议"。可见，这一过程的提出比萨缪尔森的论文早了10年，但无论是勒纳还是维克里，都没有把这一过程应用于解决公共物品的偏好显示的实际问题中去。直到克拉克（1971，1972）和格罗夫斯（1973）的论文发表之后，人们才意识到该过程的潜在重要性。

表8.1

投票人	议案		
	议案 P	议案 S	税
A	30		20
B		40	0
C	20		10
合计	50	40	30

假设由三人组成委员会，他们的偏好由表8.1中给出，投票者 A 可望从议案 P 的获胜中得到30美元的利益，投票者 C 可得20美元的利益，而投票者 B 赞同议案 S 并得到40美元的利益。选举胜者的过程是首先要求三个投票者公布他们的预期利益数额，然后对他们投票支持的议案所获得

的预期利益数额进行加总，其数额值最大者即为胜者。在前面这个例子中，胜者为 P，因为它获得投票者 A 和 C 的预期数额为 50 美元，而 S 只获得投票者 B 的仅为 40 美元的利益。

根据投票者的反应和他们对于最终结果产生的影响来向他们征收一定的税款，从而引导投票者显示他们的真实偏好。该税款的计算方式如下：把各议案的其他所有投票者的美元票数加总，然后把被讨论者的美元票数加到该议案票数总额中去，再与另一个议案总额相比较，看是否改变了结果。如果结果没变，他也无需付税；但如果结果变了，他就要付税，其税额等于另一个议案将获胜的预期净收益减去他的美元票数。因此，只有当投票者的选票对改变结果有决定性作用时，他才需要付款，他所付的税款并不是他自己公布的数额，而是其他投票者在两个议案上宣布的点投票差额。表 8.1 最后一列数字就是三个投票者的纳税额。去掉 A 的美元票数，支持议案 S 的有 40 美元票数，支持议案 P 的有 20 美元票数。可见，A 在决定结果时具有决定性作用，并给其他两个投票者强加了 20 美元的净成本，而这就是 A 的纳税额。B 的美元票数对于结果并没有影响，所以他不必付税。如果 C 没有投票，S 议案就会获胜，所以，如果 C 在没有投票的情况下，他就要付与其他投票者应得的与净收益等值的税款（40 – 30 = 10）。

在必须纳税的情况下，每个投票者则不得不显示他们对两个议案的真实偏好。如果投票者 A 对于议案 P 公布的美元票数为 21 或者大于 21，则他的美元票数将改变集体决策，但其纳税额不变；如果他公布的净收益即美元票数低于 20，S 议案将获胜，则 A 的税款也由 20 降为 0，而他 30 美元的收益也会随之丧失。只有当投票者 A 的票数具有决定性作用时，他才需要付税，并且他付的税款应等于或少于他获得的收益。因此，投票者没有必要低报自己的收益。因为那样做他将会冒丧失机会的风险，即失去以低于收益的成本去投决定性一票的机会。另外，投票者也没必要高报自己的偏好，因为这样会冒投决定性一票的风险，导致他须付的税款虽低于申报的收益却高于他的实际收益。所以投票者的最佳策略就是真实地显示自己的偏好。

为了维持这种让人满意的激励属性，可以通过提高税收收益来引导投票者显示其真实偏好，但为了影响他们的投票决定，这笔税收收益不能以这种方式返还到投票者手中。为了避免破坏良好的初衷，处理这笔钱最保险的做法就是花掉它。但是，这就意味着这个过程结果将不是帕累托最优

（格罗夫斯和莱迪亚德，1977a、b；洛布，1977）。而且，可以明确地说明这一过程要达到帕累托最优所差的数额就是增加了激励税的税收数额。在上述例子中，这一数额颇大，相当于集体行动带来的净收益的 3 倍。

表8.2

投票人	议 案		
	议案 P	议案 S	税
A	30		10
B		40	0
C	20		0
A′	30		10
B′		40	0
C′	20		0
合计	100	80	20

幸运的是，随着选民人数的增加，需求—显示过程下增加的税额将随之而减少（蒂德曼和塔洛克，1976，1977）。想清楚情况为什么会如此，可以参考表8.2。在表8.2中，增加了与投票人 A、B、C 偏好相同的三个投票者 A′、B′、C′。显然议案 P 现在依然以 20 美元的盈余获得胜利。投票者 C 税款已从 10 降为 0，而 A 的税款由 20 降为 10，除掉投票者 C，其他投票者在这两个议案上得到的净收益为 0（P 议案为 80，S 议案也为 80）。尽管 C 的投票会使结果有利于 P 议案，但他 20 美元的收益并未给其他人招致净损失，所以 C 无需纳税。A 还是要缴纳税款，但数量有所减少。因为他的投票给其他所有投票人带来的净成本已下降。再增加三个偏好与 A、B、C 相同的投票者 A″、B″、C″，并不会使结果发生改变，而所有投票者的纳税额现在为 0。因此，这 9 人委员会的集体决策为帕累托最优。虽然该过程确实考虑到权衡强度对于结果的决定作用，但是，任何单个投票者的偏好对于最终投票结果的影响将会随着其他投票过程出现和投票者人数的增加而消失。因为一个投票者的税款相当于他对其他投票者的影响，而这个税额也会随着组织的扩大而消失。

格罗夫斯和莱迪亚德（1977c，p.140）声称能够出示激励税剩余可以任意大的反例，而且科梅迪（1979，1980）也表达了同样的观点。但这些例子是建立在对于议案 P 和 S 增加相同数量的投票人以扩大委员会的基础之上。如果该委员会支持议案 P 和 S 的投票者人数相同，那么每张投票都具有决定性，导致增加的税收额也会很大。然而，社会净收益却很小。此后，在支持 P 议案与支持 S 议案的投票者之间就会形成一个实质上的分配议案。对于所有人都赞同的公共物品，激励税的税收将会随着 n 的增大而消失。严密的证明可参见罗布（1982）。

这个过程可以显示个人对公共物品的个人需求表，这也是该过程的名称的由来。在此，我们采用蒂德曼和塔洛克（1976）的解释。每个人都要申报他对公共物品完整的需求表，然后，这些需求表会被纵向加总，从而获得人们对公共物品的总需求量。对于公共物品的需求表与供给表的交叉点就决定了提供公共物品的数量。如果每个人都真实地呈报了他们的个人需求表，这个过程就可以确定公共物品的帕累托最优数量，正如萨缪尔森（1954）和鲍文（1943）所界定的一样。

还是要通过对个人征收一种特别税使他们显示其真实偏好。事实上，向个人征收的税款有两种：一是用于补偿生产公共物品的全部成本；另一个旨在保证人们显示其真实偏好的成本。第一个例子中曾隐含地假定，第一种税款是议案 P 和 S 的一个组成部分。我们假定公共物品能够以不变的单位成本 C 来提供，并假定每个投票者都要分担一份成本 T_j，使 $\sum_{j=1}^{n} T_j = C$，这些 T_j 就构成了每个人税款中的第一个组成部分。税款的其他部分就按照类于前面那个例子中用于分摊个人税款的方式来计算。也就是说，首先要决定在没有个体 i 的需求表以及他没有支付公共物品决定成本分担额的情况下，所需要的公共物品数量；然后如果有了他的需求表和分担额，再决定需要的公共物品数量。两者的差额代表了个人偏好对集体决策的影响。其他投票者成本的数量上的变动记录了他的偏好带来的额外单位的公共物品与个人需求表上超过这些单位的公共物品总额之间的差异的绝对价值。因此，如果 i 强迫该团体的消费超过它应有的水平，而不是根据他的需求表投票，那么追加产生出来的成本将会超过他们愿意承担的份额，则该差额就要由 i 支付。相反，如果投票者 i 使团体的消费少于他们应有的水平，他们对于公共物品追加单位成本的部分需求将会超过公共物品的成本，则对于其他投票者在消费者剩余上的损失，这一超过部分要由第 i 个投票者承担。

借助图 8.1 可以说明后一种可能性。撇开 i 的需求表不谈，公共总需求为 $D - D_i$，扣除 i 预先分摊的税额，公共物品的成本是 $C - T_i$，除去 A 的偏好，则该社区购买的公共物品的数量为 A。如果加进了 i 的偏好，则社区购买的数量为 Q，总供给和总需求在数量上是相等的。这一结果的变化强加给其他投票者的成本就是其他投票者愿意为购进 $(A-Q)$ 个追加单位的物品所支付的数额与他们本来必须为这些单位物品支付的税款 $(C-T_i)(A-Q)$ 的差额。$(C-T_i)(A-Q)$ 是 $C-T_i$ 线上画有阴影的三角形。该三角形代表了除 T_iQ 之外,第 i 个投票人必须支付的附加税。

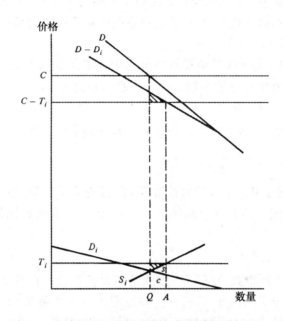

图 8.1 一些新的显示偏好的方法

当存在这种激励税时,第 i 个投票人的最优策略就是显示他的真实需求表。要明白这一点,我们可以通过从 C 中减去 $D-D_i$ 曲线来给第 i 个投票者构造一个公共产品有效供给曲线 S_i。该投票人对公共物品的需求曲线 D_i 与曲线 S_i 的交点就是他的最优公共物品数量,也就是 Q。通过申报他的需求曲线 D_i,投票者 Q 使社区对公共物品的消费为 Q 而不是 A,因此使他节约了矩形 $T_i(QA)$ 的税款。他必须缴纳激励税,该税由 T_i 下面的阴影三角形表示。它与 $C-T_i$ 上面的阴影三角形面积相等,而损失的消费者剩余就由四边形 C 表示。因此,使社区消费为 Q 而不是 A,该投票者由此获得的净收益是三角形 S。从图上我们可以看到他的需求曲线如果低于 D_i 线,那么他就一无所获,因为在 Q 点三角形 S 趋于消失。在 Q 的左侧,i 的激励税加上消费者剩余的损失将会超过他节省的税款 T_i;如果他的需求曲线高于 D_i 线,T_i 就会超过他的消费者剩余收益和节省的激励税。可见,真实地显示他的需求曲线 D_i 是他的最优策略。

我们也可以从代数角度来看这一过程的运作形式。投票者 i 消费 G 的效用记为 $U_i(G)$，T_i 为 i 的激励税，我们不考虑收入影响效应，可以假设货币的边际效用为常数，则可以用美元单位来衡量 $U_i(G)$。投票者 i 的目的就是使效用量 U_i、i 承担公共物品的净成本份额 T_iG，以及激励税 T_i 之间的关系值达到最大化 U_i 减去公共物品的成本 T_iC 和激励税 T_i 后的净值。

即 $\quad Q_i = U_i(G) - T_iG - t_i$ \hfill (8.1)

i 必须付的激励税是 i 投票迫使其他所有投票者消费 G 的成本；它是其他投票者在 G 点效用与他们承担的成本份额的差值：

$$t_i = \sum_{j \neq i} (T_jG - U_j(G))$$ \hfill (8.2)

把（8.2）式代入（8.1）式，并求关于 G 的最大值，得

$$\frac{dO_i}{dG} = U_i'(G) - T_i - \sum_{j \neq i}(T_j - U_j'(G))$$ \hfill (8.3)

令（8.3）式等于 0，可以解出在给定 i 的税额为 T_i。激励税为 t_i 时，i 申报的最优 G 对该一阶条件重新排列，可以得出 G 的帕累托最优供给的萨缪尔森条件：

$$\sum_i U_i'(G) = \sum_i T_i = C$$ \hfill (8.4)

注意：虽然所选择公共物品数量是帕累托最优，但是如表 8.1 所述，一般有 $U_i'(G) \neq T_i$，$i = 1, \cdots, n$。该过程的一个重要因素是投票者个人承担的公共物品成本的份额独立于他申报的需求曲线。对于保证显示他个人的真实偏好，这个独立性还是很有必要的。只有激励税（也许很少）由图 8.1 中的阴影三角形来表示，直接与个人申报的需求曲线相关并且在此提出的资金将会浪费，或者至少没有通过一种制度化的方式返还给支付者。

一段时间以来，一直存在一种利用两段税的办法来确保以规模经济，或者巨额固定成本为特征的产业资源得到有效配置。电力和煤气两大产业也许是最好的例子。（参见卡恩的举例，1970，pp. 95—100。）这些定价机制的原理与需求—显示过程所包含的原理相类似。使用这一服务的客户要缴纳一定比例的费用，而在该系统运行能力达到高峰（边际）时，对于需求量更大的客户要索取更高价格以补偿增加一个客户对其他客户招致的成本。公共物品也具有高额固定成本和连带供给的特征；所以如果不是突如其来的话，把需求—显示过程说成是两段税的思想在公共物品领域里的扩展是不足为奇的。

　　格林和拉丰特（1977a）证明，由格罗夫斯（1973）首先提出的一类需求—显示过程实际上是该种类的全部过程。上述几个例子只是该类型的变形，其主导策略是真实地显示个人偏好。也就是说，不管其他投票者给信息收集机构提供了什么样的信息，显示其真实偏好始终是个人的最优策略。这一过程的特点在于个人固定纳税份额、显示的个人需求曲线与显示的其他个体的需求曲线之间没有交叉点。个人只能通过他们显示其需求曲线的即时效应去影响他们的纳税。除此之外，无论是直接的还是间接的，别无他法。因此，该过程是一个纯粹的局部均衡方法，是从投票者之间通过收入效应或其他手段进行的互动中抽象得出的方法。

　　虽然在需求—显示过程的局部均衡情况下，虽然诚实偏好显示和萨缪尔森效率条件能够得到保证，但却不能保证预算的平衡，所以帕累托最优不可能作为假设的前提条件。正如已经论述过的，吸纳了激励税的总税额的量是个有争议的问题。因此，帕累托无效性质的显著性也存在问题。格罗夫斯和莱迪亚德（1977）提出了能保证预算平衡的需求—显示过程的一般均衡解释。每个人根据其真实需求函数报告一个二次方程的近似值，其形式如下：

$$m_i = \beta_i G - \frac{\gamma}{2n} G^2 \tag{8.5}$$

其中，γ 对于所有个体来说是常数，G 是公共物品的数量，n 是消费者人数，个人税款由下式给出

$$T_i = \alpha_i G^*(m) + \frac{\gamma}{2} + \left[\left(\frac{n-1}{n} \right) (m_i - \mu_i)^2 - \sigma_i^2 \right] \tag{8.6}$$

其中，α_i 是预先分配好的纳税份额，$G^*(m)$ 是加总所有个人信息之后得出的公共物品的数量，μ_i 是其他所有投票者信息的平均值，σ_i 是所有其他投票人信息的标准误差，α_i 是每个人所要支付的固定纳税额。除了固定税额外，投票者还需支付可变税额。这些税额随着投票者提出的公共物品的数量与其他人提出数量的差距的增大而增大，随着其他议案之间的分散量而按比例减少。因此，当一个投票者所主张的公共物品数量与其他所有投票者不同时，他将再次受到处罚，但其他投票者在想要的公共物品数量上不一致的主张越多，则该投票者的罚金就越少。为了提供个人的最优信息，该投票者必须了解预先分配给他的税额，固定常量，所有其他投票者信息的平均值和标准误差。所以，需要一个连续不断的调整过程，在此过程中，可以提供给每个投票者一轮计算出的其他投票者信息的平均值和标

准误差以供这一轮计算使用。然后，现在的信息就成了每个人统计新的平均值和标准误差的资料。这一过程一直持续到获得预算均衡为止。[①]

　　按格罗夫斯—莱迪亚德过程，可以设计一种用以保证预算平衡的个人税，而且例如每个投票者都将其他人的信息当作是已知的，那么每个人都有可能真实地显示个人偏好，则帕累托最优均衡就建立起来了（1977a，pp. 794—806）。但是把其他所有人的信息都当成已知也许并不是件好事。因为，每一步过程中一个投票者的信息都依赖于上一轮其他人的信息，而通过多步的调整过程才会取得预算平衡和个人均衡。如果一个投票者能够推断出他的信息对于其他人信息的影响，他就可能通过前几轮中谎报自己的需求曲线而获得后几轮对其他人信息的操控。格罗夫斯和莱迪亚德提出的帕累托最优的证明提供了基本上属于古诺类型（Cournot-type）的行为假设：在调整过程中的每个阶段，每个投票者都把其他投票者的信息看成是已知的，一旦投票者开始将其他投票者的反应考虑在内，斯塔克尔伯格型（Stackelberg-type）的行为就可能是个人最优的。而该机制既不会让投票者真实地显示个人偏好，也不会达到帕累托最优（格罗夫斯，1977b，pp. 118—120；格罗夫斯，1979；马戈利斯，1983）。

　　在需求—显示过程的格罗夫斯—莱迪亚德预算平衡的其他形式里，虽然真实地显示个人偏好并非主导策略但却是纳什均衡。也就是说，只要假定所有其他投票者在该过程的每一阶段都真实地显示了他们的个人偏好，这样做对每个投票者都是最有利的。这种过程的特殊的意义主要在于投票者在传递信息时，采用古诺型的心理结构是否合乎理性，这个问题的解决不能依赖于先验的观点。[②]

　　在最初提出需求—显示过程时，他们受到了多方的批评。其中之一指向了征收激励税的收益问题，为了保留该过程的激励性质，通过向 i 征收激励税而筹集的收入不可能还给他本人。例如，如果两个规模基本相当的社区，打算作用该过程，它们也许只会同意每年交换激励税收益，并把资金按比例返还给市民。贝利（1977）提出可以把社区中其他 $n-1$ 个市民支付的税收收益分成等份然后返还给每一个市民。

　　当激励税收益足够多，就会产生一个潜在的更为严重的问题——引起

---

　　① 格罗夫斯和洛布（1975）首先讨论了当消费者的需求曲线，在此例中为一个厂家的需求曲线，是前面给出的二次函数形式时，达到预算平衡的可能性。

　　② 该基本结论是由格罗夫斯和莱迪亚德（1977a）创立的，对于其意义和讨论可参见格林伯格、麦凯和蒂德曼（1977），以及格罗夫斯和莱迪亚德（1977c）。

重大的收入效应。然而，一旦考虑了收入效应，我们便进入了格罗夫斯和莱迪亚德（1977）最先探索过的一般均衡框架之中。为适当地控制收入效应，我们需要一个比格罗夫斯—莱迪亚德（康恩，1983）更强的假设和一个更为复杂的投票过程。[①] 并且偏好显示过程的优越性也消失了。[②] 该过程其余的难题存在于即使不是全部，也是大多数投票过程之中：

信息激励：在某种程度上，向个人征收的激励税随着投票者人数的增加而减少，而人们真实提供信息的激励也会随之而减少。[③] 并且偏好显示过程的优越性也消失了。因此，一阶段的需求—显示过程陷入了一种数字上的两难境地。如果涉及的人数很少，那么激励税可能很大。不过这样一来，就可能出现由重大收入效应引起的一些潜在问题。如果涉及的人数很多，帕累托无效率就会相对减少，虽然人们并不是故意谎报信息，但这样也会使他们提供的大量信息很不准确。克拉克（1977），格林和拉丰特（1977b），塔洛克（1977a）和布鲁贝克（1986）讨论了借助代议制方法或抽样方法来防止这种问题的发生。

联盟：一个投票者联盟认为他们将会在 P 议案获胜情况下，有 100 人从中受益，但如果他们全体一致同意对外声称将有 200 人从 P 议案获胜中受益，他们就能极大地提高 P 议案获胜的机会。只要 P 议案以超过 200 票获胜，那么参加联盟集体行动比单独个人行动处境会更好；如果 P 议案以不到 100 票获胜或失利，联盟成员的处境也不会更差。如果 P 议案获胜票数是在 100 到 200 票之间时，而且该联盟规模很大，那么在此结果下一个投票者参加联盟的境况绝对不可能比不参加联盟的情况差。可见，需求—显示过程中存在形成联盟来操纵结果的激励（贝内特和康恩，1977；赖克，1979）。

塔洛克（1977c）认为如果投票者人数众多而且采用秘密的不记名形式投票，那么结盟的问题并不严重。毫无疑问，他的观点是正确的。因为，那时联盟内部存在着搭便车的情况。单个投票者的最优策略是强烈要求形成一个 200 票的联盟，但自己却投票赞同 100 票。如果所有投票者都

---

① 由收入效应或不可分割的效用函数引起的问题的进一步讨论，参见格罗夫斯和莱迪亚德（1977b），格林和拉丰特（1977a，1979），拉丰特和马什金（1980）。对假设的辩护，参见蒂德曼和塔洛克（1977）。

② 这个问题的最一般讨论参见赫尔维茨（1979）。

③ 参见克拉克（1971，1977），蒂德曼和塔洛克（1976），塔洛克（1977，1982），马戈利斯（1982）和布鲁贝克（1983）。

采用这种对策，留给我们的就是显示真实偏好的问题了，我们就能得到真实的偏好信息。[1]

但是，正如在一个代议制政体中一样，投票者人数少和公开投票为结盟创造了有利条件。我们通常要选出代表作为党派成员，他们自然是联盟的伙伴，这一点尤其符合现实。我们发现我们再次陷入一种数字上的两难境地：在一个拥有大批成员的直接民主制度下，没有人愿意收集信息或加入联盟；而在小型的代议制委员会里，却激励着成员收集不仅是自己的偏好信息，也包括那些潜在同盟成员的偏好信息。

破产：在需求—显示过程中，可能会出现这样一种结果，即个人的全部私人财产被没收（格罗夫斯和莱迪亚德，1977b，pp. 116—118）。然而，除一致通过规则以外的几乎所有投票过程，确实会有发生类似事情的可能性，但在现实中问题并不严重。它强调的是，有必要把该过程视为在宪法保障的某种机制下发生的，并且将其视为对提交给委员会的各类议案的约束。[2]

因此，需求—显示过程与威克塞尔分析的集体选择在实质上很相似。集体决策是在规定的产权体系范围内，在收入的公平分配基础上进行。集体行动的目标是促进有效配置而不是达到公平分配，所要进行的再分配是帕累托最优中的一种。所以，将它视为公共财富的"配置部门"比视为"分配部门"更恰当。[3]

8.1.2 弗农·史密斯的拍卖机制

弗农·史密斯（1977，1979a、b）是用实验检验需求—显示过程简化形式的第一人。在他的实验中，每个个体 i 宣布他愿意承担的公共物品成本的份额出价 b_i，也提出愿意购买公共物品的数量 G_i。事实上，i 所需支付的税款为公共物品成本 C 与其他 $n-1$ 个投票者的总出价 B_i 之间的差，即

$$t_i G = (c - B_i) G_i \qquad (8.7)$$

其中，$B_i = \sum_{j \neq i} b_j$，$G = \sum_{k=1}^{n} G_k / n$。只有当投票者的出价等于他需要支付

---

[1] 进一步的讨论参见蒂德曼和塔洛克（1981）。

[2] 破产问题的进一步讨论参见塔洛克（1977a），蒂德曼和塔洛克（1977），格罗夫斯和莱迪亚德（1977b，c）。

[3] 塔洛克（1977d）已探索了该过程再分配的潜在性，并多少支持这种再分配，有关帕累托最优的再分配和其他再分配的区别，参见霍奇曼和罗杰斯（1969，1970）。

的税款，而且每个投票者提出购买的公共物品的数量等于所有人购买的公共物品数量时，该过程才会对公共物品的数量进行选择：

对于所有的投票者 i 来说，$b_i = t_i$，并且 $G_i = G$。　　　　　(8.8)

该过程的每一次重复以后，就会告知投票者在那一轮过程中他们的税款价格和公共物品数量。如果某个投票者的出价低于他的税款价格，他可以调整他的出价或者调整公共物品的数量以力图达到一种均衡。只有当所有人对他们的税款价格和公共物品数量达到一致通过时，该过程才停止。

当达到一种均衡（8.8）等式时，投票者 i 的效用为

$$V_i = U_i(G) - T_i G \qquad\qquad (8.9)$$

其中，消费了 G 所获得的效用由货币单位表示，关于 G_i，把（8.9）式最大化，我们就可以得到 i 提出的公共物品最优数量的条件为

$$dV_i/dG_i = U'_i/n - t_i/n = 0$$
$$U'_i = t_i \qquad\qquad (8.10)$$

每个投票者的公共物品的边际效用等于他的税款价格。对于所有投票者，把（8.10）等式加总，我们得出

$$\sum_{i=1}^{n} U'_i = \sum_{i=1}^{n} t_i = \sum_{i=1}^{n} (c - B_i) = c \qquad\qquad (8.11)$$

等式（8.10）和（8.11）为林达尔均衡界定了条件。在其他所有人总偏好的基础上，而不是个人偏好的基础上，这个拍卖机制向每个投票者索要税款，而使每个投票者都能对公共物品显示其个人偏好，每个投票者必须自愿弥补其他投票者对公共物品成本的总出价与将提供的公共物品的实际成本之间的差价。只有让投票者们清楚必须所有人一致同意一个数量和税收份额集的情况下，公共物品才能得以提供，投票者们才有最终动机来真实地显示出个人偏好。

史密斯（1977，1979a、b，1980）用这种需求—显示过程作的实验说明在林达尔均衡上存在相当快速的收敛性。哈斯塔德和马雷塞也用格罗夫斯—莱迪亚德过程作了九次实验证明了有效结果的收敛性。因此，个人运用策略对后来的机制要求调整的过程的脆弱性并不那么严重。公共广播网已成功地采用了另一种形式的显示偏好过程分配节目空间（费约翰、福赛西和诺尔，1979），并且蒂德曼（1983）获得了大学生联谊会的使用需求—显示过程的成功经验。这些现实生活中对需求—显示过程的实践极大地增强了我们的信心，使该过程理论上的不利条件能在实践中得以克服。

8.2 点投票

在投票过程中，我们希望获得两类信息：满足帕累托最优条件的公共物品数量，以及为购买该数量而融资的税收份额集。需求—显示过程回避了第二个问题，它一开始就预先设定了一个税收份额集，并使该税收份额集足以承担公共物品供给的成本。并通过特殊的激励税的方法使人们真实地显示其个人偏好，从而确定公共物品的帕累托最优数量。

通过征税以引导人们显示其真实偏好需要又引起了在一步需求—显示过程下征收激励税的税收处理问题，并且使该过程的规范性质依赖于最初的收入分配的规范性质。这些不利因素可以通过给每个投票者以投票货币来避免。这些投票货币只用于显示人们对公共物品的偏好，但不具有其他货币价值。这样，就不存在对收集来的货币的处理问题。而且，可以用投票货币的最初分配来满足人们希望达到的任何规范标准。许兰德和泽克豪泽已提到了这样一个过程。

给每个市民一定量的投票点，并允许他们根据其偏好强度在议案集之间配置这些点的想法并不是一种新思想了。[①] 点投票存在的问题一直是这种投票形式不能为真实地显示个人偏好提供适当的激励，就如在本章一开始引用的道奇森的那段话中已意识到他们理想的结果那样，个人可通过过分地声称他们对其最偏爱议案的偏好使他们的现实结果更好。（菲尔波兹，1972；尼灿、帕劳什和兰珀特，1980；尼灿，1985。）许兰德和泽克豪泽的重大创新在于他们的点投票加总规则，这种规则可以为投票者的真实显示其偏好提供适当的激励。他们能够证明在确切了解分配给每个市民的投票点数的情况下，当政府把每个投票者的点数平方根加总时，投票者将会显示其对公共物品的真实偏好。在下一节中将简单介绍这一证明的主要步骤。

8.3 许兰德—泽克豪泽的点投票过程的评释

我们再次假设对于每种公共物品都存在着预先分配好的税收份额给每

---

① 道奇森在本章一开始就提出他不想开发这种过程，因为该思想已存在 100 多年了。近来的更多的讨论请参见马斯格雷夫（1959，pp. 130—131），科尔曼（1970），缪勒（1971，1973），英特里盖特（1973）和尼灿（1975）。

个市民，每个市民都可以针对公共物品的每种数量计算出他的总纳税额，然后根据他的纳税份额，就能决定出每种公共物品的最优数量。这种点投票过程，像需求显示过程一样，并没有强调每个市民应该付多少税额的问题，其目的在于显示人们的偏好程度，从而决定公共物品的帕累托最优数量。

有 K 种公共物品的数量需要确定。给每个投票者 i 一定数量的投票点 A_i，这些 A_i 将根据投票者的偏好强度配置在 K 种公共物品议案上。如果投票者想增加公共物品的数量，他们将分给其一个正数的投票点，如果他们想减少其数量，他们就分配其一个负数的投票点。$|a_{ik}|$ 是投票者 i 分配给议案 k 的投票点的绝对值，a_{ik} 必须满足

$$\sum_{k=1}^{K} |a_{ik}| \leq A_i \tag{8.12}$$

政府把个人的点投票转换为提出的公共物品数量的增量或减量，转换依据以下规则：

$$b_{ik} = f(a_{ik}) \tag{8.13}$$

其中，b_{ik} 取 a_{ik} 的符号，并且（$b_{ik}=0$）$\leftrightarrow$（$a_{ik}=0$），当然最直接的规则是 $b_{ik}=a_{ik}$，但是，正如我们看到的，该规则对于真实显示偏好并没有提供适当的激励，而公共物品的数量则是一个激励过程决定的。政府——拍卖人提出公共物品数量的一个初始议案，也许他提供的数量水平还是去年的。

$$G_1^0$$
$$G_2^0$$
$$\vdots$$
$$G_k^0$$

每个投票者的反应是说出 K 个议案间投票点的分配，该分配满足 (8.12)。如果一个投票者 G_k 的数量大于 G_k^0，则他可以把他的正数投票点分给议案 k，即 $a_{ik}>0$，则反之亦然。政府利用 (8.13) 式的公共物品数量的提出确定了一个新的向量，即，

$$G_1^1 = G_1^0 + \sum_{i=1}^{n} b_{i1}$$

$$G_2^1 = G_2^0 + \sum_{i=1}^{n} b_{i2}$$

$$\vdots$$

$$G_K^1 = G_K^0 + \sum_{i=1}^{n} b_{iK}$$

该过程重复循环直到得出公共物品数量的一个向量，使改变每种公共物品

数量的加总票数之和为零，即，

$$\sum_{i=1}^{n} b_{iK} = 0, \quad k = 1, \ K \qquad (8.14)$$

关于该过程有三个有趣的问题：

1. 它有收敛性吗？

2. 它选择的公共物品数量的规范性质是什么？

3. $f(\ )$取什么形式？

证明一个重复过程的收敛从来不是一件容易的事。许兰德和泽克豪泽（1979）给出了该过程收敛的一个合理形式，但我们先把此问题放在一边。

我们寻求的规范性质是帕累托最优，如果我们能选择一个公共物品数量的向量 $G = (G_1, \ G_2, \cdots, \ G_k)$，并使它最大化，就能使帕累托最优性质得到保证。

$$W(G) = \sum_{i=1}^{n} \lambda_i U_i(G) \qquad (8.15)$$

其中，$U_i(G)$ 是投票者在公共物品数量的向量 G 上界定的效用。（参见本书第二章，第2.4*节。）$W(G)$ 要取最大值，任何 K 种公共物品数量都必须满足下面的一阶条件：

$$\sum_{i=1}^{n} \lambda_i \frac{\partial U_i}{\partial G_k} = 0, \quad k = 1, \ K \qquad (8.16)$$

适当加权的边际效用必须刚好平衡，以至于 G_K 上的任何变化都会导致加权 $\partial U_i / \partial G_K$ 的补偿变化，我们现有两个公共物品的均衡向量必须满足的条件，（8.16）和（8.14）式。显然，如果

$$b_{ik} = \lambda_i \frac{\partial U_i}{\partial G_k} \qquad (8.17)$$

我们就能够保证该过程收敛到任何均衡向量的帕累托最优。然后，无论什么时候达成收敛，即，$\sum_{i=1}^{n} b_{ik} = 0$, $k = 1$, K，（8.16）式都能得到满足，也可以保证帕累托最优。现在关于 $f(\ )$ 取何种形式，我们有了线索，要选择 $f(\ )$ 的形式就必须满足（8.17）式的条件。现在来考虑在任何一步重复过程中，i 如何决定分配他的投票点 A_i。鉴于（8.12）式中给出的他的投票点预算限制，他希望能使在公共物品向量上界定的效用最大化，也就是说，他必须在第 $t+1$ 次重复中使下式最大化为

$$O_i = U_i(G_1^t + \sum_{j \neq i} b_{j1} + b_{i1}, \cdots, G_K^t \sum_{j \neq i} b_{iK} + b_{jK}, \cdots, G_K^t + \sum_{j \neq i} b_{jK} + b_{iK})$$

$$+ \mu_i(A_i - \sum_{k=1}^{k} |a_{ik}|) \qquad (8.18)$$

其中，G'_K 是前一次重复过程中公共物品的数量，是固定的。$\sum_{j \neq i} b_{jk}$ 是这次重复过程中其他投票者的加总的投票点，它不易受 i 的控制。所以 i 只能改变 b_{ik}。下面的 k 等式得到满足时，等式（8.18）就可以达到一个最大值：

$$\frac{\partial U_i}{\partial G_k} f'(a_{ik}) = \mu_i, \quad k = 1, K \tag{8.19a}$$

当 $a_{ik} > 0$，可得

$$\frac{\partial U_i}{\partial G_k} f'(a_{ik}) = -\mu_i, \quad k = 1, K \tag{8.19b}$$

当 $a_{ik} < 0$ 时，替换（8.17）等式中的 $\partial U_i / \partial G_k$，可得

$$b_{ik} = f(a_{ik}) = \frac{\lambda_i \mu_i}{f'(a_i k)} \tag{8.20}$$

当 $a_{ik} > 0$ 时，λ_i 是 i 进入 W 的权，μ_i 是拉格朗日乘数。所以，$\lambda_i \mu_i = C$ 是一个常数。函数 $f(\ )$ 必须是

$$f(a_{ik}) f'(a_{ik}) = C \tag{8.21}$$

通过观察

$$\frac{df(a_{ik})^2}{da_{ik}} = 2f(a_{ik}) f'(a_{ik}) \tag{8.22}$$

我们得出

$$\frac{df(a_{ik})^2}{da_{ik}} = 2C \tag{8.23}$$

如果对（8.23）式积分，可得

$$f(a_{ik})^2 = 2Ca_{ik} + H \tag{8.24}$$

其中，H 是积分的一个任意常数，设 $H = 0$，则可得

$$f(a_{ik}) = \sqrt{2Ca_{ik}} = \sqrt{2\lambda_i \mu_i a_{ik}} \tag{8.25}$$

由于 μ_i 代表 i 一个投票点的边际效用，则 μ_i 会随着 i 投票点的量 A_i 的改变而发生改变，尤其是如果选择了 A_i，使得

$$\mu_i = 1/(2\lambda_i) \tag{8.26}$$

则 $f(a_{ik})$ 取简单的形式

$$f(a_{ik}) = \sqrt{a_{ik}} \tag{8.27}$$

如果这个政府—拍卖人通过加总每个市民的投票点分配的平方根来决定公共物品数量的话，那么对于适当选择的 A_i，每个投票者的效用最大化的投票点的分配将使（8.15）式的加权福利函数 W 最大化。取投票点分配的

平方根，用足够的罚金去惩罚把投票点过度配置到较为偏好的议案上的行为，从而弥补了前面提到的天真的点投票 $[f(a_{ik}) = a_{ik}]$ 之下错误显示偏好的倾向。

注意点投票的平均主义分配，即对于所有 i 来说 $A_i = A$，与当且仅当投票点的边际效用对于所有投票者都相同时，在社会福利函数 W 中对每个投票人给予相等的权重是相一致的。反过来，可以解释为该条件等价于假设所有投票者有相等的利益关系，即在集体行动中有相等的预期效用收益。（缪勒，1971，1973；缪勒、托利森和韦利特，1975。）另外，点投票的平均主义分配可以作为一个隐性决策。在此决策中，把社会福利函数中的更低的权重分配给那些具有更强烈偏好（更好的 μ_i）的人。

包含在许兰德—泽克豪泽的点投票过程中的均衡是一种纳什均衡，而只要在中间步骤或联盟中稍加策略就会推翻该结论，但是"击败体制"的策略也不是唾手可得的。

8.4 否决投票

由于需求—显示过程和点投票过程使用了真实货币或者投票货币来表达偏好，通过一个摸索过程达到均衡，其相似性很容易使人联想到市场机制。这两种过程的福利性质部分依赖于美元票数或点票数加总而引起的个体间基数效用的隐性比较。相比之下，否决投票（此后用 VV 表示）只用到次序效用信息。[1] 与使用一致通过规则一样，通过拒绝次帕累托结果而达到帕累托最优。该过程在很多重要方面与多数通过规则也很类似。

否决投票（VV）不同于本章中前面讨论的两种过程，因为它允许人们自主决定公共物品的数量以及为公共物品融资的税收份额。它与那些作为典型分析的所有投票过程不同，该过程中有议案的正式提交过程，而不是假设投票在预先确定的议案集中进行。

该过程分为两步，首先每个委员会成员对委员会过程结果给出一个议案。这些议案可以是一种公共物品的数量和对该公共物品融资的税收公式，也可以是伴有税收公式的公共物品数量的一个完整向量。在第一步的最后，共有 $n+1$ 个议案组成的集合，包括 n 个委员会成员提出的 n 个议案外加一

---

[1] 该过程由缪勒（1978）讨论，此后穆兰（1979，1981a、b，1982）和缪勒（1984）作了进一步的探讨和研究。

个现状议案 s（上一年所作的，所有公共物品水平为零……）。然后，由一个随机过程来确定否决投票顺序，并把顺序告知全体成员。按随机过程确定的否决顺序，排在第一位的成员开始从 $n+1$ 个议案的集合中去掉（否决）一个议案。第二个否决投票者再从余下的 n 个议案中去掉一个议案，直到 n 个成员都否决了一个议案，则没被否决的那个议案就是获胜者。

要弄清楚 VV 的性质，就要考虑以下由一个三人组成的委员会的例子。投票者 A、B 和 C，提出的议案分别为 a、b、c，外加 s 构成一个议案集，让个人偏好次序如表所示，无须考虑括号内的两项。

表 8.3　　　　　　　　　　否决投票中的议案排序

议案	投 票 者		
	A	B	C
a	1	2	3 (2)
b	3	1	2 (3)
c	2	3	1
s	4	4	4

假设每个人都了解其他两个人的偏顺序，并且 VV 的随机决定顺序先为 A，然后为 B，然后为 C，则 A 可以通过否决 b 使他的议案 a 获胜；如果 B 接着否决了 a 或 s，C 否决两个议案中的另一个，则 c 获胜。因为喜爱 a 大于 c，B 的最佳策略是否决 c，留下 C 否决 s，则 a 为胜者。

现在假设随机确定的投票秩序为先 A 再 C 再 B，则 A 就不可能再使他的议案获胜了。因为如果 A 否决了 c，C 否决了 a 或 s，则 b 获胜；如果 A 否决了 b，C 否决了 a，则 c 获胜。因为 A 更喜爱 c 而不是 b，所以他会否决 b，则剩下 c 成为胜者。对于六种可能的投票结果排列，其胜者如下：

$ABC \rightarrow a$　　　$BCA \rightarrow b$

$ACB \rightarrow c$　　　$CAB \rightarrow d$

$BAC \rightarrow a$　　　$CBA \rightarrow b$

每个委员会成员提出的议案都有三分之一的获胜机会。

多数通过规则下两两投票中表 8.3 的偏好也会产生一个 a、b、c 循环。因此，在这个开首的例子中，多数投票规则与否决投票相比较，似乎很相似。其中，多数通过规则在三个议案上会产生一个循环，而否决投票以同样的概率随机选择出一个胜者。

现在，把表 8.3 中 c 括号里的项替换原来的两项；也就是说，假设现

在 C 喜欢 a 而非 b，而其他所有的顺序不发生改变。在这种变化下，a 获胜的几率增加至多 5/6，则选择的不是 a 议案而是议案的唯一的一个否决投票顺序是先 C 再 A 再 B，该顺序将使 c 获胜。

这个例子说明否决投票一个重要的激励性质，即通过提高一个议案在其他投票者偏好顺序中的地位而增加获胜的几率。因此，该过程就激励了人们提出在其他投票者偏好排序中相对较高的议案，尽管人们提出的议案基本上都是对自己有利。显然，对于所有投票者都存在着同样的激励，结果是在所有投奔者的偏好中产生一种竞争，每个人都希望使自己的议案在排序中位置相对最高。

鉴于随机确定的否定投票顺序，表明该过程可以从任何 $n+1$ 个元素的议案集中选出唯一的一个获胜的议案（缪勒，1978，1984）。另外，每个议案获胜机会与每个投票者对 $n+1$ 个议案的排序位置直接相关，投票者排序议案的位置越低，该议案取胜的机会也越小。

为了弄清楚后一点并对该过程性质作进一步的解释，可以考虑以下的例子。如果 n 个成员组成的委员会能对一份礼品 G 的分配达成一致意见，则所有成员都会获得与一份礼品等值的美元；但如果没有一致通过，他们将什么也分不到。虽然这个议案表面上看来是怎样分配 G 的问题，但事实上是在一致通过规则下分配公共物品的决策问题。因为只要所有成员能同意一个议案，他们的境况都会更好。对于该议案来说，如果使用多数通过规则，将会产生一个循环。现在让我们看看在 VV 下会得出什么样的结果。

最初，投票者的自私天性可能会建议所有的 G 归他个人所有，而其他 $n-1$ 个成员什么都得不到。但这样做将使他的建议不会比保持现状更好，很显然注定要失败。所以他必须拿出部分 G 分给其他投票者。

在其他投票者的偏好次序中排名较低的议案将会失败。因此，一个投票者无论使出多少数量的 G 分给其他投票者，都必须要平分。因为歧视任何一个投票者都会极大地增加这个投票者遭到反对的几率。假设投票者 i 私自把分给自己的 G 多于其他人，i 的议案将会如下所示：

$$\left(\frac{G}{n} - \frac{e_i}{n-1}, \ \frac{G}{n} - \frac{e_i}{n-1}, \ \cdots, \ \frac{G}{n} + e_i, \ \cdots, \ \frac{G}{n} - \frac{e_i}{n-1} \right) \tag{8.28}$$

在投票者建议平均分配 G 的基础上额外增加自己的数量，即 $G/n + e_i$，而其余的在其他 $n-1$ 个投票者之间平分，每个人得 $G/n - e_i/(n-1)$。假设除 s 以外议案都采取这种形式，现在我们就能根据议案的平均程度来确定一个提案。令 P_1 为留给自己最小份额 e_i 的议案（也就是最平均的）。

P_2 为留给自己份额第二少的议案，等等，依此类推，还假设两个议案没有相同的 e_i。

表 8.4 　　　　　　　　　　　议案删除和否决投票：例二

投票者	反对 r_i	可能获胜的议案集	
V_1	p_3 或 p_2 或 p_1	$\{p_1\}$ 或 $\{p_2\}$	
V_2	p_4 或 p_3 或 p_2	$\{p_1, p_2\}$ 或 $\{p_1, p_3\}$	
$\vdots$			
V_{n-3}	p_{n-1} 或 p_{n-2} 或 p_{n-3}	$\{p_1, \cdots, p_{n-4}, p_{n-3}\}$ 或 $\{p_1, \cdots, p_{n-4}, p_{n-2}\}$	
V_{n-2}	p_n 或 p_{n-1} 或 p_{n-2}	$\{p_1, \cdots, p_{n-3}, p_{n-2}\}$ 或 $\{p_1, \cdots, p_{n-3}, p_{n-1}\}$	
V_{n-1}	p_n 或 p_{n-1}	$\{p_1, \cdots, p_{n-2}, p_{n-1}\}$ 或 $\{p_1, \cdots, p_{n-2}, p_n\}$	
V_n	s	$\{p_1, p_2, \cdots, p_n\}$	

现在按表 8.4 中确定的否决投票秩序来进行讨论。V_1 是第一个投票者，V_2 是第二个，依此类推。一旦确定了否决投票顺序，就告知所有投票者。鉴于议案的性质，任何一个投票者都很容易确定其他所有投票者对 $n+1$ 个议案的完全的排序。所有投票者把同意保持现状的议案排在最后，所有人都知道最后一个进入否决投票序列的投票者 V_n，会把议案 s 排在最后。在对议案 s 和其他议案进行选择时，V_n 反对 s 议案。因此，其他投票者将不会浪费对议案 s 的否决票，而是把它留给 V_n 去否决。我们可以把议案 s 设为 V_n 明确反对的议案，则对于 V_n 来说，在可能获胜的议案集为 $\{p_1, p_2, \cdots, p_n\}$ 中，投票者 V_{n-1} 接受了三个议案，其中之一为 s 议案，而反对其他两个排名较低的议案，在可能获胜的议案 $\{p_1, p_2, \cdots, p_n\}$ 中，V_{n-1} 将否决在他的排序中排名最低的议案，把该议案称为 r_{n-1}。如果任何在 V_{n-1} 前投了 r_{n-1} 的否决票，将会浪费了他那张票。所有人将把 r_{n-1} 留给 V_{n-1} 去否决。鉴于议案的这种性质，我们可以缩小支持 r_{n-1} 议案的可能候选人名单。V_{n-1} 把具有平均分配量最少的议案 P_n 排在最后，因为除非 P_n 是他本人提出的议案，否则该议案使他得到的支持最少。但如果该议案的确是他本人提出来的，则 P_{n-1} 一定不是他提出的，所以他会将 P_{n-1} 排在最后。可见，V_{n-1} 可能对 P_n 或 P_{n-1} 投否决票。

继续进行下去，与每个将被反对的议案联系起来，就可以沿着投票者的名单向上推论。如果是 V_{n-1} 而不是 V_{n-2} 提出的议案 P_n，则 V_{n-2} 就会反

对 P_n，假设 V_{n-1} 和 V_{n-2}，其中之一或者两个都没有提出议案 P_n，则 P_n 一定是后三个投票者中之一反对的议案。根据后三个投票者，则 s 和 P_n 是在可能获胜的议案中被明确排除的议案。当我们对否决投票顺序依此类推时会发现，除 P_1 和 P_2 外所有其他议案都会被排除，而这两个就是平均分配量最大的议案！

平均分配量最大的议案 P_1 会获胜是因为所有投票者将把它排在仅次于自己提出的方案第二的位置上。如果议案 P_2 的提出者在投票排序中名列第一（即 V_1），他会反对 P_1 而使他的方案成为平均分配量最大的方案；P_2 只有在它的提出者是 V_1 的情况下才能取胜。[①] 随着委员会成员人数 n 的增加在投票顺序中指定某个投票者先行投票的概率接近于零。所以，随着委员会规模的增大，除平均分配最大量的议案外其他任何议案获胜的概率也接近于零。

更一般地说，否决投票选择的是在所有偏好次序中排名相对较高的议案。当该议案空间是单维的，并且投票者是单峰偏好时，否决投票使位置居于 1/3 的议案获胜概率为非零，使位置恰好在中间的议案获胜概率最高。由于在提案阶段投票者面对的激励，加强了人们选择"中间"议案的倾向。

设 x 和 y 为两种公共物品的数量或者单个公共物品的两个质量维度。令 U_i (x, y) 为 i 的效用函数，并在正象限的某一点达到最大化。假设环形的无差异曲线围绕着 I。议案取自 x 和 y 的组合形式 P_i (x_i, y_i)。其他任何投票者为 j，则议案 P_i 与其他任何投票者的效用最大值距离越远，j 反对 P_i 的概率就越大。令这个概率为 π_j^i (x_i, y_i)，则其他任何 $n-1$ 个投票者反对 P_i 的概率为

$$\pi^i = \sum_{j \neq i} \pi_j^i \tag{8.29}$$

尽管 π^i 不是连续的，但有理由假定随着人数 n 的增加，在接近 C 点处取最小值的函数是一个连续函数，C 点为其他 $n-1$ 个投票者的效用分布中心。设 $\bar{U}_i$ 为 i 的提案没有获胜时，他的预期效用。他的任务是提出一个特征组 (x_i, y_i)，使他的预期效用 E (U_i) 达到最大。

---

① 注意议案的提出者先投票时，P_2 也不总会获胜，当其后接下来 P_3 的提出者，因为 P_3 的提出者不会否决 P_2，则 P_2 的提出者也不会否决 P_1。因此，即使 P_2 的提出者先行投票，如果这个人紧跟着投票，则 P_1 也会取胜。

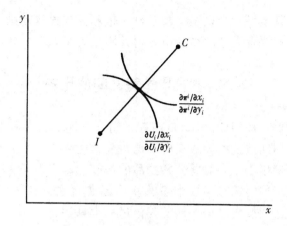

图 8.2　投票者 i 的提案的确定

$$E(U_i) = (1 - \pi^i) U_i(x_i, y_i) + \pi^i \bar{U}_i \qquad (8.30)$$

关于 x_i 和 y_i 使（8.30）式最大化，并且设每个等式等于零，得出

$$\frac{\partial U_i}{\partial x_i} (1 - \pi^i) - U_i \frac{\partial \pi^i}{\partial x_i} + \frac{\partial \pi^i}{\partial x_i} \bar{U}_i = 0 \qquad (8.31)$$

$$\frac{\partial U_i}{\partial y_i} (1 - \pi^i) - U_i \frac{\partial \pi^i}{\partial y_i} + \frac{\partial \pi^i}{\partial y_i} \bar{U}_i = 0$$

从而得到

$$\frac{\partial U_i / \partial x_i}{\partial U_i / \partial y_i} = \frac{\partial \pi^i / \partial x_i}{\partial \pi^i / \partial y_j} \qquad (8.32)$$

等式（8.32）界定了 i 的无差异曲线与围绕 C 点的等概率否决曲线之间的一个切点（参见图8.2）。它也界定了从一个投票者 i 的最优点到其他投票者最优点形成的密度函数之间运动的拟收缩曲线上的一点。由于知道了一个议案距离 C 点越远，它受否决程度的概率越高。所以在制定议案时，投票者 i 总是沿着收缩曲线努力向 C 点的方向靠拢。运用否决投票就可以将与所有最优点定义的密度函数中心距离最远的议案删除，位于中心周围的剩下的议案子集就可能获胜。

否决投票和其他投票过程一样具有相同的缺陷。随着参加投票人数的增加，对参与者的激励不断减少。但该过程对于联盟却是束手无策。在上例中，如果三人委员会成员中有两个想排除第三个人，他们就会把一些再分配的条款加入到他们的议案中，以使他们的境况更好，而第三个人的境况甚至比维持原状还要更差。被联盟排除在外的成员可以投否决票，但他只有一票，而其他另一个议案将会获胜。但和其他投票规则一样，联盟总是会随着参加投票者人数的增加也变得并不重要了。

8.5　各投票过程之间的比较

当萨缪尔森（1954，p. 182）声称人们不可能对公共物品显示个人偏好时，他假设用利益税的形式来资助购买公共物品。每个人承担的公共物品成本的份额依赖于个人对此公共物品的偏好而确定。需求—显示过程和点投票通过把声称的偏好与成本份额联系起来的方法解决显示偏好问题，诸如史密斯提出的拍卖过程一样的其他过程也是如此。

虽然这些过程并没有使公共物品成本中投票者承担的份额与投票者对该公共物品的偏好有直接的联系，但由于使委员会的投票结果向一个给定的方向上发展，这些过程的确把一个成本强加在投票者身上。正如格罗夫斯（1979，p. 227）所观察到的"等价物思想是交换经济理论的基础"除互投赞成票模式以外，等价物的思想既没有成为理论的一部分，也没有成为现实世界中民主过程的一个部分；或许这就可以解释他们在达到政府自愿交换过程的威克塞尔目标方面不太成功的原因之所在。在大多数民主过程中，选票基本上是作为免费物品分配给选民的，只有在使用选票的过程中才受到了真正的限制。

本章所讨论的过程都结束了基本意义上的传统模式。需求—显示规则和点投票规则要求投票者准备用真实货币或可替代的投票货币去改变委员会的结果，而在否决投票规则下，否决票不再像一致通过规则下的选票一样是免费的，每个人只能提出一个议案，也只能否决一个议案。

每个过程都带有一些威克塞尔的传统，因为应用这些过程首先要解决的是重要的公平问题。[①] 对于点投票过程和需求—显示过程，公共物品成本中个人所承担的份额是预先确定的。有了需求—显示，结果就更加依赖于初始的收入分配；有了点投票，结果更依赖于投票点的分配，而否决投票则避开了初始的收入分配问题。

给出一个公平的出发点，集体行动的目标是为了增加全体公民的福利，集体决策过程的目的是要表明哪些情况下增加福利是可能的。然而，这些议案关于如何分配集体利益是不同的。需求—显示过程使个人偏离需

---

① 在需求—显示过程情境中，对于该问题的讨论参见蒂德曼（1977）。

求曲线或供给曲线以使个人的消费者剩余总量最大化。该过程把集体行动的收益分配给那些对公共物品成本承担的份额最少但初始收入最高的人。[①] 而点投票过程却把收益分配给了初始税额最低但初始量最大的那些人。否决投票过程，与切蛋糕的经验相类似，因为否决投票的顺序是随机决定的。该过程使来自集体行动的收益倾向于所有个体间的平均分配，故平均主义性质是该过程的规范特征。

威克塞尔的自愿交换方式不可避免地涉及哲学上的个人主义问题（布坎南，1949）。每个人加入集体选择过程是为了改善自己的福利，而建立这一过程对每个人都有利，由于这其中隐含着对集体选择过程的一组宪法保证或宪法约束，所以我相信不会形成一个集团反对另一个集团的联盟。每个人都在为自己而奋斗，但在市场条件下，至少从集体的角度看，每个人都不会与其他任何人为敌。此处的三个过程都假定了在向委员会提交议案之前，就存在了某种形式的宪法约束，而且明确地排除了联盟的可能。在需求—显示过程下，向每个人收取的税费刚好等于因其参与此过程强加给其他所有人的成本费用。在否决投票下，每个人通过其否决权可以保护自己免受其他投票者的提案对他的福利带来歧视性的威胁。

除了这三个过程固有的个人主义导向之外，在强加给参与该过程的个人要求方面，他们也具有相似性。一个简单的"是"或者"不是"的回答并不符合要求。在多种可能的选择中个人必须用美元给自己的利益估价，而在否决投票情况下，还要为其他投票者的利益估价。这些过程的另一个威克塞尔特征更容易做到这一点。每个过程都假设一个支出议案和用于资助该支出议案的赋税是联系在一起的。虽然后一个特点实际上可能使投票者更容易做出决策，但在这三种过程中他所需的某种信息远比投票制度中获得的信息要复杂得多。这种信息也比大家期望的"一般投票者"所能提供的信息还要复杂。如果想让别人接受他的想法，他至少要从对其候选人和议案的调查数据中搜集出必要的信息。很多人认为投票者需要的信息将成为这些过程的一个重大缺陷，但对我来说并非如此。假如我们对萨缪尔森和阿罗关于公共物品和民主选择的经典贡献之后出现的大量文献有所了解的话，那么我们就会知道集体决策中的偏好显示并非易事。如果我们再进一步假设我们寻求的显示个人偏好只能用简单的"是"或"不是"来回答，那么显示个人偏好的目的从一开始就毫无希望可言。

---

① 塔洛克（1977b）详细地解释了需求—显示过程的规范性质。

对这些过程的优点和缺点的讨论都是以公民自己为背景进行的，就像在一个直接民主制度中一样。这些过程似乎更可能由委员会的代表们使用，就像在议会中一样。因此，这些过程对于投票者而言太复杂的指责就会减少。如果把点投票和否决投票视为议会过程，则他们似乎在需求—显示方面都有优势。因为他们都不需要依靠真实货币的激励。（由谁来支付激励税，市民还是议会代表？）当投票者对他们的代表进行评价时，一个代表的投票点数的分配和他的议案在否决投票下的特征对他们来说也是非常有用的信息。只是没有联盟的假设似乎就会出现问题，至少是在两党制的体制中会出现问题。例如，如果只存在两个政党，否决投票将和简单多数通过规则一样产生相同的结果，而另一方面，点投票和否决投票也可适用于议会体制中，在允许所有各党派而不仅仅是组成"政府"的多数人联盟对结果造成影响方面，他们具有优势。[1]

尽管这三个过程都有其弱点，但也表明集体选择中棘手的偏好显示问题可以在理论上和实践中得到解决。是否一个过程的其他形式或尚待发现的某种过程可以提供这个问题的最佳解决方法还不能下定论。虽然这三个过程中固有的运行机制完全不同，但他们是如此之相似，以至于很容易使人认为这些相似的特征将是解决偏好显示问题的"最终"方法的一部分。如果这是真的，那么，这将使得威克塞尔有关集体选择过程的基本观点更加引人注目。

文献注释

除本章讨论的这些过程之外，还应提及同汤普森（1966），德雷兹和德·拉瓦利·普桑（1971），以及博姆（1972）提出的那些过程。

---

[1] 缪勒（1996a，第11章）。

第九章　退出、呼声和不忠

> 在所有统治人类社会的规律中，有一条规律比其他所有的规律更为精确，更为清楚。即如果人类要保持文明或变得文明，那么他们彼此联系交流艺术必须以相同的增长比率与其他同等条件共同得到发展和完善。
>
> **亚历克西斯·德·托克维尔**

在《退出、呼声和忠诚》一书（1970）中，阿尔伯特·赫希曼对个人显示其偏好的过程作了有益的区分，一种为通过进入或退出进行决策的过程，另一种为书面、口头或呼声的交流方式。对于第一种过程举个例子，即在提供私人物品的市场中，买者可以通过增加或减少（进入或退出）其购买量来表达他们对该产品的价格、质量的态度。而使用呼声方式影响价格—成本关系的一个例子是把对该产品不满或满意的态度反馈给生产商。有效使用退出方式的一个必要条件显然是选择退出的潜在用户是流动的：买者和卖者具有完全的流动性（即自由进入和退出），它是证明市场有效性的基本假定。相比较而言，重点强调投票过程的公共选择和政治科学文献却几乎毫无例外地（大多数并不十分明确地）假设退出不是一种选择。政体的范围已被预先界定并且是封闭的，所有市民也是固定的。一个市民最多只能放弃参与该政治过程，但却不能脱离政体以逃避政治决策带来的后果。

假设政体范围和市民总数固定不变，一个纯公共物品的特征——非排他性和供给连带性，要求使用集体呼声或者非市场决策过程来显示个人偏好以达到帕累托有效，正如萨缪尔森（1954）所强调的那样。但是很多产品只在有限意义上才是"纯"公共物品。对于一些产品来说，非排他性原则和/或连带供给性质可能并不适用于所有可能的分配和生产选择的范围。对于一些准公共物品或地方性的公共物品来说，存在着使用退出作为对选择过程的一种替代或补充的可能性。本章将对这些可能性做出评述。

9.1　俱乐部理论

只考虑公共物品保持供给连带效应的情形即假定排他性是可能的，但每增加一个新的成员就会降低所有其他成员对该产品承担的平均成本；也就是形成了规模经济。如果平均成本无限下降，那么消费群体的规模将是全体居民，这就出现了传统的公共物品问题。或者因为规模经济耗竭或者因为传统成本拥挤，导致平均成本最终不再下降反而上升，那么消费群体的最优规模可能小于全体居民。当对供给公共物品的成本没作任何贡献的那些人被排除在其消费群体之外时，就潜在的存在一个自愿提供公共物品只供自己消费的团体。我们界定这样一个自愿者协会以提供排他公共物品至少含有某种固定成本，或许还有一些降低了的可变成本，但应注意的是由一些社会俱乐部提供的公共物品完全由该俱乐部的其他成员组成。桥牌俱乐部就是一个例子。在此例中，公共物品的供给只有时间成本，没有其他成本，而且除了与俱乐部中其他牌友交往外没有别的好处。即使这也可能存在排他性，并且此处对这些俱乐部的分析可以相应得出更一般情况的利益分析。可以供给（或影响供给）非排他性公共物品的自愿者协会并不符合这里使用的"俱乐部"概念，虽然有时这些协会自称为俱乐部（如西尔拉俱乐部）。具有典型特征的是这些协会试图利用其他政体来影响公共物品的供给，如州或国家立法机构，并且这里把这些协会视为利益集团而非俱乐部（参见第十五、二十和二十一章）。

布坎南（1965a）是使用模型来探索自愿者协会的效率性质的第一人。在他建立的模型中，个人对公共物品和私人产品有着同样的爱好。为明白所涉及的内容，就要考虑布坎南最先使用的组建游泳俱乐部的例子。首先假定游泳池的规模以及它的总成本（F）是固定的，而唯一要确定的是俱乐部的规模问题。图9.1描述了正如其他任何成员看到的每增加一个成员的边际收益和边际成本。如果成员们有相同的爱好和收入那么假设成员们平等地分摊成本就是合理的。俱乐部增加了第二个成员给第一个成员带来的边际收益表现为他负担的游泳池成本减少了一半，即 $MB = F/2$。第三个成员给前两个成员带来的边际收益是额外地节约了游泳池成本的 1/3（即 $F/3$）。从增加新成员而获得的额外收益，即其他成员从进一步分摊固定成本中获得的节约，随着俱乐部规模（N）的扩大而不断下降，如图9.1中 MB 所示，新成员的边际成本由 MC 给出，这些都是心理成本。如果有人喜欢单独游泳，那么这些成本在整个区间上为正值，如果有人喜欢和为数不多的人结伴同游，那么额外成员的边际成本在俱乐部规模的初始范围内将是负值。然而，还是拥护的正成本最终起支配地位。每增加一个成员使拥挤加剧而带来的边际成本与每增加一个成员，而使其他成员减少进一步分摊固定成本的费用带来的边际收益的交点对应的人数即为俱乐部的最优规模。[①]

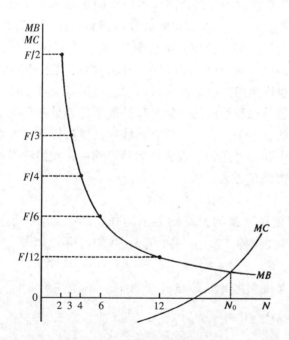

图9.1　最优俱乐部规模的确定

　　图9.1也可用来描述纯私人产品以及纯公共物品两种性质截然相反的情况。对于一个纯公共物品而言，俱乐部每增加一名新的成员并不会使其他成员享受的既得利益减少。边际成本曲线各自均为零，是与横轴重合的水平线。此时，最优的俱乐部规模是无限的。对于一个纯私人产品而言，例如一个苹果，消费第一个单位就出现拥挤。如果该苹果使一个消费者享

---

① 参见麦奎尔（1972，pp. 94—97），费什（1975）。

有消费者剩余，那么他放弃半个苹果所损失的效用超过了与他人分享成本所带来的收益，因此俱乐部的最优规模为1人。但是，与苹果一样具有相似特征的公共物品，合作消费也许是最优的选择。例如，如果批量出售的苹果的单位价格较低，那么苹果的分配就具有连带供给的特征，而且也可以使购买俱乐部的最优规模超过1人。

也可以把俱乐部理论扩展到集体消费产品的数量选择和其他特征方面。也许这种扩展用代数形式来理解更加容易。假设私人产品为 X，公共物品为 G，俱乐部规模为 N，在此基础上令其代表个人效用，$U = U(X, G, N)$。设俱乐部提供的公共物品成本包括固定成本 F，和一个单位成本（价格 P_g）。假定每个人不仅有相同的效用函数 U，而且有相同的收入 Y，而且每个人作为俱乐部成员需交纳会费 t。在确定提供公共物品的水平用以建立俱乐部的规模时，我们假定一个代表性的俱乐部成员的效用最大化。这个目标也许是组建俱乐部成员的能动选择，或者也许是吸纳俱乐部成员的市场竞争所强制形成的。如果吸纳俱乐部成员存在竞争，鉴于提供排他公共物品的技术条件，那么所有不能向其成员提供最大效用的俱乐部都将无法维持生存。考虑到代表成员的预算约束，我们就得到了下面的需要最大化的拉格朗日函数：

$$L = U(X, G, N) + \lambda(Y - P_x X - t) \tag{9.1}$$

如果俱乐部必须在平衡的预算约束下运作，那么 t 就必须满足 $tN = F + P_g G$。用这个等式代替（9.1）式中的 t，我们可得

$$L = U(X, G, N) + \lambda(Y - P_x X - F/N - P_g G/N) \tag{9.2}$$

关于 X、G 和 N 最大化（9.2）式，产生了一阶条件

$$\frac{\partial L}{\partial X} = \frac{\partial U}{\partial X} - \lambda P_x = 0 \tag{9.3}$$

$$\frac{\partial L}{\partial G} = \frac{\partial U}{\partial G} - \lambda P_g/N = 0 \tag{9.4}$$

$$\frac{\partial L}{\partial N} = \frac{\partial U}{\partial N} + \frac{\lambda(F + P_g G)}{N^2} = 0 \tag{9.5}$$

从（9.3）和（9.4）式，我们可得

$$N\frac{\partial U/\partial G}{\partial U/\partial X} = \frac{P_g}{P_x} \tag{9.6}$$

必须选择向俱乐部成员提供的公共物品数量以满足萨缪尔森的帕累托最优供给的条件，也就是说，对于所有俱乐部成员以公共物品替代私人产品的

边际替代率必须等于公共物品与私人产品的价格比。

从（9.4）和（9.5）式我们可得

$$N = -\frac{\partial U/\partial G}{\partial U/\partial N} \cdot \frac{F + P_g G}{P_g} \tag{9.7}$$

如果俱乐部规模的扩大引起不愉快的拥挤，$\partial U/\partial N < 0$，则（9.7）式隐含了一种可能，即 $N > 0$，相对于公共物品的边际效用而言拥挤的非效用越大，最优的俱乐部规模越小。由于人数较多的俱乐部分摊这些固定资本具有优越性，那么如果给俱乐部成员提供的公共物品的固定成本越大，那么最优的俱乐部的规模也更大。

使俱乐部的每个成员都有相同爱好和收入的假设不仅只是出于分析上的方便，在一个俱乐部中，如果做不到这一点，则其成员之间爱好不同将会导致无效率。如果所有人爱好都相同，只是有一部分人喜欢长方形的游泳池，而有一部分人喜欢椭圆形的游泳池，那么最优俱乐部就会把成员分类到椭圆形的游泳池俱乐部和长方形的游泳池俱乐部中去。[1] 可是，有些对公共物品有不同爱好的人也能够有效率地共处在一个俱乐部中，例如，存在一些成员想每天游泳和另一些只想每星期只游一次的情况。这种偏好的不同可以通过向不同的成员收取不同的俱乐部服务费而进行有效的管理。如果扩大俱乐部规模的唯一成本来自拥挤，则为俱乐部筹措的资金的最佳费用将包括每次的门票费用。如果提供公共物品的成本（如，维修）与使用该公共物品有很大关系时，就需要向使用者收取费用以获得最优配置并达到对俱乐部产品的最佳使用。（波格拉斯，1976；桑德勒与奇尔哈特，1984，1977，pp. 342—343；科内尔斯与桑德勒，1986，pp. 179—184。）

如果由于按提供排他性公共物品的偏好和技术导致在一定规模的社会群体中形成的俱乐部成员人数很多，则可以想象通过个人的自愿结社形成的俱乐部可以达到对这些排他性公共物品的有效配置。波利（1967，p. 317）把俱乐部的规则或章程比作是一种被全体成员一致接受的社会契约。在此假定下，俱乐部理论明显富含契约主义精神，并且公共选择和公共管理可以采用自愿交换的方法。大量可供选择的俱乐部的存在，使每个成员个人可以提前假定他与其他人具有相同的成本份额，并能保证自己得到与他人相同的利益。因为任何对他的不公平都会导致他退出该俱乐部而加入到与其共有竞争关系的俱乐部中去，或促使他创立一个新的俱乐部。

---

① 参见布坎南（1965a）和麦奎尔（1974）。

然而，如果最优的俱乐部人数多到一定程度，就可能存在不公平问题，稳定的平衡就可能被打破。例如，一个最优俱乐部的人数达到了其特定的社会群体人数的三分之二，这类问题就会出现。如果形成了这样规模较大的俱乐部，规模较小的俱乐部就会从扩大其规模所获得的利益中拿出不成比例的利益份额来吸引规模较大的俱乐部的成员，但规模较大的俱乐部为了保持它的规模，其剩余人员就会通过保证为参加该俱乐部的全体成员提供充分的利益来吸引新成员的加入。这种竞争循环往复。事实上，俱乐部根本不存在规模和利益的稳定分配（保利，1967，1970）。据此分析，该问题与第二章讨论的外部性出现时，核心为空集的问题是相同的，或者更一般意义上说等同于循环问题（参见第 9.4 节）。

即使当俱乐部中有稳定的类聚存在，当最优俱乐部规模相对于该群体规模较大时，也并非所有社会群体成员都是构成最优俱乐部的成员。由于整个社会群体中包括了那些非最优规模俱乐部的成员，所以虽然是个人的自愿结社形成的俱乐部增加了俱乐部的效用，却不能使整个社会群体的总效用最大化。（黄有光，1974；科尔内斯与桑德勒，1986，pp.179—184。）在第 9.3 节，我将用一种形式稍微不同的俱乐部来说明这种观点。

9.2　用脚投票

在俱乐部理论中，通过某种制度的设计就可以使公共物品消费的排他性成为可能性。如在游泳池周围修一道围墙，并且只有俱乐部成员才允许进入。但是，虽然游泳池周围不设围墙，但住址距离游泳池较远的人，由于去的成本过高而被有效地排除在外。当对公共物品的消费要求消费者应该在某一地点时，距离就成为一种排他性的条件。由于每个人都会选择居住在可以为他提供理想的公共物品的地方，所以如果在不同地点提供不同的公共物品，那么就可以按空间位置把社会群体划分为具有相同志趣的各种俱乐部，这根本无需投票。蒂布特最早发现了这种可能性（1956）：所有人都可以通过无声地进入或退出社区的用脚投票方式来显示其偏好。

多数通过规则的承诺让人失望，全体一致通过规则只是一种乌托邦式的想象。而其他更新更复杂的投票过程又具有强制性。相比较而言，布坎南的俱乐部以及蒂布特的用脚投票只利用了让人吃惊的简单的方法，就使人们按自己的喜好各自分组，从而实现了显示个人偏好的任务。从自愿交换法的一致通过规则到集体行动，威克塞尔一直在寻求效率和互惠互利，它们竟然在俱乐部或地方政体中通过个人的自愿结社而得以实现。

　　布坎南描述了单个俱乐部的性质，以及单一、独立的俱乐部中成员的最优条件［（9.6）和（9.7）式］。蒂布特把用脚投票描述成可以使整个社会群体达到帕累托最优过程。但是，地方政体是一种俱乐部形式，而俱乐部又是一种政体。因此，条件（9.6）和（9.7）式也必须满足单一地方政体的要求，并且在原则上，为达到整个群体的帕累托最优，俱乐部模式必须提供与蒂布特模式提出的相同的潜在条件。另外，一种模式存在的任何的稳定性或帕累托无效问题对于另一种模式也可能同样存在。

　　以下条件保证排他性公共物品供给的总体最优，因此可适用于俱乐部模式和用脚投票模式：①

　　1. 所有市民具有完全流动性；

　　2. 所有社区（俱乐部）具有完整知识的特征；

　　3. 社区（俱乐部）的可选择性范围涵盖了市民希望的公共物品可能性的全部范围；

　　4. 没有生产公共物品的规模经济，并且/或者相对于整个社会群体规模来说生产的最优规模偏小；

　　5. 社区（俱乐部）中没有溢出效应；

　　6. 关于个人收入没有区域限制。

其中条件 1 和条件 6 是用脚投票模式所特有的，但如果要达到整体最优俱乐部模式明显隐含着某种自由结社的假设，下面会对条件 6 的一些特殊困难加以讨论。条件 1 和条件 5 的操作有矛盾（条件 1 和条件 5 交互作用）。社区越大，选择搬离社区的代价越高，成员的流动性则越小。另一方面，社区越小，从任何特殊公共物品的供给中受益超过其他社区的可能性越大，并且导致社区的外部性和非帕累托配置的可能性也更大。

　　条件 2 和条件 3 提出了互补问题，基本内容从一开始就假设了可以得到的各种公共物品的完整范围。但怎样才能建立起这种范围呢？回答这一问题就会想到两种可能：某个主要权威人士或拍卖商可以建立起拥有各种不同公共物品的地方社区和俱乐部，并告知所有市民每个社区俱乐部的特征，但要解决这个问题还存在两种困难。首先必须假设，中央当局应该清楚提供的公共物品的种类，以解决该模式要解决的大部分偏好显示问题，

---

　　① 参见蒂布特（1956），布坎南和瓦格纳（1970），布坎南和戈茨（1972），麦奎尔（1972），奥茨（1972），以及佩斯梯尔（1977）。

如果该中央当局了解哪些人有何种偏好，那么就很容易把每个人分配到合适的俱乐部或地方政体中去。其次，虽然这种解决偏好问题的方式在某种程度上是可行的，但它却违反了布坎南和蒂布特模式的分散精神。①

更适当的假设是从所需公共物品的供给数量中受益。存在着这样的企业家，哪里需要，他们就在哪里创建俱乐部和政体。这些俱乐部和政体可以建立在非赢利基础上。在此情形中，可以预先假设企业家的报酬并不是金钱而是其他回报。如，创立与组织相关的权力和特权等。蒂布特事先认识到了地方政体领导者的企业家角色，因此他把这些地方政体的领导者称为"城市经理"而非市长。弗雷和艾肯伯格（1995，1999）最近一直主张创建公共物品俱乐部，作为协调公共物品供给与市民偏好的一种更好方式，他们把公共物品俱乐部称为功能性的、交叉的、竞争的权限（FO-JC）。

也必须强调，由于排他性是可行的，很多具有明显连带供给特征的产品将由追求利润的企业家提供。电视节目的制作和播送是具有明显的连带供给特征的范例。有了变频设备和同轴电缆，使排他性成为可能。因此，我们发现免费收看公共节目的同时，还可以付费收看私人公司提供的电视节目。后者基本上是由于消费了一种特殊的电视节目而形成的消费俱乐部，而免费的公共电视只提供给居住在发射点周边的市民。土地开发商在他们创建的社区中，形成了各种公共物品和私人产品的特殊结合，从而收到了一种企业性的收入。

正如市场所提供的产品和服务一样，只有产品得到充分供给（只有产品的供给是充分竞争的），才能假设全帕累托最优。此外，由垄断者提供的排他性公共物品引起的效率问题远远超过了由于私人产品垄断而存在的效率问题（布坎南和沃尔什，1981；伯恩斯和沃尔什，1981）。然而，在供给排他性公共物品（电视业、娱乐和运动；教育、旅游和医疗保健）时，许多赢利公司、非赢利俱乐部和地方政体之间存在的竞争证明了在提供排他性公共物品时企业功能的重要性。

作为产品供给者，俱乐部也许只提供了单一服务（游泳）或多种服务（网球、高尔夫球和游泳），而地方政体却必须要提供大量产品和服务，并且还有更大的潜力。随着公共物品维度数量的增加，条件3的可行性却逐渐下降，对于决定一种公共物品问题如在公共广场种植郁金香的比

---

① 参见保利（1970）和麦奎尔（1972）。

例，101 个社区便以使郁金香的最优份额达到他们最理想的比例。但如果有两种公共物品，如橡树和郁金香的比例，为保证帕累托最优，社区的数量就会升到 101 的平方。每增加一项公共物品，政体的数量就会升为一个更高的指数方。如果公共物品的数量相当大，那么得到的解是社区的数量等于整个社会群体的人数。每个社区/个人就变成了符合个人品味并且具有一定数量的公共—私人产品（花园、树林）的政体，这是蒂布特自己假设的该模式的一种可能性结果。[①]

9.3　用脚投票的整体最优

整体意义上的帕累托最优要求个人参加社区的净收益的增加量等于他离开该社区的损失量。

$$\sum_{i=1}^{n} \triangle U_A^i = -\sum_{i=1}^{m} \triangle U_B^i \qquad (9.8)$$

第 n 个人加入社区 A 的效用改变是他在 A 中所获得的总效用 U_A^n，而他离开 B 的损失是他在 B 中的总效用 U_B^m。所以等式（9.8）可写为

$$U_A^n + \sum_{i=1}^{n-1} \triangle U_A^i = U_B^m + \sum_{i=1}^{m-1} \triangle U_B^i \qquad (9.9)$$

在纯竞争的世界，每个要素生产者的边际产品在所有产业和领域中都是相同的，如果不出现外部性和市场失灵，那么一个人位置的选择不会影响其他人的福利。若不存在个体的流动，则所有的 $\triangle U^i$ 都将为零，而且每个人自然会居住在他最喜爱的社区。随着公共物品的出现，对于每个新加入者来说，社区中每个人的 $\triangle U^i$ 都是正值，因为公共物品的总成本由更多人数来分担。

因此，一个新加入者为社区生产纯公共物品提供了正的外部性。而由于社区提供地方性公共物品使该社区超过了最优规模时，每增加一个新加入者，就会产生拥挤成本，使外部性为负值。在这两种情况中，由于具有流动性的个人仅从两个社区中比较他的效用水平却忽视了他的转移对别人的边际影响。一般说来，在出现公共物品与外部性问题时，用脚投票将不会产生帕累托最优。[②]

---

① 参见佩斯梯尔（1977）。

② 参见布坎南和瓦格纳（1970），布坎南和戈茨（1972），弗拉特斯、亨德森和米斯科夫基（1974），佩斯梯尔（1977）。

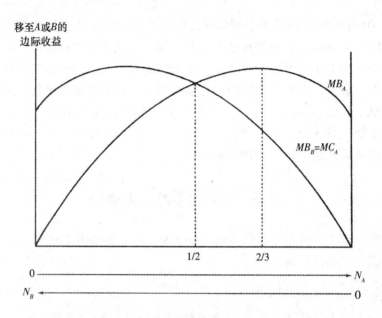

图 9.2 移动曲线的边际收益

　　为了弄清楚怎样才会出现非帕累托效率均衡，假定个人只能生活在两个社区 A 和 B 中，每个社区对待所有的居民都是相同的。每个社区都提供一种公共物品，当两个社区中有三分之二的潜在居民都消费该公共物品时，此公共物品达到最优供给。在成为最优规模的社区时就必须有足够多的个体成员，图 9.2 就表明了这种情况。曲线 MB_A 是一个社区规模函数，表示 A 社区中一个成员作为该社区的会员获得的平均利益，由于公共物品的规模经济性质，使 MB_A 曲线持续上升，随着拥挤成本开始超过成本分摊带来的利益，曲线开始下降，该曲线也表示 B 社区的一个成员迁移至 A 社区的边际效益，曲线 MB_B 是 B 社区中界定人口的曲线 MB_A 的反像。

　　沿着横轴从右到左，可以看出 B 社区中的人口数量。曲线 MB_B 也是一个市民从 B 社区迁移至 A 社区的边际成本（MC_A）。和平常一样，在边际成本曲线与其下方的边际收益曲线的交点会达到个人的均衡。图中并不存在这种交点。在人口均分处的交点是局部最小值。在任何一个分布点上，如果一个社区的人口多于另外一个，则从较大社区的会员中获取的利益也更高。把较小社区的人口逐渐迁移至较大社区之中，直到将所有人口都集中在一个社区里。如果拥挤成本大幅上升，就会导致曲线 MB_A 在高峰过后迅速下降，并与曲线 MC_A 相交。这就使两个城市中的规模较大者产生了一种均衡。这种均衡大于其最优规模，而小于其整体的人口规模。
然而，无论是哪一种情况，通过自愿迁移而达到均衡的城市规模并不是使
两个社区所有个体的平均效用水平最大化的均衡规模。只有当人口在两个
社区中均分时，才会出现后一种均衡。这种人口的分布使人们无论在哪个
社区，所获得的平均利益都达到最大。但是，一旦这一点向左偏离，迁移
到较大社区的人相对于留在原来社区的人获得了更大的边际效益。这就会
导致人口的重新分布，直至稳定下来，但却得到一种无效均衡（布坎南和
瓦格纳，1970）。

当人们想到如果社区的面积和人口像美国一样大时，把该社区最优的
规模假设为大于总人口的一半，就会觉得这未免有些不切实际。但对于潜
在移民来说，常常不可能考虑那么大的选择空间。相应的选择或许是继续
留在小镇 B，或许是迁移至附近的大城市 B，在选择的环境范围内，最优
规模的社区人数可能超过两个社区总人口的一半，那么边际收益曲线和边
际成本曲线相交，并产生了两个社区之间人口均分的稳定平衡。鉴于只有
两个社区的限制，这种均衡并不能使每个市民的潜在收益达到最大。如果
组建新社区最优规模的人数相对少于总人口数，我们就回到了蒂布特世
界。其中自由迁移和新财政俱乐部的创建会导致社区集的形成，而集中每
个社区都是最优规模的。

可是，如果人们从社区之外赚得额外收入，那么蒂布特世界就变得更
为复杂。假设再增加两个社区，它们具有同样的生产可能性，其成员都有
相同的爱好。无论是哪个社区，向当地生产过程提供劳务的每个成员都享
有相同的工资 W，和一个差别收入 $r_i \geq 0$，这种收入是与他本人而不是与
他所在地的社区密切相关。在蒂布特的例子中，这种收入可以被认为是分
红或个人特有资产的租金，如歌星的录音收入。我们把这种收入视为简单
的租金收入，包括所有与居住地无关的各种特殊的收入。现在考察具有相
同工人数、相同生产可能性边界和相同税收结构的两个社区，在均衡时，
A 社区中私人产品和公共物品的总生产等于它的租金和工资收入的总和。

$$\sum_{i}^{N_A} Y_i + G = N_A W_A + \sum_{i}^{N_A} r_i \tag{9.10}$$

社区 A 中一个居民的效用像以前一样由下式给出

$$U_i\,(Y_i,\ G,\ N_A) \tag{9.11}$$

把（9.11）式中的 G 代入（9.12）式中，得出

$$U_i\,(Y_i,\ N_A W_A + \sum r_i - \sum Y_i,\ N_A) \tag{9.12}$$

相同税收结构的假设，意味着个人可以在两个社区中购买相同数量的私人产品 Y_i。由于人口数和生产可能性都相同，所以 N_A 和 W_A 分别等于 N_B 和 W_B。假设公共物品不是低级品，A 社区中所有额外的收入将用于增加公共物品的生产。如果 A 中 $\sum r_i$ 比 B 中的大，那么 A 社区中 $\sum r_i - \sum Y_i$ 就比 B 社区中的大。由于公共物品在个人效用函数中以正号出现，而且如果假定社区的其他所有特征都保持不变，那么个人加入到租金较高的社区会使自身的福利状况更好。

如果两个社区的租金收入不同，则在这两个社区中征收相同的费用也许并非最优。如果偏好相同，个人总是能接受一项更具诱惑的收费——源自租金收入更高的社区的公共物品。

因此，在吸引其他社区的成员加入该社区方面，较高租金收入、出现连带供给特征与拥有较多人口起着相同的作用。确实，从（9.12）式中可以看出，租金收入、工资比率以及人口规模都与公共物品相关才以同样的方式加入效用函数。因此，在其他情况不变时，任何人口、工资比率或租金收入的增加都会通过增加可获得的公共物品的数量使个人的效用增加，然而，人口的增加也通过效用函数的第三个变量所代表的拥挤效应以负值形式加入到效用函数中。人口的增加会引起工资比率下降，个人对私人产品的需求减少，从而使福利减少。相反，较高的租金收入却有明显的正效应。

社区的福利越好，新加入者的租金收入也越高。正如他以较高租金收入加入该社区，个人获得的福利也越好一样。由于新成员加入所加剧的拥挤而导致工资与成本的抑制效应是相同的，但为了资助公共物品供给而增加了税收所带来的收益却明显增大，导致新加入者的租金收入也更高。[①]

如果扩展到这样一点，在该点，把公共物品的成本分摊到另一个纳税人身上所带来的边际收益刚好等于由于工资减少和拥挤造成的边际成本，那么再新增一个以工资为生的人将会使社区的福利减少。但如果他的租金收入足够高，用他的租金收入去资助扩大公共物品供给所带来的追加收益要超过这些成本。只要新增成员的租金收入足够高，那么不管社区规模如何，他都会增加所有现有成员的福利。

---

① 该效应在弗拉特斯等人的模式中，尤其明显（1974，pp. 101—102），其中所有租金都投入到公共物品的生产，而所有工资都投入到私人产品的生产，由此得到一个黄金分割律的结果，但这种模式与此处讨论的模式却是建立在不同的假设基础之上。

在公共物品生产规模经济较大的社区中，完全流动性并不能带来拥有租金人口的帕累托最优分布。前面的例子中，人口的社会最优分布使每个社区内工人的边际产品都相等。这种情况发生在同等规模的社区中。但如果两个社区间的租金分布不同，人们就会向租金较高的社区迁移。当边际生产下降，拥挤成本提高到足以抵消该社区享有的较高租金的优势时，迁移才停止。此时，两个社区的平均效用水平相等。

为了达到人口的社会最优分布，对于居住在该社区或搬进搬出特定社区的居民必须征收税款或给予补贴。赋予中央当局负责各社区之间成员调配的权力就使这种情况成为可能。这样一个中央当局就会确定多少人口为社会最优分布，并且通过征税和补贴达到这个最优分布。一般情况下，中央当局会力争达到（9.9）式中给出的均衡条件。如果社区 A 的规模过大或变得过大，就要求对社区 A 的征税为 $\sum_{i=1}^{n}\triangle U_{A}^{i}$，如果社区 B 出现人口流失，则对社区 B 的补贴等于 $\sum_{i=1}^{m}\triangle U_{B}^{i}$。如果两个社区的唯一区别是租金收益水平，那么政策的执行就很简单了。为使两个社区规模相同租金收益也相等，中央当局会向初始租金收益较高的社区征收租金收益税，而向租金收益较低的社区给予补贴。[①]

此外，也可以通过赋予每个社区对迁入和迁出进行征税的权力，以分散化的方式达到帕累托最优。假如迁入社区 A 的外部性是正值，就给新加入者相当于 $\sum\triangle U_{A}^{i}$ 的补贴，则向迁出者征收等值的税款。如果社区 B 也如此那么所有个人将被迫使限制他们迁移的外部成本内部化，从而达到帕累托有效。[②]

这些可替代的方法有着相同的效率结果，但在其精神实质以及公平性质上并不相同。后者把蒂布特分散化的用脚投票与排他性的俱乐部理论结合起来，得出了一个解决人口分布问题的分散化方法。地方社区一经颁布这样的征税和补贴制度，就给由于自然特点、人口规模和收入等原因受人偏爱的社区赋予一种所有权价值。这种所有权是通过向社区以外的成员（即如果没有税收—补贴制度，将会迁入该社区的人）征税而得以执行。在两个社区中，集中的解决方法就是赋予所有人一种所有权，并通过向受人喜爱的社区居民征税，以补贴受人冷落的社区居民这一种方式来达到有效配置。

---

① 参见弗拉特斯等（1974）和麦克米伦（1975）。
② 参见布坎南（1971），布坎南和戈茨（1972）。

再考虑我们租金的例子就很容易看出政策上的差异，但考虑时要假定个人租金不是与特定的个人有关，而是与特定社区中所有居民的地区性租金的增加有关。把对迁入具有较高租金收入社区的居民征税的权利下放给其居民，居住在该社区的居民相对于受人冷落的社区居民来说，将永久性获得较高的效用水平。那些有幸出生或迅速迁入一个地理上更为理想地区的人永远比留在不太理想地区的人的境况要好。相比较而言，集中的解决方法会通过向租金较高地区征税，向租金较低地区补贴的形式使社区间的效用水平达到相同。

即使当租金收益是针对个人而非地方时，伴有地方征税和补贴的蒂布特模式的偏好显示也会引发平等问题。正如前面提到的，通过吸纳租金收益足够高的成员可以改善社区的福利。如果该社区已达到分摊公共物品成本的最优规模，那么它也许会采取这样的政策，如只吸纳能够带来的租金收益高于平均水平的新成员。要实现这一目的，可以通过设置一些场地规模和公寓住宅的分区要求，从而把那些收入低于给定水平的人有效地排除在外。另一方面，移动的个体从他原来的社区迁入一个租金收益较高的社区，会使他的处境更好。两种措施的共同点是把所有个人分类划入具有相同租金收益的社区。布坎南最初研究俱乐部理论时，为方便起见，所作的相同收入和偏好的假设，是蒂布特探索最优社区的一个可能结果。（布坎南和戈茨，1972；埃普尔和罗默，1991。）

9.4* 俱乐部及核心

从俱乐部世界和用脚投票的角度去看，上述讨论可以引出三个问题：（1）俱乐部（社区）中是否存在人口的均衡分布；（2）所有出现的均衡是否达到帕累托最优；（3）结果的再分配——平等性质到底是什么。为了进一步阐明这些问题，我们要考虑最先由埃利克森（1973）给出的一个简单例子。

假设每个个体 i 都有双曲线 $u_i = x_i g$，其中 x 为私人产品，g 为公共物品。俱乐部中每个成员消费相同数量的公共物品。由于 $\partial u_i / \partial x_i = g$，所以私人产品的边际效用对于俱乐部所有成员来说都是相同的。我们所用的是 x 中的可转让效用。

规模为 1、2、3 的俱乐部被提供的产品的单位成本分别为 a、b、c，如果 $a = b = c$，则此产品为纯公共物品；如果 $a = 1/2b = 1/3c$，此产品为纯私人产品。如果此产品为纯公共物品，则该俱乐部的最优规模是整个群体。如果是纯私人产品俱乐部的最优规则为 1 人，我们假设一个公共物品具有拥挤成本，则

$$a < b < 2a$$

$$b < c < (3/2) \, b$$

当一个人单独行动时，他首先会考虑可选择的产品数量和能获得的效用水平。w_i 为个体 i 的财产，按预算控制 $w_i = x_i + ag$，使效用函数 U_i 最大化，即

$$L_i = x_i g + \lambda \, (w_i - x_i - ag) \tag{9.13}$$

关于 g 和 x_i 最大化

$$\partial L_i / \partial g = x_i - \lambda a = 0 \tag{9.14}$$

$$\partial L_i / \partial x_i = g - \lambda = 0 \tag{9.15}$$

求解 x_i 得

$$x_i = ag \tag{9.16}$$

合并预算控制和等式（9.16）得

$$w_i = x_i + ag = 2ag \tag{9.17}$$

其中 $ag = \dfrac{w_i}{2}$ \hfill (9.18)

$$则 \; u_i = x_i g = ag^2 = \frac{w_i^2}{4a} \tag{9.19}$$

等式（9.19）给出了任何个体 i 的效用水平，是单独行动的个体能达到的效用水平。除非能获得至少 $w_i^2/4a$ 的效用，否则个体就不会加入到俱乐部或社区。

现在我们来推导形成两个俱乐部的条件。萨缪尔森的帕累托最优条件是要求两个俱乐部成员的边际替代率（MRS）总和应等于公共物品的边际成本；即

$$MRS_i + MRS_j = b \tag{9.20}$$

现在

$$MRS_i = \frac{\partial u_i / \partial g}{\partial u_i / \partial x} = \frac{x_i}{g} \tag{9.21}$$

所以

$$\frac{x_i}{g} + \frac{x_j}{g} = b \tag{9.22}$$

或者

$$x_i + x_j = bg \qquad\qquad (9.23)$$

俱乐部的总预算控制为

$$w_i + w_j = x_i + x_j + bg \qquad\qquad (9.24)$$

由等式（9.23）和（9.24）我们可以得出二人俱乐部的公共物品的帕累托最优数量

$$g = \frac{w_i + w_j}{2b} \qquad\qquad (9.25)$$

为了加入一个二人俱乐部，每个人必须达到这样一个效用水平，即当他单独行动时至少会达到的那个效用水平。由（9.24）等式我们可知 i 的效用为

$$u_i = x_i g = (w_i + w_j - x_j - bg)\, g = (w_i + w_j)\, g - bg^2 - x_j g \qquad (9.26)$$

现在 $x_j g$ 为 j 的效用。如果把它设在最低水平 $W_j^2/4a$ 时（该值是 j），愿意接受并留在俱乐部中，那么二人俱乐部能否形成需要由 i 的效用在俱乐部中是否超过他的安全水平来确定，即是否有

$$u_i = (w_i + w_j)\, g - bg^2 - \frac{w_j^2}{4a} \geqslant \frac{w_i^2}{4a} \qquad (9.27)$$

把等式（9.25）代入以替换就会产生某代数式

$$\frac{(w_i + w_j)^2}{b} \geqslant \frac{w_i^2 + w_j^2}{a} \qquad\qquad (9.28)$$

作为可以形成二人俱乐部的必要条件。一个俱乐部能否形成依赖于 i 和 j 各自的财产，以及在两种情况下提供产品 g 的相关成本。为了明白涉及的其他内容，假设 $w_j = \alpha w_i$，其中 $0 \leqslant \alpha \leqslant 1$。如果（9.28）式成立，就必须满足以下条件：

$$\frac{1 + 2\alpha + \alpha^2}{1 + \alpha^2} \geqslant \frac{b}{a} \qquad\qquad (9.29)$$

在（9.29）式两侧的取值范围都在 1 和 2 之间，如果 α 值越小，（9.29）式中左侧的值也越小。对于一个要形成的二人俱乐部来说，由于 j 的加入，导致了拥挤效应，所以 j 的收入相对于 i 来说必须足够使得他分摊产品 g 的成本大到足以弥补 i 的损失（即 $b > a$）。

三人俱乐部公共物品分期供给的帕累托最优条件为

$$g = \frac{w_i + w_j + w_k}{2c} \qquad\qquad (9.30)$$

用与上述证明类似的方法，可以说明一个三人组合的值 V（ijk）为（w_i + w_j + w_k）$^2/4c$，为了保证联盟的形成，（9.31）（9.32）式必须满足：

$$V（ijk）\geqslant V（i）+V（j）+V（k） \tag{9.31}$$

$$V（ijk）\geqslant V（ij）+V（k）$$

$$V（ijk）\geqslant V（jk）+V（i）$$

$$V（ijk）\geqslant V（ik）+V（j） \tag{9.32}$$

其中，$V（i）=w_i^2/4a$，$V（ij）=（w_i+w_j）^2/4b$，假设现在 i 和 j 的收入相同，k 的收入是 i 收入的 α 倍，则有

$$w_i=w_j=w$$

$$w_k=\alpha w$$

只考虑（9.32）式的含义。首先注意到 i 和 j 在一起形成俱乐部的结果相对于 i 或 j 其中单独一人与 k 形成俱乐部的结果更具有优势：

$$V（ij）+V（k）\geqslant V（jk）+V（i）=V（ik）=V（j） \tag{9.33}$$

由于

$$\frac{（2w）^2}{4b}+\frac{\alpha^2w^2}{4a}>\frac{（1+\alpha）^2w^2}{4b}+\frac{w^2}{4a} \tag{9.34}$$

如果 $b/a<2$ 且 $\alpha<1$，因此，只要成立二人俱乐部，就一定是由两个更富的人组成，要接纳相对贫穷者 k，（9.35）不等式必须成立。

$$\frac{（2+\alpha）^2w^2}{4c}>\frac{4w^2}{4b}+\frac{\alpha^2w^2}{4a} \tag{9.35}$$

c 相对于 b 和 a 较小，α 值越大，（9.35）不等式越有可能得到满足。如果相对贫穷者 k 的收入足够高，i 和 j 也会邀请其加入俱乐部。现假设 $\alpha=1/3$，$a=1$，$b=2/3$，$c=2$，如果给定这些参数值，（9.35）不等式就不成立，三人俱乐部就不能形成。然而，因为当 $a=1$，$b=2/3$ 时，$4w^2/4b>2w^2/4a$，所以可以形成一个更富者的二人俱乐部。如果这两个更富者把 k 排除在外，也可以形成俱乐部，他们就会这样做。然而，如果不可能阻止某人加入该团体，则 k 也许就会加入进来。该团体所分派加给他的税款份额将是他选择是否加入进来的标准。例如，如果要求该团体向全体成员收取物品 g 的林达尔税价以资助产品，那么 k 加入进来比留在外面独自提供产品 g 的税价的境况要好。他的林达尔税价即他的边际替代率（MRS）。所以 x_k/g，从预算控制

$$w_k=x_k+\frac{x_k}{g}\cdot g \tag{9.36}$$

或者

$$x_k = w_k/2 \tag{9.37}$$

k 的一半工资要支付产品 g，剩下来的一半工资用于私人产品消费，鉴于他的林达尔税收份额，在三人团体中，他的效用为

$$u_k = x_k g = \frac{\alpha w}{2} \cdot \frac{(2+\alpha)\ w}{2c} = \frac{7}{72}w^2 \tag{9.38}$$

但如果只有他一人，他的效用为

$$u_k = \frac{\alpha^2 w^2}{4a} = \frac{w^2}{36} \tag{9.39}$$

所以如果可能，k 会选择加入该团体。虽然他的加入会使该团体总效用降低，而且还很明显，k 会选择加入一个更富的团体，尽管他离开会使原来社区成员的境况更糟。

尽管三人俱乐部所提供的总效用比二人俱乐部加上 k 独自一人时所获得的总效用还低，但当产品 g 被提供给三个成员，并且在林达尔税价处为产品 g 融资，从两个富人到一个穷人之间的有效再分配，成为穷人加入该团体的有利条件。在此，我们可以看出，当向一个团体提供与公共物品等量的纯私人产品并以林达尔税价进行融资时，这种帕累托无效再分配与第五章我们的论述完全相同。

在本例中，三人俱乐部解的帕累托非最优意味着，如果 k 加入 i 和 j 组成的俱乐部，只向他收取 g 的林达尔税价，那么 i 和 j 使 k 留在俱乐部之外会使他们的处境更好。当然，他们这种较好的处境也可以通过这种方式得以保持：他们能够通过迫使 k 支付高于林达尔税价的税负或通过收取进入费，或通过其他制度设施（如分区要求）使 k 无法加入他们的俱乐部。

最后，我们证明即便两人达成联盟为其成员提供公共物品的效用比不结盟的效用高。但是，当大联盟不在核心之中时，就不可能有任何核心存在。假设 $w_i = w_j = w_k = w$，设 a，b，c 使得

$$V\ (ijk)\ = \frac{(3w)^2}{4c} < \frac{4w^2}{4b} + \frac{w^2}{4a} = V\ (ij)\ + V\ (k)\ > \frac{3w^2}{4a} \tag{9.40}$$

$$\frac{3w^2}{4a} = V\ (i)\ + V\ (j)\ + V\ (k)$$

至少每个 i—j 联盟成员必须的支付，至多不超过其林达尔税价，以使其个人效用至少达到

$$\mu_i = \frac{w}{2} \cdot \frac{2w}{2b} = \frac{2w^2}{4b} \tag{9.41}$$

但是，（9.40）意味着

$$\frac{4w^2}{4b} > \frac{2w^2}{4a} = 2V(k) \tag{9.42}$$

因此，$i—j$ 联盟中支付不多于林达尔税价的成员，一定比留在联盟外的个人效用高。联盟外的个人 k 一定会用更诱人的建议吸引 $i—j$ 联盟中支付高于林达尔税价的成员，以形成一个新的二人联盟，使 $i—j$ 联盟无法维持下去。在此，我们遇到了第二章出现的多种外部性时所面临的同样的不稳定性（艾瓦江和卡伦，1981）。

9.5 用脚投票：经验证据

检验蒂布特模式，理性的个人会从供给公共物品与税收交易条件较差的社区中退出，以支持那些条件较好的社区。从这个假设出发，产生三种可检验的含义：（1）个人迁移反映了当地政府的支出税款报价；（2）这种迁移是按照人们选择消费公共物品的共同喜好进行分类；因此，（3）按照蒂布特法进行分类，个人会对当地的公共物品与税收交易更为满意。[1]

关于第一个含义，研究已经证明当地的公共服务和税收比率水平直接影响了一个家庭是否选择迁移，也影响了它对迁入社区的选择。[2] 例如，1966 年在俄亥俄州的哥伦布地区关于此问题作了一项问卷调查，调查结果表明个人与邻居相处有问题和存在想搬走的意图之间有很大的相关性（奥尔贝和乌诺，1972）。此外，相对于郊区，市区居民有着强烈的迁出而非发出呼声的行为趋势。约翰、道丁和比格斯（1995）声称，在伦敦，改变居住辖区的人中有五分之一把税收比率作为他们决定搬迁的一个重要因素。[3]

富人搬离高税区，而穷人搬进高福利区（格拉姆利克和拉伦，1984；布莱克，1988；塞布拉和科克，1989；塞布拉，1991）。迁移是如此的有章可循，以至于政府在制定福利金水平时，就要考虑到这个问题。如果一个州与有大量穷人的州相邻，则该州福利金水平相对要低一些（史密斯，

---

① 另一个可能的含义：住房价值在高支出/高税收的社区中喊价更高（奥茨，1969）。该含义问题更多，所以此处没有多做说明。但可以参考埃德尔和斯克拉尔（1974），汉密尔顿（1976），埃普尔、泽伦尼茨和菲斯海尔（1978）。

② 截至 1979 年的文献评论可以参考塞布拉（1979），现今的文献可以参考塞布拉和卡福格利斯（1986），以及道丁、约翰和比格斯（1994）。

③ 也可以参考道丁和约翰提出的另外的证据。

1991）。[1]

检验蒂布特假设尤其适合的群体是老年人，因为他们的收入是典型的非工资来源，所以他们对居住地的选择不可能依赖于就业市场的特征。塞布拉（1990）发现老年人更有可能向免征收入税的州市迁移。然而康韦与豪滕威利（1998）的结论却描绘了一个更为复杂的景象。他们尝试对老年人从一州搬迁到另一州的税收奖励和政府的支出奖励进行详尽的解释说明。他们的检验结论在一般意义上都支持了蒂布特模式的预测。年纪大的市民更有可能搬离分担税额高及公共服务收费高的州市。

高财产税是退出一个州的尤其重要的因素。然而康韦和豪滕威利的迁入结论并不支持蒂布特假设。老年人愿意搬入与他们离开的那个州具有相同特征的州市。一旦他们决定搬迁，除了各州间公共服务与效率原因之外，其他因素似乎也促使老年人选择一个新家。[2]

表 9.1　　　　　　　洛杉矶地区的收入相同性指数的频率分布

	0.333—0.339	0.340—0.349	0.350—0.369	0.370—0.379	0.400 +	总数
1950	25	5	5	3	4	42
	(0.60)	(0.12)	(0.12)	(0.07)	(0.10)	(100)
1970	9	13	11	4	5	42
（旧城市）	(0.21)	(0.31)	(0.26)	(0.10)	(0.12)	(100)
1970	1	9	12	1	7	30
（新城市）	(0.03)	(0.30)	(0.40)	(0.03)	(0.23)	(100)
1970	12	22	23	5	13	75
（包括数据已丢失的 1950 年 3 个老城市在内的所有城市）	(0.16)	(0.29)	(0.31)	(0.07)	(0.17)	(100)

资料来源：米勒：《契约城市》，剑桥，MA：MIT 出版社 1981 年版，第 134 页。

注：括号内为百分比。

----

① 对于带有其他参考资料的文献的评价，请参见布吕克纳（2000）

② 康韦与豪滕威利的结论与蒂布特假设之间存在差异的部分解释也许是由于他们的分析集合水平不同。具有高财产税并且公共服务水平高的州通常会吸引那些结交了合意的邻居的人。然而，在这些老年人所在州的当地社区的教育支出较低，财产税也较低，老年人对一个新家的选择也许只受非公共服务因素的影响。比如想着和孩子、孙子们距离近些。

如许多地区一样，加利佛尼亚的流动性日益增强的趋势已走在世界前列，而洛杉矶是 20 世纪末期城市的典型代表。如果蒂布特过程按相同的喜好成功地把人们分类进入不同的地方社区，那么这一过程的结果在洛杉矶应该很明显，而现实中的结果也确实如此。

加里·米勒（1981，第 6、7 章）计算了 1950 年和 1970 年洛杉矶地区收入不平等的赫芬达尔式指数（不同收入层的人口百分率的平方和）。由于他只使用了三个收入层，所以收入的完全不同性意味着指数为0.333，而完全相同性（相同收入层的所有居民）意味着指数为 1.0。从可获得的数据上看，1950 年的 42 个城市中有 60% 的城市接近收入不同性的最大程度，并且接近作为一个整体的洛杉矶（指数为 0.335）的收入指数（参见表 9.1）。1950 年在最接近收入相同性一栏（0.400 +）中，只有 10% 的城市。

1970 年的指数分布明显朝更大相同性的方向变化，其中在最接近不同性一栏中，只有 16% 的城市，而此最接近相同性的一栏中有 17% 的城市。尽管与 1950 年一样，1970 年作为一个整体的洛杉矶在收入上依然具有不同性（指数为 0.334）。蒂布特过程确实使增加的收入具有相同性的有力证据来自 30 个新建城市。在某种程度上说，新增城市的出现满足了原有城市不能满足的需求。在人口高流动性时代，他们的组成与蒂布特的假设很相符。与整个洛杉矶地区相比而言，30 个新增城市中只有 1 个收入具有不同性，在最接近相同性的一栏中有 1/4 的新增城市。在米勒的研究中，似乎对低税收和避免较大、较老城市的再分配支出以促进形成新的郊区城市方面显示了极大的共同偏好。米勒也证明了 1950 年至 1970 年间种族趋同明显，而洛杉矶地区种族差异却不断增大。

格拉布（1982）也用资料证明了波士敦城区的蒂布特分类，并且汉密尔顿、米尔斯和普里尔（1975）发现在标准都市统计区（SMSAs）内，收入不平等现象越少，市民们可选择的郊区数量就越多。一般说来，蒂布特模式变量更适合郊区而非市中心。埃伯茨和格朗贝格得出了相似的结论。蒂布特过程再一次正如他所预测的一样发生，并且这样做时，在地方政体中很少产生收入的分散问题。

然而，罗德和斯特伦普夫用了相对于其他所有研究更长的时间跨度，运用了几种测量不同性的方法。他们发现社区间的不同性不断减少的证据。他们的工作表明在相当长的时期内，除流动性以外，还有其他因素影响着社区内部的不同性。①

蒙利（1982），格拉姆利克和鲁宾菲尔德（1982a）给出了一些不同种类的明确证据。一个流动性市民选择的居住地具有不同辖区的数目越大，蒂布特分类就越完整。与该预言一致的是蒙利的发现，他认为在纽约长岛分散的投票者对教育的需求会随着在一个地理区域内学校管辖权数量的增加而下降。同样，格拉姆利克和鲁宾菲尔德发现居民支出需求的剩余差异在底特律市区比密歇根其他市民们可选择的少数地区要小得多。

隐含在蒂布特过程中的假设是当具有相同偏好的市民或一个社区时，该社区会满足这些市民的消费需求。所以，该社区的市民也会对他们消费的地方性公共物品越发感到满意。格拉姆利克和鲁宾菲尔德（1982a，p. 556）的发现支持了蒂布特模式的这部分解释。他们发现底特律市区接受调查的市民中有三分之二的市民希望政府在支出政策方面不作任何改变，而希望政府做出改变的人数平均只达到1%。虽然在支出政策上不想作任何改变的投票者的比率（60%）在密歇根的其他地区已经很高了，但相对于底特律来说，还是要低一些。这表明在底特律市区可选择居住的社区的数量更多，使他们可以选择能更好满足他们消费需求的社区居住。

格拉姆利克和鲁宾菲尔德的发现得到了奥斯特罗姆（1983）和莫里特曾（1988）的证实。他们都认为市区中地方管辖权数量越多，市民们对该社区的公共服务越感到满意。布昌克纳（1982）证明54个马萨诸塞市镇的产值表明当地公共物品的供给既不过度也不欠缺，这进一步有力地支持了蒂布特假设。

9.6　自愿结社、配置效率和分配平等

通过把一致通过规则强加给政体，使每个集体决策在通过前都必须考虑到让所有人受益的方式，威克塞尔的自愿交换方法实现了有效配置，该方法从一开始就假设没有提前确定的政体和市民存在。

俱乐部理论和用脚投票力求通过具有相同爱好的个人的自愿结社以达到帕累托最优分配。此处政体和市民的存在是"投票"过程的结果。这些过程一般通过把具有相互爱好的个人聚在一起形成俱乐部和政体，从而达到帕累托最优。极端情况下，他们都满足克拉默（1973）的关于一致

---

① 关于蒂布特分类，斯坦（1987）也给出了不十分明确的证据。

多数通过规则决策的严格条件，即由于施加了一种匿名全体一致通过规则，所有人都有相同的无差异曲线图。[①] 当出现（1）公共物品的数量少，并且/或者（2）对公共物品联合的不同偏好的数量少的情况时，就可以现实地假设这些过程接近满足这个目标。既然公共选择的目标就是显示个人对公共物品的不同偏好，则俱乐部形成理论和用脚投票则通过缩小公共选择的范围部分地解决了公共选择的问题。

尽管有这些条件的限制，把一些人排除在一种公共物品利益之外的能力对于显示个人偏好而言仍然是一种潜在的有力机制。如果 A 想建一个网球场，而 B 想建一个高尔夫球场，那么在所有人必须消费同样数量的公共物品并且通过投票显示偏好的社区中，无论最终结果如何，对于一个投票者来说，很有可能会涉及不止一种产品的非最优数量问题。例如，如果 B 也选择网球而不是高尔夫球，并且愿意忍受这项运动成本的较大份额，则投票者 A 的境况比她本该有的境况会更糟。如果 A 留在社区中，而 B 退出，显然 A 会愿意让与她偏好较为相近的人加入社区，如果社区在她的控制之下，她会歧视他们偏好 B。

如果公共物品是网球和高尔夫球，并且政体是私人俱乐部，那么这就不会有太大麻烦。网球俱乐部要对想打网球的成员加以限制，对此并没有人强烈反对。但是，对于更为一般的公共物品定义而言，这些做法确实让人感觉别扭，正如我们看到的一样，当个人对公共物品收入的弹性需求为正值时，他们住在社区中受益颇多，其平均收入比他们自己从提供的附加单位的公共物品中得到的收入要高。即使当个人被征收公共物品的边际价值税——即林达尔价格时，通过公共物品的平均分配，从而使富人与穷人之间达到一种有效的再分配，当富人与穷人共同消费该公共物品时，这种情况必然发生。但是可以把一个人的收入弹性需求看做对公共物品的一种"爱好"。如果一个地方政体中的所有成员都可以自由地排斥新成员的加入，那么就可以期望按照相同的爱好和收入，使个人加入不同的地方政体，从而破坏了这种再分配的可能性。

威克塞尔假设：对配置议案的投票发生在确定了公平的收入分配之后，可以做出同样的假设来支持用自愿结社解决公共物品问题的方法。但

---

① 参见麦奎尔（1974），关于用脚投票和全体一致通过规则的关系参见保利（1967，p. 317）。在弗雷和艾肯伯格（1995，1999）的建议中指并不是市民的流动性，而是联邦主义体制中政治单位的进入和退出促进了社区间的竞争。

是，此处必须承认的是，显示对公共物品的偏好时，自愿结社方法可能会影响收入的分配。只有当人们住在具有不同收入层的社区中，才会考虑私人收入的特定分配问题，以至于相对贫穷的人会从相对富有的人对公共物品的极大需求中受益。如果人们被分配进入具有相似收入的社区中，而且相对贫穷的人只能消费他们自己能够负担得起的公共物品数量，从而使他们认为这种收入的分配是不公平的。

后者是用脚投票的逻辑结果，也是一种即将通过的结果。如果认为该过程导致的分配是不公平的，可通过社区间的转移加以修正，但是在此，人们直接碰到的是政体的适当范围和市民权利的问题。

在联邦体制中，看待市民权利有两种可能的方法。基层市民可以受地方政体管制，中央政体是具有某种委托权的地方政体的联盟或联邦。相反，基层市民也可以直接受中央政体的管制，地方政体只是中央政体的管理机构，并由上级赋予权力。在对政体的第一种看法中，地方政体限定它的贫民的权力以及选择加入者的权力似乎控制了市民在较大联盟中无阻碍地迁移到任何理想的地方政体去的权利。这里我们形成了公共物品的分散与有效配置的两个条件之间的一种直接冲突。两个条件中一为完全流动性假设，二为地方政体对迁移征税和补贴的权利。如果基层市民受中央政体管制，则假设的个人就可以自由的进入和退出地方政体而不受任何地方性惩罚。可以从中央政体的角度看待平等问题并且还可以自由地进行政府内部的轮换。

俱乐部也存在同样的区别，可以把自由结社的权利作为成员的基本权利。为了以最优的方式来使用这一权利，俱乐部成员必须能自由的决定满足自己的排他性公共物品的质量及数量，并且可以自由的决定俱乐部成员的规模。当排他性公共物品和人口规模的供给函数把许多个人最优规模俱乐部考虑在内时，自愿形式组成的俱乐部可以达到整个社区间的资源的帕累托最优配置完全相似。事实上，企业只是它的各部门所有者为了在生产中达到连带供给经济形成的俱乐部，而本章讨论的俱乐部其目的是实现消费中的连带供给经济。然而，还像在市场中一样，当技术和人口规模结合起来只产生少数最优规模俱乐部时，从整个团体的角度看，个人独立的效用最大化决策也许并不能达到一种最优的结果。

第二章我们讨论了国家是作为一种低交易成本制度出现的。它是在出现公共物品和外部性时达到帕累托最优而达成合作协议所必需的制度。通过扩展俱乐部、地方政体和国家的整个联邦主义制度结构可能就是为了使集体决策的交易成本最小化而形成的（塔洛克，1969；布雷顿和斯科特，1978)[1]。但是，本章的讨论揭示出了这样的一个结论：国家内部的政治司法机构的确立对不同单位的作用和收入来源的分配，以及在联邦国家内部的市民权定义所引发的问题远远超出了节约交易成本和有效配置的范畴。这些问题直入政体规范性特征的核心。

9.7　革命理论

当用手或用脚（的投票）都不能成为适当（合理）的表达（方式）时，别忘了还有毛主席的枪杆子理论。鉴于革命在现实世界政治中的作用，人们也许期望除了枪杆子的说法之外，还有更多的东西。对于公共选择的分析者而言，有关革命的困惑在于人们为什么参加革命，以及革命为什么会发生。

考虑个人 i 决定是否参加他所在国家的革命，并且如果参加，要参加多长时间。他对目前的政体不满，并期望革命成功和新秩序的建立会带给他 β_i 的利益。i 革命成功的概率是一个时间函数，i 参加革命的时间为 t_{ir}，所有其他市民参加革命的时间为 $O_{ir} = \sum_{j \neq i} t_{jr}$，把这个概率记作 $\pi(t_{ir}, O_{ir})$。如果革命成功，他可以获得一些利益，但无论革命成功与否，i 都可以从参加革命运动中获得个人乐趣，即，$P_i(t_{ir}, O_{ir})$。

必须衡量与这些利益相对的参与成本。如果 i 被抓获并受罚，他将面对罚款或监禁的效用损失 F_i，他被抓获的概率为 C_i，投入革命的时间为 t_{ir}，其他人投入的时间为 O_i，当局镇压革命消耗的资源为 R，则 $C_i(t_{ir}, O_i, R)$ 预期的偏导数为 $\frac{\partial C_i}{\partial t_{ir}} > 0$，$\frac{\partial C_i}{\partial O_i} < 0$，$\frac{\partial C_i}{\partial R} > 0$。

另外，由于将时间用于革命，i 放弃了收入，如果 w 为市场工资，那么该机会成本为 wt_{ir}。那么参加革命所获得的预期收益为

$$E_i = \beta_i \pi_i(t_{ir}, O_{ir}) + P_i(t_{ir}, O_{ir}) - F_i C_i(t_{ir}, O_i, R) - wt_{ir} \tag{9.43}$$

关于把（9.42）式最大化，可得

$$\beta_i \frac{\partial \pi_i}{\partial t_{ir}} + \frac{\partial p_i}{\partial t_{ir}} = F_i \frac{\partial C_i}{\partial t_{ir}} + w \tag{9.44}$$

---

① 进一步类比，部门所有者（企业）的俱乐部的出现，目的是使生产的交易成本最小化（科斯，1937）。

这是决定 i 的最优革命活动水平时，他必须满足的条件。即：多参加革命 1 小时所获得的公共物品利益（β_i）中的边际预期收益加上个人的边际乐趣必须等于在那 1 小时中增加的被抓的风险加上那 1 小时没有工作所放弃的工资。

随着 O_i 的增加，普通人多参加革命 1 小时的 π_i 和 C_i 的变化都可以忽略不计。某人是否参加革命，并且如果参加革命要达到何种程度，几乎只依赖于参加革命运动的纯个人满足感与没花时间进入市场活动而放弃的工资之间的权衡比较（塔洛克，1971a，1974），该结果与投票文献的结果极为相似。

对于普通市民来说，从革命成功中所获得的利益就是生活在一种制度而非另一种制度中获得的纯公共物品利益。但是，对于少数人，β_i 代表革命后形成的新政府中由于地位改变而获得的利益。对于领导人而言，β_i 和 $\partial\pi/\partial t_{ir}$ 比普通人的都要大。所以，相对于普通士兵来说，领导者参加革命运动更容易用理性选择模型来解释。（西尔弗，1974；塔洛克，1974。）然而，要注意，领导者的损失 F_i 和 $\partial C_i/\partial t_{ir}$ 可能更高。革命中的领导者就像企业理论中的企业家一样，用他们的极端乐观主义态度和能力去占用处理不利形势中的风险承担者。

一个普通士兵对革命成功的贡献边际收益与其他人的总贡献 O_i 一起下降。这种搭便车会使 t_{ir} 减短（奥尔森，1965；奥斯汀－史密斯，1981a）。但人越多就越安全，被抓的边际风险 $\partial C_i/\partial t_{ir}$ 也会随着革命队伍革命活动的增加而下降。因此，要鼓励更多的人参加革命（冈宁，1972；德纳尔多，1985）。参加革命的个人报酬可以说是以一种赶潮流效应为特征，随着参加人数的增加报酬也不断增加。因此，参战人数的水平可以通过报酬规模的增加或减少来判断。

投入到镇压革命中的资源的增加会导致被抓获的边际概率的增加。因此，要抵制参加革命，货币成本 w 愈高，参加革命的人就愈少。

虽然用理性行为方法分析革命活动能对革命原因提出一些见解，但是它并不能得出丰富的、可验证的含义。显然，一场革命的成功极大的受到当局用于制止革命的资源的影响。它在很大程度上决定了个人是否参加革命（西尔弗，1974；德纳尔多，1985）。

也许该理论最突出的意义是预言随着工资率的上升，参加革命的人数会减少。奥斯汀－史密斯（1981）也表明如果参加革命的人是风险回避者，那么随着工资的不定性减少，参加革命的人也不断减少。芬尼

（1987）对这些含义作的验证表明：一个国家政治动乱中的死亡人数与国家收入水平和增长负相关，而与增长率的标准差正相关。

　　尽管像芬尼这样的理论令人鼓舞，但要解释诸如革命等极端行为时，还要看这种理性行为模式到底能走多远。就像公共物品的自愿供给一样，当召开会议发动革命时，大部分个体的理性选择是待在家里不出来（奥尔森，1965；迪克西特和奥尔森，2000）。然而，这些分析模式却填补了公共选择文献的理论空白。在一个封闭的政体中，个人总是处于被多数或少数同胞"剥削"或"专制"的危险之中。在这些情况下，他的选择是：可以继续沉浸在现状会发生改变的希望中，可以通过迁移寻找一个新政体，也可以通过某个革命建立一个新政体。公共选择理论的目标就是必须对人们作出的以上三种选择给予解释。

文献注释

　　对联邦主义体制内的平等和效率的讨论早于公共选择——蒂布特文献。例如，可以参见布坎南（1950，1952），斯科特（1950，1952a、b）和马斯格雷夫（1961）。

　　黄有光（1985b）证明了如果没有破坏前面讨论的平均或自由（自愿结社），就不能形成有效率的俱乐部。

　　亨德森（1979）考察了俱乐部——蒂布特文献；桑德勒和奇尔哈特（1980b，1997）；道丁、约翰和比格斯（1994）；英曼和鲁宾菲尔德（1979）。奥斯特罗姆和沃尔克（1997）讨论了一种俱乐部式和政体式的组织性质。

　　奥克兰（1974），伯恩斯和沃尔什（1981），布伦南和沃尔什（1981）分析了价格——排他性公共物品的市场性质。

第三部分

代议制民主中的
公共选择理论

第十章 联邦制

众所周知，州议会所犯的错误中，有很大一部分是由于议员为了他们所居住的县或选区的个别意见而牺牲州的明显的长远利益。如果他们不充分扩大他们的政策以包括他们所在州的集体福利，设想一下他们怎么会把联邦的普遍繁荣以及联邦政府的尊严和威望作为他们关心和协商的对象呢？由于同样理由，州议员不大会充分关心国家目标，联邦议会的成员似乎会过多地关心地方目标。各州优于国家，正如县和城镇之优于各州那样。决策往往不是根据国家的繁荣和福祉作出的，而是基于决策的潜在影响，基于各个州的政府和人民的偏见、利益和所追求的目标。

詹姆斯·麦迪逊：《联邦党人文集》

我们在第三章考察了代议制政府的不同制度的特征，设计它们是用来补充或替代作为代表个人偏好的直接民主。我们首先讨论美国对代议制政府演变的贡献——联邦制，因为它在某种程度上与前章所说的俱乐部理论有关。

10.1 联邦制的逻辑

10.1.1 制度安排问题

设想一个由九人组成的政治实体，它分为三个地方社区，每个社区有三个人。现在需要供给两种公共物品，即 G_L 和 G_F。G_F 是一种类似国防的公共物品，一旦供给了一个社区，就会惠及所有社区，而 G_L 是一种具有地方性溢出效应的公共物品，如警察保护等。假设 G_L 和 G_F 是单维公共物品，而政治体的九个成员具有单峰偏好，其理想点如图 10.1 所示。所有九人都以同等的数量消费 G_F。个体 A_1、A_2 和 A_3 属于地方社区 A，他们只消费供给该社区的一定数量的 G_L。B 社区的三人和 C 社区的三人也一样。

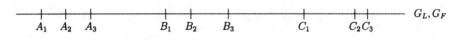

图 10.1 联邦主义政治中的理想位置

现在假设 G_L 和 G_F 的数量由九人组成的社区通过简单多数规则来决定，由大政治体选择的 G_L 数量供给到每个小社区。在具有单峰偏好和单维议题的空间内，中间选民定理的逻辑是适用的，而所供给的 G_L 和 G_F 数量符合九人政治体中的中间选民的理想点 B_2。因为对于九人大社区来说，G_F 具有纯公共物品的特征，所选择的任何数量的 G_L 和 G_F 都必须被全部九个公民所消费。所以，假如运用简单多数规则来选择数量，那么数量 B_2 可以说是最优量。但是 G_L 的公共物品特征允许以不同数量供给每个地方社区。显然，根据图 10.1 的理想点以及单峰偏好假定，如果社区 A 中 G_L 的供给量小于 B_2，那么其成员的生活会更好；而如果 C 社区中 G_L 供给量大于 B_2，那么其成员的生活会更好。如果每个地方社区能够运用简单多数规则选择自己数量的 G_L，那么上述数量就会被选定。因此，一种比由大社区决定 G_L 和 G_F 供给量更优越的制度安排是将决定 G_F 的权威授予大的社区，而将决定 G_L 的权威授予三个小社区。如此，一个联邦制的国家就被创造出来。

联邦制国家有两个显著的特征：（1）存在分立和层次重叠的政府；（2）不同层次的政府担负不同的责任。一个联邦制度的极端例子是将不同活动的具体权威授予每个层次的政府，各级政府能自主确定完成分配给自己的各种活动的开支水平，以及支付这些开支的税收。然而，没有哪个联邦制国家符合这种极端案例。例如，在美国，法律实施的首要责任在州和地方政府那里，但国会通过管辖某些刑事犯罪的法律，而联邦警察，如 FBI——常常重复或协助州和地方警察的行动。在许多通常被称为联邦制的国家，如德国，地区和地方政府征收本地税的权力非常有限，因而在分配由中央政府征收并转移给地方的资金方面也受到限制。尽管如此，所有在结构方面被视为联邦制的国家都在某种程度上展示了这两个显著的特征。

国家存在的标准理由是提供公共物品、解决市场失败和社会困境。这种包括国中国的政治社区的逻辑的延伸，将会根据被分配的公共物品的溢出程度，或囚犯困境所决定的社区规模来决定每个政府单位的边界。如果这两种公共物品的溢出程度是相等的，那么它们都会被授权给相同层级的政府。然而，如果并非两种公共物品具有完全相同的溢出效果，那么最佳的联邦结构将会让每种公共物品由不同的政府供给，每个法律由不同的政府来决定和实施。在成千上万种不同的、重叠的政府中，每一个体很容易就是一个公民。

很明显，这种情况不可能是最优的。我们遇上了老朋友——"交易成本"，正如交易成本最终可以解释国家的存在，交易成本的存在也可以解释为什么一个联邦国家的最优结构是由少数几层政府组成，每层政府被授予多种功能，而不是由成千上万层政府组成，每层政府只被授予一项任务。即使在直接民主中，每个公民必须承受参与会议的成本，这些会议决定什么样的行动可以得到保证。于是，他必须监督那些被他授予完成任务的人。用代议民主替代直接民主，让实际决定预算和征税负担的权力从公民那里转移到了议员那里，但是增加了不得不参与挑选代表过程的负担，而且扩大了公民的监督职责。他们不仅要监督自己挑选的议员，而且要监督执行集体决策的官僚。如果公民是跨社区流动的，那么我们必须加上他们不得不决定居住在哪个社区的成本，以及迁移到那个社区的成本。当那些设计联邦制度的人们处理授权问题时，他们必须在拥有多层政府所带来的所有交易成本与一个多维度的政府单位提供给公民的各种利益所带来的效率之间进行平衡。

那么，为什么不让一个层级的政府决定所有的问题呢？在我们的例子中，这种安排的非最优性与我们限制高层政府为每个社区选择相同水平的 x 有关。但是，施加这样一种限制是没有道理的。在自由选择不同数量的 G_L 的情况下，一种建议是将 A_2 数量的 G_L 供给 A 社区，将 B_2 数量的 G_L 供给 B 社区，将 C_2 数量的 G_L 供给 C 社区。另一种建议是将 B_2 数量的 G_L 供给所有三个社区，显然前面的建议会胜过后面的建议。B 社区的三个公民对这两项建议保持冷漠，而来自 A 和 C 社区的六个公民则喜欢不同数量的 G_L。因此，一个由所有公民组成的单个议会被赋予决定地方和全国公共物品数量之责任，原则上会复制当公共物品分配给地方社区时所产生的结果。为什么所有公共物品的数量不再由所有公民（或他们的代表）组成的议会中决定？其解释仍然是个交易成本问题。一旦我们扩大公共物品的范围，将所有地方的、地区的和国家的公共物品都包括进来，那么，单个议会将面临为每个社区决定每种公共物品数量的任务，那会让人不可思议。①

10.1.2　地区代议的联邦制

　　到目前为止的讨论假定直接民主运用于所有层次的政府。现在我们来假定代议制政府运用于较高层次的政府。每个地方社区选举一个议员到上级政府的议会。（本书第三部分的末尾将讨论代议制政府问题，因此，这里我们不讨论它如何运作的具体细节，而来考虑其简化版本。）

　　首先假定决定 G_F 数量的权力授予了较高层次政府的议会，而且继续运用直接民主和简单多数规则来决定 G_L 的数量。根据这些假定，在三个社区中选择的 G_L 数量继续符合每个社区的中间选民的理想点，而且在运用简单多数规则的情况下，可以被认为是最优的。②

　　让我们假定议员通过相对多数规则或简单多数规则选举产生。得到最多选票的候选人胜出。如果议会所决定的唯一事项就是 G_F 的数量，那么候选人为了竞争选票，会承诺一旦当选，就投票支持某种数量的 G_F。待决定的问题就是获胜的候选人占据 G_F 线上的哪个位置。中间选民定理又一次适用三个当选的议员所偏好的 G_F 数量符合 A_2、B_2 和 C_2 点上的数量。如果议会运用简单多数规则决定 G_F 的数量，那么 B_2 将被选择，这种联邦制度和代议制政府将选择与每级政府在直接民主制度下会选择的同样结果。

　　现在假定该议会也被授权决定 G_L 的数量。如果我们再次假定必须将相同数量的 G_L 供给每个地方社区，那么这种地区代议形式下的结果与直接民主制下的结果一样。议员 A_2 喜欢 B_2 以及其右边的任一点，议员 C_2 喜欢 B_2 以及其左边的任一点，而议员 B_2 喜欢 B_2 甚至所有其他的点，因此 B_2 获胜。在这个案例中，地区代议制产生了与直接民主制一样的结果，如果我们允许供给每个社区的 G_L 数量可经变化，结果也一样。

　　然而，一旦我们扩充问题集的维度并引进税收因素，那么情况就变了。

---

　　① 古典经济学研究将公共物品和交易成本的特征与任务安排联系起来，参见塔洛克（1969），奥茨（1972），布雷顿和斯科特（1978）。

　　② 所选择的数量一般不会最大化各社区成员的效用总和，或他们的消费者剩余的总和。因此，根据这些正常标准，所选择的结果次于那些在需求—显示过程中将被选择的结果。符合中间选民理想点的结果不会最大化效用总和，这个命题在第二十章将得到证明。人们运用于集体决策过程的不同正常标准是第五部分的主题。

10.2 为什么联邦制下的政府规模会"太大"

10.2.1 互投赞成票

假定我们继续拥有图 10.1 所描绘的单峰问题空间,而且像前面一样,有九位投票者。一个包括三位议员的代议制议会被选举出来,他们分别偏好 A_2、B_2 和 C_2 点。然而,该议会现在可以自由决定地方公共物品方面的开支以及支付它的税收。一个可能的结果会是分别以 A_2、B_2 和 C_2 数量的 G_L 供给三个社区,所选择的税率让每个社区所缴的税金刚好涵盖自己对 G_L 的消费。但对于 B 社区和 C 社区来说,这个结果会次于如下结果:对 A 社区课税,但没有 G_L 供给他们,这项税收用来支付供给 B 和 C 社区的 G_L。这样一个结果会降低 B 和 C 社区为支付 G_L 和 G_F 而不得不承担的税率,于是,这会将 B 和 C 社区成员的理想点移至图 10.1 的右边。因此,这两个社区的议员会偏好较高水平的 G_L。所以,B 和 C 社区的议员所组成的联盟会支持这个结果,不支持由每个社区选择自己 G_L 水平,并用自己的税收支付它。如果这个联盟能够形成,它会施加这个结果。那么,相对于 G_L 供给是每个地方政府的责任所带来的供给水平来说,在这些社区中,就会有"太多"的 G_L 供给出来。

这个例子类似塔洛克(1959)所说的由 100 个农民组成的社区中道路过度供给的例子,那里的每个农民都有一条道路。塔洛克并不假定代议制政府的存在,而过度供给的结果也许会在直接民主制下产生。B 和 C 中的个体公民与他们的议员一样,有强烈的动机歧视 A。这种歧视和潜在的无效率就其本身而言并不是其联邦制和地区代议制的产品;它只是运用简单多数规则的结果。联邦制和地区代议制所可能影响的是歧视和再分配所采取的形式,而不是它们的存在。

为了理解这一点,考虑一下替代这种形式的地区代议制的一个极端例子——全民代议制,看一看在这种制度下会发生什么。所有的投票者,不管他们生活在哪里,都得从同一份候选人清单中进行选择。当然,这些国家不只包括九人,而且其全国立法机构有几百个议席。公民不是从个体中,而是从政党中选择代表填充这些议席。在全民代议制中,公民从一个政党清单中进行选择,而且有几个政党可预期获得立法机构的席位。[1] 所

---

① 多党制的特征是本书第十三章的主题。

以，我们不妨认为公民由政党来代表，但继续简化地假定整个政治体中只有九个公民，他们拥有图 10.1 中所描述的对于 G_L 和 G_F 的偏好。如果我们继续假定这些公民在地理上被分成三个较小的社区，每个社区有三个成员。然后，可以合理地预期，一次全体选举会产生三个政党——A、B 和 C 政党，它们在全国议会中拥有相等的席位。这种席位分配可预期产生与地区代议制下完全一样的结果。在这种待定集体决策集上之偏好的地区分布条件下——如刚才所述，没有理由预期全民代议制下的结果会有什么大的差异。

然而，现在来看一个对偏好的地区分布。我们有三个社区 1、2、3，而不是 A、B、C，社区 1 中有公民 A_1、B_1 和 C_1，社区 2 中有公民 A_2、B_2 和 C_2，以此类推。高、中、低需求者均衡地分散于全国。在这种待定集体决策集上之偏好的地区分布条件下，地区代议制会导致由拥有 B_1、B_2 和 B_3 位置的个体所代表的三个社区。B_2 会再次成为所选择的 G_F 数量。如果 G_L 数量在高层政府议会中被选择，那么两个地方社区的议员组成的联盟再次会歧视第三个社区，譬如说，对它征 G_L 税，但不对它供给 G_L，而为自己供给更多的 G_L。

然而，这非常不同于全民代议制下的情况。在这里，人们还会预期 A、B 和 C 政党通过承诺代表对 G_L 和 G_F 的高、中、低数量的需求者而赢得席位。两个政党之间的联盟现在会基于它们对公共物品的需求水平上，歧视可能会针对高或低需求群体，这取决于所组成的联盟。如果对公共物品的需求差异建立在收入差异的基础上，譬如说 C 社区拥有最高的收入，那么在简单多数规则下，歧视和再分配会与个体收入而不是其地区位置相关。需要注意的是，在全民代议制下，如果每个地方社区的 G_L 在全国层次上决定，那么在其他条件相同的情况下，A 和 B 政党之间的联盟会偏好 G_L 在从 A_3 到 B_1 间的所有社区统一供给，其数量会少于仅由其中的两个社区负责这种决策的结果。[①] 这就是为什么"太大"这个词用于本节标题的数额标志之中。在联邦制度中，由高层政府供给地方公共物品所带来的歧视和再分配可能会导致较大数额（比地方社区自己选择的数额要大）的地方公共物品供给某些社区，而较小数额的公共物品供给其他社区。

这后一个结论依赖于在简单多数规则下多数对少数的某种剥夺，塔洛

---

① 巴伦（1993）提供了一个模型，其中由中央政府供给地方公共物品会产生同样模糊的结果。

克在他的农民/道路例子中讲过这种情况。有些人认为这种形式的歧视事实上并没有发生。我在后面将要考察这种主张。

10.2.2 普遍主义

前一节的结果预设中央政府立法机构中的获胜联盟利用了内在于多数规则中的潜力，并只为自己的成员供给地方公共物品，而且/或者运用歧视性税收公式来供给这些物品。这种由多数联盟实施的"暴政"对其成员显然有吸引力，但是，如果循环的概率很高，那么它也会有风险。议员或政党今天可能发现自己在一个获胜联盟中，明天就有可能处在失败的一边。为了避免这种风险，有几个作者主张立法机构采取普遍主义标准。每个地方社区得到由中央政府供给的所有地方公共物品。[①]

如果高层政府的立法机构运用普遍主义标准为每个地方社区选择 G_L 数量，那么，人们会预期它会供给数量 A_2、B_2 和 C_2，如果公民偏好如图 10.1 所描述的那样。然而，支持普遍主义的经验证据表明高需求者对立法机构有更大的影响（魏因加斯特和马歇尔，1988；霍尔和格罗夫曼，1990）。因此，不是供给 A_2、B_2 和 C_2 产出集合，而是供给 A_3、B_3 和 C_3 产出集合。

地区代议制的效果似乎常常不是由中央政府为每个地方政府供给特定的地方公共物品，而是不同的地方公共物品被供给着。联邦立法机构的每个议员提出一个选民认为联邦政府将要投资的"宠爱项目"。普遍主义标准的运用导致他们所有的愿望得以实现。

施瓦茨（1994）提供了一个模型来解释这种情况为什么会发生。每个议员只关心再次当选，而其选民只关心他们的宠爱项目是否被供给。选民忽视这些项目的成本，因为它分散到整个联邦政治体，而结果是中央政府供给了一揽子公共物品，如果这些物品由相应的地方社区来供给的话，它们就会被一个一个地削减。每种地方公共物品供给得太多了。

10.3 联邦制下的政府间拨款

联邦制度的一个重要特征是一级政府实际上不能为另一级政府提供公

---

① 不怎么依赖自我效用最大化假定一个普遍主义例子会是：成员出于某种公平感而普遍性地运用立法。参见魏因加斯特（1979），尼欧和奥迪舒克（1985），以及魏因加斯特和马歇尔（1988）。

共物品,只能转移资金给它。这种政府间拨款通常是从高层流向低层,但并不总是如此。欧盟的预算来自 15 个成员国政府自下而上的拨款。这一节,我们将探讨这种拨款的性质。首先,我们考察一下支持这些拨款的标准主张,然后考察一下有关其效果的经验证据。

10.3.1 达到帕累托最优的政府间拨款

当一个地方供给的公共物品有正的外部性时,政府间拨款能够改善资源分配。这种公共物品的一个例子就是公路。在一些联邦制度中,如在美国,每个地方政府负责在自己的政治辖区内建造和维修道路。然而,除了自己的公民使用这些公路外,其他辖区的公民有时也使用它们。为了达到帕累托最优,这些道路的建造和维修的需求应该通过加总所有使用者的需求表来测量,不管他们是不是本辖区的公民。该国家中所有公民对道路的需求被低估了,而所供给的道路服务数量少于帕累托最优数量。

在这个例子中,一个社区对道路的供给导致与其他社区有关的正外部性,这个问题可以像任何其他外部性问题一样得到研究。该问题除了外部性具有对称性之外,与 2.6 节所分析的问题一样。假设有两个社区 A 和 B,以及一定数量的公共物品 G_A, A 消费了自己供给的道路 R_A,外加 S_A 比例的由 B 供给的道路数量,$0 < S_A < 1$;对于 B 来说,也一样。

$$G_A = R_A + S_A R_B, \quad G_B = R_B + S_B R_A \tag{10.1}$$

如果 A 中的所有公民有相同的收入 Y_A,和效用函数 $U_A (X_A, G_A)$,那么它们会一致同意建设的道路数量将最大化下面拉格朗日等式为

$$L_I = U_A (X_A, G_A) + \lambda (Y_A - P_x X_A - P_r R_A) \tag{10.2}$$

这里的 P_x 和 P_r 是私人物品 X 和道路的价格,G_A 满足式 (10.1)。(10.2) 式的最大化导致类似的一阶条件

$$(\partial U_A / \partial G_A) / (\partial U_A / \partial X_A) = P_r / P_x \tag{10.3}$$

类似的条件可推导自 B 的有代表性的公民(所有的 B 成员都有相同的效用函数)。

为了获得帕累托最优的道路数量,我们就四个决定性变量 X_A、X_B、R_A 和 R_B,来最大化一个具有代表性的 A 成员的效用,约束条件是 B 中一个代表性成员的效用恒定,预算总量约束为

$$L_{PO} = U_A (X_A, G_A) + \lambda (\bar{U}_B - U_B (X_B, G_B)) + \gamma (Y_A$$
$$+ Y_B - P_x X_A - P_x X_B - P_r R_A - P_r R_B) \tag{10.4}$$

这会导致以下四个一阶条件:

$$\frac{\partial L_{PO}}{\partial X_A} = \frac{\partial U_A}{\partial X_A} - \gamma P_x = 0$$

$$\frac{\partial L_{PO}}{\partial X_B} = \frac{\partial U_B}{\partial X_B} - \gamma P_x = 0$$

$$\frac{\partial L_{PO}}{\partial R_A} = \frac{\partial U_A}{\partial G_A} \frac{\partial G_A}{\partial R_A} - \lambda \frac{\partial U_B}{\partial G_B} \frac{\partial G_B}{\partial R_A} - \gamma P_r = 0 \qquad (10.5)$$

$$\frac{\partial L_{PO}}{\partial R_B} = \frac{\partial U_A}{\partial G_A} \frac{\partial G_A}{\partial R_B} - \lambda \frac{\partial U_B}{\partial G_B} \frac{\partial G_B}{\partial R_B} - \gamma P_r = 0$$

根据（10.1），我们可得出

$$\frac{\partial G_A}{\partial R_A} = 1, \quad \frac{\partial G_A}{\partial R_B} = S_B, \quad \frac{\partial G_B}{\partial R_B} = 1, \quad \frac{\partial G_B}{\partial R_A} = S_A \qquad (10.6)$$

将（10.6）式代入（10.5）式，整理后得到（10.7）式：①

$$\frac{\partial U_A / \partial G_A}{\partial U_A / \partial X_A} = \frac{P_r}{P_x} - S_B \frac{\partial U_B / \partial G_B}{\partial U_B / \partial X_B}$$

$$\frac{\partial U_B / \partial G_B}{\partial U_B / \partial X_B} = \frac{P_r}{P_x} - S_A \frac{\partial U_A / \partial G_A}{\partial U_A \partial X_A} \qquad (10.7)$$

等式（10.3）说明，当来自 A 的代表性公民最大化其效用而忽视这个决定对于 B 的后果时，该条件得以满足。类似的条件对于 B 来说一样成立。将这些条件代入式（10.7），得到

$$\frac{\partial U_A / \partial G_A}{\partial U_A / \partial X_A} = (1 - S_B) \frac{P_r}{P_x}$$

$$\frac{\partial U_B / \partial G_B}{\partial U_B / \partial X_B} = (1 - S_A) \frac{P_r}{P_x} \qquad (10.8)$$

　　为了在两个社区中获得道路的帕累托最优供给，按照所购买的单位道路计算的补助必须提供给一个社区，它等于从其道路溢入其他社区的比例。

　　对于高层政府来说，获得这种结果的一种方法是对两个社区征收总的税收，然后以平衡拨款形式为每个社区提供补助。图 10.2 说明了基于社区购买力的平衡拨款的效果。在缺乏任何拨款的情况下，社区面对财政约束 BB，购买数量为 X_0 的私人物品和数量为 G_0 的公共物品。50% 的平衡拨款导致的结果是，只要地方社区购买一个单位的 G，联邦政府就购买一个单位的 G，这就相当于地方社区所购买的 G 有 50% 的减价。于是该社区

---

① 比较从等式（2.34）到（2.41）中外部性的类似推论。

的预算约束线就向上移至 BB'，它现在购买了数量为 G_{MG} 的公共物品。如果 G 是一件正常的物品，平衡拨款的替代和收入效果会导致所购买的 G 的数量增加。就私人物品 X 的消费来说，这两种效果向相反方向运作，而净效果是所购买的 X 的数量减少。如果这种情况发生，那么由平衡拨款带来的 G 数量的增加会比从中央实际转移到地方政府的资金数量要大。因此，平衡拨款是影响地方社区消费模式的潜有力的方法。

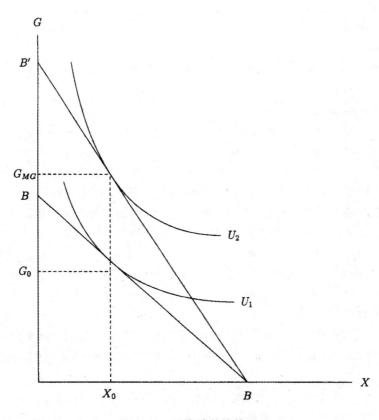

图 10.2　配套拨款的效果

　　常常使用的第二种形式的政府间拨款是一种不受限制的一揽子拨款。它的名称意味着这种拨款是无条件的，并允许地方政府自由选择花钱方式，包括税收花费，也就是削减某些和所有公民的地方税，并因此允许他们使用某些拨款来增加他们的私人消费。无限制拨款的效果在图 10.3 中得以说明。在没有拨款的情况下，社区的预算约束是 BB，他购买两种物

品的数量分别为 X_0 和 G_0。无限制拨款允许社区增加数量为 $B'-B$ 的私人物品消费，如果它通过税收削减抵消了所有的拨款，或者增加它消费这个数量的公共物品。社区预算约束线向外移到 $B'B'$，它现在购买 G_{UG} 数量的公共物品，和 X_{UG} 数量的私人物品。如果 G 和 X 都是正常的公共物品，那么每种物品所购买的数量就会增加。不受限制的拨款只影响其收入效果带来的所购地方公共物品的数量，因此可以预期，它会导致地方公共物品花费比一项平衡拨款有一较小的增加。

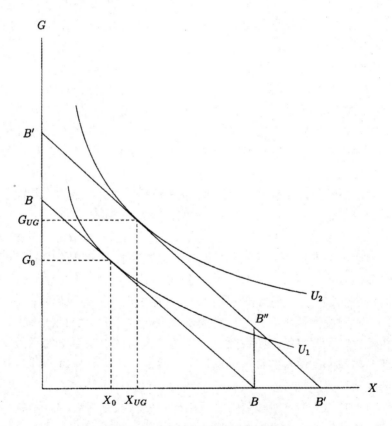

图 10.3 无条件一揽子拨款的效果

政府间拨款的第三种形式是专项拨款。专项拨款只用于资助被指定的项目，但是它们不限制地方政府在这些项目上花费多少自己的钱，在这一点上，它们像无条件拨款。因此，专项拨款也为地方政府提供了削减税收的自由。一个专项拨款不允许该社区将指定公共物品的消费削减到拨款水平以下。所以，与刚刚讨论的无条件拨款数量一样的专项拨款会将社区预算线从 X 轴上的 B 点外移 $B'—B$（参见图 10.3）。新的预算约束便成为 $BB''B'$。如果社区在缺少专项拨款的情况下购买的公共物品数量超过了拨款数量，如图 10.3 中的情况，那么一个专项拨款对所购买的两种物品数量的唯一影响也完全来自它的收入效果，其结果与没有对拨款附加条件时完全一样。如果社区在没有专项拨款时所要购买的公共物品数量少于拨款数量，那么，一个专项拨款就将所购买的公共物品数量增加至拨款水平。在所讨论的三种拨款中，完全平衡的拨款让中央政府在影响地方政府花费方向上可以做到"花钱取得最大的效果"，因此它们最符合政府间拨款的"溢出理由"。

政府间拨款的另一条理由是抵消社区间财政能力的差异。再考虑一下运用图 10.1 的例子，并假定社区 A 想购买较少的两种公共物品的理由是它的公民的收入比 B 和 C 社区的公民低。根据第三章提出的帕累托最优再分配的主张，B 和 C 中的公民可以从将资金转移到社区 A 的过程中获得效用。一种比例性或累进性所得税加上对社区 A 的联邦拨款就是一种帕累托最优的再分配形式。

如果 A 中的公民比较 B 和 C 中的公民更喜好较少数量的公共物品是因为他们比后者更穷，那么 A 中的私人物品消费也会低于其他两个社区。现在，如果 B 和 C 中的公民只是希望通过政府间拨款提高 A 中公民的福利，那么他们会投票支持一个无限制拨款项目。这种拨款允许 A 中的公民以他们所选择的方式使用这项资金，并在公共和私人物品之间分配这笔资金，以最大化他们的效用。这是最符合公民—消费者主权的政府间拨款形式。因此，政府间拨款最优形式背后的逻辑是完全相反的，当目标是为了获取帕累托最优时，那里的平衡拨款是为了矫正来自政府间溢出的无效率，当富裕社区的居民关注贫穷社区的居民的环境时，无条件拨款是消除"个人间外部性"的最优措施。

人们有时候认为，对较贫穷社区的政府间拨款是需要的，不仅因为人们允许这些社区的公民通过扩大私人和公共物品的消费而自认为合适地增加他们的福利，而且允许（诱导）他们增加对由政府提供的具体物品的购买力。富裕社区的公民只从贫穷社区对某种公共物品的新增消费中获得效用。教育也许是这种公共物品的一个例子。如果 A 必须从其自己的税收中为它的公民提供教育，那么，中间选民就会喜好 A_2 水平的教育。但 B 和 C 中的公民相信小孩不应该接受少于 B_2 水平的教育。如果这种情况属实，对地方社区的平衡或专项教育拨款也许需要达到帕累托最优。

存在影响政府间拨款的性质和规模的其他因素，但是许多这些因素是关于这些拨款为什么实际存在的假定，而不是关于它们为什么应该存在的假定。所以，我们要在下一节来讨论这个问题。

10.3.2 政府间拨款的经验证据

政府间拨款的分析可以得出关于它们影响地方政府花费的非常清晰的预测。如果一个地方政府的预算是其居民收入的5%，而且收入对地方公共物品的需求弹性为1，那么对地方政府的一揽子拨款中的5%应该作为地方政府开支的增长，而其余应该分配给私人消费或居民储蓄，因为对于这种无条件拨款来说，只有它的收入效果是起作用的。然而，这种简单的预测在经验文献中总得不到证实。经验研究发现，地方政府开支的增长从拨款规模的25%到200%不等，而平均估计超过50%。[1]转移给地方政府的中央政府资金基本上被"粘在所到之地"的地方政府的预算中。这个结果是如此的具有持续性，以至于它获得了自己的名字："吸纸效应。"

对这种简单政府间拨款模型的持续和戏剧性的拒绝促生了大量文献，它们要么重建模型以适应资料，要么重建数据以适应模型。[2] 这些文献对于我们来说太过庞大，难以深入研究。所以，我们这里满足于研究关于吸纸效应的两个解释——它们依赖于公共选择推理，并简要讨论一下计量经济学的批评。

对吸纸效应的一个解释是，它归因于财政幻觉（库兰特、格拉姆利克、鲁宾菲尔德，1979；奥茨，1979）。坦齐（1980）将财政幻觉概念追踪到约翰·斯图亚特·穆勒那里，并将帕累托视为一个来源。但对意大利经济学家普维亚妮（1897，1903）来说，信用必须强调财政幻觉对于实证政府理论的重要性（还可参见布坎南的讨论，1967，第126—143页）。财政幻觉的一般观念是，存在某种没有被公民观察到或没有充分观察到的政府税收来源。如果这些来源的资金被花费了，那么一些或所有公民都会从这些花费中获益，而对于政府的支持就会增加。因为公民不清楚这些开

---

① 25%的数字来自格拉姆利克和加尔珀。库尔诺（1963）、格拉姆利克（1977）在其经验文献研究中列出的最早研究，估计地方开支的增长是拨款规模的245%。

② 对于这种文献的研究，参见格拉姆利克（1977）、英曼（1979），费希尔（1982），海德斯特和斯莫德斯（1994，1995），海因斯和塞勒（1995），贝克尔（1996），以及贝利和康诺利（1998）。

支的来源，所以，他们看不到支付更高税收或错过税收削减而带来开支增长的痛苦。因此，花费那些因为财政幻觉而在公民视线之外的税收应该增加政府的受欢迎度，因此政府中那些寻找重新当选的人士有明显的动机花费任何属于财政幻觉的税收，并寻找具有这种特征的税收。至于政府间拨款，财政幻觉论的观点是，投票者看不到这些拨款本来属于他们而不是其地方政府中的人们，因此，所有的资金都可以给予投票者，如果政府中的人们选择那样做。公民对政府间拨款的经济学的无知导致关于这些拨款的财政幻觉。这种财政幻觉允许地方政府中的那些人花费超过最大化投票者效用所需要的更高比例的拨款资金。地方政府利用了这个机会，而吸纸效应"困境"得以被解释。

吸纸效应的进一步解释依赖于地方政府当选官员增加受欢迎度的动机。吸纸效应的第二种解释强调地方政府非当选官员的动机，这些官员位于官僚机构之中。尼斯卡宁（1971）假设政府官僚寻求最大化其预算规模。他的理论还依赖于信息不对称，但现在是政府的当选成员缺乏信息，并被拥有信息的任命官僚所利用。[①] 基于这个理论的吸纸效应的解释可以表述如下：中央政府提供教育专项拨款给地方政府。该拨款少于地方政府当前的教育预算，而且这等于一种无条件拨款，并应该只导致地方教育开支的温和增长。然而，地方教育官僚机构成员热衷于花费这笔钱，而且利用当选政客对于教育成本和收益的无知，说服他们相信这笔钱"确实需要用来改善地方学校教育的质量"。于是，该拨款中的很大一笔便成为地方教育预算的附加。[②]

对政府间拨款的温和预算之影响的预测只适用于无条件的和（最为）专项的拨款。对平衡拨款的预算影响可以是很大的。然而，并不总是容易确定所做的拨款性质，因此一些平衡拨款包括进了被发现有吸纸效应的经验案例之中。这是对它的一种可能的经验解释。

一个相关的解释是，一个专项拨款也许是一个隐含的平衡拨款（谢尼克，1979）。当中央政府决定为一地方政府提供教育专项拨款时，据说它这样做是因为想让地方政府在教育方面花费更多。如果地方政府选择使用最多的拨款来削减税收，而不增加教育支出，那么中央政府的目标就没有

---

① 尼斯卡宁的理论在第十六章与布伦南和布坎南的理论一起得到讨论（1980）。

② 维尔德（1968，1971）对吸纸效应的解释在某种程度上预言了尼斯卡宁的模型。施奈德和吉（1987）为一种官僚权力解释提供了经验支持，说明政府间的竞争据说减少了官僚机构的买方垄断权力，从而缩减了吸纸效应的规模。

满足。这个结果会大大减少未来来自中央政府类似拨款的可能性。如果地方政府成员了解这一点——而且如果他们不那样做，中央政府成员可能让他们意识到这样做的危险——那么他们会将专项拨款视为一种平衡拨款，并通过增加该拨款单独的收入效应所带来的数量保证来扩张他们的教育。对于当选地方政客来说，最好是从中央政府那里弄到钱，即使他们必须将它们花在教育方面，也比得不到那笔钱要好。

关于应用于吸纸效应估计的计量经济学，有几个批评。但是只靠改进计量经济学似乎不能消除它。[①] 或许对关于吸纸效应的经验证据的最简单的，也是最具潜在毁灭性的攻击是由贝克尔（1996）做出的。他只是用拉格朗日函数形式来替代通常所使用的线性形式，便可以消除吸纸效应。在许多计量经济学研究中，这种替代对所得出的结论只具有温和的效果。在这种文献中，它应该具有这种戏剧性的效果，这是值得注意的。尽管即将进行用其他数据集对贝克尔的发现进行证实，但人们仍然必须得出结论：联邦拨款资金的一个重要部分在地方政府层次上似乎"粘在所到之地"。[②]

10.4 在联邦制下为什么政府规模有时"过大"有时"过小"

许多公共选择文献，如同关于吸纸效应的文献，以这样那样的方式认为政府规模增长的过大，过大的意思是它超过了可以最大化中间选民效用，或最大化根据社区成员效用来定义的某种福利函数的规模。然而，有某些理由相信，在一个民主政体中，至少有政府部门的某些部分也许过小。这种危险在采用地区代议制的联邦制国家中特别有可能发生。[③]

为了说明政府开支为什么同时过大和过小，我们假定存在一个两级联邦制国家。我们不假定中间选民或代表性选民的偏好具有决定性，本章前面所提出的两个模型是这么假定的，而是假定政府中人们的偏好是决定性的。当选政府官员的主要目标根据假定是重新当选。政府花费得越多，假定税收不变，选民就越高兴，现任政客重新当选的概率就越高。假定这个概率以下降的速率增长，我们可以将地方和联邦政府的当选官员边际开支

---

① 参见威科夫（1991）的评论和检验。

② 沃辛顿和德勒（1999）已经利用澳大利亚的数据证实了贝克尔的发现。

③ 从公共选择的视角认为在民主政体中政府也许过小，唐斯（1961）是最早持这种观点的学者之一。

价值描述为 MV_L 和 MV_F，如图 10.4a 和 10.4b。（如果我们要假定官僚机构中人们的偏好是决定性的，而且他们是预算最大化者，那么，这些曲线代表了地方和联邦政府的边际效用。）

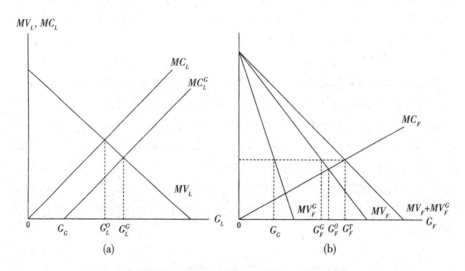

图 10.4　联邦制下拨款对政府支出的影响

　　尽管花钱可以赢得选票，但在其他条件不变的情况下，增加税收会失去选票。图 10.4a 和 10.4b 中的 MC_L 和 MC_F 描述了两级政府为了支付开支而增税，使得政府的受欢迎度下降，并由此带来了边际成本。如果宪法将地方公共物品分配给了地方政府，而将国家公共物品分配给联邦政府，那么，地方和联邦政府选择供给数量为 G_L^o 和 G_F^o 的物品，这时，开支增长所带来的重新当选概率的边际收益恰好等于税收增长所带来的重新当选概率的边际损失。

　　现在假定全国立法机构的议员按地区选出来，而且这个立法机构可以自由地直接供给地方公共物品，或者为地方政府提供拨款。于是，这些议员能够通过同时花费更多的全国公共物品和地方公共物品而增加其重新当选的机会。如图 10.4b 中的 MV_F^G 代表了立法机构成员对出于这种理由的地方开支的边际评价。在联邦层级上对国家和地方公共物品的边际评价就是 $MV_F + MV_F^G$。新层次的总体联邦开支包括对地方政府的拨款或对地方公共物品的直接购买，它用 G_F^T 表示，它由中央政府在国家公共物品上的开支 G_F^G 和对地方政府的拨款或直接支出 G_G 构成（$G_G = G_F^T - G_F^G$）。中央政府总体支出增加了；它在国家公共物品上的开支从 G_F^O 降到 G_F^C。联邦税收中对地方公共物品的资助从联邦预算中挤出了某些国家公共物品，于是，某些地方政府预算基金向国家层次转移会导致用于国家公共物品方面的联邦预算过少。[①]

再来看看图 10.4b 中的地方层次的政府，我们看到，一项拨款 G_C 将地方政府边际成本线移至 MC_L^C。包含了这项拨款的新的地方开支水平 G_L^C。尽管如此，我们假定该拨款是一揽子拨款，而不是平衡拨款，它允许地方政府削减一点税收，该拨款降低了购买地方公共物品的边际成本，并导致地方公共物品开支方面的增长为 $G_L^C - G_L^O$，这个数量超过了我们预期仅仅来自收入效应的数量。[②]

图 10.4a 和图 10.4b 的比较显示出政府间转移拨款对政府部门总体规模的净效应是正的。国家用于公共物品上的支出减少，即 $G_F^O - G_F^C$，少于地方公共物品上的开支，即 $G_L^C - G_L^O$。拥有地区代议制和政府间拨款的联邦制政府会导致在国家层次上少于最优开支，而在地方层次上则多于最优开支。

格罗斯曼（1989a）检验了这样一种预测：政府间拨款会导致总体政府部门的增大，他运用了美国的跨域跨时系列资料。[③] 他对于 1976—1977 年的跨域估计运用了来自 48 个大陆州的数据。该估计公式由（10.9）式给出：

$$G = 0.036^{**} + 6 \times E^{-5**}TR + 4 \times E^{-6**}Y + 1 \times E^{-4**}FTR$$
$$+ 3 \times E^{-4}MFG$$
$$n = 48, \bar{R}^2 = 0.583 \tag{10.9}$$

** = 5% 的显著水平，* = 10% 的显著水平。

在这个等式中，G 是作为个人收入一部分的州和地方税收，TR 是州对地方社区的转移支付除以州的人口，FTR 是联邦对州的转移支付除以州

---

① 第十二章讨论这样一个模型：政治竞争导致选票最大化政客选择帕累托最优数量的公共物品。这个模型会预测到，允许中央政府资助地方公共物品会带来福利的下降，其结果如图 10.4b 所示。

② 这个模型所产生的结果与前一节所使用的简单拨款模型所产生的拨款之间出现了差异，因为该模型隐含着假定，在没有平衡拨款的情况下，购买更多公共物品的边际成本是常量，这里我们假定相对于政客的边际成本处在增长之中。

③ 上述模型是格罗斯曼模型的简化版。关于联邦制度中政府间拨款的更为细致的模型，参见雷诺和万·温登（1991）。

的人口，*MFG* 是州的人口除以州内拥有多重职能的政府（基本上是市和县政府）的数目。第三个变量是不重要的，但其他两个变量是重要的。*TR* 的正系数意味着相较于州政府转移给地方政府的资金来说，州内总体政府部门规模有一定增长。*FTR* 的正系数是吸纸效应的一个证据。格罗斯曼的估计意味着州政府的支出弹性高于联邦拨款约 31%。他的时间序列估计运用了联邦、州和地方政府开支数据，它也证实了一种假设：联邦制中政府间转移拨款导致政府部门总体规模的扩张。①

当两个政府为供给相同的服务而竞争时，一种不同形式的政府浪费就出现了。在政府利用纳税人资源的方面，两个政府面临一种"公共池塘"问题。②

表 10.1　　**根据预算类别划分的欧盟开支分配**（1985 年和 1995 年）

年　份		1985	1995
再分配（%）	农业和渔业	72.9	53.6
	地区政策	5.9	13.6
	社会政策	5.7	11.9
配置效率（%）	研究、能源和交通	2.6	5.6
	对外政策	·	6.2
	管理成本	4.6	5.1
	其他	4.4	4.5

资料来源：古德曼，1996，pp. 101、105—106。

在地区代议制下，地方利益将地方项目转移到国家预算那里，并因此挤出国家利益的可能性已经在美国背景下进行了大致的讨论。③ 然而，欧盟（EU）在很多方面为这种现象提供了更为清晰和更富戏剧性的案例。欧盟最重要的决策实体是欧盟理事会，它在布鲁塞尔开会。每个成员国在理事会中的代表由各国政府任命。因此，在欧盟最重要的决策实体中，代表是以地区为基础的，跟美国一样。

---

①　尽管格罗斯曼没有明确地检验挤出效应，但根据其模型的一个预测得到支持，这一事实让人们预期它的其他含义也有可能在数据中出现。

②　参见由弗劳尔斯（1988），米格（1977）和弗雷德（1999）提供的模型和证据。

③　参见费约翰（1974）和菲奥里纳（1977a）。

理事会面临一个非常严格的预算约束。它的资金来自成员国的捐助，它已经逼近他们所能征收的税收上限（参见第二十二章）。欧盟的整个预算要低于欧盟 GDP 的 3%。因此，如果任何地方的——这里是国家的——公共项目要进入欧盟的预算，那么挤出全欧公共物品的潜力就会很大。

另一方面，直到 1991 年，理事会做决策时还在运用全体一致规则。根据我们在第四章讨论的这种规则，人们可以预期，它的使用会阻止地方公共物品和非自愿再分配进入欧盟的预算，但是这种情况没有发生。相反，理事会似乎采取了许多人在美国国会中可以看到的那种普遍主义。表 10.1 显示，1985 年和 1995 年欧盟的预算被分解成几种大的类别。完全或基本上属于再分配性质的预算占 1985 年欧盟预算的 85%，以及 1995 年的 80%。那些相当明显地具有公共物品特征的预算只占 1985 年欧盟预算的 2.6%。即使我们将对非欧盟国家的援助（对外政策）视为"帕累托最优再分配"——也就是某种具有配置效率的活动，提高分配效率的支出也只占 1995 年欧盟预算的 11.2%。

当前，欧盟预算中最大的单个项目，同以前一样，仍然是对农民的资助。人们也许认为，在国家层次上，这些资助也许构成某种帕累托最优再分配。法国公民看到法国农民生活改善，就会获得效用，并因此愿意支付更高的食品价格，交更多的税，以资助他们的农民。但很难在欧盟层次上提出这种主张。如果这样做的话，人们不得不认为，譬如说，葡萄牙的普通公民看到法国农民生活改善时会获得效用——即使普通法国农民比普通葡萄牙公民更为富有。解释了欧盟预算中农业再分配的突出地位，也就解释了美国导致大量农业资助的肉桶（Pork - barrel）政治，它们的道理如出一辙。欧盟各国的农民能够对它的政府施加足够的政治成本，以诱导它进行艰难的游说，以获得高额资助。

给定欧盟的再分配规模，并给定其预算规模，那就没有什么预算可以留下来资助那些应该能证明其存在正当性的全欧公共物品——如外交政策和国防等。假定存在某种全欧公共物品，那么，在地区代议制的联邦政治结构的鼓励下，在应该证明欧盟存在正当性的一个领域——供给这些公共物品，欧盟的再分配政策带来了太小的政府支出。

10.5 联邦制下的集权问题

1949 年，德意志联邦共和国宪法的确创建了一个联邦共和国。该宪法将一些专项税收来源，如个人和公司所得税、财富和遗产税等，安排给邦（Lander），德国的地区政府。1950 年，德国全部税收的约 40% 由地区和地方政府征收。到 1995 年，这个数字降至 7%，因为联邦政府已经掌控了所有主要的税收来源（布兰卡特，2000）。

1929 年，美国联邦政府开支不到州和地方政府开支的一半。今天联邦政府开支比州和地方政府开支多出 50% 以上。[①]

政府财政的这种集中化过程在许多国家一再出现。这是如此的普遍，以至于一些欧洲人称为波彼兹定律（Popitz's Law），这位德国学者在 70 多年前讨论过"中央政府的吸引力"的问题。[②]

布兰卡特（2000）讨论了波彼兹定律在 20 世纪后半叶的德国的表现。在他的描述中，邦政府的当选官员在剥夺其政府的税收权力的过程中愿意充当同谋的角色。中央政府在邦政府中间有效地帮助组织了一个卡特尔，以消除税收竞争。

格罗斯曼和威斯特（1994）描述了加拿大在同一时期的集权化过程，它非常类似于布兰卡特所描述的德国过程。加拿大各省之间的卡特尔与中央政府结合在一起，大大减少了跨省税率差异。为了减轻蒂伯特移民对各省的竞争压力，从联邦政府到省政府的平等化拨款就被制度化。

低层政府间为了消除税收竞争和移民而建立起来的卡特尔不仅有利于政府活动的集权化，并且还扩大了它的规模。这个过程的机理与早前描述的关于政府间拨款对政府规模的效应的机理一样。格罗斯曼和威斯特提供了计量经济学的证据，它将加拿大政府活动的集权化与其总体政府规模的增长联结了起来。布兰卡特在对德国和瑞士进行的某种形式的比较中，为德国提供了较为间接的证据。尽管从第二次世界大战后，德国政府税收来源已经大大地变得更加集权化，但瑞士的税收来源变得更为分权化。在相同的时期，德国政府部门的增长速度比瑞士快 20%。[③]

瑞士的例子说明波彼兹定律有时会失效。瑞士政治制度的几个特征有助于解释这种现象。瑞士公民能够诉诸公民投票来重新考虑由当选政府采取的任何行动。这些公民投票常常用于否决开支和税收的增长。一些地方社区继续采取直接民主，因此消除了政府用自己考虑政府项目的偏好代替

---

① 参见表 21.1。
② 参见沃贝尔（1994）和布兰卡特（2000）的讨论。
③ 参见表 21.2。

公民的偏好的倾向。最重要的是，瑞士公民持续抵制削弱他们直接控制政府的努力，譬如说，他们一再地拒绝进入欧盟。[①]

潜在的，宪法通过清晰的将不同职能和税收来源安排给不同层次的政府，从而也能够有助于保持一个分权的联邦结构。这种安排出现于1949年的德国宪法，然而，它只要被修正就可容纳集权化过程，就像加拿大一样（布兰卡特，2000；格罗斯曼和韦斯特，1994，p. 22）。美国宪法第8节将简短而具体的职能安排给了联邦政府，除了该清单中的第一条——"负责合众国的共同防务和普遍福利。"这项宪法性职能安排成功地阻止了中央政府侵犯州和地方政府活动达一个半世纪之久，直到1930年，该宪法通过司法重新解释而被"修正"。人们从这些案例中所得到的教训是，宪法性职能安排必须有程序相伴随，以便让宪法修正变得困难，而司法机构在其对宪法的解释中必须立场坚定，以有效地阻止对联邦结构的侵蚀。[②]

文献注释

经济学和政治学文献中对联邦制的经典研究，除了《联邦党人文集》之外，包括赖克（1964）、埃拉扎尔（1966）、弗里德里克（1968）、奥茨（1972），以及布雷顿和斯科特（1978）。

关于经济学和公共选择文献中最近的研究，参见英曼和鲁宾菲尔德（1997）。

希列特（1997）一般性地讨论了安排问题和联邦体系中出现的政府间冲突问题。

施特伦普夫和奥伯霍兹尔-吉（2000）提供证据说，出现拥有强烈偏好的地区性集中的群体能够影响联邦体系中的责任安排。

菲利普夫、奥迪舒克和什韦佐娃（2001）分析了如何避免联邦体系中的政治不稳定问题。

---

① 关于瑞士案例的进一步讨论，参见弗赖（1994）。沃贝尔（1996）在一项跨国比较中也发现，对联邦税收增长的公民投票会阻止集权化。他识别了阻止集权化的其他几种因素，其中最重要的是宪法法院的年龄。

② 阿克曼（1998）详述了1930年的事件，那些事件解除了阻止联邦政府活动扩张的宪法障碍。阿拉索（1992a、b）描述了最高法院如何勇敢的，但最终没能成功的，试图保护这个国家的联邦制，以防止国会的攻击。还可参见尼斯卡宁（1992）。

菲利普夫、奥迪舒克和什韦佐娃（2000）对宪法中政府职能的司法安排在保护联邦制方面的潜力持高度怀疑的态度。

第十一章　两党竞争：决定性投票

政客既不爱也不恨。统治他们的是利益，而不是感情。

彻斯特菲尔德·埃尔

……一个总统候选人被提名由全体人民选举，通常说来，他会因为没有受到明显的批评而被选中，因而很可能是个庸才。

亨利·萨默纳·梅因

在有大量选民和议题的情况下，直接民主是不可能的。即使在人数小到足以让所有的人确实能一起争论和决定议题的政治体——譬如说由 500 人组成的政治体中，也不可能让所有人对每个议题提出自己的观点，哪怕是简短的观点。于是，"主席问题"便是要挑选某些人来表达该政治体的大多数成员可能持有的各种观点（德·约维纳尔，1961）。当政治体太大而不能让所有人集中到一起时，就必须通过某种方式选出代表。

公共选择文献集中关注代议民主的三个方面：代表在竞选和在职期间的行为；选民在选举代表中的行为；以及代议民主制下结果的特征。公共选择理论假定，代表像选民一样，是最大化其效用的理性经济人。尽管可以自然地假定选民的效用是他们所消费的各类公共物品和服务的函数，但关于什么可以最大化代表的效用，要做出"自然假定"，就不那么容易。唐斯（1957，p. 28）模型的基本假设是，"政党是为了赢得选举而制定政策，而不是为了制定政策而赢得选举"。他的研究第一次系统地探讨了这项假定的含义，而且围绕着他所设定的框架，已经涌现出了一批文献。[①]

---

① 对选票最大化的出色辩护，参见梅休（1974）。

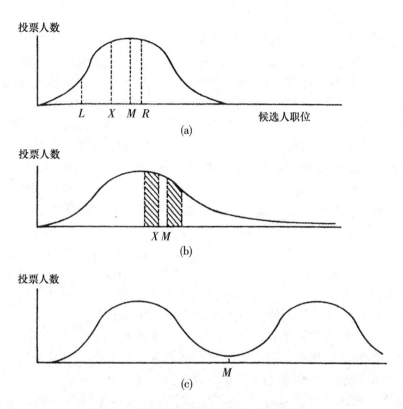

图 11.1　两党竞争中的中间投票人结果

　　关于公共选择和政治科学的许多文献一直重点关注代议民主，是因为它是政治表达的主导模式。尽管这种文献中所讨论的许多问题已经在直接民主或委员会模型的背景中得以讨论，但我们大脑中的委员会常常是代表的集会，而联盟就是政党。已经讨论过的许多问题和结果几乎直接进入了代议民主的领域。因此读者们看到中位数结果，循环多数，以及互投赞成票等现象重又出现时，或许不会感到奇怪。

11.1　两党民主制下的结果

　　霍特林在 1929 年第一次将中位数选民定理表述成两党民主制的结果，这篇文章显然是唐斯的知识先驱，也是布莱克著作的更直接的先驱。它的确可以被看做公共选择的开拓性文章，因为它是运用经济学分析政治过程的第一次直接尝试。

在霍特林—唐斯模型中，政治观点被描述成沿着单一的自由—保守（左—右）维度的排列。它假定每个选民在候选人或政党所采取的立场光谱上拥有一个最喜好的位置。[1] 候选人离这个位置越远，他的当选就最不受这个选民欢迎；因此，霍特林—唐斯模型假定了单峰偏好。图 11.1 (a) 描述了最受偏好的候选人立场的频率分配。我们首先假定，这个频率分布是单峰的和对称的。如果每个选民投票，而且投票支持最接近选民最偏好的立场的候选人，那么，L 就会得到位于 X 左边的所有个人的选票，X 是线段 LR 的中点。R 就得到位于 X 右边的所有选票。如果 L 和 R 是两个候选人所采取的立场，那么 R 就会赢。L 可以通过向 R 移动来增加他的选票总量，这样，X 就会向右移动，R 也可以这么做。于是，两个候选人就被驱向由中位数选民喜好的立场。该观点的逻辑与显示由中位数选民喜好的问题获胜的逻辑一样，因为在霍特林—唐斯模型中，只有一个议题需要做出决定：获胜候选人离右边或左边有多远。

这种初始结果背后的假定是如此的不现实（单一议题的维度；单峰和对称的偏好分布；所有人都投票；只有两个候选人），许多研究者自然会考察放松这些假定的后果。只要所有选民都投票，不管偏好分布如何，中位数结果都会成立。只要所有选民都投票，位于某个候选人的立场和处在自己一边但靠近另一候选人的最远端点之间的投票者会"落入圈套"，支持前一候选人。于是，一个候选人可以"追逐"其他候选人的选票，其方式是"侵入别人的领地"，而且二者都继续移向中间位置。

然而，史密斯（1941）在霍特林模型的一个早期扩展型中指出，当一个候选人远离支持他的选民时，这些选民也许会放弃他而支持另一个候选人，或者干脆不投票。关于弃权的两个合理假设是：（1）各候选人位置可能靠得太近，从而让投票变得没有价值（无差异）；（2）位置最近的候选人对于选民来说仍然很遥远，从而让投票变得没有吸引力（异化）。假设 P_j 是候选人 j 的政治纲领，P_i^* 是选民 i 的理想点（政治纲领），而 $U_i(P_j)$ 是选民 i 从政治纲领 j 中获得的效用；于是我们就能够正式定义无差异和异化：

无差异：当且仅当 $|U_i(P_1) - U_i(P_2)| > e_i$，$(e_i > 0)$ 时，选

---

[1] 对选票最大化的出色辩护，参见梅休（1974）。

民 i 会投票。

异化：当且仅当存在某种 $\delta_i > 0$，使得 $[U_i(P^*) - U_i(P_j)] < \delta_i$，（$j = 1$ 或 2）时，选民 i 会投票。

e_i 和 δ_i 是决定它们是否投票的常数。

如果选民不投票的概率是两个候选人立场接近程度的增函数，那么向偏好对称分布的中间移动，就会对两个候选人的总体票数产生对称的影响。中间位置的拉力仍然存在，而均衡依然在中间位置。无差异并不影响这个结果。如果选民弃权的概率是候选人离他距离的增函数，那么这个候选人就会被拉向该分布的众数。如果该分布是对称的和单峰的，那么中位数和众数就会一致，而中位数选民结果不会被推翻。因此，当选民偏好的频率分布是对称的和单峰的时候，无论是无差异还是异化，抑或二者的结合都不会影响两个候选人向中位数选民最偏好的位置靠拢（戴维斯、希尼奇和奥迪舒克，1970）。

然而，如果选民偏好分布是非对称的和多峰的，那么中位数选民结果就会被推翻。如果该分布是非对称的，却是单峰的，那么每个候选人的最优位置就会被拉向波峰（众数位置），条件是当候选人远离选民时，选民会异化（科马诺，1976）。考虑一下图 11.1b 就可以明白这一点。假设两个候选人都位于分布中位数 M 的位置，某个候选人向 X 的移动会降低 M 右边阴影部分的选民投票支持他的概率。而这种移动同时会以相同的数量增加 X 左边阴影部分的选民投票支持他的概率（两个阴影区域拥有相等的基线）。由于 X 左边的区域比 M 右边的区域有更多的选民，所以，移向众数位置的净效果（只考虑到异化的效果）必定增加候选人的预期选票。然而，由于 M 是中位数位置，位于此点左边和右边的选民数量必定相同，只要有对 M 的微小偏离，异化对候选人选票的影响就必定很明显。然而，正如科马诺（1976）所证明的那样，中位数位置与众数位置之间的距离不可能大到足以导致候选人位置由于偏离了中位数选民假设下所预期的异化而出现显著的变动。

图 11.1c 描述了一个双峰对称分布。也许人们会预测，通过刚才讨论的逻辑，异化的出现能够导致候选人偏离中位数位置，走向两个众数位置（唐斯，1957，pp. 118—122）。但是它不需要如此。如果异化较弱，那么它就能够让中位数结果不变，或产生不稳定的策略集；这就是在两党竞争、赢者通吃的体系中拉向中间点的力量（戴维斯等，1970）。

如果选举包括两个步骤，即党内提名竞争和党内竞争，也许会出现候选人的伸展效应。为了赢得政党提名，候选人会被拉向政党的中位数位置；而赢得选举的需要又将他拉回到靠近人们的中位数位置。如果他视其他两个候选人的立场是固定的，那么就会形成一种古诺博弈，而均衡一般落在政党中位数位置和中间投票人中间（科尔曼，1971，1972；阿朗松和奥迪舒克，1972；卡尔弗特，1985）。

在第五章，我们提到，只有当议题定义在单维上时，一般说来，单峰性才能保证多数规则下的一个均衡。当这种情况发生时，单峰性保证，中位数选民的峰顶偏好的结果满足普洛特的完美平衡标准。但是，当我们转向多维时，单峰条件就不能确保均衡的存在。所以，当读者知道多维世界中多数规则下均衡不稳定性的结论仍然直接留在有关代议民主的文献中时，他们不会感到惊讶。在多数规则条件下，一个候选人在挑选一个能击败所有其他政纲的多维政纲时所面对的问题，与在多维空间中找到一个能击败所有其他议题的议题时，所在地面对的问题是一样的。

人们可以将多峰分布和异化假定结合起来，设想一个候选人在几个议题上都表达极端立场，并赢得足够数量的少数派支持，击败了另一个在所有问题上都采取中间立场的候选人。当这种情况发生时，一个少数会因为一个候选人在许多关键议题上所持的立场而支持他，不管它在其他议题上的立场如何，这个少数实质上是在其他议题上将自己的选票卖给对这些议题感觉强烈的其他少数。[1]

不幸的是，导致循环的选票交易出现的可能性依然存在。考虑一下表11.1 中的选民偏好。假设有两个候选人围绕三项议题而进行竞选。如果每个候选人采取一种支持所有三个议题的立场，这样做的结果是使得所有选民的净效用最大化，但是他可以被一个支持其中任何两个议题而反对第三个议题（譬如说 PPF）的候选人击败，因为三个选民中的两个总是能够从一个议题的失败中获益。然而，PPF 可以被 PFF 击败，而 PFF 又可以被 FFF 击败。但所有三个选民都喜好 PPP 甚于 FFF，因而，循环是完整的。所有的政纲都有可能被击败。

---

① 唐斯（1957，pp. 132—137）；塔洛克（1967，pp. 57—61）；布雷顿（1974），pp. 153—155）。注意，当议题维度超过一维以上时，这种形式的选票交易更容易想象。当这种情况发生时，我们不需要假定异化，以获得一个主导性的选票交易战略。

表 11.1

议题	投票者		
	A	*B*	*C*
Ⅰ	4	−2	−1
Ⅱ	−2	−1	4
Ⅲ	−1	4	−2

在单个的选举中，候选人不能在几个政纲之间轮换，因而循环不可能被见证。在跨时选举中它就有可能发生。由于执政者的在位行动受初始政纲选择的承诺约束，所以，挑战者就有了选择第二种获胜政纲的优势。在两党制中，循环应该表现为执政者的不断落选（唐斯，1957，pp. 54—62）。①

因此，我们又面临政治不稳定问题，现在它表现为旋转门式政治代议的危险。然而，这个预测得到多大的支持呢？尽管很难从一个委员会的行动中看清一个循环，但在位候选人常常被击败的论断则是比较容易检验的。表 11.2 中的数据表示在位政党候选人在州长选举中被击败的频率。由于坐在州长位置的政党候选人必须根据前任州长的政绩来竞选，所以，不管现在竞争该职位的是现任州长，还是新人，循环定理预测现任州长所属政党的候选人被击败。

循环定理预测州长职位控制权的变化概率是 1，除此之外，还可以提出其他两个"朴素的"假设：

1. 随机假设：选举是随机事件，或许因为选民不想费劲地去收集关于候选人的信息，因为这样做的诱惑力是很小的。这个假设得出这样一种预测：在美国两党制中，州长所属政党的变化概率是 0.5。②

2. 共谋假设：执政者能操纵制度或选民偏好，以致他们从未被击败。他们失败的概率为零。

自从共和国诞生后，在位州长所属政党只有四分之一多一点的时间不能重获州长职位。尽管自从 1960 年后，占据州长职位的政党变更的频率有所增加，但没有哪一个十年中，挑战的政党赢得州长选举的时间超过

---

① 当然，成为执政者的一项优势就是他可以修改选举法，以利于执政者。

② 有些州有时拥有两个以上的政党推出候选人来竞选州长，但这里的合适概率只比 0.5 稍低一点。

40％。在美国历史上，平均说来，州长选举导致州长职位变更的概率大体落在执政党操纵选举时的概率与随机选举时的概率之间，循环理论的旋转门假设遭到响亮的拒绝。[①] 至于委员会投票的结果，塔洛克提出了一个合适的问题："为什么如此稳定？"

表 11.2　　　　　选举结果和增长率（1775—1996）

时期	选举次数	政党变更比例[a]	获胜政党选票比例	第一和第二政党之差	少数党选票总比例
1775—1793	41	.273	.708[b]	.489[b]	.073[b]
1794—1807	85	.133[b]	.700[b]	.426[b]	.026
1808—1819	95	.211	.637[b,c]	.297[c]	.022[b]
1820—1834	163	.190[b]	.675[b]	.406[b]	.055[b]
1835—1849	201	.292[c]	.551[b,c]	.142[b,c]	.039
1850—1859	156	.296	.541[b]	.137[b]	.056[b]
1860—1869	176	.260	.627[b,c]	.271[c]	.017[b,c]
1870—1879	167	.259	.571[b,c]	.177[b,c]	.035
1880—1889	160	.244	.580	.196	.036
1890—1899	178	.299	.551[b,c]	.172[b]	.070[b,c]
1900—1909	184	.143[b,c]	.588[c]	.218[c]	.043[c]
1910—1919	185	.315[c]	.565[b]	.215	.085[b,c]
1920—1929	187	.211[c]	.619[c]	.269[b]	.031[c]
1930—1939	180	.320[c]	.608	.248	.032
1940—1949	178	.243	.633[b]	.272	.010[b]
1950—1959	173	.236	.612	.232	.009[c]
1960—1969	156	.372[b,c]	.568[b,c]	.146[b,c]	.010[b]
1970—1979	151	.391[b]	.596	.160[b]	.024[b]
1980—1989	120	.325	.569	.160	.018[b]
1990—1996	103	.379[b]	.565	.175[b]	.040
1775—1996	3039	.273	.596	.226	.037

资料来源：格拉尚（1979）；缪勒（1982）；选举研究中心（1985）；斯卡蒙、吉利瓦里和库克（1998）；《国会季刊》（1998）。

a. 将各州第一次选举去掉，因为在这次选举中不可能有政党变更。

b. 样本余数中值的显著差（5％）。

c. 前副样本中值的显著差（5％）。

[①] 当然，在许多州的选举中，只有一个政党推出了州长候选人。但这个事实仍然似乎更多地符合共谋假设，而不是循环假设。给定循环理论所预测的执政者的内在脆弱性，为什么佛蒙特的民主党和阿拉巴马的共和党在提出挑战执政者的政纲方面那么没有效能呢？

11.2　受约束的政策空间内的两党竞争

11.2.1　无盖集合

选举政治明显具有稳定性的一个解释，至少就该过程的政策结果来判断，或许是候选人不从整个可行的政策空间中选择政纲，而是将他们的选择限制在政策空间的一个特定子集。

考虑一下图 11.2，这里假定了一个二维议题空间，描述了三个选民的理想点。如果选民无差异曲线是围绕这些理想点的同心圆，那么线段 $\overline{AB}$、$\overline{BC}$ 和 $\overline{AC}$ 是每两对选民的契约曲线，并组成帕累托集合的边界。

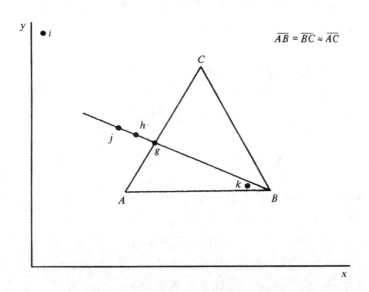

图 11.2　三位选民的帕累托等边三角形

正如第五章所说明的，x—y 象限中没有一个点在多数规则下能够击败所有其他点，而多数规则的循环特征会导致一连串成对选票，它们会走向可行政策空间内的点，譬如说点 i。而且，帕累托集合外部的一些点，譬如说点 j。能够在直接多数规则下的投票中击败该集合内的点，譬如说点 k。但是，我们真的预期两党选举中的候选人挑选 i，甚至 j 吗？临近选民理想点的政纲不会以某种方式证明自己内在的吸引力吗？

塔洛克（1967a、b）是最先主张下述观点的学者之一：循环会限制在一个围绕选民中位线交点的封闭空间内。[1] 米勒关于无盖集合的研究已经为这种预测的理论正当性提供了证明。[2]

无盖集合：无盖集合是可行备选方案集合 S 内的所有点 y 的集合，使得对于 S 中任一其他备选方案 z，要么 yPz，要么 S 中存在某个 x，使得 $yPxPz$，这里的 aPb 意味着 a 在多数规则下击败 b。

在缺乏一个孔多塞胜者的情况下，没有哪个政纲是不可击败的。但是如果一个候选人从无盖集合中选择一个政纲，那么他知道，在最好的情况下，他会有"一次不能"击败其对手所选择的任一政纲；而在最坏的情况下，他的政纲会陷入一种三元循环之中，其中任何一个政纲都可以击败它。相反，如果他选择一个可以被覆盖的政纲，那么不仅这个政纲可以被击败，而且击败他的政纲包含了他的政纲不能击败的某些政纲。因此，他的政纲可能包含在一种可传递三角形内，其中它是三个政纲中最少受偏好的。

为了更清楚地说明这一点，假定只有四种不同的选择，x、y、z 和 w，两个候选人必须从中选择一个作为政纲。多数规则建立了下述二元关系：

$$xPy \quad yPz \quad zPx$$
$$xPw \quad yPw \quad wPz$$

结果 x、y、z 都是无盖的。例如，尽管 z 击败 x，但 z 又被 y 击败，而 x 又能击败 y。类似的，x 和 z 都不能覆盖 w——z 是因为它被 w 击败，而 x 是因为它被 z 击败。然而，y 可以覆盖 w，因为它既击败了 w，又被 x 击败，而 w 无法击败 x；y 击败 z 和 w，而 z 只击败 z。被 w 击败的结果是被 y 击败的结果的子集。因此，y 作为策略选择优于 w；y 击败 w 所能击败的所有结果，而且 y 击败 w。在案例 (x, y, z)

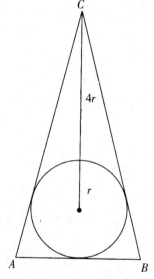

图11.3　三位选民的帕累托等腰三角形

① 一条中位线将议题空间分割开来，以致不超过一半选民的理想点处在它的任何一边（参见第五章，第5.4和5.5节）。

② 初始阐述参见米勒（1980），后来的矫正参见米勒（1983）。进一步的说明参见奥迪舒克（1986，pp.184—187）和费尔德（1987）。

中，无盖集合由未被优超的政纲所组成。[1] 再回到图 11.2，我们很容易明白，j 被 h 覆盖，因为 h 击败 j，又被 g 击败，但 j 不能击败 g。被 j 击败的每一点也被 h 击败，因此没有哪个候选人应该选择 j，而不选择 h。

当存在三个选民，并且帕累托集合是等边三角形时，如图 11.2 所示，那么无盖集合就是帕累托集合（费尔德等，1987）。但无盖集合有可能比帕累托集合小得多。麦凯尔维（1986）已经证明，无盖集合总是包含在一个以 $4r$ 为半径的圆内，那里的 r 是相交于所有中位线的最小半径圆的半径。[2] 后一个圆已经定义为蛋黄。在等边三角形中，该蛋黄正切于所有边的中点。但是现在考虑一下三个选民的理想点，它们组成了高度为 $6r$ 的等腰三角形，r 是该圆的半径，这个圆又与三条中位线相切（参见图 11.3）。麦凯尔维定理意味着理想点 C，尽管仍然在帕累托集合内，但现在处在无盖集合之外，因此被 $\overline{AB}$ 线段附近或 $\overline{AB}$ 线段上的点战胜。

在图 11.4 中，又加了两个选民，其理想点在 M 的两侧，M 是线段 $\overline{AB}$ 的中点。三条中位线现在是 $\overline{CD}$、$\overline{CE}$ 和 $\overline{AB}$。蛋黄圆的半径收缩为 $e < r$，无盖集合的维度也收缩。当越来越多的选民沿线段 $\overline{AB}$ 添加到 M 的两侧时，无盖集合就向 M 收敛。当候选人将他们的选择限制到无盖集合时，如果选民 C 不在场的话，两个候选人竞争的结果在这种情况下就接近人们从中位数选民定理中预期的结果，即使 C 的出现足以破坏普洛特（1967）的完美平衡条件和它所提供的均衡保证。

作为最后一个例子，考虑一下图 11.5。选民的理想点都排列在以 o 为圆心，以 c 为半径的圆周上。只有当理想点成对出现在长度为 $2c$ 并通过圆心 o 的线段的相反端点（譬如说 A 和 B），而且一个选民的理想点位于 o 点时，普洛特（1967）条件才确保 o 点有一个均衡。

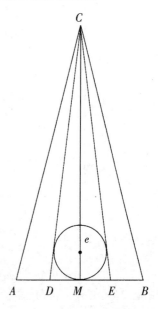

图 11.4 五位选民的帕累托等腰三角形

---

① 这个特征一般是成立的，参见奥迪舒克（1986，pp. 184—186）。

② 费尔德等（1987）证明，无盖集合总是在围绕蛋黄圆中心的 $3.7r$ 半径内，并推测，对于三个选民来说，它位于该中心的 $2.83r$ 半径内。

然而，即使没有选民的理想点 o，但是当更多选民的理想点沿着此圆的直径随机添加时，无盖集合也会向着 o 点收缩，当候选人从这个无盖集合中挑选其政纲时，就会导致 o 点或非常接近它的点成为预测的结果。

　　如果存在图 11.4 和 11.5 所示的理想点，人们的直觉就会认为候选人将选择点 m 和 o 或者附近点的政纲。但是 m 和 o 点都会在多数规则下被击败，如同在 x—y 空间内的每个其他点一样。公共选择中的多数文献满足于讨论到这里，其含义是 x—y 空间内任一结果和所有结果都具有（同等的）可能性。

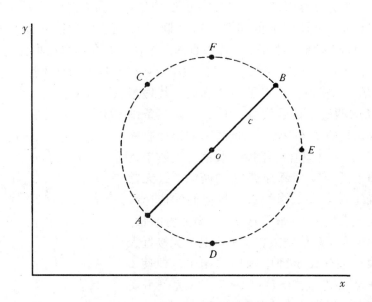

图 11.5　六位选民的帕累托循环

　　然而，无盖集合的优超特性似乎是挑选其内部点的具有说服力的理由，这又将我们的注意力拉回到靠近 m 和 o 的点。[①]

11.2.2　拥有高阶议题的无盖集合

　　在对唐斯空间模型的最先批评中，斯托克斯（1963）指责唐斯在其模型中忽视了阶问题。阶问题指所有选民都同意更高比更低好。诚实也许

---

　　① 戈夫和格里尔（1993）认为国会中的投票模式更容易被解释，只要假定结果落在无盖集合的范围内。

是其中的一个例子。所有选民偏好一个诚实的候选人甚于一个不诚实的候选人，一个候选人被认为更加诚实，她在每个选民的评价中就会更高。斯托克斯批评唐斯忽视阶问题或许有正当理由，其实对唐斯模型的这种添加会有助于在多维议题空间中产生均衡。

为了理解这一点，假定只有三个选民。选民 i 从候选人 j 的政纲中所获得的效用如下：

$$U_i^j = K_i + \gamma V_j - |I_i - P_j|^2 \qquad\qquad (11.1)$$

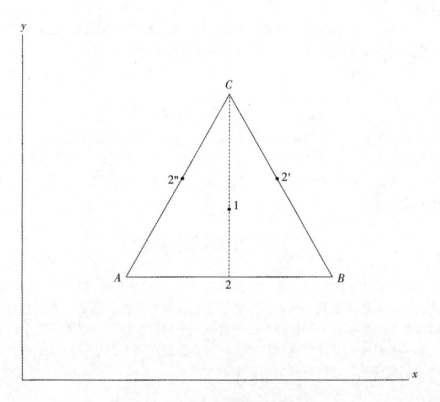

图 11.6　三位选民的帕累托等边三角形

V_j 是每个投票人效用函数中的阶问题的值，γ 是这个问题所获得的权重。$|I_i - P_j|$ 是投票人 i 的理想点 I_i 和候选人 j 的政纲 P_j 之间的尤克利氏距离。现在假定三个投票人的理想点位于图 11.6 所描述的等边三角形的角落，坐标为 A（1，1）、B（3，1）、C（2，1 $+\sqrt{3}$）。进一步假定所有投票人都评价说，候选人 1 在阶问题上高于候选人 2，$V_1 > V_2$。如果候选人

1 选择沿着连接 $\overline{AB}$ 中点和 C 点的线段向上移动三分之一处的点作为政纲，那么该候选人带给每个投票人的效用如下：

$$U_i^j = K_i + \gamma V_1 - (2\sqrt{3}/3)^2 = K_i + \gamma V_1 - 4/3 \qquad (11.2)$$

候选人 2 最好的应对就是选择两个投票人理想点之间连线的中点，也就是 2、2′或 2″。这个政纲许诺两个投票人中的每一位都可以实现

$$U_i^j = K_i + \gamma V_2 - (1)^2 = K_i + \gamma V_2 - 1 \qquad (11.3)$$

因此，如果 $V_1 - V_2 > 1/3$，就不存在候选人 2 可以选择来击败候选人 1 的政纲。

安苏拉贝海尔和斯奈德尔（2000）研究了在有阶问题的情况下产生均衡战略所需要的条件。他们所证明的定理中有如下一种：

定理：假设 $V_1 > V_2$，那么当且仅当 $r < \sqrt{\gamma\,(V_1 - V_2}$ 时，存在一个均衡战略对子（P_1，P_2），这里的 r 是蛋黄的半径。

因此，对于任何给定的投票人理想点的分布来说，在两个候选人之间存在阶议题差，它大得足以保证在这个问题上居领导地位的候选人获胜，如果她挑选了接近蛋黄圆心的政纲。阶问题的增加提高了均衡存在的可能性，也提高了我们的这样一种预期：获胜政纲将位于投票人理想点分布的中心附近。

11.3 放松唐斯模型的假定

有几位作者质疑过唐斯模型背后几个假定的合理性。通过放松这些假定，对于不能观察到会来自多维背景下之模型的某种不稳定，人们有时可以发现另一种解释。一组模型放松这样一个假定：投票人以概率 1 来投票支持采取最接近其理想点的候选人。这类模型在第十二章中得以处理。这里我们简要地讨论唐斯模型的两个附加修正。

11.3.1 候选人对政策具有偏好

唐斯假定候选人只对赢得选举感兴趣，威特曼（1973，1977）是最先质疑这个假定的人之一。如果候选人不仅关心他们是否当选，而且关心政策结果，那么他们不会那么快速地放弃某些政策立场以赢得选票。威特曼的建议在党派政治循环模型中发现了相当大的经验支持（参见第十九章）。

科尔曼、缪勒和佩奇（1992）允许候选人在选择立场时给自己的意

识形态以权重，而且对投票人的偏好拥有不完全信息。两位候选人竞争模拟导致向集权立场的收敛。

格莱泽和洛曼（1999）也将候选人模型化为对政策拥有私人偏好，而且允许他们对某种政策立场进行预告承诺。这种行动将这些议题带出了选举过程，因此减少了议题空间的维数和循环的可能性。

如果议题空间可减少至单维，那么循环问题就消失了，当然，如果我们能诉诸单峰假定话。普尔和罗默（1985）运用一种最小平方多维展开技术来评定众代表通过 36 个利益集团分级成一个多维政策空间。他们发生三个维度就足以获得内在于分级中的所有的预测力，而用一个自由—保守维度就可以提供 94% 的解释力。在后续的研究中，普尔和罗森塔尔（1997）分析了 1789—1985 年间众参两院每次记名投票。它们也似乎可以通过单一的意识形态维度来解释大多数个体国会代表的投票行为。

如果总统选举中的议题空间类似国会，那么普尔—罗默—罗森塔尔结果会意味着这些选举的议题空间与简单的霍特林—唐斯模型的议题空间一致。美国之外的大多数政治观察者至少识别了政治政策空间的两种显著维度。[①] 因此，通过将议题空间缩减为单一维度来分散政治不稳定的潜力在除（也许）美国之外的国家似乎并不成功。[②]

11.3.2　候选人能够进入和退出竞争

唐斯模型假定候选人只关心赢得选举，并视候选人数量为给定。在假定候选人关心政策结果之外，一些论文已经探讨允许候选人（公民）进入和退出选举的含义。[③]

为了明白这意味着什么，我们来假定公民只关心政策结果。他们除了能够实施其最偏好的政策之外，不能从成为一个候选人或赢得一次选举中获得任何私人的回报。然而，成为一个候选人意味着产生一个固定的成本 C。假定所有公民投票支持那位承诺给他们带来最高效用的候选人。在进入和退出是可能的情况下，一个均衡必须满足两个条件。没有任何一个选择成为候选人的公民能够通过改变其政纲或退出选举而增加其预期效用。

---

① 例如，参见巴奇、罗伯逊和赫尔（1987），巴奇（1994），拉弗和舍菲尔德（1990），斯科菲尔德（1993a、b，1995），斯科菲尔德、马丁、奎因和惠特福德（1998）。

② 肯尼思·科福德（1989，1990）也挑战了这项关于美国的结果。

③ 参见帕尔弗里（1984），弗德森、塞德和赖特（1990），奥斯本和斯利温斯基（1996），贝斯利和科特（1997），以及康格尔顿和施托尼伯格（1998）。以下的讨论来自贝斯利和科特。

没有任何一个不是候选人的公民能够通过成为一个候选人而增加他的预期效用。

对于一个只有一个候选人存在的均衡来说，必定存在一个成为孔多塞获胜者的政纲选择。如果一个公民最偏好的结果就是这个政纲，那么他会选择成为候选人，而且没有其他人的烦扰而导致进入成本，因为没有其他的政纲能够获胜。对于存在两个候选人的均衡来说，必定存在将选举人平均分割开来的两项议题，不存在被大量投票人喜好的第三项议题。由于没有人会选择成为一个候选人，除非他认为自己有获胜的机会，所以，拥有更多数量的候选人的均衡也需要与候选人数量相等的独立议题的数量，它将人口分割成相等规模的群体。

来自公民—候选人选择模型的一项有趣结果是，在唐斯空间模型中，两个候选人采取中位数投票人喜好的政纲这种均衡不是一个均衡。如果一个候选人采取了中位数投票人所喜好的立场，就没有第十个公民会选择成为一个候选人并采取相同的立场，因为她会导致成为一个候选人这种成本，而且从一个被偏好的政策获胜中得不到任何利益。在单维议题空间中，包含两个候选人的唯一均衡让他们采取位于中位数立场两边的立场。两位候选人都必定有同等的获胜机会，而每个人的获胜所得必须超过成为一个候选人的成本。于是，公民—候选人选举模型为两党选举中的候选人不采取同样政纲提供了另外的理由。

11.4 检验中间投票人假设

许多研究试图洞察"代议民主之幕"，它们对政府开支决策进行模型化，似乎这些决策是沿着单一的左—右维度做出的，而且基本上可以被当做中间投票人的私人选择。[①]一个典型的中间投票人模型假定投票人最大化受预算约束的效用，这种约束包括供给公共物品的税收价格，该模型推导出了如下关于中间投票人的需求等式：

$$\ln G = a + \alpha \ln t_m + \beta \ln Y_m + \gamma \ln Z + \mu \qquad (11.4)$$

这里的 G 是政府开支，t_m 和 Y_m 分别是税收价格和中位数投票人的收入，而 Z 是味觉参数（儿童、天主教或非天主教等数量）的矢量。（11.4）式就可以通过在某种地方开支上面运用跨域数据来进行估计。

---

① 对于这种文献的考察，参见迪肯（1997a、b）和英曼（1979）。

　　许多研究已经检验了由（11.4）式给出的中位数投票人假设的变体。绝大多数声称，在具有统计意义的，正确标示的 Y_m 和 t_m 系数基础上，他们支持中位数投票人假设。登曹和格里尔（1984）提供了支持该假设的进一步证据，他们证明，当从该文献收集的 12 个"条件"（Z）变量包含在吸收了纽约学校区数据的等式中时，这些系数在一个狭窄的范围内变动。

　　公共选择方法的优点也许可以通过比较它的发现与"传统方法"的发现而得到最好的评估，传统方法将政府开支与都市化、人口规模和密度、平均社区收入，以及其他一些社会经济变量联系起来，依赖于所要考察的物品。① 大多数这些变量也许包括在味觉或移动变量的 Z 矢量中，而且许多变量在公共选择文献中重新出现。公共选择方法的关键创新在于用中位数收入代替平均收入，并增加了中间投票人的税收价格。税收价格变量是对以前研究的明显改进，以前的研究没有将税收份额包括在需求等式中，因为它说明公共物品的购买是某种集体选择过程的结果，其中不仅由社会经济特征所反映出来的传递给投票人的价值是重要的，而且传递给投票人的公共物品成本也是重要的。

　　中位数收入在解释地方公共开支中的良好表现不能被诠释为对公共选择方法的直接支持。正如已经提到的那样，大多数现有研究假定地方公共物品需求与平均收入有关，而它会采用一个相当特殊的地方公共财政模型，以得到一种预测：收入与开支是不相关的。所以，公共选择方法的贡献必定是主张：是中位数投票人的收入，而不是平均投票人的收入决定了公共物品需求。大多数研究还没有检验这个假设。的确，它很难被检验，因为还需要其他假设，通过运用跨域数据，来检验中位数投票人需求等式。正如伯格斯特龙和古德曼（1973，pp. 286—287）指出，为了根据跨域数据来估计这个等式，人们必须假定跨地方社区的投票人分布之间存在某种比例性，以确保中间收入投票人所需求的数量总是等于每个社区所需求的公共物品数量。然而，如果这种比例性成立，那么分布的平均值也是成比例的，跨社区的平均收入和中位数收入之间的关联也是完美的，因而就没有任何理由在公共选择方法的需求等式和基于这个变量的竞争对手之间进行任何歧视。公共选择方法产生与其他模型不同的结论的唯一情况是，中位数收入对中间收入的比例因社区不同而不同；就是说，如果社区

---

　　①　对这种文献的考察，参见格拉姆利克（1970）。

之间存在不同程度的倾斜，而且这些倾斜差异在决定公共物品需求中是重要的。

波默雷恩和弗雷（1976）检验了后一个假设。他们发现中间收入变量在解释地方公共开支方面比平均收入变量的表现要好一点，尽管中位数收入作为解释变量的优越性并不特别突出。对中位数收入比平均收入具有优越性的更有说服力的支持来自波默雷恩（1978）所作的后续研究，他运用瑞士 111 个市政数据来检验该假设。这些数据拥有重要的和独特的优点，它允许人们确定拥有代议民主制的效果，因为该样本包括了通过直接的镇会议形式做决策的市政，也包括了那些依靠代表会议做决策的市政。波默雷恩发现，在解释运用直接民主制的城市的公共开支方面，中间收入比平均收入的表现要好得多。在运用代议民主程序的城市，中间收入变量导致了"某种程度的优越结果"，但它的"解释力量在任一开支类别中并不好很多"。

因此，将代表引入民主决策过程似乎的确引入了足够数量的"白色噪音"，掩盖或几乎掩盖了中间投票人偏好和最终结果之间的关系。这对以美国为基础的估计投下了怀疑的烟云，因为这种估计完全依靠代议制选举结果。非常有趣的是，波默雷恩发现，甚至在由代表会议治理的城市中，当存在对开支议案的选择性和义务性公民投票时，代表的行为也受到了足够的约束，与那些让代议民主没有制衡地发挥作用的城市比起来，中位数投票人模型在有公民投票约束的代议制城市中感觉上有更好的表现。

特恩布尔和米提亚斯（1999）运用县和州的数据，对中位数投票人收入和税收价格变量在开支模型中的表现，与这些变量的平均值的表现进行了严格的计量经济学检验。他们的检验倾向于拒绝在州和县层次上的描述。中位数投票人模型不被拒绝的唯一政府层次是市政层次——在所考察的政府层次中是最低的。[①]

格拉姆利克和鲁宾菲尔德（1982a）甚至进一步认为，在大多数研究中，中位数投票人收入的表现也许仅仅是用来检验该假设的跨域数据聚合的一件人工制品。运用密歇根的调查数据，他们发现"社区内的较高收入的个人……似乎并不比较低收入的个人对公共开支拥有较大的偏好"。当在社区内进行检测时，需求对于开支的收入弹性"非常接近于零"

---

① 参见特恩布尔和琼杜里安（1994），特恩布尔和米提亚斯（1999）。运用市政数据对中位数选民模型的进一步支持是由德诺和梅海、威科夫（1988）以及特恩布尔和尚（1998）提供的。

（1982a，p. 544）。跨域估计的正的弹性完全是因为社区收入和开支之间有一正的关联，这种关系显然是"传统方法"所估计到的，而公共选择方法则试图加以改进。

笼罩在中位数投票人模型的预测力之上的另一块烟云来自已知关键参数的估计范围。伯格斯特龙和古德曼（1973）研究中的收入弹性系数的范围在 0.16 到 1.73 之间，而税收价格弹性系数在 −0.01 至 −0.05 之间（罗默和罗森塔尔，1979a，p. 159），尽管对于单一的模型来说，这些估计适用于可比较的数据集合。德诺和梅海（1987）对密歇根和俄亥俄州自治市层次的一般政府服务的需求收入弹性系数的估计是 0.76，而特恩布尔和琼杜里安（1994）对密歇根、俄亥俄、伊利诺伊、印第安纳和威斯康星等五个中西部州的自治市的估计为 0.22。特恩布尔和德约恩都莲对这五个州的价格弹性的估计（−0.88）接近德诺和梅海对密歇根和俄亥俄的估计是 −0.72，但二者都远离德诺和梅海对整个美国的估计是 −0.12。

所有这些都支持了这一个观点：当解释来自公共选择模型的经验结果时，必须展示出一定的谨慎。在所有经济学领域中，公共选择的理论模型的成熟度和精致度都远远超过了可以估测的经验模型的数据施加的限度。在从理论模型走向经验"证明"的过程中，必须经常做出另外的假设和结果，这进一步阻碍了清晰地解释构成对一个假设的直接支持的结果。如果人们愿意根据从假定的行为关系中推导出来的结果大量地做出结论，那么他们就必须谨慎地根据估计的行为等式做出结论。

同样的谨慎必须运用于得到更宽广的结论：来自公共选择模型的一个给定结果集合支持了公共选择方法。在经济学中，通常的做法是通过检验结果是否与假设"相一致"，而不考察它们是否与其他冲突性的假设相一致。尽管让公共选择方法比经济学其他分支拥有更严格的方法或许不公平，但我并不认为这种方法论在这里是足够的。为了证明公共选择有助于对现有的研究公共财政和公共政策的经验文献作出贡献，它的模型必须针对现有忽视公共选择考虑的模型进行检验。除非公共选择导向的模型比与之竞争的"传统"模型表现优越，否则，公共选择理论的实际意义就有点疑问。到目前为止，很少有研究试图进行这种比较。本节所评论的研究中，有三种研究进行了这种比较（波默雷恩和弗雷，1976；波默雷恩，1978；特恩布尔和尚，1998），将中位数投票人当做似乎是一位独裁者的模型在关于代议制政府的结果的预测潜力方面，这些研究提供了难以让人感到鼓舞的证据。

11.5　地方公共开支是公共物品还是私人物品

除了估计中位数收入和税收价格的弹性系数，有几篇论文在税收价格和人口变量的系数基础上估计了"公共性程度"参数。这个参数是这样定义的："如果〔它〕接近于零，那么大的城市规模就会产生大量的经济，因为在更大的城市中，会有更多的消费者以微小的拥挤成本分享城市商品的成本。如果它约等于1，那么来自一些人分享公共商品成本的所得就几乎被更多的人分享这些方便的负效用所抵消。"（伯格斯特龙和古德曼，1973，p. 282。）这里讨论的所有研究发现这个参数接近于1。博尔歇丁和迪肯（1972，p. 900）强烈主张："在解释这个参数的过程中，必须非常小心"，特别要注意"来自如下发现的规范结论是高度推测性的：这些物品似乎归为私人物品或准私人物品比归为公共物品要好"。尽管如此，做出这些规范性推测的尝试对于许多人显然具有诱惑力，不止一位作者屈服了它。① 然而，这种结论难以得到保证。这种公共性程度参数据以被估计的系数由那些跨域等式获得，这些等式建立在观察不同规模的社区的基础上，每个社区将这些服务（假定它们是跨社区同质的）集体性地供给所有成员。对警察保护的参数估计值为1，意味着一个生活于两百万人口城市中的公民并不比生活于一百万人口城市中的公民活得更好，因为他得在将附加的警察保护分摊到更多纳税人身上所带来的成本降低与因为拥挤而带来的成本增加（犯罪？）之间进行权衡。这并不意味着较大城市中的个人在订约购买"私人"警察保护方面能够像城市警察部门提供这种保护那样有效率。由于研究中没有包括私人订约的警察服务体系，所以无法谈论它们相对于公共警察保护的成本。我们也无法说，生活于两百万人口城市中的公民能够有效地组织一个俱乐部并提供自己的警察保护。如果存在从城市的一个部分到另一个部分的严重溢出效应，那么也许就没有什么有效率的方法将警察保护提供给两百万人口的一个城市，而且不是集体性地将这种保护提供给所有的人，即使从为生活于两百万人口城市中的一个公民提供警察服务所得到的净收益也许并不比为生活于一百万人口城市中的一个公民中提供这种服务所得到的净收益要大。这些研究的结果意

① 例如，参见尼斯卡宁（1975，pp. 632—633），博尔歇丁、布什和斯潘（1977）。

味着警察是一种私人物品这种结论是因为混淆了公共物品的共同供给和非排他性特征。前面引述的这些研究说明，公共物品共同供给的净收益一般因为社区所谈到的社区规模的范围而耗尽。当这些服务提供给这些社区的一些子集合时，其他子集合是否能有效率地排除在获益范围之外，以致这些服务能够通过私人或地方俱乐部供给，则是另一个还未检验的假设。

文献注释

对空间投票和选举竞争文献的考察，参见泰勒（1971），赖克和奥迪舒克（1973，Ch. 12），博罗安和范·德·普勒格（1983），埃内洛和希尼奇（1984），卡尔弗特（1986）和奥迪舒克（1986，Ch. 4；1997）。

巴尔和戴维斯（1966）、戴维斯和海恩斯（1966）在应用中间投票人模型方面做出了先期努力，在他们的研究之后，跟进的是更为复杂的研究，参见博尔歇丁和迪肯（1972），伯格斯特龙和古德曼（1973），彼得森（1973，1975），克洛费尔特（1976），波默雷恩和弗雷（1976）、迪肯（1978），英曼（1978），波默雷恩（1978），霍尔库姆（1980），康格尔顿和贝内特（1995）、艾哈迈德和格林（2000）。

第11.4和11.5节中的关键评论在许多方面类似罗默和罗森塔尔（1979a）所作的评论。

关于公共性程度参数的进一步讨论和批评，参见英曼（1979，p. 296）和奥茨（1988a）。

第十二章　两党竞争：概率性投票

如果我们公民的道德和物质条件让他们能够挑选有能力、品德好的人执掌政府，那么就需要在这么短的期间内重新进行选举，以便他们在不忠诚的仆人所带来的损害不可补救之前，能够将其撤换。

托马斯·杰弗逊

国会活动的社会意义或功能无疑就是制定法律和某些行政措施。但要理解民主政治如何服务于这个社会目标，我们必须从关于权力和职位的竞争性斗争开始，并要认识到，正如产品是利润的附带物一样，社会功能其实是附带实现的。

约瑟夫·熊彼特

循环问题从一开始就纠缠着公共选择的文献。它将不确定性和不连续性带入了政治过程，从而妨碍了观察者预测结果的能力，而且模糊了所获得结果的规范特性。中间投票人定理为走出这种不确定性困境提供了一种方法，这种方法已经为众多经验取向的研究者所掌握。但是，中间投票人定理坚持一种"人为"的假定：议题空间是一维的（希尼奇，1977）。如果候选人能够沿着二维或二维以上的议题进行竞争，那么均衡就会消失，而且依赖这个均衡概念的计量经济学模型的预测力也会消失。

不用奇怪，人们做出了许多努力，以避免假定多维议题空间所带来的这些不幸含义。其中有些努力前面已经讨论过。这里我们集中讨论一组模型，它们对标准的两党空间竞争模型做出了一个特别合理的和有力的补充，并且产生了均衡结果。我们先来重新考察一下标准模型为什么不能获得一个均衡。

12.1 与决定性投票有关的不稳定性

再来看看这样一种情况，有三个选民，在二维议题空间 x—y（图 12.1）中有三个理想点 A、B 和 C。选民有独立的效用函数，他们的无差异曲线是同心圆，构成了三角形。

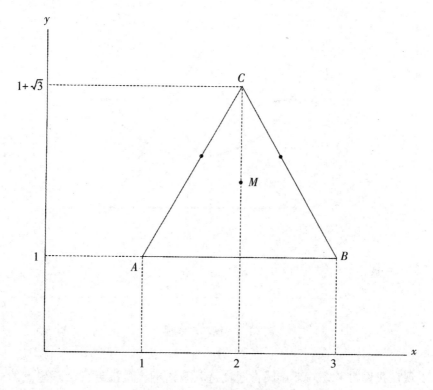

图 12.1 三者竞争的理想点

两个候选人通过在 x—y 正象限中选点的方式进行竞争。

我们的直觉认为候选人会在三角形 ABC 内部选点。如果图中的三角形外的点总是比三角形内的点给所有三个选民提供更低的效用，那么前者怎么会比后者赢得更多选票呢？直觉进一步告诉我们，竞争三张选票的候选人之间的竞争会让他们走向该三角形的中间，譬如说 M 点。

但是，我们在第五章看到，如果领先候选人寻求最大化自己的效用，而选民投票给那个所采取的立场最接近自己理想点的候选人，那么点 M 不能成为一个均衡点。如果候选人 1 位于 M 点，那么候选人 2 可以在分别由 U_A 和 U_B、U_A 和 U_C，以及 U_B 和 U_C 组成的透镜内选举点，从而击败候选人 1（参见图 12.2）。注意，这些透镜包括像 N 这样在帕累托最优集合外部的点。但是候选人 2 选取的任何点也可以被候选人 1 的反对议击败，如此循环往复。

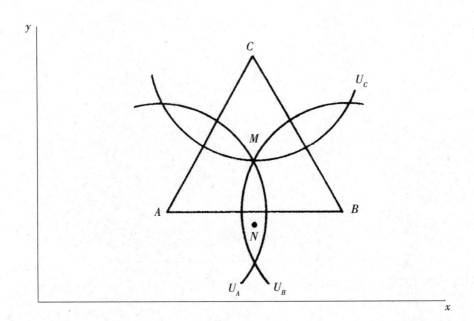

图 12.2　循环可能性

　　现在我们再考虑一下选民肯定支持其政治纲领最接近自己理想点的候选人这个假定。候选人 1 采取了图 12.3 中的立场 P_1，而候选人 2 在 AZ 线上考虑立场。在决定选取 AZ 线上哪个点的过程中，候选人 2 在盘算根据赢得 A 选票的概率而做选择所带来的效果。在决定性投票假定下，选民 A 投票支持最接近 A 点的候选人，只要候选人 2 在 U_A 圈之外，这个概率就会是 0，而当他跨过 U_A 圈之后，概率就变成 1。A 投票支持候选人 2 的概率是不连续函数，对于 U_A 圈外所有点来说为 0，对于 U_A 圈内所有点来说为 1。

　　一个候选人预期选民对其政纲中的变化采取上述急变方式来应对，这

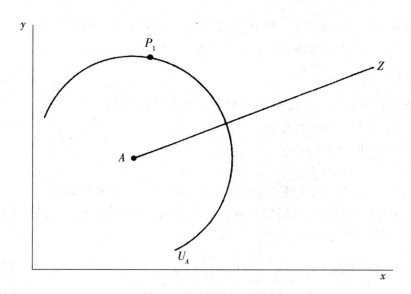

图 12.3　投票者 A 对候选人 2 变化的反映

似乎不合道理，理由有很多。首先，A 不可能完全清楚两个候选人的立场，因而 A 也许不会意识到候选人 2 已经更加接近其理想点。其次，其他随机事件也许干扰 A 的决定，会以不可预测的方式改变他的偏好，或者改变他的投票。再次，候选人 2 也许不能肯定 A 的理想点在哪里。因此，关于候选人 2 赢得 A 选票的概率的预期，一个更现实的假定是，它是一个关于候选人 2 的立场与 A 之间距离的连续函数，随着候选人 2 向 A 靠近而增加。[①]

　　用概率性投票假定合理地替代决定性投票假定，两党竞争选票会产生均衡结果。

12.2　概率性投票下的均衡

　　决定性投票假定，当候选人为竞争选票而移动时，选民会神经质似的旋转。向左边的轻微移动就会丧失 A 的选票，但会赢得 B 和 C 的选票。候选人力求让预期的选票数最大化，而这些预期票数只是每个选民投票支

---

　　① 关于概率性投票假定的进一步证明，参见希尼奇（1977），库格林、缪勒和默雷尔（1990），以及希尼奇和芒格（1994，pp. 166—176）。

持该候选人的概率之和。将 π_{1i} 定义为选民投票支持候选人 1 的概率，而 EV_1 是候选人 1 的预期选票。那么候选人 1 力求最大化为

$$EV_1 = \sum_{i=1}^{n} \pi_{1i} \tag{12.1}$$

在决定性投票下面，π_{1i} 和 π_{2i} 采取如下梯级函数形式：

$$
\begin{aligned}
(\pi_{1i} = 1) &\leftrightarrow U_{1i} > U_{2i} \\
(\pi_{1i} = 0) &\leftrightarrow U_{1i} \leqslant U_{2i} \\
(\pi_{2i} = 1) &\leftrightarrow U_{1i} < U_{2i}
\end{aligned}
\tag{12.2}
$$

这里的 U_{1i} 和 U_{2i} 是 i 分别在候选人 1 和 2 的政纲下的预期效用。

概率性投票模型运用概率函数在 U_{1i} 和 U_{2i} 中是连续的这一假定来替代不等式（12.2）；也就是说，

$$\pi_{1i} = f_i \ (U_{1i}, \ U_{2i}), \ \frac{\partial f_i}{\partial U_{1i}} > 0, \ \frac{\partial f_i}{\partial U_{2i}} < 0, \tag{12.3}$$

如果 π_{1i} 是光滑的、连续的凹函数而非不连续的函数，那么为等式（12.1）找到一个最大值容易得多。概率性投票假定做了这种替代，它揭示了两个模型在特征上的核心差异。

每个选民的效用函数可以想象成许多山，其顶峰位于选民的理想点。概率投票假定将这些效用山转换成概率山，当候选人采取一个位于选民理想点的立场时，该选民投票支持该候选人的概率就会达到顶峰。

等式（12.1）将这些个体概率山聚合成唯一的总体概率山。候选人之间为选票而竞争使他们达到这座山的顶峰。

将候选人定位在这座山的顶峰是一个可以通过许多方式建立的均衡。例如，如果要建立一个纳什均衡，可依赖于选票竞争的零和性质，以及 π_{1i} 和 π_{2i} 函数的连续性假定（意味着 EV_1 和 EV_2 的连续性），这时候选人赖以竞争的议题空间是紧密的凸面的（库格林和尼灿，1981a）。如果概率函数是严格凹的，那么均衡就是唯一的，这时两个候选人会提出相同的政纲。

12.3　均衡的规范特征

让我们进一步考虑一下该均衡的特征，对该概率函数作一些具体假定。首先，我们假定所有的选民投票，使得 i 投票支持候选人 2 的概率等于减去 i 投票支持候选人 1 的概率；也就是

$$\pi_{2i} = 1 - \pi_{1i} \tag{12.4}$$

除了满足（12.3）式外，该概率函数对所有可行的自变量，必须满足

$$0 \leqslant f(\ ) \leqslant 1 \tag{12.5}$$

作为一个初步说明，让我们假定 $f_i(\cdot)$ 是关于两个候选人政纲所可能带来的效用差额的一个连续凹函数：

$$\pi_{1i} = f_i(U_{1i} - U_{2i}), \quad \pi_{2i} = 1 - \pi_{1i} \tag{12.6}$$

现在考虑一下定义在一个政策空间上的两个候选人之间的选票竞争，该空间仅仅包括 Y 美元在 n 个选民之间的分配[①]。每个选民的效用是一个关于其收入的函数，$U_i = U_i(y_i)$，$U_i' > 0$，$U_i'' < 0$。候选人 1 选择一个收入向量（y_{11}，y_{12}，$\cdots$，y_{1i}），以最大化其预期选票 EV_1，这要受制于总体收入约束；就是说，她最大化为

$$EV_1 = \sum_i \pi_{1i} = \sum_i f_i(U_i(y_{1i}) - U_i(y_{2i})) + \lambda(Y - \sum_i y_{1i}) \tag{12.7}$$

候选人 2 选择一个可以最大化 $1 - EV_1$ 的收入向量，也就是一个最小化 EV_1 的向量。如果 $f(\cdot)$ 和 $U(\cdot)$ 是连续的和严格凹的，那么，两个候选人都将选择相同的政纲。这些政纲将依次满足下述一阶条件：

$$f_i' U_i' = \lambda = f_j' U_j', \quad i, j = 1, n \tag{12.8}$$

每个候选人使每个选民的加权边际效用相等，权数（f_i'）依赖于选民投票支持一个候选人对于候选人所许诺的效用差额的敏感度。在对 $U_{1i} - U_{2i}$ 的增加所做出的反应中，选民 i 投票给候选人 1 的概率变化越大，两个候选人许诺给 i 的收入越高。

如果所有选民对许诺效用差额的概率反应都相同，也就是，对于所有的 i、j 来说，$f_i'(\ ) = f_j'(\ )$，那么（12.8）可简化为

$$U_i' = U_j' \text{对于所有的 } i, j = 1, n \tag{12.9}$$

这个条件与满足最大化边际的社会福利函数（SWF）的条件相同。

$$W = U_1 + U_2 + \cdots + U_i + \cdots + U_n \tag{12.10}$$

因此，当所有选民对候选人政纲所带来的预期效用差额所做出的概率反应相同时，候选人之间的选票竞争将导致他们选择最大化边沁社会福利函数的政纲[②]。当选民的概率反应不同时，候选人的竞争就会导致一个加权的边沁社会福利函数的最大化。对选民投票决定依赖于候选人政纲所带来的预期效用差额这个假定的一个合理替代就是它们依赖于效用比，也就

---

① 库格林（1984，1986）已经分析了这个问题。

② 莱迪亚德（1984）运用类似于（12.6）式的假定获得了边沁社会福利函数。

是 π_{1i} 采取如下形式

$$\pi_{1i} = f_i \ (U_{1i}/U_{2i}) \tag{12.11}$$

将（12.11）式代入（12.7）式，并撤销均衡时的 $U_{1i} = U_{2i}$，我们便得到

$$f_i' \frac{U_i'}{U_i} = \lambda = f_j' \frac{U_j'}{U_j}, \ i, \ j = 1, \ n \tag{12.12}$$

作为每个候选人预期选票最大化的一阶条件。当边际概率反应对于所有的
选民都相同时，这个公式可简化为

$$\frac{U_i'}{U_i} = \frac{U_j'}{U_j}, \ i, \ j = 1, \ n \tag{12.13}$$

这是通过最大化纳什社会福利函数而得到的一阶条件

$$W = U_1 \cdot U_2 \cdot U_3 \cdots U_n \tag{12.14}$$

再次指出，候选人竞争会潜在的导致一个熟悉的社会福利函数最大化[①]。

作为最后一个例子，我们再来看看图 12.1 中所描述的由三个选民构
成的空间竞争。让我们假定 i 支持候选人 1 和 2 的概率由（12.6）式定
义。既然我们知道这个问题等同于最大化（12.10）式，那么我们就可以
找到最大化（12.10）式的均衡政纲。我们将三个选民的效用函数写为
$U_a = Z_a - \ (1-x)^2 - (1-y)^2$，$U_b = Z_b - \ (5-x)^2 - (1-y)^2$，$U_c = Z_c - \ (3-x)^2 - (5-y)^2$，$Z_i$ 表示在每个选民相应的理想点上所获得的
效用水平。两个一阶条件是

$$2 \ (1-x) \ + 2 \ (5-x) \ + 2 \ (3-x) \ = 0$$
$$2 \ (1-y) \ + 2 \ (1-y) \ + 2 \ (5-y) \ = 0 \tag{12.15}$$

这里，我们得到两个候选人预期选票最大化的政纲（3，7/3），即图 12.1
中的 M 点。选票竞争的确使两个候选人进入帕累托集合，达到三角形中
间的一个点。

当我们假定选民投票支持的概率依赖于预期效用差，竞争使候选人走
向（加权的）选民效用算术平均值。当这些概率依赖于效用比时，均衡
会走向几何平均值。关于选民投票支持的其在竞争性政纲下的预期效用之
间的关系，还有其他一些假定，会在其他一些点上产生均衡。但是，只要
赢得一个个体选票的概率正向回应选民从一个候选人政纲中所获得的效用
增加，那么均衡就会在帕累托集中找到，因此它具有理想的规范特征（库
格林，1982，1992）。

---

① 库格林和尼灿（1981）从一个类似于（12.11）式的假定中得到纳什社会福利函数。

12.4　利益集团条件的均衡

前一节描述了概率性投票假定之下的一组结论，这是很有利的。政治竞争能够产生均衡结果，而且这些结果可拥有潜在吸引人的规范特性。这一节，我们讨论概率性投票模型的一个扩展，进一步阐明所获得的结果的性质。

库格林、缪勒和默雷尔（1990）已经扩展了概率性投票模型，允许利益集团对政治竞争施加影响。利益集团被定义为具有相同口味和收入的个人群体。如果 U_{ij} 是选民 j 的效用函数，而他是利益集团 i 的一个成员，那么，$U_{ij} = U_i$ 对于所有的 $j = 1$，n_i，这里的 n_i 是第 i 个利益集团的规模。每个个人都是一个利益集团的成员。

决定性投票假定（12.2）式被如下假定替代：

$$(\pi_{1ij} = 1) \leftrightarrow (U_{1i} > U_{2i} - b_{ij})$$
$$(\pi_{1ij} = 0) \leftrightarrow (U_{1i} \leqslant U_{2i} - b_{ij})$$
$$(\pi_{2ij} = 1) \leftrightarrow (U_{1i} < U_{2i} - b_{ij}) \tag{12.16}$$

b_{ij} 是个"偏向"项，$b_{ij} > 0$ 意味着第 i 个利益集团中的第 j 个选民对候选人 1 有一个正的偏向。在候选人 1 失去这个选民的选票，而候选人 2 得到这张选票之前，该选民从候选人 2 的政纲中得到的预期效用比从候选人 1 那里得到的预期效用肯定超过 b_{ij} 以上。

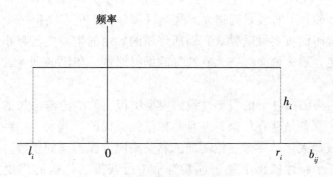

图 12.4　偏好的一致分配

概率性要素通过如下假定而引入这个模型：偏向项是从两个候选人都知道其参数的一个概率分布中引出来的一个随机变量。图 12.4 为一给定利益集团的某人描述了一个均匀的概率分布。这个集团偏向候选人1，因为这个分布的大部分位于零偏向线的右边。尽管如此，这个集团的某些成员会与负的偏向项相关。如果候选人1战胜了候选人2的政纲，那么她会赢得利益集团 i 中的大部分选票，而不是所有的选票。

假定利益集团对某些政党或候选人有偏心或偏见符合观察到的投票模式。美国南方的白人和全国的黑人倾向于投民主党的票。美国北方的农场主倾向于投共和党的票。另一方面，并不是每一个北方的农场主都投共和党的票。

假定候选人知道偏向项的分布，但不知道个人的偏向项，这意味着候选人都不能确切知道特定利益集团中的某个成员会投谁的票。他们所能预见的是，他们的政纲许诺给代表性利益集团的效用越过其对手的差额越大，他们获得这个利益集团的选票比例就会越大。

（12.16）式的假定让 i 支持候选人1的概率依赖于两个候选人的政纲所许诺的效用之间的差额。于是，预期选票最大化的一阶条件就是等式（12.8）中的形式。然而，当偏向项是从均匀的分布中引出的时候，赢得利益集团 i 中一个成员的选票的概率变化，即 f_i' 恰好是均匀分布的高度 h_i，而是从这里引出的，因为均匀分布的领域等于1，$h_i = 1/(r_i - l_i)$。因此，在偏向项是均匀分布的假定之下，两个候选人竞争选票导致每个候选人提供最大化如下福利函数的政纲：

$$W = \alpha_1 n_1 U_1 + \alpha_2 n_2 U_2 + \cdots + \alpha_m n_m U_m, \qquad (12.17)$$

这里的 $\alpha_i = f_i' = 1/(r_i - l_i)$。利益集团 i 的均匀分布的边界 r_i 和 l_i 之间的差距越大，b_{ij} 分布的区域就越大。这个区域越大，b_{ij} 在决定一个利益集团的成员投票时的重要性就越大，而所许诺的效用的重要性就越小。假如后者已经给定，那么两个候选人在选择政纲时对这一集团的利益就会给予较少的重视。

从利益集团条件下的概率性投票模型中得出的结论与早先的模型有类似的地方，那就是存在均衡，并且是帕累托最优的。其实，一种加性的福利函数会被最大化，尽管它给不同的利益集团分配不同的权数。

这后一个特性提出了关于选票竞争中所获得的均衡的重要规范性问题。尽管候选人不能肯定不同利益集团中的成员如何投票，但是他们也不能够确知有关不同集团的差异程度。利益集团企图影响公共政策的一种方法就是让候选人清楚，如果在其政纲中采取某种立场，就会从该利益集团中赢得潜在的选票。利益集团通过减少候选人对他们成员如何投票的不确定性，而努力增加其成员的福利。

但是这又意味着不同的利益集团在候选人的目标函数中得到不同的权数，从而在社会福利函数中得到不同的权数，而社会福利函数是通过候选人竞争而潜在的最大化的。当候选人不能确定不同集团的选票，而且这些集团在接触候选人方面存在不同能力时，选民从政治竞争中得到的利益部分地依赖于他所属的利益集团。当利益集团在候选人和选民之间成为中间人角色时，"一人一票"的口号中所固有的平等主义就被歪曲了。

12.5　在征税方面的一个应用

12.5.1　逻辑

在过去的 20 年里，在分析选举政治方面，概率性投票模型越来越受到欢迎。例如，在许多关于利益集团的文献里运用了这个模型，我们将在第二十章对它进行专门讨论。这里，我们只是简单地了解一下该模型在征税方面的一个应用。

设想一个有着两党制政治体系的国家。该国经济中有一个私人物品 X，并且由政府供给一公共物品 G，它的资金来源于对个人收入的征税。我们假定政府能够对每个人 i 分别征税，税率为 t_i。每个人的收入 Y_i 完全用于自己对 X 的私人消费以及税收支付，$Y_i = (1 - t_i) X_i$。在这些假定条件下，等式（12.7）给出的政党 1 的预期投票函数可修正为

$$EV_1 = \sum_1 \pi_{1i} = \sum_i f_i \Big(U_i(G, X_{1i}) - U_i(G, X_{2i}) \Big) + \lambda \Big(\sum_i Y_i - G - \sum_i X_i \Big)$$

$$(12.18)$$

政府为了平衡预算，必须选择个人税率 t_i，使得 $G = \sum_{i=1}^{n} t_i Y_i$。政党 1 通过选择 G 和最大化 t_i 的预期选票，也就是让等式（12.18）最大化。关于 G 的最大化导致一阶条件为

$$\sum_{i=1}^{n} f_i' \frac{\partial U_i}{\partial G} = \lambda \qquad\qquad (12.19)$$

将 $G = \sum_{i=1}^{n} t_i Y_i$ 设为（12.18）等式中的预算约束项，代入个人预算约束条件下的 $U_i (G, X_i)$，然后，关于 t_i 的最大化给出了如下一阶条件：

$$f_i' \frac{\partial U_i}{\partial X_i} = \lambda, \ i = 1, \ n \qquad\qquad (12.20)$$

比较一下（12.19）、（12.20）式和第二章的（2.8）、（2.9）式，我们发

现它们是大体相同的, 但在这里我们隐含地假定 $P_G = P_X = 1$, 而在 (2.8) 和 (2.9) 式中则是将 γ_i 由 f_i' 替代。(2.8) 和 (2.9) 式中的是加在每个人对社会福利函数 (2.6) 式的效用之上的正的权数, 该函数被最大化以发现公共物品的帕累托最优数量。f_i' 是每个政党在最大化其预期选票时, 隐含地置于每个人效用之上的权数。正如我们在第二章所做的, 将 (12.20) 式中的每个 f_i' 用于替代 (12.19) 式中的 f_i', 得到

$$\sum_i \frac{\partial U_i / \partial G}{\partial U_i / \partial X_i} = 1, \qquad\qquad (12.21)$$

这里的 (12.21) 式也是在出现公共物品情况下的帕累托最优的萨缪尔森 (1954) 条件, 这时 $P_G = P_X$。尽管每个政党只对最大化预期选票感兴趣, 但选票竞争迫使每个政党所选择的个人税收和公共物品数量满足帕累托最优条件。

尽管来自概率性投票模型的选举政治结果满足帕累托最优条件, 但 (12.19) 和 (12.20) 等式所意味着的实现了的效用水平可能非常不同于一个公正的社会计划, 这个计划是通过为他的社会福利函数选择一组 γ 而导致的结果。等式 (12.19) 意味着, 如果那些喜欢大量公共物品的人对所宣布的政党纲领高度敏感, 那就会产生大量的公共物品 [这些人的 $f'(\cdot)$ 很大]。等式 (12.20) 说明, 其投票对所宣布的政党纲领高度敏感的个人对更多的私人物品有决定性作用 (给出了较低的税率)。

一方面, 我们可以通过最大化社会福利函数而得到一阶条件, 另一方面, 我们可以通过选举竞争过程而隐含地得到一阶条件, 两相比较, 显示运用概率性投票模型进行的实证分析所产生的税收政策预测和人们从最优税收理论中推导出的规范结论之间存在惊人的相似性。例如, 二者都意味着可能存在一个高度复杂的税收结构。当个人效用函数大不相同, 而且所有人都必须消费相同数量的公共物品时, 所分派的税收价格在满足帕累托最优的一阶条件方面也许非常不同。当个人在他们对政治的接触和回应方面大不相同时, 如果政党希望最大化其当选的机会, 那么它们就不得不为个人和集团提供完全不同的税收价格。

关于税收的实证分析所产生的这些预测非常不同于一些学者的规范结论, 如西蒙斯 (1938), 以及最近的布坎南和康格尔顿 (1998), 他们认为平等对待每个人要求相同条件下的个人应该课以相同的税。① 尽管许多

---

① 参见赫蒂奇和维纳 (1999, 第 5 章)。

人支持这种水平的平等性，而且有许多建议支持基础广泛的和"平坦的"的税收，但美国的税法以及其他大多数发达国家保留了免税项目和特权。因此，实证理论的这种预测似乎被因果观察所证实。我们现在来看看关于税收结构的决定性因素的一些更系统的证据。

12.5.2　证据

概率性投票模型预测，当个人和集团能够提供选票给一个为他们提供税收优惠的政党时，税收政策就会向他们倾斜。为了检验这个模型，我们需要识别那些最有能力提供选票的个人或集团，并检验他们是否在税收结构上得到优待。由于无法得到关于政治力量的指数，概率性投票模型不能马上带来关于哪个特定集团将得到税收优惠的强有力的预测。

检验概率性投票模型含义的第二个困难出现了，因为它让一些相同的预测作为其竞争者。例如，最优的税收文献中的一个主要结论是税收政策应该要最小化重负损失。然而，一个希望最大化选票的政党也会对自制重负损失感兴趣，因为它们使政党失去选票。的确，从投票最大化的政党角度来看，最优的税收组合——对于福利函数最大化的社会计划者来说——会是一组总体税收。两种理想的政策不是在税收所采取的形式方面不同，而是在税额的大小方面不同。因此，如同肯尼和托马（1997）所提供的证据表明，美国过去的税收和特权政策渐渐地拉平了收入，正如最优税收理论所说，它应该，也的确与那些力求最大化选票的政党所提出这些政策的假设相一致。[1]

对解释税收政策的概率性投票模型的最明显的替代是中间投票人模型。但在这里，两个模型也导致类似的预测，如果合理地假定中产阶级是一种有效的政治集团［拥有（12.20）式中的 f_i'］。对儿童的税收减免意味着父母是一个有效的利益集团，那么，中间投票人有小孩吗？或者社会计划者对拥有小孩的人们的效用函数会加上额外的权数吗？

尽管有这些难题，但在某些情况下，可以推断，一个观察到的税收模式与某些在税收决定中发挥了更大影响的集团相一致。例如，昂贵住房的业主不可能在一个理智的社会计划者的社会福利函数中得到额外的权数，也不可能将中间投票人包含在他们的集团中。亨特和纳尔逊（1989）发

---

[1]　当然，同样许多企图检测来自最优税收理论命题的其他经验研究也提供了这种一致性。参见肯尼和托马（1997），以及赫蒂奇和维纳（1999，第8章）。

现，路易斯安娜各区的地产税占总税收额与拥有昂贵住房的业主占纳税者的百分比呈反向关系，这似乎证实了他们的假设：这些富裕的业主在路易斯安娜是一个有效的政治集团。①

赫蒂奇和维纳（1984；1999，第9章）运用概率性投票模型激发它的一项研究，也就是所得税成为各州的主要税收来源。对概率性投票模型的最明显的支持实际上来自其模型的第二个等式，它预测了一个州是否允许居民以地产税来冲抵其州所得税义务。富裕的房屋业主似乎又一次发挥了重要的政治影响力，就像65岁以上的公民所作的那样。

尽管直接检验政治力量在决定税收结构中的重要性的研究数量还不大，但结果到目前为止是令人鼓舞的。

12.6　评论

当唐斯提出其民主的经济理论时，他似乎认为，在一个候选人竞争选民选票的政治体系中，结果会避免循环文献中的虚无主义含义，更一般地说，避免阿罗的不可能性定理（参见唐斯，1957，pp.17—19）。唐斯在证明关于政治竞争结果的任何规范结论方面并不成功，然而，随之而来的关于空间投票模型的文章一篇接一篇地发表出来，它们证明，当候选人竞争选票时，循环问题就像在委员会投票中一样，是一个潜在的大问题。

关于概率性投票的文献似乎在关于委员会投票的公共选择文献和关于选举竞争的公共选择文献之间打进了一个巨大的楔子。委员会投票是内在决定性的，而循环问题将继续困扰像简单多数规则下委员会投票的结果。但是如果选民奖励一个许诺他们以更高效用的候选人，增加投票给该候选人的积极性，那么，候选人之间的选票竞争会让他们像"一只看不见的手"，支配着最大化社会福利的政纲。市场竞争和政治竞争之间的类似性是存在的，二者都会导致帕累托最优的资源配置。唐斯对政治竞争效能的信念已经得到恒久的证明。

有几位作者质疑一些假定的合理性，概率性投票文献中的主要定理就建立在这些假定之上，它们是：选民投票给一定候选人的概率函数是单调上升的，并且在该候选人许诺给该选民的效用上是凹函数，另外，候选人

---

① 路易斯安娜的一个区是地方政治单位，相当于其他州的一个县，农场主也被亨特和纳尔逊确认为一个有效的政治集团。

竞争议题集合是密集的和凸性的（斯卢茨基，1975；厄舍，1994；科克加斯纳，2000）。

例如，科克加斯纳就质疑概率性投票的普遍性，他建构了一个由三个选民构成的例子，其理想点构成图 12.1 中的三角形。然后，他选择概率，使得候选人 2 向线段 AB 的中间点移动，从而能够增加他赢得 A 和 B 选票的机会，并远足以抵消 C 投票给他的概率损失，同时假定候选人 1 位于点 M。科克加斯纳认为循环问题同样可以在概率性投票中出现。

显然，由三人组成的选举团是一个相当不寻常的假定，而且假定候选人跳跃式地赢得三个选民中的两张选票也许是合理的。当存在大量选民，并且存在一个关于理想点的单峰分布时，这种围绕概率性投票的跳跃似乎就不那么合理了。然而，即使在三个选民的情况下，这些定理证明，概率性投票条件下的均衡存在仍然是有效的——如果人们仍然坚持这些定理的假定。

在他们对概率性投票下均衡存在的证明中，库格林和尼灿（1981a、b）假定选民投票给两个候选人中的一个的概率 i 是如下形式的凹函数：

$$\pi_{1i} = \frac{U_{1i}}{U_{1i} + U_{2i}}, \quad \pi_{2i} = \frac{U_{2i}}{U_{1i} + U_{2i}} \tag{12.22}$$

现在假定每个选民 i 从候选人 j 的政纲中所获得的效用采取如下形式：

$$U_i^j = K - |I_i - P_j|^2 \tag{12.23}$$

这里 I_i 是选民 i 的理想点，P_j 是候选人 j 的政纲，而 $|I_i - P_j|$ 是两点之间的尤克利氏距离。K 是一个正的常数，表示每个选民从位于其理想点的连接 x—y 中体验到的效用。K 必须足够大，以便让 $U_i^j > 0$，如果它有意义就能够提供公共物品 x 和 y。

如果候选人 1 位于 M 点，到 A、B 和 C 有相等的距离，而候选人 2 位于 A 和 B 的中间，那么候选人 1 获得 A 或 B 的选票的概率就是

$$\pi_{1A} = \pi_{1B} = \frac{K - \left(\frac{2}{\sqrt{3}}\right)^2}{K - \left(\frac{2}{\sqrt{3}}\right)^2 + K - 1} = \frac{K - \frac{4}{3}}{2K - \frac{7}{3}} \tag{12.24}$$

而得到 C 的选票的概率是

$$\pi_{1C} = \frac{K - \frac{4}{3}}{K - \frac{4}{3} + K - 3} = \frac{K - \frac{4}{3}}{2K - \frac{13}{3}} \tag{12.25}$$

候选人 2 的相应概率是

$$\pi_{2A} = \pi_{2B} = \frac{K-1}{2K - \frac{7}{3}}, \quad \pi_{2C} = \frac{K-3}{2K - \frac{13}{3}} \tag{12.26}$$

将三个选民的每个概率函数相加,我们便得到 π_1 和 π_2,可以容易地看出

$$(\pi_1 > \pi_2) \leftrightarrow \left(K > \frac{1}{2} \right) \tag{12.27}$$

前面说过,K 必须足够大,以便让对社区的 x 和 y 的供给有意义。我们很容易看到,对于两个候选人的每个政纲来说,(12.27)不等式被满足。候选人 2 不能通过离开 M 点而增加其获胜的概率。

如果我们将候选人视为希望中的不同公共物品束,那么对政府施加一个财政约束,或者对经济施加一个资源约束就足以让议题集合满足紧密性和凸性假定。在有两个公共物品,x 与 y 和一个财政约束 B 的情况下,该条件被满足。这是合理的假定吗?对于一个候选人的每个可能的政纲来说,一个给定的公民会有一个有限的概率投票支持该候选人吗?这些政纲在议题空间的某些方向上的排序是无限的吗?最终说来,这是一些关于选民心理学的问题,它们无法通过逻辑判断来解决。[1]

检验这些定理背后的那些假定的准确性的一个替代当然是检验它们的含义。在像美国那样的两党制中,候选人在完全的议题集合中似乎都往相同(类似)的立场收敛吗?选举过程的结果产生了有时在某组议题上采取极端立场,而有时又在另一组完全不同的议题上采取极端立场的候选人吗?如果读者认为这是事实,那么她就应该对概率性投票模型背后的假设持怀疑态度。如果她不认为是事实,那么她就可以对其含义感到放心。

即使我们接受概率性投票模型背后的假定以及它们于两党竞争条件下均衡的含义,它们也会产生其他不那么有益的规范性问题。利益集团条件下的概率性投票模型意味着不同的集团得到福利函数中的不同权数,而候选人隐含着最大化这个福利函数。较早时讨论过的,并将在第二十章评论

---

① 埃内洛和希尼奇(1989)在两党选举模型中引入了一个概率因素,作为候选人对其选票份额预期的随机误差项。一个均衡存在与否要依赖“随机因素的变异……候选人可行的政策定位集合的规模、选民之间政策的显著性、政策空间的维度、选民效用函数的凹性程度等”(p.110)。这样,埃内洛和希尼奇的概率投票模型说明了科克拉斯纳在批评中所提出的几个要点。均衡的存在不能通过在两党模型中引入随机因素加以保证。然而,还是不能轻易地认为,确保一个均衡所需要的关于可行集合的规模、选民效用函数的凹性等假定是否合理。

的关于征税问题的经验文献提供了关于候选人和利益集团之间双向互动的大量证据，从而突现了这个问题的重要性。尽管很高兴地知道政治竞争将我们带到帕累托可能性边界上的一个均衡，但在我们过于大声地为两党民主唱赞歌之前，我们也许希望了解边界上的这个点究竟在哪个地方。在对两党制的优点下结论之前，对两党制与一党制、多党制做一下比较也许是慎重的。我们在一下章讨论多党制，并将一党制留给第十八章。

文献注释

最早确定概率性投票假定下均衡存在的文章来自戴维斯等（1970）人，以及希尼奇、莱迪亚德和奥迪舒克（1972，1973）。尽管显然存在均衡结果，但这种结果的意义没有被观察者认识到，因为模型中的概率因素被假定为由于当候选人远远偏离选民的理想点时而出现的弃权。因此，均衡似乎是作为某些选民拒绝投票后的一种结果而出现的。要对选举竞争结果打造一个坚实的规范性案例，这似乎是一个不可靠的基础。随着这种文献的发展，重点已经从弃权转向候选人和/或选民方面的不确定性。这种变化中的相关论文包括科马诺（1976），登曹和凯茨（1977），希尼奇（1977），库格林和尼灿（1981 a、b），库格林（1982，1984，1986），以及莱迪亚德（1984）。埃内洛和希尼奇（1984，Ch. 5），奥迪舒克（1986，pp. 177—180；1997），以及库格林（1992）对这些文献进行了概述。

关于这些结果的规范意义，在库格林和尼灿（1981a），库格林（1982，1984，1992）和莱迪亚德（1984）的文章中得到最清楚的表述，在威特曼（1989，1995）的文章中得到最有力的强调。

威特曼（1984）将均衡结果扩展到三个人及其以上的竞争，奥斯汀－史密斯（1981b）则将其扩展到多选区的政党竞争。

萨缪尔森（1984）假定，候选人以不同的起点开始竞选，而且他们在任何一次选举中从这些起点走出多远，是有约束的。均衡发生在各候选人采取不同的政纲而且拥有不同的预期总选票的条件下。汉森和斯图亚特（1984）通过假定各候选人拥有定义在战略选择上的效用函数而获得类似的结果。

对征税问题的公共选择分析由赫蒂奇和维纳展开（1984，1988），他们也考察了对这种文献的主要贡献（赫蒂奇和维纳，1997，1999）。

最后，必须提到贝克尔（1983）一个相关的重要研究。贝克尔并没有对政治竞争进行模型化，但假定政府是一种市场形式，它让利益集团对偏好需求均衡化。在这一假定的均衡上，就像在概率性投票模型的均衡中一样，帕累托最优成立。

第十三章　多党制

在控制政府事务与实际去做这些事务之间有着根本的区别。

约翰·斯图亚特·穆勒

13.1　有关代表的两种观点

对于选举在民主过程中作用和功能的观点，亦即对于民主理论的一个基本构成要素的观点，存在着分歧。一种观点认为，选举主要是为了选择政府——内阁、行政机关或执行机关，而只是次要地反映公民的偏好。根据这种看法观点，只要一个内阁能够维持住当选议会对它的信任（反映议会的偏好或观点），它就可以统治下去……我们应当注意，正是这种观点提供了责任政府的理论基础，那些选择支持这种观点的人倾向于重视与内阁有关的问题，而不是与议会和公民有关的问题。

根据第二种观点，选举主要是公众手中表达其对相互竞争的代表的偏好或观点的工具，而只是次要地履行选择政府的功能。这种观点为代议制政府理论提供了基础，它的根据是这样一个假定：政府寻求的是在公共政策中满足公民的偏好，否则公共政策要么不可行，要么是次优的（布雷顿和加莱奥蒂，1985，pp. 1—2）。

第十一章和第十二章的两党或两候选人的竞争模型为政府的第一种观点提供了理论基础。只要两个政党或两个候选人必须时刻为公民的选票而竞争，他们就会继续对公民的偏好作出回应。在开展竞争的候选人的目标函数中，每位公民的偏好都肯定有分量。但是在选区很大时，那种分量很小，而候选人之间达成的均衡可能会与那位公民最偏好的政纲相隔很远。此外，由于政府要统治几年，候选人为之竞争的"问题"不是有关支出和计划的具体建议，而是更一般的意识形态和政策立场。因此，在投票支持特定候选人的过程中，公民并没有投票支持那个会紧密地和直接地代表其偏好的人。公民在将要来临的选举期间会支持他想要授予权力以进行统治的那个候选人或政党。关于政府过程的这种观点在某种程度上与霍布斯提到的统治者的选择相似，其所增补的是统治者必须定期面对改选。

关于政府的第二种看法，其"理想类型"是雅典的民主。正如在直接民主制中一样，政府结果应当反映人民的偏好。只有在政治实体太大，以至于无法召集所有公民来直接决定问题时，人们才需要代议民主。在选择代表的过程中，人们力求选择那类人，他们的投票行为与所有公民召集起来直接对此问题进行投票时所发生的一样。

第十一章和第十二章已经介绍了有关民主制的第一种观点的理想模型。在下面这一部分，我们将勾勒出第二种民主制模型的理想代表，然后继续探讨现实世界中出现的比例代表制。

13.2　选择一个立法者的代议机构

我们要寻求的是这样一个立法机构（assembly），在其中每个公民都由那些偏好与其相同的人所代表。[①] 不过，除非一些公民拥有和另一些公民相同的偏好，否则这样一个代议机构无法形成。那样的话，唯一正当的代议机构将不得不包括所有公民。因此，假定全部公民可以被划分为 s 个群体，并且每个群体的所有成员对公共问题都有完全相同的偏好。假定具有 i 类型偏好的公民人数是 n_i，那么一个完全的代议机构可以通过挑选 s 个人来构成，其中每个人都来自一个群体，同时代议机构中每个代表都被赋予与其所代表人数相称的票数，例如群体 i 的代表有 n_i 票。这样一个代议机构使每个公民都能得到偏好与其相同的人的代表，并且所有公民的偏好是根据他们在政治实体中的人数比例而被代表的。

要形成这样一个代议机构，最简单的方式是使服务的报酬变得足够有吸引力，以诱使每个群体成员为职位而展开竞争。假如公民都投票支持偏好与其相同的代表，那么一个完全的代议机构就形成了。

如果 s 过大，而使代议机构自身过于笨重庞大，那么它的规模可以通

---

① 这一节的模型与塔洛克（1967a，第 10 章）；缪勒、托利森和韦利特（1972，1975）；以及缪勒（1996a，第 8 章）所探讨的模型类似。

过下述两种方式加以限制：（1）固定席位数为某个数字 m，只允许获得最高票数的 m 个候选人占有席位，或者（2）设定一定的票数比例，候选人只有获得该比例的票数才被允许在代议机构中占有席位。第一提议保证了代议机构中至多只有 m 个席位会被占满。第二个提议允许可被充任的席位数有变化，但是通过把当选所需的票数设定得足够高，也可以保证席位数比 s 更少。

其次，这两个提议都会导致某些公民已投票支持的候选人无法赢得代议机构中的席位。通过在第一轮选举的获胜者之间组织第二次竞选，以决定每个人可以在代议机构中投多少票，这个缺点就可以被避免。每位公民于是会投票支持第一轮当选的、与其偏好最接近的代表。虽然这样的代表不会是完美的，但是它与两位候选人胜者得全票（winner-take-all）的竞赛竞争产生的结果相比，更接近于理想。

最后，如果一个代议机构可行的规模 m 与 s 相比很大，那么人们只会从人口中随机选择 m 个公民，并且依赖大数定律（law of large numbers），以确保所产生的代议机构由这样一些成员构成，他们的偏好大体上与政治实体中的那些人的偏好成比例（缪勒、托利森和韦利特，1972）。

13.3　实践中的比例代表

前述比例代表（PR）制的理想与其现实世界之间有很大的差异。只有在以色列和荷兰这两个国家，全国所有地方的选民才都面对同样的政党和候选人名单。其他所有国家都被划分成一些区域，每个区域选择几个代表。因此，这种代表模式通常是极端的地理代表形式以及大体上完全的PR制之间的一种妥协。

在典型的PR制中，立法机构和行政部门是相互联结的。在一次选举之后，政府首脑和她的内阁要么直接由立法机构选举，要么由国家元首（总统，女王）经立法机构建议后任命。因此，当一些政党成功组建多数派联盟时，它就能有效地选择最高行政长官和她的内阁成员，她就能组成"政府"。[1]

---

[1]　在美国人们通常提到的"政府"是指立法机关、行政部门及与其相伴的官僚机构，甚至包括司法机关。我在这本书中对"政府"一词的使用大体上遵循了这种美国的传统。在议会民主制中，"政府"通常指内阁，亦即在议会集中起来的行政权威。在议会民主制中，更广泛的公共部门行为是在"国家"名义下混在一起的。

在本章剩余的部分，我们将探讨 PR 制中选举政治的性质，以及它们的结果，我们从评论在 PR 制中发现的一些选举规则开始。

13.4 选举规则

我们理想的 PR 制只有一个选区，从该选区选出的代表数与立法机构中的席位数一样。现实世界的 PR 制在国家所划分的区域数和每个区域可被选出的人数这两个方面都不一样。政治实体划分的区域越少，每个区域被选出的人数越多，一个地理基础上的制度与我们理想的 PR 制就越相像越接近。在区域当选人数超过一人的任何制度中，都必须选择一种计算法，以把区域内的票数转换成议会中的席位，这些公式会导致一个政党所获得的全国票数比例与其议会席位比例之间出现差异。我们将首先叙述与此有关的五种最常使用的计算法算法。

13.4.1 黑尔、德鲁普、因佩里亚利、顿特和圣－拉格算法

仔细看看表 13.1。[①] 一个拥有 1030 万选民的国家被划分成 10 个区域，议会中的席位按人口比例分配给每个区域。例如，区域 2 的人口是区域 1 的两倍，因此它可占据的席位数也是区域 1 的两倍。每个区域人口数的确定旨在使席位能精确地分配。每 10 万选民选举一名代表。（当然通常情况下，最公平的席位分配也会导致不同区域每个席位代表的选民人数有不同。）八个政党谋求议会中的席位，但不是所有这八个政党都在每个选区有候选人参与竞争。当一个政党不能使其候选人名单进入一个区域时，NL（无名单）就出现了。任何区域的一个选民只投票支持一个政党。分配给那个区域的席位数是按照该区域所投选票的比例而划拨的。我们已经假定划拨规则是最大余数规则（largest remainder rule）。在这个算法中，我们首先计算黑尔商数（Hare quotient）

$$q = \frac{v}{s} \qquad\qquad (13.1)$$

其中，v 是一个区域所投选票的总数，s 是它所能占有的席位数。每个政党赢得的席位数是由 q 除该政党所赢得的选票数 v_p 来决定的。这一除法得出了一个非负整数 I，以及一个分数 f，$0 \leqslant f < 1$；亦即

---

① 这个表以及本章的很多讨论取自缪勒（1996a，第 10 章）。

$$\frac{v_p}{q} = I + f \tag{13.2}$$

政党席位数的划拨首先是通过给予每个政党与 I 相同的席位数而进行的。剩余的席位根据哪个政党拥有最大分数 f 而被分配。例如，以每个政党得到其 I 个席位为基础，区域 1 的席位划拨给 A 三个，D 一个，G 两个。其余两个席位给了 A 和 H，因为它们有最大分数。

表 13.1 倒数第 2 栏列给出了每个政党在全国赢得的总票数（V），以及如果（13.2）式中的算法被应用于全国的总票数而不是一个区域的票数时，每个政党会获得的席位数。最后一栏列累积了十个区域赢得的席位。十个选区所赢得的席位与如果整个国家是一个选区时将会获得的席位之间的对应很接近，但不完善。当最大余数计算法被应用于全国所投的总选票时，D 和 F 会多分配到一个席位，而 B 和 G 则少分配到一个席位。

黑尔商数与分配一个选区中剩余席位的最大余数规则相连，虽然它是最直接和最容易应用的，但它不是唯一被使用的。黑尔商数的两个变种是德鲁普基数（Droop quota）d，

$$d = \frac{v}{s+1} \text{或者} \ d = \frac{v}{s+1} + 1, \tag{13.3}$$

和因佩里亚利 i

$$i = \frac{v}{s+2} \tag{13.4}$$

其中，d 被界定为（13.3）式的左侧，而 i 聚拢为四舍五入为下一个整数。顿特法不计算商数，而是在一个选区内通过重复应用最大余数原则来分配席位。修正后的圣 – 拉格计算法运用 1.4，3，5，7，……而不是 1，2，3，4，……正如顿特法一样……来作为因子。这些规则的其他变种也正在或曾经被使用过。[①]

正如我们将看到的那样，这些规则在使政党席位与政党选票相符方面做得如何是有不同的，但是所有这些规则都倾向于达成两者之间适度的一致。

---

① 卡斯塔尔斯（1980，第 2、3 章），巴林斯基和扬（1982），利普哈特（1986），以及埃米（1993，pp. 225—238）对各种计算法进行了说明和比较。

表 13.1　多名代表—多个区域的制度中的席位分配

区域 政党	1 v	1 s	2 v	2 s	3 v	3 s	4 V	4 s	5 v	5 s	6 v	6 s	7 v	7 s	8 v	8 s	9 v	9 s	10 v	10 s	总计 v	总计 s	实际席位
A	349851	4	489441	5	141222	1	73444	1	NL		111422	1	141383	1	268317	3	NL		4525	1	1579605	16	16
B	NL		69617	1	92856	1	101867	1	17642	1	71683	1	155363	2	182741	2	81646	1	115922	1	889337	9	10
C	41442		NL		52956	1	NL		66817	1	NL		646522	7	433829	4	124317	1	611323	6	1977206	20	20
D	107814	1	31145		NL		32496	1	75323	1	NL		NL		110009	1	111666	1	224103	2	692556	7	6
E	NL		180017	2	66100	1	115466	1	NL		88238	1	333661	3	101842	1	NL		89306	1	974630	10	10
F	23500		16333		41323		304275	3	80969	1	NL		141682	1	NL		NL		79221	1	687303	7	6
G	227275	2	490376	5	480727	5	170631	2	59249	1	192349	2	NL		162300	2	190841	2	NL		1973748	19	20
H	50118	1	323071	3	224816	3	101821	1	NL		236308	2	81389	1	140962	1	91530	1	275600	3	1525615	15	15
总计	800000	8	1600000	16	1100000	11	900000	9	300000	3	700000	7	1500000	15	1400000	14	600000	6	1400000	14	10300000	103	103

注解：v 为每个政党所获的大众选票；s 为根据最大余数计算法分配到的议会席位数；NL＝无名单。

13.4.2 单记名可让渡投票法(The Single-Transferable Vote, 简称 STV)

在 STV 制度中, 公民投票支持某个候选人, 或更准确地说, 某些候选人, 而不是投票支持某个政党本身。也就是说, 每个选民都对其选区竞争的候选人排位。获胜者通过运用前述第二种德鲁普基数来决定, 亦即

$$d = \frac{v}{s+1} + 1 \qquad\qquad (13.5)$$

其中, v 和 s 像前面那样是一个区域中的总票数和席位数。人们首先以超过 d 的第一位票数来决定候选人数目。对于某个候选人来说, 其超过所要求的 d 以上的任何第一位票数都被分配给选民的第二选择。如果任何一个候选人所拥有的这些转移票数超过 d, 则额外的票数被分配给选民的第三选择, 直到 s 个席位被占满。STV 目前被应用于爱尔兰、马耳他、北爱尔兰(用于选择欧盟议会代表)、澳大利亚(用于选择参议院议员), 以及美国的一些城市。

当选民把他们所排位的候选人限定为来自单一政党的那些人时, 则 STV 会导致与最大余数计算法之下相同的政党代表(利普哈特, 1986, p. 175)。STV 和政党名单制(party list system)之间的主要区别在于, 名单制下政党领袖决定哪些人占有政党所赢得的席位; 而在 STV 下由选民作这个决定。在 STV 下, 选民可以废黜政党领袖——例如给她安排个非常靠后的位置, 而在名单制下她会被选出, 只要她在政党领导层中的排位数高于其政党所赢得的席位数。

STV 似乎具有所有政党名单制的优点, 毕竟选民可以按政党所建议的顺序给候选人排位, 此外它允许选民把他们对政党成员相对优点的观点添加到选举过程中, 这显然是有益的。STV 所声称的特别优越性在于它允许不同种族的、宗教的和性别的群体从自己的群体中挑出参选的政党成员。[1]

13.4.3 有限投票(limited voting)

在有限投票制度下, 每个选民可以投 c 票, $c \leqslant s$, 其中 s 是其选区可充任的席位数。在一个选区内获得最多选票的 s 个候选人会夺得议会中的席位。选票投给个人而不是政党, 因此, 这在某种程度上有限投票类似于

---

① 对于 STV 优缺点的进一步探讨, 参见哈利特(1984), 卡茨(1984), 埃米(1993, pp. 183—191、193—197), 以及鲍勒和格罗夫曼(2000b)。

STV 下的投票，因为选民可以指出他希望在议会中看见一个政党的哪些成员。但是，选民也可以把他的票投给不同政党的人。今天西班牙是使用 $c > 1$ 的有限投票的唯一国家，用于上院选举。[①]

有限投票是两者之间的一种妥协：一是纯粹的 PR 制，其中政党或个人直接按照投给他们的选票比例而获得议会中的席位，二是相对多数制，其中代表以其非常不同的选票数当选。后面这个特征向选民及参与竞选的政党候选人都提出了策略性的问题。例如，假定一个选区有四个席位可被充任，同时每个选民可以投三票——这是西班牙的典型情况。一个选民可能想看到所有这四个席位都由来自他最偏爱的政党的代表来充任，但是他只能投三票。如果这个政党有四位候选人竞选，选民必须在这四位候选人当中选择不投票支持的一位。如果所有支持该党的选民都选择不支持同一个人，这个政党就只有三位候选人会当选。然而，如果支持该党的选民人数很大，那么在另一种投票方式下，所有这四个席位可以由这个政党的代表充任。这可能导致一些选民投票支持他们对该党的第四选择，而不是他们的第一选择，因为他们预期自己的第一选择所获选票数会比当选所需选票数要大得多。但是如果很多选民都以相同方式行事，他们的第一选择就可能在选举中落败，而他们的第四选择则被选出。

政党在选择参与竞选的候选人的数目时会遇到一个对称性问题。推出四位候选人来争夺四个席位的政党可能会使选票分布得过于分散，以至于只有两位当选；而当该党推出三位候选人时，所有这三位候选人都可能当选。不过，如果它只推出三位候选人，它就错过了四位当选机会。这些策略性考虑意味着有限投票制与 PR 政党名单制或 STV 制相比，在提取有关选民偏好的信息方面，是一种更缺乏吸引力的方式。

13.4.4 单记名不可让渡性投票制度 （Single-Non-transferable-Vote Systems，简称 SNTV）

有限投票的一种特殊情况是 $s > 1$ 并且 $c = 1$。当 s 和 c 都等于 1 时，我们得到相对多数制 （plurality system），因此 SNTV 与 $c > 1$ 的有限投票制度相比，更接近相对多数制。事实上，当 $c = s > 1$ 时，有限投票类似于 STV，而当 s 和 c 大或小时，有限投票就类似于 PR 制或相对多数制。日本、韩

[①] 一般地探讨有限投票，特别是西班牙的经验，请参见利普哈特、洛佩斯和索恩（1986），以及考克斯（1997，pp. 115—117）。

国和中国台湾都使用过 SNTV，但是最近日本的宪政变革已经替换了这种制度，新制度是采用相对多数规则的单名制选区与剩余席位的 PR 制之间的混合物。[①]

13.5 选举规则和政党数目

不同的选举规则之间有什么差异呢？在相对多数规则下，少数派政党因其支持者均匀分布于全国而无法赢得席位。随时间流逝，可以预计这些政党不断的失败会使它们的财政支撑枯竭，并且使他们的成员和领导人气馁。因此，在相对多数规则下，人们预计少数派政党会消失，除非它们的支持者集中在特定的地理区域。人们预计相对多数规则产生两党制。

在 1954 年莫里斯·迪韦尔热声称，相对多数规则下的这种趋势事实上"可能最接近一条真正的社会学定律"。[②] 迪韦尔热定律依赖于公民会策略性地投票这个假定。

要明白为什么会这样，让我们想一下当来自三个政党的候选人在相对多数规则下竞争某个选民的选票时这个选民的决策计算。在大选前的民意测验以及该选民区域内三个政党的过去表现的基础上，她判断三个候选人成功的可能性是 $\pi_A > \pi_B > \pi_C$。要使她的投票变得紧要，获得最多选票的两位候选人必须不分胜负，而她则必须投下决定性的一票来支持其中的一位。除非 π_B 和 π_C 很接近，否则来自 A 党和 C 党的候选人之间平局的可能性要比来自 A 党和 B 党的候选人之间平局的可能性小得多。如果选民想拥有影响选举结果的真正机会，她就不会在 C 党的候选人身上"浪费"选票，而会把选票投给其胜利为她更偏爱的那个来自 A 党或 B 党的候选人。在相对多数规则下，理性选民会背弃少数派政党，而支持两个主导性的政党。[③]

作为迪韦尔热定律基础的选民计算的逻辑可以被概括为这样的选举制

---

① 对 SNTV 制度的进一步探讨，参见利普哈特、洛佩斯和索恩（1986），格罗夫曼、李、温克勒和伍德尔（1999）。

② 转引自威廉·赖克（1982a，p. 754）。赖克评论了这条"定律"的知识史以及所收集的支持该定律的证据。

③ 如果所属区域内的选民人数很多，理性选民也许会认识到在竞争第一个席位时任何两个候选人之间平局的可能性微乎其微，从而根本不投票。因此，理性选民策略性投票的假设包含这样一个假定，即他们是在其选票似乎具有影响结果的可能性时投票的。在下一章我们会继续探讨为什么理性选民会投票这个问题。

度，它允许一个区域选出两个或更多的代表，并且导向如下的一般性预测：当每个区域被选代表超过一人时，会有超过两个以上的政党来竞争选票。这个预测通常被称为是迪韦尔热假设。

现在假定在一个区域内有两个代表可被选出，并且有来自四个政党的候选人竞争这两个席位。选民判断每个政党赢得一个席位的可能性是 $\pi_A > \pi_B > \pi_C > \pi_D$。如果每对可能性之间的差别是真实的，那么选民不论投票支持 A 党还是投票支持 D 党都会浪费她的选票。跑在前面领先的候选人几乎肯定赢得两个席位中的一个，因此有意义的竞争是围绕第二个席位展开的。可以预计，排在第二位和第三位的政党的候选人之间为竞争第二个席位而出现平局的可能性要比排在第四位的政党和其他三个政党中任何一个政党之间出现平局的可能性大得多。如果选民想要拥有影响选举结果的机会，她会在竞争该区域边际席位的两个候选人之间进行选择。如果从这个区域要选择 M 个候选人，那么为边际席位而展开竞争的是在大选前民意测验中排在第 M 位和第 $M+1$ 位的候选人，而理性选民会集中注意力在这两个候选人身上。[1]

这条推理路线会导致一些相当精确的预测。我们不仅可以预计在每个选区选一名代表的地方（单名制选区）会发现两个主要政党，而且主要政党的数目会随着一个选区平均规模的扩大而增加。不过，联结选区规模和一个选区政党数目的这种逻辑只适用于区域层次。在单名制选区，如果一个选民投票支持该选区第四强大的政党，那么他的选票可能被浪费掉，纵然这个政党平均来说是全国最大的政党。因此，在政党力量随地区不同而差别很大的地方，迪韦尔热的定律和假设都是有限的。[2]

在人们能够检测出每选区被选代表数与政党数之间是否有关系以前，人们需要思考一下"政党数"是什么意思。在拥有五个政党且每个政党获得大众选票20%的国家，似乎有理由说那里有五个主要政党。然而，如果五个政党分别获得选票的百分之60、30、7、2和1，似乎很难称其为"五党制"，因为人们可以预计它的运作更像是一党制或两党制。要将政党的相对规模考虑在内，大多数学者会测量一个国家有效的政党数。这个统计值的计算可以建立在每个政党选举中所获全国选票数（ENV）基

---

① 参见麦凯尔维和奥迪舒克（1972），以及考克斯（1997，第2、4和5章）。

② 休姆斯（1990）指出，在 $M=1$ 时，如果政党退出的决定同时作出，那么超过两个以上的政党可以维持下去。

础上，也可以建立在其所获立法机构中的席位数（ENS）基础上。如果 v_p 是 p 党在选举中所获选票数，而 v 是所投的选票总数，那么 ENV 可以被界定为

$$\text{ENV} = \frac{1}{\sum_{p=1}^{n}\left(\dfrac{v_p}{v}\right)^2} \qquad (13.6)$$

计算具有 s 个席位的立法机构中政党所占据的席位数（s_p）的方法与此类似

$$\text{ENS} = \frac{1}{\sum_{p=1}^{n}\left(\dfrac{s_p}{s}\right)^2} \qquad (13.7)$$

在前面五个政党的那两个例子中，每个党获 20% 选票的那个例子中的 ENV 是 5，而在第二个例子中它是 2.2。[①]

表 13.2 给出了 19 个单名制选区（SMD）和 34 个多名制选区（MMD）的民主国家的 ENV 和 ENS。显而易见，SMD 制度产生更低的数字当量（numbers equivalents），不管统计值建立在代议机构中所获席位基础上还是选举中所投选票基础上。同样显而易见的是，在这两种制度中将选票转换为席位的计算法都易于使权力集中于大党，而且在 SMD 国家中集中度更大。

表 13.2a　　每个选区代表数的平均值（M），有效政党数（ENV，ENS），
比例偏离指数（Dev）以及政党数的相对削减（RRP）

地　区	年份	M（有效的）	ENV	ENS	Dev（%）	RRP（%）
澳大利亚	1984	1.0	2.79	2.38	11.5	18.7
巴哈马	1987	1.0	2.11	1.96	19.2	7.7
巴巴多斯	1986	1.0	1.93	1.25	—	54.4
伯利兹城	1984	1.0	2.06	1.60	22.0	28.8
博茨瓦纳	1984	1.0	1.96	1.35	17.2	45.2
加拿大	1984	1.0	2.75	1.69	24.9	62.7

---

　　① 在工业组织文献中也运用类似的计算方法——"数字当量"——来测量某个产业中有效的公司数。它是赫芬达尔集中指数（Herfindahl index of concentration）的超越。在政治学中，它常被称为拉克索—塔戈佩拉指数（拉克索和塔戈佩拉，1979）。

续表

地　区	年份	M(有效的)	ENV	ENS	Dev(%)	RRP(%)
多米尼加	1985	1.0	2.10	1.76	34.8	19.3
法国	1981	1.0	4.13	2.68	20.6[a]	54.1
格林纳达	1990	1.0	3.84	3.08	—	24.7
印度	1984	1.0	3.98	1.69	31.8	135.5
牙买加	1989	1.0	1.97	1.60	—	23.1
韩国（南）	1988	1.0	4.22	3.56	—	18.5
新西兰	1984	1.0	2.99	1.98	19.0	51.0
圣基茨和尼维斯	1984	1.0	2.45	2.46	—	-0.4
圣卢西亚	1987	1.0	2.32	1.99	26.0	16.6
圣文森特和格林纳丁斯	1984	1.0	2.28	1.74	17.8	31.0
特立尼达和多巴哥	1986	1.0	1.84	1.18	—	55.9
英国	1983	1.0	3.12	2.09	23.4	49.3
美国	1984	1.0	2.03	1.95	6.7	4.1
中值		1.0	2.68	2.00	21.1	30.5

资料来源：1985 年的 Dev 数字取自塔戈佩拉和舒加特（1989，表 10.1）。

a. 建立在第一轮投票基础上。

　　SMD 国家建立在立法机关席位基础上的政党数目平均值正好是 2.00，因此就为迪韦尔热定律提供了相当惊人的支持。不过，考察个别国家的数字就会发现几个重要的偏离两党制的例子，巴巴多斯、特立尼达和多巴哥接近于一党制国家，而法国（原文如此。——译者）格林纳达和韩国的 ENS 都超过 3。尽管如此，19 个 SMD 国家中仍有 13 个的 ENS 位于 1.5 至 2.5 之间。

　　法国的政党数目大于所预测的，这常被归因于其两阶段选举规则的运用。要在第一轮被选上，一位候选人必须获得所投选票的过半数。如果没有候选人在第一轮获得绝对多数，那些所获选票少于 12.5% 的候选人就从候选人名单中被删去，同时第二轮投票开始，赢得第二轮投票只需要相对多数。不过，迪韦尔热定律潜在的逻辑在第二阶段应当是成立的，因而我感觉难于理解的是为什么人们不应当预期，随时间推移在法国会出现两个主导性的政党。[1]

―――――――

　　[1]　这样一种趋势因为联盟伙伴在决定性竞选中退出的倾向而得到进一步强化，参见策贝利斯（1990）。

表 13.2b   每个选区代表数的平均值(M)，有效政党数(ENV，ENS)，
比例偏离指数(Dev)，以及政党数的相对减少(RRP)

多名制选区	年份	R/D(有效的)	NEV	NES	Dev(%)	RRP(%)
阿根廷	1985	9.0	3.37	2.37		42.2
奥地利	1986	30.0 (20)	2.72	2.63	4.3	3.4
比利时	1985	8.0 (12)	8.13	7.01	7.7	16.0
玻利维亚	1985	17.5	4.58	4.32		5.6
巴西	1990	30.0	9.68	8.69	5.9	11.4
哥伦比亚	1986	8.0	2.68	2.45	3.4	9.4
哥斯达黎加	1986	10.0 (8)	2.49	2.21	1.2	12.7
塞浦路斯	1985	12.0	3.62	3.57		1.4
丹麦	1984	11.0 (25)	5.25	5.04	2.9	4.2
多米尼加共和国	1986	5.0	3.19	2.53		26.1
厄瓜多尔	1984	3.0	10.32	5.78	16.0	78.5
萨尔瓦多	1985	4.0 (4)	2.68	2.10		27.6
芬兰	1983	17.0 (13)	5.45	5.14	3.9	6.0
德国	1983	1.0 (10)	3.21	3.16	0.8	1.6
希腊	1985	6.0 (3)	2.59	2.14	9.0	21.0
洪都拉斯	1985	9.0	3.49	2.80	2.2	24.6
冰岛	1983	7.0 (60)	4.26	4.07	4.3	4.7
爱尔兰	1987	5.0 (4)	3.46	2.89	3.2	19.7
以色列	1984	120.0 (50)	4.28	3.86	5.8	10.9
意大利	1983	24.0 (20)	4.51	4.11	4.5	9.7
日本	1986	4.0 (4)	3.35	2.57	6.9	30.4
列支敦士登	1986	15.0	2.28	1.99		14.6
卢森堡	1984	21.0 (16)	3.56	3.22	7.5	10.6
马耳他	1987	5.0 (5)	2.01	2.00	2.6	0.5
毛里求斯	1983	3.0	1.96	2.16		-9.3
荷兰	1986	150.0 (75)	3.77	3.49		8.0
挪威	1985	10.0 (90)	3.63	3.09	8.7	17.5
秘鲁	1985	9.0	3.00	2.32		29.3
葡萄牙	1983	16.0 (12)	3.73	3.41	5.7	9.4
西班牙	1986	7.0 (7)	3.59	2.81	17.5	27.8
瑞典	1985	12.0 (12)	3.52	3.39	2.0	3.8
瑞士	1983	12.0 (8)	5.99	5.26	4.3	13.9
乌拉圭	1989	11.0	3.38	3.35		0.9
委内瑞拉	1983	11.0 (27)	2.97	2.42	7.9	22.7
中值平均值		19.2(19.2)	4.10	3.48	5.8	14.9

资料来源：1985 年的 Dev 数字取自塔戈佩拉和舒加特（1989，表 10.1）。

RRP（%）=(ENV/ES - 1)100。有效的 M 适合于 20 世纪 80 年代早期，并取自塔戈佩拉和舒加特（1989，表 12.1）。

所有其他数字都取自考克斯（1997，附录 C）。

M 栏中圆括号中的数字是塔戈佩拉和舒加特（1989）对选举法所指定的每选区代表数进行的调整。他们的调整考虑了每个政党根据其更高聚合层级的选票份额而得到的席位数是否有第二层次的调整——像在奥地利和德国一样，也考虑了全国选票的门槛比例的影响，等等。有时这些调整的影响很大，例如它有效地使荷兰每选区被选出的代表数目从 150 减少到 75，而使挪威的这一数字从 10 增加到 90。[①]

（M+1）/M 假设潜在的逻辑导致了这样的预测：不仅在 M=1.0 时存在两个政党，而且在 M≥2 时存在两个以上的政党。它预测到政党数目会随 M 增加而增加。表 13.2b 的数据也与这个预测相符。表 13.3 提出了不同范围的 M 的平均值。在一个国家内，每个选区被选出的代表增多会使立法机构中有效的政党数目也随之增加。

表 13.3 立法机关中有效的政党数，每个选区被选出的代表数，以及比例偏离指数

M	ENS 平均值	Dev 平均值（塔戈佩拉和舒加特，1989）	Dev 平均值（利普哈特，1990）
1.0	2.00（19）	21.1（13）	12.9（6）
2.0≤5.0	2.12（8）	7.5（5）	7.5（4）
6.0≤10.0	3.34（7）	4.9（6）	5.6（9）
11.0≤15.0	3.98（7）	4.8（4）	
>15.0	4.09（11）	5.8（9）	3.5（12）[a]

a. 1 到 25 和大于 25 的 M 的加权平均数。

注：计算过的国家数标在圆括号之中。

塔戈佩拉和舒加特的 ENS 和 Dev 平均值取自表 13.2。

考克斯（1997，第 11 章）系统地分析了选区规模与全国立法机构中得到代表的政党数目之间的关系。运用表 13.2 中那些国家的数据，他得出如下等式：

[①] 荷兰在全国层次上运用政党名单制度，因此荷兰人投票支持政党而不是个人。荷兰议会有 150 个席位，但是获得席位的门槛排除了议会中存在 150 个政党的可能性。

考克斯把德国列为 SMD 国家。不过，在德国的 496 个议席中只有一半是以这种方式充任的。其余一半议席的充任建立在各党所获得的 16 个邦的选票份额基础上。因此基于德国选区的有效规模，我把它归类为 MMD 国家。

$$ENS = 0.58 + 0.51ENV + 0.08ENV \times \ln(M) + 0.37ENV \times UP$$
$$R^2 = 0.921$$

其中，$\ln(M)$ 是每选区当选代表数平均值的自然对数，而 UP 是存在上一层次分配算法时的一种调整，就像在德国一样。[1] 选民偏好分布所呈现出的是给很多党以选票，这样的国家倾向于在议会中有很多得到代表的政党。而很多政党赢得选票，其影响因为允许每个选区选出很多代表的选举规则而得到强化。[2]

正如前面所指出的那样，当政党力量在一个国家的不同地区差别很大时，迪韦尔热定律和假设可能失效。政党力量的重要地理差别可能与种族和宗教的异质性相连。因此，考克斯试图运用种族差异指数（index of ethnic diversity）和 $\ln(M)$ 来说明建立在选票基础上的不同国家的数字当量。当这两种变量互相作用时，他获得了最佳匹配。每个选区选出很多代表，并且有很多不同种族群体的国家倾向于有很多赢得选票的政党。[3]

13.6 选举规则和比例程度

在表 13.1 中我们发现，当一个国家被划分成选择代表的选区时，PR 代表制分配给每个政党的席位并不与该党获得的全国选票严格地成比例。另一方面，在每个选区选出一名代表的选举制度中，赢得的选票与立法机构中所分配的席位之间的差异可能变得相当大。

要明白这一点，请仔细看看表 13.4。它描述的是在一个有 1 亿人口和 10 个选区的政治实体中其每个选区按政党排列的选民分布。每个选区有一千万选民。在相对多数规则下，最大的两个全国性政党是 A 和 B，它们不会赢得席位，虽然它们获得全国 30% 和 25% 的选票。C 党会赢得半数席位，这是其全国选票份额的 2.5 倍，而 D 党和 E 党会赢得的席位部分是其全国选票份额的 2 倍。虽然这个例子是经过设计的，而且显然很极端，但是当每个政党的选民都随机分布在不同选区时，对某个政党的甚至很小比例的大众支持优势也能够转换为相对多数规则下很大比例的席位优势（西格尔和斯皮瓦克，1986）。

---

① 于是，考克斯把德国的 M 记录为 1.0，他解释德国有效的 M 之所以高得多是因为 UP 是虚假的。

② 也请参见塔戈佩拉和舒加特（1989，第 13 章）。

③ 考克斯（1997，pp. 214—218）；也请参见奥迪舒克和施维特索瓦（1994）。

表 13.4　　　　　　　10 个选区选票的分布（以百万计算的选票数）

政党	选　区									
	1	2	3	4	5	6	7	8	9	10
A	3	3	3	3	3	3	3	3	3	3
B	3	3	2	2	3	0	3	3	3	3
C	0	0	0	0	0	4	4	4	4	4
D	0	0	4	4	4	3	0	0	0	0
E	4	4	1	1	0	0	0	0	0	0
总计	10	10	10	10	10	10	10	10	10	10

这个例子提出了这样一个问题：不同选举规则在使议会席位与全国选票相匹配方面有多紧密。表 13.2 标为 Dev 的那一列为此提供了答案。Dev 是对每个政党选票份额 v_p 与其议会席位份额 s_p 之间严格比例的偏离指数，是塔戈佩拉和舒加特运用如下公式计算出的：

$$\text{Dev} = \frac{1}{2} \sum_{p=1}^{n} \| s_p - v_p \| \qquad (13.8)$$

SMD 国家的比例偏离指数平均值是 21.1%，与此相比 MMD 国家的 Dev 平均值是 5.8%。

表 13.2 的最后一列提供的是当我们计算政党数的方式从选票份额变为立法机构席位份额时，每种制度下所发生的有效政党数减少的比例。尽管厄瓜多尔——每个选区平均只选出三个代表——所记录的政党数下降了 78.5%，但是 MMD 国家政党数量的相对减少只有 SMD 国家的一半。

在表 13.3 中，中间一栏列的数字给出了对于不同范围的 M 比例偏离指数的平均值。在每个选区选出的代表数由 1 名变为 2—5 名时，这个平均值有大的下降，此均值有很大下降，另一个小的小幅下降出现在 2—5 名变为 6—10 名时。不过，样本规模很小，因此在 M > 15 时，样本国家的 Dev 平均值实际上升了一点。

表 13.3 的第三栏给出了利普哈特（1990）所计算出来的与前相比较的比例偏离指数的数字数值，它适用于 1945 年到 1985 年期间。利普哈特测量的是这四十年来每个国家 Dev 的平均值。利普哈特所使用的 SMR 国家的样本要比塔戈佩拉和舒加特使用的样本小得多，因此所得到的 Dev 比我们从塔戈佩拉和舒加特那得到的数字也小得多。尽管如此，大体相同的

模型仍可被观察到，即从 SMR 转到每选区选出 2—5 名代表的 MMR 时，比例偏离指数的平均值会有大的下降，而且随着选区规模扩大还会有更多的小幅下降。

利普哈特也比较了将选票转换为席位的不同方法。从中他发现了一些差异，但是这种差异要小于那些和每选区代表数目相连的差异。在运用最大余数（LR）—黑尔和圣 - 拉格方法的五个国家，所观察到的比例偏离指数最小（Dev 平均值 = 2.6%）。LR—德鲁普，LR—因佩里亚利，修正后的圣 - 拉格，以及 STV 制度次之（六个国家，其 Dev 平均值 = 4.5%）。顿特方法是试用过的 PR 计算法中比例最少的，在使用过该方法的 14 个国家中，Dev 平均值是 5.9%。[①]

13.7　政党的目标

唐斯最常被引用的一句话是他的下述断言：“政党是为赢得选举而去规划政策，不是为规划政策而去赢得选举。”（1957，p. 28）政党政策在政治中扮演纯粹的工具性角色，而且为赢得选举政党愿意对其政策作任何转变。这种意识形态灵活性的假定是唐斯如下假定的基础：政党最大化的是其预期选票，它也是这样一个预测的基础：在只有单维问题的两党制中选票将趋近于中间投票人的那个理想点上。事实上，它导致了这样的预测：要是右翼政党错误地采取了中间投票人理想点左边的立场，那么左翼政党会轻松地超越右翼政党。

要把唐斯关于政党动机的假定应用于 PR 制，我们需要在两个层面上对其进行思考：在选举前沿意识形态谱系所作的立场选择，以及对是否加入一个联盟以在选举之后组成内阁所作的选择。在把这个假定应用于多党制中的选举时，要注意的第一件事是“获胜”在多党制中具有的含义不同于两党制中。在两党制中，忽略掉平局的可能性，一个政党必须赢得选票的过半数才能组成政府内阁。在多党制中，没有哪个政党可以赢得绝对多数，因此我们常常说“没有哪个政党赢得选举”。我们也可以同样准确地说，每个政党都在多党选举中获胜了，因为每个政党（普遍）都赢得了一些席位，都可以继续维持到为下次选举而开展斗争，并且最重要的

---

① 有关选举规则影响的进一步证据，参见雷（1971），罗斯（1984），格罗夫曼和利普哈特（1986），塔戈佩拉和舒加特（1989），利普哈特（1994），以及鲍威尔（2000）。

是，可以指望在选举之后组成的内阁中获得一个位置。

在多党/多个候选人制度中，构建一套均衡的政策立场的定理非常难以证明，而且总是意味着相当复杂或不合情理的均衡条件。① 另一方面，对不完全的欧洲 PR 制的因果观测表明，政党确实定位于意识形态空间的某些位置，并且往往留在那里。每个欧洲国家都有它的社会主义政党/红色政党，它的基督教民主党/黑色政党，它的绿党，等等，而且几乎每个观察者都会把基督教民主党排列于社会主义政党右边，把绿党排列于它们左边。立场发生过转变，但是政党在寻求选票的过程中似乎并没有超越问题的空间（巴奇、罗伯逊和赫尔，1987）；他们也没有都趋近于同一套政策。

要解释这些现象的一种方法是削弱或抛弃唐斯的选票最大化假定，并且用一个重视政党意识形态的假定来替换它。② 因此，让我们假定，一个政党领袖的唯一目标是代表其支持者的意识形态立场，而且它是通过采纳其支持者的中间立场来这样做的。如果我们假定有一个单维的问题空间，正如在唐斯模型中一样，并且公民投票支持立场与其理想点最接近的政党，那么结果就是政党沿意识形态谱系分布的一种均衡。③

图 13.1 描述了五个政党的均衡，以及选民理想点的均衡均匀分布。每个政党获得 20% 的选票，而且中位数政党 C 党占据的位置与中间投票人的理想点一致。

图 13.2 描述了非均衡非均匀的选民理想点分布。虽然中间投票人仍然支持 C 党，但是它的位置（5）不再与中间投票人的理想点（M = 5.67）一致。此外，D 党占据了包含最大选民密度的空间，它实际上赢得了更大份额的选票。另一方面，定位于 A 党意识形态空间的选民只有相对较小部分不喜欢 A 党。

---

① 例如，参见希尼奇和奥迪舒克（1970，pp. 785—788）；林登（1970）；塞尔滕（1971）；韦特曼（1984）；格林伯格和韦伯（1985）；布赖叶（1987）；德帕尔马、洪和蒂斯（1990）；赫姆森和费尔贝克（1992）；林、埃内洛和多鲁森（1999）；以及哈姆林和约特伦德（2000）。

② 唐斯持有这样一个假定，即政治家一心想使选票最大化而以意识形态的一贯性为代价，韦特曼（1973）在早期的两党模型背景中对这个假定提出了批评。在对荷兰和德国选举的细致分析中，舍菲尔德、马丁、奎因和怀特福德（1998）表明，政党可能错过在选举中增加其选票的机会，从而错过在下届议会中增加其分量的机会，因为这种机会将迫使它们采取这样一种意识形态立场，它远离了组阁协商中这些政党的理想点。也请参见亚当斯（1999，2000）。

③ 麦加恩（2002）证明了这一点，不过带有附加假定，即政党数目固定，并且它们被从左到右排列。

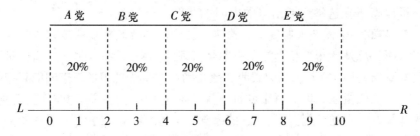

图 13.1 选民理想点均匀分布时的政党立场

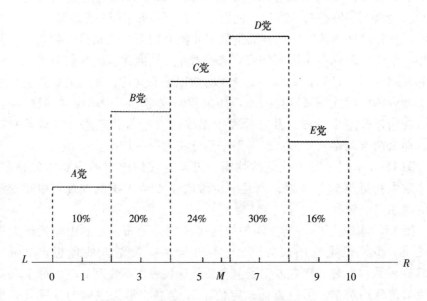

图 13.2 选民理想点不均匀分布时的政党立场

麦加恩（2002）也考察了这样一个假定的含义：政党在选择立场时一只眼看着政党支持者的偏好，另一只眼看着转变立场可能获得的选票。正如我们可以预期的那样，这样一种目标的变化倾向于使政党立场转向选民理想点分布的中间点，并且减少集权主义政党所赢得的选票份额。

政党领袖也必须考虑，当一个内阁已被组成时，他们在第二阶段的选举过程中是否要对其意识形态立场作出让步。如果两个或更多的政党组成一个内阁，至少它们中的一个必须默许一系列并不完全与其最偏好的政策相对应的政策付诸执行。要影响到实际被执行的政策是什么，这常常要以一个政党对其政策偏好作出让步为代价。因此，我们可以在多党制下把唐斯的假定重新叙述为"政党改变政策以加入内阁"。

在下一部分我们将考察几个假设，它们对有关内阁的信息构成作了不同的预测。有人假定，政党为加入内阁愿意"移动任何距离"；其他人则假定在内阁形成阶段政策惯性将继续，并且运用这个假定来预测哪个政党更有可能组成内阁。

13.7.1 一维问题空间时的联盟理论

德莫克拉斯坦（Demokrastan）是拥有七个席位的政党。这些政党在一维问题空间竞争选票。每个政党都把自己定位在这样一条从左到右的直线上，如下所示：

A	B	C	D	E	F	G
15	28	5	4	33	9	6

一次选举开始了，每个公民都投票支持与其理想点最接近的政党。这次选举所导致的议会中 100 个席位的分配见上面每个政党字母下的数字。正如多党制中常发生的那样，没有一个政党掌握过半数的议席。

如果德莫克拉斯坦议会像其他大多数议会一样，使用简单的过半数规则，那么有理由认为，寻求组阁的任何一个政党的目标都是建立一个至少控制 51 个议席的联盟，以至于她可以决定议期内所有法案。至少控制 51 个议席的联盟可能性有 61 种：所有七个政党的大联盟；七个政党中任何六个政党的联盟（6 种可能性）；B 加上任何四个政党，E 加上任何四个政党，以及 B 和 E 加上任何三个政党（18 种可能性）；24 种可能的四党联盟；10 种可能的三党联盟；以及 1 种可能的 B 和 E 之间的两党联盟。那么这 61 种联盟中的哪一种会结合起来选择内阁呢——如果有的话？

据说冯·诺伊曼和摩根斯坦（1953）最先提出了有关哪种联盟可能形成的假设。他们提出，最小获胜联盟（minimal winning coalition）将会形成。

定义：如果去掉一个联盟的任何一个成员都将导致该联盟从过半数联盟转变为少数派联盟，那么这个联盟是最小获胜联盟。

冯·诺伊曼和摩根斯坦的提议背后的直觉含义显而易见。最小获胜联盟的任何成员增加都会占据内阁职位——不增加成员的话这些职位将为原有成员所占据，从而可能使联盟结果远离原有成员最偏爱的结果。在德莫克拉斯坦议会中，最小获胜联盟的可能性有 11 种（BE，ABF，ACE，

ADE，AEF，AEG，ABCD，ABCG，ABDG，CDEF 和 DEFG）。

　　赖克（1962）进一步扩展了作为解决概念（solution concept）的这个最小获胜联盟潜在的直觉含义，他认为会形成最小规模的（smallest）最小获胜联盟。这个假设依赖于把政治模拟为零和游戏博弈。当所有政治问题都被认为包含了零和的财富分配时，这个假定的说服力就得到了最好的估价。在这样一个游戏博弈中，最佳策略是允许敌对联盟尽可能大，同时维持一个失去—付出（losing-paying）的联盟。至于内阁的形成，可分的奖品是内阁中固定数目的职位。每个政党都想拥有尽可能多的内阁职位。它在联盟中的相对规模越大，它对内阁职位的要求越多。这表明，要根据议会中席位数来形成尽可能小的最小获胜联盟。赖克因此提出把最小规模的获胜联盟（minimum winning coalition）作为一种解决概念。

　　定义：最小规模的获胜联盟是所有最小获胜联盟中容纳的席位数最少的这样一个联盟。

　　在 11 个最小获胜联盟中有一个最小规模的获胜联盟。CDEF 控制了 51 个议席，它是可能的最小过半数联盟。

　　形成一个联盟需要在可能的联盟成员之中进行协商，而协商花费时间。所以有理由认为，三个政党比四个政党更易于形成联盟，而两个政党会更加容易形成联盟。因此，我们可以预期包含最少政党成员的联盟最容易形成（莱斯尔森，1966）。这个假设在我们的例子中也导致唯一的预测结果，即 B 党和 E 党的联盟。

　　到目前为止考察过的四个假设都只把其预测建立在获胜联盟可能成员的规模或其数目基础上。他们在左/右问题维度上的立场被忽视了。因此这些假设可并入唐斯的假定：政策对政党领袖来说并无固有的价值。它的唯一目标是成为获胜联盟的一部分。B 党想要和 E 党结成联盟，正与其想要和 C 党或 A 党结成联盟一样。

　　不过，如果获胜并非一切，那么在其他情况相同时其他条件相同时，B 党宁愿与 C 党而非与 E 党结成联盟，原因在于这样一个联盟产生的政策结果在左/右问题空间上可能更靠近 B 的立场。下面两个关于获胜联盟构成的假设认为，可能的联盟成员的立场也会影响他们加入获胜联盟的可能性。[①]

---

　　① 政党可被看做纯粹的职位谋求者，或者看做职位和政策导向的，对这两种理论之间的差别所作的进一步探讨，请参见拉弗和舍菲尔德（1990，第 3—5 章），以及米勒和施特罗姆（1999，pp. 5—9）。米勒和施特罗姆（1999）所包含的案例研究说明了在谋求选票、职位和政党的目标相冲突时政党领袖会怎样做。我们这一节的探讨大量地依靠拉弗和舍菲尔德。

阿克塞尔罗德（1970）提出，形成获胜联盟的政党必然在单一的政策维度上相互毗邻。这种最小获胜联盟（Minimal-Connected-Winning，简称MCW）的假设使我们例子中可能的获胜联盟数目减少为四个，即 ABCD，BCDE，CDEF 和 DEFG。注意，在意识形态问题维度上政党相互毗邻的要求意味着一个 MCW 联盟可能不是最小获胜联盟。CDEF 就是这样一个联盟。D 党的席位不是形成一个获胜联盟所需要的，但是丢下它会破坏四个政党的联结联合。如果 C 党、E 党和 F 党形成了一个最小获胜联盟，那么把 D 党包括进联盟来并不会使他们的政策立场出现分歧。

对两个政党来说，它们在政策线上相互毗邻时要比它们离得很远时更易于达成一系列共同的政策，这似乎是有说服力的。F 党和 E 党达成协议要比 F 党和 G 党达成协议更容易。把这条推理路线扩展会导致我们作出如下预测：获胜联盟将是最小范围的（smallest range）MCW 联盟（德·斯万，1973）。援引这条毗邻最小范围（closed-minimal-range）的假设会导致唯一的预测结果，即联盟 CDEF 的形成。

虽然这六条假设并未包含已提出的所有假设，但是它们包括了引用最广泛并且获得最多经验支持的那些假设。要测试最后两条假设，我们需要标出一个国家的每个政党在左/右问题维度上的位置。要做到这点，研究欧洲政治的学者依赖专家小组的判断，大众传媒的调查数据，以及对政党声明的内容分析。[1] 由于学者们在某种程度上没有就各种政党的立场达成一致，甚至有时在哪些政党事实上是组成政府联盟的实际成员方面没有达成一致，因此毫不奇怪我们会发现，在不同理论对所观察的联盟进行预测方面做得怎样会有不同意见。泰勒和拉弗（1973），德·斯万（1975），以及德·斯万和莫肯（1980）都认为，MCW 的假设提供了对所观察数据的最好解释。但是沃里克（1979，1994）则发现，MCW 假设并未给最小获胜联盟假设（MW）所作的预测添加任何解释力。拉弗和舍菲尔德（1990）最近的比较支持了沃里克的立场。

在表 13.5 中要注意的第一件事是，欧洲在 1945 年到 1987 年间三分之一的政府是少数派政府。由于所有理论都是以政党想要成为多数派联盟一部分的假定为基础进行预测的，因此这很大部分的少数派政府都必然被看做是与所有这些理论相抵触的。

第二个需要注意的显著事实是，在 PR 制中一个政党赢得过半数席位

---

① 对这些技术的探讨和比较，请参见拉弗和舍菲尔德（1990，pp. 245—265）。

的情况是那么得少。在这段时期上述情况仅仅占10%。

表 13.5　　　　　　联盟类型的频率，按国家排列（1945—1987）

国家	过半数情况	少数派情况					总计
		非 MCW 的过剩情况	非 MW 的 MCW	MCW 和 MW	非 MCW 的 MW	少数	
奥地利	6	—	—	5	1	1	13
比利时	1	4	—	7	8	2	22
丹　麦	—	—	—	2	—	18	20
芬　兰	—	17	—	4	1	10	32
德　国	2	—	—	9	—	—	12
冰　岛	—	2	—	6	4	2	14
爱尔兰	4	—	—	—	3	5	12
意大利	4	8	6	—	3	14	35
卢森堡	—	1	—	8	1	—	10
荷　兰	—	5	3	4	2	3	17
挪　威	4	—	—	3	—	8	15
瑞　典	1	—	—	5	—	10	16
总　计	22	37	9	53	24	73	218

资料来源：拉弗和舍菲尔德（1990，p.100）。

现在转向 MCW 和 MW 在预测哪个联盟会形成方面的成功率，我们发现，没有单个政党获得议会过半数席位的情况有 123 次。其中 62 次是 MCW 联盟，刚过 50%，77 次是 MW（62.6%）。只有 9 个 MCW 政府不同时为 MW。因此，拉弗和舍菲尔德的分类再次证实了先前评论家的判断，即 MCW 假设并未给 MW 假设增加多少预测力。

在我们的七党例子中，有 61 种可能的联盟可以形成或控制议会的过半数席位。在这其中只有 11 种是 MW。如果我们的无效假设是 61 种可能的多数联盟中的每一种都同等可能，那么我们将预期在大约 1/6 的时期里观测到 MW。我们例子中的数字非常接近于欧洲议会平均数的平均水平，因此当一个多数派联盟成功形成时，我们将预期在大约 1/6 时期里看到一个 MW。预测形成政府的联盟将是 MW，这要比分配给每个可能的多数派联盟同等的形成机会做得更好。如果我们把所有以单个政党获得过半数席位的政府都算上的话——因为这些政府都是 MW，那么 MW 的成功率会更高。

先前讨论过的其他四种单维的联盟理论选择的都是要么来自 MCW 类联盟，要么来自 MW 类联盟的子集。因此，它们在解释哪个联盟会形成方面的成功率要比 MW 和 MCW 更低。所有这六种理论都预测会有某种多数派联盟形成，因此大量的少数政府都与这六种理论相抵触。对于存在这么多的少数派政府，有一种解释认为，政策对政党来说确实很重要，并且影响了它们形成联盟的意愿。[1]

在我们七国的例子中，如果没有政府形成，并且政党只对立法投票，那么问题空间的单维性质就会导致我们预测中间立场的提议会获胜。所有 D 党提出的所有提议会获胜。考虑到它的中间立场，D 党可能会因此自己试着组成政府。尽管只有议会席位 4% 的政党不可能试图形成少数政府，但假如 D 党有 40% 的席位，它就可以非常充分地这样做。

范·罗泽达尔（1990，1992，1993）界定中间政党（central party）的方式与我们在第五章界定中位数立场的方式刚好相同。将中间政党的选票包括在内，议会中间政党立场偏右和偏左的选票会有 50% 或更多。把中间投票人理论的逻辑扩展到内阁形成上，范·罗泽达尔预测中间政党会是所形成的每个政府——多数派政府或少数派政府——的成员。

在拉弗和舍菲尔德（1990，p. 113）考察过的欧洲的 196 届政府中，165 届政府包含了中间政党或得到了它的支持。因此，范·罗泽达尔的内阁形成组阁理论获得了相当多的经验支持。不过，几乎 20% 所形成的政府并不包含中间政党，因此我们仍然需要一些辅助性的假定或更一般的理论。一种可能性认为，问题空间并非像范·罗泽达尔和目前考察过的其他几种理论所假定的那样是单维的。如果问题空间有第二维，那么只有 4% 议会席位的 D 党很可能发现自己被排除在政府之外。虽然它在单维问题空间中处于关键位置，但是在多维空间中可能就不是这样了。现在我们转向两种有关联盟形成的理论，它们考虑到了问题空间多于一维的情况。

13.7.2　二维或更多维问题空间的联盟理论

13.7.2.1　政治核心（the political heart）。一旦问题空间有两个维度

---

[1] 施特罗姆（1984，1996）分析了少数政府为什么这样频繁地形成。

或更多维度，循环的可能性就出现了。内阁形成中的循环采取了不稳定的联盟形式。A党、B党和E党的联盟比A党、B党和C党的联盟更可取，但是ABE联盟要输于BEF联盟，等等。

在第十一章里我们指出，多维问题空间里的投票可能不会导致横越整个空间的循环，因为一些点支配着其他点。有理由认为，获胜提议可以被限定在问题空间的核心领域，像是未覆盖集（uncovered set）或蛋黄（yolk）。不过，像未覆盖集或蛋黄这样的概念不能随意推广到预测获胜的大联盟，因为结果是政党与不同的理想点的结合。要回答的问题不是问题空间中哪个特殊的点会被选取，而是哪个特殊的政党联盟会形成。尽管如此，我们也可以预期获胜联盟中的政党将定位于问题空间的一些关键的区域，而且一些与未覆盖集相似的概念会说明这些区域。舍菲尔德（1993a、b，1996a）已经提出这样一个区域，他称为政治实体的核心心脏。

为标出这个核心心脏的位置，我们必须首先在两维的问题空间中标出所有中位线的位置，或在一个多维空间中标出中位平面的位置。所有在中位线（平面）上或其一边的点合起来会达到立法机关中的过半数票。在图13.3中，以色列议会中的政党都被排列在二维的问题空间中，其中一维是政党对国家安全问题的立场，另一维是它们的世俗/宗教意识形态立场。中位线建立在1988年每个政党赢得的席位数（在政党下方给出）基础上。这样的中位线有三条，它们形成了一个三角。这个三角在以色列议会这个装置中构成了政治的核心。帕累托集（Pareto set）是以所有政党的理想点为界的那个区域，因此我们看到这个核心位于帕累托集之中。（这个核心总是位于帕累托集之中，在最坏情况下也与其一致。）

如果我们现在考察德格尔·哈托拉这个政党，它在图中被标为DH，我们可以看到它在试图使其最偏爱的立场被选择方面处于不利位置，因为以色列议会中的多数票是由穿过SHAS和LIK的中位线上或左边的政党所掌握的，因此所有这些政党都确实喜欢与中位线更接近的一些点，而不是DH的理想点。与心脏中的点相反只会失掉心脏中的其他点，于是可预期循环会限定在心脏之内，并且我们可预期最终形成的联盟将包括心脏的一个或更多成员。在下次选举前的四年中有两个政府得以维持：一个是由利库德领导的包括工党（LAB）的联盟，接着是一个包括利库德和SHAS的联盟。

图13.4说明的是以色列1992年选举之后的情况。三条中位线如今在

工党的理想点上交叉，它构成了核心。在工党理想点上方没有一个点可以掌握过半数选票。清楚的预测是，工党将成为组成政府的获胜联盟的一部分，实际上也是这样。

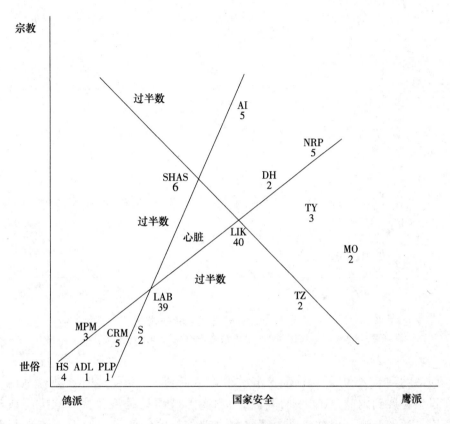

图 13.3　1988 年的以色列议会
资料来源：舍菲尔德（1997，p. 289）。

当所有中位线在一个点交叉时，这个点就构成了核心。当它们并未在一个点交叉时，它们围住的区域就被称为循环集（cycle set）。心脏是循环集和核心的结合。舍菲尔德的理论预测道，任何形成政府的联盟都至少有一个政党位于核心之中。这种理论似乎有相当大的预测力（舍菲尔德，1993b）。

13.7.2.2　维度连着维度（dimension-by-dimension）的中位点。在第五章里我们看到，在多维问题空间中通过每次就一个维度进行投票，有时

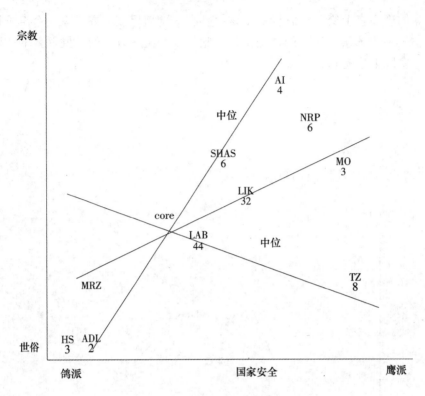

图13.4 1992年的以色列议会

资料来源：舍菲尔德（1997，p. 290）。

就能达到"人为的"均衡。[1] 拉弗和谢普斯利（1996）把这个观念从问题投票扩展到内阁形成。他们指出，内阁形成不只是涉及哪个政党组成政府，还涉及哪个政党获得内阁的哪个部长。他们假定，如果 A 党获得财政部，它并非只是执行在经济政策维度上与其理想点邻近的经济政策；它执行的是这个维度中正好回应其理想点的政策。这个假定极大地减少了联盟过程的可能结果，因此增加了一种均衡结果的可能性。

要懂得什么最重要，请仔细看一下图13.5，它描述了1987年四个主要德国政党的位置。德国最重要的两个政策维度被确定为经济和外交政策。四个政党的理想点用圆点标明。通过圆点的两条标为 GG 的直线代表绿党在经济和外交政策上的立场。任何两条线的交叉点代表可能内阁的有

---

① 也请参见卡登（1972）和斯卢茨基（1977b）。

关财政和外交部长的分配。例如，标为 GC 的交叉点代表这样一种分配，即财政部长分配给绿党而外交事务部长分配给基督教民主联盟，后者的理想点被标为 CC。如果基督教民主联盟即将自己组成一届政府，它的党员将同时充任这两个部长，而内阁结果将位于 CC 上。为避免成簇，并非所有可能的内阁都被标明。FF 点和 SS 点代表另外两个政党自由民主党和社会民主党的理想点。

在德国联邦议院里没有一个政党拥有过半数席位。基督教民主联盟拥有足够的席位使它能够与其他任何一个政党组成多数派联盟。社会民主党是联邦议院里第二大党，但它也只能以联盟形式组成政府，要么是和基督教民主联盟联合，要么是与其他两个政党联合。经济政策维度的中位点由基督教民主联盟占据，而外交政策维度的中位点由自由民主党占据。因此，维度连着维度的中位点是 CF。

基督教民主联盟和自由民主党已经组成了先前的政府，并且这两个关键性部长职位由它们分享，基督教民主联盟占据财政部，自由民主党拥有外交部。因此，内阁分配 CF 是现状。在 1987 年选举之后，这些政党面临的问题是新的部长分配及可能的新政党联盟是否会优于现状。

标为 I_G、I_S、I_C 和 I_F 的四个圆圈代表四个政党的无差异曲线，它们都通过了现状点。这四个圆圈内的任何一点在其无差异曲线被代表的那个政党看来，都优于现状。阴影的、透镜形状的区域代表与现状相反的获胜集（winsets），即所有多数联盟认为比现状更优的点。获胜集并非空的，因此由当前部长分配所代表的政策在立法机关中会输给许多其他政策的结合，如果立法机关即将就这些政策结合投票的话。不过，拉弗和谢普斯利模型的一个中心假定是立法机关不被允许就这些获胜集的结合投票，而只是由占据财政部的政党向其提供喜欢的政策。因此，重要的不是获胜集是否为空，而是它是否包含了图中所画网格线的任何交叉点。如果获胜集确实包含这样一个网格点，就存在一个能够战胜现状的内阁分配，于是理论预测有新内阁会形成。由于 CF 点的获胜集不包含网格点，因此，拉弗—谢普斯利的理论预测现状将得以维持。这个理论作出了精确的预测，即基督教民主联盟和自由民主党会组成政府，并且财政部会落到基督教民主联盟手里，外交政策会交给自由民主党，正如所发生的那样。

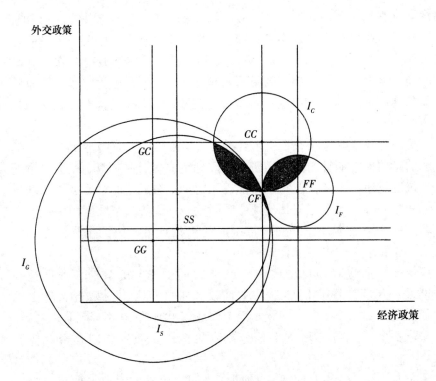

图 13.5 1987 年德国联邦议院的内阁形成

在这个特殊的例子中，维度连着维度的中位点包括两个政党的联盟。当然，单个政党占据这个位置也可能发生。如果有个政党确实占据了这个位置，并且它的获胜集不包含任何网格点，那么没有哪种内阁职位的分配可以战胜它对这两个职位的填充。拉弗和谢普斯利（1996，pp. 69—78）把这样一个政党界定为非常强大的（very strong）政党，并且预测它会在任何能够形成的均衡内阁之中占有一席之地。

他们也为表面强大的（merely strong）政党下了定义。表面强大的政党的理想点有非空的获胜集，但是这个获胜集中的任何网格点都意味着它只是内阁分配中的一部分。例如，想象一下绿党在图 13.5 经济问题中的位置向右边移得足够远，以使它的网格线和通过 CC 的水平线在（新画的）获胜集中交叉为 CF。然后基督教民主联盟可以通过抛弃联盟伙伴自由民主党并与绿党结盟而移近它的理想点，假定它的确会如此做，如果新联盟不会输给另一个联盟，这会使基督教民主联盟的境况更差。因此，一个表面强大的政党之所以强大，是因为它可以否决对其理想点的偏离，从而易于控制"政府的形成和破裂"。这两种类型的强大政党相对来说都较大，并且集中定位在问题空间里（拉弗和谢普斯利，1996，pp. 184—185）。

拉弗—谢普斯利理论的优势之一就在于，它能够证明并且事实上也预见到少数派政府的情况，例如，也就是说，一个政党虽然在议会中没有获得多数议席，却也十分强有力。当问题的讨论包括了三个或者更多的维度时，这个理论还能够说明出现过剩的多数派联盟的原因。（拉弗和谢普斯利，1996，pp. 266—269。）因此，如果只从一个维度上讨论问题，那么，政府是不可能由中间政党组成的，这意味着对问题的讨论本应不止一个维度，过剩的多数派组成政府的情况说明，如果我们接受拉弗—谢普斯利理论的其他假设，那么，问题的讨论就应有超过两个以上的维度。

拉弗和谢普斯利（1996，第6—9章）用几个经验测试检验了他们的理论，包括成千上万对联盟形成的模拟。大体上讲，这个理论在模拟和面对实际内阁形成的数据时都能获得令人印象深刻的支持。它在解释瑞典这样一些国家形成的联盟方面似乎比解释比利时和丹麦这样一些国家形成的联盟更加有效，前者包含一种大的集中定位的政党，后者有许多小的和中等规模的政党。但是总的来说，这个理论相当有效，特别是我们要考虑它的预测是多么具体。

13.8　内阁稳定性

13.8.1　政府的持续时间

在议会制下，政府只要能够维持议会过半数成员的支持就可以维持下去。在只有两个政党的时候，这个任务相对容易些，因为多数党领袖只须维持本党成员的支持即可。但在政党联盟组成政府的时候，这个任务就变得更加困难。不同政党对于政府计划应该是什么有不同的看法，也可能对政府垮台——要么新的政党联盟接管政府要么新的选举被召集——的成本或收益有不同看法。因此，人们可以预期多党制下的政府寿命会更短。

PR制导致不稳定的政府，这个评论是与前述判断形成对照的最古老、最经常亦最有说服力的评论［例如参见赫门斯（1933，1941，1951），熊彼特（1950，pp. 272—273），布莱克（1958，pp. 81—82）］。在多项研究中，泰勒和赫尔曼（1971）最早测试了这个评论是否有事实根据。运用第二次世界大战以后 196 个政府的数据，他们发现政府的稳定性——以天数测量的政府持续时间——与议会中的政党数（$r = -0.39$）和组成政府的联盟中的政党数（$r = -0.307$）都呈负相关。关于政党分化（party fractionalization）的一个赫芬达尔类型的指数（$F = 1 - \sum P_i^2 = 1 - \text{ENS}$，$P_i = $ 第 i 个政党持有的席位比例）与政府稳定性呈负相关，无论是以整个议会（$r = -0.448$）还是以政府（$r = -0.302$）来测量。一党政府平均维持 1107.9 天，几乎是联盟政府维持时间（624.5 天）的两倍。

表 13.6a　按类型排列的欧洲各国政府的平均持续时间 [1945—1987（月份）]

	奥地利	德国	比利时	冰岛	卢森堡	挪威	爱尔兰	瑞典	丹麦	荷兰	芬兰	意大利	总计
一党过半数	46		46			48	49	24					45
有过半数党的过剩联盟	24	49										16	26
无联结的非 MW 的联盟			10	40						47	15	11	17
有联结但非 MW 的联盟			18	40	5					38	16	22	23
非 MW 的 MCW 联盟										25		20	22
过剩联盟	24	49	12	40	5					34	15	17	21
MW 且 MCW 的联盟	40	33	27	36	45	31		24	43	35	15		35
非 MCW 的 MW 联盟	39	33	24	44	61		42			23	33	17	31
最小联盟	40	33	25	39	47	37	42	24	43	31	19	17	33
获得支持的少数派联盟	67		5	10		24	36	44	30		24	12	26
缺乏支持的少数派联盟		2	5		25	27	21	16	4	7	6		15
少数派联盟	67		7	8		24	30	30	22	4	10	9	19
总计	41	37	22	34	45	32	39	28	26	27	15	13	26

资料来源：舍菲尔德（1993b）。

沃里克（1979，1994）关注于联盟政府的持续时间，他发现多数联盟持续的时间比少数联盟更长，并且 MW 联盟比其他类型的联盟维持时间长得多。政府持续时间与政府中的政党数反向相关。其他几项研究也以不同方式证实了这些发现。[1]

表 13.6b　按类型排列的欧洲各国政府持续时间的平均数［1948—1998（月份）］

	奥地利	德国	比利时	冰岛	卢森堡	挪威	爱尔兰	瑞典	丹麦	荷兰	芬兰	意大利	总计
内阁数	21	25	32		15	25	21	25	30	22	36	47	25.5[a]
平均持续时间[b]	28	23	17		39	25	30	26	21	27	16	12	23.4[a]

资料来源：米勒和施特罗姆（2000b，p.585）。

a. 这个平均数字包括法国和葡萄牙。法国有 22 个内阁，平均持续时间为 21 个月；葡萄牙有 10 个内阁，平均持续时间为 20 个月。

b. 米勒和施特罗姆的数字是以天计算的。我把它除以 30，转换为月份。

表 13.6a 给出了 1945—1987 年间欧洲各国政府持续时间相关数据的概况，舍菲尔德（1993b）以及米勒和施特罗姆（2000b）也收集了这些数据，后者的数据是 1948—1998 年间的。首先要注意的是，不同国家以及不同联盟结构类型的政府其寿命长短变化很大。意大利政府平均持续时间仅仅为 1 年，而卢森堡政府持续了 5 年，其平均值在斯科菲尔德的数据中是 45 个月，而在缪勒和斯特罗姆的数据中是 39 个月。

在联盟类型之中，一党过半数政府持续时间最长（平均值为 45 个月）；少数派政府寿命最短（平均值为 19 个月）。最小获胜联盟持续的时间平均起来是剩余联盟的一半（33 个月对 21 个月）。如果把所有多数规则体制下有关政府持续时间的数据都包括在表内，那么一党过半数的政府对于所有其他形式的政府的优越性会得到增强。[2]

---

[1] 参见鲍威尔（1981，2000），米德拉斯基（1984），舍菲尔德（1987），塔戈佩拉和舒加特（1989，pp.99—102）；补充讨论和参考文献参见沃里克（1979，1994）以及拉弗和舍菲尔德（1990）。

[2] 也请参见利普哈特（1984，1999）。

13.8.2　政府的垮台

早期的研究用政府寿命长短来测量政府的稳定性，而最近的研究则集中预测其垮台的可能性。

这种途径最简单的形式是把政府垮台看做纯粹的随机事件。[①] "阿奇里·娄罗号"在大海沉没，意大利政府很快就垮台了。虽然一艘挂有意大利国旗的船要比一艘挂有卢森堡国旗的船在大海沉没的可能性更大，但我们认为，表 13.6 中明显的政府寿命长短的惊人差异并非全归因于偶然性。一些根本的制度差异存在，它们把随机事件转变为意大利政府的垮台比它们把随机事件转变为卢森堡政府的垮台要更为频繁。

在金、阿尔特、伯恩斯和拉弗（1990）富有启发性重要的贡献中，他们试图确定这些根本差异是什么。他们从有关政府稳定性的文献中抽取了一系列制度和政治变量，并把一个政府在时间 t 垮台的条件概率——危险率——模拟为上述变量的指数函数。规定 H 是这个危险率，我们就得到了

$$H = \exp\ (\ -\beta'x\ ), \tag{13.9}$$

其中，x 是被认为会影响内阁垮台的变量的矢量，而 β' 是所估计的系数的矢量。[②] 与先前的文献相符，金和其他人发现过半数政府的危险率更低，而分化程度高的内阁危险率亦更高。

沃里克（1994）把金和其他人的模型加以扩展并重作了检验。表 13.7 给出了对其两个等式的估计。等式 1 包括的 6 个变量是经沃里克检验过的许多变量中被证明是重要的。不同变量试图把握的是倘若政府下台政党交易情况的复杂性和成本。例如，一届政府的成员再度出现在下届政府的部分越大（可回返性），任何一个政党因政府垮台而预期的成本就越小，政府就越有可能垮台。两极分化情况下的正向系数可以解释如下：一个议会的两极分化越严重（也就是说极左和极右的政党越强大），那么任何一个移向中间并妥协其政策立场的政党在下次选举投票时失败的可能性越大。由于联盟形成和维持都依赖妥协，因此两极分化体制中的联盟政府更有可能垮台。

---

① 布朗、弗伦德雷斯和格莱贝尔（1986）在这方面作出了开创性的研究。
② 这个等式的来源请参见金和其他人（1990）以及沃里克（1994, pp. 17—21）。

表 13.7　　　　　　　　　政府垮台危险率的决定因素

共变因素	等　式	
	1	2
过半数情况	- 1. 11（0. 16）	- 1. 37（0. 23）
选举后情况	- 0. 61（0. 15）	- 0. 51（0. 17）
授权	0. 44（0. 15）	0. 50（0. 19）
政府中有效的政党数	0. 20（0. 06）	0. 11（0. 07）
可回返性	1. 60（0. 47）	1. 34（0. 54）
两极分化	3. 54（0. 62）	2. 62（0. 83）
意识形态分歧		0. 34（0. 14）
类对数比率	- 1120	- 842
情况数	360	284

资料来源：沃里克（1994，表 3. 3、4. 4）。

注：括号内为标准差。

变量的说明请参见沃里克（1994，pp. 39—40、53—62）。

过半数情况　政府是否为过半数联盟？

选举后情况　政府是否为选举后第一届政府？

授权　需要对授权进行正式投票吗？

政府中有效的政党数　构成政府的政党的 ENS。

可回返性　在本届政府垮台或过早终结后下届政府中被代表的本届政府中政党的比例，按制度计算。

两极分化　极端主义政党所持有的席位比例。

意识形态分歧　关于政府中政党意识形态分歧的一个指标，它建立的基础是政党在左—右的意识形态标尺，神—俗事务标尺，对政权的支持—厌恶标尺上的定位。

　　有关过半数情况和政府中有效政党数的系数特别重要。过半数联盟组成的政府与少数派政府相比，其垮台的可能性要低许多。政府中有效政党数就是组成内阁的政党的 ENS。和关于政府持续时间的文献以及金和其他人相符，沃里克发现一届政府下台的可能性随着组成政府的联盟中的政党数增加而增加。[1]

　　表 13.7 中的等式 2 包括构成政府的政党意识形态分歧的一个指标。

---

[1]　有关等式 1 中其他变量的探讨，请参见沃里克（1994，第 3 章）。

施特罗姆（1985）也发现过半数情况有效地延长了内阁的寿命。他也发现，少数政府中的政党在选举中往往做得比那些多数政府中的政党更好，他由此推断，对政党领袖来说，待在少数政府中可能更为有利。塔戈佩拉和舒加特（1989，pp. 99—102）发现，整个议会的 ENS 与政府持续时间反向相关。

这个指标的构建基于其他三个指标，即普通的左—右刻度，神—俗刻度，以及与政权支持相连的刻度。它对危险率有正向和重要的影响。构成政府的政党之间的意识形态分歧越大，它们的联盟破裂的可能性越大。一旦意识形态分歧被包括进模型中来，政府中政党的数目就会失去其统计上的重要性。沃里克（1994，pp. 64—67）解释道，这个结果意味着当意识形态分歧被忽略时有效的政党数代表着意识形态的分歧，而事实上正是意识形态分歧增加了多党政府垮台的可能性，而不是每个政府中政党的数目。

　　这个推论似乎相当有力。尽管在事实上一个政党内部也可能有很大的意识形态分歧，但当意识形态指数被创建时，每个政党都被看做独特的行为者，并在意识形态标尺上赋予其独特的价值。因此，拥有议会过半数席位的单个政党所组成的政府在用这样一个指标的范围或变化来测量时，其意识形态分歧为零。当两个政党组成政府时，意识形态的分歧必然是正向的，除非它们在意识形态空间正好占据同一位置，于是三党联盟和两党联盟相比，很有可能在意识形态指标上有着更大范围和更多变化。这样，在一个联盟关于意识形态分歧的指标和构成联盟的政党数目之间就有着内在的正向并且可能是强有力的关联。由于这些变量都是难以精确测量的概念的替代品（proxy），因此人们只得预期不同的替代品会产生关于两类变量统计重要性的不同顺序。

　　先前我们看到，一个国家种族和社会异质性的程度与该国有效政党数之间正向相关。议会中的政党越多，任何一个政党分享到的席位就越少，构成一个多数联盟所需的政党也就越多。如果一个国家的意识形态分歧由其议会中的政党来反映，那么我们可以预期，构成政府的政党之间的意识形态分歧程度与政党数目之间正向相关。因此，我倾向于这样解释沃里克在表 13.7 中得出的等式 2 的结果，即它意味着构成政府的政党的数目和政党的意识形态分歧两者都可能与政府垮台的可能性正向相关。

　　模型中给出了一种意识形态的分歧，沃里克发现最小获胜联盟不太可能比其他的政党联盟生存时间更长（1994，pp. 67—72）。一个联盟被证明重要，并且在解释危险率时的确很重要的唯一特征就是它的过半数情况。

　　现在有许多文献相当肯定地认为，好的经济状况增加了一个总统或一个政府再度当选的可能性，而且总统和政党在设定它们的经济政策时会把这考虑进来（参见本书第十九章）。这些文献在很大程度上忽略了如下问题：经济状况是否也会影响政府的生命预期。认为它们会有影响似乎是很有说服力的。糟糕的经济状况可能导致政党脱离一个联盟，因为它们害怕在下次选举时因为这样的经济状况而被追究责任；良好的经济状况可能会使联盟保持联系，因为所有的成员都想在下次选举时因为这样的经济状况而得到好评。沃里克的数据与这些推测（参见本书第五章）是相符的。20世纪80年代和90年代困难的经济环境似乎提高了所有西欧国家的危险率，并且使它们对失业和通货膨胀的变化更为敏感，随着时间的推移通货膨胀被选民赋予的重要性日渐增加。[①]

13.8.3　总结

这一部分评论的有关内阁稳定的文献以及前几部分的一些发现可以通过图表（图13.6）的帮助来加以总结。只有一个宗教派别的国家，其政治不可能沿宗教线分裂。在每个人都说同一语言的国家，语言差异不会是突出的政策维度。一个国家的种族、宗教和意识形态分歧决定着其问题空

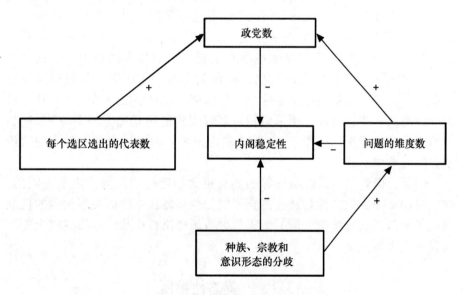

图13.6　内阁稳定性的决定因素

① 20世纪80年代早期德国糟糕的经济状况使社会民主党和自由民主党不可能在下次选举后重新掌权。这个事实似乎促成了自由民主党作出与基督教民主联盟结成新联盟的决定（波古特克，1999）。1966年奥地利社会党没有和人民党重新开始大联盟，这也受到那时经济状况恶化的影响。

间的维度。一个国家突出政治问题的维度数目反过来影响它具有的政党数目。不过，政党数目也受该国选举规则的影响。特别是政党的数目与每个选区可被选出的代表的数目正相关。政党数目和意识形态分歧的程度这两者都与内阁稳定性呈反比例关系。我们可以给图 13.6 加上许多别的逻辑框，以及一些可能的附加箭头。例如，在宪政层次上，社会差异可以解释选举规则的选择。瑞士和比利时都在 19 世纪末抛弃了 SMD 代表制，这是对公民暴力抗议的回应，他们反对由来自不同语言或宗教团体的人来代表他们（莱克曼，1974，pp. 192—199；卡斯特尔斯，1980，第 6 和 13 章）。它给我们带来了有关选举规则和社会稳定性之间的关系这样一个问题。

13.9　社会稳定

在相对多数规则下，几乎一半的公民可能由其并未投票支持的人所代表；在三个政党或更多政党的情况下，超过半数的公民常常是以这样一种方式被"代表"的（布坎南和塔洛克，1962，p. 242）。在托尼·布莱尔的工党以议会 60% 席位的压倒性胜利重新上台的那次选举中，工党只赢得比 44% 略多一点的大众的选票，而在美国的一次压倒性胜利的选举中落败的总统候选人获得的正是这个选票比例。相对多数规则的这个特点可能导致疏离，并且可以说明采用相对多数规则的两党民主制下与 PR 制相比值得注意的低选民投票率。[①] 鲍威尔也发现，两党民主制中暴力的政治抗议其频率要更高。

因此，两党政治系统所宣称的具有更大稳定性的优势看来是有限的。政治过程之中的稳定性是通过摒弃不同的少数派在立法机关中相称的代表权而带来的，这种稳定性因为疏离的少数派退出普通政治过程的决定而在某种程度上被抵消。

13.10　策略性投票

策略性投票可能因为两种原因而发生：（1）选民不想投票支持一个

---

① 参见鲍威尔（1981），杰克曼（1987），布莱和卡蒂（1990），埃米（1993，第 7 章），以及缪勒和施特拉特曼（2002）。穆达比、纳瓦拉和尼科西亚（1996）发现了有关 PR 制选举规则下西西里选民收集信息更多的证据。

在其选区获得席位的可能性非常小的候选人或政党；或者（2）选民不想投票支持一个加入组成政府的政党联盟的可能性非常小的政党。在这一部分中，我们探讨有关这两类策略性投票的证据，先从采用相对多数规则的国家开始。

13.10.1　相对多数规则下的策略性投票

正如我们已经知道的那样，迪韦尔热定律依据的假定是单名制选区中第一种类型的策略性投票，而单名制选区采用相对多数规则。不过，策略性投票要导致两个主导性政党，选民就必须判断出第三个党的候选人赢得一个席位的可能性比第二个党的候选人是否小很多。如果预期排在第二位和第三位的政党所获选票部分相同，就没有理由抛弃第三个候选人而支持第二个候选人。因此，当第二个党和第三个党的候选人获胜的可能性相同时，可以预期没有策略性投票。如果我们接着计算第三个党候选人的选票与第二个党候选人的选票之间的比率 $3P/2P$，我们将会预期不同选区的这个比率呈现出双峰分布。在第二个党和第三个党的候选人获胜的可能性差别很大的地方，$3P/2P$ 应该接近 0；在上述两种可能性接近的地方，这两种可能性应该接近 1.0。中间比率应该是不存在的。

第二个党预期的选票份额与第三个党预期的选票份额之间的重要差别是策略性投票的一个必要但非充分的条件。如果一个选区最主要的政党被认为几乎肯定是获胜者，那么就没有理由抛弃第三个政党而支持第二个政党，因为这两个政党获胜的可能性都太小。选民也可能把他的票投给他最偏好的政党，因为选举结果是预知的。因此，在最主要的政党获胜可能性很高的选区，我们所预测的 $3P/2P$ 比率不会是双峰分布。

近些年来自由民主党①作为英国主要的第三党出现，这使英国成为检验这些预测的合适对象。考克斯（1997，pp. 85—89）已经这样做了。他发现在竞争不很接近的选区，$3P/2P$ 的比率呈单峰分布，其密集值众数在 0.3 和 0.4 之间。另一方面，在竞争非常接近的选区，观察到的是这些比率的双峰分布，其密集值众数一个在 0.1 和 0.3 之间，一个在 0.9 和 1.0 之间，正像策略性投票的假设所预测的那样。

虽然考克斯的结果强有力地表明，策略性投票已经在英国出现，但是它们并不意味着大部分英国人在策略性投票。在最主要政党获胜可能性很

① 先前的联盟（社会民主党—自由党联盟——译者注）。

高的地区，以及第二个党和第三个党获胜可能性差别很小的地区，上述假设预测不会有策略性投票。甚至在这两个条件都不具备的地方，也并非所有选民都策略性投票。询问选民意图的调查研究似乎表明，有 5% 到 15% 的英国人策略性投票。[①] 策略性投票的这一证据与前面有关选票与席位之间关系的讨论结合起来，意味着英国的自由民主党因为相对多数规则的采用而处于双重不利的位置。一些选民抛弃它而选择两个主要政党，以免浪费他们的选票，因为结果会是自由民主党获得的实际选票数少于把该党排在第一位的选民的数量，于是选举制度会把自由民主党的选票份额转换为明显小得多的议会席位的份额。

考克斯（1997，pp. 81—83）也检验了德国策略性投票的存在，并且发现了策略性投票发生的证据。调查结果再次证实了统计上的证据，策略性投票已经出现。

13.10.2　多党制下的策略性投票

概括一下涉及多名制选区制度的 3P/2P 比率分布的检验，我们需要考虑 $(M+1)/M$ 这个比率，其中 M 是一个选区被选出的代表数。粗略地看下表 13.2 使我们想到，这个检验的逻辑在 M 变大时会垮掉不成立。对这个理论的简单解释将暗示荷兰有 76 个政党竞争选票，但很清楚这个国家有效的政党数要少得多。考克斯（1997，第 5 章）发现有关 $(M+1)/M$ 这个比率的预测确实成立，只要 M 维持在 5 以下。因此，在 PR 制下选区规模适度大时策略性投票似乎不会影响 PR 制的结果。[②]

选民通常会优先考虑的不仅有每个政党在选举中预期将赢得的选票份额，而且还有哪些政党可能组成联盟。这些优先考虑也可以引起策略性投票。

再考虑一下德莫克拉斯坦的例子，其中政党在一个单维的左—右问题空间中被定位。线下面的数字现在代表每个政党在选举后预期的席位数。

A	B		C	D	E	F	G
15	28		5	4	33	9	6

---

① 考克斯（1997，pp. 85—89）引用并探讨了几项研究。
② 奥迪舒克和曾格（1994）探讨了 STV 下战略性投票的动机。

德莫克拉斯坦的宪法使总统有义务邀请获得选举中选票最多的政党组成一届政府。如果选举如期进行，E 会被邀请组成政府，于是 CDEF 或 DEFG 联盟是可被预期的。A 党的支持者现在有很强的投票支持 B 党的动机，以使其席位总数超过 E 党，因为 B 党会赞成 ABCD 联盟。然后，预期到这种情况的 F 党和 G 党的支持者可能会把他们的选票转投给 E 党。甚至邀请最大政党组成政府的这样一个简单习惯都可能导致策略性投票，并使选票流向最大的政党。

不过，策略性投票也可能有利于小党。让我们看看改编自考克斯（1997，pp. 197—198）的一个例子。德国社会民主党（S），自由民主党（F）和基督教民主联盟（C）的定位如下：

S	F	C
49	4	47

线条下面的数字还是每个政党在选举前预期将获得的全国选票份额。德国宪法为政党获得议会任何席位设定了获得全国选票 5% 的门槛。如果选举前的民意测验正确，自由民主党不会达到门槛，而其他两个政党会按比例划分席位。社会民主党可以单独组成政府。自由民主党的意识形态更接近基督教民主联盟而非社会民主党，如果它设法爬过越过门槛，它就会和基督教民主联盟结成多数联盟。懂得这一点的基督教民主联盟的支持者有动机投票支持自由民主党，以确保它获得至少 5% 的选票。像这样的情况在 1961 年以来的德国很普遍，而且自由民主党通过公开鼓励德国公民策略性投票而试图利用其靠近意识形态谱系中心的优势。[①]

13.11 评论

我们从阿尔伯特·布雷顿和詹路易吉·加莱奥蒂有关两种代表看法的引语开始本章的讨论。从这一章以及先前的两章可以清楚地看出，在每个公民的偏好获得政治过程最后结果的重要性这个意义上，胜者得全票的两

---

① 进一步的讨论和引语，请参见考克斯（1997，pp. 194—198）和波古特克（1999，p. 232）。

党制和 PR 制都有代表性。在两党制下，个别公民的偏好会影响候选人的竞选纲领，并且面对改选的必要性会迫使获胜者执行其竞选纲领，在这个意义上公民偏好也影响结果。在 PR 制下，每个公民都由其投票支持的政党，或其投票支持的候选人所属的政党来代表。政党的选择是广泛的，公民投票支持的那个政党会比两党制下的政党更紧密地代表他的偏好。

　　有关代表的两种观点在逻辑上导致选择代表的两者择其一的选举规则。迪韦尔热的定律预测相对多数规则会产生两个主导性政党，而且平均起来看确实这样。但是在许多所谓的两党制国家，如加拿大和英国，强大的第三党甚至第四党也常常存在。其结果是，选民可能具有策略性投票的动机，致使投给每个政党的选票并非必然反映公民第一选择的偏好，而且赢得立法机关过半数席位的政党经常没有赢得过半数大众选票。的确，过半数选民宁愿要另一个党而不是"赢得"选举的那个党，这种情况确实会发生。[①]

　　为了在立法机关中造就两个以上的政党，我们从每个选区选出的政党或候选人就必须多于一个。立法机关中的政党数倾向于随着每选区被选的代表数（M）增加而增加，当 M 超过 5 时，策略性投票似乎消失了。当 M 适度大时，PR 制呈现出来的是议会席位分配适度偏离了所获选票的严格比例。因此，就其代表了不同类别的选民偏好来说，现实世界绝大部分的 PR 制可以被看做本章开头描述的"理想制度"的合理近似物。

　　理想 PR 制潜在的逻辑是在全国立法机关内代表所有公民的、与其在人口中的大致数目成比例的偏好，然后以最理想的方式整合这些偏好。因为第四、五、六章探讨过的理由，简单的过半数规则不可能实现这种最理想的整合。除了有限的过半数规则之外，某种形式的打分投票或以否决来投票也可以被采用，以使所有公民的偏好都有机会影响结果。在理想的 PR 制下，立法机关和行政机关将是分立的，行政机关的任务是执行"人民的意志"，而它是具有由完全代表性的立法机关通过投票所表达的。[②]

---

　　① 运用多数规则以制造议会过半数的两党制所具有的这两个劣势可被消除，其方式是采纳奖励政党以席位的两轮选举规则，类似于法国选举总统所采用的规则。在每一轮中，全国所有公民都将面对同样的政党名单，选票会在全国基础上排队。如果第一轮没有政党获得所投选票的过半数，第二轮举行的投票就只限投给第一轮获得最多选票的两个政党。（$M+1$）/M 的逻辑应该适用于这个规则，并且我们可以预期两党制会随时间推移而深化出来。对此进一步的探讨，参见缪勒（1996a，第 9 和 10 章）

　　② 这两种类型的制度与创建其理想原型之间有差别，对此的进一步探讨参见缪勒（1996a，第 8—10 章）。

现实世界的 PR 制和这种理想制度不同，因为它们不可避免地要在议会作决定时运用过半数规则，并且通过要求议会选择行政首脑和她的内阁——或至少默许其选择，它们整合了政府的执行功能和立法功能。PR 内阁形式下的这个要求改变了选民的策略选择。如果立法机关运用的选举规则允许她投票支持的政党影响结果，那么公民就会有很强的动机去投票支持在相关问题上立场与其最接近的政党。不过，如果只有一些政党会进入内阁，并且内阁会决定所有政府的政策，那么理性的公民在决定投票支持哪个政党时，应该会同时考虑每个政党在相关问题上的立场以及它进入内阁的可能性。因此，在 PR 制内阁形式下，不同政党的选票的分布也可能错误地反映公民对每个政党政策立场偏好的分布。

尽管现实世界的选举制度和其理想之间有重要差异，但是我们可以认为这两者足够接近，以使我们能够运用来自公共选择文献的结果去比较现实世界的选举制度。在纯粹的两党制下，一个政党总是赢得选票和议会席位的过半数，于是过半数政府内在的稳定性可被预期。在现实世界的两党制下，过半数政府并不经常形成，但是与 PR 制下相比他们更经常形成，正如我们预期的那样。①

在两个政党和一维问题空间的情况下，两个政党都争夺中位数选民的选票，于是与她的理想相符的党纲获胜。第十二章介绍的或然性投票模型导致我们预期，在两党制下会有均衡结果——甚至是在问题空间不只一维的情况下，而获胜的政党则位于选民理想点分布的中间。甚至当均衡不存在的时候，像是未覆盖集或蛋黄这样的理论概念也导致我们预期，两党制的结果会靠近选民理想点分布的中心（参见本书第十一章）。

论述多党制的文献导致非常相似的、可能有些令人惊讶的结论。当一维问题空间存在时，占据中间投票人理想点的政党可被预期进入所形成的任何联盟，或者自己组成政府——甚至是在它不占据议会过半数席位的时候。当问题空间不只一维的时候，组成政府的获胜联盟可能包含了定位于维度连着维度的中位点，或至少问题空间的一个维度中位点的政党——如果这样一个政党存在的话。像未覆盖集或蛋黄这样的概念可以用心脏核心来替换掉，以预测哪个党会进入联盟政府，但是都意味着他们靠近选民理

---

① 布莱和卡蒂（1988）发现，在两党制下，单独一个政党赢得议会绝对多数席位的时间占 72%，与此相对，PR 制下只有 10%。鲍威尔（2000）最近着手对两党制和多党制进行了广泛比较。

想点分布的中心。在多党制下，中间投票人这个关键行为者可以用"中心的"，或"核心的"，或"强有力的"政党来替换。强有力的政党很大，定位于中央，而核心的政党定位在中位线的交叉点上。在所有两党制和多党制下，简单过半数规则几乎是排他性地运用使它们具有了强有力的向心趋势，忽视了它们的立法机关中还有特别的选举规则来填充议席。

　　研究两党制和多党制的学者对唐斯空间投票模型的运用会导致他们非常关心两党制下候选人和政党的位置，这并不奇怪。在这些文献中通常都采纳了一个未言明的假定，即在问题空间占据的位置暗含了政策。布雷顿和加莱奥蒂等评论家在责任政府问题上关心的并非所承诺的政策的性质，而是承诺是否被遵守以及政策是否在实际上被通过。当两党制下的政府背弃其承诺时，通过支持反对党，选民有明确的策略惩罚他。在 PR 制下，选民最佳的策略就更不明确了，因为过去政策的"责任"是由联盟的所有成员共担的，选民无法通过削弱最紧密代表这些政策的政党而明确地增进自己的利益。毫不奇怪的是，我们发现两党制与多党制相比，选举之后政府中的变化更有可能被观察到。①

　　论述循环的大量文献导致我们预期内阁稳定性会采取不断变革政策的形式。内阁稳定性最重要的代价可能是政府完全瘫痪。例如，舍菲尔德（1995）已经表明，天主教民主党在第二次世界大战后的意大利问题空间占据着靠近核心的位置，因此是直到 20 世纪 90 年代中期为止约 50 年里每届政府的成员。在 20 世纪 90 年代中期，意大利人投票把所有主要政党赶下台，于是天主教民主党作为一个政党消失了。我们假定这种情况发生不是因为意大利选民对主要政党的政策不满意，而是因为对这些政策的实施不满意。那么选举制度之间最重要的差别可能不是选民偏好在立法机关中多么好地得到了代表，或者立法机关如何决定什么应该做，而是立法机关是否在根本上决定做任何事情以及其决定的实施。我们在第十七章中会回到这些问题。

文献注释

论述 PR 制或多党制的文章的标准形式是从经典著作的一句或更长的引语开始，在公共选择

---

　　① 布莱（1991，p. 242）根据几项额外的绩效指标比较了 PR 制和两党制，格罗夫曼和雷诺兹（2001），以及鲍威尔（2000）也作了这样的比较。

的其他领域，我没见过一个来源被引用的平均时间有这么长的。这个倾向是反映了最初作者的杰出，还是反映出自那以后致力于该主题的才能稀缺，我并不确定。也许它只是反映了盎格鲁－撒克逊学者对这个主题缺乏兴趣。我部分地遵从了这个传统，我开头的引语来自布雷顿和加莱奥蒂的相对近期的论文。

在经典文献中，约翰·斯图亚特·穆勒的《代议制政府》——最早出版于 1861 年——是值得阅读的，它探讨了 PR 制，也更一般地探讨了政治理论。

对于 PR 制规范性质的更近期探讨包括皮特金（1967），赖克（1982a），钱伯林和库兰特（1983），约翰斯顿（1984），罗斯（1984），萨格登（1984），布莱（1991），鲍威尔（2000），以及格罗夫曼和雷诺兹（2001）。

对建立在选票基础上的对立法机关席位分配的各种规则所作的正式分析，请参见巴林斯基和扬（1978，1982），迈尔森和韦伯（1993），迈尔森（1999），以及佩尔松和塔贝利尼（2000a，第 8 章）考察了不同选举制度下的稳定性和绩效。

舍菲尔德（1997）调查了论述多党制的空间文献，并提供了对心脏概念的简要介绍。奥斯汀－史密斯（1996）提出要对心脏作一些修改，以减少它选择非未覆盖集内的结果。

格罗夫曼和冯·罗泽达尔（1997）提供了有关内阁稳定性文献的极好评论。米勒和施特罗姆（2000a）包括了 15 篇论述欧洲联盟政府的文章。格罗夫曼、李、温克勒和伍德尔（1999）整合了 18 篇论述日本、韩国和中国台湾所采用的单记名不可让渡性投票的文章。12 篇论述单记名可让渡性投票程序的文章被包含在鲍勒和格罗夫曼（2000）的文集之中。

第十四章 投票悖论

当我们离开个人关心的家庭和工作场所而进入全国性事务和国际性事务的领域——它与那些个人关心的事情没有直接和明确的关联时，个人意志、对事实的掌握以及一些推论的方法很快就不再满足经典学说所需要的条件。给我印象最深刻的和在我看来似乎是问题核心的是如下事实：现实感完全丧失了。通常情况下，在典型公民的心理经济学中，重要的政治问题与那些还算不上爱好的业余兴趣，以及那些不负责任的交谈的主题处于同等地位。重要的政治问题似乎太过遥远，完全不像商业上的建议；危险可能根本不会变成现实，如果它们变成现实也可能被证明并不严重；人们觉得自己进入了一个假想的世界。

现实感的减少不仅说明了义务感的减少，也说明了有效意志的缺乏。当然，一个人有他的话语，有他的愿望、空想和怨言；特别是，一个人有他喜欢和不喜欢的东西。但是通常它们不等于我们所称的意志——有目的的负责行为的精神对应物。事实上，对于思考国家事务的平民来说，这样一种意志没有生存的空间，也没有它能够规划出的任务。他是一个不能工作的委员会——全国委员会——的一名成员，这就是为什么他花在掌握某个政治问题上的训练努力要比花在桥牌游戏上的更少。

因此，典型的公民一进入政治领域，其智力表现就下降到更低的水平。在其现实利益的领域里，他会乐于承认自己辩论和分析的方式是幼稚的。他再一次成为原始人。他的思维变得浮想联翩，富有感情。这带来两个深一层的和具有不祥意味的后果。

第一，纵然没有试图影响他的政治集团，典型的公民在政治事务上也往往屈从于超理性或非理性的偏见和冲动。……此外，仅仅因为他不太"正常"，所以他会放宽他通常的道德标准，偶尔也会屈从于邪恶的欲望，而私人生活的条件本来有助于他压制这些欲望的。至于其偏好和结论的智慧或理性，如果他屈从于一时义愤的爆发的话，则可能同样糟糕。这会使他更难于看清事物的真正含义，甚至使他一次最多只能看到事物的一个方面。因此，如果有一次他真的不再是通常的模糊形象，并且真的表现出经典民主理论所推断的那种明确性，他也有可能变得比平时更不聪明，更不负责任。在某些关键时刻，这可能证明对他的国家来说是致命的。

约瑟夫·熊彼特

美国人……喜欢用正确理解的自利原理来解释他们生活中的所有行为；他们沾沾自喜地说起，对他们自己的这种开明的敬重如何会经常促使他们互相帮助，并愿意为国家的福利而牺牲自己的一部分时间和财产。在这方面……他们经常未能公平对待自己；因为在美国，正如在其他地方一样，人们有时被发现遵从了那些无私的、自发的冲动，他们对人类来说是自然的；但是美国人很少承认他们遵从了这种情感；他们更渴望以他们的哲学为荣，而非以他们自己为荣。

亚历列克西斯·德·托克维尔

公共选择的独有特征是假定政治领域中的个人与市场中的个人一样，都会理性地为其自身利益而行动。我们已经考察了建立在这个假定基础上的候选人的竞争模型，但是还没有考察政治这出戏中的关键演员，即选民。本章填补了这个空白。

14.1 理性选民的假设

14.1.1 预期效用最大化

理性选民的假设最早是由唐斯（1957，第 11—14 章）提出来的，后来塔洛克（1967a，pp. 110—114）以及赖克和奥迪舒克（1968，1973）也对此进行了论述。在两个政党或两个候选人之间作决定时，选民面对着来自不同候选人所许诺的政策的不同"效用流"。选民计算了每位候选人获胜会带来的预期效用，并且自然会投票支持政策许诺的效用最高的那位候选人。因此，在理性投票理论中投票纯粹是工具性行为。一个人投票是为了带来其偏爱的候选人的胜利。投票所得收益是两位候选人政策的预期效用之间的差异。让我们称此差异为 B。

当然,一个人的投票不可能决定选举的结果。他的投票只有在下列两种情况下才能影响结果:(1)所有其他选民的选票正好平均分给两位候选人,或者(2)假如他不投票的话他所偏爱的候选人就会落败。让我们分别称这两种情况发生的可能性为 P_1 和 P_2。倘若第一轮选举以平局结束,则一个人所偏爱的候选人最终获胜的可能性是 50/50,于是单独一个人的选票在帮助该选民偏爱的候选人获胜中的可能性为 $P = P_1 + (1/2) P_2$。他从投票中所得的预期收益是 PB。

P 已经用几种方式计算过。其中一种方式把每个选民看做正从一个袋子中挑选球,袋中 p 部分的球被标为候选人 1,$(1-p)$ 部分的球被标为候选人 2。每个选民被假定对 p 是什么有偏好。如果选民人数为 N 并且 N 为奇数,那么对任何一个选民来说,P_1 就是剩余 $(N-1)$ 个选民中正好一半选民投票给候选人 1 而另外一半选民投票给候选人 2 的可能性——假定候选人偏好是 p。于是 P 就为

$$P = \frac{3e^{-2(N-1)(p-\frac{1}{2})^2}}{2\sqrt{2\pi(N-1)}} \tag{14.1}$$

P 随 N 的增加以及 p 偏离的 $1/2$ 而下降。[①] 不过,即使 $p=1/2$,在选民数达到一亿时,单独一张选票决定选举的可能性也仅为 0.00006。[②] 如果投票的成本为 C,那么一个选民偏爱的候选人的获胜带来的预期收益必须足够大,该选民才会去投票,此时他所计算出的来自投票的预期效用所得 $(PB-C) > 0$。

前述方式可能当即招致批评,因为它意味着所有选民都挑选标明候选人 1 的球而候选人 2 得 0 票的这样一种可能性无限小。选民并非在决定如何通过从袋子中挑选球来投票。在选举日,假定所有选民要么投票支持候选人 1,要么投票支持候选人 2,这更有道理。在承诺支持候选人 1 的那部分潜在选民中,每个选民都有某种偏好 p,它可能建立在选前民意测验

---

① 欧文和格罗夫曼(1984)从 N 为奇数时一个选民打破平局的可能性中得到了下列方程式:

$$P_{OG} = \frac{2e^{-2(N-1)(p-1/2)^2}}{\sqrt{2\pi(N-1)}}$$

现在 P_1 只是 N 为 P_{OG} 奇数倍(0.5)的可能性,P_2 也是一样。因此,$P \approx (1/2)P_{OG} + (1/4)P_{OG}$,这就是正文中的方程式。也请参见贝克(1975)、马戈利斯(1977),以及迈尔和古德(1975)。

② 彼得斯(1998,p.180)去掉了(14.1)式分母中的 2,因而计算出 P 为 0.00012。

的基础上。不过，理性选民知道这个 p 的测量有误差。因此，在 p 既定的情况下，理性的选民必须计算其选票造就或打破平局的可能性，以及 p 被估计时的误差，从而决定是否投票。这种可能性与 $\sqrt{Np(1-p)}$ 反向相关，后者是对所估计的投票支持候选人1的人数的标准差，因此在 N 变大时这种可能性也变得无限小。[1]

一些人已经指出，选民去投票站和从投票站返回的过程中被车碾过的可能性与投下决定性选票的可能性一样。[2] 如果被车碾过比一个选民偏爱的候选人落败更为糟糕，那么单是这种潜在的投票成本就会超过潜在的收益，于是理性的、自私的个人都不会去投票。但是成千上万的选民确实投了票，因此悖论就产生了。

解决这个悖论的基本方式有三种：（1）重新说明理性选民的计算，以使投票现在成为理性行为；（2）放宽理性假定；（3）放宽自私假定。所有这三条路都曾经走过尝试过。我们先从继续理性、自私行为假定——公共选择的传统描述就是这样——的三种努力开始，然后考察对这三种行为假定的更为极端的偏离。

14.1.2 投票爱好

调和选民理性与投票行为的最简便方式是假定存在的收益来源于行为自身，而不取决于行为的后果，也就是说，不取决于投票是否为决定性的。个人可以怀有爱国的热忱或公民的渴望，而投票有助于维持那种渴望，这会产出收益（效用）D。[3] 因此，如果 $PB + D - C > 0$，一个人就会投票。当 PB 很少时，投票行为可以这样解释：来源于投票行为自身的个人收益（精神的收入）D 要超过去投票站的个人成本 C。投票并非是决定谁为获胜候选人的工具性行为，而是私人的或象征性的行动，因此所得到的满足独立于选举结果。

---

① 在 $p = 0.51$ 而 $N = 100000000$ 时，$P = 6 \times 10^{-6}$（费希尔，1999，p.274）。

（14.1）方程式意味着当 p 偏离 0.5 时，P 会有非常明显的下降，而前述的样本方式则表明在 P 和 p 之间会有更平缓得多也更有说服力的关系。参见迈尔和古德（1975），费希尔（1999），以及沙哈尔和纳莱巴夫（1999）。

② 根据古丁和罗伯茨（1975）的看法，斯金纳（1948）似乎是最早用车祸可能性这个衬托来破除理性选民假设的人，那本书写于唐斯之前9年。梅勒（1977）也使用了它。

③ 参见赖克和奥迪舒克（1968）。塔洛克（1967a，p.110）把来自投票的这些个人的、精神的收益描述为负数成本 C。

对理性选民假设的这项修正确实调和了投票行为和个人理性，但却是通过剥夺理性、自私假定的预测能力来实现这一点的。任何假定都可以通过增加恰当的辅助性假定而与任何有冲突的证据调和起来。如果我发现奔驰汽车的需求量随着其价格提高而增加了，我不需要否定需求定律，我只需要假定存在"高档商品对势利顾客有吸引力"（snob appeal）这样一种口味即可把它置之不理。但是在这样做时我削弱了作为一种假设——更不用说作为一条定律了——的需求定律，除非我有严密的逻辑论据来预测"高档商品对势利顾客有吸引力"这样一种口味。

这就是通过假定存在公民义务的爱好来挽救理性、自私的选民假设所具有的问题。如果这种爱好说明了投票行为，它还可以说明别的什么呢？如果选民是由一种公民义务感而被支撑着去投票站的话，则一旦到那里又是什么动机指导他的行为呢？他会投票支持谁呢，是会支持其政策能增进该选民狭隘利益的那位候选人，还是他的公民义务感会指引他投票支持那位因获胜而对普遍的、公共的利益最有利的候选人？如果选民可以因为公民义务而被激发，为什么政治家和官僚不能？没有一种解释个人公民义务感起源、强度和范围的理论而只是假定公民公务感存在，这样做在"挽救"理性利己主义的同时也损害了它所预测的内容。

14.1.3 作为猫鼠博弈的投票

如果每个理性的选民都因为其选票影响结果的机会太小而决定不去投票，并且所有选民都是理性的，那么没有一个人会去投票。但是这样的话任何一个选民都可以通过投票来影响选举的结果。事实上对单个人来说，他的弃权是否理性，取决于其他选民是否弃权。我预计其他选民理性弃权的人数越多，我去投票就越理性。结果是一个 n 人不合作博弈，其中每个人投票或弃权的策略取决于她对其他选民决定的预期。在一些假定下，这种博弈的解决方法包含着个人投票的正值数字（莱迪亚德，1981，1984；帕尔弗雷和罗森塔尔，1983）。但是当个人对其他公民投票的成本不确定，并且选区规模很大时，一个理性选民只有在投票的精神收益超过成本时才会去投票（帕尔弗雷和罗森塔尔，1985）。通过求助博弈理论来挽救理性选民假设的努力并不成功。让我们考察另外一种努力。

14.1.4 作为极小极大遗憾策略者的理性选民

在一篇引发很多讨论的论文中，费约翰和菲奥里纳（1974，p. 525）宣布"证明了一种把理性选择理论家从（投票悖论）这个尴尬的困境中拯救出来的方式"。他们认识到理性的阿基里斯之踵是这样一种微小但却显而易见的可能性，即一张选票会改变一次选举的结果。于是他们假定选民可能运用如下决定策略，这种策略不是根据每种可能情况的可能性来评估它们，而是给予所有情况以同等的重要性，就像极小极大遗憾策略一样。在这种决定规则下，一个人计算的不是每种策略选择和世事状况相结合的实际回报，而是遗憾，亦即在这种世事状况发生时选择既定策略所体验到的损失。然后一个人会选择使其遗憾最小的行为。毫不奇怪，投票支持一个人的第二选择是主导策略。因此，一个选民的决定被简化为是投票支持他的第一选择，还是弃权。基本上，有两种与此相关的世事状况需要考虑：S_I，选举结果独立于一个人是否投票；S_D，一个人通过投票造就了其所偏爱的候选人获胜——不论是通过打破平局还是通过促成一次导致该候选人获胜的决定性选举。如果一个人投了票，并且结果独立于其选票，那么他会遗憾投了票，因为他使 C 变得无效用〔参见矩阵 14.1（a）单元：记录的是遗憾大小〕。如果结果独立于一个人的选票，并且他弃权了，那么他不会有遗憾（b）；如果一个人投了票，并且所投的是决定性的票，那么他也不会后悔（c）。如果一个人偏爱的候选人获胜 B 使其净收益至少是投票成本 C 的两倍，那么在他弃权而且他的选票本来会是决定性的时候最大遗憾发生了。于是极小极大遗憾策略是去投票。

极小极大遗憾策略极端保守，当它适用于其他决定时，甚至当它在投票背景中被扩展时都会导致相当奇怪的行为，正如几位批评家已经强调的那样。[1] 例如，假定一个选民对共和党候选人和民主党候选人都不感兴趣。于是，他的极小极大遗憾策略就是弃权。现在假定纳粹党登记了一个候选人，那么极小极大遗憾策略会迫使这个选民去投票站，以避免纳粹党候选人获胜并且仅凭一张选票就获胜的可能情况，虽然这种可能性很小。

---

[1] 贝克（1975），古顿和罗伯茨（1975），迈尔和古德（1975），以及梅勒（1977）。

矩阵 14.1　　　　　　　　　　　　极小极大遗憾选择

策略	投票	状　况	
		S_I (a)	S_D (c)
	弃权	C (b) 0	0 (d) $B - C$

日常生活中人们很难想到个人应用极小极大遗憾策略的情况。事实上，回想人们展示表明相反倾向的例子要更为容易。失去一个人的住宅和财产必定是场灾难，至少与他的第二选择赢得总统选举相比而言是如此，况且这种灾难发生的可能性并不比其选票决定一次选举的可能性更低。然而大多数人并未保护他们自己免受洪灾造成的损失，甚至是在保险以低于实际价值的比率而被卖掉时（库恩鲁舍等人，1978）。[1] 假定同样一个人在对待住宅和个人财产时是风险承担者，而在决定是否投票时却变为极小极大遗憾的保守主义者，这合理吗？

费约翰和菲奥里纳似乎是这样认为的。他们引用拉弗和普洛特（1977）的观点以支持"个人行为的这样一种可能性，即他们似乎在改变决策规则以适应决策环境"（1975，p. 921）。人们也会投票。问题不在于这些情况是否发生，而在于这些情况是否可以运用理性的利己主义假定来说明和预测。如果个人常常从极端风险厌恶的策略转向风险承担的策略，我们如何预测他们的行为呢？什么理论可以告诉我们哪种情况引出哪种策略呢？在这种情况下，根据过去经验解释特定行为可能与某种决定策略的运用相符，这并不足以证明利己主义假定是一般的行为理论的基础，除非我们拥有预测哪种策略在哪种情况下会被选择的理论。

14.2　理性选民假设：证据

费约翰和菲里奥纳对其论点的主要辩护依赖于经验证据。在极小极大遗憾假设下决定选民投票产出的关键因素是 $B - C$。尽管投票的成本难以

---

① 另一方面，一些人确实购买了洪灾保险，甚至是在这样一种事件的可能性极低之时。彼得斯（1998）使用这类行为以及有关风险厌恶的、比费约翰和菲奥里纳更不极端的假定，以试图恢复唐斯的会投票的理性选民的地位。

界定和测量，但是候选人之间可察觉到的差别还是在一些调查中被收集到了，像密歇根大学调查研究中心（SRC）所进行的调查。这些数据可以用作对 B 的测量。B 也像 P 一样在唐斯的预期效用模型中占有显著地位。费约翰和菲里奥纳对极小极大遗憾假设的检验要看 B 和 P 中的差异是否与选民弃权有重要关联。根据极小极大遗憾假设，只有 B 应当与选民的投票产出相关；至于选民成为决定性的可能性并不重要。而在唐斯预期的效用最大化假定情况下，B 和 P 都应当与此相关。在这两种假说中选择哪一个，这取决于 P—— 一个选民的选票起决定作用的可能性概率——是否系统地与弃权有关。

在考察 1952、1956、1960 和 1964 年选举前后的调查结果时，他们发现极小极大遗憾假设有五次被支持，而唐斯假设只有一次被支持（1975）。粗略看下图 14.1 就会揭示出为什么人们会为 P 的表现这样差而吃惊，T 标出了 1932—2000 年适龄选民中参加总统选举投票的百分比。W 标出了获胜总统候选人的选票占投向共和党和民主党候选人的联合选票的比例。唐斯模型预测 W 中的波谷会和 T 中的波峰相一致。1960 年肯尼迪—尼克松的竞选是 64 年来选票差额最小的一次，它与该假定很相符。但是投票产出自 1960 年只是轻微下降，直至 1964 年约翰逊以压倒性获胜到达顶峰，而且其他几年——例如 1948 年和 1976 年——似乎与唐斯模型的预测不相符。

在费约翰和菲里奥纳的样本中，大约 90% 的受访者曾经投过票。这是一个比美国的典型调查要高得多的百分比，并且表明这是选民行为的一个非随机样本或不当代表。更重要的是，弃权率中的变化可能太小，以至于使人们没法对其他变量进行检验。因此看一下别的证据是必要的。

肯尼和赖斯（1989）发现在所调查的受访者中，大约三分之一的人有这样的"忧虑"：假如他们不去投票，他们偏爱的候选人会一票也得不到。与对投票的极小极大解释相符，这些受访者在 1985 年选举中参与投票的比例要远高于所调查的其他年份。

布莱斯等（1995）人观察到在加拿大，那些"如果我不投票而我的候选人因一票之差而落败的话会感到糟透了"的人投票比例更高。同时学生们在 1993 年的全国选举中也呈现出很高的投票倾向。不过，经济衰退解释了去投票的决定，一旦衡量公民义务感的其他变量被包含进来，"极小极大遗憾"在统计上就是不重要的。"那些认为投票是其义务的人倾向于说，假如他们不去投票而其候选人因一票之差而落败的话，他们会感到

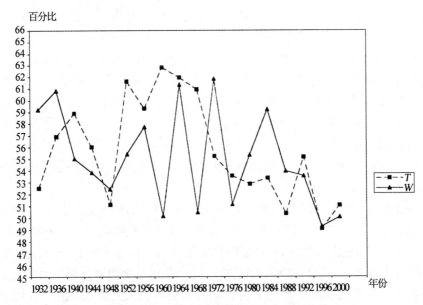

图 14.1 美国 1932—2000 年总统选举的获胜百分比 (W)
和选民投票产出 (T)

资料来源：美国商务部各种版本的美国统计摘要。

注：T 是达到选举年龄的人中投票支持一位总统候选人的百分比。

　　W 是投给共和党和民主党候选人的选票中获胜候选人得到的百分比。

真的糟透了"（布莱斯、扬、费勒里和拉普，1995）。因此，极小极大遗憾的投票解释并不能从投票爱好的解释那里获得经验上的支持。

　　最早提出经验证据以支持理性选民假设的一篇论文是赖克和奥迪舒克的论文（1968），从那里我们得到了关于这个假设的方程式 $R = PB + D - C$。赖克和奥迪舒克考察了 1952、1956 和 1960 年调查研究中心有关总统问卷的 4294 份回答。他们把回答交叉画成表格，看看 P、B 和 D 对个人投票的可能性是否有重大影响。他们发现，当一个变量占据另外两个变量固定的水平时，P、B 和 D 都倾向于以理性选民假设所预测的方式而对投票可能性产生重大影响。赖克—奥迪舒克的结果既支持理性选民假定的工具投票部分（PB 起作用），也支持爱好（D）起作用的那部分。

　　虽然 P、B 和 D 似乎都以理性选民假设所预测的那种方式而与选民行为相关，但是 D 在数量上的重要性要比 P 或 B 大得多。那些 P 高的人（即那些认为选举会很接近的人）和那些 P 低的人之间投票可能性的差异是——忽略不计 B 和 D——78 对 72。那些对 B 估价高的人中有 82% 的人投了票，与此相比那些对 B 估价低的人中有 66% 投了票。不过，那些 D 值高的人中有 87% 的投了票，而那些 D 值低的人中只有 51% 的人投了票。D 是由赖克和奥迪舒克通过有关公民义务的问题而操作化使然的。因此，公共义务感高和公民义务感低之间的差异对选民投票产出的影响在数量上要比 P 和 B 这些变量的高低值之间的差异大很多。理性选民假设的这两个部分在赖克—奥迪舒克的研究中都得到了支持，但是爱好的组成部分有最大数量程度的影响。

就样本规模和所包含的变量数目而言，对理性选民假设最具雄心的一次检验是由阿申菲尔特和凯利（1975）提供的。他们考察了调查研究中心所调查过的与 1960 年和 1972 年总统选举有关的 1893 个人的回答。他们把每个人对"你投票了吗？"这个问题的回答与归类在下列标题下的许多组变量联系起来：

1. 个人特征；
2. 成本变量；
3. 投票的策略价值；
4. 竞选中的利益；
5. 对投票的义务感。

这些变量可能与理性选民假设

$$R = PB + D - C \tag{14.2}$$

有关，其中 C 显然与第 2 组变量有关，P 和 B 都与第 3 组变量有关；B 以及可能还有 D 与第 4 组变量有关；D 和第 5 组变量有关。每个人的个人特征（教育、收入、年龄，等等）可能与 R 的任何一个组成部分都有关联，而且在假设中并未清晰地辨别。

阿申菲尔特和凯利的结果给了理性选民假设以各式各样的支持。对投票成本的几项衡量在统计上很重要，而且呈正相关。这些衡量中最重要的就是人头税和文字测验，它们在 1960 年是合法的，而在 1972 年被废除。6 美元的人头税在 1960 年使一个人投票的可能性减少了 42%（阿申菲尔特和凯利，1975，p. 708）。这个结果使我们大致明白了，$PB + D$ 的分布对大部分选民来说是什么样的。其他几个作为投票成本的替代变量（proxies）而被引入的变量并未很好地起作用，虽然成本变量之间的多重共线性（multicollinearity）是一个问题。

在求助于 P 和 B 的替代变量时，阿申菲尔特和凯利（1975，p. 717）没有发现，选民对竞选是否势均力敌的感觉与投票可能性之间具有统计上的重要关系。另一方面，P 的这个替代品替代变量呈正号（t 在集中回归中的值为 1.4），认为 1972 年尼克松获得压倒性胜利的那次选举会很接近的选民百分比，与认为尼克松—肯尼迪 1960 年的选举会很接近的选民百分比之间，差异太大（10% 对 60%），以至于 1960 年和 1972 年间光是这个变量水平的差异就足以解释在此期间 40% 的投票产出变化（1975，pp. 720—721）。对于解释选民参与文献中令人困惑的矛盾来说，这两个发现相当重要，我们应该回过头来考察它们。

在那些能够衡量一个人对候选人之间差异的感知——B——的变量中，对于这个问题"你认为你会怎样投票"的回答，被证明有最重要的解释力。如果在调查中，一个人对她怎样投票踌躇不定，那么该选民会投票的可能性概率就要降低 40%。如果一个人踌躇不定是因为两个候选人之间可觉察的差异很少，即 B 很小，那么这个结果会给理性选民假设以相当大的支持。但是，如果人们在怎样投票方面踌躇不定是由于其在是否投票方面踌躇不定——也就是说他对选举不感兴趣，那么这个发现的影响就更不清楚了。一些人有可能只是想远离政治过程。

投票"义务感强"的那些人投票的可能性要高 30%；"义务感非常强"的那些人投票的可能性比通常要高 38%（1975，pp. 719—720）。衡量投票义务感的这些变量有相当大的解释力。它们那令人印象深刻的表现强调了 D 项在理性选民的计算中的重要性。

阿申菲尔特和凯利（1975，p. 724）总结道，"为我们的结果所支持的最好的投票理论是提出义务感为投票基本动机的那种理论。对投票影响最大的变量是教育、踌躇不定、代表投票义务感的虚拟变数哑变量（dummy variables），以及某些成本变量"。这项研究为塔洛克—赖克—奥迪舒克对理性投票的解释提供了强有力的支持，该种解释认为 $BP + D - C$ 方程式中的 D 项和 C 项支配着投票的决定。正如先前所指出的那样，踌躇不定可以由小的 B 项引起，不过如果投票的义务感因为不知道投票给谁而被削弱的话，那么踌躇不定也可能损害 D 项。在其他情况相当时，教育会减少 BP 项的重要性，因为较高的教育水平使一个人更不容易受其选票重要（P 很大）的错觉的影响。于是，教育对投票的积极影响在 D 项和 C 项中表现出来。我们应当再次考虑教育在解释投票中的作用。

一个非常相似的结果模式出现在西尔弗的书（1973）中，他对来自1960 年选举调查的 959 份调查研究中心的问卷进行了分析。正如对竞选的兴趣、公民义务感和教育等变量一样，几项成本变量也是重要的。个人是否认为选举会势均力敌并不对投票的可能性产生重要影响。因此，西尔弗的结果中对理性选民假设的 BP 部分的唯一支持就体现在"对竞选的兴趣"的回答上——如果我们假定它测量的是 B 的话，尽管西尔弗把它看做 D 项的一个指标。

对选民决策的同样全面的描述在布罗迪和佩奇（1973）对 1968 年总统选举中 2500 个选民的调查结果进行分析时再次出现，他们用于分析的舆论调查组织和调查研究中心的数据。在说明弃权时，他们关注的是冷淡以及疏离的重要性，前者代表候选人之间可感知的差异，后者代表选民立场和其偏爱的候选人立场之间的差异。弃权的确会随无差别和疏离而增加，但并不足以支持关于投票行为的纯粹工具主义的解释。在认为候选人之间无差异（$B=0$）的 201 个人中，43% 的人确实投了票。在感觉既无差别又疏离的 174 个人中，44% 的人选择了投票（布罗迪和佩奇，1973，p. 6）。对这些选民以及可能对其他许多选民来说，R 中的 D 项和 C 项都必然解释了投票的决定。

使用调查研究中心数据而对理性选民假设所进行的第五项检验虽然明确建立在唐斯的表述基础上，但却更难以说明。弗罗利希等（1978）人从调查研究中心的问题中建构起了 B、P 和 D 的替代品，其方式是通过赋予各种问题以不同的重要性而把它们结合起来。然后他们作了有关未知变量 C 分布的许多假定，并运用 B、P、D 和 C 的结合[1]来预测 1964 年总统选举时的投票产出和对候选人的选择。C 为对数分布的假定也很重要，并且使用这个假定他们能够预测结果——R^2 为 0.847。[2] 但是弗罗利希等人并未这样报道他们的结论，以使人们可以通过衡量 B、P、D 和 C 的相对重要性来解释投票产出，虽然关于 C 分布的假定是重要的。不管怎样，个人对其选票效力的看法（P 的替代变量）似乎确实重要，这表明与费约翰和菲奥里纳的研究以及阿申菲尔特和凯利的研究相比，P 在弗罗利希等人的研究中扮演着解释投票产出的更大作用在解释投票产出时起到了更大作用。

松坂和帕尔达（1993）提供了关于 1979 年 5 月和 1980 年 2 月加拿大普选投票的调查证据。他们发现，一个选民有关选举是否势均力敌的预期对其投票的可能性不会有重要影响。对 B、C 和 D 的直接衡量不包括在内。

---

[1] 他们所描述的 $R = BP + D - C$ 有一点不同，但是他们的表述与这里所使用的表述是等价的。

[2] 正如在费约翰和菲奥里纳的样本中一样，90.9% 的受访者报告说曾经投过票，从而产生了这个有无代表性的问题。

这六项研究以及另外四项研究的结果在表 14.1 中作了概括。除唐斯模型的四个关键变量 P、B、D 和 C 之外，教育（E）和收入（Y）也被加了进来，这两个社会变量向来都提出相同的符号。不过就是在这里，也存在一些例外。

表 14.1　运用调查数据来检验唐斯模型（及其扩展）的研究概要

研　究	样本和时间	P	B	D	C	E	Y
赖克和奥迪舒克 (1968)	1952、1956、1960年总统选举的4294份问卷	+	+	+			
布罗迪和佩奇 (1973)	1968年总统选举的2500份问卷		0			+	
阿申菲尔特和凯利 (1975)	1962和1972年总统选举的1893份问卷	0	+	+	-	+	+
西尔弗 (1973)	1960年美国总统选举的959份问卷	0	+?	+?	-	+	
弗罗利希、奥本海姆、史密斯和扬 (1978)	1964年总统选举的1067份问卷	+	+?	+?	-?		
帕里、莫瑟和戴伊 (1992)	1984和1985年英国全国和地方选举的近1600份问卷	+?	+?			-	0
松坂和帕尔达 (1993)	1979和1980年加拿大全国选举的2744份问卷	0.				+	0
克纳克 (1994)	1984、1986、1988年美国全国选举的4651份问卷			+		+	+
格林和尼古拉耶夫 (1999)	1972—1993年美国选举的近21000份问卷	-				+	+
图尔纳和艾曼 (2000)	1990年德国全国选举的1400份问卷		+（弱）[a]				

注：P、B、D 和 C 是唐斯模型 $R = PB + D - C$ 中主要构成的替代品。

E 和 Y 代表选民的教育水平和收入。

"+"表明受访者说他/她投票的可能性有重要的正向影响，"-"表明为负向的重要因素，而"0"表明不重要的因素。空格意味着该变量未被考虑。问号的标记意味着所使用的替代品是否与相关变量有关并不确定。

a. 对于在关键问题上政党立场之间可感知的差异是否会增加受访者投票的可能性，图尔纳和艾曼进行了检验。他们发现只有一个问题，即移民政策对此有重要影响。我把它解释为对 B 的重要性的弱支持。

正如前面所指出的那样，投票调查的受访者系统地夸大他们投票的次数。例如，在加拿大的一项调查中91%的受访者表明他们在1979年加拿大普选中投了票，而实际结果只有76%（松坂和帕尔达，1999）。这种夸大的程度表明在测量从属变量（dependent variable）时有误差，这会减少该模型的解释力，并有助于解释为什么运用调查数据的典型模型只能解释从属变量中很小比例的变化。事实上，松坂和帕尔达（1999）发现，一个有着36个解释性变量的模型在帮助他们把选民归类方面并不比他们只是预测每一个人都投票来进行归类更为正确。

当我们运用实际的投票产生的数据时，调查数据的这种困难可以避免。在这些研究中，理性选民假设的检验采用了这种方式，即把全国层次的选民投票的汇总数字与该国选民的人口特征相连。这些研究主要检验的是 P，一张选票改变结果的可能性是否对选民的投票产出有重要影响。它们已经通过对 P 和 N 上的投票产出数字作回归分析而进行了这种检验，其中 P 是投给第一位候选人的百分比而 N 是管辖区域规模。参看14.1.1小节中讨论过的用于计算 P 的方程式，它表明 P 既与 N 反向相关，也与 p 对1/2的偏离反向相关。表14.2概括了26项研究的结果，它们是从用以引入 N 和 $(p-0.5)$ 的函数形式中抽取出来的。一些研究使用投给获胜候选人的选票的预期（实际）百分比作为 $(p-0.5)$ 的替代变量；其他一些研究使用获胜者的获胜边际。关于函数形式的选择以及所包含的其他变量的选择，每项研究都有不同。这里我们只注意 $(p-0.5)$ 和 N，但当教育和收入被包括在内时也会报道它们的结果。$(p-0.5)$ 和 N 是负向系数可以解释为与理性选民假设所预测的相符。表中只给出了符号和重要程度。塞布拉和墨菲（1980）试图事先测量 $(p-0.5)$，其方式是限制他们的样本为众议院中民主党占多数的州，并且把 $(p-0.5)$ 估计为该院属于民主党人的那个部分。福斯特（1984）的最后一组结果也采用了对 $(p-0.5)$ 相似的事先测量，但既使用共和党多数也使用民主党多数。沙哈尔和纳莱巴夫（1999）评估了一个决定预期选票的方程式。其他大多数研究都假定选民拥有理性预期，并用选举日候选人之间实际的选票分离来测量 $(p-0.5)$。

这些研究之中最有抱负的——可用水平线把其他研究分隔开——是福斯特的研究（1984），他重新评估了四项研究的模型，并且使用1968、1972、1976和1980年总统选举的数据评估了他自己的模型。横断面的系数估计具有不稳定性，这妨碍了合并数据以再次评估巴泽尔—西尔伯贝格和考—鲁宾的模型，于是所提出的只是个别横断面的结果。大体上，在福斯特对理性选民假设的检验中，选民投票产出与 $(p-0.5)$ 或 N 都没有关联。除了 1972 年尼克松的压倒性胜利之外，$(p-0.5)$ 的表现很差。N 的表现也只是适度地一致。

福斯特（1984，p. 688）总结到，"在解释总统选举中各州选民参与比例的变化时，州这一层次上所感觉到的选举会出现平局的可能性并不是一个有力的或值得信赖的因素"。根据他自己的估计以及他对四项其他研究的重新加工，这个结论似乎是有道理的。但是表 14.2 中其他研究的考察揭示出，$(p-0.5)$ 和 N 更常具有所预测的符号，而不是没有，并且当它们的相关系数重要时，它们都是正号，只有一次例外。虽然势均力敌在选举中并不常被"计算在内"，但是它的确常起作用，而非不起作用。

表 14.2　　　一张选票对选民投票产出具有决定性的概率的影响

研　究	样本和时间	$(p-0.5)$	N	E	Y
巴泽尔和西尔伯贝格（1973）	122 次州级选举，1962、1964、1966、1968 年	– (0.01)	– INS		
西尔贝曼和德登（1975）	400 个选举区，1962 年	– (0.01)	– (0.01)		+ (0.01)
托利森、克雷恩和波尔特（1975）	29 次州级选举，1970 年	– (0.10)	+ INS		
考和鲁宾（1976）	50 个州，1972 年的总统选举	+ INS	– (0.01)		
塞特尔和艾布拉姆斯（1976）	26 次全国性的总统选举，1968—1972 年，除掉 1944 年	– (0.01)			
克雷恩和迪顿（1977）	50 个州，1972 年总统选举	– (0.01)	– INS		+ (0.01)
塞布拉和墨菲（1980）	35 个州，1976 年总统选举	– (0.01)[a]			
查普曼和帕尔达（1983）	加拿大 5 个省的选区，1972—1978 年	– (0.05)[b]		+ (0.01)[c]	– (0.01)[d]

续表

研 究	样本和时间	$(p-0.5)$	N	E	Y
帕特森和卡尔德拉 (1983)	46 个州，1978、1980 年的州级选举	− (0.05)		+ (0.05)	INS
福斯特—巴泽尔—西尔伯格 (1984)	50 个州 1968 年总统选举 1972 年总统选举 1976 年总统选举 1980 年总统选举	+ (0.05) − (0.01) − INS + INS	+ INS − INS − INS − INS		
福斯特—考—鲁宾 (1984)	50 个州 1968 年总统选举 1972 年总统选举 1976 年总统选举 1980 年总统选举	+ (0.05) − (0.01) + INS − INS	− INS − INS + INS − INS		
福斯特—西尔贝曼—德登 (1984)	200 次州级调查，1968、1972、1976、1980 年总统选举	− INS	− (0.10)		+ (0.01)
福斯特—克雷恩—迪顿 (1984)	200 次州级调查，1968、1972、1976、1980 年总统选举	− INS	− (0.01)		+ (0.01)
福斯特—沃尔夫格拉姆—福斯特 (1984)	200 次州级调查，1968、1972、1976、1980 年总统选举	− (0.10)[a]	− INS		
塔克 (1986)	华盛顿 362 次州立法机关竞选，1976—1982 年	− (0.01)			
汉森，帕尔弗里和罗森塔尔 (1987)	俄勒冈学区的 1806 次选举，1970—1973 年		− (0.01)		
德登和盖纳 (1987)	847 次观察，1970 年和 1982 年国会选举	− (0.01)	− (0.01)		+ (0.01)
凯普伦和克鲁斯曼 (1988)	26 个民主国家，1959—1966 年		− (0.01)		

续表

研　究	样本和时间	$(p-0.5)$	N	E	Y
达维什和罗森堡 (1988)	以色列 108 次市级选举，1978 年和 1983 年以色列议会选举，1977、1981 年		－ (0.01) － INS		－ (0.01) ＋ (0.10)
考克斯和芒格 (1989)	美国众议院议员的 270 次竞选，1982 年	－ (0.01)		＋ (0.01)	＋ (0.01)
法勒，肯尼和莫顿 (1991，1993)	县级数据，美国总统选举，1948、1960、1980 年			＋ (0.01)	＋ (0.01)ᵉ
基希格斯纳和席梅尔普芬尼希 (1992)	248 个选区，1987 年德国的全国选举 650 个选区，1987 年英国全国选举	－ (0.01) － (0.01)	－ (0.05) INS		
松坂 (1993)	加利福尼亚的 885 次投票倡议，1912—1990 年	INS			
福特 (1995)	美国 562 个县的核能计划公决，1976、1980 年	－ (0.01)		＋ (0.01)	
格罗夫曼、科利特和格里芬 (1998)	非大选年的众议院和参议院选举，1952—1992 年	－ (0.01)			
沙哈尔和纳莱巴夫 (1999)	50 个州，1948—1988 年间的总统选举	－ (0.01)ᶠ	－ (0.01)	＋ (0.01)	＋ (0.01)

注：$(p-0.5)$ = 投给第一位候选人的预期（实际）选票百分比或获胜者的获胜边际；N = 管辖区域规模。

　　a. 用以预先测量势均力敌的替代变量，即所有这些州众议院民主党人多于 50% 的比例。

　　b. 在 10 次省级选举中 6 次重要，3 次符号错误且不显著。

　　c. 关于教育的系数，一般是正向的，常常是重要的。

　　d. 关于收入的系数，常常是负向的，有时是重要的。

　　e. 非线性的规定。

　　f. 由回归方程式所预测到的势均力敌。

另外，若我们考虑到了汇总的投票数据被用于检验唐斯理性选民模型时所产生的一些偏见，对势均力敌重要性的怀疑态度就会得到加强。例如，候选人和利益集团在选举被预期将势均力敌时会有很强的动机去动员他们的支持者。因此，在势均力敌的选举中选民的投票产出会出现，这不是因为选民对自身选票功效的观点增强了，而是因为有更多压力促使他们去投票（考克斯和芒格，1989；奥尔德里奇，1993，1995，1997，pp. 387—389；松坂和帕尔达，1993；沙哈尔和纳莱巴夫，1999）。

松坂和帕尔达检验了因"生态谬误"而被引入的这样一种偏见，其中生态谬误是指依据过去情况的分析而用选民在选前对选举势均力敌的预期来替换实际的选举结果。正如先前所报道的那样，他们并未发现预期的选举势均力敌对受访者投票的可能性有重要影响。依据过去情况分析的同一次选举的汇总数据揭示出了获胜边际的一个重要的、负向的系数，正如唐斯模型预测的那样。松坂和帕尔达把这种结果的不一致解释为生态谬误的证明。在运用加利福尼亚选票倡议而单独进行的一项研究中，松坂（1993）再次发现势均力敌的环境在解释所投的选票数目方面并不重要。

格罗夫曼、科利特和格里芬（1998）声称揭示了一种对抗唐斯选民模型的生态谬误。"因为，平均来说，有共和党倾向的选民登记的比例更高，共和党（共和党倾向）的登记者去投票站的比例更高，同时在投票站的那些有共和党倾向的选民投票给各类职位的比例也更高……在横断面的各项中考察投票产出与竞争之间的联系时可能有生态的谬误。生态影响的运作使得最大的投票产出不会发生在共和党票数与民主党票数接近50—50的时候……而将发生在共和党选票份额远远超过50%的不对称选举中"（1998，p. 235，脚注被略去）。虽然他们并未在所有他们的回归中揭示出生态谬误，但他们的确倾向于发现获胜边际量是参议院和众议院选举结果的一个重要决定因素（参见表14.2）。[①] 不幸的是，正如常有的事那样，对于一项有争议的假设的经验检验，不同的研究者会得出关于关键变量在数量上和统计上重要性的相反结论——在这个例子中则是唐斯选民模型中的 $(p-0.5)$ 和 N。

这里我们应当再次回想一下阿申菲尔特和凯利关于选民对选举势均力敌

---

① 也请参见格罗夫曼（1993b）在检验唐斯选民模型时对偏见的探讨，以及沙哈尔和纳莱巴夫（1999）。

的感知的结果。他们发现，如果一个选民认为选举是势均力敌的，那么它对该选民投票的可能性会有统计上弱的和数量上小的正向影响。选民对一次选举势均力敌的感知因选举不同而变化极大。选前的盖洛普民调预示一位候选人会获得60%的选票，这使该候选人的获胜实际上成为确定的事情板上钉钉。很少人会打赌认为一位选前民调的得票百分比在54%到56%之间的候选人会输。在1960年肯尼迪—尼克松或2000年布什—戈尔竞选这样"太势均力敌"的选举与1972年尼克松压倒性地胜过麦戈文的选举之间的先验概率（prior probabilities）的差别就是抛硬币与确定能赢的打赌之间的差别。因为这些偶然的转变，甚至是当只有一些选民受到他们对选举势均力敌的感知的变化的弱影响时，投票产出都必然发生很大变化。这种考虑可以说明，在尼克松1972年的压倒性获胜中，为什么每个州的竞选都势均力敌似乎会对选民的投票产生重要影响（克雷恩和迪顿，1977；福斯特—巴泽尔—西尔伯格和福斯特—考—鲁宾，1984），以及为什么有效性在约翰逊1964年的压倒性获胜中影响了选民的投票产出（弗罗利希等人，1978）。

P 在解释选民投票产出的过程中表现不好，这在某些方面支持了选民是理性自私主义者的总体观点，而非支持与此形象相抵触的观点。甚至当每个选民投票支持一个候选人的可能性是0.5时，单独一张选票在一个1亿人的政治实体中起决定作用的可能性也只有0.00006。正如赖克和奥迪舒克（1968）为其发现所作的注解那样，选民投票产出是对 P 变化的回应，这个发现意味着选民对可能性中的变化有不同寻常的弹性回应。如果司机以相同程度来回应可能性中的变化，那么下大雨时公路上就不会有车行驶。赖克和奥迪舒克（1968，pp.38—39）提出，选民对 P 变化的很有弹性的回应可能归因于这样一种有说服力的影响，即电视和广播所宣称的"你的选票重要"。[①] 在解释可察觉的选举势均力敌的重要性方面，托利森、克雷恩和波尔特（1975）与赖克和奥迪舒克是一致的。他们发现，在报纸流通相对广泛阅读率高的州，势均力敌这个变量的影响得到增强。"在势均力敌的竞选中，有关预期结果的信息使更多的人投了票"（1975，p.45）。但是如果选民在其选票重要性方面很容易被误导，那么我们对理性选民智力的信任就被削弱了。虽然天真和理性不是严格对立的，但是前者的存在确实在一定程度

---

① 正如先前所指出的那样，选民被告知其选票重要的强度，或者他们获得其他信息和投票压力的频率在投票被预期将势均力敌的这样一个选区可能会增加，从而引起投票产出与势均力敌之间似是而非的关联。

上损害了理性假设的重要性。

　　这里评论过的结果表明，P 的变化和选民弃权之间的关联程度比赖克和奥迪舒克所断定的更弱。如果是这样的话，那么选民对自己改变选举结果的能力就不会太过天真，从而会以更复杂的理性方式行动。但是这样做的时候，他们就认可了对理性的更愤世嫉俗的解释，即认为投票只是由其乐趣——精神收入价值（D）和个人成本（C）决定的这种非工具主义观点。在推论出一种投票理论时，这种解释提出了 D 项和 C 项的决定因素的问题。

　　C 的一些构成容易被识别。人头税，文字测验，以及南部各州为阻止黑人登记或投票而树立的其他一些障碍被发现有重要的、负向的影响（阿申菲尔特和凯利，1975；法勒、肯尼和莫顿，1991；以及戴维森和格罗夫曼的案例研究，1994）。同样，杰克曼（1987）发现，在不投票就要交少量罚款的国家，选民的投票产出倾向于更高。

　　美国有几个州是从选民登记名单中确立陪审团名单的。这种实践增加了去登记投票的成本，因为选民被召唤去履行陪审员义务的可能性概率也增加了。奈克（1993，2000）发现，从选民名单中选择陪审员有效地降低了人们去登记投票的可能性概率，也降低了选民的参与率。

　　赫克曼（1995）发现，在 19 世纪 90 年代早期秘密投票被引入之后，美国州级选举投票率下降了 7 个百分点。一旦贿赂不能确保贿赂的接受者在事实上投票支持"正确的候选人"，贿赂选民去投票支持某个候选人的动机就急剧下降了。[①]

　　有种流行观点认为，坏天气会阻止公民去投票。沙哈尔和纳莱巴夫（1999）注意到下雨时美国总统选举的投票产出下降了，但是奈克（1994）以及松坂和帕尔达（1999）都发现天气对美国和加拿大的投票产出没有重要影响。不过，奈克（1994）的确注意到，坏天气使那些公民义务感低的人的投票概率下降很多，而对那些公民义务感高的人的投票则没有影响。奈克的发现强调了唐斯模型中 D 项和 C 项的联合重要性。[②]

　　不过，公民的义务感——投票的爱好是从那里涌现出来的，并且我们如何预测它在不同的人身上和不同时期的变化呢？我们现在就来考察对这个问题的两个回答。

---

① 也请参见赫克曼（2000）。
② 也请参见奈克（1992）。

14.3　好表达的选民（expressive voter）假设

在试图协调投票行为和理性的个人行为的过程中，菲奥里纳（1976）提出了这样的假设：个人投票不是为了带来某种选举结果，而是为了表达有关结果应当是什么的一种观点。投票的效用收益来自投票行为自身以及这种行为提供的表达机会，而不是来自选举结果预期的回报。这种来自表达的收益成为解释投票行为的 D 项中所包含的另外一个候选对象。

当然，这种好表达的选民假设与投票爱好的假设一样是同义词的反复，除非我们能够说明一些人想要表达而另一些人不想表达的原因何在，从而构建一条可反驳的假设。一种可能性是选民想要表达对那位许诺给她以选后最高效用回报的候选人的偏爱。我们都更喜欢"站在我们一边"的人而不是那些试图伤害我们的人；都更喜欢和我们相像的人而不是和我们极端不同的人，等等。如果候选人 X 与候选人 Y 相比，承诺为我们做得更多，或者更少做损害我们利益的事情，那么我们可能会选择投票支持 X，不是因为我们认为这样做会带来她的获胜，而是作为表达我们支持她的立场、谢谢她代表我们的利益以及鼓励她的一种方式。对于表达性投票假设的这种解释使 D 成为 B 的一个函数，例如，

$$D = D' + B \qquad (14.3)$$

其中，D' 表达的是 D 中的其他项，例如公民义务感。这种解释意味着在唐斯模型中唯有 B 最有解释力，而不是 P 或 PB。这个预测与极小极大遗憾假设完全相同，因此费约翰和菲奥里纳（1975）支持极小极大遗憾的证据也可以解释为对表达性投票假设的支持。另一方面，发现 P 是重要因素和 B 有适度重要性的研究则对它很不利。有关一个人是如何投票的——如果她投票的话，好表达的选民假设的这种初步解释会导致与唐斯模型相同的预测。它的独到之处完全来自它对为什么一个人投票的解释。

几位作者提出了对表达性投票的相当不同的解释。他们声称，通过把选举结果和投票行为分开，一个大选区低 P 的存在就使选民可以自由表达其偏好，这种偏好会极大地偏离她认为其选票起决定作用时呈现出的偏好。例如，布伦南和布坎南（1984）提出，投票的非工具主义的性质可能导致更不负责任的投票。选民相信 X 的获胜对国家来说是灾难。但是 X 是唯一谴责移民迁入的候选人，他承诺"做些事来对付他们"。选民感觉受到移民人数增多的威胁，并且通过投票支持 X 来排遣她的焦虑，如果她认为 X 的获

胜取决于她的选票，那么这种行为是不会发生的。

作为另一种选择，知道自己的选票"确实不重要"可能会使一个人表达更崇高的情感。一些人把它赋予慈善事业，停下来帮助车抛锚的人，用车装载瓶瓶罐罐到循环利用的垃圾箱。对于这种似乎是非自私行为的一种解释认为，行动者的行为是由规范或道德信念——像"金箴"——所左右的，它们会指派行为者对他人做某种行为。由于投票包括影响共同体所有成员的集体决策，因而可以预计在一个人投票时，指导针对他人的行为的规范特别有可能起作用。当人们投票时，他们表达了关于什么是共同体的善，以及哪个候选人的选举当选最符合公共利益的观点。[①]

不过，对表达性投票的这种解释似乎与许多人策略性投票的证据相抵触（考克斯，1997）。在单名制选区的竞选中，一个选民不会投票支持他的第一选择，如果这个人在选前民意测验中排在第三或第四的话。她选择不以这种方式"扔掉自己的选票"，而是投票支持竞选中排在前两位中的一个。如果这个选民只想表达她关于哪个候选人的获胜对共同体最好的看法，我们就将预期她不会考虑民意测验。她不想"浪费自己的选票"似乎表明她认为自己的"选票重要"，因此她是把投票看做一种工具行为。

卡特和格雷特（1992）以及费希尔（1996）都作实验检验了表达性投票假设的私人利益/公共利益形式。他们检验了在选民选票重要的可能性下降时，被研究者是否更可能把钱投入慈善事业。这两项研究都发现表达性投票的证据不充分。[②]

这种版本的好表达的选民假设与伦理选民的假设有很多共通之处。

14.4 伦理选民的假设

到目前为止，所有我们已回顾的研究都把个人看做效用最大化的，因而与所有公共选择潜在的行为假设完全相符。甚至最后一个考察过的假设也提

---

① 虽然布伦南和洛马斯基（1993）以及布伦南和哈姆林（2000）承认，表达性投票可以采取报复性的形式，但是他们的书更强调良好意图的选民，并为这种版本的好表达选民假设建立了有活力的辩护词。

② 费希尔批评了卡特和格雷特的实验设计，并且声称他所发现的对表达性投票的支持要比他们更强。不过，在他所有 8 个实验里，82 个参与者中有 42 个自私地投票，另外 20 个参与者始终如一地利他投票。剩下 20 个参与者并未始终如一地投票，正如表达性投票假设所预测的那样。因此，这个假设至多可以说明实验中四分之一参与者的行为。

出，是一个人在表达其对公共利益的看法时获得的效用引导他去投票的。本部分所探讨的对投票行为的解释则前进了一步。① 它把选民看做有两组偏好的人，一组伦理的和一组自私的。后者只包括一个人的效用；前者包括其他人的效用，或者一个人对他人效用的感知。在一些情况下，例如市场中的消费者，只有自私的偏好起作用。一个人会最大化其效用，就像传统上所界定的那样。在其他情况下，一个人会采用他的伦理偏好。投票就是伦理偏好起支配作用的这样一种情况。

杰基尔和海德对人性的这种看法久已存在且为人所尊崇。"公民义务感"在解释投票过程中的重要性与"伦理选民"的这种假设相符，正如表达性投票的解释把投票看做是一个人表达其对公共利益的观点的机会一样。但是伦理选民假设存在的不足与"参与爱好"在解释投票时存在的不足一样。它不是向我们提供一种假设，以使我们能够提出一种投票理论和可能的关于其他合作性社会行为的理论，而是依据过去的经验推测使那种行为合理化。它提供了有关投票故事的结尾，但是没有提供关于投票行为理论的开头。

投票的伦理理论所假定的这种伦理—自私两分法可以被操作化为一种预测理论，其方式是假定每个人 i 会最大化其以下列形式表现的目标函数：②

$$O_i = U_i + \theta \sum_{j \neq i} U_j \tag{14.4}$$

一个纯粹自私的选民会设定 $\theta = 0$；一个完全利他的选民会设定 $\theta = 1$，正如在豪尔绍尼的（1955）书中那样。在任何一种情况下，个人从效用最大化意义上看都在理性地行动。在任何一种情况下，分析家都会因为理性假设最重要的优势——对人类行为的准确预测——获益，在这种情况下（14.4）式最大化的一阶条件形式为 θ 等于 0 或 1。

赫德森和琼斯（1994）估算了 θ 的值，并因而对伦理选民假设的这种解释提供了直接的检验。1988 年和 1992 年他们在英国的巴斯作了两次调查。选民被要求评价不同的政策建议，这些政策建议涉及健康、教育和社会救济方面的税收和支出的变化。选民首先辨别出了他们偏爱的政策，然后说出他们是认为这项政策（1）只会对他们有利，还是（2）会对公益有利。根据对这些问题的回答，赫德森和琼斯在 1988 年推断 θ 的大小为

---

① 参见古迪和罗伯茨（1975），马戈利斯（1982b），以及埃兹奥尼（1986）。豪尔绍尼的（1955）方法是一样的，虽然他未探讨投票行为。也参见阿罗的（1963, pp. 81—91）探讨。

② 这种方法在缪勒的书（1986）中作了详细阐述。

0.66,1992年推断θ的大小为0.73。

在赫德森和琼斯的调查中,选民面对着两种选择,要么选择有利于自己的建议,要么选择自己感觉到是对公益有利的建议。而在杰弗里·史密斯(1975)对俄勒冈州中部选区投票的分析中,选民实际上只面对一个简单的问题:他们是否支持高税收?投票就选区的税负是否应当平摊而展开,平摊意味着提高一些选区的税率而降低另一些选区的税率。自私假说的简单应用意味着如果平摊会降低一个人的税,他就会投票支持平摊,如果平摊会提高一个人的税,他就会投票反对平摊。赞成平摊的百分比与一个人是否因平摊而获益正相关,而且获益越大,关联越大(史密斯,1975,p. 64)。

获益大①的人赞成平摊的百分比为60.7;

获益小的人赞成平摊的百分比为52.9;

损失小的人赞成平摊的百分比为46.1;

损失大的人赞成平摊的百分比为32.7。

要注意的是,在这项调查中,选民并未直接面对自己私人利益与公共利益之间的选择(虽然有人可以争辩说选民会因为公平感而投票支持平摊)。尽管多数人的投票符合自身利益,但却有超过40%的人投票提高了自己的税率。超越私人利益之外的一些因素必然影响到这很大一部分公民的投票。②

税收限制的提议意味着政府支出的减少,因此如果税收限制的提议成功获得通过的话,它会更直接地唤起私人利益/公共利益的权衡。格拉姆利克和鲁宾费尔德(1982b)从对密歇根州2001位户主对电话调查的回答中发现,转移支付的承受者(老人,失业者,接受社会救济的那些人)与非承受者相比,只有适度高的倾向去投票反对税收限制提议。对于公共雇员来说,更重要的差别发生了,但甚至是在这里,投了票的那些人中42%的人投票限制政府支出。大体上,自私的投票模型在解释有关第13条提议问题的投票中表现并不好(洛厄里和西格尔曼,1981)。相反,投票支持这些提议似乎更应被看做是公民寻求改进政府效率和反对"坏政府"的"象征性行为",这种行为我们从公民意识的(好表达的)选民那里可以预期到。

与赫德森和琼斯对伦理选民假设的检验所进行的更为直接地比较可以

---

① 获益(损失)大的人其税率会因平等而下降(提高),其幅度超过每1千美元征收1美元。

② 一种相似的解释可以参见布卢姆(1979)对于马萨诸塞州就税收分类的投票所作的分析。

从有关经济投票的研究中获得，这些研究评估了自我中心（egotropic）变量和社会中心（socialtropic）变量的相对重要性。自我中心变量衡量选民预期的政府政策对自身收入、就业状况等的影响。社会中心变量衡量选民预期的政府政策对经济总体，即对所有公民福利的影响。通过把选民对政府的支持与他们对这些类型的问题的回答相联系，研究者已经能够估计（14.4）式中 θ 的价值，其中 $\theta = 1$ 表明社会中心变量具有完全的重要性，而 $\theta = 0$ 表明自我中心变量具有完全的重要性。对美国、英国、法国和德国来说，所估计的 θ 位于 0.5 到 1.0 之间。[①] 只有丹麦的选民在南内斯塔德和帕尔达姆的研究（1996，1997）中似乎主要遵从自我中心的经济人假定。他们估计丹麦人的 θ 大约是 0.15。[②]

个人倾向于自愿贡献集体最优总量和个人最优总量之间差距的一半（霍夫曼，1997），公共物品实验中的这个发现也与 θ 大约是 0.5 相符。

前述所有对选民动机的检验都直接或间接假定，选民要么依照伦理行动，要么自私地行动。选民被给予两种选择，一是有利于公益的建议，一是有利于狭隘利益的建议，$0 < \theta < 1$。没有人试图检验非伦理的选民假设，$\theta < 0$ 的可能性不被允许。然而，西尔斯、劳、泰勒和艾伦（1980）发现，在他们对政治研究中心有关 1976 年总统选举的调查数据的分析中，种族偏见是对说明四个争议性政策领域的投票"有很强影响"的"象征性态度"的一种，"而自私几乎没有一点影响"（也参见西尔斯、亨斯勒和斯皮尔，1979）。于是西蒙·莱格雷（他是美国女作家斯托夫人名著《汤姆叔叔的小屋》中一个管黑奴的工头，此人既尖酸刻薄，又好吹毛求疵。——译者注）就加入到了海德先生和杰克尔博士之列。在对待男人和女人的问题上，男性至上主义态度有可能起某种作用。个人可以利用的一组不同的偏好产生了。纵然我们假定自己能够说清个人效用函数——收入，公共物品数量，等等——进入（14.4）式的理由，我们仍不能评估这样一种模型，除非我们能够具体说明 θ 的决定因素。我们如何能够预测一个人什么时候自私地行动，什么时候依照伦理地行动，或者一个人的伦理偏好在多大程度上支配他的行动，什么时候伦理的行为不是简单的二选一的决定？什么使得丹麦选民比其德国邻居更以自我为中心？什么使经济

---

① 金德尔和基威特（1979），马库斯（1988，1990），以及刘易斯—贝克（1988）。也参见菲奥里纳（1978，1981），基威特（1981，1983），基希格斯纳（1985），以及莱温（1991）。

② 这个估计值是从南内斯塔德和帕尔达姆（1996）书中表 6 所推断出来的。

学的研究者与其他学科的研究者相比，免费乘车的程度更大呢？（马韦尔和埃姆斯，1981）要预测这些差异，我们需要做的远不止提出伦理偏好的存在；我们需要一种理论来说明伦理偏好如何形成，什么决定伦理偏好的强度，什么引发伦理偏好的使用。我们需要一种有关学习的理论，这可能必须到心理学或社会学领域去寻找。

14.5 作为自私行为的伦理偏好

行为心理学提供了学习过程的相对简单的描述。[①] 受到奖励的行为其频率增加。受到惩罚的行为使其频率减少。人们学会避免做那些会带来痛苦的事情，学会做那些会产生快乐的事情。当我们观察到人如何学习时，拒绝人天生是自私动物的假定就很难了。同样的原理看来描述了所有动物的学习过程。人类与其他动物的区别不在于他如何学习，而在于他学习什么。与其他动物相比，人类能够学习复杂得多的行为模式。[②]

伦理行为是习得的。这种学习大部分发生在我们是孩童的时候。当我们做了伤害他人的行为时，我们会受到父母、老师和其他监护人的惩罚。有益于他人的行为受到奖励。孩童时习得的伦理行为模式只有通过成年时期偶尔的积极或消极的强化才能够在高频率的水平上得以维持。[③] 我们通常所描述的伦理行为在本质上并不比我们所称的自私行为更自私或更不自私。它是对过去强化的经验所支配的某种刺激物的条件反应。

运用行为心理学或者包含其原则的某种版本的认知心理学来说明伦理行为，这有几个优点。第一，它允许我们对"人"做单一的概念化处理，这种概念化与经济选择和公共选择潜在的自私—利己假设相符。第二，它允许我们提出纯粹实证的行为理论，从而解除了总是与杰基尔—海德对人的观点相伴的规范描述。第三，它使我们明白了，什么变量可以解释为什么一些人按照通常所描述的伦理方式行动，一些人则不这样行动。在伦理行为的实证理论中，孩童时期的家庭环境、教育经历、宗教、社区的稳定性，以及其他一些可能影响一个人伦理学习经历的因素都和解释变量一样，成为可能的候

---

① 对于行为心理学的基本原则的评论，参见诺特曼（1970），以及施瓦茨和罗素（1982，第1—6章）。

② 要解释复杂行为，最需要的可能是另一种认知理论。但正如本章开头熊彼特引语所说明的那样，投票可能最好被看做是相对简单的、惯常性的行为。

③ 参见注①中的参考文献。

选对象。因此，如果一个人保留公共选择的自利假设，并且丢掉或者至少放宽理性假设，那么像投票这样的伦理行为就可以得到解释。

如果我们假定人们以好像要使（14.4）式最大化的方式行动，而且 θ 不必等于 0 或 1，那么（14.4）式可以用来描述包含伦理选择的情境中的行为。这个论点与阿尔钦（1950）的论点类似，阿尔钦认为竞争淘汰获利较少的公司，只留下获利最多的公司，而获利最多的公司的行为与这些公司在有意识地最大化其利润时会选择的行为相同——纵然它们并未在有意识地最大化其利润。在特定的背景下，在特殊的背景下建立制度以强制人们以好像他们在最大化（14.4）式——$\theta=1$——的方式行动，这正有利于社会的集体利益。虽然这种程度的合作行为很少实现，但在引出某种程度的合作方面这种强制过程常常是成功的。因此，如果人们有意识地在 $\theta>0$ 时最大化（14.4）式，那么就算（由于）人的行为受社会条件作用所支配，可观察到的行为也与人们的预期相符。[1] 在这种解释下，θ 是可以用个人或群体条件作用的历史来加以说明的行为参数，而不是这样一种选择变量，其设定为 0 还是为 1 要依赖于个人今天选择海德还是杰基尔。[2]

14.6　自私的选民

通常在我们模拟一个人的行为时，他过去的历史在分析中不起作用。过去的事情过去了，所有重要的是一个人行为的未来。关于投票，投票行

---

① 达尔文的选择在决定哪种社会制度，甚至哪些社会群体的生存方面将发挥作用。如果来自合作的集体收益很大，那些在引出合作行为（诱导人们以好像 $\theta=1$ 的方式行动）方面更成功的群体会有更高的生存机会。当合作会提高人们生存机会时，进化力量也可能选择导向合作行为的教与学的基因结构。

② 奥弗比（1995a）提出了对投票的一种解释，它导向刚才探讨过的许多类似的行为理论预测，只不过他的理论与自私的理性行为者的假设完全相符。建立在弗兰克（1988）基础上，奥弗比认为，人们投票是为了建立一种关于他属于投票那种人的名声，正如施舍的给予可以被解释为建立好善乐施名声的一种投资。这种名声向其他人表明，行为者是这样的人，他在契约中不会欺诈，在囚徒困境中会合作，等等。长期来看这种名声导致高收入，更幸福的人际关系，等等。因此通过投票建立这样一种名声是理性的行为，它从长期来看有利于私人利益。奥弗比的假设导致与前面心理解释所给出的相类似的预测，因为这样一种名声的价值依赖一个人的同辈群体。因此，人们预期其将与合作习惯相连的许多相同的社会中心变量被奥弗比预测为是重要的。

赫德森（1995）和乌兰德（1989a、b，1993）接近这里略述的行为方法，他们假定投票与群体的成员身份，以及与一个人的同辈的报酬和认同之间有关联。

为的这种概念化把相关的变量数目归结为三个：来自偏爱的候选人获胜所得的收益，B；一个人的选票会带来这种胜利的可能性，P；以及去投票站的成本，C。

把人的行为模拟为受过去条件所约束，这使我们的注意力从不同行为的未来回报转向人过去的历史。于是潜在的解释变量清单被极大地扩充了。

我们已经提出这样一种观点：如果选民是纯粹理性的和自我中心的，那么可以预期他的教育年份与其投票的可能性概率负相关。未受教育的人可能会受电视广告的欺骗，相信他们的选票重要，而受教育更多的人对其选票的功效持有理性的怀疑主义。

不过，一个人在学校里习得的不只是概率论。他也学会合作。成功完成学校教育的年份衡量了学校环境中进行的无数次合作游戏的条件作用的数量和强度。到他毕业时，他已经一次次地因为遵守规则和做期望的事情而受到奖励，他也经常在破坏规则的时候受到惩罚。可以预期，那些受教育更多的人会更合作地行动，更少破坏规则——不管是交通法规还是社会习俗，并且会做更多作为一名公民而被预期的事情。实际上在有关选民参与的每项研究中，教育年份都被证明与选民结果之间有正向和重要的关联。[①]

收入是另外一个在直接应用理性的自私假设来解释选民结果方面总是符号出错的变量。在其他情况相同时，一个人的收入越高，时间的机会成本就越大，他去投票站的可能性因而就越小。[②] 然而，收入一向都与投票概率呈正相关。[③]

像教育文凭一样，收入在应用某些社会性游戏规则的游戏中是成功的

---

① 坎贝尔等人（1964，pp. 251—254）；米尔布拉思（1965）；凯利、艾尔斯和鲍恩（1967）；以及韦尔巴和尼（1972，pp. 95—101）。也参见表 14.1 和表 14.2 中引用的研究。

　在帕特森和卡尔代拉（1983）的研究中，当教育单独与投票相连时，它对投票似乎有很强的、正向的影响，当收入被包括进来时，教育没能发挥重要影响，其原因可能在于多重共线性，这个问题在几项研究中都被观察到了。

② 参见罗素、弗雷泽和弗雷（1972）；以及托利森和韦利特（1973）。

③ 转引自弗雷（1971）、达尔（1961）和莱恩（1966）；米尔布拉思（1965）；凯利、艾尔斯和鲍恩（1967）；丹尼斯（1970）；以及韦尔巴和尼（1972，pp. 95—101）。也参见表 14.1 和表 14.2 中的研究。

　一个重要的例外是查普曼和帕尔达（1983），他们获得了一个重要的负向的系数，正如理性选民假设所预测的那样。也参见缪勒和施特拉特曼（2002）。

标志。（当然，一些人可以通过成功地违背规则而积累收入，但我不相信在 SRC 调查对象中有很多这样的人。）收入更高的人更有可能遵守规则，并在社会习俗中生活。此外，他们的高收入证明他们已经因为这样做而受到奖励，因为金钱是社会首要的象征性的强化刺激。像受过高等教育的人一样，可以预期高收入的人更少破坏规则，并且会以其他社会合作的方式来行动，如投票。

把投票解释为某种有条件的"好习惯"似乎与布莱和扬（1999）的实验结果相符。他们观察到，在加拿大大学生听完一次 10 分钟的解释唐斯选民模型逻辑的讨论之后，这些大学生的参与率显著下降，看上去许多大学生在他们投票时"通常不按照收益和成本的方式来思考"，对他们来说，投票只不过"是一种未加考虑的、建立在义务感基础上的习惯行为"。当他们听说了理性选择的特征包含着对收益与成本的衡量时，超过 7% 的人选择了不投票。

当然，对于收入和教育为什么与政治参与正相关，除了上面给出的解释之外还有别的解释。例如，教育可能会减少收集候选人信息的成本，因而像理性选民模型所预测的那样会与投票正相关。[①] 我不否认这些解释之间可能有关联，尽管如此我仍赞成从行为主义对投票及其他形式的合作行为的观点开始，这既是因为这种方法提供了更为自然的解释来说明为什么选民的这些背景特征和其他背景特征重要，也是因为这种方法为建立有关个人在投票这样的环境中——此时维护狭隘自我利益的行为与社会条件作用规定的行为不相符——行为的其他假定提供了更大的可能。

举例来说，如果教育与投票正相关是因为它减少了政治参与的成本，那么我们将预期参与率会长期上升，因为教育水平一直在提高。然而，自从 20 世纪 60 年代早期以来，美国选民的参与率已经稳定稳固而且是显著地下降了（参见图 14.1）。艾布拉姆森和奥尔德里奇（1982）把这种下降的至少三分之二归因于两个因素：（1）选民对政党的认同减弱了，和（2）对政府回应性的信心下降。这两个因素都可以反过来用 1960 年以来总统选举投票的负向回报这个结果来得到说明。在通常的总统选举中，超过一半的选民会因为去投票站而受到奖励，因为紧接着这一行动的是他们偏爱的候选人的获胜。通过这种方式，过半数规则往往支撑着政治参与。

---

① 特别参见弗雷（1971）及其引发的罗素（1972），弗雷泽（1972），弗雷（1972），托利森和韦利特（1973），以及查普曼和帕尔达（1983）之间的探讨。

然而，自 1960 年以来，三个被选出的总统在职期间的表现令他们的支持者极为失望：约翰逊是因为越战，尼克松是因为水门事件，而卡特是因为全面的表现不佳。① 因此，投票支持获胜的候选人受到了惩罚，这种惩罚可以说明 1960 年以后人们去投票站频率的下降。图 14.1 也揭示出，自 1960 年以来选民投票产出中向下的螺旋真的把美国选民结果带回到靠近 1932 年大萧条的低谷，当时也有很多人对政府的幻想破灭。

对投票的这种行为也可以被解释为对于好表达的选民假设的支持。布伦南和布坎南（1984）把投票比作竞技场上的喝彩。每次行为者都获得行为的个人愉悦；每次行为都对竞赛结果有微不足道的影响。一个粉丝的喝彩会受到奖励，如果他的队获胜的话；大多数粉丝为主队喝彩。获胜的主队为其支持者提供更积极的强化刺激。获胜的主队与落败的队相比，往往有更高的参与水平和更多高呼的粉丝。②

对投票的这种正向刺激的解释也与这样一个压倒性的论据相符：多党制国家的结果投票率比两党制民主国家的投票率更高（杰克曼，1987）。在多党制下，几乎所有选民的行为都得到强化，因为他们投票支持的党赢得了一些选票。而在两党制下，所有选民中很大一部分因为投票支持的政党落败而受到惩罚。

14.7　摘要和结论

涉及委员会投票或选举的所有公共选择的文献都假定，选民不论是真心地还是策略性地投票，都是为了获得许诺给他们以最大收益的那种结果。所有公共选择都建立在这样的假定基础上：在等式 $R = PB + D - C$ 中正是 B 的获得决定了个人以何种方式投票。

这个假定的逻辑基础在选民人数很大的选举或委员会中受到极大削弱。P 于是无限小，PB 项消失，选票的考虑而非工具性价值决定一个人

① 也许有一天我们可以在这张清单上加上克林顿，因为他的性丑闻，不过在写本书时这样说还太早。

② 松坂（1995）为美国 1960 年以来总统选举投票下降提供了略为不同的行为解释。他提出了好表达的选民假设的一个变种，认为选民因投票获得的效用越多，他们对其偏爱的候选人的优势就越有信心。松坂推测到，越战、水门事件等因素使美国人对什么"是正确的世界模式"的不确定性增加了，从而对投票支持哪位候选人的不确定性也增加了。这种加强的不确定性导致结果的下降。

是否投票，或者至少决定他是否应当投票，如果他既是理性的，又足够聪明而可以作出关于 P 大小的有理由的推测的话。

　　在已回顾的经验性文献中，选民的才智和理性这两者再度得到保证，因为文献表明 P 与投票决定之间的关系相当弱（在统计上）而且不一致。对于选民为什么投票的主要解释来自 R 中的 D 项和 C 项，正如唐斯（1957）和塔洛克（1967a）最先断言的那样。

　　对于 C 这个构成的解释和详细说明颇有争议，而且大量的经验研究表明投票产出随投票成本的上升而下降。另一方面，关于 D 的解释和模拟，也存在很多不同意见。

　　一种解释是，一些人通过投票而从表达他们对特定候选人的偏好中获得效用。这种解释提供了对一个人为什么投票的说明，但没有提供她如何投票的说明。运用好表达的选民假设来说明人们是如何投票的，这需要指明什么正是人们通过投票想要表达的。

　　与好表达的选民假设相比，伦理选民假设是对一个人如何投票的说明。她投票，因为她的伦理偏好告诉她要投票。完全伦理的选民其 $\theta = 1$，她投票支持的建议会最大化共同体总的福利，她的效用在其中分量很小。不过，理性的、伦理的选民认识到其选票带来这种结果的可能性也很小，因此她弃权。要获得一种伦理的理论来说明为什么人们从投票的伦理理论出发会投票，我们必须假定投票通过改进政治过程结果的质量（当所有人投票时更好的结果会产生），或者通过帮助维持民主制度而提高了其他人的福利。$R = PB + D - C$ 中的 D 项基本上是一个人选票对所有其他人的福利的影响。[①] 因此，作为一种说明人们为什么投票的解释，伦理选民的假设本质上包含了投票的公民义务原理这个前提，并视其为已知。

　　尽管好表达和伦理的选民假设提供了人们为什么以及如何投票的基本原理，但是这两者都没有提供一系列可检验的、不需要更多阐释的命题。要明白为什么会这样，让我们再思考一下投票/喝彩的类比。为什么一些拥趸喝彩？——为了表达对一个队的支持。现在假定我们想超出只是把一些拥趸为什么参与似乎是非理性的喝彩行为理性化。假如我们想要预测哪些爱好者会喝彩，哪些不会，他们会为哪个队喝彩，他们喝彩声音有多大，等等。我们会如何进行呢？一种方法是在竞赛中调查拥趸们。然后我们可以发现那些为主队喝彩的人往往来自主队所属地区。那些为客队喝彩的人往往来自客队所

---

　　① 这正是弗罗利希等人（1978）在其唐斯检验中描述这一项的方式。

属地区。进一步询问他们是如何成为拥趸的，我们可以发现他们在这个地区长大，在他们是孩童的时候他们的父母带他们来看竞赛比赛，大多数他们的同学在孩童时也支持这个队，等等。我们不奇怪会发现那些竞赛中不喝彩的人其背景非常不同。从这种信息中我们可以开始建构一组变量来衡量运动爱好者的个人特征，这些变量会允许我们预测喝彩行为。

这样一种方法和用于研究选民行为的调查研究相似。行为心理学提供了一种解释以说明为什么一个人的历史是其当前行为的重要决定因素，也提供了哪些变量对说明投票可能重要的这样一种指南。行为心理学把教育和家庭背景这类"社会学变量"引入选民行为模型之中，运用这种心理学的原则是公共选择中特别有吸引力的一种方式，因为它与理性—自私假定假设的自私自利的部分完全相符，在某些背景下，行为心理学预测个人会以好像他们在最大化一个效用函数那样行动。

关于投票的这样一种行为理论可以被解释为只是包含好表达和伦理选民变种的理性行为者理论的一种替代。然而，我们也可以把不同的理论看作是补充性的。例如，行为心理学提供了偏好形成的理论，它可以指导好表达的选民想要表达的偏好中的变量选择。前面评论的证据表明，当人们表达他们对某些政府政策的偏好时，对他人福利的考虑占有很大分量。他们回答所调查的问题时好像他们在最大化一种目标函数，他人的福利在该函数中占有正向的分量。好表达—伦理选民的假设与这些调查的回答相符。由此带来几个方面的含义。

第一，如果投票自身是（有条件的）伦理行为，那么建立在公民的调查回答基础上的、对他人效用所占分量——（14.4）式中θ——的估计会导致选民自己的θ被估计过低，因为θ高的公民比一般的受访者投票比例更高。在费希尔（1996）那样的实验中，投票会因为实验的性质而被有效驱动，纯粹自利的公民行为的程度被高估了。[①]

这种观察对于如下建议有重要的含义：通过向不投票者罚款可以人为地增加选民的投票产出（利普哈特，1997）。这类措施会增加"自私选民"相对"伦理选民"而言的参与率，从而可能在实际上减少社会结果的质量。

如果选民弃权的一个重要原因是选民对候选人的选择不确定，那么这

① 回想一下，在费希尔的所有8个实验中略多于一半的参与者自私地投票，剩余的人平均地划分为一贯性利他地投票和表达性利他地投票。

种危险会增加，正如松坂（1995）所认为的以及很多调查证据所表明的那样。① 因此，强迫更多的人去投票可能是迫使很多在候选人之间不确定或未下决心的人去投票站。这似乎不大像一种改进选举结果的方式。②

论及人们为什么以及如何投票的文献提出了一个关键性的规范问题，即用（有条件的）好表达—伦理选民来替换传统公共选择模型的理性的、自利的选民会使政治过程的结果得到改进还是变得更糟。不幸的是，对这个问题不能给出简单的"是"或"否"的回答。③ 甚至在人们考虑到他人的福利的重要性时，他们也可能在各种政策选择的排序方面有分歧。循环因此仍是可能的，由此产生了议程控制的可能性，等等。

另一方面，通过伦理/意识形态的掩护来过滤问题确实倾向于减少问题空间的维度，从而减少循环的可能性（希尼奇和芒格，1994，第6章和第7章）。不过，引入伦理/意识形态的考虑也可能使它们更为突出，从而使妥协更为困难。在堕胎、校车确定、移民政策和语言的官方地位这些问题上，意识形态谱系的中央可能只是稀疏地被占据着。甚至在问题的伦理/意识形态建构使问题空间减少为单一的左/右维度时，如果政治实体中伦理/意识形态的分歧导致极化，则政治不稳定必然发生（萨托里，1976）。不能在伦理问题上妥协促使美国陷入血腥的内战。比利时和加拿大被推向沿语言问题解体的边缘；北爱尔兰和以色列则是沿宗教问题。

或然性投票模型预测了两党选举制度下的均衡，在其中某种形式的社会福利函数最大化了。在利益集团和竞选捐赠增加到模型中后，每个集团在社会福利函数中明确获得的分量改变了，但是预测的结果仍是帕累托最优的。这些预测不受（14.4）式暗含的某种好表达—伦理偏好替换掉自私偏好的影响。只有分配给不同集团的分量改变了。

这样一种修正可能极大地增强这些模型的预测力。例如，发达国家的农民极为成功地获得了民主地当选的政府所回报他们的大量补贴和高价值利益支持。通过自身的存在，农业补贴构成了欧盟预算的一半还多，虽然欧盟理事会在这个时期的大部分时间里是在一致规则下运作的。为什么农

---

① 在一次选举前未下决心与不在这次选举中投票之间往往有重要的关联。例如，参见阿申菲尔特和凯利（1975，第717页）。

② 检验高水平选民参与对政治过程结果的影响的研究非常少。不过，请参见赫斯特德和肯尼（1997）、洛特和肯尼（1999），以及缪勒和施特拉特曼（2002）。

③ 支持对这个问题的有条件的"是"的回答的论据，参见布伦南和洛马斯基（1993），以及布伦南和哈姆林（2000）。

民与护士或水管工相比，在赢得民主政府的支持方面更为成功？一个原因可能是，这些国家的每个小孩都是读着有关农场的好人和好生活的书，唱着有关农场的好人和好生活的歌长大的。无数的书籍和电影描述了勇敢的农民家庭在与坏天气和讨厌的银行家进行斗争，以维持其农场的运转。所有发达国家的公民习惯于相信农民，并在投票时无保留地把他们的福利看得很重。矿工在文学、歌曲和电影中也获得了特别有利的对待，因而他们也做得很好

如果公民在投票时表达的是他们的伦理偏好而不是狭隘的、自私的偏好——此时不同群体的效用会被重新衡量，那么民主过程的结果是否会得到改进呢？对这个问题的回答依赖于新的一组能更好地符合读者自己的偏好的权重。

文献注释

对于论述人们为什么投票的文献的评述，参见奥尔德里奇（1997）。对于论述人们如何投票的文献的评述，参见菲奥里纳（1997）。

梅里尔和格罗夫曼（1999）完善了唐斯空间模型，以说明公民将如何投票。对其预测的经验支持运用了来自法国、挪威和美国的数据，这种经验支持可以被解释为对理性的、自私的选民假设的支持——一旦我们提炼出投票行为自身是否理性这个问题。

第十五章　寻　租

正如其他政府形式一样，代议制显而易见的弊病和危害可以被归结为两点：第一，控制机构里面普遍存在的无知和无能，或者更温和地说，智力资格不充分；第二，会有受到不同于共同体普遍利益的一些利益的影响的危险。

约翰·斯图亚特·穆勒

在第十二章中，我们探讨了一个政治竞争模型，政治家在其中提供政策或立法，以赢得选票，公民和利益集团则提供选票。至此从上述探讨中，似乎有理由认为立法要么包含着以吸引特定选民集团为特征的公共物品，要么包含着从人口的一部分向另一部分的收入转移。后者可能是有利于特定集团的一种税收漏洞，与该漏洞相伴的平均税率上升会弥补经漏洞造成的收入损失。不过，收入从一个集团向另一个集团转移可以通过其他更巧妙的方式来进行。

例如，政府可以帮助创设、巩固或保护一个集团的垄断地位。这样一来，政府增加了优势集团的垄断租金，其代价则是集团产品或服务的购买者的利益受损。政府帮助提供的垄断租金是值得追求的奖品，而对这些租金的追求已经被命名为寻租。

15.1　寻租理论

塔洛克（1967c）最早对寻租作了系统地探讨。第一个使用"寻租"来描述所探讨的此种活动的则是克鲁格（1974）。图 15.1 描绘了一种垄断产品的需求表。如果垄断者索取垄断价格 P_m 而不是竞争价格 P_c，那么表示垄断租金的矩形 R 就被创建出来了，在该垄断产品的产量中失去的消费者剩余用福利三角形 L 表示，这种消费者剩余在完全竞争条件下本来可以被生产出来,可是垄断者现在并没有提供。

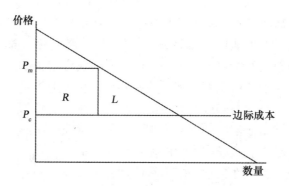

图 15.1 寻租情况下垄断的社会成本

传统对垄断的讨论总是习惯于把 L 看做是因垄断而损失的效率的衡量标准,而把 R 看做是一种纯粹的从垄断产品或服务的消费者流向其生产者的收入再分配。然而,假定垄断已被创建,并且受到政府某一行动的保护。例如,一家航空公司可能被授予在两个或更多城市之间航线的垄断权。并且如果这个国家有不止一家航空公司能够服务于这些航线,那么 R,或者现在打了折扣的 R 的价值就将作为奖品奖励给成功诱使政府授予其航线垄断权的公司。如果航空公司能够投入资源并且增加获得垄断的可能性,它们就会那样做。塔洛克(1967c)最初的观点揭示出,除福利三角形 L 之外,这些投入的资源也会构成垄断的社会成本。

布坎南(1980a,pp. 12—14)辨别出三种对社会来说是浪费的寻租支出:

1. 垄断的潜在接受者的努力和支出;
2. 政府官员获得或回应潜在接受者的支出的努力;
3. 作为寻租活动的结果,垄断者或政府自身所导致的第三方误解。

作为说明上面每种寻租支出的例子,假定航空公司雇用院外活动家去贿赂授予航空线垄断权的政府官员,那么这个政府官员的收入会因贿赂而增加,因此低层政府官员会投资时间研究航空工业,以提高他们获得这种地位的机会。最后,假定政府从创建垄断可得到额外赋税收入,这会导致其他利益集团来竞争补助或避税。航空工业的游说努力是第一种类型的社会浪费的例子。官僚为获晋升的额外努力是第二种类型的社会浪费的例子[假定他们不改进航线分配过程——如果(报酬)判决由贿赂决定,那么这是个合理的假定]。其他利益集团为获得（所产生的）额外税负收入而引起的支出是第三种类型的社会浪费的例子。

注意，贿赂本身不被看做是社会浪费。如果一个航空公司只是通过提供贿赂而获得了垄断地位，（如果）而且这种贿赂（会）都无成本地转给（政府官员以奖励这些航线）授予这些航线的政府官员，（如果）那么这就是贿赂所带来的所有东西，那么贿赂不会产生社会浪费。它只是源自航线旅客，经航空公司再到政府官员的进一步的再分配转移。贿赂过程中的社会浪费在于从事贿赂时的交易成本，院外活动家的报酬，以及官僚为争夺晋升以使其处于收取贿赂地位时所浪费的时间和金钱。[①]

垄断租金是否会在追求垄断租金的过程中作为（对社会来说是浪费的支出）社会浪费支出而完全被花掉，这个问题在文献中引起了极大的注意。我们将通过一系列模型来探讨这个问题，首先从博弈人数固定时的基本寻租模型开始。然后我们将考虑已经提出的自由进入（free entry）的后果、博弈的按序进行和该模型的许多扩展。

15.1.1 博弈人数固定时的基本寻租模型

在基本的寻租博弈中，n 个博弈者每人投资 I 以获取租金 R。当 $\partial \pi_i / \partial I_i > 0$ 时，任何个别租金追求者获得租金的可能性被假定与其投资比例成，

$$\pi_i(I_i) = \frac{f_i(I_i)}{\sum_{j=1}^{n} f_j(I_j)} \tag{15.1}$$

寻租过程中投资所获的回报会随 $\partial^2 \pi_i / \partial I_i^2 < 0$，$=0$，或 >0 而减少，不变或增加。塔洛克（1980）介绍了在 $f_i(I_i) = I_i^r$ 时的这个模型，而且也有许多文献研究了模型的这种形式。在上述表达式中，寻租所获回报随 $r < 1$，$=1$，或 >1 而减少，不变，或增加。

在所有寻租者都是风险中立的假定下，每个寻租者都选择 I，那会使她的预期收益 $E(G)$ 最大化，

$$E(G) = \left(\frac{I^r}{I^r + T}\right) R - 1 \tag{15.2}$$

---

① 一些为获得租金而花费的支出可以被转变为一种或另一种（社会浪费）支出，但并非完全是社会浪费，布鲁克斯和海杰德拉（1986）对此进行了探讨。康格尔顿（1988）指出，付给院外活动家的报酬不只是转移支出，她可能被雇佣去做一些对社会来说有生产价值的事情。

而 T 是其他 $n-1$ 个寻租者全部费用的影响，$T = \sum_{j \neq i} I'_j$。根据古诺－纳什假定，若其他寻租者费用保持不变，则（15.2）式的第一顺序条件是

$$\frac{rI'^{r-1}R}{I'+T} - \frac{rI'^{r-1}I'R}{(I'+T)^2} - 1 = 0 \tag{15.3}$$

假定存在对称性均衡，则从（15.3）式我们得到

$$I = \frac{(n-1)}{n^2}rR \tag{15.4}$$

一个风险中立的寻租者在（15.4）式中会投资 I，只要这个 I 替换进（15.2）式中能产出非负值的预期收益。当暗含的预期收益是负值的时候，潜在的寻租者不会参与其中。依赖 r 的价值不同，三套结果特别有趣。

15.1.1.1 $r \leq 1$，回报减少或不变

将（15.4）式替换进（15.2）式中并且重新排列，我们就得到了确保寻租者参与会有非负值预期获利的下述条件，

$$\frac{n}{n-1} \geq r \tag{15.5}$$

由于利益的最小值 n 是 2，而 $1 < n/(n-1) \leq 2$，此时不等式（15.5）对于所有 $r \leq 1$ 的来说都能成立。随着寻租回报减少或不变，一种使寻租投资有正值获利的均衡始终存在。

在这种均衡中投资的总数是（15.4）式中暗含的 I 的 n 倍，

$$nI = \frac{n(n-1)}{n^2}rR = \frac{(n-1)}{n}rR \tag{15.6}$$

用 R 来除这个数字，我们就得到了在寻租中作为所寻租金一部分的投资总量，

$$\frac{nI}{R} = \frac{(n-1)}{n}r \tag{15.7}$$

随着回报不变，我们就得到了与古诺寡头独占模型相似的结果。总租金中花费的部分从两个寻租者时的 1/2 一直变动到 n 趋向无穷时的完全花费。

随着寻租回报减少（$r < 1$），所花费的租金部分总是小于 1。例如，当 $r = 1/2$ 时，花费的 R 部分必然位于 1/4—1/2 之间。

15.1.1.2 $1 < r \leq 2$，回报增加

如果 $n \leq 2$，$n/(n-1)$ 的上限是 2，而不等式（15.5）意味着 r 的上限也是 2。当 $r = 2$ 和 $n = 2$ 时，每个寻租者投资 $R/2$，于是投资总数等于

所寻得的租金总额。

当 n 比 2 更大时,均衡可以在 r 比 2 更小的时候存在。例如,$r=1.5$,均衡会在 $n=3$ 时存在,此时完全花费发生了。如果 $n=2$,只有 R 的 2/3 被花费掉。r 与 $I>0$ 时的寻租博弈中能够存在的寻租者数目反向相关,其中的原因可以从(15.4)式中很容易地看出来。

假如 I^* 是满足最优条件的 I。那么 $\partial I^*/\partial r=(n-1)R/n^2>0$。保持 n 不变而增加 r 会增加每个寻租者的最优投资,因此投资总数超过 R——在这点上博弈中的参与是非理性的——可能性也随之增加了。另一方面,n 增大会减少寻租者的最优投资,$\partial I^*/\partial n<0$,因此也会增加带有正值 I 的均衡的可能性。

当 $1<r\leqslant 2$ 时,R 会为 n 和 r 的价值而完全花费掉,这作为一个等式而满足(15.5)不等式的条件;例如,$n=2$ 而 $r=2$,$n=3$ 而 $r=1.5$,$n=4$ 而 $r=4/3$,等等。对于所有其他均衡来说,$I>0$,则 $nI<R$。

15.1.1.3 $r>2$,回报增加

当 $r>2$ 时,增加回报十分强,没有纯粹策略的均衡存在。增加回报的极端形式类似于一次拍卖,寻租者带着 R 去制造最高的 I。只要 $I<R$,每个寻租者都有动机出比其他寻租者更高的价钱,因而可以预期出价的逐渐上升会导致所有 I 趋向于 R。在平常的拍卖中,如拍卖油画,最高的出价者得到油画并且付出出价总数,其他竞价者回家去,没有得到油画,但仍然拥有他们竞价时的钱。然而,寻租的性质是所有寻租者失去他们的投资。政治家不会向那些没有得到关税、价格支持等回报的人返还竞选时的捐助和贿赂。在一次寻租活动中,出价竞争 nI 会看上去可能靠近 nR(塔洛克,1980)。

然而,在 I 达到 R 之前,一个寻租者的预期收益变成负值,而风险中立的寻租者会退出。毕竟所有寻租者都退出的话,竞争可以再次开始。对这种博弈来说,纯粹的策略中不会有纳什均衡,但是混合策略的均衡确实存在,在这种情况下所有租金事先就完全花掉了。[1]

混合策略指在此策略中,每个寻租者从一个包含着 0—R 之间无限的 I 数字群的帽子中有效地掏出 I 来。由于每个理性的、风险中立的人都不会进入这样一个预期收益为负的博弈之中,因此发现来自该博弈的预期回报是 0 并不奇怪。在此种博弈的实际进行中,每个博弈者所抽取的 I 的总数

---

[1] 参见希尔曼和萨梅特(1987)和贝、科韦诺克和德弗里斯(1994)。

一般不会正好等于 R。因此，R 的过度花费在一些情况下可被预期，即在寻租增加了很多回报时。贝、科韦诺克和德弗里斯（1999）证明了，观察到的过度花费会随 N 而下降，但在 $N = \infty$ 时也只能到 0.44。

15.1.2 自由进入的影响

只要一个寻租者的预期收益在其他额外的寻租者进入后仍然是正值，并且如果进入是不受限制的，那么可以预期 n 会增加。我们在 15.1.1.1 这一小节中已经看到，当 $0 < r \leqslant 1$ 时，总会有 $I > 0$ 时的均衡存在。因此在 n 靠近无穷大的这种情况下，可以预期总会有寻租者进入。从（15.7）式我们得到

$$\lim_{n \to \infty} \frac{nI}{R} = r \tag{15.8}$$

因此，在自由进入和（$r = 1$）这一数值上回报不变的情况下，我们预期租金会完全花费掉。追随波斯纳（1975），许多试图衡量寻租损失的经验研究都假定回报不变和自由进入，并且用垄断租金四边形领域来模拟寻租损失。

当 $1 < r \leqslant 2$ 时，一些有限的 $n^* \geqslant 2$ 存在，因此来自一个满足（15.4）式条件的 I^* 的预期收益不是负值，然而对于 $n^* + 1$ 来说，预期收益却是负值。这样自由进入会在 $n = n^*$ 时产生均衡。如果 n^* 满足（15.5）中等式的条件，则 R 将会完全花费掉；如果 n^* 满足（15.5）中非等式的条件，则 R 不会完全花费掉。r 越小，n^* 越大，R 中被花费掉的预期部分也越大。

正如 15.1.1.3 这一小节所指出的，当 $r > 2$ 时，博弈的唯一均衡就是混合策略的均衡，其中租金按寻租投资的总额而被预先完全花费掉了。这个结果独立于 n。

15.1.3 按序投资的寻租

直到此时为止，我们一直假定所有博弈者会同时选择他们的投资水平。正如已经提到的那样，这种模拟寻租的方式与古诺寡头独占模型类似，除了规范的含义被翻转过来之外。在寡头独占情况下，出售者数目增加会增加产出和社会福利，因为价格下降了，而在寻租博弈中，博弈者人数增多会因为增加了投资于寻租活动的总资金而减少社会福利。

德国数学家冯·施塔克尔贝格最早对寡头独占中的按序产出进行了研

究。在冯·施塔克尔贝格的寡头独占模型中，最先选择产出的博弈者可以通过选择比在同时竞赛的古诺博弈中的均衡产出更大的一种产出而利用负值倾斜的反馈曲线，它以定量博弈为特征。如果两个出售者有不同的生产成本，并且成本更低的出售者先进入的话，那么社会要比在施塔克尔贝格的两家卖主垄断的博弈中更好。然而在按序的寻租博弈中情况刚好反过来了。如果更有效的寻租者后进入，则更少的资金被投入，社会因而会更好一些。

要明白这一点，让我们设想一个简单的两人寻租博弈，其中第一个博弈者选择投资 I_L 先进入，第二个博弈者选择投资 I_F 随后进入。如果我们通过乘数 α 而不是通过指数关系来记录每个博弈者投资的有效性，那么计算会稍简便一些。这样，我们把 L 赢得寻租竞争的可能性写作

$$\pi_L(I_L) = \frac{I_L}{I_L + \alpha I_F} \tag{15.9}$$

$\alpha < 1$ 意味着第一个博弈者的投资比第二个博弈者的投资更为有效，$\alpha > 1$ 则意味着相反的情况。L 参与该博弈的收益可以被写作

$$E(G_L) = \left(\frac{I_L}{I_L + \alpha I_F}\right) R - I_L \tag{15.10}$$

最大化（15.10）式中的 I_L 会产生

$$I_L = \sqrt{\alpha R I_F} - \alpha I_F \tag{15.11}$$

与此相似，最大化 F 的选择 I_F 会产生

$$I_F = \sqrt{\frac{R I_L}{\alpha}} - \frac{I_L}{\alpha} \tag{15.12}$$

假定另一位博弈者的投资已知，则等式（15.11）和（15.12）限制了最优选择 I_L 和 I_F。因此，这两个等式限制了每个博弈者的回应功能。L 能够通过把 F 的反应功能（15.12）式替换进自己的所得功能（15.10）式而利用先动优势，并且选择使这个表达式最大化的 I_L。这样替换后我们就得到了

$$E(G_L) = \frac{I_L}{I_L + \alpha \left[\sqrt{\frac{I_L R}{\alpha}} - \frac{I_L}{\alpha}\right]} R - I_L \tag{15.13}$$

它可以简化为

$$E(G_L) = \frac{I_L}{\sqrt{\alpha R I_L}} R - I_L \tag{15.14}$$

最大化（15.14）式中的 I_L 会产生

$$I_L = \frac{R}{4\alpha} \tag{15.15}$$

将 I_L 的值替换进 (15.12) 式中，我们就得到了后进入博弈者 F 对 L 的最优回应：

$$I_F = \frac{R}{2\alpha} \left(1 - \frac{1}{2\alpha}\right) \tag{15.16}$$

从 (15.15) 和 (15.16) 式中很容易看出，当两个博弈者的投资同等有效（即 $\alpha = 1$）时，每个人的投资总数都是 $R/4$，结果与同时竞赛的古诺博弈情况相同。

当 $\alpha \neq 1$ 时，投资更有效的博弈者会因为第二个进入者博弈而获得更多预期回报，而更弱的博弈者则会因为最先进入博弈而获得更多回报。通过运用 (15.15)、(15.16) 和 (15.10) 式得到先入者和后入者的预期收益，这一点就能够明白：

$$E(G_L) = \frac{R}{4\alpha} \tag{15.17}$$

$$E(G_F) = R\left(1 - \frac{1}{2\alpha}\right)^2 \tag{15.18}$$

当 $\alpha = 3/4$ 时，先选择投资的博弈者是更有力的博弈者，根据 (15.17) 式他的预期收益是 $R/3$。假定更有力的博弈者是第二个进入博弈的并且拥有相同的实力，那么这将意味着 $\alpha = 4/3$，他现在的预期收益根据 (15.18) 式是 $25R/64$，这比 $R/3$ 更大。如果博弈者可以选择何时投资以及投资多少，更有力的博弈者就会选择第二个进入，更弱的博弈者会选择第一个进入，这样由于投资总数最小，社会将比在任何其他替代顺序下更好。

在这个例子中，我们已经假定两位博弈者根据他们投资的有效性不同——正如 α 所记录的——而有不同。更为复杂的情况是假定两位博弈者对租金估价不同。当 $\alpha = 1$ 时，对租金估价更高的博弈者会宁愿第二个进入，并且将会注入最大投资。一般来说，如果 α_1 衡量的是博弈者 1 投资的有效性，α_2 衡量的是博弈者 2 投资的有效性，R_1 和 R_2 分别是两个博弈者租金的价值，那么当且仅当 $\alpha_1 R_1 > \alpha_2 R_2$ 时，博弈者 1 将投资更多并且选择第二个进入。[1]

---

[1] 我们在这里的说明参照了莱宁格尔（1993）。更一般的结论也请参见鲍伊克和肖格伦（1992），他们的研究建立在迪克西（1987），希尔曼和赖利（1989），以及尼灿（1994a）的基础上。

15.1.4 放宽假定

基本寻租模型的一些潜在假定以许多方式被放宽了。我们不会探讨已经提出的这个模型的每个变化。但是，更为重要的一些扩展需要引起注意。

15.1.4.1 风险中立

首先设想一下放弃风险中立假定的结果。希尔曼和卡茨（1984）描述了在特殊情况下——其中通过假定每个人都有对数效用函数而引入了风险厌恶——寻租者风险厌恶的结果。表15.1取自他们的论文。

那些 R/A 是相对于寻租者最初财富而获得的租金。那些 n 是寻租者人数。注意，当将要赢取的租金相对于寻租者的最初财富来说更小时（例如，小于20%），则超过90%的租金价值会因为竞争获取租金而被花费掉。当通过假定其他效用函数而引入风险厌恶时，这个结论仍然成立（希尔曼和卡茨，1984，pp. 105—107）。

表 15.1　　　　　竞争性的租金花费，对数效用（$A = 100$）

	n						
R/A	2	3	5	10	50	100	1000
0.10	98	97	96	96	95	95	95
0.20	95	94	93	92	91	91	91
0.50	88	85	83	82	81	81	81
1.00	76	74	72	70	70	69	69
5.00	32	34	35	36	36	36	36
10.00	18	21	22	23	24	24	24

资料来源：希尔曼和卡茨（1984）。

许多关于寻租的文献在探讨这一过程时仿佛寻租者是为自身利益而行动的个人。在这些情况下（假定所寻得的那种租金的价值相对于寻租者最初的财富来说是更大的情况，有时是合理的假设），假定寻得的租金价值与寻租者最初的财富是密切相关的，这种假定有时是合理的。但是在经由公共部门的寻租的大多数情况下，也许私人部门的寻租活动也是如此（所寻得的租金要比寻租者财富更小），所寻得的租金数目与寻租者的财产只有很小的联系。如果我们假定一个公司的股东是其利润的最终接受者，那么航空公司通过拥有两个城市之间航线的垄断权而挣得的租金必须和航空公司股东的总财富进行比较。牛奶场农场主通过增加牛奶的价格支持所挣得的租金必须（用）与所有牛奶场农场主的财富来（相除）比较。在公共部门寻租过程中，潜在租金对相关寻租集团最初财富的比率应该是很小的，在表 15.1 中与此相关的是第一行，也可能是第二行。即使寻租者是风险厌恶时也可以预期，竞争性寻租中的租金将几乎完全花费掉。[①]

当我们承认在合股公司或其他类型的利益集团中存在委托—代理问题时，则寻租者财富规模的问题就变得更复杂了。航空公司投资其收入以赢得一条航空线的垄断权，这个决定是由航空公司经理作出的。那么投资应当与谁的财富相比较呢？

当股东的管理者—代理人在寻租博弈中是相关因素时，假定这些行为者是风险厌恶就不再有说服力了。航空公司管理人员所投资的大多数金钱属于公司股东，这个事实将诱使管理者采取最大风险（詹森和梅克林，1976）。当寻租者是其代理人时，甘冒风险的行为比风险厌恶更有说服力，而租金的过度花费是可被预期的。相似的考虑可能也适用于其他利益集团（工会，农场联合会）代理人的寻租行为。

奈特（1934）认为，选择企业家的自我选择过程使企业家成为集体的甘冒风险者。因此他预测，由于甘冒风险的企业家之间对利润的过度竞争，总利润平均起来会是负值。因为利润和租金对于企业家来说是相同的，因此奈特的假定会使人们预期，竞争条件下企业寻租花掉的要比所有潜在的租金更多。此外，不论寻得的租金来自私营市场投资（如广告和专利）还是来自政治市场（竞选花费，游说活动），这个结论都成立。如果有什么要说的话，那就是委托—代理问题夸大了这一倾向。

15.1.4.2 集团间的寻租

集团参与寻租会对投资水平产生两个相反影响。一方面，因为加入集团，个人与集团中的所有其他成员有效地组成了卡特尔。这会增加集团寻租努力的有效性，并且增加集团的预期收益（鲍伊克和肖格伦，1995）。另一方面，如果每个集团成员（捐助没有规定以对支付不足的惩罚）不会因为捐助得太少而受惩罚，那么常见的免费乘车问题产生了，集团成员们倾向于捐助比集团最优数量更少的金钱，当然这从社会的角度来说会更

---

① 更一般地，康拉德和施莱辛格（1997）表明，寻租者风险厌恶程度的提高对其投资规模有不确定的影响。

好（尼灿，1991）。

在回报不变的数值假定下［（15.2）式中的 $r=1$］，每个集团成员的最优支付将与其对集团的贡献成正比，而所有的集团投资总数将再次导致寻得的租金完全花费掉（李，1955）。

15.1.4.3 当获胜可能性在逻辑上不明确时的寻租

运用（15.1）式说明每个寻租者胜利的可能性，在所有投资为 0 的时候将遇到这些可能性不明确的不利局面。在这种情况下，一个合理的假定是每个博弈者获胜的可能性相同，但是（15.1）式将意味着，在任何博弈者获胜的可能性中某人获胜将有间断性的跳跃，如果她花费很少的钱来赢得租金的话。因此，当成功的可能性如（15.1）式中一样在逻辑上不明确时，零寻租费用将是一个非常不稳定的均衡。通过假定赢得租金的可能性依赖于他们花在寻租上的资金总数的差别而非比率不同，这种不利就能够避免（赫什莱弗，1989）。然而，寻租模型的这个变化所具有的含义也存在一些问题。例如，在寻租者为 A 和 B 两个人的情况下，A 赢得租金的可能性为 $\pi_A = f(I_A - I_B)$。不论 A 投资 100 美元而 B 投资 1 美元，还是 A 投资 100 万零 100 美元而 B 投资 100 万零 1 美元，这种可能性都是一样的。[1]

15.1.4.4 设计寻租竞赛

许多文献都假定，寻租竞赛中奖品的价值对于所有博弈者来说都是相同的。然而，进口汽车的一项许可证对可能的进口商来说，其价值差别很大。一个航空公司在特定航空线上也许能够获得比其他公司更高的利润。在这种情况下，政府可能会通过恰当地组织寻租竞赛而提高全部寻租花费的数量。

首先设想一次两位博弈者对所赢奖品——例如是一项重要的许可——分别估价为 R_1 和 R_2 的寻租竞赛。奖品将被授予寻租过程中投资最大的进口商。纯粹的策略平衡不存在。当 $R_1 = R_2 = R$ 时，每个博弈者都会从均匀分布在 0 到 R 之间的投资中随机选择一种（希尔曼和萨梅特，1987）。另一方面，如果 $R_1 > R_2$，博弈者 2 会认识到运用这一策略时他的最优投资要少于博弈者 1，因而他获胜的机会更小。这一认识会导致博弈者 2 所投入的资金比他在 $R_1 = R_2$ 时投入的资金更少。因此，当一个博弈者对奖品的估价比其他博弈者高得多时，其他博弈者就更不愿意投资，寻租的总费用就将比寻租者费用分布更平等的时候要少。正因如此，政府实际上可能

---

① 对于其他类型的寻租竞赛的自明特征，请参见斯卡佩尔达斯（1996）。

通过设计寻租竞赛来增加其收入，其方式是规定对奖金估价最高的博弈者没有资格竞争奖品。

要明白这一点，让我们设想这样一次竞赛，其奖品授予投资最大的博弈者。每位博弈者对奖品的估价是 $R_1 \geq R_2 > R_3 \geq , \cdots, R_n$。贝、科韦诺克和德弗里斯（1993）已经证明，在这样一种竞赛中，政府能够赢得的最大数量 W 可以由下述表达式给出：

$$W = \left(1 + \frac{R_2}{R_1}\right) \frac{R_2}{2} \tag{15.19}$$

由于在 R_1 增加时博弈者 2 一直到博弈者 n 的投资都下降，因此 W 与 R_1 呈反向变动。如果现在 $R_1 = 100$，$R_2 = 50$，$R_3 = 45$，则（15.19）式意味着在博弈者 1 被允许竞标时，W 为 37.5，而在博弈者 1 被排除于博弈之外时，W 为 42.75。假定博弈者 2 和博弈者 3 对奖品的估价相同，那么他们因为博弈者 1 退出博弈而增加的投资就足够抵消因博弈者 1 退出投资所造成的损失。政府排除博弈者 1 的一种方式是用两个阶段来管理竞赛。政府首先宣布奖品（许可）的合格竞标者（进口商）的"短名单"，然后允许那些名单中的竞标者进行投资（贿赂、竞选捐赠，等等）。博弈者 1 没有被列入短名单中。[①]

15.2 通过规制的寻租

有关规制的传统经济学原理把受规制的行业看做长期平均成本下降的"自然垄断"。经典的桥梁例子是自然垄断情况的导向性例子。车辆通行只需要一座桥，而且这座桥一旦被建造，允许额外车辆通过这座桥的边际成本就为 0（暂且不考虑拥挤的情况）。桥梁的最优通行税因而是 0。然而，如果管理桥梁的是私营公司，它将在收入最大化的水平上确定价格，结果是桥梁的低效用，因而对社会来说是无效率的。在只需要一个公司来提供所有工业产出这个意义上，任何长期平均成本连续下降的行业都是"自然垄断"。规制之所以需要，据说是要阻止某个公司利用其垄断地位。根据图 15.1，规制被认为是帮助消费者赢得一部分消费者剩余三角形 L

---

① 关于寻租竞赛最优设计的进一步探讨和其他例子，请参见尼灿（1994c）和格莱德斯坦（1998）。

所必需的。①

在规制过程中，生产者的利益和消费者的利益是相反的。规制者定价越高，生产者得到的垄断租金矩形就越大。由于规制是一个具有政治性的官僚行为过程，因此有理由假定某种受规制产品的销售者会对规制者施加一些压力，以提高价格和增加矩形面积。在有关规制辩论的富有启发性的贡献中，施蒂格勒（1971）将注意力从规范探讨转向实证分析，前者主要涉及应该确定什么价格以减少 L，后者涉及的是获取 R 的斗争如何决定价格。虽然在时间上要早于那些寻租文献，但是施蒂格勒的论文促使人们去注意规制者的创租权和那些被规制者的寻租努力。

佩尔茨曼（1976）是施蒂格勒观点的重要延伸，他把消费者和生产者都整合进寻租斗争之中。在他的描述中，规制是由选票最大化的政治家提供的。假定政治家所获得的选票数为 V，它既是被规制的生产者的效用 U_R 的函数，也是被规制产品的消费者的效用 U_C 的函数，那么，

$$V = V\ (U_R,\ U_C),\ \frac{\partial V}{\partial U_R} > 0,\ \frac{\partial V}{\partial U_C} > 0 \qquad (15.20)$$

简便起见，假定消费者和规制者的效用与 R 和 L 是线性关系；即，

$$U_R = R, \qquad U_C = K - R - L \qquad (15.21)$$

其中，K 是一个任意的常数。然后假定适当的二阶条件成立，以确保内在的最大值，那么追求选票最大化的规制者会这样确定价格 P，以使其满足

$$\frac{dV}{dP} = \frac{\partial V}{\partial U_R}\frac{dR}{dP} - \frac{\partial V}{\partial U_C}\frac{dR}{dP} - \frac{\partial V}{\partial U_C}\frac{dL}{dP} = 0 \qquad (15.22)$$

或者

$$\frac{\partial V}{\partial U_R}\frac{dR}{dP} = \frac{\partial V}{\partial U_C}\ (\frac{dR}{dP} + \frac{dL}{dP}) \qquad (15.23)$$

追求选票最大化的规制者会这样确定价格，该价格使规制者因支持生产者增加一定数量的垄断租金 R 而得到的边际收益刚好被 R 和 L 同时增加所引起的消费者的选票损失所抵消。

虽然大多数受规制的行业不是垄断行业，但是销售者的人数一般都很少。相对于消费者人数来说，销售者人数当然是很少的。组织生产者的成本以及收益 R 向每个生产者集中可能联合起来发挥作用，从而使 $\partial V/\partial U_R$ 相对于 $\partial V/\partial U_C$ 变大，至少在对 R 的初始估价范围内是如此（奥尔森，

---

① 在实践中，美国的规制倾向于类似平均成本定价而不是边际成本定价，因此即使是在规制很好发挥作用之时，一些福利三角形的损失仍然会出现。

1965；施蒂格勒，1971；佩尔兹曼，1976）。施蒂格勒（1971）强调了这一点，他指出规制的主要受益者是受规制的公司。价格将会被提高，直到 dR/dP 减少得足够小或者 $\partial V/\partial U_C$ 变得足够大，从而使等式（15.23）的两边相等。但是也要注意，只要 $\partial V/\partial U_C > 0$，也就是说，只要减少消费者效用会带来一些选票损失，则等式（15.23）不会在租金最大化的价格上——此时 $dR/dP = 0$——得到满足。当 $dR/dP = 0$ 时，$dL/dP > 0$，它与 $\partial V/\partial U_C > 0$ 相结合，将使等式（15.23）的右边为正值。追求选票最大化的政治家可能会支持受规制行业的生产者，但他所确定的价格要低于租金最大化所要求的水平（佩尔茨曼，1976，pp. 222—241；贝克尔，1976）。佩尔茨曼从他的分析中得到几个有趣的含义。一个有趣的含义是，"不论自然垄断的行业还是自然竞争的行业，在政治上都比一种寡头垄断的混合类型更易于导致规制"（1976，pp. 223—224，变体字为原有）。等式（15.23）意味着规制所带来的价格水平位于纯粹垄断的价格和纯粹竞争的价格之间。假定垄断售价倾向于位于垄断水平和竞争水平之间，那么寡头垄断的销售者和他们的消费者从规制所得收益要比自然垄断产品的消费者或竞争性产品的生产者所得收益少。佩尔茨曼的这一观点有助于解释全世界无处不在的农业规制以及一些似乎是竞争性行业中的其他干预，例如美国的卡车运输业和出租汽车业。

施蒂格勒（1971）强调了受规制集团利用规制过程以增进自身收入的力量，关于规制的这个观点受到几项研究的支持（例如，谢泼德，1978；保罗，1982；乌尔里克、富坦和施米茨，1987；亚历山大，1997）。有关寻租社会成本的经典案例是直到20世纪70年代末才被放松规制的美国商业航空公司。民用航空局（CAB）控制着价格的竞争，但是它允许航空公司通过提供免费饮料、电影和（半空）只坐一半乘客的飞机等非价格的装饰来争夺顾客。由于这些附加成本，航空公司就把竞争得来的租金花掉了，而这些租金是CAB通过定价授予它们的（道格拉斯和米勒，1974）。

波斯纳（1975）假定，整个矩形 R 会以寻租费用的方式被花掉，然后他运用关于规制所带来的价格提高的评估数据来计算作为规制社会成本的几个行业的 $R+L$。波斯纳的数字被复制于表15.2中。η_1 栏表示根据如下假定而运用对规制时价格提高的独立估计数所计算出的需求弹性：行业确定价格以最大化垄断租金，$(P-MC)/P = 1/\eta$。η_2 栏中的估计数字来自对这些行业需求弹性的经济学研究。C_1 和 C_2 栏是分别利用 η_1 和 η_2 栏

的估计数字而对 $R+L$ 作出的衡量。它们都相当大，无论是从绝对意义上说，还是从与目前私营部门中垄断的社会成本估计数——依靠 L 来衡量——相比较这个意义上说。

表 15.2	规制的社会成本			
规制价格的提高（%）	需求弹性		成本（行业销售的百分比）	
	η_1	η_2	C_1	C_2
医疗服务	0.40	3.500	0.575	0.42	0.31
眼镜	0.34	0.394	0.450	0.39	0.24
牛奶	0.11	10.00	0.339	0.15	0.10
汽车运输	0.62	2.630	1.140	0.57	0.30
石油	0.65	2.500	0.900	0.60	0.32
航空	0.66	2.500	2.360	0.60	0.19

资料来源：波斯纳（1975，p. 84）。要查询各种估计的来源请参见原文。

佩尔茨曼（1976）强调在最终的选票最大化均衡中消费者利益与规制者利益之间的权衡比较。在试图检验佩尔茨曼对施蒂格勒理论的推广时，学者们试图找到衡量生产者—销售者和消费者这两者利益的变量。莱弗勒（1978），基勒（1984），普里莫、法勒、赫伦和霍拉斯（1984），以及贝克尔（1986）都提出了与下述观点相一致的证据：消费者和生产者的利益在最后的规制结果中都占有一定分量。

保罗和舍宁（1991）已经扩展了基本的佩尔茨曼模型，以将第三方寻租包含在内。他们发现了第三方寻租的证据，并且他们对弹性价格规制的分析支持俘虏理论。特别是，弹性价格在规制者被任命的州要比在规制者被选任的州更高。另一方面，特斯克（1991）发现，当选委员在回应公司要求时更加愿意授权电话费率变动以回应公司的要求。不过，他对美国韦斯特公司所作的案例研究揭示出该公司是个非常成功的院外活动家。

伊波利托和马森（1978）证明，牛奶行业的规制会在生产者和消费者的不同集团间分配租金。卡马斯（1989）对印度糖业市场规制所作的研究提供了支持俘虏理论的进一步证据。怀斯和桑德勒（1994）也发现，农业利益能够影响有关杀虫剂规制的立法，而更分散的环保利益集团则不成功。萨尔霍弗、霍夫赖特和西纳贝尔（2000）估算了在奥地利通过农业保护的寻租所造成的矩形和三角形损失。虽然他们发现奥地利农场主以消费者和纳税人为代价而获益，但是他们发现在食品行业，上流的生产者和下流的生产者获益更多。

有两篇文章运用事件研究方法检验了寻租的存在。这种方法考察了在规制被宣布时公司股票价格受规制影响而发生的变动。施韦特（1977）从主要股票交易的市场价格下降中推断出，消费者因为 20 世纪 30 年代所通过的规制股票交易的立法而得到了可观的再分配收益。

另一方面，贝克和康诺利（1996）运用了 48 项观察的样本，他们不能辨别出政府行为对公司股票价格有重要影响。对于寻租竞赛的获胜缺乏任何对财富的影响，他们的解释是，公司所给的回扣及其他投资抵消了最终赢得的租金。不过，他们的解释离实际情况太远了。虽然我们已经知道，在许多假定下，所有寻租者的总花费等于所赢得奖品的价值，但是实际赢得奖品的寻租者的花费推测起来比那要少。如果不是这样的话，那么有理性的人怎么会进入这个竞赛呢？贝克尔和康诺利试图通过求助于获胜者的诅咒来说明他们的发现。然而，这近乎于假定寻租者不是理性的。

15.3　寻租与政治过程

施蒂格勒—佩尔茨曼的规制理论开始于销售者与购买者之间在价格方面的冲突，并且分析了这种冲突如何可能通过国家对双方政治压力的回应而得到解决。这两个相关的集团很容易被辨别，正如他们的利益容易被辨别一样。在其他寻租情况下，寻租集团的身份和他们的利益可能更难以确定。这需要有关寻租过程的更全面的政治—经济模型。

在施蒂格勒（1976）的一篇论文的基础上，麦考密克和托利森（1981）试图建立这样一个模型。他们作了个基本的假定，即所有立法都包含了财富的转移。立法机关是为有效地转移财富而被组织起来的。每个人或每个利益集团都是财富转移的潜在供应者，同时又是潜在的需求者。立法机关从那些最不能够抗拒财富转移要求的人那里取得财富，并将这些财富给予那些组织得最好（以）来推动其需求的人。这样，像施蒂格勒—佩尔兹曼规制理论一样，麦考密克和托利森（1981，第1—3章）的理论建立在奥尔森（1965）的利益集团形成理论基础之上。

为了保证财富转移的成功，一个利益集团必须在两院制立法机关中赢得两个院的过半数票。每个议院的席位越多，必须用于赢得议员表决票的资源也越多。此外，维持席位总数不变，假定获得任何一院的表决票的回报递减，那么两个议院中的席位总数分布越平均，赢得议员的表决票就会越容易。麦考密克和托利森（1981，pp. 45—55）发现席位总数和两院席位数的比率这两个变量与各州经济和职业受规制的程度，以及与通过的议案总数有重要关联。坎贝尔（1994）也指出，新罕布什尔州立法机关的这两个特征解释了该州相对低水平的税收。麦考密克和托利森继而分析了议员工资、州长薪金的决定因素，以及其他问题（1981，第4—7章）。

兰德斯和波斯纳（1975）提出的独立司法机关理论是对麦考密克—托利森模型的补充。他们也把议员看做出售立法以获得"竞选捐赠、选票、对将来支持的含蓄许诺，以及有时直接的贿赂"（1975，p. 877）。在此背景下，独立的司法机关能够增加今日所售立法的价值，其方式是在一定程度上免除立法所受的短期政治压力，从而使这种压力不会在将来阻碍或推翻立法的内容。显然，美国的建国之父们在宪法中构建独立的司法机关时就是这样想的。在兰德斯—波斯纳的理论中，第一条宪法修正案是"作为一个利益集团获取的保护性立法"而产生的，这个利益集团"包括出版商、记者、小册子作者，以及从出版自由和对各种新闻自由的辩护中获得金钱和非金钱收入的那些人"（1975，p. 893）。因为有这类成果，这门沉闷的科学赢得了声誉。

当我们运用第十二章讨论过的或然性投票模型而把利益集团整合进政治过程中时，更不带偏见的结论就产生了。在这些或然性投票模型中，选票竞争导致每个政党提出一个政纲，这个政纲会使某种形式的社会福利函数最大化，而且在该函数中所有投票者的效用都是正值。虽然利益集团可以被看做是在"购买立法"，但是一旦竞选捐赠和游说活动被引入模型之中，那么它们依旧意味着政治结果是有效的——就其满足帕累托最优条件来说。[1] 这些模型构成了论述内生性贸易政策的大多数文献的逻辑基础，我们现在就转到这方面来。

---

① 参见第二十章的探讨。

15.4 通过关税和配额的寻租

15.4.1 关税、配额以及自愿出口限制的经济影响

自由贸易会使社会福利最大化，很少有其他问题能够（像它那样）在经济学家中达成如此一致的意见。[①] 然而，关税、配额，国际贸易中的其他各种限制仍然大量存在，并且贸易政策仍是政治辩论中的不变主题。因为有规制政策，人们怀疑自由贸易所获得的对经济学家来说那样明显的分配效率已经被牺牲了，以便提供同样明显的租金和再分配收益，贸易限制由此产生。

要明白其中的道理，请仔细看看图 15.2。假定 S_M 是产品 X 的进口供应，S_D 是国内生产供应。S_T 和 D 是国内的总供应曲线和总需求曲线。在自由贸易下，X_F 在价格 P_F 上被买进，产出则由国内产品 D_F 和进口产品 M_F 构成。现在假定对进口征收某种关税，则包含关税的进口供应曲线变为 S'_M，总供应转向 S'_T，而由 M_R 和 D_R 构成的 XR 则在价格 P_R 被卖出。

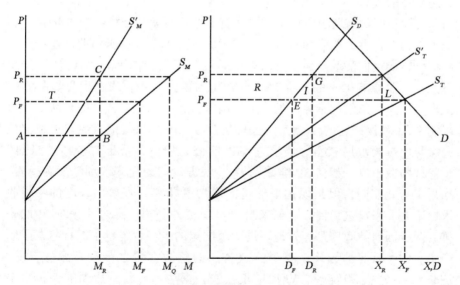

图 15.2 关税和配额下的进口与国内生产

---

① 有关防止误解的说明及对其的评论，请参见芬德利和韦利兹（1986，pp. 221—222）。

这一关税因为使消费者的消费由 X_F 减少到 X_R 而带来福利损失，消费者剩余三角形 L 就代表所带来的福利损失，同时因为国内产出由 D_F 增至 D_R，从而产生了国内生产者供应曲线下的三角形 I。就三角形 I 代表用于生产额外产出 $D_R - D_F$ 的国内资源这个意义上而言，它构成了社会损失，如果 X 在自由贸易价格 P_F 上可得，这种社会损失将是不需要的。

除了这两个福利损失三角形外，图 15.2 还描述了国内行业中相关的要素所有者和生产者挣得的租金 R（$P_R P_F E\,G$），以及政府所得的关税收入 T（$P_R CBA$）。R 和 T 都表示这样一种收入流，它可能会促使受保护行业或政府中的那些人产生对关税的要求。

在价格 P_R 上卖出 X_R 的这种结果也可能因为进口被施加配额并被限制为 M_R 而产生。国内行业还是获得租金 R，但矩形 T 现在代表足够"幸运"而能获得 M_R 个单位产品进口许可的进口商所得的租金。因此，不论贸易限制采取配额形式还是关税形式（假定其结果是相同的进口水平），来自国内销售者的政治压力都是一样的。但是，就配额而言压力将来自进口商，而就关税而言压力将来自政府中的那些人或来自因政府收入增加而最终受益的人。

关税和配额有益于受保护的国内行业中的要素所有者，以及进口许可证可能的获得者，同时却有害于出口国家的生产者。可以预期，这些出口商将会转向他们的政府，以寻求来自关税和配额反作用的"救济"。结果可能是（受影响国家的）导致政府之间的紧张关系，或在世界贸易组织提出有关违反条约的指控。如果进口国家选择第三种方式，即自愿的出口限制 VER 来保护它的生产者，这些令人讨厌的结果就能避免。进口国政府会与出口国政府接洽，要求它与出口公司协商，使出口公司"自愿"平等地削减出口，如从 X_R 削减到 D_R。就进口国的生产者和消费者而言，结果正与此前同，但是现在矩形 T 的增加既非来自进口国政府的关税收入，也并非来自进口商，而是来自出口国家的公司。通过一项 VER 的安排，两个国家的政府都有效地帮助两个国家的生产者组建了卡特尔并限制产出。两个政府都能预期得到这些公司的感激（希尔曼和乌尔施普龙，1988）。在过去 20 年里，VER 增长很快。据估计，其所达到的保护水平和 40% 的照价关税所达到的保护水平一样高（塔尔，1989）。

15.4.2　内生的保护模型

不是所有的行业都能得到保护以应对进口竞争，而且得到保护的那些行业在保护水平上也有差别。人们如何预测哪些行业在获得保护方面将会成功呢？几项研究通过把保护看做模型——这些模型试图以一定方式解释政治因素的影响——中的内生变量来寻求回答这个问题。[①] 在一个此类模型中，格罗斯曼和赫尔普曼（1994）寻求用模型来说明"销售保护"，在该模型中，政府被假定要使所有公民的效用和寻求保护的院外活动家的政治捐赠都在一定程度上扩大。当然，这个目标函数与或然性投票模型中作为政治竞争结果而获得的目标函数非常相像。按照保护主义结果所暗含的效率，它也导致相同的结果。于是图 15.2 中的福利损失三角形 L 将会更小，对该产品的国内需求将更无弹性。因此他们的模型预测，在其他情况相同时，更高的产品关税伴随着更无弹性的需求曲线。毫不奇怪，它也预测到，在那些利益集团组织得更好的行业中会有更高的关税。

戈德堡和马吉（1998）在运用美国 1983 年三进制的 SEC 行业数据时发现了支持这些预测和其他一些预测的证据。他们是以非关税的贸易障碍水平来衡量保护的，而他们对利益集团力量的衡量依靠的是一个名义变量，该变量根据行业竞选捐赠在 1981 年到 1982 年间是大于 1 亿还是小于 1 亿来说明。

在有关保护的研究中，洛佩斯和帕古拉托斯的研究（1990）与寻租文献的联系更紧密。他们首先估计寻租矩形的大小，即图 15.2 中的 R 和 T，然后将此与政治行动委员会（PAC）的捐赠相连。他们发现这两者之间有正向的且极为重要的关联。行业 PAC 给予政治家的越多，它们得自关税保护的租金也越大。

戈德堡和马吉（1999）、洛佩斯和帕古拉托斯（1994）都将实际保护的衡量与 PAC 的捐赠相连，其他研究则将议员在保护性立法上投票的方式与他们所得的 PAC 捐赠的水平、来源相连。鲍德温（1985，第 56—69 页）考察了工会捐赠对国会议员在 1974 年《贸易法》上投票的影响；考库格（1985）考察了劳工对国会在 1982 年《汽车产品法》上投票的影响，该法是一项有关国内问题的立法；托西尼和托尔（1987）分析了纺织品行业利益集团对国会议员在 1985 年《纺织品法案》上投票的影响。所有这三项研究都发现，来自利益集团的政治捐赠的数量与国会议员投票支持保护性立法之间有正向的且极为重要的关联。这三项研究中的其他重

---

① 尤其是参见芬德雷和韦利兹（1982）；迈耶（1984）；希尔曼（1982，1989）；马吉、布罗克和扬（1989）；武斯登（1990）和特雷夫莱（1993）。

要变量测量了受保护行业对国会议员选区或其所属州具有的重要性，州失业率，以及国会议员的党派隶属。[①]

追随先前的研究，洛佩斯和帕古拉托斯（1994）也把行业集中度的衡量纳入了他们的模型中。把这个变量纳入模型中有两个方面的理由：第一，一个行业的集中度越高，它就越容易组织，因而该行业游说活动的有效性就越高（奥尔森，1965）。第二，一个行业的集中度越高，该行业的生产者要提高价格和利用国外生产者竞争的减少就越容易。除了洛佩斯和帕古拉托斯之外，平卡斯（1975），马弗尔和雷（1983），戈德克（1985）和特雷夫莱（1993）的研究也发现，集中度高的行业关税更高。不过，卡夫（1976），芬格、霍尔和纳尔逊（1982）则发现行业集中度与关税保护呈负相关。

预测销售者集中度与贸易保护之间呈正相关的相同逻辑也使人们预期，销售者的集中度与保护之间呈负相关，而这也已经被观察到了（平卡斯，1975；特雷夫莱，1993）。

奥尔森关于集团规模和组织有效性的观点得到了下列事实的进一步支持：农民在发达国家得到更多的保护，尽管他们的人数比发展中国家的农民人数更少——发展中国家农业人口很多（巴利萨坎和罗马塞特，1987）。生活消费品行业普遍高水平的关税进一步支持了奥尔森的观点（巴克和雷，1983；马弗尔和雷，1983；雷，1991）。

尽管消费者往往组织得不好，但是工人却常常组织得非常好，因此毫不奇怪，劳动密集型行业的关税保护往往更高（卡夫，1976；安德森，1980；桑德斯，1980；雷，1981，1991；马弗尔和雷，1983；杜根，1984；鲍德温，1985）。

这些研究揭示出，政治过程是通过提供贸易保护来回应利益集团的压力的。不过，它们并没有回答下述问题，即这种保护是"只"导致财富向优势的要素所有者转移，还是会引起浪费转移的投资。在其开创性的文章中，克鲁格（1974，pp. 52—54）列举了政府"出售保护"时能够引发的多种社会浪费：（1）按照公司生产能力的比例而授予许可证会导致生产能力的过度建设；（2）按申请者的数目成比例地分配许可证会导致过度进入，从而使公司达不到最优规模；（3）以雇用海关官员亲戚——他们的产出比他们的收入更少——的形式所进行的游说努力和贿赂，以获得进

[①] 也请参见第二十章，它评论了 PAC 捐赠对国会议员投票的影响。

口许可证；（4）政府中那些人为争夺可接受贿赂的职位而展开挥霍无度的竞争。

克鲁格所提出的数据表明，1964 年因为寻租而导致的潜在损失占印度国民收入的 7.3%，而该数据涉及的租金来自印度的几类许可证，其中租金最大的许可证是进口许可证。土耳其 1968 年进口许可证的数字则意味着，资源浪费相当于国民生产总值的 15%（克鲁格，1974，pp. 55—57）。与波斯纳的计算一样，这些估计值都是粗略的，但却给人印象深刻。

在自然垄断的寻租模型中，我们是从已经存在的垄断出发的，问题只不过是它所利用的垄断地位有多大，以及租金是否完全被花费掉了。然而，当我们考虑通过贸易保护所进行的寻租时，自然的起点却是完美的自由竞争。从这个起点出发，贸易保护既导致哈伯格尔三角形损失，也导致潜在的花费掉租金的投资。如果投资足够大而把潜在的租金完全花费掉，那么通过贸易保护所进行的寻租其社会成本要超过那个三角形的规模。[①]

15.4.3 未决的疑问

大多数有关内生性贸易政策的文献都从这样一个假定开始：政府运用贸易政策以把收入再分配给特定集团。然后这些文献试图解释哪些集团将被扶持以及被扶持到何种程度。罗德里克（1995）在他对这类文献的精彩评论中，提出了两个棘手的问题。如果贸易政策的目标是再分配租金和收入，为什么政府会选择这样一个无效率的政策工具来达到这个目标，而不是依赖直接的收入转移，减税和生产补贴……与这些形式相连的无谓损失一般来说要小得多等等方面呢？为什么政府对自由贸易的干预会压倒性地采取关税和配额等贸易限制形式，而不是采取出口补贴等贸易刺激形式——考虑到后者的效率总是高于贸易限制呢？罗德里克评论了引出这两个问题的一些有缺陷的理性选择模型，但没有提供满意的答案。

罗德里克提出的有关贸易政策的问题与公共财政经济学家多年来提出的这样一个问题基本相同，即内部财富转移与作为收入再分配方式之一的现金转移相比，更加同步、普遍却更无效率。要完全回答这些问题，我的直觉是要走出理性选择模型的狭隘界限。

---

① 然而，在第二种最优情况下，寻租有时也可能增进福利。例如，削减贸易壁垒（巴格瓦蒂，1980；斯里尼瓦桑，1982）。

例如，我们可以从下述"非理性的"不对称开始：人们对收入中特定损失的估价与人们对收入中同等收益所作的估价并不对称（卡内曼和特韦尔斯基，1979，1984）。这种不对称导致如下预期：人们会更活跃地进行游说以推翻收入中因为进口扩展而引起的收入损失，而不是去获取来自出口补贴的收入增加。与此相连的心理因素是有关补贴的某种"杜森伯里效果"。人们会变得习惯于补贴，并且会比（他们）在补贴被引入时更活跃地进行游说，以反对取消补贴。这些心理规律非常适于说明贸易政策的几个"程式化事实"：（1）贸易政策经常是对一些新情况的回应，如进口货物价格陡降或者经济衰退等，它们会对特定集团或特定行业有不利影响（库尔思，1979；塔卡克斯，1981；麦基翁，1983；雷，1987；马吉，布罗克和扬，1989，第11章；汉森，1990；特雷夫莱，1993；拉玛，1994；奥哈洛伦，1994）；（2）获得救济的实际贸易保护水平或努力与失业率之间在不同时间或不同部门都正相关（塔卡克斯，1981；马吉，1982；鲍德温，1985，第142—180页；博哈拉和肯普弗，1991；舒克内希特，1991；特雷夫莱，1993；达斯和达斯，1994）；以及（3）贸易保护政策的"路径依赖"。一旦贸易限制出现，它就倾向于随时间而继续存留（布雷纳德和维迪尔，1997；加德纳和金布罗，1989）。

应当注意的是，非理性行为在一定程度上是解释贸易限制被普遍运用以再分配收入的一部分，只有那些寻求补偿的人的行为是非理性的，因为他们似乎对某些不利事件反应过度了。对于政府中的主体来说，迎合游说努力的政治回应可能是相当理性的，亦即选票最大化的。事实上，因为难以辨别和量化个别要素所有者因为进口货物价格陡降等事件而造成的损失，故此关税或配额也许是将再分配收入输送给"正确的"接受者的成本最低的方式（芬斯特拉和刘易斯，1991）。

15.5 其他政府行为中的寻租

规制和贸易限制只是政府改变收入分配的两种方式。直接的转移支付是第三种，这种方式也能引起投资，而投资会改变转移支付的规模和流向（塔洛克，1971d）。更一般地，阿朗松和奥迪舒克（1981，pp. 81—82）强调，即便是带有公共物品性质的物品的生产，如高速公路，也具有再分配的效果，从而可能极大影响供应这种物品的集体决策。

一种更广博的生产看法会接受如下观念：某个承包商在建造一条公路时必定排除了其他承包商。一些具体的厂商得到了转包合同，而其他厂商则没有得到。一些官僚因为计划和监督建造而必然拿到了回报，而另一些官僚（或他的机构），甚至私营部门纳税人则没有回报。此外，那些正确地投机于某块土地的人与那些错误地投机于其他土地的人相比，获得了横财。总之，一个联邦出资的州际高速公路系统在生产中更像是私人物品；它的供应有限，并且以排除为其条件。

整个联邦预算可以被看做那些能够运用最多政治气力的人竞购的巨大租金。可以预料，政府合同的分配后果会像在寻租模型中那样影响游说活动和竞选支出的流向。竞选支出应该是来自那些追求政府合同的人，而合同应该会流向那些作出捐赠的人。扎尔德科希（1985）发现，一个公司所作出的竞选捐赠总额与该公司所属产业所购买的联邦政府、州政府产出百分比（联邦政府、州政府产出被该公司所属行业购买的百分比），以及行业的具体规制是否适用于该公司所属行业之间呈正向的和极为重要的关联。沃利斯（1986）发现，在 20 世纪 30 年代，大州运用它们在众议院中的数字优势而获得了比参议院愿意授予的更多份额的联邦救助计划。毫不奇怪，那些在政府中工作的人也参与了寻租博弈。沃特斯和莫尔（1990）已经说明，支持公共部门雇员的州法律的通过与公共雇员工会的力量呈正相关，而与那些反对他们的利益集团的力量呈反相关。

15.6 寻租造成的福利损失有多大

对于寻租所造成的福利损失，学者们的评估分为两类。一类评估把关税或市场权力所引起的利润矩形和福利三角形这些区域设为福利损失的替代品，或者采用政府花费的增长等其他替代品。这些评估的数值往往相当大，一直达到 GDP 的 50%。表 15.3 中给出了一些示例。

第二组研究采用游说等活动实际花费的金钱作为福利损失的替代品。这些研究提出的评估表明，福利损失是所包含的租金的很小部分。例如，根据杜根和斯奈德（1993）的计算，20 世纪 70 年代联邦石油规制所导致的福利三角形净损失约为 11 亿美元。据估计，受规制影响的利益集团在进行游说活动时花费了 1.25 亿美元，这是三角形损失的 11%。

表 15.3　　　　　　　　　　　寻租造成的福利损失评估

研　究	经济体系	年份	福利损失
克鲁格（1974）	印度	1964	GNP 的 7%
克鲁格（1974）	土耳其	1968	GNP 的 15%（贸易部门）
波斯纳（1975）	美国	不同年份	GNP 的 3%（规制）
考林和缪勒（1978）	美国	1963—1966	GCP[a] 的 13%（私营垄断）
考林和缪勒（1978）	英国	1968—1969	GCP[a] 的 7%（私营垄断）
罗斯（1984）	肯尼亚	1980	GDP 的 38%（贸易部门）
穆罕默德和惠利（1988）	印度	1980—1981	GNP 的 25%—40%
拉班德和索福克莱斯（1988）	美国	1985	GNP 的 50%
洛佩斯和帕古拉托斯（1994）	美国	1987	国内消费的 12.5%

资料来源：改编自托利森（1997，表 1，p. 514）。

a. GCP = 公司产品总值。

从戈德堡和马吉（1999）对格罗斯曼/赫尔普曼模型的评估中，类似的结论也可得出。回想一下，格罗斯曼/赫尔普曼模型假定政府会在一定程度上使所有公民的效用加利益集团的费用最大化。戈德堡和马吉的评估意味着，公民福利所占分量为 0.98 而利益集团所占分量为 0.02。如果人们认识到在美国对国际贸易的阻碍一般都极低，这些分量就不那么令人吃惊了。虽然通过保护主义的措施，寻租的确发生了，并且有着可预知的结果，但是它的后果似乎并不重要。

不过，在人们从社会无效率的清单中完全删除寻租成本之前，人们必须回想到那些成功获得租金的人的花费只是寻租所产生的社会浪费的一部分。对于石油行业成功的寻租者的投资来说，人们还必须加上其他行业不成功的寻租者的花费，他们在注意到政府有关这个行业的政策之后仍尽力碰运气。此外，政府政策所带来的财富变动会诱使一些人增加投资，他们试图凭借这种知识而预测到财富和利润的变动。当国防部宣布通用公司赢得对特定武器系统的竞争而波音公司失败时，股票市场典型的反应就是通用公司股票价格上涨而波音公司股票价格下跌。任何一个在该合同决定宣布之前就知道它的人都能够在股票市场挣得可观的利润，尽管他没有直接得到政府所分配的租金。因此在计算寻租的全部成本时，用于信息收集以预测租金转移而作出的投资也必须加到为带来租金转移而作出的投资中（赫什莱弗，1971；托利森，1989）。

后一个例子提醒我们，寻租不只是发生在公共部门，任何试图估计经济中寻租总成本的努力都必须包括私营部门中的寻租成本。华尔街和全国其他地方都有大批的股票经纪人和分析师。数十亿美元被花费在公司的信息收集方面，以使投资者能够为他们的投资选择"正确的公司"。虽然有效的资本市场确实降低了公司在证券市场寻求资金的资本成本，但是公司每年的投资中只有一小部分是通过新股票的发行而（被供给经费的）获得资金。超过95%的交易股票不是新发行的。一个交易者通过购买"正确的公司"的股票而获得的任何收益都会被那个出售这些股票的人所遭受的损失所抵消。一些公司挣得了大量的租金，但是租金会随时间而波动，这个事实导致一些人投入相当多的时间和金钱，他们试图预测这些变化以及源于这些变化的利润。

考林和缪勒（1978）在估计垄断的社会成本时算上了公司的所有广告费用。由于一些广告确实把某些产品的特征告诉了购买者，并改进了资源的配置；因此，不能把所有的广告费用都被看做社会浪费。但是，绝大多数广告的意图只是要再分配公司于特定市场所获得的租金。因此在公司的所有广告费用中，确有某些部分必须被看做寻租投资。

另外，研究开发支出的一些部分以及使研究开发有利可图的专利律师费也是寻租投资。事实上，在所有律师的行为中，有很大一部分可以被看做纯粹的寻租。已经有人把律师的寻租与低经济增长相连（库尔布斯，1991）。拉马（1994）也已经证明，通过贸易保护的寻租对乌拉圭经济增长有不利影响，虽然影响相当滞后。更一般地，就寻租产生大的政府部门而言，政府部门的规模与发达国家增长率反向相关可以被解释为寻租成本的证据（参见第二十二章的讨论）。

这种观察表明，要估计社会因为寻租而造成的福利损失，除那些常用程序之外还存在一种替代性的程序。人们可以仔细检查国民收入账户，并辨别单独或基本上与寻租相连的所有行为。此种训练所产生的行为者名单不限于院外活动家和那些参与政治广告的人。虽然人们不能想象没有股票分析家、律师和公司广告等的健康资本主义经济，但似乎同样明显的是，像美国这样一个经济体系所产生的巨大租金已经招致同样令人印象深刻的寻租人数。

在结束这一章前，比较一下刚才所描述的衡量寻租社会成本的方法，以及菲利普斯（1966）以前某个时候衡量"垄断资本主义的社会成本"的努力是很有趣的。他也通过在国民收入账户添加不同的项目而取得进展。不过，他的标准是不同的；也就是说，在垄断资本主义下存在的活动不会存在于理想的社会主义国家。因此，他把所有的防卫支出都算在内，因为在 1966 年这些支出只是想要保护美国资本主义不受苏联共产主义的侵犯。尽管大多数公共选择的学者都可能把一些防卫预算看做在提供纯粹的公共物品，但是大多数学者也可能赞同阿朗松和奥迪舒克（1981）的观点，即防卫预算中的一些部分也只应归入寻租。

有趣的是，菲利普斯（1966）把所有律师的收入都算作垄断资本主义社会成本的一部分。正如已经指出的那样，这个项目也显著地算上了有关寻租的全部社会成本。菲利普斯也算上了所有的广告。等他算完后，其列表中的数字共计 GDP 的 50%，这是寻租文献中所估计的最大数字。

文献注释

塔洛克（1967c），克鲁格（1974）以及其他人富有启发性的贡献已经由布坎南、托利森和塔洛克（1980）编入一本有关寻租的选集之中。

托利森（1982，1997）和尼灿（1994b）已经评论了有关寻租的文献。弗雷（1984，第 2 章和第 3 章；1985 年德语版；1985，第 2 章和第 3 章），纳尔逊（1988），希尔曼（1989），马吉、布罗克和扬（1989），罗德里克（1995），以及马吉（1997）评论了涉及保护主义决定因素的公共选择文献。巴格瓦蒂和罗森多夫（2001）则收录了这方面的一些主要贡献。

从一定程度上说，贿赂是纯粹的转让，严格说来并不属于浪费性寻租范畴。但它们的确应被看做那些寻租者们所乐于推行的分配活动的一条见不得人的尾巴。希尔曼和乌尔施普龙的研究表明（2000），表现为贿赂和腐败行为的寻租，会导致国家经济的衰退。罗斯—阿克曼（1978，1999）从公共选择理论的视角，对腐败进行了分析。她的著作对于研究寻租问题的文献来说是一个很好的补充。

第十六章 官僚制

毫无疑问，如果把权力赋予一群被称为代表的人，那么他们只要可能就会像其他人一样，运用权力来服务于他们自己的利益，而不是共同体的利益。

詹姆斯·穆勒

官员在其所属机构中显然要比公民在其所属团体中更为活跃。故此政府行为受**其成员个人意愿**的影响要比主权国家行为受其成员个人意愿的影响大得多——因为官员几乎总是对主权的特定功能负有个人责任。

让-雅克·卢梭

前几章我们集中探讨了公共选择的需求方面。在公共部门中投票公民的偏好决定结果。政府像纯粹交易经济中的市场一样，只是被看做聚合私人需求或平衡私人需求的制度。那些政府中的候选人和代表被描绘为一心寻求当选的人。为了实现这一目标他们必须取悦于选民，因此在一个竞争性的政治系统中，政府中的那些人只是政府外那些人（被利用者）的爪牙。只有在刚才所评论过的寻租文献中，人们才开始对政府的另一面有些许认识。政治家并非只以选票为生，他们也可能追求财富和闲暇。他们的偏好可能影响到公共部门的结果。

在这两章中，我们将考察几个模型，它们认为政府中的那些人并不只是执行被显示出的公民偏好，他们在决定政策方面也起着一定的作用。这些模型可以被看做有关政府政策规制的模型。

在许多情况下，政府的输出是由政府所控制或规制的官僚提供的。"官僚"这一术语由法国哲学家樊尚·德·古尔梅在 1765 年提出，而且自从提出之后就带有贬义（范·克莱维尔德，1999，p. 137）。尽管同样为古尔梅所提出的自由放任一词让人想到行动自由和高效的图景——至少对经济学家来说是如此，官僚一词却让人想到墨守成规、强制行为和缺乏效率。因此，相对于在自由市场中进行经营的破除旧习的企业家，官僚却是坐在椅子后面的因循守旧者。

官僚像其他人一样，可以被看做自私的效用最大化者。但是官僚想要最大化的是什么呢？韦伯（1947）设想官僚的自然目标是权力。"权力"是常被政治学家和社会学家所使用的概念，经济学家[①]和公共选择实践者则完全忽视了它。考虑到韦伯的身份是社会科学家，留意一下他对这个问题的思考似乎是明智的。正如我们在接下来的部分中将看到的那样，有一种对政治权力的解释不仅在政治学和社会学文献中很出名，而且也与公共选择对政府和官僚的分析相契合。我们从提出这一概念开始，然后考察那些赋予政府对公民具有一定权力的模型。

16.1　不确定性，信息和权力

在最为直观的层次上，"权力"一词暗含着做某事的能力（瓦格纳，1969，pp.3—4）。[②]但是"某事"可以代表各种目标，每种目标都会导向一种不同的权力。物质权力是使用武力的能力，经济权力是购买物品的权力，等等。政治权力必须被界定为通过政治过程达到某些目标的能力。要观测政治权力的运用，一些行为者的目标必须是相抵触的。当一个委员会中所有人包括 A 都赞成 x 方案而不是 y 方案，并且 x 方案被选取时，我们不能说 A 运用了权力。当只有 A 赞成 x 方案而 x 方案被选取时，A 才拥有政治权力。

罗素（1938）描述了在政治背景下个人能够施加影响的三种方式：（1）通过运用直接的物质权力，例如拘禁或致死；（2）通过提供报酬或惩罚；（3）通过教育和宣传的运用而对舆论施加影响。前两种方式与更普通的政治权力紧密相连，我们可以称这种权力为程序权力。A 实现他对 x 方案的选择可能是因为委员会规则使他成为独裁者，或者授予他设置议程的权力以使委员会被导向选择 x 方案。在下面考察的那些模型中，程序权力赋予议程设定者以突出的地位。但是与更普通的政治权力概念联系最紧密的则是罗素所列出的影响的第三种来源。教育、宣传和说服都是信息的形式，而信息只有当不确定性存在时才有价值，或者授予权力。不确定

---

① 市场权力，即提高价格的能力，是经济学家对这一术语的有限运用。
② 这一部分基本上参考了穆勒的著作（1980）。

性创造了运用权力的可能；信息提供了那样做的能力。

政治权力意味着促使某人做他不想做的某事，正如当 A 使一个委员会选择 x 方案，而该委员会中除 A 外所有人都偏爱可行的替代方案 y 时所表明的那样（西蒙，1953；达尔，1957，p. 80）。在第五章探讨过的议程设定者的例子中，导致这一结果的并非只是 A 所具有的设定议程的权威。A 对委员会每个成员偏好的认识，以及这些成员对投票顺序的无知也应被考虑。考虑到所有委员会成员中除 A 外都有这种不确定性，因此 A 能够使委员会选择 z 而不是 y，选择 z' 而不是 z，等等，直到得出 x。但是，如果所有委员会成员中除 A 外都支持 y 而不是 x，他们就可以强加 y，其方式是不投票赞成 z 以反对 y。他们与 A 相比的信息缺乏使 A 有权运用其作为议程设定者的位置，以带来 x 的胜利。

回到罗素有关权力来源的清单，我们可以看到，正是围绕独裁者对物质权力的运用或监督者对报酬和惩罚的分配方面的不确定性使这些人得以控制他们的下属。如果 B 确知自己做了 x 的话 A 会给他报酬，正如规则所要求的那样，那么 B 在执行 x 的过程中所运用的对 A 的权力和 A 所运用的对 B 的权力一样多。在没有不确定性的官僚制中，权威性可能存在，但是与权威相伴的真实的信息权力不存在。所有雇员都知道所有可能发生的事件，所有人都能预测紧随这些事件的最终结果或决策。雇员诉冤程序完全规则化了，监督者和雇员对任何情况的回应都能正确地预测。在完全确定的世界里，所有人基本上都是"依照规则"扮演某个角色，那些官僚机构高层的人和低层的人一样，缺乏自由裁量的权力。所有权力都纯粹是程序性权力（西蒙，1953，p. 72）。

这类情境类似于克罗齐耶（1964）在《官僚现象》中所描述的法国垄断中存在的条件。正如克罗齐耶所描述的那样，垄断确实是在一个确定性的世界里起作用，只有一个例外：机器有时会损坏。这使操作机器的人完全置于负责修理机器的机械工人的权力之下，因为前者每天都有产出限额，必须努力工作以弥补任何停工期。更有趣的是，名义上拥有更多权威的监督者也比机械工人拥有更少的权力。由于机械工人知道怎样修理机器而监督者不知道，因此监督者就不能对机械工人行使任何真实的权力（克罗齐耶，1964，pp. 98—111）。

注意机械工人维持自己权力的技巧是有启发性的。他们严厉地批评操作者，因为操作者拙劣地修补自己的机器，以努力使机器维持运转。只有机械工人知道怎样修理机器；每个机器都是不同的，它需要怎样被修理也只有机械工人知道。修理机器是一门艺术，不是一门科学。当机械工人和监督者之间发生冲突时，这种冲突涉及后者是否能够偶尔从事机器修理。在这种努力中，监督者因为机器图纸不断从工厂"神秘"失踪而进一步受到阻碍，机械工人一直不用图纸帮助而工作。

克罗齐耶案例研究中的机械工人行使的权力被人们看做官僚制中专家权力的一种适度形式。马克斯·韦伯强调专家的权力，它将在后文探讨的模型中再次出现。更一般地，我们将看到以各种方式出现的所有有关权力的混合假定都来自不确定性世界里的信息不对称。

16.2　预算最大化的官僚

官僚追求权力。经济人追求利润。在奈特（1921）的利润理论中，利润的存在是因为有不确定性，而利润是由拥有勇气和信息以使他们得以在不确定性下作出正确决策的那些人所挣得的。因此，在利润的经济理论和权力的政治理论之间有密切的关联。利润和权力都是因为不确定性而存在的；这两者都属于信息的拥有者。

在现代公司里，信息的收集者和加工者都是管理人员。他们是权力的拥有者。商业公司和公共机关之间的主要区别就在于管理人员的权力可以货币化。公司的工作是获得利润，而作为信息收集者的管理人员是利润的主要获得者。

不过，在法律上，公司属于股东，人们习惯上认为股东是公司利润的正当接受者。因此，管理人员不能把他们创造的所有利润都付给自己。他们被迫以更不引人注目的方式而不只是以工资和资金红利的方式来获得公司利润。对此多种替代目标已被提出：工作消耗、超额的职员和薪俸（威廉姆森，1964）、安全（费希尔和霍尔，1969；阿米胡德和莱夫，1981），以及人们能够把它们汇总到 X—无效率标题下的大量非金钱目标（莱本施泰因，1966；科马诺和莱本施泰因，1969）。

管理人员的许多非金钱目标都可能与公司规模或公司规模的增长相连（鲍莫尔，1959；马里斯，1964，第 2 章）。庞大的规模也可以被用来为更高的补偿金作辩护，因此使得管理者有理由借此付给自己更多直接的现金回报。公司越大，越复杂，股东越难于监督管理人员的行为，于是管理人员拥有的权力就越多。因此，规模和规模增长是公司管理人员的有说服力的目标，正如利润一样。

对利润的追求不被认为是公共机关的合法目标，因此对公共官僚来说，将其所拥有的权力转换为收入更为困难。管理的非金钱目标成为公共官僚合乎逻辑的目标。在这些目标中，规模和风险厌恶最为人们所关注。在公共选择框架内，最早系统研究官僚的努力是由威廉·尼斯卡宁作出的，我们现在就转向他的官僚制模型。[①]

16.2.1　环境与激励

政府机关的一个关键特征是其产出的非市场性质（唐斯，1967，pp. 24—25）。的确，一个官僚机关提供的主要不是大量的此类产出，而是从中必然可以推断出产出水平的活动水平（尼斯卡宁，1971，pp. 24—26）。因此，国防部维持了许多战斗人员和武器系统，虽然它提供各种程度的防御和攻击能力。它的预算是以超过其维持的活动而被限定的，尽管购买者——纳税人及其代表——最终只对这些活动所产生的战斗能力的"最终产出"感兴趣。其原因很明显：计算士兵和飞机要比计算防卫单位容易一点。这种"衡量难题"内在于公共机关所提供的许多物品和服务中，对出资机构来说它又导致了监控难题。考虑到机关产出不可衡量的性质，购买者如何能够监控其生产效率呢？

监控难题因为官僚机关—出资人关系的双边垄断性质而加剧了（尼斯卡宁，1971，p. 24）。机关产出的购买者会成为买家垄断者，这基本上是从被出售物品的性质得出来的。公共物品按照定义是由所有人消费的，而所有人的代理人是维护他们利益的买家垄断者。当然，我们已经看到，政府可以不参与纯粹公共物品的供应。尽管如此，在应对公共官僚机构的过程中，它保留着其所代表的不论什么利益集团的唯一代理人角色。它并不必从单一的来源购买物品，虽然它常常这样做。授予一个官僚机关以特定服务供应的垄断权，通常的理由在于避免重复浪费。这种辩护当然有些道理，但是大多数官僚机关的垄断性质也使这些机关免于竞争压力——那会使它们更有效率，并且否定了出资机构作为信息的替代来源，以及否定了通过出资机构来测量垄断机关的效率，因而使内在于机关产出性质的监控难题更为复杂。

---

① 在尼斯卡宁出书（1971）之前，塔洛克（1965）和唐斯提出了对官僚制的深刻见解。虽然这两本早期著作是由公共选择领域的两位创始人所写，但它们没有试图从公共选择的视角来提出一个有关官僚制的理论或模型。作为替代，他们运用经济学方法考察了官僚制组织的各个方面。

　　官僚机关服务的无效生产由于官僚补偿计划而助长。私营公司的管理人员可以要求得到一份因效率提高而产生的储蓄（利润），而公共官僚的工资要么与效率的改进不相关，要么不直接相关，而且可能反向相关（沃伦，1975）。因此，公共机关的特点就是效率的外在控制和内在的激励很弱。

　　如果官僚没有追求更大效率的财政刺激，那么什么是他的目标，这些目标与效率的关联是怎样的呢？尼斯卡宁（1971，p. 38）列举了官僚的可能目标："工资、职位津贴、公众声望、权力、庇护、机关产品、轻松地进行变革，以及轻松地管理机关。"[①] 然后他推断所有目标中除最后两个目标外都与预算水平有正向的且单调的关联。

16.2.2　模型

　　官僚机关从其出资机构（例如国会或议会）那里得到预算，而该预算是机关服务可察觉到的产出函数：

$$B = B(Q) \qquad B' > 0 \qquad B'' < 0 \tag{16.1}$$

这个函数可以被看做公共利益或效用函数。公共利益被假定会随产出增加而增长，但其增长率递减。

　　官僚机关具有生产其产出的成本函数，至少在有关的范围内，该函数会以递增的速率而增加，就像竞争性公司的成本曲线一样：

$$C = C(Q) \qquad C' > 0 \qquad C'' > 0 \tag{16.2}$$

这种成本曲线只有机关成员（或其中的小集团）知道。正因如此监督难题才会产生。出资者知道它的总收益表（16.1），但是只能看到机关的活动预算。因此它不能确定这个产出是否以帕累托效率的方式而被提供，也就是说出资者不能确定在边际上公共利益是否等于公共成本。出资者只看得到官僚机关的全部产出和它的全部预算，这使官僚机关能自由地最大化其预算，只受到如下限制：其预算足以弥补其生产成本。如果我们假定机关不会把钱还回出资者，那么这个限制作为一个等式就得到满足，于是官僚机关的目标函数就为

$$O_B = B(Q) + \lambda(B(Q) - C(Q)) \tag{16.3}$$

所产生的一阶条件为，

$$B'(Q) = \frac{\lambda}{1+\lambda} C'(Q) \tag{16.4}$$

[①]　唐斯在探讨官僚的目标方面也作出了一定贡献（1967，pp. 81—111）。

$$B(Q) = C(Q) \tag{16.5}$$

从出资者的观点来看，最优性要求就是，追加一个额外单位的产出其对出资者的边际收益应等于其对官僚机关的边际成本：

$$B'(Q) = C'(Q) \tag{16.6}$$

拉格朗日乘数代表的是约束机关的预算扩大所产生的边际效用，它是正值。因此，（16.4）式意味着 $B' < C'$。预算会扩大到边际公共利益等于边际成本的这一点。如果 B 和 C 是二次的，B' 和 C' 就变成直线，我们就有了图 16.1——取自尼斯卡宁（1971，p.47）——所描述的情况。官僚会要求与产出 Q^* 一致的更大预算，而不是要求会导致产出 Q_0 的预算——那会使出资者的利益最大化。在 Q^* 上，三角形 E 等于三角形 F。到 Q_0 为止的边际单位以下的产出生产所得的全部消费者剩余，被 Q_0 到 Q^* 之间产出单位上边际成本超过边际收益的部分所抵消。

尼斯卡宁也探讨了下面这种可能性：出资者需求曲线太靠右边或无弹性，以至于 Q 对出资者的边际收益会在 F 增长到 E 那样大之前就降为 0。那样的话总预算等于总成本的限制不再起作用，官僚机关所要求的产出水平只是出资者所满意的。这种情况由图 16.1 中的曲线 B'_s 和数量 Q_s 来表示。

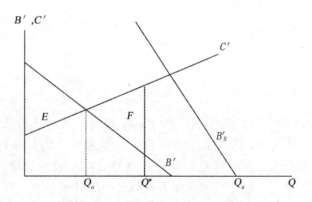

图 16.1　官僚机关产出的过度供给

16.3　模型的扩展

官僚机构获得了比出资者想要给的预算更大的预算，这种权力来自尼斯卡宁假定的讨价还价情况的三个重要特征：（1）官僚机关是买方垄断的供应者，（2）唯有它知道自己真实的成本曲线，（3）它在制度上被允许提出要么接受要么抛弃的预算建议。放宽其中任何一个假定都会削弱官僚机关相对于出资机构的地位。

16.3.1 可供选择的制度假定

提出只能要么接受要么抛弃的预算建议的这种能力赋予官僚机关以极为强有力的议程设定角色，这大概是出资者想得到的一个事实。出资者可能有理由要求这个机关说明产出的成本范围，然后出资者再从中进行选取。如果出资者仍然不知道这个机关的真实成本，而这个机关却知道出资者真实需求的话，那么这种新的安排仍会像从前那样把该机关置于相同位置，但却能够迫使该机关宣布自己真实的成本曲线。

假定出资者自由选取了产出 Q，同时这个机关必须宣布它提供产出 Q 时每单位产出的价格为 P，那么这个机关的预算现在是

$$B = PQ \tag{16.7}$$

其中，$Q = f(P)$ 是出资者的需求曲线，这是该机关所知道的。然后该机关选择了某一价格 P，以使受 $B \geq C(Q)$ 约束的（16.7）式最大化。解决这个问题的一阶条件就是

$$\frac{dB}{dP} = Q + P\frac{dQ}{dP} = 0 \tag{16.8}$$

从该表达式我们得到

$$\eta = \frac{P}{Q}\frac{dQ}{dP} = 1 \tag{16.9}$$

如果 $B \geq C(Q)$ 这个约束条件不用遵守，那么该机关会在自己的需求曲线上选择需求弹性 $\eta = 1$ 那点上的单位价格。如果这个约束条件要被遵守，那么该机关就会选择使预算足以弥补其全部成本的最低价格。图16.2 描述了这些可能性——假定需求曲线为直线和边际成本不变。在低边际成本曲线 C_L' 的情况下，这个机关可以宣布价格 P_1，此时需求曲线下的收入被最大化了。然而，在边际成本超过 P_1 时，这个机关会被迫揭示其真实的边际成本，以获得可能的最大预算，例如 $P_H = C_H'$ 时就是这样。因此，当这个机关必须公布单位价格或价格曲线，而不是提出要么接受要么抛弃的建议时，它促成比出资者最优预算更高的预算能力依赖出资者的需求弹性。如果在需求曲线有弹性的部分边际成本与需求相交，那么官僚就会诚

实地公布其真实成本。只有在对其服务的需求无弹性时，这个机关才能够扩大其预算而超过出资者偏爱的水平，其方式是为其产出宣布一个比其真实成本更高的价格（布雷顿和温特罗布，1975；本德、泰勒和范·加伦，1985）。[①]

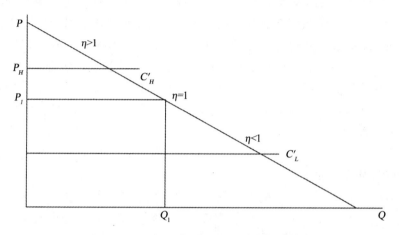

图 16.2　设定价格的官僚机关的选择

属于官僚机关的大量权力源于其隐藏成本的能力。在实践中，这种能力也受到了限制。像美国审计总署这样的监控机构可能察觉到预算超支，并将其报告给出资者，官僚机关内部的泄密者也会不时把预算超支告诉出资者。因此，在宣布 $P > C'(Q)$ 时，官僚机关冒着招致惩罚的风险，惩罚形式是未来预算的削减，或者人事方面的直接制裁（减少自由裁量的预算项目，错过晋升，被解雇）。

假定宣布 $P > C'$ 时的预期惩罚为 $\pi(P)$，$\pi' > 0$。如果 π 可用与 B 相比较的单位来加以说明，那么机关的目标可以被写作下一等式的最大化

$$O = B - \pi(P) \tag{16.10}$$

由此可得该等式的条件为

$$\eta = \frac{P}{Q}\frac{dQ}{dP} = 1 - \pi' \tag{16.11}$$

如果约束条件 $B \geqslant C(Q)$ 不用遵守，官僚机关会宣布比 P_1 更低的价

[①]　克拉尔（1998）赋予了出资者以规制价格和机关产出的权威，并为出资者设计了次优的政策。一般来说，由于出资者缺乏有关官僚机关成本的知识，因此最优产出无法得到。

格，也就是说其需求曲线上有弹性部分的价格，以减少招致惩罚的可能性（本德、泰勒和范·加伦，1985）。不论出资者可以在哪里部分地监控和惩罚官僚机关，该机关都得被迫宣布与其真实成本更接近的一个价格。

如果我们假定——正如常常所假定的那样——官僚是风险厌恶的，那么这个结论就得到了强化。如果官僚是风险厌恶的，那么每 1 美元的额外预算所提供的边际效用会递减，同时价格的每次额外增加都增加了被抓住的预期惩罚，并导致边际负效用增加。因此，风险厌恶的官僚与风险中立的官僚相比，会宣布一个更低的价格（本德、泰勒和范·加伦，1985）。

与官僚机关知道出资者需求而出资者却不知道官僚机关成本的最初状态相比，允许出资者监控机关和收集信息会使权力从官僚机关转给出资者。如果人们假定出资者可以向官僚机关隐藏自己的需求，那么出资者的地位会进一步加强。米勒和莫（1983）说明了这个假定如何会迫使官僚机关揭示其真实成本。

最后，如果一个官僚机关必须与其他机关争夺预算资金，那么这个机关的力量就削弱了。如果每个官僚机关都必须宣布它将在哪个价格提供产出，那么出资者可以采用其他机关的竞标价格来衡量某个机关真实成本的信息。事实上，相竞争的机关充当了某个机关行为的监控者，迫使它宣布更低的价格。[1]

因此，对于预算最大化的官僚机关的最初模型来说，其任何假定的放松都会使结果发生改变而偏离过度预算这个结论，而且在若干情况下还会产生最优规模的预算。

16.3.2　出资者和官僚机关之间的讨价还价

出资者们在政府计划如何以很好地服务于选民利益这个基础上而围绕选票展开着竞争。官僚为晋升而竞争，而官僚机关则在它们被认为是很好地提供了出资者希望的产出这个基础上展开对资金的竞争。这两种主要行

---

① 麦圭尔、科伊纳和斯潘凯克（1979）；本德、泰勒和范·加伦（1985）。尼斯卡宁（1971，第 18—20 章）强调，官僚机关之间的竞争与官僚机关和私营部门之间的竞争一样，都是限制官僚机关自由裁量权的潜在力量。

在卡罗尔（1989）1985 年估计的有关政府所提供的物品和服务的 38 项赫芬达尔指数中，18 项指数小于 0.5，这意味着在这些情况下市场结构并不比两家垄断更坏。不过，她在后来的论文中继续指出，官僚机关发现自己处于竞争性环境可能事实上导致更大的预算和更大的无效率，因为公共官僚倾向于支持无价格而非价格竞争（卡罗尔，1990）。

为者的利益相互冲突，对于出资者和官僚机关在机关预算规模方面及其产出结合的其他特征方面的冲突，最普通的方式是把其看做出资者—需求者和机关—供应者之间的讨价还价游戏（布雷顿和温特罗布，1975，1982；米勒，1977；伊维和米勒，1984）。官僚机关这边有一定程度的垄断权和信息（专业知识）。但是出资者控制着钱袋口上的绳子，它可以提供奖励和惩罚，收集一些信息，并且隐藏它自己的手段。正如在大多数讨价还价的模型中一样，这种讨价还价最有说服力的结果是妥协。官僚机关的预算比官僚想达到的目标更少，但比出资者原来想给得更多。

16.4　可供选择的行为假定

米古和贝朗格（1974）指出，不懈地运用预算资金以扩大官僚机关的产出，这会与（机关预算更多）争取更多机关预算的某个假定目标发生冲突——从而可以追求其他目标。韦瑟比（1971）提醒说，根据威廉姆森（1964）的看法，人员的扩充可能成为官僚追求的一个额外目标，对于该目标的追求会导致每单位产出的更高成本，而在最大化 X—无效率或组织松散的一般目标中，它可以被看做一种特定的形式。

钱特和艾奇逊提出和检验了有关中央银行行为的一个模型，其中银行家追求的是声望，并规避风险。[①]与我们先前对权力的讨论一致，钱特/艾奇逊模型中的中央银行的银行家也是非常隐秘的。钱特和艾奇逊提出他们的模型并用加拿大银行的行为进行检验，但是对隐秘性的强调也适用于许多其他官僚机构和中央银行，最突出的是新成立的欧洲中央银行。

虽然在许多官僚机关（例如卫生部门和交通部门）里，声望不可能是一个重要的官僚目标，但是风险规避似乎能够说明许多官僚的行为。因此，我们将更严密地考察官僚行为的松散最大化（slack–maximizing）和风险规避模型。

16.4.1　松散最大化的官僚

在图 16.3 中，Q 代表某个官僚机关的产出，Y 代表出资者预算中的所有其他项目。[②] 出资者拥有的总预算为 B，B 在官僚机关的产出和官僚

① 参见钱特和艾奇逊（1972，1973），以及艾奇逊和钱特（1973）。
② 这里说明追随的是威科夫（1990）。

机关预算的其他项目之间进行划分，因此，*BB* 是出资者的预算约束线。

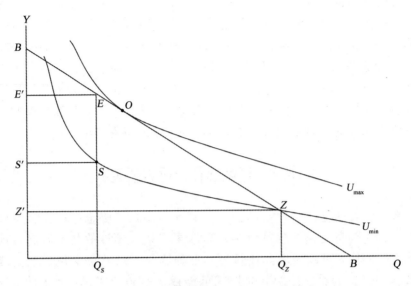

图16.3   松散最大化的机关的产出选择

U_{max} 和 U_{min} 是出资者的两条无差异曲线，或者，如果我们把出资者看做忠实传递中间投票人意愿的当选机构的话，则是选民的无差异曲线。假定出资者的预算约束线已定，则对它来说，Y 和 Q 的最佳结合点是 O 点。

在转向另一个供应来源和关闭该机关之前，U_{min} 是出资者会容忍的最低效用水平。因而，该机关可能获得的 Q 和预算的结合点只有存在于 U_{min} 线或其上方，以及 *BB* 线或其下方。

预算最大化的机关会选择提供产出 Q_z，那会产生可能的最大预算 BZ'。U_{min} 线上位于 Z 点左边的任何点都包括更少的预算额，但它包括松散。松散是用 U_{min} 线上一点与 *BB* 线上直接位于其上方的那一点之间的距离来衡量的。一个松散最大化的官僚机关会在 U_{min} 线上选择与 *BB* 线垂直距离最大化的那个点，即 U_{min} 和 *BB* 斜率一样时的那个点。这发生在图16.3 中的 S 点上。

松散最大化的官僚机关生产的产出为 Q_S。在松散为零时，要提供这个产出给出资者，其总成本为 BE'。不过，官僚机关提供这个产出的实际成本可能为 BS'。更高的成本可能出现，因为机关成员并没有尽力工作，或者他们使用未达最优标准的输入来生产 Q，例如使用过多的人员和过高的报酬。

应当指出的是，如果 Q 对出资者来说是普通物品，那么 S 就位于 O 点左边，而官僚机关中存在的 X—无效率实际上会导致与出资者最优产出相比少得多的产出。[1]

有几项研究已经运用数据包分析（data envelopment analysis）或类似的计量经济学的方法来评估各种物品的州供应者和私营供应者的相对效率。[2] 这些程序运用不同公司的产出和成本数据来估算出某种效率边界（efficiency frontier），然后使用一个公司距离此边界的距离来衡量它的效率。根据图 16.3，这样一个衡量将是 BE'/BS'，即生产产出 Q_S 的最低可能成本与生产它的实际成本之间的比率。大多数此类研究发现州供应者比私营供应者效率更低。图 16.3 表明，这些研究实际上都低估了物品的公共供应中归于 X—无效率的社会损失，原因在于它们只考虑了与生产特定产出相连的更高成本，而没有考虑因共同体没有消费到公共供应的最优数量的物品而产生的额外社会损失。

16.4.2 风险规避的官僚

风险厌恶对官僚机关绩效的影响更加难以预测和衡量。在 16.3.1 小节中，我们注意到风险厌恶会使一个预算最大化的官僚机关退回到有效率的机关规模。但是，如果出资者能够不花费成本而监控官僚机关的所有行为的话，风险厌恶会使官僚机关回避其出资者要它们承担的计划。佩尔茨曼（1973）估计，联邦药品管理局过分推迟新药品的合格证，其所牺牲的美国人生命要比其所挽救的美国人生命更多。这一行为可以归因为，药品管理者体验到，如果他们同意的药品后来变得不安全的话，其所面对的风险要比他们推迟同意所面对的风险大得多。吉斯特和希尔（1981）报道说，住房和城市发展部的官员向投资计划风险更小的城市拨发资金，以避免因计划不成功而遭受批评，而这个计划的目的据说是要帮助"贫困的"城市，即住房计划风险很高的城市。

---

[1] 由于 U_{min} 在 S 点的斜率和 BB 线是一样的，因此我们可以把 BB 线往左移直到它在 S 点与 U_{min} 相切。对出资者来说，S 构成了 Y 和 Q 的最优结合点，其成本最低，这是由替换后的 BB 线所暗示的。如果 Q 对出资者来说是普通物品，那么在出资者收入降低时，所购买的 Q 的数量就会更少。

[2] 最近的研究请参见海斯和伍德（1995），邓库姆、迈纳和鲁杰罗（1997），海斯、拉佐利尼和罗斯（1998），以及马朱姆达（1998）。

林赛（1976）搜集的数据表明，风险厌恶的退伍军人管理局的医院官员侧重于提供容易被衡量的产出（医院床位，病人寿命），而作为其代价的服务品质是产出的一个难以衡量的维度。达维拉、帕甘和格劳（1999）对移民与归化局（INS）的研究也得出了类似的观点。由于衡量非法进入该国而被抓的人的数目要比衡量该国国内非法移民的数目更容易，因此 INS 投入太多资源以阻止非法移民的进入，而没有投入足够资源去抓那些已在该国国内的非法移民。这些例子进一步说明了信息在控制官僚机构中的重要性。出资者不是没有一些权力去监控官僚机构，因为有关官僚机关绩效的一些维度可以被衡量。但是，如果所有维度都不能监控，那么一些权力就存在于官僚机关中的那帮人手里了，他们能够运用这些权力来产生懈怠和/或攫取职位。

16.5　经验验证

到目前为止评论过的官僚机构的模型表明，官僚机关的预算在某种意义上是太大了，因为官僚拥有自由裁量权去花出资者（公民）的钱，以追寻自身的目标。另一方面，布雷顿和温特罗布（1982，pp. 96—97）争辩说，官僚像公司管理者一样，不是完全自由地追寻自身的目标；事实上，与其私营部门同伴相比，他们可能拥有更少的自由裁量权，因为在他们所活动的领域中存在着为晋升而开展的相当多的竞争。如果说有什么区别的话，那就是公共官僚比公司管理者更灵活；这表明公共官僚的市场比公司管理者的市场更有竞争性。官僚的出资者，国会中当选的代表，以及行政人员也在一个竞争性的环境中活动。他们必须面对定期的改选。因此，他们处在持续的压力之下，以尽最大能力去控制官僚机构的过量花费。[1]

情况往往是这样，政府官僚机关是否以及在何种程度上过度供给物品，或者是否以及在何种程度上是无效率的，这都是经验主义的问题。在这个部分中，我们考察一些在此种问题上所积累起来的证据。

16.5.1　议程设定的权力

官僚机关的预算会超出其议会审查委员会的最优水平，这个假定常常

---

[1]　对政府效率的两种有力辩护强调了民主机构的竞争性，参见韦特曼（1995）和布雷顿（1996）。

难以直接检验，因为产出难以衡量，而且审查委员会的最优水平不能够确定。不过，在俄勒冈州，学校预算是由这样一个程序来决定的，它能使人们观察到预算最大化的官僚的行动。每个学区的最大预算都由法律决定。不过，学校董事会可以增加预算规模，其方式是在一个年度公决中提出更大的预算。如果新提出的预算获得所投票数的 50%，它就取代法律设定的限制。如果学校董事会的预算失败了，预算就回复到法律所设定的水平。

如果人们假定最优水平的支出是中位数选民最偏爱的支出，并且如果投票是在所有可能的支出水平上进行的话，那么这种情况使我们可以对有关学校董事会官员动机的假设进行检验。图 16.4 描绘的是以学校支出 G 来说明的中间投票人的效用函数。假定 G_r 是公决失败后学校预算要回归的支出水平。当中间投票人最偏爱的支出是 G_m 时，她会宁愿投票支持 G_b 而不是看着预算回到 G_r。因此，当学校预算的回归水平低于中间投票人最偏爱的预算时，学校董事会能够迫使中间投票人投票支持比她偏爱的预算更大的预算，其方式是迫使她在这个更大的预算与回归水平之间进行选择。

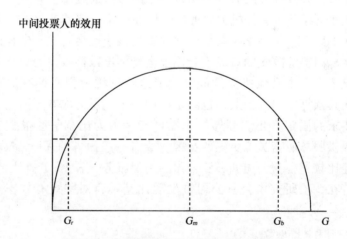

中间投票人的效用

G_r G_m G_b G

图 16.4 预算最大化的议程设定者的选择

罗默和罗森塔尔（1978，1979b，1982）已经分析和检验了有关俄勒冈州学校预算公决过程的一个模型。他们用标准的中间投票人模型来预测中位数选民会要求的预算支出，并且发现，当回归水平低于学校系统得以维持所必需的水平时，公决途径所导致的学校预算将比中间投票人最偏爱的预算高出 16.5% 到 43.6%。支持预算最大化的学校机关这个假定的更多证据包含在 64 个学区的资料当中，这些学区要么不能举行一次公决，要么不能通过它。当回归的预算超过中位数选民偏爱的水平时，人们可以预期学校董事会将不会召集一次选举，而只是确定其预算为法定基数 100% 的全部数额。这 64 个学区的平均估计值超过其法定基数的 99%。①

俄勒冈州的学校预算制度为学校官员提供了一个不同寻常的、有吸引力的机会，使他们可以通过运用所授予他们提出的要么接受要么抛弃的公决建议的权力来提高预算规模。但是，正如前面指出的那样，大多数官僚机关的预算是官僚机关与其出资者之间讨价还价过程的结果。利用教室试验，伊维和米勒（1984）已经说明，仅仅授予出资者—需求者以协商和结成联盟的权力就会增加他们与议程设定者相当的权力。伊维—米勒试验的结果均位于审查委员会最偏爱的选择和议程设定者最偏爱的选择之间的某个讨价还价范围内。福特（1988）发现，对于一次性的医疗债券的发行来说，其结果与人们从中间投票人假设所预计到的结果并无不同。

16.5.2 公共供应的服务和私营供应的服务的成本差异

在某些情况下，官僚机关服务的性质使它难以把其产出扩大到社会所需要的水平以上。一个学校系统能够教育的孩子不会比送来学校的孩子更多；卫生部门能够收集的垃圾不会比社会所倒出以待收集的垃圾更多。在这些情况下，一个官僚机关的成员只能这样利用他们所拥有的自由裁量权，即在其预算中引入松散，也就是说用一个比所需成本更高的成本来提供社会要求的固定产出。额外的成本可能表现为比竞争性报酬更高的报酬，比提供服务所需员工更多的员工，或者一般而言的 X—无效率。许多研究已经比较了公营公司和私营公司的类似服务。表 16.1 概括了 71 项研究。只有在 5 项研究中公营公司被发现比其私营对手更有效率。在另外

---

① 参见菲利蒙（1982）。
公共官员运用自由裁量权的其他证据是由夏皮罗和桑斯特利（1982）所提供的，他们指出加利福尼亚州的第 13 条提议取消了地方官员可自由裁量的资金，并迫使他们选择不同的预算扩展路径。运用加利福尼亚州有关社会学院预算的数据，克雷斯（1989）也发现第 13 条提议取消了学院的官僚的自由裁量权。
拉坦（1980）把美国农业部（USDA）的农业研究计划看做预算最大化的官僚故事的一个重要反例。在多项研究中所预测的农业研究的高回报率意味着农业研究中重要的投资不足。如果对这种服务的需求具有高弹性的话，那么这一发现将与 USDA 更高的单位成本相符。

10 项研究中，这两类公司的绩效没有显著差异，而在剩下的 56 项研究中，国有公司的效率被发现比提供同样物品或服务的私有公司的效率低得多。国有官僚机构或国有公司对某种物品或服务的供应导致更低的剩余利润，和/或更高的成本，以及更低的生产率。[①]

在若干项比较物品或服务的公共供应与私营供应的研究中，私营公司都在某种程度上受到规制。在这种情况下公营公司与私营公司绩效的差别可能因为规制过程而被简化或消除。例如，美国的电费规制刺激了利润最大化的供应者去选择无效率的大量资本装备。[②] 正因如此，表 16.1 中最有启迪性的比较可能是表中最后所列的那些比较，即在制造业和采矿业等非规制领域活动的私营公司和公营公司的比较。

表 16.1　　　　　　　　　成本与生产率指标：可选择的组织形式

活动：作者	单位/组织形式	发　现
1. 航空业		
戴维斯（1971，1977，1981）	澳大利亚/国内唯一的私营航空公司对其独立的公营航空公司	私营公司的效率指数高 12%—100%
福赛斯和霍克林（1980）[b]	澳大利亚的一家私有航空公司和一家公有航空公司（1964—1976）	绩效相同
2. 银行业		
戴维斯（1981）	澳大利亚/一家公有银行对一家私有银行	在所有关于生产率、风险回应和利润的指数中，其符号和大小都有利于私有银行
戴维斯和布鲁卡托（1987）		政府所有的银行持有风险更少的资产，其利润则低于私有银行
3. 公共汽车和运输服务		
奥勒特（1976）	挑选出的某些德国城市的公有公共汽车服务对私有公共汽车服务	公有的公共汽车每公里的服务成本要比私有的公共汽车高 160%

　　[①] 瓦伊宁和博德曼（1992，表 2）提出了长得多的研究清单，包括许多未发表或很难定位的研究。在他们的表中，所揭示出的是大致相同的研究结果。

　　[②] 参见阿弗奇和约翰逊（1962）。芬辛格、哈蒙德和塔普（1985）对德国保险业的研究更像是对德国规制过程及其导致的无效率的控诉，而不是国有公司绩效胜过私营公司的一个例子。

续表

活动：作者	单位/组织形式	发现
贝尔斯（1979）	美国六个州的学校公共汽车（1976—1977）	与私营部门签订合约的学区其成本要比国有体制中更低
麦圭尔和范·科特（1984）	印第安纳州275个区的学校公共汽车（1979—1980）	私有公共汽车服务比国有公共汽车服务在成本上低12%
帕希吉安（1976）	美国117个城市的运输系统（1971）	公有体制每个交通工具的利润率和收入都更低
4. 清洁服务		
联邦政府（1972）	德国一些邮政局的公共生产对私营外包	公共服务所花费成本要多40%—60%
汉布格尔·塞纳特（1974），菲舍尔－门肖森（1975）	德国公共建筑中的公共生产对私营外包	公共服务要比私营选择在成本上多50%
5. 债务征收		
贝内特和约翰逊（1980a）	美国总审计署的研究/联邦政府所提供的服务对私人承包所提供的服务	政府追回每1美元的债要在成本上提高200%
6. 电力行业		
迈耶[a]（1975）	60—90个美国电力公司的样本/公有公司对私有公司	有私营生产成本更高的迹象，但非常不充分
莫尔（1970）	美国电力公司的样本/27个市有公司对49个私有公司	在公有公司中的投资过高；公共生产总的运作成本更高
斯潘[b]（1977b）	四个主要的美国城市/公有公司（圣安东尼奥，洛杉矶）对私有公司（圣迭戈，达拉斯）	在运作成本和投资（每1000kWh）方面，被测量的私有公司同样有效，而且可能更有效
华莱士和容克（1970）	美国各地区/公有公司对私有公司	公有模式中的运作成本高40%—75%；公有模式中的投资多40%
阿特金森和哈尔沃森（1986）	美国电力公司（1970）	私有公司和公有公司效率相同
迪洛伦佐和罗宾森（1982）	美国电力公司	私有公司和公有公司效率相同

续表

活动：作者	单位/组织形式	发 现
佩尔茨曼（1971）	135 个美国电力公司（1966）	私有公司更有效率
7. 消防		
阿尔布兰特（1973）	斯科茨戴尔，亚利桑那（私营契约）对西雅图地区（市有）的消防部门	市政消防部门每人的成本要高 39%—88%
佩斯卡特赖斯和特拉帕尼[a]（1980）	美国的 56 个公司（1965，1970）	公 有 公 司 的 成 本 低 24%—33%
8. 林业		
德意志联邦政府（1976）	德国的公有林业所得对私有林业所得（1965—1975）	私有林业区每英亩的业务收入要高 45 德国马克
菲斯特（1976）	巴登—符滕堡州的私有森林对公有森林	公有公司每单位产出所投入的人力是私有公司的两倍
9. 医院和疗养院		
克拉克森（1972）	美国医院的样本/私有的非营利医院对营利医院	非营利医院中"官僚主义习气"更盛行；非营利医院投入比率变化极大；这两者都表明非营利医院产出的成本更高
林赛[a]（1976）	美国退伍军人管理局的医院对私有的医院	与私有的医院相比，在未进行看护和品质划分的 V. A. 医院里每个病人每天所花的成本更少；"严重的"病例在 V. A. 医院里少，病人停留时间更长；与私有的医院相比，少数群体的专业人员享有优先权
拉欣（1974）	美国中南部地区 91 个临时医院的样本/私有非营利医院对营利医院	在非营利医院里，输入和输出的替换更为缓慢
威尔逊和耶德洛（1982）	生产核药的 1200 个美国医院/政府医院对私有医院	私有医院的效率指数比公有医院更差
贝克尔和斯隆[b]（1985）	1979 年美国 2231 家医院的数据	私有营利医院、私有非营利医院和公有医院的成本与生产率相近

续表

活动：作者	单位/组织形式	发现
弗雷希（1985）	美国的疗养院	私有的营利性疗养院其成本要比非营利疗养院低5%—29%；比国有疗养院低34%—41%
塔克曼和昌（1988）	田纳西州的疗养院	营利性疗养院和非营利性疗养院在成本方面没有显著差异
10. 住房		
穆特（1973）	美国城市的建筑成本，私营机构对公共机构	对于质量固定的每个住房单位，公共机构的成本要多出20%
莱茵兰—普法尔茨（1972）	德国莱茵兰—普法尔茨州大型公共住房供应计划的公共成本对私营成本	公共机构的成本要比私营外包多20%
施奈德和舒佩纳（1971）	德国公有公司建筑成本对私有公司的建筑成本	公有公司是贵得多的供应者
11. 保险销售和服务		
芬辛格[a]（1981）	德国的5个公有的对77个私有的人寿责任保险公司	这两种组织形式在回报率方面是一样的，成本上没有明显差别
肯尼迪和梅尔（1977）	加拿大马尼托巴省的公有汽车保险对阿尔伯特省的私有汽车保险	私有保险的质量和服务要比公有保险的质量和服务更好
芬辛格、哈蒙德和塔普[a]（1985）	德国的96个生命保险公司和83个汽车保险公司（1979）	公有企业的成本低于私有的股份公司
弗雷希（1976）	78个医疗保险公司	营利性公司与非营利公司相比，其成本低15%
12. 海洋油轮的维修和保养		
贝内特和约翰逊（1980a）	美国总审计署/海军油轮对商业油轮	美国海军油轮的维修和保养费高230%—5100%
13. 铁路		

活动：作者	单位/组织形式	发现
卡夫和克里斯坦森[b]（1980）	加拿大国家铁路公司（公有）对加拿大太平洋铁路公司（私有）	近期的生产力没有差别，但是在 1965 年之前的高度规制时期加拿大国家铁路公司效率更低
14. 垃圾收集		
科林斯和唐斯[b]（1977）	密苏里州圣路易斯县的 53 个城镇和自治区/公营模式对私营外包模式	没有显著的成本差异
哥伦比亚大学有关商业研究的研究生院：萨瓦斯（1974，1977a，1977b，1980）	许多种类的美国城市/市政公司对私营垄断公司，有特权的公司对私有的无特权公司	公共供应要比私营供应贵 40%—60%，但是垄断性的特权收集者只比私营的无特权收集者贵 5%
彼得罗维奇和贾菲（1977）	美国中西部的 83 个城市/公营模式对私营外包模式	市政机关收集垃圾的成本要比私营外包的收集者的价格高 15%
希尔施[b]（1965）	密苏里州圣路易斯县的 24 个城市和自治区/公有公司对私有公司	没有显著的成本差异
肯珀和奎格利（1976）	康涅狄格州的 101 个城市/私营的垄断签约公司对私有的无特权公司对市政公司	市政公司收集垃圾的成本要比签约公司高 14%—43%，但是私有的无特权公司则在成本上比市政公司高 25%—36%
基钦（1976）	加拿大的 48 个城市/市政公司对私有公司	市有供应者比私有公司成本更高
萨瓦斯（1977c）	明尼阿波利斯的 50 个私有公司对 30 个市政公司	没有显著的成本差异
皮尔、弗农和威克斯[a]（1974）	蒙大拿州的 26 个城市/市政公司对私有公司	市有的供应者更有效率
波默雷尼（1976）	瑞士的 102 个城市/公有公司对私有公司	市政司的每单位成本高 15%
斯潘（1977b）	各种美国城市的调查/市政公司对私有公司	市政公司的成本高 45%

续表

活动：作者	单位/组织形式	发　现
贝内特和约翰逊（1979）	弗吉尼亚州弗尔法克斯县的 29 个私有公司对一个公有的垃圾收集机关	私有公司更有效率
爱德华兹和史蒂文斯（1978）	77 个美国城市（1975）	当城市与私营公司签了合约时，价格会低 41%
史蒂文斯（1978）	美国的 340 个公有和私有垃圾收集者（1974—1975）	公有垄断公司的劳动生产率要比私营公司更低
15. 储蓄和信贷		
尼科尔斯（1967）	加利福尼亚州的储蓄和信贷/合作或合股公司对股份公司	合股公司的运作成本要高 13%—30%
16. 学校		
查布和莫（1990）	对 7000 名美国高中生的测试成绩（1982，1984）	私立学校的学生要胜过公立学校的学生
17. 屠宰场		
保施（1976）	5 个主要西德城市的私有公司对公有公司	公有公司因为生产能力过剩和人员过多而在成本上要高许多
18. 供水		
克雷恩和扎尔德科希（1978）	112 个美国公司/市有的供应者对私有的供应者；对于组织形式发生转变的两个公司的案例研究	市有公司的生产力比私有公司少 40%，资本—劳力比率则高 65%；市有公司变为私有后，每名雇员的产出增长了 25%；私有公司变为公有后，每名雇员的产出下降了 40%
曼和米克塞尔（1976）	美国公司/市有的供应者对私有的供应者	复制了梅叶（1975）的电力行业模型，但对投入的价格进行了调整；发现公共模式要多花费 20%
摩根（1977）	美国六个州的 143 个公司/市有的供应者对私有的供应者	市有公司的成本高 15%

活动：作者	单位/组织形式	发现
费根鲍姆和蒂普莱斯（1983）	美国的57个私有供水公司和262个公有供水公司（1970）	两种类型的公司绩效相同
19. 气象预报		
贝内特和约翰逊（1980a）	美国总审计局的研究/美国气象局对气象服务的私营外包	政府服务的费用高50%
20. 私有领域的工业公司		
博德曼和瓦伊宁（1989）	世界上最大的500个非美国公司（1983）；419个私有公司，58个国有公司，23个混合所有的公司	混合所有的公司和国有公司比私有公司的利润率和生产力更低
芬克豪泽和马克阿沃伊（1979）	印度尼西亚的100个公司（1971）	公有公司的利润率低14%—15%；价格都一样；成本更高
马宗达（1998）	运用数据包分析来衡量印度大批公司样本的相对效率（1973—1989）	国有公司的平均效率值为0.64—0.66，而数值1最有效。混合所有的公司平均值为0.91，私有公司的平均值为0.975
皮科和考尔曼（1989）	从6个国家和15个行业中抽取的大批公司样本（1975—1984）	私有公司与国有公司相比，有更高的利润率和生产率
古格勒（1998）	奥地利的24个公司（1975—1994）	国有公司利润率比银行所有、家庭所有和外资所有的公司更低
瓦伊宁和博德曼（1992）	加拿大370个最大的公司（1986）	私有公司与国有公司相比，利润和效率都高很多；混合所有的公司位于两者之间

资料来源：博尔歇林、波默雷尼和施奈德（1982，第130—133页），有补充。

注：a. 公共部门成本更低或效率更高。

　　b. 在成本或效率方面没有显著差异。

　　所有不带 a 或 b 的研究都发现，公共部门公司有更高的成本或更低的效率。

　　正如上面所记录的那样，已经有许多文献探讨了合股公司中的委托—

代理问题，以及公司管理者运用其自由裁量权所追求的各种目标。不过，国有公司有几个层次的委托—代理关系。理性的无知致使公民成为当选官员的拙劣监督者。信息不对称赋予国有公司的管理者与立法机构当选议员相对的大量自由裁量权。在一些国有机构代表立法机构监督国有企业的情况下，另一种委托—代理关系被引入，其中松散和 X—无效率的余地更大。表 16.1 最后的六个例子都发现，私有公司在相同领域里要远胜过国有公司。甚至国家拥有部分的所有权都会极大的降低绩效。如果面对竞争的公司都那样无效率的话，那么从供应难于衡量的产出以及面对很少或不面对竞争的官僚机构那里，我们又能期望什么呢？

16.6　作为利维坦的政府

16.6.1　理论

尼斯卡宁提出的这种官僚制模型描绘了政府机构与出资者——像美国国会——之间讨价还价的情况。在尼斯卡宁的原初模型中，官僚拥有所有相关的信息和权力；出资者只有拒绝政府机构提议的资金和权力。随后尼斯卡宁模型的改进把权力转移到出资者手里，并且改变了官僚机关的目标函数。在下一章中，我们会考察与尼斯卡宁模型几乎完全相反的一组模型，在那些模型中，所有权力都由出资者所掌握。不过，在转向那些模型之前，我们先考察更符合尼斯卡宁精神的一个模型。

在布伦南和布坎南（1980）的利维坦模型中，出资者——国会或者议会——与提供公共物品和服务的官僚机构是结合在一起的。这样按照尼斯卡宁的看法，这个巨大的垄断者通过最大化政府部门规模而利用其权力剥削了公民。由于选民的理性无知、多数统治循环内在的不确定性，以及当选官员之间赤裸裸的共谋，政治竞争对政府的限制是无效的（布伦南和布坎南，1980，pp. 17—24）。

虽然政治竞争不能限制政府扩张的意愿，但是宪法还是对税收来源、债务和货币铸造进行限制。布伦南和布坎南假定，从长远来看，对政府的唯一真正有效的限制包含在宪法限制政府征税权、举债权和印钞权的规定之中。

由于政府被看做恶意的收益最大化者，而不是仁慈的公共物品提供者，因此许多关于公共财政、税收文献的传统主张就被彻底推翻（布伦南和布坎南，1980，p. 2）。传统分析假定政府的目的是在某些效率和公平的约束下征集一定数量的收入；布伦南和布坎南则假定公民寻求对政府官僚机构施加限制，使其收入限定在一定数量内。要明白这两种假定之间的差别，考虑一下在不歧视闲暇时怎样征收所得税这个老问题。假定图16.5 中的 AB 线代表无任何税收时的个人机会轨迹。"理想的税收"将使个人的机会轨迹向原点方向移动，例如移动到 CD 线，其所依靠的是向个人挣钱能力征税而不是向实际挣的钱征税。不过，如果税务机关仅仅通过向所挣得的收入征税就可以自由地征集税收，那么它必然会通过更高的有效税率来向所挣得的收入征税，从而征集到同样数量的收入 AC，正如机会线 AB 所暗含的那样。如果可征得的税收数量是固定的——正如论述最优税收的规范文献所假定的那样，那么建立在更广泛税基之上的税收将会被选择，因为 $U_2 > U_3$。然而，如果预算最大化的官僚可以自由地向所挣得的收入和闲暇征税，那就没有理由假定官僚会停在税收 AC 上。如果公民会容忍征税机关把效用减少到 U_3，那么预算最大化的官僚会将税率有效地提高至 AG。根据把政府视为掠夺性利维坦的那种观点，收入的狭义界定和广义界定之间的区别不是税收既定时选民—纳税者的效用水平，而是既定效用水平上所获得的税收总量。

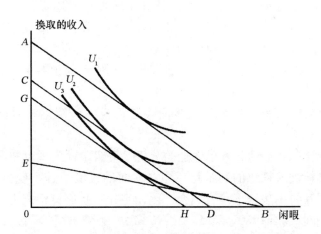

图 16.5 对收入征税和对闲暇征税的可选择性策略

如果不论税基如何界定选民都总是获得同样的效用水平，那么他不会在意这个问题的解决方法。然而，布伦南和布坎南假定，在税基既定时名义税率多高是有物质限制和制度限制的。考虑到这样一些限制，官僚向公民征税的能力在税基的狭义界定下比在税基的广义界定下更弱。一个预期到官僚会最大化其预算的公民会抑制他们这样做的能力，其方式是在宪法中对哪类收入和财富可被征税进行限定。

布伦南—布坎南模型也推翻了对税负过重所作的标准分析。当被征收的税收总量既定时，最优征税就是扭曲度最小的征税，而那种扭曲会指向最无弹性的收入来源。当政府要最大化其所征集的税收时，公民会寻求把这种税收限制在更有弹性的税基之上，并且使他的部分收入和财富完全规避被征税。

当布伦南和布坎南把他们的分析应用于征税的其他方面时，他们有时会得出与规范征税文献中已有结论相类似的结论，但其潜在的逻辑极为不同。选票最大化的政府有动机引入特别的征税优惠，以支持狭义的利益集团，而制定征税宪法以约束利维坦的公民则要求政府列出对所有人相同的征税表，以限制政府参与税收价格歧视的能力——这种能力是政府扩展其收入的手段之一。故此在立宪阶段，"横向平等"会受到支持，这是因为它限制了政府的自由度，而不是因为任何其他伦理的原因。① 类似的逻辑通常会导致对累进税的偏爱胜过累退税：按照施加高边际税率的征税表所征得的收入一般会少于按照施加更低边际税率的征税表所征得的收入。

利维坦模型也提供了支持威克塞尔（1896）下述提议的证明：支出方案应与为支出供给经费的税收之间平衡一致。虽然对威克塞尔来说，这个提议看上去显然是公民为确保有关收益与成本的选择更明智而要求的，但是在政府追求收入最大化时这个提议也有利于确保预算平衡，并强使政府提供一些公共利益以获取更多的收入（布伦南和布坎南，1980，pp. 154—155）。因此，在政府能够征收通行税时，桥梁和道路必须先被建造出来。

虽然传统上对举债和货币铸造的分析一直假定政府的动机是好的，但在不断寻求新收入来源的利维坦手中，这两种政策工具都变得非常危险。于是平衡预算的宪法修正案自然会产生，正如对政府铸币能力的限制一样（布伦南和布坎南，1980，第5、6、10章），最终"完全否定政府在任何情况下有铸币权"（布伦南和布坎南，1980，p. 130）的限制可能成为控制这种权力被滥用的最好手段。

在布伦南和布坎南的国家模型中，公民几乎完全丧失了对政府的控

---

① 与其相类似——虽然更带有规范意味——的一种观点是由布坎南和康格尔顿（1998）提出来的。

制。当他们最初铸造对政府的宪法约束时，就让政府得以生存下去。同时因为选民对其真实税单、举债影响以及货币铸造的理性无知，政府追寻自己目标的权力得到了极大的支持。信息—权力连接在利维坦模型中再度出现，表现为财政错觉和理性无知。公民不时地可能感觉到政府利维坦在追寻自己目标方面走得太远了，并且从他们的沉睡中醒来，重新为政府铸造一些镣铐，例如美国 70 年代有关征税和举债的反叛，以及 90 年代初财政保守主义的短暂胜利。但是，在公民控制政府的这些浪潮之间，政府仍然会在宪法有效允许的（不论什么）任何约束内继续其收入最大化的计划。

16.6.2 经验验证——政府支出和税收

利维坦模型的核心假设是，只有对税收来源或支出水平的宪法约束才能抑制政府中那些人的贪念的增长。关于此类约束的重要性，坎贝尔（1994）已经给出了具有启迪性的说明。新罕布什尔州宪法要求该州税率为比例税率。该州议会下院的席位数很大，而且下院席位数与上院席位数的比率也非常大。按照麦柯密克和托利森（1981）的观点，新罕布什尔州宪法的这些特征将使利益集团难以改变它。结果，新罕布什尔州的税基是美国 50 个州中最狭窄的，没有销售税，收入税限于利息和股息。同时，新罕布什尔州的税收和政府支出都比其相邻各州要少得多。

为了证明新罕布什尔州居民对这种限制政府部门的结果感到满意，坎贝尔引用的是新罕布什尔州与其邻州相比更高的人口增长率。公民已经用脚投票支持了一个有限制的利维坦，其方式是从邻州移居到新罕布什尔州，以及更少数量的迁出。

税基对于决定政府规模来说是重要的，坎贝尔的这种说明在纳尔逊（1986）更广泛的研究中得到了支持。纳尔逊发现向个人收入征税的那些州的政府部门规模很大，而且政府部门的相对规模与地方政府单位的数目反向变动。如果人们假定更多地方政府单位意味着更强的联邦制结构，以及通过政府间竞争而对政府有更彻底的限制的话，那么这一结果也支持利维坦模型。坎贝尔还指出，新罕布什尔州与其邻州佛蒙特、缅因和马萨诸塞相比，具有更为分权的政府结构。对于分权在解释政府规模方面的重要性，迪肯（1979）、梅海（1984）、梅海和冈萨雷斯（1985），以及马洛（1988）已经提供了进一步的证据。几项跨国研究也发现，联邦制结构与政府规模反向相关（卡梅伦，1978；桑德斯，1986；施奈德，1986；缪勒和施特拉特曼，2002）。另一方面，奥茨（1985）在运用有关联邦宪法结构和税收集中程度的数据中并未发现对利维坦假设的支持。纳尔逊（1986）在他对美国州一级数据的跨区域分析中也观察到同样的结论。

当然，如果政府共谋的话——在利维坦模型中它们有充分的理由这样做，那么政府竞争不会产生有利的结果。政府间的补助款是一种有吸引力的手段，它可以提供所需的报酬以巩固被假定为相竞争的政府之间的共谋协议（布伦南和布坎南，1980，pp. 182—183）。新罕布什尔州与邻州佛蒙特、缅因和马萨诸塞相比，更少使用政府间的补助款（坎贝尔，1994，pp. 140—141）。格罗斯曼（1989a、b），格罗斯曼和韦斯特（1994）提供了有关美国和加拿大的更系统的证据。[①]

在布伦南和布坎南的设计中，对利维坦的最终限制由宪法来提供。第13条提案运动在缩减政府规模方面所取得的成功为他们的论点提供了进一步的支持（夏皮罗和桑斯特利，1982；克雷斯，1989）。

16.7 结论

大多数公共选择文献都坚持公民高于国家的传统。正如市场中的个体消费者是主权者一样，最终的权威被假定掌握在公民手里。

但是，"主权"一词并非作为公民的同义词而产生的。在历史上，这个词也曾经用于指称作为君主国元首来统治民众的单个的人。国家是与其所统治的民众相分离的，而且它的确高于民众。公民被要求服务于国家；国家不是民众的仆人。

有关国家的这第二种观点在布伦南和布坎南的利维坦模型中有着生动的体现，但是这种观点的基本要素也存在于官僚模型中。哪个模型最好说明了政治实体的结果，这可能既取决于人们想要说明的结果是什么，也取决于政治实体是什么。公民高于国家的模型可能更适于描述瑞士的阿彭策尔州；利维坦模型可能更适于描述法国和德国这样的国家。

布伦南与布坎南的利维坦模型和尼斯卡宁的官僚主义模型都假定行为者的主要目的是预算规模最大化。最高统治者与官僚都是帝国的构建者。在私人领域，这种帝国构建行为与财富的最大化颇为一致，就像经理的工资往往与公司的规模密切关联。然而，在许多国家公共服务规则并不将官僚的工资与官僚机构的规模密切相连（约翰逊和利贝卡普，1989）。在公

---

① 进一步的探讨和证据参见第十章和第二十一章。

共领域，官僚通常通过创造并利用组织漏洞来施展他们的决断权。美国人的公共教育体系不是通过教育过多的学生而是通过提供非优质教育来贻误他的公民——与在有效组织的私立学校里受教育的学生相比（查布和莫，1990）。

虽然有大量的证据表明公众的懒散和无效率是存在的，但是也有证据表明公众能够对利维坦施加某些控制。例如，海斯和伍德（1995）发现，在伊利诺伊州那些公民有更强动机去了解政情的城市，少有证据表明警察服务的供应具有官僚主义的懒散作风。在 0—1.0 的标尺上，市政警察部门的平均效率为 0.96。对于伊利诺伊州各城市所提供的其他政府服务，海斯、拉佐利尼和罗斯（1998）也得出了类似的结论。邓库姆、迈纳和鲁杰罗（1997）发现，在那些公民有着最大动机去了解政情的学区，纽约州的公立学校是效率最高的学校之一。第 13 条提案行动是公民采取行动去控制政府的另一个例子。

布伦南、布坎南、尼斯卡宁和厄舍（1992）这样一些学者把国家看做一种贪婪的野兽，它在利用其权力以最大化地剥削公民。另一方面，像布雷顿（1996）和威特曼（1995）这样一些学者则把国家看做与市场相当的一种制度，民主竞争在这种制度中所产生的效率水平也与市场竞争所产生的效率水平相当。哪种观点更切合实际呢？这显然是个经验的问题。我们在这章中提出了一些相关的证据。我们会在后面更仔细地进行考察，特别是在第二十章、第二十一章和第二十二章。

文献注释

对官僚文献所作的评论有奥热霍夫斯基（1977），莫（1997）和温特罗布（1997）。

官僚的议程控制模型已被麦凯和韦弗（1981）加以扩展，从而不再只适用于一种政府行为。

在布雷顿（1974）的代议民主理论中，政府被模拟为某些极为渴望的公共物品——像国防、警察、消防和公路——的垄断供应者。奥斯特和西尔弗（1979）也把国家的历史描述得好像它是一个垄断者。

第十七章 立法机关和官僚机构

那么，我们到底应该采用什么方式来切实维护宪法所规定的各部门之间权力的必要划分呢？能够给出的唯一回答是，既然发现所有这些表面条款都是不充分的，则其缺陷必须以对政府内部结构的如此特定设计来弥补，以使政府的各个组成部分可以通过相互联系成为彼此各安本分的手段。

《联邦党人文集》第 51 篇

在第十五章所探讨的寻租模型中，政治家向利益集团购买和出售立法。立法机构是一个租金在其中被购买和出售的市场。官僚机构自由裁量的问题被忽视了。立法机关完全处于支配地位。与此形成鲜明对照的是，在前一章所探讨的有关官僚制的第一个模型中，立法机关受全能的官僚机构的绝对支配。当然，这两个模型是有助于说明政治过程某些特征的相反例子。在这一章中，我们会进一步考察立法机关和负责执行立法机关创议政策的官僚机构之间的关系。我们也会考察在美国这样的总统制中最高行政长官和司法机关所扮演的角色。我们的分析就从这么一个模型开始。这个模型完全颠覆了尼斯卡宁官僚模型的权力关系。

17.1 国会主导模型

17.1.1 通过行政结构来实现国会主导

让我们像在寻租模型中一样假定国会的每位议员都寻求再度当选，为此他将以立法来回报给他的选区人民和为他提供竞选资金的利益集团。然而，单凭他自己不能够为其选民供应所想要的立法。他必须首先使其多数同事在立法机关中投票支持该项立法，然后他必须确信负责执行该项立法的官僚机构会以符合其选民意愿的方式来执行它。如果国会被组织得像一个市场，每名议员能够购买他所需的表决票以支持他所要的立法，那么第一个难题可能被绕过去。但是实际情况并非如此。国会议员只能达成交易协议而不是真正地购买或交换表决票，这些协议可能因为某些议员曲解他们的偏好，背弃承诺，循环投票，等等而受损。①

魏因加斯特和马歇尔（1988）认为，国会所设计的组织结构既能够解决如何确保协议不致失灵的问题，也能够解决官僚服从的问题。特别是通过创建提出立法的委员会和监督那些被委托以执行立法的人的委员会，并且把那些非常关心所分派给每个委员会的立法的议员充实到委员会中去，国会构建了一种制度结构以授予国会中那些议员以创议和阻碍立法的权力，议员们因这些权力而得利最大。此外，在协商委员会中解决众院与参院通过议案文本分歧的这一过程也赋予了最初的发起委员会中的关键议员以权力，确保交易一旦做出就不会失效。

委员会制度中的议员们不是在交换表决票，而是把其对相关权力的影响力的交换制度化了。他们不是在竞标表决票，而是在竞标一些委员会中的位置，这些委员会所关联的政策领域的权力对于他们再度当选来说是有价值的。相对于交换表决票的市场中的政策选择，值得注意的是，通过委员会制度而制度化的立法交易更不容易在事后受执行问题的困扰（谢普斯利和魏因加斯特，1987，p. 148）。

国会委员会能够运用"钱袋权"，并以此惩戒那些向其汇报的机构。由于委员会成员非常关心立法实施的方式，故此在收集信息和监控政府机构行为时的免费乘车问题就减轻（弱化）了。此外，委员会成员经常能够依赖选区人民代其履行监控之责。如果农业部没有按照国会所要求的方式对待牛奶场农民，牛奶场农民就会知道，他们就有动机去引发"警报"，使其不满为国会委员会所知晓，那会导致农业部的预算被缩减。②

一些经验研究的结果倾向于支持国会主导模型。这些经验研究发现国会议员的委员会的分派与联邦资金流入他所在选区之间有重要关联。当人们想到国会议员在出售立法时，猪肉桶（pork - barrel）立法是首先让人想起的，而且某人的众议院公共工程委员会的成员资格确实增加了其选区

---

① 参见缪勒（1967），帕克（1967），以及第五章有关互投赞成票的讨论。
② 参见麦卡宾和施瓦茨（1984）。不过，太多"假警报"可能会破坏这种控制手段的效果（卢皮亚和麦卡宾，1994）。

所接受联邦资助款的份额（费约翰，1974）。但是，议员也可能因为身处筹款委员会、拨款委员会、农业委员会、军事委员会、银行和货币委员会，以及更多的委员会而受益（戈斯，1972；斯特罗姆，1975；阿诺德，1979；霍尔库姆和扎尔德科希，1981；里奇，1989；科恩和诺尔，1991；阿尔瓦雷斯和萨温，1997；克罗斯内和施特拉特曼，1998）。① 如果某位议员的选区人民赞成联邦支出更少，监督委员会中的成员资格也能够起到控制预算最大化的官僚的作用。

有几项研究已经考察了国会对联邦贸易委员会规制政策和司法部规制政策的影响。相关的"监控"委员会的成员似乎也能够影响到政府所提交的诉讼案件的类型以及在哪里提出此类案件。② 至少在某些领域中，国会似乎能够使公共官僚机构按照国会的命令去做。

17.1.2 经由行政程序的国会主导

麦卡宾、诺尔和魏因加斯特（1987，1989）在接下来的文献评述中通常被称为麦克诺尔加斯特，他们所提出的国会主导模型不同于魏因加斯特、莫兰和马歇尔所提出的国会主导模型。这一模型的基本结构还是委托—代理关系的结构，但它现在强调的是国会通过对行政程序作说明来控制政府官僚机构的权力，而官僚机构必须在这些行政程序下工作。例如，通过要求政府机构在改变规则或改变政策之前预先作充分的通告，国会确保受影响的利益集团有足够的时间来提出支持或反对这种改变的观点。通过要求政府机构在改变政策之前举行公共听证会，国会确保利益集团有合法的地方来传达他们的观点。麦克诺尔加斯特也认为，国会在向其选区人民提供立法时所遇到的委托—代理问题可以在很大程度上得到解决，其方式是通过选区人民自己对影响他们的政府机构进行监控。但是，与国会主导模型的其他文献不同，麦克诺尔加斯特强调的是国会通过说明官僚机构必须在其下开展工作的行政程序而"预先"控制官僚机构的能力。国会委托人"签订了契约"以约束其官僚代理人。这个契约不仅包含了对所要完成的目标及完成目标所需预算的全面说明，也包含了详细的行政程序规定以确保官

---

① 不过，反论及其证据请参见伦德奎斯特和格里菲特（1976），伦德奎斯特（1978）和克雷比尔（1991）。

② 参见费丝、利文斯和托利森（1982），魏因加斯特和莫兰，1983；科特、希金斯和麦切斯尼（1990），瓦克里斯（1996），麦凯、米勒和扬德尔的论文集（1987）。不过，埃斯内和迈耶（1990）则对国会影响的重要性表示怀疑。

僚机构不会在追寻它们自己议程的过程中偏离路线过大。

17.2 不确定性和交易成本的影响

虽然所列举的支持国会主导模型的证据和观点有充分的说服力，从而使人们至少抛弃前一章中最强硬的几个官僚权力模型，但是有些人对立法机关和处在其控制下的官僚机构之间的关系仍然抱有怀疑态度。举个例子，为什么美国国会有时通过宽泛的立法，像在反托拉斯领域，这似乎给规制机构留有极大空间以实施自由裁量行为，而在环保立法等另外一些情况下，国会却规定了非常具体的标准？为什么有时立法是由联邦药品管理局这样的政府机构进行监督的，而另外一些时候则由法院进行监督？在这一部分，我们会考察已经给出的对于这个问题的两组答案。

17.2.1 不确定性和职责的承担者

菲奥里纳（1982a）强调了在国会议员对某项立法的可能影响中的不确定性的重要性，并且认为它是决定立法所呈现出来的形式的关键因素。例如，假定来自生产棉花各州的议员和那些感谢棉花行业为其提供竞选资金的人寻求通过立法来回报他们的支持者，那么收取进口棉花的关税对于增加棉花生产者的财富来说有着直接的和重大的影响，因而会是那些促使通过关税的议员能够立即得到好评的行为。同时首选的立法形式则是由国会确定具体税率的关税制度。

回想一下 1887 年创建州际贸易委员会（ICC）以规制铁路公司的立法和 1890 年通过的《谢尔曼反托拉斯法》。这两部法律都是为了回应 19 世纪末出现的民粹潮而制定的，是以辛勤的劳工、农民，小公司和可能的消费者作为其受惠者而制定的。但是就国会议员来说，他们对于如下两个方面必然有着相当多的不确定性：一是这些立法对意欲达到的目标的实际影响；二是源自这些立法可能的利益受损者——铁路公司和其他大"托拉斯"——的未来政治成本。由国会直接控制下的政府机构负责实施的宽泛成文法则使国会有机会通过其对 ICC 和司法部的控制，随时间流逝而对立法"进行微调"。[1]

---

[1] 利贝卡普（1992）对谢尔曼法的通过所作的分析与菲奥里纳的经济利益驱动模型是一致的。不过，普尔和罗森塔尔（1993）对 1887 年通过《州际贸易法》时投票情况所作的分析则意味着，决定国会议员对于这部法律如何投票的是其意识形态，而不是其选区人民的经济利益。

17.2.2　不确定性，交易成本和承诺

到目前为止讨论过的自尼斯卡宁到麦克诺尔加斯特的文献中所包含的模型基本上都是两个行为者：立法机关和官僚机构。莫（1990a、b）和霍恩（1995）为这出戏剧添加了第三个行为者：未来的立法机关。他们的研究像菲奥里纳、魏因加斯特和其他人的研究一样，既强调立法者所面对的未来的不确定性，也强调立法者在促使官僚机构按照其意愿执行法律时包含的交易成本。但是，莫和霍恩还提醒人们注意立法者在制定法律那一时刻所面对的承诺问题。纵然立法者能够像国会主导模型所暗示的那样尽可能紧密地支配官僚机构，他们又怎么能够阻止未来的立法机构不去破坏今天所作出的交易呢？

为了给出这个问题的答案，霍恩建立了一个立法机关—官僚机构的互动模型，把目前为止所探讨过的所有模型的特征结合在一起。在制定一项法规时，国会必须决定：（1）是制定一个宽泛、含糊的法规还是一个清晰、具体的法规；（2）是通过私营部门、政府官僚机构还是国有企业来实施这个法规；（3）如果私营部门被选取，是通过规制机构还是法院来进行监督；（4）哪些行政程序将指导规制机构或公共官僚机构的行为；（5）哪些公务员法规将会决定在这些机构中工作的人的录用、解雇和升迁，等等。考虑到相关的不确定性和潜在的委托—代理关系，国会无论何时提出一项主要立法都会面对极端复杂的最优化问题。另一方面，正如霍恩所说，国会拥有不少控制机制可供使用，以使其能以最低的交易成本达到其所想往的结果。

为了说明霍恩理论的丰富内涵，让我们仔细考虑他所发现的公务员法规在这出戏剧中所起的作用。设想一下刚当选的国会与之前通过环境保护法、创立环境保护署（EPA）等的国会相比，更不需要承诺环境保护，那么新国会将被诱导去把EPA中强烈承诺环保的许多人替换成不那么承诺环保甚至敌视环保的人，以便尝试和实现自己的目标。然而，政府雇员所依靠的精心设计的保护公务员的法规把这种选择从当前国会的武器库中除去了。霍恩的解释是，今天存在的独立的公务员制度之所以会替换掉美国19世纪政府职位恩赐的分肥制度，是因为国会希望在任何时候和情况下都可以提高立法质量，其手段就是不能随意修改先前的立法。

爱泼斯坦和奥哈洛伦（1999）也依靠交易成本理论来研究国会委托

的问题。不过，他们通过说明政府分立（divided government）的时候委托的含义而扩展了霍恩和莫的研究。在总统职位由一党所控制而国会由另一党所控制的情况下，政策职责被委托所引起的委托—代理问题增加了国会的下述可能：（1）不委托；（2）在委托时运用更具体的用语；（3）委托给一个独立机构而不是行政部门中的某个部门。

霍恩、爱泼斯坦和奥哈洛伦为他们的理论提供了大量确凿的证据。然而，对公共选择文献来说这些理论提出了一个令人困惑的问题。考虑到今天制定议案的一个立法者可能是明天的一个立法者，可能是同一个人，为什么前者会限制后者的自由呢？霍恩给出的答案是，通过施加这样一种限制，一个立法者极大地增加了他在今天筹集资金和回报选区人民的能力，推测起来，这种所得必然抵消了明天他出售立法的机会，因此这种机会与明天的他相隔绝。但是，这个答案似乎假定选民很世故，并且有远见，这与公共选择文献中随处可见的近视的、理性的无知选民形象不相一致。[①]选民和利益集团能够认识到，假如一项立法表述含糊，并且委托给规制机构以这样含糊的立法和含糊的行政规则等，而不是表述清楚并由法院来监控，对其长远目标会更为有利吗？

17.3　国会和总统

在美国这样的总统制政府体制中，许多实施立法机构所创立的计划的官僚机构都处于总统的监督之下。在这种情况下，立法机关能否成功使官僚机构贯彻其目标的问题就增加了一个维度——总统是否同意立法部门的愿望。在这一部分中我们就来探究这个问题。

17.3.1　立法机关控制总统

仔细看下图17.1。两种公共物品 x 和 y 的数量必须被确定。总统和国会都被模拟为整体的、其偏好用 x 和 y 来说明的行为者。L 是国会（立法机关）的理想点，P 是总统的理想点。曲线 U_{L1} 和 U_{P1} 是代表立法机关和总统的无差异曲线。S 是 x 和 y 的现状结合点。

总统和立法机关之间的立法博弈是这样进行的：立法机关先选择 x 和 y 的结合点 C。然后总统可以选择否决这个提案，或者签署它。如果签署

---

① 的确，文中的情况与霍恩（1995，p. 12）自己所持的选民为理性无知的假定不符。

它，C 成为 x 和 y 的新结合点。如果否决它，立法机关拥有推翻否决的选择。在美国，这样做需要国会两院各三分之二的多数。如果立法机关能够推翻总统对 L 的否决，它显然会提出这个点。更有趣的情况发生在立法机关不能推翻总统的否决之时。

立法机关知道总统会否决任何使其比现状结合点 S 更坏的提案。他的无差异曲线穿过 S，U_{P_2} 代表立法机关可望达成的 x 和 y 可行的结合范围。任何位于 U_{P_2} 线左上的提案会被否决，从而导致 S 的胜利。考虑到否决的这种限制，立法机关的最佳提案是 C_L。

总统和立法机关之间的策略互动也可以借助图 17.2 博弈树的帮助而被描绘出来。立法机关先行活动，它可以提出一个和 S 相同的 C 或一个不同于 S 的 C。假如存在一些既能使立法机关比在 S 时效用更大而又不会被否决的 C，那么立法机关为了自己的利益会提议这些 C，例如上面所说的 C_L。让我们假定总统在 C 这个提案和 S 之间持不关注态度，而没有否决它，那么 C 就胜利了。[①]

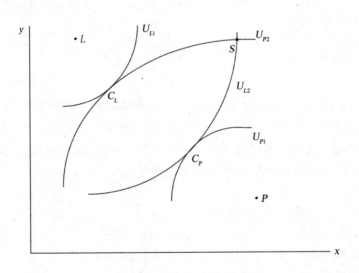

图 17.1 立法机关—总统博弈

---

① 对于这些模型的进一步讨论，参见谢普斯利和魏因加斯特（1987），登曹和麦凯（1983），以及基威特和麦卡宾（1988）。

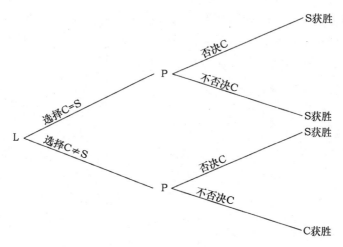

图 17.2　当立法机关先行活动时的博弈树

17.3.2　总统控制立法机关

英格伯曼和姚（1991）认为，总统有时能够在立法博弈中抓住先动者的优势，其方式是在立法机关提议之前自己先承诺某种政策。立法博弈现在如图 17.3 所示。总统首先决定是否承诺某项政策 C_P。如果他不承诺，立法机关可以自由提出它想要的不论什么政策，于是博弈如前所述进行。另一方面，如果总统承诺了如图 17.1 所描述的 x 和 y 的一种结合 C_P，那么博弈会沿着图 17.3 中博弈树底下那个分支进行。当然，立法机关仍然可以自由提出 C_L，不过如果它这样做的话，总统会遵守承诺并否决任何非 C_P 的提案，结果是现状得以维持。删除掉那些绕过总统承诺阶段的虚弱的主导策略，博弈树将被简化为图 17.4 所呈现的样子。如果存在能被立法机关接受的超越现状的像 C_P 这样的提案，那么该提案将会为总统带来比 C_L 更大的效用，总统为了自己的利益会承诺这类政策。

当然，如果立法机关在总统所承诺的 C 和现状之间持完全不关心的态度，它可能提出维持现状以刁难总统。为了避免这种风险，并且避免因为判断错 U_{L_2} 的位置而得不到他想要的结果，总统自己可能承诺如下提案：该提案向立法机关预示其能为立法机关增加比现状所提供的更多一些的效用。例如，考虑到这种情况下的不确定性，总统可以承诺否决图 17.5 中 CC 线左上的任何提案。这条线现在成了为立法机关所设置的机会界线，而它会选择这条线上能够为其带来最大效用的点，如 C_{LC}。当总统能够预先承诺某项政策结合时，立法博弈的可能结果是这样的妥协提案，它能够使总统和立法机关同时获得比现状更多的利益。

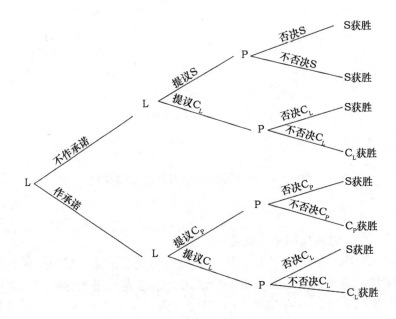

图 17.3　当总统作承诺时的博弈树

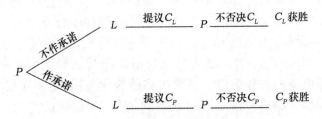

图 17.4　淘汰掉虚弱主导策略后的博弈树

伴随着预先承诺策略，人们常常要问：这些策略是否可信。如果立法机关的提案正好在 U_{P_2} 内，总统的无差异曲线穿过 S，他会在事实上否决它以维护自己的承诺吗？显然在一次性博弈中这种行动是非理性的，因此承诺不可信。但是，国会与总统之间的立法博弈是在一个选举周期内重复发生的。如果否决一个会使总统效用少量增加的议案能够为总统的否决威胁带来声誉，并且导致未来立法机关的提案承诺总统以更大利益的话，那么这样做在重复博弈中就是理性的策略。

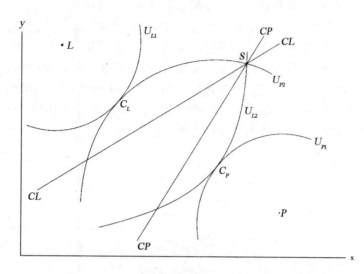

图17.5 立法机关—总统妥协——分享"交易所得"

当然，在实践中，总统不能观察到国会的无差异图，也不能观察到自己的无差异图。关于另一方会做什么，每一方都存在不确定性。卡梅伦（2000）最近模拟了两组行为者的交易策略，并运用他的模型来解释美国总统对否决权的运用。

17.3.3 僵局的问题

总统所作的一些承诺发生在竞选期间。另一方面，国会议员也必须面对选举，因此他们也会向选民作出承诺。当两个部门都预先承诺最小的或最大的开支政策时，结果将是一系列确保现状得以获胜的预先承诺。

要理解这点，让我们仔细看看图17.6。总统已经允诺要否决国会所提出的不能保证 x 和 y 的结合点位于 CP 线右边到 CP 线之间的提案。立法机关则向选民允诺，它将不会提出 x 和 y 的结合点位于 CL 线右边到 CL 线之间的提案。而在无差异曲线 U_{P_2} 和 U_{L_2} 所构成的透镜形状内，没有任何点可以同时满足这两个限制。所以，现状将因为缺乏行动而获胜。

现状的位置对于僵局——在美国通常被称为格里洛克。美国纽约在70

年代发生过一次严重的交通堵塞事故。当时汽车无法前进，排成几里长的长蛇阵，所有主要街道的路口全部都被堵死了。人们把这一现象叫做：格里洛克（gridlocks）。（现在美国人用"格里洛克"这个词形容美国政界存在的那种两派僵持不下，任何问题无法得以进展的现象。——译者注）——是否出现具有重要意义，克雷比尔（1998）最近就此作了说明。除了总统和国会之外，克雷比尔增加了第三个行为者参议院，因为参议院也能通过阻挠议事（filibuster）而导致僵局，直到议案的倡议者放弃或同意对其进行修改，以抚慰参议院中议案的反对者。

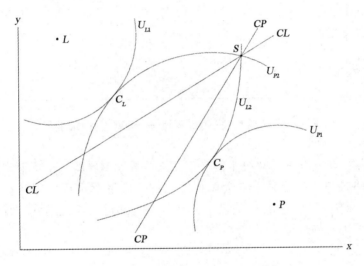

图 17.6　立法机关—总统的僵局

　　仔细看看图 17.7 中描绘的单维的问题空间。国会再次被假定为一个整体的委员会，委员会中位数成员的理想点是 m。[①] 在没有总统否决和参议院阻挠议事的情况下，m 会战胜任何现状点。三分之二国会成员的理想点在 v 点上边或 v 点左边，而 v 点是推翻总统否决的关键点。五分之四参议员的理想点位于 f 点左边，因此 f 点是终止阻挠议事的关键点。总统则是自由主义者，他的理想点是 p。

　　现在假定现状点 q_1 位于 m 与 f 之间。m 点会在国会中赢得比 q_1 点更多的票数，而且对总统来说也比 q_1 更好。但是五分之二的参议员更喜欢

---

① 莫里斯和芒格（1998）说明了众议院与参议院偏好不同所具有的重要意义。

q_1 而不是 m，因为关键点 f 在 q_1 右边。因此，在参议院中对 m 的表决会受到阻挠议事的干扰，m 的拥护者缺乏五分之三多数以终结辩论。现状维持将获胜，僵局占优势。

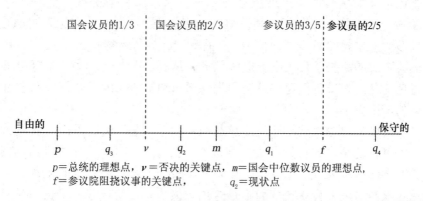

图17.7　模拟国会僵局

如果现状点 q_2 位于 v 和 m 之间，结果会一样，总统更喜欢 q_2 而非 m，并且否决了支持 m 的议案。由于 v 位于 q_2 左边，所以三分之一的国会成员更喜欢 q_2 而非 m。总统的否决不能够被推翻，僵局再次占优势。

不过，现状点 q_3 和 q_4 不能获胜。如果 q_3 是现状点，国会可以提出 v 并且在总统制造麻烦以否决它的时候推翻总统的否决。如果 q_4 是现状点，提案 f 将在参议院中赢得足够支持，以终止阻挠议事。克雷比尔理论的一个有趣的特点是，美国政治中存在的僵局不限于总统和国会分别由不同政党控制的情况。重要的是，关键点和现状所处的位置。

17.4　国会、总统和司法机关

17.4.1　在模型中增加司法机关

在立法这出戏剧中，第三个可能的行为者是司法机关。在美国等许多国家，司法机关可以通过宣告行政部门和立法部门所达成的妥协无效而介入立法博弈，它是通过判决所立法律与宪法语句或语句背后的潜在意图不一致来这样做的。

通过假定司法机关也拥有以 x 和 y 来说明的偏好，它就可被引入到前面的模型之中。如果司法机关的理想点位于图 17.1 中 P 点的右下，或者 L 的左上，那么它介入博弈不会影响结果，因为与现状相比它更偏爱的一系列结果包含了其他两个行为者之一的结果。不过，如果司法机关的理想点要比总统和立法机关的理想点更靠近现状，那么情况就有变化了。图 17.8 描绘了这样一个例子。司法机关的理想点是 J，并且它会否决通过 S 的圆形的无差异曲线 U_C 之外的任何提案。国会所可能提出并且不会被司法机关否决的那些替代提案在透镜图形中从 U_{P_2} 到 U_{L_2} 之间的落下部分缩减为黑色部分。如果我们允许总统预先承诺 x 和 y 的某种结合，那么这种缩减后的范围更小。

司法机关的理想点经常与现状点相一致。在这种情况下，立法机关当然缺乏可行的替代现状的提案。最近有个类似的例子发生在加利福尼亚。州长希望改变政策以拒绝移民接受公共学校和卫生保健制度的服务。加利福尼亚最高法院更喜欢现状而不是这项政策，并且通过宣告州长的提案违宪而使现状得以维持。[①]

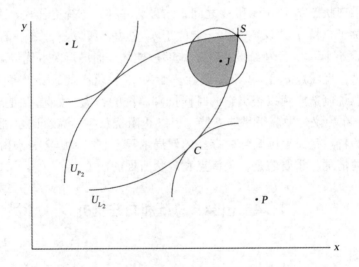

图 17.8　立法机关—总统—司法机关的妥协

---

① 许多研究从公共选择的角度分析了司法机关的行为。例如，参见马肖（1985，1990），英格伯曼和姚（1991），费约翰和魏因加斯特（1992a、b），利维和斯皮勒（1994），以及斯特恩斯（1997）书中收录的论文。斯特恩斯（1994）则对分析司法机关时公共选择的运用提出了批评。

17.4.2　司法机关的目标

在模拟立法博弈时，假定立法机关和总统的"偏好"是对于参与选举他们的选民的偏好的反映，这是合理的，因此原则上该假设能够从总统何时会否决立法，何时会承诺要否决等而得到验证。在许多国家和美国的所有联邦法院中，法官不是选举产生的，而是任命的，并且任命常常是终生的。对于像这样一个既不必面对再次当选问题，又不必担心因为通过判决揭示了偏好而导致收入和地位受损的人，是什么决定着他的"偏好"呢？

兰德斯和波斯纳（1975）最早给出了这个问题的答案。他们断言，美国制宪者们希望通过增加法律的持久性来增加出售给利益集团的立法的价值。这个目标是通过创建独立的司法机关来实现的，司法机关可以运用其独立性来否决会降低过去出售给利益集团的立法加之的新立法的出售。

虽然在那些由现任立法机关制定宪法的国家，这个假定具有一些直觉上的吸引力，但在解释美国司法机关的独立性时它会碰到历史的难题。首先，80多岁的本杰明·富兰克林，未来的美国总统詹姆斯·麦迪逊和其他几位费城的与会者既不是当时国家立法机关的成员，也不可能会预期成为宪法所创立的立法机关的成员。其次，美国司法机关的独立性被证明更应归功于后来司法机关对宪法的解释——例如在最高法官约翰·马歇尔对"马伯里诉埃姆斯"一案的判决中，而不是归功于宪法最初的语句。

根据规范的宪法理论，宪法是由公民为增进其自身利益而制定的，独立的司法机关则作为公民的代理人在其中发挥重要作用。这样一个独立的代理人对于帮助减轻公民与其在立法部门和司法部门中代理人之间的委托代理问题来说，是必要的。不过，即使是在这样一种规范理论中，司法机关的独立性也只允许司法机关的成员为公民利益而介入，该理论并未提供积极的动机要他们这样去做。[1]

公共选择文献解决司法机关目标界定问题的方法一直是在外围作个假定，也就是说，先为司法机关假定一个目标但不为这个假定作辩护，然后进一步分析这个假定对立法机关结果的影响。虽然这种方法可以作为把司法机关整合进立法行为模型的第一步而得到辩护，但是它显然会使这类模型的适用性受到限制，除非我们能够更为具体地确定法官最大化的是什么

---

[1]　进一步的探讨参见缪勒（1996a，第19章）。

以及他们为什么要使它最大化。因此，在公共选择文献中，一个独立的司法机关中的法官动机问题仍然是无法确定的黑箱。[①]

17.5 欧盟的立法决定

在论述立法/行政交易和妥协方面的文献中，虽然对美国制度结构的研究占了大多数，但仍然有些是研究其他国家的。当然，尽管其他国家的制度结构不一样，研究美国的分析工具还是能够不费力地适用于分析其他国家的制度。为了说明这点，让我们简单地探讨一下欧盟中的决策程序。

在欧盟中有三个主要的行为者：欧盟委员会、欧盟理事会和欧盟议会。欧盟委员会相当于欧盟的行政部门，包括主席和来自各成员国的委员。理事会可以被看做欧盟政治系统中的一个"议院"，其成员由每个成员国任命，而且成员票数根据国家大小来分配。欧盟议会是欧盟的第二个议院，它的成员从每个成员国选举产生，而且每个成员国的票数同样大致根据国家大小来分配。

图17.9所给出的简化示意图说明了在欧盟的所谓合作程序下的决策顺序。[②] 委员会通过提出新立法提案而发动立法过程。接着它的提案转到欧洲议会，欧洲议会可以接受它，修改它，或者通过简单多数拒绝它。如果提案没有被拒绝，它会转到理事会。如果理事会没作修改就接受了它，那么最初提案成为法律。如果理事会对提案作了修正，它会回到议会进行最后宣读。在这一时刻，议会有三种选择：（1）接受提案，（2）修改提案并把它送回理事会，或者（3）否决提案。在这个阶段，否决提案需要议会全部席位的绝对多数。如果议会否决或修改来自理事会的提案，它会回到理事会。理事会只有通过全体一致的表决才能推翻议会对提案的否决。它也只有通过全体一致的表决才能修改议会所修改过的提案。

图17.9勾勒的程序表明，如果欧盟议会能够争取到理事会中一名成员对其否决的支持，它就可以有效否决来自理事会的任何立法提案。这种否决给议会提供了议程设置的权力，它能够运用这种权力在理事会愿意接受的一系列替代现状的结果中实现自己最偏爱的结果。图17.10

---

① 不过，参见波斯纳（1993）。法官偏好也可能并不真正重要，因为法律是以这样一种方式演化的，即只有"有效率的法律"才会幸存（普里斯特，1977；鲁宾，1997）。

② 这里的讨论参考了特贝里斯的文献（1994，1997），也请参见斯滕伯格（1994）和克龙贝茨（1996，1997）。

有助于说明这点，它只是图 17.1 重贴标签后的一个版本，现在 P 代表欧盟议会的理想点，C 代表理事会的理想点。为简化讨论，委员会的偏好没有包括在图中。如同图 17.9 中的情况一样，委员会多数被假定会接受这个程序中产生的任何提案。

一方面，如果 C 是理事会中能够批准立法的足够大的有限多数的理想点，并且 U_{C_1} 和 U_{C_2} 是这个有限多数的无差异曲线，那么议会将能够在委员会提案的二读阶段修改它，以使其符合 C_P 点，并在议会和理事会与现状相比都更为偏爱的一系列结果（由 U_{P_2} 和 U_{C_2} 所构成的透镜形状中的那些点）中实现议会最偏爱的结果。[①] 如果 C 是理事会一致同意的理想点，那么它将能够在委员会多数偏爱这一点而非现状时强加此结果。

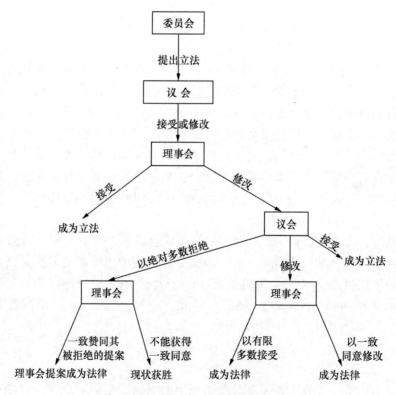

图 17.9 欧盟合作程序下的决策顺序

---

① 欧盟现在有 15 个成员国，加权票数总共有 87 票，一个有限多数包含 62 票或更多。

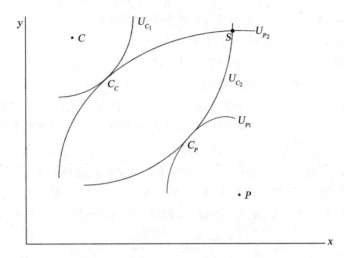

图 17.10 欧盟中理事会—议会的妥协

　　1992 年马斯特里赫特条约所引入的新程序在刚才描述的决策程序中增加了一个步骤。如果委员会不接受议会二读所产生的提案，那么问题转到调解委员会，该委员会由来自理事会的 15 名代表和来自议会的 15 名代表组成。要是这个调解委员会不能达成协议，那么理事会被授权作出最后的提案。依赖问题的性质，这个提案要么需要理事会的一致同意，要么需要理事会的有限多数。理事会的提案只能被议会的绝对多数所否决。这个新的调解程序使理事会成为该过程终端的议程设定者，这增加了 C_C 提案而不是 C_P 提案获胜的可能性。

　　当然，无论是委员会，理事会，还是议会，都并非有着唯一理想点和无差异图的整体的行为者；因此，全面分析欧盟的决策制定需要更精巧的结构和运用核心（core）、未覆盖集（uncovered set）和锦标赛均衡的规定（tournament equilibrium set）等概念。[①] 这样一种分析超出了本章的范围。

17.6　结论

　　本书的第一部分考察了有关投票规则的文献，它假定投票者直接选择

---

　　① 未曾揭示的规定的概念在第十一章中作了探讨。锦标赛均衡的规定最初由施瓦茨（1990）作了探讨。运用这些分析工具来分析两院制决策制定的著作包括考克斯和麦凯尔威（1984），哈蒙德和米勒（1987），以及特贝里斯和莫尼（1997）。

了结果。不论一个委员选择了 x—y 空间内的哪一个点，该点所代表的方案都会被实施。第二部分前几章所考察的有关代议民主制的文献也假定，一旦选举结束，那些候选人或政党为努力获取选票而许诺的政策会被实施。然而这几章则揭示出，有关政治过程的这些观点太过简化了。选举日选票的列表构成了某种政治斗争的结束以及另一种政治斗争的开始，后一种政治斗争发生在政府内部的那些人——既包括选举产生的也包括任命产生的——之间，其目的在于决定政治过程产生的实际结果。

文献注释

温特罗布（1997）和莫（1997）评论了官僚制和立法部门/行政部门交易的文献。特贝里斯和莫尼（1997）描述、分析了几个国家和欧盟的交易和联合决策程序。

伯格曼、米勒和斯特罗姆的著作（2000）包含了几篇分析欧洲议会民主制中代理问题的论文。

第十八章　独裁制

> 总之，对法西斯主义者来说，任何事物都处在国家之内，而在国家之外什么都不存在，没有人，没有精神生活，甚至没有什么价值。从这个意义上说，法西斯主义是极权的，而法西斯主义的国家则说明了、发展了和增加了作为每种价值的综合和统一的人民的全部生活。
>
> 贝尼托·墨索里尼

方法论个人主义是所有公共选择分析潜在的假定。为了设法说明政府的行为，我们从分析组成政府的那些人的行为开始。在民主制中，这些人就是选民，他们的当选代表和被任命的官僚。方法论个人主义的假定有着规范的对应物。政府行为应该以某些基本方式回应受到这些行为影响的那些人，即该国公民的偏好。这种规范的个人主义也是大多数公共选择的规范分析中潜在的假定。所以，几乎所有的公共选择研究都侧重于分析民主政府，这是完全可以理解的，一来几乎所有的公共选择学者都生活在民主国家，他们对这种政治制度最有兴趣，二来他们觉得所有的政府制度都应该以民主制度那样的方式来组织。

如果有人把地球上自有记录的历史以来存在的每个政府都根据它要么是民主制要么是独裁制来进行分类，并且按照每个政府的延续时间来衡量它，那么他会发现民主政府只构成所有现存政府和过往政府的极少部分，与此相对应，公共选择学者在其研究中对非民主政府投入的注意力也很少。即使是今天，在第三个千年的开端，当民主政府在世界范围内比历史上其他任何一个时刻都更占据优势时，它们仍未构成所有政府的四分之一。① 任何人，只要他想理解世界上不同地方的政府实际中是如何运作

---

① 在所有国家中，"自由之家"（1997）只把22%的国家列为拥有政治自由和公民自由——我们常把这与发育完全的民主制相关联——的国家。

的, 那他必须去研究独裁制。约在上个十年中, 公共选择学者已开始研究这一具有挑战性的课题。本章回顾了他们的一些成果。

《简明牛津词典》第四版将独裁者界定为"某个国家专断的统治者, 通常是短暂的或不合法的, 特别是镇压民主政府或接替民主政府的人; 是在任何领域都有专断权威的人"。这个定义适用于原始形态的独裁者, 如阿道夫·希特勒。他接替和镇压了民主制, 以专断的权威进行统治, 况且不幸中之万幸, 他的统治是短暂的。独裁者的这个特性表明, 公共选择根据方法论个人主义所作的对独裁制的分析可能仅仅包括对一个人, 即独裁者偏好和行为的分析。然而, 没有哪个独裁者独自进行统治。他的周围是必须执行其指令的官僚机构, 因此他也面对着所有官僚制中存在的同样类型的委托—代理问题。甚至他所压制的公民也可以选择是抵制政府行为, 还是支持政府行为, 以及在他们选择抵制时该选择消极抵制还是积极抵制, 等等。这样, 我们将发现, 尽管独裁制和民主制差别很大, 同样基本的方法论途径可用于分析其中任何一个。的确, 我们将发现前几章所分析的几个概念在分析独裁制时再次派上了用场。首先, 让我们从独裁制起源于无政府的解释开始。

18.1 独裁制的起源

在第二章里我们注意到, 在小而稳定的、没有设置正式政府机构的共同体里, 囚徒困境的合作解和公共物品的提供可以通过多次参与囚徒困境超级博弈的个人的理性、自利行为而产生。不过, 导向有效合作的这种非正式机制会随着参与博弈者的增多和其身份的改变而中断。对于所有博弈者来说, 回应上述中断的一种方法是凑到一起设计一套有利于所有博弈者的民主制度, 以解决这些集体行动的问题。这种回应符合大部分公共选择文献中潜在的威克塞尔传统, 而且它是第二十五章和第二十六章所关注的焦点。不过, 对集体行动问题的这种集体回答同样受到免费乘车行为的困扰, 而引发集体行动问题的首先就是免费乘车。因此, 人们可能预期, 现实世界更常见的解决集体行动问题的方法包括单个人或小集团的行为, 当认识到提供一些公共物品和规则以解决囚徒困境会带来潜在获利时, 某些有企业家精神的人会迈出第一步并创立提供这些物品和服务的制度。

奥尔森 (1993, 2000) 基本上是以下面这种方式来描述独裁制产生的。独裁者是财富最大化者, 他借以为生的手段是把他统治的那些人所生产的财富转移到自己手里。当所有人都生活在和平的、无政府的小共同体时，这样一个财富最大化者可能采取的一项策略是建立军队，并从一个共同体迁移到另一个共同体，以侵夺每个共同体所积累的部分或全部财富。然而，在这样一个世界，任何一个不属于流浪大军的人都不会有积累财富的动机，因为他必然预期到流浪强盗及其大军会出现在他的生活中，并掠夺他积累起来的财富。因此，一个理性的、正在财富最大化的强盗会想到要给个人创造财富的动机，以便有更多财富让他带走。如果这个强盗只带走共同体财富的一部分，并且保护剩余财富不被其他流浪强盗所带走，那么这样的动机可能被提供。于是，一个流浪强盗可以通过成为静止强盗，提供所有公共物品和服务——包括政策保护和防御外来攻击——以诱导其所掠夺的那些人生产财富从而积累更多的财富。通过这种方式，独裁制得以出现。①

如果这个强盗成为静止强盗，并且照看和保护他的共同体，那么这个强盗和他所掠夺的共同体都会更加富裕。虽然这个强盗因为不能迁移而使自己的利益与共同体的利益结成了联盟，但是这并未使他们结成完美的结盟。共同体的财富达不到一个最大化共同体财富的仁慈独裁者统治时所能达到的水平。要明白什么与此有关，让我们考虑收入流量而不是财富存储。独裁者提供道路、桥梁、支持契约和保护财产的司法系统等公共物品。因此，国家收入 Y 随着公共物品总量 G 而增加，$Y = Y(G)$，同时 $\partial Y / \partial G > 0$，$\partial^2 Y / \partial G^2 < 0$。为了筹措供应公共物品的资金，独裁者对收入征取比例税 t。这种比例税对努力生产有阻碍作用，因此更高的税将会导致国民收入减少。要记录这种阻碍作用，一种简便方式是假定税率的弹性为恒量 η，并且记下实际收入 $Y_r = Y(1 - \eta t)$。

独裁者的消费 C 必定也是来自募集到的征税收入，因此 $tY_1 = G + C$。而独裁者的意愿是使其受制于该限制的消费最大化。如果我们用这一限制替换 C，可以想到独裁者会对 G 和 t 进行选择，以使目标函数 $O_D = tY(G)(1 - \eta t) - G$ 最大化。这会导致下面两个一阶条件：

$$t \frac{dY}{dG} - 1 = 0 \tag{18.1}$$

$$Y - 2\eta tY = 0 \tag{18.2}$$

---

① 福尔克卡特（2000）描述了现代国家如何作为一种提供保护和创设租金的制度而从中世纪的德国出现。

由此我们得到

$$\frac{dY}{dG} = \frac{1}{t} \tag{18.3}$$

$$t = \frac{1}{2\eta} \tag{18.4}$$

（18.4）式所说明的最优税率与布伦南和布坎南（1980）在利维坦模型中所得到的一样，因为在现在这个模型中，独裁者剥削公民的方式正与利维坦模型中相同，只有下述这点除外：取自公民的钱为的是独裁者本人的消费而不是给国家扩张提供经费。

如果公共物品只是通过它们对收入的影响而给共同体公民提供效用，公民就当然想要使得所需的为公共物品付钱的共同体收入总量净值 $Y(1-\eta t) - G$ 最大化。如果我们使这个社会目标函数 O_S 相对于 G 而言最大化，我们就得到

$$\frac{\partial O_S}{\partial G} = \frac{dY}{dG}(1 - t\eta) - Y\eta \frac{\partial t}{\partial G} - 1 = 0 \tag{18.5}$$

其中，要考虑到因为预算限制 t 是 G 的函数。（18.5）式中的第一项 $(dY/dG)(1-t\eta)$ 是共同体增加公共物品数量的边际收益。第二项 $Y\eta(\partial t/\partial G)$ 是增加公共物品数量的边际成本，这是由于如下事实：G 的增加要求 t 的增加，而这种增加因为征税的非刺激性影响会减少 Y。（18.5）式中第三项 -1 记录了因为 G 必须由 Y 供给经费而产生的增加 G 的边际成本。

尽管所设想的关系很简明，但是要得出明确的 t 的值还是会导致联系 t 和 dY/dG 的非常复杂的表达式。幸运的是，从独裁者的目标函数 O_D 和共同体的目标函数 O_S 可以明显看出，独裁者提供的公共物品数量在社会最优数量之下。

$$O_D = tY(G)(1 - \eta t) - G \tag{18.6}$$

$$O_S = Y(G)(1 - \eta t) - G \tag{18.7}$$

图18.1用曲线描绘了这两个目标函数。由于 $Y(G)$ 的凹状，以及 $(1 - \eta t)$ 随 t 而下降这个事实，O_S 在 G 中是凹形，正如 O_D 也是凹形一样。由于需要从征税收入中为独裁者消费供给经费，因此 t 在独裁制下对任何水平的 G 来说都更高 [因而 $(1 - \eta t)$ 会更低]。这一点和 O_D 中第一项会随 $t < 1$ 而增值这个事实一起，保证了 O_D 在 O_S 之前达到最优。

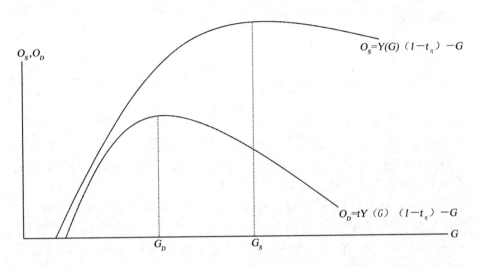

图 18.1　独裁制下的公共物品供应和共同体最优

18.2　独裁者的目标

18.2.1　独裁的消费

罗马皇帝尼禄使自己沉溺于每种可能的消费活动；法国的"太阳王"路易十四在凡尔赛建造了一座会使尼禄充满嫉妒的宫殿；英国的亨利八世过于嗜好食物、饮酒和妻子；当伊梅尔达·马科斯，菲律宾长期独裁者的妻子在其丈夫死后急速逃离该国时，其所留下的许多财产中光鞋子就有 3000 双。独裁者向其属民征税以支持奢侈而华丽的生活方式，这样的独裁者清单几乎没有穷尽。前一部分的假定——独裁者运用权威来把属民的收入转移到自己手里，以增进个人消费——适用于许多独裁者。

18.2.2 权力

然而，并非所有独裁者都渴望"像国王"那样生活。尽管阿道夫·希特勒的权力是专断的，但是他的生活相当适度，正如约翰·加尔文在他和他的同伴对日内瓦公民强加宗教独裁的那些日子里所作的一样。一些独裁者似乎受到超越个人消费之外的愿望的驱动。在这些类似的例子中，独裁者信奉特定的意识形态，并想要灌输给其他人。这种意识形态对希特勒来说是法西斯主义，对加尔文来说是开始被称为加尔文主义的特定版本的新教教义。受这样一种意识形态影响的独裁者追求的是其属民信奉该意识形态潜在的那些原理，并按照这些原理而生活。他追求的是对其属民的权力，是控制他们想什么和做什么的权力。例如，约翰·加尔文指定日内瓦人该穿什么，生活在哪里，以及给其儿女取什么名字（伯恩霍尔兹，1997b，pp. 289—290）。法西斯主义的目标是控制属民生活的每个方面，正如本章开头引用的墨索里尼的话所揭示的那样。[1] 任何像法西斯主义或加尔文主义那样追求对个人生活的完全控制的系统，我们将把它归在极权主义类型之下[2]。独裁者第二个可能的目标是权力，是控制那些他所统治的人的某些活动——在全部活动限度内——的权力。

18.2.3 安全

由于许多人可能发现独裁者的权力和/或生活方式具有吸引力，因此许多人可能想要取代他。如果独裁者想要继续行使权力，并享有职位特权，他就必须挫败试图取代他的人的努力。留在官位上——职位保障——是独裁者可能追求的第三个和最明显的目标，也是最难实现的一个目标（塔洛克，1987）。

在这本书中，我们考察了民主制中三种行为者，即选民、当选政治家和被任命的官僚的行为。独裁者结合了所有这三种角色，因此毫不奇怪，他的动机是民主制中这三种不同行为者假定动机的结合。在独裁制中，最重要的是独裁者的偏好而不是公民的偏好，因此政府税收和支出至少部分地定位于独裁者消费意愿的满足，正如同民主制中政府征税和支出至少部分地定位于公民利益的最大化一样，不论公民利益来自私人物品消费还是公共物品消费。作为国家元首的独裁者要控制政府官僚机构，他必须——在最低限度上——对这个官僚机构行使权力以达到自己的其他目标。如果他想要对他的所有属民强加一种特定的意识形态，他就必须对所有人行使权力。因此独裁者和其他任何官僚一样，追求权力。最后，像每位当选政治家一样，他想要留在官位上。我们现在就来仔细地探讨一下，独裁者是

---

[1] 这一引语来自伯恩霍尔兹（1991，p. 431），在那里可以找到有关极权主义运动的性质的说明和探讨。

[2] 对于极权主义性质的进一步探讨以及与此相关的非公共选择文献，参见伯恩霍尔兹（1991，1997b）和温特罗布（1998，pp. 7—11、58—68）。

怎样着手实现这些目标的。

18.3　独裁制的功能和维持

18.3.1　效用最大化的独裁者

建立在前一部分讨论的基础上，我们现在可以把独裁者效用表示为消费 C、权力 P 和安全 S 的一个函数，$U(C, P, S)$。为实现这些目标，我们必须假定——追随温特罗布（1990，1998）——独裁者依赖两种策略工具，即属民的忠诚和对属民的镇压。忠诚是通过使公民生活得更好而赢得的。我们将假定，独裁者属民的忠诚会随着他们税后收入的增加而增加，$L = L(Y_T)$，$L' > 0$，$L'' < 0$。为镇压公民的某些行为，独裁者必须扩展警察、监狱、告密者等资源。因此，镇压水平是用于镇压的征税收入数量的函数，$R = R(T_R)$，$R' > 0$，$R'' < 0$。独裁者权力及其职位保障都可以合理地被假定会随着属民的忠诚和用于镇压的资源数量的增加而增加，$P = P(L, R)$，$\partial P / \partial L > 0$，$\partial^2 P / \partial L^2 < 0$，$\partial P / \partial R > 0$，$\partial^2 P / \partial R^2 < 0$；$S = S(L, R)$，$\partial S / \partial L > 0$，$\partial^2 S / \partial L^2 < 0$，$\partial S / \partial R > 0$，$\partial^2 S / \partial R^2 < 0$。

像以前那样，我们假定独裁者会通过向公民收入征税而提高国家税收，像以前那样，我们也可以假定公民收入是公共物品供应水平的函数，并且得到这种供应水平和征税率。从这一附加的复杂性中没有新的观点可被预期，我们将简单地假定，公共物品水平 G 和国民收入总量 Y 都是固定的，那么独裁者的任务减少为选择消费水平 C 和镇压支出 T_R，以使其效用最大化。假定这些值已知，那么税收中可征得的总量是确定的，这反过来决定公民的税后收入（$Y_T = Y - G - C - T_R$），因而也决定他们的忠诚。相对于 C 和 T_R 而最大化 U 会产生

$$\frac{\partial U}{\partial C} = \frac{\partial U}{\partial C} - \frac{\partial U}{\partial P}\frac{\partial P}{\partial L} - \frac{\partial U}{\partial S}\frac{\partial S}{\partial L} = 0 \tag{18.8}$$

$$\frac{\partial U}{\partial T_R} = -\frac{\partial U}{\partial P}\frac{\partial P}{\partial L} + \frac{\partial U}{\partial P}\frac{\partial P}{\partial R}R' - \frac{\partial U}{\partial S}\frac{\partial S}{\partial L} + \frac{\partial U}{\partial S}\frac{\partial S}{\partial R}R' = 0 \tag{18.9}$$

重新整理（18.8）我们得到

$$\frac{\partial U}{\partial C} = \frac{\partial U}{\partial P}\frac{\partial P}{\partial L} + \frac{\partial U}{\partial S}\frac{\partial S}{\partial L} \tag{18.10}$$

独裁者会这样选择一种消费水平，以使专用于其消费的最后征得的塔伦

特①的边际效用正好等于税收中那个塔伦特，如果没有被征收而增加公民忠诚时他会获得来自权力与安全增加的边际效用。

重新整理（18.9）式我们得到

$$\left(\frac{\partial U}{\partial P}\frac{\partial P}{\partial R} + \frac{\partial U}{\partial S}\frac{\partial S}{\partial R}\right) R' = \frac{\partial U}{\partial P}\frac{\partial P}{\partial L} + \frac{\partial U}{\partial S}\frac{\partial S}{\partial L} \tag{18.11}$$

独裁者投入镇压的征税收入会直到这一点，即花费在镇压方面额外的塔伦特边际收益刚好等于税收中这些塔伦特如果没有被征收时将会产生的来自忠诚增加方面的边际效用。

18.3.2 锡壶和极权主义者

温特罗布（1990，1998）考察了典型的独裁者的行为，他们只对权力或个人消费感兴趣。那些只追求权力的人他称为"极权主义者"（totalitarians），那些使自己消费最大化的人他称为"锡壶"（tin pots）。等式（18.8）和（18.9）对极权主义者来说不会出现，这样留给我们的是条件（18.11），以最好地平衡来自忠诚增加和镇压增加所得的收益。对于锡壶独裁者来说，（18.10）和（18.11）式中所有含 $\partial U/\partial P$ 的项都不会再出现，这样留给我们的是

$$\frac{\partial U}{\partial C} = \frac{\partial U}{\partial S}\frac{\partial S}{\partial S} \tag{18.12}$$

$$\frac{\partial S}{\partial R}R' = \frac{\partial S}{\partial L} \tag{18.13}$$

锡壶平衡了来自消费增加的效用中的边际收益和来自留给其属民以增加其安全的另一些钱的边际收益，并且把钱分成两部分以构建忠诚和增加镇压，从而使增加安全所需的余额同样有效。

对独裁者安全的威胁可以被解释为 $\partial U/\partial S$ 的增加，对于统治的这样一种挑战，锡壶的回应是明确的。他会减少消费以增加忠诚并使（18.12）两边再度对称。极权主义者的回应则更不明确，$\partial U/\partial S$ 的增加会同时增加等式（18.11）的左边和右边。极权主义者是削减税收以增加忠诚还是征集这些税收以增加镇压，这得依赖这两种策略的相对有效性。

国民收入的外在增长会产生公民忠诚增长这个意外收获，因而减少向公民征税的边际影响会下降。等式（18.12）和（18.13）的右边都下降，

---

① 为了避免把任何一个特定的国家称作独裁制，我为我们的独裁制选择了这个古老的金钱单位。

锡壶就会这样作出回应，即增加税收并为增加安全感而在镇压上花费更多，以及在个人消费上花费更多。[①] 国民收入的外在增长会减少等式（18.11）右边的两项，因而会导致极权主义者增加税收和镇压，以增加他的权力和安全。

18.3.3　选择性的生存策略

到现在为止，我们一直假定忠诚和镇压在其效果方面是一样的，虽然它们的原因非常不同。如果投入更多资源的话，这两种策略都能增进独裁者的权力和安全。不过，前面的模型没有说明这些资源是如何使用的，是否公民的所有行动都受到监控和镇压，还是只有部分行动受到监控和镇压。镇压政策——政府告密者、秘密警察、死亡营——似乎可能滋生不信任和恐惧，并在许多情况下会破坏免费教育、住房和艺术补贴、合理的经济政策等其他政策可能产生的良好意图和忠诚。因此，独裁者会有选择地投资以增进忠诚和镇压，这似乎是有说服力的。一种策略是培育那些对独裁制成功有最大贡献的人或集团的忠诚，同时镇压那些最有能力损害它的人或集团。这样，军队的忠诚通过高工资和丰厚的预算而得到增进，而学生集团和新闻媒体则受到检查和镇压。[②]

直到现在为止，我们一直假定，独裁者供应公共物品以增加社会所有成员的收入，这既是为了构建有助于独裁者权力和安全的忠诚，也是为了使其潜在的税收最大化。但是，在赢得某个团体的忠诚方面，将收入从其他团体转移到该团体手里与通过纯粹的公共物品供应和合理的经济政策来创收这两者同样容易。因此，可以预期理性的独裁者不仅会把收入从共同体那里转移到自己手里以满足自己的个人消费意愿和他的个人野心，也会把收入转移给共同体中他最想要加强其忠诚的那一部分人。看到自己收入被拿走以为此类收入转移供给经费的那些集团就成为镇压的明显目标。

我们可以对这个过程进行模拟，其方式是假定独裁制的成功——不论怎样衡量，或者更勉强地以其安全作为衡量——S 是该独裁国家每个集团

---

① 温特罗布（1998，第 3 章和第 5 章）假定，在低镇压水平上忠诚是镇压的递增函数。因此，因收入增长导致的外生的忠诚增加将允许锡壶减少镇压。我更喜欢把忠诚概念和镇压概念分开。忠诚意味着公民因感恩或信任而自愿地顺从独裁者。镇压则是因为恐惧或高压而不自愿地增进了对独裁者的支持。

② 这种推理说明了为什么我对忠诚和镇压作了区分。如果用于增加忠诚的费用也有利于镇压这个目标，那么假定 $\partial L/\partial R < 0$ 时，$L = L(Y_T, R)$ 似乎是明智的。

所实现的效用水平的函数，而这种效用水平反过来又是集团中每个成员所挣得的收入和该集团所获得的任何补贴/转移收入的函数，$U_i = U_i\ (Y_i + s_i)$，其中 s_i 是集团 i 中一位成员所获的补贴，在其为负值时则成为税收。随着集团收入的增加，它对政权的忠诚以及对其成功的贡献也增大。不过，每个集团对政权成功的贡献是不一样的。为简明起见，我们将用集团具体参数 α_i 来记录这些差异。除此之外，独裁制的成功依赖于其投入镇压的资源。我们将再一次假定镇压不同的集团会对政权成功作出不同贡献，并且简单地用参数 β_i 来衡量这些不同的回应。独裁制的安全现在可以最简单地用这两个术语的相加来表示。

$$S = n_1 \left[\alpha_1 U_1\ (Y_1 + s_1) + \beta_1 R\ (T_{R_1}) \right] + n_2 \left[\alpha_2 U_2\ (Y_2 + s_2) \right.$$
$$\left. + \beta_2 R\ (T_{R_2}) \right] + \cdots + n_i \left[\alpha_i U_i\ (Y_i + s_i)\ + \beta_i R\ (T_{R_i}) \right]$$
$$+ \cdots + n_m \left[\alpha_m U_m (Y_m + s_m) + \beta_m R\ (T_{R_m}) \right] \tag{18.14}$$

其中，T_{R_i} 是用于镇压集团 i 的税收，而 n_i 是集团的规模。独裁者的任务是使 S 最大化，而 S 受到如下限制：正值补贴的总量与投入镇压的税收等于征集到的税收（负值补贴）数量。①

$$\sum_{i=1}^{m} n_i s_i + \sum_{i=1}^{m} n_i T_{R_i} = 0 \tag{18.15}$$

除了这个预算限制之外，还存在别的限制，即镇压的支出不能为负值，同时对一个集团所征的税收不能超过外在决定的收入，如果 $s_i < 0$，那么对所有 i 来说，$|-s_i| \leqslant Y_i$，而 $T_{R_i} \geqslant 0$。在 s_i 和 T_{R_i} 受到这些限制时，最大化 (18.14) 式会产生下面这种形式的一阶条件，它适用于所有不受这种不平等限制的集团：

$$\alpha_i U_i' = \alpha_j U_j' = \beta_k R' = \beta_h R' \tag{18.16}$$

收入在不同集团之间进行再分配，以使任何一个集团成员收入的增加对政府安全的边际影响相等。用于镇压每个集团的税收也这样征集，以使镇压任何一个集团成员对安全的边际影响相等。对于 β_i 非常低的集团来说，对其进行镇压收益非常之低，以至于不会有资金投入这种活动。对于 α_i 非常低的集团来说，它们的所有收入都被征税拿走了。

在现实中，联结 S、公民效用以及镇压公民所得收益的更复杂函数似乎才有说服力。例如，镇压某个集团所得收益可能会随着从该集团拿走的收入总量的增加而增加，也就是说，β_i 是 s_i 的函数。但是我们不需要探讨

---

① 我们再一次忽略了独裁者的消费和公共物品的供应。

这些更复杂的替代选择就会明白,独裁者最优的政策组合可能包含了报酬和惩罚的选择性运用。[①] 值得注意的是,在这种背景下,独裁者面临的选择税收/支出的任务与两党选举体制中的竞争性政党在或然性投票模型(参见第十二章)中面临的任务相同。当利益集团对一个政党的成功作出不同贡献时,该政党会向其许以来自政府计划的不同好处。两党之间选票的竞争导致它们提供一组政策以使重要的社会福利函数最大化。独裁者不用和一个有组织的反对派竞争,但必须生活在不断的恐惧之中:一些将军、下士或疏离的学者会策划一系列事件并付诸行动,那将导致独裁者身败名裂。这种不确定性导致独裁者最大化其依赖于公民效用的目标函数。该函数与民主制中政党目标函数最大的不同就在于前者置于某些集团效用上的分量可能明显是负值。

18.3.4　独裁者的困境

于是,我们看到,公民将因为政府政策而体验不同的收益和损失,这在独裁制下和在民主制下都一样。寻租会发生,而不同的集团会为这些租金而竞争。为了达到他的目标,独裁者必须确定谁是他的支持者,谁是他的敌人,谁得奖励,谁受惩罚,以及前一节的 α 和 β。在民主制中,这些信息很容易得到。利益集团以选票和竞选捐赠形式向一个政党提供显见的支持,由此一个政治家可以非常容易地确定哪个集团对他最忠诚,亦即哪个集团应得奖励。但在独裁制中,对政府的支持要更消极得多。支持采取的形式是不积极反对政府、不破坏它的政策以及不进行革命以推翻它,等等。所有集团都有勉强支持独裁制的动机,即便它们在活跃地工作以破坏它。独裁者面临着令人畏缩的任务,他要确定哪个集团真正支持他,哪个集团只是假装支持他,哪个集团在积极地但却是秘密地阴谋推翻他。

此外,人们隐藏其对独裁制的真实意图和观点的动机会随着镇压水平增加和独裁者运用专断权力的意愿的增加而增加。每个公民都必然想知道,在他公开表达对独裁者或其政策的观点时,他的观点是否不仅不能用以改进其福利,反而被挑出来镇压。因此,可以预计独裁制中的理性公民会隐藏其对独裁者和独裁者政策的真实情感,这对于街上的普通公民直到独裁者最密切和最重要的顾问来说都是正确的。这样就产生了独裁者的困

---

① 对独裁者选择性策略的其他探讨,参见温特罗布(1998,第6—8章)。

境。① 他的权力越专断，他为留在职位上所运用的镇压水平越残酷，他在如何最有效运用其权力等方面的信息资源就越贫乏。因此，独裁者运用恐惧和镇压以留在职位上的有效权力可能在事实上随着他越来越多地运用这些策略而下降，这是一个悖论。

为了构建对其政权的支持，独裁者需要一种可靠的方式来向那些他所寻求赢得其忠诚的人发出信号，从而使他不会在后来才依赖他们。那些向独裁者寻求租金及其他报酬的人也需要一种方式来表达他们想用忠诚交换租金的意愿。更一般地，独裁者需要有标准来确定谁应当得报酬，谁不应当得，以及谁应当成为镇压的目标。在这里意识形态所扮演的角色可能是有帮助的，例如，在理论上，公民可以根据他们是否为国教的成员而被辨别。非国教成员成为镇压和征税的显在目标。对独裁者的支持通过财富转移和赢得忠诚的措施而在宗教成员中建立起来。政权的意识形态辨别出政府政策可能的获利者与受损者，并使独裁者在一定程度上承诺不对国教成员使用镇压手段。国教的存在有助于使独裁者的承诺可信。其他区分公民的标准还有经济利益（共产主义）和种族集团（法西斯主义，种族隔离，民族主义）。②

18.3.5　极权主义的限制

前一节的讨论揭示出，为什么很少有独裁者能接近于实现本章开头由墨索里尼为法西斯主义所设定的野心目标——当然他没有认识到这点。一种解释是极权主义可能缺乏所需信息以实现他的目标。第二个原因是他可能缺乏必要资源。

回到（18.14）式，我们看到，独裁者会想到向某些集团征税，并且将资源转移给别的集团，以赢得后者的忠诚。额外的资源也是需要的，以用于镇压另外一些集团，可能包括那些被征收重税的集团。随着时间的流逝，作为被征收重税和受镇压的目标集团的生产力可能会下降。为了保持税收，政权必须扩展征税和镇压的目标集团的名单。随着它们的生产力下降，目标集团的名单必须再一次扩展，依此类推。因此，极权主义政权不能实现其对公民完全的意识形态征服这个目标，其第二个原因在于它缺乏

---

① 这个术语取自温特罗布（1998，pp. 20—39）；也参见埃尔斯特（1993，pp. 66—69）。

② 进一步的探讨参见伯恩霍尔兹（1991，1997b）和温特罗布（1998，第7、8章）。

必要的经济资源。①

18.4　独裁制的兴起与衰落

在 18.1 节中，我们描述了独裁制如何从纯粹无政府状态中产生。最为常见的是独裁政权是紧接着一次战争或革命，或者不同形式的政府崩溃而出现。土耳其人在战争中击败崩溃的拜占庭神权政体，然后取而代之。拿破仑·波拿巴紧接着法国大革命而在被斗争和冲突弄得四分五裂的法国建立起他的独裁政权。希特勒的法西斯主义独裁制在 20 世纪 30 年代德国的经济危机期间取代了民主的政府体制。在这些例子和人们能够引证的许多其他例子中，新政权都是在国家进入极不安全和不幸的时期取代腐败或腐朽政权的。因此，新的独裁政权总是在其至少从公民的某些部分获得大量支持而开始。成功的独裁者会扩展和加强他的最初支持。报酬被给予在某些集团中建立忠诚；镇压被用以控制其他集团（可能的）的不忠诚。如果在导致独裁制产生的运动中存在一种意识形态，那么独裁者可能运用它来建立忠诚。

革命斗争中的胜利者，像任何竞赛中的获胜者一样，充满欢乐和热情，相信他们以及他们的意识形态已被证明是正当的。这种由胜利而滋生的热情有助于提供所需的能量来建立所需的许多制度，以使独裁制在长期内得以维持。但是随着时间流逝，热情消退了，胜利的记忆模糊了，于是独裁制开始衰落。当然，独裁制衰落并最终覆灭的最近期和最显著的例子就是苏联和东欧政权的崩溃。温特罗布（1998）和奥尔森（2000）都对这种衰落作出了补充说明，他们侧重于分析这些国家巨大的、官僚化的国家计划体制的性质。

在等级组织的经典描述中，有关组织成功的信息（顾客或消费者口味的变化，新的科技选择）是在等级制下层被收集并上传的，而命令则自高层给出并下达。这两种类型的信息在其经过等级制时都易遭到曲解和消散。在信息经过等级制时，除了疏忽造成的内容损失外，等级制成员投机性地追寻自己的目标也会导致对信息的有意曲解和破坏。每个监督者的任务是减少此类控制损失，以使组织成功实现高层人士所下达的

---

① 参见温特罗布（1998，第 3、5 章）。连接独裁者和经济绩效的经验证据将在后面讨论。

目标。①

　　建立在布雷顿和温特罗布（1982）的基础上，温特罗布（1998，第9章和第10章）区分了等级制组织中的垂直交换和水平交换。下属为其监督者提供某些服务，后者也反过来向前者提供某些回报。通过这种方式，信任在下属与监督者之间建立起来，因此这种垂直交换使组织得以成功实现它的目标。作为新独裁体制最初一些年特点的热情与独裁制下强烈的意识形态承诺相结合，可以预计这会增强垂直相连的国家官僚机构成员之间的信任水平，并因而会对独裁制的效率作出贡献。温特罗布（第9章）指出垂直信任在革命后十年间苏联的国家官僚机构中特别强烈，这有助于说明20世纪大部分时间里苏联中央计划令人赞叹而又令人吃惊的成功，以及显著的效率。

　　与垂直交换相比，水平交换会损害等级制组织的效率。水平交换发生在等级制特定层级的人员之间。这些人所共同持有的任何利益——而不是组织的全部目标（overarching goals）——可能与这些目标相冲突。例如，一个研究实验室里的所有科学家可能都在扩展自由以界定他们在所追寻的研究主题方面有共同利益。不过，如果实验室成员的研究离所分配的问题太远的话，该实验室在解答所分配给它的问题方面的成功可能会受到破坏。因此，当官僚制中的水平联结建立之时，可以预期它的效率会下降。随着等级制中占据相同职位的那些人相互交换好处（你说我的研究对组织有益，我也会说你的研究有益，你支持我，我也支持你），信任就在他们之间建立起来了。

　　由于垂直交换有助于组织成功，因此它们能够公开宣传和公开加入。事实上，如果一位工作出色的下属获得奖励而与她同级的同事对此知情的话，这对组织成功的积极影响可能要比秘密进行奖励更大。垂直交换可以写在纸上，而且容易得到证明。水平交换有利于交易的参与者，但会损害组织效率，必须秘密地作出和进行。当有几个人被卷入时，这些交换和卡特尔安排相似。在市场经济中，水平的卡特尔安排可能需要沉默地加入，避免负责维持竞争以增进经济效率的权威人士的审查。官僚之间的水平卡特尔安排也可能需要沉默地加入，以避免等级制中那些职位更高的人的审查，如果组织效率变得更低，他们就会处在利益受损的位置上。

---

　　① 对于等级制这些性质的经典讨论，参见西蒙（1961）和威廉姆森（1964，1975）。也参见米尔格罗姆和罗伯茨（1992）。

水平卡特尔的所有成员都受制于囚徒困境。由卡特尔创建的租金对它来说是一种公共物品。如果共谋协定维持下去，卡特尔的所有成员都能受益，但每个成员都能够通过欺骗卡特尔而获益更多。在水平价格固定的卡特尔中，这种欺骗采取了（常常是秘密地）价格削减的形式。在官僚的水平卡特尔中，欺骗可能采取对其他成员"泄密"的形式，并因而获得可观的回报或提升。

在独裁政权的最初日子里，这种"泄密"很有可能，那时它的许多成员还保持着"对理想的忠诚"和对政权基本意识形态的承诺。随着时间的流逝，对革命记忆的消退，对意识形态热情的冷却，这种"泄密"行为会有所减少。因为时间，要确定谁可以被信任维持了对卡特尔的忠诚，谁有可能是泄密者也更容易了。所以，损害官僚机构效率的水平交换和进行寻租的卡特尔只能出现在成熟的官僚机构中。正如引发经济衰退的制度硬化（institutional sclerosis）和寻租只能出现于成熟的民主制中一样——那里在创建民主制的革命或战争之后已经有足够的时间流逝——变得虚弱的管理中央计划经济的巨大官僚机构中的制度硬化和寻租也只能在创建现存独裁制的革命或战争过去多年后才会出现。温特罗布和奥尔森都"相信"斯大林推迟了官僚硬化的冲击，并通过他的许多次残酷清洗破坏了苏联官僚机构中的水平交换和卡特尔模式，从而延长了苏联的"经济奇迹"。这些清洗既打乱了水平卡特尔的潜在成员资格，又提高了对任何泄密者的惩罚。一旦清洗停止，官僚硬化变得不可避免，苏联官僚机构就能够在和平的成熟期安顿下来。

18.5 独裁制和经济绩效

民主制作得比独裁制更好吗？许多作者在理论上和经验上都提出了这个重要的问题。不幸的是，没有哪个文献给出了毫不含糊的答案。让我们从理论的研究方法开始。

18.5.1 独裁制和民主制的相对优势

在18.1节中我们看到，消费最大化的独裁者所提供的公共物品数量要少于整个共同体的最优数量。这个结果意味着在运用一致规则以作出集体决策的民主制中，公共物品水平和国民收入都会比独裁者选择公共物品水平以最大化其个人消费的独裁制中更高。不过，运用一致规则来作出集体决策的民主制是没有的，我们知道在多数民主制（majoritarian democracies）中，获胜的多数可能像独裁者一样行动，把少数的收入转移到自己手里。那么，多数民主制的结果会比独裁制下的结果更坏还是更好呢？

要明白什么与此有关，让我们像在 18.1 节中一样，假定国民收入是所供应的公共物品数量的函数，它会随着对收入的比例税增长而减少，$Y = Y(G)(1 - \eta t)$，这里 η 还是关于税率的收入弹性。独裁者的目标是使他的消费最大化，它等于全部税收减去公共物品上的花费，

$$O_D = tY(1 - \eta t) - G \tag{18.17}$$

另外，整个共同体想要使全部收入和公共物品成本之间的差额最大化，

$$O_S = Y(1 - \eta t) - G \tag{18.18}$$

可想见的一种多数联盟行为方式是既像独裁者一样选择公共物品的数量，也通过补贴 S 的形式把收入从共同体转移到自己手里。税收因而必须既包括公共物品支出，也包括补贴，

$$tY(1 - \eta t) = G + S \tag{18.19}$$

假设 m 是多数联盟中共同体中的部分。那么它的目标是使其在国民收入中的份额加补贴最大化，

$$O_M = m(1 - t)Y(1 - \eta t) + S \tag{18.20}$$

应用等式（18.19）替换（18.20）式中的 S，我们得到

$$O_M = m(1 - t)Y(1 - \eta t) + tY(1 - \eta t) - G \tag{18.21}$$

当 $m = 0$ 时，（18.21）式简化为（18.17）式，于是我们有了消费最大化的独裁者的目标函数。当 $m = 1$ 时，（18.21）式简化为（18.18）式，于是我们有了共同体的目标函数，它旨在使作为公共物品成本的收入净值最大化。因此，对于再分配的多数联盟来说，其目标函数会位于纯粹独裁制的目标函数和一致规则起作用下的共同体的目标函数之间，而它所选的税率和公共物品数量也会位于这两种价值之间。①

虽然认为多数联盟只从普通税收中付给自己补贴是有益的，但是考虑到征税的抑制性作用，多数联盟不会既向自己征税，又向自己提供补贴。如果我们假设 t_m 是多数联盟的税率，t_n 是少数联盟的税率，多数联盟的目标函数就只是其征税收入净值的最大化，它受制于预算限制：

①　运用精致模型所作的进一步的探讨，参见麦圭尔和奥尔森（1996）。

$$O_M = m\ (1 - t_m)\ Y\ (1 - \eta t_m)\ + \lambda\ [G - mt_mY\ (1 - \eta t_m)$$
$$- (1 - m)\ t_nY\ (1 - \eta t_n)] \qquad\qquad (18.22)$$

尽管这个表达式很简洁，但是（18.22）式的最大化并不会产生可以简单地、直觉地解释的 t_m 和 dY/dG 的值。不过，它会产生 t_n 的值。多数施加于少数的税率正好与消费最大化的独裁者施加于共同体的税率相同。① 因此，虽然可以预期民主制中的多数联盟会以和独裁者非常相似的方式剥削少数，但是多数联盟对于有关自己的选择会更少剥削，于是多数民主制的结果将比独裁制的结果更靠近共同体福利的最大化。

这些看法是从独裁者面临的保留其职位（维持其地位）的问题、对权力的潜在兴趣和可能降低共同体福利的各种意识形态目标中提炼出来的。奥弗兰、西蒙斯和斯帕加特（2000）最近探讨了在消费最大化的独裁者模型中引入生存不确定所具有的含义。他们假定，独裁者被推翻的可能性会随着共同体繁荣的推进而下降。如果最初条件——在他们的模型中即股本——足够有利于产生临界点之上的生活标准，那么独裁者生存的可能性很大，他会选择促进增长的政策，因为他知道他很有可能从国民收入中提取到他的份额。然而，如果最初条件不利，独裁者生存的可能性就低了，他会对经济进行掠夺。因此，奥弗兰、西蒙斯和斯帕加特预言，独裁者分为两种类型：一类独裁者在经济增长方面表现很好，另一类独裁者则带来严重灾难。

在另一个完全不同的模型中，罗宾逊（2000）的研究表明，独裁者也有可能不对教育等增进共同体福利的公共物品进行投资。其原因是一个受到更好教育的社会更会推翻独裁者的统治。这个结果使我们难以预测独裁制在经济增长方面的表现是好还是坏。当然，对于民主制来说这也同样难以预测，如果我们承认有各种形式的寻租、循环投票，预算最大化的官僚等等的话。② 正如常常所发生的那样，这个问题必须在经验上解决。

18.5.2 独裁制和民主制的相对经济绩效

收入水平和人均收入增长常在作国际比较时被用作绩效衡量的标准，而且基本上所有关于民主制和独裁制的比较文献都采用这类衡量标准。当

---

① 相对 t_n 而最大化（18.22）式会产生一阶条件 $\lambda\ [- (1 - m)\ Y\ (1 - 2\eta t_n)] = 0$。由于 $\lambda > 0$，方括号内的表达式为零，这意味着 $t_n = 1/2\eta$。

② 对于不同理论观点的进一步探讨及相关文献，参见普鲁沃尔斯基和利蒙奇（1993）。

然，这些标准是从大多数公民所珍视的民主制的许多性质中提炼出来的。例如，生活在一个可以自由阅读其所选读物的国家会使人们感觉到比生活在缺乏这种自由的国家更幸福得多，纵然这两个国家的生活水平和增长率是一样的。尽管如此，提出这样一个问题仍是有趣的，即衡量经济绩效的这些标准是否与自由和民主的程度系统相关。非常多的文献试图为此提供一个答案。

虽然要界定和衡量经济绩效存在着难题，但这些难题与界定和衡量自由、民主的难题相比起来就黯然失色了。对此，现在标准的方法是把公民自由、经济自由和政治自由等各种指标结合为一个或更多的主要指标。在一些情况下，例如斯库利和斯洛特吉（1991）以及德·哈恩和西尔曼（1998），所强调的是经济自由："外汇制度的自由"、"工作许可的自由"等指标被结合起来了。在其他研究中，侧重点放在民主自由上。

对自由市场和资本主义体制的拥护者来说，衡量经济自由的标准似乎确与人均收入增长率正相关，这是最为可靠的。例如德·哈恩和西尔曼（1998）发现，在说明人均收入增长的回归分析中，关于经济自由的 9 个不同衡量标准其系数都为正号，而且至少有一些标准在统计上是重要的，并且通过了一系列灵敏度测试。不过，在后续的研究中，德·哈恩和斯特姆（2000）报道说，只有经济自由的增长——而非经济自由的水平——会对经济增长有重要影响。[①] 另外，吴和戴维斯（1995）也发现在经济增长与经济自由的复合指标之间正相关，而克纳和基弗（1995）发现，在所有形式的政治体制中产权保护都与经济绩效正相关。

对民主制的拥护者来说，民主/政治自由与收入增长率之间的关系模式更不可靠。虽然一些研究在政治自由与增长之间建立起重要的正向关联（如普尔格拉米，1992），但是其他人则发现权威政权有更好的增长记录（阿德尔曼和莫里斯，1973；巴罗，1996）。普鲁沃尔斯基和利蒙奇（1993）评论了 21 项测试政治体制类型与经济增长之间关联性的研究，在这些结果中他们不能够确定任何一贯的模式。从上节探讨的官僚运转和中央计划经济的衰落来看，这些发现不确定的原因之一是很明显的。在第二十二章中，我们将探讨民主制也会导向经济衰退的假设与证据。很可能的是，民主制和独裁制都有自己的"生命周期"，各自的经济增长也会极大地依赖于政权的年龄。要想弄清楚民主制和独裁制的效果，就必须

---

① 伯格伦（1999）发现经济自由的增长会减少经济不平等。

得区分出这两种体制各自的初期形式和成熟形式。

在衡量民主制对经济绩效的影响时，第二个遇到的困难就是民主制和独裁制都并非以单一的形式出现的。对于欧洲、盎格鲁－撒克逊和拉丁美洲那些清楚无疑地属于民主制的国家来说，它们在选举规则（两党、多党、总统制），像全民公决这样的直接民主机制的运用，联邦制结构等方面都有潜在的重要差异。在独裁制这个系列中，重要的差别同样存在。例如，温特罗布（1998）最先区分了极权主义的，锡壶的，残暴的，以及财权统治的（timocratic）独裁体制（第1—5章）。然后他根据经济状况划分了盗贼统治的，资本主义威权的，命令经济的，以及隐蔽经济的独裁体制（第6—10章）。温特罗布的分析不仅说明预期所有这些不同类型的独裁制都展现同样水平的经济绩效是毫无理由的，而且说明人们为什么应该明确地预期至少会有一些独裁制的表现与其他独裁制完全不同。的确，不同的独裁者会为他们的国民选择具有显著经济后果的政策，这种可能性在18.1和18.2两节所分析的简单模型中是很明显的。

前面描述了奥弗兰、西蒙斯和斯帕加特（2000）的模型，其主要经验含义在于独裁制的增长率与民主制的增长率相比，变化要更大。他们提出了证明这一点的证据。[①]

18.5.2.1　温特罗布独裁制模型的直接测试

斯克尼泽和舒什特希奇（1997）把南斯拉夫在1953—1988年间的共产党员人数作为支持共产党政权的一个指标，这种支持有助于这段时期政权的稳定。在1953年到1988年之间，南斯拉夫的共产党员人数既随时间变化，也在南斯拉夫共和国的几个加盟共和国中有变化。对这种变化的一个可能解释是，共产党员人数会随该党受欢迎程度的增长而增加。这个假设导致我们预期，根据第十九章评论过的有关政治事业周期的文献，党员人数将与失业和通货膨胀率这些宏观经济变量之间反向相关。另一方面，作为温特罗布假定的政府与公民之间"政治交易"的结果，共产党的党员人数能够用于衡量对政权的忠诚度。斯克尼泽和舒什特希奇（1997，p. 121）"假定工作或者获得提升的可能性是共产党向其成员提供的租金的重要来源。这种租金的相对价值在失业时会增加。因此，我们应当预期LCY（南斯拉夫共产主义联盟）的成员人数与失业之间正相关"——这正

---

① 要根据国家是被划为民主制还是独裁制来设法说明其在经济增长率方面的不同，这会遇到概念上的和计量经济学上的问题，对此所作的进一步探讨参见普鲁沃尔斯基和利蒙奇（1993）。

好是与政治—事业—周期—声望的假定相反的预测。基于相似原因，他们
预期 LCY 的人数与真实工资水平反向相关。时间序列回归在两个省，塞
尔维亚和黑山，获得了最强的支持，这两个省的人口主要是塞尔维亚人，
而且建立的共产党政府最为巩固。在斯洛文尼亚和马其顿这两个非塞尔维
亚共和国，共产党政府最弱，政治交易假定的经验支持也很少发现。在波
斯尼亚/黑塞哥维那和克罗地亚居住着混杂的塞尔维亚人，共产党政府的
力量位于其他四个共和国共产党政府的力量之间，政治交易假定的经验支
持也处在前述两个极端之间。斯克尼泽和舒什特希奇的发现与这个假定一
致，即塞尔维亚和黑山的政府——波斯尼亚/黑塞哥维那和克罗地亚在更
少程度上——通过温特罗布独裁制模型所暗示的政治交易而强化和维持了
塞尔维亚民族主义和共产主义混合的意识形态。

18.6　结论

"民主制"一词让人想到公民主权的图景。公民决定国家的政策，只
有他们的偏好有价值。与此相对，"独裁制"一词意味着民主制的对立
面。只有独裁者的偏好有价值。在直接民主制中，公民的集体选择据说相
当接近公民主权的理想。不过就是在这里，人们也必须担心选民理性无知
的问题，以及选择某些投票规则导致的循环投票。但把这些抛开不论，我
们预计在公民想要从国家那得到的与他们所得到的之间相当一致。

在公民的一个当选代表会议决定政府政策应当是什么以及被任命的官
僚实施政策的时候，可以预计这种一致明显（肯定）很弱（当公民的当
选代表会议决定政府政策和官员任命的时候，可以肯定的是，表决的一致
性必定是不强的）。后面这种制度结构引入了聚合公民偏好以选择代表的
问题，公民及其代表之间的委托—代理问题，公民代表与代表所任命以执
行其政策的官僚之间的委托—代理问题，以及政府官僚机构等级制的上下
层之间的委托—代理问题。尽管如此，人们仍然普遍相信代议民主制——
尽管它们有缺点——在满足公民偏好方面做得比独裁制要好得多，因为在
代议民主制中公民—委托人继续行使其对政治家—官僚代理人的一些控
制，而在独裁制中这种控制是不存在的。

本章所评论过的文献对这种刻板的对照提出了质疑。独裁者在使其名
义上控制的官僚增进独裁者利益而不是官僚自身利益方面会遇到委托—代
理问题。这就迫使独裁者运用奖励和制裁手段以诱使官僚服从，此类方式

与民主制中一样。公民可以通过授予或停止忠诚和支持而使独裁者感到更安全或更不安全。这就迫使独裁者估算其所选的政策对公民福利的影响，这与当选的政党官员必须估算其政策对选民福利影响的方式一样。在这两种政治体制中，寻租都可被预期。

这种相似性有助于说明，为什么会难于确定独裁制与民主制之间像人均收入增长率这类绩效指标的经验差异。

当然，这些评论并不意味着民主制与独裁制之间没有重要差异。增加权力和职位安全的镇压政策的范围在大多数独裁制中要比在大多数民主制中更广。宪法界定的一系列个人权利和自由的存在以及一个独立的司法机构增加了一些民主制中对公民的深层保护，对此大多数独裁制中是没有的。民主制与独裁制相比，最大的优势可能不在于民主制比独裁制平均起来做得更好，而在于民主制很少堕落到人们在独裁者下常常见到的那种悲惨程度。

文献注释

在论述独裁制的公共选择文献中，塔洛克（1987）作出了富有启发性的贡献。库瑞尔德 - 克里加尔德（2000）最近提出证据以支持塔洛克有关独裁制继承的一个关键预测。在935年到1849年间，君主的继承人如果是运用世袭规则——此时可以清楚辨别出下任君主——选出的，那么这要比下任君主身份不确定时的君位继承稳得多。

第四部分

应用与检验

第十九章 政治竞争与宏观经济绩效

> 政治史无一例外地表明，政府的声望（standing）及其在大选中握有选民信任的能力取决于其成功的经济政策。
>
> **哈罗德·威尔逊（摘自希布斯，1982c）**

我们将在本篇中介绍公共选择理论在解释现实世界现象中的四个方面的应用。应用之一是试图解释政府的宏观经济政策。在多大程度上经济政策决定于对选票的竞争？在多大程度上选民在决定如何投票时要考虑政府的宏观经济绩效？这些问题引发了很多用以解释政府宏观经济政策的理论模型和数量庞大的经验研究。事实上，在公共选择理论中恐怕再没有其他领域像政治—宏观经济模型领域一样见证了如此之多的对其命题所进行的实证检验。就像检验研究中经常发生的一样，就"数据揭示了什么"而言，并非所有作者都能获得相同结论，因此文献经常充满激烈的争论（often spirited exchanges）。我们不会试图解决所有重大争论，但会努力让读者感受到围绕各个问题所展开的争论的性质和对一个问题的每个答案的经验支持权重。我们就从哈罗德·威尔逊很明显地认为是一个确然无疑的问题开始吧。经济状况影响选民如何投票吗？

19.1 宏观经济绩效与政治成功

19.1.1 选票与受欢迎度函数（popularity function）

将宏观经济绩效与政治成功联系起来的开创性研究（seminal study）是由克雷默（1971）完成的。他寻求用经济状况来解释 1896—1964 年期间在众议院竞选中投向共和党候选人的选票比例。克雷默发现，众议院在位议员所获选票与通货膨胀率成反比，与收入增长成正比。以一种方式或另一种方式证实克雷默最初结论的经验证据大量存在。表 19.1 列举了几项检验了失业率（U）、通货膨胀率（P）或国民收入（Y）是否影响已经在政府中任职的候选人或政党所获选票之比例的研究。尽管每项研究中各个变量不显著，且系数有些往复性变化，但是，P、U 或 Y 上的系数统计上显著的次数和正号出现的次数与其他对宏观关系的经验研究比较起来是一致的。

美国总体每四年选举一次，法国总统曾经每七年选举一次（现在是五年）。英国议会要满五年选举一次。这样，试图预测全国选举中选票流向的研究就要限制在小样本上了，也因此其统计显著性程度常常很小。要避开这个问题，方法之一是像克雷默所作的那样，就较低层级的政府部门估计因果关系，在这些部门有更多的角逐。要增加估计宏观经济绩效对政治的影响的信度，另外的方式则是使用民意测验数据，而不是使用选举数据。像"你认为现任总统执政业绩突出吗"这样的问题，对它们的回答至少部分反映了公民对经济形势的判断和对总统就此应付责任的判断。而且，虽然不尽完美，民意测验数据仍然是对选举结果的可信预测。因为实施的民意测验比选举要多得多，可以把它们和季度经济数据甚至经济月度数据联系起来。表 19.2 列举了几项研究，这些研究检验了政府或总统受支持程度（由民意测验专家测度）和测度宏观经济绩效的变量之间的关系。在表 19.2 中可以观察到与表 19.1 中一模一样的模式。

19.1.2 选民们认为谁应对宏观经济绩效负责

施蒂格勒（1973）对克雷默（1971）有关众议院选举投票研究的背后逻辑及其经验结果均提出了批评。对不同时期基本方程的再次估计表明，那些系数是不稳定的。[①] 相对于施蒂格勒解释的宏观经济状况和众议院选举投票之间微弱的关系而言，一个替代性的解释可能是，选民不认为他们的议员要为宏观经济形势负责（Crain，Deaton，and Tollison，1978）。他可能通情达理地认为，他们所支持的众议院议员在由于政治拨款项目（pork‐barrel program）而产生的再分配美元流向自己和流离自己的问题上要负更直接的责任，而总统要为宏观经济政策负更直接的责任。

---

① 也见阿塞卢斯和梅尔策（1975a、b），布洛姆和普赖斯（1975）及古德曼和克雷默（1975）。

表 19.1

宏观经济条件对政党或总统选举的影响

国家因变量	作者	时期	滞后因变量	通货膨胀率（P）	失业率（U）	国民收入（Y）
美国众议院选举						
共和党得票比例	克雷默（1971）	1896—1964		$-0.41 * P_t$		$0.27 * 2Y_t$
共和党得票比例	施蒂格勒（1973）	1896—1970		$-0.21 ** (P_t - \bar{P})$	$-0.001\Delta U_t$	$0.17 * (Y_t - \bar{Y})$
共和党得票比例	阿利辛娜和罗塞塔勒（1995）	1915—1988	$0.89 **$			$0.03\Delta Y_t$
任任者重新当选概率	格里尔和麦克加里蒂（1998）	1916—1994		$0.43 * P_t$	$-0.40 ** U_t$	$0.32 ** Y_t$
参议院选举概率						
执政党得票比例	佩尔茨曼（1990）	1950—1988		$-3.6 ** \sum_{j=-48}^{-1}(P_{t+j} - \hat{P}_{t+j})$ [a]		$1.1 ** \sum_{j=-48}^{-1} \Delta \ln Y_{t+j}$
共和党得票比例	贝内特和怀斯曼（1991）	1952—1986		ins [b]	ins [b]	ins [b]
执政党得票比例	克鲁斯蒂史蒂斯和谢弗（1993）	1976—1990	$0.18 **$	$0.05 P_t^c$	$-0.08\Delta U_t/U_t^c$	$0.59 ** \Delta Y_t^c \quad 0.01 \dfrac{\Delta Y_t^c}{Y_t}$
总统选举						

续表

国家因变量	作者	时期	滞后因变量	通货膨胀率(P)	失业率(U)	国民收入(Y)
ln（在位的候选人）	尼斯卡宁(1979)	1896—1972				$1.51^{*}\ln\left(\dfrac{Y_t + Y_{t-1} + Y_{t-2} + Y_{t-3}}{4}\right)$
民主党候选人	弗尔(1982)	1961—1980		$-0.68\mid P_t - P_{t-2}\mid/2P_{t-1}$		$0.98^{**}\ \Delta Y_t/Y_{t-1}$
在位候选人得票比例	基希格斯纳(1981)	1896—1976	0.49^{**}	$-0.12^{**}\ P_t^2$		
在位政党得票比例	佩尔茨曼(1990)	1952—1988		$-9.7^{**}\ \sum_{j=-48}^{-1}(P_{t+j} - \hat{P}_{t+j})^{\mathrm{a}}$		$3.1^{**}\ \sum_{j=-48}^{-1}\Delta\ln Y_{t+j}$
布什按州算的得票比例	艾布拉姆斯和布特克维奇(1995)	1992			$-0.61^{**}\ U_t$	$0.19^{**}\ (\Delta Y_t - \Delta Y_{t-1})^{\mathrm{d}}$
共和党候选人得票比例	罗森塔尔(1995)	1915—1988	0.74^{**}			$1.14^{**}\ \Delta Y_t$
执政党候选人	希布斯(2000)	1952—1996				$4.1^{**}\ \sum_{j=0}^{14}\lambda^j\Delta\ln Y_{t-j}/\sum_{j=0}^{14}\lambda^j$
州长选举						
在位州长重新当选概率	亚当斯和肯尼(1989)	1946—1984				$-0.007^{*}\ \sum_{j=-4}^{-1}(Y_{t+j} - \hat{Y}_{t+j})^{\mathrm{a}}$
执政党得票比例	佩尔茨曼(1990)	1952—1988		$-2.7^{**}\ \sum_{j=-48}^{-1}(P_{t+j} - \hat{P}_{t+j})^{\mathrm{a}}$		$1.4^{**}\ \sum_{j=-48}^{-1}\Delta\ln Y_{t+j}$

注：在 "滞后因变量" 列中，艾布拉姆斯和布特克维奇(1992) 对应值为 0.75^{**}。

续表

国家因变量	作者	时期	潜后因变量	通货膨胀率(P)	失业率(U)	国民收入(Y)
执政党得票比例	勒韦尔尼尔(1992)	1970—1988	0.39*		$-0.15U_t$	0.31** Y_t
州议会下院						
民主党按州计算席位百分比	查布(1988)	1940—1982	0.42**			0.53** ΔY_t^e
丹麦						
对大党执政长期趋势的偏离	马森(1980)	1920—1973		$-0.43^* P_t$	$-0.119(\Delta U_t - \Delta U_{t-1})$	
挪威						
执政党对长期平均数的偏离	马森(1980)	1920—1973		$-0.36^* P_t$	$-0.10U_t$	
瑞典						
政府里的党对长期趋势的偏离	马森(1980)	1920—1972		$-0.22P_t$	$-2.30^*(\Delta U_t - \Delta U_{t-1})$	0.73** Y_t
法国						

续表

国家因变量	作者	时期	滞后因变量	通货膨胀率（P）	失业率（U）	国民收入（Y）
左派反对党	罗萨（1980）	1920—1973		$0.20^*\left(\dfrac{P_t + P_{t-1} + P_{t-2}}{3}\right)$	$+0.02^{**}\left(\dfrac{U_t + U_{t-1} + U_{t-2}}{3}\right)$	$-0.08^{**}\left(\dfrac{Y_t + Y_{t-1} + Y_{t-2}}{3}\right)$
英国						
执政党得票比例	希宾（1987）	1945—1984		$-0.49^* P_t$	$-0.50^* U_t$	$-1.2^* \Delta Y_t$
英格兰						
工党/保守党得票比例	菲尔丁（2000）	1997[f]			$1.02^* U_t$	

资料来源：早期研究来自施奈德和弗雷（1988，表1）。重印得到了杜克大学出版社的许可。

* 在 0.05 水平上显著，** 在 0.01 水平上显著。双尾检验。不同的研究对变量的定义有所不同（例如实际国民收入与名义国民收入）。读者必须查阅原文。X_t 是 X 当前数值，X_{t-1} 是 X 滞后一期的数值，$\Delta X_t = X_t - X_{t-1}$，$\bar{X}$ 是 X 的均值或趋势值。

a. $\hat{P}_{t+j}$，$\hat{Y}_{t+j}$ 是 $t+j$ 时期预期的通货膨胀率或实际收入。

b. 州经济状况不显著。

c. 总统在同一个政党执政时的国民经济状况。

d. 州人均实际收入"未预料到的增长"，定义是 1988—1992 年间的增长（ΔY_t）减去 1984—1988 年间的增长（ΔY_{t-1}）。

e. λ 估计值等于 0.95。

f. 国家层面的横截面数据。执政的保守党，U_t 的预测符号为正。

表 19.2 宏观经济状况对政党（总统）支持率的影响

国家因变量[a]	作者	时期	滞后因变量	通货膨胀率(P)	失业率(U)	国民收入(Y)
美国						
总统选举, Q	施泰德 (1978)	1961.1—1968.4		-2.61^*P_{t-2}	$-5.43^{**}U_{t-2}$	
总统选举, Q	施泰德 (1978)	1969.1—1976.4		-2.15^*P_{t-2}	$-3.89^{**}U_{t-2}$	
ln[POP/(100−POP)], Q, POP = 总统选举	希布斯 (1982c)	1961.1—1980.1	0.84[b]	$-0.017^{**}\ln(P_t/P_{t-1})$	$-0.017^{**}\ln(U_t/U_{t-1})$	$0.015^{**}\ln(Y_t/Y_{t-1})$
ln[POP/(100−POP)], Q, POP = 各候选人支持率	希布斯 (1987)	1961.1—1984.1				
民主党			0.83[b]	$-0.028^{***}\ln(P_t/P_{t-1})$	$-0.030^{***}\ln(U_t/U_{t-1})$	$0.011^{**}\ln(Y_t/Y_{t-1})$
共和党			0.77[b]	$-0.039^{***}\ln(P_t/P_{t-1})$	$-0.025^{***}\ln(U_t/U_{t-1})$	$0.018^{**}\ln(Y_t/Y_{t-1})$
独立候选人			0.84[b]	$-0.031^{***}\ln(P_t/P_{t-1})$	$-0.015^{**}\ln(U_t/U_{t-1})$	$0.015^{**}\ln(Y_t/Y_{t-1})$
总统选举, Q	史密斯和杜瓦 (1989)	1971—1978		-1.47^*P_t	$+7.0^*U_t-0.60^{**}U_i^2$	
总统选举, M	史密斯, 杜瓦和泰勒 (1994)	1981—1988	0.63**	$-0.11^*P_i^2$	$-0.35^{**}U_i^2$	
法国						
总统选举, M	刘易斯−贝克 (1980)	1960.1—1978.4		$-1.89^{***}P_{t-2}$	-0.56^*U_{t-2}	

续表

国家因变量[a]	作者	时期	滞后因变量[b]	通货膨胀率(P)	失业率(U)	国民收入(Y)
澳大利亚						
ln[POP/(100 − POP)], Q	希布斯(1981)	1969.4—1978.4	0.8[b]	$0.004^{**} P_t$	$-0.001^{**} U_t$	$0.017^{**} Y_t$
ln[POP/(100 − POP)], M	拉费(1984)	1974.10—1983.12		$-0.028^{**} P_t$	$-0.103^{**} U_{t-1}$	$0.029^{**} Y_{t-1}$
丹麦						
执政党, Q	施泰德和波梅赫湟(1980)	1960.2—1977.2	0.66**	$-0.47^{*} P_{t-1}$	$-1.13^{**} U_{t-1}$	$0.05^{*} Y_{t-1}$
执政党, Q	帕尔达姆和施奈德(1980)	1957.2—1968.1	0.67**	$-0.41^{*}(P_t - P_{t-4})$	$-0.73^{**}(U_t - U_{t-4})$	$0.19^{*}(Y_t - Y_{t-4})$
德国						
执政党, M	基希格斯纳(1976)	1951.1—1966.10	0.67**	$-0.20^{**} P_t$	$-0.43^{**} U_t$	
执政党, M	基希格斯纳(1977)	1970.3—1976.10	0.61**	$-0.09^{*} P_t$	$-0.31^{**} U_t$	
ln[POP/(100 − POP)]	希布斯(1982c)	1957.4—1978.4	0.88[b]	$-0.0044^{**}\ln(P_t/P_{t-1})$	$-0.006^{**}\ln(U_t/U_{t-1})$	$0.0051^{**}\ln(Y_t/Y_{t-1})$
大不列颠颠岛						
政府领先, Q（$POP_{GOV} - POP_{OPP}$）	皮萨里德斯(1980)	1955.3—1977.4	0.52**	$-0.57^{*}(P_t - P_{t-1})$	$4.55^{*}(1/U_{t-2})$	$0.26^{**} Y_t$
ln[POP/(100 − POP)]	希布斯(1982c)	1959.4—1978.4	0.88[b]	$0.0038^{**}\ln(P_t/P_{t-1})$	$-0.21^{**}\ln(U_t/U_{t-1})$	$0.0081\Delta\ln(Y_t/Y_{t-1})$

续表

国家因变量[a]	作者	时期	滞后因变量	通货膨胀率(P)	失业率(U)	国民收入(Y)
政府领先，Q $(\mathrm{POP_{GOV}} - \mathrm{POP_{OPP}})$	明福特和皮尔(1982)	1957.3—1959.1		$1.95 P^e_{t+1}$		$0.53 Y^e_{t+1}$
政府，$Q\ln\left(\dfrac{\mathrm{POP}}{1-\mathrm{POP}}\right)$	普赖斯和桑德斯(1994)	1951—1989	0.87^{**}	$-0.015^{**}\,P_t - 0.009^{*}\,P_{t-2}$	$-0.24^{*}\,\Delta\ln U_{t-1}$ $-0.28^{**}\,\Delta\ln U_{t-2}$	
爱尔兰岛						
主要执政党对主要反对党的领先，Q	博罗阿和博罗阿(1990)	1974—1987		$-1.86^{*}\,P_t$	$-0.008^{**}\,U_{t-1}$	$1.39^{*}\,Y_t$
日本						
执政党(30个观察值)	井口(1980)	1960—1976		$-0.68^{**}\,P_t$		$0.59^{*}\,Y_{t-2}$
执政党，Q	苏祖基(1994)	1961—1987	0.81^{**}	$0.008 P_{t-1}$		$0.0003 Y_{t-1}$
新西兰						
政府领先，Q $(\mathrm{POP_{GOV}} - \mathrm{POP_{OPP}})$	恩施普龙(1983)	1970.1—1981.4	0.28	$-0.35^{**}\,(P_t - P_{t-1})$	$-2.12^{**}\,U_t$	$0.07 Y_t/Y_{t-1}$
瑞典						
政府，Q	史密斯伍德菲尔德(1993)	1985—1990		$-0.039^{**}\,P^2_{t-4}$	$-0.79^{**}\,U^2_t$	

续表

国家因变量[a]	作者	时期	滞后因变量	通货膨胀率(P)	失业率(U)	国民收入(Y)
社会民主党, M	约恩温和瓦登斯约(1979)	1967.3—1976.9	0.88**	-0.10* P_{t-1}	-0.73** U_{t-1}	
尼德兰						
三党自持率,M	勒南和万·温登(1987a)	1970.1—1981.12				
基督教民主党			0.83*	-2.23* P_t	-1.09* U_t	
社会民主党			0.83*	-1.67* P_t	-0.57* U_t	
自由保守党			0.83*	-0.78* P_t	-0.36* U_t	

资料来源:施莱德和弗雷(1988,表2和3)及其增补与修订。重印得到了杜克大学出版社的许可。

注:见表19.1。

a. Q=季节; M=月度。

b. 通过重复搜寻最小平方误差(minimum sum of squared errors)估计。

c. 根据理性预期预计的值。

对未能识别众议院选举中的投票和宏观经济变量之间关系的截面调查数据所展开的好几项横截面分析支持了上述解释（菲奥里纳，1978；韦瑟福德，1978；金德和基威特，1979）。克雷默认为在微观横截面的分析中观察值的错误特别有可能掩盖经济表现变量和投票之间关系，尽管他的这一辩解可能是正确的，但是这些研究确实揭开了在参议院选举和总统选举中理论所预测到的那种关系。在表 19.1 中列出来的佩尔茨曼（1990）的研究结果在这方面具有代表性。他使用总统选举、参议员选举和州长选举中的选票对同一个时期的同一个模型进行了估计。尽管未预料到的通货膨胀和收入增长上的系数在所有的三组回归中倾向于具有显著性，但总统竞选中的系数就绝对数而言要大很多。阿利辛娜和罗森塔尔（1995）发现了总统选举中收入增长和选票之间的显著关系，但是没有在众议院选举中找到这种关系①。贝内特和怀斯曼（1991）发现，只有在候选人来自现任总统所在的党派时，经济状况才会显著地影响其获胜的机会。克雷桑特斯和谢弗（1993）发现任何宏观经济变量对参议院议员选举都没有显著影响。

研究者已经观察到，在一些非常典型地由几个政党联合组成政府的国度，宏观经济变量和政党选票或支持率之间有微弱关系。② 这些结论再次表明，只有在公民能够相当容易地确定一个人或政党应为宏观经济形势负责时，那些宏观经济形势才会影响他们如何投票。这样，在试图以选票函数和支持率函数估计结果为基础解释经济状况对选举结果的重要性时，必须利用某种主观判断。

19.2 机会主义政治学

如果选民在决定如何投票时看重宏观经济表现，寻求选票的政治家就会选择宏观经济政策以赢得选票。认识这个问题的一个方式是假设通货膨胀和失业是选民效用函数中的全部变量，而且像图 19.1 中所显示的那样存在着传统的菲利浦斯曲线 *LL*。既然通货膨胀和失业两个都糟糕，选民的

---

① 另一名，克雷默（1971）观察到，在使用国会选举结果时比使用总统选举结果时会有更好的匹配。也见库克林斯基和韦斯特（1981）对众参两院投票的比较研究结果及菲奥里纳（1978，1981）对众议院选举和总统选举的结论。

② 见阿利辛娜等的文章（1997，Ch. 6）和南内斯塔和帕尔达姆的文章（1994，pp. 233—234）。斯旺和艾辛加（1999）发现的证据表明，一旦控制党派效应，荷兰的联合政府中的政党会因为宏观经济表现差而受到惩罚。

无差异曲线就是凹向原点的，且无差异曲线越接近原点代表效用越高。[①] LL 是有效的机会集合（effective opportunity set）。假定存在两个政党，他们对选票的竞争会沿着 LL 曲线产生的一个唯一的选票最大化点。虽然每一个选民的无差异族可能让他偏爱 LL 上的一个不同的点，在效用函数中只有 U 和 P 时，菲利浦斯曲线中 U 和 P 内在的反向关系将问题集简化为单一维度，比方说对 U 的选择。选民的偏好在 LL 曲线上是单峰的，中间投票人定理在这里是适用的。如果 I_1 和 I_2 是中间投票人的无差异曲线，那么两个政党就会争相采取宏观稳定政策将经济带向菲利浦斯曲线上的 M 点。

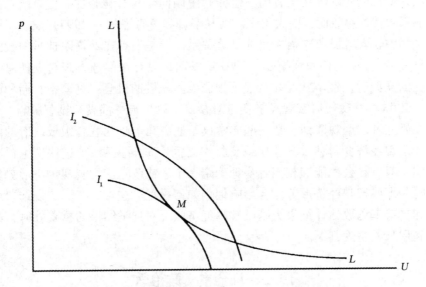

图 19.1　通货膨胀(P)和失业(U)之间的替代关系

19.2.1　当选民短视时

这样，当选择局限于像 LL 那样的长期菲利浦斯曲线时，且选民理性并有充分信息，那么就可以预期，不管是哪个政党执政，两党竞争将产生一个唯一的失业/通货膨胀组合。但是，有时候情形有所不同，比方说如果在宏观经济状况发生改变时数量作出的反应比价格作出的反应更快（奥

---

① 史密斯和伍德菲尔德（1993）估计了新西兰选民的无差异曲线，该曲线类似于图 19.1 中的曲线。史密斯和杜瓦（1989）估计的美国的选民无差异曲线看着像倒 U 形。

肯，1981）。这样，政府就可以操纵宏观经济杠杆在短期内减少失业，而任由其充分的通货膨胀效应在稍后一段时间释放。政府面临像图 19.2 中 SS 所示的短期菲利浦斯曲线。沿着 SS 曲线向 M 左边变动时最终一定会在未来招致通货膨胀，如果选民或忽略了未来的通货膨胀，或者是把未来的通货膨胀折现成很小的现值，那么在位的政党就能够通过采取政策在短期内来增加为数众多的多数选民的效用：只需要将经济沿着 SS 向外推移至比方说 M′ 点。控制政府的政党处在有利位置，可以正好在选举前减少失业，以增加再次选举获胜的机会（诺豪斯，1975；林德贝克，1976；麦克雷，1977；法里尔，1978；塔夫特，1978）。在一些政府有权选择何时举行选举的国家，在位的政党相对于反对党而言具有更大的优势以确保选举在经济形势有利的时候进行（弗雷和施奈德，1978b；拉克勒，1982）。

　　当然，在选举后通货膨胀上升而经济回到 LL 上。但是，这种更高的通货膨胀可能会由反对党继承下来。而且，即使在位的政党赢得了选举，它也有能力在选举后采取足够紧缩的政策将通货膨胀从经济中挤出去。于是，从我们的第一个有关宏观经济政策的机会主义模型中浮现出这样的预测，在位的政党会故意地制造一个政治经济周期（PBC）：选举前失业减少（国民收入增加），随后失业上升（通货膨胀降低），比如说，图 19.2 中的虚线就描绘了这一周期。

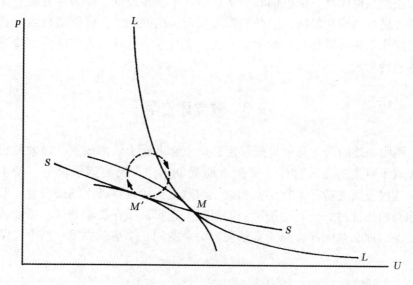

图 19.2　政治经济周期

19.2.2　当选民理性时

前述政治经济周期模型假设选民是短视的。选民们对处于 M' 处的政府投赞成票，就好像此处的 U 和 P 组合是可以持续的一样，尽管经济很快就会变化，并将他们带入比 M' 或 M 更低水平的效用上。而且他们永远不从错误中吸取教训。每个政府都试图哄骗选民相信他们有能力做到离开长期菲利浦斯曲线，而选民一次又一次地中招。

这种极端的选民短视难以与多数公共选择理论所赖以为基础的理性参与者假设融合，也难以和认为所有的经济当事人都进行理性预期的假设融合。在自从短视选民/机会主义 PBC 模型最初出现以后的年份里，理性预期假设开始主导宏观经济建模。在罗戈夫和西伯特（1988）的研究之后，现在已经出现了理性选民/机会主义 PBC 模型的几个变种[1]。在这些模型中，政党或候选人的不同在于管理宏观经济的能力不一。候选人 A 能够比候选人 B 在既定的通货膨胀水平下实现更高的收入增长率。如果选民获得信息充分，候选人 A 总是可以赢得选举。但是，如果我们假设选民得不到充分信息，PBC 就能够产生。如果 A 是在位者，他可以通过在选举前引导经济更快增长来发出他具有更强能力的信号。由于那些能力弱的候选人会因为代价太高而不会采取这一政策，选民就能够认定他（即 A）就是更有能力的候选人。尽管这种人为地加速增长在选举后产生了某些不必要的通货膨胀或其他代价，选民仍然会从选举 A 中获得好处，因为他有能力比其反对者更好地管理经济。于是就像短视选民模型一样，该模型预测，政府将恰好在选举前增加某些种类的开支，实行赤字财政，或许还会创造进一步的通货膨胀。

19.3　政党政治学

刚刚描述的两党竞争模型假定选民不会忠诚于任何政党，而政党也不会忠诚于特定的选民群体。就像市场竞争一样，政治竞争也是不偏不倚的。选民投票支持在通货膨胀和失业问题上最接近自己立场的政党；政党以相同的热忱讨好所有的选民。如果政策选择局限在长期菲利浦斯曲线上的某点，那么两党都会向通货膨胀和失业的同一个搭配靠拢；两个党都会

---

[1]　也见拉克勒（1984），佩尔松和塔韦利尼（1990），罗戈夫（1990），阿利辛娜和罗森塔尔（1995，Ch. 9）和西格（1998）。

在刚好选举之前努力以同样的方式调控经济使其有利于自己。

大量证据表明，选民对政党的选择没有先前的描述所说的那样朝三暮四。而且，政党不会就同一个政策做出承诺。选民对特定政党的吸引和政党党纲的意识形态惯性可以用扩展的"选民利己主义/政党竞争"模型解释。

蓝领和不熟练劳动者比白领和专业人员群体更易于失业和更难以找到工作。因此，低技能的群体更关心失业问题，这是理性的。图 19.3 是希布斯绘制的，上面展示了那些群体的偏好（希布斯，1982b；也见塔夫特，1978，pp. 83—84；对于美国的情况，见希布斯，1979，p. 715，希布斯，1987，p. 139）。纵轴表示在一个职业群体中认为失业是"一个特别重要的问题"或者是当下"最重要问题"的那些人占的百分比。一点也不令人惊讶的是，当 1975 年失业率达到 4.2% 时，失业问题被认为比 1969 年或 1964 年重要得多，其时失业率分别为 2.5% 和 1.8%。但是，在任何一个时点上，地位低的职业群体对失业问题表现出比管理人员群体和专业人员群体更多的关注。

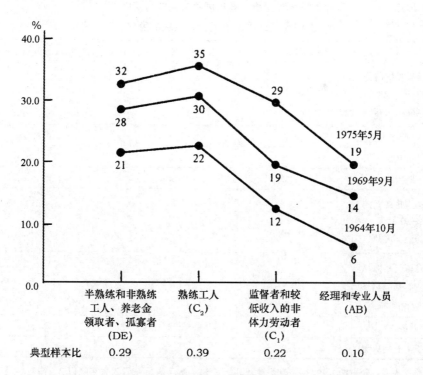

图 19.3 调查中认为失业是"最重要的问题"的人数百分比

资料来源：希布斯（1982b，p. 242）。

考虑到他们相对更关注失业，发现地位低的群体对在任总统或政府的支持对失业水平更为敏感也就不足为奇了。表 19.3 报告了关于失业、通货膨胀和实际收入变化对美国总统和英国执政党所获支持的影响的估计。在这两个国家，不同的职业群体对失业变化所作的反应是不同的，其不同的程度比对通货膨胀所作的反应的不同要大。实际上，两个国家各个不同群体对通货膨胀变化所作出的反应几乎没有什么差别，而他们各自对失业变化所作出的反应有很大差别，美国的差别在 4 倍以上，英国的差别为 2 倍。还要注意到，美国的通货膨胀系数相对于失业系数的大小比英国更高。根据希布斯的估计，平均而言美国人比英国人相对于失业而言更关心通货膨胀。和美国形成更鲜明的对照的是，新西兰看起来愿意用较大的通货膨胀提高来换取较少的失业减少（史密斯和伍德菲尔德，1993）。

表 19.3　　　　　美国总统支持率与英国执政党支持率对
宏观经济绩效作出反应而出现的变化

	通货膨胀率	失业率	实际收入增长率
对美国总统的盖洛普支持率（1960—1979）			
蓝领	− 3.3	− 2.2	+ 2.7
白领	− 3.6	− 1.6	+ 2.1
非劳动力	− 3.2	− 0.45	+ 1.2
对英国执政党的政治支持（1962—1978）			
半熟练与不熟练工人、寡妇和领国家抚恤金者	− 1.9	− 2.85	+ 1.0
熟练工人	− 1.8	− 3.3	+ 1.3
非手工劳动雇员	− 1.7	− 1.55	+ 0.55

　　资料来源：希布斯（1982a，表 4；1982b，表 3）。数字为希布斯的数字除以 2，该数字是支持率对经济状况指标增长 2% 时的反映。除了英国的实际收入变化数字外，所有的数字都是 8 个季度以后的数值。

　　图 19.4 将施奈德估计的总统受欢迎函数中的失业和通货膨胀的系数按照收入群体绘制了出来（施奈德，1978）。可以发现，群体收入越低，其对总统的支持对失业变化就越敏感，这与表 19.3 中报告的不同职业群体之间关系是一致的①。相反，一个群体收入越高，对总统的支持就对失业率的变化越敏感。尽管在施奈德的研究结果中通货膨胀上的系数比希布斯的更不稳定，图 19.4 中连接通货膨胀系数的线比连接失业系数的线更平缓。不同收入群体对失业变化的微分反应比对通货膨胀的微分反应更大。需要注意的是，施奈德的研究结果显示，美国人对失业问题的相对关心程度比希布斯的结果中显示的更大。在七个收入群体中只有两个群体是通货膨胀的系数绝对值比失业系数的绝对值要大。

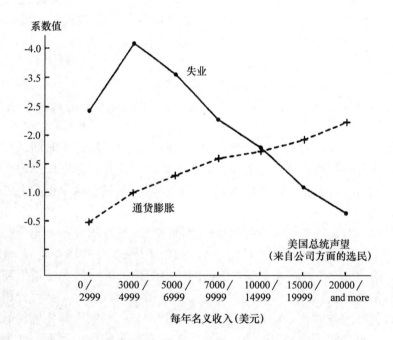

图 19.4　美国总统声望方程中七个收入阶层失业和通货膨胀系数
资料来源：施奈德（1978）；施奈德和弗雷（1988）。

---

①　最低收入群体有可能出现反常的系数，这是因为该群体包括不成比例的退休人员，他们可以不怎么关心失业。

如果政党不像唐斯模型那样，而是迎合不同群体的选民，则不同收入阶层对待失业和通货膨胀在态度上的上述差别会转换成政党政纲的差别。威特曼（1973）是第一个修改唐斯模型的人，他赋予政党领导人更多的目标而不只是赢得选举。这种行为假设是所有的政党政治学的基础。左派政党被假定从较低职业地位和较低收入的群体那里争取选票。这些群体更关心失业，他们的支持对失业变化更敏感。右派政党从更关心通货膨胀并对其更敏感的那些群体那里寻求支持。对中间偏左政党的成员所作的分析应该发现，他们对失业更敏感，而中间偏右的政党成员对通货膨胀更敏感。事实也确实如此。失业的上升使民主党中赞成总统表现的党员所占比例减少，也减少共和党中支持总统的人数，前者减少程度是后者减少程度的 2 到 3 倍。另一方面，通货膨胀率上升减少了民主党中对总统的赞成数，其程度高于减少共和党中对总统的赞成数，虽然差别并不那么显著（希布斯，1982a，Table 4；1987，pp. 175—182）。

19.3.1　选民回溯历史时的政党政治学

政治科学家 V. O. 凯爵士经常被引证为回溯历史的选民假说的创始人。

他认为，选民的主流的流动生动地反映了该选区对过去时间、过去表现和过去行动进行评价的重大作用，也可能是主要作用。它根据历史作出判断；它对以前发生了的事件表达赞成或反对，只是在这个程度上它在回溯性地统治一切。[1]

然而，对选民回溯历史的选举政治学模型所进行的第一个充分发展应归于菲奥里纳（1977a，1981）。希布斯（1981，1982a、b、c，1987，1992，1994，2000）将关于理性的回溯历史的选民的同样观点添加到关于政党政治学的模型中。一个人在决定投票支持哪个政党时，会评价相互竞争的政党在对她而言最显著的问题上的表现如何。对收入低和地位低的群体而言，这个问题倾向于行业；对收入高和地位高的群体而言，这个问题倾向于通货膨胀。就像高收入和高地位的群体由于中间偏右的政党在降低通货膨胀上有更好的表现而被引向他们一样，前一个群体被理性地引向中间偏左的政党，因为这些政党在削减失业率上有更为良好的记录。

这些行为假设可以利用下面的模型加以描述。每一个选民在评价在位

---

[1]　摘自凯的著述（1966，p. 61）。参见基奇的讨论（1995，Ch. 6）。

政党的表现时使用她赋予失业和通货膨胀的权重。令 E_{it} 表示选民 i 在时间 t 对在位政党表现的评价,我们就有

$$E_{it} = \alpha_i \left(\sum_{j=1}^{n} \lambda^j U_{t-j} \right) + \beta_i \left(\sum_{j=1}^{n} \lambda^j P_{t-j} \right) \qquad (19.1)$$

其中,U_{t-j} 和 P_{t-j} 是时间 $t-j$ 时的失业和通货膨胀水平。如果选民 i 来自社会经济地位比选民 k 低的阶层,那么有

$$\alpha_i > \alpha_k \text{和} \beta_i < \beta_k \qquad (19.2)$$

每个选民都将在选举时评估在位政党的表现,如果对该党的评估好于选民预期在野党如果在位时本来可以取得的某种基准表现水平,选民就投在位政党的赞成票。

给定不同选民对失业和通货膨胀问题所赋予的权重所存在的差别,如果中间偏左的政党确实做到了比中间偏右的政党能实现更低失业水平和更高的通货膨胀水平,他们就会赢得低收入选民选票的一大块。但是要注意,该模型肯定引入了一种选民对政党能力的奖励。中间偏右的政党设法有效率的形成低水平的失业和通货膨胀,它就会赢得这样一些左派选民的选票,对这些选民而言,对中间偏右政党的表现的评价超过了对中间偏左政党的预期表现。

还应指出的是尽管假设选民是向回看的,但并没有假设他们不理性或必然短视。相反,选民和政党都被假设为认识到了他们事实上是委托人—代理人关系。既然选民不能签订契约以确保在位政党表现良好,对良好表现的所有激励就只能是在"结账"那一刻出现,也就是在政党竞选连任时出现。表现良好就会获得重新当选的奖励;表现糟糕就会受到惩罚,败选给在野党(费纳翰,1986)。

这些回溯历史的选民有多短视取决于(19.1)式中 n 和 λ 的大小。当然,这是一个经验问题,我们将回到该问题上来。

19.3.2 选民是理性和前瞻时的政党政治学

将理性预期引入一种形式的政党政治学模型中的第一篇文章来自明福特和皮尔(1982)。然而,这类模型最受关注的变种要归于阿利辛娜(1987)。我们将按照阿利辛娜和罗森塔尔文章(1995)中的描述勾勒出它的简洁思路。[1]

---

① 见阿利辛娜(1988a、b)和阿利辛娜与鲁比尼、科恩文(1997)。

在宏观经济学的政治经济学模型中植入理性预期时必须面临的第一个问题是，在理性预期成立时，菲利浦斯曲线和政治经济周期都要消失（德特肯和加特纳，1992）。选民们预测到政府采取的每一个政党行为或机会主义行为并促使其无效。要在描述中找回政治的因素，必须以某种方式放松理性预期假说的强势版本。阿利辛娜和罗森塔尔在他们关于美国政治学的模型中是这样放松的，假设选民、工会和雇主在投票时并不确定总统选举会有何结果。因此，恰好在选举之前签订的工资合同将以预期的通货膨胀率为基础，预期值处在左派政党和右派政党属意的两个通货膨胀率之间的某个位置。如果左派政党赢得选举，它可能会采取临时的政策以额外的通货膨胀为代价刺激经济和减少失业。右派政党获胜让它得以通过紧缩经济来成功地削减通货膨胀。当中期选举要来的时候，对谁在白宫就不再有任何不确定性。充分的理性预期开始生效。经济被锁定到自然失业率水平上。

这样，阿利辛娜和罗森塔尔模型就对四年选举周期中失业和通货膨胀的类型做出了某种非常具体的预测。如果民主党入白宫执政，选举后失业应该会下降，然后在接近周期末端时再回归自然率水平。民主党获胜会在头两年里有正好相反的类型，但是在下一个总统选举中经济会步入完全相同的位置。

阿利辛娜和罗森塔尔模型的一个重要优势体现在，它允许他们分析国会和总统之间的相互作用。要看模型中包含了哪些内容，考虑图 19.5（见 19.4.4 节）。选票竞争在单维度的政策空间展开。从我们的目的出发，我们不妨把竞争看成是选择失业水平。假定选民是单峰分布的，两个政党已经属意的政策位置位于中间选民所偏好政策的左右两侧。如果左派政党同时控制白宫和议会，它就实施自己最偏好的政策，L。如果右派政党控制白宫和议会，它选择 R。如果政府被分割，即一个党执掌白宫，一个党控制议会，阿利辛娜和罗森塔尔就假定一定会就宏观经济政策达成某种妥协，这就产生了 L 和 R 中间的某种失业水平。结果，这意味着一些偏爱位于 L 和 R 中间的政策结果的选民实际上宁愿看到白宫和议会分别由不同的政党控制，而不是置于一个政党控制之下。

这种推理方式让阿利辛娜和罗森塔尔得以解释"分裂选票"和"中期周期"。一个偏好 L 和 R 中间政策的选民理性地投票支持一个党入主总统办公室，而投票支持另一个党执掌议会，从而产生的分裂的政府。如果一个政党，比如说左派，赢得总统选举，就可以预期中期选举时有一批选民投票支持右派党，因为位于分布中间位置的选民力图加强右派党对议会的掌控以制衡总统。现在我们转过来观察这些和其他政治经济模型的预测是怎样对抗数据的（stand up against）。

19.4 证据

19.4.1 政治家试图操控宏观经济环境吗？

让选民利己主义原理运转起来，最简单的方式是假定收入是选民效用函数中唯一的自变量。就像塔夫特（1978，p. 29）注意到的，"让实际可支配收入加速的最快捷的方式是由政府向更多的某种邮递大额支票"。塔夫特（1978，Ch. 2）提供了在美国使用转移支付赢得选举的大量例证，而弗雷和施奈德（1978a、b，1979）给出了在美国和在英国都存在着的政府支出在选举前增加的计量经济学证据。早期的这个工作受到布朗、斯坦（1982）和阿尔特、克里斯托（1983）的猛烈批评。而且随后的几项研究也未能在支出、税收或转移支付上找到周期循环的证据（帕尔达姆，1979，1981a、b；戈伦和波特巴，1980；洛厄里，1985；索伦森，1987）。

然而，如同布莱和纳多（1992，pp. 391—392）指出的，这些研究中关键变量上的系数常常符合预期符号，它们缺乏统计上的显著性，可以简单地归因于可以得到的时间序列观察值的数量不足。布莱和纳多使用加拿大1951—1984年期间十个省份的数据以避开上述问题。他们发现总支出有显著的增加，公路支出和社会服务支出也有显著增加。在选举年预算赤字也增加了。他们的研究结果获得了雷德（1998）使用1962—1992年期间省份数据的确认。希布斯（1987，Chs. 7 and 9）提供了美国使用转移支付赢得选举的进一步证据。巴塔查里亚和瓦斯默（1995）发现，在选举年市政府支出增加、税收下降。余（1998）证明，日本1953—1992年期间自民党一到选举年就系统地削减税收。万达伦和斯旺克（1996）观察到社会保险支出、国防支出和公共管理开支在选举年的显著增加。最后，舒克内希特（2000）使用了24个OECD国家数据，阿利辛娜和鲁比尼联同科恩（1997，Ch. 7）使用了18个OECD国家数据，他们发现公共支出和赤字都正好在选举前上升。

当然，政府所拥有的操控财政政策的自主权是有限的，这样，选举时支出上升或税收下降的数量就倾向于是温和的—典型的也就是1—3个百分点左右。如此小的变化再加上行为的异质性，非常有可能从给定的数据中找不到统计上显著的关系，尤其是当数据集小时。但是，最近的研究使用了更长的时间序列并使用了混合横截面/时间序列数据，看起来证实了塔夫特、弗雷和施奈德的早期工作。某些政治家至少在部分选举前打开公共水龙头以赢得选举，这个结论是难以绕开的。[1]

政府也赶在正好选举之前加快印钞机的证据的寓意含糊不清，但是还是倾向于在选举前机会主义地增加通常是用 M_1 测度的货币供给。美国的支持证据已经由如下作者的论文提供：艾伦（1986）、理查兹（1986）、格里尔（1987，1989a）、哈夫雷勒斯基（1987），查普尔和基奇（1988）、海因斯和斯通（1989）、威廉斯（1990）和卡尔森（1997）；德国的由博格和沃特（1997）提供；18 个 OECD 国家的由阿利辛娜和鲁比尼、科恩（1997，Ch. 7）提供。反面证据都是美国的，来自戈恩和珀特巴（1980）、贝克（1984，1987）和希布斯（1987）。再次出现了时间序列总是短，甚至发现机会主义性质的货币供给增加时，统计的和/或经济的意义都不是压倒性的现象。但是，即使在像美国和德国这样的国家，它们的中央银行的独立性被看成是既定的，中央银行家看起来并未完全健忘它们政府的选举运气。

19.4.2 存在着政党偏向吗？

我们回顾了前面的证据，这些证据显示，较低收入群体倾向于更关注失业，而较高收入群体更关注通货膨胀。传统上较低收入群体支持左派政党，而较高收入群体支持右派政党。这种政党忠诚理性吗？左派政党承诺在失业问题上要比右派政党采取更多的行动吗？他们说到做到吗？对最后两个问题的答案是毫不含糊的"对"。

对年度《总统和经济顾问委员会经济报告》的内容比照政党政纲展开的分析显示，民主党极为重视失业问题，而共和党极为重视通货膨胀（塔夫特，1978，pp. 71—83）。在其他国家呈现出同样差别的证据也存在着（基尔申，1974）。

---

[1] 这一行动也可以用与罗戈夫、赛伯特（1988）和罗戈夫（1990）文章中提出的理性预期政治经济周期理论一致的思路来解释。只是模型的预测之一是，"在位的领导人有动机将选举前的财政政策轻而易举地导向可观察到的消费支出，偏离政府投资"（罗戈夫，1990，p. 21）。但是，有几项研究发现，投资只是正好在选举前增加的政府开支之一（布莱和纳多，1992；万达伦和斯旺克，1996；舒克内希特，2000），甚至比消费更被偏好（雷德，1998）。

这些差别在修辞学（in rhetoric）上与政策上的差别相匹配。希布斯利用 1953 年到 1990 年期间的季度数据，估计了在民主党和共和党任内非常明显的目标增长率。他发现"民主党的通货膨胀率中性的增长率目标典型地高于历史趋势 6—7 个百分点"，而"在共和党治下的总需求变化一般正好大到足以持续不断地实现公认标准的增长率"（希布斯，1994，p. 10）。

在民主党控制了国会关键的银行业委员会时，以及/或者入主白宫时，货币政策具有更大的扩张性，尽管政策上的差别在不同任内并不始终如一（希布斯，1977，1987；贝克，1982c；查普尔和基奇，1988；格里尔，1991，1996；哈夫莱斯基，1993；卡波拉莱和格里尔，1998）。阿洛格斯科奇、洛克伍德和菲利波洛斯（1992）发现，英国工党政府追求扩张性更大的货币政策，而阿洛格斯科奇和菲利波洛斯（1992）发现希腊的情况如出一辙。阿利辛娜和鲁比尼、科恩（1997，Ch. 7）在他们对 18 个 OECD 国家的研究中找到了货币政策中的政党偏向的证据。但是，伯杰和沃伊特克（1997）未能发现德国的货币政策有何政党偏向。

阿利辛娜和鲁比尼、科恩（1997，Ch. 7）在他们的 18 个 OECD 国家样本中未发现财政赤字在中间偏左政党当政时要更大一些。另外，布莱和纳多（1992）观察到在加拿大的右翼政府省份里支出更低、赤字更小。德哈恩和施图尔姆（1994）发现左翼政府控制的欧盟国家开支更多。万达伦和斯旺克（1996）发现荷兰左翼政府把更多的资金配置到社会保险和卫生保健上，右翼政府则支出更多的资金到基础设施和国防上。阿勒斯、德哈恩和斯特科（2001）估计出在中间偏左政党控制的荷兰自治市地方财产税更高。一个执政党的意识形态确实看上去影响着它选择的政策。

这些政策有什么差别呢？既然有关政治驱动的宏观政策的大量文献的突破口是关注失业和通货膨胀，自然就要看看这些说明宏观经济表现的指标。表 19.4 报告了自 1952 年以来每一个总统任期四年内的失业率 U 和通货膨胀率 P。表格的中间部分显示，七个共和党总统任期中的每一个都导致失业率平均上升 1 个百分点，这比总统任期开始前一年的数字平均增加 20%。另一方面，通货膨胀平均削减 1.4 个百分点。五个民主党总统任期里每一个任期都降低失业率平均 1.2 个百分点，同时提高通货膨胀率 2.2 个百分点。

或许最优启迪作用的数字处在表格的底部，有四个完整的共和党总统任期和三个民主党总统任期。1952 年以来，共和党政府使通货膨胀率降低了 8.9 个百分点，但让失业率一共上升了 7 个百分点。民主党政府降低了 6 个百分点的失业率，但也提高了 11.1 个百分点的通货膨胀率。

表 19.4 共和党和民主党执政下的美国宏观经济表现（1952—2000）

年份	U	P	年份	U	P
1952	3.0	0.9	1980	7.1	12.4
1956	4.1	2.9	1984	7.5	3.9
1960	5.5	1.5	1988	5.5	4.4
1964	5.2	1.2	1992	7.5	2.9
1968	3.6	4.7	1996	5.4	3.3
1972	5.6	4.4	2000	4.0	3.2
1976	7.7	4.8			

总统所属党派与 U 和 P 的变化

时期	共和党				时期	民主党			
	ΔU		ΔP			ΔU		ΔP	
	变动值	%	变动值	%		变动值	%	变动值	%
1952—1956	+1.1	+31	+2.0	+105	1960—1964	-0.3	-6	-0.3	-22
1956—1960	+1.4	+29	-1.4	-64	1964—1968	-1.6	-36	+3.5	+119
1968—1972	+2.0	+43	-1.3	-32	1976—1980	-0.6	-8	+7.6	+88
1972—1976	+2.1	+32	+1.4	+34	1992—1996	-2.1	-33	+0.4	+13
1980—1984	+0.4	+5	-8.5	-104	1996—2000	-1.4	-26	-0.1	-3
1984—1988	-2.0	-31	+0.5	+12					
1988—1992	+2.0	+31	-1.5	-41					
平均	+1.0	+20	-1.4	-13		-1.2	-22	+2.2	+39

总统连任期间的执政党与 U 和 P 的变化

	ΔU	ΔP
共和党		
艾森豪威尔（1952—1960）	+2.5	+0.6
尼克松—福特（1968—1976）	+4.1	+0.1

续表

里根（1980—1988）	−1.6	−8.0
布什（1988—1992）	+2.0	−1.5
合计	+7.0	−8.8
民主党		
肯尼迪—约翰逊（1960—1968）	−1.9	+3.2
卡特（1976）	−0.6	+7.6
克林顿（1992—2000）	−3.5	+0.3
合计	−6.0	+11.1

资料来源：经济顾问委员会：《总统经济报告》，华盛顿特区：美国政府出版社1989年版和2001年版。2000年数字是初步数字。

　　从希布斯用来预测失业率和实际产出水平的时间序列数据中可以获得一个相似的图景。希布斯利用1953年第1季度到1983年第2季度的季度数据估计，民主党政府对一个趋向于减少2个百分点失业和增加大约6个百分点实际产出的经济具有长远影响。[1]

　　可能有人会辩解说共和党执政后之所以集中精力于通货膨胀是因为通货膨胀是其时最为严重的宏观问题，也是因为同样的原因民主党才关注失业问题的。但是，因为共和党从民主党那里接管权力，民主党又从共和党那里接管权力，上述观察结论与政党偏向假说几乎不矛盾。在这方面，里根政府的表现尤其有启发意义。有人会认为，里根入主白宫时失业率（7.1%）和通货膨胀率（12.4%）都是严重的问题。但是，是通货膨胀受到了最优先的关注。到了该任期的第二年，通货膨胀已经削减了三分之二，而失业则已经上涨到第二次世界大战以来的最高水平，9.5%。在里根执政期间过了6年失业率才从该水平下降。

　　其他国家的类似二分法也是明显的。希布斯（1977）提供了12个西方民主国家的失业率和通货膨胀率数据（比利时、加拿大、丹麦、芬兰、法国、意大利、荷兰、挪威、瑞典、英国、美国和西德），并把这些数据与1945—1969年期间社会主义—工党执政时间所占比例进行了比对。中间偏左政党掌权与失业之间的相关性是−0.68。中间偏左政党掌权与通货膨胀的相关性是+0.74（还可参见贝克，1982b；比茨马和万普勒格，1996；奥特莱，1999）。

---

[1]　希布斯著述（1987，pp.224—232）。也见希布斯文（1994，Table 1，p.4）。

在处理失业问题上的这些不同表现并不是未被选民留意就消逝了。在美国，其他条件相同时，那些个人更受失业影响的选民，或者那些认为失业是一个"严重的国家问题"的选民，他们更有可能投票支持民主党（基威特，1981，1983；库克林斯基和韦斯特，1981）。在德国，高失业增加了投向中间偏左的社会民主党赞成票比例（拉廷格，1981）。在法国，高失业增加了投向处于在野党位置的中间偏左政党的赞成票比例，高收入则降低了他们的得票比例（罗莎，1980）。

因此，竞争选票并不会促使相互竞争的政党在处理失业和通货膨胀问题时向同一个目标趋同。在运用于宏观经济政策时利用简单形式的中间投票人定理所作的预测并不被支持。如何解释这种观察结论呢？

一个可能的解释是，选民偏好的分布并不是单峰的。希布斯已经强调了经济阶层在解释选民对政党支持中的重要性，以及这种支持与宏观经济政策之间的联系。显著阶层特性的存在或许可以用来解释，选民在失业和通货膨胀问题上的偏好可以是单峰或多峰分布的。如果一个选民放弃支持其立场离自己最偏爱的立场太远的政党，对选票的竞争就可以将政党的政纲彼此拉开，拉向分布中的众数（见唐斯，1957，pp. 118—122；戴维斯，希尼克和奥迪舒克，1970；以及本书第十一章）。弃权的威胁有可能在比例代表的议会制度中特别有效，因为选民经常可以在立场处于给定政党的左翼和右翼的两个政党中做出选择，而且新的政党比美国更易于组建。于是，人们可以发现欧洲的政党比美国的两个政党更具有意识形态性质，而选民与他们的政党联系更为密切（例子参见希布斯，1982c）。

第二个解释是，政党政纲和候选人认同党派是由党派活动决定的，而且这些活动倾向于更多的是从分布的尾部抽取的，更少的是从分布中间抽取的。[1]

19.4.3 哪些理论与数据最为契合

既然机会主义的 PBC 模型预测两个政党行为方式一模一样，那么上一小节评述的证据看起来会让这些模型出局。尽管如此，我们还是要考察它们的预测，并考察按照两个主要的政党模型思路支持这些预测的证据。

每一个模型都对失业、通货膨胀和增长在选举周期中的类型做出了非常具体的预测。在讨论对每一个模型的计量经济学支持之前，把他们的预

[1] 参见阿利辛娜和罗森塔尔（1995，pp.40—41）对这个问题的进一步讨论和对不同政党为什么会选择分离的政策立场的其他解释。

测与美国的经历加以比较是有用的。我在表 19.5 中归纳了每一个假说的预测。由于理性选民—机会主义政党模型只预测选举前后的政策，我就在这里要考虑的因素中把它忽略掉了。当然，诺德豪斯—麦克雷（NM）模型预测到，不管是哪一政党当政，政策类型都是一样的——失业率持续上升直到周期的第二年达到顶峰，随后失业率下降，好使该党在失业率进入最低点时进入选举期。

希布斯的政党 PBC 预测失业率会在民主党执政时期持续下降，在共和党执政时期持续上升。[①]

阿利辛娜—罗森塔尔模型做出了如此强的预测，以至于我们很难把它和其他两个模型进行公正比较。就增长率而言，它预测在两种类型政府的最后两年经济将以同一个自然率增长，而在头两年，增长在民主党执政会快一些，如果是共和党执政就慢一些。[②] 既然失业率调整缓慢，我将这些预测理解为，在共和党政府时期失业向上变动并在第二年达到顶峰，然后下降至自然失业率水平；对民主党执政而言失业的变化类型与此完全相反。这种类型切合阿利辛娜和鲁比尼、科恩估计的 GDP 变化类型（阿利辛娜和鲁比尼及科恩，1997，菲古尔 4.1，p.76），因而看起来是对这一类的理性 PBC 模型的合理描述。[③] 要注意的是，共和党人主白宫时，诺德豪斯—麦克雷 PBC 模型和阿利辛娜—罗森塔尔模型实际上做出了相同预测。

表 19.5 政治经济周期模型中的得分

年　份	Y_1	Y_2	Y_3	Y_4		
模　型	民主党					
NM 选举周期	上升	最大	下降	最小		
希布斯政党周期	最大	下降	下降	最小		
AR 政党周期	下降	最小	上升	自然率		
	得分					
总　统	失业率				NM	希布斯	AR
杜鲁门，1949—1952	5.9	5.3	3.3	3.0	3	4	0

[①] 当然，如果几届民主党政府一而再地执政，失业最终必然停止下降。

[②] 参见阿利辛娜和罗森塔尔的文章（1995，pp.171—178），尤其是见其中 175 页的图 7.1。

[③] 但是，我从阿利辛娜—罗森塔尔模型中描述的类型不是帕尔达姆所提出的那种（1997，p.335）。

续表

年 份	Y_1	Y_2	Y_3	Y_4			
肯尼迪/约翰逊,1961—1964	6.7	5.5	5.7	5.2	2	3	1
约翰逊,1965—1968	4.5	3.8	3.8	3.6	2	4	2
卡特,1977—1980	7.1	6.1	5.8	7.1	1	3	1
克林顿,1993—1996	6.9	6.1	5.6	5.4	2	4	1
克林顿,1997—2000	4.9	4.5	4.2	(4.0)[a]	2	4	2
合计	平均4.7				12	22	7

年 份	Y_1	Y_2	Y_3	Y_4			
模 型	共和党						
NM 选举模型	上升	最大	下降	最小			
希布斯政党模型	最小	上升	上升	最大			
AR 政党模型	上升	最大	下降	自然率			

得分

总 统	失业率				NM	希布斯	AR
艾森豪威尔,1953—1956	2.9	5.5	4.4	4.1	2	2	3
艾森豪威尔,1957—1960	4.3	6.8	5.5	5.5	3	2	3
尼克松 1969—1972	3.5	4.9	5.9	5.6	0	3	0
尼克松—福特 1973—1976	4.9	5.6	8.5	7.7	0	3	0
里根 1981—1984	7.6	9.7	9.6	7.5	4	1	3
里根 1985—1988	7.2	7.0	6.2	5.5	2	0	1
布什 1989—1992	5.3	5.6	6.8	7.5	0	4	0
合计	平均6.2				11	15	10
两党合计					23	37	17

资料来源:经济顾问委员会:《总统经济报告》,华盛顿特区:美国政府出版社1989年版和2000年版。

a. 初步的。

在阿利辛娜—罗森塔尔模型中，存在着要确知自然失业率的额外复杂因素。一直到整个 20 世纪 60 年代，充分就业通常被认为是 4% 左右。在 20 世纪 70 年代滞胀一发生，一些经济学家就将他们对这个数字的估计提高到 6%。20 世纪 90 年代的经济表现表明，4% 的数字更合适一些。把自然失业率界定为处于 4% 到 6% 之间看起来剥夺了该概念的所有预测价值。这样，为了比较的目的，我把自然率界定为处于 4% 到 5% 之间的某个水平。

表 19.5 中最右边的一列就每一个模型的预测值有多少次契合左边的数字打分。希布斯的党派模型的预测与表 19.4 的数字描绘出来的图景一致，与数据最契合。失业率在民主党入主白宫时趋于下降，而在共和党入主白宫时趋于上升。

当然，NM 和 AR 模型在共和党政府时期表现大致相同，因为它们有相同的预测。有趣的是，尽管塔夫特和诺德豪斯最初的 PBC 模型有可能是受第一届尼克松政府的法案的启发——如果"启发"一词合适的话——两届尼克松政府时期的经济表现没有一年契合 NM 模型的预测。[①] 相反，希布斯的模型完美地刻画了四届民主党主政和一届共和党主政时期的失业类型。

AR 模型表现相对欠缺部分原因是因为它进行了较强的预测——尤其是它预测，到选举周期的最后两年，在两种类型的政府治下经济都会以相同的自然率增长。我理解这意味着在选举周期的最后一年里失业率达到其自然率水平（4.0%—5.0%）。如果自然失业率的取值范围再大一点（4.0%—6.0%），AR 模型会多得 5 分。但是我相信，观察到的在选举周期最后一年民主党和共和党治下的不同经济表现是对 AR 模型的一个重大打击。它预测在选举周期的第四年，每个政党治下的经济表现都是相同的，但事实上共和党治下的平均失业率是 6.2%，高于民主党治下平均值整整 1.5 个百分点。[②]

表 19.5 给出了每个假说用其最严格模式所作的预测，不同的模型的作者没有一个愿意认同我对他们模型的描述。例如，阿利辛纳和罗森塔尔预测的类型部分取决于总统选举结果的意外程度。诺德豪斯（1989）最近对 PBC 模型的系统阐述融入了政党因素。希布斯（1994）最近对党派模型的

---

① 同样有趣的是注意如下事实，当诺德豪斯（1989）在十多年之后回过头来审视他的 PBC 模型是如何与新的这方面理论互争胜负时，他集中考察了里根年代的数据。

② 如果我们用收入增长来测度经济表现的话，阿利辛娜—罗森塔尔模型会表现得好一点，而我们用价格变化来测度的话，又会变得糟糕一点。见德拉热的研究（2000, pp. 260—268）。

系统阐述考虑到了执政党会调整目标以适应后来实现的经济结果。尽管如此，我想观察不同模型的异同是有用的，在考虑经济计量学证据之前观察他们对已经发生的经济变化的总体类型有多么契合也是有用的。

没有哪个政府能够完美地操控经济使其在选举周期的每一个阶段实现自己所需的失业和通货膨胀水平。自第二次世界大战以来，美国的失业率和通货膨胀率受到了朝鲜战争和越南战争的影响，受到了20世纪70年代石油价格上涨的影响，而且更受到了其他冲击的影响。要对每一个模型做出合适的验证需要明确的公式化和严格的计量经济学检验。每一组作者都进行了这样的检验，而且每一组都找到了支持他或他们那种版本的PBC模型的证据。[①] 要完整描述每一个作者的经验研究工作，即使不需要再写一本书，也至少需要再写一章才够。另外的策略是考察其他学者对每一种类型的模型所展开的研究进展如何。

不幸的是，只有诺德豪斯和麦克雷的机会主义PBC模型经受住了其他学者所作的广泛验证。检验结果是支持与反对正好各半。表19.6列出了从那些研究中的支持和反对两个方面抽取的一些样本。

表19.6　　　检验诺德豪斯和麦克雷的政治经济周期假说的研究

支　持	不支持
拉谢勒（1978）	麦卡勒姆（1978）
塔夫特（1978）	戈伦和波特巴（1980）
马洛尼和斯米尔洛克（1981）	丁克尔（1982）
理查兹（1986）	贝克（1982a, b, c）
帕克（1987）	布朗和斯坦（1982）
凯尔（1988）	阿尔特和克里斯特（1983）
艾纳和斯通（1989）	麦加文（1987）
	刘易斯—贝克（1988）
	伯杰和沃泰克（1997）

① 见诺德豪斯（1975, 1989），希布斯（1977, 1986, 1987, 1992, 1994），阿利辛娜和萨克斯（1988），阿利辛娜和罗森塔尔（1995），以及阿利辛娜和鲁比尼、科恩（1997）。

　　希布斯使用了三种证据支持他的党派理论：（1）中间偏左和中间偏右政党选择政策时的系统性差别；（2）中间偏左和中间偏右政党治下政策结果的系统性差距；（3）在（19.1）式中所描述的那种类型的选民反应函数，在这个函数中，选民呈现出很长远的记忆（n），并赋予选举周期早期的政策结果相对高的权重。我们已经详细地阐述了支持头两类理论的研究。下面我们讨论属于第三类理论的证据。[①]

　　既然阿利辛娜（1987）的理性选民模型假设的党派政策差别与希布斯假设的差别种类相同，那么大部分支持希布斯模型的证据也就可以理解为支持阿利辛娜理性的选民和党派模型。两者之间的关键差别出现在政策变化的时序上。在阿利辛娜的模型中，所有的行动都发生在选举周期的头两年。当帕尔达姆（1979，1981b）试图检验 NM 模型时注意到主要变量的最大变化出现在选举后的头两年，并且这些变化总体上并不切合 NM 模型的预测时，他间接地成为为阿利辛娜模型提供支持的第一个学者——是在该模型公式化差不多十年之前。

　　阿利辛娜和罗森塔尔的文章（1995，pp.178—187）和阿利辛娜和鲁比尼、科恩的文章（1997，pp.83—93）还提供了更多的证据。作为一个例子，考虑阿利辛娜和鲁比尼、科恩（1997，p.92）的回归结果：

$$U_t = 0.27^{**} + 1.66^{**} U_{t-1} - 0.89^{**} U_{t-2} + 0.19^{**} U_{t-3}$$
$$+ 0.13^{**} DR6 + 0.1 DR6 + R^2 = 0.96 \tag{19.3}$$

该方程利用 1947 年第 1 季度到 1993 年第 4 季度的季度数据进行了回归。失业率与滞后的三个季度的失业显著相关，也与哑变量 DR6 显著相关。DR6 的哑变量是指民主党政府第 2 季度到第 7 个季度（** 代表 1% 水平的显著性）。方程（19.3）式预测在共和党执政时期大约上半期失业率会显著地高很多。理性的党派模型预测在选举周期的最后两年失业率不会因为执政党的不同而有显著的差别。DR6 + 是一个代表共和党政府第 8 个及以上季度的哑变量。阿利辛娜和鲁比尼、科恩预测这个变量的系数为零，却认为如果希布斯正确，那么 DR6 和 DR6 + 上的系数应该相同。它们无疑是不同的，这可以看成是支持阿利辛娜—罗森塔尔—鲁比尼—科恩版本的党派政治学模型的证据。

　　检查表 19.5 发现，失业率通常会在民主党执政的最后两年持续下降，尽管有可能是以一个递减的速度下降。党派经济政策在选举周期进程中影

---

① 还可参见贝克（1982b）和斯旺克（1993）对党派模型的支持。

响不断递减，这与希布斯模型的早期版本非常一致。在希布斯模型的早期版本中，每一个政党力图在像表19.1所绘制的那种菲利浦斯曲线上找到一个不同的位置。如果民主党在失业率高和通货膨胀率低时入主白宫执政，它所采取的刺激政策的初始影响将引起失业率以轻微的通货膨胀为代价巨幅下降。但是，当经济顺着菲利浦斯曲线移动时，失业率每减少一次，都会因为越来越高的通货膨胀带来越来越大的代价；在选举周期中走得越来越远，预测的民主党政府下的失业率下降就会越来越小。当民主党政府沿着菲利浦斯曲线移动时，可以预期会出现相反种类的衰减效应。[1]

19.4.4　支持阿利辛娜—罗森塔尔模型的进一步证据

阿利辛娜和罗森塔尔的书雄心勃勃地努力对美国选民的行为以及国会和总统在宏观经济政策上的相互作用建立模型。他们对选举周期中经济增长和通货膨胀的类型作了相当确切的预测，除此之外，他们对公民如何投票也给出了几个预测。

他们的理论的有趣之处是含有如下结论，对某些选民而言，理想的结果是一个分割的政府，因此，他们会努力促其出现。偏好处在图19.5上 L 和 R 之间的一大群选民会力图实现对国会和对白宫的分治，希望借此让宏观经济政策落在两个极端位置之间。做到这一点的一个办法是将总统选举和议会选举中的选票分投不同的政党。阿利辛娜—罗森塔尔理论的一个值得称许之处是它对看上去是精神分裂的行为从理性选民的角度给出了解释。

第二个值得称许之处是，它解释了中期选举周期。自1918年以来，在20次中期选举中有19次总统所在党获得的全国选票份额下降了（见图19.6）。[2] 阿利辛娜和罗森塔尔（1995，Ch.4）对这一现象的解释是，选民们在投票选举总统时不确定下一任总统是谁，但是在中期选举中能够确定总统是谁。这样，中间路线的选民在中期选举中就知道，她一定要在国会竞争中投票反对总统所在党，以平衡白宫的势力。这就解释了中期选举。其他的 PBC 模型没有一个提出了对这种周期的解释，因此，这个明显获得支持的预测就必须作为对阿利辛娜—罗森塔尔理论的最值得称许之处而记录在案。

---

[1]　见希布斯（1992，pp.369—370；1974）。要找到早期的不支持理性党派模型的检验，请见谢夫林（1989），要看最近的检验，见赫克尔曼（2001）。

[2]　阿利辛娜和罗森塔尔在早期的写作中声称，他们对总统所在党在中期选举中损失选票的预测近乎被证实。但是1998年的选举毁坏了这一完美纪录。

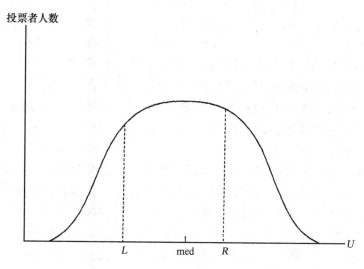

图 19.5　投票者偏好和政党立场分布

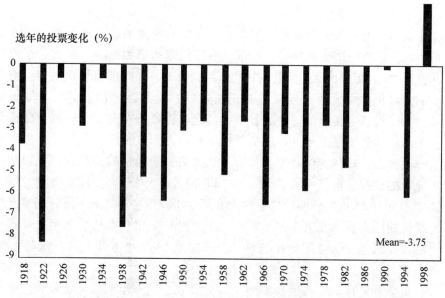

图 19.6　期中循环（1918—1996）直方图描述了总统所在党派得票份额的变化

但是，我们必须注意到，选民的支持在中期选举中出现的转向，并不是所有的都与阿利辛娜—罗森塔尔的模型所认为的那样相当整齐对称（line up）。他们的模型预测，当选民在上一次总统选举中确知结果时，就不存在

着中期选举周期。因此，可以预期在最不确定的总统竞选之后会出现中期
选举中最大的支持转向。在 20 世纪，没有哪个选举结果比杜鲁门 1948 年获
胜更让人吃惊，但 1950 年中期选举中的支持转向粗略地与平均的支持转向
相当。1936 年罗斯福压倒性的胜利一定是已经被充分地预测到了，可是紧
随其后的是在考察期出现的第二大的支持转向。尽管如此，就总体而言，
关于中期选举周期的数据必须被理解为对阿利辛娜—罗森塔尔理论提供了
足够的支持。

他们的理论不太成功的地方是试图将选民在总统选举中的决策解释成
基于对有关执政政党能力的判断所作的理性反应。数据否定了模型中的有
关这方面的叙述，阿利辛娜和罗森塔尔（1995，p. 206）不得不得出这样的
结论，"美国的选民在选择总统时看起来'过于'关注选举年的经济状况；
我们的研究结果表明，在这个意义上，选民理性的假设是有问题的"（变体
强调是原文就有的）。

19.4.5　讨论

当然，阿利辛娜和罗森塔尔在上一节末尾描述的看起来不理性的选民
行为，恰好就是诺德豪斯—麦克雷模型所假定的那种行为。尽管这个模型
在所有 PBC 模型中接受了深入的严格经验检查，同时拥有最多的持反对意
见的作者，在通读该文献时人们仍然可以感受到，它并不完全与数据相
悖。关于机会主义政治行为的假说中，比诺德豪斯和麦克雷所提出的模型
更为简单的假说是，在进入选举年份时总统力图改善经济状况。前面评述
的有关支出、转移支付、税收和货币政策的短期变化的文献为该假说提供
了充足的证据。再瞥一眼表 19.5 可以看到，在 1948 年以来的 13 届总统任
期中，有 10 届总统任期的失业率是在第 3 年和第 4 年之间下降，还有一届
总统任期的失业率在第 3 年和第 4 年中间没有变化。有两次是当失业率上
升时，谋求连任的总统输掉选举——一次是 1980 年卡特，另一次是 1992
年布什。

机会主义的 PBC 模型预测两个政党会采取同一组宏观经济政策。斯蒂
格勒在他对克雷默文章（1971）的严厉抨击中，部分抛弃了克雷默的研究
结果，因为"在热烈追求高水平的就业和高而稳定的实际收入增长率方面，
两党没有区别"。从经验的角度看，这一定是伟大的施蒂格勒的所有观察结
论中最缺少事实依据的观察结论之一。前面评述的证据明确显示，民主和
共和两党以及许多其他国家的左翼党和右翼党一般都在追求不同的目标并

产生不同的宏观经济后果。

那么，我们从这些证据中得到什么样的结论呢？哪一个模型与数据的契合最好？一个明显的失败者是强式的理性预期模型，该模型预测政府经济政策不可能影响实际经济变量，因为这些政策可以准确地预测到并被充分地抵消。民主选举的政府看起来不相信要通过宏观经济政策努力改变失业和经济增长是徒劳的。而且证据表明，每一个执政党确实在实现它的意识形态目标上取得一些成功。

就相互竞争的 PBC 模型而言，看起来对机会主义的 PBC 模型和强调政党差别的模型都同时存在着经验上的支持。但是这两组模型所依赖的前提条件是极其不同的。机会主义 PBC 模型遵从唐斯（1957，p. 28）理论，假设"政党制定政策以赢得选举，而不是赢得选举以制定政策"。党派 PBC 模型则相反，它"假定政党赢得选举以制定政策"（查普尔和基奇，1986，p. 881；也参见阿利辛娜和罗森塔尔，1995，pp. 16—19）。看起来在出发点上不可能有更根本的差别。但是，也许两个出发点都部分正确。唐斯用下面的论断为他的假设辩解：一个政党如果不能首先赢得选举，就不可能追求任何目标。赢得选举是追求任何其他目标的必要条件，这一事实可以有助于解释一些政治家在某些时点上采取了机会主义的行动以赢得选举。

一个政党赢得选举之后，会没有拘束感地去实现其一部分意识形态目标，而其自由感可能因选举胜利的规模、它在当前民意测验中的领先程度以及距下次选举的时间的不同而有所不同。每一个行为假设或许准确地刻画了不同政党在不同时点上的动机。对 PBC 文献的开创性贡献之一做的就是这种假设。弗雷和劳（1968）假定在他们的支持率高的时候，左翼政府会开支更多，而右翼政府会开支更少。但随着选举临近和/或他们的支持率下降到低于临界值（在经验研究中被假设为 52% 的赞许）时，他们都会努力降低失业并增加国民收入。这样，从弗雷—劳模型中会浮现出如下情景：对左翼政府而言，他们在意识形态上偏爱更大开支，这种偏爱引起更低的平均失业率和更高的平均通货膨胀率。执政者的机会主义行为至少也会观察到好几次。修改该模型以抓住特定国家的经济和制度因素而形成的各种模型变种已经从如下一些国家找到了经验支持，这些国家是美国（弗雷和施奈德，1978a）、英国（弗雷和施奈德，1978b，1981a）、德国（弗雷和施奈德，1979）和奥地利（施奈德和波默海内，1980；波默海内和施奈德，1983）。但是，经验支持中有一些遭受挑战（如克里斯托和阿尔特，1981），且模型看起来连同其他早期的 PBC 模型一起已经被抛弃了。

但是，最近很多作者重新发现了该模型。他们改善了该模型最初的公式并提供了进一步的经验支持（布莱和纳多，1992；戴维松，弗拉蒂安尼和冯·哈根，1992；卡尔森，1997；普赖斯，1997）。例如戴维松等人提出了一个具有政党差异的令人满意（satisficing）模型，但是，在这个模型中，如果失业率在第三年上升，则总统行政部门在选举周期的第四年采取政策降低失业率。他们使用了早至1916年的总统选举数据，找到了支持该模型的证据。

任何将意识形态目标和机会主义目标混同在一起的模型、用令人满意行为替代最大化行为的模型和用短视替代理性预期的模型等，在面对所有批评中极具毁灭性的批评时就败下阵来了——就是说它只能解释特定的情形。在我们的字典里，"特定情形"被定义为"关注一个特定的结果和目的"。该文献所关注的特定结果或目的是要解释政治学对宏观经济变量的影响和宏观经济对政治结果的反馈。如果一个模型假定行为是坚定不移地最大化的、前瞻的和理性的，却不能解释所有的数据，那么这些假设中的一个或多个就应该放松。我对迄今为止得到的经验结果的看法是，将依赖极端假设的各种互为替代模型混合起来的某种模型与数据最为契合。

19.5 选民行为

19.5.1 短视、回溯和理性

不同的 PBC 模型对投票人在决定如何投票时用到的信息种类做出了非常不同的假设，这些假设涵盖了从高度短视到高度理性的所有行为类型。高度短视的投票人在其投票之前只考虑经济现状，而高度理性的投票人最多使用近期的经济表现来判断一个政党或行政机构的能力并预测其可能的未来表现。在这两极之间是理性回溯的投票人，她会对自己在政府中的代理人过去的良好表现给予奖励，以此确保代理人在未来会很好地履行其职责。

有利于某种形式的回溯选民假说的证据同时包括两种研究。一种是调查研究，询问选民一些关于他们如何形成自己的选择的问题，一种是许多赞成票函数和支持率函数研究。如同表 19.1 和 19.2 所表明的，在后一类研究中存在大量的支持回溯选民假说的证据。在这些研究中还存在着的主要问题看起来是，最远的过去发生的事件和最近的过去发生的事件各应该得到多大的权重。像费尔（1978），诺德豪斯（1989，pp. 28—39）和博罗阿

（1990）的一些研究指出，在解释投一个总统的赞成票或是他的支持率时，只有当前的或是最近的失业率、通货膨胀率等指标的数值才是重要的。

其他学者像希布斯（1982c，1987，2000）和佩尔茨曼（1990）估计了在实质上的完整选举周期中过去的表现所被赋予的权重；估计出来的权重是正的，富有经济意义。例如，佩尔茨曼（1990，p. 42）在考虑他的研究结果对总统选举意味着什么时得出了如下结论："这些结果与认为选民目光短视、只重视最近经历的观念相矛盾……最高的总权重从来没有在 2 年时滞之前出现过，通常是在 4 年时滞时出现。"我已经将这些 4 年时滞的估计纳入到表 19.1 中了。

希布斯（2000）也得出同样的结论：在选民们投票时他们对一直到选举时的整整 48 个月的数据作了评估。当然，他对方程（19.1）中的 λ 所作的 0.95 的估计意味着，赋予过去经济事件的权重只有很少的折扣。如果用（19.1）式对选民决策做模型，并假定参数在各个时间段是稳定的——这是一个相当强的假设条件，既然参数稳定性在这种情况下已经不是该文献的一个特点——那么，在包括了其他变量的当前值的赞成票函数或支持率函数中，一个滞后因变量上的系数就变成一个估计 λ。回过头再看一眼表 19.1 和表 19.2 中的数字，可以看出来，用这种方法估计的各个 λ 中有几个也是非常大的——当然，尽管也有几个是相当小的。虽然所有的研究都不支持佩尔茨曼和希布斯的极端立场，但是在其他的研究中有一部分的确也存在着支持他们的证据。

一些利用横截面面板数据的研究发现，对金融条件的预期在解释选民决策时要比该条件的过去水平表现更好（库克林斯基和韦斯特，1981；希布斯，1987）。这些发现提供了对理性选民假说的支持。但不幸的是，这些研究看起来是例外而不是规律。从该文献中得到的最稳妥的归纳看起来是，某种形式的回溯选民假说从数据中得到最多的支持，同时还剩下一些不确定性：不能确定当选民做出选择时要对过往追溯多远。

19.5.2 是重社会的还是利己的（sociotropic or egotropic）

赞成票函数和支持率函数研究用到了对通货膨胀等的总量测度来解释个人如何投票和/或解释他们的观点。人们给导致通货膨胀的政府打低分是因为他们个人受到通货膨胀的伤害还是因为他们认为高通货膨胀对社会有害？仔细分析了调查答卷后，金德和基威特（1979）得出的结论是，个人会因为高通货膨胀和/或高失业和因为关心什么对社会有利而对总统评价低。也就是说，一个人哪怕是她自己的个人状况较好，她也可能因为国家受到一个总统候选人政策的损害而投票反对该候选人。

这种行为被称为社会取向的投票，是与投票人只关心自己的经济境况的自我取向的投票相反的。金德和基威特的研究引起克拉默（1983）的尖锐批评，但是他们的研究结果得到较大数据集的证实，数据集既有美国的，也有其他国家的（金德和基威特，1981；希宾，1987；刘易斯—贝克，1988；马库斯，1988）。除此之外，也有些研究发现，投票者个人的经济地位和她受其所在党派观点影响对国家重大问题的看法，对投票取向也会产生影响。

19.6 政治学与通货膨胀

19.6.1 假说

在 19.2.1 节我们描述了这样的一个情景，政党竞争选票产生一个如麦克雷所假设的稳定的政治经济周期（麦克雷，1977）。但是，这个模型假定存在着一个画在图 19.1 和图 19.2 中的 L 形的菲利浦斯曲线。现在这类长期替代的存在总体上被否定了，取而代之的菲利浦斯曲线是一条垂直直线，如图 19.7 所示。即使缺乏任何长期交替，还是有可能暂时"愚弄"经济行为人。例如，假设政府能够采取短期经济政策，使得它在处于 M 点时，可以顺着 S_1S_1 向外移动到 1 点处，以此减少失业。于是一个面临短视投票人并谋求最大选票的政府就能够走到 1 点处以增加获胜的机会。接下来经济行为人就会向上调整他们对未来通货膨胀率的预期，经济就会回到 LL 上的某一个更高的点，N。如果新政府还能够再度出乎经济行为者的意料，经济会移动到 2 点，然后又达到比方说 O 点。只要政府能够找到新的愚弄经济行为者的方法，通货膨胀率就会向上移动，直到达到某一点如 E 点为止，此处通货膨胀率变得如此之高，以至于不能够从削减失业率中获得短期收益；或者到达此点时经济行为者不可能再被愚弄。PBC 的这一动态版本将通货膨胀率看成是随着时间的推移而稳步上升，并最终步入一个持续的高水平上稳定下来（诺德豪斯，1975）。

前面的情景依赖于选民短视的程度。由于"时间不一致性问题"（基德兰德和普雷斯科特，1977），即使没有选民短视，政治学也能将通货膨胀偏向导入经济结果中。要理解什么东西卷入进来，再次假定存在着像图 19.7 中那样的长期菲利浦斯曲线。所有的公民都偏爱曲线上的 M 点，而不喜欢更高的一些点；一个能够致力于一套宏观经济政策的赞成票最大化的政府会承诺实现该种失业和通货膨胀组合。但是因为政府不可能真正地约束自己去遵守承诺，经济行为人一定总是预期到，政府将会采取机会主义的做法，以未来的高通货膨胀为代价，力图刺激经济，暂时实现较低水平的失业。这样，在协商工资合同时，工人们就不会要求根据通货膨胀将由 M 点代表的预期为基础来提高工资，而是要把机会主义政府在长期产生的更高的通货膨胀率纳入到他们的要求中。于是，政府不在 M 点进入选举，而是已经在 E 点进入选举，并且它所具有的采取机会主义方式行事的权利就得到阻止。由于政府没有能力致力于采取更负责的宏观经济政策，经济就要持续经历更高的通货膨胀率。

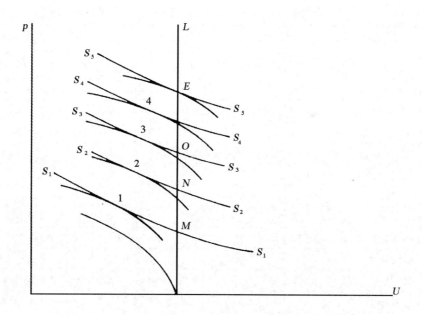

图 19.7　不存在菲利浦斯曲线时的均衡

19.6.2　事实

表 19.7 呈现了那些在 1951—1998 年期间可以得到相当完整数据的主

要工业化国家的通货膨胀率和失业率，以及国内生产总值占 GDP 的百分比。在通货膨胀数字上有两件事很突出：在任何一个时点上各国之间存在着很大差别，从 20 世纪 70 年代初期开始所有国家的通货膨胀率都急剧加速。当然，这种加速部分是因为 OPEC 油价上升。但是，该次油价上升对国家通货膨胀率的直接影响远远小于（通货膨胀）实际所发生的变化，而且一些国家更高水平的通货膨胀在石油价格已经崩溃后很久还在持续，一直到 20 世纪 90 年代。为什么奥地利、德国和瑞士的通货膨胀率到 20 世纪 80 年代初期时回到了大约为它们在石油冲击之前的水平，而丹麦、芬兰、西班牙和瑞典的通货膨胀率却仍然保持在大约为它们在冲击之前水平的两倍上？为什么以色列在第二次世界大战后的大部分时间经历了高得如此可怕的通货膨胀？

表 19.7　　23 个工业化国家 1951—1998 年政府赤字、通货膨胀率与失业率

国家	1951—1955			1956—1960			1961—1965			1966—1970			1971—1975		
	D^a	P	U	D	P	U	D	P	U	D	P	U	D	P	U
澳大利亚	1.5	9.1	·	0.6	2.9	a	−1.7	1.8	·	−1.5	3.2	1.5	−0.4	10.3	2.5
奥地利	−2.0	9.3	7.2	−1.8	2.0	4.8	−1.4	4.0	2.8	−2.0	3.2	2.7	−2.1	7.3	1.8
比利时	·	2.2	10.5	−4.1^b	1.8	7.6	−2.7	2.5	3.0	−2.4	3.4	3.5	−3.5	8.5	4.1
加拿大	0.9	2.6	3.5	−0.9	1.9	5.6	−0.9	1.6	5.4	−0.5	3.9	4.6	−2.1^b	7.4	6.1
丹 麦	−0.7	4.5	9.8	0.9	2.4	6.5	1.0	5.0	·	1.3	5.0	3.4	1.4	9.3	2.6
芬 兰	0.2	3.2	·	0.0	6.8	2.3^b	−1.4	8.4	1.4	−0.1	4.6	2.6	0.6	11.8	2.2
法 国	−4.7	5.8	·	−3.1	4.6	·	−1.1	3.7	·	−0.5	4.5	·	−1.2	8.9	·
德 国	0.6	2.0	7.4	−0.6	1.8	2.9	−0.4^b	2.8	0.7	−0.5	2.7	1.2	−2.1	6.1	2.1
希 腊	·	·	·	·	·	·	·	·	·	·	·	·	·	·	·
冰 岛	0.8^b	7.4	·	0.1	6.0	·	0.8	10.9	·	·	12.3	3.8^b	−4.2^b	26.2	0.5
爱尔兰	−6.3	4.9	8.2	−4.0	2.7	8.0	−6.0	4.2	5.8	−5.7	5.3	6.6	−8.5	13.4	8.5
以色列	·	21.0	·	−5.2	4.0	·	−6.9	7.1	3.4	−17.1	4.1	6.4	−18.9	24.8	3.0
意大利	−4.1	4.2	9.6	−2.1	1.9	8.9	−2.6	4.9	4.7	−3.4	3.0	5.6	−11.3^b	11.5	5.9
日 本	·	6.4	1.3	1.4	1.9	1.3	−0.8	6.2	1.3	−1.2	5.5	1.2	−2.5	11.7	1.4
荷 兰	1.8	3.6	2.3	0.3	2.9	·	−1.0	3.4	·	−2.4	5.0	1.5	1.1^b	8.7	3.0
新西兰	−2.4	7.1	·	−3.3	2.9	·	−3.6	2.7	·	−2.5	3.4	·	−4.4	10.3	·
挪 威	−2.9^b	6.3	1.3	−1.4	2.8	1.8	−1.0	4.1	1.6	−2.0	5.0	0.9	−2.9	8.4	1.0

续表

国家	1951—1955			1956—1960			1961—1965			1966—1970			1971—1975		
	D^a	P	U	D	P	U	D	P	U	D	P	U	D	P	U
葡萄牙	·	·	·	·	·	·	·	·	·	·	·	·	·	·	·
西班牙	·	2.9	·	·	8.3	·	-1.0	5.4	1.7^b	-1.8	5.1	1.0	-1.2	12.1	2.5
瑞典	-1.3	2.6	2.4	-2.0	3.7	1.9	0.2	3.7	1.5^b	-2.0	4.4	1.9	-3.8	8.0	2.3
瑞士	0.1	1.7	0.8	0.8	1.2	·	0.3	3.2	·	0.0	3.5	·	-0.6	7.7	·
英国	-2.3	5.4	1.6	-0.3	2.7	1.8	-0.3	3.1	1.8	-0.3	4.6	2.2	-4.9	13.2	3.2
美国	0.0	2.2	3.7	-0.4	2.2	5.2	-0.8	1.3	5.5	-0.9	4.2	3.9	-1.8	6.6	6.1
平均（以色列数据在1990年缺省）①	-1.1	4.7	5.0	-1.0	3.4	4.3	-1.2	4.5	3.0	-1.5	4.6	2.8	-2.8	10.8	3.3

国家	1951—1955			1956—1960			1961—1965			1966—1970			1971—1975		
	D^a	P	U	D	P	U	D	P	U	D	P	U	D	P	U
澳大利亚	-3.1	10.6	5.8	-2.3	8.3	7.9	0.6	9.3	7.3	-2.2	2.3	9.9	-0.3^b	1.2	8.4
奥地利	-5.0	5.3	2.0	-4.4	4.9	3.7	-4.5	2.3	5.3	-4.9	2.9	6.3	-4.1^b	1.4	7.1
比利时	-6.7	6.4	8.2	-11.9	7.0	11.0	-7.0	2.2	9.7	-5.2	2.9	12.5	·	1.6	13.2
加拿大	-4.0	8.8	7.7	-5.4	7.2	8.5	-3.2	4.9	8.4	-4.0^b	3.3	10.6	·	1.4	9.1
丹麦	-1.0	10.4	6.4	-6.6	7.9	9.8	2.0	4.2	8.8	-1.8	2.3	11.4	·	1.3	7.7
芬兰	-1.6	10.8	5.7	-1.5	9.6	5.9	0.2	5.5	4.4	-11.0	2.0	14.8	-6.2^b	1.1	14.1
法国	-1.8	10.5	·	-3.1	8.4	8.7	-2.2	3.3	9.9	-4.7	2.7	8.9	-3.6^b	3.3	12.2^b
德国	-3.5	4.0	4.2	-3.3	3.9	7.1	-1.1	1.4	8.5	-2.0	3.3	10.3^b	-1.7^b	1.4	12.2
希腊	·	·	·	-8.5	·	·	-11.3	24.5	7.4	-13.0	11.3	9.1	-9.8^b	6.5	10.3^b
冰岛	-2.7	42.2	0.4	-2.7	49.7	·	-2.8	30.0	1.0	-3.2	3.7	·	-0.6^b	2.0	3.7
爱尔兰	-11.2	14.1	10.9	-13.2	12.4	14.8	-4.7	3.5	16.2	-1.1	2.9	16.2	0.4^b	1.9	·
以色列	-13.8	65.2	3.8	-14.9	212.2	·	-4.4	58.2	7.6	-4.2	9.1	9.3	-4.0^b	9.3	8.0
意大利	-11.5	16.4	7.3	-13.5	13.8	9.1	-11.1	6.4	11.7	-9.4	4.3	11.2	-3.7	2.7	12.2^b
日本	-6.8	6.6	2.1	-6.1	2.7	2.5	-3.0	1.4	2.5	0.1^b	1.3	2.6	·	0.8	3.6
荷兰	-3.6	6.1	5.3	-7.4	4.2	11.5	-4.4	0.7	9.1	-2.3	2.5	6.2	-1.2	2.1	6.0^b

① 此处的说明应是多余的，而图表的第二部分对平均值的说明才是必要的。——译者注

续表

国家	1951—1955			1956—1960			1961—1965			1966—1970			1971—1975		
	D^a	P	U	D	P	U	D	P	U	D	P	U	D	P	U
新西兰	-5.9	14.8	·	-7.2	2.1	·	1.2^b	12.8	5.7	1.4	1.9	8.9	4.7^b	1.4	6.4^b
挪 威	-7.3	8.4	1.3	0.3	9.1	2.7	0.5	7.1	3.3	-2.9	2.2	5.5	5.1^b	2.1	4.5^b
葡萄牙	·	·	·				-6.7	14.2	5.5	-5.1	5.9	5.6	-2.3^b	2.8	7.1^b
西班牙	-2.9	18.1	7.9	-6.3	12.4	17.8	-2.5	7.4	19.0	-4.7	4.5	20.9	-3.0	2.5	21.5^b
瑞 典	-4.9	10.5	1.9	-8.9	9.0	3.0	-0.3	6.0	1.8	-8.4	3.6	6.6	-1.5	0.3	7.5
瑞 士	-0.4	2.3	·	-0.3	4.3	·	4.3	2.6	0.7	-1.3	2.9	3.4	-0.8	0.4	4.6
英 国	-5.6	14.4	6.2	-3.5	7.2	10.3	0.7	6.7	8.4	-4.6	3.1	9.2	·	3.1	6.0
美 国	-2.9	8.9	6.7	-4.7	5.5	9.6	-3.6	4.1	5.9	-3.5	2.0	6.6	-0.2	2.3	5.0
平均（以色列数据在1990年缺省）	-4.6	11.5	5.3	-6.8	10.0	8.5	-2.7	7.3	7.6	-4.2	3.6	9.1	-1.8	2.3	8.7

资料来源:赤字、通胀和近期的失业状况的数据,源于国际货币基金组织:《财政统计》(1986 年 10 月),和经济指标附录(1985,1972),以及《国际财政手册(1999)》(华盛顿特区)早期的失业率数据源于 OECD:《主要经济指标》1983 年 7 月、1986 年、1990 年 1 月、1992 年(巴黎),以及《主要经济指标》(历史统计)1960—1979、1955—1971(巴黎)。《美国统计手册》1956、1961、1966、1971、1976、1981(纽约)。

注:D = 政府赤字占 GDP 的比重;P = 消费物价指数百分比的变化;U = 失业率。"."表示缺乏数据。

a. 赤字的数字代表大多数年份都可以获得一般性政府财政开支,但不适用于中央政府。

b. 这些数据对这五年都不适用。平均数表示这些年的数据。

这些问题的部分答案已经在我们对 PBC 和党派政治学的讨论中给出来了。一些政府就是在恰好选举之前扩张货币供给;左翼政府一般追求宽松的货币政策并产生较高水平的通货膨胀。我们现在考虑一些另外的解释,这些解释特别关注为什么经济上类似的国家常常呈现出差别如此显著的通货膨胀这个问题。

19.6.3 中央银行的独立性

基于时间不一致性问题对通货膨胀的解释假定,政府不能做到可信地约束自己不会试图通过干涉不该干涉的宏观经济来产生短期的低失业。其结果是政府得到较低的支持率,而社会得到较低的福利。如果政府能够捆住其手脚以防止它干涉不该干涉的经济,则帕累托改善是可能的。创建独立的中央银行(CB)可能是达到如此结果的方式之一(罗戈夫,1985)。政府是公民的代理人,还有效地创立另一个代理人执行它不能真正执行的任务——即低通货膨胀货币政策。

但是,如果政府总体上不能约束自己不调整不该调整的宏观政策的话,它又怎么能够可信地约束自己不干涉不该干涉的中央银行呢?怎么可能让一个由政府创立的并依赖于政府的机构保持独立性呢?

这个问题与创立一个独立的司法系统的问题并不相同,创立中央银行独立性(CBI)的一个方法是让其董事会职位有几分像有长的任命期且工资根据规则制定的法官地位。①

民主体制有有效的监督和制衡,这种体制产生了对中央银行独立性的一种次级形式的保护。当管辖中央银行的权力由各方分享而权力机构的席位在货币政策目标上并不相同时,每一个席位都可能制约另外一个席位,从而让中央银行得以自由追求其最偏爱的货币政策(莫泽,2000,Chs. 10—11)。

对中央银行独立性的根本保护是将其写入宪法,这样它就能得到(希望也是)独立的司法系统的有效保证。这事实上就是欧洲货币联盟在创建欧洲中央银行时走的路子,尽管成员国可能仍然有能通过对董事的任命程序而施加某种影响。

经验上看,在跨国数据中中央银行独立性看起来和政治自由度和政治稳定性指数是正相关的(库基尔曼,1992;库基尔曼和韦伯,1995;德·哈恩和阿格,1995;德·哈恩和谢尔曼,1996;巴盖里和哈比比,1998)。一国的政治自由度越是缺乏保证和其政治越是缺乏稳定性,就越有可能出现这种情况:某个政党或政党领导人发现,绕开保护中央银行独立性的制度印钞票以赢得政治支持,这样做是有利的。

许多 CBI 指数已经建立起来以确定中央银行独立性是否与价格稳定性相关。尽管是否发现了联系以及这种联系有多强,要取决于你采取什么样

---

①　要看关于这种办法的成本与收益的讨论,见沃勒和沃尔什(1996)。要看创见独立的和负责任的政府代理机构的一般性讨论,见缪勒(1996a,Ch. 19)。

的 CBI 测度指标,大量的研究发现这种联系是存在的。[①] 莫泽(2000,pp. 146—150)发现,最低的通货膨胀率是在像德国和美国这样的国家中观察到的,它们都有强 CBI 和对立法行动的有力监督和制衡以加强 CBI。这些研究相当清晰地阐释了,政治制度在确保政治竞争有效地施惠于公民而不是损害他们的利益方面可以起到重要的作用。

19.7　赤字

19.7.1　事实

表 19.7 给出了自第二次世界大战以来最主要的工业化国家的预算赤字的数字。就通货膨胀数字而言,国家之间存在着巨大的差距。但是仍然存在一个一般的类型,第一个 5 年期间(1951—1955)政府预算是盈余的国家比任何其他 5 年期间都要多。这段期间法国、爱尔兰和意大利的巨幅赤字将平均赤字轻微地拉升了一些,使得平均赤字高于 1956—1960 年期间的赤字。从这段时期开始,平均赤字稳步上升,一直到 20 世纪 80 年代初期,赤字达到国内生产总值(GDP)的将近 7%。平均值的真相也就是各个国家的真相。在第二次世界大战以来这段时期的第一个 15 年期间,一半以上的国家要么是平均而言有盈余,要么是赤字低于 GDP 的 1%。在 20 世纪 80 年代初期只有一个国家——享有巨额石油收益的挪威——有预算盈余。1985 年以来,平均赤字下降了,但是仍然真实的是还有绝大部分工业化国家进入 20 世纪 90 年代继续存在赤字。为什么过去 50 年里政府财政类型转变成政府赤字成为常态的类型?[②] 我们在下一小节提出一些假说。

19.7.2　假说

19.7.2.1　财政幻觉与凯恩斯错觉

在整个 19 世纪和 20 世纪上半叶,选民认为政治家应负责保证国家财

---

① 见格里利、多拉托和塔韦利尼(1991);库基尔曼(1992);阿利辛娜和萨默斯(1993);哈夫里斯基和格拉纳托(1993);阿尔－马胡比和威利特(1995);库基尔曼和韦伯(1995);艾弗森(1999)。鲍瑞伊安、布尔德克因和韦利特 (1998)在将通货膨胀率与库基尔曼(1998)提出的 CBI 测度指标中的许多指标联系起来时遇到了难题。奥特莱(1999)考察了 8 个不同的测度指标,把这些指标简单地一分为二,将中强和强的 CBI 作为一个方面,弱 CBI 作为另一个方面,这种简单的二分法与其他所有文献一样合适。

② 韦伯和维尔达维斯基(1986,Ch. 5 and p. 562 ff.)认为,各个国家面临的问题是,在其整个历史中国家的收入都是少于支出的。

政平衡。甚至富兰克林·德兰诺·罗斯福在第一次竞选总统时也承诺要平衡预算。然后到 20 世纪 60 年代，布坎南和瓦格纳（1977）坚称"凯恩斯革命"改变了经济学家和政治学家对债务的态度。既然美国人持有联邦政府债务的大部分，他们就既是债权人也是债务人。按照这种声称的观点，这意味着公债并没有真的强加了财政负担给所有的人口。凯恩斯主义经济学的逻辑还意味着，赤字运行对经济有好处，因为它们刺激经济活动，减少失业。

理性的个人缺乏激励去对政府政策的后果进行超越理性的计算。查看一次邮件，一次宣称的减税，或者失业率的下降被轻易地注意到，而且常常被公布出来以宣示政府政策。而这些政策所预示着的未来通货膨胀和/或未来的税务负担对大部分选民而言被懵懵懂懂地作为一个或有或无的影子来理解。这样，当他们被告知赤字实际上对经济有利时，公民就停止惩罚运行赤字的政治家，而为选票展开的竞争导致税收与支出不平衡，结果产生了表 19.7 所展示的政府赤字和通货膨胀。

19.7.2.2　政治经济周期

尽管布卡宁和瓦格纳对美国预算赤字增长的解释是努力解释政府政策的一次长期变化，该解释依赖财政幻觉这个概念，这就引入了一种形式的选民短视，从而使得他们的解释与传统的 PBC 模型多少有些关联。这个模型的短视选民和理性选民两种形式都预测在选举之前有赤字支出，从而能够解释，如果政府在选举后未完全扭转这些政策时，赤字的变化就成为长期性的了。

19.7.2.3　政党效应

中间偏左政党运行赤字；中间偏右政党运行盈余（较小的赤字）。

19.7.2.4　政府麻痹症

PBC 文献中有很多都暗中假定，甚至常常是公开假定两党选举体制。如果选民对失业和通货膨胀水平不满，她能投票支持反对党。如果她有高收入，她可能支持右翼党而不是左翼党。在这样的两党体制中，在位的政党总是可以被要求对当前的宏观经济局势负责。

然而，许多欧洲国家是多党体制，该体制常常导致政府由两个或更多的政党联合组成。在这样的联合政府中，政策选择上的分歧就会产生，比方说像如何对 OPEC 价格上涨这样的经济冲击做出合适的反映这种政策。每一个政党都有自己的选民，没有哪个政党愿意看上去是屈服于这样一个妥协方案，该方案使得自己的选民比联盟中其他成员的选民境况更糟糕。一种形式的"消耗战"随之爆发，每一个政党都拒绝妥协，而是希望联盟中的其他成员首先让步(阿利辛娜和德雷泽,1991)。其结果是所需要的处理经济冲击的政策被延迟,而经济遭受其后果。

这一类型的论据可以解释为什么有些国家有能力非常快速地适应 OPEC 价格上涨并削减通货膨胀使其回到正常水平,而其他国家就适应得慢很多。用同样的方式,它可以解释大约从同一个时间开始的政府赤字的增长。注意这个假说与前面的两个不一样,它对各国之间不同大小的赤字的原因也做出了清晰的预测。

19.7.2.5　预算规则

前一个假说里描述的政府麻痹症的产生是因为没有政党愿意负责做出有时候必须要做出的艰难经济选择。但是,在所有的议会体制中,都有一个总理和一个财政部长,他们至少在名义上要为政府的经济表现负责。假设他们受到激励让政府采取负责的经济政策。但是,他们实施这些政策的能力将取决于他们对一个个部长的权威和议会掌控预算修正的规则等(冯·哈根,1992)。

19.7.3　证据

布坎南和瓦格纳(1977)对美国20世纪60年代开始的联邦赤字的急剧上升给出了一个解释。尽管美国选民可能是被欺骗去投票支持那些一直到20世纪80年代产生了高赤字的政治家,到20世纪90年代早期美国选民看起来已经重归某种财政保守主义,这是布坎南和瓦格纳看到在20世纪60年代正在消失的。[①] 纽特·金里奇的《美利坚契约》曾经使得共和党在1994年取得压倒性胜利,其中一个重要条款是承诺消除联邦赤字。比尔·克林顿也感受到可以从财政保守主义中获取政治好处,而到了20世纪90年代末,财政赤字消失了。美国选民看起来已经克服了他们关于赤字的幻觉。

在支持 PBC 模型时引用的研究中的几项发现了政府债务在选举前扩张(布莱和纳多,1992;阿利辛娜和鲁比尼与利恩,1997,Ch. 9;弗兰泽塞,2000;舒克内希特,2000)。党派偏向在一些研究中被发现(布莱和纳多,1992),但在另外一些研究中则没有被发现(德·哈恩和斯特姆,1994;阿利辛娜和鲁比尼与科恩,1997,Ch. 9),而且至少有一项研究发现了相反偏向的某些证据(弗兰泽塞,2000)。

鲁比尼和萨克斯(1989)发现,在联合政府的寿命趋向于较短和包括很

---

① 也见佩尔茨曼(1992)。

多政党的国家,政府赤字会更大一些。他们的发现已经得到了某些其他研究的支持(格里利等人,1991;阿利辛娜和佩罗蒂,1995;弗兰泽塞,2000)[1],但在其他研究中没有得到支持(德·哈恩和斯特姆,1994;德·哈恩、斯特姆和贝克胡斯,1999)。

冯·哈根(1992)提出证据说明了预算制度在解释赤字时的重要性,该证据得到了几项其他研究的进一步确认(例如,德·哈恩和斯特姆,1994;赫兰,2000;施特劳赫,2000)。

于是,就像在检验竞争性假说时经常发生的一样,就政府赤字的决定因素是什么而言,证据多少有些模棱两可。显然,没有哪个假说能够单独解释所有的差别。

19.8　思考

本章讨论的基本模型常常就选民、政党和经济的行为是什么样的作了不同的假定。用不着吃惊,这些模型经常产生极为不同的预测。能够理解的是,就数据对它们的预测有多少支持而言,不同模型的倡导者之间的观点的差别是巨大的。

如早前所提到的,研究人员在寻找与所有的数据都相一致的一个模型时遇到了困难。对这些困难的一个可能解释或许是,所需要的模型不只一个。最初的机会主义 PBC 模型的作者中有一些在写下模型时看起来已经将尼克松政府的宏观经济政策记在心头,而理查德·尼克松从头到尾都确然是机会主义者。但是或许其他总统的行为举止与尼克松的有所不同。可能尼克松今天的行为方式是不同以往的。

胡安·佩隆曾经向智利总统提出了下面的建议:

> 我亲爱的朋友:请尽所能给予人民尤其是工人们所有的东西。当在你看来你已经给予太多时,还要给予他们更多。你会看到结果的。每一个人都会试图用经济崩溃来让你害怕。但这完全是谎言。没有什么还会比经济更有弹性,经济是每一个人都害怕的,因为没有人理解它。

引自赫希曼(1979,p.65)

---

[1] 埃丁和奥尔松(1991)声称是少数派政府而不是联合政府自己制造了大的赤字。

佩隆测试了几种场合下的阿根廷经济的弹性,很多拉丁美洲其他领导人都听从了他的建议。虽然由不断增加的公债或印制钞票资助的赠送计划(giveaway programs)可能在拉丁美洲曾经是维持支持率和赢得选举的成功方式,但现在看起来不是这样。拉丁美洲的选民在理解宏观经济时似乎已经变得更富有经验和技巧。结果拉丁美洲的政治家在选择政策时变得更为负责。

铃木(1994)提供的证据看起来也得到了如下结论,日本选民在第二次世界大战后的时期已经变得不太短视了。铃木从来自自由民主党统治的早些年的数据中找到了支持机会主义 PBC 的证据,但是到了 20 世纪 80 年代,这种支持已经消失。欧洲货币联盟对加入自己的国家在通货膨胀率和政府赤字上设置了严格要求,每一个欧洲政府有能力满足这些要求;就上述证据支持而言同样有趣的是注意到,这些政府所做到的到底有多接近这些要求。尽管各国从表 19.7 所显示的差别巨大的通货膨胀和预算赤字水平出发,愿意加入的所有 21 个国家到 1998 年时除希腊之外都能够满足标准,而即使是希腊到了 2001 年也满足了。如果奖励(stakes)足够高,政治家们能够控制通货膨胀和预算赤字。

本章评述的所有模型有一点是共同的——它们假定只有选民们关心的那些政府政策才是与宏观经济有关的,选战是以影响宏观经济的政策为基础展开的。[①] 此特征使得这些模型非常不同于公共选择文献中多数其余模型,并且在某些方面与这些模型相矛盾。

例如,阿利辛娜和罗森塔尔(1995)假定,在决定要不要在中期选举中投票支持在位的民主党国会议员时,即使他在为所代表选区争来地方建设项目方面记录卓越,一个温和的民主党人还是可能会投票反对他,原因是选民要在民主党总统的自由派宏观经济政策和共和党国会之间进行平衡。此假设和一大部分公共选择和政治科学文献相悖,这些文献认为选民只对他们在国会的代表的地方建设/巡视官活动感兴趣,而代表们投其所好(费约翰,1974;菲奥里纳,1977b)。

假设的选民计算似乎也认为选民理性假设有问题。即使选民想看到由共和党国会来制衡民主党总统,他也能够计算出,他支持的女众议员的党派从属——既然她只是 435 个众议员中的一个——对未来宏观经济政策的影

---

① 试图预测选举结果的计量经济学研究如费尔(1982)和希布斯(2000)的研究,确实添加了其他变量以改善他们的预测的精度。但是,即使如此,这些研究工作也是以所包括的额外变量少而著名。例如,希布斯只在收入增长之外加了一个变量——战亡的士兵——以预测上半个世纪的总统选举。

响要远比对自己所在选区地方建设项目的影响小得多。于是，即使选民认为宏观经济问题比地方问题重要得多，他如果真是理性的就可能会投票支持在任的女众议员留任并享受她会提供的政治恩惠，而不是试图废除她以改变全国宏观经济政策。

同样显而易见的是利益集团在 PBC 模型中缺席。将利益集团包括进来或许有助于解释文献中的一些令人迷惑的结果。例如，前面引用的几项研究已经观察到恰好在选举前的某种开支增加和税收削减。这些政策与一部分 PBC 模型的预测一致。但是，税收与支出的变化趋向于小，这样，要从失业和通货膨胀数据中观察预测的 PBC 要比在支出和税收数据中观察困难得多。或许支出/税收变化的目的不是改变宏观经济变量，而是给特定利益集团以好处，它们承诺要通过拉选票和/或花钱支持政府的。将利益集团结合到模型中来可以大大改善它们的解释力①，但是这当然是以复杂性增加为代价的。

本章评述的大部分模型最优吸引力的特征之一是，它们利用这样相对简单的结果和相对少数量的变量能够解释多少内容。要提出来的一种重要内容是提醒读者记住，模型常常是对现实的极度简化，它们常常省略掉了一些相关的内容。一个重要的省略当然是利益集团。下一章我们开始研究这些集团的活动。这里我们又将发现一些抽象掉很多相关内容的模型。事实上，我们将发现的模型假定，所有政府活动包括将立法权卖给利益集团，所有的选举是由这些组织起来的利益集团的愿望和行动决定的。影响所有公民的宏观经济政策将从视野中消失。

文献注释

这一文献卷帙浩繁，导致了至少一本 800 页的教科书的出版。因为讨论了来自公共选择文献的实质上所有的题目，德雷泽的《宏观经济学中的政治经济学》是该文献的一本杰出导论和概览，尽管该书有些取名不当。

主要 PBC 模型的几个作者写出了他们自己对文献的党派述评（施奈德，1978，1982；施奈德和弗雷，1988；诺德豪斯，1989；希布斯，1992；阿利辛娜，1988a；阿利辛娜和鲁比尼与科恩，1997）。

还有一些综述包括帕尔达姆（1981a，1997），阿尔特和克里斯特尔（1983），博罗阿和范德普勒格（1984），格特纳（1994，2000），基奇（1993）与南内斯塔和帕尔达姆（1994）。

---

①　弗兰斯·万·温登（1983）发展并提出了一个关于私人—公共不满相互作用的模型，模型考虑到了劳动者、企业、公共官僚机构、利益集团和政治党派各自的作用。

第二十章　利益集团、竞选捐款和游说

　　财产权利起源于人的才能的差异，而这种差异是利益一致的一个不可克服的障碍。保护这些才能是政府的首要目标。从对这种不相同的、不平等的获取财产能力的保护之中，立即就会产生出不同程度和不同种类的财产占有；在财产所有者各自情感和看法的影响之下，社会分化成了不同的利益集团和政党。

　　因此，派别的潜在起因就存在于人的本性之中；我们看到，它们到处在起作用，而且这些作用会由于人类社会环境的不同而表现出程度上的不同。无论是来自猜测的还是实际的，人们对有关宗教、政府和许多其他方面的不同理解都带来激情；对雄心勃勃地争取卓越和权力的不同领袖人物的依附；或是对其他形形色色的人（这些人的财富已经引起人们狂热的兴趣）的依附，这些转过来已经将人类分成不同派别，煽动了他们彼此之间的仇恨，使他们更可能深陷于相互折磨和压制之中，而非为了人类的共同福利而携手合作。人类陷入互相敌视的这种倾向是如此的强大，以至于即使没有真实理由显示这种敌视，想象出来的最无足轻重的差别也足以激起人们的仇视情感和最激烈的冲突。但是，最普遍、最持久的派别根源却是各种各样不平等的财产分配。拥有财产的那些人和没有财产的那些人已经形成了不同的社会利益集团。作为债权人的那些人和作为债务人的那些人也同样分得清清楚楚。土地利益、制造业利益、贸易利益、金融利益与许多较小的利益必然会在文明国家中发展起来，把人们分成不同的阶级，并受不同的情感和看法的驱动。对这些各式各样相互作用的利益集团进行管理，构成了现代立法的主要任务，并且涉及在必须的、正常的政府运行中政党和派别的根本态度。

詹姆斯·麦迪逊

卡尔·马克思把社会划分为两个相互斗争的阶级，其后的许多政治观察家也注意到了政党的阶级倾向，以及投票行为中的阶级偏向等。一些政治经济周期模型假设某一政党迎合劳工阶层，寻求维持较低的失业率；而另一政党支持资本家，尽力维持较低的利率。

200 年以前，詹姆斯·麦迪逊就观察到"在社会中拥有财产的那些人和没有财产的那些人……有着不同的利益"。但他立即着手辨了债权人和债务人、"土地利益、工业制造利益、贸易利益、金钱利益、（和）许多较小的利益"之间的区别。现代民主国家的政治不再由两个经济极端对立的阶级构成，而是一种存在于许多不同利益集团之间的斗争。在这章我们主要围绕这些集团展开。我们首先回顾一下奥尔森（1965）在其公共选择的经典文献中关于利益集团的假说。

20.1　集体行动的逻辑

利益集团表现为各种宽泛的制度形式和规模。某些集团寻求扩大其成员的利益，例如工会、农场主协会、专业人士协会（医生、牙医、会计师等）、零售贸易协会（杂货、五金、酒类等）和工业协会（石油、水泥、煤炭等）。其他的集团则寻求从特殊的公共物品——外部性问题方面来影响公共政策或公共舆论，例如和平集团、环境集团和国民枪械协会就是这样的集团。通常，之所以组织起一个集团，是为了某个目标。而一旦集团组织起来之后，它就会转向有利于其成员的其他活动形式。工会的初衷是提高工人与资方的谈判力量。但是一旦巨大的组织启动成本被弥补，工会就会为其成员的利益而从事其他的活动，例如改善工人地位的立法游说。还有，一些集团寻求促进属于特定人种、宗教或地理等特殊集团的人们的全方位利益。最近，还出现这样的集团，它们旨在促进特定性别或者特殊关系的成员的利益（克里斯托夫、林德特和麦克莱兰，1992）。无论何种情况，形成一个利益集团的动力就是深信其成员有共同的利益和目标，对卡车司机或妇女而言可能是更高的工资，或者对其消费活动会由于这种公共政策而改善的那些人而言可能是更清洁的河流（pp. 5—8）。[①]

利益集团成员目标的共同性使这些目标的实现成为这个集团的公共利益，因此会引起像所有的公共物品——囚徒困境情景中存在的搭便车激

---

① 除非特别声明，本节提供的页码都是奥尔森著作中的页码（1965）。

励。钢铁工人和钢铁厂商个体都从钢铁关税中得到好处，无论他们是否为促成这种关税而作出过贡献（pp. 9—16）。

从这一观察可得到两个重要的结论。（1）与潜在成员数量大的情况相比，潜在成员人数少的时候更容易形成利益集团（pp. 9—16、22—65）。与 20 万钢铁工人相比，两打（24 个）钢铁厂商更易于组织起一个有效的利益集团。（2）要产生能有效地代表为数众多的个体的组织，需要运用"分离的和'选择性'的激励"来抑制搭便车行为（p. 51，变体为原文所加）。运用选择性激励的典型实例是工会，工会出于其成员工资的考虑，致力于降低所雇者的数量，并且"封闭式工会"的合约禁止雇主雇用非工会成员的劳动者（pp. 66—97）。在工会已经成功地迫使雇主服从这些规则的地方，如美国的许多州和英国，工会成员具有较高的地位，工会工人挣到较高的工资；而法国缺乏选择性激励以鼓励工人参与工会，其工会成员的地位也就低得多[①]。对于避免搭便车行为需要这种选择性激励的论点，最好的证据大概是工会领导人重视参与立法和（或）在合约条款中要求有闭门工厂（closed-shop）契约、会费的收集等诸如此类的事情。仅仅有工人的团结是不够的。

如果集体行动的利益并不是同等地分配给所有的集团成员，则"*存在着少数'剥削'多数的系统性倾向*"（p. 29）。下面的例子有助于理解这一论点。汽车工业有四家企业，每年生产下列数量的轿车：

$X_G = 4000000$ 辆；

$X_F = 2000000$ 辆；

$X_C = 1000000$ 辆；

$X_A = 500000$ 辆。

环境保护署（EPA）发布的燃油经济标准，将使每辆轿车的平均生产成本提高 10 美元。每个企业独立地考虑在华盛顿开办一个游说办公室，向环境保护署游说以延缓执行燃油经济标准一年。经营一个游说办公室的成本为每年 150 万美元。汽车制造业游说努力获得成功的概率随所开办的游说办公室数量而提高，一个办公室为 0.25，两个为 0.4，三个为 0.5，四个为 0.55。企业 G 认识到，如果不能从开办游说办公室获取利润，将没有企业会这样做。这家企业开办游说办公室而增加的预期利润为 4000 万美元，超过开办游说办公室 150 万美元的成本。企业 F 知道，除非企业

---

① 关于奥尔森著作中法国情况的讨论，参见阿瑟兰和莫里森（1983）。

G 开办游说办公室，否则它开办游说办公室将不会获利，并且以此计算它从开办汽车工业的第二个游说办公室所能得到的利润。游说将获得成功的概率增加 0.15，当乘以 F 的 2000 万美元成本节约时，得到 F 预期增加的利润为 300 万美元，这一成本节约大于开办游说办公室 150 万美元的成本，于是 F 也开办了一个办公室。给定企业 G 和 F 已经开办了办公室，然而无论企业 C 还是 A 都发现这样做并不能获利。两者选择搭 G 和 F 游说努力的便车，从 G 和 F 的游说中，C 和 A 分别得到 400 万美元和 200 万美元预期增加利润。以这样的方式，弱者"剥削"了强者。

同时要注意，产生于独立决策的游说办公室数量从该行业的观点来看是次优的。开办第三个和第四个游说办公室将分别为该行业带来 750 万和 375 万美元的预期利润。但是这些新增的办公室只有在企业 G 和 F 能够贿赂企业 C 和 A 的情况下才会出现。此外，既然 C 和 A 知道无论他们是否开办办公室，G 和 F 都将这样做，因而 C 和 A 可以坚持向 G 和 F 索取补贴，以维持对其有利的利润成本比。[1]

奥尔森理论一个违反直觉的预测是，小的利益集团在从政府获得好处方面比大的利益集团更有效率。这一假说可从世界各国的农业政策中得到明显的支持。在穷国，农业部门大而属于中产阶层的城市居民集团比较小，但农民生产的产品却获得少的甚至是负的补贴——因为农民接受的价格比全球市场的价格低。而在富裕的发达国家，农民虽然是全部劳力的小部分却能获得大量的补贴。范巴斯特里尔（1998）列举了 1955—1980 年期间的一系列给农民的有效补贴数据，从加纳的 26.9% 到瑞士的 89.5%，范巴斯特里尔列举了 31 个国家的数据为奥尔森的假说提供经济依据[2]。有关奥尔森假说的其他证据可参见第二章关于搭便车问题的实证文献。

尽管在奥尔森研究的许多方面利益集团已处于中心位置，但他并没有建立模型以说明在政治过程中利益集团如何运作以及它们对结果的作用。无论如何，通过许多学者对利益集团的政治行为模型的发展和检验，这一缺陷已得到弥补。我们下面讨论这些模型。

----

① 例如：如果企业 C 只同意支付其游说办公室成本的 1/7，那么企业 G 和 F 就会支付其余的 6/7，因为这是它们的利益比；企业 A 只同意支付其游说办公室成本的 1/15，其余部分由其他三家企业按其利益比例分担，那么 C 和 A 最终分别从游说中享受到 13.3% 和 6.7% 的利益，但支付的成本分别是 6.9% 和 1.7%。

② 参见使用了一些范巴斯特里尔数据的克鲁格、希夫和瓦尔德斯（1991）。

20.2 政治学中的利益集团行为模型

利益集团为促进其成员的共同利益而参与政治。它可以通过如下方式达到目的：向候选人提供这种共同利益的有关信息，投票给那些承诺当选后支持集团利益的候选人，以及向候选人提供用于赢得竞选的资金——近些年最重要且最显而易见的方式。[①] 从实证的和规范的观点看，在利益集团的这三种活动中，目前最具争议的是它们对能影响政治选择结果的资金的使用。我们首先处理该问题的实证方面，在后面的小节中再讨论该问题的规范性。[②]

候选人使用他们筹集的资金去争取（再次）当选，这没有争议。实际上，在美国这是该种基金唯一被允许的用途。于是，竞选捐款转变为竞选支出，任何模型能解释其一则必能解释其二。对竞选捐款/支出的解释之一是，他们仅有的目的是左右选举结果。候选人预先选定其立场，利益集团则捐助与他们喜好的立场最为接近的候选人。选举则从预选的一组选择中决定最终胜出的候选人及其立场。这种对竞选捐款的解释被称为"政治人"理论（韦尔奇，1976），捐款人被视为候选人所选立场的被动"消费者"（斯奈德，1990）。相应的，在政治的"经济人"模型中，捐款人被视为购买候选人立场的"投资者"。在利益集团和候选人之间存在一对交换物，即利益集团给候选人竞选活动的捐款与候选人向利益集团"供给"其在议案中的立场（韦尔奇，1976）。我们希望回答的第一个问题是，在这两个政治过程模型中，哪一个更为接近现实？

20.2.1 唐斯模型中的信息型竞选

今天，大量的竞选支出花费在购买电视时段上。对政治经济学家而言，类似于消费者广告一样来考虑这种"政治广告"是自然而然的事情，并且一些作者也把竞选支出当做广告形式看待。[③] 在有关广告的文献中，广告被划分为信息型和劝导型两类。在单维议案空间 X 上的简单唐斯模型

---

① 当然提供给候选人的用作其他目的的资金在政治中并不为他人所知，虽然这在大多数民主国家是非法的。我们将在后面的章节中讨论贿赂和腐败问题。

② 奥斯汀－史密斯（1997，pp. 312—320）评论了提供的仅是信息条件下的利益集团活动的文献。

③ 可部分参见帕尔达（1973，1975）。缪勒和施特拉特曼（1994）提供了解释。

中，信息型的政治广告有一个自然而然的解释——候选人告知投票人他在
X 上的立场。如果被告知的投票人投票给最接近他们理想点的候选人而不
被告知的投票人选择弃权，那么每个候选人都有激励向立场与他最接近的
那些投票人通告他的立场。随着更多的投票人获取信息，那些立场最接近
于中间投票人理想点的候选人会赢得更多份额的选票。因此，候选人的信
息型竞选活动就增加了那些立场与中间投票人立场最接近的候选人最终获
胜的可能性，其结果是促使两类候选人都倾向于中间立场。[①]

　　由于两个候选人都选择中间投票人的理想点，所有的投票人对谁当选
都是无差异的。在这种情况下，没有人或集团会捐助候选人以增加其获胜
的机会。如果候选人向左边移动，中间点左边的集团将会有捐助他的激
励。但是，如果候选人 L 放弃中间立场并告知所有投票人，他获胜的概率
就会降低。有选择性地告知位于左侧的投票人将是一个有吸引力的策略，
但不幸的是，在右侧的集团有捐助候选人 R 的激励，从而 R 会告知他的
潜在支持者。因此，在简单的唐斯模型中仅用信息型竞选活动来推导政治
的经济人模型是很困难的。如果两个候选人选择相同的立场，集团将没有
捐助的激励。如果候选人的竞选基金仅能用作告知投票人他不在中间位
置，则候选人也没有偏离中间立场去筹建竞选基金的激励。

20.2.2　唐斯模型中的劝说型竞选

　　通过纯粹的信息型政治广告，当候选人告知一些人他的立场时，他将
提高获得这些人选票的可能性，但同时也会降低其他人投票给他的可能
性。如果广告信息能提高所有投票人投票给他的可能性，显然候选人更中
意它。对照消费者广告进行类推，我们定义这种竞选支出为劝导型竞选活
动。当一家软饮料公司告诉潜在的消费者它出售柠檬或酸橙苏打时，那些
喜爱柠檬或酸橙口味的人购买其苏打的可能性会上升，但会降低那些喜爱
橙、樱桃或可乐口味的人的购买可能性。当这家公司宣传它的饮料具有
"最佳口味"或"比其他的更好"时，它可能增加所有的潜在消费者购买
其产品的可能性。

　　对某些类型的政治广告可能也是如此。所有的公民更喜欢诚实的而非
歪曲事实的政治家，更喜欢有能力的政治家而非小丑。候选人若能令人心
服地宣传自己比竞争对手更诚实，就可能提高他获得每个投票人支持的概

　　[①]　产生该结果的正规模型可参见奥斯汀－史密斯（1987）和巴伦（1994）。

率，而不论他在 X 向量上的位置如何。在这一节中，我们将揭示这类政治广告是可能的这一假设的含义。①

设 π_{iJ} 为集团 i 中某一成员投票给候选人 J 的概率。令 IC_J 和 PC_J 分别为 J 的信息型和劝导型支出。此外假设每个集团的某些成员对两位候选人的立场是不确知的，集团 i 的某一成员投票给候选人 J 的概率是两位候选人的立场以及它们信息型和劝导型竞选支出的函数。

$$\pi_{iJ} = \pi_{iJ} \ (x_L, \ x_R, \ IC_L, \ IC_R, \ PC_L, \ PC_R) \tag{20.1}$$

其中 $i = 1, 2, \cdots, m$；$J = L, R$。信息型和劝导型竞选活动的差异在于 π_{iJ} 对四种竞选支出的偏人导向的符号不同。增加 L 的劝导型支出将提高集团 i 所有成员投票给 L 的概率，就如增加 R 的劝导型竞选支出将降低 i 中成员投票给 L 的概率。

$$\partial\pi_{iL}/\partial PC_L > 0, \ \partial\pi_{iL}/\partial PC_R > 0 \quad \text{对所有 } i \tag{20.2}$$

虽然信息型竞选支出降低了其他集团投票给 L 的概率，但是它会增加某些集团投票给他的概率。在完全告知的情形下，假设 f 表示偏爱 L 的集团，而 r 表示偏爱 R 的那些集团。我们有

$$\partial\pi_{fL}/\partial IC_L > 0, \ \partial\pi_{rL}/\partial IC_L < 0, \ \partial\pi_{fR}/\partial IC_R < 0, \ \partial\pi_{rR}/\partial IC_R > 0 \tag{20.3}$$

相对于信息型支出，劝导型竞选支出的吸引力是显而易见的。除非是针对选定性的目标，前者必定会降低某些集团支持候选人的概率，虽然它增加了另外一些集团支持他的可能性。而劝导型竞选支出却能够提供这样的预示，即可以从所有的集团那里获得更多的选票。

给定了这种特性，我们可将 J 赢得选举竞争的概率 π_{iJ} 表示为他自己的竞选支出 C_J、他的竞争对手的竞选支出以及他们立场的一个函数。

$$\pi_L = \pi_L \ (x_L, \ x_R, \ C_L, \ C_R), \ \pi_R = \pi_R \ (x_R, \ x_L, \ C_R, \ C_L) \tag{20.4}$$

并有 $\partial\pi_L/\partial C_L > 0$，$\partial\pi_L/\partial C_R < 0$，$\partial\pi_R/\partial C_R > 0$，$\partial\pi_R/\partial C_L < 0$。

现在考虑集团 i 的成员如何决定是否捐款给某一特定的候选人。设 x_i 是他在 x 上的理想点，v_i 是他的私人物品消费。

$$U_i = U_i \ (x, \ v_i), \ \partial U_i/\partial v_i > 0, \ \partial^2 U_i/\partial v_i^2 < 0 \tag{20.5}$$

首先假设投票人相信两位候选人的立场是固定不变的，并且他的捐款唯一的作用是影响候选人获胜的概率。投票人 i 选择捐款 C_i 以最大化自己

---

① 虽然与投票人是自然被告知的假设保持一致，但通过假设所有风险规避的投票人能从候选人立场的不确定性的降低中获益，奥斯汀－史密斯给竞选支出赋予了相似的特征。

的期望效用 $E(U_i)$。预算约束是 $y_i = v_i + c_i$，其中 y_i 是 i 的收入。①

$$E(U_i) = \pi_L U_i(x_L, v_i) + (1 - \pi_L) U_i(x_R, v_i) \qquad (20.6)$$

如果 i 仅捐款给 L 且 $\partial U_i(x_L, v_i) / \partial v_i \approx \partial U_i(x_R, v_i) / \partial v_i$，最大化（20.6）式而分别对 C_i 和 v_i 的一阶条件隐含②

$$\frac{\partial \pi_L}{\partial C_L} [U_i(x_L, v_i) - U_i(x_R, v_i)] = \frac{\partial U_i(x_L, v_i)}{\partial v_i} \qquad (20.7)$$

（20.7）式的右侧是私人物品消费的边际效用且为正。只要 $U_i(x_L, v_i) > U_i(x_R, v_i)$，方程有一个解，其中 $C_L > 0$。只要候选人的立场不同，那么竞选捐款可以增加投票人的期望效用。如果他们的立场是固定的，那么投票人只会支持那些其立场确保他们获得更高效用的候选人。选举捐款将达到某一数额，此时他从因其偏爱的候选人获胜概率上升而导致他的期望效用的变化量等于因其收入减少而导致的效用下降额。

现在再考虑候选人的决策。如果和竞争对手保持一样的立场，他获得的竞选捐款为零，获胜的机会是对半开。而选择与竞争对手不一样的立场，无论如何他将筹集一些捐款从而可能增加自己获胜的可能性，虽然他也明白与竞争对手保持一定的距离也会致使对手获得捐款。虽然在唐斯看来，对选票的竞争使候选人的政纲趋向中间点，但对资金的竞争使该结论不能成立。对选票的竞争导致对资金的竞争，而后者将使两个候选人的政纲相互差异。

于是，在选择立场 x_L 时，L 必须计算它对自己和其竞争对手竞选支出的影响，也就是 $C_L = C_L(x_L, x_R)$ 和 $C_R = C_R(x_L, x_R)$。如果 x_R 固定不变，x_L 要最大化 L 的获胜概率必须满足

$$\frac{\partial \pi_L}{\partial C_L} \frac{\partial C_L}{\partial x_L} = -\frac{\partial \pi_L}{\partial x_L} - \frac{\partial \pi_L}{\partial C_R} \frac{\partial C_R}{\partial x_L} \qquad (20.8)$$

其中，π_L 定义如（20.4）式。如果二者的竞选捐款为零，每人将选择一

---

① 为简化讨论，我们忽略 x 的成本中 i 的份额。

② $E(U_i) = \pi_L U_i(x_L, v_i) + (1 - \pi_L) U_i(x_R, v_i) + \lambda(y_i - v_i - C_i)$，

其中 $\pi_L = \pi_L(x_L, x_R, C_L, C_R)$。分别对 C_i 和 v_i 最大化得到

$$\frac{\partial E(U_i)}{\partial C_i} = \frac{\partial \pi_L}{\partial C_L} U_i(x_L, v_i) - \frac{\partial \pi_L}{\partial C_L} U_i(x_R, v_i) - \lambda = 0$$

$$\frac{\partial E(U_i)}{\partial V_i} = \pi_L \frac{\partial U_i(x_L, v_i)}{\partial v_i} + (1 - \pi_L) \frac{\partial U_i(x_R, v_i)}{\partial v_i} - \lambda = 0$$

消除以上方程中的 λ 且假设 $\dfrac{\partial U_i(x_L, v_i)}{\partial v_i} = \dfrac{\partial U_i(x_R, v_i)}{\partial v_i}$ 得到（20.7）式。

个能最大化获胜概率的立场，即中间立场。如果候选人通过偏离竞争对手和支出他获得的竞选捐款能获取更多的选票，他一定会这样做。方程（20.8）表明 L 将选择某一点，在此处因稍微偏离 R 而获得的捐款而导致的获胜概率的边际增加正好弥补由于这种偏离引起的对自身获胜概率的直接减少以及因 R 竞选捐款的额外增加而引起的 L 获胜概率的减少。于是，如果竞选支出能增加选票且竞选捐款是依据候选人的立场而定，则候选人会根据由其立场决定的期望捐款数量来选定立场。资金将既影响胜出候选人的特性，也影响两位候选人所持的立场。

当竞选花费会带来额外选票时，"政治人"和"经济人"模型的差别将不复存在。竞选捐款一美元的边际支出既改变候选人获得的期望票数也改变他们的立场。假定候选人依据他们可筹集的期望捐款来选定其立场，捐款人不仅要计算他们的捐款对候选人获胜概率的作用，还要考虑捐款对两位候选人立场的影响。现在 L 获胜概率可写作 $\pi_L\left[x_L\left(C_L, C_R\right), x_R\left(C_L, C_R\right), C_L, C_R\right]$，$U_i$ 变为 $U_i\left[x_L\left(C_L, C_R\right), v_i\right]$ 或 $U_i\left[x_R\left(C_L, C_R\right), v_i\right]$，这取决于 R 和 L 谁当选。把它们代入（20.6）式，分别就 i 给 L 的捐款以及 v_i 最大化其期望效用可得到

$$\left(\frac{\partial\pi_L}{\partial x_L}\frac{\partial x_L}{\partial C_L}+\frac{\partial\pi_L}{\partial x_R}\frac{\partial x_R}{\partial C_L}+\frac{\partial x_R}{\partial C_L}\right)\left[U_i(x_L,v_i)-U_i(x_R,v_i)\right]+\pi_L\frac{\partial U_i(x_L,v_i)}{\partial x_L}\frac{\partial x_L}{\partial C_L}$$

$$+(1-\pi_L)\frac{\partial U_i(x_R,v_i)}{\partial x_R}\frac{\partial x_R}{\partial C_L}=\frac{\partial U_i(x_L,v_i)}{\partial v_i} \qquad (20.9)$$

（20.9）式的第一项代表 i 捐款给 L 而影响 L 的获胜概率从而造成的期望效用的变化。假设 L 的立场是固定的，如果 i 偏爱 R 胜过 L，则 $U_i\left(x_L, v_i\right) - U_i\left(x_R, v_i\right) < 0$，第一项为负，$i$ 不会捐款给 L。[①] 但如果 L 的获胜概率（π_L）很大，x_L 的变动使 i 的效用增加也会很大，（20.9）式的第二项很大且为正，它将抵消为负的第一项，于是尽管他偏爱 R，他仍会捐款给 L。[②] 如果当候选人的立场对应于竞选捐款时，i 可能同时捐款给两位候选人，使其中之一趋向他的最优点且减小另一候选人偏离的距离。投票人捐款给两位候选人的结果只会在候选人的立场受他们筹集的捐款影响时出现。一些 PAC 的公司和利益集团同时捐助两位候选人的证据表明，候选

---

① 方程的第一项中的前一部分为正。如果 i 给 L 的捐款提升了 x_L，则使 x_L 向 x_R 靠近从而使 π_L 变大。如果相反，π_L 则变小。如 $\partial\pi_L/\partial C_L > 0$，对该项的后一部分可得出相似的结论。

② 第三项的符号是不确定的。因为，R 可能在 i 的理想点的右边也可能在它的左边，于是 i 给 L 的捐款可使 R 离开或朝向他的理想点。

人确实会改变其立场以吸引更多的捐款。[①]

上面推导出来的结论，如果不是全部也将是部分地被一些学者在各种假设条件下推导过。例如格罗斯曼和赫尔普曼（1996）假设存在两个投票人集团，以替代两类竞选支出。一个集团消息灵通，它的每个成员都是知情的，并且如唐斯模型描述的那样投票给其政纲最靠近他理想点的候选人（政党）。而另一方面，没有获得信息的投票人"易受影响"，"会在竞选过程中被所接收的信息所左右"（p. 268）。因而，格罗斯曼—赫尔普曼模型中的竞选支出实质上具有与上面模型中的劝导型竞选活动同样的特性，会影响每个候选人的获胜概率和他们的立场。[②]

虽然在一维空间模型中我们表述了这些基本关系，但模型中不确定性所起的关键作用使得把利益集团和竞选捐款与第十二章的或然论投票模型相结合简单易懂，而且刚刚引证的文章中有几篇已经利用或然论投票模型的一些变形，证实了多维议案空间中均衡的存在。

这些竞选捐款模型得出了许多的预测，并且有大量的文献已试着去检验它们。下面我们将考察其中的一些成果。

20.3　竞选捐款原因和结果的实证研究

竞选捐款的理论模型导出三类预测：（1）候选人过去在议案上采取的立场，他们的意识形态，甚至他们在未来为利益集团谋取利益的能力将会影响给他们得到捐款的数量；（2）竞选支出应能增加候选人的获票数量，并且终止循环；（3）议员的实际投票行为会受到他接受的捐款的来源和数量的影响。其中第二个预测最为关键。如果政治广告不能换来选票，候选人没有理由去争取捐款，同样利益集团也没有理由向候选人捐款。现实中存在的大量捐款似乎说明命题（2）是成立的。在三种关系中，或许对这种关系的研究最为深入。因此，我们从考察验证竞选支出模型文献中的第二种预测的实证研究开始。

---

① 参见雅各布森和谢内尔（1983，p. 36）。普尔和罗默（1985，p. 95）为这种预测提供了谨慎的支持。

② 也可参见本－蔡恩和艾坦（1974），本特尔和本－蔡恩（1975）；考和鲁宾（1982），考、基南和鲁宾；雅各布森和谢内尔（1983），登曹和芒格（1986），奥斯汀－史密斯（1987），康格尔顿（1989），希尼奇和芒格（1989；1994，第9、10章），格罗斯曼和赫尔普曼（1994）以及鲍尔（1999）。

20.3.1 作为竞选支出的函数的候选人的选票

要检验命题（2），需从（20.4）式开始。该方程隐含候选人获得的票数是他的竞选支出、竞争对手的竞选支出以及他们在选举中的立场的函数。除了对其竞争对手特征的敏感以外，支出和得票数的关系还依赖于候选人自己或许还有他所在选区的个体特征。例如，一定量政治广告的效果随选区中投票人的教育和收入水平不同而变动。信奉天主教的候选人在有大量天主教投票人的选区可能更易当选。上述讨论意味着就横截面数据对（20.4）式的实证解释应该采取更复杂的非线性形式（科茨，1998，1999）。

特别地，我们应该预期到我们的支出和赢得的选票份额的关系是非线性的。在此重申政治支出和消费者广告的相似性是有必要的。可口可乐的广告的一个重要目的是先简单地告知而后提示人们它的品牌，从而成为第一品牌，这样在人们购买饮料时就自然会想起它的品牌。可以预期，这类广告促成的销售数量呈 S 形曲线的形状。特别是当人们对这类广告习以为常时，再多一条广告所吸引到的新消费者的数量是下降的。

政治广告同样如此。新入政坛的人所面对的最大困难是如何让人记住他们的名字。除非他们是前总统的儿子或退役的摔跤运动员。他们一般处在如图 20.1 所示投票函数的 S 形曲线的起始点。[1] 在竞选的开始阶段，当候选人接触那些一旦对他有所了解就会投票给他的投票人时，竞选广告的开支极具效果。随着越来越多的投票人知道他的名字和他的选举立场，每一单位美元花费争取到的新增选票数量是下降的。如图所示，在 C_z 点可能为零。

图 20.1 有两个含义。第一，假设曲线实际上不是下垂的，候选人有动机花光全部所得的竞选捐款。第二，候选人的目的是争取足够的资金以达到 C_z 点，此时候选人得票的边际收益为零。

从政治广告和消费者广告的相似性中可以得出一个更重要的预测。广告带来商誉。[2] 像可口可乐这样的知名品牌，相对那些为确立商誉须大量支

---

① 读者应视该图是在假定其他候选人的花费是固定的情况下得到的。

② 参见格里尔（1989）和洛特（1991）。信息型的广告和劝导型的广告的区别在此也是重要的。因信息型广告而产生的品牌价值比因劝导型广告而产生的品牌价值贬值更快。可口可乐现在宣传以 99 美分/升的价格打折促销的广告对它六个月后的销售只有很小的作用。但是宣称"可口可乐味道更佳"的广告可能有长期的效果。候选人在提高销售税率运动上的立场对他四年后的得票只有很小的影响。候选人是一个诚实的政治家这一印象可能会一期一期地传承下去。亦可参见缪勒和施特拉特曼（1994）。

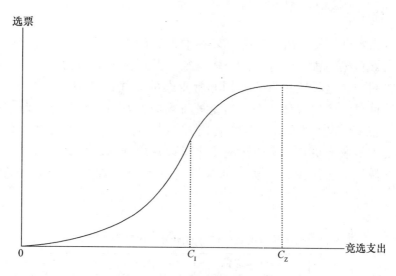

图 20.1　选票和竞选支出的关系

出的新品牌而言只需花远少于它的费用以维持即可带来商誉。这种不对称性产生了消费市场的进入障碍，也为政坛的在位者提供了重大优势。争取国会席位的挑战者可能从图 20.1 中起始点开始竞选，而在位者可能在如 C_I 的一点出发。于是相对挑战者而言，在位者拥有显著优势。

　　所有这些关于竞选支出的预测都得到实证支持。格里尔（1989）对 1978 年至 1984 年的美国参议院竞选的研究验证了竞选支出模型的几个重要特征。他的主要研究结果以下面的回归方程表现，解释了在位者所获的选票（V_t）百分比份额：

$$V_t = 48.3 + 4.37D8284 + 0.19V_{t-1} - 11.42S - 0.0760CHAL$$
$$\quad\ 10.95 \qquad 2.99 \qquad\quad 2.81 \qquad\ 3.12 \qquad\quad 7.65$$
$$+ 0.000059CHAL^2 + 0.0287INC - 0.000016INC^2, \quad R^2 = 0.55$$
$$\qquad\ 5.07 \qquad\qquad\ 5.01 \qquad\qquad 4.26$$

其中，8284 是 1982 年和 1984 年这两年的虚拟变量；期间在职议员如有丑闻则虚拟变量 S 等于 1；CHAL 和 INC 分别是挑战者和在位者的竞选支出。在一些其他的研究中，为说明选区的特殊因素选票份额的滞后项也包含在其中。支出平方项符合竞选支出报酬递减的预测。两位候选人的支出都是重要的。挑战者支出的增加使在位者选票份额边际下降，因而对它具有负向作用。在位者的支出对他的选票份额具有正向作用，该作用也是边际递减的。方程还表明当支出水平低时，挑战者的花费比在位者的花费具有更大的边际作用。[①]

尽管格里尔的支出模型符合某些主要的预测关系，但它可能会因为无法足够精确地矫正候选人的个体特征以及地区差异而遭受批评。如前面所提到的，这种矫正需要使用非常复杂的非线性模型。科茨（1998）估计这种模型要包含许多在支出变量与候选人及地区特征之间相互作用的项。表 20.1 归纳了他对两类候选人支出的边际作用的发现。尽管有 91% 的挑战者有更多资金支出时本来可以从中获益，但是在位者没有一个这样做过。实际上，科茨估计这样仅对 14% 的在位者有很小的负面影响。[②]

表 20.1　对在位者选票份额的边际作用的比例（1984 年众议院选举）

	重要性 <0	重要性 =0	重要性 >0
在位者	0.14	0.86	0.000
挑战者	0.91	0.08	0.006

资料来源：科茨（1998）。

表 20.2 总结了这类研究的主要发现。实际上，在其中我们都能发现挑战者支出的重要作用。偶尔会发现支出对在位者的重要作用，即使如此，对挑战者的边际作用也会更大。

难以估计两位候选人支出的重要作用的另一个原因是，两个人的支出是高度相关的（雅各布森，1978，1985）。当支出和投票之间的同步关系引入到分析中时，问题将会放大。大部分在位者会获得胜利。例如，在格兰斯、阿布拉莫维茨和布尔卡特（1976）对加利佛尼亚议会和众议院席位竞选的研究中，511 名在位者仅有 16 人落选。许多在位者不管支出多少，几乎总是获胜，因而他们可能接受和花费较少的捐款。那些面对强硬

---

① 阿布拉莫维茨（1988）获得了与格里尔对 1974—1986 年期间参议院选举研究的相似结论。韦尔奇（1976）和雅各布森（1985）也指出竞选支出的边际报酬是递减的。

② 如果图 20.1 中的曲线在超过某一支出水平后确实是下滑的，那这种负的边际作用当然可能出现。科茨认为此转折点是存在的，候选人会因为忽视他们所在的位置而超过这一点。

莱维特（1994）采用了一个独特的方法，在简单的只有两位候选人进行两次或更多次的众议院竞争中他剔除了地区和候选人的特征因素。莱维特发现了为零的在位者花费边际作用和接近零的挑战者花费边际作用。因为不容许花费地区或候选人特征之间存在相互作用，他的做法可能是错误的（科茨，1998，p.64）。

挑战的在位者可能会接受较多的资金，以击败挑战者。于是，面对强硬挑战的在位者将花费更多，但得票会少于那些可轻松获胜的在位者。所以，在势均力敌情形下花费和选票之间存在正向关系很难在包括上述两种情形的在位者的横截面回归中得到证实。同时性的问题可能能解释两位帕尔达（1998）所观察到的 1993 年法国议会选举的惊人结果。虽然他们发现竞选花费一般能增加在位者和挑战者的得票数但花费大量自有资金的在位者取得的效果明显差一些。两位帕尔达认为这种结果的隐含原因是投票人会对"购买再次当选"的在位者进行惩罚。另一可替代的解释是，当在位者面临软弱的挑战时他们不会花光他们所有的资金，从而当面临强硬的挑战时有更多的资金可花费，它可以解释横截面回归中的负值系数。[1]

表 20.2a　　　　对候选人得票与竞选支出关系的主要结论的总结

（美国众议院、参议院和总统选举）

选举	支出的作用		研究者
	挑战者	在位者	
美国众议院			
1972	显著	不显著	格兰茨（1976）
1972，1974	显著	显著（1974，OLS）	雅各布森（1978）
1978	显著	显著，符号有错	考、基南和鲁宾[b]（1982）
1972—1982	显著	不显著（通常如此）	雅各布森（1985）
1972—1990	显著	不显著	莱维特[c]（1994）
1984	显著	不显著	科茨（1998）
1980	显著	不显著	考和鲁宾[b]（1993）
	民主党	共和党	
1972	显著	显著	韦尔奇（1974，1981）
1980—1986	显著	显著[d] 斯奈德（1990）	

[1]　约翰斯顿（1978）强调用横截面数据估计支出和选票关系的困难性。韦尔奇（1981）和雅各布森（1985）评论了同时性的问题。

续表

选举	支出的作用~		研究者
	挑战者	在位者	
美国参议院			
1972，1974	显著	显著（1972）	雅各布森（1978）
1972—1982	显著	不显著（通常地）	雅各布森（1985）
1974—1986	显著	显著	阿布拉莫维茨（1988）
	民主党	共和党	
1972	显著	显著	韦尔奇（1974，1981）
美国总统			
1972	显著	显著	纳格勒和莱利（1992）

表 20.2b　对候选人的竞选支出与得票关系的主要结论的总结（其他的选举）

选举	支出的作用			研究者
	挑战者	在位者	候选人	
地区选举				
魁北克，1996，1970			显著	帕尔达[a]（1973，1975）
马尼托巴，1973			显著	帕尔达[a]（1975）
加利佛尼亚议院，1972，1974	显著	显著（1974）		格兰茨（1976）
苏格兰和威尔士议会席位，1974			不清楚	约翰斯顿（1978）
加拿大 8 省选举 1973—1977			显著	查普曼和帕尔达（1984）
加拿大联邦选举（安大略），1979			显著	帕尔达和帕尔达（1985）

　　a. 帕尔达（1973，1975）用所有候选人的选票作为独立变量，把职务当做（重要的）虚拟变量。

　　b. 考、基南和鲁宾（1982），以及考和鲁宾（1993）用当选者所得选票差额对当选者的和落选者的支出进行回归。假设在位者有高成功率，我解释了他们关于当选者的结论，认为当选对在位者而言如探囊取物。

　　c. 样本仅限于两位候选人要进行多次较量的竞选中。挑战者花费的系数比其他研究的更小。

　　d. 斯奈德用民主党的得票比例对其支出比例进行了回归。共和党花费的显著性通过民主党支出份额的显著性得以推知。

　　能很好地解释在竞选的接近程度和竞选花费之间的同时性问题的最新研究来自纳格勒和莱利（1992）。他们检验了斯奈德（1989）的预测：总统候选人会把更多的资金分配到在总统选举团中占重要地位的州，能得到基本相近的选票。他们估算了一个两方程模型，解释了1972年总统选举每个州的资金配置和所得选票对资金花费的反应程度。他们的模型预测了两位候选人在不同州之间的资金配置，也揭示了尼克松和麦戈文的花费的巨大边际作用。

最后，我们注意到，当议员就削减竞选花费的议案进行投票时，他们行事就如他们至少相信这种花费对他们再次当选的机会的影响微不足道。（本德，1988，1991）

20.3.2　竞选捐款的决定因素

方程（20.9）对竞选捐款的流向和数量有三层含义：（1）捐款人会捐款给最接近自己立场的候选人；（2）捐款人会捐款给愿意向自己所喜好的立场偏移的候选人；（3）捐款给更有可能获胜的候选人。所有的这三种预测都可在大量的文献中找到支持。[1]

通常我们发现在位者再次当选的可能性非常大，并且他们获得的捐款最多，从而支持了"捐款给更有可能获胜的候选人"这一结论（韦尔奇，1980）。

在一项方法独特且样本可观的研究中，普尔和罗默（1985）发现捐款人的意识形态立场和受捐人的意识形态立场是强相关的。企业和贸易协会PAC捐款给保守的候选人，而工会捐款给自由主义的候选人。特别是那些利益集团的捐款更是如此。一些企业PAC只给极端保守的候选人捐款，而另外一些则捐款给适度保守或适度自由主义的候选人。普尔和罗默（1985）这一发现得到了考、基南和鲁宾（1982），考和鲁宾（1982、1993），格里尔、芒格和托伦特（1990），格里尔和芒格（1991）、施特拉特曼（1991，1992a，1995，1996b，1998），贝内特和劳克斯（1994），以及克罗茨内和施特拉特曼（1998）等人的确证。

---

[1]　本－蔡恩和艾尔坦（1974）；本特尔和本－蔡恩（1975）；克雷恩和托利森（1976）；雅各布森（1978，1985）；韦尔奇（1980，1981）；考和鲁宾（1982，1993）；考、基南和鲁宾（1982）；帕尔达和帕尔达（1985）；普尔和罗默（1985）；普尔、罗默和罗森塔尔（1987）；芒格（1989）；格里尔、芒格和托伦特（1990）；斯奈德（1990，1992）；格里尔和芒格（1991）；施特拉特曼（1991，1992a，1995，1996b，1998）；本内特和劳克斯（1994）；克罗茨内和施特拉特曼（1998）以及赫尔施和麦克杜格高尔（2000）。

发现企业或行业总的捐款与他们从公共政策中的潜在获益是正相关的那些研究也是重要的（皮特曼，1976，1977；曼和麦考密克，1980；扎尔库希，1985）。

　　大部分这类研究表明捐款人的行为不仅仅是为了提高他们偏爱的候选人的当选概率，他们的目的更多的是为了影响议员在某一特定议案中的投票行为，或者是为了实现其特殊的政治"偏爱"（斯奈德，1990）。例如，施特拉特曼（1992a）发现农业 PAC 公司会捐款给对农业法案投票举棋不定的议员。格里尔和芒格（1991）假设身处势均力敌竞选中议员会觉得更有责任支持为他提供资金的捐款人。因此，捐款人有激励为身处势均力敌竞选中的候选人，或者其地区经济和意识形态特征有助于他们再次当选的候选人提供更多的资金（施特拉特曼，1996b）。普尔和罗默（1985）也发现资金流向身处势均力敌竞选中议员，引用考和鲁宾（1993）的观点："这种结果，以及对挑战者捐款的类似结果是竞选捐款实证文献最重要的发现"，他们为自己的论证提供进一步的支持。

　　许多研究观察到捐款人的经济利益与受捐人的委员会任命之间存在系统性模式，因此竞选捐款的"经济人"的投资型捐款模型也得到了经验支持。① 谢普斯利和魏因加斯特（1987）提出了常务委员会理论。克罗茨内和施特拉特曼（1998）指出常务委员会成员与其管制的利益集团之间存在着长期的交易关系。他们使用 1983—1992 年商业和投资银行、证券公司以及保险公司给众议会成员的捐款数据来验证他们的观点。下列结果支持了他们观点：

　　1. PAC 公司的最大笔捐款是给了众议院银行委员会的成员。

　　2. 来自那些有利益冲突的 PAC 公司的捐款对委员会成员来说是负相关的，但对所有的其他议员来说是正相关。

　　3. 当议员离开银行委员会时，PAC 公司给这一特定成员的捐款明显减少。

　　4. 那些在委员会中但未能成功地筹集大量捐款的议员倾向于离开该委员会。

　　如果金融领域的 PAC 公司和国会议员保持了长期的交易关系，商业银行和保险公司将知道在委员会中"谁是他们的朋友"而相应地集中他们的捐款（上述结论 2）。由于金融公司和不属于银行委员会的国会议员

---

　　① 参见芒格（1989），格里尔和芒格（1991），以及道、恩德斯比和梅尼菲尔德（1998）。关于众议员和利益集团之间存在长期的交易关系的非直接性支持可参见格里尔、芒格和托伦特（1990），虽然他们没有发现利益集团对参议员的捐献有系统性的模式。他们认为原因在于参议院的选举制度不同于众议院的选举制度，这种制度捐款给参议员的价值大打折扣。然而，普尔和罗默（1985）发现议员任命与竞选捐款是弱相关的。

不存在长期的交易关系，所有的 PAC 公司将会均匀而稀少地对这些非银行委员会议员捐献他们的竞选款项。上述结论 3 和 4 为交换关系假说提供了明显的支持。①

斯奈德（1989）也发现 PAC 公司与国会议员之间存在长期"投资"关系。某一特定的 PAC 公司倾向于每年给同一议员小集团捐款。相对于"意识形态"，PAC 的公司出于经济利益的考虑时，这种持续模式更为常见。由于年老的议员更可能退休或死去，在其他的条件相同时，相对于年轻的议员，他们从 PAC 的公司得到的捐款会更少。

施特拉特曼（1995，1998）对捐款的时序性研究可能为利益集团和国会议员之间存在交换关系提供了最具说服力的证据。如果捐款人视国会议员的立场固定不变，并且只捐款给那些其立场受利益集团偏爱的国会议员，那么人们可预期在整个选举周期中存在一个稳定的给国会议员捐款的资金流，或与选举周期相关的捐款模式。另一方面，如果利益集团想影响议员在某些特殊议案中的投票行为，人们可能预期到他们会集中捐款于该"议案"上的关键票数，目的是或者在议员投票之前一刻"提醒"他在他与利益集团捐款人之间存在的暗中交换关系，或者是在投票完成后立刻给他回报。施特拉特曼（1998）发现 PAC 农场主捐款给众议院议员的时间明显地集中在对农业立法进行关键投票的日子里。

20.3.3　议员投票行为的决定因素——竞选捐款

如果竞选捐款是捐款人收入的理性配置，那么就应该有回报，即获胜的候选人给对捐款人而言有利的议案投赞成票。前面小节提到的证据明确地显示，PAC 公司指望他们的捐款能影响议员的行为。这种期盼能兑现吗？对这种假说最好的检验应该针对这样一些议案，它们对某些捐款人有一种显而易见的经济回报，譬如最低工资或船货特惠的立法。有些研究已成功地对这种假说进行了验证。②

还有一些证据表明，一些 PAC 公司虽然不是为了狭隘的经济利益，但仍然试图通过他们的捐款来影响议会的投票。例如，朗拜因（1993）

①　贝内特和劳克斯（1994）也检验了给众议院的捐款，虽然它是由金融协会以及储蓄和借贷协会提供的。他们也发现捐款主要是集中给委员会的成员。
②　参见西尔贝尔曼和德登（1976），查普尔（1981），考、基南和鲁宾（1982），考和鲁宾（1982，1993），佩尔茨曼（1984）；弗兰德雷斯和沃特曼（1985），马克斯（1993），施特拉特曼（1991，1995，1996b）康和格林（1999）以及鲍德温和马吉（2000）。

验证了国民枪械协会（NRA）与控制枪械协会的捐款模式。（控制枪械协会是一个市民 PAC 组织，宗旨如其名。）一般认为个人在考虑是否加入以及捐款给这些 PAC 组织时，意识形态是重要的。于是，政治人或经济人的捐款人模型应该能很好地应用于此。但是，朗拜因（1993，p. 563）发现，"NRA 对从前拥有枪械的议员和对支持控制枪械的议员的捐助都同样显著。从前拥有枪械的议员接受 NRA 的捐款越多，他们就越少偏离纯粹的 NRA 立场，这与预期一致。相反，一个支持控制枪械的议员接受 NRA 的捐款越多，他们越有可能改变立场"。即使对像枪械控制这类涉及意识形态和情感的议案，金钱也是非常重要的。

20.3.4　议员投票行为的决定因素——意识形态或纯属生存

通过竞选捐款"购买"议员的投票是实现经济利益的一种方式。即使是竞选捐款被完全禁止，或如一些学者所言它不影响议员的投票行为，我们仍然可预见在议员决定如何投票时经济利益因素的重要性。如果投票人为自己的利益投票，则他们的议员在投票时会考虑这些投票人的经济利益。来自农场主占多数的选区的议员会投票赞成为牛奶场提供价格保护，而来自城市选区的议员会投票反对。对验证竞选捐款是否影响议员投票行为的研究其实已经包含了度量议员选区的经济利益和意识形态偏好等因素的其他变量。宣称竞选捐款影响议员投票行为的研究发现，通过控制议员选区的特征因素，竞选捐款对议员投票行为有重要的作用。而那些认为竞选捐款不影响议员投票行为的研究发现，只有议员选区的特征因素对他们的投票行为有重要的作用。

许多研究仅考虑议员选区的经济利益和意识形态偏好等因素。当议案中的对立利益有明确的界定时，总会发现议员选区的经济利益因素对议员们的投票行为有重要影响。[①] 而且，当议案有广泛的经济影响时，看起来投票人的狭隘经济利益因素对他的投票行为也有重要作用。禁止使用童工既对经济有广泛的潜在影响，又包含了明显的意识形态成分。戴维森、戴维斯和埃克隆德（1995）发现，参议员对 1937 年的童工法案的投票行为

---

　　① 除引用的研究外，还可参见理查德森和芒格（1990）对社会安全立法的投票，哈珀和奥尔德里奇（1991）对麻醉品法案的投票，卡亨（1996）对纳夫塔的铁道高速线路的代理权的投票，巴朱德哈里、佩科里诺和舒戈哈二世（1999）对超导电性的超级碰撞器基金的投票，菲什巴克和坎特（1998）对工人补偿议案的正式通过，欧文和克罗茨内（1999）对共和党的自由贸易主的投票以及詹金斯和魏登迈尔（1999）对 1811—1816 年的美国银行的投票的解释。

和该法案对每个州的经济影响有关。有些州因为拥有大量从事州际商务的公司，拥有许多是童工最大雇主的纺织厂，拥有很多从事家政服务的儿童，该法案对它有负面影响。来自这些州的参议员投票反对该法案，而来自那些受惠于该法案的州的参议员则投票赞成。如同拉米雷斯和艾根－祖基（2001）对 1914 年克莱顿法案的研究，利贝卡普（1992）对 1890 年的谢尔曼反托拉斯法案的研究，他们都有类似的结论。[①]

佩尔茨曼（1985）在他的一篇论文中雄心勃勃地试图解释"20 世纪议会的投票历史"。他发现，可以将这个世纪中"深刻的政治变化"在一个"极大的程度上……归因于经济利益方面的变化"（p. 669）。这就是，州和议员选区的经济利益的变化解释了参议院和众议院投票方式的变化。佩尔茨曼还区分了在来自不同州和地区的议员与潜在意识形态差异有关的投票行为中的"持续性历史因素"。甚至，佩尔茨曼把他的分析限定在对税收和支出议案的投票行为上，在这类议案中可预见经济利益占支配地位。而在对像禁酒、人权、枪械控制等涉及意识形态的议案的投票行为中，可能揭示出更多持续性的地区差异或意识形态的差异。

因此，议员背后的投票人的经济利益和意识形态偏好这两类因素影响该议员在立法活动中的投票，这看起来是可能的。从而，我们可以模式化议员 r 在议案 i 中的投票行为如下

$$V_{ri} = \alpha I_C + \beta EI_C + \mu_i \qquad (20.10)$$

其中，I_C 是度量不同选区的意识形态偏好的向量，EI_C 是度量它们经济利益的向量。显然，从前面的讨论可以看出，没有理由假设单一地对意识形态和经济利益进行度量就能解释所有议案中的投票行为。选区中农场主的人数可能在解释对为牛奶场提供价格保护的议案而非限制流产的议案中的投票行为时是重要的。而选区中浸礼教徒的比例可能在解释涉及流产的议案而非为牛奶场提供价格保护的议案中的投票行为时是重要的。因此，在不同的议案中应该使用不同的变量和参数。

在强式的唐斯模型中，解释投票行为只需考虑委托人的经济利益和意识形态两种因素。每个议员仅关心能否再次当选，害怕因偏离投票人的偏好而导致在下次选举中的失败。佩尔茨曼（1984，1985）的研究与达尔文主义对政治竞争的解释是一致的。

另一种认识政治竞争的观点与达尔文主义不同。在位者享有的再次当

---

① 也可参见德洛姆、弗雷厄姆和考迈尔申（1997）。

选的高概率会使政治过程中出现"懈怠"，它使议员偶尔"偷懒"而不履行其职责，以及任由自己的偏好支配其投票行为，即使该行为与他们投票人的偏好背道而驰。① 检验这一假说的方法之一是建立一个包含一个用来度量议员自身的经济利益和意识形态的向量（I_r）……他是否是浸礼教徒或奶农——加入到（20.10）式。

许多试图解释议员个人意识形态的研究没有采取这种方法，而是使用议员的得分记录，该记录是由各种各样的意识形态类利益集团根据议员在关键的意识形态类重要议案中的投票行为而得出的。但是，该方法的困难之一是，议员的意识形态得分记录也可能简要地反映了他的投票人的经济利益和意识形态。如果是这样，I_r 和（20.10）式中的其他变量可能存在严重的多重共线性。

卡尔特和朱潘（1990）把 I_r 视为（20.10）式残差部分，检验它是否有系统性的反应。因为如果议员的意识形态是要紧的，它就会如此。他们首先将包含在（20.10）式中的一个变量的向量具体化，用它去预测议员在 1977—1978 年立法活动中如何投票，然后加总回归的残差，检验看是否与该时期的美国争取民主运动（Amrican for Democratic Action）对议案从意识形态上所进行的分门别类相关。残差模式不是随机的。相比他们所属选区州的特征对其投票行为的预测，一些参议员的投票行为一贯更自由；而另外一些则更保守。在 1972 年总统选举中败给理查德·尼克松的民主党总统候选人乔治·麦戈文的一贯投票风格比他的南达科他投票人特征预示的那样更加自由。在选举中败给林·约翰逊的 1964 年共和党总统候选人巴里·戈德华特的投票风格比他的亚利桑那投票人特征预示的那样更为保守。②

正如希格斯（1989）所指出的那样，强形式的达尔文主义模型似乎被下列事实完全推翻：来自同一州的两位议员就同一议案投了不同的票——1987 年在 465 次有关国防的议案投票中有 37% 的比例出现这一现象。由于在（20.10）式中某一州的投票人的特征是确定的，对任何给定的议案，方程必定会预测出同样的投票。大量不一致的事实使可供选择的各州特征的所有可能集合的解释力深受怀疑。

那些怀疑议员——意识形态/偷懒假说的学者认为来自同一州的议员

---

① 参见考和鲁宾（1979）；考、基南和鲁宾（1982）；卡尔特和朱潘（1984，1990）。
② 也可参见卡森和奥本海默（1984），卡尔特和朱潘（1984）以及加勒特（1999）。

实际上代表不同的投票人，并依此进行讨论 [（佩尔茨曼，1984）、（杜根和芒格，1989）、（洛特和戴维斯，1992）]。如果把投票人当做潜在的投票人，那么这种讨论要么会削弱所有试图用每个选区或州的人口特征作为变量解释众议院和参议院中投票行为的实证研究的基础，要么这种讨论毫无意义。[①] 实际上，区分不同的投票人同样要用到在测度议员意识形态时所使用的那种残差检验（施特拉特曼，1996b）。

解释为何来自相同州的两位议员会投票不同的方法之一是，假定存在两类投票人，一类是潜在投票人中的地域类选民，一类是利益集团中的经济与意识形态类选民，他们向议员游说，对其竞选活动给予捐助。[②] 这种利益集团既有来自议员选区州的，也包括来自其他州的。于是，度量 PAC 公司竞选捐款和利益集团的可能游说努力的另一向量也应加入到（20.10）式中，由此我们得到

$$V_i = \alpha I_C + \beta EI_C + \delta I_r + \gamma PAC + \mu_i \tag{20.11}$$

方程（20.11）可对所有的来自相同州的议员的投票分化做出预测，其依据是他们自己的意识形态或者是他们与利益集团的关系。

有些研究通过检验宣布退休的议员在他最后任期内的投票行为是否不同于以前来检验议员自己的意识形态的重要性。议员要遵守一个隐性合同，投票维护为他的竞选基金提供捐款的捐款人的利益，而一旦他决定退休，他就同时从遵守该隐性合同和必须满足支持他的选民的偏好的责任中解脱出来。因此，从（20.11）式中可剔除 I_C、EI_C 和 PAC，仅留下议员自己的意识形态变量 I_r 作为解释他投票行为的唯一变量。尽管有研究宣称投票行为有明显的差别[③]，但按此思路另一些研究得出结论：在这种情况下，议员在最后任期内的投票行为与他以前的投票行为没有显著的差别。[④] 在最新

---

① 在佩尔茨曼（1984）之后，人们试图通过调整州的数据来解释集团投票的不同嗜好，但仅仅如此，不能推导出对来自同一州的两位参议员如何投票的不同预测。

② 参见福特、哈拉甘、莫龙和斯特格纳（1993）。

③ 参见洛特（1987，1990），万贝克（1991），洛特和戴维斯（1992），洛特和布罗纳尔斯（1993），以及普尔和罗默（1993）。

④ 集中研究议员最后任期的投票行为的一个问题是在宣布退休后他们的投票次数少（洛特，1987，1990）。如果议员的地区特征隐含他应该投票反对国防经费法令，但他与 PAC 的军工企业的隐含合同要求他必须投票赞成。如果议员投票，他的地域委托人和财政委托人总有一个会感到失望。通过不投票，他避免公开地冒犯他们。由于对投弃权票的议案是一种非随机的选择，议员最后任期的偷懒行为可能被放大。卡尔卡尼奥和杰克逊（1998）的 PAC 的捐款提高参议员在唱名表决中的参与率的证据支持了这一解释。

的文献中，婷（2001）的研究属于前一种。他使用了一个意识形态的改良指数，在 1983—1990 年自愿退休的众议院议员中找到了偷懒行为的证据。但贝斯利和克斯（1995）也找到了那些由于投票人禁止其参与再选而非自愿退休的议员的投票行为明显不同的证据。[①]

检验偷懒行为的稍有差别的另一种方法是，看那些已稳操胜券将获得席位的议员在投票时偏离他们投票人偏好的次数是否比那些面临激烈竞争的议员更多。科茨（1995）检验了对放射性物质处理议案的投票行为，科茨和芒格（1995）检验了对反剥离采矿立法的投票行为，二者都发现席位无忧的议员的投票行为有明显差异。费戈里奥（2000）发现议员在竞选周期的早期与他们即将参与再选的时期相比有更多的偷懒行为。这种行为是理性的。因为，他知道在议员的六年任期内偷懒行为越早发生受到投票人的惩罚会越轻。总之，要总结的一点是，证据显示当在下一期当选中当听任自己意识形态行事的可能成本是降低或递减时，当选的政治家在当期的这种行为会更严重。

20.3.5　评价

政治竞争的利益集团模型建立在三根支柱之上：（1）解释利益集团如何配置他们竞选捐款的方程；（2）解释竞选捐款对议员行为作用的方程；以及（3）解释竞选捐款对竞选结果的影响的方程。模型的这三根支柱都获得了经验支持。当然，这三根支柱也受到了针对它们各自的经验证据的根基的挑战。对这三者，最近的争论出现在对 PAC 公司和其他捐款人有选择性地分配资金问题的预测上。虽然对议员的特征影响他筹集资金的规模和来源这一问题存在不同的意见，但还没有人通过检验捐款数据得出捐款是随机分配的结论。

如果捐款人是理性的且具有理性预期，那么他们有选择性地分配他们的捐款给某些议员表明，这至少对利益集团模型的其中一个支柱的一个支持，假如这不包括另外两个的话。捐款人肯定希望去影响选举的结果或通过给竞选捐款来影响议员的投票行为。[②]

关于竞选支出能有效增加候选人获胜机会这方面的证据似乎也是非常坚实，至少对在职者的挑战和开放席位的选举是如此。关于在位者花费支

---

① 也可参见卡尔特和朱潘（1990），以及朱潘（1990）。
② 这里的保护特权请求书就是斯奈德（1990）的捐款人是在购买非法好处的假说。

出的作用是非常微小的发现，也可当做是对利益集团模型的支持而得到解释。因为在职者获得如此大量的竞选资金，他们可能是在投票或支出曲线的峰顶进行运作，在那里政治广告额外一美元花费的边际作用为零。

文献中最大的分歧是议员在立法工作中投票行为的决定因素以及作为决定因素的投票人利益、资金和意识形态的相对重要性。在极端化的研究中，仅包含了对每个州或选区经济利益的度量变量，于是也隐含地假设议员本人的和其选区的意识形态都不包含在其中。无论如何，如果投票者的意识形态影响他的投票行为，即使是强形式的唐斯模型也将预测到议员的投票行为包含有意识形态因素。按唐斯的观点，（20. 11）式的右侧应该包含 I_C 和 EI_C 两个变量。大多数的观察家现在倾向于赞同投票者的意识形态在政治中起重要作用，于是 I_C 应存在于解释议员投票行为的模型中。[1]

利益集团模型预示候选人将会偏移他们在议案中的立场以获得额外的竞选资金，如果通过花费这类资金能够增加他们再次当选的机会的话。那些发现在位者的花费对他们的获胜概率有正向作用的研究支持了 PAC 公司的捐款影响议员的投票行为的假说。一些研究找到了支持这一假说的直接证据，但另有一些研究却不能印证这种假说。无论如何，捐款行为和议会中的重要投票在时间上有一致性，这一事实强烈地暗示，捐款人期望他们的捐款能影响议员的投票行为。

（20. 11）式中最具争论的是议员自己的意识形态变量 I_r。宣称议员宣布退休之后与在此之前的投票行为是一致的研究意味着 I_r 是解释议员投票行为的唯一因素。因为所有的其他因素在将要退休议员的方程中已被剔除。如果投票行为的 ADA 指数是对议员投票行为的一个良好测度，那它也能测度 I_r，于是解释议员在 t 期的 ADA 指数我们只需要解释他在 $t-1$ 期的 ADA 指数。克雷比尔（1993）的研究基本上同意这个观点，并且这也是普尔和罗森塔尔（1997）的研究的直接推论，他们的研究确认议员自己的意识形态因素在议会选举中的重要性。但与此不同，婷（2001）却发现，当一个议员宣布他将退休的信息后，其滞后 ADA 等级系数有显著的降低。

即使议员的投票行为具有严重的自回归性，它也可能与达尔文主义的政治竞争观点相一致。例如，假设当在位者 i 参与再选时仅有两种因素影响投票人是否投票给他——立法活动中他的投票记录 V_i 和他的竞选支出。

---

[1]　希尼奇和芒格（1994）在他们的政治理论中把意识形态视为核心因素。

而如果他的竞选资金流完全依赖于他的投票记录，那么他再次当选的概率将仅与他的投票记录有关：

$$\pi_i = f\ (V_i)\ + \mu_i \qquad\qquad (20.12)$$

由于政治竞争异常激烈，仅那些拥有能最大化（20.12）式的投票记录的在位者能够继续当选。无论候选人是缺乏独立的个人意识形态并且有意选择投票方式来最大化（20.12）式，还是他们对自己的意识形态唯命是从且只能是在他们自己的意识形态恰好使得他们在投票活动中的投票组合最大化（20.12）式时才有可能当选，这都与解释议员的长期投票行为无关。（20.12）式中的投票记录 V_i 将依赖于 I_C、EI_C 和 PAC。由投票记录产生的用 ADA 指数测度的意识形态得分记录也可用 I_C、EI_C 和 PAC 来解释。于是，用议员的 ADA 得分记录来测度的 I_t 也可用 I_C、EI_C 和 PAC 决定，但会受到随机误差的影响。如果政治竞争的程度足够激烈，议员的投票行为可用包含变量 I_C、EI_C 和 PAC 或者是变量 I_C 的方程来解释。

一些研究检验了达尔文过程的强度，其方法是在（20.12）式中忽略掉 I_t 而得到一个方程，然后从与此类似的方程中得来的残差来解释在位者再次当选的概率。结果他们发现议员的偷懒行为会遭受"严厉的惩罚"。洛特和戴维斯（1992，p.470）发现"那些最终失去席位的人仅有 1.27% 的比例违背了他们投票人的利益"。[①]

偷懒行为受到惩罚的事实当然表明偷懒行为是存在的。如果不用 I_t 的一个度量来估计，（20.11）式将产生与议员自己的意识形态相关的残差（卡森和奥本海默，1984；卡尔特和朱潘，1984，1990）。例如，当解释的是关于禁止焚烧国旗的宪法修正案（拉舍尔、克尔曼和凯恩，1993）、清除有毒废料场所的特殊基金法规（吉布森，1993）、超导超级碰撞器拨款（巴朱德哈里、佩科里诺、和舒戈哈二世，1999）、贸易保护主义政策（诺伦和伊戈拉什，1990）、流产（布拉迪和施瓦茨，1995）等议案的投票行为时，议员的个人意识形态是重要的。[②]

于是，似乎有理由相信议员的个人意识形态至少在某些议案中对其投票行为有影响。有疑问的是这类议案的数量和重要性。因为意识形态不可

---

① 考和鲁宾（1993），洛特和布罗纳尔斯（1993）以及奈特（1993）给予了证实。费戈里奥（2000）观察到，无论如何，参议员在他六年任期中的最后两年里的偷懒行为都会被惩罚。

② 布拉迪和施瓦茨证明，当委托人的偏好在考虑到基层体系的情况下进行调整时，对流产议案的投票行为更为接近委托人的偏好。布拉迪和施瓦茨的这种调整减小了议员个人的意识形态对他如何投票的解释力，但是并没有使它完全被剔除。

避免地必须当做像（20.10）式中的一个残差来测度，就如所有的残差一样，它在某种程度上讲就是对我们的未知信息的测度，并且存在着问题（杰克逊和金登，1992）。我们对议员的持续性意识形态偏好的测度，也就是持续地解释他的投票人的经济利益，或者解释来自游说集团的压力。无论如何，在不用抛开与意识形态指数相关的系统性因素来解释立法投票行为的变量集中，我们必须考虑议员的意识形态在决定议员的投票行为方面也起作用的可能性。

20.4　游说

奈特（1990）在他对众议院农业、交通和资产委员会的投票行为的详细研究中发现，在解释委员会成员投票行为方面利益集团的游说因素比竞选捐款因素更重要。相比给议员的竞选捐款，他们似乎投入更多的资金进行游说。因此，利益集团的游说也是影响议员投票行为的另一重要因素。

游说本质上是一种从利益集团到政府成员的单向信息传递活动。这种信息可能与利益集团的偏好或"真相"有关。尽管利益集团没有激励去歪曲有关他们偏好的信息——除了可能夸大它们的强度外，但在某些情况下，他们可能有激励扭曲他们所掌握的有关真相的信息。例如，假设在某州汽车限速55公里/小时，由于运输货物时间的延长，卡车运输业每年要增加2亿美元的成本。通过对州议会进行提高车速限制的游说，卡车运输业告诉州议会更改车速限制会使他们从中获益，而这种获益可能转变成选票和竞选基金。但是，他们可能走得更远，向州议会提供有关因更高的车速限制而导致的运输业和私车车主的成本节约的估计，还有对高速公路交通事故、死亡事故可能因提高限速而上升的估计。此时，运输业当然可能有激励去扭曲提供给州议会的"事实"，以使提高汽车限速对议员更有说服力。

但是，如果运输业总是歪曲事实，议员们就没有激励去重视他们提供的"信息"。由于游说需要成本，如果游说不受重视，运输业也就没有了去游说的激励。这样，运输业就有向议会提供准确信息的激励，因此议会也会重视他们提供的信息。因此，当有关真相的事实可能改变议会的政策而使某一特殊利益集团受益的话，此时存在通过游说提供真实信息的激励。[①]

---

① 但是偶尔，因为收集和提供信息的成本相对于它们对改变政策的概率的作用而言是非常大的。

　　如果运输业预料到即使没有他们的游说议会仍将提高汽车限速，他们当然不会去游说以寻求改变，因为游说要耗费金钱。如果较低的车速限制更受欢迎——譬如从安全角度看，也不会有寻求改变的游说。因此，行业的游说努力和该种尝试的缺失都能向议会提供准确的信息。当行业没有游说以谋求政策变动时，议会可以认定，要么是行业不会从政策变动中获益，要么是行业提供的信息不充足，使得他们预料到游说并不会成功地实现政策的变动。

　　波特斯和万·温登（1992），波特斯（1992）建立了一个单个利益集团游说决策模型；奥斯汀－史密斯和奈特（1992）建立了两个对立利益集团游说模型。可能与人们的先入之见相反，利益集团具有通过游说来提供真实信息的激励，并且利益有冲突的利益集团的游说努力有助于提高议会所接受信息的质量水准。从游说数据和议员就罗伯特·博克的美国最高法院提名的投票行为的相关数据研究中，奥斯汀－史密斯和奈特（1994）论证了他们模型的正确性。

20.5　利益集团活动的福利效应

　　在 1999/2000 年的选举期间，国会竞选的总支出超过 10 亿美元，高于 1997/1998 年的 7.4 亿美元。再加上三个最终候选人为 2000 年总统选举做准备的初选花费的 5 亿多美元，候选人们在大选之前的两年中为竞选总统和国会席位共花费超过 15 亿美元。[①] 如果奈特（1990，p.420）推测每年游说支出 10 倍于国会候选人的支出大致是正确的，那么每年为影响国会议员再次当选的概率和议员投票行为的支出大概是 50 亿美元，另外还有总统候选人在选年的 5 亿美元花费。当然还可以加上在州议会选举、市长和市议会选举、县长和县议会选举、学校董事会选举等上的花费。在这里也存在游说，因此，在美国决定公共职务与其职能的年度支出轻而易举地就达到了 100 亿美元之巨。这批巨款购买到了更好的民主政府还是更糟糕的民主政府？商业、贸易和专业人员协会、工会以及其他有着特殊经济或意识形态利益的集团的竞选捐款和游说努力产生了更好的政治结果吗？如果是，在什么意义上说它好？

　　定义"更好和最好"的一种方法是用社会福利函数（社会福利函

---

　　① 数据来源于联邦选举委员会网站。

数）。我们的问题现在转变为利益集团的活动是否使我们更靠近这个方程的最大值。要回答这个问题，让我们先回到简单的例子中去，在这个例子中，个人 i 有一个凹的效用函数 $U_i(x)$，该函数在单维议案 x 上定义。x_i 是使 $U_i(x)$ 最大化的 x 的值——也就是 i 的理想点。这样，如果社会福利函数是加权边沁函数

$$W = \alpha_1 U_1 + \alpha_2 U_2 + \cdots \alpha_i U_i + \cdots \alpha_n U_n \qquad (20.13)$$

x 的最优值 x_{swo} 应该满足下面的一阶条件：

$$\alpha_1 U'_1 + \alpha_2 U'_2 + \cdots + \alpha_n U'_n = 0 \qquad (20.14)$$

其中，α_i 是社会福利函数中赋值给投票人 i 的效用的正的权数。

首先要注意的是，没有理由期望 x_{swo} 和中间投票人的理想点 x_m——即中间投票人的理想点，也就是两位候选人在没有获得竞选捐款的情况下进行竞争时我们的预测结果——是相一致的。方程（20.14）表明，社会最优的 x 将偏离 x_m 而向有较大权数 α_i 的投票人或因 x 值的变化而有更大的边际效用变动的投票人的理想点移动。如果假设那些因 x 偏离 x_m 而获得最多效用增益的集团为候选人的竞选捐献最多的竞选资金，并花费最多的资源进行游说，从规范的立场看，竞选花费和游说是有益的，因为它推动社会选择迈向社会福利最大点。

一旦我们考虑到集团组织能力上存在的奥尔森式差别和集团支配资源的差异时，竞选花费和游说的结果就不那么乐观了。x 的社会选择值被移向那些组织和融资最好的集团最偏爱的 x 值。竞选花费和游说对政治过程的结果具有同样的作用，就像如果在边沁社会福利函数中给富有和组织良好的集团的效用赋予更大的权数时一样，这里暗含着要将社会福利函数最大化。

如果我们对最优社会结果的定义只需要满足帕累托最优条件，利益集团的活动将不具有规范经济学上的意义。因为中间投票人的最优 x 值和作为利益集团活动结果出现的其他人的选择都满足简单的一维环境下的帕累托条件。实际上，投票人理想点范围内的所有的 x 选择值都是帕累托最优的。如果假设政治竞争导致像或然论投票模型所预测的那类均衡，相似的结论也可在多维议案空间中得到。① 竞选花费和游说除影响对 x 的选择外

---

① 如果假设候选人忽视议案空间的某些维度，那么我们会发现游说集团有更为引人注目的作用。当游说集团告知政府提供某一公共产品将使所有公民获益时，有帕累托改进性质的结果可能会由于利益集团的游说而得到实现。

还有许多的作用。在政治中，它们耗尽资源。实际上，从这一方面看这些活动是另一种形式的寻租。在纯粹的寻租模型中，利益集团间的竞争是由一些垄断力量在一个租金矩形上产生的（见第十五章）。租金代表某一集团即消费者转移给另一集团即拥有垄断权力者的效用。当利益集团的竞选捐款和游说改变政治结果时，他们也改变 x 并有效率地从一个集团向另一个集团转移效用，而为带来这种转移所耗费的资源可能是一种浪费。

　　包含哪些因素可参看矩阵 20.1。为简化起见，假设每位候选人仅有两种选择——建立基金并花光它和建立基金但不花费。如果都不花费，在位者的选票份额是 65%。当挑战者建立并花费基金而在位者仍无花费时，挑战者的获胜的机会是 50%。如果都花费，则挑战者的获胜概率下降到 35%。矩阵 20.1 构造了一个囚徒困境的结局，其为人熟知的含义是两位候选人挑选占优策略，即建立和花费竞选基金，即使它们对竞选结果没有净作用。两位候选人都不花费时的结果要比两个人都花费的均衡要好，因为在这个例子中假设花费资源并不改变他们的获胜概率。于是，花费的所有金钱都毫无价值。

回报矩阵 20.1		有或无竞选花费的选举结果表	
		挑战者	
		花完基金	不花基金
在位者	花完基金	65　35	75　25
	不花基金	50　50	65　35

　　当然，两位候选人的花费可能改变获胜的概率——只是轻微的。如果两位候选人不花费，无论如何，社会福利有所改变的结论都不可能被推翻，譬如说表中花费/花费项中的结果是 62/38。由于再次当选的概率在众议院高达 97%，在参议院超过 90%，对挑战者减少支出而造成的获胜率的显著下降不存在太大的空间。[①]

　　如果我们考虑竞选支出对改变政策结果而非改变议员的特性的作用，将会得出许多同样的结论。如果利益集团位于中间投票人理想点的两侧，那么他们改变 x 的努力必然被部分地相互抵消，结果是候选人获得和花费

---

① 参见莱维特（1994）对因限制竞选捐款的社会潜在收益的分析。

的大量资金仅换来在 x 上的一个非常微小的净移动，就如许多可口可乐和百事可乐的广告相互抵消而使二者的市场份额基本保持不变一样。但是在政治市场上浪费性的花费的倾向比私人市场更严重。当可口可乐和百事可乐花钱做广告时，它们为此支付的资金本来是可以用来向股东支付较高的红利或向管理层支付较高的薪水的，因此，花费这些资金是有机会成本的。但候选人花费利益集团捐献的资金时却不能用作他途，他们花别人钱，自然有激励去花光所有直到其边际报酬为负的点为止。[①]

　　除了对获胜候选人的特征和政策结果的作用，游说和竞选花费可能通过"教育"投票人而具有另外的社会价值。竞选花费问题比矩阵 20.1 的表述更为复杂。另一方面，利益集团的活动具有寻租的特征，而政治广告活动就像私人产品的广告一样，具有像囚徒困境博弈那样的特征。1997/1998 年的国会选举花费两倍于 1981/1982 年的选举，而 1988 年的花费是 1976 年的六倍。尽管找不到 1970 年以前的数据，有理由相信 2000 年总统和国会竞选的支出至少十倍于约翰·F. 肯尼迪当选的时期。当看到最近四十年政治竞选支出的增长时，人们不禁会问美国民主化进程的质量和由此产生的结果是否相应地有所改善。

文献注释

希尼奇和芒格（1994）证明了意识形态的重要性，并且把它加入到政治竞争的规范化空间模型中。

莫顿和卡梅伦（1992）、波特斯和斯卢夫（1996）、奥斯汀－史密斯（1997）以及万·温登（1999）对利益集团和竞选捐款的文献进行了综述。本德和洛特（1996）在有关意识形态的偷懒行为的文献中提出了一个重要的观点。格罗斯曼和赫尔普曼（2001）对利益集团活动展开了更广泛的理论论述。

尽管大部分有关利益集团的文献主要研究的是作为政党捐款人与有关信息和法规接受者身份的利益集团的行为，而洛曼（1993）解释了对立集团可通过表明他们对议案的立场来影响政治结果。

---

① 在此，当然忽略了候选人筹集竞选基金的成本。

第二十一章　政府的规模

政治家到处都是一样的。即使没有河流他们也会承诺要建桥。

尼基塔·赫鲁晓夫

在形势研讨（lay）和学术研讨上，合适的政府规模及其增长原因的问题都被给予很多关注。公共选择理论是对政治制度的经济分析，看起来是回答这些问题的自然而然的工具，也经常被用来完成这个任务。对这些努力的评论在下面展开。

21.1　事实

最近几年，政府支出增长了，而且是急剧地增长，这毋庸置疑。美国1999 年的政府总支出是 GNP 的 28.3%，而 1949 年是 23%，1929 年是10%（见表 21.1）。而且，政府增长既不局限于本世纪，也不局限于美国。美国联邦政府的支出占国民收入的比例在 1799 年只有 1.4%。到 19世纪末期它们上升到该数字的 2 倍，但到 1929 年也仍然只有 GNP 的 3%的水平。但是，从 20 世纪 30 年代开始，联邦支出剧增，其在 GNP 中所占比重在随后的 70 年里增长了 7 倍。（从表里的指标看，这里的 GNP 应为 GDP。——译者注）

美国之外的国家政府部门支出也增长了，早在至少 19 世纪就开始增长。表 21.2 给出了美国和另外 16 个国家的数字，这些数字来自坦齐和舒克内希特（2000）的研究。容易看出，在大约 1870 年到第一次世界大战开始期间，像奥地利、法国和德国这样的国家的公共部门的规模增长了很大幅度。在第一次世界大战开始和结束期间，公共部门进一步扩张，大部分是军事开支。但政府部门并未下降到其战前的水平。这些国家中有数字进行比较的 13 个国家在 1937 年的政府规模比 1913 年大。[1]

表 21.1　　美国政府支出与国民收入和 GDP 的关系（1799—1999）

年份	联邦总支出(百万美元)	联邦总支出占国民收入的百分比	联邦总支出占GDP的百分比	联邦、州和地方政府支出	联邦、州和地方政府支出占GDP的百分比	联邦、州和地方政府消费支出（十亿美元）	政府转移支付（十亿美元）	政府消费支出加转移支付的总额（十亿美元）(6)＋(7)	政府消费支出加转移支付的总额占GDP的百分比
1799	10	1.4							
1809	10	1.1							
1819	21	2.4							
1829	15	1.6							
1839	27	1.6							
1849	42	1.7							
1859	66	1.5							
1869	316	4.6	5.0						
1879	267	3.7	3.2						
1889	309	2.9	2.6						
1899	563		3.4						
1909	694		2.3						
1919	12.402		16.7						
1929	3.100		3.0	10.3	10.0				
1939	8.800		11.7	17.6	19.4				
1949	38.800		16.2	59.3	23.0				
1959	92.100			131.0	26.8	112.5	24.7	137.2	27.0
1969	183.600			286.8	30.4	224.6	60.6	285.2	28.9
1979	503.500			750.8	31.1	503.5	230.2	733.7	28.6
1989						1100.2	529.6	1629.8	29.7
1999						1634.4	998.1	2632.5	28.3

资料来源：第 2 和 3 栏的数字来自 Kendrick（1955，pp.10—12）。第 4—9 栏的数字来自《美国总统经济报告》（1985）和（1989）中的表 B—1、B—72、B—79，和《美国总统经济报告》（2001）中的表 B—1 与 B—83。

---

[1]　在政府扩张文献的开创性贡献中，皮科克和怀斯曼（1961）提出了存在着战争的棘轮效应的假说。一旦政府部门因战争而扩张，它就不再降低回原来的水平。尽管这一假说在表 21.2 中得到很明显的支持，它还没有勇于经受更严格的计量经济学检验（亨雷克松，1990）。

表 21.2　　　　　一般政府支出的增长（1870—1996）（GDP 百分比）

	第一次世界大战前或后			第二次世界大战前或后				
	1870前后	1913	1920	1937	1960	1980	1990	1996
一般政府支出								
澳大利亚	18.3	16.5	19.3	14.8	21.2	34.1	34.9	35.9
奥地利	10.5	17.0	14.7	20.6	35.7	48.1	38.6	51.6
加拿大	—	—	16.7	25.0	28.6	38.8	46.0	44.7
法国	12.6	17.0	27.6	29.0	34.6	46.1	49.8	55.0
德国	10.0	14.8	25.0	34.1	32.4	47.9	45.1	49.1
意大利	13.7	17.1	30.1	31.1	30.1	42.1	53.4	52.7
爱尔兰	—	—	18.8	25.5	28.0	48.9	41.2	42.0
日本	8.8	8.3	14.8	25.4	17.5	32.0	31.3	35.9
新西兰	—	—	24.6	25.3	26.9	38.1	41.3	34.7
挪威	5.9	9.3	16.0	11.8	29.9	43.8	54.9	49.2
瑞典	5.7	10.4	10.9	16.5	31.0	60.1	59.1	64.2
瑞士	16.5	14.0	17.0	24.1	17.2	32.8	33.5	39.4
英国	9.4	12.7	26.2	30.0	32.2	43.0	39.9	43.0
美国	7.3	7.5	12.1	19.7	27.0	31.4	32.8	32.4
平均	10.8	13.1	19.6	23.8	28.0	41.9	43.0	45.0
如下国家1870—1937年期间为中央政府支出，此后为一般政府支出								
比利时	—	13.8	22.1	21.8	30.3	57.8	54.3	52.9
荷兰	9.1	9.0	13.5	19.0	33.7	55.8	54.1	49.3
西班牙	—	11.0	8.3	13.2	18.8	32.2	42.0	43.7
平均	9.1	11.3	14.6	18.0	27.6	48.6	50.1	48.6
总体平均	10.7	12.7	18.7	22.8	27.9	43.1	44.8	45.6

资料来源：Tanzi & Schuknecht（2000，表 1.1）

但是，公共部门的增长的大加速开始于1960年左右。从1937年到1960年大约20来年，平均规模的增长速度是22%，而在随后的20年这一平均值增长了54%。表21.2上的17个国家中没有一个国家在1980年还拥有比1960年规模小的政府。而且，有几个例子中的增长是非常壮观的。在比利时、瑞典和瑞士，1980年的政府规模是1960年的几乎两倍。

1980年之后，这一壮观的增长停了下来。17个国家的公共部门的平均规模在1996年只比1980年多6%，它们中间有两个国家的政府平均规模在1996年实际上比1980年小（比利时和荷兰）。

值得注意的是，因为没有报告税收性支出，表21.2中的数字趋向于低估每个国家的财政效果。税收性支出是指采取应税收入减免或应税额减免（tax deduction or credit）而不是预算转移支付等形式给不同团体的转移支付。要知道包括哪些内容，考虑下面的简单的例子。设两个国家A和B各有100的国民总收入（gross national income）。每个国家都对收入征收50%的税收。这种税收在A国征收了50的税收收入，政府把它分拨给如下项目：

A 国	正式的	实际的
政府消费	20	20
给领年金者的转移支付	20	20
给儿童的转移支付	10	10
支出	50	50
总税收	50	50

政府消费支出包括国防、教育等，占政府税收和支出的40%。另外40%采取对领年金的人给予现金转移支付的形式，剩下的20%是给予孩子低于一定年龄的人的现金转移支付。总税收等于50，这等于总的政府支出，它被定义为同时包括政府消费和转移支付。

现在考虑B国。它也对所有的收入征收50%的税收，但也允许那些有孩子的人少缴数量为10的税收。该国的政府消费与给予年金领取者的转移支付与A国完全一样。B国的税收使用如下：

B 国	正式的	实际的
政府消费	20	20
给领年金者的转移支付	20	20
给儿童的转移支付		10
支出	40	50
总税收	40	50

因为 B 国选择给予那些有孩子的人的补贴的方式是允许他们的家庭减税（tax break），而不是像对年金领取者所作的那样，先将税收征收上来，然后再将货币转移支付给那些家庭，因此 B 国正式征收的税收数量和支出的数量看上去就比 A 国要少。但是很明显，两国的财政效果是相等的。在 A 和 B 两国，国家都支配了国民收入的 50％，这两个国家也都相同地将这些资金分拨到政府消费和对孩子与年金领取者的转移支付上。一个例子里的资金拨付是将征缴上来的税收用做转移支付，而在另外一个例子里资金拨付采取了未征缴税收的形式，这个事实就决定谁得到什么而言是无关紧要的。两个国家的公共部门的规模应该判定为相同，其最合适的数字显然是 50％。

为了计算政府部门的完全规模，必须在政府实际上所作的支出和转移支付中加上它们通过税收扣减所作的隐性支出。表 21.3 给出了一组由汉森和斯图亚特（即将出版）所作的对这种类型的估计。该表既给出了每个国家正式的转移支付（T^o）、税收收益（R^o）和支出（S^o），也给出了可比的全部水平的转移支付 T、税收 R 和支出 S。该表还列出了每一个全部数字的峰值以及它出现的年代。容易看出，正式的预算数字在相当大程度上低估了政府的财政效果。尽管只看经过政府的钱的话，1972 年美国的转移支付似乎只占 GNP 的 19％，但是，如果在这些钱中加上政府通过减税分拨给不同团体的钱，转移支付就会占到 GNP 的 28％，而总支出也会上升到 GNP 的 42％。日本、瑞士和美国拥有三个最小的政府部门，它们的排名多多少少是相同的。只有它们和新西兰在 1992 年的全部政府支出的数字少于 GNP 的 50％。如果看正式数字，澳大利亚和土耳其似乎有相对小的政府部门，但一旦加上它们的税收性支出后，它们的政府支出一下子超过了 GNP 的 50％。

表 21.3 22 个 OECD 国家的官方的和全部的税收、专业支付与支出
占 GNP 百分比（1992）

国家	T^0	T	T_{Max}	年份[a]	R^0	R	R_{Max}	年份[a]	S^0	S	S_{Max}	年份[a]
澳大利亚	24	46	51	(1985)	30	52	58	(1985)	36	58	64	(1985)
奥地利	41	59	61	(1983)	44	61	63	(1984)	50	68	71	(1986)
比利时	34	63	73	(1984)	46	74	78	(1985)	54	82	92	(1984)
加拿大	32	53	54	(1982)	38	60	61	(1991)	45	67	71	(1991)
丹 麦	44	63	71	(1982)	51	71	77	(1986)	55	74	82	(1982)
芬 兰	60	70	70	(1992)	49	59	66	(1988)	66	76	76	(1992)
法 国	39	56	58	(1986)	44	61	63	(1986)	49	66	68	(1986)
德 国	40	54	56	(1982)	43	57	60	(1985)	48	62	64	(1982)
爱尔兰	33	52	71	(1983)	41	61	67	(1985)	45	65	86	(1985)
意大利	36	54	58	(1987)	43	62	62	(1992)	55	73	73	(1992)
日 本	26	40	43	(1986)	29	43	45	(1986)	31	45	50	(1986)
卢森堡	45	69	69	(1992)	36	59	59	(1984)	47	71	71	(1992)
荷 兰	42	51	67	(1983)	47	56	65	(1983)	53	62	79	(1983)
新西兰	36	41	60	(1975)	37	43	55	(1976)	44	49	67	(1975)
挪 威	43	53	68	(1988)	48	58	72	(1986)	48	58	75	(1979)
葡萄牙	27	35	47	(1985)	38	47	51	(1988)	41	50	64	(1985)
西班牙	32	47	50	(1990)	36	51	53	(1989)	42	56	58	(1990)
瑞 典	42	49	75	(1980)	52	59	74	(1976)	56	63	84	(1982)
瑞 士	28	42	44	(1984)	31	45	48	(1986)	32	46	48	(1984)
土耳其	23	46	50	(1985)	23	46	47	(1985)	30	53	55	(1985)
英 国	28	40	55	(1975)	35	47	56	(1985)	40	52	67	(1975)
美 国	19	28	37	(1978)	29	38	47	(1978)	34	42	49	(1978)

数据来源：汉森和斯图亚特（即将发表，表 1 和 3）。

注：T^0、R^0、S^0 = 官方转移支付、税收和支出；T、R、S = 全部转移支付、税收和支出；T_{Max}、R_{Max}、S_{Max} = 最大全部转移支付、税收和支出。

a. 代表最大值出现的年份。

　　除了比利时和卢森堡现在加入到高支出的主力阵营之外，高水平的政府活动仍然是那些国家。瑞典排名降低到第十的位置，其全部政府支出在 1992 年只有 63%，这只是该年比利时全部政府支出占 GNP82% 这一数字

的四分之三。比利时还要拿走 1972—1992 年期间全部政府支出数量最大的奖项——1982 年全部政府支出占到 GNP 的 92%。

表 21.3 中给出的完全效果数字除比利时之外有 7 个国家开支和转移支付从峰值下降了。这些数字加上表 21.1 和表 21.2 中的数字提出了如下四个问题：导致政府相对规模在过去两个世纪增长的原因是什么？导致政府相对规模在第二次世界大战之后加速增长的原因是什么？在过去的最近几年是什么因素导致由完全财政效果衡量的政府规模停止增长，而有些国家还在下降？用什么解释发展中国家中政府部门规模存在着大的差别？本章考察已经给出的关于这些问题的部分答案。

21.2 对政府规模与政府增长的解释

已经做出的对政府存在原因的解释逻辑上也同样解释为什么政府在一个国家而不是另一个国家达到一既定规模，或者解释它为什么在一个特定时间开始更快速的增长。这样，在对政府规模和政府增长的原因假说进行评论时，实际上也就是评论对政府存在的解释。如果每一个解释都描绘成一个变量或一个变量集，就必须用这些变量上的差别来解释政府规模和增长率的差别。

21.2.1 提供公共物品和消除外部性的政府

对政府为什么会存在的传统解释是提供公共物品和消除或减少外部性。我们假定这是政府履行的唯一功能，于是可以假定每一个公民就都有对公共物品的需求，该需求是个人收入、公共物品相对于私人物品的价格，可能还有其他的嗜好变量的函数。如果假定投票采取过半数规则，公民直接就政府支出问题投票，要决定的唯一问题是政府支出水平，那就可以用中间投票人定理，将政府支出写成中间投票人特性的函数。[①] 设 X 为各种私人物品的复合品，F 为公共物品的复合品（P_x 和 P_g 分别为二者的价格），Y_m 为中间投票人的收入，Z 为嗜好参数的向量，这样就可以写出对数形式的中间投票人的政府支出方程：

$$\ln G = a + \alpha \ln P_g + \beta \ln Y_m + \lambda \ln Z + \mu \tag{21.1}$$

---

① 见下面文献：巴尔和戴维斯（1966）；戴维斯和海恩斯（1966）；博尔歇丁和迪肯（1972）；伯格斯特龙和古德曼（1973）；迪肯（1977a、b）。

如果下面条件有任何一个得到满足，就可以从（21.1）式中可以得到对政府相对增长的解释：

- 对公共物品的需求是缺乏弹性的（$-1 < \alpha < 0$），同时 P_g 相对于 P_x 上升了。

- 对公共物品的需求是有弹性的（$-1 > \alpha$），同时 P_g 相对于 P_x 下降了。

- 因为 Y_m 随着时间的推移而增加，如果 Y_m 的变化是对 G 相对于 X 增长的解释的话，β 必须大于1。

- 在 γ 符号既定时，某个嗜好变量以合适的方式变化。[①]

21.2.1.1 "嗜好变量"。我们从最后的可能性开始。在第三章中我们描述了政府再分配政策怎么可能成为惠及所有公民的一种保险形式，从而具有事前公共物品（public good ex ante）的性质，即使事后这些保险计划构成再分配的一种形式。罗德里克（Rodrik，1998）最近给出了对有关政府增长的此种解释的经验支持。罗德里克集中研究了开放经济中产生的个人收入风险，在开放经济中进出口价格的变化可能变化非常之大，从而导致收入与就业的大规模变动。表21.4中的第一栏给出了他从97个发达和发展中国家样本得到的回归结果之一。OPEN 测度经济开放度的指标（出口加进口除以 GDP）。TTRISK 是测度贸易条件风险的指标（出口价格/进口价格的方差）。因变量是政府消费（行政支出、警察、国防、卫生和教育等）。贸易条件风险高的开放经济有大得多的政府消费。尽管 OPEN 和 TTRISK 单独加入进来时对政府消费有正的影响，当它们中间的相互影响项加入到方程中去时两者的系数会变成负值。正是高度开放经济和高贸易条件风险共同出现导致了更高的政府消费支出。

有人会预期用于抵消开放经济中运行风险的政府项目采取失业救济金或其他"社会保障项目"的形式，罗德里克（p. 1019）认为许多发展中国家缺乏行政能力管理这类项目，因而会简单地扩大更为稳定的公共部门的就业以削减就业风险。表21.4中的第2—5栏提出了符合这一解释的证据。在富裕的 OECD 国家子样本中，相互影响项目（OPEN TTRISK）与社会保障和福利支出之间有非常显著的正相关关系；对这些国家而言，政府消费与该变量之间没有显著关系。在某种约减的全样本中社会保障/福利

---

① 要讨论与政府增长问题有关的可能性，见博尔歇丁（1977a，1985），比沙南（1977）和贝内特和约翰（1980b，pp. 59—67）。

支出与政府消费两个变量都与开放性/贸易条件风险相互影响有显著的正相关关系。

表 21.4　　　　　　　　　　　　贸易风险与政府规模

因变量占 GDP 百分比 自变量	发达 + 发展中 国家政府消费 1990—1992 (1)	经合组织成员样本国家		发达 + 发展国家	
		社会保险 + 福利 1985 (2)	政府消费 1985 (3)	社会保险 + 福利 1985 (4)	政府消费 1985 (5)
开放性	– 0.003	– 0.170 *	– 0.005	– 0.018	– 0.002
	(0.002)	(0.043)	(0.010)	(0.013)	(0.003)
贸易条件风险	– 3.053 *	– 134.09 *	– 9.371 ***	– 16.484 *	– 2.953 **
	(1.087)	(22.15)	(5.198)	(5.665)	(1.391)
开放性/贸易 条件风险	0.053 *	1.869 *	0.069	0.183 ***	0.48 **
	(0.017)	(0.431)	(0.101)	(0.096)	(0.023)
样本数	97	19	19	68	68
$\overline{R}^2$	0.438	0.75	0.35	0.48	0.50

资料来源：罗德里克（1998，表 4 和 6）。

注：第 1、4 和 5 栏中的方程省略了其他控制变量。第 1 栏中的自变量是 1980—1989 年期间的平均值，第 2—5 栏的数字是 1975—1984 年间的平均值。

括号里的数字是标准误。

* 　代表 99% 的显著水平。

** 　代表 95% 的显著水平。

*** 　代表 90% 的显著水平。

　　罗德里克的经验研究结果让人印象深刻。[1] 但是，我怀疑很多欧洲经济史学家是否会接受罗德里克的假说是欧洲政府增长的主要解释。与福利国家有联系的再分配/保险计划起源于 19 世纪欧洲的经济斗争，似乎最好解释成一种努力，努力为工业社会中的工人提供能面对失业和贫困的"保险"。类似的，美国的主要福利计划是在大萧条时期对国内经济崩溃（因世界贸易崩溃而恶化）做出反应而引入的。罗德里克研究结果与这些事件

---

　　[1]　要看与罗德里克研究一致的相关经验研究，见卡梅伦（1978），桑德斯和克劳（1985）和赖斯（1986）。卡齐米（1998）发展了一个假定私人部门比公共部门就业波动更大的模型，以解释投票人对较大公共部门的偏好，并提供了契合这个模型的希腊的时间序列证据。

一致的解释就是，一旦福利国家制度运行，受到外贸风险的影响越大，这个部门的扩张就越大。[1]

公共物品需求方程中"嗜好"变量的一个看似合理的次级备选变量是人口密度。公共物品和外部性的定义包含着地理上的接近。工厂排放的烟在人口密度大的社会要比在工厂周围非常分散居住的人群中伤害到的个人更多。人口密集社区的公园比郊区的公园更容易接近，因而也可能有更大的效用。上个世纪每个发达国家都发生了越来越快的城市化，城市化已经进行了不止一个世纪。城市化或人口密度是 Z 变量的一个显而易见的选择，其系数 γ 的预测符号是正的。因此，令人吃惊的是发现这一假说只有很少的经验支持。[2] 不存在其他"嗜好"变量同时包含着让人不得不信服的先验支持和经验支持。

21.2.1.2 收入。要用收入增长来解释政府相对规模的增长，政府服务的需求收入弹性必须大于 1。尽管对 β 的某些估计满足这个标准[3]，有多的估计不满足，只有很少的估计值显著大于 1。[4]

---

① 有人会质疑为什么国际贸易的就业风险（罗德里克）或更一般地说私人部门的就业风险（卡齐米）促使工人以高成本的集体行动从"政治市场"上寻求保护，而不是从每个工人可以单独行动的劳动市场寻求保护。如果私人部门相对于公共部门就业风险更大，为什么没有更多的工人去寻求在公共部门就业？当对公共部门的工人供给增加时，公共部门相对于私人部门的工资应该下降。如果公共部门服务需求看起来缺乏弹性（见下面的讨论），在其他条件不变的情况下，这种相对工资的下降应会减少公共部门的相对规模。

② 见博尔歇丁（1977a, 1985），迪肯（1977b），霍尔西和博尔歇丁（1997）。要看对这一文献的批评见奥茨（1988a）。估计方程（21.1）的大部分工作是在地方政府单位层面上进行的，公共物品和外部性的许多问题可以在更高层面的政府总量上解决。但是缪勒和莫瑞尔（1985）没有从跨国数据中在政府支出和城市化之间找到正相关关系，而罗德里克（1998, Table 1, p. 1003）发现了负相关关系。

③ 迪肯（1977b）注意到在很多研究中公园和娱乐支出看起来是有收入弹性的。

④ 有很好的理由相信，有关对 G 的需求的收入弹性的现有估计有向下偏差。大部分研究假定，不同社区提供政府服务的成本是相同的。但是，要提供一定程度的安全，在富裕区要比在贫民区更低廉。因此，安全的价格在富裕区更低一些，而且，如果这种服务的价格弹性小于 1，在其他条件相同时，富裕社区消费得少一些。如果维持所有社区的政府服务价格相同，这种财富—价格效应会转换到收入弹性上，使得其向下偏差（汉密尔顿，1983）。施瓦布和赞佩利（1987）观察到，当这种收入—价格关系得到正确估计时，β 会从接近于 0 一下子跳升到 1。但是，在解释政府的长期增长时，这种调整只是将政府增长的解释的一部分在方程（21.1）中从价格项转到了收入项。汉密尔顿—施瓦布—赞佩利批评意味着，如果其他条件相同，收入的增长应该带来政府公共服务提供成本的降低，从而部分抵消了下一小节要讨论的对价格影响的鲍莫尔效应。施瓦布和赞佩利所测度的收入变化影响支出的总效应几乎是零。

现有的研究都利用来自州和地方政府管辖区域的数据估计 β。[①] 但是,大部分再分配是在国家层面进行的,而且再分配已经是联邦支出中增长最快的成分。在州和地方政府层面上估计的 β 值不可能是对国家层面再分配支出的收入弹性的合理近似。但是,慈善捐款的收入弹性的估计值也趋向于比 1 小,这表明该调整不能解释政府增长(在洛特费尔特,1985,Ch. 2)。

21.2.1.3　鲍莫尔效应。解释政府增长的备选因素是需求的价格弹性。对 α 的大部分估计值显示它显著地大于 -1,因此这就意味着如果其价格相对上升,政府就会相对增长。鲍莫尔(1967a)认为,如果政府提供的"物品"(教育和警察保护)中有很多是服务的话,我们可以预期这些"物品"的价格相对上涨。因为生产率提高主要来自技术的变化,而这最终是典型地蕴含在资本设备之中,所以,像政府这样的服务部门的生产率就不太有潜力提高。

尽管论据直觉上看起来有道理,但不清楚能够将它用到什么程度。今天的军事服务是非常资本密集型的,且支出了庞大的金额在增强生产率的研究与开发上。类似的,计算机、复印机和其他创新也为白领工作带来了生产率的提高。于是,显然不能先验地说,政府生产率的提高不可能与私人部门生产率的提高保持相同的步骤,至少不能和私人服务部门生产率提高保持同步。但是看起来不是这样。政府活动的很多研究中存在着的合理共识是,政府生产率滞后于私人部门生产率,且实际上可能是零或负值。[②] 如同布坎南(1977,pp. 8—9)注意到的,政府部门滞后的生产率与其说是政府扩张的原因,不如说是为什么政府扩张是一个"问题"的症状。

不管政府提供物品相对价格上升的原因何在,价格上升确实看起来是解释了部分的政府增长。已经从如下国家的数据中得到了对显著的"鲍莫尔效应"的估计:美国(图西英和亨宁,1974;贝里和洛厄里,1984;费里斯和韦斯特,1996),瑞士(施奈德,1982),瑞典(亨雷

---

① 缪勒和莫瑞尔(1986)在国家层面估计了政府相对于 GDP 的规模。在他们的方程中,收入的系数总是正数且常常是显著的,但数值太小而不能作为解释政府增长的大部分内容。罗德里克(1998)发现,在人均 GDP 和政府消费占 GDP 比率之间存在着一致性负向的、有时候是显著的关系。

② 特别要参见富克斯(1968),戈洛普和乔根森(1980),罗斯和伯克黑德(1974,Ch. 6),以及波默雷尼和施奈德(1982,pp. 312—313)的讨论。

克松，1988），以及奥地利（尼克和施奈德，1988）。吕贝克（1985，Ch.5）在他的将 OECD12 个国家的横截面和时间序列数据混合起来的分析中找到了支持鲍莫尔效应的证据，在对 12 个国家的单独考察中也在 9 个国家中找到了支持证据：澳大利亚、奥地利、比利时、加拿大、联邦德国（弱的支持）、意大利、荷兰、挪威和英国。在法国、瑞典和美国没有发现鲍莫尔效应（这是我的判断，根据是从用来解释不包括转移支付的政府支出的供给方程中得到的结果）。

　　尽管费里斯和韦斯特（1996）找到了鲍莫尔效应的证据，该证据并未解释美国 1959—1984 年间政府服务相对于私人物品成本上升的全部原因——只解释了三分之二。政府服务相对成本的增长的三分之一原因是公共部门相对于私人部门工资的上升。这里我们有一个例子是，"垄断的永续经营"（dead hand of monopoly）在公共部门起着作用。垄断或近乎垄断的政府在提供像教育和卫生这样的公共服务时不得不将成本上涨转嫁给公民／消费者，并鼓励垄断／公共部门工会要求更高的工资。费里斯和韦斯特（1996）引用了例证表明，在有工会组织的校区比在没有工会组织的校区教师薪水上涨更高。他们的研究工作降低了前面提出的观点：不能假定公共服务成本相对提高的全部都由外生因素决定。

　　现在假定显著的鲍莫尔效应是存在的，接下来的问题就是它们能解释政府增长的多少原因？政府预算的某些部分（例如纯粹的转移支付和利息支付）难以被看成是其价格相对于私人物品上升的"商品"的。鲍莫尔效应最起作用的预算成分可能是 OECD 描述为"最终消费"的部分——也就是实际上由政府得到了的商品和服务。从 1960 年到 1995 年，OECD 国家的最终消费支出呈现在表 21.5 中。所有的国家除一个——美国——以外都见证了其政府消费支出占 GDP 比重在这段时期的上升。对由于鲍莫尔效应而导致的政府服务成本的相对上升的各种估计值在每年 1.5% 附近。[①] 在 1960—1995 年期间，年增长 1.5% 的复利增长相当于政府服务相对于私人物品的成本一共增长了 68.4%。假定政府服务的需求价格弹性是 − 0.5[②]，那么鲍莫尔效应本来应该会导致最终消费支出相对上升 29.8%。在表 21.5 中，25 个国家中有 20 个国家经历了比这个数字高的

---

　　① 要看讨论和参考文献请见霍尔西和博尔歇丁（1997，p.568）。

　　② 这个数字从博尔歇丁（1977a，p.49；1985，pp.364—365）所评述的研究来看似乎有道理。

政府消费百分比增长（见最后一栏）。有 8 个国家的增长是这个数字的两倍还要多。因此，鲍莫尔效应看上去只对一组 OECD 国家能够解释最终政府消费支出上涨的全部原因，尽管它对所有的国家可能解释了上涨的部分原因。①

表 21.5   政府最终消费支出占 GDP 百分比（1960—1995）

国　　家	1960	1968	1974	1985	1990	1995	增长百分比
美国	16.6	18.5	17.6	17.8	17.6	15.8	-4.8
日本	8.0	7.4	9.1	9.6	9.0	9.8	22.5
德国	13.7	15.9	19.8	20.5	19.4	19.5	42.3
法国	14.2	14.8	15.4	19.4	18.0	19.3	35.9
意大利	12.3	13.9	14.0	16.7	17.6	16.3	32.5
英国	16.4	18.0	20.5	21.1	20.6	21.3	29.9
加拿大	13.4	16.9	18.1	20.1	20.3	19.6	46.3
以上国家平均	14.9	16.2	16.4	17.1	16.6	16.0	
澳大利亚	11.1	14.1	15.6	18.5	17.2	17.3	55.9
奥地利	13.1	14.9	15.9	19.3	18.6	20.2	54.2
比利时	12.4	13.6	14.7	17.0	14.1	14.8	19.4
丹麦	13.3	18.6	23.4	25.3	25.3	25.2	89.5
芬兰	11.9	15.3	15.2	20.2	21.1	21.9	84.0
希腊	8.3	9.1	9.8	14.4	15.3	14.1	69.9
冰岛	10.4	12.9	15.9	17.5	19.2	20.8	100.0
爱尔兰	11.9	12.8	16.5	17.8	14.8	14.7	23.5
卢森堡	8.3	10.2	9.7	13.3	13.4	13.1	57.8
墨西哥	12.2	14.4	15.7	15.8	14.5	14.3	17.2
荷兰	5.7	6.9	8.3	9.0	8.4	10.4	82.5
新西兰	10.5	13.0	14.7	16.2	17.0	14.3	36.2
挪威	12.4	16.0	17.7	18.2	20.8	21.1	70.2

---

① 美国在 1960 年到 1995 年期间政府消费下降的大部分成分是国防开支的下降。在方程 (21.1) 的框架下，这个下降必须解释成政府对国防需求曲线的移动，原因是冷战结束带来的"嗜好"改变，而不是对鲍莫尔效应的否定。在美国政府消费的其他成分——像教育（费里斯和韦斯特，1996）——鲍莫尔效应似乎很有解释力。

续表

国家	1960	1968	1974	1985	1990	1995	增长百分比
葡萄牙	9.7	12.1	13.0	14.3	15.7	18.1	86.6
西班牙	8.4	9.1	9.9	14.7	15.6	16.6	97.6
瑞典	16.1	20.8	23.5	27.9	27.4	25.8	60.2
瑞士	9.6	11.3	12.7	14.5	14.6	15.0	56.2
土耳其	7.6	9.0	10.2	8.9	11.0	10.8	42.1
以上国家平均	10.4	12.2	13.4	15.4	15.2	15.6	
15 个欧洲国家平均	13.7	15.2	16.8	19.0	18.5	18.7	
经合组织成员平均	14.2	15.5	15.8	16.8	16.3	15.9	

资料来源:《OECD 经济展望:历史统计数据》(1960—1995),p. 70。

21.2.2　政府对收入和财富的再分配

政府一手送出,另一手收走。

有几个作者批评了认为政府的存在是为了提供公共物品和减少外部性的观点,他们认为这个观点实际上是对政府的规范描述——政府应该做什么的一个理论——而不是对政府实际上在做什么的描述。这些作者认为实证政府理论必须分析其活动的再分配性质。阿朗松和奥迪舒克(1981)最为有力地强调了这一点,强调指出所有的支出都有一个再分配成分在里面。道路必须建在这个位置或那个位置。建筑合同给予一批企业,而另一批企业就得不到。如阿朗松和奥迪舒克所认为的,要理解政府是什么和它为什么增长,必须分析它的再分配性的活动。

21.2.2.1　梅尔策和理查德模型。梅尔策和理查德(1978,1981,1983)对政府增长问题提出了一个可能是最简单也是最雅致的公共选择分析。他们的模型假设所有的政府活动都包括再分配。该再分配以用 r 表示的人均定额补助代表,其筹资方式是来自对所有工作所得(earned income)征收的税率为 t 的比例税。如果用 $\bar{y}$ 代表人均收入的平均值,则平衡政府预算意味着

$$r = t\bar{y} \tag{21.2}$$

个人效用取决于其消费 c 和闲暇 l。用 n 代表工作时间所占比重,我们就有如下恒等式

$$l = 1 - n \tag{21.3}$$

$$c = (1 - t)y + r \tag{21.4}$$

梅尔策和理查德假定收入取决于能力因子或生产率因子 x,该因子在

人口中随机分布。给定一个人工作的小时为 n，一个人的 x 因子越高，其收入就越高

$$y = nx \qquad (21.5)$$

给定 t 和 r，个人仅有的选择就是工作多长时间 n。在（21.3）—（21.5）式既定的条件下选择 n 让 $U(c, l)$ 最大化，就可以得到一阶条件

$$U_c(1-t)x = U_l \qquad (21.6)$$

或者

$$\frac{U_l}{U_c} = (1-t)x \qquad (21.7)$$

闲暇与消费之间的边际替代率要等于个人时间的税后边际产品。从（21.7）式中可以得到一个人工作的小时数。对于斯通—吉利效用函数 $U = \ln(c + \gamma) + a\ln(l + \lambda)$ 这一特例而言，可以得到最优的

$$n = \frac{(1-t)\ (l+\lambda)\ x - a\ (r+\gamma)}{(1-t)\ (1+a)\ x} \qquad (21.8)$$

（21.8）式中的分子一定是正数，但分子当 x 足够小时可以是负数。显然 n 不可能是负数；这样能力就存在着一个使得最优的 $n = 0$ 的关键值 x_0；我们从（21.8）式中推导出

$$x_0 = \frac{a\ (r+\gamma)}{(1-t)\ (l+\lambda)} \qquad (21.9)$$

尽管 r 和 t 从个人的角度来看是外生的，它们对政治体系而言是内生的。把（21.8）式代回到个人效用函数中去可以证明，个人效用函数最终取决于 r 和 t。在选择 r 和 t 时，理性的投票人考虑到了这一点并将（21.2）式给出的 r 和 t 之间的关系考虑进来。现在，$\partial y/\partial t < 0$。平均收入随税率上升而下降，这是因为高税收对努力有负的激励效应。[①] 于是 r 是 t 的函数，随着 t 的增加以递减的速度上升一直到 $-dy/dt = \bar{y}/t$ 然后开始下降（见图 21.1）。工作的投票人有正斜率的无差异曲线如 U^1 和 U^2（$U^2 > U^1$），既然较高的税收降低效用而增加的补贴增加效用。不工作的投票人其效用不受 t 变化的影响。他们的无差异曲线是水平直线，如 U^3 和 U^4（$U^4 > U^3$），每一个理性的投票人认识到 $r = \bar{y}t$ 构成选择 t（或 r）时的机会集。每一个投票人都顺着曲线选择使其效用最大的 (t, r) 组合。不工作的投票人会选择促使定额转移支付最大的 t_0。一个 $x > x_0$ 的投票人喜欢比

[①]　注意当 t 上升时，选择不工作的人增加：$\partial x_0/\partial t = a\ (r+\gamma)\ /\ (l+\lambda)\ (1-t)^2 > 0$。

t_0 低的 t。如果所有的投票人效用函数相同，仅仅是能力因子 x 有差别，那么具有较高 x 的投票人会有更陡峭的效用函数，并且喜欢较小的 t。投票人事实上面临的是一维的选择，其中 t 唯一地决定 r。中间投票人定理的一个变种是，可以用来确定在过半数规则下均衡的存在，该变种首先由罗伯茨（1977）证明。如果 U^1 和 U^2 是中间投票人的无差异曲线，那么 $(t_m，r_m)$ 就是最优的税收—补贴组合。

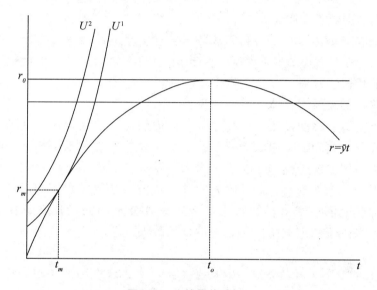

图 21.1　t 的最优选择

21.2.2.2　另外的政府增长—再分配假说。必须提到另外有三个假说将政府规模和再分配联系起来。与梅尔泽和理查德假说联系最为密切的假说是丘萨克的假说（1997）。中间偏左的政党被假定比中间偏右的政党支持更多的再分配和更大预算。对 15（16）个 OECD 国家在 1955—1989（1961—1989）之间的进行的混合了横截面和时间序列数据的回归证实了这一预测。当然，如果没有附加一个认为政党的（投票人的）意识形态立场随着时间向左移动的假说，该假说不能解释政府的长期增长。

克里斯托夫、林德特和麦克莱伦（1992）没有把再分配看成就是一个不自愿的从富人那里拿钱再给予穷人的事情，而是把它看成是一种功能，在收入分配促使中不同群体达成社会亲和。他们的假说更接近再分配的帕累托最优动机和保险动机。他们也依赖中间投票人定理，猜想上层阶级与中产阶级之间收入差距越小，则中产阶级越亲近上层阶级，从而政府再分配规模与这个收入差距正相关。类似地，最底层阶级与中产阶级之间的收入差距越小，则中产阶级与穷人越亲近，从而政府再分配规模与这个差距程度负相关。他们也认为，收入增长越快，则与穷人的社会亲和程度越小，从而收入再分配越少。克里斯托夫、林德特和麦克莱伦（1992）预测了收入分配模式与收入分配数量之间的关系，但这个关系与梅尔策和理查德预测的不一样。

佩尔茨曼（1980）对依赖于收入分配类型的政府增长提出了另一个解释。但是，佩尔茨曼的解释没有利用中间投票人定理。他设想了一种形式的代议制政府，候选人承诺将收入再分配给那些同意加入候选人支持者阵营的投票人群体，以争取选票。佩尔茨曼推理到，一个候选人的潜在支持者们之间的收入分配越平均，他们拥有的议价能力就越强。因此，投票人之间的初始收入分配越平均，候选人必须承诺的再分配数量就越大。佩尔茨曼指出了教育普及（spread of education）是一个重要因素，增加了转移支付之前的收入平等，从而引起政府规模的增长。佩尔茨曼的假说依赖于潜在联盟成员之间收入公平性的增加来解释政府增长，而梅尔策和理查德依赖有选举权的投票人之间收入分配不公平性的增加。

21.2.2.3 政府再分配—增长假说的一些逻辑和经验问题。梅尔策—理查德和佩尔茨曼的文章都讨论了政府的作用，在两篇文章里好像政府只从事再分配活动。阿朗松和奥迪舒克（1981）、布伦纳（1978）和林德贝克（1985）也把第一重点放在政府的分配性活动上。如果再分配是政府的基本活动，那么要解释政府增长到目前在不同国家所观察到的规模，还需要一些其他逻辑证据，但是这些证据是缺失的。相反，政府活动并不完全只是分配性的。

政府已经增长到一个远远超过必需的规模，目的只是为了实现再分配。如果一个群体或一个群体联盟能够利用政府的民主机器去在蛋糕中分得更大一块，那有人就会这样想，群体或群体联盟应该有能力以一种促成了再分配而又不会将这一块蛋糕全部耗费掉的方式做到。为了实现再分配，计划的数量和组成政府的人口似乎比必需要大得多。

梅尔策—理查德的文章，佩尔茨曼的文章，某种程度上还有克里斯托夫、林德特和麦克莱伦的文章（1992）假定，所有的再分配都是从富人手中拿到穷人那儿去。① 但是把政府再分配说成这种性质不符合事实。如同我们在第3章中看到的，政府转移支付的获取者分布在收入分配的不同阶层，有些国家中占五分之一的上流社会人口得到的转移支付比占五分之一人口的最底层社会要多。② 实际上，如果所有的政府活动都可以看成是某种形式的再分配，其最显著的特征可能就是缺乏一个单向的流（阿朗松和奥迪舒克，1981；布伦纳，1978）。

　　因为政府再分配的多维性质，所以难以将所有的政府活动都按照纯粹的分配动机加以理性化。如果所有的政府计划只是从一个群体拿钱再给另一个群体，如果所有的公民处于再分配过程的两端参与进去，那谁从这个过程中获益呢？为什么公民不干脆取消政府，以节省这个零和再分配带来的无谓损失？要么在这个再分配过程中一定存在着确定的受益者，他们能够维持甚至扩大他们的受益，要么是所有的政府活动在性质上不是单纯再分配性的。如果前一个可能性解释了政府增长，那谁又是从政府获益的人？他们怎样在一个民主过程的规则下实现自己的目的呢？如果政府活动中有相当的比例不是纯粹再分配性的，而是比方说旨在提供公共物品，那么把政府增长解释成再分配斗争的结果又有逻辑上的问题。一旦承认大部分政府支出是提供公共物品，那所有的再分配目标就可以通过简单地改变个人或个人组成的群体的税收份额来实现。③ 有人总是可以不必花钱在一个群体上或给这个群体钱，而让该群体对私人物品有更多的支配权。

　　梅尔策—理查德模型和佩尔茨曼模型共有的一个假设是，政府增长的受益者支持政府增长。在梅尔策—理查德模型中，所有收入低于中间投票人的投票人都支持增加政府转移支付。但是调查证据显示，政府增长的明显受益者如公共雇员和福利领取者在其他投票人提出的税收限制计划上并无显然不同的偏好（库兰特、格拉姆利克和鲁宾费尔德，1981；格拉姆

---

　　① 但是，佩尔茨曼（1980）在他最后一篇文章中放弃了这个假设（pp. 285—287）。
　　② 弗拉蒂安尼和斯皮内利（1982）在讨论意大利的政府增长时强调了帮助企业的特别项目日益增长的重要性。
　　③ 见缪勒和莫瑞尔（1985）。当然，那些没有支付税收为预算中的公共物品部分融资的群体可以仅仅因为支出或转移支付项目而得到进一步的补贴，但是这样的群体的存在并没有足够多到能够解释当前大多数国家的政府活动的数量。有人可能反对这样的说法：减税不可能总是设计出来就是要使特定群体受益的，但是税收漏洞的数量及税收漏洞立法的复杂性掩饰了这一点。
　　赫蒂奇和维纳（1988，1999）分析了实现再分配的政治压力对税收结构的影响。

利克和鲁宾费尔德，1982b）。

21.2.2.4　对再分配—政府规模假说的直接经验验证。梅尔策与理查德引用来支持他们的论文的一条证据是在过去两个世纪，选举权扩张越来越快。贾斯特曼和格拉德斯坦（1999）关于投票人参与和政府再分配政策的模型，该模型符合梅尔策和理查德假说，而且也能解释库兹涅茨（1955）关于一国收入不平等和人均收入之间对著名倒 U 形关系。该倒 U 类型极其符合英国的历史记录。[①] 贾斯特曼和格拉德斯坦认为，在 19 世纪的英国，中间投票人的收入是高于平均值的，当时只有六分之一左右的人口有资格投票。那个时期的再分配政策是累退的，因而增加了收入的不平等。整个 19 世纪发生的平均收入的增长连续地将选举权扩展到更大比例的人口，一直到中间投票人的收入低于平均值，而政府再分配政策变成累进的。

赫斯特德和肯尼（1997），艾布拉姆斯和塞特尔（1999），洛特和肯尼（1998）也提供了对政府增长的解释，这些解释依赖选举权和投票人参与率的变化，这种变化把比平均收入者穷的人带到投票站，从而增加了对政府服务的需求。赫斯特德和肯尼强调了在南部取消人头税和文化水平测试的影响。而艾布拉姆斯和塞特尔的文章与洛特和肯尼的文章强调了在瑞士和美国选举权被扩展至妇女。

梅尔策—理查德—贾斯特曼—格拉斯特德—艾布拉姆斯—塞特尔—洛特—肯尼假说逻辑上的问题是，在 19 世纪和 20 世纪的进程中，中间投票人把选举权延伸到越来越多的人口，从而使得自己的境况越来越糟糕。[②]例如，为什么他（19 世纪的英国没有女投票人）通过议会的代表，投票支持"1867 分水岭……第二改革案，该法案给予高技能工人以选举权，其结果是新的中间投票人家庭挣得的收入比平均家庭收入要少，而且该法案在再分配中有一个既得利益阶层，该既得利益阶层是经济政策的再分配偏向开始急剧变化的信号，这种变化以世纪交替之后建立现代福利国家而结束"？一个可能的答案是，1867 年的投票人害怕，避免在民主过程中的地位遭到缓慢侵蚀的结果是通过更为革命性的渠道招致命运的急剧逆转。类似地，每一个发达的民主国家的中间男性投票人在 19 世纪和 20 世纪初

---

① 它也符合其他国家的情况（例如，见林德特和威廉森，1985），但总体上随后的研究不支持"库兹涅茨假说"（见阿南和坎布，1993；戴宁格尔和斯夸尔，1996）。

② 在其以美国南部取消人头税和文化水平测试为转移这个程度上，这个逻辑难题不是从赫斯特德—肯尼论据中产生的。而这些变化是联邦法院强加给南部诸州的。

期的进程中，可能已经越来越厌倦了看到自己的妻子和其他女性亲戚在街上抗议和在家里抱怨，最终在短期的内心宁静和长期经济利益上选择了前者，并投票赞成给予妇女投票权。不是所有的民主历史都可以用一个设想极其自私的中间投票人的偏好支配着政治结果的模型来刻画。对梅尔策—理查德假说的更直接、更严格的检验是检验其对中值收入与平均值收入比率 $\bar{y}/y_m$ 与政府规模之间正向关系的预测。梅尔策和理查德使用美国 1938 年到 1976 年间的时间序列数据检验了该假说。他们的模型的经验还原是这样做的，将政府转移支付占 GDP 的百分比用依存度 F——即不缴税的人口比重——调整后得到不同测度指标，再用这些测度指标对 $\bar{y}/y_m$ 和 $1/y_m$ 回归。这个方程是对有人从该模型中推导出来的关于转移支付的复杂式子的线性近似。三个转移支付测度指标是

t_2 = 公共部门提供的私人物品

t_3 = 纯粹的转移支付

$t = t_2 + t_3$

包含有 $\bar{y}/y_m$ 的项本应有一个等于 1 的系数。它的系数小于 1，但是，对转移支付的所有三个定义而言都是正的和显著的，这就为梅尔策—理查德假说提供了某种支持（见表 21.6 的 A 部分）。

比率 $\bar{y}/y_m$ 实际上是对收入分配偏斜的测度。如塔洛克（1983）所指出的，该比率自第二次世界大战以来接近常数，但是它"解释了"相当部分的政府增长。梅尔策和理查德的检验实际上等同于用一个长期趋势变量对另一个长期趋势变量回归。任何其他长期趋势变量会产生类似的高相关性。对他们的假说的更好的检验使用不会受到趋势左右的混合横截面/时间序列数据。

谷维亚和马西亚（1998）使用美国 50 个州在 1979—1991 年期间的数据作了这样的检验。这些数据特别适合检验梅尔策—理查德假说，以为在这段期间美国各州之间的收入分配偏斜变化显著。而且，谷维亚和马西亚在一个国家使用政治单位的数据，消除了许多文化和制度的异质性，异质性会困扰跨国比较。谷维亚和马西亚的回归中有三个在表 21.6 的 B 部分列示。变量 $\bar{y}/y_m$ 在所有的三个回归中符号是错的，在两个回归中统计上不显著。尽管收入分配的偏斜看起来与 50 个州的再分配不是显著相关，在 $1/y_m$ 上的正的显著的系数还是提供了对再分配—政府规模假说一定的支持。当收入分配偏斜保持不变时，转移支付随着中间投票人收入下降而增加。

表 21.6　　A. 利用美国 1937—1940 和 1946—1976 年时间序列数据
对梅尔策—理查德模型的估计

因变量	自变量		
	$\ln(\bar{y}/y_{m-1})$	$1/y_m$	R^2
$\ln t(1-F)$	0.57	−1081	0.80
	9.1	5.0	
$\ln t_2(1-F)$	0.48	28.3	0.73
	9.2	0.16	
$\ln t_3(1-F)$	0.67	−3461	0.79
	5.5	8.1	

B. 使用 1979—1991 年合并数据梅尔策—理查德模型的估计

因变量	自变量		
	$\ln(\bar{y}/y_{m-1})$	$1/y_m$	R^2
$\ln t(1-F)$	−0.05	9879	0.93
	5.77	11.96	
$\ln t_2(1-F)$	−0.007	4290	0.91
	0.52	3.43	
$\ln t_3(1-F)$	−0.076	12175	0.92
	6.91	12.32	

资料来源：A. 梅尔策和理查德（1983，表1）。
　　　　　B. 谷维亚和马西亚（1998，表4）。

注：$\bar{y}$ 为平均收入；y_m 为中值收入；F = 赡养率（dependency rate）；t_2 = 公共部门提供的私人物品；t_3 为收入转移；$t = t_2 + t_3$；系数下面的为 t 统计量。

　　克里斯托夫、林德特、麦克莱伦（1992）使用 13 个 OECD 国家（1960—1981）的数据进行了混合横截面/时间序列回归，在平均收入和中值收入之比的替代变量上也得到了负的系数，该系数在一种例子里是显著的。相反，在一个解释给予穷人的转移支付的方程中，上层社会和中产阶级之间的收入差距与最低阶层和中产阶级之间的收入差距，两个都有预测到的正的和负的系数。该方程中增长上的负的和显著的系数为他们的社会亲和假说提供了进一步的支持。尽管佩尔茨曼（1980）观察到收入分配偏斜和再分配程度之间具有如他的假说所预测的那样有负相关关系，克里斯托夫、林德特和麦克莱伦的研究结果只是对这个解释提供了一个混合的支持。

　　将政府规模解释成纯粹由再分配驱动的理论存在着逻辑难题，尽管对特定的理论的经验支持是混杂的或矛盾的，还是难以忍住这样的印象，对政府增长解释的一个重要成分存在于政府的再分配活动之中，所以在政府预算的转移支付成分有极大的增长，如同表 21.7 所显示的（也见坦齐和舒克内希特的讨论（2000，pp. 30—32）。但是，这些论据和证据使得如下结论更为清晰，迄今为止提出来的假说试图简单地从再分配的角度来解释政府增长，是不合适的。要完善这个任务，还需要一些其他的要素。为了帮助解释政府增长而经常提到的两个反面角色是利益集团和官僚。

表 21.7　政府对补贴与转移支付的支出（1870—1995）（GDP 百分比）

	1870 前后	1937	1960	1970	1980	1995
加拿大	0.5	1.6	9.0	12.4	13.2	14.9
法　国	1.1	7.2	11.4	21.0	24.6	29.9
德　国	0.5	7.0	13.5	12.7	16.8	19.4
日　本	1.1	1.4	5.5	6.1	12.0	13.5
挪　威	1.1	4.3	12.1	24.4	27.0	27.0
西班牙	—	2.5	1.0	6.7	12.9	25.7
英　国	2.2	10.3	9.2	15.3	20.2	23.6
美　国	0.3	2.1	6.2	9.8	12.2	13.1
平　均	0.9	4.5	8.5	13.6	17.4	20.9
澳大利亚	—	—	6.6	10.5	16.7	19.0
奥地利	—	—	17.0	16.6	22.4	24.5
比利时	0.2	—	12.7	20.7	30.0	28.8
爱尔兰	—	—	—	18.8	26.9	24.8
意大利	—	—	14.1	17.9	26.0	29.3
荷　兰	0.3	—	11.5	29.0	38.5	35.9
新西兰	0.2	—	11.5	20.8	12.9
瑞　典	0.7	—	9.3	16.2	30.4	35.7
瑞　士	—	—	6.8	7.5	12.8	16.8
平　均	—	—	11.1	16.5	24.9	25.3
全部平均	1.1	4.5	9.7	15.1	21.4	23.2

　　资料来源：坦齐和舒克内希特（2000，表 2.4）。

21.2.3 利益集团与政府规模的增长

对政府规模问题的开创性的公共选择分析要数塔洛克（1959）对过半数规则的经典讨论。塔洛克提出了一个例子，在这个例子中，有100个农民的社区就维修公路支出的各种提案投票，每种提案只对少数农民有利。使用过半数规则时，可以预期到51个农民会组成取胜联盟，而其政治结果是只有那些服务于这51个农民的路得到维修。因为这51个农民只支付他们的道路修缮成本的51%的部分，他们投票让这些道路得到比他们必须支付全部成本时本来可以得到的更高维修水准的维护。因此可以说，相对于在全体一致规则下本可出现的帕累托最优水平而言，过半数规则产生的政府支出水平在如下两种意义中的一种下是过度的。第一，修缮那些公路的支出要比全体一致规则下支出更多。第二，如果使用全体一致规则，就根本不存在让政府（也就是100个农民所属的社区）修缮公路的激励。每一个小农民团体可能相互之间达成一致去修缮他们自己的路。在这100个人的社区里，公路支路的修缮根本就不会是一个公共问题。①

尽管塔洛克的道路修缮的例子精细地阐释了在过半数规则下政府为何会变得太大，也阐释了前面提到的麻烦的问题。如果51个农民组成的联盟对他们的邻居征税而又不让他们的邻居获得任何好处，那这51人何不干脆把钱拿走作为现金转移支付，然后按照最优水平自己修缮道路，而不是让政府进行次优的大规模的道路修缮呢？

在上一章我们考察了利益集团透过竞选捐助和游说活动怎样能够又是怎样切实影响立法的。利益集团确立了对农业价格支持、关税、价格上限和管制方面立法的影响，这些立法削弱了竞争。然而，这些政府干预没有一项直接影响到我们在本章一直在讨论的政府规模即支出或税收在GDP中的比重。② 对政府规模的理想测度要包括其对经济的管制影响，但目前为止尚无人构建这样一个测度。

如果我们将注意力限制在用支出和税收测度的政府规模上，我们得到的是矛盾的预测。一些利益集团支持更多的政府支出（如汽车和卡车司机想要更多的公路开支），但是其他的利益集团赞成更低的支出（环保团体反对高速公路建设）。每个人都更喜欢获得更多的补贴、付更少的税。一

---

① 关于产生无效率的大财政的地方政治拨款过程的两个极其不同的模型，见魏因加斯特、谢普斯利尔和约翰逊（1981）与瓦茨（1994）。

② 当然，农业价格支持计划可能让农业部规模变大，但是对政府规模的这些间接影响不可能是大得有实际意义。

些利益集团有效地做到了每一件事。有些活动可能就只是将税收负担和补贴的好处进行了来来回回的转移而没有改变其总量。不能先验地认定利益集团对政府规模的净影响有多大。这是一个实证问题。

偶尔观察会发现，压力集团成功地做到了削减他们的税收负担。直到最近，西欧的石油生产相对与美国而言还是微不足道，而西欧对石油产品的征税高得引人注目。生产香烟的州比不生产的州的烟草税要低。亨特和纳尔逊（1989）提供了路易斯安那州的证据，表明农民和富有的私房屋主有能力降低自己的税收负担。

一方面，赖斯（1986）提交证据表明工会和其他利益集团有能力引导政府提出抵消经济不景气的计划，而这些计划有助于解释欧洲国家在1950年到1980年期间的政府部门增长。纳埃尔特（1990）也发现，从1961年到1984年期间，比利时工会有能力确保某种有利于其成员的预算项目显著增加，如社会服务和公共卫生。另一方面，康格莱顿和贝内特（1995）发现利益集团对州公路支出的影响完全相互抵消了。卡车司机有能力对这些支出施加积极的影响，但铁路工人在促使其减少上更有成效，如西拉俱乐部的成员一样有成效。总起来说利益集团变量并未在关于公路支出的标准的中间投票人模型中增加多少解释力。

有几项研究试图将利益集团强度与政府规模联系起来。例如，诺思和沃利斯（1982）在政府增长和私营部门白领雇员和管理层雇员的增长之间画了一条平行线。两者都被看成是为了应对组织越来越专业化的市场经济所产生的更高的交易成本的结果（也可见诺思，1985）："不断上升的专业化也创造了一群新的利益集团"（诺思和沃利斯，1982，p. 340）。这些团体对政府提出的需求不只是再分配性的救济品，而是要减少他们在日益专业化的社会中所承担的交易成本。这样，利益集团对政府活动的影响就被看成是既有增加效率的也有再分配层面的。诺思和沃利斯用数据让他们的论据更为充实，这些数据显示，非国防也非转移支付的支出比政府的总支出增长得要快，几乎和转移支付的增长一样快。

政府增长的交易成本解释是最为全面的。我们在第二章中的分析显示，外部性和公共物品的存在不足以成为国家创立的根据。相反，国家是作为在提供公共物品和消除外部性时交易成本最低的制度出现的。因此，逻辑上看，政府为了减少交易成本而付出越来越多的努力是对国家增长的最好解释。但是，就是交易成本概念的这个一般性使人们难以更准确地查明必须减少的那个特定的交易成本是什么，和那个会为了完成削减交易成本任务而增加的预算项目是什么。例如，所有工业化国家都会使用所得税，但是这种收益征缴的有效来源却导致日本和瑞士与瑞典和荷兰相比的非常不同的政府规模。组织利益集团的交易成本在各国之间有极大的不同吗？

缪勒和莫瑞尔（1985，1986）提出了利益集团影响政府规模的经验证据。他们描述了这一政治过程，党派向利益集团提供利益以换取利益集团的支持。当利益以某种有特定目标的物品形式出现，该物品对特定利益集团有利但是会对其他集团产生某种溢出效应时，政府会扩张得更快。他们的文章显示，在 OECD 国家 1970 年的横截面样本里，一个国家中有组织的利益集团的数量对政府部门的相对规模有正的和显著的影响。

吕贝克（1986，pp. 88—96）发现瑞典政府的相对规模在不同的时间随着雇员中的利益集团成员所占比重的变化而变化。麦克米克和托利森（1981，pp. 45—49）发现一州之内经济管制的程度直接随着在该州登记的贸易协会数量的变化而变化。

要利用那些假说中的一个来解释政府随时间而出现的增长，就必须理所当然地坚持认为利益集团的议价力量随着时间而提高，而政府的凝聚力则随着时间而降低，或者是这两者的某种结合。

前述研究没有提供关于这些长期变化的证据。但是，奥尔森（1982）确实讨论了有利于利益集团增长的条件，而莫瑞尔（1984）提供的证据与奥尔森关于利益集团形成原因的假说一致。根据奥尔森的理论，西方发达国家自第二次世界大战以来稳定的经济与政治环境促进了利益集团的增长，而这种增长最终有助于解释 20 世纪最后 25 年中许多欧洲国家相对糟糕的宏观经济表现。如果发达国家有效的利益集团数目自第二次世界大战以来增加了，那么它们的增长也有助于解释政府的相对增长。政府增长与宏观经济无效率最终会捆绑在一起。① 这种相互联系将在下一章讨论。

---

① 缪勒和莫瑞尔（1985，1986）考虑了利益集团和政府规模，两个变量都是内生的。

沃利斯和奥茨（1988）间接地检验了将政府规模与利益集团增长联系起来的假说。他们追随奥尔森（1982），假设在老的州有较强势的利益集团。同缪勒和莫瑞尔一样，他们假定利益集团较强的州的政府规模较大。但是，他们发现政府部门在较年轻的州规模较大，从而与因果链中的链接之一相矛盾。格雷和洛厄里（1986）的研究结果表明，是州的年龄和利益集团的数目之间的联系断裂了。

21.2.4　官僚与政府规模的增长

政府计划不会仅仅因为利益集团想要它们而立法机构批准它们就会产生。他们必须是"制造出来的"。计划的供给者时常是政府自身的一部分——政府的一个局。政府的增长不仅仅是因为公民、利益集团和立法者需要越来越多的支出，而且是因为供给这些计划的官僚需要它们。政府官僚是一股独立力量，他们有可能促成政府规模增长。

在第十六章，我们考察了几个解释官僚为什么寻求较大的预算的假说，并考虑了特定情况下的一些证据，该特定情况是官僚有权力在他们负责的范围内（where they do）设置议事日程。如此看来，官僚是政府增长的独立原因的一个似是而非的备选因素。

但是，运用官僚模型解释政府规模及其增长存在着逻辑难题。尼斯卡宁（1971）预测政府预算是发起成立局的机构所需要规模的两倍。可以理解为什么一个局会希望对所既定的产品要更高的价格。额外的收益可以用来提供更高的薪水、更多的闲暇（因为众多的职员）、更多的额外津贴（开会时的带薪旅行）和一全套的令人愉快的东西，这些东西使得官僚的上班和下班生活更为愉快。但是，不应该夸大官僚们获得这些好处的权力。增加薪水是完全看得见的官僚权力的行使；旅行和其他津贴常常能容易地监控。一个聪明的立法机构应该有能力对此类预算项目施加某种控制。

有时候用来证明较高薪水正当性的一种方式是增加局的产量，然后要求更高的薪水，该薪水考虑到对局的需求的扩张。尼斯卡宁（1971，p.38）假定一个官僚的"薪水、办公室津贴、公众声誉、权力［和］委任权"都与局的规模正相关。尼斯卡宁利用这个基本原理分析了如果假设官僚们最大化他们的预算规模，其结果是什么。该模型意味着预算规模比立法机构需求者所希望的要大，这并不让人吃惊。尼斯卡宁的分析已经成为政府增长文献中的一个重要部分的理论支柱。

官僚预算最大化模型与一个公司模型是有特定共鸣的，该公司模型假定经理们最大化公司的规模、其规模的增长或其他与规模相关的变量如白领员工（鲍莫尔，1959；马里斯，1964；威廉森，1964）。这些模型的行为基础和经验支持在某种程度上可以引用来支持官僚预算最大化的基本原理。但是，没有必要急于总结。

一个100亿美元销售额的公司的经理，可能有能力向董事会和股东们证实，支付给的薪水比公司销售额为10亿美元能够得到的薪水高是正当的，而且公司规模和经理的报酬是正相关的。但是，有100亿美元预算的行政局的首长并不必然得到比有 10 亿美元预算的行政局首长多的收入。政府各个行政局的薪水远比各个公司的薪水整齐划一。而且，行政局的高层官员总是政治任命的，最多在局里待上四年。因此，即使规模和薪水是正相关的，扩张行政局的规模是不可能给促成这种扩张的官员带来直接好处的。如果行政局的增长给局里的高层成员带来好处，一般来说它一定是伴随着行政增长而来的非货币的官僚报酬。

即使在中层，各局的薪水也没有大的差别。不管中层官员处在哪个部门，都挣一样的薪水。但在一个迅速扩张的局里提升的机会当然要大于在萎缩的局里的机会。这样，中层官僚确实有金钱上的动机去怂恿他们所在的局迅速扩张，因为这增加了他们被提升到更高职阶上去的可能性。职业官僚不像他们的短期主管，也可能在一个局里待上足够长的时间以直接从扩张中获取好处。

尽管这种分析提供了一个基本原理说明由中层职业官僚推动的规模增长，但是，它也将为什么任由这些人通过牺牲社会来达到自己的目标的故事复杂化。如果行政局高层的官僚从局规模的增长中得不到好处，他们为什么不阻止它的增长？中层官僚有能力在行政局产量及其单位成本的真实数量上同时欺骗议会里对行政局的监督人和他们在行政局内的主管吗？[①]

官僚和利益集团在政府增长的所有原因的清单中处于同等高的地位，且许多案例研究证据符合这个假说。例如，缪勒对洛杉矶县的城市社团的研究（缪勒，1981，Ch. 3）显示，市和县的官僚都是由扩张规模、权限范围和拒绝缩小它们这个目标驱动的。

约翰逊和利贝卡普（1991）以完全一样的精神坚称政府部门的工人从投票中获得很多好处，而且这解释了为什么政府雇员的参与率比依赖私人部门就业的公民的参与率要高。他们将州和地方雇员相对于联邦雇员参与率的更高的到场率解释成支持该假说的进一步的证据，这是因为，由于在州和地方层面上选民规模较小，从而政府员工有决定性作用的可能性在州和地方选举中要比在联邦选举中更大。但是，约翰逊和利贝卡普并没有说明，州和地方政府雇员有能力将他们的投票权转换成他们的个人优势。联邦雇员要比较低级别政府的同僚挣更多的薪水，尽管后者的参与率更高。

有几项研究检验了认为官僚的投票权力本质上自然而然地产生了较大

---

① 关于将政府规模与官僚联系起来的假说的进一步的批评性讨论，见马斯格雷夫（1981，pp. 91—95）。

的政府预算。政府越大，则为它工作的投票人所占比重就大；而且，如果他们感觉到他们的利益得到递增的政府规模的推进，则支持这种结果的赞成票也就越多。博尔歇丁、布什和斯潘（1977）的文章可能是第一个对该假说进行检验的，并提出了就美国而言的支持性证据；但是，洛厄里和贝里的文章（1983）和贝里与洛厄里的文章（1984）使用美国的数据质疑该模型。费里斯与韦斯特（1996）使用美国1959—1989年间的时间序列数据支持了该假说，但是当他把数据序列扩展到1949—1989年时，就不能揭示公共雇员的数量和政府规模之间的显著关系（费里斯和韦斯特，1999）。

来自其他国家的证据同样有矛盾（亨雷克松，1988）。发现在瑞典公共部门的就业与地方政府的消费支出是正相关的，但是与转移支付之间没有关系。这一结果看起来似是而非，因为官员大概感兴趣于政府内部支出的金钱的增加，而不是经过政府转手的金钱的增加。但雷诺和万·温登（1987b）从荷兰的研究中提出完全相反的结论。内克和施奈德（1988）未能在奥地利的数据中支持该假说，弗雷和帕莫内因（1987）也没能够在瑞士市政当局发现官僚投票权的任何可测度的效应。

桑特雷（1993）在他对康涅狄格州市政当局的调查中能识别官僚对政治结果的影响。但是这里的政府雇员对民主过程的影响似乎不是简单地通过他们的原始人数，而是通过他们的积极参与镇民会议施加的。在流行镇民会议的直接民主制之地，公立学校雇员的数量与学校预算规模显著相关；但是如果使用的是代议制政府，就没有这种关系。官僚们看起来有能力通过积极参与到市民会议中，影响其他公民投票，从而影响该民主过程的结果。

尼斯卡宁（1971）、罗默和罗森塔尔（1978，1979b）以及其他人的官僚模型都是静态的。他们解释了为什么政府规模可能比立法机构如果知道其产量的单位成本时本来希望看到的要大，这些产量是立法机构认为自己应该购买的；也解释了产量水平为什么大于中间投票人最偏爱的数量。他们没有直接解释为什么政府扩张。

但是，他们可能间接地提供了一个解释。官僚将预算扩张到超过立法机构或公民的需要，这个能力取决于它不如实报告公共部门提供物品的真实价格和真实数量的能力。不真实报告的能力可能又取决于预算自身的规模和复杂性。官僚机构越大，则局外人对其活动的监控就越困难，就会有越来越多努力扩大官僚规模的局内人。这样，官僚机构的增长有可能取决于它的绝对规模。

要看到这些关系，让我们将 G_t 定义为公民或立法机构真正需要的公共部门提供物品的数量。令 B_t 表示预算的总规模。当官僚有能力促成比需要多的资源流向官僚机构时，在这个程度上，B_t 比 G_t 大。即

$$B_t = \alpha_t G_t, \quad \alpha \geqslant 1 \tag{21.10}$$

现在令

$$\alpha_t = e^{aB_t} \tag{21.11}$$

还让所需要的公共部门提供的物品以不变的速率 n 增长，比方说该速率等于国民收入的增长：

$$G_t = ce^{nt} \tag{21.12}$$

于是

$$B_t = ce^{aB_t}e^{nt} \tag{21.13}$$

这样，预算增长 g 就是

$$g = \ln B_t - \ln B_{t-1} = a(B_t - B_{t-1}) + n \tag{21.14}$$

预算的增长率既超过了国民收入的增长 n，还以本期和上期预算绝对差值的数额上升。关于 α_t 的其他函数形式就会产生导致 g 和 B_t 之间的其他关系；但是，只要 α_t 随着预算规模增长而增长，就可以预期预算规模的增长会随着其绝对规模的扩大而扩大。

尼斯卡宁类型的模型让人自然地认为官僚们是借助于扩大其行政局的产出而行使权力。但是，费里斯和韦斯特（1996）指出，美国的实际政府产出自 1959 年以来事实上是下降的。只有名义政府规模扩张了。政府官僚们在减少他们的产出的同时成功地增加了他们的薪水和预算。在许多下述研究中可以找到这个现象的直接证据：这些研究表明，在政府官僚机构与私人企业都供给可比较和可测度的产出时，如收走多少吨垃圾时，前者的单位成本高于后者。博尔歇丁（1977，p. 62）把它描述成"官僚成本翻倍法则"——"从私人企业那里剥夺一项活动（让其由官僚机构生产）会让它的单位生产成本翻倍。"① 如果在可以和私人部门进行直接比较时单位成本增加了这么多，那么在官僚机构知道自己不会被推到与私人市场替代自己的部门进行比较时这些单位成本又会被抬高多少呢？

官僚有能力利用其凌驾于其监管者的权力来增加其薪水，费里斯和韦

---

① 关于证据的总结，见奥热霍夫斯基，1977；博尔歇丁、波默雷尼、施奈德（1982）。还可见本书第十六章。

斯特提供了关于该能力的额外证据（费里斯和韦斯特，1999）。他们利用美国1949—1989年期间的时间序列数据首次证实了考和鲁宾假说（1981，1999），该假说表明，征税成本随时间下降导致政府规模扩大。然后他们将政府雇员薪水的增加与这些成本减少联系了起来。政府官僚机构的成员有能力将可能的税收减少或政府产出增加转化成他们自己收入的增加。

21.2.5 财政幻觉

认为官僚权力扩大了政府规模的假说认为，官僚机构能够欺骗立法机构不告诉他们供给不同水准产出的真实成本。财政幻觉假说认为立法机构能够欺骗市民不告诉他们真实的政府规模。

对政府规模的财政幻觉解释假定，市民用税单来测度政府规模。要增加政府规模，而市民又不愿意自愿为此付费，立法—行政实体就必须增加市民的税负而又不让市民们清楚他们在缴纳更多的税收，否则就必须愿意在下次选举中付出招致市民不满意的代价。如果以这种方式掩盖税负，市民就形成幻觉，感觉到政府负担比实际的小，而政府也就能够增长到越过市民中意的水平。财政幻觉的假说逻辑上是从认为投票人理性而无知的假设推导出来的（康格尔顿，2001）。租房者不直接缴纳不动产税。如果她是理性和无知的投票人，就不可能收集到关于政府财务的足够信息，甚至知道存在着不动产税。即使她知道不动产税确实存在，也不会花充足的时间和力气去测定她所租住的房产的所有人缴纳的税收有多大程度转嫁给自己了。接着她可能投票支持学校预算增加——这是用不动产税的增加来资助的——但认识不到她将支付更多的税收。

尽管这种说法足够合理，要把它发展成一个模型来解释政府规模，还必须就能够掩盖的税收负担种类做一些具体的假定。米尔（1861）感觉到，直接税更可以看得见；这似乎是在说过度的政府增长就不得不依赖间接税。可是当英国在两个世纪之前对茶叶征税时波士顿市民就没有幻觉。有人还会说，由雇主预扣所得税就像由银行以抵押金代征不动产税，使得这些形式的直接税还不如有些类型的间接税如烟酒税之类显而易见。什么来源的税收让市民们不太看得见的问题，和所引起的任何财政幻觉的数量问题，都必须看成是在很大程度上是一个经验问题。

奥茨（1988b）在其有关财政幻觉的经验研究文献的综述中确认了五种类型的财政幻觉：（1）税收结构越复杂，税收负担越难判定；（2）在一个社区中的租房者不如房主有能力判断自己承担的不动产税份额；

（3）由于税收结构的累进性质引起的内在的税收增加（built-in tax increa-ses）不如通过立法带来的税收变化更会被清晰地认识到，从而使得弹性的税收结构比缺乏弹性的税收结构更有助于政府增长；（4）公债发行中固有的隐性未来税收负担比同等的当前税收更难以评价；（5）市民们没有将给予他们政府的定额现金补贴像自己会得到一份现金补贴时会认为的那样看成是给他们自己的现金补贴［"捕蝇纸"效应（"flypaper" effect）］。这些假说中的每一个都暗含着政府规模或政府增长与相关财政幻觉变量之间的关系。奥茨仔细地考察了支持每一个假说的证据并得出结论说："尽管所有的五种例子都需要用似是而非的幻觉假说来解释，但这些假说没有一个有非常令人信服的经验支持。"（1988b）我倾向于同意这个结论对除了最后一个之外的所有五种类型的财政幻觉都成立。否定捕蝇纸效应的逻辑是有说服力的，但是经验证据并不认可这种逻辑。来自中央政府的拨款确实看起来像是被下级政府处理成"天上掉下来的馅饼"，而且为了不冒犯施与者而倾向于"掉在哪里就放在哪里"。①

最近特兰和索斯格鲁伯（2000）在实验中得到了财政幻觉的直接证据。他们设计了一个包含着税收/转移支付方案的市场实验。税收可以瞄准买方也可以瞄准卖方，而所征得的税收收益部分转移给买方而另外的部分则转移给卖方。需求曲线完全没有弹性，所以在两种情况下所有的税收都落在买方身上，这样在两种情况下买方拒绝税收/转移支付方案会对自己更有利。大多数买方正确地意识到如果对自己征税的话该方案会使得自己的境况变糟，因此投票反对。但是，有相当比例的买方在税收针对卖方征收时投票支持该方案。该方案的税收部分如何设计对参与实验的人如何投票有显著的影响。特兰和索斯格鲁伯的研究结果显然在暗示，财政幻觉在出租房产的不动产税、雇主支付的就业税等税收中是有可能存在的。

彼得·斯旺关于澳大利亚税收制度的弹性和其政府规模增长中间的强关联的结论也应该被提及。斯旺认为澳大利亚自第二次世界大战以来的政府相对增长实际上全部都可以用通货膨胀引起的隐蔽的税收增加来解释，因为通货膨胀将人们推入到更高的纳税等级从而扩大了国家对税收的征缴。不幸的是，对这种版本的财政幻觉而言，斯旺分析澳大利亚的令人印象深刻的时间序列研究结果——和梅尔策和理查德（1983）的时间序列结论一样——并未被使用弗兰德斯地区的混合横截面数据（海德尔斯和斯

---

① 第十章有对有关捕蝇纸效应的经验证据的评述。

莫尔德斯，1994）与美国的混合横截面数据（亨特和斯科特，1987；格林和霍利，1991）所作的研究所证实。

财政幻觉假说尽管直觉上吸引人，但缺乏强大的经验支持，可能是因为其在文献中以很含糊的方式定义和建立模型。例如，财政幻觉到底是投票人这一方面的短期的短视，从而允许支出临时增加，还是一个持续的散光，含糊地遮盖住了政府的真实规模。后者显然是强得多的假说。20 世纪 70 年代欧洲和美国的税收反抗和纽特·金里奇在美国 20 世纪 90 年代早期削减税收和赤字的成功的"美国契约"表明，财政幻觉不可能长期削弱投票人的视力。到 20 世纪末期，美国的联邦赤字消失了，政府在 GDP 中的份额停止增长。最终，市民们能够认识到利维坦的真实规模并起来锁住它（关于财政幻觉的进一步讨论，见马斯格雷夫，1981，pp. 98—104 和奥茨，1988b）。

21.2.6　税收弹性

我们关于政府增长的最后的假说与其说是关于那些促成政府增长的人的动机的假说，不如说是关于他们这样做的手段的假说。考和鲁宾（1981，1999）的著作已经提过了，就像布伦南和布坎南（1980）的利维坦模型或是尼斯卡宁（1971）的官僚模型一样，他们假定政府服务和转移支付是由那些寻求让政府规模最大的人提供供给的。让预算最大化者幸运的是，上个世纪的几项经济与社会发展已经使得他们的工作容易很多。工人从农场进入工厂的潮流让政府更容易对他们的收入进行估测并征税；妇女从在家就业和走向市场就业的潮流让政府得以对她们的收入进行估测和征税；计算机的发展和其他技术变化使得政府更容易对经济活动进行监控——并进而征税。考和鲁宾最近在他们对这些命题的检验中测度这些发展的变量解释了美国在 1947—1993 年期间政府规模变化的三分之二。对国会议员意识形态的一项测度指标并用来解释政府需求变化时则是不显著的。考和鲁宾所能够解释的政府变化的全部都可以用政府增加税收收益能力的代理指标来解释。[1]

汉森和斯图亚特（研究结果即将发表）在解释为什么有几个 OECD 国

---

[1]　考和鲁宾使用 1929—1970 年数据第一次提出了证据表明，这些测度税收弹性的指标能够解释美国政府规模在 1981 年的跨时期变化。对他们的假说的税收弹性方面的其他支持似乎由费里斯和韦斯特（1996）提供的。

家的政府部门从 20 世纪 80 年代的顶峰下降了时也强调了税收体制弹性的
重要性。汉森和斯图亚特认为，在这些国家政府中的那些人过高估计了税
收收益的弹性，并提高税收到一个它们不能无限期维持下去的水平。于是
他们被迫退却。我们在下一章讨论一些影响这些税收限制的因素。

21.3　结论

　　本章评述的关于政府规模的六种解释起源于对国家所作的两个迥异的
概念化。头三个假说（政府是公共物品的提供者和外部性的消除者，政府
是收入和财富的再分配者，以及利益集团是政府增长的始作俑者）实际上
是从古典的民主国家理论那里获取的思想（1970）。终极权力在于民众。
国家存在是为了实现"人民的意愿"。国家政策是众多个体投票人的偏好
的反映。在公共选择文献里，国家常常看上去只是一个投票规则，用来将
个人偏好转换成政治结果。关于公共选择的大部分古典著作——从阿罗
（1951）、唐斯（1957）、布莱克（1958）和布坎南与塔洛克（1962）开
始——是以对政体持有的民众主导国家（citizen-over-state）的观点为基础
的，该政体观在最近的文献中继续主导着利用中间投票人模型和概率投票
模型之类的许多著作。

　　后三个在这里评论的假说把国家置于民众之上。正是国家的偏好或政
府中的个人的偏好起着决定作用。民众的偏好与政治制度最多构成对政治
领导人和官僚追求他们的个人利益时的（松散的）约束。实际上，在这
个国家观的极端版本中，唯一的有效约束是国家从市民那里征税的能力。
这种国家统治民众的政治学观点是普维亚尼（1903）著作的基础，并且
描述了尼斯卡宁（1971）和布伦南与布坎南（1980）著作的特性。

　　如果关于国家的这两种观念中有哪一个是完全正确无误的话①，那么
另外一个就必须否定——这样，本章与它有关联的一组假说也要被否定。
但是，在某种程度上两种观点可以都是正确的。政府官员和官僚可能有一
些自主支配的权力去增加自己的利益而让民众承担损失。但是，民众的偏
好已经通过政治制度而登记，也可以构成重要约束。如此则所有的六个假
说都有助于解释政府规模和政府增长。当然，国家预算中的再分配成分的

---

　　①　坦齐（1980）对这两种关于国家的观念都在讨论财政幻觉问题时讨论到了——也讨论到
第三个家长主义国家观。

巨大增长似乎有可能用在这里评论的假说的某种混合来解释：（1）对生活在高度发达又相互依赖的经济体中所存在的收入风险进行保险；（2）针对生活在高度依赖国际贸易的经济体中所带来的收入风险进行保险；（3）从高于中间收入的那些人到低于中间收入的那些人的非自愿再分配；（4）从那些政治力量弱的集团到更有权势集团的非自愿再分配。

有几项研究检验了需求与供给因素在解释政府增长时的相对作用强度。亨雷克松（1988）对瑞典的时间序列分析中找到了鲍莫尔效应和政府官僚的投票力的证据。尽管财政幻觉变量证明并不非常牢靠，供给方面的变量确实比需求方面的变量解释力略强。

费里斯和韦斯特（1996）利用美国的时间序列数据估计了需求与供给方程。他们还找来第三个方程来解释政府就业水平。在需求方程中，价格与收入都不显著，后来的结论与瓦格纳定理相冲突。政府雇员数量和农场人口利益集团在需求函数中是有显著性的"特性因子"（taste factor）。鲍莫尔效应在供给方程中是有显著性的。

吕贝克（1986）估计了 12 个 OECD 国家结合了供给与需求的政府模型。需求因素看起来在瑞典和英国起主导作用，供给因素在加拿大、法国和美国起主导作用，而在其余国家（澳大利亚、奥地利、比利时、联邦德国、意大利、荷兰和挪威）两个因素有着大致相等的重要性。对鲍莫尔效应的令人印象深刻的支持再次被发现。利益集团强度在对瑞典的时间序列分析（吕贝克，1986，pp. 58—82）中是用利益集团数量测度的，在对所有 12 个国家的混合横截面/时间序列分析（pp. 96—106）中是用工会化程度来测度的，这种测度的利益集团强度有高度的显著性。公共雇员的数量是另外的一个利益集团测度指标，在有几个国家中被证实是显著的。在混合回归（pooled regression）中，人口规模（负相关）和失业（正相关）是剩下的显著性变量。前者出现在模型的需求方面，后者表明当人口增加时政府规模相对下降，正像如果政府产出类似于纯公共物品时有人会预期到的。失业率出现在模型的供给面，这如同政治经济周期模型所假设的一样。其他假说（瓦格纳定理、再分配、财政幻觉）获得了极为混合的支持。

波默雷尼和施奈德（1982）关于国家的这两种观点都结合到自己的模型中。该模型首先估计了在瑞士采用直接民主制（与代议制相反）的48 个自治市中对政府的需求，接着就把从该方程中得到的估计系数用于模拟在 62 个采用代议民主制的自治市中政府支出会是多少。他们发现，如果使用以直接民主制为基础的参数估计值，则一项一项的支出类别中每一项都是低估的。代议制民主制下的支出要比针对直接民主制估计的支出方程所预测的支出多28%。使用代议制形式的政府极大地改变了政治结果的性质，使得政府比民众直接决定结果时的规模大得多。而且，在那些存在着代议民主制的瑞士自治市，当民众有权要求进行公民复决投票从而颠覆政府决策时，政府规模要小一些。波默雷尼和施奈德这些研究结果非常强烈地表明，在民众和政治结果之间存在着的代议制政府这一层级极大地扩大了公共部门的规模。他们看上去支持政府主导民众的政府观点，而波默雷尼和施奈德（1982，pp. 319—322）将他们的结果解释为显示了"地方服务的供给方"的重要性。

桑特雷（1989）对康涅狄格州的各个市郊的研究为波默雷尼和施奈德的结果提供了进一步的支持。实行代议民主制的市郊比受直接镇市民会议民主制支配的市郊的预算规模更大，但实际上按平均每个小学生算支出更少——这是地方预算的主要内容。另一方面，法纳姆（1990）没有在使用其他直接民主制工具——立法提案权、复决投票权和罢免权——的美国小型社区中观察到对中间投票人模型的更好的契合。

也有可能代议民主制的存在方便了利益集团获取私人收益。佩尔茨曼（1980）和缪勒与默雷尔（1985，1986）都将政府增长看成是候选人和政党们竞争选票的副产品。于是在这些模型中政府增长（或规模）就取决于民主过程中代议的性质，尽管模型假定民众的偏好通过利益集团代表的渠道，成为政府项目背后的驱动力量。

鲁比尼和萨克斯（1989）、丘萨克（1997）和佩尔松和塔韦利亚（1999，2000b）指出，不只是代议民主制自身的存在影响着政府部门的规模，而且代议政府制度的结构也是重要的。鲁比尼、萨克斯和丘萨克认为，在多党制或总统制中政府内聚力的缺乏导致更多的相互捧场和更多的预算。佩尔松和塔韦利亚做出了几乎正好相反的预测。他们认为总统制中监督与制衡在政府不同分支之间产生更多的竞争，这种竞争有助于约束政府中那些人的寻租活动。他们也预测在"多数主义"（两党制）制度中预算比在多党制度中要小，因为多数主义制度中对选票的竞争集中在边缘地区，而不是整个国家，这样，政治家们在多数主义制度中趋向于做出指向更明确和总体上更少的承诺。所有三项研究都声称他们的假说是有支持的。

尽管对这些模型的理论基础几乎总是比他们获得的经验支持更令人印

象深刻，与波默雷尼和施奈德的早期研究结论相平行的关于选举制度重要性的这项最近研究工作证实了，什么可以被看成是公共选择必须教导的唯一重大信息——游戏规则确实影响着游戏结果。制度是起作用的。在瑞士，民众对政治结果的影响越直接，政府规模就越小。在发达国家中，瑞士的民众有能力比其他任何地方都更有效地控制政府。只有瑞士才更多地利用了直接民主制和公民复决投票，而且它有世界上最强的联邦制度，它的公共部门也是欧洲最小的（见表21.2）。波默雷尼和施奈德的研究结论与桑特雷（1986，1989）的研究结论表明这些事实是相互联系的。

较直接的公民控制有效地约束了政府，关于这一点的确实证据可以从很多研究中推知，这些研究业已发现，较联邦化的或较分权的政府结构与增长较小或较慢的政府部门相联系。[1] 在国家层面，联邦主义对国家规模的影响几乎不可能测度，因为符合联邦主义实质标准的国家是如此之少——公民在每一级政府都要被代表且他们的代表能在各自层面上既决定支出也决定税收。在欧洲的所谓联邦主义国家——像奥地利和德国——较下级的政府有有限的权力确定自己的税率，从而公民不能对他们施加压力以降低税收。在西欧只有一个国家即瑞士具有联邦主义结构，在这里公民在每一级政府都能够同时决定支出和税收，且它的政府部门"碰巧"是西欧最小的。从全球来看，四个具有最小政府部门的发达国家中，有三个符合这一联邦主义标准，它们是瑞士、美国和澳大利亚（表21.2）。加拿大看起来会提供一个重要的反例，因为它也符合标准，但是，自第二次世界大战以来，加拿大的联邦主义潜势（disciplinary potential）被联邦领导的在各省引入"税收统一"计划所急剧减小。格罗斯曼和韦斯特（1994）声称该计划是各省政府之间勾结的产物，并提供证据表明该计划导致加拿大自第二次世界大战以来政府规模扩大。

布兰卡特（2000）叙述了一个来自德国的相似的故事。在最近50年里，德国地方政府乐于允许联邦政府侵占他们的征税权力，因为这种征税权力集中化消除了他们相互之间的税收竞争，从而增加了他们的预算规模。布兰卡特声称这种征税权力集中化解释了德国公共部门相对于瑞士公共部门的较快增长。[2] 与加拿大和德国的经历一致的是，我们发现，由于

---

① 见卡梅伦（1978），桑德斯（1986），施奈德（1986），纳尔逊（1987），扎克斯（1989），马洛（1988），朱法安和马洛（1990），以及沃贝尔（1996）。这里常常出现的事情是，有人可能引用矛盾的证据［可参见奥茨（1988b）文章的讨论］。

② 朱法安和马洛（1990）使用美国数据提供了关于这种勾结效应的另外证据。

它们经济更高程度的一体化带来了税收竞争"威胁",欧盟的各国政府对此威胁所作的反应是通过与欧盟保持"税收和谐"而施加压力以消除这种竞争。

于是我们看到所有的民主制度——选举规则、直接民主制度和联邦主义制度——在决定政府规模时好像是重要的。这些制度因国而异;当一个国家经济与政治环境变化时,它们的功效随着时间推移而改变。公民们在代议民主制中的作用比直接民主制被动。而且,即使是这种差异看起来也产生对政府规模的显著刺激。今天的公民在面对各级政府如州和联邦等扩大了的和更为复杂的政府结构时,必然意识到,当他在电视上观看竞选广告时,他比150年以前的公民还要更是这个民主过程的一个被动观众。在干预年代,政府增长有多少能够用民众对政府的控制放松来解释,有多少是民众通过政治过程传递的偏好的反映,又有多少仅仅是反映了在政府任职的那些人的偏好,这些仍然是一个多少尚未解决的问题。

文献注释

霍尔西和博尔歇丁(1997)对有关政府规模增长的公共选择文献进行了综述。坦齐和舒克内希特(2000)对不同国家从19世纪末到现在的政府支出与税收的规模与内容提供了大量的数据,并分析了这些财政变化的原因和后果。

第二十二章　政府规模与经济绩效

> 我坐在一个人的背上，让他窒息，让他背着我，却让我自己和其他人确信我很同情他，希望用各种手段减轻他的负担——除了从他的背上下来。

列夫·托尔斯泰

在上一章我们用文献证明了全世界的政府是如何增长的，但尚未讨论到欧洲；它们一般占用了一半或更多的国民收入。此种增长对那些国家的公民的福利有何影响呢？对那些国家的经济表现又有何影响呢？第一个问题是最有意义的。自从第二次世界大战结束以来，美国已经在国防上花了8万亿美元。如果这些开销阻止了一场第三次世界大战，促成了苏联和东欧的政权垮台，从而保护了西方的民主和自由，那么大多数美国人可能会说钱花得值。但是，如果情况是美国只需要花十分之一在国防上就能做成同样的事情，那么超过7万亿美元的花费就是浪费掉了的，结果是美国人的福利减少了。

政府所提供的物品与服务中有许多具有"非市场"的性质，正是这种性质使我们难以测度其对福利的影响。你可以测度用在失业补偿金和社会保险开支上的钱数，但你怎样测度所有那些尚未失业并因为失业救济金的存在而用不着害怕失业的人所具有的内心的平和呢？你怎样测度人们知道自己在年老时不会生活在贫困之中时所具有的内心的平和呢？

经济学家和公共选择的学者们并没有尝试着回答这些问题。正如政治经济周期文献中的观点一样，他们将重点放在政府受欢迎的经济原因上，放在政府增长或规模的经济后果上。尽管这些只构成了政府福利效应的一小部分，他们构成业绩表现的重要成分，也是我们能够在某种程度上进行精确测度的东西。这一章我们考察这些后果中的一部分。我们先从微观层面开始，然后谨慎地过渡到宏观层面。

22.1 税收的福利损失

除了讨论很多但很少实施的定额税外，所有的税收都扭曲了个人行为并因此减少了福利。先考虑商品税的例子。在图 22.1 （a）中绘制了商品 x 的补偿需求曲线。该商品以不变的边际成本 c 生产，并处于完全竞争之中。均衡时，有 x_c 单位的 x 以 P_c 的价格销售。现在让政府对每单位商品征收 t_1 的商品税。价格提高与该税收相等的数量，政府获得由 t_1 和 P_c 之间的长方形表示的税收，消费者因为未购买 x 一定数量而遭受的额外消费者剩余的损失由三角形 L_1 表示。相对于税收的增加而言，福利损失三角形算是少的。

政府从这种商品税中能够征缴的最大税收出现在 t_m 的税率上，在此处，含税的商品价格上升到垄断者的利润最大化价格处。政府获得税收为和 P_c 线之间的长方形 R_m。但是这种税收的扭曲效应带来的福利损失现在上升到 L_m，等于税收收入一半。相对于税收而言，税收导致的福利损失随着税收的增加而增加。

为了更清晰地理解这种关系，我们考察其中所包含的代数运算。对 x 的补偿需求曲线可以写成

$$P = a - bx \tag{22.1}$$

因为完全竞争价格等于边际成本，所以有

$$P_c = c = a - bx \tag{22.2}$$

由此产生竞争产量水平 x_c：

$$x_c = \frac{a-c}{b} \tag{22.3}$$

加入税收后我们得到的 x_t 产量：

$$x_t = \frac{a-(c+t)}{b} \tag{22.4}$$

国家征缴的税收为该产量与税收的乘积：

$$R = \frac{a-(c+t)}{b}t = \frac{(a-c)t - t^2}{b} \tag{22.5}$$

选择 t 求（22.5）式的最大值让我们得到让税收收入最大化的税率：

$$t^* = \frac{a-c}{2} \tag{22.6}$$

此税率产生的最大税收收益是

$$R^* = \frac{(a-c)^2}{4b} \qquad (22.7)$$

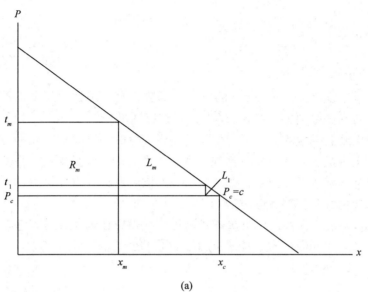

(a)

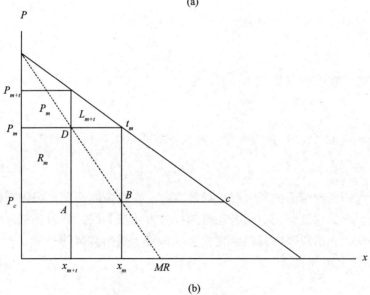

(b)

图 22.1 税收的扭曲效应

税收的福利损失等于税收引起的产量变化的一半乘以税率。该税收引起的产量变化是

$$\Delta x_t = \frac{a-c}{b} - \frac{a-(c+t)}{b} = \frac{t}{b} \tag{22.8}$$

于是福利损失是

$$L = \frac{1}{2}\frac{t}{b}t = \frac{t^2}{2b} \tag{22.9}$$

此种税收中征缴到的收益是 t 的二次方函数，它在该处达到最大值，而此种税收带来的福利损失随着 t 的上升而按指数增长。

如果政府征缴的税收不比税收收益最大化时的税率高，此种税收带来的福利损失最多只有税收收益的一半，如果需求曲线是直的，且商品 x 的供给是完全竞争的。但是，如果商品 x 的供给者具有市场势力的话，那么税收引起的福利损失就会增加。

假设商品 x 现在由一个垄断者销售。在没有任何税收时，垄断者会让边际收益等于边际成本，按照 P_m 的价格销售 x_m 的数量，其中，

$$x_m = \frac{a-c}{2b} \tag{22.10}$$

垄断者利润最大化的产量是

$$x_{m+t} = \frac{a-(c+t)}{2b} \tag{22.11}$$

国家的税收收益现在是

$$R = \frac{a-(c+t)}{2b}t = \frac{(a-c)t - t^2}{2b} \tag{22.12}$$

选择 t 使得（22.12）式最大化，我们正好得到以前所得到的 t^*，

$$t^* = \frac{a-c}{2} \tag{22.6}$$

但是，这给国家带来的税收收益只是商品 x 在竞争的情况下提供时的税收收益的一半，这是因为垄断者还是选择最大化其利润，从而在被征收让税收收益最大化的税率时只供给完全竞争条件下供给数量的一半。

$$R_{m+t}^* = \frac{(a-c)^2}{8b} \tag{22.13}$$

$$x_{m+t} = \frac{a-\left(c+\frac{a-c}{2}\right)}{2b} = \frac{a-c}{4b} \tag{22.14}$$

这一点可以轻易地从图 21.1（b）中看到。垄断者收取含税的价格 P_{m+t}，

销售 x_{m+t} 的数量。政府的税收收益是长方形 R_m。但是此种税收带来的福利损失现在超过了它所带来的税收。该福利损失等于长方形 ABt_mD 加三角形 L_{m+t}，前者代表着垄断者由于税收的缘故而没有销售的商品 x 数量本来可以赚得的利润，后者代表在该数量上本来应该有的消费者剩余。当 R_m 等于 ABt_mD 时，福利损失将超过税收收益，超过的数量为三角形 L_{m+t}。

当然，就像完全竞争的结果构成商品税损失的下限一样，垄断条件下的上述结果构成了商品税损失的上限。大部分行业处于这两个极端之间。但是，这些结果显示，税收的福利损失会在政府试图最大化其税收收益时变得相对大，且被征税的厂商拥有的市场势力越大则税收的福利损失也越大。

商品税扭曲了消费者的消费模式，从而带来福利损失。一般商品税扭曲了人们在消费和闲暇之间的选择，所得税扭曲了人们在工作和闲暇之间的选择，如此等等。常用的所有税收都带来选择上的某种扭曲并带来福利损失。

在这方面特别引人注意的是所得税的扭曲效应。布朗宁（1987）用了一个类似于在这里用过的分析，但将它移植到劳动供给上，计算出美国所得税引起的可能的边际福利损失范围在大约 10% 到 300% 之间，到底多大取决于关于劳动供给曲线所作的假定和有效税率等。布朗宁建立在可能合理的假设参数的基础上的"首选估计"范围在 31.8% 和 46.9% 之间。①

这些估计意味着在美国所得税带来的边际福利损失相当高。在欧洲劳动和劳动收入的课税比美国要重得多，福利损失是随着税率的提高而按照指数增长的，考虑到这些，则欧洲对劳动课税带来的福利损失一定比美国高得多。阿利辛娜和佩罗蒂（1997）没有用与布朗宁相同的方法测度福利损失，但他们还是发现了对劳动课税的一个非常显著的扭曲效应。劳动课税显著地增加了劳动成本，造成一个国家更高的失业率和竞争力的普遍降低。

22.2　政府规模与黑市活动

上一节证实，税收是怎样通过扭曲人们在不同消费品之间的选择和

① 斯图尔特（1984）和巴拉德、肖文与惠利（1985）也做出了类似大小的估计。但黄有光（2000）认为，这些种类的估计太高。

扭曲人们在工作和闲暇之间的选择等而降低经济效率和减少社会福利的。但是，税收和其他类型的政府干预与政府管制还造成了其他扭曲效应。例如，为了避免少缴税而减少工作时间，人们干脆只报告较少的收入，而不是少工作。在美国，由于这种类型的避税，联邦所得税大约有17％的潜在税收收益漏征了（安德烈奥尼、埃拉尔和法因施泰因，1998，p. 819）。

更一般的影响是，税收与管制影响着人们从在"合法经济"中开展经济活动和在"地下经济"中开展经济活动两者之间做出选择。地下经济包括合法的活动如雇用一个人喷刷公寓但没有报税，也包括不合法的活动像购买可卡因。地下经济被叫做影子经济、非正式部门、非正规部门、未上报部门、黑色或灰色经济（市场）等。对另外一些活动而言，其地下经济被称为非法部门或犯罪部门。① 从事由这些名称描述的经济活动的人员无论是买方还是卖方都试图隐瞒这些活动不让政府知晓，在这个意义上我们说这些活动是地下的。他们这样做就用不着去领从事该种活动所需要的许可证，就可以避开管制，就可以逃避缴税。

当经济活动被驱入地下经济之中时，有可能对经济效率产生几种不利的影响：

1. 转入地下本身带来扭曲。例如，商品的购买者在黑市上可能不得不走更远的路才能完成购买，不得不在交易中花更多的时间，而购买的商品的质量和售后保证却可能有别于购自合法企业的商品。如果转入地下还绕开了安全与环境的管制时，社会福利会因为消费者或雇员要冒更大的风险而减少，或者因为环境受损而减少。

2. 国家损失了本来可以征缴到的税收和许可证收益。此种损失会促使国家设置更高的税率或开征新税收来应付其支出，结果导致更多的扭曲并驱使更多的经济活动转入地下。

3. 因为地下经济规模难以测度，政府官员们就有可能基于合法经济的数据而对经济政策做出错误的判断。例如，设想所得税和社会保险税从而促使一些处于失业状态的人在地下经济中工作。只要在合法部门工作的税后收入低于失业救济金加地下经济中的免税收入，他们就继续假装在找工作以便能够申领失业救济金，但是会拒绝接受给他们的工作。可以真实地说这些人是"自愿失业"。官方失业数字高估了积极寻找工作的人的人

---

① 见费格（1989b）和托马斯（1992）的讨论。

数，从而政府削减官方失业人数的政策可能达不到这些政策设计者的预期效果。

4. 参与到地下经济中去的每一个人都在违反一项政府法律或管制令，也可能是违反某种社区规则。一旦某人违反一项法律并"侥幸逃脱惩处"，她会试图违反其他法律。于是地下经济中的一系列非法活动就可能鼓励其他人，而一个社会的法律和道德构造就被伤害。

地下经济有多大？不幸的是，这个明显而基本的问题很难回答。处于地下或处于影子市场这一事实使得其规模难以观察和测度。人们尝试了几个方法。最简单的方法是直接问他们。例如，许多调查就是这样进行的，要求人们报告其所挣得的收入中必须向政府申报的或已经向政府申报的是多少，未申报的又是多少。有人指望可能有些人不情愿承认向政府隐瞒了收入，即使是在允许匿名的调查中也是这样。这样，利用调查数据估计地下经济的规模时就存在着低估的偏差。对那些社会臧否强烈或法律惩罚重的活动而言，这种低估的偏差可能特别大，例如关于购买或销售非法毒品的询问就是这样。因此，基于调查来估计地下经济的规模是所有使用到的程序中最少使用的，这也就不足为奇。

估计地下经济规模应用最频繁的方法是，试图确认一个对地上经济活动和地下经济活动都具有互补性而又容易观察到的和容易测度的活动或商品。例如货币就可以当做这样一个商品。我们假设货币数量论成立，这样货币余额的需求就可以写作 $M = kY$，其中 M 代表货币余额，Y 代表国内生产总值，而 k 是一个常数，代表人们相对于他们进行的经济活动水平而言所希望持有的货币余额数量。现在让我们假设，我们相信在过去的某一时点 $t-n$ 当下经济规模为零，但在时间 t 是整数。我们还相信地上经济交易中出现的 k 与地下经济交易中的 k 是相同的，并且 k 在时间 t 和时间 $t-n$ 都是一样的。接下来就可以用 $t-n$ 期的国内生产总值数据（PT）和货币余额数据来估计 k。给定对 k 的这种估计和观察到的 t 期货币余额数量，我们就能预测 t 期的国内生产总值是什么。这将是对正式经济和地下经济合在一起的经济规模的估计值。这个数字和政府对 GDP 的官方估计数字的差就是对地下经济的测度值。

这种估计有可能在好几个方面出现差错。[①] 地下经济在 $t-n$ 期可能并

① 见波特和拜尔（1989）、施奈德和恩斯特（2000）。

不是 0[①]，两个部门的 k 值可能不同，k 可能随着时间变化而变化，如此等等。于是人们尝试了其他的替代方法。

一个流行的选择是对电力的消费。电力是许多生产和消费活动的投入品。如果用 E_t 代表时期 t 消费的电的数量，Y_t 代表时期 t 的国内生产总值，那么电力消费就可以合理地利用方程 $E_t = kY_t$ 来准确预测。这样，电力消费方法用起来就像货币余额需求的方法。参数值 k 在时点 $t-n$ 估计，其时地下经济假设为 X 的规模，而 X 是可以等于零的。假设 k 没有改变，则 t 点的电力消费就被用来预测 Y_t。从用电量中预测的国内生产总值和官方 GDP 数值之差就是测度的地下经济规模。

电力消费的方法也受到了批评。施奈德和恩斯特讨论了已经用过的九个方法的优缺点。我们不打算评论各种方法。最多会说这些方法产生了值域广泛的估计值，其中家户调查产生的估计值最小，而货币需求方法上的各种变种产生的估计值最大。例如在加拿大，在 20 世纪 80 年代晚期，地下经济规模就其占 GDP 比重而言的估计值的范围在基于家户调查的数值 1.4% 到使用交易方法产生的数值 21.2% 之间。[②] 类似地，德国、英国、意大利和美国也报告了值域广泛的估计值（施奈德和恩斯特，2000，表 8）。

尽管不同的方法产生了这些重大差距，从现存文献中还是可以安全地得出两个结论。结论之一是，发展中国家与转型国家中的地下经济相对规模比发达国家要大得多。表 22.1 给出了三组国家的地下经济相对规模的值域。在非洲、亚洲和拉丁美洲的发展中国家，地下经济平均占 GDP 大约 40%，而在 OECD 国家，地下经济平均只占 GDP 的大约 15%。转型国家的估计值在这两个数字的正中间。

能够安全得出的第二个结论是地下部门一直在增长之中。表 22.2 给出了几个 OECD 国家在不同时点上的地下经济规模估计值。[③] 在这 15 个国家中，每一个国家的地下经济都增长了。在挪威和瑞典，地下经济占 GDP 比重从 1960 年微不足道的 1%—2% 上升到 1994 年的 18%。这 15 个国家

---

① 也可以使用这个程序并假定在 $t-n$ 期地下经济为非零的数值，但是对 t 期的估计仍然对这个假设敏感。

② 这个方法使用了货币数量论的变种 $MV = PT$，其中 M 代表货币余额，V 代表货币流通速度，P 代表价格，T 代表交易。通过比较 T 水平的实际值和预测值而估计影子经济的规模。

③ 表 22.2 是从施奈德和恩斯特（2000）文章的工作论文稿中得到的，因为它包括更多的国家与数据点。

中只有 3 个国家——奥地利、瑞士和美国——地下经济占 GDP 比重的估计值在 1994 年少于 10%。意大利的估计值最高，超过了 25%。

这些数字提出了我们在前一章试图回答的关于政府部门规模的两个同样的问题：什么因素导致了影子经济规模相对增长？什么因素导致了不同国家影子经济规模的估计值差别很大？

表 22.1　发展中国家、转型国家和经合组织成员国的地下经济平均规模

国　家	地下经济规模的变动幅度（1990—1993）（占 GDP 的百分比）
发展中国家	
非洲	39%—76%
拉丁美洲	25%—60%
亚洲	13%—70%
转型国家	
苏联	20%—43%
中欧	9%—28%
经合组织成员国	8%—30%

资料来源：施奈德和恩斯特（2000，表2）。
注：基于电力需求方法或现金需求方法的估计。

表 22.2　对部分经合组织成员国地下经济规模的估计（1960—1994）

国　家	通货需求方法 地下经济规模（占官方统计 GDP 的百分比）						
	1960	1970	1975	1978	1980	1990	1994
澳大利亚	0.4	1.8	1.9	2.6	3.0	5.1	6.8
比利时	—	10.4	15.2		16.4	19.6	21.4
加拿大			5.8—7.2	—	10.1—11.2	13.6	14.6
丹　麦	3.8—4.8	5.3—7.4	6.4—7.8	6.7—8.0	6.9—10.2	9.0—13.4	17.6
德　国	2.0—2.1	2.7—3.0	5.5—6.0	8.1—9.2	10.3—11.2	11.4—12.0	13.1
法　国		3.9	—	6.7	6.9	9.4	14.3
爱尔兰		4.3	6.9		8.0	11.7	15.3
意大利		10.7	—		16.7	23.4	25.8
荷　兰	—	4.8			9.1	12.9	13.6

续表

国　　家	通货需求方法 地下经济规模（占官方统计 GDP 的百分比）						
	1960	1970	1975	1978	1980	1990	1994
挪　威	1.3—1.7	6.2—6.9	7.8—8.2	9.6—10.0	10.2—10.9	14.5—16.0	17.9
西班牙	—	—	—	18.0		21.0	22.3
瑞　典	1.5—1.8	6.8—7.8	10.2—11.2	12.5—13.6	11.9—12.4	15.8—16.7	18.3
瑞　士	1.2	4.1	6.1	6.2	6.5	6.6	6.9
英　国		2.0	6.5	7.8	8.4	10.2	12.4
美　国	2.6—4.1	2.6—4.6	3.5—5.2	3.7—5.3	3.9—6.1	5.1—8.6	9.4

资料来源：施奈德和恩斯特（1998，表3.3.2）。

在决定是否"走向地下"时，理性的行为人必须在从地下经济中获得的好处与一旦被抓住就要接受适当的惩罚这一潜在成本之间做出取舍。因此，发展中国家地下经济规模相对大应该可以用这些国家中的个人与企业承担的管制与税收成本高从而转入地下的收益高来解释，或用抓住后的惩罚成本低来解释。

这些预测得到约翰逊、考夫曼和索伊多－洛瓦顿（1998）的支持。他们将地下经济相对于 GDP 规模的不同测度与管制、税收和腐败的负担指数联系起来，使用了多达 49 个国家的样本，这些国家涉及拉丁美洲、苏联和 OECD 国家。他们发现，如果一国出现下面四种情况，其地下经济规模就越大：（1）管制程度越高；（2）税收负担越重；（3）"法治"越弱（法治是指产权界定清晰而执法公正）；（4）政府官僚机构中的腐败越盛行。头两组变量是要测度转入地下部门以避免政府干预和逃脱政府征税带来的好处，后两组则是要主抓和被惩罚的可能性联系在一起。法治越弱而政府官员越腐败，就越有可能绕开法律和贿赂官员以避免惩罚。约翰逊、考夫曼和索伊多－洛瓦顿的研究结果得到约翰逊、考夫曼和施莱费尔（1997）对 15 个苏联阵营国家的更深入的分析的证实。

约翰逊、考夫曼和施莱费尔（1997，pp. 209—10）确认了"东欧和苏联三种类型的转型经济。第一种类型是政治上受到压制的经济，这种经济里存在着高度扭曲的税收，公共物品供给量少，但是仍然有小规模的非正式部门。第二种类型是税收相对公平、管制相对松、税收收入高和正规部门对公共物品提供良好的经济。这些经济集中在东欧。第三种类型是税收相对不公平、管制相对繁琐、税收征缴量少和公共物品相对不足。这些经济集中在苏联地区。比较第二类和第三类经济发现，前者与后者相比，非正式活动的份额较低而经济增长较快"。

最后的观察指出了地下经济规模和一国经济绩效之间的联系。解释为什么一些穷国未能发展的一个理由是他们的公共部门是如此腐败，他们的管制系统是如此压抑，以至于他们的私人部门不只是驱赶到地下，还被驱赶至消失。腐败对一国投资水平的负面效应的证据是符合这种解释的。[①]

上面提出的问题中的第二个是，为什么在所有的国家中地下经济都增长得这么快？在思考这个问题时，人们会不自觉地从自 1960 年以来发生的政府急剧增长中寻找答案。政府管制与税收的增长驱使私人部门从视线中消失。看起来在表 22.2 中有对支持这种答案的某种证据。表中的瑞士和美国政府部门比表中的其他国家小得多，而且这两个国家正是地下经济占 GNP 比重少于 10% 的三个国家中的两个。但地下经济规模少于 GNP10% 的第三个国家是奥地利，其政府部门规模在样本的国家中却属于中等。政府部门相对规模的增长在瑞典和荷兰大约相同，但瑞典的地下经济增长看起来要快得多。将发达国家的政府部门的规模和增长与地下经济的规模和增长联系起来仍然是一个挑战性的研究课题。

22.3　政府规模与腐败

地下经济中的交易代表公民的非法活动，腐败则构成政府里那些人的非法活动。如我们在前一节看到的，腐败增加了经营的成本并将合法经济活动驱赶到地下。这样，腐败总体上就被看成是政府失败的一个明显的例子和不要恢复到政府干预的一个理由。

但是，阿杰莫戈鲁和维迪尔（2000）提出，可以将腐败看成是一种利用政府矫正市场失败产生的机会成本的一种形式。这种成本在市场失败显著时非常值得支付。

要理解这一点，考虑像大桥这种典型公共物品的提供。地方立法机构投票同意建桥，最初通过发行公债筹集资金，随后收取过桥费来分期偿还公债。即使私人企业从事建桥活动，政府也必须决定让哪个私人企业建

---

① 见莫罗（1995）。更一般地考虑政府质量与投资的话，见克莱格、基弗、克纳克和奥尔森（1996），以及基弗和克纳克（1995）。

桥。官僚机构或者其最低组成元素官僚是由国家支付工资的，必须选择一个私人企业建桥。立法机构成员和他们所代表的公民被推进委托人—代理人关系中，要由官僚做选择。由于缺乏关于竞标建筑合同的那些企业的所有特点的信息，立法机构一般不能够确定官僚是否选择了提出最好性价组合的竞标者。立法机构也不能够确定，官僚选择竞标者只是出于标书的特性，还是出于与之相伴而来的贿赂的大小。这样，腐败几乎是政府和与之俱来的委托—代理问题存在的不可避免的结果。如果有的话也只有很少的政府活动产生的腐败案例比建筑合同奖励产生的腐败案例更多。

为了减少官僚为自己的利益而牺牲公众利益的可能性，他们必须得到一个高于其在私人部门的机会成本的工资。通过支付官僚租金并威胁一旦发现他们腐败就解雇他们，立法机构中的委托人才能减少腐败的发生频度。但是，事情总是这样，取舍是存在的。这一次的取舍是支付所有官僚更高工资的成本和出现一些腐败官僚的成本。这样，官僚的工资就不能高到足以消除所有的腐败。[①]

腐败的非法性质就像地下经济活动的非法性质一样，使得它难以测度。大部分研究使用了对腐败牺牲者——企业头头的调查来测度。利用这种测度，佩尔松和塔韦利尼（2000c）发现腐败在采用比例代表选举制度的国家更常见。他们推理说，在典型的比例代表名单制度（PR-list System）下，投票人只能在政党间选择，这种制度下政治家个体的可问责性弱，因此，比例代表制度更容易招致腐败。

戈埃尔和纳尔逊（1998）使用对滥用职权罪的定罪作为腐败指数，发现在美国州的层面上腐败随着州政府规模的扩大而增加。与阿杰莫戈鲁和维迪尔的理论一致的是，戈埃尔和纳尔逊发现腐败与支付给州政府雇员的工资呈负相关。

22.4　政府规模与经济生产率

政府应该提供物品和服务将民众从无政府状态解救出来得以享受更高水准的经济与社会福利。许多公共物品能对私人经济部门的效率产生直接的正面效应。道路、运河和机场方便了货物运输，法律体系方便了货物交易和合同兑现，教育则改善了劳动力的生产率，如此等等。

---

① 见阿杰莫戈鲁和维迪尔（2000）的深入讨论和结论。

除了对经济生产率的直接影响之外，政府活动还能通过如下途径促成生产率增加：（1）在一个容易受停滞和失业困扰的国家提高现有资本存量的使用率；（2）减少经济不平等与贫穷以减少社会冲突；（3）借助高税收带来的负的收入效应促使人们更努力地工作。[①]

当然，政府活动也会对经济效率产生负面效应，那是因为：（1）由于高税收的替代效应而使人民工作更少和储蓄更少；（2）把赚取利润的活动变成寻租的活动；（3）排挤了私人部门的投资和生产（汉松和亨雷克松，1994，p. 384）。

这些情况表明政府活动和经济活动之间存在着一个如图 22.2 中绘制的那种倒 U 形曲线。当政府部门很小时，道路和其他基础设施缺乏从而导致生产率低下；而随着政府部门的扩张，基础设施得到改善从而生产率提高；一旦政府部门扩张到超过了 g^* 表示的最优比例，高税收和政府排挤的阻碍效应开始起主导作用。当全部 GDP 被用于建造道路等方面时，经济生产率再次处于非常低的水平。

佩登（1991）估计了劳动生产率和政府部门规模之间的关系，所用宏观数据是美国 1929 年到 1986 年期间的。该数据呈现出如图 22.2 中曲线所显示的那种倒 U 形关系，其中生产率高峰在政府活动占 GDP 比率达到 17% 时到来。在所分析时期的第一段，政府部门低于最优规模，生产率随着政府增长而提高。最优规模在 20 世纪 30 年代由于新政而被跨过，自此之后政府就一直阻碍着生产率的提高。佩登把美国始于 20 世纪 60 年代末期的著名的生产率增长减速归咎于此前的政府部门迅速扩张。[②]

汉松和亨雷克松（1994）在行业层面估计了政府活动和生产率之间的关系。他们着眼于私人部门的生产率，避开了政府产出对政府产出的回归的问题，这个问题在用总产出或生产率对政府支出回归时会出现。他们的样本包含了 1965—1982 和 1970—1987 两个时段的 14 个行业和 14 个 OECD 国家的数据。汉松和亨雷克松估计的生产率和政府支出之间的关系是非线性的，但是，由于他们的样本性质的缘故，可以安全地假设 14 个 OECD 国家中没有一个国家的政府部门低于最优规模。这样，假定如图 22.2 中看到的政府规模和生产率之间的非线性关系是正确的，则汉松和

---

①　深入的讨论和该文献的参考文献可以在汉松和亨雷克松（1994，pp. 382—383）的著述中看到。

②　当政府部门低于国民收入的 17% 时，他得到的观测数据非常之少，因此在接受他对最优政府规模的估计时必须保持谨慎。

亨雷克松的估计值会沿着曲线的下降部分降低。

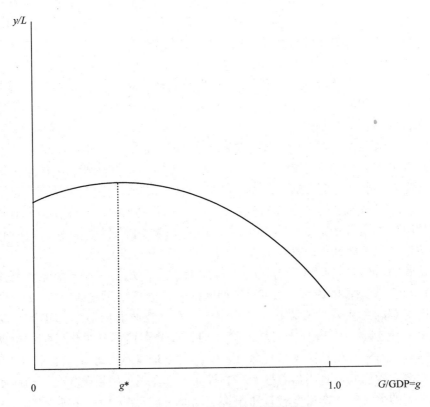

图 22.2 生产力和政府规模的关系

方程 22.15 包括了汉松和亨雷克松（1994，表 5）关于 1965—1982 年时段研究结果中的一个有代表性的例子（t 统计量置于系数下面）：

$$TFPG = 0.042 + 0.023k + 6905l - 0.001CATCH - 0.168(GC - GE)$$
$$\quad\quad 4.52 \quad\quad 2.26 \quad\quad 9.34 \quad\quad 2.69 \quad\quad\quad\quad 4.24$$
$$\quad + 0.278GE - 0.050GI - 0.083GTR \quad\quad\quad\quad (22.15)$$
$$\quad\quad 2.01 \quad\quad 0.45 \quad\quad 2.76$$
$$\quad\quad \bar{R}^2 = 0.543, \quad\quad\quad n = 153$$

依变量为全要素生产率（TFPG）。k 和 l 两个变量是资本和劳动按份额加权的百分比变动，其预测的符号为正。CATCH 是一个行业和一个国家的 TFP 除以样本中该行业最高 TFP 的比率。CATCH 指标意在抓住"赶超"假说。某一特定国家中一个行业的 TFP 相对于该行业的最高 TFP 而言越低，则该行业生产率的提高就越快，因为该行业只需要拷贝其他国家现成的技术来赶超。CATCH 的预测符号为负。

但是，我们的主要目的是政府支出变量：

GC – GE = 政府消费减去政府教育开支

GE = 政府教育开支

GI = 政府投资

GTR = 政府转移支付

政府消费减去教育开支和政府转移支付，二者都对工业生产率的增长起到显著的负面影响。政府非教育的消费开支提高 10 个百分点会每年降低全要素生产率增长 1.68 个百分点。政府教育开支增长 10 个百分点会提高 TFP 年增长率 2.78 个百分点。就教育开支而言，汉松和亨雷克松的样本中的 14 个 OECD 国家看起来处于图 22.2 中的政府部门生产率曲线的上升部分。就政府投资而言，政府投资的系数不显著，这表明 14 个 OECD 国家趋向于接近政府部门——生产率曲线的顶端。[1]

佩登与汉松和亨雷克松的研究结果揭示了政府支出可能对生产率同时具有正面和负面效应，是正是负就取决于政府部门的规模和政府开支的性质。政府教育开支是个例外，世界上最发达国家的政府活动的规模看起来研究增长到超过了让工厂生产率最大化的一点。

许多发展中国家政府部门小，因此应该处在图 22.2 中的倒 U 形曲线的上升部分。但是，所有的政府在腐败和政府质量的其他属性方面都不相同。洛松、萨尔纳和斯瓦米（2000）研究了发展中国家的样本，证实生产率增长与政府机构质量有正相关关系。[2] 看起来政府规模及其机构的质量两者都重要。

22.5　政府规模与经济增长

22.5.1　方法论问题

有几项研究检验了政府活动和一国收入增长之间的关系。这类检验的背后是关于政府规模和经济增长之间存在着倒 U 形关系的假设，该假设

---

[1]　汉松和亨雷克松样本中的 14 个国家是澳大利亚、比利时、加拿大、丹麦、芬兰、法国、意大利、日本、荷兰、挪威、瑞典、英国、美国和西德。

[2]　他们使用了国际国家风险指数来测度政府机构的质量，这个指数是将国际投资者关心的各种政府政策因素混合在一起构成。

存在于把政府规模和生产率联系起来的文献中。如果我们假设每个国家的政府规模是外生决定的，或者至少不是出于让经济增长率最大的目的而选定的，那么该假设就是有道理的。政府部门小的国家缺乏基础设施来实现最大可能的增长率［见图22.3（a）——每一点都代表对一个国家的观察］。它们可能是发展中国家，甚至会缺乏基础设施来征收充足的税收收入以提供需要的政府服务（考和鲁宾，1981）。与倒U形曲线的下降部分一致的国家拥有的政府部门要比对经济增长而言的最优规模大，这或许是因为它们的公民选择了用增长换取再分配性的大政府部门为形式的安全，或许是因为他们的政府官僚机构成功地将政府部门扩张到超越公民希望看到的一点之外，或者是因为政府部门由于前一章讨论到的其他理由中的一个而增长得太快。在认为政府规模与增长之间有一个唯一的倒U形曲线这个假设下，为什么政府太大或太小真的无关紧要；紧要的是两种可能性都存在，也就是说，那些国家分布于曲线上的所有的点。

与此相反的是，政府领导人也可以选择让经济增长率最大的政府规模。如果所有的国家在政府规模和增长之间都存在着单一的倒U形关系，那么所有的国家都希望拥有相同规模的政府部门。国家之间的差别反映出随机冲击。数据包含了一群点处在曲线高峰周围，两个变量之间观察不出统计关系。[1] 由于政府部门规模在占GDP的20%到多于70%之间，至少就全部的政府活动而言，这种可能性看起来是不可能存在的。

第三种可能性是政府规模和经济增长之间的关系存在着几种不同的类型，是哪种类型则要取决于其他因素如一国经济发展程度。这种可能性绘制在图22.3（b）中。曲线L描述了经济发展水平低的国家政府规模与增长之间的关系，M是经济发展水平中等的国家的，H是高度发达的国家。经济发展水平低的国家的典型现象是识字率低，农业部门大，还存在着其他属性限制着潜在的经济增长率。发展水平中等的国家提供了促成高增长的政府基础设施水平，就不会出现发展水平低的国家那样的事情。发展水平中等的国家具有最大的增长潜力，因为他们能玩"追赶"游戏，采用高度发达国家的技术。当然，后者无法玩追赶游戏，因而增长潜力很有限。

如果把图22.3(a)中每种发展水平上的国家的曲线按所有的线段排列，每条曲线的参数可以估计出来，方法是把数据按照相同经济发展水平划分到相

① 见巴罗（1990，pp.120—121），也见斯莱姆罗德（1995，pp.381—389）更一般性的方法论讨论。

同发展水平国家这个子样本中去。用这个混同的样本估计出来的任何关系都是不真实的。

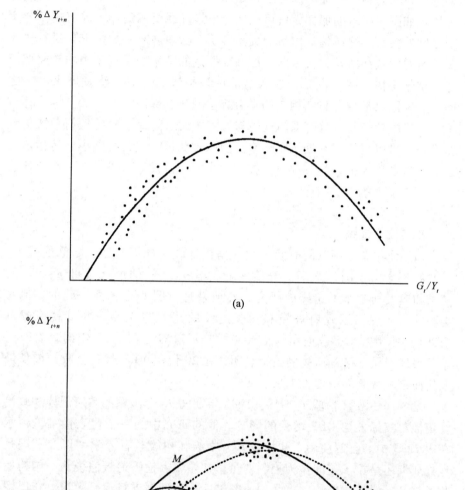

图 22.3　政府规模和经济增长的关系

如果每个国家对政府部门规模的选择是以经济增值率最大为目的，那么上述说法也同样正确。在这种假设下处在各个发展水平的国家的观测值会集聚在它们各自曲线的高峰上，如图 22.3（b）所示。如果三条曲线的位置正如图中所示的那样，就可以估计出来虚线所示的那种政府规模与增长之间的关系。这样估计出来的关系表明，低发展水平的国家如果有较大的政府部门就会增长得快一些，而高度发达的国家如果有较小的政府部门也会增长得快一些，但是，这两个推论都是错的。在经济发展水平一定时，每个国家都会有与之相应的最有规模的政府部门。

上述思考表明，政府部门规模与经济增长之间存在着的任何系统关系都有可能难以用跨国数据揭示出来。要想做到这一点，必须小心地指定可能会影响到这种关系的其他不同控制因素如经济发展水平。下一小节评述这方面文献中的主要结论。

22.5.2 证据

如果使用单个国家的时间序列数据估计政府规模与增长之间的关系，当然就不会出现国家之间的异质问题。格罗斯曼（1987，1988a、b）对美国和澳大利亚作了这样的研究，其结果是与倒 U 形预测一致的。他对美国的估计展示了政府规模和增长之间的倒 U 形关系，并且就像佩登（1991）使用生产率数据作的估计一样暗示着美国在 1929 年的政府部门小于最优规模。格罗斯曼的数字表明，在 20 世纪 40 年代，就收入增长最大化而言，政府部门增长太快。

巴罗（1991）检验了 1960—1985 年期间 98 个国家的政府规模和政治稳定性对实际人均 GDP 增长的影响。他的研究中的一个代表性结论列示在表 22.3 中。巴罗使用了初始收入、中级和初级教育入学率以及一国是地处非洲还是拉丁美洲作为控制变量。初始收入检验追赶假说，一国初始收入越低，增长就越快。有几项研究未能找到证据支持追赶效应。在巴罗的研究中只有当控制了初级与中级教育的初始水平时才出现追赶效应。在这里当政府提供初级与中级教育时我们看到了政府对增长具有可能的正面效应的证据。维持这些和四个政治变量不变，似乎在非洲和拉丁美洲的文化/政治环境中存在着使经济增长放慢的因素。

转向政治变量时我们看到一国政府消费规模与收入的增长是负相关的。巴罗将政府消费定义为扣除教育与国防开支后的净额，也就是只包括那些对增长的正面影响的可能性最小的活动。巴罗认为正是用来为这种消费筹资的税收的扭曲效应导致了增长的缓慢。扭曲的政府管制可以用价格扭曲指数作为代理指标，也对增长产生了负面影响。政治稳定性用革命和暗杀的数量来测度，也对增长产生负面影响。

巴罗还检验了政府投资和经济增长之间的横截面关系，发现这种关系不存在。既然政府投资在公共预算的所有项目中应该是与经济增长最具有直接关系的，巴罗的这项结论符合这样的假说，所有的政府都选择最适合增长的投资水平，因此就不能观察到横截面数据上的模式。

表 22.3 每单位资本的收入增长和政府规模

（以每单位资本实际 GDP 的增长率为因变量，1960—1985）

参数 （标准差）	解释变量
0.0345 (0.0067)	常数
	经济和文化控制变量
−0.0068 (0.0009)	每单位资本的（实际）GDP，1960
0.0133 (0.0070)	中学入学率，1960
0.0263 (0.0060)	小学入学率，1960
−0.0114 (0.0039)	虚拟变量：非洲国家
−0.0129 (0.0030)	虚拟变量：拉丁美洲国家
	政治变量
−0.094 (0.026)	政府支出与 GDP 之比
−0.0167 (0.0062)	每年的革命次数
−0.0201 (0.0131)	每年每百万人口中的政治暗杀次数
−0.0140 (0.0046)	价格扭曲指数
$R^2 = 0.62$，$n = 98$	

数据来源：巴罗（1991，表 1，eq. 14）。

政府规模和经济增长之间的负相关关系存在着其他的跨国证据，其中政府规模不知道是以何种方式测度的。这些跨国证据由如下学者提供：兰道（1983）、威德（1984）、格里尔和塔洛克（1989）、斯库利（1989）、格罗斯曼（1990）、弗尔斯特和亨雷克松（1999，2001）以及缪勒和施特拉特曼（2000）。其中格罗斯曼的研究特别令人感兴趣。他和巴罗一样试图将政府对增长的正面影响和负面影响拆开。和巴罗一样，他也认为负面影响是因为扭曲性的税收。由此他提出了各国之间的相对税收水平作为单独变量，发现事实上确实对增长的负面的并且是显著的影响。保持这种税收效应不变，则政府消费支出（包括教育与国防）具有正面效应。

拉姆（1986）和阿绍尔（1989）也测度了政府规模对增长的正面影响，而克尔门迪和梅吉尔（1985）、伊斯特利和雷贝洛（1993）以及阿格尔、林德和奥尔森（1997）实质上发现没有关系。阿格尔、林德和奥尔森强烈地批评了早期研究中的经济计量技术，但是，更小心的计量经济学检验显示，至少对 OECD 国家而言，较高的税收和较大的政府部门对经济增长有显著的负面影响（弗尔斯特和亨雷克松，1999，2001）。

阿利辛娜和罗德里克（1994）与佩尔松和塔韦利尼（1994）的研究为上述说法提供了虽然有点间接但深入的证据。他们认为，初始的收入分配不平等程度越大，政府税收和带来收入分配不平等的其他种类的干预可能就会越多。既然这些再分配政策产生了有害增长的扭曲，就可以预测并观察到收入分配不平等和增长之间的负相关关系。

佩尔松和塔韦利尼发现，收入不平等和经济增长之间的负面关系只在少数民主国家成立。[①] 由于穷人向政府施加压力以寻求再分配的能力在民主国家可能大得多，上述结论就显得似是而非。结果这一观察提出了与政府部门的规模无关的民主制度对经济增长的可能影响的问题。这个问题是在第十八章处理的，因此在这里只作简要的讨论。

一些研究区分了民主形式与非民主形式的政府，其他研究构建了经济与社会自由指数。可以引用的研究包括发现增长与民主/自由之间存在着正向关系、负向关系或者没有关系的所有的研究，就像政府规模/增长关

---

① 另一方面，阿利辛娜和罗德里克发现无论一个国家的政府形态是什么，该关系都成立。

系的文献中的所有研究一样。[①]

如莱文和雷内特（1992）、德·汉恩和谢尔曼（1995，1998）以及黑克尔曼和斯特鲁普（2000）表明，一个人估计出来的关系看起来对他使用到的关于经济自由和民主的测度指标和包括在方程中的其他解释变量非常敏感。但是，至少就经济自由对增长的影响而言，最近的研究绘制了一幅相当一致的画面。例如，艾布拉姆斯和刘易斯（1995）、克纳克（1996）两项研究都发现，正如追赶假说预测的，低收入国家如果经济自由程度高的话，或者是在艾布拉姆斯和刘易斯的研究中没有被归类为计划经济的话，它们实际上确实比高收入国家增长得快。

克纳克使用了早前描述的国际国家风险（ICR）指数来测度市场制度的强度。如果忽略这个指数，他从 1960 年时最富有的 24 个非 OECD 国家样本中得到了下述结果：

$$GR6089 = 1.98 - 0.179 \log GDP60, \qquad \bar{R}^2 = -0.04$$
$$0.20 \qquad\qquad\qquad\qquad (22.16)$$

其中，GR6089 是 1960 年到 1989 年期间的人均收入增长率，GDP60 是 1960 年的人均收入。在 logGDP60 的系数下方括弧里的数字为 t 比率。没有 ICR 指数时，支出追赶假说的证据不存在。但是，加上该指数时追赶效用就出现了，而且该指数自身对增长有正面效应。

$$GR6089 = 1.43 - 1.93 \log GDP60 + 0.09 ICR$$
$$(2.49) \qquad\qquad (4.89) \qquad (22.17)$$

这个市场制度强度指数的显著效应在引入巴罗所用到的学校入学指标时也还存在。巴罗、艾布拉姆斯和刘易斯以及克纳克的研究强调了发展中国家政府为了增加追赶上最富有的国家可能性所能够做的积极的事情，如提供初级和中级教育和解放与保护市场制度。

在结束本评述时，必须提请读者注意到最近由德·汉恩和谢尔曼（1998）所作的关于经济自由和增长之间关系的稳健性的检验。他们尝试了用不同的指标测度经济自由，而所有的九个测度指标对增长都具有正面

[①] 下面的一些研究报告了民主和（或）自由对增长的正面影响：普格拉米（1988，1992）、斯库利（1988，1982，1992）、格里尔和塔洛克（1989）、达斯古普塔（1990）、德·万赛和斯彼德勒（1994）、艾布拉姆斯和刘易斯（1995）、基弗和克纳克（1996）以及黑克尔曼和斯特鲁普（2000）。下面一些研究则报告了负面效应：兰道（1983，1986）、斯隆和特丁（1987）以及巴罗（1997）。如下的研究没有发现民主和/或自由对增长有系统性的影响：克尔门迪和梅吉尔（1985）、马尔什（1988）、莱文和雷内特（1992）以及德·汉恩和谢尔曼（1995）。

效应，它们中至少有三个在将其他变量包括进方程中来时是稳健的。尽管还是在有关经济自由和市场制度对增长影响的大小上存在着不确定性，现在看来没有多少理由怀疑它们的影响是正面的。[①]

22.6　政府的活动和国家的经济衰落

22.6.1　逻辑

当将民主和经济自由与增长联系起来的文献中的大部分关注为什么发展中国家成功或不成功地追赶上富国时，奥尔森（1982）就为什么有些富国"追赶上"较穷的国家——即为什么有些富国陷入经济衰落提出了一个解释。奥尔森在《国家的兴起与衰落》中阐述了上述假说，尽管书名如此，但是著作的新奇之处大部分在于奥尔森对经济衰落原因的解释。奥尔森的假说增强了他对利益集团形成的分析，这是我们在第二十章讨论到的。大部分利益集团追求再分配目标。商业、贸易和专业协会和工会一样是这些集团的基本例子。在每一个利益集团例子中，要侵犯社会上其他成员的利益，这些集团的活动的大部分都是致力于创造或保持垄断地位。医疗协会寻求对医学院的入学和对在国外接受训练的医生许可证的颁发加以限制。工会寻求让雇主只雇用工会会员并和工会协商来确定工资和其他的雇员福利。商业协会和工会都寻求保护他们的成员免受外国竞争，方法是争取到对进口施加关税和配额，争取到管制政策以要求政府在其采购中优待国内生产者和要求政府雇员在其旅行中优先考虑国家的旗舰航空公司，等等。这样，经济导向的利益集团的活动的大部分要归入寻租这个标题下（p. 44）。[②]

然而，不是按照商业、贸易或职业界线组织的许多利益集团所追求的目标至少部分是分配性的。残疾人协会、老年人协会和领社会救济者协会等主要是分配性的。妇女协会和种族协会已经寻求立法要求雇主实施如果不是法律上的就是实际上的雇用配额。

利益集团对分配性目标的极度强调造成的结果是，他们的活动主要导致人们谋取沿着效用可能性边界上的位置，而不是谋取转到边界以内。而且，每一个进入限制、每一个配额和每一个管制都产生了效率损失，表现

---

① 还可参见武和戴维斯（1999）、莱施克（2000）。

② 除非特别提到，这一节后面正文中所有的参考文献都是奥尔森（1982）的。

为将效用可能性边界推向里面（pp. 41—47）。当越来越多的精力用于分馅饼时，馅饼就会变小。

奥尔森用这个再分配效率损失论据解释各国之间增长率的差距。利益集团的活动不只是将生产可能性边界向内移，当生产可能性边界因为正常增长过程的结果而增长时，它还减低了增长的速度。在不同的程度上利益集团倾向于是民主性的，从而达成决策慢。因此，它们对变化反应慢，并且在他们影响到的组织机构对变化能够做出反应时妨碍了反应的速度或是妨碍了实施反应的速度。结果是："分配性质的联合削弱了一个社会吸收新技术和对资源进行再配置以应对不断改变的形势的能力，从而降低了经济增长率。"①

这个重要的定理表明，在其他条件不变的情况下，一国增长率随着利益集团活动数量的变化而反向变化。要克服搭便车惯性和发现集体利益与选择性激励之间的特定搭配，这种搭配能够引导人们积极参加利益集团活动，需要花时间。一国政治社会环境保持稳定的这段长时期有助于出现新的利益集团和加强已经存在的利益集团。社会政治稳定的时期导致利益集团数量逐渐增加，分配性冲突增加，经济增长减慢。相反，如果一个国家的利益集团由于某种原因被破坏了，或者从制度上被限制追逐它们的制度性目标，该国就比利益集团活动负担重的国家增长得快一些，要再次说明前提条件是其他条件不变。奥尔森使用这个论据解释了发达国家在第二次世界大战之后第一个二十五年里增长率的差异。德国、意大利和日本遭受了对它们的经济与政治制度的最大毁坏，一直到 1970 年，它们的增长表现在发达国家中都是最好的。被占领的欧洲大陆国家在某种程度上也被战争瓦解了它们的利益集团结构，从而它们的利益集团的力量被共同市场的形成所侵蚀。在 20 世纪 50 和 60 年代，这些国家的增长率也令人印象深刻。具有讽刺意味的是，或者看上去具有讽刺意味的是，如果用经济增长来判断，正是那些经济和社会制度结构遭受战争破坏最少的国家（澳大利亚、新西兰、英国和美国）一直到 20 世纪 70 年代早期的表现都是最乏善可陈。② 奥尔森在论题中用了"权力"一词来解释为什么在看待这个现象

---

① 鲍尔斯和伊特韦尔（1983）质疑了从主要与静态效率有关的论据到和动态表现有关的结论的跳跃。奥尔森在第 61—65 页为自己作了辩解，还引用了希克斯（1983）的研究支持自己。

② 例如，参见普赖尔（1983，表 5.3 和 5.4，p. 99）。从逻辑上看，加拿大大可被指望属于这一组，因为它的边界在战争中没有被跨越过。但是它的增长表现虽然不在平均之上，却也不在平均之下。

时不应该吃惊。实际上，正好是因为战争之前就存在的利益集团结构的架构保留下来没有被撕破，这些盎格鲁－撒克逊国家相对于那些在战争中被打败的国家和遭受占领的国家而言才表现得如此糟糕（第四章）。

奥尔森使用他论题中的逻辑同时解释了组成较大的经济联邦或关税同盟对经济表现的刺激效应（第五章）和歧视性做法的弱化效应（第六章）。后一个效应的一个让人好奇和多少有些争议的例子是奥尔森对印度相比于其一些亚洲邻居而言经济发展表现不佳的解释。奥尔森将印度相对糟糕的经济表现在很大程度上归咎于从种姓制度中生出来的刚性。奥尔森认为，种姓产生于行业协会和其他的职业编组，像其他分配性联盟那样行使了努力保护其成员所拥有的任何垄断专卖或垄断专买的权力的职能。对一个人自己所在种姓的成员的通婚加以限制就是一种形式的准入障碍，目的是控制种姓的规模，保护其垄断地位。种姓制度中所反映出来的对分配性问题的高度关注对印度的增长具有的弱化效应，同组织起来的利益集团之间在分配问题上的斗争对印度的前统治者大不列颠也有弱化效应是相同的（pp. 152—161）。

22.6.2　经验证据

人们做出了几个从经验上检验奥尔森理论的尝试。在试图测度利益集团活动的强度时遇到了主要的挑战（阿布拉莫维茨，1983；普赖尔，1983）。在最初提出这个理论时，奥尔森认为意大利、德国和日本在战后的强劲经济表现可以解释为利益集团结构被战争破坏和战后立即被占领的结果。这些例子表明，利益集团的强度可以用自一个国家开国或在一次战争或革命之后重生以来时间流逝的长度来测度。这样，对这个论题的大部分检验都用到了某种依赖于时间的利益集团强度代理指标。乔（1983）为 18 个 OECD 国家构建了一个"制度硬化症"指数，其基础是：（1）共同利益的集团开始积累的时点；（2）主要的瓦解是什么，它什么时候发生，持续了多久；（3）每一个瓦解有多严重。乔得到的结果之一呈现在（22.18）式子中（乔，1983，p. 73，方程 14）：

$$Y = 7.75 - 0.074 IS \qquad R^2 = 0.59, \qquad n = 18 \tag{22.18}$$
$$(8.81)\ (4.78)$$

依变量是 1950 年到 1973 年之间人均收入的增长率，IS 是乔测度"制度硬化症"的指标之一，他将它定义符合对数曲线，已经包括进了时间对利益集团强度在某个时点之后的递减影响。制度硬化症的负面的和显著的影响被证明对下述方面敏感：（1）该变量是如何测度的；（2）依变量的选择；（3）样本的内容。

一个国家在第二次世界大战之后遭受尖锐的制度硬化症的最好例子是英国。从利益集团结构破坏中复兴的国家的最好例子是三个轴心国。默雷尔（1983）通过更深入地考察英国和德国经济对该假说提出了另外的一个检验。

默雷尔推理到，英国的利益集团强度在已经形成的最新的行业里是最弱的，因为在这些行业里利益集团发展的时间最短。这样，英国行业的表现应该和西德在"年轻"行业的表现最具有可比性，这些"年轻"行业是在"老"行业后面最晚发展的。

要检验这个假说，默雷尔比较了英国（UK）和德国（WG）的年轻行业（j）和年老行业（k）的增长率，用每个国家的平均增长率作为标准来判断各个行业增长率差距有多大。

$$\frac{G_j^{UK} - G_k^{UK}}{G_A^{UK}} > \frac{G_j^{WG} - G_k^{WG}}{G_A^{WG}} \tag{22.19}$$

（22.19）式得到满足的情形所占比例极其显著地高于零假设（null hypothesis）所预测的0.5，因此支持英国的制度硬化症在较老一些的行业中是最晚期的这一假设。

奥尔森报告了与乔从48个毗邻州分析中所得结论类似的结论。一个代表性的例子展现为（22.20）:[1]

$$Y = 10.01 - 2.69 STACIV1 \qquad R^2 = 0.52 \qquad n = 48$$
$$(7.02) \tag{22.20}$$

依变量是1965—1978年期间非农业的私人人均收入的增长率。STACIV1是州成立以来的年数除以178，所有的南部邦联假设在1865年重建。和乔分析OECD国家的结论一样，一个州的年龄的显著负效应在面对依变量和独立变量定义的改变时仍然是相当稳健的（奥尔森，1982，pp.98—108）。

正如普赖尔（1987，pp.223—224）注意到的，人们也许从奥尔森的理论中期望，从其在内战中失败之后出现的"南方的兴起"本来会开始于第二次世界大战结束之前的，但是南方表现不如北方的情形一直持续到

---

[1] 方程（24），表4.1，p.104。奥尔森委托乔做的回归工作。

20 世纪 30 年代。①

一般而言，利用美国的州级数据对奥尔森的理论进行检验是倾向于拒绝其推论的。格雷和洛厄里（1986）使用州级数据发现奥尔森模型完全崩溃。当时他用了较晚的时间来检验奥尔森模型，并加入了其他一些变量到方程中，如同沃利斯和奥茨（1988）作的检验一样，他们将州人口增长处理成外生变量。纳尔迪内利、华莱士和沃纳（1987）发现，一旦包括进各州之间的收入差距，则奥尔森的假说几乎得不到支持。另外，维德和加拉韦（1986）与戴伊（1980）提交了利用州级数据得出的证实假说的证据。

大体而言，使用跨国数据检验奥尔森的理论倾向于证实该理论。莱恩和埃尔松（1986）发现，在将其他变量放进来与其并排处理，并在不同时间段测度依变量时，乔对制度硬化症的测度指标仍然保持了显著性。基于跨国比较而报告了支持奥尔森假说的证据的其他研究还有，怀特利（1983）、帕洛里莫（1984a、b）、威德（1984，1986，1987）、达塔和纽金特（1985）、兰格和加勒特（1985）、莱纳（1985）、戈德史密斯（1986）、麦卡勒姆和布莱（1987）、扬科夫斯基（1993）、黑克尔曼（2006）。奎根（1992）认为检验应该使用收入水平而不是增长率，并且在使用收入水平作为依变量和使用跨国数据时拒绝了该假说的"强形式"。②

奥尔森假说的一个重要内容是，利益集团强度随着一个国家保持政治稳定性年数的增加而增加。肯内利和默雷尔（1987）支持该理论的这一部分内容。他说明了，在利益集团行动带来的再分配性收益潜在地比较高的那些行业，利益集团的数量较多。默雷尔（1984）也得出了这样的结论：一个国家有组织的利益集团的数量与该国拥有愿意接受利益集团压力的现代政治体制的年数是正相关的。但是，格雷和洛厄里（1986）没有发现一个州的年龄和该州的利益集团数量之后存在着关系。他们的结论也许解释了在使用州级数据时假说的崩溃。

许多反对奥尔森理论的意见来自对一个既定国家的观察，该国的增长

---

① 奎根（1992，p.271）得出相似的观点。

② 这里也应该引用普赖尔（1983）的研究，但是，他没有检验某种稳定时间（time-of-stability）变量对增长的影响而是检验了其他几个变量的影响，这些变量是人口规模、共产主义统治、种族异质性和宗教异质性。他声称如果奥尔森的理论是正确的话，那么这些变量就应该与增长相关。这些变量没有一个对国家经济增长率有显著影响。

记录和利益集团结果与似乎是奥尔森理论所预测的内容不一致，或者是这些观察支持该理论的更为复杂的表述（阿瑟兰和英里松，1983；莱纳，1983；罗戈夫斯基，1983；舒克，1984；古斯塔夫松，1986；拉施和索伦森，1986；普赖尔，1987；奎根，1992）。瑞士的例子是这个方面特别让人感兴趣的。在乔的 18 个 OECD 国家名单中，瑞士的制度硬化症指数排第四高（1983，p.70），并且瑞士"有一个结构非常差异化的多元的利益组织"（莱纳，1983，p.204）。然而其关税保护程度却是 18 个 OECD 国家中最低的（奥尔森，1982，p.134），其 20 世纪 50 和 60 年代的增长率也在平均之上（莱纳，1983，p.70）。这与奥尔森的理论明显不一致，从其政治结构中的强联邦主义性质和地方层面的直接民主制或公民复决形式的直接民主制的重要性上找到了对该不一致的解释。既然立法决策要么必须提交公民复决投票，要么是可以提请公民复决投票，则利益集团不可能与议会中的党派或是关键的立法委员会的成员进行讨价还价，以此得到再分配性的好处，除非是过半数的公民愿意批准该项协商。由于公民复决投票的结果难以预测，组成一个最小规模的争赢联盟就是一个不安全的策略，立法会争取提出一致同意的政策（莱纳，1983）。其结果是，尽管其利益集团有一定强度，再分配性的斗争在瑞士政治生活中的存在并不显著。

这样，可以得出结论说，瑞士并未反对奥尔森理论的主要原理。给定瑞士利益集团的分块化的结构，再分配性斗争本来是会接着出现的，但瑞士的政治制度保护瑞士避开再分配性斗争造成的不理想的结果。但是，瑞士的例子并未指向奥尔森论据中的重要空白。奥尔森几乎是排他性地将重点放在利益集团上，没有分析利益集团压力是怎样通过一国的政治与经济制度引导到产生他的理论所预测的结果的（帕洛里莫，1984a、b；莱纳，1985）。

后一点被通格和赫德利（1998）在对奥尔森理论最近的检验之一中强调了。通格和赫德利批评奥尔森忽略了当利益集团弱的时候政府政策可能对经济具有的正向激励。他们假设，只有在那些有能力采取促进增长的积极作用的国家，硬化症的奥尔森类型的测度指标才具有对增长的预测到的影响。他们在亚洲和拉丁美洲国家的样本中找到了对这一假说的支持。亚洲国家在过去数十年里较高的增长率被归功于政府在刺激增长上扮演的积极角色和这些国家的弱的利益集团强度。

在奥尔森 1982 年的书中，德国的经济成功被归因于在第二次世界大战期间其利益集团被摧毁，瑞典的成功被归因于其大型"囊括性"利益集团之间的合作。在 20 世纪最后二十五年，德国和瑞典的增长率没有超过英国和美国的增长率，而在该世纪最后十年连日本都露出了硬化症的迹象。如果奥尔森的理论是正确的，那么我们一定有如下结论，德国和日本的利益集团有足够的时间保护它们自己，从而导致硬化症，而瑞典的利益集团的囊括性和合作性变得越来越弱。[①] 你也许可以进一步加强这一论点以支持奥尔森假说，方法是认为美国和英国的里根和撒切尔"革命"对工会产生了摧毁利益集团的影响，这种摧毁正是奥尔森理论认为是实现增长必须具有的先决条件。尽管对奥尔森理论已经进行了很多的检验，也还是需要有更多的检验。

22.7　结论

在这一章我们讨论了政府政策对经济活动具有的几个可能影响，重点放在政府干预经济的负面效应。如同几乎所有的问题一样，试图测度这些效应的经济文献并没有用清晰而毫不含糊的声音表达观点。但是，迄今为止的证据分量允许我们得出一般性结论。（1）税收一经征收，就会扭曲选择，因而减少福利。（2）如同政府部门一样，无论是发达国家还是发展中国家，地下经济至少是从 1960 年以来就开始增长至今。在一些发展中国家，地下经济比重和正规部门一样。高度的管制、税收、苛刻而任意的管制执法、腐败，这些都推动了地下经济的增长。（3）在用私人部门的生产率或用人均 GDP 的增长率来测度经济表现时，公共部门相对规模和经济表现之间的关系是倒 U 形的。政府部门太小会不利于经济表现，因为阻碍了经济中基础设施的形成和受教育的劳动力的供给，而这些是经济最优运行所需要的。不过，要是超越了某一点，政府活动对经济表现的反向激励效应开始超过其正面效应。全世界所有的高度发达国家看起来处在该曲线的向下倾斜部分。

关于民主对经济表现的影响能够得到的结论是极为试探性的。这里有证据表明，某些形式的官僚、威权政府能够带来比民主政府更快的经济增长，但是一个人得到的结论既依赖于不同形式的政府是怎样分类的，也依

[①]　关于与这一解释一致的德国"衰落"的讨论，参见吉尔施、帕格和施米丁（1994）。关于瑞典主要的经济利益集团之间的合作弱化的讨论，参见林德贝克（1997）。

赖于他的样本的内容。关于民主稳定性对经济增长的长期效应，能够得出的结论也是同等试探性的。尽管在第二次世界大战时期世界上的发达国家的民主稳定性似乎没有产生"经济硬化症"，"奥尔森假说"在多大程度上适用于其他国家和其他时期，这一点还是不清楚。

经济自由促进了经济增长这一命题没有多少争论。那些通过确保产权、执行合同等支持了市场交易的国家，无论其政府是否民主选举产生，其人均 GDP 增长率都要高一些。

本章讨论到的研究几乎全部出现于 1980 年以来，其中有很多发表于 1990 年以来。可以预期这一研究会在数年后以一个轻快的速度持续增长。

文献注释

罗斯－阿克曼（1999）就政府腐败问题提供了一个很漂亮的概述。巴德汉（1997）对发展中国家的腐败文献作了文献综述。

巴罗（1997）更新了本文中所讨论的他的早期研究。

阿吉翁、卡罗利和加西亚－佩纳洛萨（1999）对经济不平等与增长的文献进行了文献综述。

第五部分

规范的公共选择理论

第二十三章　社会福利函数

> 那么社区的利益是——什么呢？是组成该社区的所有成员的利益总和。

杰里米·边沁

当人们谈起以"经济人"假设为基础的公共选择实证理论时，一定会想到有关公共选择的规范性理论，因为其中包含着许多关于国家目标该是什么以及如何实现这些目标的观点。而这种潜在的多重性正是许多赞成"价值中立"学科的实证主义者的批评焦点所在。对于经济学的主要内容而言，集中于对社会目标的解释和预测也许会更合理一些，至于社会目标的执行这一内容就留给政治学来解决了。但是，如果政治学研究本身全然占据这样的学术地位也是不够合理的，因此这激发起了人们对社会的基本价值怎样或如何能够通过政治过程表达出来这一问题的兴趣。实证性理论要从理性的自利行为这一假设推导出具有解释性和预测性的理论来，而与之相对应的是，规范性理论所面临的挑战是要与此相同的方式，根据那些已被普遍接受的假设，得出关于价值表达和实现的命题。本书第五篇中要回顾人们在处理这一挑战时所作的一些努力。

23.1　伯格森—萨缪尔森社会福利函数

在经济学中，表示社区价值的传统方法就是使用社会福利函数。关于社会福利函数的开创性文章来自伯格森（1938），之后萨缪尔森（1947，第8章）对其作了最为重要的深入解释。该函数如下：

$$W = W(z_1, z_2, \cdots, z_n)$$

其中，W 是所有变量的实值函数，所有的 z_i 和 W 都被选来表示整个社会或者社会中每个人的伦理价值（ethical value）（萨缪尔森，1947，p.221）。

社会福利函数的目的是通过确定一个 W 和一组 Z_i，以及对它的约束条件，来得到能使 W 最大化的有意义的一阶条件和二阶条件。虽然原则上任何与社会福利有关的变量（比如犯罪率、天气情况、受教育年限等）都应包含在这个社会福利函数里，但是经济学家们还是集中研究一些经济变量。因此，社会福利函数的相关文献所采用的关于消费者、生产函数等的假设都与主流经济学以及公共经济学所采用的假设完全相同，而这些假设同时也是其分析的焦点所在。

唯一可能会得到大众普遍认同的价值假设是帕累托假设（Pareto postulate）。这个假设足以产生一系列使 W 最大化的必要条件，和将社会选择限制在一般化的帕累托边界上的特定的点。它的证明过程与论证从偏离契约线的点回到契约线上的活动过程是帕累托改进这样一个命题的过程相类似，并且两者的必要条件也是相同的。其中关于生产的条件是

$$\frac{\partial X_i/\partial V_{1i}}{\partial X_k/\partial V_{1k}} = \cdots = \frac{\partial X_i/\partial V_{mi}}{\partial X_k/\partial V_{mk}} = \frac{T_{xk}}{T_{xi}} \tag{23.1}$$

该式中，$\partial X_i/\partial V_{mi}$ 表示要素 V_m 在产出 X_i 的生产过程中的边际产出，T 则是一个由所有产出和投入定义的转换函数（transformation function）（萨缪尔森，1974，pp. 230—233）。

> 用文字描述即：如果某种要素在一种商品中的边际生产率与同一种要素在第二种商品中的边际生产率之比，跟任何其他一种要素在第一种商品中的边际生产率与它在第二种商品中的边际生产率之比相等，那么生产要素就得到了正确的配置。这个比例共因子的值等于以第二种商品的（替换量）来表示的第一种商品的边际成本。（萨缪尔森，1974，p. 233）

这些条件保证了经济能够在生产可能性边界上运行。但一旦这些条件不能满足，那么经济就有可能把生产要素从一种生产工序转换到另外一种生产工序，使得在不减少其他产出量的同时，获得更多的某种产出。而帕累托法则剔除了这样的可能性。

消费的必要条件要求对于所有消费 i 和 j 这两种私人物品的消费者而言，两种物品的边际替代率必须是相等的。

$$\frac{\partial U_1/\partial X_i}{\partial U_1/\partial X_j} = \frac{\partial U_2/\partial X_i}{\partial U_2/\partial X_j} = \cdots = \frac{\partial U_s/\partial X_i}{\partial U_s/\partial X_j} \tag{23.2}$$

其中，$(\partial U_k / \partial X_i) / (\partial U_k / \partial X_j)$ 表示消费者（投票人）k 消费两种产品的边际替代率（萨缪尔森，1974，pp.236—238）。如果方程（23.2）不能满足，那么交易将有利可图，而这又违反了帕累托假设。因此，可选择的点只能被限制在生产可能性边界上——这样分配最终产品能够使得两种产出的边际转换率等于个人的边际替代率（萨缪尔森，1947，pp.238—240）。

通过一组合适的一次性征税和转移支付，被看做是竞争性均衡的帕累托可能性边界上的点有可能继续存在。因此，诸如一般化的帕累托可能性边界上的哪个点会被选中，什么样的一组一次性征税和补贴才是最优的，这一类规范性命题都可以运用社会福利函数来解决。伯格森和萨缪尔森都提倡用社会福利函数的一个变形来解决这个问题，在这个社会福利函数中，直接以个人的效用指数作为其自变量

$$W = W(U_1, U_2, \cdots, U_s) \tag{23.3}$$

这个提法产生了关于 W 采用什么形式，以及个人效用函数有哪些特点等问题。人们尤其想知道，是序数效用函数就能够解决问题，还是必须使用基数效用函数。如果用后者的话，那么是否也要求个人之间要具有可比性。随着上个世纪效用理论的演进发展，整个经济学学科近乎一致地排斥这类基数的、个人之间带有可比性的效用函数。因此，人们在此自然也不希望用到这一类的效用函数。但恐怕这种希望会落空了。

我们可以从以下这个简单的例子中了解为什么会是这样：6 个苹果将要在两个人之间分配。根据所了解的关于两个人的地位、他们对苹果的偏好以及社会中所遵循的伦理道德，我们相信将苹果平均分配给两个人将会使得社会福利最大化。接下来的问题是，我们能否构建对个人 1 和个人 2 的偏好用序数表达的方法，该方法总能够产生社会福利最大化这一结果。让我们先来考虑一下可加性的福利函数，

$$W = U_1 + U_2 \tag{23.4}$$

我们希望能够找到 U_1 和 U_2，使得

$$U_1(3) + U_2(3) > U_1(4) + U_2(2) \tag{23.5}$$

不等式（23.5）可以推出

$$U_2(3) - U_2(2) > U_1(4) - U_1(3) \tag{23.6}$$

如果 U_1 是一个序数效用函数，我们将之乘以 k，将不改变它的序数排列。但这个变化使得（23.6）不等式的右边扩大为 k 倍，且 U_2 是有界的，对给定的任何一个 U_2，假设 $U_1(4) - U_1(3) > 0$，总能找到一个 k 使得不等式（23.6）反向。

相同的情况同样适用于 W 为可乘性函数的例子。我们找一个 U_1 和 U_2，使得

$$U_1(3) \cdot U_2(3) > U_1(4) \cdot U_2(2) \tag{23.7}$$

该式等同于

$$U_2(3)/U_2(2) > U_1(4)/U_1(3) \tag{23.8}$$

此时，将 U_2 加上一个常数，并不影响它的次序，因此（23.8）不等式可以变为

$$\frac{U_2(3) + k}{U_2(2) + k} > \frac{U_1(4)}{U_1(3)} \tag{23.9}$$

但是，当 k 不断变大时，（23.9）不等式的左边会趋向于 1；当 k 足够大时，这个不等式的方向会改变，也就是说第一个人在消费第四个苹果时，仍能得到正的效用。

虽然 W 采用另外的代数形式也是可以的，但是很明显序数效用函数的适用性无法在保持所有 U 的排序不变情况下，仍能在双方拥有苹果数为（3，3）时产生一个效用最大值。针对分配组合（4，2）和（5，1）之间，以及（5，1）和（6，0）之间的比较，同样的情况也会出现。我们能从以序数效用指标作为自变量的社会福利函数中获得一个具有决定意义的结果的唯一方法，就是将该函数定义为字典序的实用函数，也就是说，这个福利函数表明，社会更偏好于个人 1 的效用增加甚于个人 2 的效用增加，无论个人 1 增加的效用多么小，而个人 2 的效用增加多么大。同时，该社会福利函数中的此种性质独立于初始效用水准（即收入和物品的分配）。这也就是说，要用它前后一致地选择一个单一的结果，则定义在序数效用指数上的社会福利函数必定是独裁性质的。这个观点最早由肯普和黄有光（1976）和帕克斯（1976）提出，他们对此观点的证明遵循了第二十四章要讨论的对阿罗不可能定理的证明（还可见哈蒙德，1976 和罗伯茨，1980）。

序数效用函数所具有的一般性在分析个人决策时十分吸引人，但是不适合分析社会决策，因为社会决策要考虑个人之间的利弊权衡。在进行这些利弊权衡时，要么必须用商品集的形式，或者是用建立在该社区的道德规范基础上的对他们所享用的商品进行集中支配的形式，对个人相对地位进行直接比较；要么是在使用效用指数的情形下，对他们的相对地位进行定义以使得我们能够用基数进行人际之间的比较。

上述想法为人们所知似乎已经有一段时间了。伯格森对社会效用函数

的最初说明似乎引起人们对在是否需要基数效用和个人之间可比性这个问题上有所困惑①，但是这种需要不仅在勒纳（1994，第三章）的文章中被强调，而且萨缪尔森（1947，p. 244）在其对社会福利函数的最初阐释中也曾提到。

有无穷多个这样的位置存在，从全部利益都由一个人享受的情况，经过某种中间情况，到另一个人享受全部利益的情况。没有适当定义的 W 函数，即没有关于个人之间效用比较的假设，就无法确定这些点中哪一点是最佳的。根据给定的一组定义福利函数的伦理观点就可以，并且只有这样才可以确定广义契约轨迹上的最佳点。

萨缪尔森（1976）之后又证明仅仅满足基数性是不够的，也就是说，基数性和个人之间的可比性都必须满足。若不是肯普、黄有光和帕克斯的文章所引起的关于序数性和基数性的争论出人意料地涉及萨缪尔森（也间接地涉及伯格森），也许关于社会福利函数的参数是否能够是序数效用指数这一问题在这之后就再也不会被讨论了。考虑到所涉及的人和备受争议的命题，也许先考察一下他们的论点将是十分有用的。

正如注释标题所示，萨缪尔森（1977）批驳肯普—黄有光和帕克斯理论的主要目的是要重申存在有"合理的"伯格森—萨缪尔森社会效用函数，而这个注释也是由于肯普—黄有光和帕克斯宣称已经证明了这类函数的不存在和不可能性定理而引起的。在批评他们的理论时，萨缪尔森主要针对肯普和黄有光用来从伯格森—萨缪尔森式的社会福利函数中取得一般性所使用的特殊形式定理，这个定理认为社会福利函数必须是字典序

---

① 伯格森在很多场合都强调当提到社会福利函数的最优化条件时只需要用到序数效用指标，并且还直接声明"依我看，剑桥学派（基数效用论）引出的效用计算并不是福利经济学的一个有效工具"（1938，p. 20）。由此可以毫无疑问地认为伯格森断言福利判断是可以建立在序数效用指标上的。因此，阿罗（1963，p. 110）会说"伯格森 1938 年的文章的最大贡献就在于它把同样的理论（莱布尼茨的不可识别的同一性原则）引进社会福利的分析。使得社会福利函数只依赖于无差别的图景；换句话说，福利判断只依赖于个人之间可观察的行为"。但是这句话中，"换句话说"的前后文的意思并不相同。事实上，伯格森对剑桥学派的继续批判不仅是为了提出应用序数效用指标或"个人之间可观察的行为"，还为了提出对"相对经济地位"和"不同商品"之间的比较。所以伯格森在反对基数效用论时，不仅倾向于以序数效用定义的 W，还倾向于以实物单位定义的 W，即 $W(z_1, z_2, \cdots, z_n)$。这充其量只会引起定义在个人基础上的 W 无法确定序数效用指标。

在对阿罗 1954 年的理论进行讨论时，伯格森十分明确地提出，在他看来，个人之间基数效用的比较（见他对酒和面包的分配问题所进行的讨论，pp. 244—245，注释 8）是必要的，但阿罗（1963，pp. 111—112）并不同意。

的。萨缪尔森对一个将某个个人变成"道德独裁者"的公理进行讥讽固然是对的，但他却错批了肯普—黄有光和帕克斯的理论。因为帕克斯的证明已明显指出了所有建立在序数偏好上的伯格森—萨缪尔森社会效用函数都会使某个个人变成"道德独裁者"。

仔细阅读肯普—黄有光和帕克斯的文章，会发现他们并没有声称除了那些以序数形式的个人效用为参数的社会福利函数之外其他合理的伯格森—萨缪尔森社会效用函数也不存在。更有趣的是，肯普和黄有光（1976，p. 65）还引用了萨缪尔森自己的话作为他们的一个论据："人们普遍持有的一种信念，即可以从个人序数效用中引导出伯格森—萨缪尔森社会效用函数"，他们还运用《经济分析基础》第 228 页上也曾被阿罗引用的内容来表明，社会效用函数是建立在序数效用基础上的。在这一页中，萨缪尔森写道：

> 当然，如果效用要加在一起，那么，我们就必须首先掌握他们，但是，并不需要把效用加在一起。如果采用假设（5），那么，基数效用就作为独立变量而进入 W 函数之中。但是，W 函数本身却只是序数可确定的，因而存在着无穷多种同样好的指标可供使用。因此，如果其中一种被写成
>
> $$W = F\,(U_1,\ U_2,\ \cdots)$$
>
> 并且要从一组基数个人效用指数改变到另一组（$V_1,\ V_2,\ \cdots$），那么，我们应该只改变函数 F 的形式，以使所有的社会决策都保持不变。

这一段落不仅明确的表明了 W 具有序数性质，而且隐约也说明了个人效用参数无需具有个人之间的可比性。然而这一段落所在的部分竟是对确定一般化的帕累托可能性边界上的点的必要条件的推导，而且该部分在原书后面的 244 页中被引述时也有被替换和夸大之嫌，而萨缪尔森却在此明确指出如果帕累托集合中的一个单点能被选中，那么人们必须"牢牢把握"个人效用，并将其进行比较。但是，萨缪尔森接下来的论述和对肯普—黄有光—帕克斯理论的猛烈攻击都表明他相信即使要以个人的序数效用函数为基础，对伯格森—萨缪尔森社会福利函数的界定也是十分正确的。[①] 肯普和黄有光（1976）、帕克斯（1976）、哈蒙德（1976）、罗伯茨

---

① 见萨缪尔森（1967，1977，1981）。同时他也承认伯格森的贡献（萨缪尔森，1967。pp. 44—45、48—49）。还可以见我在上面注释 1 中的讨论。

（1980c）以及其他学者的理论都反对这一说明。确切地说，我们可以得到以下结论：（1）序数效用函数在推导帕累托最优所需的必要条件时，对作为 W 的解释变量而言已经足够；（2）但是如果要从无数个帕累托最优点中选择一个单一的，最优的点时，基数的个人之间具有可比性的效用函数形式又是必须的。

23.2　公理性的社会福利函数

肯普和黄有光（1976）以及帕克斯（1976）通过论证不存在一个社会福利函数能够满足一系列特殊公理来证明他们的不可能性定理，而这些公理在其他问题中能证明方程的解释变量是序数效用函数。因此，他们的定理自然会产生关于运用何种公理才能得到一个合理的社会福利函数的疑问。在这一部分，我们将回顾关于这个问题的几种答案。

23.2.1　弗莱明社会福利函数

最早对社会福利函数进行公理化处理是弗莱明（1952），他证明了任何满足帕累托法则和个人无差异偏好排除公理的社会福利函数必须是以下这种形式：

$$W = f_1(U_1) + f_2(U_2) + \cdots + fs(Us) \tag{23.10}$$

无差异个人排除公理　假定至少有三个人，其中 i 和 j 对 x 和 x 以及 y 和 y 的偏好是无差异的，但是 i 相对于 y 更喜欢 x，而 j 则相反，更喜欢 y，如果其他所有人对 x 和 y 以及 x 和 y 之间的偏好是无差异的（不一定只限于 x 与 x'、y 与 y 的偏好关系），那么社会对于 x 与 y、x' 与 y 的偏好必定总是一样的［定理的名称和论述曾在黄有光（1981）的文章中简单地被提及］。

无差异个人排除公理有两个重要的性质：首先，正如定理的名字所言，它排除了对商品 x 和 y 的偏好无差异的个人；其次，定理要求无论用来决定个人 i 对于 x 和 y 的偏好是否会优于 j 的传统是什么，它同时也能决定一个对商品集（x'，y）使得 i、j 对 x 和 x' 以及 y 和 y' 的偏好无差异。一种能够决定谁的偏好具有优先权的传统自然会使某人变成独裁者。而与之相反的传统则会假定 i 和 j 之间具有可比性的基数效用函数。

（23.10）式中 W 的值很显然是与 1—s 序列中的个人排序无关，因此该理论也满足无名氏定理。但是这个理论没有给我们更多关于 W 的函数形式的信息，尤其是如果

$$f_i\ (U_i)\ =a_iU_i \tag{23.11}$$

那么（23.10）式中的 W 就变成可加的了，如果

$$f_i\ (U_i)\ =\log\ (U_i) \tag{23.12}$$

我们就会得到一个基本上算是可乘的 W。[①] 为了更加详细地评价了解社会福利函数，我们需要了解更多的定理。

23.2.2　豪尔绍尼社会福利函数

豪尔绍尼（1953，1955，1977）从以下三个假设中推导出了一个社会福利函数。

1. 个人偏好必须满足冯·诺伊曼 – 摩根斯顿—马尔沙克这一考虑风险的选择公理。

2. 个人的道德偏好同样要满足相同的公理。

3. 如果从每个人的立足点出发，都认为两个期望 P 和 Q 是无差异的，那么从社会角度出发，两者也是无差异的。

每个人的个人偏好是他在日复一日的决策时所依据的那些喜好和口味等，而他的道德偏好只有在个别情况下他要做伦理道德选择时才被使用。由于在做后者这类选择时，个人必须衡量自己所做出的选择会对其他个人产生什么影响，因此会涉及人与人之间的效用比较。

从以上三个前提假设，豪尔绍尼证明了以下关于社会福利函数形式的定理。

　　定理：W 是个人效用的加权总和，形式如下：

$$W=a_1U_1+a_2U_2+\cdots+a_sU_s \tag{23.13}$$

　　其中，a_i 表示当所有的 $i\neq j$，且 $U_j=0$ 时，W 的取值（豪尔绍尼，1955，p.52）。

---

①　对 $\log\ (U_i)$ 的加总值等于对 U_i 的乘积求对数。因此对（23.12）式的变形就会使得 W 等于个人效用成绩的对数值。由于当自变量 x 实现最大化时，$\log\ (x)$ 也会实现最大化。因此无论是以个人效用函数乘积定义的 W，还是以乘积对数形式定义的 W 都能很好地反映个人效用函数中自变量的最优值。

给定以上三个假设，这显然是个很有力的结论。通常当一个强有力的结论是从看起来很弱的前提中推导出来时，人们都会重新审视这些前提看看是否被伪装起来（a wolf in disguise）。

第一个假设仅仅是保证了在面对风险时个人理性的一种形式，并且看起来并无大碍。当决定是去海滩还是留在家中时，理性的个人首先会计算去海边的期望效用，如果假设 π_r 是下雨的概率，而 π_s 是出太阳的概率，并且 Ur 和 Us 分别表示他在这两种情况下的效用，那么他的去海边的期望效用就是 $U_B = \pi_r Ur + \pi_s Us$，如果去海边的期望效用大于待在家里的某个效用值，理性的个人就会选择前者。

第二个假设将面对风险的理性的这一概念从个人的偏好扩展到道德偏好。在决定是否要给一个穷人100美元时，高尚的理性人会想到如果自己是个穷人，在收到100美元时会得到多少效用，以及自己少了100美元又会减少多少效用，并且给两种情况一个合适的概率，因此关于个人偏好满足冯·诺伊曼－摩根斯顿—马尔沙克选择公理的假设会致使道德高尚的个人在做道德选择时会加入所有个人的效用。

豪尔绍尼的第二个假设被批评为是对社会选择的个人理性作了不合理的定义。我们在下一章将会看到帕塔奈克（1968）对豪尔绍尼的社会福利函数提出的批评，以及布坎南（1954a）对阿罗的社会福利函数提出的类似评价。但是，这些反对意见对豪尔绍尼的批评力度似乎比对阿罗的批评力度要小得多。豪尔绍尼考虑到了对两种社会状态下的个人评价，不像阿罗遭质疑的社会福利函数一样涉及有争议的加总和某种存在的机制。豪尔绍尼理论中的 W 在个人心目中是主观的，如果个人有不同的主观评判标准，那么不同的人会得到不同的 W，因此一个集体的 W 是不可能存在的。

根据个人在存在风险时是通过最大化自身主观效用的期望来做决定这一假设，黄有光（1984a）得出了冯·诺伊曼－摩根斯顿效用指数与主观效用指数之间的等式关系。可见，豪尔绍尼的前两个前提假设还是很有效地将在个人之间具有可比性的基数效用引入社会福利函数。[①]

第三个假设引出了豪尔绍尼社会福利函数赖以成立的个人主义价值（效用），豪尔绍尼的理论中最引人注目的就是他能够从这三个看似普通的假设中推导出一个表面上看似合理的可加总的社会福利函数。

① 也可见宾莫尔（1994，Ch.4）。

　　了解社会福利函数具有可加的性质是决定社会最优产出的第一步，也是很重要的一步。同时还确定每个人的效用指标的权重和效用指标自身的估算。另外，豪尔绍尼还推导出社会福利函数所蕴含的道德基础。他建议每个人在测算各种状态下的社会福利函数值时，要设身处地的为他人着想，并平心而论地显示自己的偏好。为了使个人在选择状态时不失偏颇，每个人都要假设自己处于该状况下的概率与社会中的其他人一样（豪尔绍尼，1955，p. 54）。

　　选择一种状态就像是个人在根据自身的偏好计算出来的效用中进行的一次抽签，而这些人对状态都有着相同的概率分布。"虽然没有其他的道德假设，但是这表明了如果个人是理性的，那么个人不带个人色彩的偏好必定满足马尔沙克公理，进而确定一个基数社会福利函数，使其计算方法与计算社会里所有个人的效用时一样"（豪尔绍尼，1955，p. 55）。因此，假设每个人拥有某种偏好以及处于某种状态的概率都相同的思维试验（gedanken experiment），可以解决我们的两个问题。我们可以用每个人自身的主观偏好来估算效用函数，并且赋予每个人相同的权重。社会福利函数也可以简单表示为所有个人效用的总和。

$$W = U_1 + U_2 + \cdots + Us \tag{23.14}$$

当然，让人们采用这种通过他人的主观偏好来对不同状态下的效用进行估算的心理实验方法，还存在较大的实践难点，并且豪尔绍尼（1955，pp. 55—59；1977，pp. 57—60）也已经意识到这些。但无论如何，他依然坚持这样的观点，只要对他人有足够的了解，人们就能够从心理上接受他人的偏好，并且每个人对社会福利的评价 U_i 的形式也会趋同。这种采用他人偏好的实验与同概率假设会导致所有个人都会得到相同的、公平的社会福利函数（豪尔绍尼，1955，p. 59）。在此之后，罗尔斯（1971）、布坎南和塔洛克（1962）又引入了对未来状态不确定性的考虑，并产生关于社会契约和宪法的共识。这将在第二十五章和第二十六章中讨论。

23.2.3　对于豪尔绍尼社会福利函数的两种批评

　　23.2.3.1　是否应该考虑个人对风险的态度？ 在豪尔绍尼还未提出他的社会福利函数之前，一些文献就已经预计到今后会出现一种用于构造社会福利函数的全新的冯·诺伊曼－摩根斯顿效用指数，但是阿罗（1951，第2版；1963，pp. 8—11）对使用这些效用指数提出了反对意见。

　　它（冯·诺伊曼－摩根斯顿理论）从发展能够描述在随机事件中人

类行为的经济理论这一角度来看，固然十分重要，但是却和福利考虑毫不相关，尤其是在人们主要关注的是当没有随机事件发生时如何在不同的政策之间做出社会选择的时候。否则人们就能宣称社会收入的分配得由个人对赌博的喜好来决定（阿罗，1963，p. 10）。

更一般地说，就像森（1970a，p. 97）提到的，使用冯·纽曼－摩根斯坦理论会带来一定程度的随意性，但这似乎是所有效用基数化过程所固有的。

社会选择是否应该依赖于个人对风险的态度，这是个难以解决的问题。如果简对待风险的态度影响了她是否去海边的决策，那么在假定她经过了豪尔绍尼所描述的心理实验后，我们可以推断她对待风险的态度也会影响她决定是否帮助穷人。另外，可以想到的是她对待风险的态度可能也会影响到她如何在再分配立法（redistribution Legislation）中的投票。要想说"社会收入的分配"不该由这样的喜好决定，那么必须假设以这种方式形成的个人偏好对于决策不起任何作用。决定如何分配社会收入的"社会计划者"应该使用他或她的社会福利函数中所产生的"合适的"偏好。

通常，一旦我们认为个人对风险的态度不影响社会选择，那么就得弄清楚还有哪些其他的个人偏好也不影响——比如对色情小说的偏好，或是对教育的偏好。在这里，精英主义者认为社会选择就是社会计划者通过社会福利函数来选择社会产出，这与个人主义的社会选择观点是冲突的，因为后者认为社会选择是一种投票结果不断透明的过程。在这一投票过程中，每个人的偏好都起作用。

我们能从简支付 X 来获得 Y 的概率为 P 这一信息中知道简对 X 和 Y 的偏好，就像我们从她相对于 X 更加偏好 Y 这一情况中所了解的一样。实际上，前一个情况比后一个蕴含着更多的信息，但这个信息看起来并不是先验的就比简单的偏好排序所包含的内容来的不重要。至少前面信息的缺陷还有待论证。[①]

23.2.3.2 人们是否能对 W 的价值达成共识？由个人决定的 W 对于个人风险偏好的依赖性引起了帕塔奈克（1968）和森（1970，pp. 141—

[①] 关于风险偏好在豪尔绍尼社会福利函数中作用的其他批评和讨论，可见，戴蒙德（1967）、帕塔奈克（1968）和森（1970a，pp. 143—145）。对支持在社会选择分析中使用冯·诺伊曼－摩根斯顿效用的讨论可见宾莫尔（1994，pp. 51—54、259—299）。

146）对豪尔绍尼同概率实验中产生了疑问，即参与实验的个人能否一致认为有某种状态能使 W 最大化。

表 23.1   以美元计算的结果

状态	T	W
个人		
R	60	100
P	40	10

为了弄清这个问题，请看这样一个例子，在一个社区中有两个人，一个富人（R）和一个穷人（P），并存在两种可能的状态，征收累进税（T）和无赋税（W），表 23.1 给出了以美元收入计算的可能的结果。

表 23.1 中的结果表示的都是冯·诺伊曼 - 摩根斯顿效用，并且这种分类使得人与人之间产生了可比性。假设个人 R 的收入具有不变的边际效用，而 P 的收入则具有边际效用递减的性质。现在若再假定每个人在任意一种状态下成为 R 或 P 的概率相同，那么关于理性的冯·纽曼 - 摩根斯坦假设就会给出在下列两种可能状态下的值：

$$W_T = 0.5 \ (0.6) \ + 0.5 \ (0.4) \ = 0.5$$
$$W_W = 0.5 \ (1.0) \ + 0.5 \ (0.2) \ = 0.6$$

可见不征收累进税时的期望效用比较高，并且根据豪尔绍尼的理论，所有公正的个人都会选择这一政策。但是，帕塔奈克和森则认为穷人（P）很容易反对这种政策，因为他们在 W 时的境况要比 T 时的差。当穷人（P）从状态 W 向状态 T 变化时，他的效用成倍增加，而富人（R）的效用却减少不了一半。表 23.2 中的效用指数显示出穷人（P）是个风险规避者。给定一个选择，他可能拒绝进行一个公平的赌博以获得在 T 和 W 状态下 R 或者 P 的效用，这就像一个风险规避者不愿参加金钱赌博一样。虽然豪尔绍尼的社会福利函数在计算 U 时加入了每个人的风险规避态度，但是他并没有考虑那些决定社会福利函数取值的公平观察者之间风险规避程度的差异。如果个人之间对风险的偏好不同，那么他们对可能状态下的社会福利计算也是不同的，进而也不可能对社会福利函数达成共识（帕塔奈克，1968）。

表 23.2   **以效用计算的结果**

状态	T	W
个人		
R	0.6	1.0
P	0.4	0.2

    豪尔绍尼认为个人即使对未来状态不确定，他在做选择时也仍会遵守冯·诺伊曼－摩根斯顿—马尔沙克公理假设，而帕塔奈克—森的批判从根本上对这一观点的合理性提出了挑战，为了捍卫这些公理在这一阶段分析中的适用性这一假设，人们可以不断重申构成 W 的效用已经反映了个人对待风险的态度。同时要想认为由个人的效用 U_i 所决定的 W 必须要特别考虑风险规避因素，就要坚持认为风险要对社会产出进行两次折算，而这种情况本身就需要论证（豪尔绍尼，1975b，黄有光；1984a）。

    理论界对待帕塔奈克—森的批判的另一种反映是扩展豪尔绍尼心理实验的逻辑，假设每个人不是使用自身的偏好，而是假设他们拥有其他人风险偏好的概率是一样的。在我们的例子中，假设一个人是风险中立的（N），另一个则是风险规避的（A），他们在各种可能状态下的效用值可以在表 23.3 中看到。

表 23.3   **以效用计算的结果**（第二轮平均）

状态	T	W
个人		
N	0.5	0.6
A	0.44	0.42

    在风险中立的个人成为 R 或 P 的概率一样的前提下，N 行中的数字表示了当状态 T 和 W 发生时的粗略预期值，而 A 行则表示风险规避者将获得的较低收入。进一步假设每个人称为穷人（P）或富人（R），以及面对风险是中立还是规避的概率都是一样的，在这两种状态下的社会福利水平如下：

$$W_T = 0.5 \, (0.5) + 0.5 \, (0.44) = 0.47$$
$$W_W = 0.5 \, (0.6) + 0.5 \, (0.42) = 0.51$$

虽然两者的差距缩小了，但是不收税的福利水平仍然优于收税的福利
水平。

这一结果就像前一个结果一样仍会激起许多反对意见。相对于风险规
避偏好而言，风险规避者意识到对富人更有利的税收政策在风险偏好为中
立时更有可能被选择。因此这类人可能会拒绝被迫接受这种给他们同样机
会获得风险规避和风险中立两种偏好的赌博，同样他们也会拒绝能够博得
穷人或者富人效用水平的赌局。但是这种反对意见会遇到前一个反对意见
同样的问题。假设每个人是风险中立者或者是风险规避者的概率一样，然
后再用前一轮效用水平的平均数代入这一轮的效用方程来重新计算两种状
态下的效用水平。如果效用函数是光滑的，且是凸的，那么 W_r 和 W_w 就
会收敛于唯一的一组数值。[①]

至此，读者们可能会觉得豪尔绍尼的草率在不断蔓延。一个道德高尚
的公民不仅被假设能够表现出所有其他一切公民的主观偏好，同时这些偏
好还必须要用物质单位（像苹果和货币）和个人之间可以比较的基数效
用单数来定义；而且还必须做好准备加入无穷多的心理实验以达到所有公
正的公民都同意的社会福利值。得到这种全体共识的代价将是很高的。

虽然这类批评不容易消除，但我们必须牢记我们探索的并不是一种个
人能用来获得唯一值的社会产出计算公式。我们所要找的是一种所有人都
赞成的能使社会选择这一问题概念化的方法，并且我们从这种形式的心理
实验中获得的一些原则性的东西还能帮助我们在实际进行社会选择时达成
共识。直接在社会选择问题中运用豪尔绍尼社会福利函数，与另一种要考
虑帕塔奈克—森批判的修正观点之间的区别仅仅在于赋予风险规避者的偏
好权重的大小。举个例子来说，如果社区中有一个人最怕风险，不断进行
效用的平均会导致选择一种使得境况较差的人福利最大化的状态（托利森
和韦利特，1974a）。从根本上说，这是一种公平的结果，是罗尔斯
（1971）在没有使用任何效用计算的情况下，从与豪尔绍尼的相同假设出
发得到的结论。

---

① 维克里（1960，pp. 531—532）最早认为对福利方程进行重复平均化会带来共识。缪勒
（1973）、托利森和韦利特（1974a）也曾推荐用这个方法作为帕塔奈克和森反对豪尔绍尼社会福
利函数的回应。维克里为那些将要进入某个社团，但又不知道自身在社团里地位的人群提供了一
系列由最大化社会福利函数问题组成的规则集。这种设计显然与豪尔绍尼所拟想出的情形一样。
因此我们一点也不奇怪维克里会提出对冯·诺伊曼－摩根斯顿（或伯努利）效用函数进行加权加
总。当人们对通过加权加总得到的值产生异议时，维克里就会求助于重复平均化。

因此，在评价豪尔绍尼方法的"现实意义"时，会存在以下的问题：

1. 能否期望人们可以获得关于他人状态和精神情况等充分的信息来实现这个方法所要求的人与人之间的可比性？

2. 能否假设社团中所有人对待别人都有一种不偏不倚的态度，并且能够从这一态度出发在做社会选择时，就与个人状态相应的一系列权重（一种对风险的共识）达成一致意见？

如果一些社会选择认为就上面两个问题给出肯定答案是合理的，那么豪尔绍尼的社会福利函数将是一种很有用的分析思路。

23.2.4　黄有光的社会福利函数

黄有光（1975）提出一种可加总的社会福利函数，这种函数中的个人效用是用"有限感受"单位来衡量。"有限感受"单位的定义是建立在"对人类的认知能力是有限的这一事实的认识"之上的（p.545）。因此对于从 x 到 x' 的微小变化，即使 $x \neq x'$，人们也会认为两者是无差别的。人们所能觉察到的 x 的变化仅仅是种不连续的变化，而这种对 x 变化觉察能力上的不连续成了构造以"有限感受"单位来衡量的基数效用指数的一个障碍。因此在有限感受假设中，黄有光又加入了过半数偏好弱标准（weak majority preference criterion）。

过半数偏好弱标准：如果过半数人更喜欢 x，而不是 y，并且另外少部分的人对 x 和 y 的偏好无差异，那么整个社会将更喜欢 x，而不是 y。

这个弱标准把道德价值加入了社会福利函数。很显然，这个标准是帕累托法则和过半数规则的综合体，但是又明显都比两个法则中的任何一个要弱。与帕累托法则不同的是证明一个行动是正确的方法是要求大多数人，而不依个人的境况得到改善；而与过半数规则的区别则表现在，这个标准只有在面对偏好无差异的少部分人时，大多数人的意见才被认为是合理的。虽然有这么明显的缺点，但是这一假设证实它足以支持一个边沁式的社会福利函数，而构成该方程的主要是由有限感受性单位进行衡量的无权重的个人效用，也就是方程（23.14）。由于该方程通过运用冯·诺伊曼-摩根斯顿效用指数引入了风险偏好，因此对于那些不用豪尔绍尼理论来证明方程（23.14）的人，黄有光的理论提供了一种强有力的替代方法，在无需通过任何方式引入风险的情况下，就能证明边沁式的社会福利函数。

从公共选择的角度看，豪尔绍尼和黄有光的理论是对可加性社会福利函数最重要的两种证明方法，因为当人们希望把这些公理作为条件并入宪法法规时，它们具有很强的易解释性。以豪尔绍尼为例，其构建社会福利函数的整个框架与罗尔斯、布坎南和塔洛克用来推导他们社会契约和宪法的方法思路相似。在第二十六章，我们将分析这三种方法的异同。

23.2.5　纳什和其他可乘性社会福利函数

就像可加性社会福利函数总是和杰里米·边沁的名字联系在一起一样，可乘性社会福利函数也总是和约翰·纳什的名字紧密相连。虽然纳什（1950）的目标不是为了构造一个社会福利函数，但他确实找到了两人"讨价还价"问题的答案。可是当一般化到 s 个人时，纳什对讨价还价问题的解答被认为是一种可乘性的社会福利函数（卢斯和拉法，1957，pp. 349—350）。

$$W = (U_1 - U_1^*)(U_2 - U_2^*) \cdots (U_s - U_s^*) \qquad (23.15)$$

福利方程中的效用被认为与每个人 i 在 $U_i = U_i^*$ 时的状态有关。在纳什最先提出的"讨价还价"问题中得出这个公式是很自然的。如果交易没有达成，经过博弈得到的结果是最初的状态。因此衡量从交易中获得的所有好处也都与最初的状态之间有关。

几乎不需要什么公理就能推导出纳什社会福利函数，即使需要，那些公理也不会带来什么不良后果。当然效用函数必须是基数性质的，而且必须满足帕累托法则，α——缩小特性以及对称条件。

α 特性　如果 x 是定义在所有可行集 S 中的选择集的一员，那么 x 也是由 S 的任意适当的子集构成的选择集中的一员（森，1969）。

对称性　如果讨价还价这种博弈的抽象形式给参与者一个完全对称的角色，那么一个随意的值会使他们产生相同的效用收益，而用来计算这种效用单位能使博弈具有对称性（卢斯和拉法，1957，p. 127）。

一方面，纳什对"讨价还价"问题的解答更多地被认为是对博弈结果的描述，而非原本应该解决的问题答案。另一方面，纳什确实也说过这个结果很公平，并且正是因为这个结果固有的双方显而易见的公平性，让人们期望能够出现符合（23.15）式的结果（卢斯和拉法，1957，pp. 128—132）。

但是，以供分享的收益在界定时对初始状态点的选择是很敏感的。因此，初始状态在纳什的社会福利函数中所发挥的重要作用引起森对它做出了一种规范性方法的批判（1970a，pp. 118—121）。如果在社会选择时发生讨价还价行为，给定由市场决定的收入和财富以及目前决定的所有权，那么通过集体行动来减轻目前存在的不平等的可能性将会被大大限制。

另一方面，为了控制与"讨价还价"问题类似的政治博弈，在审查有关宪法和社会契约的编写时，把规则选择问题进行概念化的确是种合理的方法，而其中参与编写的每个人对于他们未来的偏好和状态都不确定。如果人们认为社会契约是从一种假设的或真实的无政府状态中选出的一系列法则，那么，现状就是在无政府状态下所有权（财产）的"自然分配"（布什，1972；布坎南，1975a）。因此，合作的收益将十分巨大，而且正如纳什所认为的，从纳什社会福利函数中表现出的收益在个人间的平均分配注定十分公平。

把现状视为无政府状态的起点，这与金子和中村（1979）的理论思路一样。他们提出了如（23.15）式的纳什社会福利函数条件，但是$(U_1^*, U_2^*, \cdots, U_s^*)$不仅仅由当前状态决定，而且我们所能设想到的个人最差的状态也会对其有影响。但如果将一个现代人推入一个真实的无政府状态下的社会，那么他的效用会比金子和中村所设想的要高这一说法值得怀疑。就像所有我们考察过的社会福利函数金子/中村社会福利函数同样也满足无名氏定理和帕累托法则。他们不仅采用了一种不相关选项独立性公理的形式（这我们将在下一章中详细讨论），而且做了一个"基本的假设，认为我们计算社会福利要考虑到每个人相对于初始值的福利"（p. 246）。这个假设与冯·诺伊曼－摩根斯顿效用指数结合使用，就会促使人们只比较个人之间的效用比率，而不是绝对的差别；而且对要求获得一个可乘性的社会福利函数起到显著作用。

德梅耶和普洛特（1971）对可乘性社会福利函数做出了最一般的描述，他们先用效用比率来衡量差别程度（相对效用），紧接着又构造出一种社会福利函数的表达方式

$$W = U_1^K \cdot U_2^K \cdots U_3^K \tag{23.16}$$

其中，K 为实数。

23.3 哪种社会福利函数的形式最好

目前我们已经看到仅从一些基本的公理，就能推出可加性或者可乘性社会福利函数。在这两类函数中我们必须假定函数的因变量都具有某种基数性质，且个人之间具有可比性的效用指数形式，并运用他们选择最优状态或者说是最优的政治制度；而且这两类函数都满足帕累托法则和无名氏定理。但是在两者的其他公理特性上有很多地方是不同的。在本章的最后，我们不再仔细分析每个公理，而是想举几个简单的例子来说明这两类不同的社会福利函数的特点。首先，我们应关注这两种函数的最简单的表示法：

$$W = U_1 + U_2 + \cdots + U_s \tag{23.17}$$
$$W = U_1 \cdot U_2 \cdots U_s \tag{23.18}$$

接着考虑表 23.4，每个项对应地表示个人 i 或 j 在两种可能状态 M 或 G 下具有可比性的效用水平。这些效用考虑到了所有收入的边际效用递减性质，因此，即使 i 在 G 状态下的效用水平只是 M 时的 2 倍，它在 G 状态时的收入也有可能 3 倍、4 倍甚至 10 倍于它在状态 M 时的收入。如果在 G 和 M 之间必须进行一次社会选择，哪一个会被选中呢？可加性的社会福利函数会选择 M，而可乘性的社会福利函数则会选择 G。

表 23.4

	i	j
G	2	3
M	1	5

很显然，无论哪位读者选择了什么，总有其他的读者可能做出完全相反的选择。为了更好地理解这一点，假设 i 和 j 代表同一个人一生中的不同阶段，而 G 和 M 是他要选择的两种职业生涯。职业生涯 G 代表一份在政府部门的工作，这份工作刚开始时的收入和效用会稍微低于之后的收入和效用。而职业生涯 M 则是一份医生职业。这份工作与政府部门的工作相比，虽然一开始时的效用会比较低，但后来则会高很多。假定人们充分了解每一种职业选择的效用收益，一些理性的、自利的人肯定会倾向于政府的工作；而其他人则会选择当医生。如果这种情况发生了，那将意味着有部分

人可能更偏好于可乘性福利函数，而其他人则偏好于可加性的福利函数。

正如例子所示，由可乘性效用函数做出的选择多半是依据人们对效用分配公平性的不同要求而定的。回顾表23.4，其中每一项都是效用，而不是收入。如果收入的边际效用递减，那么 i 和 j 的效用水平差异就会小于两者的收入差异。而人们选择了 G 状态（职业）而不是 M，表明人们更加喜欢一种平均主义的结果。

在一个可乘性社会福利函数中，i 效用翻倍的结果会被 j 效用减半的情形所抵消。比如，i 的效用从 100 增加到 200，而 j 的效用从 100 减到 50，两者变化产生的结果相互抵消。黄有光（1981b）曾针对社会福利函数中所要求的利弊权衡做出批判，因为这样会导致一些人为了避免他人效用绝对值的微小下降而做出非常大的牺牲。比如，假设一个社会里有 5 个人，都要面对 3 种状态 A、B、C（见表23.5）。在状态 A 下，5 个人都获得相对合适的福利水平。而在 B 状态下，1 就显得格外悲惨（几乎接近自杀的惨境），2 则会为他所拥有的福利水平而狂喜。

表 23.5

		个　人				
		1	2	3	4	5
状态	A	1	1	1	1	1
	B	0.0001	10000	1	1	1
	C	0.0001	10	10	10	10

另外 3 个人和 A 状态下的福利水平一样。而在状态 C 下，1 继续他的悲惨命运，另外 4 个人却都比在状态 A 时的福利水平好了 10 倍。如果用可加性的福利函数进行排序，B 优于 C，并且两者又都优于 A；而可乘性福利函数则认为从社会角度看三者是无差异的。

那些反对选择 B 而选择 A 的人认为在这种情况下使用可加性福利函数是允许通过恶化个人 1 的境况来使得个人 2 获得收益，而这违反了康德的重要论断。[1] 事实上，运用可加性的福利函数时，可以在一些个人获得零

---

[1]　见罗尔斯（1971）。这与森对福利经济学的批评也是有关的。罗尔斯是反对采用可乘性的福利函数，而偏向于用字典序福利函数的（在此不考虑他对功利主义的反对）。罗尔斯的理论在第二十五章讨论。

甚至负效用时产生一个最大值。杀死一个富有的病人，并将他的财产重新分配给健康的穷人很容易增加可加性福利函数的值。如果 j 是一个虐待狂，那么 j 虐待 i 使得 i 获得负的效用（希望他已经死了），会增加福利函数的值。而对可乘性福利函数而言，只要存在能使所有 $U_i > 0$ 的可行状态，任何 $U_i \leq 0$ 的状态都不会被选择。

作为这些例子的有利反驳，我们应注意到即使在涉及谋杀和虐待时，人们也很容易预料到福利函数值的上升。但是要想在这些点上获得最大值，好像行不通。因为如果 i 不是受虐狂，那么可能存在一个可行的、无需让 j 折磨 i 那样费劲（以个人间可比的 U 为形式）的方式就能增加 U_j。

虽然使个人 1 的境况适当变坏的交易可以让 4 个人的境况在绝对意义上有相当的改善，而且看起来挺合理，但是在可乘性福利函数中，能让 A 和 B 相等的逻辑和计算方法，却使得 C 不比 A 好。并且个人 1 很容易料想到人们会为了他们自己的利益而进行这样的交易。如果读者现在 21 岁，得选择是今后 50 年都生活在贫困线上，并且其中 10 年还在生存边缘挣扎，还是今后只活 40 年富裕的中上阶层的生活。毫无疑问，读者会做出浮士德式的选择——后者。如果这些选项用效用值在表 23.5 的 A 栏和 B 栏中合理地表现出来，那么读者选择时所用的衡量标准会更接近可加式而非可乘式的社会福利函数。如果读者将通过暗暗加入不同的效用水平来做这样的选择的话，那么为什么整个社会也采取这种标准就该被认为是错误的呢？

对这个问题的一个可能的答案是，对于个人而言，由于她可以为自己做决定，并且只要愿意，她就能够在不同的时点来比较自身的效用，因此在作决策时加入她不同时间的效用水平是很容易被接受的。但是当比较不同个人间的福利水平时，如上所述，可加性福利函数所固有的利弊权衡在目标分析法看来是无法让人接受的。当在可乘性福利函数里一个人对自己的权力更加保护时，人们若要在人与人之间作福利选择，就需要另一个标准了。在这种标准指导下所作的自我内心选择会更合理，更容易让人接受。

这种回答间接引起了对社会福利函数使用背景的一些争议。所有观察者都认为社会福利函数是一个由政策制定者所运用的分析工具。他们紧盯着所有 U_i 不放，并将其最大化；也就是说，一个不为人知的第三方正在为整个社会做出社会选择。在这一背景下，关于如何计算 U_i 以及人与人之间允许什么样的效用权衡的争论就十分引人注目了。由于能够保护个人在为了群体中的他人谋利益时不会减少自身的福利，因此引入对选择的约束的可乘性福利函数似乎更受人青睐。

另外一种看法，就是把福利函数看做编写宪章时的指南，或是社会在作集体决策时所需的一系列法规。如果人们认为这些法规是由那些对未来状况不确定的自利的人所选择的，并且他们都拥护这些假定为有效的法规的话，那么在选择一种社会福利函数时（也就是一系列用来使社会福利函数有意义的规则），人们不会做出关于人与人之间的选择，而会做出一个自我内心的选择。假定某个人对他自身的状态以及自身的效用函数不确定，那么他将会选择一系列法规使自身的福利最大化。在此背景下，如果人们在作决策时更倾向于比较不同时间下效用的差别的话，那么一个可加性的福利函数作为社会福利函数就会显得更加合适。

社会福利函数的使用背景与基数效用能否计算以及如何计算这一论题也有联系。经济学家们对基数效用这一概念的厌恶看起来是因为害怕官僚机构会在将个人效用定量化并以某种方式综合起来以做出社会政治决策时做手脚。从认为可以建立基数效用指标的心理学文献和敏感性研究中得到的论据，而从这一点出发，与其被视为一种对该问题的浓烈兴趣，不如看做一种警告。

但是如果人们把社会福利函数看做指导人们选择一种宪章的工具，是引导人们在忽视未来状况和效用函数的这一"面纱"后面做选择的思路，那么问题会变成，人们能否将奴隶和奴隶主两种情况进行概念化以及是否能够比较两种角色的效用水平。如果可以的话，那么选择一系列规则使无论什么形式的福利函数都有意义，即使不可以，也至少有假设上的可能。这是罗尔斯（1971）、布坎南与塔洛克（1962）设想一种社会契约和一系列宪章法规如何选择，以及豪尔绍尼在构建一个社会福利函数时所采用的思路。这也是社会福利函数概念在集体选择研究中显得很重要的理论背景。我们将在第二十五章和第二十六章中重新回到这些问题上来。

文献注释

在帕克斯（1976）、肯普和黄有光（1976）开创性的研究后，很多文章开始用序数效用变量来重新证明伯格森—萨缪尔森社会福利函数的不可能性，或者在证明基数可比性效用指标的必要性（德阿斯普雷蒙特和格韦斯，1977；波拉克，1979；罗伯茨，1980a、b、c）；评述可见森（1977b）。

我认为，自从我读了伯格森（1938）和萨缪尔森（1947，Ch. 8）关于社会福利函数的论述，我觉得人与人之间基数效用的比较对于在帕累托集中选择一个最好的分配是必要的。另外，我相信我的观点会被福利—公共学理论家们普遍接受。而肯普和黄有光（1976）、帕克斯（1976）的文章对我而言则显得不那么重要，因为他们带来了一些新的思想，但是他们只是对一些人们已经知道的或怀疑很久的问题给出了正规的证明。因此，我承认对于萨缪尔森（1977，1981）、肯普和黄有光（1977，1987）之间争论的本质和腔调有点迷惑。

豪尔绍尼原创性的贡献出现在 1953 年和 1955 年。豪尔绍尼（1977，Ch. 4）已经对争论进行回顾整理，并且也给出了其理论新的证明方法。

萨格登与威尔（1979）将他们的社会福利函数理论直接与立宪—契约设定相联系。他们的理论与弗莱明（1952）的理论相似。

黄有光（1975）最初的理论和之后的著作（1981b，1982，1983，1984b，1985a，2000）是对可加性社会福利函数最有力的捍卫。

关于以试验的方式衡量效用的文献可见维克里（1960）和黄有光（1975）。

除了纳什（1950）自己提出的社会福利函数形式，其公理化变形可见卢斯和拉法（1957，pp. 124—132、349—350）、森（1970a，pp. 118—121、126—128）。

第23.3 节重点介绍了黄有光（1981b）的理论。有关内容，还可参见伯格森（1938）、萨缪尔森（1947）、利特尔（1957）、森（1979）和黄有光（1981a）。

宾莫尔（1994，1998）两卷本的论文集包括效用指标广度的讨论，基数效用论和序数效用论，以及它们在规范性分析中的应用。

第二十四章　社会排序的不可能性

　　政府制度的唯一正统目的就是保证让团结在它之下的广大人民尽可能得到最大程度的幸福。

——托马斯·杰弗逊

　　要想得到一个大体上能让选民群体最满意的结果，真正科学的方法看起来仍然是人们所迫切需要的。

——查尔斯·道奇森

（刘易斯·卡罗尔）

　　伯格森—萨缪尔森社会福利函数的构造与个人效用函数相类似，就像一个人通过选择商品束来使自身的效用最大化一样，社会也一定会通过选择一种在个人之间分配商品的方法使其福利最大化。消费者根据理性原理做出使自身效用最大化的选择，这两者之间基本上是同义反复。把最大化目标函数的想法扩大到社会范畴，所要涉及的不仅仅是理性的概念。福利函数的特点以及它所提供的资料的性质都表明社会福利函数的规范性内涵是价值判断。伯格森（1938）和萨缪尔森（1947）在第八章的讨论中有对其更为清楚明白的阐释。

　　同样假设个人最大化自身的效用，另一种分析个人行为的方法是对个人的理性进行一些假设，使之足以定义一个偏好顺序，并且使人们能够预测在什么样的环境下个人将要选择什么样的商品束。与其相同的是，人们也能够对社会决策行为进行一些假设，用社会偏好顺序来分析社会的决策。那么给定社会环境，一个社会会做出什么样的选择呢？另外，从个人层面转变为社会层面，所需的假设条件也要从简单的理性假设转变为对社会群体道德的表述。记住这些是很重要的，因为有些公理听起来像是只要求满足集体理性就够了，并且一些学者也是这么解释的。在此我们不加赘述。而讨论每个公理时，我们也主要关注他们的规范性内涵。

阿罗在 1951 年（重版，1963）第一个提出把社会福利函数定义成满足一些基本道德公理的社会序列，并为此作出了最重要的贡献。虽然阿罗对个人公理的一些讨论看起来夹杂了理性和道德的考虑，但是他研究的主要目标还是规范性的讨论，并且我们对规范性特征的重视并不见得不适当。阿罗本人也接受了把这些公理看做基本价值判断，将其并入社区的社会契约或者说是规章制度。[①] 而这可能也是对它们最恰当的看法。但很多问题也会因此产生，比如我们会在社会选择过程中施以何种道德准则？什么样的集体选择过程会符合这些公理条件？答案往往会令人失望。因为即使给定的只是一些相对较弱且在道德上不很严格的公理，也没有哪种过程（投票过程、市场过程或其他过程）会满足这些公理。

在本章中，我们首先对这些公理进行简单陈述，并且给出不可能性证明的大体思路，接着我们在对这些公理作进一步详细的检验。

24.1 证明的逻辑

为了更加简明扼要，我仿效维克里（1960）对前提条件和证明的重新阐述。

1. 全体一致性（帕累托法则）：如果一个人的偏好不被其他人相反的偏好所反对，那么这种偏好在社会排序时将被保留。

2. 非独裁主义：没有人能拥有权力，在自己对两种选择的偏好与其他所有人相反时，仍能让自己的偏好在社会排序中保留。

3. 可传递性：社会福利函数赋予所有可行的选择一个始终如一的排序，也就是 $aPbPc$ 的排序可以推出 aPc 的排序，同样 $aIbIc$ 的排序也可以推出 aIc。[②]

4. 范围（不受限定义域）：对每个人而言，在所有选项中的排序中，有一些"通用的"选项 U，能使与其他任意一对选项 x 和 y 所构成的 6 个

---

① 第一次做出这样解释的是肯普和阿西马科普洛斯（1952），随后又得到了阿罗（1963）的认可。

② 阿罗关于这一公理的描述如下：

在所有的选项中，有一个由三个选项构成的集合 S，其中包含了每个人对三个选项的排序 $T_1, \cdots, T_n$。要想存在对于任何人 i，能都接受的排序 $R_1, \cdots, R_n$，即 $x R_i y$，当且仅当关于 x 和 y 的 T 排序 $x T_i y$ 在集合 S 内。

严格的排序被所有人接受。

5. 无关备选项的独立性：任意两个选项之间的社会选择必须只根据人们对这两者的排序，而不能根据对其他选项的排序而定。①

其中条件 4 可能还需要进一步解释一下，在这里通用选项的概念不是最重要的。区域无限制公理所要表明的是社会选择过程容许选项 x、y 和 u 任意可能的排序。选择过程不是通过这种方式建立起来排除其他排序的。

这个不可能性理论认为没有一个社会福利函数能同时符合这 5 个条件。为了了解这一理论的含义，继续来回顾一遍维克里的证明过程是很有必要的。首先，我们先定义一个决定集。

决定集的定义 如果满足下列条件，我们就说个人集合 D 具有决定性：对于一个给定的社会福利函数中的选项 x 和 y，即使所有其他人都偏好于 y，只要这个集合中的所有人都偏好于 x 而不是 y，那么这个方程的结果就是社会将偏好于 x 而不是 y。

证明

步 骤	证明根据
1. 令集合 D 是一个人们在选择 x 或 y 时具有决定性的集合。	假设
2. 假设 D 集合中所有成员的排序为 $x>y>u$，（那些在 C 集合中的）为 $y>u>x$.	范围
3. 社会的排序为 $x>y$	D 的定义
4. 社会的排序为 $y>u$	全体一致性
5. 社会的排序为 $x>u$	可传递性
6. 只有 D 集合中的成员排序为 $x>u$	假设
7. 社会无论 y 或其他选项的位置如何变化，都偏好于 x 而非 u	独立性

---

① 维克里对这个假设的看法有些不同，但他的证明方法却是一样的。这个公理的表述与阿罗最初的定义以及其他文献中的表述存在差异。阿罗的定义如下：

令 R_1，…，R_n 和 R_1'，…，R_n'为个人的两个排序集，同时令 $C(S)$ 和 $C'(S)$ 为两个对应的社会选择函数。在给定 S 的情况下，如果对所有人和所有的 x 和 y，$x R_i y$ 当且仅当 $x R_i' y$，那么 $C(S)$ 和 $C'(S)$ 就是相同的（阿罗，1963，p. 27）。而对于这里所采用的表述公理的方式，以及以此为基础的不可能性证明可见森（1970a）。

8. 集合 D 对于 x 和 u 的选择具有决定性   定义

9. 集合 D 对于所有选项对子集的选择都具有决定性 重复第 2—8 步

10. 集合 D 必须包含两个或两个以上的人   非独裁主义

11. 将集合 D 分为两个非空的子集 A 和 B 假设

12. 其中，A 集合的成员的排序为 $x>y>u$

         B 集合的成员的排序为 $y>u>x$ 范围

         C 集合的成员的排序为 $u>x>y$

13. 既然对于 A、B 集合中的成员排序为 $y>u$， D 集合的定义

     则社会排序就为 $y>u$

14. 如果社会排序为 $y>x$，则集合 B 对于 y 和 x D 集合的定义

     具有决定性。

15. 如果社会排序为 $x>y$，则也有排序 $x>u$ 可传递性

16. 那么 A 就对选项 x 和 u 具有决定性了。 D 集合的定义

在任意一个例子中，D 的一个子集对于选项都有决定性，并且可以通过第 9 个步骤使其对所有选项都产生决定性影响。第 10—16 步可以因不断出现的新决定集而重复，直到决定集里只剩下一个成员，使它与无独裁主义相矛盾。[①]

直观看来，这个证明的基础就是，定义域无限制的假设允许所有可能的关于偏好的排序。当全体一致偏好的选项没有出现的时候，就必须找到某种方法，以在帕累托偏好的选项中选择。而独立性假设只注意到人们所选择的任意两个选项的排序偏好。但正如我们在讨论过半数规则时见到的，该公理因太过简单以至于既无法构造出一些规则使得在两个选项中能做出选择，又会在从三个连续的成对的选项中作选择时产生循环问题。另外传递性假设保证可以从三个选项中选到一个。这样，社会选择过程就不会出现选而不决的结果（阿罗，1963，p.120）。但是，根据已掌握的信息——也就是人们对各选项对的排序——没有办法能使人们做出不强迫性的或是非专制性的选择。

---

① 该文献通过重复"中国匣"的方式来揭露独裁。其他重要的关于无限投票者的理论可见克尔曼和桑德尔曼（1972）。

24.2 放宽假设

为了避免不可能性的结果，我们必须放宽假设。但是在这样做之前，由于该理论的意义源于上文所说的前提条件的缺点，所以我们要来看看这一理论的重要性所在。我们将看到，虽然这些公理会比先前表现得要强一些，但是他们还远比一个要在立法阶段实施以符合分配公平原则的公理弱得多。举例来说，如果处于帕累托边界上，只要存在一个以上的成员，公理就无法排除一组人的情况。① 即使允许这样或以其他方法违反我们平等的想法，也还是找不到一个过程使得在满足这些公理的帕累托最优集合中进行选择。

为了得到可能性公理或是新的不可能性结果，人们已经对这些条件进行了修改。由于篇幅有限，我们在此就不做全面的回顾了，只是重点介绍一些与公共选择比较相关的修正。

如果个人主义和公民主权的理想能够得到保证，那么对全体一致性和非独裁主义条件的放松看起来就不值得讨论了。② 这两个公理清楚地表明我们在此所涉及的是规范性运用。挑选个人并允许他为群体做所有的决策并非不理性。事实上，关于全能的独裁者的说法至少从柏拉图在《共和国》中为其进行的雄辩开始就已存在。③ 但是这种想法与我们最基本的民主理论不一致。应该特别提及的是霍布斯（1651）为君主立宪制所作的辩护。对于霍布斯，有一个关于所有偏好都是相同的提法：无政府状态下的生活很可怕，而且比在大众一致认可的独裁者统治下的生活还要糟糕。如果人们能够把其他的前提条件变成霍布斯契约的一部分，那么人们就可以为自治进行全新的辩护。当然在实践中解决不确定性问题和社会选择过程时，因采取独裁而形成的僵局是很普遍的。从经验上，考察民主政府在历经明显是由投票悖论而形成的僵局后被独裁政府取代的频率是件十分有趣的事。而剩下的另外三个公理还有待进一步详细的讨论。

---

① 可见森的例子（1977a，p. 57）。

② 见利特尔（1952）。

③ 贝尔（1973）提供了这种说法的现代版本。他通过引用阿罗证明在很陡地方的应用的例子来表明很难经由单纯的民主过程来做出决定，进而他更倾向于在后工业社会选择专家政治论者形成统治精英阶层。

24.2.1 可传递性

对于要求社会逻辑过程产生一个一致的社会排序，阿罗给出的理由似乎是：（1）"在任何情况下都能做出某种社会选择"（1963，p. 118），（2）这个选择与不依赖于导致该选择的路径（p. 120）。事实上，两者是不同的要求，并且不要求利用可传递性的全部含义。

如果民主的僵局对独裁主义是种毫无防备的邀请，那么社会选择过程能够在任何情况下做出某些选择的要求就很容易得到辩护了。但为了达到该目的，人们并不一定要认为必然存在某种定义在所有个人偏好序基础上的一个社会偏好序。一个人要想做出选择只需要一个能使人们从所有可行的选择集中选出最优项的选择函数就行（森，1970a，pp. 47—55；普洛特，1971，1967）。而可传递性不是必要的，或者半传递性或者不循环就足够了（森，1970，pp. 47—55）。这两个条件都比可传递性条件要宽松。半传递性满足于偏好关系的传递性，但不满足无差异的传递性，而非循环性允许，即使排序结果为 $x_1 > x_2 > x_3 \cdots > x_{n-1} > x_n$，那么 x_1 仅仅是"至少与 x_n 一样好"。在保留其他阿罗公理的基础上，可能性公理也可以通过将上述两个条件中的任意一个来代替可传递性条件这一途径来加以证明。但是，吉伯德（1969）已经证明，将社会选择函数的半传递性排序作为必要条件，会产生一种寡头垄断者，他们能把自身一致的偏好施加于群体中的其他人身上。同时，布朗（1975）也指出不循环性会将否定权给予委员会中一个被其称为"长老会"（collegiums）的子集[1]。因此，当人们把一致性的必要条件从传递性放宽为半传递性，进而到非循环性后，独裁者的权利就被分散和改造，但是并没有完全消失，而是以另外的形式出现。要求社会决策过程在某种程度上具有决定性，也就是给予一个人或者由个人组合而成的集合以权力来决定（或至少是干预）任何的结果。[2]

虽然放宽传递性公理的假设对于把独裁者的权力分散给更广泛的群体是有利的，但是这也会给过程带来一定的随意性（森，1970a，pp. 47—55）。比如，在半传递性条件下，只有 $a < b$ 和 $b < c$ 可与 $a > c$ 的情况共存。进而，当只在 a 和 b 之间作选择的时候，社会才可以选择其中任意一

---

① 也可见布劳和德布（1977）。

② 关于这点进一步的讨论，可见布朗（1973）、普洛特（1976，pp. 543—546）和森（1977a，pp. 58—63）。

个。但若选择集增加了 c，那么社会就只能选择 a。如果 a、b、c 都是帕累托边界上的点，那么在选择上就会存在一个涉及分配的结果。而那些喜欢 b 的人就会对选择过程所依赖的道德基础产生质疑。因为这样的选择过程使他们把自己的命运寄托在尚待考虑的选择集上，而且这个集合还看似反复无常。

当考虑到为了保证半传递性成立而需要给个人偏好排序形式所加的约束，放宽传递性假设的好处又打了折扣。至少对于过半数规则来说，满足非循环性所要求的充要条件与半传递性所要求的一样，而且依次来看，在人数为奇数的情况下，这些充要条件也能保证传递性成立。[①] 所以，要保留从每个环境中都可以做出同一个选择这个性质，用完全传递性这个必要条件显得很合适。

最终结果不依赖自身路径的要求会给人不同的直觉。很显然，在此我们要从最终结果产生的路径开始，也就是说，一个决策不是在所有可行选择组成的全集中选出的，而是在由整个选择集的所有子集中的最优项重新组成的集合中选出的。这些最优项以某种方式相互抗衡，并沿着一条路径直到找到最后的选择集。认为社会选择过程要依赖路径就等同于认为最后的选择集与最初从全集中形成的子集不相关（普洛特，1973）。

路径依赖与另一个条件有关，并且事实上它本身也揭示了这一条件。该条件在很多文献中被提到，那就是在第二十三章中介绍过的森（1969）的 α 性质。α 性质表明，如果 x 是定义在全部选项组成的全集 S 上的选择集中的一项，那么 x 就是 S 中任意适当的子集的选择集中的元素。α 性质是曾经探讨过的收缩——一致性（contraction－consistent）性质中的一个。[②] 当可选集被缩小，只要 x 是选项之一，就还是会被选中。也许直观上的表述会更浅显一些：如果 x 是世界上最好的棋手，那么它肯定也是伦敦最好的棋手。这个例子中的路径依赖要求，x 成为冠军与原来的淘汰赛顺序毫不相关。后一个要求显然要强于前一个，这也解释了为什么路径依赖必然包含 α 性质，反之则不然。

与 α 性质以及其他缩小一致性质互补的是一组扩大一致（expansion-consistent）性质，比如 β 性质（森，1969，1970a，1977a）。β 性质说的是，如果 x、y 都是全集 S 的某个子集 S_1 的选择集中的元素，那么当且仅

①　见森和帕塔奈克（1969）、稻田（1970）和森（1977a）。
②　见森（1977a, pp. 63—71）。

当 y 是 S 的选择集中的元素，x 才会也是。回到我们棋赛冠军的例子。如果 x 与 y 在英格兰锦标赛中打成平手，那么 β 性质要求，在世界棋类比赛中只要他们之中有一个打成平手，则另一个也要打成平手。森曾指出，在该例中如果两个人在地方比赛中打成平手，但一个人打败所有其他对手获得世界冠军，那看起来也有可能。因此，虽然 β 性质在参与者是以单维的方式进行衡量的时候（如体重）是一些选择过程的合理约束，但是当参与者是从多方面进行衡量时，这一性质就显得不甚合理。由于社会选择中出现的问题有可能呈现后一种形式，因此很可能有决策过程会违反 β 性质，但是这不见得存在本质上的不理性或是不公平。

这样，比较两种性质，缩小一致性或者说是路径独立性在直觉上比 β 型的扩大一致性更容易让人接受。我们追求的社会选择是战胜其他选项的一组选择集。当找到这一选择后，如果看到这一选择与机会无关，而前期各选项之间的争斗正是建立在此机会基础上的（路径依赖），并且这一选择可能还能够与未被选中的任何子集对阵，并最终还是获胜（α 性质），那么人们将很欣慰。不幸的是，路径依赖和 α 性质即使是以其最弱的形式出现，也会导致独裁主义或寡头独裁主义式的社会偏好排序出现。只有已经证明的可能性理论需要利用 β 型的扩大一致性质。[①]

进一步考虑一下，如果完全忽视可传递性公理会面临什么样的问题。为了避免不一致和随意性的尴尬，社会选择过程在一定程度上会被要求必须满足可传递性公理。但这一看法反过来看又像是源于这样一种信念：就像个人如果表现出不一致的偏好排序就被认为是不理性一样，社会若出现这种情况也会被认为是错误的。布坎南（1954a）很早就针对这一公理详细地批判了阿罗将个人理性的定义一般化为集体选择过程的做法。普洛特（1972）也对这一类批判进行了扩展和一般化。如果想在社会选择的立宪约束中占有一席之地，传递性公理必须证明从循环的偏好排序中得到的随意结果违背了某个基本的道德准则。当然这也不一定是对的。一些小团体就经常凭借随机的方法，比如掷硬币或者抽签，来解决一些存在直接冲突的问题。虽然存在随意性，但用随机决策过程来解决争端的普遍性意味着"公平"是一种道德准则，并且比可传递性公理在做此类决策时所获取的准则更加基本。人们可能会想到用对社会决策过程的公平要求来代替阿罗集体理性的概念。只要宣称社会对帕累托边界

---

① 见普洛特（1976，pp. 569—575），森（1977a，pp. 71—75）。

上的所有点的偏好是无差异的，就有可能使可传递性条件得以放宽。虽然其中任何一种选择都可能带有随意性，但是却能得到大众的认可。棋类、网球比赛和其他类似淘汰赛的胜者可能都是依靠之前一些特殊局（路径）的偶然性获得的，但是这并不会降低和减少人们对从这种比赛中决出的"最好的"选手的认可。因为这种决定选手名次的方法被认为是公平的。而这种方式的本质排除了实际上由路径依赖决定比赛结果的情况。这样，一个具有非传递性或路径依赖的社会决策过程如果有一些另外所需的性质，如"公平"的话，也是有可能被广泛接受的。比起传递性或其他一致性公理条件，如果人们更加认同上述性质公理的话，阿罗难题就被解决了（肯普，1954）。

24.2.2 定义域无限制

对于这个公理必要性的证明有点像是在要求选择自由或言论自由。每个人都应该自由选择任意的偏好排序，而且集体选择过程也应该能够根据其他公理反映出这些偏好。虽然选择的自由会唤起回应，但是我们已经看到，当人们即使是面对如何使用一块公地的问题都有着各自不同的偏好时，冲突是如何快速产生的。一系列循环的偏好是很容易发生的，并且如果我们仍在要求可传递性的话，我们必然会得到一个不可能性的结果。很明显有一些偏好排序是截然相反的。这一点几乎是公理1的必然结果，因为公理1将我们的考虑限制在对帕累托边界点上，也就是说集中在纯粹分配问题上。在没有对个人显示出来的偏好施以任何约束时，建立一个团体解决争端的方法看来从一开始就注定会失败。诚然，萨里（1994，p. 327）已经观察到，将无限制定义域的公理和非相关选项独立性公理相结合能使人们的偏好排序不具传递性，那么是否可能有奇迹发生，使得社会排序也违反传递性公理呢？

围绕该问题，学术界有两种思路。一种是，用能够限制集体选择过程中所反映的偏好排序类型的其他公理来代替区域非限制公理。在公共选择的研究领域，这一思想意味着要在集体决策之前就要对被提及的问题类型施加政制约束。对某种财产权的保护就是这种约束的特例。每个人都能成为社区中的一员，但并不是每个人的偏好都能被满足，都能被认为必然是集体选择过程中的一分子。另一种解决问题的思路是规定进入这个社区的人必须是那些拥有能让集体选择成为可能的偏好排序的那些人。

在文中首先值得注意的是，要求个人偏好具有可传递性并不能解决我们的问题。我们更需要的是其他像极值约束之类的东西。① 单峰性质保证了大数定理能产生一个被称为"中值"的结果，而且与其他 4 个公理一起还能构建一个非独裁主义的社会福利函数。但是，这个能摆脱两难境地的方法不仅要求对需要决定的议题进行严格限制，而且对做决策的投票者也有严格的规定（斯卢茨基，1976）。其中议题必须都是单维度的，如枪的数量，书本的数量等，但投票者不能同时考虑书本的数目和类型，而且他们的偏好在这些单维度问题中还必须是单峰值的。如果上天造就了这样的投票者，过半数规则在不违反其他公理的情况下就可以解决这些问题了。而我们仍然要用某种其他方法来解决很多的多元问题，如果一些人的偏好是多峰的，这些人就必须被孤立，并被驱逐出社区，要不就只能等待又一个不可能性结果出现了。

　　单峰性和极值约束两个条件在一定程度上暗含着偏好同质假设，因为在社会选择如何顺着左—右维度排序时必定有一个共识存在。② 更一般地说，在第五章中评论过的关于过半数规则周期的实验时所显示的，周期发生的概率会随着选民偏好的同质性增强而减弱；而随着选民之间的敌意增加而增加（普洛特，1976，p. 532）。这些结果表明要寻找方法把政体组织中的成员限制在那些有着足够同质或互补偏好的人群身上，以避免不可能性的结果产生。俱乐部和以脚投票的理论都描述了有着同质偏好的集团形成的过程。如果有这样一种过程既能排除俱乐部（地方社区）之间的外部性，又能保证良好的流动性和自由进入，那么就能避免阿罗难题的发生。但是，正如我们所见，当外溢效应存在时，一些决策必须通过加总民意的方式进行，即使不可能性问题会在一些小的决策中被解决，但在这些大的决策中又会再度出现。在这种可能的情形下，人们只有接受或已经形成一个公共的价值观，才有可能形成同质的偏好（伯格森，1954）。要想了解原因，可以参考康德的文章；若想了解不确定性，则可以参考罗尔斯（1971）和豪尔绍尼（1955）的文章。

24.2.3　不相关选项的独立性

　　在所有公理中，不相关选项独立性遭到的非议和批评是最多的。③ 为

---

① 见本书第五章。
② 见阿罗（1963，p. 80）和森（1970a，pp. 166—171）。
③ 阿罗在所提到的该公理与这里的描述不同。

了证明这个公理，阿罗（1963，p. 100）曾做出以下论述：

> 不相关选项独立性的条件使得对可观察性的要求更进了一步。给定一个可行的选项集让社会从中进行选择。能够预期到，理想状态下，人们能够观察到关于可选项的所有偏好，但不能观察到人们在那些对社会而言不可行的选项上的偏好……显然，与不相关选项无关的社会决策过程有很大的实用优势，毕竟人人都知道选举制度能满足这个条件。

　　这里，阿罗只在可行性选项范围内定义这个公理，而这个公理的对象导致普洛特（1971，1976）以不可行选项这一特别形式对其进行重新论述并定义。而阿罗最初对这个公理的进行讨论时，曾用等级排序或者是在第七章中提过的博尔达计分法举过一个例子。该种方法就是让各选项按照他们在每个投票者偏好中的位置进行排序。而在阿罗（1963，p. 27）所给的例子中，x 从由 x、y、z 和 w 的候选名单中胜出。但是当 y 被除名后，x 则与 z 打成平手。因此，运用博尔达计分法得出的结果与候选者名单的性质有关。可见，阿罗提出独立性公理的目的之一看起来是要排除像博尔达计分法这样的过程，以便得到这样的结果："一旦人们了解了通过依次比较选项对子集做出的社会选择，则整个社会排序就最终得以确定，从而适用于所有可能环境的社会选择函数 $C(S)$ 也得以确定。"（p. 28）现在看来，之前提到的独立性公理（条件五）所要达到的目的显然就是排除对博尔达计分法之类方法的考虑。因此，我们以这种形式运用独立性公理，竟与阿罗提出这一公理的初衷不谋而合。① 但问题是，以这种方式限制集体选择过程中的信息内容有何规范性的价值呢？

　　以博尔达计分法或者同样方法得到的结果取决于待决策的选项所组成的特定集合（和全集）。因此，这种以不被认同的方式选择待选项的过程随着对独立性公理的抛弃而变得更为重要。如果人们可以仅仅凭借投票者对 x、y 的偏好而在两者之间进行选择，那余下的问题就无须了解了。虽

---

　　① 正如普洛特（1971，1976）和雷（1973）所言，阿罗最初对这个公理的阐述中并没有排除被限制在可行集结果上的博尔达计分法。只有在所有不论可行还是不可行的可能选项集合需要排序时，这种方法才被排除，同时也排除了这种方法在策略行为中的应用（普洛特，1976）。关于这个公理的其他评述可见伯格森（1954），布劳（1972），汉森（1973），肯普与黄有光（1987），萨里（1994）。

然独立性公理的性质有着令人向往的简便性，但是它却使其他选项不停循环地产生有待解决的问题。

通过限制个人在只知道两个选项间排序信息情况下进行选择，独立性公理排除了人们可以将效用基数化并进行个人间的效用比较的所有信息（森，1970a，pp. 89—91）。虽然人与人之间的效用比较激发起阿罗（1963，pp. 8—11、109—111）对该问题的研究，但是它却不是建立一个福利函数的基础。为了排除集体选择过程中的基数效用的相关内容，出现了两种不同的论证方法，第一种方法是证明基数效用的计算是很困难且很随意的，以及证明建立在个人之间可比的基数效用基础上的方法很容易被那些制定基数效用计算方法的人滥用，这看来也可能是阿罗最主要的担心（pp. 8—11）。因为阿罗认为在集体选择过程中，信息应该由那些为集体做出实际选择的官员来收集（pp. 106—108），而允许这些官员参与个人之间的基数效用比较可能会让他们获得很大的原本也许可以避免的自行裁决权。

在第八章中讨论投票过程时曾提到，如果投票人自行提供关于基数效用的信息，并在整个过程中使用它的话，那么滥用自行裁决权的危险就不会发生。但是，这会带来另外一个问题，即这种过程很容易受到关于偏好的策略性误传的损害。独立性公理不仅排除了那些有策略倾向性的过程，还排除了所有容易因策略而受损害的投票过程。这个性质在保证区别对待上，有很重要的作用。

24.3　不受策略影响的社会福利函数

之前的讨论体现了阿罗强调不相关选项独立性的一个重要目的，就是排除个人通过不表明自己的真实偏好而对集体选择过程产生影响，并以此改善自己在该过程中的境况的可能性。维克里（1960，pp. 517—519）推测对这种策略的抵御与对独立性公理的满足在逻辑上是一致的。紧接着，吉伯德（1973）和萨特思韦特（1975）对此想法进行了严格的论证。

把不相关选项独立性（IIA）和策略抵御（SP）之间的联系阐述得最清楚的要数布林和萨特思韦特了（1978）。

策略抵御（SP）：令 M_i 代表个人 i 在投票过程中提供的真实偏好所表明的信息 i，而 M_i' 则表示任何对 i 偏好的错误表示。令 x 为在 i 的偏好为 M_i，且其他所有投票者 j 都表明自己的正确偏好 M_j 时的投票过程所产生的社会结果。而 y 是表示当 i 的偏好表示为 M_i' 而其他投票者仍为 M_j 时的社会结果。当且仅当对于所有的 M_i' 而言，不存在一个 y 使得个人 i 更偏好于 y，即 yP_ix 时，我们才认为这个投票过程是抵御策略的。

另一种对策略抵御（SP）的描述是：真实偏好的每个简介（every profile of true preference）在投票过程中都必须一个纳什均衡（布林和萨特思韦特，1978，p. 257，N. 10）。

布林和萨特思韦特首先证明了针对三个公理的阿罗式不可能性公理——非独裁主义（ND）、帕累托最优性（PO）和无关备选项独立性（IIA）——同时，他们对另外两个尚未定义的公理的不可能性也进行了证明，分别是理性公理（R）和正相关公理（PA）。理性公理（R）只是认为投票过程一定会确定一个社会偏好排序，并且包含传递性公理。而正相关公理（PA）则要求由于 x 的位置会在一个或一个以上的个人偏好排序中提升，因此如果 x 在个人偏好的一个组合被选中，那么在与第一个组合不同的第二个偏好组合中它也必须被选中。①

接着，他们又说明理性公理（R）、不相关选项独立性（IIA）和正相关公理（PA）这三个公理，与理性公理（R）和策略抵御（SP）两个公理之间是等价的。因此，策略抵御（SP）和不相关选项独立性（IIA）是不能等价的。但是当一个人要求投票过程要理性，也就是说，要求定义一个一致的社会排序时，这两个公理比较接近，可以近似地认为他们之间是等价的。

由于理性公理（R）、不相关选项独立性（IIA）和正相关公理（PA）这三个公理，与理性公理（R）和策略抵御（SP）这两个公理之间是等价的，并且不可能存在一个投票过程同时满足理性公理（R）、不相关选项独立性（IIA）和正相关公理（PA）、非独裁主义（ND）、帕累托最优性（PO）这五个公理，所以也不可能存在一个投票过程同时满足理性公理（R）、策略抵御（SP）、非独裁主义（ND）、帕累托最优性（PO）四个公理。为了弄清该结论的内在逻辑关系，我们来考虑一个简单的例子：我们只有两个投票者（1 和 2），和三个选项（x, y, z）；②而每个投票者对三

① 注意这个公理与梅（1952）在讨论大数理论时所用的正相关公理不同。当然它类似于森（1970a，pp. 68—69、74—77）定义的非负相关性。

② 该例最早是由费尔德曼（1979，pp. 465—472）给出的。卡莱和缪勒（1977）指出当且仅当防策略福利函数在投票人数等于 2 的情况下出现时，它才会在投票人数大于 2 的情况下也出现。因此，只要证明投票人数为 2 的情况就足够了。

个选项的排序可以有 6 种。因此，对于两个投票者的偏好排序会有 36 种可能的组合。其中 6 种已经在表 24.1 中表示出来了。

表 24.1　　　　　　　　　**两个投票人对三个选项的偏好排序**

（只列出 36 种排序中的 6 种）

1	2	1	2	1	2	1	2	1	2	1	2
x	x	x	x	x	y	x	y	x	z	x	z
y	y	y	z	y	x	y	z	y	x	y	y
z	z	z	y	z	z	z	x	z	y	z	x

在这 6 种情况中，投票者 1 的排序都是相同的。$x_1 P_1 y P_1 z$，而投票者 2 的所有排序也都已经给出了。在头两个组合或者排序中，如果两个投票者的偏好表示是这种形式的话，那么 x 肯定是社会选择的结果。进一步运用帕累托法则，我们对 6 种偏好组合的社会选择给出了以下的约束：

$x\ x\ x$ 或 $y\ x$ 或 $y\ x$ 或 $z\ x$ 或 y 或 z

投票者 1 的偏好在 6 种情况中都是相同的，如果他诚实地表达自己的偏好排序，那么结果的任何变化都只可能是由投票者 2 对其偏好的表达出现变化而引起的。假设从第三种情况开始，社会结果为 x，而投票者 2 在第三种情况下是更偏好于 y，如果这都是两者的真实偏好，并且规定一个投票规则使得如果投票者 2 表示的偏好为第 4、5 或 6 种情况中的任意一种，那么社会结果就将是 y，而整个投票过程就不能抵御策略了；假设投票者 1 诚实地显示他的排序，那么投票者 2 将会做出产生结果 y 的偏好排序。因此，如果情况 3 的结果是 x，而 y 肯定不会是情况 4、5 和 6 的结果，并且策略抵御会给社会结果施加以下的约束：

$x\ x\ x\ x\ x$ 或 $z\ x$ 或 z

在第 4 种情况的偏好中（$y\ P_2\ z\ P_2\ x$），投票者在 z 和 x 之间选择时，更偏好于 z 而不是 x。如果这是投票人 2 的真实偏好，而且 z 是第 5 种或第 6 种情况下的社会选择，那么投票者 2 将又有不对偏好做如实陈述的动机，因此当他在第 4 种情况下做决策时，就会进行策略性的信息传递，装成是第 5 种或第 6 种情况的偏好。因此，策略抵御要求 x 是在第 5 种和第 6 种情况下的偏好排序对的社会选择。但这也表明无论投票者 2 的偏好是什么，当投票者 1 的偏好为 $x\ P_1\ Y\ P_1\ z$ 时，x 就是社会选择。这就是说，投票者 1 是一个独裁者。

如果我们假定 y 是第 3 种情况下的选择结果，那我们就能证明，只有让投票者 2 成为独裁者才能不需要策略性操纵就可以达到如此结果。剩下的其他 30 种情况可以用相同的方法进行分析。

从这个例子中我们可以明显地觉察到，策略抵御和非相关选项独立性之间有着密切的联系。在表 24.1 中，个人偏好的第三种组合，两个人只是在 x 是否优于 y，或者 y 是否优于 x 这个问题上有不同意见。独立性公理在选择社会偏好的结果时，把社会选择所用的信息只限定在两个人对这一对选项的排序上。如果这种情况下的社会选择过程选择 x，实际上就会使投票者 1 的偏好显得比投票者 2 更重要，从而投票者 1 成为一个独裁者。如果社会选择了 y，投票者 2 就会成为实际上的独裁者。

如果投票方法在选择一个备选项时，对于 3 个或 3 个以上选项的完整的偏好表述很敏感，那么除非把其中一个投票者当做独裁者，否则方法的策略运用就会有用武之地。因为独裁者有诚实的动机，而且其他人的偏好都不重要。当投票过程如独立性公理要求的一样，只拥有个人关于选项对子的序数偏好的信息，并且这个过程反应得也很积极的时候，投票者们将会很诚实地表达自己的偏好。但通常来说，如果只有关于选项对子的序数偏好的信息，这并不足以定义一个关于所有选项集的一致的社会偏好序。人们必须任命一个投票者成为独裁者以保证社会偏好的可传递性。

公共选择的相关文献都是建立在个人理性地机械地追求自身利益的行为假设之上的。只要人们能用欺骗来操纵选举过程的最后结果，这个假设就让我们认定投票者们都将会进行欺骗。因此该假设使得公共选择文献多致力于寻找防止欺骗的选举方法，并关注那种认为防止欺骗方法不可能找到的理论的重要性。

但是这些理论的负面影响不应该被过分夸大。我们在第十四章里看到，那些关于理性的，自利的假设并没有给我们一个令人满意的关于投票人行为的预测理论。人们看起来习惯于以一种与自利行为的狭义内涵不符的方式行事。虽然人们能够弄清楚他们的策略性的投票应该是什么，我们并不清楚那些带着"公民责任感"进行投票的个人会在多大程度上使用这些策略。[1]

在第八章中讨论的更复杂的投票方法则要求有操控性的策略，而这很

---

[1] 考克斯（1997）认为有些证据可以证明有小部分公民在一些选举活动中采取策略性的投票。

可能会是很多投票人力所不能及的。一个很明显的策略就是一个人在为自己最偏好的选项投票时给其额外的加分，而这一策略会受到许兰德和泽克豪泽（1979）提出的方法的制约，他们的方法是通过使用一个平方根加总的方法进行点数投票。而需求显示方法虽然可能不是帕累托最优的，但却可以抵御策略。① 通过否决权进行投票也可以抵御策略，但却不能定义一个社会偏好顺序。② 有关策略抵御的不可能结果的重要性必须在每个例子中进行检验 。弗农·史密斯（1977）的试验结果表明使用拍卖的方式进行投票的学生们并没有在行动中采取策略，这个结果必须再次引证。它表明，人们能够证明为是一种特定的假想可能性事实上不会总发生。

24.4　关于公共选择的推论

阿罗的理论是建立在五个公理之上的，这五个公理看起来是对集体选择过程非常适度的和合理的限制，该理论也认为不存在一种过程能同时满足所有五个公理。在设计一个集体选择程序时，也就是编写我们的政治宪章时，我们肯定会违背这些公理中的一个或多个——虽然在这过程中，我们仍能满足其他公理的需求——甚至会有更多的公理也被违背。

从公共选择的角度来看，阿罗悖论引出了两个前景光明的研究方向，一个是排除传递性公理和放弃对最优选项，即社会偏好的寻找。这样，要求社会选择过程必须是公平的，而且要和其他一些普遍坚持的民主价值之间保持一致，这种要求可以在合适的地方取代其他内容。一个拥有令人满意的规范性特征的投票程序，比如以否决权方式进行概率投票，可能会被用来取代一个确定程序（见 N.21）。与此相反的是，如果必须做出一个社会排序，那么就得不是放宽独立性公理的限制，就是放松定义域不受约束公理的规定。

---

① 需求显示过程由于对个人偏好施加了约束，因此违反了区域无限制假设。比如，人们更偏好缴纳更低的税款。见萨格登（1981，pp. 164—165）。

② 用否决权进行投票使得可行集的结果与概率有关，而不是决定一个社会排序（缪勒，1984）。一般来说，概率投票和否决权投票必须满足正相关条件，因此在策略抵御上，要比确定性规则好得多。见吉伯德（1977）和巴伯拉（1977）。值得提出的是这一结论与政治竞争模型的结果具有一致性（见第十一、十二章）。

　　如果我们继续地把这些公理当做是对写进宪法的集体选择的约束，那么这些结论会有以下的推论。公理1将讨论的范围限定在帕累托边界点上。但是要从这些点中选出一个则会直接涉及分配问题，并且在所有不要求完全一致性的情况下产生循环。因此，如果选择了过半数规则或者任何其他比一致同意性公理要弱的规则，那么宪法中就一定要包含某种公平的或者至少被广泛接受的方式以打破循环。

　　放宽不受限制定义域假设而允许只有单峰的偏好，这看起来并不是一条很有希望跳出这个悖论的途径，这是因为在现实中几乎没有什么问题可以被认为是单维的。当集体决策只限于提供公共产品时，构成卡普林和纳莱巴夫（1988）理论基础的偏好约束看来很可能被满足，并且只要超过64%的大多数人能够通过这个决策议题，循环就可以避免。但仍需要一些其他的选择规则来解决再分配的问题。

　　与此相反，可以考虑以一种方式来设计宪法，这种方式允许人们通过私人俱乐部和地方俱乐部自愿结合来显示对公共产品的偏好。这个解决问题的方式通过把一种形式的一致同意规则施加于总体的公共产品之上来解决问题，但再次避开了所有关于分配的困扰，也避开了要解决在全局公共产品上的意见分歧的问题。

　　在策略行为不是个难题的场合，就能使用一种方法来收集所有投票者在所有选项全集上的偏好信息，例如像博尔达计分法或点数投票。但是，正如我们在第八章堤到的，这些方法的规范性特征很大程度上依赖于能被允许进入决策集的那些议题。因此，不论是放松非限制领域假设还是非相关选项独立性公理，都会引起关于哪些问题需要决策、谁来做出决策，以及这些决策者中的哪种偏好应该起更重要的作用，而作用又是多大等问题。这些选择或直接或间接地涉及个人之间的效用比较，并且必须依赖于一些额外的价值假设前提。如果明确引入这些前提，又需要有具体的个人之间的效用比较。若要宣布一个大家更偏好的社会选择的话，后者肯定是不可避免的。[①]

　　我们在结束对伯格森—萨缪尔森实值社会福利函数的讨论的同一个问题上，结束对阿罗公理化的社会福利函数的讨论。

---

　　① 见肯普和阿西马科普洛斯（1952），希尔德雷思（1953），伯格森（1954），森（1970a，pp. 123—125，1974，1977b）

文献注释

关于阿罗社会福利函数与伯格森—萨缪尔森社会福利函数之间的差别是很多讨论的重点。（见阿罗，1963，pp. 23—24；萨缪尔森，1967；森，1970a，pp. 33—36。）

很多著作和文章研究都扩展了由阿罗最先提出的不可能性定理。可参考赖克（1961，1982b），罗滕伯格（1961），阿罗（1963，Ch. 8），森（1970a，1977a，1999），帕塔奈克（1971，1997），泰勒（1971），菲什伯恩（1973），普洛特（1976），凯利（1978），麦凯（1980），铃村（1983），萨里（1994）。

第二十五章 公正的社会契约

> 共和政制的宪法是建立在以下三个原则基础上的：第一，社会中所有成员作为人所拥有的自由原则；第二，所有人作为主体对一个单一的共同立法机构的依赖原则；第三，他们作为公民的平等原则。这是唯一的由正在形成中的契约思想引申出来的政制，而这种契约思想也是一个国家的所有公正立法所必需依赖的基础。
>
> ——康德

在对社会选择过程进行的早期研究中，最具影响力的要属罗尔斯的《正义论》（1971）。提到此书，人们马上想到的是它对伦理学和政治学的贡献。虽然他的理论是以社会科学各个分支已获得的研究成果和文献为依据，但是他的理论已经被运用到现今许多重大问题的研究中去了。正因如此，罗尔斯的著作被广泛地阅读和讨论，并且已经对经济学产生了深远的影响，尤其是公共选择理论。

与迄今为止我们已经讨论过的理论不同，罗尔斯的理论对决策的过程或背景的强调，与对决策结果的重视程度相比，如果不能说更多，至少也是一样多。其目的就是为了构造一系列公平的制度确保集体决策得以实施。而且他并没有假设在这一过程中出现的制度或决策能在任何意义上实现社会产品最大化（pp. 30—31、586—587）。① 在此，我们清楚地看到这一理论是对社会福利函数方法的反对。更一般地说，罗尔斯挑战的是作为社会福利函数方法论基础的功利主义哲学，而这种哲学在过去的两个世纪

---

① 这里以及本章后面所引用的页数注释，若没有其他说明，均来自罗尔斯的著作（1971）。

里主宰着对这些题目的讨论。①

罗尔斯的出发点是提出一套原则，用于确立"社会基本结构。这些原则不仅支配了权利和义务的分派，而且调节了社会经济利益的分配"（p.61）。同时，它们还构成了社会契约的基础。而罗尔斯的理论也是对契约论的一次重要的现代重构。随后，他的理论在两个方面展开：首先，是对契约论正确性的论证。这一方向关注的是产生契约的原初状态的特性。他认为社会契约的道德基石取决于发生在原初状态下的决策过程的性质，而这种性质反过来也依赖于原初状态下的环境背景。理论发展的第二个方面体现在对根植于社会契约中的实际原则的探讨。罗尔斯强调这两个问题的独立性，人们可以接受任何一种观点而无须向他人表明自己的态度（p.15 ff.）。我们应当把这个重要的观点牢记在心，因为这两个不同的方面已经开始以不同的方式互相攻击，并且人们可能会觉得其中一个方面会比另一个方面更易接受。在回顾罗尔斯理论时我们自然要涉及这两个理论分支。随着回顾的过程，我们也来检验一下该理论所受到的一些批评建议。

25.1 社会契约

也许，设想罗尔斯的理论如何产生社会契约的最简单的方法就是，想象一组人坐在一起在草拟一组为依靠运气的游戏比如玩牌游戏而设的规则，在这游戏过程中人们是按顺序参与的。② 在游戏开始之前，每个人不知道发给他的牌是什么，也不知道他的技术相对于其他人是什么水平。因此，大家可能都会倾向于那种对于每个人所能得到的机会持有中立或是公平态度的规则。并且有可能大家会同意单一的一组公平的游戏规则。在此可以指望，大家"继续游戏"的动机会鼓励他们达成这个一致的意见。

在罗尔斯的理论中，生命是一个靠运气的游戏，大自然以一种随机或

---

① 布鲁斯·阿克尔曼（1980）对功利主义和契约论被作为推导公正原则的方法提出了批评。他强调将对话机制作为由这些原则所建立起来的进程。

但他对契约理论的批评显得有些言过其实。除非对话机制最终能取得人们对自由状态所依赖的原则达成共识，否则自由状态永不可能实现。如果人们对于原则达成共识，那么这种共识将成为一种社会契约把自由状态中的公民聚集在一起。因此对话虽然是达成共识进程中的重要部分，但毕竟不是共识的替代品。

② 社会契约或立宪与草拟室内游戏规则的相似点经常被布坎南提及。可参见布坎南（1966），布坎南和塔洛克（1962，pp.79—80）。

意外的方式赋予人们个人特性和社会地位（pp. 15、72，102 ff.）。而这种对特性的自然分布和对社会地位的机会决定既不能说公平，也不能说不公平（p. 102）。但是，轻易接受这些随机的结果，或者是采用这些能自我夸大且能使自身永恒的制度，对社会而言是不公平的（pp. 102—103）。因此，一套公平的制度要能够减少机会对个人在社会结构中地位的影响。

人们必须走入无知之幕才能建立起这样一套制度，因为无知之幕能够筛选掉任何特定的事实，即允许人们借以预测出自己在一组既定的规则下可能享有的特定地位和优势的事实，从而剥夺其对自身特征和社会地位的认知（pp. 136 ff.）。而一旦跨入无知之幕的笼罩，所有人就都会处于一种总体平等的原初状态，总体平等就在于每个人都拥有关于不同制度对于他自身未来状态可能产生影响的相同信息。原初状态是一种能够保证各方都平等的最初状态，并且在此最初状态下达成的社会契约也是公平的（pp. 3—10）。

在原初状态下，人们要选择一组原则形成一个社会契约，就像人们要为依靠运气的游戏定一个规则——但还是有一个重要的区别。个人在选择机会游戏的规则时没有必要知道他们未来的情况，因此可以认为他们会采取一种公平的、排除自身利益的规则。在原初状态下的人们不知道自己现在和未来可能的状态，因为他们通过自愿穿过"无知之幕"来自觉地抵制这类信息。虽然他们一旦处于原初状态，就有可能选择已经排除自身利益的制度，但是这种进入原初状态的举动是一种道德行为，它的伦理内涵取决于这样一种说法，"即从道德的观点来看，关于某种要素分配的信息是随机的"（p. 72）。借由在原初状态下给予个人的信息的性质来和集体决策过程相结合，正义被引入社会契约之中。因此会出现一种正义即公平的普遍说法。

那么，那些被无知之幕筛选掉的信息的本质是什么呢？在这一点上，罗尔斯的观点相当严格，不仅要拒绝有关人们自然智力、口味、社会地位、收入和财富等相关内容，还要剔除诸如人们属于哪个时代，他们所处社会的政治经济发展情况，和其他相当普通的但罗尔斯认为会使个人的选择偏向某一组原则的信息。比如，关于人们生活于哪个世代的信息就可能会引起人们更倾向于某种特殊的公共投资政策，或是某种社会贴现率，进而这些人就会通过牺牲其他世代人的利益来使自身受益。给定人们在原初状态下所拥有的信息的一般性质，那么，可以大致认为他们一致同意的原则不论是对个别成员，或是对有着显著地位的个人而言，还是对于生活在不同世代和不同经济政治环境中的人们，都会带来不偏不倚的公平利益。既然所有人只要穿过无知之幕，所能获得的信息就都是相同的，那么他们也会获得关于公平原则根植于社会契约中的相同结论。

25.2 正义的两个原则

给定在原初状态下所能获得的信息，罗尔斯认为以下两个原则会被选作公正的社会契约的基础：

第一个原则：每一个人都享有平等的权利去拥有可以与别人的类似自由权并存的最广泛的基本自由。

第二个原则：对社会和经济不平等所作的制度安排应能使这种不平等达到：（1）既可以合理地指望它符合每一个人的利益；（2）而且要与对所有人都一视同仁地开放的地位和职务相联系（p. 60）。这两个原则（对各种理论都适用）是一种更普遍的正义观的一个特例，这种正义观可以表述如下：所有社会价值——自由和机会、收入和财富、自尊的基础——都要平等地分配，除非对其中的一种价值或所有价值的不平等分配符合每一个人的利益（p. 62）。

可能在直觉上显而易见的是，在《正义论》第 62 页中出现的某种类似于"正义的更一般的定义"的东西将会从集体决策过程中产生。在此过程中，人们不清楚自己未来的状况，因此他们的举动仅被认为是不偏不倚的。事实上，原初状态的设置从某种程度上说，就像我们熟悉的切蛋糕问题，一个人切分蛋糕，但却是另一个人挑选第一块。通过这个例子的类比，人们会认为在原初状态下出现的原则就像更一般性的定义中描述的一样有种平等主义的腔调。但是，罗尔斯在两方面充实了自己的理论。一方面他将上面引述的两个较具体的原则作为正义的特殊定义的一部分，而这种特殊定义又被认为只有在社会达到适度贫乏时才会成立；另一方面，他进一步认为这两个原则会在一种字典序的顺序中被选中，其中第一个原则总是在第二个原则之前被优先考虑（pp. 61 ff.、151 ff.、247—248）。

罗尔斯对这两个原则按字典序排序的做法进行了辩解：

> 自由权优先的根据大致如下：随着文明条件的改善，和对自由权的利益相比，我们更大的经济和社会利益的边际意义逐渐减少，随着有利于实行平等的自由的条件得到更全面的实现，自由权的利益就变

得更强。从原初状态的观点来看，为了得到较大的物质财富和较惬意的职位而接受较小的自由权，这种做法超过一定限度就变得不合理了，而且永远是不合理的。让我们指出为什么会这样。首先，随着普遍福利水平的提高（这个水平是由受惠较少者可望得到的基本物品的指数来表示的），只有那些不那么紧急的需要还有待通过进一步的福利提高来予以满足，至少在人们的需要主要不是由体制和社会形态产生的情况下是这样。与此同时，实行平等自由权的障碍也减少了，坚持追求我们精神和文化兴趣的权利的精神日益突出（pp. 542—543）。

这样，罗尔斯认为，社会随着自身的发展，就"更有能力"将均等的自由扩展到全民享有；也就是说，他基本上把自由看成个人偏好函数中的一个奢侈品。随着收入水平的增长，自由相对于其他精神和物质需求的优先权也获得提升，直到它完全优于其他所有需求。

正义的第二个原则，即罗尔斯所谓的差别原则，也包含字典排序。境况变差的个人的福利应该在其他人之前最先实现最大化，并且证明不平等是否可取的唯一途径就是看这个境况最糟糕的个人或团体的福利是否得以改善。将这个原理简单地扩展就是，假定境况最差的某个人在其最佳的位置，那就应该将境况第二差的人的福利最大化，以此类推。差别原则产生出一个从低到高的个人福利水平的字典排序。很重要的一点是，罗尔斯不是用效用指数或某些类似的主观概念，而是用基本物品（primary goods）来把福利水平定义成为一个社会必须分配的基本的"权利和自由，权力和机会，以及收入和财富"（p. 62；也可见 pp. 99—95）。这又是一个罗尔斯试图使自己的理论与古典功利主义分裂的例子。蕴含在社会契约中的原则必须具有普适性，不仅能够运用在所有人身上，而且能被所有人理解（p. 132）。这个要求限制了用来刻画社会契约的基本原则的复杂性。差别原则的字典序性质和它通过客观上可辨别的基本物品的形式所做出的定义都使得该原则易于应用。

差别原则与决策理论中的最大最小值规则是紧密相连的。这个策略规定每个人都应选择能使最小收益最大化的策略，而无须考虑其他的收益以及获得它们的概率分别是多少。该策略的作用在罗尔斯用来讨论差别原则时所举的一个例子中很容易看出（pp. 157—158）。令 W 和 B 为两种可能的情况，或者说分别表示从袋子中摸出白球和黑球的情况。而 S_1 和 S_2 则表示两种策略选择，对其选择的奖励在表 25.1 中给出。最大最小策略要

求只要 $n < \infty$ ，$p > 0$ ，不论 n 的值和摸到白球的概率是多少，人们总是选择 S_2 。只要具有不确定性，即使赢得奖励的概率很大，人们也不会支付一个即使很小的数目来赢得奖励。

表 25.1   收益可能性

	W	B
S_1	0	N
S_2	$1/n$	1

由于最大最小决策规则中固有的保守主义，罗尔斯费了很大的劲才合理地将这一规则运用到他分配的正义的基本原则中。他的理由有三：

首先，既然这个规则不考虑出现各种可能情况的可能性，那就表明一定存在着某种理由要对这些可能程度的估计大大打个折扣（p. 154）。

正如我已表明的那样，对原始状态的规定使它成了一种可以应用最大最小值规则的情况，（而且）无知的面纱几乎连有关可能性的最模糊的了解都排除掉了。有关各方没有任何根据来确定他们的社会的大概性质或他们在社会中的地位。因此，如果还有任何其他道路可走，他们就有充分的理由要小心谨慎地对概率进行仔细的计算。他们还必须考虑如下事实：他们对原则的选择对别人，尤其是对他们子孙后代来说，也似乎应该是合理的，因为这些人的权利将会受到这种选择的深刻影响（p. 155）。

要求采用最大最小值规则的第二个特征如下：正在作选择的人抱有这样的一种关于善的观念，即他对于自己的所得可以超过最低薪俸这一点几乎毫不关心，而他只要遵循最大最小值规则，他事实上肯定能得到该最低限度的薪俸。对他而言，不值得为了更多的好处去冒险，尤其是在事情最终可能证明他将失去很多对他来说是重要的东西时更是如此（p. 154）。

因此，罗尔斯对差别原则的论证很大程度上依赖于他关于社会在原初状态下所面临的可获得的信息和经济环境这一假设。只要社会处于一种"适度贫乏"的状态，穷人就能够在不牺牲富人太多利益的情况下改善自己的境况（pp. 127—128）。同时，这个假设正如已经提到的，在论证自由原则在字典序这一性质上优于差别原则时也起到十分重要的作用（pp. 247—248）。很显然，我们可以设想到这样一种情况，人们乐意放弃一定程度的自由以换取物质产品的增加，或者冒着会稍微变穷的风险来博取一个变得相当富裕的机会。但是，罗尔斯假定，物质产品的边际效用会随着社会的繁荣发展下降得足够快，而社会也会变得足够富有，以至于那些结果未卜的利弊权衡和赌博将不再受欢迎。

25.3　该理论在其他政治过程中的扩展

罗尔斯扩展了他的理论，进一步考虑在政治过程中随后各阶段的特点：立宪阶段、议会阶段、行政与司法阶段。在每个阶段上，"无知之幕"都会在一定程度上被掀起，人们可以得到更多的信息，并利用这些信息进行集体决策。比如，在立宪阶段，个人被允许知道他们所要处理的经济类型、经济发展阶段等。但是在后来的每个阶段中，要进行集体决策的个人并不知道自己所处地位和偏好的具体信息。因此，他们能够保持公正态度，并且正义的两个原理能以其出现在社会契约阶段时完全相同的形式，继续在政治过程中随后的各个阶段中发挥作用。可见，社会契约构成了随后所有政治阶段的道德基础。就像社会契约本身，罗尔斯并不是构想一个在现实中实际运行的政治过程，而是一种思维实验形式，在这个实验中人们思考应该成为主导社会契约阶段、立宪阶段或者其他后续阶段的原则是什么。在因立宪阶段而定义的原初状态中，起草一个假想的、公正的宪法的方式，与在这之前的一个阶段中人们起草一个假想的、公正的社会契约的方式是一样的。这个公正的宪法，一经起草或定义，就能用来与现实的宪法进行比较，看在哪些方面与包含在这个假想宪法中的道德原则相一致。当然，一旦人们制定一个公正的宪法所需的各种原则，并且假定经由所有人同意，那么人们就能很轻易地重新草拟现实中的宪法并使之符合这些原则。但是，从以内省的方式表示的假想宪法变成由有着真实利益冲突的个人所写的现实宪法，可能是很大的一步跳跃。

25.4　对罗尔斯社会契约理论的批判

《正义论》引起了如此之多的讨论和批评性的评价，我们无法在此对所有的问题都进行探讨。因此，我们主要集中在与公共选择理论最为密切相关的问题上。这些材料可以围绕罗尔斯的观点重新进行最简单的组织，使之更符合契约论方法，并且也是以两大原则为构成的基础。

25.4.1　社会契约

在罗尔斯著作出版之前，社会契约理论一直陷入争论之中。此前对该理论的阐述受到了充分的质疑，已达一个世纪之久。将该理论看成是对国家存在的纯粹理论上的解释，很多人认为它是多余的。[①] 而后一种批评从公共选择的角度看，肯定是正确的。因为如公共物品理论、囚犯困境、外部性、不确定风险的存在等许多同样的概念就足以充分解释为什么个人可以排除自身利益达到无任何异议的集体认同。而一个契约仅仅是人们对契约中的具体条款所达成的一致意见。因此，任何可以通过创造一个契约来解释的决策，完全有可能通过意见一致的集体决策（投票）来解释。当然，不是所有的公共物品理论和囚犯困境的分析都要求存在这种情况。但是，人们没必要费力地提出一些具有足够强的关联供给性和排他性的公共产品，来要求某个地区的所有成员都参与供给该产品。如果这种集体产品存在的话，那么就存在着对提供这些产品达成一致意见的基础。[②]

但是，我们已经看到"搭便车"问题是如何在公共产品的提供过程中泛滥成灾的；而囚徒困境的解决也主要是通过合作。社会契约观念包含着为遵守契约而制定的双方义务和奖惩内涵，它或许可以胜任促成人们坚持集体协议的条款这一有用目标。

在书的后半部分，罗尔斯把主要的篇幅用在思考如何获得一个稳定的、秩序井然的、公正的社会的问题上（pp. 453—504）。要做到这一点，人们不仅要在原初状态下，而且要在日常生活中，在他们对自身实际的状况可认知的情况下，坚持与社会契约相结合的公正原则。从原初状态下推出的原则被认为有一个很重要的优点，即在现实世界中，它们要比它们的备选方案更有可能令人服从（pp. 175—180）。但是，要想实现这一点，那么原则就必须进行公式化，以便于所有的个人都能够非常容易地确定，遵守原则所要求的行为是什么。当然，还必须做到，所有的个人都要受到要求人们顺从的理由的本质的驱动，这里顺从是以在原初状态达成的一致意见为基础的。

为了了解为何第一个条件可能会成为罗尔斯体系的一个问题，我们考虑下面由哈特（1973）提出的例子。罗尔斯第一原则的运用要求，一个

---

① 可见高夫（1957）。
② 至少关于一类公共物品的相关阐述，可见诺齐克（1974）。

人的自由只有在要增加另一个人的自由时才可以加以限制。也就是说，在原初状态下的人们必须在从促进自身自由的收益和约束他人自由的成本之间进行权衡。包括土地所有权在内的私人财产，是罗尔斯在其理论体系中考虑到的可能的自由之一。但是把对土地的所有权定义为驱赶私地闯入者的权利，这反过来就会和个人自由活动的权利相矛盾。因此，必须在原初状态就要区分开来的那些权利中，包括驱赶私地闯入者的权利和个人自由移动的利力。如果农民或徒步旅行者，或者随机选择的两个人根据原初状态时的要求，经过深思熟虑后仍不可能对应该保留谁的权利这一问题达成共识，那么自由原则的优先权对促进人们对社会契约的服从就起不了任何作用。但是，按照原初状态的定义，在原初状态下不可能拥有足够的信息，使得人们能够挑选出不同自由的优先权，因此，我们不能假定人们会服从社会契约中的这些重要规定。①

如果在原初状态下人们能够拥有更多的信息，那么在这种情况下的冲突就有可能解决。比如，如果知道土地的可使用量、人口密度、闯入私地对农作物生产的影响、除闯入私地外的其他选择及这些选择的成本和其他类似情况，他们就应该能够明确是否该给财产所有权以优先地位，或者能够解决更复杂的情况——小于一定面积的土地是禁止私自闯入的，而一些较大的土地则有一些公共的道路。但是，虽然提供这样的信息能有效地促使人们进行概率的计算，但是由于"无知之幕"的性质使得这种可能在原初状态下就被排除了。因此，这些蕴涵在罗尔斯社会契约中的原则从其推导的一般意义上讲，可能是一种不完美的服从指南。

有这样一种游戏，一旦无知之幕被掀开，幕后的人们就要选择用什么样的原则来决定资源的配置，此时服从问题就好比一个核心的存在。如果存在这个核心，那么没有个人或个人联合体会选择回到无知之幕背后去草拟新的原则。豪和罗默（1981）指出，在把差别原则定义成最大化最低收入群的收入时，如果所有人在一定程度上都是极端的风险规避者，即他们只有在能保证得到更高收入时才会加入一个新的联合体，差别原则会产生这种游戏的一个内核。可见，风险规避的程度越不那么极端，则正义原则（平等）的程度也就越不极端。

对于那些以个人对风险的态度以及与功利主义的相似概念为基础来为

---

① 阿克尔曼同样批评对公平的伦理观察家所提出的原则进行定义这一问题，即使假设每个观察家都能保证公平的心态。

差别原则辩护，罗尔斯是明确反对的（p. 172）。相反，他认为比起以功利主义为基础的一系列原则，人们更加服从于他的社会契约，因为人们不能期望穷人在任何一套要求他们为富人牺牲自己的利益的规则下都会顺从，这种牺牲在一套功利原则下有可能出现（pp. 175—180）。但是，在差别原则下，富人们将被要求为穷人的利益（可能很小）做出牺牲（可能十分巨大），这将导致富人不服从的问题。① 罗尔斯对这种形式的批评所作的反应是指出"处于较好的境况毕竟更多地有幸运的因素，而且享受这一幸运事实带来的好处；因为他们与别人比较时相对珍惜自己的境况，在这个程度上而言，他们放弃的要少得多"（1974，p. 144）。然而，这个说法也许从自身的权利来说有一定道理。但是在罗尔斯理论框架背景下，若作为对差别原则的部分辩护则显得不够充分。后者看起来不仅表明了对服从的要求取决于原则在运用中所固有的公正性（公平性），而且阐明了这样一个观点，即富人会同意从"无知之幕"之后产生的原则。到此，我们会遇到这样一个困难——由于在原初状态下人们不知道相关的概率信息，因此在考虑可能的分配时就会排除富人的收益。

对于排除概率信息的辩护是无法彻底的，因为这将导致产生一种对某些人有利，而对有些人不利的原则。了解一个国家里穷人和富人的数量，却不知道每个人的收入也可能导致选择出一系列对某些人未来的状况不公平的规则。但是毫无疑问这些规则不包括差别原则。② 正如罗尔斯在为差别原则做辩护的三个论点所示，存在关于概率的知识时，人们会选择某种与分配的功利主义原则一脉相承、能赋予穷人和富人利益权重的原则。因此罗尔斯在原初状态下排除概率信息的一个主要原因看起来是想消除一种平均效用类型的理性计算。但是，正如内格尔（1973，pp. 11—22）指出的，排除竞争原则被认为是提出"公正即公平"概念的结果，而不是这种分析的预先假设。③ 而罗尔斯确实允许在原初状态下的人们拥有某些特定信息，这些信息特别有利于他在两个原则中做出选择。比如，在适度短缺时期，人们一点也不在乎他们在基本最小值之上还能得到多少。功利主义者可能要求在原初状态下排除这种信息和那些会干扰功利主义原则选择的概率信息。在任何情况下，倾向于差别原则的论证是这样构建的：在一

---

① 参见内格尔（1973，p. 13），斯坎伦（1973，pp. 198. ff.），克莱沃里克（1974），缪勒、托利森和韦利特（1974a），诺齐克（1974，pp. 189—197）。

② 参见内格尔（1973），缪勒、托利森和韦利特（1974a），豪尔绍尼（1975a）。

③ 参见黑尔（1973，pp. 90—91），莱昂斯（1974，p. 161 ff.）。

个社会中，一个比境况最差的人处于更有利境况的个人可能会疑惑，在原初状态下他是否已经充分得到他的利益；如果得到了，我们就会有一个关于服从的问题。罗尔斯的社会契约和他的相关论证看起来完全是为了仅让一个由境况最差的人组成的群体实现服从而建立的（pp. 175—180）。

在许多可能成为境况最差的人群中也会发生服从的问题（克莱沃里克，1974）。正如阿罗（1973）和豪尔绍尼（1975a）已经提出的，会发生服从问题的除了穷人之外，很可能还包括那些在肉体和精神上不健全的人。但是若在多个维度定义一系列基本物品的话，在原初状态下的个人会被迫进行人与人之间的效用比较，而这正是罗尔斯所要避免的（阿罗，1973；博里林，1982）。如果人们不同意他们之间的排序，那么不服从的问题就会再次产生。因为那些人在罗尔斯的差别原则下，没有像境况最差的人一样得到保证，他们得不到任何份额的社会产出。如果有人真的相信他所承受的痛苦是任何人所能承受的最大痛苦，那么就很难了解人们如何能够令人信服地向他证明，他在分配社会公正的时候被遗忘仅仅是因为他在原初状态下不知道将会有这种痛苦，或者他认为这种痛苦比起其他的东西显得不那么重要。而事实上，他会遇到这种痛苦，而且这种痛苦传达给他的信息也会使他相信他的境况是最差的。

在试图证明差别原则具有实际运用能力，并且能够赢得服从的过程中，人们会被引导着通过指出另一个人的境况确定无疑地变差，而寻求某人的服从。这很像瓦里安（1974，1976）关于要以嫉妒的形式定义差别原则的建议：境况最差的就是没有任何人嫉妒或羡慕的那个人。当然，在此人们仍然会有冲突。盲人可能会嫉妒那些身患残疾但仍有视力的人，而后者可能嫉妒那些虽然眼瞎但仍能行走的人。如果这种来自无知之幕背后的嫉妒关系具有可传递性，那么此时存在的风险就是，作为境况最差被选出的那个人事实上会是一个仅仅是境况不大好的人——有点像特朗博的歌曲《乔尼返乡记》中可怜的小人物。按书本里的理论解释处在这个情况下的某个人，可能导致花费大量的资源来对个人福利进行最适度的改善。阿罗（1973）认为这是罗尔斯无意将他的原则运用其上的一个特殊例子，显然这种说法是正确的。但是，这些特殊例子的数目很可能非常大，尤其在运用正义原则时很难对一些可怜的，有关道德危机的例子避而不谈，因为这是一些人们喜欢用伦理学来解决的例子。

在富人与穷人的例子中经常出现的服从问题有各种各样的表现形式。罗尔斯关于差别原则的大部分讨论被认为是富人和穷人之间的一种比较，就像只有两种人在以一种标准进行比较。但是在现实中，人们可以分成很多可能的种类，并且可以从很多方面对人们的福利进行定义。因此，必须以某种个人之间的效用比较为基础，划分出被归类为境况最差的那组人。除非存在一种关于如何确定这一划分界限的公平共识，这样对正义原则的服从才不会发生（克莱沃里克，1974）。因为差别原则认为这一划分界限之外的那些人，无论是富人还是那些不那么富的人都是一样的富有。这不仅会在要为境况最差的人做出很大牺牲的那一群富人中引发服从问题，而且在根本没有得到什么特殊待遇的穷人人群中也会发生同样的问题。从这方面看，一个赋予每个人的福利以不同权重的功利主义原则，可能会比差别原则赢得更多人的服从，因为后者忽略了除一个单独群体之外的所有人的福利（豪尔绍尼，1975a）。

25.4.2 正义的两个原则

即使我们接受前面对罗尔斯理论中关于社会契约那一部分的批判，但仍有可能认为以"正义即公平"论断为基础的正义的两个原则可以成为一组政治制度的候选项。那么，问题就在于这两个原则背后的论据是否能够继续存在。

这两个原则的道德基础来自原初状态时的公平性和由此产生的全体一致性。那么，从关于正义的所有相互具有竞争关系的候选原则来看，原初状态真的公平吗？若把问题设置为"自由平等的人们"自觉地对一组规范他们生活的原则达成共识，那么自由看来可以从开始起就永远地存在下去。[①] 因此无需诧异，自由是从原初状态出发"选择"出的有最大优先权的原则。

诺齐克也曾对差别原则作过相似的论证："一种把分配公平原则建立在那些对自身和自身经历一无所知的人们的一致意见上的方法，能确保目标分析法在某一时间被作为基本方法加以采用。"（变体字为原文就有，1974，pp. 198—199）假定人们不知道社会的经济结构，也不知道基本物品、其他经济产出和社会互动如何被生产出来，他们不得不忽略这些中间过程和将来可能管理他们的任何有关正义的原则，因此只能关注最终结果，也就是基本产品的终极分配。诺齐克认为，对选择正义原则的环境进行概念化，就是不考虑可能控制经济社会互动过程的原则。另外它还特别

---

① 内格尔（1973，pp. 5—11），引用的词来自罗尔斯（p. 13）。

排除了对分配公平的权利原则的考虑，在这种原则中，人们只要是通过自愿交换、交易和合作性的生产活动得到的财产，也就是说，只要是通过合法手段获取的财产，那么他们就有权拥有（诺齐克，1974，pp.150—231）。为了选择这样一个原则，人们还要了解社会如何起作用，也就是了解在原初状态下无法获得信息。

内格尔和诺齐克的批判风格可以通过回顾我们关于制定规则的纸牌游戏看到。在这个特殊的例子中，玩家们最不可能选择那些会产生特定最终分配结果的规则。如果他们选了，就可能同意让所有玩家出同样数量的筹码或点数。但是这会在很大程度上破坏这个游戏的初衷——给定分到的牌的几率，要让每个玩家或对家的技巧与其他人不相上下。游戏的乐趣是在游戏之中，所有的规则都会主导选出胜者的过程，而不是主导胜者最后的奖品。

在此，我的观点并不是认为生活像玩牌游戏一样，因而拥护诺齐克的权利理论。但是，如果认为在选择正义原则时，人们可能想要考虑决定结果的背景和过程，那么这一论断还是正确的。[①] 罗尔斯理论从选择原则过程中导出正义的定义，对用来解决社会互动的后续过程（除了那些在自由原则中包含的）的所有原则，都不予考虑，这是极具讽刺意味的（诺齐克，1974，p.207）。事实上，以"正义即公平"的言论为基础的理论看起来都不会选择能够以公平的方式给予每个人任何东西的正义原则，但这种原则像极了诺齐克的权利原则。

即使我们接受罗尔斯对在原初状态下可获得信息的约束以及他把这个问题看做选择最终分配原则的问题这样一种观点，也不能确信人们一定会选择差别原则。正如豪尔绍尼（1975a）和宾莫尔（1994，pp.327—333）已经讨论过的，在缺少客观的概率信息的情况下做决策时，我们会自然而然地，而且几乎是本能地运用主观的概率估计，或者我们就像是真的这样在做。现在假设，在我们之前那个例子中，如果能正确地判断出从袋子中摸出的球的颜色可以得到5美元的奖励，而如果判断错误，将得不到或交换不到任何东西。既然游戏是免费的，那么即使是一个最害怕风险的人也会参与这个游戏。如果他选择白色，这表示他暗地里假设白球被选的概率

---

① "对达到共识所需的知识进行封锁就所有政党而言是不完全公平的……从执行的角度来看，只在某种类型显著的社会结构中，或者只在一个既成就了某些地位较高的人群又压制了底层人群的社会里，或者只在某种联系人群的经济关系中获得一种幸福生活是没有用的。"（内格尔，1973，p.9。）

等于或大于 0.5；如果他选择黑色，则会假设黑球被选的概率等于或大于
0.5；而如果他对颜色的选择是无差异的，可能采取掷硬币的方法决定选
择，那就表明他隐含地在使用不充分理由原理。因此，很难相信在原初状
态下的人们会不形成这样的概率估计，来解决前面讨论的关于身心不健全
的棘手的特例。而一旦他们遵循这样的概率估计，就不可能选择最大最小
值原则。[①]

在罗尔斯对原初状态做出的假设前提下，功利主义给出与罗尔斯体系
几近相似的结果也是有可能的。[②] 假设 "人们在选择时有种关于善的观
念，这种观念表明，他们几乎不怎么在乎是否可能获得更高的收入，即比
他实际上可以确信在遵循最大化法则时可以得到的最大薪俸要多的收
入"，这一假设与假设收入（基本物品）的边际效用快速递减是相同的。
若运用冯·诺伊曼 - 摩根斯顿效用指数的话，这个假设会推导出极端的风
险规避行为。并且只要人们在意比最低收益多的某些东西，即使不产生差
别原则，也肯定会产生非常具有平等主义的再分配原则。更一般的是，当
正义的特别定义包括差别原则和两种原则的字典序时，选择这种正义原则
时就会存在着相当有利的经济条件。在这条件下，功利主义也很有可能在
很大程度上倾向于自由和重大的再分配。阿罗（1973）指出，如果所有
人行事时都如同在有足够财富的状态下行事一样，那么一个可加总的社会
福利函数就会在进行字典序排列时，将自由排列在优于其他任何需求的顺
序上。罗尔斯对功利主义会产生完全不同的结果，比如奴隶制这一说法的
论断，看来是建立在这样一个假设上，即功利主义是在更加恶劣的经济环
境中运行的，在这种环境下，只有罗尔斯关于正义的一般性定义才能适
用。但是这种对正义的一般性定义也考虑到了自由与经济所得之间的利益
权衡，在这点上它类似于功利主义。

25.4.3　经验证据

在前面章节里讨论过的对于最大化最小值规则的批判是反复围绕着关
于个人能从 "无知之幕" 后面选择原则这一假设的合理性展开的。与揣
测人们愿意选择何种原则不同，一种替代方法是进行一个试验，来看看他

[①]　对基于罗尔斯假设的最大化最小值规则不可信性质的其他讨论可见森（1970a, pp. 135—
4），阿罗（1973），黑尔（1973），内格尔（1973）。

[②]　见阿罗（1973），莱昂斯（1974），豪尔绍尼（1975a）。

们实际选择了什么。

弗罗里希、奥本海默和伊维（1987）给学生四种可能的再分配规则（罗尔斯的最大化最小值的规则，最大化平均值的规则，最大化有最小值约束的平均值的规则，最大化有范围限制的平均值的规则）。他们让学生们弄熟悉四种规则对分配的影响，并且有时间讨论每个规则的优点和缺点。在44次试验中，学生们都不清楚自己在未来收入分配中的境况，但每个实验中的5个学生都对用于决定他们的最终收入的再分配原则达成共识。结果，他们一次也没有选择罗尔斯的最大化最小值规则。最受欢迎的规则是最大化有最小值约束的平均值这一规则，在总共44次的实验中它被选了35次。同样的实验也在加拿大、波兰和美国进行过，都发现了以下的结果：（1）人们能够就再分配的规则达成共识，（2）人们几乎从来不选罗尔斯的最大化最小值规则，相反选择更多的是功利主义的规则，比如最大化有最小值约束的中位数（弗罗里希和奥本海默，1992）。

霍夫曼和斯皮策（1985）也发现在实验背景下的学生采取的分配正义原则既不是纯粹的罗尔斯式的平等主义，也不是简单的功利主义。在实验中，学生们选择的是一种看起来是"公正甜点"（just desserts）的原则，这种原则与诺齐克的权利原则一致。弗罗里希和奥本海默试验的某些结果也能被解释为是从"无知之幕"后面选出公正甜点原则的一个证据。

25.5　功利主义对最大化最小值原则的两大捍卫

25.5.1　最大化最小值原则是种赢得服从的方法

正如我们已经详细讨论过的，罗尔斯非常强调在他的社会契约中要包含能够促使人们随后服从契约的条款。他对功利主义计算的整个抨击很大程度上都是为了实现服从这一目标而引发的。

宾莫尔（1994）最近也提出了一个社会契约理论。像罗尔斯一样，他的这个理论也强调服从，但遵循的却是豪尔绍尼的假设——人们能够进行基数的、人与人之间的效用比较，并且一旦揭开"无知之幕"，就能够计算出他们处于不同状态下的概率。另一方面，他也在设法使自己的社会契约理论区别于他们两个人的理论。

应该强调的是，不能在豪尔绍尼与罗尔斯所采取的准法律意义上来理解"社会契约"这一术语。我不认为社会成员有先验的义务来遵守社会契约。相反，我会提出这样的观点，社会契约唯一有效的候选者是那些或隐性或显性地约束他们自己的约定。没有什么能强制人们服从这样一个可以自我约束的社会契约，使其超出了那些认为自己参与了该契约制定的人的开明的自我利益（宾莫尔，1994，p. 30）。

宾莫尔采取的是一种薄的"无知之幕"，它只隐瞒了那些在原初状态下讨价还价的人在未来的处境。每个人都知道他目前的效用水平，知道他们在未来任意可能状态下的效用水平，甚至能计算出未来处于这些不同状态的概率。因此，使豪尔绍尼的社会福利函数最大化所需的所有信息在原初状态下都已存在，并且如果由理性人草拟出的社会契约中的条款能被执行，那么这个社会契约就能得到以上的结果。但是，并不存在能够实施这些条款的方法，因此当人们从开明的自身利益出发时，这个社会契约必须采取能够自动实施的形式（宾莫尔，1994，pp. 52—53）。

为了阐述宾莫尔这一论述的真实含义，我们来看下面这样一个由两个人组成一个社区的例子。在没有社会契约的条件下，亚当和夏娃分别拥有效用水平 1 和 2。在某种囚徒困境中，两个人同意合作，因此会面临三种可能的情况——$x(6, 8)$，$y(5, 10)$，$z(4, 12)$——括号里的第一个数字表示亚当的效用水平，第二个数字则是夏娃的相应的效用水平。[①] 由于两个人处于一种讨价还价的状态，他们会只考虑他们在每种可能的社会契约下所获得的效用。因此，在不存在任何形式的不确定性时，人们可以认为他们会得到如纳什在解答讨价还价问题时所预示的结果——这一结果能使纳什的社会福利函数最大化（见第二十三章）。三种可能的社会结果的值分别为：

$$W_N(x) = (6-1)(8-2) = 30$$
$$W_N(y) = (5-1)(10-2) = 32 \qquad (25.1)$$
$$W_N(z) = (4-1)(12-2) = 30$$

如果亚当和夏娃确定自己的未来情况，并且在未来不能以契约的形式进行欺骗，那么他们会选择 y。

如果亚当和夏娃在未来不在遵守契约时进行欺骗，但是假定他们成为

---

① 当然，我们处理的是人与人之间具有可比性的基数效用。宾莫尔（1994，1998）用很大篇幅讨论了应用这些方法的优点和难点。

与其中与任何一个人的概率相同，那么他们就会忽略初始状态下的分配，而选择能使豪尔绍尼的社会福利函数最大化的 z。

$$W_H(x) = 6 + 8 = 14, \quad W_H(y) = 5 + 10 = 15,$$
$$W_H(z) = 4 + 12 = 16 \tag{25.2}$$

然而，由于亚当和夏娃在未来不遵守契约时进行欺骗，他们会选择能产生 x 的社会契约——一个以效用增量形式表示的最大化最小值结果——因为选中的条款按照宾莫尔所说的是自动实施的。

和罗尔斯一样，宾莫尔也认为对社会契约稳定性的最大威胁来自境况最差的那个人。亚当不会违反产生 x 的契约，因为他在其他两种情况下的所得更小。但是，一旦夏娃知道了自己的身份，因为她在其他两种情况下的所得更大，那她会不会拒绝 x 呢？注意到即使夏娃在情况 y 下的收益是 100 或者 10 亿，x 也是最大化最小值的选择。因此可以想象得到，可能存在某种不同 x 的情况，它给夏娃带来的效用回报能导致夏娃冒险将社区拉回到无政府状态，希望借此重新选择不同的社会契约。如果真是这样，那么用最大化最小值原则能够保证服从这一假设来捍卫该原则，这种捍卫是不成功的。我们将在下一节讨论针对宾默尔方法的其他批评。

25.5.2　最大化最小值原则是种再分配原则

现在，我们考虑由霍克曼和罗杰斯（1969）最先提出的关于帕累托最优的再分配理论。由于穷人杰夫的效用水平是富人米特效用函数中的一个自变量，因此米特要给杰夫一些财富。假设杰夫的效用与他的收入呈正相关，我们就能把马特的效用写成是米特和杰夫两者收入的函数。

$$U_M = U\ (Y_M,\ Y_J) \tag{25.3}$$

给定这样一个效用函数，我们可以期望，如果杰夫的收入在米特的效用函数中的作用足够大，那么富有的米特就会自愿地转移一部分收入给贫穷的杰夫。如果他们所处的社会不仅只有杰夫一人，那么米特给予最贫穷的杰夫的一美元所带来的边际效用将达到最大。因此，虽然在讨论再分配时采用帕累托最优的思路不能完全证明最大化最小值方法的正当性，但是，它证明了只关注境况最差的那个人或群体的再分配政策的可行性（冯·弗斯滕伯格和缪勒，1971）。一个利他主义的功利主义者和罗尔斯主义者都会只考虑社会中境况最差的那些人的福利。①

----

① 功利主义对差别原则的肯定，还可见布坎南（1976），楚和刘（1998）。

25.6 社会契约是一种宪法

从公共选择的角度来看，关于社会契约的文献中最吸引人的就是，它能产生关于政治制度设计的潜在见解。如果我们同意罗尔斯关于包括政治制度在内的社会基本制度应该从"无知之幕"背后选出的说法，那么这些制度应该是什么样的呢？关于政治制度的最优设计，罗尔斯的两个正义的原则又能意味着什么呢？

第一个原则的含义十分明显。社会契约和政治制度的逻辑外沿都应该保护自由。言论自由、隐私权以及其他类似的权利，很容易作为罗尔斯自由平等原则的政治诉求被人们想起。

第二个原则又如何呢？什么样的政治制度会蕴含在设定差别原则的意图中？正如罗尔斯所喜欢的，这个原则在收入财富的分配或者基本物品的分配上的含义十分显著，并且在这种背景下，罗尔斯和宾莫尔对它的大部分讨论都很容易理解。但是分配问题不是社会需要解决的唯一问题。差别原则的含义是什么？公共物品的提供，或者是解决不涉及分配收入或基本物品的争端时的最大化最小值标准的含义是什么？差别原则意味着什么样的选举和投票规则？这些问题都需要解决。

在选择一种投票规则来解决公共物品问题时，差别原则得到了最直接的运用，这也表明了应该选择一致同意原则。当提供公共物品时使用合乎要求的过半数规则时，境况最糟糕的人也就是投票反对提供的人中的一个。由于决定一组税收份额和公共物品数量来使得每个人的福利都有所增加的可能性总是存在，因此，要想使境况最差的那个人的福利最大化，看来需要对这个问题进行不断的重新阐述，直到找到一种大家都同意的税收份额和公共物品数量。但是所有反对一致同意原则的理由也可用来反对差别原则的这种解释。

接着考虑一个简单的，但矛盾的问题——公共高速公路上的最高速度为多少？谁会被最高时速限制伤害到？——那些在交通事故中受伤的人，其中在道路事故中死亡的人很显然是那些境况最差的人。什么样的限速能够使境况最差的人的福利最大化？——把速度限制到慢得足以不发生任何严重的交通事故。很明显，极度地厌恶风险将最大化最小值原则描述成在面对不确定性时作决策的原则，这种厌恶风险的态度是在这里显而易见的，而这就像明显不可能做到将其或是运用到特定的争端中，或是作为选择一种投票规则来解决这些争端是显而易见的事情一样。

同样的情况也会发生在宾莫尔对最大化最小值标准的运用过程中。回顾一下，宾莫尔对这个标准的最优性的推导，并不是取决于个人对待风险的态度，而是根源于在无知之幕被掀起时，个人对如何避免违背社会契约中的条款的关注。这个目标似乎也意味着把一致同意规则运用到后协议阶段（postagreement stage）。谁最有可能违背在某个不一样的、合格的过半数规则下做出的决定？——那些在这一规则下的失意者，那些在一致同意规则可行的情况下，却只能被迫运用非一致同意的决策规则的人。谁又最有可能反对允许汽车能够以会造成伤亡事故的速度行驶的决定？——是那些没有汽车的人，和那些在这个决定中只付出成本而没有收获的人。为了避免将来反对集体决策的可能性，人们必须避免在这些决策中产生失意者。这就意味着，只要有达成共识的可能性，就应该运用一致同意规则。

这些观察并不是对罗尔斯和宾莫尔社会契约理论的批评，因为这些理论并没有意图要提出能让整个社会来设定车速或是选择一种投票规则来决定车速的原则。但是从这些例子里可以很明显地看出，在做出更加现实的集体决策时这些社会契约理论显得力不从心。事实上，当罗尔斯讨论为什么根据其正义原则制定的政治制度会包含简单的过半数规则时，他无法论证这一规则如何在逻辑上遵循他的原则。相反，他认为所有公民和立法者都已经进入了公正的社会契约，因此"我们不应该把立法讨论看成是一场利益的争夺，而应看成是一种寻找由正义原则所规定的最好政策的意愿。进而我假定，作为正义论的一部分，公正的立法者的唯一愿望就是要在这方面做出正确的决定"（p. 357）。如果所有立法者都见多识广，那么他们都会知道正确的决策是什么，知道可以使用一致同意规则。唯一不使用这一规则的理由就是立法者对信息了解得不够充分。因此，罗尔斯通过孔多塞对这一规则最早的辩护选择了简单的过半数规则，把它作为一种抽样的方法来加总公平的立法者的观点，并借此取得关于正确决策的"最好的裁断"（pp. 357—358）。[①]

我认为，和我一起思考到此的读者很少会认同罗尔斯的如下信念：立法者是为社会团体寻求正确决策的不偏不倚的探索者，而政治学的唯一任务就是挑选出这些正确的决策。我们需要在政治学是一种"利益之间的竞争"这一假设前提下，将政治制度看成是从"无知之幕"背后选出来的，

---

① 孔多塞的观点可见第六章。

并且接受这些利益被狭隘定义的可能性。事实上，这也是，布坎南和塔洛克（1962）在写《同意的计算》时为他们所设的练习。我们将在第二十六章谈论这一问题。①

文献注释

丹尼尔斯（1974）的一系列文章对罗尔斯的思想进行了分析和批判（本章中的关于他的引文是根据他著作的复印版给出的参考页数）。据说诺齐克（1974），里格斯沃思（1985），戈捷（1986）和巴里（1989）等人的著作灵感可能是来自罗尔斯的理论。宾莫尔的两集论文将现代博弈论与经典社会契约（从霍布斯到罗尔斯）联系起来进行了分析，阐述了该作与豪尔绍尼的（SWF）观点之间的关系。其中包括对冯·诺伊曼—摩根斯坦指数和序数效用及个人效用的详细比较论述。约翰·罗尔斯最近关于社会公正的思想，是在他 1999 年的著作中提出的。

---

① 无需惊讶，罗尔斯并不认为公共选择是决定公正的政治制度的一种有效方法。正如他所言"当人们的正义感会影响政治理论时，将经济理论运用到实际的立宪过程具有很大的限制性"（p. 360）。

第二十六章 作为功利主义契约的宪法*

个人自愿以其自己的人权和自主权相互签订契约以组成政府；这是政府得以产生的唯一方式，也是政府有权存在的唯一原则。

托马斯·佩因

理想上的公共机构的完美原则是，其工作人员的利益完全与其职责相吻合。根本就没有一种体制会做到这一点，但是，如果没有照此目的精心设计的制度，结果将更恶化。

约翰·斯图亚特·穆勒

我们已经讨论了几部这样的著作，它们利用个人对未来处境的不确定性，推导出社会选择的一种规范理论。在第二十五章中讨论过的罗尔斯（1971）的理论，就是通过未来处境的不确定性来推导出公正原则，将其包含在一种社会契约里；豪尔绍尼（1953，1955，1997）也用它推出一种加总性 SWF（见第二十三章）。

布坎南和塔洛克（1962）提出了一种立宪政府理论，在这种理论中，宪法是在一种类似于豪尔绍尼和罗尔斯所描述的背景中制定的。个人并不确定其未来的处境，因而这就使他们出于自利的考虑，去选择那些考虑到所有其他人处境的原则（布坎南和塔洛克，1962，pp. 77—80）。① 布坎南和塔洛克的理论既是实证性的，也是规范性的。他们写道："为了使个人受其自身利益的驱使去支持普遍有利于所有个人和所有团体的宪法条款，需要有不确定性，这种不确定性似乎会出现在所讨论的任何立宪阶段。"（布坎南和塔洛克，

---

* 这一章节主要摘自缪勒（2001）。

① 莱本施泰因（1965）通过观察一群老年人为其后代所作的集体决策，得到了相同的结果。维克里（1960）假设，人们都搬往一个小岛，并且对他们将来在小岛上的处境是不确定的。

1962，p. 78。）并且，与罗尔斯和豪尔绍尼的著作相比，他们整部原稿的基调是强烈的实证主义。但是，他们也承认其规范性分析方法的先驱是康德和契约主义者的著作（特别参见布坎南和塔洛克，1962，附录一）。他们甚至认为，自己理论的规范性内容就在于立宪阶段所达成的一致性意见（p. 14）。

布坎南和塔洛克著作的重要贡献之一，是它阐明了民主决策的立宪阶段和议会阶段之间的区别在理论上的作用。如果能够在贯穿立宪阶段的不确定性面纱的背后，达成一致同意的协议，那么，在立宪这一阶段就可以拟订一组规则，允许个人在能充分了解自己的偏好和处境的议会阶段追求自己的个人利益。这显然要求，任何一种会发生的再分配都必须在对未来处境具有不确定性的立宪阶段实施（布坎南和塔洛克，1962，第 13 章）。这里的观点与罗尔斯的理论有惊人的相似之处。然而，与罗尔斯不同的是，布坎南和塔洛克允许人们在议会阶段得到的，不仅仅是关于他们自身的更多的信息，而是充分的信息。

豪尔绍尼、罗尔斯、布坎南和塔洛克他们对不确定程度的假设存在差别，这就使得他们沿着完全不同的方向去描述对做出社会选择来说是最优的原则和制度。在这一章，我们会研究这些差别，并弄清楚它们的含义。在这么做的过程中，我们会概括出一个建立在布坎南和塔洛克分析模式基础上的立宪选择的一般理论。

26.1　宪法内容

每个人 R 能够采取 n 种可能的行动中的一种，a_{rj}，$j=1$，n。这些行动从相当私人的行动，如抓耳朵，到很公共化的行动，如在当地酒吧扔炸弹不等。为提供一种纯公共物品税可能也是这组行动中的一个。因此，所有集体行动的问题都能被看做有关个人行动的决策。反对开车时速超过 65 里的法律，限制了开快车的自由；为支持高速公路建设筹集资金而征收的汽油税，在限制某人购买汽油能力的同时，也增加了开车的机会。所有集体选择都是有关个人行动的决策。

所有行动可以分为三类：只影响行动者个人福利的中性行动；会让其他人状况变糟的行动，即带来负的外部性的行动；让其他人状况变好的行动，即带来正的外部性的行动。既然我们遇到的状况含有风险和不确定性，我们就假设每个人的效用函数都满足冯·诺伊曼－摩根斯顿效用公理，因此也就假设各个人的效用能被看做基数的效用指数（黄有光，

1984a；宾莫尔，1994，Ch. 14）。

　　这个群体会做出对个人 R 和其行动 a_{rj} 来说，是彼此间相互排斥的三个决策：（1）允许 R 有采取或者不采取 a_{rj} 的自由；（2）禁止 R 采取行动 a_{rj}；（3）强迫 R 采取 a_{rj}。禁止采取这种活动，可以被看做给这种活动设定了一个无限高的价格。

　　任何会产生外部性的行动，都会导致在后立宪阶段在是禁止还是强迫采取这种行动的问题上产生冲突；而且，也会导致在立宪阶段的冲突，这个冲突是关于是否用政治制度来解决后立宪阶段的冲突。这种在立宪阶段存在的冲突会使得对立宪契约的一致看法无法达成。按照豪尔绍尼（1955），罗尔斯（1971），还有布坎南和塔洛克（1962）的观点，通过假设在立宪阶段对未来的处境是不确定的，就可以实现看法的一致。这些人中的每一个都在不同程度上捍卫这一假设，至少就豪尔绍尼和罗尔斯而言，他们就对遮住了未来信息的无知面纱的厚度作了不同的假设。对无知面纱的"厚度"所作的假设，即对市民在立宪阶段所拥有的信息多少的假设，对在宪法中设置的制度的类型有重大影响。

　　在立宪阶段，个人会选择禁令、强制性义务和投票规则来最大化他们的预期效用。对宪法的意见必须是一致的，并且不确定性的存在保证了这种一致性可以实现。在后立宪阶段，每个人知道他们是谁，他们的偏好是什么等信息。所有私人行动的目标是最大化其效用，在宪法确立的投票规则之下，所有集体行动的目标也是最大化其效用。因而当然就有可能，在立宪阶段人们对自己的未来偏好感到不确定的时候，会投票禁止一种行动，可是到了后立宪阶段知道了自己的偏好后，又会试图取消禁令。因此显而易见的是，这个社区必须把能保证遵守禁令的制度包含在宪法中。在第 26.4 节里面我们会探讨有关遵守禁令的问题。

26.2　存在两种行动的情况

　　假定只存在两类人，横排的人（R）和纵列的人（C）。每个人都可以采取 n 种可能的行动中的一种，a_{rj}，$j=1$，n，并且，a_{cj}，$j=1$，n。一类人中的每一个人都有相同的效用函数，他们的效用函数是根据自己的行动和另一类人的行动来定义的，即 $u_i(a_{rj}, a_{cj})$，$i=R$，C。既然所有的 R 都有相同的效用函数，如果有一个 R 通过采取一种行动 a_{rj} 获得了更高的效用，其他的 R 们也会从这种行动中获得更高的效用，因而我们就可以把

u_i（a_{rj}，a_{ck}）看作是当所有的 R 们采取 a_{rj} 和所有的 C 们采取 a_{ck} 时 i 得到的效用。每个人一次只能采取一种行动。a_{rn} 和 a_{cn} 被定义为不行动，并且被假设不产生外部性。

现在考虑 R 和 C 采取 a_{rj} 和 a_{cj} 还是采取 a_{rn} 和 a_{cn} 时可能带来的结果。行动 a_{rj} 会给 R 带来三种可能结果：（1）相对于他采取 a_{rn}，行动 a_{rj} 会提高他的效用——我们用 $u_{rj} > 0$ 来表示这种情况；（2）行动 a_{rj} 不会改变他的效用，即 $u_{rj} = 0$；（3）行动 a_{rj} 会减少他的效用，即 $u_{rj} < 0$。效用的这些变化，可以被看做两种收益或损失对 R 的综合效应，一种收益或损失是 R 从行动 a_{rj} 中得到的自身收益或损失，另外一种收益或损失是他从推测自己的行动对 C 产生的影响中感受到的。例如，假设 a_{rj} 代表 R 抽烟的行动，尽管 R 也知道他抽烟会让所有 C 们状况变糟。如果 R 知道 C 会因他抽烟而遭受损失，从而自己也因此遭受足够多的负效用的话，这种行动就会带来 $u_{rj} < 0$，尽管当 C 不在的时候，R 从抽烟这种行动中得到的效用为正。C 的行动 a_{cj} 也会产生同样三种可能的效用回报。

R 或 C 采取的每一种行动能对另一类人不产生影响，或者是正的外部性，或者是负的外部性。我们把 e_{rj} 称作 C 因 R 采取行动 a_{rj} 所经历的效用变化。因此正的外部性就意味着 $e_{rj} > 0$，而 $e_{rj} = 0$ 和 $e_{rj} < 0$ 则分别代表中性的行动和负的外部性。为了展开分析，我们作了一个简化的假设，即效用函数是可分的。在这个假设条件下，R 的行动 a_j 带来的效应，和 C 的行动 a_j 带来的外部效应都是常数，他们对 R 的效用的联合效应就用两个效应之和来表示，即 $u_{rj} + e_{cj}$。

行动 a_{rj} 会给 R 带来三种可能的效用，也带来三种可能的外部效应，这样就产生九种自己效应和外部性的组合。对 C 来说也是如此。考虑到两类人可能的行动和彼此作用，这样就有 81 种效用回报的组合。但是，组合的数量可以减少到 36 种，因为如果我们假设当 $u_{rj} = 0$ 的时候，R 是不会自愿采取行动 a_{rj} 的，当 $u_{cj} = 0$ 的时候，C 也一样。在表 26.1 中描述了这剩下来的 36 种组合。

在这 36 种可能的情况里面，有 16 种不需要采取集体行动。矩阵被构造成让这 16 种出现在矩阵的左上方部分，用 NN 表示出来。第一个 N 表示，对于横排的行动 a_{rj}，是不需要采取任何集体行动的；第二个 N 表示，对于纵列的行动的相同含义。例如，在第三排第一列，R 采取 a_{rj} 会为 C 带来一个负的外部性，然而 C 采取 a_{cj} 会给 R 带来正的外部性。但是，既然 $u_{rj} \leqslant 0$，而 $u_{cj} > 0$，R 们就会发现，不去采取 a_{rj} 是符合他们自身的利益的，

但是 C 们发现采取 a_{cj} 是符合自身利益的，这样就产生了不需要任何集体决策的最优结果。①

表 26.1　　　　　　　　当外部效应可分时的集体行动选择

			纵　列					
			1	2	3	4	5	6
			$u_{cj} > 0$ $e_{cj} > 0$	$u_{cj} > 0$ $e_{cj} = 0$	$u_{cj} \leq 0$ $e_{cj} < 0$	$u_{cj} \leq 0$ $e_{cj} = 0$	$u_{cj} > 0$ $e_{cj} < 0$	$u_{cj} \leq 0$ $e_{cj} > 0$
横排	1	$U_{rj} > 0$ $e_{rj} > 0$	NN	NN	NN	NN	NB	NO
	2	$u_{rj} > 0$ $e_{rj} = 0$	NN	NN	NN	NN	NB	NO
	3	$u_{rj} \leq 0$ $e_{rj} < 0$	NN	NN	NN	NN	NB	NO
	4	$u_{rj} \leq 0$ $e_{rj} = 0$	NN	NN	NN	NN	NB	NO
	5	$u_{rj} > 0$ $e_{rj} < 0$	BN	BN	BN	BN	BB	BO
	6	$u_{rj} \leq 0$ $e_{rj} > 0$	ON	ON	ON	ON	OB	OO

注：N = 不需要行动；B = 禁止行动；O = 强制行动。第一个字母用于 R，第二个字母用于 C。

对所有含有 B 的项来说，禁止一类人采取某种行动可能意味着最优。例如，第 5 排第一列，R 通过采取一种行动获得了正效用，即 $u_{rj} > 0$，但是这种行动也产生了负的外部性，即 $e_{rj} < 0$。如果相对于 u_{rj}，e_{rj} 足够大，那么禁止 R 采取这种行动可能对全社会来说就是最优的。需要说明的是，当 C 们采取同一行动时，这样做产生了正的外部性，结果，要是禁止行动是最优的话，这种禁令必然是一种只禁止 R 的行动的非对称性禁令。含有 O 的选项代表的情形是：由于存在正的外部性而使得强迫采取某种行动可

---

① 虽然如此，回想为什么 $u_{rj} \leq 0$ 的理由，可能是如果 R 的行动产生了负的外部性，即因为 $e_{rj} < 0$，R 就会遭受负效用。

能是最优的；而标示着 OB 和 BO 的两个方框则代表这样一个非比寻常的情形：同时发出不对称的禁令和义务是最优的。我们在下面会回到对这样的和其他的非对称情况的分析上来。

有 NN 的 16 项表示永远不需要集体决策的情况，这是因为每类人都独立行事，却产生了最优结果。另外的 20 项则表示禁令或义务可能是最优的情况。当然，任何种类的集体决策都不需要的情形也是可以想象得到的。单个的 R—鲁宾逊和单个的 C—克鲁索，都住在一个小岛上，这个岛的物产是如此的丰富，以至于没有任何的集体行动产生的福利能够超过它的成本；并且小岛是如此之大，以至于对制造了外部性的人来说，他的行动产生的负的外部性要远远小于行动为他带来的收益。这种幸福的无政府管制的状态就存在逻辑上的可能性。

在人口更多的社区和更恶劣的环境里面，人们会指望从集体行动中获得潜在收益。我们现在要研究的是，在一个两阶段立宪过程里，个人在第一阶段对他们未来的处境不确定的情况下，最优的集体决策协定怎样才会产生。

26.3　立宪契约

在两阶段民主过程的情况下，不确定性有几种形式。对一部涵盖了所有可能行动的宪法要达到一致性看法，所需要的最小程度的不确定性是对未来身份的不确定。假设在立宪阶段的每个人，都能预测到所有未来可能发生的集体行动和这些行动带来的结果，也就是在表 26.1 里面的那些项目，和其他所有相似的、用来描述未来行动的其他种组合的矩阵里的项目。既然每一种可能的"社会状态"，都是横排人和纵列人的一对行动组合，这个假设就等同于假定，在立宪阶段的每个人都能预料到未来所有可能的社会状态。在立宪阶段的每个人都知道在表 26.1 里面的对应每一对行动组合的 u_{rj}，u_{cj}，e_{rj} 和 e_{cj}，也知道 R 和 C 两类行动者的人数，n_r 和 n_c。在立宪阶段的每个人，除了不知道他将会是 R 还是 C 类的行动者以外，其他有关未来的任何事情都知道。我们就把这种情况称为一种身份的不确定。考虑出现身份不确定的一种办法是，考虑每个人为他们未来的孩子选择一部宪法。让 R 表示女性，C 表示男性。可以预料到男人和女人从一个给定的行动组合中得到的效用，也可以预料到未来男人和女人的数目多少。但是在立宪阶段是不可能预测到未出生孩子性别的。如果是这样的情况，就存在身份的不确定了。

如果在立宪阶段的各个人都知道 R 和 C 的人数，即 n_r 和 n_c，那么他们就可以计算出他们将来是一个 R 还是一个 C 的概率。如果再假设连这些人的数目也不清楚，不确定性的程度就加深了。现在 R 和 C 代表不同的种族团体，并且每个团体未来的人口增长数是不清楚的，我们就把这样的情况称为数目的不确定。

如果假设在立宪阶段的个人，对不同情况下的未来效用的回报——u_{rj}，u_{cj}，e_{rj} 和 e_{cj} 是不确定的，不确定的程度就会进一步加深。我们把这种情况称为一种回报的不确定。那么，在立宪的阶段的一个人，就不能断定一个未来的奴隶可能遭受的痛苦，或她的主人将得到的享受是多少。

这三种类型的不确定性中的每一种，针对集体行动问题会产生不同制度上的解决方案。

26.3.1　只存在身份不确定时的最优集体行动

立宪阶段的每个人都能预测到未来出现的问题的种类、每一类人的数量和他们的效用回报。他们唯一不确定的是，他们将会是 R 还是 C。因此，在立宪阶段的每个人都能对表 26.1 中任何一对可能的未来行动（a_{rj}，a_{cj}）组合做出预测，社区将位于这个矩阵描述的状态里面。如果组合是一个含有 NN 的组合，就不需要集体决策。因为很多行动都可能归于这 16 种，多得有可能让宪法制定者把这样一个条款写进宪法：*除非依据宪法或按宪法精神通过的一项法律明确禁止或要求采取一个特定的行动，否则允许任何人做他愿意做的事情*，从而一个人能够采取的所有可能的行动，只要不会影响自己以外的其他人的福利，或者给其他人带来的正的外部性，都由这个条款来处理。

现在考虑剩下的 20 种组合中的一种行动组合，比如说第 5 排第 1 列。纵列的行动产生了正的外部性，也给他自己带来正效用。因此不必强迫 C 采取这种行动，也不应阻止他这样做。相反，横排者的行动产生了负的外部性，虽然给他自己带来了正的效用。理性的个人处在立宪阶段时不确定自己的未来究竟是 R 还是 C；如果他从禁止未来的 R 采取会带来负外部性的那种行动中得到的预期效用为正，他就会选择禁止 R 采取那种行动。一个人是 R 的概率为 $\pi_r = n_r / (n_r + n_c)$，是 C 的概率为 $\pi_c = n_c / (n_r + n_c)$。他从这种行动中得到的预期收益是

$$\sum (U) = \pi_r U_{rj} + \pi_c e_{rj} \tag{26.1}$$

如果对任何产生第 5 排组合的行动来说，（26.1）式是负的，宪法就会禁止 R 采取这种行动。如果（26.1）式是负的，那么（26.2）式也是负的，因为它就是（26.1）式乘上（$n_r + n_c$）。

$$n_r u_{rj} + n_c e_{rj} < 0 \qquad\qquad (26.2)$$

条件（26.2）揭示了个人在立宪阶段的预期效用最大化选择和边沁 SWF 之间的紧密联系；有关行动 a_{rj} 的最优集体行动会让这个行动导致的效用变化的总和最大化。

如果对产生了第 6 排组合的任何一个行动，不等式（26.3）都满足，宪法的制定者们就会赞同去强迫 R 采取这种行动。

$$n_r u_{rj} + n_c e_{rj} > 0 \qquad\qquad (26.3)$$

与第 5 列和第 6 列相关的类似的不等式，规定了 C 应该被禁止或强迫采取某种行动的条件。要注意的是，只有在（第 5 排，第 5 列）和（第 6 排，第 6 列）这两个方格里的组合，才可能产生加在所有市民头上的对称的禁令或义务。我们在下一节会讨论对称和非对称的禁令与义务。

如果在立宪阶段的个人，缺乏的唯一信息就是对他们未来身份的了解，那么只要需要宪法就可能包括所有禁令和强制性义务。严格来说，这样一种情况含有的只是奈特风险，而不是真正的不确定性，并且在立宪阶段的个人可以用他们拥有的所有信息，计算出与横排和纵列人的任何一对行动组合对应的预期效用（奈特，1921）。如果在 20 年或 100 年内需要建造一个大坝应付一场洪水的威胁，宪法制定者们就能够预测到这个事件和市民未来的偏好，并且确定他们的税收和应尽的义务。这些都能被写进宪法，而民主过程的第二个阶段就不需要了。在立宪阶段的个人看来，宪法能够最优地解决所有时候的所有问题。

> 定理 1：身份不确定，但对所有未来市民的偏好和数目又有充分的了解，这样一种情况可以使得在立宪阶段的个人规定所有未来的禁令和义务，来最大化未来市民在后立宪阶段的预期效用。第二阶段的集体决策是不需要的。

定理 1 中的假设基本上就是豪尔绍尼（1955，1977）为确定伦理选择的原则而做的假设。每个人都能想象在每一种可能的未来社会状态下个人的效用，也能想象他将是这么多人中的哪一个的概率。他选择哪样的社会状态，即横排人和纵列人的一个行动组合，来最大化他的预期效用。这种选择使整个社区未来效用的总和最大化，因而被看做最大化一个边沁 SWF。[①]

如果在立宪阶段只存在身份的不确定，那么宪法会为所有未来的市民规定所有的行动，使得个人效用的边沁总和最大。社会契约/宪法规定了宪法的当事人所有必要的行动，就不需要有政治过程的第二个阶段了。

26.3.2 在身份和人数都不确定时的最优集体行动

我们继续假设，在立宪阶段的个人，知道和两类成员所有未来行动有关的 u_{rj}，u_{cj}，e_{rj} 和 e_{cj}，并且也能对它们进行比较。因而，对一个 R 的行动所作的最优集体决策就要求，表 26.1 中第 5 排或第 6 排的组合必须仍然满足方程式（26.2）和（26.3）。方程式（26.2）要求下面的条件必须被满足：

$$n_r/n_c < -e_{rj}/u_{rj} \tag{26.4}$$

并且对 a_{cj} 采取禁令要满足以下条件，

$$n_c/n_r < -e_{cj}/u_{cj} \tag{26.5}$$

既然假设不等式（26.4）和（26.5）的右边都是已知的，一旦知道了两类人的数目，就可以做出最优集体选择。只要市民在政治过程的第二个阶段投票，这个信息就可以获得。投票反对禁止行动 a_{rj}，这符合 R 的利益；投票支持禁止行动 a_{rj}，这符合 C 的利益。如果举行的一个公民投票结果是大多数投票都支持符合不等式（26.4）的禁令，宪法制定者就能确保做出的关于禁止 R 行动的集体决策是最优的。例如，如果知道了 R 从行动 a_{rj} 中获得的收益是这种行动对 C 造成的损失的 3 倍（$U_{rj} = -3e_{rj}$），那么，要最大化宪法制定者的预期效用，一个反对 R 采取这种行动的未来禁令必须得到四分之三或者更多票数的支持。

定理 2：当 $u_{rj} > 0$，$u_{cj} > 0$，$e_{rj} < 0$ 和 $e_{cj} < 0$，身份不确定，人数也不确定，但充分了解所有未来市民的偏好，这样一种情况可以使得在立宪阶段的个人为集体决策的第二阶段制订一个投票规则来最大化他们的预期效用，第二阶段的集体决策要确定反对 a_{rj}（a_{cj}）的所有未来的禁令，以满足条件（26.4）[（26.5）]。

[①] 豪尔绍尼（1955）用几个附加性公理证明，在将来成为哪种市民的概率相同的假设下，个人最大化他们的预期效用，由此构成的个人伦理选择等同于最大化一个边沁 SWF。

从不等式（26.3）中，我们同样可以推出强制采取 a_{rj} 和 a_{cj} 的条件：

$$n_r/n_c > -e_{rj}/u_{rj} \tag{26.6}$$

$$n_c/n_r > -e_{cj}/u_{cj} \tag{26.7}$$

从这两个条件我们得到

定理3：当 $u_{rj}<0$，$u_{cj}<0$，$e_{rj}>0$ 和 $e_{cj}>0$，身份不确定，人数也不确定，但充分了解所有未来市民的偏好，这样一种情况允许在立宪阶段的个人为集体决策的第二阶段制订一个投票规则来最大化他们的预期效用，第二阶段的集体决策要确定支持 a_{rj}（a_{cj}）的所有未来的义务，以满足条件（26.6）〔（26.7）〕。

在 $u_{rj} = -e_{rj}>0$ 的特殊情况下，如果对 a_{rj} 的禁令是通过简单多数规则确定的，那么个人在立宪阶段的预期效用就可以最大化。这实质上就是支持简单多数规则的雷—泰勒定理，这个定理我们在第6章讨论过，并且它清楚地建立在议案双方的强度相等这一假设之上的。[①]

针对对称的负的外部性，等强度这一条件成立时，也就是说，当有 $u_{rj} = -e_{rj}>0$ 和 $u_{rj} = -e_{rj}<0$ 的时候，简单多数规则是确定是否禁止横排行为者的行动 a_{rj} 和纵列行为者的行动 a_{cj} 的最优投票规则。如果横排行为者占大多数，他们就愿意投票禁止 a_{cj}，并且投票允许他们自己采取行动 a_{rj}。预期效用最大化的严密逻辑性，再加上等强度的假设，会导致"大多数人专制"，它是在立宪阶段选择一个投票规则以使市民的预期效用最大化的过程的最优结果。多数人投票允许他们自己去做禁止少数人去做的事情。

定理4：存在对称性负的（正的）外部性和议案双方等强度（即 $u_{rj} = -e_{rj}$ 和 $u_{cj} = -e_{cj}$）情况之下，身份不确定，人数也不确定，但对所有未来市民的偏好有充分的了解，这就意味着简单多数规则是确定是否禁止（强迫）未来的横排行为者和纵列行为者采取行动 a_{rj} 和 a_{cj} 的最优规则。在这些假设条件下，将这种投票规则运用到集体决策的第二阶段，必然会产生对行动 a_{rj} 和 a_{cj} 的一个非对称性禁令（义务）。

[①] 参见雷（1969），泰勒（1969），雷和席克勒尔（1997），布坎南和塔洛克（1962，pp. 128—130）也强调了在选择简单多数规则时，假设等强度的重要性。

［需要说明的是，相同的密度假设意味着，不等式（26.4）和（26.5）的右边等于1。要让一个对称的禁令最优，就要同时满足$n_r/n_c < 1$和$n_c/n_r < 1$，这是不可能的。］

相反，我们能看到，在身份和人数都不确定的情况下，只有当回报是已知的，并且针对相应的禁令制定不同的最优投票规则，对称性禁令才可能是最优的。例如，如果$u_{rj} > 0$，$u_{cj} > 0$，$-e_{rj}/u_{rj} = 1$，$-e_{cj}/u_{cj} = 2$，那么简单多数规则对禁止a_{rj}来说是最优的，同时，如果社区甚至有三分之一的人选择采取a_{cj}，a_{cj}也应该被禁止。如果$1 < n_c/n_r < 2$，纵列人能够禁止a_{rj}但是不能阻止横排人禁止a_{cj}。

条件（26.4）和（26.5）要求，支持这种禁令的个人效用之增进，相对于被允许采取这种行动的人的效用增进得越小，则要禁止一种行动所需的多数票就应该越多。在极端情况下，随着不等式（26.4）和（26.5）的右边接近无穷大，除非社区一致投票支持一种禁令，否则宪法制定者就不会批准这个未来的禁令。

相反，随着$-e_{rj}$相对于u_{rj}变大，立宪会议就希望确立反对a_{rj}的推定。这个可以通过对a_{rj}的一项宪法禁令来实现，同时附加一个条款，即根据$m_j \geq -e_{rj}/(-e_{rj} + u_{rj})$的多数撤销该禁令。他不能很准确的预测到未来市民从抽烟中得到的效用和负效用，或者抽烟者和不抽烟者的数量。一般说来，他不能预料到未来是否会发现与烟草相似的其他兴奋剂的时候，禁令可以被取消。在极端情况下，随着纵列人的效用损失相对于横排人从这种行动中得到的效用变得很大，只有在社区一致投票支持这种行动的情况下，宪法禁令才会被取消。

相似的分析可以用于和强制性义务有关的情况。

26.3.3　在身份、人数和回报都不确定时的最优集体决策

对很多种行动所做出的最符合现实的假设是，一个在立宪阶段的人，对他的身份、人数和采取这些行动在未来得到的效用回报是不清楚的。例如，一个合理的假设是，1787年的人观察到吸烟者从吸烟中得到的效用，他能将这种效用和抽烟这种行动在那个时代产生的负的外部性进行比较，但是，他没有能力非常准确地预测到未来市民吸烟带来的效用和负效用，或者是吸烟者和不吸烟者的人数。更普遍的是，他不可能预测到类似于烟草的兴奋剂是否会被发现以及它们的正面效果和负面效果，等等。在这样

的情况下，不等式（26.2）和（26.3）中的 e_j 和 u_j 都是未知的。

　　如果宪法制定者能想象和一种特定行动相联系的效用变化的分布状态，我们就完全可以把 e_j 和 u_j 的预期值代入最优条件当中，然后按上面那样继续推算。然而，如果我们认为宪法在很长的时间内都能支配社区的集体决策，即使是这样的假设也可能是有问题的。相反，如果等式中确定最优条件的所有要素都是未知数，就没有哪个用来指明合格的多数做出未来集体选择的投票规则能够写进宪法中去，该宪法旨在于立宪阶段最大化某个人的期望效用。

　　因此，当不能对从特殊行动中得到的效用收益和损失做出合理预测的时候，未来一代人应该怎么判定这些行动，宪法对此就只能保持沉默。尽管这样的态度从理智角度看是诚实的，但它就给未来一代人加上一个艰巨的任务，他们一旦充分了解了自己的偏好，就既要选择投票规则，还要运用这些规则处理很多存在纠纷可能性的议案。

　　与其强加给未来的后代这样的选择，宪法制定者宁可对 $-e_j$ 和 u_j 的大小做出一个"有根据的猜测"，并且相应地确定一个投票规则。但是什么样的猜测才是合理的呢？ $-e_j$ 是 u_j 的一半呢，还是它的3倍大？可以假设它们同样大，形成一个谢林点，或者，将其理解成是用理由不充分原则来解决这个问题。在 $-e_{rj}$ 和 u_{rj} 相等的情况下，条件（26.4）要求，对于任何一种符合第5排中的项目的行动，都应该使用简单多数规则来决定是否采用禁令。条件（26.6）也要求用简单多数规则来决定是否对符合第6排中的项目的情况采用强制。那么我们对普遍使用投票规则就有了一个规范的正当理由。宪法制定者不能估计出未来从很多集体决策中得到的收益和损失，他们就会假设收益和损失是相等的，并且在这种假设下，选择可以最大化他们预期效用的投票规则。

26.4　对称和不对称的禁令和义务

　　虽然在立宪阶段不确定未来身份的个人看来，非对称的禁令或义务可能是最优的，但这些禁令或义务又往往是不具有可行性的。假设横排的人和纵列的人选择驾车时速超过65里，他们能从这种自由中得到效用（$u_{rj} > 0$ 和 $u_{cj} > 0$）。横排的人驾车熟练并且谨慎，只在没有伤害别人的危险的速度下开车（$e_{rj} = 0$）。相反，纵列的人驾车技术不好，开车还有点卤莽（$e_{cj} < 0$）。透过无知之幕的背后，社区会一致赞成禁止纵列的人驾车速

度超过每小时 65 里，同时允许横排的人按他们选择的任何速度驾驶。但是除非在他们踩上车轮以前，就能被分辨出来谁是属于横排，谁是属于纵列，不然这样一个禁令就很难实施。既然横排人和纵列人都更喜欢拥有开车超过每小时 65 里的自由，纵列的人绝对会装成是横排的人的样子。在实施一个不对称的禁令是不可能的情况下，对称禁令可能就是最优的。当立宪阶段的某个人从一个完全的禁令中得到预期效用是正的，即当不等式（26.8）被满足的时候，就是这样一种情况：

$$n_r u_{rj} + n_c e_{rj} + n_c u_{cj} + n_r e_{cj} < 0 \qquad (26.8)$$

当不等式（26.8）不满足的时候，最优规则就是允许驾车超过 65 里的对称性自由。不等式反过来的一个相似条件适用于存在正的外部性下的对称性义务。因此，由于存在实施非对称性的禁令和义务的交易成本，被对称性运用的规则比表 26.1 提出的还要多。

分辨出谁有不同的偏好，或者说谁制造了不同的外部性，通常是可行的，因而非对称性禁令也就可行，例如，反对 21 岁以下的青年喝酒的禁令。因此，一旦效用回报的差别和行动产生的外部效应能够轻易分辨出来，预期效用最大化的宪法就会设置非对称性禁令。

表 26.1 中的第 6 排第 5 列和第 5 排第 6 列，含有看上去极不可能的项——对两类人的同一种行动一个实行禁令一个实行强制。虽然如此，这样的对不同类别实行不对称的对待方法，在逻辑上说既是可能的，在现实中也是可以被观察到的。和这种不对称有关的一个比较老的例子，也是和性别有关的例子是，宪法规定男子有参军服役的义务，而女子是被禁止服役的。如果男人从参军中得到的效用是负的，但是他们产生了正的外部性，而女子虽然从参军中得到正效用，产生的外部性却是负的，那么对两类人的这样的不对称对待就会出现。在这些条件下，对未来的性别特征不确定的市民就会一致赞同在军队服役上，要有不对称的禁令和义务。

26.5　效用相互影响下的连续行动

假设行动是二元的，并且外部效应是可分的，这种假设使我们得以极其简单地说明了以效用最大化为目的的宪法中的最优政治制度的几个重要特征。而且，这些与很多集体选择都有关的假设是符合现实的。奴隶制、堕胎和合法毒品就被很多人看做二元选择议案的三个例子。如果横排的人偷纵列的人的东西，纵列的人从中遭受的损失，被假设为与横排的人是否也是小偷无关，这样假设可能是合理的。

然而，在其他的情况下，应该假设有更复杂的关系存在。R 因 C 开车而遭受伤害的风险，决定于是否 R 也在开车。可以按照一个连续的速度范围内的任何一个速度驾驶汽车。为提供公共物品而捐助的钱也可以分布为任何数量。为了处理这样的情况，我们需要把 a_j 看做一个连续变量。为了弄清楚有些什么样的内容，让我们假设横排人和纵列人有以下形式的二次可微的效用函数，这个效用函数是在两个变量 a_{rj} 和 a_{cj} 的基础上定义的：

$$U_R = U_R(a_{rj}, \ a_{cj}) \ \text{和} \ U_c = U_c(a_{cj}, \ a_{rj}) \tag{26.9}$$

在立宪议会上的个人希望最大化其预期效用，这里最大化其预期效用就再次等同于最大化边沁函数

$$W = n_r U_R(a_{rj}, \ a_{cj}) \ + n_c U_c(a_{cj}, \ a_{rj}) \tag{26.10}$$

得到一阶条件

$$\partial W/\partial a_{rj} = n_r \partial U_R/\partial a_{rj} + n_c \partial U_c/\partial a_{rj} = 0$$
$$\partial W/\partial a_{cj} = n_r \partial U_R/\partial a_{cj} + n_c \partial U_c/\partial a_{cj} = 0 \tag{26.11}$$

如果两个效用函数以及横排和纵列的行动者的数量都知道，我们实质上就再次有了最初由豪尔绍尼（1955）所分析的那种情形，宪法制定者规定可以最大化（26.10）中的 SWF 的每种行动（$a_{rj}, \ a_{cj}$）的水平。

当知道效用函数 U_R 和 U_c，但是不知道 n_r 和 n_c 的时候，可能会希望确定一个投票规则来揭示 n_r 和 n_c。然而，当 U_R 和 U_c 是 a_{rj} 和 a_{cj} 的连续函数的时候，就不再存在这样的选择。从方程（26.11）中我们能解出每类人数和每种行动带来的边际效用之间的最优关系。

$$n_r/n_c = -\ (\partial U_c/\partial a_{rj}) \ / \ (\partial U_R/\partial a_{rj})$$
$$n_r/n_c = -\ (\partial U_c/\partial a_{cj}) \ / \ (\partial U_R/\partial a_{cj}) \tag{26.12}$$

如果从 a_j 中得到的边际效用都是正的（$\partial U_R/\partial a_{rj} > 0$ 和 $\partial U_c/\partial a_{cj} > 0$），并且行动产生了负的外部性，那么（26.12）确定的是决定两种行动的最优水平的条件。但是导致这种结果的投票规则是没有的。如果简单多数规则被用来决定 a_{rj} 和 a_{cj} 的水平，并且横排人占大多数，他们就不会选择要求 a_{rj} 和 a_{cj} 的水平满足方程（26.12）。相反，他们会允许自己充分自由的行动，使得 $\partial U_R/\partial a_{rj} = 0$，方程（26.12）中的第一个等式的右边就变成无穷大。当一种行动水平有可能是多种程度的，效用也随着行动水平而变化的时候，就没有一个合格的大多数规则可以被单独用来确定行动的最优水平。

当行动水平在一个很大的范围内变动的时候，大多数人专制的潜在范

围显然是很大的。而且，与存在多种行动下只有两种选择存在——行动或不行动的情况不同，简单多数规则可能会产生一种结果，与最大化立宪阶段个人的预期效用是严重偏离的。在这样的情况下，如果宪法将选择一个合格的大多数来确定行动水平和一个对称性约束这两者结合起来，有可能实现一种更接近于最优行动的水平。无论一类人被允许的行动水平是什么样子的，它都与另外一类人的行动有关。在这种对称条件下，使用简单多数规则，如果横排的人是大多数的话，横排的人就会选择一个使得 $\partial U_R/\partial a_{rj} = -\partial U_R/\partial a_{cj}$ 的 a_j，a_{rj} 和 a_{cj} 的水平，即使得方程（26.12）的两个等式的右边分母相等的水平。如果横排人和纵列人的效用函数相似，那么行动的水平也会使分子相等，等式（26.12）右边就都等于1。虽然在 n_r 和 n_c 给定的情况下这个水平不会最大化（26.10），但是与允许一类人为了最大化其效用而为每类都设定不同的 a_{rj} 水平相比，他们是最有可能更接近于这个最大化结果的。[①]

我们的结论是，一个立宪集会，预料到其社区未来成员在不同行动的连续水平之上所定义的效用函数是相似的，如果它将简单多数规则的使用和由这种规则所做出的决策一致运用于社区的所有成员的要求相结合，它就能在立宪阶段实现一个更高的预期效用。

26.6　决策成本

再次考虑表26.1中的第5排。横排的人从其产生负的外部性的行动中得到了正效用。吸引人的做法是，证明集体行动在这些情况中是没有必要的，并且依靠科斯定理保证一个帕累托结果的实现。[②] 纵列的人完全能贿赂横排人让他们不那么行动。

然而，在思考立宪阶段解决这些冲突的办法时，此种方法在解决这种种困难时看上去不可行，至少对第5排中的前四项来说是如此。为了阻止横排的人行动，纵列的人就应该为他们提供足够大的贿赂。但是，如果在立宪阶段，产权是不明晰的，纵列的人又用什么来贿赂横排的人呢？因

---

① 在采取 a_{rj} 的边际效用递减的情况下，若一个横排人经历了从 $\partial U_R/\partial a_{rj} = -\partial U_R/\partial a_{cj}$ 处的行动水平受到约束，到行动水平不受约束（$\partial U_R/\partial a_{rj} = 0$），他从中得到的收获要少于在纵列人受到的约束，并且在 $a_{cj} = 0$ 的情况下带来的效用损失。布坎南和康格尔顿（1998）针对强加对称性约束能够提高一个社区现有的总效用这种情况，举出了几个例子。

② 参见科斯（1960），伯恩霍尔茨（1997a）和第2章中的讨论。

此，对于第 5 排和第 6 排的前四项中存在的种种冲突的议案，假设科斯解不可行看来要更合理，并且为了得到它们的最优解，必须在宪法中制定相应的条款。

对于表 26.1 中右下角，第 5 排第 6 排和第 5 列第 6 列相交处的四项，认为集体行动没有必要的观点并不能成立。现在每个人都有东西交易——采取行动 a_j 的自由。这四种情况能够产生不同形式的囚徒困境，并且，通过要求使用一致性规则来联合确定对这些行动的禁令和义务，可以想象，最优结果是能得到的。因此，在讨论决策成本可能引起的问题时，对表 26.1 中会有可能产生囚徒困境的四个组合（第 5 排第 6 排和第 5 列第 6 列的交叉），和被我们认为是作为冲突性议案存在的这两行两列的另外 16 项，我们要有所区分。

26.6.1 囚徒困境

在囚徒困境中，当不存在对行动者是谁或其效用回报的不确定时，有可能存在对采用合作性策略的一致赞同（缪勒，1988）。因此，甚至当三种形式的不确定都不存在于立宪阶段的时候，针对那些产生囚徒困境的行动，行动者也有动机去赞同联合采用合作性行动，并且这种赞同在原则上是能够被直接写进宪法的。

不幸的是，在囚徒困境中，每个人在后立宪阶段当然都有违背协定的动机。为了使囚徒困境的合作带来的收益可以实现，协定应该也会包括针对合作的激励机制，例如，对不合作进行惩罚就是一种激励。对偷窃行为的有效禁令，应该规定，如果违反禁令就应该被强加惩罚。阻止偷一个面包的最优惩罚可能不同于为阻止抢劫一家银行而设的惩罚。因此，在很多种囚徒困境的情况中，集体决策不仅仅包含对每一方都喜欢的行为的详细说明——不偷东西——也包括社区多种可能的报复行动。

对一种纯公共物品的供给提供捐助也具有囚徒困境的特征，但是这种情况包含的行动——每个人捐助多少——本质上是一个连续变量。每个市民的最优捐助量取决于他的偏好和收入，并且，对公共物品有不同偏好的群体数量超过两个。在有大量的不同偏好和收入的个人存在的社区，与确定每个人的捐助量、不捐助的惩罚等有关的决策成本都很大。考虑到这些成本，就可以证明某个低于一致性的规则才是最优的。

然而，一旦用一个合理多数的投票规则来做出集体决策，个人就会失去一致性规则提供的保护，因为一致性规则可以反对那些让他状况变糟的决策。他会遭受集体决策带来的外部成本。① 因此，和一致性规则有关的决策成本，就把一个潜在合作性博弈，即找到一组帕累托偏好行动的博弈，转化为一个冲突，即从集体行动中得到净收益的获胜方联盟和没有得到收益的失利方联盟之间的冲突。立宪阶段再次出现了不确定性，这是关于一个给定的人，将会处在获胜方还是失利方联盟的不确定。

再次假设在社区中只有两类人，即给定集体决策下的获胜方和失利方，在这样的假设下，决策成本对集体决策规则的选择产生的影响是能够被研究的。如果立宪阶段的个人是这个议案的获胜方，让 w 代表其从一种特殊集体行动中得到的效用，如果是失利方，让 s 代表他的损失。个人处在议案获胜方的概率是 j，$p(m_j)$ 是通过这个议案所需的大多数 m_j 的函数，$p'(m_j) > 0$ 并且 $p''(m_j) < 0$ 直到 $m_j = 1$。在选择决定议案的投票规则过程中，立宪阶段的个人会衡量他从增加通过议案所需的大多数中预期的效用收入，因而衡量他成为获胜方的概率，和找到一类能赢得更大多数支持的行动的决策成本。让我们把这个成本称为 $d(m_j)$，假设 $d'(m_j) > 0$，$d''(m_j) > 0$ 直到 $m_j = 1$ 是合理的。立宪议会上的一个成员因此应该会选择 m_j 来最大化

$$\varepsilon(U) = p(m_j)w - [1 - p(m_j)]s - d(m_j) \tag{26.13}$$

得到 m_j 满足

$$p'(m_j)(w+s) = d'(m_j) \tag{26.14}$$

等式（26.14）左边是从增加所需的大多数而获得的预期边际效用；等式右边则是决策成本的边际增加量。最大化在立宪阶段的人的预期效用的投票规则，平衡可供选择的、所需的大多数的边际收益和成本。

如果我们把投票过程看做对个人偏好信息的搜寻，例如，个人为纯公共物品的供给提供捐助的意愿这样的信息，那么，随着越来越难以找到一个可以让有异常偏好的人的状况更好的捐助量，并且随着参与策略性抵抗的动机增加，认为边际决策成本随着通过议案所需的大多数上升而上升的看法，看来就是合理的。然而，预测这个过程的另一种方法是寻找获胜者联盟。每一个新的提案可能会完全不同于原有的提案，也获得完全不同类投票者的支持。当投票过程是这样一种形式的时候，就应该考虑循环出现的可能性。那么，决策成本事实上会随着所需要的大多数在 m_j 的某个范围内增加而下降，因为增加的 m_j 降低了循环的概率。如果要被决定的议案，与决定纯公共物品的数量类似，这是相当有可能的，因此，假设满足

---

① 参见布坎南和塔洛克（1962，pp. 63—91）和第四章中的讨论。

实行卡普林和纳莱巴夫（1988）定理所需的条件，这是合理的。在这种
情况下，循环的概率能被预料到是随着所需的大多数增加而下降的，在
m_j 为 0.64 的时候达到零。这意味着边际决策成本是 U 形的，U 的底部可
能在 0.64 左右的地方（见图 26.1）。那么，增加 m_j 而得到的边际利益，
$p'(m_j)(w+s)$，就可能切 $d'(m_j)$ 两次，在 0.64 附近或高出 0.64 的
地方得到最优的 $m_j{}^*$。立宪集会考虑到简单多数规则导致的循环概率和决
策成本，会拒绝将简单多数规则用于公共物品的囚徒困境议案，而赞成一
个有更高的合理多数的投票规则。[①]

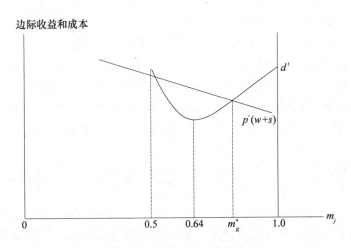

图 26.1　选择最优的多数

26.6.2　直接冲突

在表 26.1 中的第 5 排或第 6 排和列里的另外 16 个项，包含了单方
面的外部性。在第 5 排或列中的项，包括的是有负的外部性的议案，如
在公共场合吸烟和高速度驾车；在第 6 排或列中的项，则有正的外部
性。这些议案能被看做单维的，范围从彻底的限制与强迫到无限制的自
由。集体行动包括，解决市民在对一种行动实施禁令或强制义务的最优
程度上的冲突。合理的假设是，各个人对这种种议案有单峰偏好；也就
是说，在效用随着所选择的禁令或义务的严格程度偏离理想程度而下降
的情况下，每个人都喜欢一个有特定严格程度的禁令或义务。一致性规

---

① 见本书第五章中的讨论。

则不是解决这种冲突的选择，除非额外的回报也被允许作为一种保证科斯交易的方式。

在单维议案下，个人有诚实投票的动机。在严格程度增加时，可以提出限制一种行动的提案。在一个大多数为 m_j 的合理投票规则下，针对处于理想投票点所分布的百分之 m_j 的投票点，获胜的提案会强加上限制。选择 m_j 等同于选择限制所在的理想点分布的百分比。挑选一个百分数所需要的时间应该不会和选择另一个的时间有差异；$d'\,(m_j)$ 可以被合理假设为零。立宪议会能够把决策成本看做固定的净损失。在选择解决单维冲突议案的最优多数的时候，只需要衡量这种选择对预期效用回报的影响。未来决策成本不应该成为一个考虑的因素。

26.7 权利和义务

再次考虑不等式（26.4）。在等式右边接近于零的时候，阻止 a_{rj} 所需的大多数要接近于无穷大。现在不等式（26.4）的右边接近于零的方法有两个。首先，如果 $e_{rj}=0$，它当然等于零。如果 C 的效用不受到 a_{rj} 的影响，那么 R 就应该可以自由行动，不等式（26.4）要求在政治进程的第二个阶段社区一致投票阻止他那么行动。但是有很多种行动 a_{rj}，是让 R 受益的同时对其他人不产生影响。宪法不可能列出所有的这类行动，并且也不可能指定，只有通过社区的一致投票才能剥夺这些行动的权利。正如上面所说的，通过一个无限制的条款，既允许所有那些没有被明确禁止的行动存在，这类行动似乎能很有效的处理。

随着 U_{rj} 变得很大，甚至当 $-e_{rj}>0$ 的时候，$-e_{rj}/U_{rj}$ 的比率也接近于零。在这种情况下，认为自己未来可能是一个 R 的立宪阶段的个人，不可能仅仅依靠去采取他所选择的行动这样一个广义的自由，来保护他采取 a_{rj} 的自由。因为 a_{rj} 给 C 带来的是下降的效用，未来的 C 可能会试着禁止 R 采取 a_j。如果 R 采取 a_j 的自由没有得到明确的保护，一个简单多数规则可能会强加上对 R 采取 a_j 这样的限制，并且导致净效用的损失。对自己未来是一个 R 还是一个 C 不确定的人，要在立宪阶段最大化他们的预期效用，就会明确要求，限制采取 a_j 自由的提议应该是在超级多数下通过的，这个超级多数的范围可至无穷大（见图26.2）。

如果 R 因不采取 a_j 而遭受了很大的损失，假如他们得到了相应的补偿，或者被哄骗接受一种限制他们采取 a_j 的自由的提案，他们才会投票

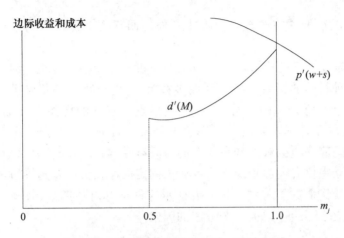

图 26.2 作为最优投票规则的一致性规则

赞成这种提案。虽然能想象，在这种情况下的各类人是怎样被说服放弃他们的否决权的，但是，如果立宪集会准确预测到从这种被提议禁止的行动中得到的相对回报，当它通过实行一致性规则来选择保护这种行动时，可以预料，各类人被说服放弃他们的否决权的情况将是很少见的。R 几乎总是会投票反对所提议的限制。在对这样的限制进行争论和投票上所花的时间会被浪费掉。若预测到限制这种行动的未来的大部分提议将在一致性规则下失败，通过确定一个宪法权利，保证 R 有采取 a_j 的自由，就能节省未来的决策成本。这种保证将禁止任何未来政治上的或者私人的尝试，去破坏 R 采取被确定的行动的自由，或者对 C 而言，如果存在相似的情况，也是如此。既然一种权利总是带有不去采取这种行动的自由，社区仍然能尝试贿赂，或说服一类人禁止一种特殊行动，所以，在社区规定了一种权利以后，在一致性规则下可能发生的两种结果，对这个社区来说仍然是悬而未决的。

在这种理论下，宪法权利的几个特征即将被说明。首先，只有那些能产生足够强的负外部性，激发社区一些成员努力将其限制的行动，才会被确定明确的权利。一些行动，若不存在可能发生的负的外部性，甚至还为行动者提供了大量福利，就不会受到挑战，也不需要被保护。其次，在宪法权利和大多数人的民主的原则之间，存在内在的张力。当被明确规定的权利的制度和简单多数规则都被确立在宪法中，来处理个人利益冲突的情况，剥夺某种行动的权利给不同方带来的所观察到的损失，是大不相同的。当立宪阶段的个人预料到，从一种行动中得到的收益等于它制造的损失时，简单多数规则对解决一个负的外部性是最优的。若从一个禁令中得到的预期收益和损失存在很大的不同，宪法制定者希望避免使用简单多数这个规则，因而简单多数规则就不是最优的，这种时候权利就会被准确规定。因为只有在被禁止采取行动的人，其预期的损失相对于这种行动对其他人造成的损失，是很大的时候，权利才会被规定，随着在权利上的争论使得从这种行动中可能感到受伤害的广泛的大多数人和从行动中受益的密集的少数人对立起来，这些争论就很可能会遭到感情上的指责。①

权利会保护一个人行动的自由。因而，在宪法中明确规定的所有权利，隐含着一种义务，即所有人不能妨碍一个人采取受到宪法保护的行动。② 相反，明确的义务则强迫采取一定的行动。正如一个针对采取 a_j 的宪法权利能被看做对一个条款的替代，这个条款要求的是，社区对 a_j 所加的任何未来的限制，都应该通过一致批准，一个宪法规定的采取 a_j 的义务，也是对一个条款的替代，这个条款要求所有未来对义务的免除都应该通过一致的批准。宪法权利和义务都只有在冲突情况下才需要被规定。权利允许个人有采取 a_j 的自由，但是不强迫采取这个选择。个人持有采取或不采取 a_j 的自由。因此，对宪法会提供的去采取自己选择的行动的一般自由，权利对此有所扩大和加强。

一个明确的义务会强迫采取 a_j。个人没有选择。因为使行动者的状况变糟，是为了让社区其他人受益，即只有在一种存在冲突的情况下，这样的强迫才是需要的。因此，义务对社区来说是一种奴隶形式。因而，可以预料的是，若在社区里的个人发觉，从允许个人有自己选择的自由之中得到的收益很大，在这样的社区，宪法中确定的行动权利的数量，就要远远高于明确的义务的数量。

26.8 宪法：契约还是习俗

宪法是社区成员之间建立政府制度的一种契约，这样一种观点至少可以追溯到托马斯·霍布斯（1651）那么远，并且正如已经说明的那样，这种观点在以布坎南和塔洛克的《同意的计算》为首的公共选择文献中

① 关于这些议题的进一步的讨论，参见缪勒（1991，1996a，第 14 章）。

② "权利"这个词语在今天经常作为法律权益的参考来使用。例如"经济权利"也能作为宪法条款得到捍卫。在这里对一种行动的界定应该包含获得必需的医疗保障，足够的食物，等等。参见缪勒（1991，1996a，第 16 章），和这本书第三章的讨论。

特别突出。在最近十年，这种把宪法看做契约的观点已经受到几位作者的严重挑战，他们更愿意把宪法看做一种习俗，或一种协调社会成员行动的机制。① 虽然这个问题在一定程度上只是一个语义解释的问题，既然在这两种观点下，对宪法是什么，表示的是什么意思，有稍微不同的理解，这个问题就要比只是正确使用词汇更为关键。因而，我们应该停下来回顾一下这两种看法背后的推导。

26.8.1　作为契约的宪法

按照霍布斯的观点，宪法契约经常被看成是在无政府状态下达成的（例如，布坎南，1975a）。因而，让我们想象一个生活于无政府状态中的小社区，他们在考虑创造政治制度以方便进行未来的集体决策。社区足够小，以至于所有的成员都能在集会上碰到，于是社区开会以制定一部宪法。会上很快确定，未来的集体决策也在由所有社区成员参加的集会上做出。而关于未来使用的投票规则这个问题，要花费很多时间来解决。一些人喜欢简单多数规则，另外的人喜欢四分之三的多数，少部分人喜欢完全一致。在很多次争论以后，会议同意——一致赞成——需要一个三分之二的多数用于未来的集体决策。

为什么社区要求对未来投票规则的选择在此第一次会议上是一致的？至少有两个理由。第一个是解决无限回归问题。应该使用什么样的投票规则来选择一个投票规则？如果社区能一致同意为集体决策选择一个投票规则，无限回归问题就会被打破。② 在立宪阶段需要一致赞同的第二个理由是，增加未来服从宪法条款的可能性。如果选择三分之二的大多数规则，那么将有一些人会受到未来集体决策的伤害。怎样保证这些人赞同社区决策呢？当然，答案是绝对不能保证，但是，如果一个未来决策的失利方赞成这样一个投票规则，他们赞同的可能性就会增加，因为在赞成的过程中，他们已经支持了这样一个程序，知道它会让一些人受到集体决策的伤害，并且至少暗地里同意成为这些受伤害者中的一员。③

---

① 参见哈丁（1989，1990），奥迪舒克（1992），宾莫尔（1994，pp. 28—31），科尔马（2000），和菲利波夫、奥迪舒克，以及什韦斯托娃（2001）。

② 参见布坎南和塔洛克（1962，pp. 6—8）。

③ 罗尔斯（1971）在他的社会契约理论里面更关心的是保证服从的问题，正如布坎南（1975a）在他的霍布斯宪法理论里面一样。

　　为了进一步提高服从宪法条款的可能性，可以很好的设想，社区所有成员在宪法被投票赞同后，要在宪法上签字，正如他们签署一份私人契约一样。通过参与这样一种象征性行动，每个市民都会进一步专心遵守这个宪法。

　　可以通过找出宪法和婚姻之间的相似之处，来支持这种观点。① 现今，一个男人和一个女人往往住在一起好几年了，却没有结婚；然后决定结婚了，虽然结婚这种行动不会改变他们日复一日的生活方式。为什么他们要经历正式婚姻带来的麻烦和开支呢？一种解释是，他们已经决定了对他们的关系做出更深的承诺，并且用一场正式的婚礼来象征这种更深的承诺。通过这么做，他们两个就向彼此发送了这样一个信号，即愿意在一起生活很长的时间，"无论变得更好或更糟"等等。签署结婚契约可以加强双方对关系的承诺，正如签署宪法——或投票批准宪法——可以加强每个市民对宪法的承诺。对一些人来说，这样的象征性行动是有意义的。

　　社区太大而不能单独作为直接的民主机构来发挥作用时，另一种形式的遵守问题就出现了。怎样才能保证市民未来的代表会做出增进市民利益的决策，而不是提高他们自己利益的决策呢？在这里我们可以再次把宪法看做一种契约，但是现在是把它看做一种委托—代理契约。在所有委托—代理契约中，突出的问题是为代理者确定合适的激励。竞争性选举就是一个明显的设计——是对彼此之间的宪法制衡。

　　因此，对分析宪法来说，把宪法看做契约的方法能被发现有三个可能是概念上的优点：（1）它解决了选择投票规则的无限回归问题，（2）它让市民有动机遵守宪法，（3）它强调了代议制政府的委托—代理本质，从而也强调需要设计制度，使得代理人的利益和市民利益一致。

26.8.2　作为习俗的宪法

奥迪舒克关心的是一种不同于上面所描述的无限回归问题。

　　　但是，如果契约确保人们去做在没有契约时本来不会做的事情，就难以将一部宪法持久性的终极依据分离出来。宪法的条款还需要一

---

　　① 虽然菲利波夫、奥迪舒克和什韦斯托娃（2001）严厉批评将契约方法用于宪法研究，他们还是找出了同样的相似之处。

个第二级的契约来实施，而第二级的契约还需要一个第三级的契约来实施，如此等等，是这样不断回归下去吗？他们是由警察局、法院和军队从内部实施吗？还是他们应该由远离宪法限制的寡头政治集团管理的武力来实施吗？对第一个问题的答案显然是"不"，第二个问题只是把问题推回了一步，使我们必须问，"实施那些实施机制的条款是怎样被实施的"？

奥迪舒克（1992，p. 144）

根据奥迪舒克的观点，对这个无限回归问题唯一的解决办法，就是让宪法成为自我实施的。宪法应该由一套设置或习俗构成，这些设置或习俗为他们的自我实施提供了合适的激励。[1]

所有那些拒绝把宪法看做契约这种方法的人，都强调宪法设计这个问题的博弈论本质。社会面对过多的重复发生的社会困境，并且它应该会以某种方法落在这些子博弈的多种可能性均衡中的一个均衡上。宪法是选择均衡的一种机制，是选择均衡的一套习俗。[2]

一个经常使用的习俗的例子是一个社区在马路的左边还是右边开车。扬（1993）使用了演化博弈论来证明，一个社区怎样收敛到子博弈中的两种可能性均衡中的一个均衡上，甚至在市民之间没有任何交流的情况下。然而，如果市民交流的话，这样的收敛可能要快得多。因而，设想汽车即将被引入我们小小的社区。当汽车要被引进来时，我们这个小社区已经观察到在其他社区发生了什么，并且希望避免很多因不守法开车而发生的车祸，就会召开一场会议，确定应该在马路哪一边开车。

当每个人参加会议的时候，她都有对马路左边或右边的偏好。然而，每个人也都知道，如果没有选择她所喜欢的那一边，她的损失并不大。会议必须做出的第一个决策是，选择一个投票规则以用来确定选择马路的哪一边。社区一致赞同用简单多数规则来做出选择，因为没有人想花费太多时间来确定这个问题。接下来就是提出动议、投票、选择马路的一边。会议很快就结束了。

这个简单的例子说明了宪法是习俗这种观点的主要特征。有多重（两

---

[1] 同样参见菲利波夫、奥迪舒克和什韦斯托娃（2001，特别是第5章）。

[2] 考虑到库特尔强调把博弈论作为分析宪法的工具，可以认为库特尔（2000）是站在宪法是习俗的立场上的。但是他也意识到宪法是契约这个观点在促进对宪法的服从方面的优点。

个）均衡可以从中选择。一旦做出了一种选择，投票规则就变得自我实施。没有人有动机违反习俗。还要说明的是，把宪法看做某种契约没有什么意义。在这里远远不如第一个例子那样会出现任何人都会建议每个人签署一份公告，确定所有市民都应该在马路左边开车的情况。因为宪法本质上是自我实施的，所以不需要任何的承诺的象征性行动。

26.8.3　讨论

宪法是契约。宪法是习俗。两种声明都是隐喻，并且像所有隐喻那样，两个在字义上都不是真实的。另一方面，每个都包括了一组观念，他们有助于揭示宪法几个重要的潜在特征。宪法既像契约也像习俗。

宪法中有一个条款，它规定应该每四年选一次州长，这个条款与宪法是习俗的隐喻很贴切的符合。有大量可以被选择的官方标准——三年，四年，一生。每一个标准都能被看做产生了不同的长期均衡。通过让四年成为习俗，宪法有效率地从均衡中挑选出来一个。一旦建立起这种习俗，它就可能得到自我实施。在大部分宪法的组成条款中，有很多与此相似。

然而，现在考虑对离婚的宪法禁令。这样一个条款若被认为具有习俗的特征，似乎是不合理的。毫无疑问，它不可能自我实施。在某个时候，有些人可能想离婚，如果要实施宪法的这个条款，就不得不借助警察、法院或军队。如果宪法包括像这样的一条款，宪法也就不得不创造实施它的代理者，奥迪舒克所描述的无限回归问题就会抬起它丑陋的头颅。一旦警察、法院和军队能够阻止离婚，又有什么阻止他们去禁止使用出生控制方法，禁止婚外性关系和禁止很多其他在宪法中未被禁止的行动？

所有的宪法都包括这样的条款，即要求宪法的实施主体应该是实际存在的，将这些条款包括在宪法内，就直接把公民推进到与国家的一个委托—代理关系中，并且把宪法当做契约的隐喻开始体现价值。为什么一个社区总要禁止离婚？为什么一个社区总要禁止奴隶制？在这章提出的宪法的两阶段理论，为这些问题的可能性答案提供了一些见解。如果一个社区认为寻求离婚带来的未来收益，或希望拥有自己的奴隶带来的收益，相对于这些行动给其他人带来的损失是很小的时候，社区就会禁止离婚或奴隶制。当把这些条款放进宪法的时候，市民应该还要找出代理人来实施这些禁令，因而也包括为代理人提供遵守宪法契约激励机制的条款。一定要正面应对宪法契约的委托—代理性质。①

把宪法看做自我实施的习俗的危险之一，是会得到这么一个印象，即这些协调行动的"机制"或"方法"——如果正确设计——会永远运行。把它们看做契约的价值在于，可以认识到，为了反映改变的情况，契约是需要经常重写的，并且能迅速确认谁是应该负责重写工作的人。如果社区在 200 年前初次编写宪法时，认为对离婚的禁令应该被包括进宪法，今天社区的感受已经不一样了，那么它就应该再次开会，改变宪法。这反过来意味着，当宪法最初编写的时候，应该做出了允许社区随着条件变化重写宪法的条款。② 相反，把宪法看做习俗的隐喻意味着一个选择习俗和均衡的进化过程，这因某种原因是在市民控制之外的。

虽然所有的宪法都有契约和习俗的特征，他们表现这些特征的程度是不同的。英国宪法最接近于像是用来协调国家政治活动的一套习俗。除了 1215 年在拉尼米德签署了大宪章（Magna Carta），在英国历史上还没有"宪法时刻"；大宪章被认为是市民间达成契约性一致意见的见证。③ 英国宪法的不成文性质，给予它很大的灵活性以应对环境的变化。全国选举至少每五年必须举行一次这种习俗随着时间演化而确立起来，但是在战争时候，或者全国危机时候，选举偶尔可以暂停。英国宪法就是一套灵活和演化的习俗。

相反，美国历史的确含有伟大的"宪法时刻"，这是在十八世纪末美国宪法被编写和批准的那个时候。在这一章开头所引用的托马斯·佩因的话，表明他把宪法看做一个"合同"，并且对于很多参与宪法的编写和批准的人来说，这可能是真实的情况。由于"开国之父"的杰出地位，很多美国人今天可能还认为他们自己是这个合同的自愿遵守方。这样一种归属感可能有助于解释，为什么如此多的美国人对他们的宪法持有尊敬的态度，因而有助于解释美国宪法得以持久的原因。

---

① 约束政府中的代理人的问题，在布坎南和塔洛克（1980，1985）用于分析宪法的契约性方法中是很重要的问题。梅维尔和奥斯本（1990）也强调契约式宪法的委托—代理本质，并且强调，契约应该是自我实施的。因此，使契约主义者和习俗主义者分裂的不会是对宪法自我实施性的需要。

② 在缪勒（1996a，第 12 章）书里参见笔者的提议。美国宪法最大的缺陷之一，已经被证明就是难以对它加以改变。参见阿克尔曼（1998）。

③ 甚至在拉尼米德签字的只有国王和一些贵族。

26.9　关于社会选择两阶段理论的结论

在这一章，我们已经描述过社会选择两阶段理论的基本要素，其中，第一阶段的决策是在无知之幕下做出的，而第二阶段的决策是在每个人对他个人的信息有了充分了解以后做出的。我们已经看到，这种理论的本质含义关键取决于在第一阶段所假设的不确定性的本质。如果立宪会议的参加者能够预料到每一种可能的未来行动给每一个未来的个人带来的效用，并且他们只是对他们将来是这些未来的个人中的哪一个不确定，他们就能把管理未来行动的所有规则写进宪法。后立宪阶段的政治会消失，并且宪法会最大化一个豪尔绍尼社会福利函数。政府不会完全消失，因为在后立宪阶段的个人可能有违背宪法规定的动机，并且这样的欺骗行动必须受到惩罚。但是不必要确定额外的集体选择，因而政治制度也不需要确定。

在另一个极端，如果宪法制定者缺少计算未来概率和效用回报的所有信息，他们就没有能力在宪法中写入可以最大化他们预期效用的规则。那么，他们就被迫进入罗尔斯的世界，并且附加一些的规范性原则——譬如罗尔斯的正义的两个原则——必须被招来挑选政治制度，为的是做出集体选择和解决未来的冲突。

如果假设了中等程度的不确定性——个人能判断和不同的未来行动有关的可能效用，但是不能确定因每一种行动得到福利或伤害的人数——有可能在后立宪阶段挑选投票规则来显示这种信息。公共选择规则是在不确定性程度的中间范围内开始起作用。这含蓄地表明，布坎南和塔洛克（1962）在他们对立宪阶段选择投票规则和其他政治制度的分析中，所假设的正是这种中等程度的不确定性。

虽然我们已经能够推出一些很准确的条件，用来挑选一种特定的投票规则，或指定一种行动的权利，但是我们是在相当有限制性的假设下这么做的——只有两类人，人们能够对彼此的基数效用做出比较，等等。如果我们要扩大有不同偏好类别的数量，对于最大化在立宪阶段的预期效用的投票规则，我们确定这些规则的能力就会快速下降（缪勒，2001）。因此，从这种实践中学到的实际的一课，不是有可能在宪法的功利主义理论中推出让简单多数规则这样的投票规则成为最优规则的条件，而是为了完成这个任务，应该做出怎样的限制性假设。

另一方面，我们也把考虑的范围限制在一族从独裁到一致的有资格的多数规则中。一旦允许宪法制定者考虑一些已经创造出来的显示个人偏好的程序，对最大化立宪阶段个人预期效用的投票规则做出指定的可能性就会大大提高。例如，在第八章讨论过的点数投票程序能被设计用来最大化一个边沁主义的 SWF，因而对立宪阶段的个人来说，想要挑选一个会揭示他们在后立宪阶段对公共物品问题的偏好的投票规则，这种点数投票程序会是一个很吸引人的选择。在支撑第十二章讨论过的概率投票模型的假设下，一组会产生两党制的竞选规则，也会最大化一个 SWF。自从布坎南和塔洛克写了《同意的计算》，在四十年里公共选择已经产生了范围广泛的候选制度，当一类人对他们在宪法下的未来处境不确定的时候，如果他们要试着编写一部可以最大化其预期效用的宪法，就可以从这些制度中选取。[①]

26.10　从规范的宪法两阶段理论到理论假设的检验

如在这一章开始说明的，布坎南和塔洛克的《同意的计算》能够被看做既是宪法的规范性理论，也是实证性理论。对宪法两阶段理论的大部分分析都趋向于规范性，并且规范性分析也成为本章中采用的方法。在离开对这些两阶段理论的探讨以前，我们将简单讨论他们能够或者已经被经验检验到了什么程度。

考虑立宪理论含义的方法有两种。第一个是把他们看做有关政治规则或制度怎样转化成结果的理论。

规则→结果

很多公共选择都能被看做在形成和检验立宪政治经济学这一方面的理论。例如，在第十三章中讨论过的，关于不同的竞选规则怎样确定了法律中体现的各方数量的理论，就归为这一类。一个国家是两党制还是多党制，或者是总统制或议会制度，反过来会影响政府支出的规模和构成。[②]

考虑立宪理论的第二个方法，是把它们看做关于个人偏好怎样转化为政治规则的理论，其中，在这种情况下的相关偏好与编写宪法的个人有关。

---

① 参见缪勒（1996a）。
② 参见佩尔松和塔贝利尼（2000a），以及第二十一章的讨论。

偏好→规则

这种考虑立宪理论的方法才是与上面说明的两阶段理论最紧密相关的。例如，立宪的两阶段理论预测，如果个人预料到，相对于某种行动产生的外部性，被阻止某个行动带来的损失要更大，并且，如果他们不确定，社区可能阻止的是他们的还是其他人采取这种行动，他们就会把采取特殊行动的权利安排到宪法里去。在美国定居的一部分人，是为了逃离欧洲的宗教迫害而来到美国的，在编写美国宪法的那个时候，很多人仍然害怕某个未来的大多数会尝试禁止他们信仰他们的宗教，因而信仰宗教的自由就需要有宪法的保护。相似的是，在英国统治下，很多人遭到了随意的拘捕，因而对这种被拘捕的危险感到了不确定。在美国宪法的权利法案中就存在几项受到保护的行动权利，立宪的两阶段理论很容易对此做出解释。

奴隶制也有这样的特征，根据理论，这些特征能使我们预料到会有反对奴隶制的宪法禁令——那些被禁止反对奴隶制的人预期的效用损失很大，那些从奴隶制中得到享受的人的收益相对则很小。那么，为什么美国宪法最初没有禁止奴隶制呢？答案显然是，在那些编写和批准宪法的人之中，不存在关于未来他们到底会不会成为奴隶的不确定性。对未来处境的不确定——真正存在的或自我强加的——是立宪两阶段理论的一个基本要素。

麦圭尔与奥斯菲尔德特（1986，1989），还有麦圭尔（1988）都借助于集会参加者的自利性，成功解释了在费城会议上的投票，和在批准会议上的投票。虽然他们对事实材料的一些理解值得怀疑（缪勒，1996a，pp. 62—63），但是他们提供了具有说服力的证据，即美国的开国之父在编写和批准宪法的时候，没有压制狭窄的自利的所有方面。不幸的是，立宪集会发生的次数是如此少，以至于对有关宪法条款上的投票的假设所作的经验检验，可能在公共选择领域，还保持着一种"幼年工业"的状态。[①]

---

① 使用在共同所有事物中所用的民主规则上的事实材料去检验与宪法设计有关的命题，代表着一种富有创新精神的尝试，参见萨斯（1992）。

文献注释

已经暗自采用立宪阶段决策作为参考资料的文章，其数量是很庞大的。特别参见：雷（1969）；缪勒（1971，1973，1996a）；缪勒、托利森和韦利特（1947a、b，1976）；艾布拉姆斯和塞特尔（1976）。现在，立宪政治经济学领域有了它自己的期刊《宪制政治经济学》，期刊《公共选择》整个90年代的卷册都专注于这个主题（1997年3月）。

这些年下来，詹姆士·布坎南已经用大量的文章来说明并且捍卫了用于研究公共选择的两阶段立宪的方法。这些文章中的好的样本被包含在1986年和1991年出版的两卷书里。自由基金会也正在重新出版他所有的著作。赖利（2001）就为立宪两阶段法提供了一个很不错的分析。

科尔曼（1988）从法律角度批判性地讨论了立宪经济学。库特尔（2000）把博弈论中的概念运用到对宪法制度的分析中。费约翰、雷可夫和赖利（2001）的书则包括了有关立宪问题的几篇有趣的文章。

比尔德（1913）的《美国宪法的经济观》大可被看做对公共选择和立宪经济学做出的，如果不是最著名的，也是一种先驱性的贡献。可以肯定的是，这本书可以被看做具有"不浪漫的宪政经济学"的特点，这是对布坎南经常对公共选择的特征所作的描述的释义。比尔德清楚地预测到了麦圭尔和奥斯菲尔德特的思想（1986，1989），与麦圭尔（1988）的一些假设和结果，关于个人动机和这些动机对政治结果的影响，他的书与所有"政治学的经济理论"同样有一定的犬儒主义色彩。但是他的著作基本上被学习公共选择和立宪政治经济学的学生所忽视。

沃伊特（1997，1999）已经成为推动宪政经济学实证研究的主要支持者之一。

第二十七章 自由权利和社会选择

在社会中有这样一个行动范围，在这个范围里，社会由于不同于个人，如果说有利益的话，有的也只是一种间接的利益；这个行动范围包括的是一个人的生活和行为中只影响自己的那部分，或者包括了影响到别人的那部分的话，这种影响也仅仅是在得到别人自由、自愿和没有被欺骗的同意和参与之下的。

在世界上有一种任意增长的倾向，这种倾向就是通过舆论的力量，甚至是法律的力量来不当地扩展社会权力使之凌驾于个人之上；并且随着发生在世界上的所有变化都倾向于增强社会的力量，而减少个人的力量，这样一种社会对个人的侵入就不是一个自动走向消失的恶魔，相反，却是变得越来越可怕的恶魔。

约翰·斯图亚特·穆勒

在第二十六章里面，我们说明了为什么个人会选择在宪法中确定一定的行为权利。这种受到宪法保护的权利的存在，经常被看做一个自由社会所需的基本先决条件，这样的权利保护了所有市民的自由，并且与约翰·斯图亚特·穆勒提出的自由主义的传统定义有关。诺贝尔奖获得者阿玛蒂亚·森（1970b）在1970年发表的一篇短文中，从公共/社会选择的角度研究了自由主义的概念。这篇文章还证明了另一个阿罗不可能性定理的变种，并且引发了对定理的含义和自由主义本身这个概念的争论，这种争论是长时间的，并且往往很活跃。在这一章，我们会研究争论中提出的一些论点。我们首先从定理本身开始。

27.1 定 理

阿罗定理说明，如果没有让某个人成为凌驾于所有社会选择之上的独裁者，社会选择过程的四个合理约束条件就不可能得到满足（见第二十四章）。森（1970a、b）试图允许每个人都是对某个单一"社会的"选择（例如，某人自己浴室所涂的颜色）的独裁者，但仍然得出另一个不可能性定理。

更具体地说，森（1976，p. 217）计划找到一个满足下述特征的社会决策函数：

承认个人自由：存在某些个人事务，对这些事务，应该让每个人都自由决定其事态，并且，在这些事情的选择中，只要他或她认为是较好的，那就必须把它们视为对整个社会来说也是较好的，而不管其他人看法如何。

他通过允许每个人都对一对备选方案的社会选择具有决定性的影响，来使这一条件形式化，并且说明，这一条件、无限制定义域和帕累托原则就足以会形成一种循环的社会决策函数（1970a、b）。正如在阿罗定理的情形中那样，这个定理的显著之处在于它从这么少的约束条件中就得到了这么丰富的内容，即不涉及传递性（只需非循环性），也不涉及不相关备选方案的独立性（但参阅下面的讨论）。

森用下述例子阐明其定理：有一本《查特莱夫人的情人》的书可供阅读，并且有下述三种可能的社会状态：

a. A 读《查特莱夫人的情人》，B 不读。
b. B 读《查特莱夫人的情人》，A 不读。
c. 两个人都不读。

A 这个伪君子主张谁也不读它，但是他宁可自己读也不愿 B 读。好色之徒 B 最希望 A 读这本书，但是宁愿他自己读也不想让这本书闲置。也就是说，对 A 来说：$c P a P b$

对 B 来说：$a P b P c$

如果实行自由主义原则，允许 B 选择是否读这本书，那么结果是

$b P c$

让 A 也做出同样选择，结果是

$c P a$

但是因为 A 和 B 都喜欢 a 胜过 b；因此根据帕累托原则，有 $a P b$，我们遇到一种循环。

27.2　解决悖论

27.2.1　权利优先于帕累托原则

走出或绕过这种悖论的方法有若干种，我们只讨论其中的三种。

森自己偏爱的方法是，要求帕累托原则在某些情形中遵从自由权利。

让我充当"伪君子"（A 先生），……而你充当"好色之徒"（B 先生）。我倒希望自己不读这本书（即，我偏好 c 胜过 a），也希望你不读（即，我偏好 c 胜过 b），但我决定"尊重"你对愚昧之事的嗜好（虽然对"尊重"是否是适当的用词有疑虑），做出让步，忽略我对 c 胜过 b 的偏好。我强烈讨厌你漂浮在"垃圾"上面，强到我会宁愿自己读该书，也不去阻止你深陷其中（即，我偏好 a 胜过 b）。但是，作为一个言行一致的人，我注意到，如果我坚持我对 c 胜过 b 的偏好应该也像我对 a 胜过 b 的偏好一样被给予同等的考虑，那么，当我"宣布放弃"对 c 胜过 b 的偏好时，也没有多大意义。所以，我可能决定不想让我对 a 胜过 b 的偏好起作用，即使就一对方案（a, b）而做的选择并不完全是你的事情。

同理，你可能不想让你对 a 胜过 b 的偏好被列入考虑之列，因为你情愿你对 b 胜过 c 的偏好得到考虑，并决定不想让你对 a 胜过 c 的偏好得到考虑（因为这是我的事）。但对 a 胜过 b 的帕累托偏好是建立在考虑到你和我对 a 和 b 的偏好之基础上的（森，1976；1986，pp. 313—314；把指定的情况改为与我们的例子相符合）。

因此，森通过下述假设来解决这个悖论：个人虽然本性上是爱管闲事的，但都有自由主义的价值观，会用这种价值观来约束自己，从而"不考虑"自己的部分偏好，或接纳"不同的看法"。自由主义者 B 也许会表态说，与他相关的唯一选择是 b 或 c，并声明

$b \, P \, c$

而自由主义者 A 则声明

$c \, P \, a$

现在，在自由主义约束的结果，即 B 读《查特莱夫人的情人》而 A 不读，是可行的情况下，社会偏好序列是传递性的。

森决定把 A 和 B 好管闲事的偏好处理为，在某种意义上是他们为了确定帕累托最优的"真实"偏好。在这里，自由主义是施加在真实偏好上的一种约束或权衡。换言之，我们可以把好管闲事的本性和自由主义视为

是一个偏好集的两个特性（缪勒，1996b）。

自由主义者 A 也许只是简单声明，如果与不读相比，B 偏好读此书的话，A 作为一个自由主义者，愿意尊重 B 的这种选择，从而 A 对 b 和 c 的排序就变成

$b \, P' \, c$

同样对自由主义者 B 来说

$c \, P' \, a$

伪君子 A 宁愿不读此书

$c \, P' \, a$

然而好色之徒 B 相当愿意读

$b \, P' \, c$

把他们对别人行为的自由主义偏好和他们对自己行为的个人偏好结合起来，我们就能得到既是伪君子 A 也是好色之徒 B 的排序：

$b \, P' \, c \, P' \, a$

如果 A 和 B 都是自由主义者，他们会一致赞成的最优社会结果是，好色之徒 B 读此书，伪君子 A 则不读。[①]

因此，如果我们假设自由主义是偏好的一个组成部分或对偏好的一个约束，同样的结果也会出现。你以哪种方式来看这个问题，纯属于一个方法论上的偏好问题（缪勒，1996b）。我饭后会享受一支香烟，因而独自用餐时总会抽一支烟。但今天晚上我要与你一起用餐，而别人抽烟又会让你不舒服，因此我选择不抽烟。这种选择最好被视为是对我的无约束效用函数的最大化，还是被视为我的有约束效用函数的最大化呢？这里，无约束效用函数包括两个自变量——我从抽烟中享受到的快乐和我从观看你对我抽烟的反应中产生的不快乐；而有约束效用函数只包括我从抽烟中享受到的快乐这一自变量，但是其解是在我不会引起你不舒服这一约束条件下推导出来的。

我们解决这种自由主义悖论的第一种方法是，假设这两个人自己愿意以避免带来一种悖论的方式来行事。如果两个人是顽固而自私的和好管闲事的，自由主义原则和帕累托最优之间的冲突就会继续存在。但是，如果两个人的行为（偏好）都受到了自由主义原则的控制，与一种有约束的

---

① 悖论的解决不需要两个人都是自由主义者，但是当只有一个人是自由主义者的时候，社会结果取决于哪个人是自由主义者（铃村，1978；奥斯汀－史密斯，1982）。

（无约束的）帕累托原则的不一致就不会出现。下一个解决这一悖论的方法完全依靠个人私利。

27.2.2　行动的帕累托交易

正如原先所举的例子那样，假设只有一本书可供阅读，并且所要做的集体选择是谁应该读这本书。既然两个人不能决定同时读这本书，将这种选择提交给两个人就有点虚假。如果只有一本书可供阅读，显然，谁读书的决策从一开始就是一个集体决策，不可能对两个人来说同时都是一个纯粹的个人问题（参见布坎南，1996；德亚塞和克利姆特，1996）。

这一困难倒是可以通过下述方式回避之：假设两个人都可以得到这本书，并且重新定义自由主义公理，要求每个人对所有可能的社会状态中的一个元素配对（究竟他读还是不读《查特莱夫人的情人》）都是决定性的，也就是说，是独立于另一个人的选择的。[①]　现在，可以用表27.1来说明这种决策自由，其中，增添了这样一种可能性

　　d. A 和 B 都读《查特莱夫人的情人》。

森的条件是假定 B 被约束在第一列上时赋予 A 以选择任一行的权利，而修正后的自由主义条件则是不管 B 选择哪一列，都给予 A 选择任一行的权利，并且也给予 B 选择列的同样的权利。

表 27.1

		好色之徒 B	
		不读《查》	读《查》
伪君子 A	读《查》	a	d
	不读《查》	c	b

由于这种新的自由主义条件比森的条件强，它显然不会推翻森的定

---

　　①　参见伯恩霍尔茨（1974c），布雷耶（1977），克雷文（1982），萨格登（1985，1993），格特纳、帕塔奈克和铃村（1992），布坎南（1996），弗勒尔巴和格特纳（1996），帕塔奈克（1996）和苏祖米拉（1996）。

理。如果把这一条件运用于 A，就有

$(c, b)\ \mathrm{P}\ (a, d)$

且 B 的偏好序列为

$(d, b)\ \mathrm{P}\ (a, c)$

这两个选择集的交集是 b，它在帕累托效率意义上劣于 a。要注意的是，帕累托最优 a 是由于运用这种修正过的自由主义原则而被完全排除在外的唯一的社会状态。

虽然这一新的自由主义原则没有解决自由主义者的悖论，但它指出一种摆脱悖论的道路。表 27.1 是一个囚徒困境矩阵，而且，在 b 状态上的劣于帕累托的结果，来自每个人独立行使它自己的自由权利的决策，而不考虑这种决策对他人造成的损害这种外部性（法恩，1975；布坎南，1996）。正如在其他外部性的情形中那样，摆脱这种困境的方式是求助于另一个自由主义公理——所有人都自由地进行互利交易，并且允许 A 和 B 缔结契约，让 B 同意不读此书，以换取 A 阅读此书（科斯，1960）。要获得缔结这类契约的权力，就要求对自由主义公理进行重新的定义，允许个人要么行使赋予他的权利，要么出卖这种权利，也就是同意不行使它。[①]

对于为了实现帕累托最优而允许个人出卖他们的自由权利，森（1986，pp. 225—228）提出了两点异议。第一，如果 A 和 B 具有自由主义价值观，他们就可能拒绝缔结这种契约，尽管它看起来很吸引人。契约天生的侵入性可能会与 A 和 B 的自由主义信念太过对立，使得他们拒绝加入这种契约，尽管他们可能会得到更高的效用，如果在他们不用加入契约的情况下，也产生了契约的条款。[②] 在这种情况下，解决悖论的唯一可能的方法就是森的偏好解，也就是，假如纯粹自私的偏好服从于自由主义价值观。然而，究竟我们认为这种解决方法是违背帕累托原则，还是对此原则的一致运用，取决于方法论上的选择，即我们究竟是把个人的自由主义价值观视为是他的偏好的一个组成部分，还是视为对偏好的一种约束。

森的第二点异议是，所需的契约即便不是不可能实施的，也是很难实施的。伪君子 A 也许会假装读这本书，但讨厌最刺激的段落。好色之徒 B 可能会偷偷弄来一本，贪婪地阅读之。况且，即便由公正的第三者实施这

---

① 参见吉伯德（1974），凯利（1976），布坎南（1996），纳什（1976），布雷耶（1977），黑尔和尼灿（1987），哈丁（1988），德亚塞和克利姆特（1996），伯恩霍尔茨（1997a）。

② 同样参见铃村（1991，1996），森（1992，1996）。

种契约，这本质上也从基本的角度违背了自由主义价值观。只要想到为了保证 B 永远不读此书，必须要对他进行多么仔细的、连续的监督。

对自由主义悖论的交易解决方法的第二个异议无疑是有充分根据的。但是，如果接受这种解决方法，这一悖论在尚未达到帕累托最优时就会变得不那么自相矛盾。在第二章对外部性和公共物品的讨论中，我们已经看到，通过在所有相关各方之间达成一直的协议，帕累托最优资源配置在原则上总是可以实现的。达成这些协议的过程中所付出的"一切"就是交易成本。由于交易成本的原因而不能实现可能的帕累托最优配置，这不构成一种悖论。它是我们集体活动中存在的事实。实际上，在交易成本存在的条件下，把由此产生的配置描述为帕累托最优可能更好（达尔曼，1979）。

即便不存在自由权利，为了缔结和实施一种会导致帕累托偏好结果 a 的契约而带来的成本，也会阻碍结果的实现。假若有关谁读什么书的每一个决策，都必须作为 A 和 B 之间的一种集体协议来确定，且两个人都没有自主行事的权利，那么，他们偏好结构的囚徒困境性质仍然会促使两个人都伪装同意去获得 a。不论是否转让自由权利，实施这类契约的问题都会存在。

27.2.3　权利的帕累托交易

在前面小节里讨论过的自由主义悖论的解决方法，设想的是个人被分配到权利，并且签订契约，使他们远离行使权利的自由，或者不行使权利的自由——个人出卖行动的自由。黑尔和尼灿（1987）提出过一个允许个人出卖他们权利的悖论解决方法。

来看看这个方法包含了什么内容，再次假设有两个人，A 和 B，和四种可能的社会状况：

x. A 吃苹果，B 不吃苹果
y. A 吃橘子，B 不吃橘子
z. B 吃苹果，A 不吃苹果
w. B 吃橘子，A 不吃橘子

A 相对于吃橘子更爱吃苹果，相对于见到 B 吃苹果，他更愿意看见 B 吃橘子。也就是说，A 的偏好是

$x\,P\,y\,P\,w\,P\,z$

相反, B 的偏好是

$w\,P\,z\,P\,x\,P\,y$

按照森的理论, 如果 $\{u\,\mathrm{P}_i\,v\}\rightarrow\{u\,\mathrm{P}\,v\}$, 并且 $\{v\,\mathrm{P}_i\,u\}\rightarrow\{v\,\mathrm{P}\,u\}$, 则个人 i 拥有在这两种社会状态 $(u,\,v)$ 中选择的自由权。每个人都假定所有社会状态有同样出现的可能性, 这些社会状态是他不能借助之前被分配的权利去控制的。在这样的假设下, 对 A 来说, 拥有从 $(x,\,z)$ 中选择的权利要比拥有从 $(x,\,w)$ 中选择的权利更有价值, 既然 A 相对于 z 更喜欢 w。如果 A 有权利在 $(x-z)$ 之间做出决定, 他就能保证他最不偏好的社会状态不会出现。因此, 每个人都可以被视为在所拥有的权利分配之上定义偏好。如果接下来, 我们允许个人交换这些权利, 他们就可能达到好的结果——他们有可能能够避免自由主义悖论。

为了做出说明, 假设 A 最初被赋予决定 $(y,\,w)$ 这一对的权利, 并且 B 被赋予的是决定 $(x,\,z)$ 这一对的权利。A 能够决定的是, 他吃橘子还是 B 吃, B 决定谁吃苹果。A 相对于 z 更喜欢 w, 因而相对于决定 $(y,\,w)$ 的权利, 更喜欢决定 $(y,\,z)$ 的权利。B 相对于决定 $(x,\,z)$ 的权利, 更喜欢决定 $(x,\,w)$ 的权利。A 和 B 就交换 w 和 z。这就会导致 A 有了新的配对权 $(y,\,z)$, B 则有了新的 $(x,\,w)$。然而, 这样的分配仍不是最优的, 并且现在 A 和 B 会交换 y 和 x, 这样就使得双方获得在自己最偏好的结果和最不偏好的结果之间做出选择的权利。这个结果对 A 来说是 $(x,\,z)$, 对 B 来说是 $(w,\,y)$。A 开始吃苹果, B 开始吃橘子。黑尔和尼灿把自由主义的定义扩大到允许有这些交换的可能, 并且制定了这个修正过的自由主义的定义与帕累托原则、无限制区域和非循环相容的条件。①

然而, 应该注明的是, 这种权利交易不能避免森的有关查特莱夫人的例子中存在的问题。再次假设 A 和 B 的偏好如下所示:

对 A: $c\,P\,a\,P\,b\,P\,d$

对 B: $d\,P\,a\,P\,b\,P\,c$

如果分配给 A 对 $(b,\,d)$ 这一对的权利和 B 对 $(a,\,c)$ 这一对的权利, 这意味着, 以 B 读书为条件, A 这个伪君子, 可以选择读或者不读; 以 A 不读为条件, B 有权选择读或者不读。A 宁愿拿 b 去交换 a 或者 c, 但是 B 更喜欢 $(a,\,c)$ 胜过 $(a,\,b)$ 或 $(b,\,c)$。交易不可能

① 然而要参见的是布雷耶 (1990) 和塞德尔 (1990) 的批评。

发生。

还要注明的是，既然四种状态中只有一种是可能的，A 和 B 就不能同时行使他们对所分配到的关于现实状态的对子进行选择的权利。[①] 当 B 选择他们同时读书的时候，A 不能选择不读书。一个人的权利必须比另一个人的权利要占先。因此，甚至在不实行帕累托原则的情况下，行动者中间应该会有一个人被选为社会的独裁者。[②] 因为森假设个人有对自然状态进行选择的权利，《查特莱夫人的情人》的例子就会出现这个特点。我们接下来会更详尽的考虑这个假设。

27.3 社会状态上的权利对比行为上的权利

森通过将问题用社会选择问题的形式表现出来，从而提出了悖论。由于按照阿罗不可能结果，这样一个问题就是选择一种社会状态的问题，在此我们所指的社会状态，是对每个人在社会中的位置的完整描述：A 穿着一件蓝色 T 恤，正在读《查特莱夫人的情人》，B 穿着白色 T 恤，也在读《查特莱夫人的情人》。在这个背景下，按照个人对社会状态的选择来规定权利是很自然的事情。

回到森对《查特莱夫人的情人》这个例子最初的阐述，让我们把 a、b、c 定义为社会状态，使得在

a. A 读《查特莱夫人的情人》，B 不读。

b. B 读《查特莱夫人的情人》，A 不读。

c. C 两个人都不读。

A 对 (a, c) 有决定权，B 对 (b, c) 有决定权。也就是说，给定 B 没有读《查特莱夫人的情人》这个条件下，A 能够选择读或是不读，并且在给定 A 没有读《查特莱夫人的情人》这个条件下，B 能够选择读或是

---

① 在黑尔和尼灿对自由权利的表示中没有出现这个难题，就如我们的苹果和橘子的例子所说明的。社会状态要多于一种是有可能的，因而就能够做出有意义的权利分配。

② 布雷耶（1996）批评布坎南（1996）与德亚塞和克利姆特（1996），像森所定义的那样，把自由权利看做给予个人针对社会做出选择的权利。相反，布雷耶认为，自由权利要被理解成对社会计划者的一个指导，由社会计划者来负责选择最优社会状态。然而，这样一个不同的解释并没有排除难题，既然对 A 和 B 的权利的分配迫使社会计划者偏爱其中的一个人胜过另一个。

不读。

当在社会状态上定义权利的时候，总是有条件的。既然社会状态 b 是对处于社会状态 b 的个人的环境和行为的所有性质的完整描述，若要给予某人一种选择 b 或 c 的权利，条件应该是社会中的每一个人都会按照 b 和 c 定义中所描述的行为那样去行事。如果 B 设法有了《查特莱夫人的情人》并读了这本书，A 选择读或不读这本书的权利，就变得毫无意义了，因为 A 的权利取决于 B 不读这本书。困扰着布坎南（1996），以及德亚塞和克利姆特（1996）的，正是权利这种有条件性的性质，以及在 A 和 B 被分配的权利里面存在 c 这个选择项。如果 A 的权利要以 B 不读这本书为条件，我们又怎能说 B 是自由的——有权利选择读书还是不读书？

格特纳、帕塔奈克和苏祖米拉（1992）指出，这种阐明自由主义或者自由权利的方式，违背了大多数直觉上的权利概念，即 A 自由选择读还是不读《查特莱夫人的情人》而不取决于 B 做什么。权利是无条件的行动自由。采用博弈论的方法，并且把权利定义为对可接受行为的选择，就能最好地抓住权利这种更直觉性的概念。在有两个人的情况下，把 A 看做横排的行动者，B 是纵列的行动者。在规范的博弈形式中，A 面临一个包含了 n 种自己行动 a_{A_i} 的矩阵，B 面临的是含有比方说 m 种自己行动 a_{B_j} 的同样的矩阵。如果 A 和 B 是社会上仅有的两个人，那么想到权利的自然方式，就是假设 A 有权利去从事某种行动 a_{A_i}，或者不从事这种行动，同时 B 有采取自己行动 a_{B_j} 的相似权利。如果他们两个人都通过从事行为 a_{A_i} 和 a_{B_j} 来行使他们的权利，那么由行动（a_{A_i}，a_{B_j}）的联合对子定义的社会状态就会产生。然而 A 和 B 都不曾选择过这种社会状态，他们也没有权利去选择。每个人只被授权选择所产生的社会状态中的某一个属性，也就是说，选择这种社会状态中自己的行动。正如我们在前面一节里用囚徒困境矩阵说明的那样，用这些博弈论术语来定义自由主义的时候，仍然有可能构造出社会结果——每个行动者策略选择的交集——不是帕累托最优的例子来。[①]

用哪种方法将权利概念化更好？这个问题的答案，部分取决于对权利进行的社会状态性描述中所含条件的性质，部分取决于我们对"权利"这个词暗含内容的直觉。在很多情况下，我们的直觉往往指的是不受条件限制的行动自由，比如选择什么书去读，什么颜色的衬衫去穿。在另外一

---

① 同样参见诺齐克的讨论（1974, pp. 165—166）。

些情况下，有条件的权利可能看上去更恰当，如 X 有权利去吻 Y，条件是 Y 愿意被 X 亲吻。[①]

森（1996）承认，把自由主义看做赋予选择行动的权利，而不是赋予选择社会状态的权利，常常更易于获取普遍持有的权利概念，但是他接下去又主张，我们定义或捍卫权利的原因，有时候也是出自对行动结果的关心，这种行动结果反过来取决于当每人选择一种特定行动时出现的社会状态的特点。他举了下述例子：

> 当约翰·斯图亚特·穆勒（1859）讨论对吃猪肉持有不同信仰的人们的自由时，在保证非穆斯林吃猪肉的自由（穆勒，1859，pp. 152—155）的同时，由于一个人不知道每道做好的菜里面有些什么东西，就会出现问题。在保证穆斯林和非穆斯林的权利各自实现的过程中，我们必须做的不只是简单给每个人行动的自由。为了满足这种情况下的自由，正确结果的出现是重要的……
>
> （森，1996，p. 158）

这样，森在这个例子中强调，穆斯林能否行使他不吃猪肉的权利，从很重要的角度来说，要取决于他对放在他面前的食物内容了解与否。

27.4　自由权利和义务

所有对行动权利的保护，意味着对社会其他人的义务，因为他们是被动地允许这些行动发生。我读一本特定的书的权利，取决于其他任何人都不会从我这里拿走这本书，也不会把我的眼睛挖出来。最重要的是，在权利受到宪法保护的条件下，不会通过一项法律去禁止我所要读的这本书的出版。

在森的一些例子中，他似乎想要突破对义务所给出的一种被动的概念——即当一种行动受到权利保护的时候，义务就是不影响它——转向关于社会义务的积极概念。在穆斯林的例子里面，森似乎在暗示，为了保证穆斯林吃东西这种行动可以带来愉快的结果，社会有义务为穆斯林提供有

[①]　参见森（1992）对与一群人一起唱歌的权利的例子或在公共场合披着头发的例子的讨论。

关食物内容的信息。对权利更积极的诠释直接导致了很多"经济权利"的产生，这种权利提供给人们的不仅仅是从事一定行动的自由，还有行动的资源。回到那个读书的例子上面去，要说明的是，除非你买得起书，否则读你喜欢读的书的这种自由将毫无意义，因此社会有义务把言论自由的权利和公共图书馆相结合，使穷人有办法看书。如果一个人是瞎子而且财力有限，读自己喜欢的书的这种自由也是没有意义的，因此社会有义务把言论自由的权利和资助出版用盲文印刷的书相结合，或者，也许社会应该雇佣一些人为盲人大声朗读。在宗教环境下，如果没有清真寺，这就意味着政府要为穆斯林修建一个用来朝拜的清真寺。在与这些类似的情况里面，寻求对一种权利的客观界定，在很大程度上，取决于这个社会状态里的特定要素，并且在被人所喜爱的社会状态的这些要素中，可能也会包含一定的对社会的积极义务。

尽管大部分人都赞同，一个人选择吃什么的权利，对买不起食物的人来说，是没有什么价值可言的，但是很多人同时也不能接受选择行动的所有权利都含有对社会特定的、积极的义务。可能我们每一个人都认为，X有去月球旅行的自由，如果她这样选择的话，但是我们反对被迫出钱去造一个火箭，来提高她安全完成月球旅行的可能性。一个社会如何决定哪种行动权利需要社会积极的参与，而哪种权利又只需要保证被动消极的不干预就可以了呢？显然，处理此问题的一个方法就是，尝试确定其给行动者的福利和给社会其他人带来的成本。这将把我们带入对宪法权利的福利主义分析，我们在第二十六章已经这么做过。我们将通过把那种分析运用到自由权利的问题中去来结束本章。

27.5 宪法权利和自由权利

有关自由主义悖论的文献，把权利的分配和个人的偏好都看做外生的。行使被分配的权利的必要性被看做理所当然的，并且所假设的偏好是给定的，悖论就会紧接着发生。然而，这些权利从哪里来的呢？如果它们被立于宪法中，这些人又怎么会赞同规定这些权利呢？

为了弄清楚这个问题，再次研究苹果和橘子的例子，但要假设两个人都有相同的偏好，并且两个人都喜欢吃橘子甚过苹果。那么权利交易就不会发生。拥有谁吃橘子这个分配权的人，就会选择他自己吃橘子。而且，若没有产生某种形式的无知之幕遮住个人未来的身份，在立宪阶段将不可能产生对权利分配的一致赞同。[①]

一旦我们把权利看做就是社会选择的目标本身，就像在宪法中那样，那么，在《查特莱夫人的情人》这个例子里，就会出现这样的问题：是否有偏好多管闲事的个人，像伪君子 A 和好色之徒 B 一样，知道像《查特莱夫人的情人》这样的书时常会出现，对读自己选择的书这种权利还是要作出规定？或者反过来说，如果社会足够自由，宪法保护人们读自己所选的书的权利，那么是否有可能包括那些具有好管闲事偏好且这种偏好会产生悖论的个人吗？更为根本的问题是，我们会问，如果理性的、自利的个人要去纂写宪法，对那些导致帕累托无效的行动，他们还会规定其行动的权利吗？

在立宪阶段寻求预期效用最大化的理性人，为什么会将行动权利挑选出来加以明确的保护，在第二十六章中提出的宪法权利理论对此提供了解释。当预期到一种行动能为行动者的效用带来很大的提高时，就需要对这种行动的权利进行明确的保护；但同时，这种行动也可能产生一种足够强的负的外部性，使得有些人试着通过集体行动来禁止这种行动。明确的权利保护，禁止未来的大多数人尝试阻止这种行动。出版甚至阅读特定的书在很多国家都会引起人们采取禁止这些阅读行动的努力，并且可以预料到的是，和一定书籍有关的这类活动会再次出现。如果透过无知之幕人们相信从阅读和出版这些书中得到的效用收益，比它们给第三方带来的效用损失要大得多，人们就会支持宪法中包含一项自由言论的条款来保护这些行动。

尽管在自由主义悖论方面的文献中有一些例子，例如最初的与《查特莱夫人的情人》有关的例子，关乎的是受到宪法一贯明确保护的行动，还有一些例子，像对浴室瓷砖的选择、某人衬衫颜色的选择、某人是否是仰卧着睡觉，关乎的是从未受到宪法明确保护的行动。为什么这些行动没有受到明确保护，宪法权利理论对此的解释是，它们几乎不可能产生足够强的负外部性，使得未来有禁止他们的尝试。宪法纂写者预料到，未来的大多数人永远不会设法禁止人们穿蓝色的衬衫，于是选择不去明确的保护这些行动。

如果我们假设，在纂写一部宪法的时候，人们是按照他们开明的私利来行事，并且假设在立宪阶段，自由权利被往后要行使它们的人集体赞同

---

① 布雷耶（1990）着重说明对权利最初分配的一致赞同的问题。

通过，那么，在自由权利和事前运用的帕累托原则之间，就不可能存在冲突。一项由所有市民一致参与的立宪式契约，应该是帕累托最优的。然而，无限制偏好定义域的假设意味着，我们不能假设绝不会出现譬如和《查特莱夫人的情人》有关的例子中所描述的情况。当出现了例子中所描述的情况，就可能出现每个人行使读他想读的书的权利和帕累托法则之间的冲突，这种可能性是不能排除的。如果无论什么原因，那些相关情况都不能通过科斯契约来规避帕累托无效，帕累托无效就会存在。那些提议自由主义价值应该胜过福利主义计算的人，会对这个结果拍手赞好。另一方面，那些坚定地捍卫福利主义的人如果认识到，那些篡写宪法的人要是能够正确分辨出应该被明确界定的权利所保护的行动的种类的话，那么帕累托无效将是相当少的，那么他们仍能从这种认识中得到一些安慰。

因此，从事特定行动的权利的存在和个人以他们效用最大化为目标做出集体决策的假设，这两者之间，看来并不存在一个根本的不一致。在这种解释下，只有在特殊情况下，自由权利的行使和帕累托法则之间才会发生冲突。这样看待权利的一个优点是，它使我们没有必要修改模型存在的基本前提，能把权利并入我们的理性行为者的集体决策模型中去。而且，我们所拥有的理论，是一种建立在其契约本质之上的规范的权利理论，同时，由于得到了自利的个人会参与规定权利过程的结论，它还是一定程度上的实证性理论。

阿玛蒂亚·森和其他一些有关自由权利的争论的参与者，似乎更喜欢把权利看做不能从效用最大化计算中推导出来的原则。在这种理解下，权利和帕累托原则就会形成冲突，并且当它们冲突时，森至少会赞成不顾帕累托原则来行使权力。这种方法迄今为止还有它的优点，因为它对做出正确的社会选择提供了清晰的描述。但是，它没有为我们提供有关权利首先从哪里来的任何指示。选择自己衬衫的颜色，这是一个受到保护的权利吗？它与读自己选择的书，或者按自己希望的那样祈祷是处于平等地位的权利吗？这样的权利出自哪里？有关自由权利的现有文献没有为我们提供任何答案。在第二十六章阐述的立宪政治经济学方法，为权利提供了解释，也提供了它的特征描述。然而，这个理论没有让权利凌驾于帕累托原则之上，相反，这个理论让它们成为在集体决策过程中的早期应用帕累托原则的结果。

文献注释

森最初提出自由主义悖论的六页注释已经引发了大量的文献。森（1976）对直到 1976 年的文献成果做出了综述。里格斯沃思（1985）也对这个领域做出了综述。帕塔奈克（1997）在回顾这方面文献的同时，一道回顾了和阿罗定理有关的文献。而 1996 年 9 月版的《分析与评论》完全专注在这个主题上。

对一组民主制度可以充分体现自由主义价值观的乐观说明，参见赖利（1985）。

第六部分

我们的收获

第二十八章　公共选择理论对政治学作过贡献吗

> 当人类的理解力一旦采纳了一种观点，它就会拉来所有其他的事物来支持或者赞同这种观点。尽管会发现有更大数量和分量的反面实例，然而对这些例子它要么忽视，要么轻视，再不然就借一些差别为由拒绝考虑它们，为的是借助这种强烈的有害的先入为主的方式，保持它以前的结论的权威性不受侵犯。
>
> **弗朗西斯·培根爵士**

自从布莱克（1948a、b）、布坎南（1949）和阿罗（1951）的著作开创公共选择领域以来，这五十多年里，这个领域在广度和深度上都有了极大的成长。对1979年出版的《公共选择理论》，1989年出版的《公共选择理论 II》和《公共选择理论 III》这三本的长度进行比较，实际上就能展现这个领域的进步，既然目前的文本比1979年出版的那一本要揭示，或者说，包含多得多的文献。

文献的增加也反映了从事这一领域研究的人数的增长。在政治学领域，这种人数的增长尤其明显。这一领域中的三个重要人物——肯尼思·阿罗、詹姆士·布坎南和阿玛蒂亚·森——都获得过诺贝尔奖。看起来有理由从这些成就中得出结论说，将理性行为模型引入政治学研究的试验是成功的。

然而，不是所有的旁观者都会对此表示赞同。从很早的时候起，用到政治学中的公共选择理论或经济方法就有它的批评者。例如，斯托克斯（1963）和巴里（1965，1970），并且近年来的批评甚至可能已经变得越来越刺耳。要想结束对公共选择的这种评论，看来应该着手处理一些针对公共选择的批评。容易对此感到厌倦的读者，会很高兴知道，我不会试图说出所有反对公共选择方法的批评——那至少需要和现在这本书一样长的书才行。反而我会集中在格林和夏皮罗（1994）这两个政治学家对公共选择方法的攻击上，既然他们的攻击是对公共选择方法的直面攻击，并且包含了诸多其他人提出的批评。① 如果有哪个读者，已经被说服相信公共选择的确为政治学研究作出了一定的贡献，并且对方法论上的争论不感兴趣的话，可以跳过这最后一章。

28.1　政治理性行为者模型的败笔

格林和夏皮罗指出：

> 一旦被问到这种文献对我们理解政治曾作过什么贡献，就大张旗鼓地声称理性选择方法已经在政治学领域得到贯彻，这种回答应该被看做不成熟的……到目前为止，理性选择理论家的大部分理论推断都还没有经过经验检验。那些按照他们自己的主张所做的检验，要么失败了，要么就是为命题积累理论支持。仔细想想，理论支持仅仅表现为一些陈腐的东西：除了用理性选择的术语重新陈述了已经存在的知识，它们就没有做过更多的事情（p.6）。

为了支持这些论断，格林和夏皮罗把焦点集中在公共选择领域的三本经典著作上：阿罗的《社会选择与个人价值》，唐斯的《民主制的经济理论》和奥尔森的《集体行动的逻辑》。显然，如果这三本著作没有帮助我们理解政治进程，次要的著作就更不可能做到这一点，因而值得去思考格林和夏皮罗是否的确摆出了自己的理由。除了那些已经在政治学里出名的东西，我们从上述著作以及它们引发的文献中学到的东西很少，或者什么都没有学到吗？

格林和夏皮罗对四个预测的经验支持作了仔细研究，他们认为这四个预测出自以上三本书。这四个预测分别是：（1）循环会广泛存在于立法中（阿罗），（2）理性的市民，只有在从竞选结果中得到的预期有益收入超过了投票成本的时候，才会去投票（唐斯），（3）候选人会在议案空间上竞争，并且，在两党制下会趋于有相同的政治纲领（唐斯），（4）理性的个人不会加入在没有选择动机的情况下提供公共物品的团队，也就是

---

① 要向吉尔伯特和叙利旺的热心的追随者道歉的是，从这开始我要把作者简称为格林和夏皮罗，在这一章里，所有未注明的参考资料都是指他们的书。

说，他们会搭便车（奥尔森）。

格林和夏皮罗认为，公共选择文献不能为这些预测中的任何一个出示很多经验支持，更一般说来，"至今还没有作为一项严格通过观察或经验证实的事业发挥作用"。根据格林和夏皮罗，这样说的理由是，对理性选择模型实质内容的经验检验，患了几个基本的"研究方法上的病"（p. 33）。这些包括：（1）事后理论化（pp. 34—38）。面对和模型预测不一致的证据时，理性选择会引入一些辅助性假设，让它们"拯救"理论，避免它被所观测到的事实资料拒绝。格林和夏皮罗用来作为例子的是，将一种"对市民职责的品味"引入唐斯理性投票模型，来避免没有人投票的尴尬预测（p. 50 ff.）；（2）设计无法检验的理论。"那些设法从理性选择模型推导出有可证明的定理的人，往往会发现……这些理论是按照一种会使其与遇到的冲突的证据隔离的方式来构造的。"（p. 38）；（3）挑选和解释证据。理性选择学者们被指责去搜寻那些可以肯定他们理论的证据（pp. 42—43），突出他们理论的证据（pp. 43—44），以及给他们理论运用的范围加上武断的限制（pp. 44—46）。说明这最后一个"方法病"的例子是如下论点：预测在公共品自愿供给中存在搭便车行为不会遭到参与了群众示威运动的个人的驳斥，既然这种行为是"不理性的"，因而在理论适用的范围之外（p. 88）。

在讨论格林和夏皮罗的这些批判之前，或许值得停下来思考，理性选择方法的方法论到底是什么，它的潜力和局限又是什么。

28.2　建模的理性选择方法

建模的理性选择方法的最基本假设当然是，人们是理性的。在运用这种方法的大多数时候，这种假设都转化为假设人们是最大化者。要做一个最大化者，你就必须有东西要最大化。因此，在理性选择分析者开始构造人类行为的模型之前，他应该选定他所希望去解释其行为的那个人会最大化的东西。所以他应该假定一个目标函数。

对于确定目标函数的必要性，现在要说明的第一件事是，这种必要性来自被检测理论的外部。理性选择的分析者最经常做的，是通过反省，或只是使用在文献中已变得标准化（企业最大化利润，工人最大化效用，其效用是收入和休闲的函数）的目标函数，来选择自变量加入到目标函数中。但他也可能借助社会学或心理学来弄清楚，对他所研究的特定群体，什么样的假设是合理的。一些经济学家可能通过假定天主教堂最大化利润，牧师只关心他们的收入和休闲，来研究天主教堂和牧师的行为。另外一些更大胆和有抱负的学者，则会试图通过其他来源，来确定什么是对这些行动者目标的最合理假设。理性选择方法并没有要求，必须禁止理性选择学者使用从其他学科得来的知识，来帮自己确定个人的目标。

构造一个理性行为模型的第二步，就是说明行动者必须在一个什么样的约束下开展行动，如果有约束的话。对经济建模过程中的约束选择而言，再一次存在标准的假设（消费者拥有有限的预算），但是在将这个方法用于新的领域时，分析者需要找出什么是合理的假设。这里再次求助于社会科学的其他分支学科，可能是恰当的做法。

一旦理性选择的分析者选定了目标函数的自变量和相关约束，他就能最大化这个函数。这就给了他一个方程，即从最大化问题推出一阶条件，并用它来做出预测。在一些情况下，二阶条件可以给他一些附加的预测能力。如果分析者能假设，系统中所有个人的加总行为会导致一个均衡结果，还能带来更多分析力量，对问题产生影响。这就给了分析者两个等式而不是一个，并且增加了推出可驳倒性定理的可能性。理性选择的分析者，对确定政治竞争是否会产生一个均衡有很大的兴趣，这是因为产生均衡的模型能产生更多的预测内容。

有了这两个方程，理性选择分析者就能从他的模型中推导出理想的预测来，并且用相关的事实资料来检验他们。然而，为行为者指定的相当简单的目标函数和模型中的其他变量，常常会导致极其概括性的预测结果。例如，经济学家通常对消费者效用函数所作的假设，会产生这样的预测，即消费者需求曲线有负的斜率。消费者在价格越低的时候会买越多的商品。这绝对是从那些"除了重新陈述已经存在的知识没再多做什么"的理性选择模型中推出的"陈腐的"预测之一。而且，对一种商品需求弹性在 -0.001 到 -1000 之间的任何估计，都能被理解为"与理论的预测一致"，因而大体上也就为理性选择模型提供了支持。经验检测中体现的这样一种灵活性，正是使格林和夏皮罗感到烦恼的东西之一。然而，为了推导出更准确的预测，应该把更多东西设置到模型里去。决定怎样来修正模型以获得更准确的预测，取决于希望用这个模型来回答的问题。

思考下面的例子：假设爱荷华大学的一位经济学家决定估算爱荷华州猪肉的需求曲线，和消费者食品预算中用于购买猪肉的比例。他收集了有关消费者收入、猪肉的售价和被卖出的数量、替代产品例如牛肉的价格等数据，并且估算了他的模型的参数。因为与事实资料符合得如此到位，这使得他对模型的准确性充满自信。于是他成立一个咨询公司，开始用模型来预测其他州和国家的猪肉销售情况。他在对一些州和国家的分析中取得了巨大成功，但是在解释以色列和埃及猪肉购买情况的时候，模型却做得相当差。这个经济学家的社会学家朋友就会指出，这可能是因为犹太人和穆斯林的信仰是禁止吃猪肉的。

应该怎么做呢？既然允许人们的宗教信仰影响其食物消费，这是"不理性的"，而经济学家的需求模型假设个人行为是理性的。在这样的根据下，一种可能就是在有大量犹太人或穆斯林的国家拒绝使用这个模型。这就是遭到格林和夏皮罗严厉批评的，对适用领域进行限制的实例之一。一个更实用的反应是，引入一些变量例如犹太人或穆斯林所占人口的比例，来解释这些消费者"对猪肉的爱好"的差异。格林和夏皮罗对这样一种用来提高理性行为模型解释力的修正也感到不高兴，并且把它作为正好是事后理论化的又一个例子否定掉，认为理性选择学者在他们的模型不能在经验上做得很好的时候，就求助于事后理论化。格林和夏皮罗的观点看来就是，一旦理性选择理论家建造了一个简化的模型来解释一种现象——需求曲线有负的斜率——他就不能修正这个模型，来改善在特殊运用场合的表现。如果在一个简化模型里面，唯一相关的变量是收入和价格，那么收入和价格在解释所有人对所有种类商品的需求时，应该做得同样好。[1]

很多经济学家会赞同格林和夏皮罗的看法。在这方面的极端例子是施蒂格勒和贝克尔（1977）的看法，他们被格林和夏皮罗举出来，因为他们认为，借助偏好的变化来解释经验结果中的异常之处，是不科学的。很多经济学家也把经理人动机不是最大化利润的其他假设看做很特别的。但是，一些管理决策，例如付出很高的费用来购买不相关产业的企业，似乎很难被解释为是经理人最大化利润的尝试。假设经理人要最大化的目标函数包含了企业的增长在里面，那么大公司的投资和合并活动就更容易被解释了。因而有一些经济学家，包括我自己，在给公司的投资和合并活动建模的时候，就愿意假定这种目标函数。这样的模型在理性行为文献中所占的比重，不会少于那些假设利润最大化的模型。没有一种理性行为方法，要求我们假设行为者目标函数里面只有一个自变量，并且分析者在选择这个自变量应该是什么的时候，他要受到以前分析者所作的选择的制约。

---

[1]　参见宗（1996）和迪耶迈耶（1996）的讨论。

考虑将理性行为模型应用到政治中的时候，记住这一点是特别重要的。例如理性选择分析者应该假设什么到一个理性政府官员的目标函数中去呢？为了回答这个问题，他可以查阅社会学和心理学方面分析政府机构的书，阅读写过关于行政机构的弗朗兹·卡夫卡或者其他小说家的书，等等。尼斯卡宁（1971）曾在国防部工作多年，得到的结论是政府官员会最大化他们的预算规模，因而他在此假设上形成了官僚理论。这种行为假设和上面提到的用来解释大企业投资和合并活动的建设有明显的相似之处。但是它肯定不能解释所有背景下的所有政府机构的行为。如果尼斯卡宁在有不同约束和机会的一个不同的政府机构工作过，也许他得到的结论就可能是，政府官员最大化休闲娱乐，或者最大化不被解雇的概率了。

尼斯卡宁是在公共选择领域建造政府机构模型的第一人，很多人紧跟后尘，也假设政府官员是预算最大化者。也有一定数目的人宣称为这个假设找到了经验支持。我们将在下面重新回顾提供这种支持的一堆研究。然而，如果因为尼斯卡宁是第一个去建造政府行为模型的人，也因为他假设政府官员是预算最大化者，并且因为几项其他的研究也作了相同的假设，就主张运用理性选择方法需要假设所有政府官员都最大化他们的预算，并且只是最大化他们的预算而非别人的，那么这种主张就是错误的。同样，把任何与政府官员预算最大化模型不一致的证据，都看做拒绝了这个模型的假设，同时也拒绝了政府机构研究中所用的理性选择方法，也是错误的。

一个好的实证理论要从相对比较小的一组假设中，推出有力的、可辩驳的预测。阿罗的文章本来就不是对实证理论所作的贡献，正如我在接下来的实验中所解释的，在实证研究基础上反驳它，是有点容易让人产生误解的。唐斯和奥尔森的贡献是实证理论，并且它们符合好的实证理论的标准——他们从少数几个假设里面推出很有力的预测结果——没有人投票，两个候选人采用相同的政治纲领，没有人对一种公共物品的供给自愿作出任何贡献。[①] 格林和夏皮罗似乎想否定这些理论，同时拒绝将理性选择方法运用到政治学中，因为在他们看来，理论有力的预测不能被观察到的事实所证实。但是格林和夏皮罗这么做是不成熟的。新古典经济学也作了有

---

① 严格来讲，唐斯的理性投票者模型和奥尔森的模型都没有预测到参与人数为零。例如，在第二章里提出的自愿贡献公共物品模型里，当团队规模有限的时候，预测参与人数为正。参见洛曼（1996）。

力的预测。例如，在企业最大化其利润和市场是竞争性的假设之下，所有企业得到的利润都为零。如果观察到有一些企业所得的利润为正或负，就应该拒绝整个新古典经济学和研究人类行为的理性选择方法吗？

在这么做以前还必须回答三个问题才行：（1）理论的预测结果真的会偏离目标如此之远，以至于不能相信理论可以解释所观察到的事实吗？（2）存在附加的、可行的假设，符合理性选择方法，并且能解释模型预测与经验证据之间的差异吗？（有些市场是不完全竞争的，一些经理人会最大化含有附加的或利润之外的其他自变量的目标函数。）（3）有其他可以更好的解释所观察到的事实的理论吗？只有在这三个问题的答案分别为是、不是和是的时候，放弃理性选择方法才是合理的做法。格林和夏皮罗认为，阿罗、唐斯和奥尔森的理论就是这种情况。让我们进一步考察他们的论点。

28.3　对循环的预测

格林和夏皮罗援引了阿罗（1951）的书，把其看成是预测民主是不稳定的，尤其是预测立法机构将受到循环的困扰的出处。正如很早以前提到的，阿罗的书对规范理论作出了贡献。它对在现实中可能观察到的东西没有作出预测。不可能性定理认为，不可能设计一个加总个人偏好的程序，让它规定一个社会序列的同时，还满足那五个著名的公理（见第二十四章）。从这个定理中唯一可能得到的经验预测，就是任何加总个人偏好的真实制度都应该至少会违背这五个公理中的一个，也就是说，假设这个制度规定了一个社会序列。既然不可能有政治制度真正规定一个社会序列，即对所有可行的社会状态进行排列，那么，不能从理论中得到任何可以被确切地检验的"预测"。另一方面，如果我们假设所有的政治制度都能规定一种社会序列的话，那么，这个理论仍然只能预测到至少有一个公理被违背。宣称阿罗定理预测所有立法机构都会陷入投票循环，和宣称它预测所有政治制度都是独裁的，二者同样合理。既然直到最近，世界上大部分的政治制度都是一种或他种形式的独裁统治，那么就可以认为，这个"阿罗定理的预测"就得到很好的支持。

当一个委员会成员们的基本偏好是诸如制造一个在所有可行结果之上的循环，对委员会来说，就有可能在这些结果上无止境的循环。既然理性的人不想花费无穷尽的时间来对一堆给定的议案投票，他就期望由理性人组成的委员会去建立程序，即使不能排除循环，也要减少循环发生的概率。阿罗定理对这些程序提出的问题是，他们事实上可以排除循环吗？如果可以的话，是怎样排除的呢？例如，是通过产生随机结果，即结果的选择取决于在一个受控制的议程中议案付诸投票时遵循的随机顺序，来排除循环吗？或是通过由操纵议程而导致的独裁结果来排除循环吗？还是因为议程已经被如此严格限制以避免出现循环，以至于帕累托最优结果不能付诸表决，从而通过产生帕累托劣势的结果来排除循环呢？对理性选择学者解答这些问题所作的努力，格林和夏皮罗提出严厉批评。他们有些批评被很好地接受了，但是这些批评不能减弱确定这些问题的答案的重要性。如果阿罗（和布莱克）不曾警告我们去注意循环发生的可能性及其危险性，我们就不能对立法程序产生的影响提出正确的问题，更别提去回答这些问题了。

　　还需要说明的是，在还未设计出政治制度来阻止循环发生的情况下，循环可以被观察到。在多党制下，内阁的组成拥有零和博弈这一特征。存在固定数量的内阁席位，并且应该组成多数联盟来决定席位如何分配。当选举产生了存在三个或更多内阁席位的分配方案这种可能的时候，就进入了循环的阶段。像在意大利和法国这样的国家，政府的频繁更迭，看上去就很像是在缺乏核心的时候联盟理论引导我们所预料到的结果。

　　模拟研究表明，循环出现的概率是随着议会成员偏好同质水平的上升而上升的，也随着议案集规模的上升而上升（见第四章）。因此，内阁的稳定性会随着多党议会中的分散度与两极分化水平的上升而下降，这一发现与从社会选择理论中预测到的结果是一致的。[①] 循环能够而且的确会在更缺乏系统组织的背景下发生，因而，在譬如美国议会这样的立法机构中，找出是否发生循环，这是很重要的，弄清楚如果没有发生又是什么原因，也很重要。

28.4　对空间模型的预测

　　在单维议案空间下的唐斯两党竞争模型，预测两党会采用中位数选民偏好的位置（见第十一章）。大部分的两党竞争或然论投票模型，也预测两党会采用同样的位置，尽管在这种模型的预测下，位置是选民理想点的某个平均值（见第十二章）。几乎每个人可能都会同意，美国的总统候选

---

　　① 　参见格罗夫曼和范·罗森塔尔（1997）以及这本书的第十三章。

人与英国主要两党不会采用相同的政治纲领。理性行为者模型再一次因为它预测得过于清晰而深受其害。但是，在抛弃这些模型和他们所用的理性行为者方法以前，让我们尝试着去回答刚才提出的三个问题：（1）理论的预测结果会偏离目标如此之远，以至于不能相信理论可以解释所观测的事实吗？（2）存在另外的看似合理的假设，符合理性选择方法，并且能解释模型预测与经验证据之间的差异吗？（3）有其他可以更好的解释所观测到的事实的理论吗？

让我们从第一个问题开始。两个候选人的政治纲领到底要有多近，我们才可以说他们相近到了可以接受这个理论的程度？现在在回答这个问题时，存在一个问题，就是候选人政治纲领的差别，当然是不能轻易根据一个海滩上两个小贩之间的距离来衡量的。在观察者看来，相近是有一个程度的，并且格林和夏皮罗强调，理性选择学者在这个问题上不持一致看法（pp. 153—154）。

虽然如此，还是让我们把这个衡量问题先搁在一边，并且假设我们能够客观地衡量候选人之间的距离。两个候选人的政治纲领是否足够接近到可以接受理性行为理论，解决和回答这个问题的一种方法，就是将理性行为理论的预测结果，和没有假定选民和候选人都是理性行为者的这种竞争性理论的预测结果进行比较。什么才是一个合理的另外的两党竞争模型？什么才是一个合理的无约束的假设？

也许着手回答这些问题的一个好方法，是考虑一下最先由霍特林（1929）在他关于空间竞争的经典文章中提出的问题。虽然霍特林的文章经常被当做第一个投票空间模型所列举，但是他着手研究的并不是这个问题，而是研究另外一个看上去更简单而有趣的问题——在一个空间市场上卖东西的人选择卖的位置的问题。设想游泳者沿着直线长度为 d 的海滩均匀分布。两个冰淇淋小贩沿着海滩摆摊。能预测到他们把摊点设在哪里吗？

最简单的假设莫过于假定他们随机选择地点。这会使我们预测，我们每天会在海滩上的不同地方找到小贩。他们之间的距离 b，就会是一个随机变量，但是一段时间后，我们会预料到，b 的平均值等于 d 的 1/2。

另一个假设是，小贩们试图最小化游泳者走到摊点购买冰淇淋的距离。这个可以被称为售卖的"公共利益理论"。[1] 这个假设推出的预测是，

---

[1]　霍特林（1929，pp. 52—53）讨论了作为在社会主义下预测到的结果的可能性，并且将它描绘为"社会主义那一方的自变量"。

小贩们把他们的摊点定在距离海滩两端 1/4 远的地方。现在我们就预测到，小贩们每天都选同样的地点，并且每天的 $b = 1/2d$。

还有什么另外的预测是合理的？如果对路过时代广场的人随机抽样，向其描述这样一个问题，我怀疑他们中的很多人都会预测，两个小贩会把地点定在靠近彼此的海滩中央。这也是霍特林模型的预测结果。假设我们现在到一个有 100 米长的海滩，观察到有两个小贩在分别离海滩中央有 5 米远的地方。我们会因为他们事实上没有靠近对方，而否认霍特林模型吗？或者，对某个其他的模型发展到比霍特林模型能更好地预测两个小贩的位置，在不考虑有这种可能性的时候，我们能说，因所观察到的 b 比 50（$d/2$）要小得多，而接受这个霍特林模型胜过接受成为它对手的模型吗？

回到两党竞争的问题上来，我猜想，对两党制度下的 b 和 d 的估计，会显示出 b 大大少于 $d/2$。这足以让我们接受霍特林/唐斯两党竞争模型的简化形式吗？对一些人来说也许是，对另外一些人则不是。有些人会希望更准确地预测 b，因而会选择对模型的简化形式进行修改。

霍特林/唐斯模型假设，只有一场竞选，并且，竞选者可以自由选择在议案空间里的任何位置。在美国，一个人要想成为总统，必须赢得两场竞赛——一个是成为党内候选人，另一个是成为美国总统。对唐斯模型的一个直接扩展，就是把提名候选人的过程考虑在内，这种扩展产生的预测是，候选人为了赢得提名，会采用中位数选民喜好的位置，接着采用整个选区中位数选民喜爱的位置。如果加上一个合理的辅助性假设，即在党内集会和总统选举之间这么短的时间内，一个竞选者不可能在他党内的中位数与国家的中位数之间的整个距离上移动，那么就得出如下预测：（1）在成为提名候选人之前，采用远离彼此的位置；（2）在提名之后他们移向中间；（3）在竞选时，他们位于比提名时更靠近彼此的位置，但仍然不会采用相同的位置。[①] 这些预测看上去与美国总统竞选的实际情况相当吻合。格林和夏皮罗没有讨论理性选择学者对唐斯模型所作的这些扩展，但是我想，格林和夏皮罗还是会以"事后理论化"为由，对这样的研究不加考虑。

在第十九章里，我们讨论了理性选择学者所作的一种尝试，既研究一个两党竞争模型，将两党之间意识形态的差异明确考虑进来，其中，这种意识形态的差异会让他们采取不同的政策——即阿利辛娜（1988b）和罗

[①] 参见在第十一章第 11.1 节的讨论和参考资料。

森塔尔（1995）的研究。对共和党和民主党执政制度下，位于竞选周期之上的收入增长模式，阿利辛娜和罗森塔尔模型做出很准确的预测，并非他们所有的预测都得到了事实的支持。然而这个模型解释了其他政治学观察者难以解释的诸多现象，比如中期循环。

　　格林和夏皮罗把注意力集中在理性选择学者为解释两党制中的结果所作的尝试。然而，唐斯空间模型已经被极其成功地改编，用来研究多党制下的竞争（参见第十三章中的讨论）。范·罗森塔尔（1990，1992，1993）预测，"中央党派"总是联合政府的一部分，这是将中位数投票者定理运用到内阁组成的一个相当直接的扩展，并且，这种预测已经被证明在大约85%的时候都是准确的（拉弗和斯科菲尔德，1990，p. 113）。若要证明使用空间模型和联合理论来预测多党制下的内阁组成是正确的，85%是一个足够高的比率吗？有一个非空间模型可以做得更好吗？

　　拉弗和谢普斯利（1996）的内阁组成模型，把中位数投票者模型扩展到一个多维议案空间，并且斯科菲尔德（1993a、b，1995）有关"中心"的概念，也是对使用空间理论和理性选择模型来预测多党制下哪些党会组成政府的另一个发展。这些模型的预测能力看来足够强，能保证在多党制的研究中，保留对理性选择方法和空间理论的使用——在有更大的解释能力的，不用这种方法的模型出现以前。[1]

28.5　投票预测和搭便车

　　在第十四章，我们回顾了解释投票者人数的公共选择文献。正如读者将回忆到的，在简单的唐斯理性投票者模型中，投票者会衡量使他喜爱的候选人获胜的预期收益与投票的成本，但是这个模型却没有对人们为什么投票提供充分的解释。而且，理性选择方法的支持者们所做出的修改理论的一些尝试，反而使他们提出的问题比他们回答的问题要多。格林和夏皮罗重视理性选择方法的这些失败之处，他们很多的观点也被充分接受（pp. 50—68）。

　　往往会让人联想到奥尔森（1965）的预测是，当人们从供给一种公共物品中得到的收益与他们的捐助量无关时，人们不会自愿为这种公共物品的供给出力。格林和夏皮罗也对这一预测的经验支持提出了怀疑。很多

---

① 同样参见斯科菲尔德（1996b）。

公共物品供给实验，发现参与者的捐助量要比理性选择假说预测的数量要多得多，这些实验就是格林和夏皮罗所举出的反对搭便车假说的证据之一。[1]

毫无疑问的是，这种种实验结果，构成对政治学的理性选择方法的一个极大挑战。理性选择方法的很多开创者已经受到了这些实验研究结果的困扰，他们竭尽全力地想要巧辩过去。但是对这些具有冲突性证据的正当的反应，既不应该是认为他们是无关的因而置之不理，也不应该如格林和夏皮罗所希望让我们去做的那样，全盘否定理性选择方法。正确的反应应该是，重新考虑这种方法的前提假设，试着确定哪一个前提充分偏离了现实，可以被用来解释预测的失败。因而，把理性行为者模型的预测能力和其他方法的预测能力进行比较，再次成为必要的事情。

例如，如果有一个政治学的学生，他不是理性选择方法的追随者。对某人在一个公共物品实验中可能提供的捐助量，他会做出怎样的预测呢？当然有一种可能是，他会假设人们不搭便车，他们追求的是公共利益而非自己的利益，即私利。如果为了最大化集体的回报函数所需要承担的捐助是100，而最大化捐助者个人的回报函数所需的捐助是1，这个公共利益模型就会预测个人捐助量是100。既然从一个公共物品实验中得到的特定结果是在50左右的平均数，公共利益模型的预测就和认为个人是自私的理性选择模型一样远的偏离了事实目标。为了解释公共物品实验的研究结果，两个模型都需要做出较大的修正。

需要说明的是，公共利益模型和理性选择模型都假设人们会最大化某种目标函数，也因此产生了很清晰确切的预测结果。因为它们的清晰性，它们很容易遭到否定。但是在抛弃这两个模型中的任何一个以前，我们应该问，其他模型的预测结果是怎样的。如果有人宣称，非理性选择方法会预测到捐助量在1和100之间，他就是在用洗牌作弊的方式来支持这种方法。甚至这种理性选择模型之外的方法提供的空洞的描述，并不能帮助我们去预测，哪个人的捐助量会超过50，哪个人的捐助量又会少于50。[2]

在第十四章里我曾提议，按照这样的假设将个人行为模型化，假设人

---

[1] 参见格林和夏皮罗（pp. 88—93）和我们在第二章中的讨论。

[2] 在一些参与者要捐助量大于1的情况下，这种博弈的混合性均衡是存在的，理性选择方法的有力支持者能从这个事实中得到安慰（洛思安，1996）。对博弈论方法不能产生可驳性的假说这又一个实例，格林和夏皮罗会感到伤心。

们的行动就像是在最大化下面这种形式的目标函数：

$$O_i = U_i + \theta_i \sum_{j \neq i} U_j \tag{28.1}$$

很多种行为，比如在市场实验中的个人选择，完全能通过假设 $\theta = 0$ 来解释。在一个公共物品实验中，一个人的捐助量是 30，而另一个人的捐助量是 60，这意味着每个人有不同的为正数的 θ。

当然，这样一个模型仅仅允许我们，对理性行为者模型的预测偏离提供一个事后合理化，除非我们能够解释，为什么一个人有 0.3 的 θ，另外一个人有 0.6 的 θ。而且，要想去构造能预测人类行为的通论，我们必须要能解释，为什么既定的人，在一种情况下，会像 θ 是 0 那样行事，而在另一种情况下，则像 θ 是 1 那样行事。在心理学领域，要比在理性选择文献中，更有可能找到对这类的解释。这样一种行为研究方法和通常运用的理性行为者模型之间的基本差别，在于如果调查者希望解释一个人的行为，这就迫使他要回顾这个人过去的历史，并且不仅仅把注意力放在博弈回报矩阵中不同方格里的条目。人类行为被看做有适应性的，很接近于理性行为模型中所描述的有远见的行为。

这种适应性方法会消除一些意外情况，比如在马韦尔和埃姆斯（1981）所作实验中的意外情况——马韦尔和埃姆斯就发现，在公共物品实验中，与其他系的学生相比，经济系学生的捐助量要少得多；或者在布莱斯和扬（1999）的实验中的意外情况——他们发现，加拿大学生与其他学生相比，在听了对唐斯投票模型的解释以后更不愿意去投票。

支持按理性选择建模的很多人，比如施蒂格勒和贝克尔（1977），都拒绝通过允许偏好变得具有适应性，来提高理性选择模型预测力的任何尝试。而格林和夏皮罗引证（pp.185—186）的赖克（1990），就明确拒绝把行为主义作为理性选择模型之外的另一种方法。因此任何跟随我所建议的方法走的人，都会远远偏离完全理性选择分析形式，并且的确也会偏离格林和夏皮罗所提倡的方法的方向，格林和夏皮罗试图分辨出"影响行为者按照冲动、习惯、或者他人领导方向行事的程度的感知要素或者社会—心理学要素……"但是我提倡的这种方法，不会强迫人们放弃对人类行为通用理论的追寻，放弃对这一理论的追求正是格林和夏皮罗想让我们做的，我提倡的这种方法也不会使得人们牺牲掉分析的严密性这种潜能，它是在针对个人行为建立模型，来最大化被清晰定义的目标函数的过程中产生的。

28.6 公共选择理论有助于政治制度的实证研究吗？

格林和夏皮罗的书充满了公共选择学者所作的经验研究的实例，格林和夏皮罗认为这些学者犯了一些基本方法论上的错误，这些错误剥夺了他们研究中的科学价值。格林和夏皮罗在他们书的结尾处，给这些学者提出了以下建议：

问"怎么解释 X？"这个具有问题导向性的问题，要比问"一个理性选择理论会怎样解释 X"有成效得多（p. 203）。

在这一节里面，我们会描述一些用理性选择方法去解释 X 的研究，并且我认为这些研究做得还不错。

在俄勒冈州，当地学校的董事会可以自由花费任何数量的钱，只要未达到特定规则规定的数量。这种由规则设定的限制被称为回赠预算（reversion budget），R。如果一个学校的董事会希望得到比 R 更多的钱，它就必须寻求获得它所在地区投票者的批准。有一些学校的董事会提议的数量要超出 R，有一些则没有。有一些提议要大大超出 R，有一些则没有。怎么预测什么时候一个学校董事会号召一次全民投票来批准更高的预算，它又会偏离回赠预算多少呢？

罗默和罗森塔尔（1978，1979b，1982）使用公共选择方法解决了这些问题。[1] 他们首先要为学校董事会假定一个目标函数。他们按照尼斯卡宁（1971）的做法，假设学校董事会成员是些最大化其预算的官员。然后，罗默和罗森塔尔利用中位数投票者模型，预测学校董事会能在公民投票中得到的最大可能的预算。随着模型的这两个要素到位，它们产生了几个相当特别的预测结果。例如，当 R 相对于中位数投票者偏好的支出额越低，一个被提议的预算数额相对于中位数投票者所喜欢的数额将会更高；而当 R 超过了中位数投票者喜欢的支出数额，公民投票就不会被召集。他们的预测得到了事实的支持。

需要说明的是，罗默和罗森塔尔犯了格林和夏皮罗所列出的所有错误。他们假定官员是预算最大化者，投票者是效用最大化者。他们还假定集体选择问题可以用一个单维议案下的空间模型来分析。他们使用了中位数投票者理论。

---

[1] 在第十六章里对他们的研究有更详细的讨论。

如果不想犯这些错误应该怎么做呢？要为一个学校的董事会设定一个目标函数吗？如果要的话，是什么样的目标函数呢？莱恩（1996，p. 123）对理性选择方法假设"公共企业经理的行为受到个人私利的推动"做出了批评。相反，他认为他们会把企业的目标内在化，并且把沃尔夫（1988）举出来支持自己的观点。如果把这种假设应用到学校董事会的例子上去，就可以假设每个人都试图为当地的学生提供一种"很好的教育"。如果是这样的话，用什么样的模型来预测每个区所需要的数量呢？接下来要进行归纳，建立一个概率模型来预测什么时候校董事会召开公众投票，并且收集所有可能的相关变量的资料数据（一个区里面到达上学年龄的孩子数量，地区收入，等等）。在很勤奋和运气足够好的情况下，可以提出足够多的变量，使预测结果与客观事实相符合。但是实在不能理解的是，为什么学校董事会要这么行事。也不能做出判断，学校预算比他们本来需要的是大还是小。事实上，通过对学校董事激励机制的选择，人们必然假设每个学校的预算都在最优水平上。

理性选择方法和建模的纯粹的归纳法相比，优点之一是理性选择方法经常能分辨出政策结果是否是无效的，或者在某些其他方面是次优的。如果坚持这样一种观点，即政府应该按照中位数投票者的意愿去行事，那么就应该可以从罗默和罗森塔尔的研究中得出结论，俄勒冈州的学校预算在体系上要比他们本需要的要大得多。

在《政治联盟理论》（1962）一书中，赖克完全遵从格林和夏皮罗推荐的程序——他选取真实世界中的一个令人费解的事物作为分析的对象。为什么大的联盟如此短命？他运用理性选择分析法来分析这个问题，因此偏离了他们所推荐的程序。使用这种方法，他形成了他自己的"最小获胜联盟理论"。我知道对这个问题，没有比这更好的分析了。格林和夏皮罗在他们书中几个地方都对赖克将理性选择分析法运用于政治学研究给予了批评，但是奇怪的是，他们对这次运用没有只言片语的提及，而这恰恰是赖克对这方面研究的文献作出的贡献最为盛名。

美国政治的观察者长久以来都相信，国会议员在议案上会交易投票数。怎么能证明这事实上是真的呢？相互捧场是会发生在所有议案上，还是只在一些议案上？如果只在一些上，怎么确定哪些议案是投票交易的结果，哪些不是呢？

对相互捧场的公共选择分析，提供了一个严格的方法去检验它是否发生。从一种相互捧场状况的定义中，我们预测，如果个人真心实意的表明他们的偏好，议题 X 和 Y 就会失败，而如果有投票交易，则两者会获得通过。[1] 对相互捧场的准确定义导致的预测是，投票交易应该只发生在那些投票是封闭的，并且交易者的票数对获胜议题的胜利是至关重要的状况下。因此去检验相互捧场是否存在，首先需要建造一个模型，用于预测在不存在交易的时候，代表会怎样投票。这反过来需要我们给代表的投票行为建模，因而要对他们的动机做一些假设。施特拉特曼（1992b，1995）的研究说明，在一些议题上会发生相互捧场，但是在另外议题上则不会。他的研究使我们可以对上面提出的问题提供准确的答案。在没有使用公共选择提供的分析工具情况下，很难想象怎么去回答这些问题。

人们可以从一些文献中找出另外一些例子，这些文献是有关用脚投票（第九章），寻租（第十五章），竞选募捐（第二十章），政府规模（第二十一章），还有更多。[2] 无论如何，我希望这些例子足以说服读者，公共选择方法能够为政治假设提供严密经验检验，并且至少这个领域的一些开创者已经作了这样的试验。

28.7 公共选择理论有助于政治制度的规范研究吗？

正如为何国家之间政府规模差异如此之大这个问题对政治学的学生来说是一个挑战，为何所选择的投票规则差别如此之小这个问题也是一个挑战。为什么每一个立法机构和其他种类的议会，实际上都将简单多数规则运用到它的即使不是所有，也是大部分的集体决策过程中去呢？这个问题显然不能从经验上解答，因为人们希望去解释的那些变量很少有变化，或者就没有变化。答案应该到对简单多数规则的规范分析中去搜寻。简单多数规则应该被假定是最好的投票规则，因为所有形式的议会都偏好它。但是，从什么意义上说它是最好的？

公共选择理论已经为这个问题提供了几个答案（见第四章和第六章）。这些答案中最优秀的答案是梅（1952）对简单多数规则和四个公理之间等价性的证明。如果相信投票规则会满足这四个公理，那么就应该提倡使用简单多数通过规则来做出集体决策。

---

① 对定义的完整说明和讨论，参见第三章。
② 同样参见菲奥里纳（1996，p.90），奥迪舒克（1996，p.176），谢普斯利（1996，p.218），考克斯（1999）所举的例子，以及缪勒（1997b）书中的讨论。

梅氏定理只对二元选择来说才是合理的。如果一个议会需要在三个或更多备选方案中做出选择，就应该考虑在简单多数通过规则下发生循环的可能性。对简单多数规则的规范分析就遭到削弱，并且我们进入了阿罗（1951）不可能性定理的领域。即使我们与格林和夏皮罗一样假设，在一些立法院中，循环不会经常被观察到，譬如美国议会，这样的观察结果也决不会贬低阿罗定理的重要意义。这个"事实"只会让我们警惕另一个事实——阿罗定理的五个公理中有一个或更多通常应该会被违背。

新的民主国家不时出现，必须决定把哪种投票规则写进他们的宪法。旧的民主国家有时候也会修正他们的宪法。政治学的学生是应该推荐简单多数规则，还是一些历史悠久的规则譬如博尔达计票？或者是一些新创造的规则，如赞同投票、需求显示过程或否决投票呢？除非理解了每一个投票规则的正式特点，不然我就不知道，怎样才能为这个问题提供一个合适的答案。[①]

28.8 结论

假设要你解释为什么 OPEC 国家有时同意大大减少石油产量，让油价有大幅上涨，而有时候又会扩大产出把油价推入低谷。这些是政府做出的决定，因而按照定义就是政治决策。一个优秀的政治系学生应该能够解释它们。一个优秀的学生应该怎么做呢？

首先，这个优秀的学生应该调查每一个政府所作的决策背后的可能动机。当石油价格比较高的时候，石油收益也比较高，所以可以假设当 OPEC 国家减少产量来提高价格的时候，他们在试着增加他们的收益。一个合理的开端应该是假设每个 OPEC 国家都是收益最大化者，并且假设在维也纳举行每个国家代表的周期性会晤，试图把产出定在可以最大化 OPEC 国家联合收益的水平。

这个精明的学生下一步要观察的是，卡特尔有囚徒困境的特征，如果每个国家都会最大化它的收益，卡特尔也因而容易存在搭便车行为。这个问题一开始应该着手于形成一个卡特尔行为的模型，或者在文献中找到一个卡特尔行为的模型，这个模型预测到卡特尔有时候会成功限制产出提高收益，但是随着参与搭便车行为的个人数量增加而解体。

---

① 同样参见斯科菲尔德（1996b, pp. 190—191）。

不是也应该考虑到这样的事实吗——沙特阿拉伯是一个阿拉伯穆斯林国家，委内瑞拉是一个天主教国家这个事实；科威特很富而尼加拉瓜很穷；一些国家的领导人是帝国缔造者，而另一些国家领导则乐意保存他们的君主制？也许大部分理性选择的学者在这么做以前，他们首先想弄清楚的是，当一个模型仅仅假设每个国家都追求收益最大化，并且这些国家凑到一起就会陷入囚徒困境中，这样一个比较简单的模型能够多么好的解释所观察到的客观事实。只要这个模型不能充分解释被观察到的价格和数量的形式，就有必要将其他要素引入模型。

伟大的理论家会为重要的问题提供清晰的答案，那些答案经常不是产生自他们对一本技术型期刊的最近出版物的阅读，而是来自他们对最近报纸的阅读和对他们身边世界的观察。赖克（1962）感到困惑的是，大的联盟却短命，他就研究出一个理论来解释为什么他们这么快就瓦解。奥尔森（1982）感到困惑的是，那些在第二次世界大战中战败的国家，和战胜国家相比，经济往往要更成功一些，他就研究出一个理论来解释战败国出众的经济表现。在这两个例子中，他们都通过运用理性选择分析，找到了他们要解决的问题的答案。

约翰·梅纳德·凯恩斯（1936）对广泛的失业是怎么出现并持续的感到困惑。他没有在广泛存在的预测市场均衡的经济模型中找到答案。他对这些模型的假设和他身边世界的实际情况进行了对比，发现这些模型的假设是不能令人满意的。工资没有竞争性模型假设的那么灵活；利率有时候会陷入"流动性陷阱"。投资者不是在经济模型中出现的那种理性的、冷酷的、工于计算的人，而是"动物性"有时会战胜上面那些特性的凡人。凯恩斯抛弃了主流范式中的一些假设，创造了一个能解释广泛且持久性失业存在原因的经济模型。他对主流范式的修改一开始就遭到了它的坚持者的攻击，并且关于怎样最好地给宏观经济建模的争论持续至今。不管对这个问题的观点如何，应该认识到，凯恩斯的方法是应该追随的方法。只要现行的模型能够解释希望解释的现象，就要坚持它。当它不能解释这些现象的时候，就要重新检查它的假设前提，用其他更真实的符合事实的假设来替代原有的。要继续修改已存的模型直到它能充分解释所观察的客观事实为止。如果新发展的模型（范式）可以为令人困惑的事物提供更好的解答，就要支持新的模型放弃旧模型。

想要解释个人作为消费者、工人、投票人、政府官员、牧师、政治家、股票经纪人、士兵和吸毒上瘾者的行为，社会学家有一系列的选择。

一种极端选择是通用的理性行为者模型——所有人都最大化一个目标函数（O）。这样一个模型最极端的形式就是，在目标函数里面只有一个变量，所有人都最大化自己的个人财富（W），

$$O = W \tag{28.2}$$

这个模型一个稍微更通用的形式是，所有人都最大化其效用函数，这个效用函数包含了财富和一个或两个另外的变量，它们因要分析的决策类型不同而不同。

$$O = U\ (W,\ X_1,\ X_2,\ \cdots) \tag{28.3}$$

若离最极端的形式的一般理论更远一些，我们就有

$$O = U\ (X_1,\ X_2,\ \cdots) \tag{28.4}$$

这个效用函数所有的自变量都由分析者自由处置。可以走得更远的是，在行为可以被预料到的情况下，我们用上面建议的方法，来解释其中的利他行为和其他相似种类的行为，

$$O_i = U_i + \theta_i \sum_{j \neq i} U_j \tag{28.5}$$

如果考虑到，分析者也可以自由选择效用函数的形式和约束最大化过程发生的约束条件与附属条件，那么，对具有普遍性的人类行为建模的方法，在它认定个人最大化其目标函数的程度上，可能是非常灵活的。

这种研究法范围的另外一个极端，是纯粹的归纳法。若分析者希望去解释刚刚列出的十种背景下个人的行为，他就要建十个不同的模型，每一个都包含一组变量，这组变量能最好地解释所讨论的那个类型的行为。对每一种背景中的变量的选择，都取决于对社会学和心理学相关文献的考察，这样的考察在以前的研究中曾经"起过作用"，或者简单地反复试验过。当目标函数加入更多的自变量和更多的辅助性假设，最大化假设的力量会变弱，在这种方法下估计出的模型类似于通过归纳分析而得到模型。每个学者选择把自己放在从（28.2）式到纯粹归纳模型这一范围的哪个位置，这主要是一个科学爱好问题——为了让一个简单精致的人类行为模型看上去干净漂亮，有人愿意忍受这个模型在有些情况下的解释力比较弱，而有人则愿意以忍受模型缺乏分析一致性和清晰度为代价，使模型在所有情况下都有很强的解释能力。

在这章的开始，我们讨论了几个行为例子，如投票和搭便车，这些行为不能用一个自利的理性行为者模型的简单形式来解释。我的提议是，将这些情况下的模型，用一个每人就像在最大化目标函数那样行事的模型来代替，这个目标函数包括他们自己的效用和其他每个人效用的加权总和。

这就可以用来解释所有情况下的人类行为，甚至在那些传统的理性的自利模型解释得很好的那些情况，既然它考虑到其他人效用的权重也可为零的可能性。

我的提议会造成一种对纯粹理性的行为者模型的偏离，但是，就让那些遭到歪曲的预测变得清楚这一点而言，我的提议还是保留了这种方法的一部分优点。一个更激进的偏离是，完全放弃最大化行为的假设。西蒙（1947）的研究建立在个人是"效用满足者"而非效用最大化者的假设之上的组织行为，因此而获得了诺贝尔奖。格林和夏皮罗似乎赞成西蒙的方法（pp. 22、29、186），并且莱恩（1996，p. 126）赞同西尔特和麦奇（1963）早期对它的应用，西尔特和麦奇曾经在假设五个不同目标都需要被满足的情况下，对一个单独的企业作了分析。这个模型在解释企业的行为方面做得特别好，但是经济中的每一个企业可能需要不同的模型，西尔特和麦奇的方法就没有被经济学界所追随。看来，把这个令人满意的方法运用到公共官僚机构的研究中，很可能会遭受到相似的命运。尽管在存在足够多的访问和资料的情况下，一个经济学家、心理学家和其他社会科学家小组有可能建造一个模拟模型，能准确跟踪到国防部的决策，但是不知道它能否在其他部门做得同样好。收集十个模拟模型，使每个适合于不同的政府机构，这可以提供一些对政府机构的一般理论的深刻了解，但是相对于把它们收集在一起的成本而言，这样一种可能性似乎很小。在研究时间和资源都很少的情况下，最好建议理性的社会学家要避免这样一种研究方法。

大部分的父母都会夸张他们孩子的成就，而忽视他们的缺点。科学家们在对他们的智力成果做出评价的时候同样如此。在对待他们的研究方法上也是如此。可能稍感慰藉的是，这些缺点和科学本身一样历史悠久，正如这一章公开引用的弗朗西斯·培根爵士的话所揭示的那样。

将理性选择方法用于经济学和政治学研究的几个支持者，可能会被指责夸张了这种方法的解释能力，并且无视它的缺点。格林和夏皮罗指责他们极端傲慢，这种指责是合理的。但是，在进行对理性选择方法的攻击时，格林和夏皮罗对他们似乎暗自提倡的替代方法，好像是忽视了其缺陷。他们批评理性选择学者设法研究出一个通用的模型，并运用它来解释政治家的行为。尽管格林和夏皮罗对一些研究者对这类模型的检验所用的方法做出了很多合理的批评，他们却没有提供具体的、可以替代的研究方法。因此，我期望那些从事公共选择领域研究的人，会继续用理性行为方法研究政治学，同时出于解释不同情况下个人的行为的需要，要对理性选择行为模型做出修改。我也期望，很多进入到政治学研究领域的优秀年轻学者们，会继续明确地倾向于理性选择方法，因为它和其他方法相比，为政治行为提供了更一致的和更具有说服力的解释。[①]

文献注释

弗里德曼（1996）曾经汇编了 14 篇论文，有支持格林和夏皮罗的，也有与他们观点存在分歧的，还有他们的结论性回复。霍格思和雷德（1987）把一场会议的记录包括在内，在那场会议上，几个理性行为模型著名的支持者和反对者都作出了贡献。曼斯布里奇（1990）的文选里面，也包括一张列出杰出贡献者的列表，他们绝大多数是批评一方。

弗兰克和塞勒（1991）曾经设法要弱化或改变理性行为的概念，让理性或"准理性"行为模型与人们怎么行动的证据更加符合，这些证据出自心理学和实验方面的文献。

森（1995）论述了个人和集体理性，还讨论了在阿罗不可能性定理的背景下，社会偏好和社会判断两者之间的区别。

---

① 费约翰和萨茨（1996），还有斯科菲尔德（1996b），都捍卫通论的科学重要性。

第二十九章　配置、再分配与公共选择

　　某些人带着假装虔诚的敬畏来看待宪法，深信它们就像"圣经式契约"（the ark of the covenant），神圣不可触动。他们把宪法的制定归之于前一代人具有超人智慧，并认为前一代人所订立的条款都没有修改的余地。我深悉那一时代；我曾属于那一时代，并为之劳作。它有功于国家，它极像现代的情形，但缺乏当今的经验；从政40年的经历胜读百年书，但是人民若能死而复生，亦会这样自语。我绝无鼓吹频频随意修改法律和宪法之意。我只是认为，最好宽容对待适度的不完善；因为一旦认识到这一点，我们会适应他们，并寻找纠正他们的不良影响的现实方法。但是我也深知，法律和制度必须随着人类思想的进步而进步。人类思想日趋发展、开明，新的发现不断涌现，新的真理被揭示出来，习俗和观点随着环境的变化而变化，因此制度也应该前进，与时代同步。如果我们要求文明社会停留于野蛮的祖制之下，那无异于要求成人仍穿着孩提时代的服装。

托马斯·杰弗逊

　　人们需要集体决策的规则，理由很简单，因为人们生活在一起。仅仅是他们聚居在由区域界限的地区，这一事实产生出集体行动的可能性和必要性。某些集体决策可以使所涉及到的所有人受益；其他决策只会使某些人受益。即便是每个人都得益时，某些人受益的程度会大于其他人，因而产生如何共享交易的利益的问题。因此，可以把集体选择划分为两类：一类是所有社会成员受益，另一类是某些人受益而其他人受害。这两类型对应着从偏离帕累托边界向边界上的点的移动和沿着边界移动之间的众所周知的区别——也就是资源配置和再分配之间的区别。

　　只要召集在一个社区里相互毗邻而居的一群人是合法的，那无疑就存在做出有利于所有社会成员的集体决策的可能性。所以，也就有了再分配的可能性。国家的形成使其成员能够更好地实现了社会组织和技术使之成为可能的配置效率了吗？国家的形成使某些社会成员能够剥削他们的邻居了吗？现代国家通过给社会提供不断增加的集体利益而得到发展，抑或她的发展反映的是一系列逐步升级的转移支付项目，正把财富从社会一部分人手中转移到另一些人的手中？社会中不同集团的寻租和财富转移努力窒息了做出有利于所有社会成员的变动的可能性了吗？这些问题已经使人类学家、经济学家和政治科学家感到困惑。这些问题是公共选择文献讨论最多的。

克努特·威克塞尔的伟大洞见之一是认识到资源配置和再分配决策之间的区别的重要性，并认识到必须以各自独立的投票程序来做出决策。更根本来说，他对公共选择文献的贡献可以看做一种认识：像资源配置或再分配决策这样的政府活动所带来的结果，不可能在不考虑公民在使这些结果得以发生的投票过程中投入资源的情况下，来讨论这些结果的特征。这后一个贡献直到公共选择文献开始出现后才受到人们的重视，而在此前的半个世纪中实质上曾被学术界所忽视。我们可以把它看做公共选择文献的基础性原理之一。

虽然威克塞尔的研究区别了资源配置和再分配决策，但它的分析集中在前者。他假定在先前某个时间已经公正地做出了再分配决策。这样，留待解决的只是资源配置效率的改进，即可能有利于所有人的决策。这里，威克塞尔的研究带有一种独特的契约主义和个人主义的语调。每个公民都参与集体决策过程以达到自己的目的，并通过集体决策结果的等价交换来实现所有人之间的互利。投票在公共物品市场所实现的结果与交换在私人物品市场上所实现的结果是一样的。这种分析政府的契约主义的、等价交换方法已经构成了大多数公共选择和公共财政的公共支出理论的基础。这在布坎南和马斯格雷夫的著作中表现得最明显。

通常，这种文献对集体决策的可能性采取了一种极为乐观的语调。在《同意的计算》中布坎南和塔洛克描述的政府制度有点类似于美国的政府制度，似乎能够满足一个社会的集体需要。然而，再分配决策是与配置效率决策分离开来的，并在立宪阶段通过一致同意而得到解决。因此，议会的日常工作仅限于决定那些有可能获得一致同意的问题。在过去的 20 年中，学者们已经提出了几种新的优良的投票程序。所有的投票程序都具有吸引人的特征，这些特征似乎能够防止集体决策悖论的发生，即使不是所有的，也是绝大多数。但只有限于决定配置效率改进的决策时，这些投票程序才能够完成这种魔术。

把注意力集中于再分配或忽视再分配和资源配置之间的区别，因而暗含着把这两者结合起来的文献，具有一种辨别得出来的较悲观的态度，均衡是不存在的。均衡的不存在使议事日程的安排者能够支配结果。所有投票程序的结果都可能被对偏好的策略性误述所操纵，除非允许某个人充当独裁者。结果可能是帕累托无效率的。威廉·赖克（1982）准确地捕捉住了对这一新的忧郁的科学的心情。就社会选择文献现有的成就来说，社会至多也只是有希望发展和维持一种有时能废黜坏的领导的政治制度。

难以否定赖克对社会公共选择文献之含义的悲观主义解释。况且，他的例子和其他人能提出的无数例子都非常生动地说明，不稳定性、无效率、被操纵的日程安排和公共选择所预见的民主决策的其他弊端，都会发生。但我不愿意一笔勾销公共选择最初40年的成就，可以把这些成就作为民主决策的缺陷的一览表。这种文献中还有各种线索，它们暗示着一幅较乐观的画面，一幅关于可能是什么而非实际上是什么的画面。我们将通过勾勒这一画面来结束讨论。

首先，我们必须区分改善配置效率的决策与再分配收入和财富的决策。毫无疑问，公共选择文献的重大成就之一就是已经突出了威克塞尔首先认识到的上述区别的重要性。设计政治制度时不运用这种区别，会使这种制度的运行一开始就遇到麻烦。其次，我们必须明确区分为直接民主的制度和为选举政治设计的制度。

再没有哪个文献比在关于俱乐部和用脚投票的文献还要旗帜鲜明地重视关于配置效率和再分配的区别。如果对公共物品组合具有同质嗜好的个人组成俱乐部和地方政治组织时，配置效率可以因此得到改进。当地方政治组织试图提供某些纳税人不情愿的再分配方案和其他方案时，人民会用脚投票，移居到不存在这类方案的社区。在一个流动性强的社会中，如果那些必须为再分配纳税的人们不情愿纳税，那么，地方层次的大规模再分配就不可能发生。正如在某种一致同意规则下可以再分配建议筛选掉而只留下改进配置效率的建议一样，默默地通过用脚投票而达成的一致同意会减少地方预算进行的再分配方案。如果要进行大规模的再分配，那它必定是在较高层次的政府上进行的。

关于民主制度的能力的大部分悲观看法，来自阿罗定理和其后的大量定理。阿罗探索的目标原本是要找到一个将其备选对象的排序建立在个人序数排列的汇总基础之上的社会福利函数。不曾找到这种函数的事实表明，人际间的效用比较要么必须直接通过决策规则做出，要么必须间接地通过对偏好范围或有待决定的问题类型施以限制来做出这种比较。

有关实值福利函数的文献也得到同样的结论。序数效用理论和帕累托假设结合在一起，并不允许人们从沿着帕累托边界分布的各点集合中做出选择。为了做出这种选择，必须引入其他的假设，且这些假设引入的价值判断要强于帕累托公设所包含的价值判断。绝大多数学者避开做出这样一些附加的价值判断，不再去定义一个从帕累托偏好集中选取的社会福利函数。有些学者引入了更多的价值判断，例如豪尔绍尼（1955）和黄有光（1975），他们一律提出了加性社会福利函数，其自变量是基数的、可进行人际比较的效用。

有几种新的投票程序试图汇总投票者所提供的基数效用信息（需求—显示过程，斯密的拍卖过程，许兰德—泽克豪泽的点数投票）。如果限于用在能改进配置效率的决策上，那么，它们包含着实现帕累托最优资源配置的可能性。试验研究和某些有限的运用表明，它们可以如同理论预测的那样运行。虽然每一种投票程序都很可能容易受到策略性操作和联盟操纵的影响，但这种策略行为既复杂，也有风险。必须在试验上证实这些程序受操纵的程度，而不是以假设的例子和不可能性证据为基础去假设操作程度。行使否决权的投票是策略证据，仅仅只依赖于序数效用信息。因此，它提供了另一种可供选择的方法来解决公共物品——外部性问题，以实现某种帕累托最优资源配置，这种方法允许人们避免按初始收入的比例对基数效用暗中加权，而这种暗中加权是需求—显示和拍卖的程序中所固有的。.

这些新投票程序都假定，就像在直接民主制度中那样，投票是由那些其福利受到投票程序之结果的影响的人们进行的。假若代表大会运用这些程序，那就应该按照每个公民集团在这个政治组织中的人数比例来选取各自的代表数。也就是要求某种形式的比例代表制。为了确保代表们按照他们所代表的那些公民的偏好进行投票，它们的当选（或再次当选）应该只取决于它们就有待解决的公共物品——外部性问题进行投票的记录。选取一个政府（最高行政长官）的集会应该与决定配置效率问题的集会区分开来。在这种改革下，理想的比例代表制就会不同于那些现存的制度。当今的比例代表制度反映的是一个世纪以前的政治理论家们的最佳理念。我们今天知道的东西比我们以往所知的更多。我们知道，决定国防、国内治安和其他公共物品的供给水平问题，是所有人都可能获益的正数和博弈。以多数规则形成一个内阁，是一种零和博弈，其中肯定有近一半的党派无代表入阁。同一制度和投票规则不可能最佳地同时解决这两个问题。①

如果我们假设可以把政治制度设计得能准确地显示出对配置效率变化的偏好，那么，仍然存在的问题是，如何解决再分配问题。为了回答这一问题，关键是要认识到，所需要的程序不同于用于配置效率的那些程序。除了这一重大的见解之外，公共选择文献还指出了两种截然不同的思考方向。第一，立宪决策的长期性质所固有的不确定性会诱导人们出于自利，把某些再分配措施和保护公民的自由权体现在宪法之中。通过组织一次充分重视未来地位的不确定性或公正性的立宪大会（例如，批准之后经过几年才让宪法生效）可以提高这类分配的可能性。通过把再分配措施限制在宪法保证的范围上，就可以使议会自由地把注意力集中在配置效率的改进上。

有关多数规则的文献还提出处理再分配性产权问题的第二种方式。当这些问题具有二元性质，且假定人们对两方面都有同等强烈的兴趣时，多数规则就可能是解决分配问题的一种有吸引力的规则。议案是二元的先决条件立即表明需要法院。美国的最高法院已经使用多数规则来解决分配问题（例如，取消各种学校的种族隔离）。一旦人们认识到必须运用一种不同于配置效率改进所使用的程序来解决再分配问题时，就可以设想出其他制度安排。

要在制度上分开配置效率和再分配问题，并允许公民直接决定这些问题，一种可供选择的办法是，把公民的角色限制在选举一个代理人或一组代理人，让代理人决定这些问题。第十章和第十一章模型在这里是贴切的；与阿罗传统的委员会投票文献相比，这类文献包含着对投票结果的一种较为乐观的观点。当投票被限于为获得控制政府或组阁的权利而竞争的两个候选人或两个党派时，两种政纲就存在着一种均衡（第十二章）。这种均衡的特性（帕累托最优、某一具体社会福利函数的最大化）显然并不劣于通过市场所实现的那些特性，也不劣于我们对一种集体选择过程可以合理地要求的特性。这些结论以一种根本不同的眼光来看待集体决策程序的后果。

存在着许多与这种选举竞争模型一致的证据。虽然有关循环的文献指出，过去执政过的候选人总是注定要被击败，但在位候选人一般面对着好

---

① 参见缪勒（1996a，第8—10章）中的进一步讨论。

得多的机会。第十一、十三和十五章评论的证据表明，候选人为赢得选票，利益集团为影响候选人，都会做出极大的努力。政治竞争是实在的，会导致可预测的、稳定的结果，这一结果具有合理的规范特性。韦特曼（1995）更是认为，政治竞争会产生与市场竞争一样的有效率的结果。布雷顿（1996）作了类似的断言，极度强调联邦制度内存在着的政府之间的竞争。

候选人之间的竞争日益采取花钱"买"选票的形式。这些钱来自利益集团，它们寻求"购买"立法。在政治竞争所要最大化的社会福利函数中，赋予个人效用的权数，取决于该人所属的各个利益集团的资源和组织技巧。虽然选票竞争过程也许会实现各种各样的福利最大化，但由此产生的均衡并不必然让所有的人都满足于均衡时他们的利益在社会福利函数中所分配到的权重。

况且，候选人所花费的钱并不是真的购买选票。这种钱购买的是电视中的广告节目、标语、公告和徽章、民意测试者、游说者、顾问。这种钱购买的是全部的工具，这些工具是现代市场营销学有能力设计出来的，目的是用于影响一个人在选举日如何投票。但最终还是投票者做出的决策决定着选举的结果。这些结果的质量取决于这种选择的质量。

对政治的理性分析方法的一个重要含义是，如果假设个人投票会影响到选举结果，在此假设基础上预测人们会去投票的话，一个人去投票就是非理性的。假若肯定这种含义的话，就必须把投票行为解释为是出于个人的某种动机，而不是出于与选举结果直接相连的某种东西。已经有几项不依赖如下假设的理论假说提了出来，即假设投票人相信她的一票会"一票定乾坤"。但是，这些假说中没有一个确保投票人收集充足的信息去做出能形成差别的选择。候选人提供给投票人的"信息"也不可能有助于这种选择。候选人的竞争也许会导致定义在某一"议案"空间上的政纲形成均衡集合，但是这些处于竞争中的诸议案的性质是模糊的。因而，通过这种竞争实现的最大化福利的意义，也是模糊的。

候选人竞争模型有助于消除人们对政策空间中存在某种均衡的疑问。然而，这些模型对于竞争在其中展开的政策空间的性质，以及在这种竞争暗含着要使之最大化的福利函数中个人偏好能得到的权重，提出了疑问。更一般地说，他们建议，在公共选择的研究中，强调的重点需要从政治过程的产出转移到其投入，从对总体过程的质量的强调转向对将被汇总的诸

选择的质量的强调。① 大多数公共选择文献已经分析了每个人的投票获得
同等的重视且所有投票者都对诸议案有充足信息的各种程序的结果。但在
代议民主制中，确定代表的规则和竞争的性质会给各选民利益集团以极其
不同的权重，但对他们的表达和说明却常常很糟糕。

　　因此，公共选择中的许多重要问题还需要作进一步的探索。在其最初
40 年中，已经产生了丰富的成果。大部分成果看起来是对政治制度如何
运转和失灵的颇令人沮丧的描述。但我已经尝试着说明，公共选择文献也
有较为亮丽的一面。文献的有些部分对政治制度何时和为什么运转得很
好，提供了深刻的见解。其他部分提出了各种改善政治制度绩效的建议。
在某种程度上，这后一部分文献将会显得有点类似于乌托邦。而且确实如
此。但是当今瑞士和美国的宪制政府在生活于中世纪欧洲的一个诸侯看来
有点类似于乌托邦的味道，即便在当今生活在专制国家和其他非民主形式
的政府体制下的某些公民看来，也肯定是乌托邦。

　　的确，最具有乌托邦意味的是这样的观念：知识是累积性的；从对过
去错误地认识中，我们可以设计出将能避免未来犯类似错误的制度。公共
选择会给我们提供这种知识。因为这一原因，我仍然抱乐观主义的态度：
这一领域将会继续吸引优秀的学者；他们的未来研究成果将具有很高的质
量；这种研究总有一天会有助于改善我们借之自治的民主制度。

---

① 见森（1995）和斯科菲尔德（1996b）。

参考文献

Aaron, Henry and George M. von Furstenberg, "The Inefficiency of Transfers in Kind," *Western Economic Journal* 9, June 1971, 184–91.

Abramovitz, Moses, "Notes on International Differences in Productivity Growth Rates," in D. C. Mueller, ed., 1983, 79–89.

Abramowitz, Alan I., "Explaining Senate Election Outcomes," *American Political Science Review* 82, June 1988, 385–403.

Abrams, Burton A. and James L. Butkiewicz, "The Influence of State-Level Economic Conditions on the 1992 U.S. Presidential Election," *Public Choice* 85, October 1995, 1–10.

Abrams, Burton A. and Kenneth A. Lewis, "Cultural and Institutional Determinants of Economic Growth: A Cross-Sectional Analysis," *Public Choice* 83, June 1995, 273–89.

Abrams, Burton A. and Russell F. Settle, "A Modest Proposal for Election Reform," *Public Choice* 28, Winter 1976, 37–53.

Abrams, Burton A. and Russell F. Settle, "Women's Suffrage and the Growth of the Welfare State," *Public Choice* 100, September 1999, 289–300.

Abrams, Robert, "The Voter's Paradox and the Homogeneity of Individual Preference Orders," *Public Choice* 26, Summer 1976, 19–27.

Abramson, Paul R. and John H. Aldrich, "The Decline of Electoral Participation in America," *American Political Science Review* 76, September 1982, 502–21.

Acemoglu, Daron and Thierry Verdier, "The Choice between Market Failures and Corruption," *American Economic Review* 90, March 2000, 194–211.

Acheson, K. and J. Chant, "Bureaucratic Theory and the Choice of Central Bank Goals," *Journal of Money, Credit and Banking* 5, 1973, 637–55.

Ackerman, Bruce A., *Social Justice in the Liberal State*, New Haven: Yale University Press, 1980.

Ackerman, Bruce A., *We the People: Transformations*, Cambridge, MA: Harvard University Press, 1998.

Adams, James, "An Assessment of Voting Systems under the Proximity and Directional Models of the Vote," *Public Choice* 98, January 1999, 131–51.

Adams, James, "Multicandidate Equilibrium in American Elections," *Public Choice* 103, June 2000, 297–325.

Adams, James D. and Lawrence W. Kenny, "The Retention of State Governors," *Public Choice* 62, July 1989, 1–13.

Adelman, Irma and Cynthia Morris, *Society, Politics, and Economic Development*, Baltimore: Johns Hopkins University Press, 1973.

Agell, Jonas, Thomas Lindh, and Henry Ohlsson, "Growth and the Public Sector: A Critical Review Essay," *European Journal of Political Economy* 13, February 1997, 33–52.

Aghion, Philippe, Eve Caroli, and Cecilia Garcia-Peñalosa, "Inequality and Economic Growth: The Perspective of the New Growth Theories," *Journal of Economic Literature* 37, December 1999, 1615–60.

Ahlbrandt, Roger S., Jr., "Efficiency in the Provision of Fire Services," *Public Choice* 16, Fall 1973, 1–15.

Ahmed, Sultan and Kenneth V. Greene, "Is the Median Voter a Clear-Cut Winner?: Comparing the Median Voter Theory and Competing Theories in Explaining Local Government Spending," *Public Choice* 105, December 2000, 207–30.

Ahn, T. K., Elinor Ostrom, David Schmidt, Robert Shupp, and James Walker, "Cooperation in PD Games: Fear, Greed, and History of Play," *Public Choice* 106, January 2001, 137–55.

Aivazian, Varouj A. and Jeffrey L. Callen, "The Coase Theorem and the Empty Core," *Journal of Law and Economics* 24, April 1981, 175–81.

Aivazian, Varouj A. and Jeffrey L. Callen, "The Coase Theorem and Transaction Costs: The Core Revisited," mimeo, University of Toronto, 2000.

Akerlof, George A., "The Market for 'Lemons': Qualitative Uncertainty and the Market Mechanism," *Quarterly Journal of Economics* 84, August 1970, 488–500.

Alchian, Armen, "Uncertainty, Evolution and Economic Theory," *Journal of Political Economy* 58, June 1950, 211–21.

Aldrich, John H., "Rational Choice and Turnout," *American Journal of Political Science* 37, 1993, 246–78.

Aldrich, John H., *Why Parties? The Origin and Transformation of Party Politics in America*, Chicago: University of Chicago Press, 1995.

Aldrich, John H., "When is it Rational to Vote?" 1997, in D. C. Mueller, ed., 1997a, 373–90.

Alesina, Alberto, "Macroeconomic Policy in a Two-Party System as a Repeated Game," *Quarterly Journal of Economics* 102, June 1987, 651–78.

Alesina, Alberto, "Macroeconomics and Politics," in S. Fischer, ed., *NBER Macroeconomic Annual 1988*, Cambridge, MA: MIT Press, 1988a, 13–61.

Alesina, Alberto, "Credibility and Policy Convergence in a Two-Party System with Rational Voters," *American Economic Review* 78(4), September 1988b, 796–805.

Alesina, Alberto and Allan Drazen, "Why are Stabilizations Delayed?" *American Economic Review* 81, December 1991, 1170–88.

Alesina, Alberto and Roberto Perotti, "Fiscal Expansions and Adjustments in OECD Countries," *Economic Policy* 21, 1995, 207–48.

Alesina, Alberto and Roberto Perotti, "The Welfare State and Competitiveness," *American Economic Review* 87, December 1997, 921–39.

Alesina, Alberto and Dani Rodrik, "Distributive Politics and Economic Growth," *Quarterly Journal of Economics* 109, May 1994, 465–90.

Alesina, Alberto and Howard Rosenthal, *Partisan Politics, Divided Government and the Economy*, Cambridge: Cambridge University Press, 1995.

Alesina, Alberto, Uriel Roubini with Gerald D. Cohen, *Political Cycles and the Macroeconomy*, Cambridge, MA: MIT Press, 1997.

Alesina, Alberto and Jeffrey Sachs, "Political Parties and the Business Cycle in the US, 1948–1984," *Journal of Money, Credit and Banking* 20, 1988, 63–82.

Alesina, Alberto and Lawrence H. Summers, "Central Bank Independence and Macroeconomic Performance," *Journal of Money, Credit and Banking* 25, 1993, 151–62.

Alexander, Barbara J., "Mechanisms for Rent Transfers: Subcontracting among Military Aircraft Manufacturers," *Public Choice* 91, June 1997, 251–69.

Alger, Dan, "Laboratory Tests of Equilibrium Predictions with Disequilibrium Data," *Review of Economic Studies* 54, 1987, 105–45.

Allen, Stuart D., "The Federal Reserve and the Electoral Cycle," *Journal of Money, Credit and Banking* 18, 1986, 88–94.

Allers, Maarten, Jakob de Haan, and Cees Sterks, "Partisan Influence on the Local Tax Burden in the Netherlands," *Public Choice* 106, March 2001, 351–63.

Al-Marhubi, Fahim and Thomas D. Willett, "The Anti Inflationary Influence of Corporatist Structures and Central Bank Independence: The Importance of the Hump Shaped Hypothesis," *Public Choice* 84, July 1995, 152–62.

Alogoskougis, George S., Ben Lockwood, and Aposlolis Philippopoulos, "Wage Inflation, Electoral Uncertainty and the Exchange Rate Regime: Theory and U.K. Evidence," *Economic Journal* 102, November 1992, 1370–94.

Alogoskougis, George S. and Aposlolis Philippopoulos, "Inflationary Expectations, Political Parties and the Exchange Rate Regime: Greece 1958–89," *European Journal of Political Economy* 8, October 1992, 375–99.

Alt, James E., "The Impact of the Voting Rights Act on Black and White Voter Registration in the South," in C. Davidson and B. Grofman, eds., 1994, 351–77.

Alt, James E. and K. Alec Chrystal, *Political Economics*, Brighton: Wheatsheaf Books, 1983.

Alvarez, R. Michael and Jason L. Saving, "Congressional Committees and the Political Economy of Federal Outlays," *Public Choice* 92, July 1997, 55–73.

Amihud, Yakov and Baruch Lev, "Risk Reduction as a Managerial Motive for Conglomerate Mergers," *Bell Journal of Economics* 12, Autumn 1981, 605–17.

Amy, Douglas J., *Real Choices/New Choices*, New York: Columbia University Press, 1993.

Anand, Sudhir and S. M. R. Kanbur, "The Kuznets Process and the Inequality-Development Relationship," *Journal of Development Economics* 40, 1993, 25–52.

Anderson, Kym, "The Political Market for Government Assistance to Australian Manufacturing Industries," *Economic Record* 56, 1980, 132–44.

Andreoni, James, Brian Erard, and Jonathan Feinstein, "Tax Compliance," *Journal of Economic Literature* 36, June 1998, 818–60.

Ansolabehere, Stephen and James M. Snyder, Jr., "Valence Politics and Equilibrium in Spatial Election Models," *Public Choice* 103, June 2000, 327–36.

Aranson, Peter H., "Federalism at Founding," mimeo, Emory University, Atlanta, 1992a.

Aranson, Peter H., "Federalism: Doctrine against Balance," mimeo, Emory University, Atlanta, 1992b.

Aranson, Peter H. and Peter C. Ordeshook, "Spatial Strategies for Sequential Elections," *Decision-Making*, Columbus: Merrill, 1972.

Aranson, Peter H. and Peter C. Ordeshook, "Regulation, Redistribution, and Public Choice," *Public Choice* 37(1), 1981, 69–100.

Arcelus, Frank and Allan H. Meltzer, "The Effect of Aggregate Economic Variables on Congressional Elections," *American Political Science Review* 69, December 1975a, 1232–65.

Arcelus, Frank and Allan H. Meltzer, "Aggregate Economic Variables and Votes for Congress – Reply," *American Political Science Review* 69, December 1975b, 1266–9.

Arnold, R. Douglas, *Congress and the Bureaucracy: A Theory of Influence*, New Haven: Yale University Press, 1979.

Arrow, Kenneth J., *Social Choice and Individual Values*, 1951, New York: John Wiley & Sons, rev. ed. 1963.

Arrow, Kenneth J., "Uncertainty and the Welfare Economics of Medical Care," *American Economic Review* 53, December 1963, 941–73.

Arrow, Kenneth J., "Some Ordinalist-Utilitarian Notes on Rawls' *Theory of Justice*," *Journal of Philosophy* 70, May 1973, 245–63.

Arrow, Kenneth J. and Robert C. Lind, "Uncertainty and the Evaluation of Public Investment Decisions," *American Economic Review* 60, June 1970, 364–78.

Arrow, Kenneth J. and Tibor Scitovsky, eds., *Readings in Welfare Economics*, Homewood, IL: Richard D. Irwin, 1969.

Asch, Peter, Gary A. Gigliotti, and James A. Polito, "Free Riding with Discrete and Continuous Public Goods: Some Experimental Evidence," *Public Choice* 77, October 1993, 293–305.

Aschauer, David A., "Is Public Expenditure Productive?" *Journal of Monetary Economics* 23, 1989, 177–200.

Ashenfelter, Orley and Stanley Kelley, Jr., "Determinants of Participation in Presidential Elections," *Journal of Law and Economics* 18, December 1975, 695–733.

Asselain, J.-C. and C. Morrison, "The Political Economy of Comparative Growth Rates: The Case of France," in D. C. Mueller, ed., 1983, 157–75.

Atkinson, Anthony B., Lee Rainwater, and Timothy M. Smeeding, *Income Distribution in OECD Countries*, Paris: OECD, 1995.

Atkinson, Scott E. and Robert Halvorsen, "The Relative Efficiency of Public and Private Firms in a Regulated Environment: The Case of U.S. Electric Utilities," *Journal of Public Economics* 29, April 1986, 281–94.

Austen-Smith, David, "Voluntary Pressure Groups," *Economica* 48, May 1981a, 143–53.

Austen-Smith, David, "Party Policy and Campaign Costs in a Multi-Constituency Model of Electoral Competition," *Public Choice* 37(3), 1981b, 389–402.

Austen-Smith, David, "Restricted Pareto Rights," *Journal of Economic Theory* 26, February 1982, 89 -

Austen-Smith, David, "Interest Groups: Money, Information, and Influence," 1997, in D. C. Mueller, ed., 1997a, 296–321.

Austen-Smith, David and Jeffrey S. Banks, "Information Aggregation, Rationality, and the Condorcet Jury Theorem," *American Political Science Review* 90, March 1996, 34–45.

Austen-Smith, David and John R. Wright, "Competitive Lobbying for a Legislator's Vote," *Social Choice and Welfare* 9, 1992, 229–57.

Austen-Smith, David and John R. Wright, "Counteractive Lobbying," *American Journal of Political Science* 38, 1994, 25–44.

Auster, R. D. and M. Silver, *The State as a Firm*, Boston: Kluwer, 1979.

Averch, Harvey and L. L. Johnson, "Behavior of the Firm under Regulatory Constraint," *American Economic Review* 52, December 1962, 1052–69.

Axelrod, Robert, *Conflict of Interest*, Chicago: Markham, 1970.

Axelrod, Robert, *The Evolution of Cooperation*, New York: Basic Books, 1984.

Baack, B. D. and Edward J. Ray, "The Political Economy of Tariff Policy: A Case Study of the United States," *Explorations in Economic History* 20, 1983, 73–93.

Bagheri, Fatholla M. and Nader Habibi, "Political Institutions and Central Bank Independence: A Cross-Country Analysis," *Public Choice* 96, July 1998, 187–204.

Bagnoli, Mark and Michael McKee, "Voluntary Contribution Games: Efficient Private Provision of Public Goods," *Economic Inquiry* 29, 1991, 351–66.

Baharad, Eyal and Shmuel Nitzan, "Alleviating Majority Tyranny through Expression of Preference Intensity," mimeo, Bar Ilan University, 2001.

Baik, Kyung Hwan and Jason F. Shogren, "Strategic Behavior in Contests: Comment," *American Economic Review* 82, March 1992, 359–62.

Baik, Kyung Hwan and Jason F. Shogren, "Competitive-Share Group Formation in Rent-Seeking Contests," *Public Choice* 83, April 1995, 113–26.

Bailey, Martin J., "The Demand-Revealing Process: To Distribute the Surplus," *Public Choice* 91, April 1997, 107–26.

Bailey, Stephen J. and Stephen Connolly, "The Flypaper Effect: Identifying Areas for Further Research," *Public Choice* 95, April 1998, 335–61.

Bails, Dale, "Provision of Transportation Services," *Public Choice* 34(1), 1979, 65–8.

Baldwin, Robert E., *The Political Economy of U.S. Import Policy*, Cambridge, MA: MIT Press, 1985.

Baldwin, Robert E. and Christopher S. Magee, "Is Trade Policy for Sale? Congressional Voting on Recent Trade Bills," *Public Choice* 105, October 2000, 79–101.

Balinsky, M. L. and H. Peyton Young, "Stability, Coalitions and Schisms in Proportional Representation Systems," *American Political Science Review* 72, September 1978, 848–58.

Balinsky, M. L. and H. Peyton Young, *Fair Representation*, New Haven: Yale University Press, 1982.

Balisacan, Arsenio M. and James A. Roumasset, "Public Choice of Economic Policy: The Growth of Agricultural Protection," *Weltwirtschaftliches Archiv, Review of World Economics* 123, 1987, 232–48.

Ball, Richard, "Opposition Backlash and Platform Convergence in a Spatial Voting Model with Campaign Contributions," *Public Choice* 98, March 1999, 269–86.

Ballard, Charles L., John B. Shoven, and John Whalley, "General Equilibrium Computations of the Marginal Welfare Costs of Taxes in the United States," *American Economic Review* 75, March 1985, 128–38.

Banaian, King, Richard C. K. Burdekin, and Thomas D. Willett, "Reconsidering the Principal Components of Central Bank Independence: The More the Merrier?" *Public Choice* 97, October 1998, 1–12.

Barbera, Salvador, "The Manipulation of Social Choice Mechanisms that Do Not Leave 'Too Much' to Chance," *Econometrica* 45, October 1977, 1573–88.

Bardhan, Pranab, "Corruption and Development: A Review of the Issues," *Journal of Economic Literature* 35, September 1997, 1320–46.

Baron, David P., "Government Formation and Endogenous Parties," *American Political Science Review* 87, 1993, 34–48.

Baron, David P., "Electoral Competition with Informed and Uninformed Voters," *American Political Science Review* 88, 1994, 33–47.

Baron, David P. and John Ferejohn, "Bargaining and Agenda Formation in Legislatures," *American Economic Review* 77, May 1987, 303–9.

Barr, James L. and Otto A. Davis, "An Elementary Political and Economic Theory of the Expenditures of Local Governments," *Southern Economic Journal* 33, October 1966, 149–65.

Barro, Robert J., "Government Spending in a Simple Model of Endogenous Growth," *Journal of Political Economy* Supplement 98, 1990, 103–25.

Barro, Robert J., "Economic Growth in a Cross Section of Countries," *Quarterly Journal of Economics* 106, May 1991, 407–43.

Barro, Robert J., "Democracy and Growth," *Journal of Economic Growth* 1, March 1996, 1–27.

Barro, Robert J., *Determinants of Economic Growth: A Cross-Country Empirical Study*, Cambridge, MA: MIT Press, 1997.

Barry, Brian, *Political Argument*, London: Routledge and Kegan Paul, 1965.

Barry, Brian, *Sociologists, Economists, and Democracy*, London: Collier-Macmillan, 1970.

Barry, Brian, "Lady Chatterley's Lover and Doctor Fischer's Bomb Party: Liberalism, Pareto Optimality, and the Problem of Objectionable Preferences," in J. Elster and A. Hylland, eds., 1986, 11–43.

Barry, Brian, *Theories of Justice*, Berkeley: University of California Press, 1989.

Barzel, Yoram, "Private Schools and Public School Finance," *Journal of Political Economy* 81, January 1973, 174–86.

Barzel, Yoram and Robert T. Deacon, "Voting Behavior, Efficiency, and Equity," *Public Choice* 21, Spring 1975, 1–14.

Barzel, Yoram and E. Silberberg, "Is the Act of Voting Rational?" *Public Choice* 16, Fall 1973, 51–8.

Basuchoudhary, Atin, Paul Pecorino, and William F. Shughart, II, "Reversal of Fortune; The Politics and Economics of the Superconducting Supercollider," *Public Choice* 100, September 1999, 185–201.

Baumol, William J., *Business Behavior, Value and Growth*, New York: Macmillan, 1959; rev. ed. 1967a.

Baumol, William J., *Welfare Economics and the Theory of the State*, 2nd ed., Cambridge, MA: Harvard University Press, 1967b.

Baumol, William J., "On Taxation and the Control of Externalities," *American Economic Review* 62, June 1972, 307–22.

Baye, Michael R., Dan Kovenock, and Casper G. de Vries, "Rigging the Lobbying Process: An Application of the All-Pay Auction," *American Economic Review* 83, March 1993, 289–94.

Baye, Michael R., Dan Kovenock, and Casper G. de Vries, "The Solution to the Tullock Rent-Seeking Game when R > 2: Mixed-Strategy Equilibria and Mean Dissipation Rates," *Public Choice* 81, December 1994, 363–80.

Baye, Michael R., Dan Kovenock, and Casper G. de Vries, "The Incidence of Overdissipation in Rent-Seeking Contests," *Public Choice* 99, June 1999, 439–54.

Beard, Charles A., *An Economic Interpretation of the Constitution of the United States*, New York: Macmillan, 1913; reprinted 1941.

Beck, Nathaniel, "The Paradox of Minimax Regret," *American Political Science Review* 69, September 1975, 918.

Beck, Nathaniel, "Does There Exist a Business Cycle: A Box-Tiao Analysis," *Public Choice* 38(2), 1982a, 205–9.

Beck, Nathaniel, "Parties, Administrations, and American Macroeconomic Outcomes," *American Political Science Review* 76, March 1982b, 83–93.

Beck, Nathaniel, "Presidential Influence on the Federal Reserve in the 1970s," *American Journal of Political Science* 26, 1982c, 415–45.

Beck, Nathaniel, "Domestic Sources of American Monetary Policy: 1955–82," *Journal of Politics* 46, 1984, 786–871.

Beck, Nathaniel, "Elections and the FED: Is There a Political Monetary Cycle?" *American Journal of Political Science* 31, 1987, 194–216.

Beck, R. L. and T. M. Connolly, "Some Empirical Evidence on Rent Seeking," *Public Choice* 87, April 1996, 19–33.

Becker, E., "The Illusion of Fiscal Illusion: Unsticking the Flypaper Effect," *Public Choice* 86, 1996, 85–102.

Becker, Edmund R. and Frank A. Sloan, "Hospital Ownership and Performance," *Economic Inquiry* 23, January 1985, 21–36.

Becker, Gary S., "Comment" (on Peltzman, 1976), *Journal of Law and Economics* 19, August 1976, 245–8.

Becker, Gary S., "A Theory of Competition among Pressure Groups for Political Influence," *Quarterly Journal of Economics* 98, August 1983, 371–400.

Becker, Gilbert, "The Public Interest Hypothesis Revisited: A New Test of Peltzman's Theory of Regulation," *Public Choice* 49(3), 1986, 223–34.

Beetsma, Roel M. W. J. and Frederick van der Ploeg, "Does Inequality Cause Inflation?: The Political Economy of Inflation, Taxation and Government Debt," *Public Choice* 87, April 1996, 143–62.

Bell, Daniel, *Coming of Post-Industrial Society*, New York: Basic Books, 1973.

Bell, R., D. V. Edwards, and R. H. Wagner, eds., *Political Power*, New York: Free Press, 1969.

Bender, Bruce, "An Analysis of Congressional Voting on Legislation Limiting Congressional Campaign Expenditures," *Journal of Political Economy* 96, October 1988, 1005–21.

Bender, Bruce, "The Influence of Ideology on Congressional Voting," *Economic Inquiry* 29, July 1991, 416–28.

Bender, Bruce and John R. Lott, Jr., "Legislator Voting and Shirking: A Critical Review of the Literature," *Public Choice* 87, April 1996, 67–100.

Bendor, Jonathan, Serge Taylor, and Roland van Gaalen, "Bureaucratic Expertise versus Legislative Authority: A Model of Deception and Monitoring in Budgeting," *American Political Science Review* 79, December 1985, 1041–60.

Bennett, Elaine and David Conn, "The Group Incentive Properties of Mechanisms for the Provision of Public Goods," *Public Choice* 29-2 (special supplement), Spring 1977, 95–102.

Bennett, James T. and Manuel H. Johnson, "Public versus Private Provision of Collective Goods and Services: Garbage Collection Revisited," *Public Choice* 34(1), 1979, 55–64.

Bennett, James T. and Manuel H. Johnson, "Tax Reduction without Sacrifice: Private-Sector Production of Public Services," *Public Finance Quarterly* 8, October 1980a, 363–96.

Bennett, James T. and Manuel H. Johnson, *The Political Economy of Federal Government Growth, 1959–1978*, College Station: Texas A&M University Press, 1980b.

Bennett, Randall W. and Christine Loucks, "Savings and Loan and Finance Industry PAC Contributions to Incumbent Members of the House Banking Committee," *Public Choice* 79, April 1994, 83–104.

Bennett, Randall W. and Clark Wiseman, "Economic Performance and U.S. Senate Elections, 1958–86," *Public Choice* 69, February 1991, 93–100.

Benson, Bruce L. and M. D. Faminow, "The Impact of Experience on Prices and Profits in Experimental Duopoly Markets," *Journal of Economic Behavior and Organization* 9, 1988, 345–65.

Bental, Benjamin and Uri Ben-Zion, "Political Contributions and Policy: Some Extensions," *Public Choice* 19, Winter 1975, 1–12.

Bentley, A. F., *The Process of Government*, Chicago: University of Chicago Press, 1907.

Ben-Yashar, Ruth and Shmuel I. Nitzan, "The Optimal Decision Rule for Fixed Size Committees in Dichotomous Choice Situations – The General Result," *International Economic Review* 38, February 1997, 175–87.

Ben-Zion, Uri and Zeev Eyton, "On Money, Votes, and Policy in a Democratic Society," *Public Choice* 17, Spring 1974, 1–10.

Berg, Sven, "Condorcet's Jury Theorem, Dependency among Jurors," *Social Choice and Welfare* 10, 1993, 87–95.

Berger, Helge and Ulrich Woitek, "Searching for Political Business Cycles in Germany," *Public Choice* 91, April 1997, 179–97.

Berggren, Niclas, "Economic Freedom and Equality: Friends or Foes?" *Public Choice* 100, September 1999, 203–23.

Berglas, Eitan, "On the Theory of Clubs," *American Economic Review* 66(2), May 1976, 116–21.

Bergman, Torbjörn, Wolfgang Müller, and Kaare Strøm, eds., "Parliamentary Democracy and the Chain of Delegation," *European Journal of Political Research* 37, May 2000, 255–429.

Bergson, Abram, "A Reformulation of Certain Aspects of Welfare Economics," *Quarterly Journal of Economics* 52(7), February 1938, 314–44.

Bergson, Abram, "On the Concept of Social Welfare," *Quarterly Journal of Economics* 68, May 1954, 233–53.

Bergstrom, Theodore C., "When Does Majority Rule Supply Public Goods Efficiently," *Scandinavian Journal of Economics* 81, October 1979, 217–26.

Bergstrom, Theodore C. and Robert P. Goodman, "Private Demands for Public Goods," *American Economic Review* 63, June 1973, 280–96.

Bernholz, Peter, "Logrolling, Arrow Paradox and Cyclical Majorities," *Public Choice* 15, Summer 1973, 87–95.

Bernholz, Peter, "Logrolling, Arrow Paradox and Decision Rule – A Generalization," *Kyklos* 27, 1974a, 49–61.

Bernholz, Peter, *Grundlagen der Politischen Ökonomie*, vol. 2, Tübingen: Mohr Siebeck, 1974b.

Bernholz, Peter, "Is a Paretian Liberal Really Impossible?" *Public Choice* 20, Winter 1974c, 99–107.

Bernholz, Peter, "Logrolling and the Paradox of Voting: Are They Logically Equivalent?" *American Political Science Review* 69, September 1975, 961–2.

Bernholz, Peter, "Prisoner's Dilemma, Logrolling and Cyclical Group Preferences," *Public Choice* 29, Spring 1977, 73–84.

Bernholz, Peter, "On the Stability of Logrolling Outcomes in Stochastic Games," *Public Choice* 33(3), 1978, 65–82.

Bernholz, Peter, "The Constitution of Totalitarianism," *Journal of Institutional and Theoretical Economics* 147, September 1991, 425–40.

Bernholz, Peter, "Property Rights, Contracts, Cyclical Social Preferences, and the Coase Theorem: A Synthesis," *European Journal of Political Economy* 13, 1997a, 419–42.

Bernholz, Peter, "Ideology, Sects, State and Totalitarianism: A General Theory," in H. Maier and M. Schäfer, eds., *Totalitarismus und Politische Religionen*, Paderborn: Ferdinand Schöningh, 1997b, 271–98.

Bernholz, Peter, "The Generalized Coase Theorem and Separable Individual Preferences: A Comment," mimeo, University of Basel, 1998.

Berry, W.O. and D. Lowery, "The Growing Cost of Government: A Test of Two Explanations," *Social Science Quarterly* 65, September 1984, 735–49.

Besley, Timothy and Anne Case, "Does Electoral Accountability Affect Economic Policy Choices? Evidence from Gubernatorial Term Limits," *Quarterly Journal of Economics* 110, August 1995, 769–98.

Besley, Timothy and Stephen Coate, "Public Provision of Private Goods and the Redistribution of Income," *American Economic Review* 81, September 1991, 979–84.

Besley, Timothy and Stephen Coate, "An Economic Model of Representative Democracy," *Quarterly Journal of Economics* 112, February 1997, 85–114.

Bhagwati, Jagdish N., "Directly Unproductive, Profit-seeking (DUP) Activities," *Journal of Political Economy* 90, October 1982, 988–1002.

Bhagwati, Jagdish and Peter Rosendorff, eds., *Readings in the Political Economy of Trade Policy*, Cambridge, MA: MIT Press, 2001.

Bhagwati, Jagdish N. and T. N. Srinivasan, "Revenue Seeking: A Generalization of the Theory of Tariffs," *Journal of Political Economy* 88, December 1980, 1069–87.

Bhattacharyya, D. K. and Robert W. Wassmer, "Fiscal Dynamics and Local Elected Officials," *Public Choice* 83, June 1995, 221–49.

Binmore, Ken, *Game Theory and the Social Contract, I: Playing Fair*, Cambridge, MA: MIT Press, 1994.

Binmore, Ken, *Game Theory and the Social Contract, II: Just Playing*, Cambridge, MA: MIT Press, 1998.

Black, Duncan, "On the Rationale of Group Decision Making," *Journal of Political Economy* 56, February 1948a, 23–34; reprinted in K. J. Arrow and T. Scitovsky, 1969, 133–46.

Black, Duncan, "The Decisions of a Committee Using a Special Majority," *Econometrica* 16, 1948b, 245–61.

Black, Duncan, *The Theory of Committees and Elections*, Cambridge: Cambridge University Press, 1958.

Blais, André, "The Debate Over Electoral Systems," *International Political Science Review* 12, 1991, 239–60.

Blais, André and R. K. Carty, "The Effectiveness of the Plurality Rule," *British Journal of Political Science* 18, 1988, 550–3.

Blais, André and R. K. Carty, "Does Proportional Representation Foster Voter Turnout?" *European Journal of Political Research* 18, 1990, 167–81.

Blais, André and Richard Nadeau, "The Electoral Budget Cycle," *Public Choice* 74(4), December 1992, 389–403.

Blais, André and Robert Young, "Why Do People Vote? An Experiment in Rationality," *Public Choice* 99, April 1999, 39–55.

Blais, André, Robert Young, Christopher Fleury, and Miriam Lapp, "Do People Vote on the Basis of Minimax Regret?" *Political Research Quarterly* 48, December 1995, 827–36.

Blank, Rebecca M., "The Impact of State Economic Differentials on Household Welfare and Labor Force Behavior," *Journal of Urban Economics* 24, 1988, 186–211.

Blankart, Charles B., "The Process of Government Centralization: A Constitutional View," *Constitutional Political Economy* 11(1), March 2000, 27–39.

Blau, J. H., "A Direct Proof of Arrow's Theorem," *Econometrica* 40, January 1972, 61–7.

Blau, J. H. and R. Deb, "Social Decision Functions and the Veto," *Econometrica* 45, May 1977, 871–9.

Blin, Jean-Marie and M. A. Satterthwaite, "Individual Decisions and Group Decisions," *Journal of Public Economics* 10, October 1978, 247–67.

Bloom, Howard S., "Public Choice and Private Interest: Explaining the Vote for Property Tax Classification in Massachusetts," *National Tax Journal* 32, December 1979, 527–34.

Bloom, Howard S. and H. Douglas Price, "Voter Response to Short-Run Economic Conditions: The Asymmetric Effect of Prosperity and Recession," *American Political Science Review* 69, December 1975, 1266–76.

Boardman, Anthony E. and Aidan R. Vining, "Ownership and Performance in Competitive Environments: A Comparison of the Performance of Private, Mixed and State-owned Enterprises," *Journal of Law and Economics* 32(1), April 1989, 1–33.

Bohara, Alok K. and William H. Kaempfer, "A Test of Tariff Endogeneity in the United States," *American Economic Review* 81, September 1991, 952–60.

Bohm, Peter, "Estimating Demand for Public Goods: An Experiment," *European Economic Review* 3, March 1972, 111–30.

Borcherding, Thomas E., ed., *Budgets and Bureaucrats: The Sources of Government Growth*, Durham: Duke University Press, 1977.

Borcherding, Thomas E., "The Causes of Government Expenditure Growth: A Survey of the U.S. Evidence," *Journal of Public Economics* 28, December 1985, 359–82.

Borcherding, Thomas E., and Robert T. Deacon, "The Demand for the Services of Non-Federal Governments," *American Economic Review* 62, December 1972, 891–901.

Borcherding, Thomas E., W. C. Bush, and R. M. Spann, "The Effects of Public Spending on the Divisibility of Public Outputs in Consumption, Bureaucratic Power, and the Size of the Tax-Sharing Group," 1977b, in T. E. Borcherding, 1977a, 211–28.

Borcherding, Thomas E., Werner W. Pommerehne, and Friedrich Schneider, "Comparing the Efficiency of Private and Public Production: The Evidence from Five Countries," *Zeitschrift für Nationalökomie* 89, 1982, 127–56.

Bordley, Robert F., "A Pragmatic Method for Evaluating Election Schemes through Simulation," *American Political Science Review* 77, March 1983, 123–41.

Borglin, Anders, "States and Persons – On the Interpretation of Some Fundamental Concepts in the Theory of Justice as Fairness," *Journal of Public Economics* 18, June 1982, 85–104.

Borooah, Vani K. and Vidya Borooah, "Economic Performance and Political Popularity in the Republic of Ireland," *Public Choice* 67, October 1990, 65–79.

Borooah, Vani K. and F. van der Ploeg, *Political Aspects of the Economy*, Cambridge: Cambridge University Press, 1983.

Bös, Dieter and Martin Kolmar, "Anarchy, Efficiency, and Redistribution," *Journal of Public Economics*, forthcoming.

Bowen, H. R., "The Interpretation of Voting in the Allocation of Economics Resources," *Quarterly Journal of Economics* 58, February 1943, 27–48; reprinted in K. J. Arrow and T. Scitovsky, 1969, 115–32.

Bowler, Shaun and Bernard Grofman, eds., *Elections in Australia, Ireland, and Malta under the Single Transferable Vote*, Ann Arbor: University of Michigan Press, 2000a.

Bowler, Shaun and Bernard Grofman, "Introduction: STV as an Imbedded Institution," 2000b, in S. Bowler and B. Grofman, eds., 2000a, 1–14.

Bowles, Samuel and John Eatwell, "Between Two Worlds: Interest Groups, Class Structure, and Capitalist Growth," in D. C. Mueller, ed., 1983, 217–30.

Brady, David and Edward P. Schwartz, "Ideology and Interests in Congressional Voting: The Politics of Abortion in the U.S. Senate," *Public Choice* 84, July 1995, 25–48.

Brainard, S. Lael and Thierry Verdier, "The Political Economy of Declining Industries: Senescent Industry Collapse Revisited," *Journal of International Economics* 42, February 1997, 221–37.

Braithwaite, R. B., *Theory of Games as a Tool for the Moral Philosopher*, Cambridge: Cambridge University Press, 1955.

Brams, Steven J., *Game Theory and Politics*, New York: Free Press, 1975.

Brams, Steven J. and Peter C. Fishburn, "Approval Voting," *American Political Science Review* 72, September 1978, 831–47.

Brams, Steven J. and Peter Fishburn, *Approval Voting*, Boston: Birkhäuser, 1983.

Brams, Steven J., Peter C. Fishburn, and Samuel Merrill, III, "The Responsiveness of Approval Voting: Comments on Saari and van Newenhizen," *Public Choice* 59, November 1988, 121–31.

Brennan, Geoffrey and James M. Buchanan, *The Power to Tax: Analytical Foundations of a Fiscal Constitution*, Cambridge: Cambridge University Press, 1980.

Brennan, Geoffrey and James M. Buchanan, "Voter Choice: Evaluating Political Alternatives," *American Behavioral Scientist* 28, November/December 1984, 185–201.

Brennan, Geoffrey and James M. Buchanan, *The Reason of Rules*, Cambridge: Cambridge University Press, 1985.

Brennan, Geoffrey and Alan Hamlin, *Democratic Devices and Desires*, Cambridge: Cambridge University Press, 2000.

Brennan, Geoffrey and Loren Lomasky, *Democracy and Decision*, Cambridge: Cambridge University Press, 1993.

Brennan, Geoffrey and Cliff Walsh, "A Monopoly Model of Public Goods Provision: The Uniform Pricing Case," *American Economic Review* 71, March 1981, 196–206.

Breton, Albert, *The Economic Theory of Representative Government*, Chicago: Aldine, 1974.

Breton, Albert, *Competitive Governments*, Cambridge: Cambridge University Press, 1996.

Breton, Albert and Gianluigi Galeotti, "Is Proportional Representation Always the Best Electoral Rule?" *Public Finance* 40(1), 1985, 1–16.

Breton, Albert and Anthony Scott, *The Economic Constitution of Federal States*, Toronto: University of Toronto Press, 1978.

Breton, Albert and Ronald Wintrobe, "The Equilibrium Size of a Budget Maximizing Bureau," *Journal of Political Economy* 83, February 1975, 195–207.

Breton, Albert and Ronald Wintrobe, *The Logic of Bureaucratic Control*, Cambridge: Cambridge University Press, 1982.

Breyer, Friedrich, "Sen's Paradox with Decisiveness over Issues in Case of Liberal Preferences," *Zeitschrift für Nationalökonomie* 37(1–2), 1977, 45–60.

Breyer, Friedrich, "On the Existence of Equilibria in a Three-party System with Plurality Voting," in M. J. Holler, ed., *The Logic of Multiparty Systems*, Dordrecht: Kluwer, 1987, 113–28.

Breyer, Friedrich, "Can Reallocation of Rights Help Avoid the Paretian-Liberal Paradox?" *Public Choice* 65, June 1990, 267–71.

Breyer, Friedrich, "Comment on the Papers by Buchanan and by de Jasay and Kliemt," *Analyse & Kritik* 18, September 1996, 148–52.

Brittan, Samuel, "The Economic Contradictions of Democracy," *British Journal of Political Science* 5, April 1975, 129–59.

Brody, R. A. and B. I. Page, "Indifference, Alienation and Rational Decisions," *Public Choice* 15, Summer 1973, 1–17.

Brooks, Michael A. and Ben J. Heijdra, "In Search of Rent-Seeking," mimeo, University of Tasmania, 1986.

Brown, D. J., *Acyclic Choice*, New Haven: Cowles Foundation, 1973.

Brown, D. J., "Aggregation of Preferences," *Quarterly Journal of Economics* 89, August 1975, 456–69.

Brown, T. A. and A. A. Stein, "The Political Economy of National Elections," *Comparative Politics* 14, 1982, 479–99.

Browne, Eric C., John P. Frendreis, and Dennis W. Gleiber, "The Process of Cabinet Dissolution: An Exponential Model of Duration and Stability in Western Democracies," *American Journal of Political Science* 30, 1986, 628–50.

Browning, Edgar K., "On the Marginal Welfare Cost of Taxation," *American Economic Review* 77, March 1987, 11–23.

Browning, Edgar K., "Inequality and Poverty," *Southern Economic Journal* 55, April 1989, 819–30.

Brubaker, Earl R., "On the Margolis 'Thought Experiment', and the Applicability of Demand-Revealing Mechanisms to Large-Group Decisions," *Public Choice* 41(2), 1983, 315–9.

Brubaker, Earl R., "Efficient Allocation and Unanimous Consent with Incomplete Demand Disclosures," *Public Choice* 48(3), 1986, 217–27.

Brueckner, Jan K., "A Test for Allocative Efficiency in the Local Public Sector," *Journal of Public Economics* 19, December 1982, 311–31.

Brueckner, Jan K., "Welfare Reform and the Race to the Bottom: Theory and Evidence," *Southern Economic Journal* 66, January 2000, 505–25.

Brunner, Karl, "Reflections on the Political Economy of Government: The Persistent Growth of Government," *Schweizerische Zeitschrift für Volkswirtschaft und Statistik* 114, September 1978, 649–80.

Buchanan, James M., "The Pure Theory of Government Finance: A Suggested Approach," *Journal of Political Economy* 57, December 1949, 496–506.

Buchanan, James M., "Federalism and Fiscal Equity," *American Economic Review* 40, September 1950, 538–600.

Buchanan, James M., "Federal Grants and Resource Allocation," *Journal of Political Economy* 60, June 1952, 201–17.

Buchanan, James M., "Social Choice, Democracy, and Free Markets," *Journal of Political Economy* 62, April 1954a, 114–23.

Buchanan, James M., "Individual Choice in Voting and the Market," *Journal of Political Economy* 62, August 1954b, 334–43.

Buchanan, James M., "An Economic Theory of Clubs," *Economica* 32, February 1965a, 1–14.

Buchanan, James M., "Ethical Rules, Expected Values, and Large Numbers," *Ethics* 76, October 1965b, 1–13.

Buchanan, James M., "An Individualistic Theory of Political Process," in D. Easton, ed., *Varieties of Political Theory*, Englewood Cliffs, NJ: Prentice-Hall, 1966, 25–37.

Buchanan, James M., *Public Finance in a Democratic Process: Fiscal Institutions and the Individual Choice*, Chapel Hill: University of North Carolina Press, 1967.

Buchanan, James M., "Notes for an Economic Theory of Socialism," *Public Choice* 8, Spring 1970, 29–43.

Buchanan, James M., "Principles of Urban-Fiscal Strategy," *Public Choice* 11, Fall 1971, 1–6.

Buchanan, James M., *The Limits of Liberty: Between Anarchy and Leviathan*, Chicago: University of Chicago Press, 1975a.

Buchanan, James M., "Public Finance and Public Choice," *National Tax Journal* 28, December 1975b, 383–94.

Buchanan, James M., "A Hobbesian Interpretation of the Rawlsian Difference Principle," *Kyklos* 29, 1976, 5–25.

Buchanan, James M., "Why Does Government Grow?" in Borcherding, 1977a, 3–18.

Buchanan, James M., "Rent Seeking and Profit Seeking," in J. M. Buchanan, R. D. Tollison, and G. Tullock, 1980, 3–15.

Buchanan, James M., *Liberty, Market and State*, New York: New York University Press, 1986.

Buchanan, James M., *The Economics and the Ethics of Constitutional Order*, Ann Arbor: University of Michigan Press, 1991.

Buchanan, James M., "An Ambiguity in Sen's Alleged Proof of the Impossibility of a Pareto Libertarian," *Analyse & Kritik* 18, September 1996, 118–25.

Buchanan, James M. and Roger D. Congleton, *Politics by Principle, Not Reason*, Cambridge: Cambridge University Press, 1998.

Buchanan, James M. and C. J. Goetz, "Efficiency Limits of Fiscal Mobility: An Assessment of the Tiebout Model," *Journal of Public Economics* 1, April 1972, 25–43.

Buchanan, James M. and W. C. Stubblebine, "Externality," *Economica* 29, November 1962, 371–84; reprinted in K. J. Arrow and T. Scitovsky, 1969, 199–212.

Buchanan, James M., Robert D. Tollison, and Gordon Tullock, eds., *Toward a Theory of the Rent-Seeking Society*, College Station: Texas A&M Press, 1980.

Buchanan, James M. and Gordon Tullock, *The Calculus of Consent*, Ann Arbor: University of Michigan Press, 1962.

Buchanan, James M. and Richard E. Wagner, "An Efficiency Basis for Federal Fiscal Equalization," in J. Margolis, ed., *The Analysis of Public Output*, New York: National Bureau of Economic Research, 1970.

Buchanan, James M. and Richard E. Wagner, *Democracy in Deficit*, New York: Academic Press, 1977.

Buckwell, A., David R. Harvey, Kenneth J. Thomson, and Kenn A. Parton, *The Costs of the Common Agricultural Policy*, London: Croom House, 1982.

Budge, Ian, *Parties, Policies and Democracies*, Boulder, CO: Westview Press, 1994.

Budge, Ian, David Robertson, and Derek Hearl, eds., *Democracy, Strategy and Party Change*, Cambridge: Cambridge University Press, 1987.

Budge, Ian, David Robertson, and Derek Hearl, *Ideology, Strategy and Party Change*, Cambridge: Cambridge University Press, 1997.

Bundesrechnungshof, Bemerkungen des Bundesrechnungshofs zur Bundeshaushaltsrechnung (einschließlich Bundesvermögensrechnung) für das Haushaltsjahr 1972, Bundestagsdrucksache 7/2709, 110–111.

Bundesregierung Deutschland, Agrarbericht 1976, Bundestagsdrucksache 7/4680, pp. 63–65; Bundestagsdrucksache 7/4681, p. 146.

Burns, Michael E. and Cliff Walsh, "Market Provision of Price-excludable Public Goods: A General Analysis," *Journal of Political Economy* 89, February 1981, 166–91.

Bush, Winston C., Individual Welfare in Anarchy, in G. Tullock, ed., *Explorations in the Theory of Anarchy*, Blacksburg: Center for the Study of Public Choice, 1972, 5–18.

Bush, Winston C. and L. S. Mayer, "Some Implications of Anarchy for the Distribution of Property," *Journal of Economic Theory* 8, August 1974, 401–12.

Calcagno, Peter T. and John D. Jackson, "Political Action Committee Spending and Senate Roll Call Voting," *Public Choice* 97, December 1998, 569–85.

Calvert, R., "Robustness of the Multidimensional Voting Model: Candidates' Motivations, Uncertainty, and Convergence," *American Journal of Political Science* 29, 1985, 69–95.

Calvert, R., *Models of Imperfect Information in Politics*, Chur: Harwood Academic Publishers, 1986.

Cameron, Charles M., *Veto Bargaining*, Cambridge: Cambridge University Press, 2000.

Cameron, David R., "The Expansion of the Public Economy: A Comparative Analysis," *American Political Science Review* 72, December 1978, 1243–61.

Campbell, A., P. E. Converse, W. E. Miller, and D. E. Stokes, *The American Voter*, New York: Wiley, 1964.

Campbell, Colin D., "New Hampshire's Tax-Base Limits: An Example of the Leviathan Model," *Public Choice* 78, February 1994, 129–44.

Campbell, D. E., "On the Derivation of Majority Rule," *Theory and Decision* 14, June 1982, 133–40.

Caplin, Andrew and Barry Nalebuff, "On 64%-Majority Rule," *Econometrica* 56, July 1988, 787–814.

Caplin, Andrew and Barry Nalebuff, "Aggregation and Voter Choice: A Mean Voter Theorem," *Econometrica* 59, January 1991, 1–23.

Caporale, Tony and Kevin B. Grier, "A Political Model of Monetary Policy with Applications to the Real Fed Funds Rate," *Journal of Law and Economics* 41, October 1998, 409–28.

Capron, Henri and Jean-Louis Kruseman, "Is Political Rivalry an Incentive to Vote?" *Public Choice* 56, January 1988, 31–43.

Carlsen, Fredrik, "Opinion Polls and Political Business Cycles: Theory and Evidence for the United States," *Public Choice* 92, September 1997, 389–406.

Carroll, Kathleen A., "Industrial Structure and Monopoly Power in the Federal Bureaucracy: An Empirical Analysis," *Economic Inquiry* 27, October 1989, 683–703.

Carroll, Kathleen A., "Bureau Competition and Efficiency," *Journal of Economic Behavior and Organization* 13, January 1990, 21–40.

Carson, R. T. and Joe A. Oppenheimer, "A Method of Measuring the Personal Ideology of Political Representatives," *American Political Science Review* 78, March 1984, 163–78.

Carstairs, Andrew McLaren, *A Short History of Electoral Systems in Western Europe*, London: Allen & Unwin, 1980.

Carter, John R. and Stephen D. Guerette, "An Experimental Study of Expressive Voting," *Public Choice* 73, April 1992, 251–60.

Caves, Douglas W. and Laurits R. Christensen, "The Relative Efficiency of Public and Private Firms in a Competitive Environment: The Case of Canadian Railroads," *Journal of Political Economy* 88, October 1980, 958–76.

Caves, Richard E., "Economic Models of Political Choice: Canada's Tariff Structure," *Canadian Journal of Economics* 9, May 1976, 278–300.

Cebula, Richard J., *The Determinants of Human Migration*, Lexington: Lexington Books, 1979.

Cebula, Richard J., "A Brief Empirical Note on the Tiebout Hypothesis and State Income Tax Policies," *Public Choice* 67, October 1990, 87–9.

Cebula, Richard J., "A Brief Note on Welfare Benefits and Human Migration," *Public Choice* 69, March 1991, 345–9.

Cebula, Richard J. and Milton Z. Kafoglis, "A Note on the Tiebout-Tullock Hypothesis: The Period 1975–1980," *Public Choice* 48(1), 1986, 65–9.

Cebula, Richard J. and James V. Koch, "Welfare Policies and Migration of the Poor in the United States: An Empirical Note," *Public Choice* 61, May 1989, 171–6.

Cebula, Richard J. and D. R. Murphy, "The Electoral College and Voter Participation Rates: An Exploratory Note," *Public Choice* 35(2), 1980, 185–90.

Chamberlin, John R. and Paul N. Courant, "Representative Deliberations and Representative Decisions: Proportional Representation and the Borda Rule," *American Political Science Review* 77, September 1983, 718–33.

Chant, John F. and Keith Acheson, "The Choice of Monetary Instruments and the Theory of Bureaucracy," *Public Choice* 12, 1972, 13–33.

Chant, John F. and Keith Acheson, "Mythology and Central Banking," *Kyklos* 26, 1973, 362–79.

Chapman, Randall G. and Kristian S. Palda, "Electoral Turnout in Rational Voting and Consumption Perspectives," *Journal of Consumer Research* 9, March 1983, 337–46.

Chapman, Randall G. and Kristian S. Palda, "Assessing the Influence of Campaign Expenditures on Voting Behavior within a Comprehensive Electoral Market Model," *Marketing Science* 3, 1984, 207–26.

Chappell, Henry W., Jr., "Campaign Contributions and Voting on the Cargo Preference Bill: A Comparison of Simultaneous Models," *Public Choice* 36(2), 1981, 301–12.

Chappell, Henry W., Jr., "Campaign Contributions and Congressional Voting. A Simultaneous Probit-Tobit Model," *Review of Economics and Statistics* 64, February 1982, 77–83.

Chappell, Henry W., Jr. and William R. Keech, "Party Differences in Macroeconomic Policies and Outcomes," *American Economic Review* 76, May 1986, 71–4.

Chappell, Henry W., Jr. and William R. Keech, "The Unemployment Rate Consequences of Partisan Monetary Policies," *Southern Economic Review* 55, 1988, 107–22.

Chernick, Howard A., "An Economic Model of the Distribution of Public Grants," in P. Mieszkowski and W. H. Oakland, eds., *Fiscal Federalism and Grants-in-Aid*, Washington, D.C.: Urban Institute, 1979, 81–103.

Choi, Kwang, "A Statistical Test of Olson's Model," in D. C. Mueller, ed., 1983, 57–78.

Chong, Dennis, "Rational Choice Theory's Mysterious Rivals," in J. Fiedman, ed., 1996, 37–57.

Chressanthis, George A. and Stephen D. Shaffer, "Economic Performance and U.S. Senate Elections: A Comment," *Public Choice* 75, March 1993, 263–77.

Chrystal, Alec K. and James E. Alt, "Some Problems in Formulating and Testing a Politico-Economic Model of the U.K.," *Economic Journal* 91, September 1981, 730–6.

Chu, C. Y. Cyrus and Wen-Fang Liu, "A Dynamic Characterization of Rawls' Maximin Principle: Theory and Applications," *Constitutional Political Economy* 12, September, 2001, 255–72.

Chubb, John E., "Institutions, the Economy, and the Dynamics of State Elections," *American Political Science Review* 82, March 1988, 133–54.

Chubb, John E. and Terry M. Moe, *Politics, Markets, and America's Schools*, Washington, D.C.: Brookings Institution, 1990.

Clague, Christopher, Philip Keefer, Stephen Knack, and Mancur Olson, Jr., "Property and Contract Rights in Autocracies and Democracies," *Journal of Economic Growth* 1, 1996, 243–76.

Clark, Kenneth and Martin Sefton, "The Sequential Prisoner's Dilemma: Evidence on Reciprocation," *Economic Journal* 111, January 2001, 51–68.

Clarke, Edward H., "Multipart Pricing of Public Goods," *Public Choice* 11, Fall 1971, 17–33.

Clarke, Edward H., "Multipart Pricing of Public Goods: An Example," in S. Mushkin, ed., *Public Prices for Public Products*, Washington, D.C.: The Urban Institute, 1972, 125–30.

Clarke, Edward H., "Some Aspects of the Demand-Revealing Process," *Public Choice* 29-2 (special supplement), Spring 1977, 37–49.

Clarkson, Kenneth W., "Some Implications of Property Rights in Hospital Management," *Journal of Law and Economics* 15, October 1972, 363–84.

Clarr, Victor V., "An Incentive-Compatibility Approach to the Problem of Monitoring a Bureaucrat," *Public Finance Review* 26, November 1998, 599–610.

Clotfelter, C. J., *Public Spending for Higher Education*, College Park: University of Maryland Press, 1976.

Clotfelter, Charles T., *Federal Tax Policy and Charitable Giving*, Chicago: University of Chicago Press, 1985.

Coase, Ronald H., "The Nature of the Firm," *Economica* 4, November 1937, 386–405; reprinted in K. E. Boulding and G. J. Stigler, *Readings in Price Theory*, Homewood, IL: Irwin, 1952, 331–51.

Coase, Ronald H., "The Problem of Social Cost," *Journal of Law and Economics* 3, October 1960, 1–44.

Coate, Malcolm B., Richard S. Higgins, and Fred S. McChesney, "Bureaucracy and Politics in FTC Merger Challenges," *Journal of Law and Economics* 33, October 1990, 463–82.

Coates, Dennis, "Electoral Support and the Capture of Legislators: Evidence from North Carolina's Vote on Radioactive Waste Disposal," *RAND Journal of Economics* 26, Autumn 1995, 502–18.

Coates, Dennis, "Additional Incumbent Spending Really Can Harm (at Least Some) Incumbents: An Analysis of Vote Share Maximization," *Public Choice* 95, April 1998, 63–87.

Coates, Dennis, "The Effects of Campaign Spending on Electoral Outcomes: A Data Envelopment Analysis," *Public Choice* 99, April 1999, 15–37.

Coates, Dennis and Michael Munger, "Legislative Voting and the Economic Theory of Politics," *Southern Economic Journal* 61, January 1995, 861–72.

Coggins, Jay S. and C. Federico Perali, "64% Majority Rule in Ducal Venice: Voting for the Doge," *Public Choice* 97, December 1998, 709–23.

Cohen, Linda R., "Cyclic Sets in Multidimensional Voting Models," *Journal of Economic Theory* 20, February 1979, 1–2.

Cohen, Linda R. and Roger G. Noll, *The Technology Pork Barrel*, Washington, D.C.: Brookings Institution, 1991.

Coleman, James S., "Foundations for a Theory of Collective Decisions," *American Journal of Sociology* 71(1), May 1966a, 615–27.

Coleman, James S., "The Possibility of a Social Welfare Function," *American Economic Review* 56, December 1966b, 1105–22.

Coleman, James S., "Political Money," *American Political Science Review* 64, December 1970, 1074–87.

Coleman, James S., "Internal Processes Governing Party Positions in Elections," *Public Choice* 11, Fall 1971, 35–60.

Coleman, James S., "The Positions of Political Parties in Elections," in R. G. Niemi and H. F. Weisberg, eds., *Probability Models of Collective Decision-Making*, Columbus: Merrill, 1972.

Coleman, James S., "Recontracting, Trustworthiness, and the Stability of Vote Exchange," *Public Choice* 40(1), 1983, 89–94.

Coleman, Jules L., *Markets, Morals and the Law*, Cambridge: Cambridge University Press, 1988.

Collins, John N. and Bryan T. Downes, "The Effect of Size on the Provision of Public Services: The Case of Solid Waste Collection in Smaller Cities," *Urban Affairs Quarterly* 12, March 1977, 333–47.

Comanor, William S., "The Median Voter Rule and the Theory of Political Choice," *Journal of Public Economics* 5, January/February 1976, 169–77.

Comanor, William S. and Harvey Leibenstein, "Allocative Efficiency, X-Efficiency and the Measurement of Welfare Losses," *Economica* 36, August 1969, 304–9.

Congleton, Roger D., "Evaluating Rent-Seeking Losses: Do the Welfare Gains of Lobbyists Count?" *Public Choice* 56(2), February 1988, 181–4.

Congleton, Roger D., "Campaign Finances and Political Platforms: The Economics of Political Controversy," *Public Choice* 62, August 1989, 101–18.

Congleton, Roger D., "Rational Ignorance, Rational Voter Expectations, and Public Policy: A Discrete Informational Foundation for Fiscal Federalism," *Public Choice* 107, April 2001, 35–64.

Congleton, Roger D. and Randall W. Bennett, "On the Political Economy of State Highway Expenditures: Some Evidence of the Relative Performance of Alternative Public Choice Models," *Public Choice* 84, July 1995, 1–24.

Congleton, Roger D. and Bernard Steunenberg, "Voter Discernment and Entry in Pluralitarian Election," *Public Choice* 95, June 1998, 287–305.

Congressional Quarterly, *Gubernatorial Elections 1787–1997*, Washington, D.C., 1998.

Conn, David, "The Scope of Satisfactory Mechanisms for the Provision of Public Goods," *Journal of Public Economics* 20, March 1983, 249–63.

Conway, Karen Smith and Andrew J. Houtenville, "Do the Elderly 'Vote with Their Feet'?" *Public Choice* 97, December 1998, 663–85.

Cooter, Robert D., *The Strategic Constitution*, Princeton: Princeton University Press, 2000.

Cornes, Richard and Todd Sandler, *The Theory of Externalities, Public Goods and Club Goods*, Cambridge: Cambridge University Press, 1986.

Coughlin, Cletus C., "Domestic Content Legislation: House Voting and the Economics of Regulation," *Economic Inquiry* 23, July 1985, 437–48.

Coughlin, Peter, "Pareto Optimality of Policy Proposals with Probabilistic Voting," *Public Choice* 39(3), 1982, 427–33.

Coughlin, Peter, "Expectations about Voter Choices," *Public Choice* 44(1), 1984, 49–59.

Coughlin, Peter, "Elections and Income Redistribution," *Public Choice* 50(1–3), 1986, 27–99.

Coughlin, Peter, *Probabilistic Voting Theory*, Cambridge: Cambridge University Press, 1992.

Coughlin, Peter, Dennis C. Mueller, and Peter Murrell, "A Model of Electoral Competition with Interest Groups," *Economic Letters* 32, 1990, 307–11.

Coughlin, Peter and Shmuel Nitzan, "Electoral Outcomes with Probabilistic Voting and Nash Social Welfare Maxima," *Journal of Public Economics* 15, 1981a, 113–22.

Coughlin, Peter and Shmuel Nitzan, "Directional and Local Electoral Equilibria with Probabilistic Voting," *Journal of Economic Theory* 24, April 1981b, 226–39.

Courant, Paul N., Edward M. Gramlich, and Daniel L. Rubinfeld, "The Stimulative Effects of Intergovernmental Grants: Or Why Money Sticks Where It Hits," in P. Mieszkowski and W. H. Oakland, eds., *Fiscal Federalism and Grants-in-Aid*, Washington, D.C.: Urban Institute, 1979, 5–21.

Courant, Paul N., Edward M. Gramlich, and Daniel L. Rubinfeld, "Why Voters Support Tax Limitations Amendments: The Michigan Case," *National Tax Journal* 33, 1980, 1–20.

Courbois, Jean-Pierre, "The Effect of Predatory Rent Seeking on Household Saving and Portfolio Choices: A Cross Section Analysis," *Public Choice* 70, June 1991, 251–65.

Coursey, D. L., Elizabeth Hoffman, and Matthew L. Spitzer, "Fear and Loathing in the Coase Theorem: Experimental Tests Involving Physical Discomfort," *Journal of Legal Studies* 16, January 1987, 217–48.

Cowling, Keith and Dennis C. Mueller, "The Social Costs of Monopoly Power," *Economic Journal* 88, December 1978, 727–48.

Cox, Gary W., "Electoral Equilibrium under Approval Voting," *American Journal of Political Science* 29, 1985, 112–18.

Cox, Gary W., "Electoral Equilibrium under Alternative Voting Systems," *American Journal of Political Science* 31, 1987, 82–108.

Cox, Gary W., *Making Votes Count*, Cambridge: Cambridge University Press, 1997.

Cox, Gary W., "The Empirical Content of Rational Choice Theory," *Journal of Theoretical Politics* 11, 1999, 147–69.

Cox, Gary W. and Richard McKelvey, "A Ham Sandwich Theorem for General Measures," *Social Choice and Welfare* 1, 1984, 75–83.

Cox, Gary W. and Michael C. Munger, "Closeness, Expenditures, and Turnout in the 1988 U.S. House Elections," *American Political Science Review* 83, 1989, 217–31.

Crain, W. Mark and Thomas H. Deaton, "A Note on Political Participation as Consumption Behavior," *Public Choice* 32, Winter 1977, 131–5.

Crain, W. Mark, Thomas H. Deaton, and Robert D. Tollison, "Macroeconomic Determinants of the Vote in Presidential Elections," *Public Finance Quarterly* 6, October 1978, 427–38.

Crain, W. Mark, D. R. Leavens, and L. Abbot, "Voting and Not Voting at the Same Time," *Public Choice* 53, 1987, 221–9.

Crain, W. Mark and Robert D. Tollison, "Campaign Expenditures and Political Competition," *Journal of Law and Economics* 19, April 1976, 177–88.

Crain, W. Mark and Asghar Zardkoohi, "A Test of the Property-Rights Theory of the Firm: Water Utilities in the United States," *Journal of Law and Economics* 21, October 1978, 395–408.

Craven, John, "Liberalism and Individual Preferences," *Theory and Decision* 14, December 1982, 351–60.

Crombez, Christopher, "Legal Procedures in the European Community," *British Journal of Political Science* 26, 1996, 199–228.

Crombez, Christopher, "Policy Making and Commission Appointment in the EU," *Aussenwirtschaft* 52, June 1997. 63–82.

Crozier, Michel, *The Bureaucratic Phenomenon*, Chicago: University of Chicago Press, 1964.

Cukierman, Alex, *Central Bank Strategy, Credibility, and Independence: Theory and Evidence*, Cambridge, MA: MIT Press, 1992.

Cukierman, Alex and Steven B. Webb, "Political Influence on the Central Bank: International Evidence," *World Bank Economic Review* 9, 1995, 397–423.

Cusack, Thomas R., "Partisan Politics and Public Finance: Changes in Public Spending in the Industrialized Countries, 1955–1989," *Public Choice* 91, June 1997, 375–95.

Cyert, Richard M. and James G. March, *A Behavioral Theory of the Firm*, Englewood Cliffs, NJ: Prentice-Hall, 1963.

Dahl, Robert A., *Who Governs? Democracy and Power in an American City*, New Haven: Yale University Press, 1961.

Dahl, Robert A., "The Concept of Power," *Behavioral Science* 2, 1957, 201–15; reprinted in R. Bell, D. V. Edwards, and R. H. Wagner, 1969, 79–93.

Dahlman, Carl J., "The Problem of Externality," *Journal of Law and Economics* 22, April 1979, 141–62.

Daniels, Norman, ed., *Reading Rawls*, New York: Basic Books, 1974.

Darvish, Tikva and Jacob Rosenberg, "The Economic Model of Voter Participation: A Further Test," *Public Choice* 56, February 1988, 185–92.

Das, Sanghamitra and Satye P. Das, "Quantitative Assessment of Tariff Endogeneity," *Economic Letters* 44, 1994, 139–46.

Dasgupta, P., "Well-Being and the Extent of Its Realization in Poor Countries," *Economic Journal* 100, 1990, 1–32.

D'Aspremont, Claude and Louis Gevers, "Equity and the Informational Basis of Collective Choice," *Review of Economic Studies* 44, 1977, 199–209.

Datta, Samar K. and Jeffrey B. Nugent, "Adversary Activities and Per Capita Income Growth," mimeo, University of Southern California, 1985.

Davidson, Audrey B., Elynor D. Davis, and Robert B. Ekelund, Jr., "Public Choice and the Child Labor Statute of 1938: Public Interest or Interest Group Legislation?" *Public Choice* 82, January 1995, 85–106.

Davidson, Chandler and Bernard Grofman, eds., *Quiet Revolution in the South*, Princeton: Princeton University Press, 1994.

Davidson, Lawrence S., Michele Fratianni, and Jürgen von Hagen, "Testing the Satisficing Version of the Political Business Cycle 1905–1984," *Public Choice* 73, January 1992, 21–35.

Davies, David G., "The Efficiency of Public Versus Private Firms: The Case of Australia's Two Airlines," *Journal of Law and Economics* 14, April 1971, 149–65.

Davies, David G., "Property Rights and Economic Efficiency: The Australian Airlines Revisited," *Journal of Law and Economics* 20, April 1977, 223–6.

Davies, David G., "Property Rights and Economic Behavior in Private and Government Enterprises: The Case of Australia's Banking System," *Research in Law and Economics* 3, 1981, 111–42.

Davies, David G. and P. F. Brucato, Jr., "Property Rights and Transaction Costs: Theory and Evidence on Privately-Owned and Government-Owned Enterprises, *Journal of Institutional and Theoretical Economics* 143, March 1987, 7–22.

Dávila, Alberto, José A. Pagán, and Montserrat Viladrich Grau, "Immigration Reform, the INS, and the Distribution of Interior and Border Enforcement Resources," *Public Choice* 99, June 1999, 327–45.

Davis, Douglas D. and Charles A. Holt, *Experimental Economics*, Princeton: Princeton University Press, 1993.

Davis, J. R., "On the Incidence of Income Redistribution," *Public Choice* 8(1), Spring 1970, 63–74.

Davis, Otto A., M. H. DeGroot, and Melvin J. Hinich, "Social Preference Orderings and Majority Rule," *Econometrica* 40, January 1972, 147–57.

Davis, Otto A. and G. H. Haines, Jr., "A Political Approach to a Theory of Public Expenditures: The Case of Municipalities," *National Tax Journal* 19, September 1966, 259–75.

Davis, Otto A., Melvin J. Hinich, and Peter C. Ordeshook, "An Expository Development of a Mathematical Model of the Electoral Process," *American Political Science Review* 64, June 1970, 426–48.

Deacon, Robert T., "Private Choice and Collective Outcomes: Evidence from Public Sector Demand Analysis," *National Tax Journal* 30, December 1977a, 371–86.

Deacon, Robert T., "Review of the Literature on the Demand for Public Services," in National Conference on Nonmetropolitan Community Services Research, paper prepared for U.S. Senate, Committee on

Agriculture, Nutrition and Forestry, 95th Congress, July 12, 1977b, Washington, D.C.: U.S. Government Printing Office, 207–30.

Deacon, Robert T., "A Demand Model for the Local Public Sector," *Review of Economics and Statistics* 60, May 1978, 184–92.

Deacon, Robert T., "The Expenditure Effect of Alternative Public Supply Institutions," *Public Choice* 34(3–4), 1979, 381–98.

de Borda, J. C., *Memorie sur les Elections au Scrutin*, Paris: Historie de l'Academie Royale des Sciences, 1781.

de Condorcet, Marquis, *Essai sur l'Application de L'Analyse à la Probabilité des Décisions Rendues à la Pluraliste des Voix*, Paris, 1785.

de Haan, Jakob and Clemens L. J. Siermann, "A Sensitivity Analysis of the Impact of Democracy on Economic Growth," *Empirical Economics* 20, 1995, 197–215.

de Haan, Jakob and Clemens L. J. Siermann, "Central Bank Inflation and Political Stability in Developing Countries," *Journal of Policy Reform* 1, 1996, 135–47.

de Haan, Jakob and Clemens L. J. Siermann, "Further Evidence on the Relationship between Economic Freedom and Economic Growth," *Public Choice* 95, June 1998, 363–80.

de Haan, Jakob and Jan-Egbert Sturm, "Political and Institutional Determinants of Fiscal Policy in the European Community," *Public Choice* 80, July 1994, 157–72.

de Haan, Jakob and Jan-Egbert Sturm, "On the Relationship between Economic Freedom and Economic Growth," *European Journal of Political Economy* 10, 2000, 215–41.

de Haan, Jakob, Jan-Egbert Sturm, and Geert Beekhuis, "The Weak Government Thesis: Some New Evidence," *Public Choice* 101, December 1999, 163–76.

de Haan, Jakob and Gert Jan van 't Hag, "Variation in Central Bank Independence across Countries: Some Provisional Empirical Evidence," *Public Choice* 85, December 1995, 335–51.

Deininger, K. and L. Squire, "A New Data Set Measuring Income Inequality," *World Bank Economic Review* 10, 1996, 565–91.

de Jasay, Anthony and Hartmut Kliemt, "The Paretian Liberal, His Liberties and His Contracts," *Analyse & Kritik* 18, September 1996, 126–47.

de Jouvenal, B., "The Chairman's Problem," *American Political Science Review* 55, June 1961, 368–72.

Delorme, Charles D., Jr., W. Scott Frame, and David R. Kamerschen, "Empirical Evidence on a Special-Interest-Group Perspective to Antitrust," *Public Choice* 92, 1997, 317–35.

DeMeyer, F. and Charles Plott, "The Probability of a Cyclical Majority," *Econometrica* 38, March 1970, 345–54.

DeMeyer, F. and Charles Plott, "A Welfare Function Using Relative Intensity of Preference," *Quarterly Journal of Economics* 85, February 1971, 179–86.

DeNardo, James, *Power in Numbers: The Political Strategy of Protest and Rebellion*, Princeton: Princeton University Press, 1985.

Dennis, J., "Support for the Institution of Elections by the Mass Public," *American Political Science Review* 64, September 1970, 269–80.

Deno, Kevin T. and Stephen Mehay, "Municipal Management Structure and Fiscal Performance: Do City Managers Make a Difference?" *Southern Economic Journal* 53, January 1987, 627–42.

Denzau, Arthur and Kevin Grier, "Determinants of Local School Spending: Some Consistent Estimates," *Public Choice* 44(2), 1984, 375–83.

Denzau, Arthur and Amoz Kats, "Expected Plurality Voting Equilibrium and Social Choice Functions," *Review of Economic Studies* 44, June 1977, 227–33.

Denzau, Arthur T. and Robert J. Mackay, "Gatekeeping and Monopoly Power of Committees: An Analysis of Sincere and Sophisticated Behavior," *American Journal of Political Science* 27, 1983, 740–61.

Denzau, Arthur and Michael Munger, "Legislators and Interest Groups: How Unorganized Interests Get Represented," *American Political Science Review* 80, 1986, 89–106.

de Palma, A., Gap-Seon Hong, and J.-F. Thisse, "Equilibria in Multi-Party Competition under Uncertainty," *Social Choice and Welfare* 7, 1990, 247–59.

de Swaan, Abram, *Coalition Theories and Cabinet Formations*, Amsterdam: Elsevier, 1973.

de Swaan, Abram, "A Classification of Parties and Party Systems According to Coalitional Options," *European Journal of Political Research* 3, 1975, 361–75.

de Swaan, Abram and Robert J. Mokken, "Testing Coalition Theories: The Combined Evidence," in L. Lewin and E. Vedung, eds., *Politics as Rational Action*, Dordrecht: Reidel, 1980, 199–215.

Detken, Carsten and Manfred Gärtner, "Governments, Trade Unions and the Macroeconomy: An Expository Analysis of the Political Business Cycle," *Public Choice* 73, January 1992, 37–53.

De Vanssay, Xavier and Z. A. Spindler, "Freedom and Growth: Do Constitutions Matter?" *Public Choice* 78, March 1994, 359–72.

Diamond, Peter, "Cardinal Welfare, Individualistic Ethics, and Interpersonal Comparisons of Utility: A Comment," *Journal of Political Economy* 75, October 1967, 765–6.

Diermeier, Daniel, "Rational Choice and the Role of Theory in Political Science," in J. Friedman, ed., 1996, 59–70.

Di Lorenzo, Thomas J. and Ralph Robinson, "Managerial Objectives Subject to Political Market Constraints: Electric Utilities in the U.S.," *Quarterly Review of Economics and Business* 22, Summer 1982, 113–25.

Dinkel, H., *Ein Politisches-Ökonomisches Modell der Bundesrepublik*, Tübingen: J.C.B. Mohr, 1982.

Dixit, Avinash, "Strategic Behavior in Contests," *American Economic Review* 77, December 1987, 891–8.

Dixit, Avinash and Mancur Olson, "Does Voluntary Participation Undermine the Coase Theorem?" *Journal of Public Economics* 76, June 2000, 309–35.

Dodge, David R., "Impact of Tax, Transfer and Expenditure Policies of Government on the Distribution of Personal Income in Canada," *Review of Income and Wealth* 21, March 1975, 1–52.

Dodgson, C. L., *A Method of Taking Votes on More than Two Issues*, 1876; reprinted in Black, 1958, 224–34.

Dougan, William R., "Tariffs and the Economic Theory of Regulation," *Research in Law and Economics* 6, 1984, 187–210.

Dougan, William R. and Michael C. Munger, "The Rationality of Ideology," *Journal of Law and Economics* 32, 1989, 119–42.

Dougan, William R. and James M. Snyder, "Are Rents Fully Dissipated?" *Public Choice* 77, December 1993, 793–813.

Douglas, George W. and James C. Miller, III, *Domestic Airline Regulation: Theory and Policy*, Washington, D.C.: Brookings Institution, 1974.

Dow, Jay K. and James W. Endersby, "Campaign Contributions and Legislative Voting in the California Assembly," *American Politics Quarterly* 22, 1994, 334–53.

Dow, Jay K., James W. Endersby, and Charles E. Menifield, "The Industrial Structure of the California Assembly: Committee Assignments, Economic Interests, and Campaign Contributions," *Public Choice* 94, January 1998, 67–83.

Dowding, Keith and Peter John, "Exiting Behavior under Tiebout Conditions: Towards a Predictive Model," *Public Choice* 88, September 1996, 393–406.

Dowding, Keith, Peter John, and S. Biggs, "Tiebout: A Survey of the Empirical Literature," *Urban Studies* 31, 1994, 767–97.

Downs, Anthony, *An Economic Theory of Democracy*, New York: Harper & Row, 1957.

Downs, Anthony, "In Defense of Majority Voting," *Journal of Political Economy* 69, April 1961, 192–9.

Downs, Anthony, *Inside Bureaucracy*, Boston: Little, Brown, 1967.

Drazen, Allan, *Political Economy in Macroeconomics*, Princeton: Princeton University Press, 2000.

Drèze, Jacques and D. de la Vallée Poussin, "A Tâtonnement Process for Public Goods," *Review of Economic Studies* 38, April 1971, 133–50.

Dryzek, John and Robert E. Goodin, "Risk-Sharing and Social Justice: The Motivational Foundations of the Post-War Welfare State," *British Journal of Political Science* 16, January 1986, 1–34.

Duncombe, William, Jerry Miner, and John Ruggiero, "Empirical Evaluation of Bureaucratic Models of Inefficiency," *Public Choice* 93, October 1997, 1–18.

Durden, Garey C. and Patricia Gaynor, "The Rational Behavior Theory of Voting Participation: Evidence for the 1970 and 1982 Elections," *Public Choice* 53, 1987, 231–42.

Duverger, Maurice, *Political Parties: Their Organization and Activity in the Modern State*, New York: Wiley, 1954.

Dye, Thomas R., "Taxing, Spending and Economic Growth in American States," *Journal of Politics* 42, November 1980, 1085–1107.

Easterly, William and Sergio Rebelo, "Fiscal Policy and Economic Growth: An Empirical Investigation," *Journal of Monetary Economics* 32, December 1993, 417–58.

Eavey, Cheryl L. and Gary J. Miller, "Bureaucratic Agenda Control: Imposition or Bargaining?" *American Political Science Review* 78, September 1984, 719–33.

Eberts, R. W. and T. J. Gronberg, "Jurisdictional Homogeneity and the Tiebout Hypothesis," *Journal of Urban Economics* 10, September 1981, 227–39.

Edel, Matthew and Elliott Sclar, "Taxes, Spending, and Property Values: Supply Adjustment in a Tiebout-Oates Model," *Journal of Political Economy* 82, September/October 1974, 941–54.

Edin, Per-Anders and Henry Ohlsson, "Political Determinants of Budget Deficits: Coalition Effects versus Minority Effects," *European Economic Review* 35, December 1991, 1597–1603.

Edwards, Franklin R. and Barbara J. Stevens, "The Provision of Municipal Sanitation by Private Firms: An Empirical Analysis of the Efficiency of Alternative Market Structures and Regulatory Arrangements," *Journal of Industrial Economics* 27, December 1978, 133–47.

Eichenberger, Reiner and Felix Oberholzer-Gee, "Rational Moralists: The Role of Fairness in Democratic Economic Politics," *Public Choice* 94, January 1997, 191–210.

Eisner, M. A. and K. J. Meier, "Presidential Control Versus Bureaucratic Power," *American Journal of Political Science* 34, 1990, 269–87.

Ekelund, Robert B., Jr., Robert F. Hébert, Robert D. Tollison, Gary M. Anderson, and Audrey B. Davidson, *Sacred Trust: The Medieval Church as an Economic Firm*, Oxford: Oxford University Press, 1996.

Elazar, Daniel J., *American Federalism: A View from the States*, New York: Crowell, 1966.

Election Research Center, *America Votes, 1984*, Washington, D.C., 1985.

Ellickson, Brian, "A Generalization of the Pure Theory of Public Goods," *American Economic Review* 63, June 1973, 417–32.

Elster, Jon, *Political Psychology*, Cambridge: Cambridge University Press, 1993.

Elster, J. and A. Hylland, eds., *Foundations of Social Choice Theory*, Cambridge: Cambridge University Press, 1986.

Elvik, Rune, "Explaining the Distribution of State Funds for National Road Investments between Counties in Norway: Engineering Standards or Vote Trading," *Public Choice* 85, December 1995, 371–88.

Enelow, James M., "An Expanded Approach to Analyzing Policy-Minded Candidates," *Public Choice* 74(4), December 1992, 425–45.

Enelow, James M., "Cycling and Majority Rule," 1997, in D. C. Mueller, ed., 1997a, 149–62.

Enelow, James M. and Melvin J. Hinich, *The Spatial Theory of Voting*, Cambridge: Cambridge University Press, 1984.

Enelow, James M. and Melvin J. Hinich, "A General Probabilistic Spatial Theory of Elections," *Public Choice* 61, May 1989, 101–13.

Enelow, James M. and Melvin J. Hinich, "A Test of the Predictive Dimensions Model in Spatial Voting Theory," *Public Choice* 78, February 1994, 155–69.

Enelow, James M. and David H. Koehler, "Vote Trading in a Legislative Context: An Analysis of Cooperative and Noncooperative Strategic Voting," *Public Choice* 34(2), 1979, 157–75.

Epple, Dennis and Thomas Romer, "Mobility and Redistribution," *Journal of Political Economy* 99, August 1991, 828–58.

Epple, Dennis, Allan Zelenitz, and Michael Visscher, "A Search for Testable Implications of the Tiebout Hypothesis," *Journal of Political Economy* 86, June 1978, 405–25.

Epstein, David and Sharyn O'Halloran, *Delegating Powers*, Cambridge: Cambridge University Press, 1999.

Escarraz, D.R., "Wicksell and Lindahl: Theories of Public Expenditure and Tax Justice Reconsidered," *National Tax Journal* 20, June 1967, 137–48.

Etzioni, Amitai, "The Case for a Multiple Utility Conception," mimeo, George Washington University, 1986.

Fair, Ray C., "The Effect of Economic Events on Votes for President," *Review of Economics and Statistics* 60, May 1978, 159–73.

Fair, Ray C., "The Effect of Economic Events on Votes for President: 1980 Results," *Review of Economics and Statistics* 64, May 1982, 322–5.

Faith, Roger L., D. L. Leavens, and Robert D. Tollison, "Antitrust Pork Barrel," *Journal of Law and Economics* 25, October 1982, 329–42.

Farnham, Paul G., "The Impact of Citizen Influence on Local Government Expenditures," *Public Choice* 64, March 1990, 201–12.

Farquharson, R., *Theory of Voting*, New Haven: Yale University Press, 1969.

Feddersen, Timothy J., Itai Sened, and Stephen G. Wright, "Rational Voting and Candidate Entry under Plurality Rule," *American Journal of Political Science* 34, 1990, 1005–16.

Feenstra, Robert C. and Tracy R. Lewis, "Distributing the Gains from Trade with Incomplete Information," *Economics and Politics* 3, March 1991, 21–39.

Feige, Edgar L., ed., *The Underground Economies*, Cambridge: Cambridge University Press, 1989a.

Feige, Edgar L., "The Meaning and Measurement of the Underground Economy," 1989b, in E. L. Feige, ed., 1989a, 13–56.

Feigenbaum, Susan and Ronald Teeples, "Public versus Private Water Delivery: A Hedonic Cost Approach," *Review of Economics and Statistics* 65, November 1983, 672–8.

Feld, Scott L. and Bernard Grofman, "The Borda Count in n-Dimensional Issue Space," *Public Choice* 59, November 1988, 167–76.

Feld, Scott L., Bernard Grofman, Richard Hartly, Marc Kilgour, Nicholas Miller, and Nicholas Noviello, "The Uncovered Set in Spatial Voting," *Theory and Decision* 23, 1987, 129–55.

Feldman, Alan, "Manipulating Voting Procedures," *Economic Inquiry* 17, July 1979, 452–74.

Ferejohn, John, *Pork Barrel Politics: Rivers and Harbors Legislation, 1947–1968*, Stanford: Stanford University Press, 1974.

Ferejohn, John A., "Incumbent Performance and Electoral Control," *Public Choice* 50(1–3), 1986, 5–25.

Ferejohn, John A. and Morris P. Fiorina, "The Paradox of Not Voting: A Decision Theoretic Analysis," *American Political Science Review* 68, June 1974, 525–36.

Ferejohn, John A. and Morris P. Fiorina, "Closeness Counts Only in Horseshoes and Dancing," *American Political Science Review* 69, September 1975, 920–5.

Ferejohn, John, R. Forsythe, and Roger Noll, "Practical Aspects of the Construction of Decentralized Decision-Making Systems for Public Goods," in C. S. Russell, ed., *Collective Decision Making*, Baltimore: Johns Hopkins University Press, 1979.

Ferejohn, John, Jack N. Rakove, and Jonathan Riley, eds., *Constitutional Culture and Democratic Rule*, Cambridge: Cambridge University Press, 2001.

Ferejohn, John A. and Debra Satz, "Unification, Universalism, and Rational Choice Theory," in J. Friedman, ed., 1996, 71–84.

Ferejohn, John A. and Barry R. Weingast, "Limitation of Statutes: Strategic Statutory Interpretation," *The Georgetown Law Journal* 80, 1992a, 565–82.

Ferejohn, John A. and Barry R. Weingast, "A Positive Theory of Statutory Interpretation," *International Review of Law and Economics* 12, June 1992b, 263–79.

Ferris, J. Stephen and Edwin G. West, "Testing Theories of Real Government Size: U.S. Experience, 1959–89," *Southern Economic Journal* 62, January 1996, 537–53.

Ferris, J. Stephen and Edwin G. West, "The Cost Disease and Government Growth: Qualifications to Baumol," *Public Choice* 89, October 1996, 35–52.

Ferris, J. Stephen and Edwin G. West, "Cost Disease versus Leviathan Explanations of Rising Government Cost: An Empirical Investigation," *Public Choice* 98, March 1999, 307–16.

Fielding, David, "Social and Economic Determinants of English Voter Choice in the 1997 General Election," *Public Choice* 102, March 2000, 271–95.

Figlio, David N., "Political Shirking, Opponent Quality and Electoral Support," *Public Choice* 103, June 2000, 272–84.

Filer, John E., Lawrence W. Kenny, and Rebecca B. Morton, "Voting Laws, Educational Policies, and Minority Turnout," *Journal of Law and Economics* 34, October 1991, 371–93.

Filer, John E., Lawrence W. Kenny, and Rebecca B. Morton, "Redistribution, Income and Voting," *American Journal of Political Science* 37, February 1993, 63–87.

Filimon, Radu, "Asymmetric Information and Agenda Control," *Journal of Public Economics* 17, February 1982, 51–70.

Filippov, Mikhial, Peter C. Ordeshook, and Olga Shvestova, *Designing Federalism: A Theory of Self-Sustainable Federal Institutions*, mimeo, St. Louis: Washington University, 2001.

Findlay, Ronald J. and Stanislaw Wellisz, "Endogenous Tariffs, the Political Economy of Trade Restrictions and Welfare," in J. N. Bhagwati, ed., *Import Competition and Response*, Chicago: University of Chicago Press, 1982.

Findlay, Ronald J. and Stanislaw Wellisz, "Tariffs, Quotas and Domestic Content Protection: Some Political Economy Considerations," *Public Choice* 50(1–3), 1986, 221–42.

Fine, Benjamin J., "Individual Liberalism in a Paretian Society," *Journal of Political Economy* 83, December 1975, 1277–82.

Finger, J. Michael, H. Keith Hall, and Douglas R. Nelson, "The Political Economy of Administered Protection," *American Economic Review* 72, June 1982, 452–66.

Finney, Louis D., "A Rational Choice Theory of Revolution and Political Violence," Ph.D. dissertation, University of Maryland, 1987.

Finsinger, Jörg, "Competition, Ownership and Control in Markets with Imperfect Information: The Case of the German Liability and Life Insurance Markets," mimeo, International Institute of Management, Berlin, 1981.

Finsinger, Jörg, Elizabeth Hammond, and Julian Tapp, *Insurance: Competition or Regulation*, London: Institute for Fiscal Studies, 1985.

Fiorina, Morris P., "The Voting Decision: Instrumental and Expressive Aspects," *Journal of Politics* 38, 1976, 390–415.

Fiorina, Morris P., "An Outline for a Model of Party Choice," *American Journal of Political Science* 21, August 1977a, 601–25.

Fiorina, Morris P., *Congress: Keystone of the Washington Establishment*, New Haven: Yale University Press, 1977b.

Fiorina, Morris P., "Economic Retrospective Voting in American National Elections: A Micro-Analysis," *American Journal of Political Science* 22, May 1978, 426–43.

Fiorina, Morris P., *Retrospective Voting in American National Elections*, New Haven: Yale University Press, 1981.

Fiorina, Morris P., "Legislative Choice of Regulatory Forms: Legal Process or Administrative Process?" *Public Choice* 39, 1982a, 33–66.

Fiorina, Morris P., "Rational Choice, Empirical Contributions, and the Scientific Enterprise," in J. Friedman, ed., 1996, 85–94.

Fiorina, Morris P., "Voting Behaviour," 1997, in D. C. Mueller, ed., 1997a, 391–414.

Fiorina, Morris P. and Charles R. Plott, "Committee Decisions under Majority Rule: An Experimental Study," *American Political Science Review* 72, June 1978, 575–98.

Fisch, Oscar, "Optimal City Size, the Economic Theory of Clubs and Exclusionary Zoning," *Public Choice* 24, Winter 1975, 59–70.

Fischer, A. J., "A Further Experimental Study of Expressive Voting," *Public Choice* 88, July 1996, 171–84.

Fischer, A. J., "The Probability of Being Decisive," *Public Choice* 101, December 1999, 267–83.

Fischer-Menshausen, H., "Entlastung des Staates durch Privatisierung von Aufgaben," *Wirtschaftsdienst* 55, 1975, 545–52.

Fishback, Price V. and Shawn Everett Kantor, "The Adoption of Workers' Compensation in the United States, 1900–1930," *Journal of Law and Economics* 41, October 1998, 305–41.

Fishburn, Peter C., *The Theory of Social Choice*, Princeton: Princeton University Press, 1973.

Fishburn, Peter C. and Steven J. Brams, "Approval Voting, Condorcet's Principle, and Runoff Elections," *Public Choice* 36(1), 1981a, 89–114.

Fishburn, Peter C. and Steven J. Brams, "Efficiency, Power, and Equity under Approval Voting," *Public Choice* 37(3), 1981b, 425–34.

Fishburn, Peter C. and W. V. Gehrlein, "Social Homogeneity and Condorcet's Paradox," *Public Choice* 35(4), 1980, 403–19.

Fisher, I. W. and G. R. Hall, "Risk and Corporate Rates of Return," *Quarterly Journal of Economics* 83, February 1969, 79–92.

Fisher, Joseph, R. Mark Isaac, Jeffrey W. Schatzenberg, and James M. Walker, "Heterogeneous Demand for Public Goods: Behavior in the Voluntary Contributions Mechanism," *Public Choice* 85, December 1995, 249–66.

Fisher, Ronald C., "Income and Grant Effects on Local Expenditure: The Flypaper Effect and Other Difficulties," *Journal of Urban Economics* 12, November 1982, 324–45.

Flatters, Frank, B. Henderson, and Peter Mieszkowski, "Public Goods, Efficiency, and Regional Fiscal Equalization," *Journal of Public Economics* 3, May 1974, 99–112.

Fleming, M., "A Cardinal Concept of Welfare," *Quarterly Journal of Economics* 66, August 1952, 366–84.

Fleurbaey, Marc and Wulf Gaertner, "Admissibility and Feasibility in Game Forms," *Analyse & Kritik* 18, September 1996, 54–66.

Flowers, Marilyn R., "Shared Tax Sources in a Leviathan Model of Federalism," *Public Finance Quarterly* 16, 1988, 67–77.

Fölster, Stefan and Magnus Henrekson, "Growth and the Public Sector: A Critique of the Critics," *European Journal of Political Economy* 15, June 1999, 337–58.

Fölster, Stefan and Magnus Henrekson, "Growth Effects of Government Expenditure and Taxation in Rich Countries," *European Economic Review* 45, August 2001, 1501–20.

Forsyth, P. J. and R. D. Hocking, "Property Rights and Efficiency in a Regulated Environment: The Case of Australian Airlines," *The Economic Record* 56, June 1980, 182–5.

Fort, Rodney D., "The Median Voter, Setters, and Non-Repeated Construction Bond Issues," *Public Choice* 56(3), March 1988, 213–31.

Fort, Rodney, "A Recursive Treatment of the Hurdles to Voting," *Public Choice* 85, October 1995, 45–69.

Fort, Rodney, William Hallagan, Cyril Morong, and Tesa Stegner, "The Ideological Component of Senate Voting: Different Principles of Different Principals," *Public Choice* 76, June 1993, 39–57.

Foster, Carroll B., "The Performance of Rational Voter Models in Recent Presidential Elections," *American Political Science Review* 78, September 1984, 678–90.

Frank, Robert H., *Passions with Reason: The Strategic Role of the Emotions*, New York: Norton, 1988.

Franzese, Robert J., Jr., "Electoral and Partisan Manipulation of Public Debt in Developed Democracies, 1956–90," in R. A. Strauch and J. von Hagen, eds., 2000, 61–83.

Fraser, J., "Political Participation and Income Level: An Exchange," *Public Choice* 13, Fall 1972, 115–18.

Fratianni, M. and F. Spinelli, "The Growth of Government in Italy: Evidence from 1861 to 1979," *Public Choice* 39 1982, 221–43.

Frech, Harry E., III, "The Property Rights Theory of the Firm: Empirical Results from a Natural Experiment," *Journal of Political Economy* 84, February 1976, 143–52.

Frech, Harry E., III, "The Property Rights Theory of the Firm: Some Evidence from the U.S. Nursing Home Industry," *Journal of Institutional and Theoretical Economics* 141, March 1985, 146–66.

Freedom House, "Freedom in the World," *Freedom Review*, New York: Freedom House, 1997.

Frendreis, John P. and Richard W. Waterman, "PAC Contributions and Legislative Behavior: Senate Voting on Trucking Deregulation," *Social Science Quarterly* 66, 1985, 401–12.

Frey, Bruno S., "Why do High Income People Participate More in Politics?" *Public Choice* 11, Fall 1971, 101–5.

Frey, Bruno S., "Political Participation and Income Level: An Exchange, Reply," *Public Choice* 13, Fall 1972, 119–22.

Frey, Bruno S., *International Political Economics*, Oxford: Basil Blackwell, 1984.

Frey, Bruno S., *Internationale Politische Ökonomie*, Munich: Vahlen, 1985.

Frey, Bruno S., *Economics as a Science of Human Behavior*, Dordrecht: Kluwer, 1992.

Frey, Bruno S., "Direct Democracy: Politico-Economic Lessons from Swiss Experience," *American Economic Review* 84, May 1994, 338–42.

Frey, Bruno S., *Not Just for the Money*, Cheltenham: Edgar Elgar, 1997a.

Frey, Bruno S., "A Constitution for Knaves Crowds Out Civic Virtues," *Economic Journal* 107, July 1997b, 1043–53.

Frey, Bruno S. and Reiner Eichenberger, "Competition among Jurisdictions: The Idea of FOCJ," in L. Gerken, ed., *Competition among Institutions*, London: Macmillan, 1995, 209–29.

Frey, Bruno S. and Reiner Eichenberger, *The New Democratic Federalism for Europe*, Cheltenham: Edward Elgar, 1999.

Frey, Bruno S. and L. J. Lau, "Towards a Mathematical Model of Government Behavior," *Zeitschrift für Nationalökonomie* 28, 1968, 355–80.

Frey, Bruno S. and Friedrich Schneider, "An Empirical Study of Politico-Economic Interaction in the U.S.," *Review of Economics and Statistics* 60, May 1978a, 174–83.

Frey, Bruno S. and Friedrich Schneider, "A Politico-Economic Model of the United Kingdom," *Economic Journal* 88, June 1978b, 243–53.

Frey, Bruno S. and Friedrich Schneider, "An Econometric Model with an Endogenous Government Sector," *Public Choice* 34(1), 1979, 29–43.

Frey, Bruno S. and Friedrich Schneider, "A Politico-Economic Model of the U.K.: New Estimates and Predictions," *Economic Journal* 91, September 1981, 737–40.

Frey, Bruno S. and Werner W. Pommerehne, "How Powerful are Public Bureaucrats as Voters?" *Public Choice* 38 1982, 253–62.

Fridstøm, Lasse and Rune Elvik, "The Barely Revealed Preference behind Road Investment Priorities," *Public Choice* 92, July 1997, 145–68.

Friedman, Jeffrey, ed., *The Rational Choice Controversy*, New Haven: Yale University Press, 1996.

Friedrich, Carl J., *Trends of Federation in Theory and Practice*, New York: Prager, 1968.

Frohlich, Norman and Joe A. Oppenheimer, "I Get by with a Little Help from My Friends," *World Politics* 23, October 1970, 104–20.

Frohlich, Norman and Joe A. Oppenheimer, *Choosing Justice: An Experimental Approach to Ethical Theory*, Berkeley: University of California Press, 1992.

Frohlich, Norman, Joe A. Oppenheimer, and Cheryl L. Eavey, "Laboratory Results on Rawls's Distributive Justice," *British Journal of Political Science* 17, January 1987, 1–21.

Frohlich, Norman, Joe A. Oppenheimer, J. Smith, and O. R. Young, "A Test of Downsian Voter Rationality: 1964 Presidential Voting," *American Political Science Review* 72, March 1978, 178–97.

Fuchs, V. R., *The Service Economy*, New York: Columbia University Press, 1968.

Funkhouser, Richard and Paul W. MacAvoy, "A Sample of Observations on Comparative Prices in Public and Private Enterprises, *Journal of Public Economics* 11, June 1979, 353–68.

Furstenberg, George M. von and Dennis C. Mueller, "The Pareto Optimal Approach to Income Redistribution: A Fiscal Application," *American Economic Review* 61, September 1971, 628–37.

Gächter, Simon and Ernst Fehr, "Collective Action as a Partial Social Exchange," mimeo, University of Zürich, 1997.

Gärtner, Manfred, "Democracy, Elections and Macroeconomic Policy: Two Decades of Progress," *European Journal of Political Economy* 10, May 1994, 85–109.

Gärtner, Manfred, "Political Macroeconomics: A Survey of Recent Developments," *Journal of Economic Surveys* 14, December 2000, 527–61.

Gaertner, Wulf, Prasanta K. Pattanaik, and Kotaro Suzumura, "Individual Rights Revisited," *Economica* 59, May 1992, 161–77.

Gardner, Bruce L., "The United States," in F. H. Sanderson, ed., 1990, 19–63.

Gardner, Grant W. and Kent P. Kimbrough, "The Behavior of U.S. Tariff Rates," *American Economic Review* 79, March 1989, 11–18.

Garman, M. B. and Morton I. Kamien, "The Paradox of Voting: Probability Calculations," *Behavioral Science* 13, July 1968, 306–17.

Garrett, Thomas A., "A Test of Shirking under Legislative and Citizen Vote: The Case of State Lottery Adoption," *Journal of Law and Economics* 42, April 1999, 189–208.

Gauthier, David, *Morals by Agreement*, Oxford: Oxford University Press, 1986.

Gehrlein, W. V. and Peter C. Fishburn, "Condorcet's Paradox and Anonymous Preference Profiles," *Public Choice* 26, Summer 1976a, 1–18.

Gehrlein, W. V. and Peter C. Fishburn, "The Probability of the Paradox of Voting: A Computable Solution," *Journal of Economic Theory* 13, August 1976b, 14–25.

Gibbard, Allan, "Intransitive Social Indifference and the Arrow Dilemma," mimeo, 1969.

Gibbard, Allan, "Manipulation of Voting Schemes: A General Result," *Econometrica* 41, July 1973, 587–602.

Gibbard, Allan, "A Pareto-Consistent Libertarian Claim," *Journal of Economic Theory* 7, April 1974, 388–410.

Gibbard, Allan, "Manipulation of Schemes that Combine Voting with Chance," *Econometrica* 45, April 1977, 665–8.

Gibson, John, "Equity Concerns and the Political Economy of Protection in New Zealand," *Public Choice* 77, October 1993, 323–32.

Giersch, Herbert, Karl-Heinz Paque, and Holger Schmieding, *The Fading Miracle*, Cambridge: Cambridge University Press, 1994.

Giertz, J. Fred, "A Limited Defense of Pareto Optimal Redistribution," *Public Choice* 39(2), 1982, 277–82.

Gillespie, W. I., "Effect of Public Expenditures on the Distribution of Income," in Richard A. Musgrave, ed., *Essays in Fiscal Federalism*, Washington, D.C.: Brookings Institution, 1965, 122–86.

Gillespie, W. I., "On the Redistribution of Income in Canada," *Canadian Tax Journal* 24, July/August 1976, 419–50.

Gillette, Clayton P., "The Exercise of Trumps by Decentralized Governments," *Virginia Law Review* 83, October 1997, 1347–417.

Gist, John R. and R. Carter Hill, "The Economics of Choice in the Allocation of Federal Grants: An Empirical Test," *Public Choice* 36(1), 1981, 63–73.

Glaeser, Edward L., David I. Laibson, José A. Scheinkman, and Christine L. Soutter, "Measuring Trust," *Quarterly Journal of Economics* 115, August 2000, 811–46.

Glantz, Stanton A., Alan I. Abramowitz, and Michael P. Burkart, "Election Outcomes: Whose Money Matters?" *Journal of Politics* 38, November 1976, 1033–8.

Glashan, R., *American Governors and Gubernatorial Elections, 1775–1978*, Westport: Meckler Books, 1979.

Glazer, Amihai and Bernard Grofman, "Why Representatives Are Ideologists Though Voters Are Not," *Public Choice* 61, April 1989, 29–39.

Glazer, Amihai and Susanne Lohman, "Setting the Agenda: Electoral Competition, Commitment of Policy, and Issue Salience," *Public Choice* 99, June 1999, 377–94.

Godek, Paul E., "Industry Structure and Redistribution through Trade Restrictions," *Journal of Law and Economics* 28, 1985, 687–703.

Goel, Rajeev K. and Michael A. Nelson, "Corruption and Government Size: A Disaggregated Analysis," *Public Choice* 97, October 1998, 107–20.

Goff, Brian L. and Kevin B. Grier, "On the (Mis)measurement of Legislator Ideology and Shirking," *Public Choice* 76, June 1993, 5–20.

Goldberg, Pinelopi Koujianou and Giovanni Maggi, "Protection for Sale: An Empirical Investigation," *American Economic Review* 89(5), December 1999, 1135–55.

Goldsmith, Arthur A., "Democracy, Political Stability, and Economic Growth in Developing Countries," *Comparative Political Studies* 18, January 1986, 517–31.

Golen, D. G. and James M. Poterba, "The Price of Popularity: The Political Business Cycle Reexamined," *American Journal of Political Science* 24, 1980, 696–714.

Gollop, F. M. and D. W. Jorgenson, "U. S. Productivity Growth in Industries, 1947–73," in J. W. Kendrick and B. B. Vaccara, eds., *New Developments in Productivity Measurement and Analysis,* Chicago: University of Chicago Press, 1980, 17–124.

Good, I. J. and L. S. Mayer, "Estimating the Efficacy of a Vote," *Behavioral Science* 20, 1975. 25–33.

Goodin, Robert E., *Reasons for Welfare*, Princeton: Princeton University Press, 1988.

Goodin, Robert E. and K. W. S. Roberts, "The Ethical Voter," *American Political Science Review* 69, September 1975, 926–8.

Goodman, S. F., *The European Union*, 3rd ed., London: Macmillan, 1996.

Goodman, Samuel and Gerald H. Kramer, "Comment on Arcelus and Meltzer," *American Political Science Review* 69, December 1975, 1277–85.

Goss, C. F., "Military Committee Membership and Defense-Related Benefits in the House of Representatives," *Western Political Quarterly* 25, 1972, 215–61.

Gough, J. W., *The Social Contract*, 2nd ed., Oxford: Clarendon Press, 1957.

Gouveia, Miguel, "Majority Rule and the Public Provision of a Private Good," *Public Choice* 93, December 1997, 221–44.

Gouveia, Miguel and Neal A. Masia, "Does the Median Voter Model Explain the Size of Government?: Evidence from the States," *Public Choice* 97, October 1998, 159–77.

Gradstein, Mark, "Optimal Contest Design: Volume and Timing of Rent Seeking Contests," *European Journal of Political Economy* 14, November 1998, 575–85.

Gramlich, Edward M., "The Effects of Grants on State-Local Expenditures: A Review of the Econometric Literature," National Tax Association, *Proceedings of the Sixty-Second Annual Conference on Taxation,* 1969 (1970), 569–93.

Gramlich, Edward M., "Intergovernmental Grants: A Review of the Empirical Literature," in W. Oates, ed., *The Political Economy of Fiscal Federalism*, Lexington, MA: Lexington Books, 1977, 219–39.

Gramlich, Edward M. and Harvey Galper, "State and Local Fiscal Behavior and Federal Grant Policy," *Brookings Papers on Economic Activity* 1, 1973, 15–58.

Gramlich, Edward M. and D. Laren, "Migration and Income Redistribution Responsibilities," *Journal of Human Resources* 19, 1984, 489–511.

Gramlich, Edward M. and Daniel L. Rubinfeld, "Micro Estimates of Public Spending Demand Functions and Tests of the Tiebout and Median-Voter Hypothesis," *Journal of Political Economy* 90, June 1982a, 536–60.

Gramlich, Edward M. and Daniel L. Rubinfeld, "Voting on Spending," *Journal of Policy Analysis and Management* 1, Summer 1982b, 516–33.

Gray, Virginia and David Lowery, "Interest Group Politics and Economic Growth in the American States: Testing the Olson Construct," mimeo, University of North Carolina, Chapel Hill, 1986.

Green, Donald P. and Ian Shapiro, *Pathologies of Rational Choice Theory*, New Haven: Yale University Press, 1994.

Green, Jerry and Jean-Jaques Laffont, "Characterization of Satisfactory Mechanisms for the Revelation of Preferences for Public Goods," *Econometrica* 45, March 1977a, 427–38.

Green, Jerry and Jean-Jacques Laffont, "Imperfect Personal Information and the Demand Revealing Process: A Sampling Approach," *Public Choice* 29-2 (special supplement), Spring 1977b, 79–94.

Green, Jerry and Jean-Jacques Laffont, *Incentives in Public Decision-Making*, Amsterdam: North-Holland, 1979.

Greenberg, Joseph, "Consistent Majority Rule over Compact Sets of Alternatives," *Econometrica* 47, 1979, 627–36.

Greenberg, Joseph, Robert Mackay, and T. Nicolaus Tideman, "Some Limitations of the Groves-Ledyard Optimal Mechanism," *Public Choice* 29-2 (special supplement), Spring 1977, 129–37.

Greenberg, Joseph and Shlomo Weber, "Multiparty Equilibria under Proportional Representation," *American Political Science Review* 81, 1985, 525–38.

Greene, Kenneth V. and Brian K. Hawley, "Personal Income Taxes, Elasticities and Fiscal Illusion," *Public Choice* 72, December 1991, 101–11.

Greene, Kenneth V. and Oleg Nikolaev, "Voter Participation and the Redistributive State," *Public Choice* 98, January 1999, 213–26.

Grenzke, Janet M., "PACs and the Congressional Supermarket: The Currency is Complex," *American Journal of Political Science* 34, 1989, 1–24.

Grier, Kevin B., "Presidential Elections and Federal Reserve Policy: An Empirical Test," *Southern Economic Journal* 54, 1987, 475–86.

Grier, Kevin B., "On the Existence of a Political Monetary Cycle," *American Journal of Political Science* 33, 1989a, 376–489.

Grier, Kevin B., "Campaign Spending and Senate Elections, 1978–84," *Public Choice* 63, December 1989b, 201–19.

Grier, Kevin B., "Congressional Influence on U.S. Monetary Policy," *Journal of Monetary Economics* 28, 1991, 201–20.

Grier, Kevin B., "Congressional Oversight Committee Influence on U.S. Monetary Policy Revisited," *Journal of Monetary Economics* 38, 1996, 571–9.

Grier, Kevin B. and Joseph P. McGarrity, "The Effect of Macroeconomic Fluctuations on the Electoral Fortunes of House Incumbents," *Journal of Law and Economics* 41, April 1998, 143–63.

Grier, Kevin B. and Michael C. Munger, "Committee Assignments, Constituent Preferences, and Campaign Contributions," *Economic Inquiry* 29, January 1991, 24–43.

Grier, Kevin B., Michael C. Munger, and Gary M. Torrent, "Allocation Patterns of PAC Monies: The U.S. Senate," *Public Choice* 67, November 1990, 111–28.

Grier, Kevin B. and Gordon Tullock, "An Empirical Analysis of Cross-National Economic Growth, 1951–80," *Journal of Monetary Economics* 24, 1989, 259–76.

Grilli, Vittorio, Masciandaro Dourato, and Guido Tabellini, "Political and Monetary Institutions and Public Financial Policies in the Industrial Countries," *Economic Policy* 6(2), October 1991, 343–92.

Grofman, Bernard, ed., *Information, Participation, and Choice*, Ann Arbor: University of Michigan Press, 1993a.

Grofman, Bernard, "Is Turnout the Paradox That Ate Rational Choice Theory?" 1993b, in B. Grofman, ed., 1993a, 93–103.

Grofman, Bernard, Christian Collet, and Robert Griffin, "Analyzing the Turnout-Competition Link with Aggregate Cross-Sectional Data," *Public Choice* 95, June 1998, 233–46.

Grofman, Bernard, Sung-Chull Lee, Edwin A. Winckler, and Brian Woodall, eds., *Elections in Japan, Korea, and Taiwan under the Single Non-Transferable Vote*, Ann Arbor: University of Michigan Press, 1999.

Grofman, Bernard and Arend Lijphart, eds., *Electoral Laws and Their Political Consequences*, New York: Agathon Press, 1986.

Grofman, Bernard, Guillermo Owen, and Scott L. Feld, "Thirteen Theorems in Search of the Truth," *Theory and Decision* 15, 1983, 261–78.

Grofman, Bernard and Andrew Reynolds, "Electoral Systems and the Art of Constitutional Engineering: An Inventory of Main Findings," in R. Mudambi, P. Navarra, and G. Sobbrio, eds., *Rules and Reasons: Perspectives on Constitutional Political Economy*, Cambridge: Cambridge University Press, 2001.

Grofman, Bernard and Peter van Roozendaal, "Review Article: Modeling Cabinet Durability and Termination," *British Journal of Political Science* 27, July 1997, 419–51.

Grossman, Gene M. and Elhanan Helpman, "Protection for Sale," *American Economic Review* 84(4), September 1994, 833–50.

Grossman, Gene M. and Elhanan Helpman, "Electoral Competition and Special Interest Politics," *Review of Economic Studies* 63, April, 1996, 265–86.

Grossman, Gene M. and Elhanan Helpman, *Special Interest Politics*, Cambridge MA: MIT Press, 2001.

Grossman, Philip J., "The Optimal Size of Government," *Public Choice* 53, 1987, 131–47.

Grossman, Philip J., "Government and Economic Growth: A Nonlinear Relationship," *Public Choice* 56, February 1988a, 193–200.

Grossman, Philip J., "Growth in Government and Economic Growth: The Australian Experience," *Australian Economic Papers* 27, June 1988b, 33–43.

Grossman, Philip J., "Federalism and the Size of Government," *Southern Economic Journal* 55, January 1989a, 580–93.

Grossman, Philip J., "Fiscal Decentralization and Government Size: An Extension," *Public Choice* 62, 1989b, 63–70.

Grossman, Philip J., "Government and Growth: Cross-Sectional Evidence," *Public Choice* 65, June 1990, 217–27.

Grossman, Philip J. and Edwin G. West, "Federalism and the Growth of Government Revisited," *Public Choice* 79, April 1994, 19–32.

Groves, Theodore, "Incentives in Teams," *Econometrica* 41, July 1973, 617–31.

Groves, Theodore, "Efficient Collective Choice When Compensation is Possible," *Review of Economic Studies* 46, April 1979, 227–41.

Groves, Theodore and John O. Ledyard, "Optimal Allocation of Public Goods: A Solution to the 'Free Rider' Problem," *Econometrica* 45, May 1977a, 783–809.

Groves, Theodore and John O. Ledyard, "Some Limitations of Demand Revealing Processes," *Public Choice* 29, Spring 1977b, 107–24.

Groves, Theodore and John O. Ledyard, "Reply," ibid., 1977c, 139–43.

Groves, Theodore and Martin Loeb, "Incentives and Public Inputs," *Journal of Public Economics* 4, August 1975, 211–26.

Grubb, W. N., "The Dynamic Implications of the Tiebout Model – the Changing Composition of Boston Communities, 1960–1970," *Public Finance Quarterly* 10, 1982, 17–38.

Güth, Werner, Rolf Schmittberger, and Bernd Schwarze, "An Experimental Analysis of Ultimatum Bargaining," *Journal of Economic Behavior and Decision* 3, 1982, 367–88.

Güth, Werner and Reinhard Tietz, "Ultimatum Bargaining for a Shrinking Cake: An Experimental Analysis," in R. Tietz, W. Albers, and R. Selten, eds., *Bounded Rational Behavior in Experimental Games and Markets*, Berlin: Springer, 1988.

Güth, Werner and Reinhard Tietz, "Ultimatum Bargaining Behaviour: A Survey and Comparison of Experimental Results," *Journal of Economic Psychology* 11, 1990, 417–49.

Gugler, Klaus, "Corporate Ownership Structure in Austria," *Empirica* 25(3), 1998, 285–307.

Guha, A. S., "Neutrality, Monotonicity and the Right of Veto," *Econometrica* 40, September 1972, 821–6.

Gunning, J. Patrick, "An Economic Approach to Riot Analysis," *Public Choice* 13, Fall 1972, 31–46.

Gustafsson, Agne, "Rise and Decline of Nations: Sweden," *Scandinavian Political Studies* 9, March 1986, 35–50.

Haas, J., *The Evolution of the Prehistoric State*, New York: Columbia University Press, 1982.

Haefele, Edwin T., "A Utility Theory of Representative Government," *American Economic Review* 61, June 1971, 350–67.

Hagen, Jürgen von, *Budgeting Procedures and Fiscal Performance in the European Communities*, Brussels: EEC, 1992.

Hall, J. and Bernard Grofman, "The Committee Assignment Process and the Conditional Nature of Committee Bias," *American Political Science Review* 84, 1990, 1149–66.

Hallett, George H., Jr., "Proportional Representation with the Single Transferable Vote: A Basic Requirement for Legislative Elections," in A. Lijphart and B. Grofman, eds., 1984, 113–25.

Hamburger Senat, *Abschlußbericht des Beauftragten zur Gebäudereinigung*, Hamburg, 1974.

Hamilton, Bruce W., "The Effects of Property Taxes and Local Public Spending on Property Values: A Theoretical Comment," *Journal of Political Economy* 84, June 1976, 647–50.

Hamilton, Bruce W., "The Flypaper Effect of Property Taxes and Local Public Spending on Property Values: A Theoretical Comment," *Journal of Public Economics* 22, December 1983, 347–61.

Hamilton, Bruce W., Edwin S. Mills, and David Puryear, "The Tiebout Hypothesis and Residential Income Segregation," in E. S. Mills and W. E. Oates, eds., *Fiscal Zoning and Land Use Controls*, Lexington: Lexington Books, 1975, 101–18.

Hamlin, Alan, *Ethics, Economics and the State*, New York: St. Martin's Press, 1986.

Hamlin, Alan and Michael Hjortlund, "Proportional Representation with Citizen Candidates," *Public Choice* 103, June 2000, 205–30.

Hammond, Peter J., "Why Ethical Measures of Inequality Need Interpersonal Comparisons," *Theory and Decision* 7, October 1976, 263–74.

Hammond, Thomas H. and Gary J. Miller, "The Core of the Constitution," *American Political Science Review* 81, 1987, 1155–74.

Hansen, J. M., "Taxation and the Political Economy of the Tariff," *International Organization* 44, 1990, 527–52.

Hansen, Stephen, Thomas R. Palfrey, and Howard Rosenthal, "The Downsian Model of Electoral Participation: Formal Theory and Empirical Analysis of the Constituency Effect," *Public Choice* 52, 1987, 15–33.

Hansson, Åsa and Charles Stuart, "Peaking of Fiscal Sizes of Government," *European Journal of Political Economy*, forthcoming.

Hansson, B., "The Independence Condition in the Theory of Choice," *Theory and Decision* 4, September 1973, 25–49.

Hansson, Ingemar and Charles Stuart, "Voting Competitions with Interested Politicians: Platforms Do Not Converge to the Preferences of the Median Voter," *Public Choice* 44(3), 1984, 431–41.

Hansson, Pär and Magnus Henrekson, "A New Framework for Testing the Effect of Government Spending on Growth and Productivity," *Public Choice* 81, December 1994, 381–401.

Hardin, Russell, "Collective Action as an Agreeable n-Prisoners' Dilemma," *Behavioral Science* 16, September 1971, 472–81.

Hardin, Russell, *Collective Action*, Baltimore: Johns Hopkins University Press, 1982.

Hardin, Russell, *Morality within the Limits of Reason*, Chicago: University of Chicago Press, 1988.

Hardin, Russell, "Why a Constitution?" in B. Grofman and D. Wittman, eds., *The Federalist Papers and the New Institutionalism*, New York: Agathon Press, 1989, 100–20.

Hardin, Russell, "Contractarianism: Wistful Thinking," *Constitutional Political Economy* 1(2), Spring/Summer 1990, 35–52.

Hardin, Russell, "Economic Theories of the State," 1997, in D. C. Mueller, ed., 1997a, 21–34.

Hare, R. M., "Rawls' Theory of Justice," *Philosophical Quarterly* 23, April 1973, 144–55; reprinted in N. Daniels, ed., 1974, 81–107.

Harel, A. and Shmuel Nitzan, "The Libertarian Resolution of the Paretian Paradox," *Zeitschrift für Nationalökonomie* 47, 1987, 337–52.

Harper, Richard K. and John Aldrich, "The Political Economy of Sugar Legislation," *Public Choice* 70, June 1991, 299–314.

Harrington, Joseph E., Jr., "The Power of the Proposal Maker in a Model of Endogenous Agenda Formation," *Public Choice* 64, January 1990, 1–20.

Harrison, Glenn W. and Jack Hirshleifer, "Experiments Testing Weakest-Link/Best-Shot Models for Provision of Public Goods," UCLA Working Paper 372A, February 1986.

Harrison, Glenn W. and Michael McKee, "Experimental Evaluation of the Coase Theorem," *Journal of Law and Economics* 28, October 1985, 653–70.

Harsanyi, John C., "Cardinal Utility in Welfare Economics and in the Theory of Risk-Taking," *Journal of Political Economics* 61, October 1953, 434–5.

Harsanyi, John C., "Cardinal Welfare, Individualistic Ethics, and Interpersonal Comparisons of Utility," *Journal of Political Economics* 63, August 1955, 309–21; reprinted in K. J. Arrow and T. Scitovsky, 1969, 46–60.

Harsanyi, John C., "Can the Maximin Principle Serve as a Basis for Morality? A Critique of John Rawls' Theory," *American Political Science Review* 69, June 1975a, 594–606.

Harsanyi, John C., "Nonlinear Social Welfare Functions," *Theory and Decision* 6, August 1975b, 311–32.

Harsanyi, John C., *Rational Behavior and Bargaining Equilibrium in Games and Social Situations*, Cambridge: Cambridge University Press, 1977.

Harstad, R. M. and M. Marrese, "Behavioral Explanations of Efficient Public Good Allocations," *Journal of Public Economics* 19, December 1982, 367–83.

Hart, H. L. A., "Rawls on Liberty and Its Priority," *University of Chicago Law Review* 40, Spring 1973, 534–55; reprinted in N. Daniels, ed., 1974, 230–52.

Havrilesky, Thomas M., "A Partisanship Theory of Fiscal and Monetary Regimes," *Journal of Money, Credit and Banking* 19, 1987, 308–25.

Havrilesky, Thomas M., *The Pressures of American Monetary Policy*, Boston, MA: Kluwer, 1993.

Havrilesky, Thomas M. and James Granato, "Determinants of Inflationary Performance: Corporatist Structures vs. Central Bank Autonomy," *Public Choice* 76, July 1993, 249–61.

Hayami, Yujiro, "Japan," in F. H. Sanderson, ed., 1990, 181–218.

Hayes, Kathy J., Laura Razzolini, and Leola B. Ross, "Bureaucratic Choice and Nonoptimal Provision of Public Goods: Theory and Evidence," *Public Choice* 94, January 1998, 1–20.

Hayes, Kathy J. and L. L. Wood, "Utility Maximizing Bureaucrats: The Bureau's Point of View," *Public Choice* 82, January 1995, 69–83.

Haynes, S. A. and J. A. Stone, "An Integrated Test for Electoral Cycles in the US Economy," *Review of Economics and Statistics* 71, 1989, 426–34.

Head, J. G., "Public Goods and Public Policy," *Public Finance* 17, 1962, 197–221.

Head, J. G., "Lindahl's Theory of the Budget," *Finanzarchiv* 23, October 1964, 421–54.

Heckelman, Jac C., "The Effect of the Secret Ballot on Voter Turnout Rates," *Public Choice* 82(1–2), January 1995, 107–24.

Heckelman, Jac C., "Revisiting the Relationship between Secret Ballots and Turnout," *American Politics Quarterly* 28, April 2000a, 194–215.

Heckelman, Jac C., "Consistent Estimates of the Impact of Special Interest Groups on Economic Growth," *Public Choice* 104, September 2000b, 319–27.

Heckelman, Jac C., "The Econometrics of Rational Partisan Theory," *Applied Economics* 33, 2001, 417–26.

Heckelman, Jac C. and Michael D. Stroup, "Which Economic Freedoms Contribute to Growth?" *Kyklos* 53, 2000, 527–44.

Helland, Leif, "Fiscal Constitutions, Fiscal Preferences, Information and Deficits: An Evaluation of 13 West-European Countries 1978–95," in R. A. Strauch and J. von Hagen, eds., 2000, 107–38.

Henderson, J. V., "Theories of Group, Jurisdiction, and City Size," in P. Mieszkowski and M. Straszheim, eds., *Current Issues in Urban Economics*, Baltimore: Johns Hopkins University Press 1979, 235–69.

Henrekson, M. "Swedish Government Growth: A Disequilibrium Analysis," in J. A. Lybeck and M. Henrekson, eds., *Explaining the Growth of Government*, Amsterdam: North-Holland, 1988, 93–132.

Henrekson, Magnus, "The Peacock and Wiseman Displacement Effect," *European Journal of Political Economy* 6, 1990, 245–60.

Hermens, Ferdinand A., *Demokratie und Wahlrecht*, Paderborn, Germany: Schöning, 1933.

Hermens, Ferdinand A., *Democracy or Anarchy?* Notre Dame, IN: University of Notre Dame Press, 1941.

Hermens, Ferdinand A., *Europe between Democracy and Anarchy*, Notre Dame, In: University of Notre Dame Press, 1951.

Hermsen, Hanneke and Albert Verbeek, "Equilibria in Multi-party Systems," *Public Choice* 73, March 1992, 147–65.

Hersch, Philip L. and Gerald S. McDougall, "Determinants of Automobile PAC Contributions to House Incumbents: Own *Versus* Rival Effects," *Public Choice* 104, September 2000, 329–43.

Hettich, Walter and Stanley L. Winer, "A Positive Model of Tax Structure," *Journal of Public Economics* 24, 1984, 67–87.

Hettich, Walter and Stanley L. Winer, "Economic and Political Foundations of Tax Structure," *American Economic Review* 78, September 1988, 701–12.

Hettich, Walter and Stanley L. Winer, "The Political Economy of Taxation," 1997, in D. C. Mueller, ed., 1997a, 481–505.

Hettich, Walter and Stanley L. Winer, *Democratic Choice and Taxation*, Cambridge: Cambridge University Press, 1999.

Heyndels, Bruno and Carine Smolders, "Fiscal Illusion at the Local Level: Empirical Evidence for the Flemish Municipalities," *Public Choice* 80, September 1994, 325–38.

Heyndels, Bruno and Carine Smolders, "Tax Complexity and Fiscal Illusion," *Public Choice* 85, October 1995, 127–41.

Hibbing, John R., "On the Issues Surrounding Economic Voting: Looking to the British Case for Answers," *Comparative Political Studies* 20, April 1987, 3–33.

Hibbs, Douglas A., Jr., "Political Parties and Macroeconomic Policy," *American Political Science Review* 71, December 1977, 1467–87.

Hibbs, Douglas A., Jr., "The Mass Public and Macroeconomic Performance: The Dynamics of Public Opinion toward Unemployment and Inflation," *American Journal of Political Science* 23, November 1979, 705–31.

Hibbs, Douglas A., Jr., "Economics and Politics in France: Economic Performance and Mass Political Support for Presidents Pompidou and Giscard d'Estaing," *European Journal of Political Research* 9, 1981, 133–45.

Hibbs, Douglas A., Jr., "The Dynamics of Political Support for American Presidents among Occupational and Partisan Groups," *American Journal of Political Science* 26, May 1982a, 312–32.

Hibbs, Douglas A., Jr., "Economic Outcomes and Political Support for British Governments among Occupational Classes: A Dynamic Analysis," *American Political Science Review* 76, June 1982b, 259–79.

Hibbs, Douglas A., Jr., "On the Demand for Economic Outcomes: Macroeconomic Performance and Mass Political Support in the United States, Great Britain, and Germany," *Journal of Politics* 44, May 1982c, 426–62.

Hibbs, Douglas A., Jr., "Political Parties and Macroeconomic Policies and Outcomes in the United States," *American Economic Review* 76, May 1986, 66–70.

Hibbs, Douglas A., Jr., *The Political Economy of Industrial Democracies*, Cambridge, MA: Harvard University Press, 1987.

Hibbs, Douglas A., Jr., "Partisan Theory after Fifteen Years," *European Journal of Political Economy* 8, October 1992, 361–73.

Hibbs, Douglas A., Jr., "The Partisan Model of Macroeconomic Cycles: More Theory and Evidence for the United States," *Economics and Politics* 6, March 1994, 1–23.

Hibbs, Douglas A., Jr., "Bread and Peace Voting in U.S. Presidential Elections," *Public Choice* 104, July 2000, 149–80.

Hibbs, Douglas A., Jr. and Heino Fassbender, eds., *Contemporary Political Economy*, Amsterdam: North-Holland, 1981.

Hicks, John, "Structural Unemployment and Economic Growth: A 'Labor Theory of Value'," in D. C. Mueller, ed., 1983, 53–6.

Higgs, Robert, "Do Legislators' Votes Reflect Constituency Preference? A Simple Way to Evaluate the Senate," *Public Choice* 63, November 1989, 175–81.

Hildreth, C., "Alternative Conditions for Social Orderings," *Econometrica* 21, January 1953, 81–94.

Hillman, Arye L., "Declining Industries and Political-Support Protectionist Motives," *American Economic Review* 72, 1982, 1180–7.

Hillman, Arye L., *The Political Economy of Protection*, Chur/New York: Harwood Academic Publishers, 1989.

Hillman, Arye L. and Eliakim Katz, "Risk-Averse Rent Seekers and the Social Cost of Monopoly Power," *Economic Journal* 94, March 1984, 104–10.

Hillman, Arye L. and John G. Riley, "Politically Contestable Rents and Transfers," *Economics and Politics* 1, Spring 1989, 17–39.

Hillman, Arye L. and Dov Samet, "Dissipation of Contestable Rents by a Small Number of Contenders," *Public Choice* 54(1), 1987, 63–82.

Hillman, Arye L. and Heinrich W. Ursprung, "Domestic Politics, Foreign Interests and International Trade Policy," *American Economic Review* 78(4), September 1988, 729–45.

Hillman, Arye L. and Heinrich W. Ursprung, "Political Culture and Economic Decline," *European Journal of Political Economy* 16, June 2000, 189–213.

Hines, James R., Jr. and Richard H. Thaler, "Anomalies: The Flypaper Effect," *Journal of Economic Perspectives* 9, Fall 1995, 217–26.

Hinich, Melvin J., "Equilibrium in Spatial Voting: The Median Voter Result Is an Artifact," *Journal of Economic Theory* 16, December 1977, 208–19.

Hinich, Melvin J., John O. Ledyard, and Peter C. Ordeshook, "Nonvoting and the Existence of Equilibrium under Majority Rule," *Journal of Economic Theory* 4, April 1972, 144–53.

Hinich, Melvin J., John O. Ledyard, and Peter C. Ordeshook, "A Theory of Electoral Equilibrium: A Spatial Analysis Based on the Theory of Games," *Journal of Politics* 35, February 1973, 154–93.

Hinich, Melvin J. and Michael C. Munger, "Political Investment, Voter Perceptions, and Candidate Strategy: An Equilibrium Spatial Analysis," in P. C. Ordeshook, ed., *Models of Strategic Choice in Politics*, Ann Arbor: University of Michigan Press, 1989.

Hinich, Melvin J. and Michael C. Munger, *Ideology and the Theory of Political Choice*, Ann Arbor: University of Michigan Press, 1994.

Hinich, Melvin J. and Peter C. Ordeshook, "Plurality Maximization vs. Vote Maximization: A Spatial Analysis with Variable Participation," *American Political Science Review* 64, September 1970, 772–91.

Hinich, Melvin J. and Walker Pollard, "A New Approach to the Spatial Theory of Electoral Competition," *American Journal of Political Science* 25, 1981, 323–41.

Hirsch, Werner Z., "Cost Functions of Urban Government Services: Refuse Collection," *Review of Economics and Statistics* 47, February 1965, 87–92.

Hirschman, Albert O., *Exit, Voice, and Loyalty*, Cambridge, MA: Harvard University Press, 1970.

Hirschman, Albert O., "The Turn to Authoritarianism in Latin America and the Search for Its Economic Determinants," in D. Collier, ed., *The New Authoritarianism in Latin America*, Princeton, NJ: Princeton University Press, 1979, 61–98.

Hirshleifer, Jack, "The Private and Social Value of Information and the Reward to Inventive Activity," *American Economic Review* 61, September 1971, 561–574.

Hirshleifer, Jack, "From Weakest-Link to Best-Shot: The Voluntary Provision of Public Goods," *Public Choice* 41(3), 1983, 371–86.

Hirshleifer, Jack, "The Voluntary Provision of Public Goods – Descending-Weight Social Composition Functions," UCLA Working Paper 326, May 1984.

Hirshleifer, Jack, "Conflict and Rent-Seeking Success Functions: Ratio vs. Difference Models of Relative Success," *Public Choice* 63, November 1989, 101–12.

Hobbes, Thomas, *Leviathan*, London, 1651; reprinted in *The English Philosophers*, New York: Modern Library, 129–234.

Hochman, Harold M. and James D. Rodgers, "Pareto Optimal Redistribution," *American Economic Review* 59, September 1969, 542–57.

Hochman, Harold M. and James D. Rodgers, "Pareto Optimal Redistribution: Reply," *American Economic Review* 60, December 1970, 977–1002.

Hoffman, Elizabeth, "Public Choice Experiments," 1997, in D. C. Mueller, ed., 1997a, 415–26.

Hoffman, Elizabeth and Matthew L. Spitzer, "The Coase Theorem: Some Experimental Tests," *Journal of Law and Economics* 25, April 1982, 73–98.

Hoffman, Elizabeth and Matthew L. Spitzer, "Entitlements, Rights, and Fairness: An Experimental Examination of Subjects' Concepts of Distributive Justice," *Journal of Legal Studies* 14, June 1985, 259–97.

Hoffman, Elizabeth and Matthew L. Spitzer, "Experimental Tests of the Coase Theorem with Large Bargaining Groups," *Journal of Legal Studies* 15, January 1986, 149–71.

Hogarth, Robin M. and Melvin W. Reder, eds., *Rational Choice*, Chicago: University of Chicago Press, 1987.

Holcombe, Randall G., "An Empirical Test of the Median Voter Model," *Economic Inquiry* 18, April 1980, 260–74.

Holcombe, Randall G. and Asqhar Zardkoohi, "The Determinants of Federal Grants," *Southern Economic Journal* 48, October 1981, 393–9.

Holsey, Cheryl M. and Thomas E. Borcherding, "Why Does Government's Share of National Income Grow? An Assessment of the Recent Literature on the U.S. Experience," 1997, in D. C. Mueller, ed., 1997a, 562–89.

Holt, Charles A., "Industrial Organization: A Survey of Laboratory Research," in J. H. Kagel and A. E. Roth, eds., 1995, 349–443.

Horn, Murray J., *The Political Economy of Public Administration*, Cambridge: Cambridge University Press, 1995.

Hotelling, Harold, "Stability in Competition," *Economic Journal* 39, March 1929, 41–57.

Howe, R. E. and J. E. Roemer, "Rawlsian Justice as the Core of a Game," *American Economic Review* 71, December 1981, 880–95.

Hoyer, R. W. and L. Mayer, "Comparing Strategies in a Spatial Model of Electoral Competition," *American Journal of Political Science* 18, August 1974, 501–23.

Hudson, John, "Preferences, Loyalty, and Party Choice," *Public Choice* 82, March 1995, 325–40.

Hudson, John and Philip R. Jones, "The Importance of the 'Ethical Voter': An Estimate of 'Altruism'," *European Journal of Political Economy* 10, 1994, 499–509.

Hume, David (1751), *An Inquiry Concerning the Principles of Morals*, Indianapolis: Bobbs-Merrill, 1957.

Humes, Brain D., "Multi-party Competition with Exit: A Comment on Duverger's Law," *Public Choice* 64, March 1990, 229–38.

Hunter, William J. and Michael A. Nelson, "Interest Group Demand for Taxation," *Public Choice* 62, 1989, 41–61.

Hunter, William J. and Charles E. Scott, "Statutory Changes in State Income Taxes: An Indirect Test of Fiscal Illusion," *Public Choice* 53, 1987, 41–51.

Hurwicz, Leonid, "On Allocations Attainable through Nash Equilibria," *Journal of Economic Theory* 21, August 1979, 140–65.

Husted, Thomas A. and Lawrence W. Kenny, "The Effect of the Expansion of the Voting Franchise on the Size of Government," *Journal of Political Economy* 105, February 1997, 54–82.

Hylland, Aanund and Richard Zeckhauser, "A Mechanism for Selecting Public Goods When Preferences Must Be Elicited," KSG Discussion Paper 70D, Harvard University, August 1979.

Inada, K.-I., "The Simple Majority Decision Rule," *Econometrica* 37, July 1969, 490–506.

Inada, K.-I., "Majority Rule and Rationality," *Journal of Economic Theory* 2, March 1970, 27–40.

Ingberman, Daniel E. and Dennis A. Yao, "Circumventing Formal Structure through Commitment: Presidential Influence and Agenda Control," *Public Choice* 70, May 1991, 151–79.

Inman, Robert P., "Testing Political Economy's 'As If' Proposition: Is the Median Income Voter Really Decisive?" *Public Choice* 33(4), 1978, 45–65.

Inman, Robert P., "The Fiscal Performance of Local Governments: An Interpretative Review," in P. Mieszkowski and M. Straszheim, eds., *Current Issues in Urban Economics*, Baltimore: Johns Hopkins University Press, 1979, 270–321.

Inman, Robert P., "Markets, Governments, and the 'New' Political Economy," in A. J. Auerbach and M. Feldstein, eds., *Handbook of Public Economics*, Amsterdam: North-Holland, 1987, 647–777.

Inman, Robert P. and Daniel L. Rubinfeld, "The Political Economy of Federalism," 1997, in D. C. Mueller, ed., 1997, 1997a, 73–105.

Inoguchi, Tanaka, "Economic Conditions and Mass Support in Japan," in P. Whitely, ed., *Models of Political Economy*, London: Sage, 1980, 121–54.

Intriligator, M.D., "A Probabilistic Model of Social Choice," *Review of Economic Studies* 40, October 1973, 553–60.

Ippolito, Richard A. and Robert T. Masson, "The Social Cost of Government Regulation of Milk," *Journal of Law and Economics* 21, April 1978, 33–65.

Irwin, Douglas A. and Randall S. Kroszner, "Interests, Institutions, and Ideology in Securing Policy Change: The Republican Conversion to Trade Liberalization after Smoot-Hawley," *Journal of Law and Economics* 42, October 1999, 643–73.

Isaac, R. Mark, David Schmidtz, and James M. Walker, "The Assurance Problem in a Laboratory Market," *Public Choice* 62, 1989, 217–36.

Isaac, R. Mark, James M. Walker, and Arlington W. Williams, "Group Size and the Voluntary Provision of Public Goods: Experimental Evidence Utilizing Large Groups," *Journal of Public Economics* 54, 1994, 1–36.

Iversen, Torben, "The Political Economy of Inflation: Bargaining Structure or Central Bank Independence?" *Public Choice* 99, 1999, 237–58; corrected version published in vol. 101, December.

Jackman, Robert W., "Political Institutions and Voter Turnout in the Industrial Democracies," *American Political Science Review* 81, June 1987, 405–23.

Jackson, John E. and J. W. Kingdon, "Ideology, Interest Group Scores, and Legislative Voters," *American Journal of Political Science* 36, August 1992, 805–23.

Jacobson, Gary C., "The Effect of Campaign Spending in Congressional Elections," *American Political Science Review* 72, June 1978, 469–91.

Jacobson, Gary C., "Money and Votes Reconsidered: Congressional Elections, 1972–1982," *Public Choice* 47(1), 1985, 7–62.

Jacobson, Gary C. and S. Kernell, *Strategy and Choice in Congressional Elections*, New Haven: Yale University Press, 1983.

Jankowski, Richard, "Resposible, Irresposible and Westminster Parties: A Theoretical and Empirical Evaluation," *British Journal of Political Science* 23, January 1993, 107–29.

Jenkins, Jeffrey A. and Mark Weidenmier, "Ideology, Economic Interests, and Congressional Roll-Call Voting: Partisan Instability and Bank of the United States Legislation, 1811–1816," *Public Choice* 100, September 1999, 225–43.

Jensen, Michael and William H. Meckling, "The Theory of the Firm: Managerial Behavior, Agency Costs and Ownership Structure," *Journal of Financial Economics* 3, October 1976, 305–60.

Johansen, L., "Some Notes on the Lindahl Theory of Determination of Public Expenditures," *International Economic Review* 4(7), September 1963, 346–58.

John, Peter, Keith Dowding, and S. Biggs, "Residential Mobility in London: A Micro-Level Test of the Behavioural Assumptions of the Tiebout Model," *British Journal of Political Science* 25, 1995, 379–97.

Johnson, Ronald N. and Gary D. Libecap, "Agency Growth, Salaries, and the Protected Bureaucrat," *Economic Inquiry* 27, 1989, 431–51.

Johnson, Ronald N. and Gary D. Libecap, "Public Sector Employee Voter Participation and Salaries," *Public Choice* 68, January 1991, 137–50.

Johnson, Simon, Daniel Kaufmann, and Andrei Shleifer, "The Unofficial Economy in Transition," *Brookings Papers on Economic Activity* 2, 1997, 159–212.

Johnson, Simon, Daniel Kaufmann, and Pablo Zoido-Lobatón, "Regulatory Discretion and the Unofficial Economy," *American Economic Review* 88, May 1998, 387–92.

Johnston, R. J., "Campaign Spending and Votes: A Reconsideration," *Public Choice* 33(3), 1978, 83–92.

Johnston, R. J., "Seats, Votes, Redistricting, and the Allocation of Power in Electoral Systems," in A. Lijphart and B. Grofman, eds., 1984, 59–69.

Jonung, Laro and Eskil Wadensjö, "The Effect of Unemployment, Inflation and Real Income Growth on Government Popularity in Sweden," *Scandinavian Journal of Economics* 81(2), 1979, 343–53.

Joslyn, Richard A., "The Impact of Decision Rules in Multi-Candidate Campaigns: The Case of the 1972 Democratic Presidential Nomination," *Public Choice* 25, Spring 1976, 1–17.

Joulfaian, David and Michael L. Marlow, "Government Size and Decentralization: Evidence from Disaggregated Data," *Southern Economic Journal* 56, April 1990, 1094–102.

Justman, Moshe and Mark Gradstein, "The Industrialization Revolution, Political Transition and the Subsequent Decline in Inequality in 19th Century Britain," *Explorations in Economic History* 36, April 1999, 109–27.

Kadane, Joseph B., "On Division of the Question," *Public Choice* 13, Fall 1972, 47–54.

Kagel, John H. and Alvin E. Roth, eds., *The Handbook of Experimental Economics*, Princeton: Princeton University Press, 1995.

Kahane, Leo H., "Senate Voting Patterns on the 1991 Extension of the Fast-Track Trade Procedures: Prelude to NAFTA," *Public Choice* 87, April 1996, 35–53.

Kahn, Alfred E., *The Economics of Regulation*, Vol. 1, New York: Wiley, 1970.

Kahneman, Daniel, Jack L. Knetsch, and Richard Thaler, "Fairness and the Assumptions of Economics," *Journal of Business* 59, 1986, 285–300.

Kahneman, Daniel and Amos Tversky, "Prospect Theory: An Analysis of Decision under Risk," *Econometrica* 47, 1979, 263–91.

Kahneman, Daniel and Amos Tversky, "Choices, Values, and Frames," *American Psychologist* 4, 1984, 341–50.

Kalai, Ehud and Eitan Muller, "Characterizations of Domains Admitting Nondictatorial Social Welfare Functions and Nonmanipulable Voting Procedures," *Journal of Economic Theory* 16, December 1977, 457–69.

Kalt, Joseph P. and Mark A. Zupan, "Capture and Ideology in the Economic Theory of Politics," *American Economic Review* 74, June 1984, 279–300.

Kalt, Joseph P. and Mark A. Zupan, "The Apparent Ideological Behavior of Legislators: Testing for Principal-Agent Slack in Political Institutions," *Journal of Law and Economics* 33, April 1990, 103–31.

Kamath, Shyam J., "Concealed Takings: Capture and Rent Seeking in the Indian Sugar Industry," *Public Choice* 62, August 1989, 119–38.

Kandori, Michihiro, George Mailath, and Rafael Rob, "Learning, Mutation, and Long Run Equilibria in Games," *Econometrica* 61, January 1993, 29–56.

Kaneko, Mamoru and Kenjiro Nakamura, "The Nash Social Welfare Function," *Econometrica* 47, March 1979, 423–35.

Kang, In-Bong and Kenneth Greene, "A Political Economic Analysis of Congressional Voting Patterns on NAFTA," *Public Choice* 98, March 1999, 385–97.

Kats, Amos and Shmuel Nitzan, "Global and Local Equilibrium in Majority Voting," *Public Choice* 26, Summer 1976, 105–6.

Katsimi, Margarita, "Explaining the Size of the Public Sector," *Public Choice* 96, July 1998, 117–44.

Katz, Richard S., "The Single Transferable Vote and Proportional Representation," in A. Lijphart and B. Grofman, eds., 1984, 135–45.

Kau, James B., D. Keenan, and Paul H. Rubin, "A General Equilibrium Model of Congressional Voting," *Quarterly Journal of Economics* 97, May 1982, 271–93.

Kau, James B. and Paul H. Rubin, "The Electoral College and the Rational Vote," *Public Choice* 27, Fall 1976, 101–07.

Kau, James B. and Paul H. Rubin, "Self-Interest, Ideology, and Logrolling in Congressional Voting," *Journal of Law and Economics* 22, October 1979, 365–84.

Kau, James B. and Paul H. Rubin, "The Size of Government," *Public Choice* 37(2), 1981, 261–74.

Kau, James B. and Paul H. Rubin, *Congressmen, Constituents, and Contributors*, Boston: Martinus Nijhoff, 1982.

Kau, James B. and Paul H. Rubin, "Ideology, Voting, and Shirking," *Public Choice* 76, June 1993, 151–72.

Kau, James B. and Paul H. Rubin, "The Growth of Government: Sources and Limits," mimeo, Emory University, 1999.

Keech, William, *Economic Politics: The Costs of Democracy*, Cambridge: Cambridge University Press, 1995.

Keefer, Philip and Stephen Knack, "Institutions and Economic Performance: Cross-Country Tests Using Alternative Institutional Measures," *Economics and Politics* 7(3), 1995, 207–27.

Keeler, Theodore E., "Theories of Regulation and the Deregulation Movement," *Public Choice* 44(1), 1984, 103–45.

Keil, Manfred W., "Is the Political Business Cycle Really Dead?" *Southern Economic Journal* 55, 1988, 86–99.

Kellett, J. and K. Mott, "Presidential Primaries: Measuring Popular Choice," *Polity* 9, Summer 1977, 528–37.

Kelley, S., Jr., R. E. Ayres, and W. G. Bowen, "Registration and Voting: Putting First Things First," *American Political Science Review* 61, June 1967, 359–79.

Kelly, Jerry S., "Rights Exercising and a Pareto-Consistent Libertarian Claim," *Journal of Economic Theory* 13, August 1976, 138–53.

Kelly, Jerry S., *Arrow Impossibility Theorems*, New York: Academic Press, 1978.

Kemp, Murray C., "Arrow's General Possibility Theorem," *Review of Economic Studies* 21(3), 1954, 240–3.

Kemp, Murray C. and A. Asimakopulos, "A Note on 'Social Welfare Functions' and Cardinal Utility," *Canadian Journal of Economic and Political Science* 18, May 1952, 195–200.

Kemp, Murray C. and Yew-Kwang Ng, "On the Existence of Social Welfare Functions: Social Orderings and Social Decision Functions," *Economica* 43, February 1976, 59–66.

Kemp, Murray C. and Yew-Kwang Ng, "More on Social Welfare Functions: The Incompatibility of Individualism and Ordinalism," *Economica* 44, February 1977, 89–90.

Kemp, Murray C. and Yew-Kwang Ng, "Arrow's Independence Condition and the Bergson-Samuelson Tradition," in G. Feiwel, ed., *Arrow and the Foundations of the Theory of Economic Policy*, London: Macmillan, 1987, 223–41.

Kemper, Peter and John M. Quigley, *The Economics of Refuse Collection*, Cambridge, MA: Ballinger Publishing Co., 1976.

Kendall, Wilmore, *John Locke and the Doctrine of Majority Rule*, Urbana: University of Illinois Press, 1941.

Kendrick, M. Slade, *A Century and a Half of Federal Expenditures*, New York: National Bureau of Economic Research, 1955.

Kennedy, Kenneth F. and Robert I. Mehr, "A Case Study in Private v. Public Enterprise: The Manitoba Experience with Automobile Insurance," *Journal of Risk and Insurance* 4, December 1977, 595–621.

Kennelly, B. and Peter Murrell, "The Sources of Collective Action: An Empirical Investigation of the Relationship between Industry Characteristics and Interest Group Formation," mimeo, University of Maryland, 1987.

Kenny, Lawrence W. and Mark Toma, "The Role of Tax Bases and Collection Costs in the Determination of Income Tax Rates, Seigniorage, and Inflation," *Public Choice* 92, July 1997, 75–90.

Kenny, P. J. and T. W. Rice, "An Empirical Examination of the Minimax Hypothesis," *American Politics Quarterly* 17, 1989, 153–62.

Key, V. O., Jr., *The Responsible Electorate*, New York: Vintage Books, 1966.

Keynes, John Maynard, *The General Theory of Employment, Interest and Money*, New York: Harcourt, Brace & World, 1936.

Kiewiet, D. Roderick, "Policy-Oriented Voting in Response to Economic Issues," *American Political Science Review* 75, June 1981, 448–59.

Kiewiet, D. Roderick, *Macroeconomics and Micropolitics*, Chicago: University of Chicago Press, 1983.

Kiewiet, D. Roderick and Mathew D. McCubbins, "Presidential Influence on Congressional Appropriations Decisions," *American Journal of Political Science* 32, 1988, 713–36.

Kinder, Donald R. and Donald R. Kiewiet, "Economic Discontent and Political Behavior: The Role of Personal Grievances and Collective Economic Judgments in Congressional Voting," *American Journal of Political Science* 23, August 1979, 495–517.

Kinder, Donald R. and Donald R. Kiewiet, "Sociotropic Politics: The American Case," *British Journal of Political Science* 11, 1981, 129–61.

King, G., J. Alt, N. Burns, and Michael Laver, "A Unified Model of Cabinet Dissolution in Parliamentary Democracies," *American Political Science Review* 34, 1990, 846–71.

Kirchgässner, Gebhard, *Rationales Wählerverhalten und optimales Regierungsverhalten*, Ph.D. dissertation, University of Constance, 1976.

Kirchgässner, Gebhard, "Wirtschaftslage und Wählerverhalten," *Politische Vierteljahresschrift* 18, 1977, 510–36.

Kirchgässner, Gebhard, "The Effect of Economic Events on Votes for President – Some Alternative Estimates," mimeo, Swiss Federal Institute of Technology, Zürich, 1981.

Kirchgässner, Gebhard, "Causality Testing of the Popularity Function: An Empirical Investigation for the Federal Republic of Germany, 1971–1982," *Public Choice* 45(2), 1985, 155–73.

Kirchgässner, Gebhard, "Probabilistic Voting and Equilibrium: An Impossibility Result," *Public Choice* 103(1–2), April 2000, 35–48.

Kirchgässner, Gerhard and Jörg Schimmelpfennig, "Closeness Counts if it Matters for Electoral Victory: Some Empirical Results for the United Kingdom and the Federal Republic of Germany," *Public Choice* 73(2), April 1992, 283–99.

Kirchsteiger, Georg, "The Role of Envy in Ultimatum Games," *Journal of Economic Behavior and Organization* 25, 1994, 373–89.

Kirman, Alan P. and Dieter Sondermann, "Arrow's Theorem, Many Agents, and Invisible Dictators," *Journal of Economic Theory* 5, October 1972, 267–77.

Kirschen, E.S., ed., *Economic Policies Compared: West and East*, vol. 1, *General Theory*, Amsterdam: North-Holland, 1974.

Kitchen, Harry M., "A Statistical Estimation of an Operating Cost Function for Municipal Refuse Collection," *Public Finance Quarterly* 4, January 1976, 56–76.

Klevorick, Alvin K., "Discussion," *American Economic Review* 64, May 1974, 158–61.

Knack, Steve, "Civic Norms, Social Sanctions, and Voter Turnout," *Rationality and Society* 4, 1992, 133–56.

Knack, Stephen, "The Voter Participation Effects of Selecting Jurors from Registration Lists," *Journal of Law and Economics* 36, April 1993, 99–114.

Knack, Steve, "Does the Rain Help the Republicans? Theory and Evidence on Turnout and the Vote," *Public Choice* 79, April 1994, 187–209.

Knack, Steve, "Institutions and the Convergence Hypothesis: The Cross-National Evidence," *Public Choice* 87, June 1996, 207–28.

Knack, Stephen, "Deterring Voter Registration through Juror Selection Practices: Evidence from Survey Data," *Public Choice* 103, April 2000, 49–62.

Knack, Stephen and Philip Keefer, "Institutions and Economic Performance: Cross-Country Tests Using Alternative Institutional Measures," *Economics and Politics* 7, 1995, 207–28.

Knight, Frank H., *Risk, Uncertainty and Profit*, New York: Harper & Row, 1965; first edition, 1921.

Knight, Frank H., "Profit," in *Encyclopedia of Social Sciences*, 1934; reprinted in W. Fellner and B. F. Haley, *Readings in the Theory of Income Distribution*, Homewood, IL: Richard D. Irwin, 1951, 533–46.

Koehler, D. H., "Vote Trading and the Voting Paradox: A Proof of Logical Equivalence," *American Political Science Review* 69, September 1975, 954–60.

Koester, Ulrich and Stefan Tangermann, "The European Community," in F. H. Sanderson, ed., 1990, 64–111.

Koford, Kenneth J., "Centralized Vote-Trading," *Public Choice* 39(2), 1982, 245–68.

Koford, Kenneth J., "Dimensions in Congressional Voting," *American Political Science Review* 83, September 1989, 949–62.

Koford, Kenneth J., "Dimensions, Transaction Costs and Coalitions in Legislative Voting," *Economics and Politics* 2, 1990, 59–82.

Kollman, Ken, John H. Miller, and Scott E. Page, "Adaptive Parties in Spatial Elections," *American Political Science Review* 86, 1992, 929–37.

Kolmar, Martin, "Constitution as Commitment or Coordination Device? Comment on C. Azariadis and V. Galasso: Constitutional 'Rules' and Intergenerational Fiscal Policy," *Constitutional Political Economy* 11, December 2000, 371–4.

Konrad, Kai A. and Harris Schlesinger, "Risk Aversion in Rent-Seeking and Rent-Augmenting Games," *Economic Journal* 107, November 1997, 1671–83.

Kormendi, Roger C., "A New Remedy for the Free Rider Problem? – Flies in the Ointment," *Research in Law and Economics* 1, 1979, 115–30.

Kormendi, Roger C., "Further Thoughts on the Free Rider Problem and Demand Revealing Processes," *Research in Law and Economics* 2, 1980, 219–25.

Kormendi, Roger C. and Philip G. Meguire, "Macroeconomic Determinants of Growth: Cross-Country Evidence," *Journal of Monetary Economics* 16(2), September 1985, 141–63.

Kramer, Gerald H., "Short Run Fluctuations in U.S. Voting Behavior, 1896–1964," *American Political Science Review* 65, March 1971, 131–43.

Kramer, Gerald H., "Sophisticated Voting over Multidimensional Choice Spaces," *Journal of Mathematical Sociology* 2, July 1972, 165–80.

Kramer, Gerald H., "On a Class of Equilibrium Conditions for Majority Rule," *Econometrica* 41, March 1973, 285–97.

Kramer, Gerald H., "A Dynamic Model of Political Equilibrium," *Journal of Economic Theory* 16, December 1977, 310–34.

Kramer, Gerald H., "The Ecological Fallacy Revisited: Aggregate- versus Individual-level Findings on Economics and Elections, and Sociotropic Voting," *American Political Science Review* 77, March 1983, 92–111.

Kramer, Gerald H. and A. H. Klevorick, "Existence of a Local Cooperative Equilibrium in a Class of Voting Games," *Review of Economic Studies* 41, October 1974, 539–47.

Krehbiel, Keith, *Information and Legislative Organization*, Ann Arbor: University of Michigan Press, 1991.

Krehbiel, Keith, "Constituency Characteristics and Legislative Preferences," *Public Choice* 76, June 1993, 21–37.

Krehbiel, Keith, *Pivotal Politics*, Chicago: University of Chicago Press, 1998.

Kress, Shirley E., "Niskanen Effects in the California Community Colleges," *Public Choice* 61, May 1989, 127–40.

Kristov, Lorenzo, Peter Lindert, and Robert McClelland, "Pressure Groups and Redistribution," *Journal of Public Economics* 48, July 1992, 135–63.

Kroszner, Randall S. and Thomas Stratmann, "Interest-Group Competition and the Organization of Congress: Theory and Evidence from Financial Services' Political Action Committees," *American Economic Review* 88, December 1998, 1163–87.

Krueger, Anne O., "The Political Economy of the Rent-Seeking Society," *American Economic Review* 64, June 1974, 291–303; reprinted in J. M. Buchanan, R. D. Tollison, and G. Tullock, eds., 1980, 51–70.

Krueger, Anne, Maurice Schiff, and Alberto Valdés, *The Political Economy of Agricultural Pricing Policy*, Baltimore: Johns Hopkins University Press, 1991.

Kuga, K. and H. Nagatani, "Voter Antagonism and the Paradox of Voting," *Econometrica* 42, November 1974, 1045–67.

Kuklinski, James H. and Darrell M. West, "Economic Expectations and Voting Behavior in United States House and Senate Elections," *American Political Science Review* 75, June 1981, 436–47.

Kunreuther, H. et al., *Disaster Insurance Protection*, New York: Wiley, 1978.

Kurnow, E., "Determinants of State and Local Expenditures Reexamined," *National Tax Journal* 16, 1963, 252–5.

Kurrild-Klitgaard, Peter, "The Constitutional Economics Autocratic Succession," *Public Choice* 103, April 2000, 63–84.

Kurrild-Klitgaard, Peter, "An Empirical Example of the Condorcet Paradox of Voting in a Large Electorate," *Public Choice* 107, April 2001, 135–45.

Kurth, James R., "The Political Consequences of the Product Cycle: Industrial History and Political Outcomes," *International Organizations* 33, 1979, 1–34.

Kydland, E. Finn and Edward C. Prescott, "Rules Rather than Discretion: The Inconsistency of Optimal Plans," *Journal of Political Economy* 85, 1977, 473–91.

Laakso, Markuu and Rein Taagepera, "Effective Number of Political Parties: A Measure with Applications to Western Europe," *Comparative Political Studies* 12, 1979, 3–27.

Laband, David N. and John P. Sophocleus, "The Social Cost of Rent Seeking: First Estimates," *Public Choice* 58, 1988, 269–75.

Lächler, Ulrich, "The Political Business Cycle: A Complementary Study," *Review of Economic Studies* 45, 1978, 369–75.

Lächler, Ulrich, "On Political Business Cycles with Endogenous Election Dates," *Journal of Public Economics* 17, 1982, 111–17.

Lächler, Ulrich, "The Political Business Cycle under Rational Voting Behavior," *Public Choice* 44, 1984, 411–30.

Ladha, Krishna K., "The Condorcet Jury Theorem, Free Speech, and Correlated Votes," *American Journal of Political Science* 36, August 1992, 617–34.

Ladha, Krishna K., "Condorcet's Jury Theorem in Light of de Finetti's Theorem: Majority-Rule Voting with Correlated Votes," *Social Choice and Welfare* 10, 1993, 69–85.

Ladha, Krishna K., "Coalitions in Congressional Voting," *Public Choice* 78, January 1994, 43–63.

Ladha, Krishna K., "Information Pooling through Majority-Rule Voting: Condorcet's Jury Theorem with Correlated Votes," *Journal of Economic Behavior and Organization* 26, 1995, 353–72.

Ladha, Krishna K., Gary Miller, and Joe Oppenheimer, "Democracy: Turbo-Charged or Shackled? Information Aggregation by Majority Rule," mimeo, University of Maryland, 1995.

Lafay, Jean-Dominique, "Important Political Change and the Stability of the Popularity Function: Before and after the French General Election of 1981," mimeo, University of Poitiers, 1984.

Laffont, Jean-Jacques and Eric Maskin, "A Differential Approach to Dominant Strategy Mechanisms," *Econometrica* 48, September 1980, 1507–30.

Lakeman, Enid, *How Democracies Vote – A Study of Electoral Systems*, 4th ed., London: Faber and Faber, 1974.

782　参考文献

Krehbiel, Keith, *Information and Legislative Organization*, Ann Arbor: University of Michigan Press, 1991.

Krehbiel, Keith, "Constituency Characteristics and Legislative Preferences," *Public Choice* 76, June 1993, 21–37.

Krehbiel, Keith, *Pivotal Politics*, Chicago: University of Chicago Press, 1998.

Kress, Shirley E., "Niskanen Effects in the California Community Colleges," *Public Choice* 61, May 1989, 127–40.

Kristov, Lorenzo, Peter Lindert, and Robert McClelland, "Pressure Groups and Redistribution," *Journal of Public Economics* 48, July 1992, 135–63.

Kroszner, Randall S. and Thomas Stratmann, "Interest-Group Competition and the Organization of Congress: Theory and Evidence from Financial Services' Political Action Committees," *American Economic Review* 88, December 1998, 1163–87.

Krueger, Anne O., "The Political Economy of the Rent-Seeking Society," *American Economic Review* 64, June 1974, 291–303; reprinted in J. M. Buchanan, R. D. Tollison, and G. Tullock, eds., 1980, 51–70.

Krueger, Anne, Maurice Schiff, and Alberto Valdés, *The Political Economy of Agricultural Pricing Policy*, Baltimore: Johns Hopkins University Press, 1991.

Kuga, K. and H. Nagatani, "Voter Antagonism and the Paradox of Voting," *Econometrica* 42, November 1974, 1045–67.

Kuklinski, James H. and Darrell M. West, "Economic Expectations and Voting Behavior in United States House and Senate Elections," *American Political Science Review* 75, June 1981, 436–47.

Kunreuther, H. et al., *Disaster Insurance Protection*, New York: Wiley, 1978.

Kurnow, E., "Determinants of State and Local Expenditures Reexamined," *National Tax Journal* 16, 1963, 252–5.

Kurrild-Klitgaard, Peter, "The Constitutional Economics Autocratic Succession," *Public Choice* 103, April 2000, 63–84.

Kurrild-Klitgaard, Peter, "An Empirical Example of the Condorcet Paradox of Voting in a Large Electorate," *Public Choice* 107, April 2001, 135–45.

Kurth, James R., "The Political Consequences of the Product Cycle: Industrial History and Political Outcomes," *International Organizations* 33, 1979, 1–34.

Kydland, E. Finn and Edward C. Prescott, "Rules Rather than Discretion: The Inconsistency of Optimal Plans," *Journal of Political Economy* 85, 1977, 473–91.

Laakso, Markku and Rein Taagepera, "Effective Number of Political Parties: A Measure with Applications to Western Europe," *Comparative Political Studies* 12, 1979, 3–27.

Laband, David N. and John P. Sophocleus, "The Social Cost of Rent Seeking: First Estimates," *Public Choice* 58, 1988, 269–75.

Lächler, Ulrich, "The Political Business Cycle: A Complementary Study," *Review of Economic Studies* 45, 1978, 369–75.

Lächler, Ulrich, "On Political Business Cycles with Endogenous Election Dates," *Journal of Public Economics* 17, 1982, 111–17.

Lächler, Ulrich, "The Political Business Cycle under Rational Voting Behavior," *Public Choice* 44, 1984, 411–30.

Ladha, Krishna K., "The Condorcet Jury Theorem, Free Speech, and Correlated Votes," *American Journal of Political Science* 36, August 1992, 617–34.

Ladha, Krishna K., "Condorcet's Jury Theorem in Light of de Finetti's Theorem: Majority-Rule Voting with Correlated Votes," *Social Choice and Welfare* 10, 1993, 69–85.

Ladha, Krishna K., "Coalitions in Congressional Voting," *Public Choice* 78, January 1994, 43–63.

Ladha, Krishna K., "Information Pooling through Majority-Rule Voting: Condorcet's Jury Theorem with Correlated Votes," *Journal of Economic Behavior and Organization* 26, 1995, 353–72.

Ladha, Krishna K., Gary Miller, and Joe Oppenheimer, "Democracy: Turbo-Charged or Shackled? Information Aggregation by Majority Rule," mimeo, University of Maryland, 1995.

Lafay, Jean-Dominique, "Important Political Change and the Stability of the Popularity Function: Before and after the French General Election of 1981," mimeo, University of Poitiers, 1984.

Laffont, Jean-Jacques and Eric Maskin, "A Differential Approach to Dominant Strategy Mechanisms," *Econometrica* 48, September 1980, 1507–30.

Lakeman, Enid, *How Democracies Vote – A Study of Electoral Systems*, 4th ed., London: Faber and Faber, 1974.

Lampert, S. I., Shmuel Nitzan, and J. Paroush, "The Sensitivity of Political Outcomes to Electoral Decision Rules," *Political Methodology* 10(3), 1984, 337–56.

Landau, Daniel L., "Government Expenditure and Economic Growth: A Cross-Country Study," *Southern Economic Journal* 49, January 1983, 783–92.

Landau, Daniel L., "Government and Economic Growth in the Less Developed Countries: An Empirical Study for 1960–1980," *Economic Development and Cultural Change* 35, October 1986, 35–75.

Landes, William M. and Richard A. Posner, "The Independent Judiciary in an Interest-Group Perspective," *Journal of Law and Economics* 18, December 1975, 875–901.

Lane, Jan-Erik and Svante Ersson, "Political Institutions, Public Policy and Economic Growth," *Scandinavian Political Studies* 9, March 1986, 19–34.

Lane, Robert E., "Political Involvement through Voting," in B. Seasholes, ed., *Voting, Interest Groups, and Parties*, Glenview, IL: Scott, Foresman, 1966.

Lane, Robert E., "What Rational Choice Explains," in J. Friedman, ed., 1996, 107–26.

Langbein, Laura I., "PACs, Lobbies and Political Conflict: The Case of Gun Control," *Public Choice* 77, November 1993, 551–72.

Lange, Peter and Geoffrey Garrett, "The Politics of Growth: Strategic Interaction and Economic Performance in the Advanced Industrial Democracies, 1974–80," *Journal of Politics* 47, August 1985, 792–827.

Lascher, Edward L., Jr., Steven Kelman, and Thomas J. Kane, "Political Views, Constituency Pressure, and Congressional Action on Flag Burning," *Public Choice* 76, June 1993, 79–102.

Laver, Michael and Norman Schofield, *Multiparty Government*, Oxford: Oxford University Press, 1990.

Laver, Michael and Kenneth A. Shepsle, *Making and Breaking Governments*, Cambridge: Cambridge University Press, 1996.

Ledyard, John O., "The Paradox of Voting and Candidate Competition: A General Equilibrium Analysis," in G. Hornwich and J. Quirk, eds., *Essays in Contemporary Fields of Economics*, West Lafayette: Purdue University Press, 1981.

Ledyard, John O., "The Pure Theory of Large Two-Candidate Elections," *Public Choice* 44(1), 1984, 7–41.

Ledyard, John O., "Public Goods: A Survey of Experimental Research," in J. H. Kagel and A. E. Roth, eds., 1995, 111–251.

Lee, Sanghack, "Endogenous Sharing Rules in Collective-Group Rent-Seeking," *Public Choice* 85, October 1995, 31–44.

Leffler, Keith B., "Physician Licensure: Competition and Monopoly in American Medicine," *Journal of Law and Economics* 21, April 1978, 165–86.

Lehner, Franz, "Pressure Politics and Economic Growth: Olson's Theory and the Swiss Experience," in D. C. Mueller, ed., 1983, 203–14.

Lehner, Franz, "The Political Economy of Distributive Conflict in the Welfare State," mimeo, Ruhr University, Bochum, 1985.

Leibenstein, Harvey, "Long-Run Welfare Criteria," in J. Margolis, ed., *The Public Economy of Urban Communities*, Baltimore: Johns Hopkins University Press, 1965, 539–57.

Leibenstein, Harvey, "Allocative Efficiency vs X-Efficiency," *American Economic Review* 56, June 1966, 392–415.

Leininger, Wolfgang, "More Efficient Rent-Seeking – A Münchhausen Solution," *Public Choice* 75, January 1993, 43–62.

Lerner, Abba P., *Economics of Control*, New York: Macmillan, 1944.

Leschke, Martin, "Constitutional Choice and Prosperity: A Factor Analysis," *Constitutional Political Economy* 11, September 2000, 265–79.

Levernier, William, "The Effect of Relative Economic Performance on the Outcome of Gubernatorial Elections," *Public Choice* 74, September 1992, 181–90.

Levine, M. E. and Charles R. Plott, "Agenda Influence and Its Implications," *Virginia Law Review* 63, May 1977, 561–604.

Levine, Ross and David Renelt, "A Sensitivity Analysis of Cross-Country Growth Regressions," *American Economic Review* 82, September 1992, 942–63.

Levitt, Steven D., "Using Repeat Challengers to Estimate the Effect of Campaign Spending on Election Outcomes in the U.S. House," *Journal of Political Economy* 102, August 1994, 777–98.

Levy, Brian and Pablo T. Spiller, "The Institutional Foundations of Regulatory Commitment: A Comparative Analysis of Telecommunications Regulation," *Journal of Law, Economics, and Organization* 10, October 1994, 201–46.

Levy, Frank, *Dollars and Dreams: The Changing American Income Distribution*, New York: Basic Books, 1987.

Lewin, L., *Self-Interest and Public Interest in Western Politics*, Oxford: Oxford University Press, 1991.

Lewis-Beck, Martin S., "Economic Conditions and Executive Popularity: The French Experience," *American Journal of Political Science* 24, May 1980, 306–23.

Lewis-Beck, Martin S., *Economics and Elections: The Major Western Democracies*, Ann Arbor: University of Michigan Press, 1988.

Libecap, Gary D., "The Rise of the Chicago Packers and the Origins of Meat Inspection and Antitrust," *Economic Inquiry* 30, April 1992, 242–62.

Lieserson, Michael, "Factions and Coalitions in One-Party Japan: An Interpretation Based on the Theory of Games," *American Political Science Review* 62, 1966, 70–87.

Lijphart, Arend, *Democracies*, New Haven: Yale University Press, 1984.

Lijphart, Arend, "Degrees of Proportionality of Proportional Representation Formulas," in B. Grofman and A. Lijphart, eds., 1986, 170–9.

Lijphart, Arend, "The Political Consequences of Electoral Laws, 1945–85," *American Political Science Review* 84, June 1990, 481–96.

Lijphart, Arend, *Electoral Systems and Party Systems: A Study of Twenty-Seven Democracies, 1945–90*, Oxford: Oxford University Press, 1994.

Lijphart, Arend, "Unequal Participation: Democracy's Unresolved Dilemma," *American Political Science Review* 91, March 1997, 1–14.

Lijphart, Arend, *Patterns of Democracy*, New Haven: Yale University Press, 1999.

Lijphart, Arend and Bernard Grofman, eds., *Choosing an Electoral System: Issues and Alternatives*, New York: Praeger, 1984.

Lijphart, Arend, Rafael Pintor Lopez, and Yasunori Sone, "The Limited Vote and the Single Nontransferable Vote: Lessons from the Japanese and Spanish Examples," in B. Grofman and A. Lijphart, eds., 1986, 154–69.

Lin, Tse-min, James M. Enelow, and Han Dorussen, "Equilibrium in Multicandidate Probabilistic Spatial Voting," *Public Choice* 98, January 1999, 59–82.

Lindahl, Erik, *Just Taxation – A Positive Solution*, Lund, first published in German, 1919; English translation in R. Musgrave and A. Peacock, 1967, 168–76.

Lindbeck, Assar, "Stabilization Policy in Open Economies with Endogenous Politicians," *American Economic Review* 66, May 1976, 1–19.

Lindbeck, Assar, "Redistribution Policy and the Expansion of the Public Sector, " *Journal of Public Economics* 28, December 1985, 309–28.

Lindbeck, Assar, "The Swedish Experiment," *Journal of Economic Literature* 35, September 1997, 1273–319.

Lindeen, J. W., "An Oligopoly Model of Political Market Structures," *Public Choice* 9, Fall 1970, 31–7.

Lindert, Peter H. and Geoffrey G. Williamson, "Growth, Equality and History," *Explorations in Economic History* 22, 1985, 341–77.

Lindsay, Cotton M., "A Theory of Government Enterprise," *Journal of Political Economy* 84(5), October 1976, 1061–77.

Little, I. M. D., "Social Choice and Individual Values," *Journal of Political Economics* 60, October 1952, 422-32.

Little, I. M. D., *A Critique of Welfare Economics*, 2nd ed., Oxford: Clarendon Press, 1957.

Locke, John, *An Essay Concerning the True Original Extent and End of Civil Government*; reprinted in *The English Philosophers*, New York: Modern Library, 1939.

Loeb, Martin, "Alternative Versions of the Demand-Revealing Process," *Public Choice* 29-2 (special supplement), Spring 1977, 15–26.

Lohmann, Susanne, "A Signaling Model of Informative and Manipulative Political Action," *American Political Science Review* 87, June 1993, 319–33.

Lohmann, Susanne, "The Poverty of Green and Shapiro," in J. Friedman, ed., 1996, 127–54.

Long, Ngo van and Neil Vousden, "Protectionist Responses and Declining Industries," *Journal of International Economics* 30, February 1991, 87–103.

Lopez, Rigoberto A. and Emilio Pagoulatos, "Rent Seeking and the Welfare Cost of Trade Barriers," *Public Choice* 79, April 1994, 149–60.

Lott John R Jr "Political cheating" *Public choice* 52 March 1987,169-87.

Lott, John R., Jr., "Attendance Rates, Political Shirking, and the Effect of Post-elective Office on Employ-ment," *Economic Inquiry* 28, 1990, 133–50.

Lott, John R., Jr., "Does Additional Campaign Spending Really Hurt Incumbents?: The Theoretical Impor-tance of Past Investments in Political Brand Name," *Public Choice* 72, October 1991, 87–92.

Lott, John R., Jr. and Stephen G. Bronars, "Time Series Evidence on Shirking in the U.S. House of Repre-sentatives," *Public Choice* 76, June 1993, 125–49.

Lott, John R., Jr. and Michael L. Davis, "A Critical Review and an Extension of the Political Shirking Literature," *Public Choice* 74, December 1992, 461–84.

Lott, John R., Jr. and Larry Kenny, "Did Women's Suffrage Change the Size and Scope of Government?" *Journal of Political Economy* 107, December 1999, 1163–98.

Lowery, David, "The Keynesian and Political Determinants of Unbalanced Budgets: U.S. Fiscal Policy from Eisenhower to Reagan," *American Journal of Political Science* 29, 1985, 429–60.

Lowery, David and Lee Sigelman, "Understanding the Tax Revolt: Eight Explanations," *American Political Science Review* 75, December 1981, 963–74.

Lowery, D. and W. O. Berry, "The Growth of Government in the United States: An Empirical Assessment of Competing Explanations," *American Journal of Political Science* 27, November 1983, 665–94.

Lowi, T. J., *The End of Liberalism*, New York: W.W. Norton, 1969.

Luce, R. Duncan and Howard Raiffa, *Games and Decisions*, New York: Wiley, 1957.

Lupia, Arthur and Mathew D. McCubbins, "Learning from Oversight: Fire Alarms and Police Patrol Re-constructed," *Journal of Law, Economics, and Organization* 10, April 1994, 96–125.

Lybeck, J. A. *The Growth of Government in Developed Countries*, Gower: Hants, 1986.

Lyons, David, "Nature and Soundness of the Contract and Coherence Arguments," in N. Daniels, ed., 1974, 141–67; based on material from "Rawls versus Utilitarianism," *Journal of Philosophy* 69, October 1972, 535–45, and "The Nature of the Contract Argument," *Cornell Law Review* 6, 1974, 59.

MacKay, Alfred F., *Arrow's Theorem: The Paradox of Social Choice*, New Haven: Yale University Press, 1980.

Mackay, Robert J., James C. Miller, III, and Bruce Yandle, *Public Choice and Regulation*, Stanford: Hoover Institution, 1987.

Mackay, Robert J. and Carolyn L. Weaver, "Agenda Control by Budget Maximizers in a Multi-Bureau Setting," *Public Choice* 37(3), 1981, 447–72.

MacRae, C. Duncan, "A Political Model of the Business Cycle," *Journal of Political Economy* 85, April 1977, 239–63.

Madsen, Henrick J., "Electoral Outcomes and Macro-Economic Policies: The Scandinavian Cases," in P. Whitely, ed., *Models of Political Economy*, London: Sage, 1980, 15–46.

Magee, Stephen P., "Protectionism in the United States," mimeo, University of Texas, Austin, 1982.

Magee, Stephen P., "Endogenous Protection: The Empirical Evidence," 1997, in D. C. Mueller, ed., 1997a, 526–61.

Magee, Stephen P., William A. Brock, and Leslie Young, *Black Hole Tariffs and Endogenous Policy Theory: Political Economy in General Equilibrium*, Cambridge: Cambridge University Press, 1989.

Majumdar, Sumit K., "Assessing Comparative Efficiency of the State-Owned, Mixed and Private Sectors in Indian Industry," *Public Choice* 96, July 1998, 1–24.

Malinvaud, E., "Procedures pour la Determination d'un Programme de Consommation Collective," *Euro-pean Economic Review* 2(7), Winter 1970–71, 187–217.

Maloney, Kevin J. and Michael L. Smirlock, "Business Cycles and the Political Process," *Southern Economic Journal* 48(2), October 1982, 377–92.

Mann, H. Michael and Karen McCormick, "Firm Attributes and the Propensity to Influence the Political System," in J. J. Siegfried, ed., *The Economics of Firm Size, Market Structure and Social Performance*, Washington D.C.: FTC, 1980, 300–13.

Mann, Patrick C. and John L. Mikesell, "Ownership and Water Systems Operations," *Water Resources Bulletin* 12, 1976, 995–1004.

Mansbridge, Jane J., ed., *Beyond Self-Interest*, Chicago: University of Chicago Press, 1990.

Margolis, Howard, "Probability of a Tied Election," *Public Choice* 31, Fall 1977, 135–8.

Margolis, Howard, "A Thought Experiment on Demand-Revealing Mechanisms," *Public Choice* 38(1), 1982a, 87–91.

Margolis, Howard, *Selfishness, Altruism, and Rationality*, Cambridge: Cambridge University Press, 1982b.

Margolis, Howard, "A Note on Demand-Revealing," *Public Choice* 40(2), 1983, 217–25.

Marks, Stephen V., "Economic Interests and Voting on the Omnibus Trade Bill of 1987," *Public Choice* 75, January 1993, 21–42.

Markus, G. B., "The Impact of Personal and National Economic Conditions on the Presidential Vote: A Pooled Cross-sectional Analysis," *American Journal of Political Science* 32, 1988, 137–54.

Markus, G. B., "The Impact of Personal and National Economic Conditions on Presidential Voting: 1956–1968," *American Journal of Political Science* 36, 1990, 829–34.

Marlow, M. L., "Fiscal Decentralization and Government Size," *Public Choice* 56(3), March 1988, 259–69.

Marris, Robin, *The Economic Theory of Managerial Capitalism*, New York: Free Press, 1964.

Marsh, R. M., "Sociological Explanations of Economic Growth," *Studies in Comparative International Research* 23, 1988, 41–77.

Marvel, Howard P. and Edward J. Ray, "The Kennedy Round: Evidence on the Regulation of International Trade in the United States," *American Economic Review* 73, March 1983, 190–7.

Marwell, G. and R. E. Ames, "Economists Free Ride, Does Anyone Else?" *Journal of Public Economics* 15, June 1981, 295–310.

Mashaw, Jerry L., "Prodelegation: Why Administrators Should Make Political Decisions," *Journal of Law, Economics, and Organization* 1, Spring 1985, 81–100.

Mashaw, Jerry L., "Explaining Administrative Process: Normative, Positive, and Critical Studies of Legal Development," *Journal of Law, Economics, and Organization* 6, 1990, 267–98.

Matsusaka, John G., "Election Closeness and Voter Turnout: Evidence from California Ballot Propositions," *Public Choice* 76, August 1993, 313–34.

Matsusaka, John G., "Explaining Voter Turnout Patterns: An Information Theory," *Public Choice* 84, July 1995, 91–117.

Matsusaka, John G. and Filip Palda, "The Downsian Voter Meets the Ecological Fallacy," *Public Choice* 77, December 1993, 855–78.

Matsusaka, John G. and Filip Palda, "Voter Turnout: How Much Can We Explain?" *Public Choice* 98, March 1999, 431–46.

Mauro, Paolo, "Corruption and Growth," *Quarterly Journal of Economics* 110, August 1995, 681–712.

May, Kenneth O., "A Set of Independent, Necessary and Sufficient Conditions for Simple Majority Decision," *Econometrica* 20, October 1952, 680–4.

Mayer, L. S. and I. J. Good, "Is Minimax Regret Applicable to Voting Decisions?" *American Political Science Review* 69, September 1975, 916–17.

Mayer, Wolfgang, "Endogenous Tariff Formation," *American Economic Review* 74, December 1984, 970–85.

Mayhew, David R., *Party Loyalty among Congressmen: The Difference between Democrats and Republicans*, Cambridge, MA: Harvard University Press, 1966.

Mayhew, David R., *Congress: The Electoral Connection*, New Haven: Yale University Press, 1974.

McCallum, Bennett T., "The Political Business Cycle: An Empirical Test," *Southern Economic Journal* 44, 1978, 504–15.

McCallum, J. and Andre Blais, "Government, Special Interest Groups, and Economic Growth," *Public Choice* 54(1), 1987, 3–18.

McConnell, G., *Private Power and American Democracy*, New York: Alfred A. Knopf, 1966.

McCormick, Robert E. and Robert D. Tollison, *Politicians, Legislation, and the Economy*, Boston: Martinus Nijhoff, 1981.

McCubbins, Mathew D., Roger G. Noll, and Barry R. Weingast, "Administrative Procedures as Instruments of Political Control," *Journal of Law, Economics, and Organization* 3, 1987, 243–77.

McCubbins, Mathew D., Roger G. Noll, and Barry R. Weingast, "Structure and Process, Politics and Policy: Administrative Arrangements and the Political Control of Agencies," *Virginia Law Review* 75, 1989, 431–82.

McCubbins, Mathew D. and Thomas Schwartz, "Congressional Oversight Overlooked: Police Patrols versus Fire Alarms," *American Journal of Political Science* 28, 165–79.

McGann, A. J., "The Advantages of Ideological Cohesion: A Model of Constituency Representation and Electoral Competition in Multi-Party Democracies," mimeo, MBS 00-24, University of California, Irvine. 2000.

McGavin, B. H., "The Political Business Cycle: A Reexamination of Some Empirical Evidence," *Quarterly Journal of Business and Economics* 26, 1987, 36–49.

McGuire, M., "Private Good Clubs and Public Good Clubs: Economic Models of Group Formation," *Swedish Journal of Economics* 74, March 1972, 84–99.

McGuire, M., "Group Segregation and Optimal Jurisdictions," *Journal of Political Economy* 82, January/February 1974, 112–32.

McGuire, M. and H. Aaron, "Efficiency and Equity in the Optimal Supply of a Public Good," *Review of Economics and Statistics* 51, February 1969, 31–8.

McGuire, Martin C. and Mancur Olson, "The Economics of Autocracy and Majority Rule: The Invisible Hand and the Use of Force," *Journal of Economic Literature* 34, March 1996, 72–96.

McGuire, Robert A., "Constitution Making: A Rational Choice Model of the Federal Convention of 1787," *American Journal of Political Science* 32, 1988, 483–522.

McGuire, Robert A. and Robert L. Ohsfeldt, "An Economic Model of Voting Behavior Over Specific Issues at the Constitutional Convention of 1787," *Journal of Economic History* 46, 1986, 79–111.

McGuire, Robert A. and Robert L. Ohsfeldt, "Self-Interest, Agency Theory, and Political Voting Behavior: The Ratification of the United States Constitution," *American Economic Review* 79, March 1989, 219–34.

McGuire, Robert A. and T. Norman Van Cott, "Public versus Private Economic Activity: A New Look at School Bus Transportation," *Public Choice* 43(1), 1984, 25–43.

McGuire, Thomas, Michael Coiner, and Larry Spancake, "Budget-Maximizing Agencies and Efficiency in Government," *Public Choice* 34(3–4), 1979, 333–57.

McKelvey, Richard D., "Intransitivities in Multidimensional Voting Models and Some Implications for Agenda Control," *Journal of Economic Theory* 12, June 1976, 472–82.

McKelvey, Richard D., "Covering, Dominance, and Institution-Free Properties of Social Choice," *American Journal of Political Science* 30, May 1986, 283–314.

McKelvey, Richard D. and Peter C. Ordeshook, "A General Theory of the Calculus of Voting," in J. F. Herndon and J. L. Bernd, eds., *Mathematical Applications in Political Science*, Vol. 6, Charlottesville: University of Virginia Press, 1972.

McKelvey, Richard D. and Peter C. Ordeshook, "Symmetric Spatial Games without Majority Rule Equilibria," *American Political Science Review* 70, December 1976, 1172–84.

McKelvey, Richard D. and Peter C. Ordeshook, "Vote Trading: An Experimental Study," *Public Choice* 35(2), 1980, 151–84.

McKelvey, Richard D. and Peter C. Ordeshook, "An Experimental Study of the Effects of Procedural Rules on Committee Behavior," *Journal of Politics* 46, 1984, 182–205.

McKelvey, Richard D. and Peter C. Ordeshook, "Elections with Limited Information: A Multidimensional Model," *Mathematical Social Science* 14, 1987, 77–99.

McKelvey, Richard D. and Peter C. Ordeshook, "A Decade of Experimental Research on Spatial Models of Elections and Committees," in J. Enelow and M. J. Hinich, eds., *Advances in the Spatial Theory of Voting*, Cambridge: Cambridge University Press, 1990.

McKelvey, Richard D., Peter C. Ordeshook, and Mark D. Winer, "The Competitive Solutions for N-Person Games without Transferable Utility, with an Application to Committee Games," *American Political Science Review* 72, June 1978, 599–615.

McKeown, Timothy J., "Hegemonic Stability Theory and 19th Century Tariff Levels in Europe," *International Organization* 37, 1983, 73–91.

McMillan, M. L., "Toward the More Optimal Provision of Local Public Goods: Internalization of Benefits or Intergovernmental Grants?" *Public Finance Quarterly* 3, July 1975, 229–60.

Meade, James E., "External Economies and Diseconomies in a Competitive Situation," *Economic Journal* 62, March 1952, 54–67; reprinted in K. J. Arrow and T. Scitovsky, 1969, 185–98.

Meehl, P. E., "The Selfish Citizen Paradox and the Throw Away Vote Argument" *American Political Science Review* 71, March 1977, 11–30.

Meerman, Jacob, "Are Public Goods Public Goods?" *Public Choice* 35(1), 1980, 45–57.

Mehay, Stephen L., "The Effect of Governmental Structure on Special District Expenditures," *Public Choice* 44(2), 1984, 339–48.

Mehay, Stephen L. and Rodolfo A. Gonzalez, "Economic Incentives under Contract Supply of Local Governmental Services," *Public Choice* 46(1), 1985, 79–86.

Meltzer, Allan H. and Scott F. Richard, "Why Government Grows (and Grows) in a Democracy," *Public Interest* 52, Summer 1978, 111–18.

Meltzer, Allan H. and Scott F. Richard, "A Rational Theory of the Size of Government," *Journal of Political Economy* 89, October 1981, 914–27.

Meltzer, Allan H. and Scott F. Richard, "Tests of a Rational Theory of the Size of Government," *Public Choice* 41(3), 1983, 403–18.

Merrill, Samuel, III, "Strategic Decisions under One-Stage Multi-Candidate Voting Systems," *Public Choice* 36(1), 1981, 115–34.

Merrill, Samuel, III, "A Comparison of Efficiency of Multicandidate Electoral Systems," *American Journal of Political Science* 28, February 1984, 23–48.

Merrill, Samuel, III, "A Statistical Model for Condorcet Efficiency Based on Simulation under Spatial Model Assumptions," *Public Choice* 47(2), 1985, 389–403.

Merrill, Samuel, III and Bernard Grofman, *A Unified Theory of Voting*, Cambridge: Cambridge University Press, 1999.

Merville, Larry J. and Dale K. Osborne, "Constitutional Democracy and the Theory of Agency," *Constitutional Political Economy* 1, Fall 1990, 21–47.

Meyer, Robert A., "Publicly Owned versus Privately Owned Utilities: A Policy Choice," *Review of Economics and Statistics* 57, November 1975, 391–9.

Midlarsky, Manus I., "Political Stability of Two-Party and Multiparty Systems: Probabilistic Bases for the Comparison of Party Systems," *American Political Science Review* 78, December 1984, 929–51.

Mieszkowski, Peter, "Tax Incidence Theory," *Journal of Economic Literature* 7, December 1969, 1103–24.

Migué, Jean-Luc, "Public Choice in a Federal System," *Public Choice* 90, March 1997, 235–54.

Migué, Jean-Luc and Gerard Bélanger, "Towards a General Theory of Managerial Discretion," *Public Choice* 17, Spring 1974, 27–43.

Milbrath, L. W., *Political Participation*, Chicago: Rand McNally, 1965.

Milgrom, Paul and John Roberts, *Economics, Organization, and Management*, New York: Prentice-Hall, 1992.

Mill, John Stuart (1859), *On Liberty*, in *The English Philosophers*, New York: Modern Library, 1939, 949–1041.

Mill, John Stuart, *Considerations on Representative Government*, New York: Bobbs-Merrill, 1958 (first publication 1861).

Miller, Gary J., "Bureaucratic Compliance as a Game on the Unit Square," *Public Choice* 19, Spring 1977, 37–51.

Miller, Gary J., *Cities by Contract*, Cambridge, MA: MIT Press, 1981.

Miller, Gary J. and Terry M. Moe, "Bureaucrats, Legislators, and the Size of Government," *American Political Science Review* 77, June 1983, 297–322.

Miller, Nicholas R., "Logrolling, Vote Trading, and the Paradox of Voting: A Game Theoretical Overview," *Public Choice* 30, Summer 1977, 51–75.

Miller, Nicholas R., "A New Solution Set for Tournaments and Majority Voting: Further Graph-Theoretical Approaches to the Theory of Voting," *American Journal of Political Science* 24, February 1980, 68–96.

Miller, Nicholas R., "The Covering Relation in Tournaments: Two Corrections," *American Journal of Political Science* 27, May 1983, 382–5.

Milleron, J. C., "Theory of Value with Public Goods: A Survey Article," *Journal of Economic Theory* 5, December 1972, 419–77.

Minford, Patrick and David Peel, "The Political Theory of the Business Cycle," *European Economic Review* 17, February 1982, 253–70.

Mishan, E., "The Postwar Literature on Externalities: An Interpretative Essay," *Journal of Economic Literature* 9, March 1971, 1–28.

Mitchell, W. C., "Schumpeter and Public Choice, Part I: Precursor to Public Choice?" *Public Choice* 42(1), 1984a, 73–88.

Mitchell, W. C., "Schumpeter and Public Choice, Part II: Democracy and the Demise of Capitalism: The Missing Chapter in Schumpeter," *Public Choice* 42(2), 1984b, 161–74.

Moe, Terry M., "The Politics of Structural Choice: Toward a Theory of Public Bureaucracy," in O. E. Williamson, ed., *Organization Theory: From Chester Barnard to the Present and Beyond*, New York: Oxford University Press, 1990a.

Moe, Terry M., "Political Institutions: The Neglected Side of the Story," *Journal of Law, Economics, and Organization* 6, 1990b, 213–53.

Moe, Terry M., "The Positive Theory of Public Bureaucracy," 1997 in D. C. Mueller, ed., 1997a, 455–80.

Mohammad, Sharif and John Whalley, "Rent Seeking in India: Its Costs and Policy Significance," *Kyklos* 37, 1984, 387–413.

Moore, Thomas G., "The Effectiveness of Regulation of Electric Utility Prices," *Southern Economic Journal* 36, April 1970, 365–75.

Morgan, W. Douglas, "Investor Owned vs. Publicly Owned Water Agencies: An Evaluation of the Property Rights Theory of the Firm," *Water Resources Bulletin* 13, August 1977, 775–82.

Morris, Irwin and Michael Munger, "First Branch, or Root? The Congress, the President and the Federal Reserve," *Public Choice* 96, September 1998, 363–80.

Morton, Rebecca and Charles Cameron, "Elections and the Theory of Campaign Contributions: A Survey and Critical Analysis," *Economics and Politics* 4, 1992, 79–108.

Moser, Peter, *The Political Economy of Democratic Institutions*, Cheltenham: Edward Elgar, 2000.

Moulin, Hervé, "Dominance Solvable Voting Schemes," *Econometrica* 47, November 1979, 1337–51.

Moulin, Hervé, "The Proportional Veto Principle," *Review of Economic Studies* 48, July 1981a, 407–16.

Moulin, Hervé, "Prudence versus Sophistication in Voting Strategy," *Journal of Economic Theory* 24, June 1981b, 398–412.

Moulin, Hervé, "Voting with Proportional Veto Power," *Econometrica* 50, January 1982, 45–62.

Mouritzen, P. E., "City Size and Citizen Satisfaction: Two Competing Theories Revisited," *European Journal of Political Research* 17, 1989, 661–88.

Mudambi, Ram, Pietro Navarra, and G. Carmela Nicosia, "Plurality versus Proportional Representation: An Analysis of Sicilian Elections," *Public Choice* 86, March 1996, 341–57.

Müller, Christian, "The Veil of Uncertainty Unveiled," *Constitutional Political Economy* 9, March 1998, 5–17.

Mueller, Dennis C., "The Possibility of a Social Welfare Function: Comment," *American Economic Review* 57, December 1967, 1304–11.

Mueller, Dennis C., "Fiscal Federalism in a Constitutional Democracy," *Public Policy* 19, Fall 1971, 567–93.

Mueller, Dennis C., "Constitutional Democracy and Social Welfare," *Quarterly Journal of Economics* 87, February 1973, 60–80.

Mueller, Dennis C., "Allocation, Redistribution and Collective Choice," *Public Finance* 32(2), 1977, 225–44.

Mueller, Dennis C., "Voting by Veto," *Journal of Public Economics* 10(1), 1978, 57–75.

Mueller, Dennis C., *Public Choice*, Cambridge: Cambridge University Press, 1979.

Mueller, Dennis C., "Power and Profit in Hierarchical Organizations," *Statsvetenskaplig Tidskrift* (*The Swedish Journal of Political Science*), N. 5, 1980, 293–302; reprinted in Manfred J. Holler, ed., *Power, Voting and Voting Power*, Würzburg: Physica-Verlag, 1981, 65–77.

Mueller, Dennis C., "Redistribution, Growth, and Political Stability," *American Economic Review* 72, May 1982, 155–9.

Mueller, Dennis C., ed., *The Political Economy of Growth*, New Haven: Yale University Press, 1983.

Mueller, Dennis C., "Voting by Veto and Majority Rule," in H. Hanusch, ed., *Public Finance and the Quest for Efficiency*, Detroit: Wayne State University Press, 1984, 69–86.

Mueller, Dennis C., "Rational Egoism versus Adaptive Egoism as Fundamental Postulate for a Descriptive Theory of Human Behavior," *Public Choice* 51, 1986, 3–23.

Mueller, Dennis C., *Public Choice II*, Cambridge: Cambridge University Press, 1989.

Mueller, Dennis C., "Constitutional Rights," *Journal of Law, Economics, and Organization* 7, September 1991, 313–33.

Mueller, Dennis C., *Constitutional Democracy*, New York: Oxford University Press, 1996a.

Mueller, Dennis C., "Constitutional and Liberal Rights," *Analyse & Kritik* 18, September 1996b, 96–117.

Mueller, Dennis C., ed., *Perspectives on Public Choice*, Cambridge: Cambridge University Press, 1997a.

Mueller, Dennis C., "Public Choice in Perspective," 1997b, in D. C. Mueller, ed., 1997a, 1–17.

Mueller, Dennis C., "Constitutional Public Choice," 1997c, in D. C. Mueller, ed., 1997a, 124–46.

Mueller, Dennis C., "The Importance of Uncertainty in a Two-Stage Theory of Constitutions," *Public Choice* 108, September 2001, 223–58.

Mueller, Dennis C. and Peter Murrell, "Interest Groups and the Political Economy of Government Size," in Francesco Forte and Alan Peacock, eds., *Public Expenditure and Government Growth*, Oxford: Basil Blackwell, 1985, 13–36.

Mueller, Dennis C. and Peter Murrell, "Interest Groups and the Size of Government," *Public Choice* 48, 1986, 125–45.

Mueller, Dennis C., Geoffrey C. Philpotts, and Jaroslav Vanek, "The Social Gains from Exchanging Votes: A Simulation Approach," *Public Choice* 13, Fall 1972, 55–79.

Mueller, Dennis C. and Thomas Stratmann, "Informative and Persuasive Campaigning," *Public Choice* 81, 1994, 55–77.

Mueller, Dennis C. and Thomas Stratmann, "The Economic Effects of Voter Participation," *Journal of Public Economics*, 2002.

Mueller, Dennis C., Robert D. Tollison, and Thomas D. Willett, "Representative Democracy via Random Selection," *Public Choice* 12, Spring 1972, 57–68.

Mueller, Dennis C., Robert D. Tollison, and Thomas Willett, "The Utilitarian Contract: A Generalization of Rawls' Theory of Justice," *Theory and Decision* 4, February/April 1974a, 345–67.

Mueller, Dennis C., Robert D. Tollison, and Thomas D. Willett, "On Equalizing the Distribution of Political Income," *Journal of Political Economy* 82, March/April 1974b, 414–22.

Mueller, Dennis C., Robert D. Tollison, and Thomas D. Willett, "Solving the Intensity Problem in a Representative Democracy," in R. D. Leiter and G. Sirkin, eds., *Economics of Public Choice*, New York: Cyro Press, 1975, 54–94; reprinted in R. Amacher, R. D. Tollison, and T. Willett, *Political Economy and Public Policy*, Ithaca: Cornell University Press, 1976, 444–73.

Müller, Wolfgang C., "Decision for Opposition: The Austrian Socialist Party's Abandonment of Government Participation in 1966," in W. C. Müller and K. Strøm, 1999, 172–91.

Müller, Wolfgang C. and Kaare Strøm, eds., *Policy, Office, or Votes*, Cambridge: Cambridge University Press, 1999.

Müller, Wolfgang C. and Kaare Strøm, eds., *Coalition Governments in Western Europe*, Oxford: Oxford University Press, 2000a.

Müller, Wolfgang C. and Kaare Strøm, "Coalition Governance in Western Europe," 2000b, in W. C. Müller and K. Strøm, eds., 2000a, 559–92.

Munger, Michael C., "A Simple Test of the Thesis that Committee Jurisdictions Shape Corporate PAC Contributions," *Public Choice* 62, August 1989, 181–6.

Munley, Vincent G., "An Alternative Test of the Tiebout Hypothesis," *Public Choice* 38(2), 1982, 211–7.

Murrell, Peter, "The Comparative Structure of the Growth of the West German and British Manufacturing Industries," in D. C. Mueller, ed., 1983, 109–31.

Murrell, Peter, "An Examination of the Factors Affecting the Formation of Interest Groups in OECD Countries," *Public Choice* 43(2), 1984, 151–71.

Musgrave, Richard A., "The Voluntary Exchange Theory of Public Economy," *Quarterly Journal of Economics* 53, February 1939, 213–38.

Musgrave, Richard A., *The Theory of Public Finance*, New York: McGraw-Hill, 1959.

Musgrave, Richard A., "Approaches to a Fiscal Theory of Political Federalism," NBER, *Public Finances: Needs, Resources and Utilization*, Princeton: Princeton University Press, 1961, 97–122.

Musgrave, Richard A. and Peggy B. Musgrave, *Public Finance in Theory and Practice*, 3rd ed., New York: McGraw-Hill, 1980.

Musgrave, Richard A., "Leviathan Cometh – Or Dose He?" in H. F. Ladd and T. N. Tideman, eds., *Tax and Expenditure Limitations*, Washington D.C.: Urban Institute, 1981, 77–120.

Musgrave, Richard A. and Alan T. Peacock, eds., *Classics in the Theory of Public Finance*, New York: St. Martin's Press, 1967.

Muth, Richard F., *Public Housing: An Economic Evaluation*, Washington, D.C.: American Enterprise Institute for Public Policy Research, 1973.

Myerson, Roger B., "Theoretical Comparisons of Electoral Systems," *European Economic Review* 43, April 1999, 671–97.

Myerson, Roger B. and Robert J. Weber, "A Theory of Voting Equilibria," *American Political Science Review* 87, March 1993, 102–14.

Naert, Frank, "Pressure Politics and Government Spending in Belgium," *Public Choice* 67, October 1990, 49–63.

Nagel, Thomas, "Rawls on Justice," *Philosophical Review* 82, April 1973, 220–34; reprinted in N. Daniels, ed., 1974, 1–15.

Nagler, Jonathan and Jan Leighley, "Presidential Campaign Expenditures: Evidence on Allocations and Effects," *Public Choice* 73, April 1992, 319–33.

Nannestad, Peter and Martin Paldam, "The VP-Function. A Survey of the Literature on Vote and Popularity Functions," *Public Choice* 79, 1994, 213–45.

Nannestad, Peter and Martin Paldam, "It's the Government's Fault: A Cross-Section Study of Economic Voting in Denmark, 1990–93," *European Journal of Political Research* 28, 1996, 33–65.

Nannestad, Peter and Martin Paldam, "From the Pocketbook of the Welfare Man: A Pooled Cross-Section Study of Economic Voting in Denmark, 1986–92," *British Journal of Political Science* 27, 1997, 119–36.

Nardinelli, C., M. S. Wallace, and J. T. Warner, "Explaining Differences in State Growth," *Public Choice* 52(3), 1987, 201–13.

Nash, John F., "The Bargaining Problem," *Econometrica* 18, April 1950, 155–62.

Nath, S. K., "Liberalism, Pareto Principle and the Core of a Society," mimeo, University of Warwick, 1976.

Neck, R. and F. Schneider, "The Growth of the Public Sector in Austria," in J. A. Lybeck and M. Henrekson, eds., *Explaining the Growth of Government*, Amsterdam: North-Holland, 1988, 231–62.

Nelson, Douglas A., "Endogenous Tariff Theory: A Critical Survey," *American Journal of Political Science* 32, 1988, 796–837.

Nelson, Michael A., "An Empirical Analysis of State and Local Tax Structure in the Context of the Leviathan Model of Government," *Public Choice* 49(3), 1986, 283–94.

Nelson, Douglas and Eugene Silberberg, "Ideology and Legislator Shirking," *Economic Inquiry* 25, January 1987, 15–25.

Nelson, Michael A., "Searching for Leviathan: Comment and Extension," *American Economic Review*, 77, March 1987, 198–204.

Newman, P., *The Theory of Exchange*, Englewood Cliffs, NJ: Prentice-Hall, 1965.

Ng, Yew-Kwang, "The Economic Theory of Clubs: Optimal Tax/Subsidy," *Economica* 41, August 1974, 308–21.

Ng, Yew-Kwang, "Bentham or Bergson? Finite Sensibility, Utility Functions and Social Welfare Functions," *Review of Economic Studies* 42, October 1975, 545–69.

Ng, Yew-Kwang, *Welfare Economics*, New York: John Wiley & Sons, 1980.

Ng, Yew-Kwang, "Welfarism: A Defense against Sen's Attack," *Economic Journal* 91, June 1981a, 527–30.

Ng, Yew-Kwang, "Bentham or Nash? On the Acceptable Form of Social Welfare Functions," *Economic Record* 57, September 1981b, 238–50.

Ng, Yew-Kwang, "Beyond Pareto Optimality: The Necessity of Interpersonal Cardinal Utilities in Distributional Judgements and Social Choice," *Zeitschrift für Nationalökonomie* 42(3), 1982, 207–33.

Ng, Yew-Kwang, "Some Broader Issues of Social Choice," in P. K. Pattanaik and M. Salles, eds., *Social Choice and Welfare*, Amsterdam: North-Holland, 1983, 151–73.

Ng, Yew-Kwang, "Expected Subjective Utility: Is the Neumann-Morgenstern Utility the Same as the Neoclassical's?" *Social Choice and Welfare* 1, 1984a, 177–86.

Ng, Yew-Kwang, "Interpersonal Level Comparability Implies Comparability of Utility Differences," *Theory and Decision* 17, 1984b, 141–7.

Ng, Yew-Kwang, "Some Fundamental Issues in Social Welfare," in G. Feiwel, ed., *Issues in Contemporary Microeconomics and Welfare*, London: Macmillan, 1985a, 435–69.

Ng, Yew-Kwang, "Equity and Efficiency vs. Freedom and Fairness: An Inherent Conflict," *Kyklos* 38(4), 1985b, 495–516.

Ng, Yew-Kwang, *Efficiency, Equality and Public Policy*, London: Macmillan Press, 2000.

Nicols, Alfred, "Stock versus Mutual Savings and Loan Associations: Some Evidence of Differences in Behavior," *American Economic Review* 57, May 1967, 337–46.

Niemi, Richard G., "Majority Decisions-Making with Partial Unidimensionality," *American Political Science Review* 63, June 1969, 488–97.

Niemi, Richard G., "Why So Much Stability?: Another Opinion," *Public Choice* 41(2), 1983, 261–70.

Niemi, Richard G., "The Problem of Strategic Behavior under Approval Voting," *American Political Science Review* 78, December 1984, 952–8.

Niemi, Richard G. and Herbert F. Weisberg, "A Mathematical Solution for the Probability of the Paradox of Voting," *Behavioral Science* 13, July 1968, 317–23.

Niou, Emerson M. S. and Peter C. Ordeshook, "Universalism in Congress," *American Journal of Political Science* 29, 1985, 246–60.

Niskanen, William A., Jr., *Bureaucracy and Representative Government*, Chicago: Aldine-Atherton, 1971.

Niskanen, William A., Jr., "Bureaucrats and Politicians," *Journal of Law and Economics* 18, December 1975, 617–43.

Niskanen, William A., Jr., "Economic and Fiscal Effects on the Popular Vote for the President," in D. W. Rae and T. J. Eismeir, ed., *Public Policy and Public Choice*, London: Sage, 1979, 93–120.

Niskanen, William A., Jr., "The Case for a New Fiscal Constitution," *The Journal of Economic Perspectives* 6, Spring 1992, 13–24.

Nitzan, Shmuel, "Social Preference Ordering in a Probabilistic Voting Model," *Public Choice* 24, Winter 1975, 93–100.

Nitzan, Shmuel, "The Vulnerability of Point-Voting Schemes to Preference Variation and Strategic Manipulation," *Public Choice* 47, 1985, 349–70.

Nitzan, Shmuel, "Collective Rent Dissipation," *Economic Journal* 101, November 1991, 1522–34.

Nitzan, Shmuel, "More on More Efficient Rent Seeking and Strategic Behavior," *Public Choice* 79, June 1994a, 355–6.

Nitzan, Shmuel, "Modeling Rent-Seeking Contests," *European Journal of Political Economy* 10, 1994b, 41–60.

Nitzan, Shmuel, "Transfers or Public Good Provision? A Political Allocation Perspective," *Economic Letters* 45, August 1994c, 451–7.

Nitzan, Shmuel and Jacob Paroush, "Optimal Decision Rules in Uncertain Dichotomous Situations," *International Economic Review* 23, 1982, 289–97.

Nitzan, Shmuel, Jacob Paroush, and Shlomo I. Lampert, "Preference Expression and Misrepresentation in Point Voting Schemes," *Public Choice* 35(4), 1980, 421–36.

Nitzan, Shmuel and Ariel Rubinstein, "A Further Characterization of Borda Ranking Method," *Public Choice* 36, 1981, 153–8.

Nollen, Stanley D. and Harvey J. Iglarsh, "Explanations of Protectionism in International Trade Votes," *Public Choice* 66, August 1990, 137–53.

Nordhaus, William D., "The Political Business Cycle," *Review of Economic Studies* 42, April 1975, 169–90.

Nordhaus, William D., "Alternative Approaches to the Political Business Cycle," *Brookings Papers on Economic Activity* no. 2, 1989, 1–68.

North, Douglass C., *Structure and Change in Economic History*, New York: Norton, 1981.

North, Douglass C., "The Growth of Government in the United States: An Economic Historian's Perspective," *Journal of Public Economics* 28, December 1985, 383–99.

North, Douglass C. and John J. Wallis, "American Government Expenditures: A Historical Perspective," *American Economic Review* 72, May 1982, 336–40.

Notterman, J. M., *Behavior: A Systematic Approach*, New York: Random House, 1970.

Nozick, Robert, *Anarchy, State, and Utopia*, New York: Basic Books, 1974.

Oakland, William H., "Public Goods, Perfect Competition, and Underproduction," *Journal of Political Economy* 82, September/October 1974, 927–39.

Oates, Wallace E., "The Effects of Property Taxes and Local Public Spending on Property Values: An Empirical Study of Tax Capitalization and the Tiebout Hypothesis," *Journal of Political Economy* 77, November/December 1969, 957–71.

Oates, Wallace E., *Fiscal Federalism*, London: Harcourt Brace, 1972.

Oates, Wallace, "Lump-Sum Intergovernmental Grants Have Price Effects," in P. Mieszkowski and W. H. Oakland, eds., *Fiscal Federalism and Grants-in-Aid*, Washington, D.C.: Urban Institute, 1979, 23–30.

Oates, Wallace E., "Searching for Leviathan: An Empirical Study," *American Economic Review* 75, September 1985, 748–57.

Oates, Wallace E., "On the Measurement of Congestion in the Provision of Local Public Goods," *Journal of Urban Economics* 24, 1988a, 85–94.

Oates, Wallace E., "On the Nature and Measurement of Fiscal Illusion: A Survey, " in G. Brennan, et al., eds., *Taxation and Fiscal Federalism: Essays in Honour of Russell Mathews*, Canberra: Australian National University Press, 1988b, 65–82.

Oatley, Thomas, "Central Bank Independence and Inflation: Corporatism, Partisanship, and Alternative Indices of Central Bank Independence," *Public Choice* 98, March 1999, 399–413.

Oelert, W., "Reprivatisierung des öffentlichen Personalverkehrs," *Der Personenverkehr* 4, 1976, 108–14.

O'Halloran, Sharyn, *Politics, Process, and American Trade Policy*, Ann Arbor: University of Michigan Press, 1994.

Okun, Arthur M., *Prices and Quantities*, Washington D.C.: Brookings Institute, 1981.

Olson, Mancur, Jr., *The Logic of Collective Action*, Cambridge, MA: Harvard University Press, 1965.

Olson, Mancur, Jr., *The Rise and Decline of Nations: Economic Growth Stagflation and Social Rigidities*, New Haven: Yale University Press, 1982.

Olson, Mancur, Jr., "Why Some Welfare-State Redistribution to the Poor Is a Great Idea," in C. K. Rowley, ed., *Democracy and Public Choice*, Oxford: Basil Blackwell, 1987, 191–222.

Olson, Mancur, Jr., "Dictatorship, Democracy and Development," *American Political Science Review* 87, September 1993, 567–76.

Olson, Mancur, Jr., *Power and Prosperity: Outgrowing Communist and Capitalist Dictatorships*, New York: Basic Books, 2000.

Olson, Mancur, Jr., Naveen Sarna, and Anand V. Swamy, "Government and Growth: A Simple Hypothesis Explaining Cross-Country Differences in Productivity Growth," *Public Choice* 102, March 2000, 341–64.

Oppenheimer, Joe A., Relating Coalitions of Minorities to the Voters' Paradox, or Putting the Fly in the Democratic Pie, paper presented at the Southwest Political Science Association meeting, 1972.

Oppenheimer, Joe A., "Some Political Implications of 'Vote Trading and the Voting Paradox: A Proof of Logical Equivalence': A Comment," *American Political Science Review* 69, September 1975, 963–6.

Oppenheimer, Joe A., "The Democratic Politics of Distributive Justice: Theory and Practice," mimeo, College Park, MD, 1979.

Orbell, John M. and T. Uno, "A Theory of Neighborhood Problem Solving: Political Action vs. Residential Mobility," *American Political Science Review* 66, June 1972, 471–89.

Ordeshook, Peter C., *Game Theory and Political Theory*, Cambridge: Cambridge University Press, 1986.

Ordeshook, Peter C., "Constitutional Stability," *Constitutional Political Economy* 3, 1992, 137–75.

Ordeshook, Peter C., "Engineering or Science: What is the Study of Politics," in J. Friedman, ed., 1996, 175–88.

Ordeshook, Peter C., "The Spatial Analysis of Elections and Committees: Four Decades of Research," 1997, in D. C. Mueller, ed., 1997a, 247–70.

Ordeshook, Peter C. and Olga Shvetsova, "Ethnic Heterogeneity, District Magnitude, and the Number of Parties," *American Journal of Political Science* 38, 1994, 100–23.

Ordeshook, Peter C. and Langche Zeng, "Some Properties of Hare Voting with Strategic Voters," *Public Choice* 78, January 1994, 87–101.

Orzechowski, William, "Economic Models of Bureaucracy: Survey, Extensions, and Evidence," in T. E. Borcherding, ed., 1977, 229–59.

Osborne, Martin J. and Al Slivinski, "A Model of Political Competition with Citizen Candidates," *Quarterly Journal of Economics* 111, February 1996, 65–96.

Ostrom, Elinor, "A Public Service Industry Approach to Metropolitan Institutions: Structure and Performance," *Social Science Journal* 20, 1983, 79–96.

Ostrom, Elinor and James Walker, "Neither Markets nor States: Linking Ttransformation Processes in Collective Action Arenas," 1997, in D. C. Mueller, ed., 1997a, 35–72.

Ostrom, Vincent, *The Political Theory of a Compound Republic*, Blacksburg: Public Choice Society, 1971.

Overbye, Einar, "Making a Case for the Rational, Self-Regarding 'Ethical' Voter … and Solving the 'Paradox of Not Voting' in the Process," *European Journal of Political Research* 27, 1995a, 369–96.

Overbye, Einar, "Explaining Welfare Spending," *Public Choice* 83, June 1995b, 313–35.

Overland, Jody, Kenneth L. Simons, and Michael Spagat, "Political Instability and Growth in Dictatorships," mimeo, Royal Holloway College, University of London, 2000.

Owen, G. and Bernard Grofman, "To Vote or Not to Vote: The Paradox of Nonvoting," *Public Choice* 42(3), 1984, 311–25.

Pack, Janet R., "The Political Policy Cycle: Presidential Effort vs. Presidential Control," *Public Choice* 54, 1987, 231–59.

Palda, Kristian S., "Does Advertising Influence Votes? An Analysis of the 1966 and 1970 Quebec Elections," *Canadian Journal of Political Science* 6, December 1973, 638–55.

Palda, Kristian S., "The Effect of Expenditure on Political Success," *Journal of Law and Economics* 18, December 1975, 745–71.

Palda, Filip and Kristian Palda, "Ceilings on Campaign Spending: Hypothesis and Partial Test with Canadian Data," *Public Choice* 45(3), 1985, 313–31.

Palda, Filip and Kristian Palda, "The Impact of Campaign Expenditures on Political Competition in French Legislative Elections," *Public Choice* 94, January 1998, 157–74.

Paldam, Martin, "Is There an Electional Cycle? A Comparative Study of National Accounts," *Scandinavian Journal of Economics* 81(2), 1979, 323–42.

Paldam, Martin, "A Preliminary Survey of the Theories and Findings on Vote and Popularity Functions," *European Journal of Political Research* 9, June 1981a, 181–99.

Paldam, Martin, "An Essay on the Rationality of Economic Policy: The Test-Case of the Electional Cycle," *Public Choice* 37(2), 1981b, 287–305.

Paldam, Martin, "Political Business Cycles," 1997, in D. C. Mueller, ed., 1997a, 342–70.

Paldam, Martin and Friedrich Schneider, "The Macro-Economic Aspects of Government and Opposition Popularity in Denmark, 1957–78," *Nationalkonomisk Tidsskrift* 118(2), 1980, 149–70.

Palfrey, Thomas R., "Spatial Equilibrium with Entry," *Review of Economic Studies* 51, January 1984, 139–56.

Palfrey, Thomas R. and Howard Rosenthal, "A Strategic Calculus of Voting," *Public Choice* 41(1), 1983, 7–53.

Palfrey, Thomas R. and Howard Rosenthal, "Participation and the Provision of Discrete Public Goods: A Strategic Analysis," *Journal of Public Economics* 24, 1984, 171–93.

Palfrey, Thomas R. and Howard Rosenthal, "Voter Participation and Strategic Uncertainty," *American Political Science Review* 79, March 1985, 62–78.

Paloheimo, Heikki, "Pluralism, Corporatism and the Distributive Conflict in Developed Capitalist Countries," *Scandinavian Political Studies* 7, 1984a, 17–38.

Paloheimo, Heikki, "Distributive Struggle and Economic Development in the 1970s in Developed Capitalist Countries," *European Journal of Political Research* 12(2), 1984b, 171–90.

Park, R. E., "The Possibility of a Social Welfare Function: Comment," *American Economic Review* 57, December 1967, 1300–4.

Parks, R. P., "An Impossibility Theorem for Fixed Preferences: A Dictatorial Bergson-Samuelson Welfare Function," *Review of Economic Studies* 43, October 1976, 447–50.

Parry, Geraint, George Moyser, and Neil Day, *Political Participation and Democracy in Britain*, Cambridge: Cambridge University Press, 1992.

Pashigian, B. Peter, "Consequences and Causes of Public Ownership of Urban Transit Facilities," *Journal of Political Economy* 84, December 1976, 1239–59.

Pateman, C. *Participation and Democratic Theory*, Cambridge: Cambridge University Press, 1970.

Pattanaik, Prasanta K., "Risk, Impersonality, and the Social Welfare Function," *Journal of Political Economy* 76, November 1968, 1152–69.

Pattanaik, Prasanta K., *Voting and Collective Choice*, Cambridge: Cambridge University Press, 1971.

Pattanaik, Prasanta K., "Stability of Sincere Voting under Some Classes of Non-Binary Group Decision Procedures," *Journal of Economic Theory* 8, June 1974, 206–24.

Pattanaik, Prasanta K., "The Liberal Paradox: Some Interpretations When Rights Are Represented as Game Forms," *Analyse & Kritik* 18, September 1996, 38–53.

Pattanaik, Prasanta K., "Some Paradoxes of Preference Aggregation," 1997, in D. C. Mueller, 1997a, 201–25.

Patterson, Samuel C. and Gregory A. Caldeira, "Getting Out the Vote: Participation in Gubernatorial Elections," *American Political Science Review* 77, September 1983, 675–89.

Paul, Chris W., II, "Competition in the Medical Profession: An Application of the Economic Theory of Regulation," *Southern Economic Journal* 48(3), January 1982, 559–69.

Paul, Chris and Niles Schoening, "Regulation and Rent Seeking: Prices, Profits, and Third-party Transfers," *Public Choice* 68, January 1991, 185–94.

Pauly, Mark V., "Clubs, Commonality, and the Core: An Integration of Game Theory and the Theory of Public Goods," *Economica* 35, August 1967, 314–24.

Pauly, Mark V., "Cores and Clubs," *Public Choice* 9, Fall 1970, 53–65.

Pauly, Mark V., "Overinsurance and Public Provision of Insurance: The Role of Moral Hazard and Adverse Selection," *Quarterly Journal of Economics* 88, February 1974, 44–62.

Pausch, R., *Möglichkeiten einer Privatisierung öffentlicher Unternehmen*, Göttingen, 1976.

Peacock, Alan T. and Jack Wiseman, *The Growth of Public Expenditure in the United Kingdom*, Princeton, NJ: Princeton University Press, 1961.

Peden, Edgar A., "Productivity in the United States and Its Relationship to Government Activity: An Analysis of 57 Years, 1929–86," *Public Choice* 86, December 1991, 153–73.

Peden, Edgar A. and Michael D. Bradley, "Government Size, Productivity, and Economic Growth: The Post-War Experience," *Public Choice* 61, June 1989, 229–45.

Peltzman, Sam, "Pricing in Public and Private Enterprises: Electric Utilities in the United States," *Journal of Law and Economics* 14, April 1971, 109–47.

Peltzman, Sam, "An Evaluation of Consumer Protection Legislation: The 1962 Drug Amendments," *Journal of Political Economy* 81, September 1973, 1049–91.

Peltzman, Sam, "Towards a More General Theory of Regulation?" *Journal of Law and Economics* 19, August 1976, 211–40.

Peltzman, Sam, "The Growth of Government," *Journal of Law and Economics* 23, October 1980, 209–88.

Peltzman, Sam, "Constituent Interest and Congressional Voting," *Journal of Law and Economics* 27, April 1984, 181–210.

Peltzman, Sam, "An Economic Interpretation of the History of Congressional Voting in the Twentieth Century," *American Economic Review* 75, September 1985, 656–75.

Peltzman, Sam, "How Efficient Is the Voting Market," *Journal of Law and Economics* 33, April 1990, 27–63.

Peltzman, Sam, "Voters as Fiscal Conservatives," *Quarterly Journal of Economics* 107, 1992, 327–61.

Pérez-Castrillo, J. David, and Thierry Verdier, "A General Analysis of Rent-Seeking Games," *Public Choice* 73, April 1992, 335–50.

Persson, Torsten and Guido Tabellini, *Macroeconomic Policy, Credibility and Politics*, Chur: Harwood Academic Publishers, 1990.

Persson, Torsten and Guido Tabellini, "Is Inequality Harmful for Growth?" *American Economic Review* 84, June 1994, 600–22.

Persson, Torsten and Guido Tabellini, "Comparative Politics and Public Finance," *Journal of Political Economy* 108, December 1998, 1121–61.

Persson, Torsten and Guido Tabellini, "The Size and Scope of Government: Comparative Politics with Rational Politicians," *European Economic Review* 43, 1999, 699–735.

Persson, Torsten and Guido Tabellini, *Political Economics – Explaining Economic Policy*, Cambridge, MA: MIT Press, 2000a.

Persson, Torsten and Guido Tabellini, "Political Institutions and Policy Outcomes: What are the Stylized Facts?" mimeo, Stockholm University, 2000b.

Persson, Torsten and Guido Tabellini, "Electoral Rules and Corruption," mimeo, Stockholm University, 2000c.

Pescatrice, Donn R. and John M. Trapani, III, "The Performance and Objectives of Public and Private Utilities Operating in the United States," *Journal of Public Economics* 13, April 1980, 259–76.

Pestieau, Pierre, "The Optimality Limits of the Tiebout Model," in W. E. Oates, ed., *The Political Economy of Fiscal Federalism*, Lexington: Lexington Books, 1977, 173–86.

Peters, Emory, "The Rational Voter Paradox Revisited," *Public Choice* 97, October 1998, 179–95.

Peterson, G. M., *The Demand for Public Schooling*, Washington D.C.: Urban Institute, 1973.

Peterson, G. M., "Voter Demand for School Expenditures," in J. E. Jackson, ed., *Public Needs and Private Behavior in Metropolitan Areas*, Cambridge, MA: Harvard University Press, 1975, 99–115.

Petrovic, W. M. and B. L. Jaffee, "Aspects of the Generation and Collection of Household Refuse in Urban Areas," mimeo, Indiana University, Bloomington, 1977.

Pfister, W., "Steigende Millionenverluste der Bayerischen Staatsforstverwaltung: Ein Dauerzustand?" *Mitteilungsblatt des Bayerischen Waldbesitzerverbandes* 26, 1976, 1–9.

Philipson, Tomas J. and James M. Snyder, Jr., "Equilibrium and Efficiency in an Organized Vote Market," *Public Choice* 89, December 1996, 245–65.

Phillips, Joseph D., "Estimating the Economic Surplus," in P. A. Baran and P. M. Sweezy, eds., *Monopoly Capital*, New York: Modern Reader, 1966, 369–91.

Philpotts, Geoffrey, "Vote Trading, Welfare, and Uncertainty," *Canadian Journal of Economics* 3, August 1972, 358–72.

Philpotts, Geoffrey, "A Note on the Representation of Preferences in the Lindahl-Johansen Diagram," *American Economic Review* 70, June 1980, 488–92.

Picot, Arnold and Thomas Kaulmann, "Comparative Performance of Government-owned and Privately-owned Industrial Corporations – Empirical Results from Six Countries," *Journal of Institutional and Theoretical Economics* 145, June 1989, 298–316.

Pier, William J., Robert B. Vernon, and John H. Wicks, "An Empirical Comparison of Government and Private Production Efficiency," *National Tax Journal* 27, December 1974, 653–56.

Pigou, Arthur, *The Economics of Welfare*, London: Macmillan, 1920; revised 1924, 1929, 1932.

Pincus, Jonathan, "Pressure Groups and the Pattern of Tariffs," *Journal of Political Economy* 83, August 1975, 757–78.

Pissarides, Christopher A., "British Government Popularity and Economic Performance," *Economic Journal* 90, September 1980, 569–81.

Pitkin, Hanna Fenichel, *The Concept of Representation*, Berkeley: University of California Press, 1967.

Pittman, Russell, "The Effects of Industry Concentration and Regulation on Contributions in Three U.S. Senate Campaigns," *Public Choice* 27, Fall 1976, 71–80.

Pittman, Russell, "Market Structure and Campaign Contributions," *Public Choice* 31, Fall 1977, 37–52.

Plott, Charles R., "A Notion of Equilibrium and Its Possibility under Majority Rule," *American Economic Review* 57, September 1967, 787–806.

Plott, Charles R., "Recent Results in the Theory of Voting," in M. Intriligator, ed., *Frontiers of Quantitative Economics*, Amsterdam: North-Holland, 1971, 109–27.

Plott, Charles R., "Ethics, Social Choice Theory and the Theory of Economic Policy," *Journal of Mathematical Sociology* 2, 1972, 181–208.

Plott, Charles R., "Path Independence, Rationality and Social Choice," *Econometrica* 41, November 1973, 1075–91.

Plott, Charles R., "Axiomatic Social Choice Theory: An Overview and Interpretation," *American Journal of Political Science* 20, August 1976, 511–96.

Poguntke, Thomas, "Winner Takes All: The FDP in 1982–1983: Maximizing, Votes, Office and Policy," in Müller and Strøm, eds., 1999, 216–36.

Pollack, Robert A., "Bergson-Samuelson Social Welfare Functions and the Theory of Social Choice," *Quarterly Journal of Economics* 93, February 1979, 73–90.

Pommerehne, Werner W., "Private versus Öffentliche Müllabfuhr; Ein Theoretischer und Empirischer Vergleich," *Finanzarchiv* 35, 1976, 272–94.

Pommerehne, Werner W., "Institutional Approaches to Public Expenditures: Empirical Evidence from Swiss Municipalities," *Journal of Public Economics* 9, April 1978, 163–201.

Pommerehne, Werner W. and Bruno S. Frey, "Two Approaches to Estimating Public Expenditures," *Public Finance Quarterly* 4, October 1976, 395–407.

Pommerehne, Werner W. and Friedrich Schneider, "Unbalanced Growth between Public and Private Sectors: An Empirical Examination," in R. H. Haveman, ed., *Public Finance and Public Employment*, Detroit MI: Wayne State University Press, 1982, 309–26.

Pommerehne, Werner W. and Friedrich Schneider, "Does Government in a Representative Democracy Follow a Majority of Voters' Preferences? – An Empirical Examination," in H. Hanusch, ed., *Anatomy of Government Deficiencies*, Berlin: Springer, 1983, 61–84.

Poole, Keith T. and Thomas Romer, "Patterns of Political Action Committee Contributions to the 1980 Campaigns for the United States House of Representatives," *Public Choice* 47(1), 1985, 63–111.

Poole, Keith T. and Thomas Romer, "Ideology, 'Shirking' and Representation," *Public Choice* 77, September 1993, 185–96.

Poole, Keith T., Thomas Romer, and Howard Rosenthal, "The Revealed Preferences of Political Action Committees," *American Economic Review* 77, 1987, 298–302.

Poole, Keith T. and Howard Rosenthal, "A Spatial Model for Legislative Roll Call Analysis," *American Journal of Political Science* 29, 1985, 357–84.

Poole, Keith T. and Howard Rosenthal, "Patterns of Congressional Voting," *American Journal of Political Science* 35, 1991, 228–78.

Poole, Keith T. and Howard Rosenthal, "The Enduring Nineteenth-Century Battle for Economic Regulation: The Interstate Commerce Act Revisited," *Journal of Law and Economics* 36, October 1993, 837–60.

Poole, Keith T. and Howard Rosenthal, *Congress: A Political-Economic History of Roll Call Voting*, Oxford: Oxford University Press, 1997.

Poole, Keith T. and Richard A. Smith, "A Spatial Analysis of Winning and Losing Motions in the U.S. Senate 1979–1981," *Public Choice* 78, January 1994, 23–41.

Porter, Richard D. and Amanda S. Bayer, "Monetary Perspective on Underground Economic Activity in the United States," in E. L. Feige, ed., 1989a, 129–57.

Posner, Richard A., "The Social Costs of Monopoly and Regulation," *Journal of Political Economy* 83, August 1975, 807–27; reprinted in J. M. Buchanan, R. D. Tollison, and G. Tullock, 1980, 71–94.

Posner, Richard A., "What Do Judges Maximize? (The Same Thing Everybody Else Does)," *Supreme Court Economic Review* 3, 1993, 1–41.

Potters, Jan, *Lobbying and Pressure: Theory and Experiments*, Amsterdam: Tinbergen Institute Research Monograph no. 36, 1992.

Potters, Jan and Randolph Sloof, "Interest Groups: A Survey of Empirical Models that Try to Assess Their Influence," *European Journal of Political Economy* 12, November 1996, 403–42.

Potters, Jan and Frans van Winden, "Lobbying and Asymmetric Information," *Public Choice* 74, 1992, 269–92.

Pourgerami, Abbas, "The Political Economy of Development: A Cross-National Causality Test of the Development-Democracy-Growth Hypothesis," *Public Choice* 58, 1988, 123–41.

Pourgerami, Abbas, "Authoritarian versus Nonauthoritarian Approaches to Economic Development: Update and Additional Evidence," *Public Choice* 74, October 1992, 365–77.

Powell, G. Bingham, Jr., "Party Systems and Political System Performance: Voting Participation, Government Stability and Mass Violence in Contemporary Democracies," *American Political Science Review* 75, December 1981, 861–79.

Powell, G. Bingham, *Contemporary Democracies: Participation, Stability, and Violence*, Cambridge, MA: Harvard University Press, 1982.

Powell, G. Bingham, Jr., *Elections as Instruments of Democracy*, New Haven: Yale University Press, 2000.

Price, Simon, "Political Business Cycles and Macroeconomic Credibility: A Survey," *Public Choice* 92, September 1997, 407–27.

Price, Simon and David Sanders, "Economic Competence, Rational Expectations and Government Popularity in Post-War Britain," *Manchester School of Economic and Social Studies*; 62(3), September 1994, 296–312.

Priest, George L., "The Common Law Practice and the Selection of Efficient Rules," *Journal of Legal Studies* 6, 1977, 65–82.

Primeaux, Walter J., John E. Filer, Robert S. Herren, and Daniel R. Hollas, "Determinants of Regulatory Policies toward Competition in the Electric Utility Industry," *Public Choice* 43(2), 1984, 173–86.

Pryor, Frederic L., "A Quasi-Test of Olson's Hypotheses," in D. C. Mueller, ed., 1983, 90–105.

Pryor, Frederic L., "Testing Olson: Some Statistical Problems," *Public Choice* 52(3), 1987, 223–6.

Przeworski, Adam and Fernando Limongi, "Political Regimes and Economic Growth," *Journal of Economic Perspectives* 7, 1993, 51–70.

Putnam, Robert D., *Bowling Alone: The Collapse and Revival of American Community*, New York: Simon and Schuster, 2000.

Puviani, Amilcare, *Teoria della illusione nelle netrate publiche*, Perugia, 1897.

Puviani, Amilcare, *Teoria della illusione Finanziaria*, Palermo, 1903.

Quiggin, John, "Testing the Implications of Olson's Hypothesis," *Economica* 55, August 1992, 261–77.

Rae, Douglas W., "Decision-Rules and Individual Values in Constitutional Choice," *American Political Science Review* 63, March 1969, 40–56.

Rae, Douglas W., *The Political Consequences of Electoral Laws*, rev. ed., New Haven: Yale University Press, 1971.

Rae, Douglas W., "The Limits of Consensual Decision," *American Political Science Review* 69, December 1975, 1270–94.

Rae, Douglas W., *Equalities*, Cambridge, MA: Harvard University Press, 1981.

Rae, Douglas W. and Eric Schickler, "Majority Rule," 1997, in D. C. Mueller, ed., 1997a, 163–80.

Ram, Rati, "Government Size and Economic Growth: A New Framework and Some Evidence from Cross-Section and Time-Series Data," *American Economic Review* 76, March 1986, 191–203.

Rama, Martin, "Endogenous Trade Policy: A Time-Series Approach," *Economics and Politics* 6, November 1994, 215–32.

Ramírez, Carlos D. and Christian Eigen-Zucchi, "Understanding the Clayton Act of 1914: An Analysis of the Interest Group Hypothesis," *Public Choice* 106, January 2001, 157–81.

Rapoport, Anatol and Albert Chammah, *Prisoner's Dilemma*, Ann Arbor: University of Michigan Press, 1974.

Rasch, Bjorn Erik and Rune Jorgen Sorensen, "Organizational Behavior and Economic Growth: A Norwegian Perspective," *Scandinavian Political Studies* 9, March 1986, 51–63.

Rattinger, Hans, "Unemployment and the 1976 Election in Germany: Some Findings at the Aggregate and the Individual Level of Analysis," in D. A. Hibbs, Jr. and H. Fassbinder, eds., 1981, 121–35.

Rawls, John A., *A Theory of Justice*, Cambridge, MA: Belknap Press, 1971.

Rawls, John A., "Some Reasons for the Maximin Criterion," *American Economic Review* 64, May 1974, 141–6.

Rawls, John A., *The Law of Peoples*, Cambridge, MA: Harvard University Press, 1999.

Ray, Edward J., "The Determinants of Tariff and Nontariff Trade Restrictions in the United States," *Journal of Political Economy* 89, 1981, 105–21.

Ray, Edward J., "Changing Patterns of Protectionism: The Fall in Tariffs and the Rise in Non-Tariff Barriers," *Northwestern Journal of International Law & Business* 8, 1987, 285–327.

Ray, Edward J., "Protection of Manufactures in the United States," in D. Greenway, ed., *Global Protectionism: Is the U.S. Playing on a Level Playing Field?* London: Macmillan, 1991.

Ray, P., "Independence of Irrelevant Alternatives," *Econometrica* 41, September 1973, 987–91.

Reid, Bradford G., "Endogenous Elections, Electoral Budget Cycles and Canadian Provincial Governments," *Public Choice* 97, October 1998, 35–48.

Reimer, M., "The Case for Bare Majority Rule," *Ethics* 62, October 1951, 16–32.

Renaud, Paul S. A. and Frans A. A. M. van Winden, "Political Accountability for Price Stability and Unemployment in a Multi-Party System with Coalition Governments," *Public Choice* 53(2), 1987a, 181–6.

Renaud, Paul S. A. and Frans A. A. M. van Winden, "Tax Rate and Government Expenditure," *Kyklos* 40, 1987b, 349–67.

Renaud, Paul S. A. and Frans A. A. M. van Winden, "Behavior and Budgetary Autonomy of Local Governments," *European Journal of Political Economy* 7, 1991, 547–77.

Reynolds, Morgan and Eugene Smolensky, *Public Expenditures, Taxes and the Distribution of Income*, New York: Academic Press, 1977.

Rheinland-Pfalz, Rechnungshof, *Jahresbericht über die Prüfung der Haushalts- und Wirtschaftsführung sowie der Landeshaushaltsrechnung 1971*, Drucksache 7/1750, 1972, 81–4.

Rhode, Paul W. and Koleman S. Strumpf, "A Historical Test of the Tiebout Hypothesis: Local Heterogeneity from 1850 to 1990," mimeo, University of North Carolina, Chapel Hill, 2000.

Rice, Tom W., "The Determinants of Western European Government Growth, 1950–1980," *Comparative Political Studies* 19, July 1986, 233–57.

Rich, M. J., "Distributive Politics and the Allocation of Federal Grants," *American Political Science Review* 83, 1989, 193–213.

Richards, Daniel J., "Unanticipated Money and the Political Business Cycle," *Journal of Money, Credit and Banking* 18, 1986, 447–57.

Richardson, Lilliard E., Jr. and Michael C. Munger, "Shirking, Representation, and Congressional Behavior: Voting on the 1983 Amendments to the Social Security Act," *Public Choice* 76, June 1993, 151–72.

Riker, William H., "Voting and the Summation of Preferences: An Interpretative Bibliographical Review of Selected Developments during the Last Decade," *American Political Science Review* 55, December 1961, 900–11.

Riker, William H., *The Theory of Political Coalitions*, New Haven: Yale University Press, 1962.

Riker, William H., *Federalism: Origins, Operation, Significance*, Boston: Little, Brown, 1964.

Riker, William H., "Is 'A New and Superior Process' Really Superior?" *Journal of Political Economy* 87, August 1979, 875–90.

Riker, William H., "The Two-Party System and Duverger's Law: An Essay on the History of Political Science," *American Political Science Review* 76, December 1982a, 753–66.

Riker, William H., *Liberalism against Populism*, San Francisco: W. H. Freeman, 1982b.

Riker, William H., "Political Science and Rational Choice," in J. E. Alt and K. A. Shepsle, eds., *Perspectives on Positive Political Economy*, Cambridge: Cambridge University Press, 1990.

Riker, William H. and S. Brams, "The Paradox of Vote Trading," *American Political Science Review* 67, December 1973, 1235–47.

Riker, William H. and Peter C. Ordeshook, "A Theory of the Calculus of Voting," *American Political Science Review* 62, March 1968, 25–42.

Riker, William H. and Peter Ordeshook, *Introduction to Positive Political Theory*, Englewood Cliffs, NJ: Prentice-Hall, 1973.

Riley, Jonathan, "On the Possibility of Liberal Democracy," *American Political Science Review* 79, December 1985, 1135–51.

Riley, Jonathan, "Constitutional Democracy as a Two-Stage Game," in J. Ferejohn, J. N. Rakove, and J. Riley, eds., 2001, 147–69.

Rob, Rafael, "Asymptotic Efficiency of the Demand Revealing Mechanism," *Journal of Economic Theory* 28, December 1982, 207–20.

Roberts, K. W. S., "Voting Over Income Tax Schedules," *Journal of Public Economics* 8, December 1977, 329–40.

Roberts, Kevin W. S., "Possibility Theorems with Interpersonally Comparable Welfare Levels," *Review of Economic Studies* 47, January 1980a, 409–20.

Roberts, Kevin W. S., "Interpersonal Comparability and Social Choice Theory," *Review of Economic Studies* 47, January 1980b, 421–39.

Roberts, Kevin W. S., "Social Choice Theory: The Single-Profile and Multi-Profile Approaches," *Review of Economic Studies* 47, January 1980c, 441–50.

Robinson, James A., "When is a State Predatory?" mimeo, University of California, Berkeley, 2000.

Rodgers, James D., "Explaining Income Redistribution," in H. M. Hochman and G. E. Peterson, eds., *Redistribution through Public Choice*, New York: Columbia University Press, 1974, 165–205.

Rodrik, Dani, "Political Economy of Trade Policy," in G. M. Grossman and K. Rogoff, eds., *Handbook of International Economics*, vol. III, Amsterdam: Elsevier, 1995, 1457–94.

Rodrik, Dani, "Why Do More Open Economies Have Bigger Governments?" *Journal of Political Economy* 106(5), October 1998, 997–1032.

Rogoff, Kenneth, "The Optimal Degree of Commitment to an Intermediate Target," *Quarterly Journal of Economics* 100, 1985, 1169–89.

Rogoff, Kenneth, "Equilibrium Political Budget Cycles," *American Economic Review* 80, 1990, 21–36.

Rogoff, Kenneth and Anne Sibert, "Elections and Macroeconomic Policy Cycles," *Review of Economic Studies* 55, 1988, 1–16.

Rogowski, Ronald, "Structure, Growth and Power: Three Rationalist Accounts," *International Organization* 37, Autumn 1983, 713–38.

Romer, Thomas and Howard Rosenthal, "Political Resource Allocation, Controlled Agendas, and the Status Quo," *Public Choice* 33(4), Winter 1978, 27–43.

Romer, Thomas and Howard Rosenthal, "The Elusive Median Voter," *Journal of Public Economics* 12, October 1979a, 143–70.

Romer, Thomas and Howard Rosenthal, "Bureaucrats versus Voters: On the Political Economy of Resource Allocation by Direct Democracy," *Quarterly Journal of Economics* 93, November 1979b, 563–87.

Romer, Thomas and Howard Rosenthal, "Median Voters or Budget Maximizers: Evidence from School Expenditure Referenda," *Economic Inquiry* 20, October 1982, 556–78.

Rosa, Jean J., "Economic Conditions and Elections in France," in P. Whitely, ed., *Models of Political Economy*, London: Sage, 1980, 101–20.

Rose, Richard, "Electoral Systems: A Question of Degree or of Principle?" in A. Lijphart and B. Grofman, eds., 1984, 73–81.

Rose-Ackerman, Susan, *Corruption*, New York: Academic Press, 1978.

Rose-Ackerman, Susan, *Corruption and Government*, Cambridge: Cambridge University Press, 1999.

Ross, J. P. and J. Burkhead, *Productivity in the Local Government Sector*, Lexington MA: Lexington Books, 1974.

Ross, V. B., *Rent-Seeking in LDC Import Regimes: The Case of Kenya*, Discussion paper in International Economics, No. 8408, Graduate Institute of International Studies, Geneva, 1984.

Roth, Alvin E., "Introduction to Experimental Economics," in J. H. Kagel and A. E. Roth, eds., 1995, 3–109.

Rothenberg, J., *The Measurement of Social Welfare*, Englewood Cliffs, NJ: Prentice-Hall, 1961.

Rothschild, Michael and Joseph E. Stiglitz, "Equilibrium in Competitive Insurance Markets: An Essay on the Economics of Imperfect Information," *Quarterly Journal of Economics* 90, November 1976, 630–49.

Roubini, Nuriel and Jeffrey Sachs, "Political and Economic Determinants of Budget Deficits in the Industrial Democracies," *European Economic Review* 33, May 1989, 903–38.

Rubin, Paul H., "Why is the Common Law Efficient?" *Journal of Legal Studies* 6, 1997, 51–64.

Runciman, W. and Amartya K. Sen, "Games, Justice and the General Will," *Mind*, October 1965, 554–62.

Rundquist, B. S., "On Testing a Military Industrial Complex Theory," *American Politics Quarterly* 6, 1978, 29–53.

Rundquist, B. S. and D. E. Griffith, "An Interrupted Time-Series Test of the Distributive Theory of Military Policy-Making," *Western Political Quarterly* 29, 1976, 620–6.

Rushing, William, "Differences in Profit and Nonprofit Organizations: A Study of Effectiveness and Efficiency in General Short-Stay Hospitals," *Administrative Science Quarterly* 19, December 1974, 474–84.

Russell, Bertrand, *Power*, New York: Morton, 1938.

Russell, K. P., "Political Participation and Income Level: An Exchange," *Public Choice* 13, Fall 1972, 113–14.

Russell, K. P., J. Fraser, and Bruno S. Frey, "Political Participation and Income Level: An Exchange," *Public Choice* 13, Fall 1972, 113–14.

Ruttan, Vernon W., "Bureaucratic Productivity: The Case of Agricultural Research," *Public Choice* 35(5), 1980, 529–47.

Saari, Donald G., "Susceptibility to Manipulation," *Public Choice* 64, January 1990, 21–41.

Saari, Donald G., *Geometry of Voting*, Berlin: Springer, 1994.

Salhofer, Klaus, Markus F. Hofreither, and Franz Sinabell, "Promotion of the Agricultural Sector and Political Power in Austria," *Public Choice* 102, March 2000, 229–46.

Samuelson, Larry, "Electoral Equilibria with Restricted Strategies," *Public Choice* 43(3), 1984, 307–27.

Samuelson, Paul A., *Foundations of Economic Analysis*, Cambridge, MA: Harvard University Press, 1947.

Samuelson, Paul A., "The Pure Theory of Public Expenditure," *Review of Economics and Statistics* 36, November 1954, 387–9; reprinted in K. J. Arrow and T. Scitovsky, 1969, 179–82.

Samuelson, Paul A., "Arrow's Mathematical Politics," in S. Hook, ed., *Human Values and Economic Policy*, New York: New York University Press, 1967.

Samuelson, Paul A., "Pure Theory of Public Expenditure and Taxation," in J. Margolis and H. Guitton, *Public Economics*, New York: St. Martin's Press, 1969, 98–123.

Samuelson, Paul A., "Reaffirming the Existence of 'Reasonable' Bergson-Samuelson Social Welfare Functions," *Economica* 44, February 1977, 81–8.

Samuelson, Paul A., "Bergsonian Welfare Economics," in S. Rosefielde, ed., *Economic Welfare and the Economics of Soviet Socialism*, Cambridge: Cambridge University Press, 1981, 223–66.

Sanderson, Fred H., ed., *Agricultural Protectionism in the Industrial World*, Washington, D.C.: Resources for the Future, 1990.

Sandler, Todd and John T. Tschirhart, "The Economic Theory of Clubs: An Evaluation Survey," *Journal of Economic Literature* 18, December 1980, 1481–521.

Sandler, Todd and John T. Tschirhart, "Mixed Clubs: Further Observations," *Journal of Public Economics* 23, April 1984, 381–9.

Sandler, Todd and John T. Tschirhart, "Club Theory: Thirty Years Later," *Public Choice* 93, December 1997, 335–55.

Santerre, Rexford E., "Representative Versus Direct Democracy: A Tiebout Test of Relative Performance," *Public Choice* 48, 1986, 55–63.

Santerre, Rexford E., "Representative Versus Direct Democracy: Are There Any Expenditure Differences," *Public Choice* 60, 1989, 145–54.

Santerre, Rexford E., "Representative Versus Direct Democracy: The Role of the Public Bureaucrats," *Public Choice* 76, July 1993, 189–98.

Sartori, Giovanni, *Parties & Party Systems*, vol. 1, Cambridge: Cambridge University Press, 1976.

Sass, Tim R., "Constitutional Choice in Representative Democracies," *Public Choice* 74, 1992, 405–24.

Satterthwaite, M. A., "Strategy-Proofness and Arrow's Conditions: Existence and Correspondence Theorems for Voting Procedures and Social Welfare Functions," *Journal of Economic Theory* 10, April 1975, 187–217.

Saunders, Peter, "*Explaining International Differences in Public Expenditure: An Empirical Study*," paper presented at Conference of Economists, Clayton, Victoria, 1986.

Saunders, Peter and Friedrich Klau, "The Role of the Public Sector: Causes and Consequences of the Growth of Government," *OECD Economic Studies*, Spring 1985, 5–239.

Saunders, R. S., "The Political Economy of Effective Protection in Canada's Manufacturing Sector," *Canadian Journal of Economics* 13, 1980, 340–8.

Savas, Emanuel S., "Municipal Monopolies versus Competition in Delivering Urban Services," in W. D. Hawley and D. Rogers, eds., *Improving the Quality of Urban Management*, Beverly Hills, CA: 1974, 473–500.

Savas, Emanuel S., *Evaluating the Organization and Efficiency of Solid Waste Collection*, Lexington: Lexington Books, 1977a.

Savas, Emanuel S., *The Organization and Efficiency of Solid Waste Collection*, Lexington: Lexington Books, 1977b.

Savas, Emanuel S., "Policy Analysis for Local Government: Public vs. Private Refuse Collection," *Policy Analysis* 3, Winter 1977c, 49–74.

Savas, Emanuel S., "Comparative Costs of Public and Private Enterprise in a Municipal Service," in W. J. Baumol, ed., *Public and Private Enterprise in a Mixed Economy*, New York: 1980, 234–94.

Scammon, Richard M., Alice V. Gillivary, and Rhodes Cook, *America Votes 22: A Handbook of Contemporary American Elections Statistics*, Washington, D.C.: Governmental Affairs Institute, 1998.

Scanlon, T. M., "Rawls' Theory of Justice," in N. Daniels, ed., 1974, 169–205; as adapted from "Rawls' Theory of Justice," *University of Pennsylvania Law Review* 121, May 1973, 1020–69.

Schattschneider, E. E., *Politics, Pressures and the Tariff*, Englewood Cliffs, NJ: Prentice-Hall, 1935.

Schelling, Thomas C., *The Strategy of Conflict*, Cambridge, MA: Harvard University Press, 1960.

Schelling, Thomas C., *Arms and Influence*, New Haven: Yale University Press, 1966.

Schneider, Friedrich, *Politisch-ökonomische Modelle: Theoretische und Empirische Ansätze*, Königstein: Athenaeum, 1978.

Schneider, Friedrich, "Politisch-ökonomische Modelle: Übersicht und Neuere Entwicklungen," *Jahrbuch für Neue Politische Ökonomie* 1, 1982, 57–88.

Schneider, Friedrich and Dominik H. Enste, "Increasing Shadow Economies all over the World – Fiction or Reality?" mimeo, Universtiy of Linz, 1998.

Schneider, Friedrich and Dominik H. Enste, "Shadow Economies: Size, Causes and Consequences," *Journal of Economic Literature* 38, March 2000, 77–114.

Schneider, Friedrich and Bruno S. Frey, "Politico-Economic Models of Macroeconomic Policy," in Thomas D. Willett, ed., *Political Business Cycle*, Durham: Duke University Press, 1988.

Schneider, Friedrich and Werner W. Pommerehne, "Politico-Economic Interactions in Australia: Some Empirical Evidence," *Economic Record* 56, June 1980, 113–31.

Schneider, H. K. and C. Schuppener, *Soziale Absicherung der Wohnungsmarktwirtschaft durch Individualsubventionen*, Göttingen, 1971.

Schneider, Mark, "Fragmentation and the Growth of Local Government," *Public Choice* 48(3), 1986, 255–63.

Schneider, Mark and Byung Moon Ji, "The Flypaper Effect and Competition in the Local Market for Public Goods," *Public Choice* 54, 1987, 27–39.

Schnytzer, Adi and Janez Šušteršič, "Why Join the Party in a One-Party System?: Popularity versus Political Exchange," *Public Choice* 94, January 1997, 117–34.

Schofield, Norman, "Instability of Simple Dynamic Games," *Review of Economic Studies* 45, October 1978, 575–94.

Schofield, Norman, "Coalitions in West European Democracies: 1945–1986," mimeo, St. Louis: Washington University, 1987.

Schofield, Norman, "Party Competition in a Spatial Model of Coalition Formation," in W. Barnett, M. J. Hinich, and N. Schofield, eds., *Political Economy: Institutions, Competition and Representation*, Cambridge: Cambridge University Press, 1993a, 135–74.

Schofield, Norman, "Political Competition in Multiparty Coalition Governments," *European Journal of Political Research* 23, 1993b, 1–33.

Schofield, Norman, "Coalition Politics: A Formal Model and Empirical Analysis," *Journal of Theoretical Politics* 7, 1995, 245–81.

Schofield, Norman, "The Heart of a Polity," in N. Schofield, ed., *Collective Decision Making: Social Choice and Political Economy*, Boston: Kluwer, 1996a, 183–200.

Schofield, Norman, "Rational Choice and Political Economy," in J. Friedman, ed., 1996b, 189–211.

Schofield, Norman, "Multiparty Electoral Politics," 1997, in D. C. Mueller, ed., 1997a, 271–95.

Schofield, Norman, Andrew D. Martin, Kevin M. Quinn, and Andrew B. Whitford, "Multiparty Electoral Competition in the Netherlands and Germany: A Model Based on Multinomial Probit," *Public Choice* 97, December 1998, 257–93.

Schotter, Andrew, *The Economic Theory of Social Institutions*, Cambridge: Cambridge University Press, 1981.

Schuck, Peter H., "The Politics of Economic Growth," *Yale Law and Policy Review* 2, Spring 1984, 359–81.

Schuknecht, Ludger, "The Political Economy of EC Protectionism: National Protectionism Based on Article 115, Treaty of Rome," *Public Choice* 72, October, 1991, 37–50.

Schuknecht, Ludger, "Fiscal Policy Cycles and Public Expenditure in Developing Countries," *Public Choice* 102, January 2000, 115–30.

Schultze, Charles, "The Distribution of Farm Subsidies," in K. E. Boulding and M. Pfaff, eds., *Redistribution to the Rich and the Poor*, Belmont, CA: Wadsworth, 1972, 94–116.

Schumpeter, Joseph A., *Capitalism, Socialism and Democracy*, 3rd ed., New York: Harper & Row, 1950.

Schwab, R. M. and E. M. Zampelli. "Disentangling the Demand Function from the Production Function for Local Public Services: The Case of Public Safety," *Journal of Public Economics* 33, July 1987, 245–60.

Schwartz, B. and H. Lacey, *Behaviorism, Science, and Human Nature*, New York: Norton, 1982.

Schwartz, Thomas, "Vote Trading and Pareto Efficiency," *Public Choice* 24, Winter 1975, 101–9.

Schwartz, Thomas, "The Universal-Instability Theorem," *Public Choice* 37(3), 1981, 487–501.

Schwartz, Thomas, *The Logic of Collective Choice*, New York: Columbia University Press, 1986.

Schwartz, Thomas, "Cyclic Tournaments and Cooperative Majority Voting," *Social Choice and Welfare* 7, 1990, 19–29.

Schwartz, Thomas, "Representation as Agency and the Pork Barrel Politics," *Public Choice* 78, January 1994, 3–21.

Schwert, G. William, "Public Regulation of National Securities Exchanges: A Test of the Capture Hypothesis," *Bell Journal of Economics* 8, Spring 1977, 128–50.

Scitovsky, Tibor, "Two Concepts of External Economies," *Journal of Political Economy* 17, April 1954, 143–51; reprinted in K. J. Arrow and T. Scitovsky, 1969, 242–52.

Scott, A. D., "A Note on Grants in Federal Countries," *Economica* 17, November 1950, 416–22.

Scott, A. D., "Evaluation of Federal Grants," *Economica* 19, November 1952a, 377–94.

Scott, A. D., "Federal Grants and Resource Allocation," *Journal of Political Economy* 60, December 1952b, 534–6.

Scully, Gerald W., "The Institutional Framework of Economic Development," *Journal of Political Economy* 96, 1988, 652–62.

Scully, Gerald W., "The Size of the State, Economic Growth and the Efficient Utilization of Natural Resources," *Public Choice* 63, November 1989, 149–64.

Scully, Gerald W., *Constitutional Environments and Economic Growth*, Princeton: Princeton University Press, 1992.

Scully, Gerald W. and Daniel J. Slottje, "Ranking Economic Liberty across Countries," *Public Choice* 69, February 1991, 121–52.

Sears, David O., Carl P. Hensler, and Leslie K. Speer, "Whites' Opposition to 'Busing': Self-Interest or Symbolic Politics?" *American Political Science Review* 73, June 1979, 369–84.

Sears, David O., R. R. Law, T. R. Tyler, and H. M. Allen, Jr., "Self-Interest vs. Symbolic Politics in Policy Attitudes and Presidential Voting," *American Political Science Review* 74, September 1980, 670–84.

Segal, Uzi and Avia Spivak, "On the Single Membership Constituency and the Law of Large Numbers: A Note," *Public Choice* 49(2), 1986, 183–90.

Seidl, Christian, "On Liberal Values," *Zeitschrift für Nationalökonomie* 35, 1975, 257–92.

Seidl, Christian, "On the Impossibility of a Generalization of the Libertarian Resolution of the Liberal Paradox." *Journal of Economics* 51, 1990, 71–88.

Selten, Reinhard, "Anwendungen der Spielthoerie auf die Politische Wissenschaft," in H. Maier, ed., *Politik und Wissenschaft*, München: Beck, 1971.

Sen, Amartya K., "A Possibility Theorem on Majority Decisions," *Econometrica* 34, April 1966, 491–9.

Sen, Amartya K., "Quasi-Transitivity, Rational Choice and Collective Decisions," *Review of Economic Studies* 36, July 1969, 381–94.

Sen, Amartya K., *Collective Choice and Social Welfare*, San Francisco: Holden-Day, 1970a.

Sen, Amartya K., "The Impossibility of a Paretian Liberal," *Journal of Political Economy* 78, January/February 1970b, 152–7.

Sen, Amartya K., "On Ignorance and Equal Distribution," *American Economic Review* 63, December 1973, 1022–4; reprinted in A. Sen, 1982, 222–5.

Sen, Amartya K., "Informational Basis of Alternative Welfare Approaches, Aggregation and Income Distribution," *Journal of Public Economics* 3, November 1974, 387–403.

Sen, Amartya K., "Liberty, Unanimity and Rights," *Economica* 43, August 1976, 217–45.

Sen, Amartya K., "Social Choice Theory: A Re-Examination," *Econometrica* 45, January 1977a, 53–89.

Sen, Amartya K., "On Weight and Measures: Informational Constraints in Social Welfare Analysis," *Econometrica* 45, October 1977b, 1539–72.

Sen, Amartya K., "Personal Utilities and Public Judgments: Or What's Wrong with Welfare Economics," *Economic Journal* 89, September 1979, 537–58.

Sen, Amartya K., *Choice, Welfare and Measurement*, Cambridge, MA: MIT Press, 1982.

Sen, Amartya K., "Foundations of Social Choice Theory: An Epilogue," in J. Elster and A. Hylland, 1986, 213–48.

Sen, Amartya K., "Minimal Liberty," *Economica* 59, May 1992, 139–59.

Sen, Amartya K., "Rationality and Social Choice," *American Economic Review* 85, March 1995, 1–24.

Sen, Amartya K., "Rights: Formulation and Consequences," *Analyse & Kritik* 18, September 1996, 153–70.

Sen, Amartya K., "The Possibility of Social Choice," *American Economic Review* 89, June 1999, 349–78.

Sen, Amartya K. and Prasanta Pattanaik, "Necessary and Sufficient Conditions for Rational Choice under Majority Decision," *Journal of Economic Theory* 1, August 1969, 178–202.

Sen, Manimay, "Strategy-Proofness of a Class of Borda Rules," *Public Choice* 43(3), 1984, 251–85.

Settle, R. F. and B. A. Abrams, "The Determinants of Voter Participation: A More General Model," *Public Choice* 27, Fall 1976, 81–9.

Shachar, Ron and Barry Nalebuff, "Follow the Leader: Theory and Evidence on Political Participation," *American Economic Review* 89, June 1999, 525–47.

Shapiro, Perry and J. Sonstelie, "Representative Voter or Bureaucratic Manipulation: An Examination of Public Finances in California Before and After Proposition 13," *Public Choice* 39(1), 1982, 113–42.

Shapley, Lloyd and Bernard Grofman, "Optimizing Group Judgmental Accuracy in the Presence of Interdependencies," *Public Choice* 43(3), 1984, 329–43.

Sheffrin, Steven M., "Evaluating Rational Partisan Business Cycle Theory," *Economics and Politics* 1, November 1989, 239–59.

Shepherd, Lawrence, "Licensing Restrictions and the Cost of Dental Care," *Journal of Law and Economics* 21, April 1978, 187–201.

Shepsle, Kenneth, A., "Institutional Arrangements and Equilibrium in Multidimensional Voting Models," *American Journal of Political Science* 23, February 1979, 27–59.

Shepsle, Kenneth A., "Statistical Political Philosophy and Positive Political Theory," in J. Friedman, ed., 1996, 213–22.

Shepsle, Kenneth A. and Barry R. Weingast, "Structure-Induced Equilibrium and Legislative Choice," *Public Choice* 37(3), 1981, 503–19.

Shepsle, Kenneth A. and Barry Weingast, "The Institutional Foundations of Committee Power," *American Political Science Review* 81, 1987, 86–108.

Sieg, Gernot, "A Federal Political Budget Cycle with States Governed by the Opposition," *Finanzarchiv* 55, 1998, 343–56.

Silberman, Jonathan I. and Garey C. Durden, "The Rational Behavior Theory of Voter Participation," *Public Choice* 23, Fall 1975, 101–8.

Silberman, Jonathan I. and Garey C. Durden, "Determining Legislative Preferences on the Minimum Approach," *Journal of Political Economy* 84, April 1976, 317–29.

Silver, Morris, "A Demand Analysis of Voting Costs and Voting Participation," *Social Science Research* 2, August 1973, 111–24.

Silver, Morris, "Political Revolution and Repression: An Economic Approach," *Public Choice* 17, Spring 1974, 63–71.

Simon, Herbert A., *Administrative Behavior*, New York: Macmillan, 1947.

Simon, Herbert A., "Notes on the Observation and Measurement of Power," *Journal of Politics* 15, 1953, 500–16; reprinted in R. Bell, D. V. Edwards, and R. H. Wagner, 1969, 69–78.

Simon, Herbert A., *Administrative Behavior*, 2nd ed., New York: Macmillan, 1961.

Simons, Henry, *Personal Income Taxation: The Definition of Income as a Problem of Fiscal Policy*, Chicago: University of Chicago Press, 1938.

Simpson, Paul B., "On Defining Areas of Voter Choice," *Quarterly Journal of Economics* 83, 1969, 478–90.

Sinn, Hans-Werner, "Pigou and Clarke Join Hands," *Public Choice* 75, January 1993, 79–91.

Skaperdas, Stergios, "Cooperation, Conflict, and Power in the Absence of Property Rights," *American Economic Review* 82, September 1992, 720–39.

Skaperdas, Stergios, "Contest Success Functions," *Economic Theory* 7, 1996, 283–90.

Skinner, B. F., *Walden II*, New York: Macmillan, 1948.

Slemrod, Joel, "What Do Cross-Country Studies Teach about Government Involvement, Prosperity, and Economic Growth?" *Brookings Papers on Economic Activity* 2, 1995, 373–415.

Sloan, J. and K. L. Tedin, "The Consequences of Regime Type for Public-Policy Outputs," *Comparative Political Studies* 20, 1987, 98–124.

Sloss, Judith, "Stable Outcomes in Majority Rule Voting Games," *Public Choice* 15, Summer 1973, 19–48.

Slutsky, Steven M., "Abstentions in Majority Rule Equilibrium," *Journal of Economic Theory* 53, 1975, 292–304.

Slutsky, Steven M., "A Characterization of Societies with Consistent Majority Decision," *Review of Economic Studies* 44, June 1977a, 211–25.

Slutsky, Steven M., "A Voting Model for the Allocation of Public Goods: Existence of an Equilibrium," *Journal of Economic Theory* 14, April 1977b, 299–325.

Slutsky, Steven M., "Equilibrium under α-Majority Voting," *Econometrica* 47, September 1979, 1113–25.

Smith, John H., "Aggregation of Preferences and Variable Electorate," *Econometrica* 41, November 1973, 1027–41.

Smith, Patricia K., "An Empirical Investigation of Interstate AFDC Benefit Competition," *Public Choice* 68, January 1991, 217–33.

Smith, Vernon L., "The Principal of Unanimity and Voluntary Consent in Social Choice," *Journal of Political Economy* 85, December 1977, 1125–39.

Smith, Vernon L., "An Experimental Comparison of Three Public Good Decision Mechanisms," *Scandinavian Journal of Economics* 81(2), 1979a, 198–215.

Smith, Vernon L., "Incentive Compatible Experimental Processes for the Provision of Public Goods," in V. L. Smith, ed., *Research in Experimental Economics*, Greenwich, CT: JAI Press, 1979b, 59–168.

Smith, Vernon L., "Experiments with a Decentralized Mechanism for Public Good Decisions," *American Economic Review* 70, September 1980, 584–99.

Smithies, Arthur, "Optimum Location in Spatial Competition," *Journal of Political Economy* 49, June 1941, 423–39.

Smyth, David J. and Pami Dua, "The Public's Indifference Map between Inflation and Unemployment: Empirical Evidence for the Nixon, Ford, Carter and Reagan Presidencies," *Public Choice* 60, January 1989, 71–85.

Smyth, David J., Pami Dua, and Susan Washburn Taylor, "Voters and Macroeconomics: Are They Forward Looking or Backward Looking?" *Public Choice* 78, March 1994, 283–93.

Smyth, David J. and Alan Woodfield, "Inflation, Unemployment and Macroeconomic Policy in New Zealand: A Public Choice Analysis," *Public Choice* 75, February 1993, 119–38.

Snyder, James M., Jr., "Election Goals and the Allocation of Campaign Resources," *Econometrica* 57, May 1989, 637–60.

Snyder, James M., Jr., "Campaign Contributions as Investments: The US House of Representatives 1980–86," *Journal of Political Economy* 98, 1990, 1195–227.

Snyder, James M., Jr., "Long-term Investing in Politicians; or Give Early, Give Often," *Journal of Law and Economics* 35, April 1992, 15–43.

Sorensen, R. J., "Macroeconomic Policy and Government Popularity in Norway, 1963–1986," *Scandinavian Political Studies* 10, 1987, 301–22.

Spann, Robert M., "Collective Consumption of Private Goods," *Public Choice* 20, Winter 1974, 63–81.

Spann, Robert M., "Public versus Private Provision of Governmental Services," in T. Borcherding, 1977, 71–89.

Stearns, Maxwell L., "The Misguided Renaissance of Social Choice," *Yale Law Journal* 103, 1994, 1219–93.

Stearns, Maxwell L., *Public Choice and Public Law: Readings and Commentary*, Cincinnati: Anderson Publishing, 1997.

Stein, R. M., "Tiebout's Sorting Hypothesis," *Urban Affairs Quarterly* 23, 1987, 140–66.

Steunenberg, Bernard, "Decision Making under Different Institutional Arrangements: Legislation by the European Community," *Journal of Institutional and Theoretical Economics* 150, 1994, 642–69.

Stevens, Barbara J., "Scale, Market Structure and the Cost of Refuse Collection," *Review of Economics and Statistics* 60, August 1978, 438–48.

Stevens, Barbara J. and Emanuel S. Savas, "The Cost of Residential Refuse Collection and the Effect Service Arrangements," *Municipal Year Book* 44, 1978, 200–5.

Stigler, George J., "The Theory of Economic Regulation," *Bell Journal of Economics and Management Science* 2, Spring 1971, 137–46.

Stigler, George J., "General Economic Conditions and Natural Elections," *American Economic Review* 63, May 1973, 160–7.

Stigler, George J., "The Sizes of Legislatures," *Journal of Legal Studies* 5, January 1976, 17–34.

Stigler, George J. and Gary S. Becker, "De Gustibus Non Est Disputandum," *American Economic Review* 67(2), March 1977, 76–90.

Stokes, Donald E., "Spatial Models of Party Competition," *American Political Science Review* 57, June 1963, 368–77.

Stratmann, Thomas, "What Do Campaign Contributions Buy? Causal Effects of Money and Votes," *Southern Economic Journal* 57, January 1991, 606–20.

Stratmann, Thomas, "Are Contributors Rational? Untangling Strategies of Political Action Committees," *Journal of Political Economy* 100(3), June 1992a, 647–64.

Stratmann, Thomas, "The Effects of Logrolling on Congressional Voting," *American Economic Review* 82(5), December 1992b, 1162–76.

Stratmann, Thomas, "Campaign Contributions and Congressional Voting: Does the Timing of Contributions Matter?" *Review of Economics and Statistics* 77, February 1995, 127–36.

Stratmann, Thomas, "Instability of Collective Choice Decisions? Testing for Cyclic Majorities," *Public Choice* 88, July 1996a, 15–28.

Stratmann, Thomas, "How Reelection Constituencies Matter: Evidence from Political Action Committees' Contributions and Congressional Voting," *Journal of Law and Economics* 39, October 1996b, 603–35.

Stratmann, Thomas, "Logrolling," 1997, in D. C. Mueller, ed., 1997a, 322–41.

Stratmann, Thomas, "The Market for Congressional Votes: Is Timing of Contributions Everything?" *Journal of Law and Economics* 41, April 1998, 85–113.

Strauch, Rolf A., "Information and Public Spending: An Empirical Study of Budget Processes in the US States," in R. A. Strauch and J. von Hagen, eds., 2000, 139–65.

Strauch, Rolf A. and Jürgen von Hagen, eds., *Institutions, Politics and Fiscal Policy*, Dordrecht: Kluwer Academic Publishers, 2000.

Strom, G., "Congressional Policy Making: A Test of a Theory," *Journal of Politics* 37, 1975, 711–35.

Strøm, Kaare, "Minority Governments in Parliamentary Democracies," *Comparative Political Studies* 17, 1984, 199–227.

Strøm, Kaare, "Party Goals and Government Performance in Parliamentary Democracies," *American Political Science Review* 79, 1985, 738–54.

Strøm, Kaare, *Minority Government and Majority Rule*, Cambridge: Cambridge University Press, 1990.

Strøm, Kaare and Wolfgang C. Müller, "Political Parties and Hard Choices," in W. C. Müller and K. Strøm, eds., 1999, 1–35.

Strumpf, Koleman S. and Felix Oberholzer-Gee, "Endogenous Policy Decentralization: Testing the Central Tenet of Economic Federalism," mimeo, University of North Carolina, Chapel Hill, 2000.

Stuart, Charles, "Welfare Costs per Dollar of Additional Tax Revenue in the United States," *American Economic Review* 74, June 1984, 352–62.

Sugden, Robert, *The Political Economy of Public Choice*, New York: Halsted Press, 1981.

Sugden, Robert, "Free Association and the Theory of Proportional Representation," *American Political Science Review* 78, March 1984, 31–43.

Sugden, Robert, "Liberty, Preference and Choice," *Economics and Philosophy* 1, 1985, 213–29.

Sugden, Robert, *The Evolution of Rights, Cooperation and Welfare*, New York: Basil Blackwell, 1986.

Sugden, Robert, "Welfare, Resources, and Capabilities: A Review of *Inequality Reexamined* by Amartya Sen," *Journal of Economic Literature* 31(4), December 1993, 1947–62.

Sugden, Robert and Albert Weale, "A Contractual Reformulation of Certain Aspects of Welfare Economics," *Economica* 46, May 1979, 111–23.

Sutter, Daniel, "Asymmetric Power Relations and Cooperation in Anarchy," *Southern Economic Journal* 61, January 1995, 602–13.

Suzuki, Motoshi, "Evolutionary Voter Sophistication and Political Business Cycles," *Public Choice* 81, December 1994, 241–61.

Suzumura, Kotaro, "On the Consistency of Liberal Claims," *Review of Economic Studies* 45, June 1978, 329–42.

Suzumura, Kotaro, *Rational Choice, Collective Decisions, and Social Welfare*, Cambridge: Cambridge University Press, 1983.

Suzumura, Kotaro, "On the Voluntary Exchange of Libertarian Rights," *Social Choice and Welfare* 8, 1991, 199–206.

Suzumura, Kotaro, "Welfare, Rights, and Social Choice Procedure: A Perspective," *Analyse & Kritik* 18, September 1996, 20–37.

Swank, Otto H., "Popularity Functions Based on the Partisan Theory," *Public Choice* 75, April 1993, 339–56.

Swank, Otto H. and R. Eisinga, "Economic Outcomes and Voting Behavior in a Multi-party System: An Application to the Netherlands," *Public Choice* 101, December 1999, 195–213.

Taagepera, Rein and Matthew S. Shugart, *Seats and Votes*, New Haven: Yale University Press, 1989.

Takacs, Wendy E., "Pressures for Protectionism: An Empirical Analysis," *Economic Inquiry* 19, October 1981, 687–93.

Tang, Eddie Wing Yin and R. Alan Hedley, "Distributional Coalitions, State Strength, and Economic Growth: Toward a Comprehensive Theory of Economic Development," *Public Choice* 96, September 1998, 295–323.

Tanzi, Vito, "Toward a Positive Theory of Public Sector Behavior: An Interpretation of Some Italian Contributions," Washington, D.C.: International Monetary Fund, 1980, mimeo.

Tanzi, Vito, "Public Expenditure and Public Debt: An International and Historical Perspective," in J. Bristow and D. McDonagh, eds., *Public Expenditure: The Key Issues*, Dublin: Institute of Public Administration, 1986, 6–41.

Tanzi, Vito and Ludger Schuknecht, *Public Spending in the 20th Century*, Cambridge: Cambridge University Press, 2000.

Tarr, David, *A General Equilibrium Analysis of the Welfare and Employment Effects of U.S. Quotas in Textiles, Autos and Steel*, Washington, D.C.: Federal Trade Commission, 1989.

Taylor, Michael J., "Proof of a Theorem on Majority Rule," *Behavioral Science* 14, May 1969, 228–31.

Taylor, Michael J., "Review Article: Mathematical Political Theory," *British Journal of Political Science* 1, July 1971, 339–82.

Taylor, Michael J., *Anarchy and Cooperation*, New York: Wiley, 1976.

Taylor, Michael J., *The Possibility of Cooperation*, Cambridge: Cambridge University Press, 1987.

Taylor, Michael J. and V. M. Herman, "Party Systems and Government Stability," *American Political Science Review* 65, March 1971, 28–37.

Taylor, Michael J. and Michael Laver, "Government Coalitions in Western Europe," *European Journal of Political Research* 1, September 1973, 205–48.

Taylor, Michael J. and Hugh Ward, "Chickens, Whales, and Lumpy Goods: Alternative Models of Public-Good Provision," *Political Studies* 30, September 1982, 350–70.

Teske, Paul E., "Rent Seeking in the Deregulatory Environment: State Telecommunications," *Public Choice* 68, January 1991, 235–43.

Thaler, Richard H., *Quasi Rational Economics*, New York: Russell Sage Foundation, 1991.

Thomas, James J., *Informal Economic Activity*, London: Harvester Wheatsheaf, 1992.

Thomas, S. J., "Do Incumbent Campaign Expenditures Matter," *Journal of Politics* 51, 1989, 965–76.

Thomas, S. J., "A Negative Advertising Theory of Campaign Expenditures," in W. C. Crain and R. D. Tollison, eds., *Predicting Politics: Essays in Empirical Public Choice*, Ann Arbor: University of Michigan Press, 1990.

Thompson, E. A., "A Pareto Optimal Group Decision Process," in G. Tullock, ed., *Papers on Non-Market Decision Making*, Charlottesville: University of Virginia, 1966, 133–40.

Thurner, Paul W. and Angelika Eymann, "Policy-Specific Alienation and Indifference in the Calculus of Voting: A Simultaneous Model of Party Choice and Abstention," *Public Choice* 102, January 2000, 51–77.

Tideman, T. Nicolaus, "Ethical Foundations of the Demand-Revealing Process," *Public Choice* 29-2 (special supplement), Spring 1977, 71–7.

Tideman, T. Nicolaus, "An Experiment in the Demand-Revealing Process," *Public Choice* 41(3), 1983, 387–401.

Tideman, T. Nicolaus and Gordon Tullock, "A New and Superior Process for Making Social Choices," *Journal of Political Economy* 84, December 1976, 1145–59.

Tideman, T. Nicolaus and Gordon Tullock, "Some Limitations of Demand Revealing Processes: Comment," *Public Choice* 29-2 (special supplement), Spring 1977, 125–8.

Tideman, T. Nicolaus and Gordon Tullock, "Coalitions under Demand Revealing," *Public Choice* 36(2), 1981, 323–8.

Tiebout, Charles M., "A Pure Theory of Local Expenditures," *Journal of Political Economics* 64, October 1956, 416–24.

Tien, Charles, "Representation, Voluntary Retirement, and Shirking in the Last Term," *Public Choice* 106, January 2001, 117–30.

Tollison, Robert D., "Rent Seeking: A Survey," *Kyklos* 35(4), 1982, 575–602.

Tollison, Robert D., "Superdissipation," *Public Choice* 61, April 1989, 97–8.

Tollison, Robert D., "Rent Seeking," 1997, in D. C. Mueller, ed., 1997a, 506–25.

Tollison, Robert D., Mark Crain, and P. Paulter, "Information and Voting: An Empirical Note," *Public Choice* 24, Winter 1975, 43–9.

Tollison, Robert D. and Thomas D. Willett, "Some Simple Economics of Voting and Not Voting," *Public Choice* 16, Fall 1973, 59–71.

Tosini, Suzanne C. and Edward Tower, "The Textile Bill of 1985: The Determinants of Congressional Voting Patterns," *Public Choice* 54(1), 1987, 19–25.

Trefler, Daniel, "Trade Liberalization and the Theory of Endogenous Protection: An Econometric Study of U.S. Import Policy," *Journal of Political Economy* 101, February 1993, 138–60.

Tsebelis, George, *Nested Games: Rational Choice in Comparative Politics*, Berkeley: University of California Press, 1990.

Tsebelis, George, "The Power of the European Parliament as a Conditional Agenda-Setter," *American Political Science Review* 88, 1994, 128–42.

Tsebelis, George, "Maastricht and the Democratic Deficit," *Außenwirtschaft* 52, June 1997, 29–56.

Tsebelis, George and Jeannette Money, *Bicameralism*, Cambridge: Cambridge University Press, 1997.

Tucker, Harvey J., "Contextual Models of Participation in U.S. State Legislative Elections," *Western Political Quarterly* 39, March 1986, 67–78.

Tuckman, Howard P. and Cyril F. Chang, "Cost Convergence between For-profit and Not-for-profit Nursing Homes: Does Competition Matter?" *Quarterly Review of Economics and Business* 28, Winter 1988, 50–65.

Tufte, Edward R., *Political Control of the Economy*, Princeton: Princeton University Press, 1978.

Tulkens, H., "Dynamic Processes for Allocating Public Goods: An Institution-Oriented Survey," *Journal of Public Economics* 9, April 1978, 163–201.

Tullock, Gordon, "Some Problems of Majority Voting," *Journal of Political Economy* 67, December 1959, 571–9; reprinted in K. J. Arrow and T. Scitovsky, 1969, 169–78.

Tullock, Gordon, *The Politics of Bureaucracy*, Washington, D.C.: Public Affairs Press, 1965.

Tullock, Gordon, *Toward a Mathematics of Politics*, Ann Arbor: University of Michigan Press, 1967a.

Tullock, Gordon, "The General Irrelevance of the General Impossibility Theorem," *Quarterly Journal of Economics* 81, May 1967b, 256–70.

Tullock, Gordon, "The Welfare Costs of Tariffs, Monopolies and Theft," *Western Economic Journal* 5, June 1967c, 224–32; reprinted in J. M. Buchanan, R. D. Tollison, and G. Tullock, 1980, 39–50.

Tullock, Gordon, "Federalism: Problems of Scale," *Public Choice* 6, Spring 1969, 19–30.

Tullock, Gordon, "The Paradox of Revolution," *Public Choice* 11, Fall 1971a, 89–100.

Tullock, Gordon, "The Charity of the Uncharitable," *Western Economic Journal* 9, December 1971b, 379–92.

Tullock, Gordon, *Logic of the Law*, New York: Basic Books, 1971c.

Tullock, Gordon, "The Cost of Transfers," *Kyklos* 4, December 1971d, 629–43; reprinted in J. M. Buchanan, R. D. Tollison, and G. Tullock, eds., 1980, 269–82.

Tullock, Gordon, *The Social Dilemma: Economics of War and Revolution*, Blacksburg: Center for Study of Public Choice, 1974.

Tullock, Gordon, "Comment on Rae," *American Political Science Review* 69, December 1975, 1295–7.

Tullock, Gordon, "Practical Problems and Practical Solutions," *Public Choice* 29-2 (special supplement), Spring 1977a, 27–35.

Tullock, Gordon, "The Demand-Revealing Process as a Welfare Indicator," *Public Choice* 29-2 (special supplement), Spring 1977b, 51–63.

Tullock, Gordon, "Demand-Revealing Process, Coalitions and Public Goods," *Public Choice* 29-2 (special supplement), Spring 1977c, 103–5.

Tullock, Gordon, "Revealing the Demand for Transfers," in R. Auster and B. Sears, eds., *American Re-Evolution*, Tucson: University of Arizona, 1977d, 107–23.

Tullock, Gordon, "Efficient Rent Seeking," in J. M. Buchanan, R. D. Tollison, and G. Tullock, eds., 1980, 97–112.

Tullock, Gordon, "Why So Much Stability," *Public Choice* 37(2), 1981, 189–202.

Tullock, Gordon, "More Thoughts about Demand Revealing," *Public Choice* 38(2), 1982, 167–70.

Tullock, Gordon, "Further Tests of a Rational Theory of the Size of Government," *Public Choice* 41, 1983, 419–21.

Tullock, Gordon, *Autocracy*, Dordrecht: Kluwer Academic Publishers, 1987.

Tullock, Gordon, "Future Directions for Rent Seeking Research," in C. K. Rowley, R. D. Tollison, and G. Tullock, eds., *The Political Economy of Rent Seeking*, Boston: Kluwer, 1988, 465–80.

Tullock, Gordon, *On Voting: A Public Choice Approach*, Cheltenham: Edward Elgar, 1998.

Tullock, Gordon and C. D. Campbell, "Computer Simulation of a Small Voting System," *Economic Journal* 80, March 1970, 97–104.

Turnbull, Geoffrey K. and Chinkun Chan, "The Median Voter According to GARP," *Southern Economic Journal* 64, April 1998, 1001–10.

Turnbull, Geoffrey K. and Salpie S. Djoundourian, "The Median Voter Hypothesis: Evidence from General Purpose Local Governments," *Public Choice* 81, December 1994, 223–40.

Turnbull, Geoffrey K. and Peter M. Mitias, "The Median Voter Model across Levels of Government," *Public Choice* 99, April 1999, 119–38.

Tussing, A. D. and J. A. Henning, "Long-Run Growth of Non-Defense and Government Expenditures," *Public Finance Quarterly* 2, 1974, 202–22.

Tyran, Jean-Robert and Rupert Sausgruber, "On Fiscal Illusion," mimeo, University of St. Gallen, Switzerland, 2000.

Uhlaner, Carole Jean, "Rational Turnout: The Neglected Role of Groups," *American Journal of Political Science* 33, 1989a, 390–422.

Uhlaner, Carole Jean, "'Relational Goods' and Participation: Incorporating Sociability into a Theory of Rational Action," *Public Choice* 62, September 1989b, 253–85.

Uhlaner, Carole Jean, "What the Downsian Voter Weighs: A Reassessment of the Costs and Benefits of Action," in B. Grofman, 1993a, 67–79.

Ulrich, Alvin, William H. Furtan, and Andrew Schmitz, "The Cost of a Licensing System Regulation: An Example from Canadian Prairie Agriculture," *Journal of Political Economy* 95, February 1987, 160–78.

Ursprung, Heiner W., "Macroeconomic Performance and Government Popularity in New Zealand," mimeo, Wellington: Victoria University, 1983.

Usher, Dan, *The Welfare Economics of Markets, Voting and Predation*, Ann Arbor: University of Michigan Press, 1992.

Usher, Dan, "The Significance of the Probabilistic Voting Theorem," *Canadian Journal of Economics* 27, May 1994, 433–45.

Usher, Dan, "The Coase Theorem is Tautological, Incoherent or Wrong," *Economic Letters* 61, October 1998, 3–11.

Vachris, M. Albert, "Federal Antitrust Enforcement: A Principal-Agent Perspective," *Public Choice* 88, September 1996, 223–38.

van Bastelaer, Thierry, "The Political Economy of Food Pricing: An Extended Test of the Interest Group Approach," *Public Choice* 96, July 1998, 43–60.

van Beek, James R., "Does the Decision to Retire Increase the Amount of Political Shirking?" *Public Choice* 19, October 1991, 444–56.

van Creveld, Martin, *The Rise and Decline of the State*, Cambridge: Cambridge University Press, 1999.

van Dalen, Hendrik P. and Otto H. Swank, "Government Spending Cycles: Ideological or Opportunistic?" *Public Choice* 89, October 1996, 183–200.

van Deemen, Ad M. A. and Noël P. Vergunst, "Empirical Evidence of Paradoxes of Voting in Dutch Elections," *Public Choice* 97, December 1998, 475–90.

van de Kragt, Alphons, John M. Orbell, and Robyn M. Dawes, "The Minimal Contributing Set as a Solution to Public Goods Problems," *American Political Science Review* 77, March 1983, 112–22.

van Roozendaal, Peter, "Centre Parties and Coalition Formations: A Game Theoretic Approach," *European Journal of Political Research* 18, 1990, 325–48.

van Roozendaal, Peter, "The Effect of Dominant and Central Parties on Cabinet Composition and Durability," *Legal Studies Quarterly* 17, 1992, 5–36.

van Roozendaal, Peter, "Cabinets in the Netherlands (1918–1990): The Importance of 'Dominant' and 'Central' Parties," *European Journal of Political Research* 23, 1993, 35–54.

van Winden, Frans, *On the Interaction between State and Private Sector*, Amsterdam: North-Holland, 1983.

van Winden, Frans, "On the Economic Theory of Interest Groups: Towards a Group Frame of Reference in Political Economics," *Public Choice* 100, July 1999, 1–29.

Varian, Hal R., "Equity, Envy, and Efficiency," *Journal of Economic Theory* 9, September 1974, 63–91.

Varian, Hal R., "Two Problems in the Theory of Fairness," *Journal of Public Economics* 5, April–May 1976, 249–60.

Vaubel, Roland, "The Political Economy of Centralization and the European Community," *Public Choice* 81, October 1994, 151–90.

Vaubel, Roland, "Constitutional Safeguards against Centralization in Federal States: An International Cross-Section Analysis," *Constitutional Political Economy* 7, 1996, 79–102.

Vedder, Richard and Lowell Gallaway, "Rent-seeking, Distributional Coalitions, Taxes, Relative Prices and Economic Growth," *Public Choice* 51(1), 1986, 93–100.

Verba, S. and N. H. Nie, *Participation in America*, New York: Harper & Row, 1972.

Vickrey, William, "Utility, Strategy, and Social Decision Rules," *Quarterly Journal of Economics* 74, November 1960, 507–35.

Vickrey, William, "Counterspeculation, Auctions, and Competitive Sealed Tenders," *Journal of Finance* 16, 1961, 8–37.

Vining, Aidan R. and Anthony E. Boardman, "Ownership versus Competition: Efficiency in Public Enterprise," *Public Choice* 73, March 1992, 205–39.

Voigt, Stefan, "Positive Constitutional Economics: A Survey," *Public Choice* 90, March 1997, 11–53.

Voigt, Stefan, *Explaining Constitutional Change*, Cheltenham: Edward Elgar, 1999.

Volckart, Oliver, "The Open Constitution and Its Enemies: Competition, Rent Seeking and the Rise of the Modern State," *Journal of Economic Behavior and Organization* 42, May 2000, 1–17.

von Neumann, John and Oskar Morgenstern, *The Theory of Games and Economic Behavior*, 3rd ed., Princeton: Princeton University Press, 1953.

Vousden, Neil, *The Economics of Trade Protection*, Cambridge: Cambridge University Press, 1990.

Wagner, R. H., "The Concept of Power and the Study of Politics," in R. Bell, D. V. Edwards, and R. H. Wagner, eds., 1969, 3–12.

Wallace, Richard L. and Paul E. Junk, "Economic Inefficiency of Small Municipal Electric Generating Systems," *Land Economics* 46, February 1970, 98–104.

Waller, Christopher J. and Carl E. Walsh, "Central Bank Independence, Economic Behavior, and Optimal Term Lengths," *American Economic Review* 86, 1996, 1139–53.

Wallis, John Joseph, "Laws and Legislatures," mimeo, University of Maryland, College Park, 1986.

Wallis, John J. and Wallace E. Oates, "Does Economic Sclerosis Set in with Age? An Empirical Study of the Olson Hypothesis," *Kyklos* 41, 1988, 397–417.

Walsh, Cliff, "Excludable Public Goods: On Their Nature and Significance," in R. Pethig, ed., *Public Goods and Exclusion*, Bern: Peter Lang Verlag, 1986.

Ward, Hugh, "The Risks of a Reputation for Toughness: Strategy in Public Goods Provision Problems Modelled by Chicken Supergames," *British Journal of Political Science* 17, January 1987, 23–52.

Warneryd, Karl, "Conventions," *Constitutional Political Economy* 1(3), Fall 1990, 83–107.

Warren, R. S., Jr., "Bureaucratic Performance and Budgetary Reward," *Public Choice* 24, Winter 1975, 51–7.

Warwick, Paul V., "The Durability of Coalition Governments in Parliamentary Democracies," *Comparative Political Studies* 11, January 1979, 465–98.

Warwick, Paul V., *Government Survival in Parliamentary Democracies*, Cambridge: Cambridge University Press, 1994.

Waters, Melissa and William J. Moore, "The Theory of Economic Regulation and Public Choice and the Determinants of Public Sector Bargaining Legislation," *Public Choice* 66, August 1990, 161–75.

Weatherby, J. L., Jr., "A Note on Administrative Behavior and Public Policy," *Public Choice* 11, Fall 1971, 107–10.

Weatherford, M. S., "Economic Conditions and Electoral Outcomes: Class Differences in the Political Response to Recession," *American Journal of Political Science* 22, November 1978, 917–38.

Webber, C. and A. Wildavsky, *A History of Taxation and Expenditure in the Western World*, New York: Simon and Schuster, 1986.

Weber, James S., "An Elementary Proof of the Conditions for a Generalized Condorcet Paradox," *Public Choice* 77, October 1993, 415–19.

Weber, Max, *The Theory of Social and Economic Organization*, in Talcott Parsons, ed., New York: Free Press, 1947.

Weede, Erich, "Democracy, Creeping Socialism, and Ideological Socialism in Rent-Seeking Societies," *Public Choice* 44(2), 1984, 349–66.

Weede, Erich, "Catch-up, Distributional Coalitions and Government as Determinants of Economic Growth or Decline in Industrialized Democracies," *British Journal of Sociology* 37, June 1986, 194–220.

Weede, Erich, "A Note on Pryor's Criticism of Olson's *Rise and Decline of Nations*," *Public Choice* 52(3), 1987, 215–22.

Weingast, Barry R., "A Rational Choice Perspective on Congressional Norms," *American Journal of Political Science* 23, 1979, 245–62.

Weingast, Barry R. and William Marshall, "The Industrial Organization of Congress; or, Why Legislatures, Like Firms, are not Organized as Markets," *Journal of Political Economy* 96, 1988, 132–63.

Weingast, Barry R. and Mark J. Moran, "Bureaucratic Discretion or Congressional Control? Regulatory Policymaking by the Federal Trade Commission," *Journal of Political Economy* 91, October 1983, 765–800.

Weingast, Barry R., Kenneth A. Shepsle, and Christopher Johnsen, "The Political Economy of Benefits and Costs: A Neoclassical Approach to Distribution Politics," *Journal of Political Economy* 89, August 1981, 642–64.

Welch, William P., "The Economics of Campaign Funds," *Public Choice* 20, 1974, 83–97.

Welch, William P., "The Effectiveness of Expenditures in State Legislative Races," *American Politics Quarterly* 4, July 1976, 333–56.

Welch, William P., "The Allocation of Political Monies: Economic Interest Groups," *Public Choice* 35(1), 1980, 97–120.

Welch, William P., "Money and Votes: A Simultaneous Equation Model," *Public Choice* 36(2), 1981, 209–34.

Whiteley, Paul F., "The Political Economy of Economic Growth," *European Journal of Political Research* 11, June 1983, 197–213.

Wicksell, Knut, *A New Principle of Just Taxation*, Finanztheoretische Untersuchungen, Jena, 1896; reprinted in R. A. Musgrave and A. Peacock, 1967, 72–118.

Wilde, James A., "The Expenditure Effects of Grants-in-Aid Programs," *National Tax Journal* 21, 1968, 340–8.

Wilde, James A., "Grants-in-Aid: The Analytics of Design and Response," *National Tax Journal* 24, 1971, 143–56.

Williams, J., "The Political Manipulation of Macroeconomic Policy," *American Political Science Review* 84, 1990, 767–95.

Williamson, Oliver E., *The Economics of Discretionary Behavior*, Englewood Cliffs, NJ: Prentice-Hall, 1964.

Williamson, Oliver E., *Markets and Hierarchies: Analysis and Antitrust Implications*, New York: Free Press, 1975.

Williamson, Oliver E. and Thomas J. Sargent, "Social Choice: A Probabilistic Approach," *Economic Journal* 77, December 1967, 797–813.

Wilson, G. W. and J. M. Jadlow, "Competition, Profit Incentives and Technical Efficiency in the Provision of Nuclear Medicine Services," *Bell Journal of Economics* 13, Autumn 1982, 472–82.

Wilson, James Q., "The Moral Sense," *American Political Science Review* 87, March 1993, 1–11.

Wilson, Robert, "An Axiomatic Model of Logrolling," *American Economic Review* 59, June 1969, 331–41.

Wilson, Robert, "A Game-Theoretic Analysis of Social Choice," in B. Liebermann, ed., *Social Choice*, New York: Gordon and Breach, 1971a.

Wilson, Robert, "Stable Coalition Proposals in Majority-Rule Voting," *Journal of Economic Theory* 3, September 1971b, 254–71.

Wintrobe, Ronald, "The Tinpot and the Totalitarian: An Economic Theory of Dictatorship," *American Political Science Review* 84, 1990, 849–72.

Wintrobe, Ronald, "Modern Bureaucratic Theory," 1997, in D. C. Mueller, ed., 1997a, 429–54.

Wintrobe, Ronald, *The Political Economy of Dictatorship*, Cambridge: Cambridge University Press, 1998.

Wise, Sherry Jo and Todd Sandler, "Rent Seeking and Pesticide Legislation," *Public Choice* 78, March 1994, 329–50.

Wittman, Donald A., "Parties as Utility Maximizers," *American Political Science Review* 67, June 1973, 490–8.

Wittman, Donald A., "Candidates with Policy Preferences: A Dynamic Model," *Journal of Economic Theory* 14, February 1977, 180–9.

Wittman, Donald A., "Multi-Candidate Equilibria," *Public Choice* 43(3), 1984, 287–91.

Wittman, Donald, *The Myth of Democratic Failure: Why Political Institutions are Efficient*, Chicago: University of Chicago Press, 1995.

Wolf, Charles, Jr., *Markets or Governments: Choosing between Imperfect Alternatives*, Cambridge, MA: MIT Press, 1988.

Worthington, Andrew C. and Brian E. Dellery, "Fiscal Illusion and the Australian Local Government Grants Process: How Sticky is the Flypaper Effect," *Public Choice* 99, April 1999, 1–13.

Wrede, Matthias, "Tragedy of the Fiscal Common? Fiscal Stock Externalities in a Leviathan Model of Federalism," *Public Choice* 101, December 1999, 177–93.

Wright, John R., "Contributions, Lobbying, and Committee Voting in the U.S. House of Representatives," *American Political Science Review* 84, June 1990, 417–38.

Wright, Matthew B., "Shirking and Political Support in the U.S. Senate, 1964–1984," *Public Choice* 76, June 1993, 103–23.

Wriglesworth, John L., *Libertarian Conflicts in Social Choice*, Cambridge: Cambridge University Press, 1985.

Wu, Wenbo and Otto A. Davis, "The Two Freedoms, Economic Growth and Development: An Empirical Study," *Public Choice* 100, July 1999, 39–64.

Wyckoff, Paul G., "A Bureaucratic Theory of Flypaper Effects," *Journal of Urban Economics* 23, 1988, 115–29.

Wyckoff, Paul G., "The Simple Analytics of Slack-Maximizing Bureaucracy," *Public Choice* 67, 1990, 35–47.

Wyckoff, Paul G., "The Elusive Flypaper Effect," *Journal of Urban Economics* 30, 1991, 310–28.

Yoo, Keum-Rok, "Intervention Analysis of Electoral Tax Cycle: The Case of Japan," *Public Choice* 96, September 1998, 241–58.

Young, H. Peyton, "An Axiomatization of Borda's Rule," *Journal of Economic Theory* 9, September 1974, 43–52.

Young, H. Peyton, "Condorcet's Theory of Voting," *American Political Science Review* 82, 1988, 1231–44.

Young, H. Peyton, "The Evolution of Conventions," *Econometrica* 61, January 1993, 57–84.

Young, H. Peyton, "Group Choice and Individual Judgments," 1997, in D. C. Mueller, ed., 1997a, 181–201.

Zardkoohi, Asghar, "On the Political Participation of the Firm in the Election Process," *Southern Economic Journal* 51, January 1985, 804–17.

Zax, Jeffrey S., "Initiatives and Government Expenditures," *Public Choice* 63, December 1989, 267–77.

Zupan, Mark A., "The Last Period Problem in Politics: Do Congressional Representatives Not Subject to Reelection Constraint Alter Their Voting Behavior," *Public Choice* 65, May 1990, 167–80.